眉山年鉴

MEISHAN YEARBOOK  2021

眉 山 市 人 民 政 府 主办
眉山市党史和地方志编纂中心　编

方志出版社

眉山城市夜景　　（杨　槐/摄）

图书在版编目（CIP）数据

眉山年鉴．2021 / 眉山市党史和地方志编纂中心编．— 北京：方志出版社，2021.12

ISBN 978-7-5144-5098-9

Ⅰ．①眉…　Ⅱ．①眉…　Ⅲ．①眉山— 2021 —年鉴
Ⅳ．① Z527.13

中国版本图书馆 CIP 数据核字（2021）第 271081 号

眉山年鉴（2021）

编　　者：眉山市党史和地方志编纂中心
责任编辑：罗　滔

出 版 者：方志出版社
地址　北京市朝阳区潘家园东里 9 号（国家方志馆 4 层）
邮编　100021
网址　http://www.zgfzcb.cn
发　　行：方志出版社图书经销中心
电话　（010）67110500
经　　销：各地新华书店
排版设计：四川远近文化有限公司
印　　刷：成都市兴雅致印务有限责任公司

开　　本：889 × 1194　　1/16
印　　张：31.25
字　　数：1199 千字
版　　次：2021 年 12 月第 1 版　　2021 年 12 月第 1 次印刷
印　　数：001 ~ 500 册

ISBN　978-7-5144-5098-9　　　　**定价**：260.00 元

①2020年1月6日，通威集团全球创新基地签约仪式在眉山举行（市政府办供图）

②2020年1月10日，四川大学华西医院眉山医院干部任命暨揭牌仪式（市政府办供图）

③2020年1月15日，中国四川天府乐高乐园项目发布会在眉山召开（市文广旅局供图）

④2020年4月17日，眉山市政府和重庆市大足区政府签署《推动成渝地区双城经济圈建设合作协议》（杨　槐／摄）

① 2020年7月17日，眉山市与成都市推动成眉同城化发展系列合作协议签约仪式在成都举行　（市政府办供图）

② 2020年8月5日，眉山市与尼泊尔卡马拉迈市签署建立友好合作关系备忘录　（市政府办供图）

③ 2020年11月16日，百名川菜企业家共筑世界川菜园奠基仪式　（市商务局供图）

① 2020年11月16日，第十二届中国泡菜食品国际博览会暨第三届世界川菜大会在眉山召开（市商务局供图）

② 2020年12月5日，第十八届中国食品安全大会在眉山召开（杨 槐/摄）

经济建设

① 2020年4月21日，通威太阳能眉山基地一期高效晶硅电池项目投产暨二期项目开工仪式在甘眉工业园区举行 （市政府办供图）
② 2020年5月15日，眉山市政府与联想集团在北京签署智慧城市合作协议 （市政府办供图）
③ 2020年11月17日，眉山市政府与宝能集团在成都签署战略合作协议 （市政府办供图）

① 2020年11月16日，联合利华西区生产基地三期项目签约仪式在眉山举行 （市政府办供图）
② 2020年11月27日，四川省2020年第四季度重大项目集中开工眉山分会场 （市政府办供图）

① 2020年2月13日，眉山市121家规上工业企业复工复产（图为某泡菜企业生产线） （李 幸／摄）
② 2020年2月16日，眉山信利高端显示项目模组车间，工人们正在岗位上忙碌 （郭 侨／摄）
③ 2020年8月21日，四川千禾食品股份有限公司生产车间智能化的生产线 （彭威楠／摄）

① 2020年3月19日，四川阿格瑞新材料有限公司OLED新材料项目生产车间大楼（彭威楠／摄）
② 2020年8月4日，通威眉山太阳能项目（刘 寅／摄）

① 2020年4月15日，万华化学年产25万吨高性能改性树脂项目建设现场 （殷　勇／摄）
② 2020年5月15日，省重点项目——川港合作示范园建设现场 （殷　勇／摄）

① 2020年5月15日，“中法农业科技园”项目法式商业街二期工程建设现场　（眉山日报社供图）

② 2020年9月4日，建设中的加州智慧城　（殷　勇／摄）

城乡建设

①2020年4月8日，航拍眉山城区 （承 希／摄）
②2020年5月16日，航拍眉山“中国泡菜城” （殷 勇／摄）

李记酸菜
土坛发酵500天

① 2020年9月29日，高速路城门楼 （眉山日报社供图）
② 2020年5月15日，眉山天府新区锦江镇片区的剑南大道南延线建成通车 （眉山日报社供图）

① 2020年1月12日，航拍仁寿县黑龙滩景区旅游道路 （潘建勇／摄）
② 2020年11月2日，成乐高速公路彭山新互通仿古式收费站楼建成投用 （市交通运输局供图）
③ 2020年5月15日，眉山天府新区交通路网 （蹇玮杰／摄）

①2020年9月29日，“天府号”动车组在眉山东站投入运行（杜 艳／摄）
②2020年9月22日，青神县岷江二桥（蚕丛大桥）建成通车（市交通运输局供图）

① 2020年8月28日，大峨眉国际旅游西环线柳江至峨眉山零公里终点段公路 （市交通运输局供图）
② 2020年9月7日，岷江汤坝航电枢纽工程 （殷　勇／摄）
③ 成（都）宜（宾）高速公路仁寿段姚家沟特大桥 （市交通运输局供图）

① 2020年6月10日，岷江三号特大桥施工现场 （张忠苹／摄）
② 2020年3月31日，航拍洪雅县止戈镇青杠枰村 （姚永亮／摄）

① 2020年5月26日，航拍“全国乡村治理示范村”——丹棱县齐乐镇狮子社区（眉山日报社供图）
② 2020年7月11日，航拍东坡区尚义镇龚村村民集中居住地（姚永亮／摄）
③ 2020年11月3日，“美丽蝶变”的丹棱县张场镇廖店村（王　琴／摄）

社会建设

① 2020年3月11日，建设中的眉山市中医医院新院区（眉山日报社供图）
② 2020年6月4日，四川大学华西医院眉山医院新综合大楼（侯建明／摄）

① 2020年12月29日，建设中的四川大学华西第二医院眉山市妇女儿童医院（市卫健委供图）
② 2020年3月18日，航拍眉山市第二污水处理厂二期项目（眉山日报社供图）

① 2020年9月24日，东坡区旭光小区南区一栋既有住宅加装电梯
（姚永亮／摄）

② 2020年10月29日，苏洵苏轼苏辙与传统法治文化高峰论坛在眉山举行
（眉山日报社供图）

① 2020年12月5日，2021年眉山市首届网络春晚海选现场（眉山日报社供图）

② 2020年9月21日，四川第十一届“中国统计开放日”活动暨第七次全国人口普查宣传月启动仪式在眉山举行（市政府办供图）

① 2020年10月31日，眉山市举办首届教师运动会，来自全市各级各类学校的3000余名教师参赛 （市教体局供图）
② 2020年11月10日，东坡书院授牌仪式 （杨　槐／摄）
③ 2020年4月23日，华西二院眉山妇女儿童医院华西专家特需诊疗区开诊 （彭威楠／摄）

① 2020年12月24日，大美仁寿半程马拉松开幕式现场 （市教体局供图）
② 2020年9月1日，新建成的丹棱县端淑幼儿园 （市教体局供图）

生态建设

2020年8月4日，航拍东坡城市湿地公园 （彭 林／摄）

① 2020年9月14日，东坡城市湿地公园与峨眉山相映 （周　军／摄）
② 2020年1月15日，中法农业科技园 （市文广旅局供图）
③ 2020年8月10日，洪雅县瓦屋山镇复兴村高山茶园 （眉山日报社供图）

① 2020年6月12日，全国“网红”打卡地——东坡水街 （市商务局供图）
② 2020年7月26日，航拍洪雅田锡水景公园 （蹇玮杰／摄）
③ 2020年4月29日，丹棱梅湾湖新景 （眉山日报社供图）

① 2020年8月10日，航拍青神县汉阳湖景区 （杜 艳／摄）
② 2020年10月20日，青神县萤火虫夜景 （杨 槐／摄）
③ 2020年10月29日，瓦屋山秋色 （张 辉／摄）

① 2020年11月17日，航拍青神尖山竹海　（市农业农村局供图）

② 2020年12月15日，瓦屋山雪景　（姚永亮／摄）

创文创卫

① 2020年7月28日，全国文明城市、国家卫生城市创建工作誓师大会召开 （市政府办供图）
② 2020年9月2日，眉山市创建国家卫生城市技术评估汇报会召开 （市政府办供图）
③ 2020年7月3日，眉山市区道路整洁，车辆规范停放入位 （眉山日报社供图）

① 2020年8月5日，社区服务中心整洁明亮（眉山日报社供图）
② 2020年7月17日，眉山大市场内干净卫生（眉山日报社供图）
③ 2020年5月21日，东湖社区四分类智能垃圾箱（眉山日报社供图）

① 2020年7月20日，小区里设置的创文宣传栏 （眉山日报社供图）
② 2020年8月5日，共享单车规范停放 （眉山日报社供图）
③ 2020年9月14日，东坡湖广场上的公益广告牌 （张丹楠／摄）

① 2020年9月14日，公交车内“双创”氛围浓厚（张丹楠／摄）
② 2020年9月14日，商场入口门厅集中展示的精神文明建设内容（张丹楠／摄）
③ 2020年9月17日，公共厕所内各种卫生设施齐全（眉山日报社供图）

疫情防控

① 2020年2月9日，眉山市赴湖北新冠肺炎疫情防控一线医疗队

（市政府办供图）

② 2020年1月29日，疫情期间派驻医务人员24小时值守，为来往车辆驾乘人员测量体温

（市卫健委供图）

① 2020年2月5日，党员突击队队员为隔离群众抢收青菜　（眉山日报社供图）
② 2020年2月5日，疫情检查点临时党支部党员重温入党誓词　（眉山日报社供图）
③ 2020年2月24日，志愿者与交警核对出入城人员信息　（余　毅／摄）

① 2020年3月4日，某超市配送中心分拣货物现场　（张忠苹／摄）
② 2020年3月12日，餐饮店工作人员做好防护措施安全备餐　（眉山日报社供图）
③ 2020年3月12日，无接触外卖取餐柜　（眉山日报社供图）

① 2020年3月17日，工作人员对商场就餐区重新布置和消毒　　（眉山日报社供图）
② 2020年3月17日，商铺恢复营业，城市恢复生机　　（眉山日报社供图）
③ 2020年3月27日，疾控人员对住宅小区进行消毒　　（市卫健委供图）

数字眉山·2020

辖区面积：7 140 平方公里

耕地面积：241 156 公顷

城乡绿化覆盖率：60.2%

森林覆盖率：50.13%

户籍人口：341.76 万人

常住人口：295.60 万人

人口自然增长率：1.03‰

地区生产总值：1 423.74 亿元

　第一产业增加值：222.85 亿元

　第二产业增加值：527.64 亿元

　第三产业增加镇：673.25 亿元

民营经济增加值：802.48 亿元

个体工商户：16.32 万户

私营企业：3.34 万户

规模以上工业企业：631 户

进出口总额：39.51 亿元

实际到位外资金额：14 457.20 万美元

旅游总收入：363.15 亿元

全社会固定资产投资：10.70 亿元

社会消费品零售总额：543.30 亿元

地方一般公共预算收入：121.62 亿元

地方一般公共预算支出：275.54 亿元

本外币存款余额：2 651.92 亿元

城镇居民人均可支配收入：38 892 元

农村居民人均可支配收入：19 730 元

保险公司：33 家

　财险公司：15 家

　寿险公司：18 家

幼儿园数、在校生数：435 所、8.84 万人

小学数、在校生数：177 所、16.75 万人

初中数、在校生数：158 所、7.36 万人

高中数、在校生数：26 所、4.52 万人

中职数、在校生数：17 所、3.13 万人

特殊学校数、在校生数：6 所、770 人

文化馆：7 座

文化站：131 个

公共图书馆：7 座

博物馆：6 座

老年学校：37 所

医疗卫生机构：2 136 个

病床位：2.04 万张

医院、卫生院技术人员：1.88 万人

《眉山年鉴》2021卷编辑部

《眉山年鉴》2021卷部门供稿人员名单

眉山市中级人民法院

刘慧彬

眉山市人民检察院

张　瑾

中共眉山市纪律检查委员会、眉山市监察委员会

周晓燕

中共眉山市委办公室

胡　洋

眉山市人民代表大会常务委员会办公室

刘　荣

眉山市人民政府办公室

朱霈露

政协眉山市委员会办公室

王　维

中共眉山市委组织部

刘　刚

中共眉山市委宣传部

王　聪

中共眉山市委统一战线工作部

李红兵

中共眉山市委政法委员会

曾　钧

中共眉山市委外事工作委员会办公室

刘祥宏　任运南

中共眉山市委机构编制委员会办公室

陈思翰

中共眉山市直属机关工作委员会

邹文娟

中共眉山市委巡察工作领导小组办公室

毛利强

中共眉山市委老干部局

杨志东

眉山市国家保密局

陈黎迅

中共眉山市委目标绩效管理办公室

蒋　虎

眉山市发展和改革委员会

李旭平

眉山市经济和信息化局

沈财军

眉山市教育和体育局

胡仕兵

眉山市科学技术局

刘桥华

眉山市公安局

钟丽娟

眉山市民政局

刘　洁

眉山市司法局

余汭浦

眉山市财政局

杨漪寒

眉山市人力资源和社会保障局

黄　霞

眉山市自然资源局

刘　杰

眉山市生态环境局

蔡　宇

眉山市住房和城乡建设局

刘　攀　杨　竹

眉山市交通运输局

魏　平

眉山市水利局

方　媛

眉山市农业农村局

王　飞

眉山市商务局

黎　亮

眉山市文化广播电视和旅游局

张丛文

眉山市卫生健康委员会

张　瀚　张　勇

眉山市退役军人事务局

杨旖旎

眉山市应急管理局

郑　波

眉山市审计局

王孟苗

眉山市国有资产监督管理委员会

张清富

眉山市市场监管局

张　建

眉山市经济合作局

郑　洁

眉山市统计局

彭　杰

眉山市信访局

李峻漾

眉山市林业局

欧　磊

眉山市机关事务管理局

谢开第

眉山市金融工作局

骆建军

眉山市医疗保障局

郭金帝

眉山市政务服务管理局

王婷婷

眉山市数字经济发展局

周沿旭

眉山高新技术产业园区管理委员会

邓　佳　伍　敏

甘眉工业园区管理委员会

刘　斌

眉山市总工会

郭翔宇

中国共产主义青年团眉山市委员会

邓　平

眉山市妇女联合会

时嵩杰

眉山市科学技术协会

李韵玲

眉山市工商业联合会

王　敏

眉山市残疾人联合会

童　雪

眉山市文学艺术界联合会

胡志蓉

眉山市社会科学界联合会

谢婷婷

眉山市红十字会

曾忠成

中国国际贸易促进委员会眉山市委员会

张　娟

眉山职业技术学院

李　涛

中共眉山市委党校

郭佳铭

眉山日报社

左陈娟

眉山市档案馆

吴　超

眉山市党史和地方志编纂中心

李　霞

眉山市住房公积金管理中心

陶炯嫦

眉山市广播电视台

李　霞

眉山市税务局

侯迎春

眉山市气象局

黄保云

国家统计局眉山调查队

王昕宇

眉山市邮政管理局

何思齐

中国人民银行眉山市中心支行

周静雅

眉山银保监分局

廖大兴

国网眉山供电公司

李　征

眉山市烟草专卖局（公司）

付　玉

中国电信股份有限公司眉山分公司

石　耘

中国邮政集团有限公司眉山市分公司

邹　凤

中国移动通信集团四川有限公司眉山市分公司

王　捷

中国联合网络通信有限公司眉山市分公司

龙　娟

中国铁塔股份有限公司眉山市分公司

陈　涛

中国石油天然气股份有限公司四川眉山销售分公司

彭新竹

眉山市人民防空办公室

戴　值

眉山市消防救援支队

王　骁

四川大学锦江学院

胡仕兵　郭　晨　周　鹏

四川省通济堰管理处

岳　蕾

都江堰黑龙滩灌区管理处

余　涛

四川大学华西第二医院眉山市妇女儿童医院（眉山市妇幼保健院）

曾小玲

眉山市人民医院（四川大学华西医院眉山医院）

杨　柳

眉山市中心血站

王　曦

中国国民党革命委员会眉山市总支委员会

宿丽霞

中国民主同盟眉山市委员会

王　毅

中国民主建国会眉山市委员会

欧　庆

中国民主促进会眉山市委员会

余艾佳

中国农工民主党眉山市总支委员会

何　明

九三学社眉山市委员会

钟　伟

眉山市党外知识分子联谊会

朱　丽

中国致公党四川省委员会直属眉山支部

杨　帆

中国人民解放军四川省眉山军分区

高金龙

四川天府新区眉山片区

司国支

东坡区

张旭东　杨　益　高　源

彭山区

辜　欣　刘黔玲　徐莉岚

仁寿县

吴俊霞　方　艳

洪雅县

白银福　王　璇

丹棱县

万　玲　甘晓霞

青神县

徐　红　杜燕玲　漆李莉　王　燕

编辑说明

一、《眉山年鉴》是由中共眉山市委领导，眉山市人民政府主办，眉山市党史和地方志编纂中心主编，全市各部门、各县（区）、市属及驻市相关企事业单位共同参与编纂出版的大型资料性工具书，具有政府公报性、年史性、地方综合性、权威性特点。《眉山年鉴》于2003年创刊，一年一鉴，至2021年共编纂出版19卷。

二、《眉山年鉴》坚持以马克思列宁主义、毛泽东思想、邓小平理论、"三个代表"重要思想、科学发展观、习近平新时代中国特色社会主义思想为指导，坚持辩证唯物主义和历史唯物主义的立场、观点和方法。紧紧围绕全市发展战略和市委、市政府中心工作目标，全面、系统、翔实记录眉山市年度经济社会发展现状及所取得的成就和经验，为社会各界人士了解眉山、认知眉山提供可靠的基本市情资料，为各级各部门决策与研究提供重要的参考依据。

三、《眉山年鉴》是公开发行的刊物，以出版年号为卷次名称。《眉山年鉴》2021卷收录资料时限原则为2020年1月1日至2020年12月31日，部分史实适当上溯或下延；收录的先进集体和个人为获得市委、市政府及以上表彰的2020年度先进集体和个人。条目为记述的基本单元，各条目标题均加【 】表示。

四、《眉山年鉴》2021卷采用分类编辑法，按类目、分目、条目的框架结构组成主体内容。全书设置特载、大事记、眉山综述、中共眉山市委员会、眉山市人民代表大会、眉山市人民政府、政协眉山市委员会、纪检监察、民主党派、群众团体、法治、军事、综合经济管理、农业、工信产业、商贸业、旅游业、金融业、交通·邮政、城乡建设与管理、教育·科学技术、文化·体育、卫生、社会民生、生态环保、天府新区眉山片区·县（区）、附录、索引28个类目，224个分目，1 602个条目，9篇文章，104个图表，119幅内文图片，93幅彩页图照。

五、《眉山年鉴》的基本数据以市统计局提供数据为准。市统计局无法提供的数据，以各部门、各县（区）、市属及驻市相关企事业单位的数据为准。全书除按原文登载的报告、文件及个别行业外，均使用国家法定计量单位。考虑到社会使用习惯，全书中亩不统一换算。

六、《眉山年鉴》2021卷所用稿件均由各部门、各县（区）、市属及驻市相关企事业单位提供，并经各级主要负责人签发后提供给《眉山年鉴》编辑部。收入本书时除对各单位提供的文稿按年鉴规范做相关技术处理外，基本事实和数据不予改动。本书的图片主要由眉山日报社和各相关供稿部门提供，并予以标注、署名。全卷使用的机构名称及简称，原则上以各级编制机构核实的名称为准。

目 录

特 载

大 事 记

眉山综述

中共眉山市委员会

眉山市人民政府

政协眉山市委员会

纪检监察

民主党派

检　察

法　院

司法行政

军　　事

人民武装

双拥共建

人民防空

综合经济管理

经济体制改革与结构调整

固定资产投资管理

价格管理

国有资产管理

农　　业

旅游业

金融业

金融业发展

金融管理

银保监管

银行业

保险业

交通·邮政

交通建设

交通规划

跨区交通运营

市内交通运营

交通运输管理

邮政管理

邮政业务

城乡建设与管理

城乡规划

老龄事务

老年大学

生态环保

国土资源保护

森林资源保护

矿产资源保护

水资源保护

生态保护

环境保护

天府新区眉山片区·县（区）

CONTENTS

SPECIAL REPORTS

A CHRONICLE OF MAJOR EVENTS

MEISHAN OVERVIEW

THE CPC MEISHAN MUNICIPAL COMMITTEE

MEISHAN MUNICIPAL PEOPLE'S CONGRESS

MEISHAN MUNICIPAL PEOPLE'S GOVERNMENT

THE CPPCC MEISHAN MUNICIPAL COMMITTEE

DISCIPLINE INSPECTION AND SUPERVISION

DEMOCRATIC PARTIES

MASS ORGANIZATIONS

RULE OF LAW

MILITARY

COMPREHENSIVE ECONOMIC MANAGEMENT

AGRICULTRUE

INDUSTRY AND INFORMATION INDUSTRY

COMMERCE AND TRADE

TOURISM

FINANCIAL INDUSTRY

TRANSPORTATION AND POSTAL INDUSTRY

URBAN-RURAL CONSTRUCTION AND MANAGEMENT

EDUCATION AND SCIENCE AND TECHNOLOGY

CULTURE AND SPORTS

HEALTH

SOCIETY AND PEOPLE'S LIVELIHOOD

ECOLOGICAL ENVIRONMENTAL PROTECTION

TIANFU NEW AREA MEISHAN AREA AND COUNTIES (DISTRICTS)

APPENDIX

INDEX

特　　载

SPECIAL REPORTS

"双创"工作纪实 / 建设成都都市圈副中心工作纪实 / 脱贫攻坚工作纪实 / 抗击新冠病毒肺炎疫情工作纪实

“双创”工作纪实

全国文明城市创建

2018年以来，眉山市委、市人民政府以创建全国文明城市为抓手，践行“一年打基础、两年见成效、三年创成功”创建思路，全力推进创文工作。2020年11月20日，眉山市以三年综合排名第25位的成绩成功创建第六届全国文明城市，实现首创即成目标。

一、坚持“三个统筹”助发展

坚持文明城市创建与推进发展同部署、同安排，立足中心城区，辐射眉山全域，以高水平创建带动高质量发展，防止“为创建而创建”。一是“国创”与“省创”统筹部署。坚持“集中领导、市区联动”，每年召开全市推进大会2次以上，市委常委会、市政府常务会专题部署10次以上，市委、市政府班子成员每月调研创文工作，推动东坡、彭山两个市辖区全力创建全国文明城市，仁寿、洪雅、丹棱、青神四县全力创建省级文明城市，真正做到两级共创、全域并进。二是“创文”与“创卫”统筹实施。坚持“后发赶超、两步并一”，同步开展全国文明城市和国家卫生城市创建，梳理双创“共同点”，合并指标“同类项”，实施创文“12项”重点工程、创卫“8项”重点工程，一体推进农贸市场升级、城市公厕改建、老旧小区改造、背街小巷整治等同类项目，真正做到双城同创、一体推进。三是“创建”与“发展”统筹推进。坚持“两手抓、两促进”，把创建工作融入建设开放发展示范市、打造“公园城、文化城、活力城”中，与51个重点项目相结合，与老旧小区改造、脱贫攻坚、乡村振兴、农村人居环境整治等78项重点工作相融合，真正做到整体联动、相融互促。

二、坚持“三个提升”树文明

坚持把城市创建与民生改善结合起来，以人民对美好生活的向往为导向，统揽创建工作，防止“脱离实际、不接地气”。一是全面提升城市文明形象。坚持新增财力主要用于民生改善，对标创建“硬件”标准，围绕解决“运动难”“如厕难”“居住难”“停车难”等急难愁盼问题，改扩市政道路30条，改修破损行道7.3万平方米，改建公共厕所280座，改造危房棚户1 183套，新增停车位1.45万个，新建篮球场155个。2019年，围绕构建“15分钟生活圈”，一次性投入升级改造主城区20个农贸市场，群众欢欣鼓舞、交口称赞，特别是疫情期间，农贸市场“敞亮的空间、规范的屠宰、整洁的环境、有序的管理”，既充分保障生活需求，也有效满足防疫需要。二是全面提升生态文明程度。坚持“良好的生态环境是最普惠的民生福祉”，对标创建“生态”指标，纵深推进“绿海明珠”“千湖之城”“百园之市”三大建设，城乡绿化覆盖率增长到58.04%，全市公园总数达153个，全年空气优良天数达313天，PM2.5、空气优良率改善保持全省“双第一”，2019年成功创建“国家森林城市”。三是全面提升市民文明素质。坚持传承弘扬东坡文化，对标创建“文化”指标，深入实施红色基因传承、公民道德建设、文明创建提升、志愿服务培育“四大工程”，深入开展文明交通、文明餐桌、文明旅游、文明网络“四大行动”，出台《眉山市文明行为促进条例》，涌现出448名道德模范和身边好人，让“东坡故里”遍开文明之花。

三、坚持“三个机制”促长效

坚持把当前创建与长久保持联系起来，既注重治标，更注重治本，防止“搞突击、一阵风”。一是健全“领导分片、单位包保”责任机制。坚持“定部门、定网格、定范围、定职责”原则，健全包保长效工作机制，141名市、区领导牵头包保督导55个片区，287个市、区级机关企事业单位，近万名公职人员、志愿者参与社区、网格包保工作，落实包保资金5 000万元，参与人数超过60万人次。二是健全“社区吹哨、部门报到”工作机制。包保单位和职能部门统一由社区调遣，社区梳理问题清单，根据不同管理权限，“吹哨”相应职能部门，精准解决社区管理问题；把每周五定为“部门报到日”，集中开展入户宣传、文明劝导、环境整治和现场调研，精准解决居民诉求问题。三是健全“门前五包、院内四自”参与机制。组织市民开展包环境卫生、包市容秩序、包园林绿化、包临街设施、包文明倡导的“门前五包”行动；自搞环境卫生、自建环卫设施、自搞院内绿化、自管院内秩序的“院内四自”行动，门前院内互比互看，左邻右舍互帮互助，引导市民自觉参与、主动参与。

四、坚持“三个重点”促创成

坚持紧扣全国文明城市测评体系，坚持问题导向，对照问题清单，压实工作责任，逐项抓好落实。一是狠抓对标对表。紧扣创文测评体系和创建标准，严格对标实施点位建设，对申报点位做好精心打造，对非申报点位进行面上强化；推进创文“十二项”重点工程，深入开展创建活动，3年报送资料近3 000份；深入开展入户宣传，发放《市民文明卫生手册》、问卷调查等宣传资料120万份。二是狠抓指导督查。坚持创建工作推进到哪里，指导督查就跟进到哪里，坚持做到精细提醒、精准指导、精心服务，实行日督查、月测评、常通报，对督查出的问题直接向单位一把手发送“交办函”，限期整改到位。三是强化考核问责。将创建工作作为目标考核重要内容，提高专项考核分值，按季度进行考评，严格兑现奖惩；对工作不力、责任落实不到位的，严格追责问责。

（王　聪）

国家卫生城市创建

2017年5月，眉山市委、市人民政府作出创建国家卫生城市的决定，成立市创建国家卫生城市指挥部以及八大分指挥部，印发眉山市创建国家卫生城市工作实施方案和八个分指挥部工作方案，开展“九大专项整治行动”及各项创建。2018年12月，眉山市通过国家卫生城市省级暗访，2019年5月通过国家卫生城市省级初评，2019年12月通过国家卫生城市国家暗访，2020年9月接受国家技术评估，申报国家卫生城市的11项必备条件全面达标。2021年1月，眉山市成功创建国家卫生城市，被授予“国家卫生城市”称号。

一、高度重视，构建强有力的组织指挥体系

制定一系列规范性文件和地方性法规。市委、市政府高度重视爱卫、创卫工作，将爱卫工作列入眉山市社会经济发展“十三五”规划，连续3年列入市政府工作报告。市政府出台《关于进一步加强新时期爱国卫生工作的实施意见》《眉山市爱国卫生管理实施细则》等一系列规范性文件，市人大通过并颁布《眉山市市容和环境卫生管理条例》《眉山市集中式饮用水水源地保护条例》等地方性法规，正在研究制定《眉山市秸秆焚烧管理条例》，为爱国卫生工作提供政策和制度保障。

健全爱卫工作组织体系。眉山市成立爱卫会，由市长任主任，分管副市长任副主任，相关部门主要负责人为成员；区（县）、乡镇（街道）设立爱卫会，由政府主要负责人任爱卫会主任。市爱卫办相对独立设置，配备主任等6名工作人员，人员编制能适应工作需要；六区（县）设立爱卫办，配备专职工作人员；乡镇（街道）、村（社区）均配备专兼职爱国卫生工作人员。市、区（县）、乡镇三级政府将爱国卫生及创卫工作经费纳入财政预算，能满足爱国卫生工作需要。全市形成横向到边、纵向到底的爱国卫生组织管理网络，确保爱国卫生工作层层有人抓、事事有人管、件件有着落。

建立创建高效指挥体系。2005年，眉山市成功创建省级卫生城市。2017年，在巩固和提升创建成果基础上，市委、市政府作出创建国家卫生城市的决定，构建高规格的组织指挥体系，成立市创建国家卫生城市指挥部，由市委书记任总指挥，市政府市长任指挥长，市委、市政府相关领导任副指挥长，市级相关部门主要负责人为成员；市上还成立8个分指挥部，分别由市级领导任分指挥长，分工负责、分头主抓。市委指派市人大常委会主任、市政协主席、市委副书记和市委常委、组织部部长分别担任“四大片区”创建工作督导组组长，督导推进创建工作。“两区两管委会”设立相应创卫机构，制定相应的工作方案，全面负责辖区内的创建工作。市、区（县）各责任部门，各街道、社区都作为“一把手”工程，确保创建工作有力有序推进。

二、完善机制，建立高效运转的爱卫创卫模式

建立激励考核机制。市委、市政府将爱国卫生工作纳入目标考核，制定《眉山市爱国卫生工作目标考核办法》等文件，将爱国卫生工作纳入市委、市政府“保障工作目标”进行常规考核，分值为2分，实行倒扣分制。2018—2020年均制定眉山市创建国家卫生城市重点工作三级指标考核细则，将创建国家卫生城市工作纳入市委、市政府“重点工作目标”进行考核，分值为4分。将国家卫生城市标准8大类、40小项、184个指标的内容细化成目标任务层层分解到牵头部门、责任部门和配合部门及相关区县，狠抓落实。由市创卫办、市目标办牵头，实行一月一总结、一季度一考核、半年兑现一次奖惩。

建立高效推进机制。市委书记、市政府市长坚持每季度研究一次创卫工作，集中研究解决创建工作中的重大问题；各分指挥长坚持每月集中研究推进一次创卫工作；各分指挥部牵头单位根据工作需要及时召开成员单位协调会，推进创建工作。建立联络工作制。各分指挥部、两区两管委会确定联络人员负责创建工作的组织协调、督查督办、收集情况和信息报送等工作，及时沟通信息，搞好协作配合。建立例会交账制。由指挥长或执行副指挥长主持召开季度交账会，听取工作汇报，安排部署下一阶段工作；由各分指挥部指挥长负责召开月交账会，听取汇报，安排部署下一阶段工作。建立督查督办制。市创卫办会同市委督查室、市政府督查室，对创建工作实行一周一督查、一月一通报，对督查出的问题直接向单位一把手发送“交办函”，限期整改到位；对工作不力、责任落实不到位的，提请相关部门实施问责。

三、强力宣传，形成人人参与创卫的浓厚氛围

充分利用《眉山日报》、眉山广播电视台等主流媒体及新媒体全方位宣传爱卫、创卫工作，设立“创建国家卫生城市工作专栏”，宣传爱国卫生知识、宣传公民健康素养66条、宣传创建工作先进典型，引导市民主动积极参与创建。设立创卫“曝光台”，对不文明卫生行为、工作推进不力的问题进行曝光，营造良好舆论氛围。2017年以来，市级广播、电视、新媒体、报纸等媒体刊播创卫工作稿件7 000篇。利用全市400个LED显示屏和各媒体平台高密度滚动播放刊发创卫宣传标语，悬挂创卫条幅1 000幅，发放创卫宣传册及宣传画50万份（册）。2017年以来，承办国际和国内赛事及活动9次，承办全省性群体赛事及活动20次，开展健身指导员培训，现有社会体育指导员1 810人；提供免费体质测试服务10万人次，出具运动处方10万份，组织4 800人次参加科学健身知识科普活动，发放科学健身宣传资料2万册；提供免费体质测试服务10万人次，出具运动处方10万份，邀请成都体院专家为健身群众开展运动健身知识讲座；每年安排百名社体指导员参加省体育局组织的社体指导员培训交流展示活动。

四、加大投入，加快推进城市及环卫基础设施建设

一是加大环卫基础设施投入。近年来，眉山市加大环境卫生基础设施投入，补齐城市功能短板，塑造靓丽城市容貌。市政基础设施改造进展顺利。2017年以来，共投入经费4 770万元购置环卫设施设备。眉山城区设置道路垃圾容器7 880个，垃圾收集容器套用专用环保垃圾袋，垃圾收集袋装率100%；配备道路洗扫车、洒水车、垃圾收集电动车等环卫车辆347辆，建成市政公厕255座、垃圾中转站49座、垃圾压缩站3座、建筑垃圾堆放场1座、生活垃圾填埋场1座、医疗废物处置中心2座、垃圾焚烧发电厂1座，做到环卫设施与城市同步规划、同步建设、同步投运，满足群众生活需要。二是改造市民生活环境条件。投资2.15亿元对城区20个集贸市场进行升级达标改造。东坡区投入2 600万元用于城中村、城乡接合部硬化道路、治理沟渠、清理卫生死角、安装照明路灯、增添环卫设施等，城中村、

城乡接合部卫生、秩序、绿化明显好转。开展中心城区旱厕改造，截至2020年上半年，改造旱厕2 111座，拆除旱厕146座。极大改善城市居民生产生活环境。三是完善城市交安管理设施。利用政府财政资金1 600万元用于完善中心城区交通基础设施，其中新增交通信号灯路口11个、不礼让行人电子警察27套、闯红灯电子警察43套、违停抓拍电子警察12套、交通流量监测系统56套、各类交通护栏16 326米、交通标线40 000平方米、交通标牌318个、隔离墩5 000根、防撞桶235个、施划机动车停车泊位14 242个、非机动车停车框2 860个。

五、突出重点，集中开展“九大专项”整治行动

开展市容环境卫生专项整治。对城区道路两侧、城市入口、铁路沿线等地段占道经营、卫生保洁、乱搭乱建、“牛皮癣”小广告等开展集中专项整治，消除城市卫生死角和“十乱”现象。开展交通秩序专项整治。采取疏堵结合、应划尽划的原则，新施划停车泊位，规范整治城区乱停乱放行为，车辆停放秩序明显好转。开展集贸市场升级达标改造专项整治。采取“一场一策”对城区20个农贸市场逐一分析，因地制宜进行升级达标改造，市场内环卫设施、上下水设施配置完善；建立完善的市场管理制度，落实管理队伍和保洁队伍，确保垃圾收集存放点、公厕设置与管理符合要求，各个市场在主要通道设置“四有公示栏”（卫生管理制度、农残检测公示、市场功能分区图、健康教育宣传栏）。开展“八小”行业专项整治。市、区政府采取以奖代补的办法，对中心城区“公共卫生三小”“文化二小”“食品三小”进行达标改造和规范化管理，做到亮证经营、管理规范、信息公示栏在醒目的位置公示，“三防”设施和卫生基础设施建设全面完善。开展城中村、棚户区、城乡接合部专项整治。对城中村、棚户区、城乡接合部开展集中专项整治，通过采取硬化道路、整治沟渠、增添环卫设施等措施，彻底改变脏乱差现象，环境卫生实现根本好转。

六、创新机制，全面落实“包保”责任

创新工作思路，建立包保工作责任制，明确“包”：责任部门（单位）下沉到社区、网格总揽整个片区的创建工作；明确“保”：确保负责片区达到创建国家卫生城市标准要求，顺利通过国家暗访及技术评估；明确“包保职责”：市、区两级领导和单位（部门）以“包保社区志愿服务日”主题活动形式，于每周五及重要节假日进驻街道、社区、网格开展包保工作，做到同创同建同担责，纳入市、区（县）目标考核，实现目标考核双向打分、双向扣分，实现包保范围横向到边、纵向到底。市委书记、市长多次召开专题会研究部署创建工作，亲自率队开展暗访督查，现场协调解决一批重大问题。市、区领导带队坚持每周深入包保社区开展包保工作，宣传创卫意义，指导社区开展创卫工作，调动市民参与创建的积极性，实现由“干给群众看”到“带着群众干”，再到“群众自觉干”的转变，推动“一群人创建”向“一城人创建”转变。24名市、区领导分别牵头包保督导64个片区，动员287个市、区机关企事业单位万名志愿者参与包保工作，参与者达30万人次，落实包保帮扶资金4 000万元，制发宣传品2万套、宣传资料30万份，清理卫生死角1 000处，清除垃圾3 500吨。

七、常抓不懈，建立健全城市管理长效机制

爱卫工作没有止境，创建工作永远在路上。眉山市从创建工作之初，到整个创建工作过程，自始至终注重体制机制和制度建设，确保创建成果长效常态。一是建立街道、社区、小区管理长效机制。建立卫生管理机制或自治组织，建立卫生管理制度，落实清扫保洁和管理人员，定期清扫保洁，垃圾日产日清；开展卫生检查评比制度，建立卫生投诉举报电话，将卫生评比纳入街道、社区、网格、小区监督管理，层层建立工作台账，建立考核奖惩机制。二是探索建立街长制。探索建立街道、社区、网格“三级”体系，设置各级街道“街长”；开展清街、护道、除尘、保洁四项行动，落实“门前三包”“院内四自”；加强对清扫保洁的监督检查，建立长效巡街机制；落实街长工作差异化绩效评价考核，实行责任倒查。三是强化城市精细化管理。加强城市专业化管理队伍建设，实现数字化城市管理精细化、智慧化；完善城市清扫保洁制度，开展道路保洁“本色”行动；实施城市“绿肺工程”，完善城市“绿色细胞”；利用“遥测、遥控、遥信”技术，实现路灯根据气候智能远程控制；推进清河、护岸、净水、保水四项行动，保护城区河道、湖泊环境卫生。四是建立“十乱”治理长效机制。保持高压态势，巩固“十乱”治理成果。坚持长效常态整治占道经营；坚持交警部门365天早上7∶30出警，晚上9∶30收警，长效常态整治车辆乱停乱放行为；坚持逢乱贴必打击，严惩“牛皮癣”小广告乱张贴行为；坚持逢乱必治，逢乱建必拆，长效常态清理“十乱”。五是建立市场监管长效机制。强化业主主体责任，实现规范管理；强化监管部门监管职责，实现有效监督；强化市民监督，凡举报必查处。六是建立城中村、棚户区、城乡接合部管理长效机制。爱国卫生管理机制、卫生管理制度、管理人员与保洁人员得到充分落实。

通过投入大量人力、物力、财力改善人居环境，落实责任卫生城市创建全社会参与，健全机制城市卫生管理落到实处，创卫工作成效显著，市容环境卫生面貌焕然一新，城市管理水平显著提高，市民文明程度、健康素养明显提升，各项指标达到国家卫生城市创建标准的要求。眉山市城市生活垃圾无害化处理率100%，城市生活污水集中处理率91.12%，城市建成区绿化率36.85%，绿化覆盖率42.4%，人均公园绿地面积14平方米；2017—2019年空气API指数≤100的天数分别为326天、331天、345天；鼠、蚊、蝇、蟑螂的密度达到国家病媒生物密度控制水平C级要求，重点行业（单位）防蚊蝇和防鼠设施合格率≥95%；近三年来无环境污染和生态破坏事故，无食品安全事故、职业病危害和实验室生物安全事故；近三年来未发生因防控措施不力导致的甲、乙类传染病暴发流行；建成区无烟草广告；城市居民对环境卫生状况满意率92.68%。

（张 瀚 张 勇）

建设成都都市圈副中心工作纪实

2020年，眉山市深入贯彻落实中央财经委第六次会议、省委十一届七次和八次全会、市委四届十五次和十六次全会及省同城化领导小组第一、二次会议决策部署，抢抓国、省重大战略机遇，牢牢把握成德眉资同城化战略支撑，全面融入成渝地区双城经济圈建设，加快建设成都经济圈副中心，着力构建“三区协同、竞相发展”新格局，成眉同城取得新成效，“壮大主干”走在都市圈前列，形成“融入成都、全域开放”新态势。

一、成眉同城化发展

规划方面。协同完成《成都都市圈发展规划》等4个规划，初步形成成德眉资同城化“1＋1＋N”规划体系。交通方面。两市签订市域铁路S5线、成都外环铁路共建共管协议，正在推进公司组建、线路完善、项目融资等前期工作；启动3条“断头路”建设，剑南岷东大道全线贯通，丹蒲快速和仁简快速加快推进，“5高3轨12快”20条同城大通道加快形成；成眉跨市公交线路增加至4条，日间动车加密至80列。产业方面。在渔博会上首次设置以成德眉资同城化为题材的区域经济专题展区，成德眉资168家企业参展，展会期间四市间签约总额达119亿元；举办成都市新经济企业市州行成眉专场活动，发布城市机会清单375条；成眉两市在眉山共同举办成眉同城制造业深化合作“1＋6”集中对接活动，围绕产业链融合发展签署45个合作协议；在建、竣工和储备的成眉合作投资5 000万元以上的项目78个，涉及总投资865.8亿元。民生方面。成德眉资首批55项政务服务实现“同城化无差别”受理；眉山3所中学与成都“四七九”结对开展校际合作，20多所中小学与成都中小学结对互助；四川大学眉山校区项目正式落地；华西眉山妇女儿童医院将于2021年开诊。交界地带融合发展方面。天府新区成眉片区、新津—彭山、蒲江—丹棱正按融合发展方案加快建设，在成德眉资交界地带融合发展首批8个精品示范点中，眉山有4个纳入。

二、区域合作

把握“开放发展示范市”发展定位，积极与德阳、资阳、雅安、乐山、泸州等周边市州开展区域合作，加强在综合交通、物流通道、产业协同、自贸区建设等方面的深度融合，加快推动形成优势叠加、功能互补的区域发展共同体；抢抓长江经济带发展、粤港澳大湾区建设、泛珠三角区域粤桂黔滇高铁经济带等国家重大区域发展战略机遇，大力实施全面开放合作战略，携手桂黔滇共建西部陆海新通道，深度对接粤港澳大湾区建设，延伸与东南亚、南亚合作的战略联动纽带，推动南向贸易自由化便利化，扩大南向国际产能合作；把参与融入“一带一路”建设与深入实施“成渝地区双城经济圈建设”“成德眉资同城化发展”等国、省战略有机结合起来，努力在完善开放载体、畅通开放渠道、发展开放经济、优化开放环境等方面取得新的进展。

三、流域污水治理

2020年争取到470万元中央内预算资金，用于青神县护城河综合整治工程。完成2021年重点流域水污染防治中央预算内投资计划草案编报，拟争取资金7 800万元。组织申报流域水环境治理地方政府专项债券项目1个，拟争取专项债券资金2.4亿元。

四、现代产业体系构建

2020年，全市规上工业企业总户数631户，创历史新高，实现工业总产值1 667.4亿元，比2019年增长5.4%；工业增加值增速4.9%；完成工业投资344.1亿元，比2019年增长10.3%。全市拥有10亿元以上企业18户，其中50亿元级企业2户、上市公司2户；国家单项冠军2户，国家专精特新“小巨人”企业4户；省级“专精特新”中小企业90户、高成长型企业31户、行业小巨人企业11户，总数达132户，占全市规模以上工业企业20.9%；省级以上技术创新示范企业10户，市级以上企业技术中心84户，高新技术企业100个；国家级绿色工厂7个、国家级绿色设计产品13个，省级绿色工厂25个，市级绿色工厂25个；省级两化融合管理体系贯标试点示范企业32户；市级智能制造示范企业8户。全市有重点工业园区8个，2020年园区480户规上企业实现工业总产值1 366.5亿元，比2019年增长17.1%；有500亿元规模园区1个、200亿元规模园区2个、100亿元规模园区1个，产业集中度达71.1%。

五、信用体系建设

信用信息整合推进有力。实现入库企业5.36万户，归集市市场监管局、市人社局等12个市级部门（单位）信用信息272万条，帮助127家企业融资117.77亿元，帮助143人融资9 478万元。联合奖惩初现成效。2020年眉山市有6 814个失信被执行主体被限制高消费，10家拖欠农民工工资企业、2位拒不执行判决的失信主体被移交公安机关，1家发生重大安全生产事故的企业受到跨地区联合惩戒；55家金融守信企业受到优先申报临时周转资金等激励措施。城市信用状况监测进步明显。截至11月，眉山市综合信用指数在全国261个地级市里排名第103名，在全省17个地级市中排名10位，在全国、全省分别较年初上升146名和7位。

六、干部队伍开放能力提升

紧紧围绕“深化六稳六保、统筹经济社会发展、推进重点项目、抢抓成渝地区双城经济圈建设、成德眉资同城化发展、建设开放发展示范市”等中心工作，大力加强专业素养教育培训，不断提升干部队伍干事创业的实际本领；牵头举办“一把手”提能工程——区域协同发展专题培训班、全市“十四五”规划编制工程专题培训班，组织开展“发改大家谈”10期，形成“十四五”规划编制课题调研成果19个，着力推动中央、省、市重大决策部署落到实处；先后有450人次参加脱贫攻坚专项培训、25人次参加招投标专项培训，组织80人次开展政府投资项目管理培训；高度重视干部实践锻炼，推动干部双向互派实践锻炼，重点把优秀年轻干部选派到上级部门见世面长本领、选派到基层一线经风雨受锤炼，先后选派4人到四川省发改委跟班学习，选派1人到视高街道办挂职锻炼，下级部门7人到眉山市发改委跟班学习。

（李旭平）

脱贫攻坚工作纪实

眉山市是四川省脱贫攻坚四大片区以外的地区，无国家级贫困县和省定贫困县，有建档立卡贫困人口16.2万人，省、市贫困村316个（其中省定贫困村4个），是典型的片区外“插花式”贫困。脱贫攻坚以来，眉山市始终将脱贫攻坚作为“头等大事”，坚决做到“片外”而不“事外”，集中力量、奋力攻坚，带动16.2万名建档立卡贫困人口实现高质量脱贫，帮助316个省市贫困村实现稳定退出，脱贫攻坚各项任务全面完成。

全市始终坚持贯彻中央、省委脱贫攻坚各项决策部署，实施决战“1593”扶贫攻坚、全面打好脱贫攻坚战三年行动，贫困群众“两不愁三保障”全面落实到位。全市贫困群众人均纯收入由2015年的3 145元增加到2020年的9 830元。落实“六长”责任制以及教育扶贫各项政策，累计投入12.8亿元资助贫困学生130万人次，6~15周岁的13 174名建档立卡贫困学生无一人因贫失学、辍学，实现县域内义务教育基本均衡。累计为62.58万人次贫困人口代缴医保1.56亿元，参保率100%，实现省内跨市基本医保、大病保险、医疗救助“一单制”直接结算，贫困人口县域内门诊特殊疾病和住院报销37.35万人次、报销11.34亿元。通过危房改造、易地搬迁、其他农房建设政策帮助51 114户建档立卡贫困户实现住房安全有保障。农村“路、水、电、网”四项基础设施建设全面提升，全市保有“四好农村路”示范路800公里，农村集中供水率、自来水普及率、安全饮水达标率分别达88.2%、86.5%、100%，农村生活垃圾有效处理行政村比例98%，行政村生活污水处理覆盖率50%，农村电网综合电压合格率93%，宽带普及率35%。

全市统筹调配财政专项扶贫资金、扶贫专项资金、社会扶贫资金，持续加大脱贫攻坚投入力度。2015年以来，全市投入各级财政专项扶贫资金17.34亿元，其中中央和省级财政扶贫专项补助资金6.26亿元，市、县（区）财政专项扶贫资金11.08亿元。设立教育扶贫救助、卫生扶贫救助、贫困村产业扶持、扶贫小额信贷风险等四项扶贫基金，总规模达2.71亿元。投入易地扶贫搬迁资金18.06亿元，搬迁11 957户32 902人。实施“1＋N”组合扶贫，投入扶贫专项资金95.49亿元，加快推进“五个一批”减贫行动计划和“十个专项”扶贫攻坚。推动财政扶贫政策与金融良性互动，扶贫小额信贷9 380户、贷款金额4.38亿元。

全市大力整合各方资源，构建起政府、行业、社会等多方参与脱贫攻坚的多元化格局。37名市领导、91个市级单位（部门）结对联系186个村，2万名机关党员干部结对帮扶5.5万户建档立卡贫困户，落实帮扶项目2 500个，帮扶资金近3.8亿元，切实帮助贫困群众解决生产生活困难。1 946家民营企业参与“百企联百村”，结对帮扶477个联系村，累计投入帮扶资金1.62亿元，发展产业项目543个，解决就业3.9万人次，资助就学2 380人次。开展“扶贫日”等主题活动，动员社会各界筹措资金2 274万元，帮助1.8万名贫困学生解决学习生活难题。

全市聚焦对口帮扶、问题整改、成效巩固、总结宣传、解决相对贫困等重点工作，打好“五大战役”。打好深度贫困“歼灭战”。累计选派2批援藏干部人才114名，拨付帮扶资金1.66亿元，实施产业就业、教育医疗、基础设施等帮扶项目192个，帮助金川、茂县顺利实现脱贫摘帽；选派191名干部人才到凉山州开展综合帮扶，帮助凉山州攻克深度贫困堡垒。打好问题整改“突击战”。通过开展全覆盖督导、脱贫攻坚问题整改清零行动、“两不愁三保障”回头看大排查等发现问题整改情况全覆盖检查活动，统筹推进脱贫攻坚以来20 044个问题一项一项梳理整改，一项一项对账销号，所有问题于2020年6月底前全面整改清零。打好巩固成果“持久战”。印发《眉山市防致贫防返贫工作实施方案》，对有返贫风险的1 673户4 093名贫困户和有致贫风险的690户1659名边缘户进行动态监测；通过实施产业扶持、转移就业、公益性岗位安置等帮扶措施，补短板强弱项，筑牢返贫致贫防线。打好总结宣传“舆论战”。积极对接中央、省级主流媒体，深入报道眉山脱贫攻坚工作550次，全面客观呈现人民群众的获得感、幸福感，将眉山声音传向全国；深度挖掘励志脱贫先进典型，“最美背篼老师”微视频荣获四川省2020年诵写讲解系列活动脱贫攻坚组网上评选第二名，微电影《大山里的援藏夫妻》和图片《藤椒丰收藤农乐》获全国“我所经历的脱贫攻坚故事”展播活动三等奖和优秀奖；编纂四川脱贫攻坚书系眉山卷《东坡故里脱贫纪实》等书籍4册，拍摄电影、微视频18部，创作歌曲、小品、书法等文艺作品，系统总结、深刻挖掘眉山脱贫攻坚经验，全方位展示眉山脱贫攻坚成果。打好相对贫困“破局战”。把解决相对贫困问题纳入实施乡村振兴战略统筹安排，推动脱贫攻坚与实施乡村振兴有机衔接，39个省市贫困村创建成省市级乡村振兴示范村，92个省市贫困村建成市级“美丽四川·宜居乡村”；指导县（区）做好行政区划调整与脱贫攻坚衔接，严格落实“四个不摘”，保持扶贫政策连续性。仁寿县开展建立解决相对贫困长效机制试点，精准识别180户437名相对贫困人口，通过文明积分、产业发展、就业创业奖补和综合救助进行帮扶，帮助相对贫困人口解决实际问题。

全市抽调人员组建市、县脱贫攻坚普查机构，投入调查经费700万元，1 680名干部参与，历时9个月，对全市51 114户贫困群众开展脱贫攻坚调查，顺利通过省级数据验收和事后质量抽查，脱贫结果客观真实。

2017年1月，丹棱县代表四川省首站接受并通过国家脱贫攻坚成效考核验收，受到国家检查组“六个到位”高度评价和省委书记批示肯定。仁寿县被评为全国“十三五”时期易地扶贫搬迁工作成效明显县。2017—2018年，眉山市连续两年被省委、省政府表扬为脱贫攻坚先进市。2017—2019年，眉山市连续3年被省委、省政府表扬为省内对口帮扶藏区彝区贫困县先进集体，是省内唯一连续3年获此荣誉的市（州）。洪雅县中山镇前锋村党委书记、四川省雅雨露茶业有限公司董事长付志洪，青神经济开发区管委会主任、金川县独松乡嘎伍岭村第一书记徐俊获全国脱贫攻坚先进个人表彰；邓廉等28名个人获全省脱贫攻坚先进个人表彰。仁寿县农业开发综合服务中心获全国脱贫攻坚先进集体表彰，市教体局等17个集体获全省脱贫攻坚先进集体表彰。

（王 飞）

抗击新冠病毒肺炎疫情工作纪实

一、快速打赢阻击战

1月16日全省工作会召开后，眉山市迅速召开系统会议，落实会议要求，部署防控工作。1月17日，第一时间发出倡议，取消休假。系统2万多名干部职工、医务人员等纷纷响应，上千名党员干部提交请战书，投入抗疫一线。第一时间选派32名医护、疾控人员，筹集10万毫升血液驰援武汉。第一时间成立疫情防控领导小组和6个专项工作组，制发《联防联控“1＋5”工作方案》，组建疫情防控和医疗救治专家组，确定公布7家定点和19家发热门诊医疗机构。第一时间联通市、县、乡视频会议系统，组织开展防控和救治业务轮训，累计培训8轮20次，覆盖医疗卫生机构2 122家，医务人员98 243人次，参训率100%。借助大数据，迅速对48名疑似病例、8名确诊病例的密切接触者实行链条式、流程式追踪，累计追踪并管理密切接触者605人，开展核酸检测42 168人份，集中隔离医学观察3 316人，居家观察42 921人。联通与华西医院的5G远程诊疗系统，对疑似病例和确诊病例坚持中西医辩治和“一人一案”“一人一策”全力救治。8例确诊病例无1例危重症和死亡病例，未发生一例院感事件和医务人员感染事件，治愈率和有效率均为100%，在有限时间、有限资源、有限力量的情况下，有力保护全市人民的身体健康和生命安全。闫利源医师被党中央、国务院、中央军委授予“全国抗击新冠肺炎疫情先进个人”称号，市卫生健康委等卫健系统7个集体、18个人获“四川省抗击新冠肺炎疫情先进集体、先进个人”称号。

二、落细常态化防控

严格落实境外输入人员“14＋7＋7”闭环管理、中高风险返（入）眉人员14天集中隔离医学观察和至少2次核酸检测管控措施，管控境外入眉人员1 323人、中高风险返（入）眉人员4 196人，核酸检测结果均为阴性。坚持人物同防、同查，东坡区、仁寿县紧急建设2个集中监管仓，对进口冷链食品（外包装）实行全覆盖消毒消杀和核酸检测。突出重点行业、重点场所和重点人群监测管控，每周对进口冷链食品、隔离场所、医疗机构发热门急诊等5类高风险从业人群全员检测，定期对农贸（集贸、海鲜）市场、外卖、邮政快递从业人员、学校托幼机构师生和场所环境抽样检测等，全市各级各类机构累计开展核酸检测476 831份。加快核酸检测能力建设，全市建成核酸检测机构23家。紧急改造市、县（区）传染病区（科），建成传染病床596张、负压病床121张，其中市级建成市重大公共卫生应急处置中心，新增救治床位110张，含负压病床38张。改建发热门诊15家，争取抗疫特别国债资金1.2亿元，建成基层哨点诊室134个。市、县（区）先后配置负压救护车11台。设置集中隔离场所5 114间，其中常备2 983间、储备2 131间。

三、强化应急储备

组建疫情风险研判专家队、医疗救治队、流行病学调查队、核酸检测应急队、心理疏导队等专业队伍和2支快速处置队伍，做好整建制派出准备。培训并储备流行病学调查人员123人、核酸检测人员198人、采样人员2 540人，保持随时处于备战状态。建立市级应急物资轮换储备机制，按照三个月用量标准进行实物轮换储备，市级储备医用外科口罩300万只、防护口罩1.4万个、防护服1万套、核酸检测试剂和提取剂7万人份、医用乳胶手套和医用橡胶手套若干。各级医疗卫生机构按照满负荷运转1个月消耗物资的标准进行储备，储备普通医用口罩40.9万只、医用外科口罩243.9万只、医用防护口罩

16.1 万只、医用防护服 8.6 万套、护目镜 2.2 万个、防护面屏 5.9 万个、隔离衣 10.6 万件、核酸检测试剂 11.9 万人份、丁腈手套 10.5 万副、治疗药品若干。

四、坚持多病共防

组建中医专家指导组，深入定点医院查房、会诊，全程运用中医药辨证论治，无 1 例重症。开具中药处方、熬制中药汤剂，免费提供“清肺排毒汤”276 485 人次。加强流感疫苗接种，全市接种流感疫苗近 11 万人次。有序开展重点人群新冠病毒疫苗接种，印发全市和市本级重点人群新冠病毒疫苗接种工作方案，根据不同风险重点人群的接种时间安排、人员比例以及前期各区县紧急接种情况统筹分配疫苗，有序开展重点人群接种。截至 12 月 31 日，全市接种第一针 9 021 人，接种两针 3 178 人，无严重疑似预防接种异常反应报告。

（张　瀚　张　勇）

大事记

A CHRONICLE OF MAJOR EVENTS

1—12月

1月 January

1日　眉山市水生生物保护区——岷江长吻鮠国家级水产种质资源保护区青神段和周公河珍稀鱼类省级自然保护区洪雅段正式实施永久性生产性禁捕。青神县除保护区外，天然水域启动为期10年的生产性禁捕。

2日　眉山天府新区不动产登记中心挂牌成立，正式面向新区企业，开办不动产登记业务。

3—5日　2020年国际男子篮球挑战赛（眉山站）在眉山市体育馆举行。

5日　眉山市仁寿县黄颡鱼水产种质资源场建设项目通过竣工验收。项目为四川省水产种质资源建设重点骨干项目，总投资495万元。

6日　通威集团全球创新基地项目签约仪式在眉山市会议中心举行，标志通威集团全球创新基地正式落户眉山天府新区。

7—13日　四川省首批省级全域旅游示范区验收认定和创建单位名单公示，眉山市东坡区、仁寿区、洪雅县入选。

9日　中共眉山市第四届委员会第十四次全体会议暨市委经济工作会议召开。

9—12日　眉山市东坡区德康合作社等10家农民合作社携东坡味道产品参展四川省第十届农民合作社优质农产品迎春大联展，现场销售东坡味道特色农产品12万元。

10日　眉山市人民政府、启迪控股股份有限公司、四川发展控股有限责任公司、涛石股权投资管理（上海）股份有限公司战略合作协议签约仪式在成都举行。

☆　四川大学华西医院眉山医院干部任命暨揭牌仪式在眉山市会议中心举行。

12日　国家泡菜质量检验中心（四川）申请的泡菜、乳制品和调味料三大类94个参数通过中国合格评定国家认可委员会（CNAS）实验室认可现场评审，成为眉山市首个完成CNAS实验室认可的检测技术机构。

16日　2019安逸四川·冬游天府旅游季——瓦屋山冰雪嘉年华在眉山市洪雅县瓦屋山景区启动。

19日　成眉交通同城化工作对接会在眉山市召开，听取关于加快推进成眉同城化交通运输工作有关情况，研讨成眉市域铁路、天府新区经眉山至乐山高速公路、滨江大道东线北段、益州大道南延线、梓州大道南延线等道路建设问题。

27日　在眉山市拍摄的2020春节特别节目《中国节有味道》在中央电视台科教频道（CCTV-10）《味道》栏目播出，总时长30分钟。

30日　眉山市发出全省首份保障疫情防控工伤认定书。

2月 February

3日　眉山市应对新型冠状病毒感染肺炎疫情工作会议召开，对全市疫情防控工作再安排、再部署。

4日　眉山市委常委会会议暨市委应对新型冠状病毒感染肺炎疫情工作领导小组会议召开。

☆　眉山市第一例新冠肺炎患者治愈出院。

5日　眉山市安全生产工作会暨2020年安委会第一次（视频）会议召开。

☆　@央视新闻客户端以现场直播互动形式，以《四川布防：追踪焚烧废弃口罩》为题，从废弃口罩街面收集、站点运送以及终端处理，向全国呈现眉山经验。

7日　眉山市新型冠状病毒感染肺炎疫情防控专家座谈会召开，强调要充分发挥医疗防疫专家专业优势，加强研判、严防死守，科学做好当前疫情防控和患者救治。

9日　眉山市首批援鄂医疗队到湖北新冠肺炎疫情防控一线开展援助救治。

12日　眉山市5个项目获2019年度四川省科学技术奖，其中“四川金象赛瑞化工股份有限公司绿色生态循环经济产业链技术创新工程项目”“优质高产饲料新品种选育及绿色增效生产技术应用”2个项目获二等奖，“铁路货车制动装置惯性故障攻关”“芽菜产业链关键技术集成创新与应用”“青花椒高值化综合利用关键技术研究与示范”3个项目成果获三等奖。

25日　四川省推进成德眉资同城化发展领导小组第一次会议在成都召开。会议以电视电话会议形式召开，眉山市设分会场。

27日　中央电视台新媒体《央视新闻》20分钟直播青神县畅通绿色通道帮助村民销售椪柑。

28日　丹棱橘橙在CCTV发现之旅频道《美丽中国行》栏目播出30分钟。

3月 March

2日　眉山市委印发《关于调整优化中心城区园区管理体制与布局实施方案》，组建眉山高新技术产业园区党工委管委会，为市委、市政府正县级派出机关。

9日　眉山市委机构编制委员会印发《关于眉山高新技术产业园区机构编制有关事项的通知》，撤销原现代工业新城办下属事业单位现代工业新城投资服务中心，实际工作岗位在金象化工产业园区机关及下属事业单位的人员整体转隶到高新区。

11日　眉山市东坡区现代水产种业园区、洪雅县现代牛种业园区入选首批省级现代种业园区培育创建名单，全省入选9个。

13日　眉山市创森工作总结暨创文创卫工作推进会议召开。

14日　眉山市最后一名新冠肺炎确诊患者出院，全市新冠肺炎确诊病例“清零”。

16日　洪雅县玉屏山森林康养基地被国家林业和草原局发改司、民政部养老服务司、国家卫生健康委员会老龄健康司、国家中医药局国际合作司评为首批国家森林康养基地。

18日　成德眉资医疗保障同城化工作推进会在眉山市召开。

23日　眉山市彭山区葡萄现代农业园区被四川省人民政府命名为全省四星级现代农业园区。

24日　四川省农业农村厅印发《四川省农村生产生活遗产保护和传承工作方案》，在全省启动农村生产生活遗产保护和传承工作，首批确定20个县（区）为四川“农村生产生活遗产保护和传承”项目实施单位，青神竹编技艺入榜。

☆ 眉山市扫黑除恶专项斗争工作会召开。

26日 四川省2020年第一季度重大项目集中开工，眉山市在高新区与全省同步开工。眉山市集中开工重大项目40个（产业及创新平台项目19个、基础设施项目7个、民生及社会事业项目5个、生态环保项目5个、其他项目4个），总投资216.6亿元，其中投资10亿元以上项目8个。

27日 眉山市乡镇行政区划调整改革工作总结暨村级建制调整改革工作推进会议召开。

4月
April

17日 眉山市人民政府和重庆市大足区人民政府在眉山市签署《推动成渝地区双城经济圈建设合作框架协议》。

20日 眉山甘眉工业园区220千伏甘眉变电站投入运行。

21日 通威太阳能眉山基地一期高效晶硅电池项目投产暨二期项目开工仪式在眉山市甘眉工业园区举行。

24日 眉山市丹棱县张场镇万年村《“小超市”办“大事儿”助推乡风文明》入选首批全国村级“乡风文明建设”优秀典型案例。

26日 眉山市青神县被确定为第二批农民合作社质量提升整县推进省级试点县。

27日 中国人民政治协商会议第四届眉山市委员会第五次会议召开。

28日 眉山市第四届人民代表大会第六次会议召开。

29日 眉山职业技术学院在高职发展智库发布的“2012—2019年全国教学能力比赛高职院校获奖统计”中，位列全国高职院校第50位、四川省高职院校第3位。

5月
May

1日 《眉山春橘》宣传视频在成都铁路局240组高铁列车电视媒体正式投放，为期1年。

6日 眉山市第七次全国人口普查领导小组全体会议召开。

8日 成德眉资打通同城化城际“断头路”行动计划暨首批项目在成都启动。项目共15个，总投资约172亿元，其中成眉间“断头路”项目3个，分别为城际快速通道1条（简仁快速路）、普通省道2条（S103剑南岷东大道双流段、S401蒲丹路），总投资70.9亿元。

☆ 眉山市丹棱县农村人居环境整治被国务院通报表扬，是全市唯一，也是同类别全省唯一。

☆ 眉山市丹棱县通过全国绿色食品原料（杂柑）标准化生产基地验收，标志丹棱县绿色食品原料标准化生产基地实现“零的突破”。

9日 中央电视台《新闻直播间》栏目对眉山市东坡区“鱼稻共生”产业进行报道。

14日 眉山天府新区与启迪控股在北京签署启迪天府新区科技城项目战略合作协议，启迪控股将在眉山天府新区投资建设启迪天府新区科技城项目。

15日 眉山市市域社会治理现代化试点工作动员会召开。

☆ 眉山市人才工作领导小组2020年第一次会议召开。

☆ 《眉山春橘》宣传视频在成都双流机场T1和T2航站楼出发大厅4台显示屏正式投放，为期3个月。

19日 眉山市森林防灭火专项整治暨自然灾害防治、安全生产工作会召开。

20日 眉山市创建国家生态文明建设示范市暨迎接省级生态环境保护例行督察动员大会召开。

21日 农业农村部、财政部公布2020年优势特色产业集群建设名单，四川晚熟柑橘产业集群上榜，眉山作为集群核心区，涉及东坡区、仁寿县、丹棱县、青神县。

☆ 眉山市丹棱县杨场镇被农业农村部、财政部列入2020年农业产业强镇建设名单。

22日 眉山市与俄罗斯鞑靼斯坦共和国下卡姆斯克市举行视频会议，围绕已签订的友城协议和教育机构合作备忘录，商讨进一步合作内容。

23日 眉山市人民政府与联想集团在北京签署智慧城市战略合作协议。

25日 眉山市委民族宗教工作领导小组（扩大）会议召开。

6月
June

1日 四川省委第四巡视组巡视眉山市工作动员会召开。

3日 眉山高新区管委会与万华化学集团在眉山签订万华化学西南基地项目具体投资合同书。

8日 眉山市人民政府与中石油西南油气田公司深化合作系列项目签约仪式举行。

9日 作为四川省首个接入部、省平台系统的区县，眉山市青神县脱密数据对接成功，标志实现部、省、县三级接入模式。

10日 中央电视台《新闻联播》报道眉山数字农业发展情况。

11日 “走向我们的小康生活”大型主题采访报道活动启动仪式四川分会场活动在眉山市彭山区观音街道果园村举行。眉山是全国八个采访现场之一，也是四川唯一，《人民日报》、新华社、中央广播电视总台、《光明日报》《四川日报》、四川电视台等16家中央和省级主流媒体记者组成的采访团参加。

☆ 眉山市委、市政府2020年民生工作会议召开。

17日 眉山市举行2020年应急民兵分队战备拉动演练暨集合点验民兵活动。

23日 眉山生态环境监测中心站授牌仪式举行，原眉山市环境监测中心站正式更名为眉山生态环境监测中心站。

24日 眉山市举行“四川省专家服务团助力成德眉资同城化发展暨回头帮走进眉山活动”专家与受援单位见面会，标志四川省专家服务团助力成德眉资同城化发展暨回头帮走进眉山活动正式启动。

☆ 眉山市首届“诚信宣传月”集中宣传活动举行，以“弘扬诚信理念 建设诚信眉山”为主题。

☆ 眉山市“新时代好少年”先进事迹发布仪式在洪雅县举行。

30日 眉山市民政局、市公安局联合印发《关于进一步细化事实无人抚养儿童认定工作中父母失联相关材料办理流程的通知》，为眉山市在全省首创关于事实无人抚养儿童的认定方法。

7月
July

8日　2020年四川省文明办对眉山市创建全国文明城市暗访测评情况反馈会召开，重点对测评中发现的问题集中反馈，为眉山创文工作把脉问诊、明确方向。

☆　眉山市防汛减灾应急演练暨防汛减灾工作会议召开。

13日　眉山市人民政府印发《眉山市国有建设用地使用权管理办法》，规范国有建设用地使用权出让行为。办法自2020年8月20日起施行，有效期5年。

17日　眉山市与成都市推动成眉同城化发展系列合作协议签约仪式在成都举行，其中成都市委外事工作委员会办公室与眉山市委外事工作委员会办公室签署《推进成眉同城化发展外事合作协议》，成都市教育局与眉山市教育和体育局签署《加强成眉教育同城化发展合作协议》，成都市医疗保障局与眉山市医疗保障局签署《成眉同城化发展医疗保障合作协议》，成都市住房公积金管理中心与眉山市住房公积金管理中心签署《住房公积金同城化发展重大事项合作备忘录》。

20日　《人民日报》报道眉山特色农业促农增收。

21日　眉山市青神县人居环境整治工作获农业农村部肯定，《青神县全域推进农村人居环境整治　跑出乡村振兴"加速度"》经验报告在农业农村部官网登载。

22日　"成德眉资＋遂巴"劳动保障监察同城化发展会议在成都召开，成都、德阳、眉山、资阳、遂宁、巴中6个市的劳动保障监察机构负责人及相关人员共绘蓝图、共商合作、共促发展。

23日　四川省首个市州考古工作站——眉山考古工作站在眉山市挂牌成立。

29日　中共眉山市第四届委员会第十五次全体会议召开，审议通过《中共眉山市委关于坚定贯彻成渝地区双城经济圈战略部署加快建设成都都市圈副中心的决定》。

30日　成都市、德阳市、眉山市、资阳市人大常委会在成都签署关于建立助推成德眉资同城化发展工作协作机制的协议，从立法、监督、讨论决定重大事项、组织代表活动和课题研究等方面深化协作交流，助推成德眉资同城化加快发展，助力成渝地区双城经济圈建设。

8月
August

5日　眉山市与尼泊尔卡马拉迈市建立友好合作关系备忘录签约仪式举行。活动以视频会议的形式进行，双方签署《中华人民共和国四川省眉山市与尼泊尔联邦民主共和国巴格马蒂省卡马拉迈市建立友好合作关系谅解备忘录》，结为友好合作关系城市。卡马拉迈市成为眉山市第10个国际友好关系城市。

11—13日　吉香居、李记、味聚特、老峨山和幺麻子等12家"味在眉山"食品企业参加第四届上海·全国优质农产品博览会，现场销售8万元，签订意向订单130万元。

13日　"5G三千兆，信息新消费"发布会在眉山市举行。中国电信率先在眉山市启动"慧眼工程"5G创新发展全国示范城市建设，开展5G新基建和5G＋信息化应用推广、慧眼工程、信息通信脱贫攻坚等项目，支持工业企业数字化转型。

15—17日　眉山市东坡区、彭山区、仁寿县、洪雅县、青神县遭受暴雨、大暴雨袭击，引发洪涝灾害。截至17日18时，灾害造成59个乡镇92 544人受灾，紧急转移安置2 626人，因灾死亡0人、失踪0人；房屋倒塌8户23间，严重损坏10户35间，房屋一般损坏183户346间；农作物受灾面积3 226公顷，部分公路、水利设施损坏，直接经济损失7 374万元。

20—22日　吉香居、李记、味聚特、张二心和川娃子等11家"味在眉山"食品企业参加2020广州世界农业博览会暨第三届直供粤港澳大湾区农产品产销对接会，现场销售16万元，签订意向性订单800万元。

21日　眉山市中级人民法院、青神县人民法院微电影作品《达瓦里希》在全国法院第六届微电影微视频评选活动中，获评十佳微电影（执行单元）。

21—23日　农业农村部委托中国农业电影电视中心到眉山市现场采集素材，拍摄制作畜禽粪污资源化利用宣传片。

27日　眉山市委全面深化改革委员会第五次会议召开。

28日　天府万达国际文旅项目签约仪式举行，标志天府万达国际文旅项目正式落户眉山市。

28—30日　眉山文旅首次亮相第十六届海峡旅游博览会（福建厦门）。眉山市组织东坡区、彭山区、洪雅县等区县文旅部门以及瓦屋山、眉山功夫动漫等文旅企业参展，宣传推介眉山文旅资源，拓展客源市场。

9月
September

2日　眉山中院一站式多元解纠和诉讼服务体系建设入选全国百强，是全省唯一。

7日　眉山市成功创建第十二批农民合作社省级示范社31家。

9日　眉山市第36个教师节庆祝会召开，现场表彰48名优秀教师和11名优秀校长。

14日　眉山市入围第六届全国文明城市参评城市名单，全国排名第29名。

18日　眉山市纪念抗战胜利75周年暨中秋慰问抗战老兵活动在眉山市抗战将士纪念馆举行。

21日　四川第十一届"中国统计开放日"活动暨第七次全国人口普查宣传月启动仪式在眉山举行。

22日　眉山市青神县蚕丛大桥正式通车。

☆　眉山市仁寿县入选2020中国西部百强县市。

25日　眉山市洪雅县正式命名为天府旅游名县。

☆　眉山市应对新冠肺炎疫情应急指挥部第39次调度会召开，传达学习全国抗击新冠肺炎疫情表彰大会和省应对新冠肺炎疫情应急指挥部第三十三次会议精神，通报指挥部督促检查组专项督查情况，对做好全市秋冬季和国庆中秋假期疫情防控工作安排部署。

25日 眉山职业技术学院师生创作作品《千古英雄苏东坡》登上四川省2020年中华经典诵写讲演系列活动“诵经典”展演舞台。

26日 2020年眉山市“四川农信杯”第十二届羽毛球联赛在市体育馆开幕。

☆ 《农民日报》评选发布2020年农民合作社500强排行榜，眉山市好味稻水稻专业合作社排名第10名（四川省第一名）。

27日 眉山市举行2020年第三季度重大项目集中开工仪式，集中开工项目56个，总投资375亿元，其中省重点项目1个、市重点项目6个，10亿元以上项目10个，涵盖基础设施、产业发展、民生及社会事业等领域。

☆ 220千伏牯牛山输变电工程开工仪式在眉山市青神县钟家山村举行。

29日 天府新区眉山管理委员会、理想境界科技有限公司、联想叠云创新科技园举行眉山未来显示科技示范园项目签约仪式。

30日 2020·眉山市暨东坡区公祭烈士活动在东坡区烈士陵园举行。

10月
October

12日 眉山市巩固“双创”成果、深化文明城市创建工作会议召开。

☆ 2020年眉山市“新时代治眉兴眉执政骨干递进培养计划”培训班在市委党校开班，200人参加。

13日 眉山市2020年家庭农场市级示范场评定会召开，评定家庭农场市级示范场170家。

16日 眉山市歌舞剧院舞蹈作品《大国芬芳——英姿》亮相由湖南电视台举办的第30届中国电视金鹰奖开幕式，为眉山市歌舞剧院首次在国家级电视节庆活动登台亮机。

19日 眉山市东坡区被中央农村工作领导小组办公室、农业农村部评为全国农村承包地确权颁证工作典型地区。

19—20日 “金砖国家友好城市暨地方政府合作论坛”在俄罗斯鞑靼斯坦共和国首府喀山召开，眉山市以视频方式出席论坛，并就“确保新冠疫情期间和后疫情时代城市可持续发展”作专题发言。

20日 眉山市启动主城区路内停车泊位及100处路外（人行道）停车泊位智慧化改造。

21日 眉山市第六届老年人运动会在市体育馆开幕。

22日 眉山市彭山区新岷江大桥开建。项目总投资2.3亿元，全长509米，桥宽32.5米，双向6车道通行，预计2022年5月竣工。

☆ 眉山市农业职业经理人市级示范培训班开班。

24日 由共青团眉山市委、共青团东坡区委和东坡书院联合建设的“青春驿站”在东坡区拱极街正式启用，为眉山市首家启用的“青春驿站”。

28日 苏洵苏轼苏辙与传统法治文化高峰论坛在眉山市举行。

29日—11月4日 第六届全国文明村镇候选名单公示，眉山市东坡区尚义镇龚村、洪雅县中山镇前锋村、青神县高台镇诸葛村3个村上榜。

11月
November

2日 成乐高速公路彭山新互通正式开通。项目投资2.3亿元，互通立交范围全长6.17公里（主线1.3公里、匝道4.87公里），包含11条匝道，收费站进出口全宽77.4米，跨线大桥2座，中小桥8座。

2—7日 “2020中国国际竹产业交易博览会·首届数字国际熊猫节”在眉山市青神县举行，开幕式上青神县“四川省自然教育（竹文化）国际实训基地”授牌。

5日 眉山高新区管委会与梅塞尔格力斯海姆（中国）投资有限公司在上海签订项目投资合同书。德国梅塞尔集团是全球第四大工业气体企业，成为眉山高新区引进的第一家全外商独资企业。

☆ 2021年眉山首届网络春晚报名通道开启。

6日 《眉山日报》城市慢直播“远景楼＋音乐喷泉点位”正式上线。

9—14日 2020年度“大地文心”生态文学作家采风四川行活动在眉山市举行，了解眉山市践行绿色发展、持续改善生态环境质量取得的成效以及涌现出的感人故事，新华社、《光明日报》、《中国环境报》、澎湃新闻、四川电视台等20家媒体跟踪报道。

10日 眉山市入选第六届全国文明城市名单，全国排名第25名。

☆ 第四届眉山东坡文化学术高峰论坛暨第六届全国书院高峰论坛在眉山市举行。

11日 眉山市彭山区观音镇果园村、丹棱县双桥镇梅湾村、洪雅县中山乡前锋村3个村入选“2020年全国乡村特色产业亿元村”。

16日 成宜高速仁寿段宝飞枢纽全幅贯通。

16—22日 第十二届中国泡菜食品国际博览会暨第三届世界川菜大会在眉山市举行。

19日 眉山市东坡区入选全国首批深化小型水库管理体制改革样板县（市、区）名单，四川仅三县（区）入选。

☆ 眉山新增跨市公交线路——眉山东站到仁寿视高T51路公交。

20日 农业农村部公布第十批全国“一村一品”示范村镇及2020年全国乡村特色产业十亿元镇亿元村名单，眉山市东坡区三苏镇鸭池村入选第十批全国“一村一品”示范村镇，彭山区观音镇果园村、丹棱县双桥镇梅湾村、洪雅县中山乡前锋村入选2020年全国乡村特色产业十亿元镇亿元村。

☆ 全省农村生活污水治理工作现场会议在眉山市召开，眉山农村生活污水治理经验全省推广。

24日 中国（眉山）主导制订的泡菜国际标准ISO 24220《泡菜（盐渍发酵蔬菜）规范和试验方法》进入出版阶段。

26日 丹棱县丹橙现代农业园区、仁寿县“橙色田园”柑橘生猪种养循环现代农业园区、东坡区现代水产种业园区、洪雅县四川现代牛种业园区、彭山区稻药现代农业产业园区被眉山市人民政府命名为市级现代农业园区。

27日 四川省2020年第四季度重大项目集中开工仪式举行，眉山分会场在仁寿县中德通内斯—德康（眉山）高端肉制品加工项目施工现场同步举行开工仪式。眉山集中开工重大项目65个，总投资470.8亿元，其中10亿元以上项目14个。

27—29日　眉山市举办中国农业经济学会2020年研讨会。

29日　眉山市歌舞剧院在四川省隆昌市蓬峰大剧院演出，拉开首次全国巡演序幕。

30日　首届川渝电力企业电力交易职业技能大赛暨川渝电力发展交流对话在眉山市举行，川渝两地政府相关部门、电力行业专家学者以及电力市场主体代表等400人参加。

☆　眉山市人民对外友好协会第二届理事会会议召开，审议通过《眉山市人民对外友好协会第一届理事会工作报告》、新修改的《眉山市人民对外友好协会章程》，选举产生新一届市对外友协理事会领导班子。

12月
December

1日　眉山市青神县获评全省竹产业高质量发展县。

☆　眉山市举行2020年“世界艾滋病日”主题宣传活动启动仪式，主题为“携手防疫抗艾，共担健康责任”。

☆　眉山市文化和旅游发展大会召开。

2日　《眉山市物业管理条例》公布，自2021年1月1日开始施行。

☆　眉山未来显示科技产业示范园项目开工建设。项目分两期建设，一期投资10亿元，工业用地120亩；二期投资60亿元，拟选址眉山东部新城。

☆　眉山市森林防灭火工作会议召开。

☆　“手拉手共奔小康·心连心情满四川”国际残疾人日义务按摩回报社会暨《中华人民共和国残疾人保障法》颁布30周年公益活动在眉山市举行。

3日　眉山市退役军人工作会议召开。

☆　眉山市基层统战工作提升年现场会召开。

3—4日　四川省宗教活动场所消防安全培训暨演练活动在眉山市举行。

4日　2020中日防灾减灾研讨会视频交流活动举行。活动以“携手合作应对自然灾害挑战”为主题，眉山市为全国三个分会场之一，在活动中作交流发言。

☆　共青团眉山市委员会“东坡岛红领巾志愿服务项目”获第五届中国青年志愿服务项目大赛全国赛铜奖。

☆　“密码保安全　保密护发展——‘12·4’国家宪法日暨成德眉资保密法治宣传教育（眉山点）活动”在东坡湖广场举行。

5—6日　第十八届中国食品安全大会（年会）在眉山市举行。眉山市在春橘推介会上，签约褚橙农庄乡村振兴战略合作、宝能物流集团四川农产品运营中心等建设项目4个，意向金额37.5亿元；签约柑橘采购协议3个，意向金额1.67亿元。

9日　四川省委第三巡视组政府采购专项巡视眉山市进驻沟通会召开。

☆　四川省卫健委妇幼保健院等级评审专家组对眉山市妇幼保健院进行三级乙等妇保院现场复评。

10日—2021年3月31日　2020四川冰雪和温泉旅游节在洪雅县瓦屋山景区举行。

15日　眉山市委应对新冠肺炎疫情工作领导小组会议召开，研究四川新增境外输入新冠肺炎确诊病例协查处置工作。

☆　眉山市文化和旅游产业发展领导小组全体会议召开，研究东坡区创建天府旅游名县、推动全域旅游发展和三苏祠申遗，通报全市文旅重点项目建设和文旅资源普查情况。

17—20日　第十二届中国加工贸易产品博览会在广东省东莞市举行。加博会首次设主宾市，眉山市是本届唯一主宾市，组织市内10家企业参展。眉山市人民政府与东莞市人民政府签署《加工贸易梯度转移合作框架协议》。

18日　2020第六届中国农业品牌年度颁奖盛典在成都举行。眉山市组织吉香居、李记、茂华等6家龙头企业参加，展示特色产品20种，“眉山春橘”“威兰特果小酒”“张三芝麻糕”“温师傅”“素翁”“雅女湖”6个农产品品牌登上2020中国农产品百强标志性品牌榜单。

21日　眉山市东坡泡菜、东坡肘子制作技艺、曹家梨膏、汪洋干巴牛肉制作技艺、藤椒油閟制技艺、高庙白酒传统酿造技艺、养蚕缫丝、青神竹编8个项目入选四川首批农村生产生活遗产名录。

22日　眉山市东坡区人民政府与深圳大学深地科学与绿色能源研究院、四川安沃德新能源科技有限公司共同签署氢能技术研发及产业化战略合作协议。

23日　眉山市东坡区三苏祠历史文化街区、东坡区眉州古城墙历史文化街区、东坡区太和老镇历史文化街区被命名为四川第三批历史文化街区。

24日　四川省二冶建筑工程有限公司揭牌仪式举行，标志四川省二冶建筑工程有限公司正式落户眉山天府新区。

28日　天府新区眉山管委会和香港皇权集团在眉山市举行香港皇权集团IFC国际时尚城项目签约仪式，标志项目正式落户眉山天府新区。

☆　天府新区眉山管委会和玉湖集团（香港）投资有限公司在眉山市举行天府新区·玉湖城项目签约仪式，标志项目正式落户眉山天府新区。

☆　万华化学西南基地一期高性能改性树脂项目在眉山高新区正式投产，成为万华化学（四川）有限公司首个投产项目。

30日　中共眉山市第四届委员会第十六次全体会议暨市委经济工作会议召开。

31日　眉山交通技工校人员整体并入眉山职业技术学院。

眉山综述

MEISHAN OVERVIEW

政区人口 / 自然地理 / 历史文化 / 国民经济和社会发展

政区人口
Administrative Division and Population

【建置沿革】 眉山,古称眉州。周慎靓王定五年(前316),境内现彭山区建武阳县,为全市行政区建置最早政区;南齐建武三年(496),于武阳县地置齐通左郡和齐通县,郡县同治于今东坡区太和镇,为眉山建置之始;梁太清二年(548),废齐乐郡、齐乐县,置青州(以汉青衣县得名);梁承圣二年,即西魏废帝元钦三年(553),改青州为眉州;宋太平兴国元年(976),改通义县为眉山县,眉山定名;1950年1月,设眉山专区,辖眉山、彭山、丹棱、青神、夹江、洪雅、大邑、邛崃、蒲江、名山10县;1997年5月30日,成立眉山地区,与乐山市分置;2000年6月10日,撤销眉山地区,建立眉山地级市,12月19日挂牌。

【行政区划】 2020年,眉山市辖区面积7 140平方公里,其中耕地面积241 156公顷;辖东坡、彭山2个区,仁寿、洪雅、丹棱、青神4个县,有13个街道办事处、62个镇、5个乡、337个社区居委会、510个村民委员会。

【人口】 2020年,眉山市有常住人口295.6万人,户籍总数124.08万户、户籍人口341.76万人(其中城镇人口133.63万人、乡村人口208.13万人,男性人口

2020年眉山市行政区划一览表

表1　　单位:个、平方公里

属地	乡镇合计数	镇	乡	街道办事处	社区居委会(社区)	居民小组	村民委员会	村民小组	辖区面积
全市	67	62	5	13	337	3 154	510	4 855	7 140
东坡区	13	13	—	3	97	990	125	1 239	1 336
彭山区	3	3	—	5	30	274	35	227	462
仁寿县	28	26	2	4	147	1 343	216	2 278	2 608
洪雅县	12	12	—	—	28	290	61	593	1 898
丹棱县	5	4	1	—	15	119	35	245	449
青神县	6	4	2	1	20	138	38	273	387

2020年眉山市街道办事处、乡(镇)统计表

表2

属地	街道办事处、乡(镇)
东坡区	街道办事处(3个):苏祠街道办事处、通惠街道办事处、大石桥街道办事处 镇(13个):太和镇、富牛镇、崇礼镇、复兴镇、尚义镇、三苏镇、思蒙镇、万胜镇、多悦镇、秦家镇、修文镇、永寿镇、松江镇
彭山区	街道办事处(5个):凤鸣街道办事处、观音街道办事处、谢家街道办事处、江口街道办事处、青龙街道办事处 镇(3个):黄丰镇、锦江镇、公义镇
仁寿县	街道办事处(4个):文林街道办事处、普宁街道办事处、怀仁街道办事处、视高街道办事处 镇(26个):珠嘉镇、宝马镇、满井镇、文宫镇、方家镇、龙马镇、谢安镇、北斗镇、富加镇、新店镇、藕塘镇、板桥镇、禾加镇、禄加镇、宝飞镇、汪洋镇、彰加镇、钟祥镇、龙正镇、高家镇、贵平镇、黑龙滩镇、大化镇、曹家镇、始建镇、慈航镇 乡(2个):虞丞乡、青岗乡
洪雅县	镇(12个):洪川镇、止戈镇、瓦屋山镇、七里坪镇、高庙镇、槽渔滩镇、东岳镇、中保镇、余坪镇、将军镇、中山镇、柳江镇
丹棱县	镇(4个):齐乐镇、仁美镇、张场镇、杨场镇 乡(1个):顺龙乡
青神县	街道办事处(1个):青竹街道办事处 镇(4个):西龙镇、高台镇、瑞峰镇、汉阳镇 乡(2个):白果乡、罗波乡

2020年眉山市人口统计表

表3

属地	户籍总数(万户)	户籍人口(万人)	常住人口(万人)	人口密度(人/平方公里)	其中				出生率(‰)	死亡率(‰)	自然增长率(‰)
					城镇人口(万人)	乡村人口(万人)	男性人口(万人)	女性人口(万人)			
全市	124.08	341.76	295.60	479	133.63	208.13	173.22	168.54	8.13	7.10	1.03
东坡区	36.40	87.32	90.45	654	41.41	45.91	43.49	43.83	8.08	6.87	1.21
彭山区	12.61	32.59	32.84	705	15.23	17.36	16.24	16.36	7.71	7.98	−0.26
仁寿县	51.31	152.27	111.03	584	50.00	102.28	78.38	73.89	8.34	6.93	1.41
洪雅县	11.13	34.24	29.58	180	13.06	21.18	17.32	16.92	8.40	7.40	0.99
丹棱县	5.70	16.24	14.89	362	6.88	9.36	8.19	8.05	8.70	—	0.72
青神县	6.92	19.09	16.81	493	7.05	12.04	9.60	9.49	7.30	8.20	0.90

173.22 万人、女性人口 168.54 万人）；人口出生率 8.13‰、人口自然增长率 1.03‰，人口密度 479 人／平方公里。

（编辑部）

自然地理
Natural Geography

【地理位置】 眉山市位于四川盆地成都平原西南部，岷江中游，北纬 29°24′～30°16′、东经 102°49′～104°30′，东西长 150 公里，南北宽 72 公里；北接省会成都市，南连乐山市，东邻内江市、资阳市、自贡市，西接雅安市，是成（都）乐（山）黄金走廊的中段重点地区及成都平原经济圈的重要组成部分。

【地形地貌】 眉山市地处成都平原，区域内地势西高东低、南高北低；境内山峦纵横、丘陵起伏、河网密集，最高海拔 3 172 米（洪雅县光冬冬山），最低海拔 335 米，最大相对高差 2 837 米。全市坝、丘、山皆有，西部丹棱、洪雅、仁寿境内大部分地区为低山丘陵；北部东坡、彭山、青神为低山、丘陵、平原地貌，地势较平缓。全市平坝面积 1 396.8 平方公里，主要分布于岷江两岸，占全市总面积的 19.44%；丘陵面积 4 237.75 平方公里，主要分布于龙泉山脉及总岗山脉，占全市总面积的 58.97%；山地以中、低山地貌为主，面积 1 551.45 平方公里，主要分布于洪雅青衣江右岸，占全市总面积的 21.59%。

【矿产资源】 眉山市境内矿藏资源丰富，已发现钙芒硝、膨润土、石膏、煤、地热、天然气、铁、铜、铅、锌、锰、砂金、硫铁矿、磷、白云岩、玄武岩、菱镁矿、脉石英、水泥用灰岩、饰面用花岗岩、建筑用砂、砂岩、砖瓦用黏土、砖瓦用页岩、矿泉水等矿产 25 种，已开发利用 18 种。其中，钙芒硝保有储量 91.16 亿吨、膨润土 9.82 万吨，均居全省第二位。

（刘　杰）

【动物资源】 眉山市境内有野生动物 469 种，其中兽类 8 目 27 科 65 属 91 种、鸟类 18 目 66 科 170 属 309 种、爬行类 2 目 11 科 27 属 35 种、两栖类 2 目 9 科 17 属 34 种；已鉴定的昆虫有 15 目 90 科 315 属 415 种，其中国家一级重点保护野生动物有大熊猫、豹、云豹、羚牛、林麝、大灵猫、小灵猫、金猫、豺、斑羚、黑颈鹤、黑鹳、中华秋沙鸭、四川林鸮、金额雀鹛、灰胸薮鹛、彩鹮 17 种，国家二级重点保护野生动物有猕猴、藏酋猴、黑熊、小熊猫、白鹇、白腹锦鸡、画眉、红嘴相思鸟、鸳鸯等 63 种。

【植物资源】 眉山市境内有野生植物 229 科 861 属 2 278 种，其中苔藓植物 48 科 71 属 149 种、蕨类 36 科 73 属 155 种、裸子植物 7 科 14 属 20 种、被子植物 138 科 703 属 1 954 种，一级重点保护野生植物有玉龙蕨、红豆杉、南方红豆杉、珙桐、光叶珙桐、银杏、独叶草 7 种，二级重点保护野生植物有桫椤、小黑桫椤、扇蕨、金毛狗、油麦吊云杉、巴山榧树、篦子三尖杉、连香树、鹅掌楸、厚朴、凹页厚朴、圆叶玉兰、西康玉兰、峨眉含笑、水青树、香樟、油樟、楠木、红豆树、川黄檗、红椿、毛红椿、梓叶槭、旱莲木（喜树）、香果树、润楠 26 种。

（欧　磊）

【水资源】 眉山市有流域面积大于 100 平方公里的河流 28 条，大于 1 000 平方公里的河流 6 条，市级重点河（湖、渠系）17 条；按水资源分区，一级区为长江区、二级区为岷沱江区、三级区为青衣江和岷江干流区、沱江区 2 个。全市水资源总量 65.73 亿立方米（不含过境水量），总用水量 12.054 亿立方米。

（方　媛）

【旅游资源】 眉山市是国家园林城市、国家森林城市、全国文明城市、国家卫生城市，境内有"三苏故居"三苏祠、"最美桌山"瓦屋山、"长寿福地"彭祖山、"川西第一海"黑龙滩、"天然氧吧"七里坪、"东坡初恋地"中岩寺、"禅度佛国"老峨山、国际竹艺城、中国泡菜城、烟雨柳江等著名景区景点 120 处，有国家 A 级旅游景区 32 个（其中国家 AAAA 级旅游景区 8 个、AAA 级旅游景区 15 个），有省级旅游度假区 2 个（黑龙滩、七里坪）、省级生态旅游示范区 2 个（玉屏山、黑龙滩），被评为亚太地区（二、三线城市）首选旅游目的地、中国最美生态文化旅游城市。

（张丛文）

【气候状况】 眉山市属亚热带季风气候，境内全年四季分明，雨量丰沛，水热同季，气候温和；冬无严寒，夏无酷暑；无霜期长，少霜雪；日照少，光、热、水的时间分布与农作物生长发育期同步，气候适宜性好，作物生长季长，宜种度多，出产富庶。2020 年，眉山市总降雨量 955.9～1 607.8 毫米，仁寿接近正常，其余各区县均比历史同期偏多 1.6 ～ 3.7 成；年平均气温 17℃～ 18.5℃，洪雅、丹棱接近正常，其余各区县较历史同期偏高 0.8℃～1.3℃。青神总降雨量和平均气温均超过历史最高值。

（黄保云）

【交通状况】 眉山市是距成都市最近的地级市，境内规划有 11 条高速公路、11 条铁路和岷江航道，紧邻双流、天府两大国际机场（眉山中心城区至双流国际机场约 60 公里、至天府机场距离约 95 公里）。眉山市政府所在地东坡区距成都市区 70 公里、距峨眉山 80 公里、距乐山大佛 60 公里；北邻成都双流机场 60 公里，南距乐山大件运输码头 60 公里。境内高速公路形成"四横八纵"路网，其中"四横"为已建成的成（都）雅（安）高速、遂（宁）资（阳）眉（山）高速和简（阳）蒲（江）高速，规划的荥经至铜梁高速；"八纵"为已建成的乐（山）雅（安）高速、仁（寿）沐（川）新（市镇）高速、成（都）自（贡）泸（州）赤（水）高速、成（都）宜（宾）高速，在建的成（都）乐（山）高速扩容改造，规划的天（府新区）眉（山）乐（山）高速、彭（山）峨（眉）高速、洪雅支线高速。境内一级快速公路形成全域"一核三环"、北上"六横九纵"、东进"一横五连"路网，已建成剑南岷东大道，部分建成滨江大道、工业大道、天府大道，在建环天府新区快速通道、金简黄快速、通江大道、益州大道南延线、梓州大道南延线、仁简快速、丹蒲快速、锦江大道，规划彭邛快速、彭蒲快速、东蒲快速、眉州大道东西延线、眉资快速、仁寿至资中快速、天府大道南延线、天府道眉山城区段、眉山环城公路南环线、仁青快速、名仁快速。全市有国道 3 条、省道 12 条；已建成成（都）昆（明）铁路、成（都）昆（明）铁路复线和由北向南穿过彭山区、东坡区、青神县的成（都）贵（阳）高铁，是邻近地区客货运输主通道；在建连（界）汪（洋）燕（岗）铁路，规划成眉市域铁路S5线、成都都市圈环线铁路、川（四川）藏（西藏）铁路、雅（安）眉（山）乐（山）自（贡）铁路、市域铁路S13线、S5天府机场支线、瓦屋山山地轨道和成昆高铁。水运岷江航道建成青神汉阳航电梯级，是眉山岷江航道5个梯级之一。全市形成纵横交错、四通八达的交通网络。

（魏　平）

历史文化
History and Culture

【人文历史】 眉山市有2300年城市建制史、5 000年人类文明史，是宋代大文豪苏洵、苏轼、苏辙三父子（史称“三苏”）的故乡，享有“中国诗书城”的美誉，是中国历史上著名的“进士之乡”，素有“千载诗书城”“人文第一州”美誉。中华养生始祖、商朝大夫彭祖，西晋文学家李密，以及被毛泽东赞为“伟哉虞公，千古一人”的南宋抗金名相虞允文等，皆为眉山儿女。世界上最早的纸币“交子”出自眉山，其曾是中国三大雕版印刷中心之一。全市有不可移动文物点1 348处，可移动文物数量6 783套、40 116件。

【非遗与民间工艺】 眉山市非物质文化遗产丰富，民间工艺项目较多，涉及编织、陶瓷、木雕、泥塑等类别，有“青神竹编”“青神捻条画艺术”“仁寿陶艺”“钦斋泥塑”“苏裔苏体书法”“刘氏匾联木刻技艺”“仁寿石雕”等独具眉山特色且技艺高超的非遗项目，有“东坡肘子制作技艺”“苏东坡酒传统酿造技艺”“东坡泡菜制作技艺”“洪雅雅纸制作技艺”等民间工艺。眉山市有国家级非遗项目1个、省级非遗项目17个、市级非遗项目66个、县（区）级非遗项目110个；有国家级非遗生产性保护示范基地1个、省级非遗传习基地1个、省级非遗体验基地5个、市级非遗生产性保护基地5个、市级非遗传习基地5个。

（张丛文）

【地方特产】 眉山古来物阜民丰，饮食改革创新的代表人物当首推苏东坡。苏东坡不仅创新诗文，开启一代豪放词风，还大胆尝试创新饮食、酿酒烹调。苏东坡自创的东坡肘子、东坡鱼，成为眉山人自享或宴宾不可或缺的一道佳肴。以苏东坡命名的“东坡泡菜”，被端上全国两会餐桌，产品远销欧美、日本、韩国等100余个国家和地区。眉山龙眼酥、三苏白酒，彭山葡萄、漂汤、甜皮鸭、黄丰柑橘，仁寿芝麻糕、曹家梨、文宫枇杷、干巴牛肉，洪雅钵钵鸡、藤椒油、雅笋、雅连、雅鱼、岩蜜、绿茶、高庙白酒，丹棱冻粑、不知火、张场白酒，青神椪柑、汉阳鸡、汉阳花生等美食美酒数不胜数。

（编辑部）

国民经济和社会发展
National Economic and Social Development

【概况】 2020年，眉山市地区生产总值1 423.74亿元，同比增长4.2%，其中第一产业增加值222.85亿元，增长5.7%；第二产业增加值527.64亿元，增长3%，第三产业增加值673.25亿元，增长4.9%。三次产业对GDP增长的贡献率分别为20.2%、32.7%、47.1%，分别拉动GDP增长0.8个、1.4个、2个百分点，三次产业结构调整为15.7∶37.1∶47.2。全市民营经济增加值802.48亿元，增长3.2%，占GDP比重56.4%，对GDP的贡献率42.4%，拉动GDP增长1.8个百分点；年末工商登记个体工商户16.32万户，私营企业3.34万户；民间投资增长14.5%，占全社会固定资产投资比重66.8%。全市居民消费价格总指数（CPI）比2019年上涨4.1%，其中食品烟酒价格比2019年上涨11.4%，衣着价格比2019年下降1.6%，居住价格比2019年上涨0.3%，生活用品及服务价格比2019年下降1.9%，交通和通信价格比2019年下降3.1%，教育文化和娱乐价格比2019年上涨5.3%，医疗保健价格比2019年上涨0.9%，其他用品和服务价格比2019年上涨4.9%。商品零售价格总指数比2019年上涨2.7%。

【农业】 眉山市农作物总播种面积31.99万公顷，同比增长0.6%，其中粮食作物播种面积19.73万公顷，增长0.9%；油料作物播种面积5.69万公顷，下降2.2%；药材播种面积2 136公顷，增长10%；蔬菜播种面积4.82万公顷，增长1.5%。粮食产量125.87万吨，增长0.7%，其中小春粮食产量6.54万吨，增长0.9%；大春粮食产量119.33万吨，增长0.7%。经济作物中，油菜籽产量12.55万吨，下降1.6%；茶叶产量2.35万吨，增长5.4%；水果产量120.47万吨，增长5.6%；蔬菜产量141.67万吨，增长1.9%。全市肉类总产量20.4万吨，增长4%，其中猪肉产量13.38万吨，增长11.1%；牛肉产量3 096吨，增长18.9%；羊肉产量6 019吨，下降14%。牛奶产量13.87万吨，增长8.2%；禽蛋产量5.28万吨，下降12%。生猪存栏增长46.5%，生猪出栏增长14.2%；羊出栏下降10%，家禽出栏增长2.3%。水产品养殖面积14 291公顷，下降0.2%；水产品产量13.6万吨，增长2.7%。全市新建农机化生产道路274.5公里，维修改造提灌机械3 231台，维修改造提灌机械总动力39 124千瓦，新增提灌站19座，新增提灌机械775台，新增提灌机械总动力8 943千瓦；年末已建成高标准农田201.55万亩，农业机械总动力221.91万千瓦，机耕作业面积21.95万公顷，主要农作物综合机械化水平70%。全年农业生产燃油消耗75 547吨。

【工业与建筑业】 眉山市年末规模以上工业企业631户，规模以上工业增加值增长4.9%；规模以上工业产销率97%，实现营业收入1 633.3亿元，增长6.2%；实现利润总额82.9亿元，增长18.4%。纳入统计监测的工业产品中，71类产品产量同比实现增长，增长面为61.7%。全市建筑业增加值139.53亿元，增长3.3%，具有资质等级的建筑企业221户，增长29.2%；新签合同额527.16亿元，增长16.7%。房屋建筑施工面积1 507.49万平方米，下降6.6%；房屋建筑竣工面积885.55万平方米，下降15.6%。

【固定资产投资与房地产开发】 眉山市全社会固定资产投资同比增长10.7%。按产业分，第一产业投资增长34.1%，第二产业投资增长10.2%，第三产业投资增长10.2%。按构成分，建安工程类投资增长21.6%，设备工器具购置类投资下降2.8%。全市房地产开发投资增长19.5%，商品房施工面积3 065.61万平方米、增长31.1%，商品房销售面积813.33万平方米、增长33.1%。

【商贸与旅游业】 眉山市实现社会消费品零售总额543.3亿元、同比下降2.3%，其中限额以上企业（单位）实现消费品零售额161.7亿元、下降1.1%。按经营地分，城镇市场实现消费品零售额330亿元，下降2.6%；乡村市场实现消费品零售额213.2亿元，下降1.9%。按消费形态分，批发零售业实现商品零售476.3亿元，下降0.8%；住宿餐饮业实现餐饮收入66.9亿元，下降11.8%。全市进出口总额39.51亿元，其中进口额17.11亿元、出口额22.4亿元，外商投资实际到位资金14 457.2万美元；接待旅游人数3 994.78万人次、下降22.6%，旅游总收入363.15亿元、下降23.8%；年末拥有A级景区33处，其中AAAA级及以上景区8处；拥有星级饭店7个，星级饭店客房总数932间。

【交通与邮电通信】 眉山市全年完成公路客运量1 650.07万人次，旅客周转量74 241.32万人公里；公路货运量8 463.47万吨，货物周转量677 879.4万吨公里，客货运输总周转量685 303.53万吨公里，同比增长4.9%；机动车保有量94.76万辆，其中大型车2.5万辆、小型车42.67万辆、新能源汽车保有量2 988辆、校车保有量118辆。全市邮政业务总量22.8亿元、增长14.3%，快递业务量8 964.61万件、增长11.8%，快递业务收入5.57亿元、增长4.1%；电信业务总量121.13亿元、增长36.1%，固定电话用户70.11万户、增长2.1%，移动电话用户324.06万户、增长3.1%，宽带用户113.45万户、增长7.7%。

【财政与金融保险】 眉山市地方一般公共预算收入121.62亿元、同比增长9.8%，地方一般公共预算支出275.54亿元、同比增长6.3%；年末金融机构本外币存款余额2 651.92亿元、增长14.%，其中人民币存款余额2 645.29亿元、增长13.9%；金融机构本外币贷款余额1 538.11亿元、增长22.3%，其中人民币贷款余额1 537.92亿元、增长22.3%。全市年末有保险公司33家，其中财险公司15家、寿险公司18家；全年保费总收入84.21亿元、增长16.2%，其中产险保费收入66.55亿元、增长19%，寿险保费收入17.66亿元、增长6.6%；产寿险赔款及给付22.57亿元、下降1.0%，其中财产险赔款9.58亿元、人寿险赔款及给付12.99亿元。

【社会事业】 眉山市组织实施市级以上科技计划项目63项，向上争取到位无偿科技项目资金1 801万元；专利申请3 485件，获得专利申请授权1 991件；新增国家高新技术企业26户；举办科技培训13次，参加科技培训650人次。全市年末有学校819所，其中幼儿园435所、小学177所、初中158所、高中26所、中职17所、特殊学校6所；在校学生40.67万人，其中幼儿园学生8.84万人、小学学生16.75万人、初中学生7.36万人、高中学生4.52万人、中职学生3.13万人、特殊学校学生770人；专任教师总数2.79万人，其中幼儿园专任教师0.43万人、小学专任教师1.08万人、普通中学专任教师1.11万人；校舍面积481.35万平方米。全市年末有文化馆7座、文化站131个、公共图书馆7座、博物馆6座，公共图书馆藏书量45.6万册；有广播电视台6座，有线广播电视传输干线380公里，有线广播电视用户47.6万户；公共广播节目、电视节目播出时间分别为2.61万小时和3.69万小时。全市年末有医疗卫生机构2 136个，实有床位数2.04万张，医院、卫生院技术人员1.88万人，其中执业医师7 062人、注册护士8 328人；门诊人数1 420.58万人次，实际占用总床日数544.4万床／日，病床使用率74.3%。全市全年举办运动会19场次，参与运动会3.56万人次；有体育协会127个，教育系统体育场地1 892个。

【社会保障】 眉山市城镇居民人均可支配收入38 892元、同比增长5.8%，城镇居民人均消费性支出23 965元、同比增长1.7%；农村居民人均可支配收入19 730元、同比增长8.5%，农村居民人均消费性支出15 314元、增长3.5%；参加城乡居民基本养老保险211.06万人、城乡居民基本医疗保险263.61万人、工伤保险34.84万人、生育保险23.11万人、失业保险22.61万人，发放养老金91.56亿元、失业金0.40亿元，支出城乡居民基本医疗保险待遇17.2亿元、城镇职工基本医疗保险待遇5.6亿元；城镇新增就业3.22万人，失业人员实现再就业7 359人，就业困难人员实现就业3 322人，城镇登记失业率3.04%；组织就业、创业培训4.62万人次，发放小额担保贷款1.08亿元。全市年末城乡低保保障人数9.14万人，支出保障金2.38亿元；城乡特困供养人员1.99万人，集中供养率26%；老龄人口76.43万人，新增、改扩建敬老院15所，新增床位837张，每千老年人口养老床位数35.1张，老年学校37所；社区服务设施332个，农村社区综合服务设施覆盖率85.0%，城市社区综合服务设施覆盖率98.5%。

【资源环境】 眉山市水资源总量65.73亿立方米，水域面积685.74平方公里；水库总数289座，整治病险水库15座，水利建设总投资10.2亿元。全市全年生态建设总投资11亿元，完成营造林16.07万亩、道路绿化145公里、水系绿化56公里，建成市级及以上森林小镇6个、森林村庄26个，创建省级翠竹长廊3条、省级竹林小镇1个，创建三星、四星级森林人家12家，省级自然教育基地1处，国家级、省级森林康养基地各1个，省级现代竹产业基地3个，城乡绿化覆盖率60.2%，森林覆盖率50.1%；空气质量优良天数320天，城市空气质量优良率87.4%，PM10年平均浓度54微克／立方米，PM2.5年平均浓度32微克／立方米。

（彭　杰）

中共眉山市委员会

THE CPC MEISHAN MUNICIPAL COMMITTEE

市委机构 / 市委重要会议 / 重要决策 / 市委巡察 / 市委事务 / 组织建设 / 宣传工作 / 精神文明建设
统一战线 / 侨务和台湾事务 / 民族和宗教事务 / 目标和绩效管理 / 机要保密 / 机构编制 / 档案管理
史志工作 / 机关党建 / 老干部工作 / 党校工作

市委机构
Municipal Party Committee Institutions

【概况】 2020年,中共眉山市委工作机关有14个,即市纪委监委、市委办公室、市委组织部、市委宣传部、市委统战部、市委政法委、市委政研室、市委外办、市委编办、市直机关工委、市委巡察办、市委老干部局、市委保密机要局、市委目标绩效办;直属事业单位有6家,即市委党校(挂市社会主义学院、市行政学院、市委讲师团牌子)、眉山日报社、市三苏文化研究院、市党史和地方志编纂中心、市公务服务中心、市档案馆。

(陈思翰)

【2020年市委主要领导名录】

书　记:慕新海
副书记:胡元坤(4月任职)
　　　　黄剑东
常　委:祝　云(1月离任)
　　　　王光彩(2019年12月离任)
　　　　张　力
　　　　何迎晓
　　　　周孝平
　　　　黄传龙(12月离任)
　　　　汪树槐
　　　　刘先伟(2月任职)
　　　　来　建(6月任职)
　　　　王淑琳(6月任职)
　　　　胥成相(11月离任)
　　　　郝文全(11月任职)

【2020年市委工作机关及领导名录】

市纪委监委
书记、主任:张　力

市委办公室
主　任:陈瑞林(7月离任)
　　　　李勇刚(7月任职)

市委组织部
部　长:黄传龙

市委宣传部
部　长:何迎晓

市委统战部
部　长:王光彩(2019年12月离任)
　　　　来　建(6月任职)

市委政法委
书　记:周孝平

市委政研室
主　任:曾建军(12月离任)
　　　　李勇刚(12月任职)

市委外办
主　任:余　敏

市委编办
主　任:曾丽霞(7月离任)
　　　　刘　波(7月任职)

市直机关工委
书　记:黄传龙

市委巡察办
主　任:宋　梅

市委老干部局
局　长:贺建文(9月离任)
　　　　胡　勇(9月任职)

市委保密机要局
局　长:徐　炯

市委目标绩效办
主　任:黄劲松(6月离任)
　　　　徐　驰(6月任职)

【2020年市委直属事业单位及领导名录】

市委党校
校　长:黄传龙

眉山日报社
总　编:邓　敏

市三苏文化研究院
院　长:方永江

市党史和地方志编纂中心
主　任:李树伦(4月离任)
　　　　黄劲松(6月任职)

市公务服务中心
主　任:王麒铭

市档案馆
馆　长:庞红梅

(刘　刚)

市委重要会议
Important Meetings of Municipal Party Committee

【概况】 2020年,中共眉山市委召开全体会议3次(第14次至16次)、市委工作会议19次、全市领导干部大会4次以及市委专题学习会议、市委专题会议。

【市委全体会议】 中共眉山市委四届十四次全体会议暨市委经济工作会议传达学习中央经济工作会议、省委十一届六次全会和省委经济工作会议精神,听取市委常委会2019年工作报告、2019年以来党建工作报告、2019年度干部选拔任用工作报告,追认市委常委会关于处分的决定事项;安排部署2020年全市经济工作,审议《2020年全市经济工作要点》;审议通过《中共眉山市委关于构建新型城乡基层关系治理体系的决定(草案)》《中共眉山市委四届十四次全体会议公报(草案)》。中共眉山市委四届十五次全体会议传达学习省委十一届七次全会会议精神,审议通过《中共眉山市委关于坚定贯彻成渝地区双城经济圈战略部署加快建设成都都市圈副中心的决定(草案)》《中共眉山市委四届十五次全体会议公报(草案)》。中共眉山市委四届十六次全体会议暨市委经济工作会议传达学习中央经济工作会议、省委十一届八次全会和省委经济工作会议精神,听取市委常委会2020年工作报告、2020年党建工作报告,安排部署2021年全市经济工作,审议通过《中共眉山市委关于制定国民经济和社会发展第十四个五年规划和二〇三五年远景目标的建议(草案)》《中共眉山市委四届十六次全体会议公报(草案)》《中共眉山市委四届十六次全体会议公报(草案)》和市委委员调整事项。

【市委工作会议和领导干部大会】 眉山市全年召开全市"不忘初心、牢记使命"主题教育总结大会、市委农村工作会议暨决战决胜脱贫攻坚工作会议、全市创森工作总结暨创文创卫工作推进会议、市委政协工作会议、全市投资促进工作推进会、全市市域社会治理现代化试点工作动员会、眉山市创建国家生态文明建设示范市暨迎接省级生态环境保护例行督察动员大会、市委议军会议暨党管武装工作会议、全市抓项目促投资现场会、全市服务业发展大会、全国文明城市国家卫生城市创建工作誓师大会、眉山市双拥模范表扬大会、全市推动制造业暨工业园区高质量发展现场会议、全市现代农业园区建设现场会议、2020年河湖长制工作推进大会、省市重点项目建设推进会、眉山市巩固"双创"成果深化文明城市创建工作会议、眉山市2020年文化和旅游发展大会、全市村（社区）“两委”换届工作推进会19次工作会议，召开全市领导干部大会4次，传达学习上级会议精神，通报有关情况，总结工作，表扬先进，安排部署当年及相关工作。

【市委专题学习会议】 眉山市委召开理论学习中心组（扩大）学习会议，学习贯彻习近平总书记“全面提高依法防控依法治理能力、健全国家公共卫生应急管理体系”重要讲话精神，学习习近平总书记关于坚持和完善中国特色社会主义制度、推进国家治理体系和治理能力现代化的重要论述，中国政法大学法律应用研究中心执行主任杨锦炎作“区块链的应用与监管政策”专题讲座；学习习近平总书记关于精神文明建设、推进平安中国建设的重要论述，专题学习《习近平谈治国理政》第三卷，商务部综合司司长储士家围绕“推进更高水平对外开放、服务构建新发展格局”主题作辅导报告，四川省委宣传部副部长、省网信办主任房方围绕“深入学习贯彻习近平总书记关于网络强国的重要思想、加快推进网络综合治理体系建设”主题作辅导报告；举办市委理论学习中心组联合集中学习研讨，深入学习领会党的十九届五中全会、省委十一届八次全会精神和《成渝地区双城经济圈建设规划纲要》。

【市委专题会议】 眉山市召开市委常委会（扩大）会议暨2019年度各县（区）党委书记和市级有关部门（单位）党组（党委）书记落实主体责任述职评议会议，开展2019年度县（区）委书记和市级有关部门（单位）党（工）委书记落实主体责任述职评议；召开眉山市党管武装工作述职会议，听取各县（区）委书记、人武部党委第一书记作党管武装工作述职；举办市级领导干部和县级主要负责人读书班，深入学习贯彻习近平新时代中国特色社会主义思想和习近平总书记对四川工作系列重要指示精神，传达学习全国、全省两会精神；召开市委应对新型冠状病毒肺炎疫情工作领导小组会议11次、眉山市统筹推进新冠肺炎疫情防控和经济社会发展工作部署会议、研究全市应对新型冠状病毒感染的肺炎疫情联防联控工作专题会议、全市新型冠状病毒感染肺炎疫情防控专家座谈会，研究部署疫情防控有关工作；召开市委全面依法治市委员会第二次会议，市委审计委员会第三次、第四次会议，市委党建领导小组2020年第一次会议，市委平安眉山建设领导小组第一次全体会议，市委统一战线工作领导小组2020年第一次全体会议，市委国家安全委员会第二次会议，2020年市委军民融合发展委员会第一次会议，市委财经委员会第四次（扩大）、第五次（扩大）、第六次（扩大）会议，市委网络安全和信息化委员会第二次会议，市委全面深化改革委员会第五次全体会议，市国土空间规划委员会2020年第3次会议等议事协调机构会议14次，传达学习中央、省委会议精神，审议领导小组工作规则、办公室工作细则、工作要点和具体工作议题，安排部署2020年工作；召开研究防范八大领域风险工作专题会议，贯彻落实习近平总书记“增强忧患意识”要求和中央、省委决策部署，听取防范政治、意识形态、经济发展、社会治理、民生事业、金融债务、安全生产、生态环境等领域风险的工作情况汇报，研究部署下一步工作；召开四届市委常委会第172次（扩大）会议，专题传达学习省委十一届八次全会精神，研究贯彻意见；召开眉山市“十四五”规划编制党外人士座谈会，眉山市“十四五”规划编制专家、“两代表一委员”和经济社会领域代表座谈会，听取社会各界代表对眉山市“十四五”规划编制的意见和建议；召开研究全市生态文明建设和中省环保督察反馈问题整改、四川大学眉山校区项目、眉山高新区暨市属园区发展、全市乡镇行政区划和村级建制调整改革“后半篇”文章、全市违建别墅问题清查整治等专题会议18次。

（胡　洋）

重要决策
Important Decisions

【概况】 2020年，眉山市委四届十五次全体会议作出《关于坚定贯彻成渝地区双城经济圈战略部署加快建设成都都市圈副中心的决定》，眉山市委作出《关于构建新型城乡基层治理体系的决定》，眉山市委、市人民政府作出《关于落实新发展理念创建国家生态文明建设示范市的决定》，同时眉山市委、市人民政府印发《关于加快构建“583”农业产业体系推进都市现代绿色农业强市的实施意见》《关于加快构建“443”现代服务业体系建设现代服务业强市的实施意见》《关于推动工业园区高质量发展的实施意见》《关于推动制造业高质量发展的实施意见》，推动城乡建设、经济发展和社会治理等各方面发展。

【新型城乡基层治理体系构建】 1月，眉山市委作出《关于构建新型城乡基层治理体系的决定》，要求坚持以习近平新时代中国特色社会主义思想为指导，贯彻党的十九届四中全会精神，落实四川省委十一届六次全会部署，牢固树立基层治理“核心是党的领导、重心在城乡村社、关键靠制度创新”的理念，按照“一核引领、两域善治、三治融合、四化联动、五强保障”要求，把基层治理作为一项系统性工程，注重全局性、整体性、协同性，不断健全系统完备、简约高效的基层治理制度体系，走出一条具有时代特征、眉山特色的基层治理现代化路子。到2021年，全市基层党组织领导下的各类组织关系更加清晰顺畅，基层治理体系更加完善，基层公共服务、公共管理、公共安全得到有效保障，创建全国市域社会治理现代化试点合格城市取得重大进展；到2035年，全市城乡基层治理制度更为完善，基本实现基层治理体系和治理能力现代化，为到21世纪中叶全面实现基层治理体系和治理能力现代化奠定坚实基础。

【“583”农业产业体系构建】 4月1日，眉山市委、市人民政府印发《关于加快构建“583”农业产业体系推进都市现代绿色农业强市的实施意见》，总体目标到2022年，全市第一产业增加值达210亿元、年均增长3.2%左右，农村居民人均可支配收入达1.98万元以上、年均增长9%左右，涉农地区生产总值达520亿元。眉山市建设开放融合引领、加工集群领先、生态环境良好、宜居宜业宜游的现代农业产业体系、生产体系、经营体系，蔬菜（含泡菜）产值达255亿元，粮油（含饲料）产值达200亿元，猪全产业链产值达200亿元，水果产值达150亿元，牛羊（含其他畜禽蛋奶蜜）产值达150亿元，竹业产值达100亿元，鱼经济总产值达50亿元，茶产值达30亿元，中药材（含加工）产值达10亿元，酒产值达5亿元；主要农作物耕种收综合机械化水平提高1.5个百分点以上，产业良种化率提高1～5个百分点，新型农业经营主体信息化水平达55%，信息服务惠及80%以上涉农农户，果蔬、肉类、水产品、奶类农产品冷链流通率分别达25%、47%、44%、70%，农业科技进步贡献率达62%。眉山市按照“因地制宜、做优特色、绿色发展、梯次推进”的原则，着力构建眉山市“583”现代农业产业体系，做大做强东坡泡菜、眉山春橘、竹业、生猪、粮油五大主导产业，力争国省领先；做精做优奶业、禽蛋、水产种苗、东坡蜂蜜、彭山设施葡萄、仁寿枇杷、洪雅茶叶、洪雅藤椒八大特色产业，力争全省一流；做稳做实现代农业种业、现代农业装备、现代农业烘干冷链物流三大先导性产业，力争转型升级。眉山市工作重点坚持政府引导、市场主体、联农带农，夯实基础、突破瓶颈、提升质量；始终突出现代农业园区1个载体建设，扶持10个种子种苗种畜禽繁育园（场），新建和提升100万亩高标准生产基地，实施1 000亿元现代农业投资，培育5 000个新型农业经营主体，建设500个农业烘干、冷链、物流设施，重点打造50个农产品品牌。

【“443”现代服务业体系构建】 7月3日，眉山市委、市人民政府印发《关于加快构建“443”现代服务业体系建设现代服务业强市的实施意见》，主要目标到2022年，“443”现代服务业体系基本形成，产业规模持续扩大，产业结构更加优化，核心竞争力不断增强，初步建成现代服务业强市；力争全市服务业增加值达850亿元以上，服务业占全市GDP比重达52%以上，“443”重点产业增加值占全市服务业增加值比重达55%以上。“443”现代服务业体系是做大做强四大高成长都市消费服务业，大力发展旅游度假服务、大力发展医疗康养服务、大力发展文化创意服务、大力发展高端教育服务；创新推进四大高效率都市生产服务业，创新发展科技服务、创新发展金融服务、创新发展现代物流、创新发展现代会展；聚力打造三大高品质都市生活服务业，加快发展城市商业、加快发展特色餐饮、加快发展品牌家政。

【国家生态文明建设示范市创建】 5月，眉山市委、市人民政府作出《关于落实新发展理念创建国家生态文明建设示范市的决定》，成立眉山市创建国家生态文明建设示范市指挥部，总体目标力争通过3年的努力，国家生态文明建设示范市涉及的“六大领域”（生态制度、生态安全、生态空间、生态经济、生态生活、生态文化）、“十项任务”（目标责任体系与制度建设、生态环境质量改善、生态系统保护、生态环境风险防范、空间格局优化、资源节约与利用、产业循环发展、人居环境改善、生活方式绿色化、观念意识普及）37项指标全面达标，成功创建国家生态文明建设示范市。眉山市主要任务健全生态文明制度，完善创建保障机制；加大生态环境保护力度，持续改善生态环境质量；加强生态系统保护，提高生态环境状况指数；健全生态环境风险管理，严格生态环境执法监管；优化空间发展格局，构建科学合理生态空间；加强资源节约利用，全面推行清洁生产；坚持废物综合利用，促进绿色循环发展；建设良好人居环境，营造优良城市环境；倡导绿色生活理念，践行低碳生活方式；加强生态文明宣传，普及生态文明知识。

【成都都市圈副中心建设】 7月29日，眉山市委四届十五次全体会议作出《关于坚定贯彻成渝地区双城经济圈战略部署加快建设成都都市圈副中心的决定》，总体目标是高起点定位建设“高水平开放、高质量发展、高品质生活的成都都市圈副中心”，战略支撑是对标成渝地区双城经济圈“两中心两地”定位，做强“一市一地一区一城”战略支撑。“一市”即建设成渝地区具有重要影响力的开放发展示范市，“一地”即建设成都都市圈重要的高新技术产业集聚地，“一区”即建设成都都市圈领先的现代服务业发展示范区，“一城”即建设具有天府韵味眉山特色的高品质生活宜居城。眉山市围绕成眉同城率先突破，实施“中强、北上、东进、西优、南联”空间发展战略，其中“中强”区域着眼增强中心城区极核功能，依托东坡、彭山城区和仁寿县城建强城市核心，加快主城扩容提质，形成拥江发展、主副联动的百万人口大城市格局；“北上”区域着眼建成牵引全域发展的新引擎，依托眉山天府新区做强“一带”，辐射带动彭山、仁寿北部区域，打造开放水平高、创新能力强、生态环境美的国际化现代化城市新区；“东进”区域着眼建设内陆开放国际门户，依托眉山东部新城、仁寿东部片区，打造国际空港门户重要枢纽、成眉临空一体发展示范区；“西优”区域着眼构筑绿色经济新优势，依托洪雅县、丹棱县打造重要的生态功能涵养区、高端旅游核心区和绿色产业集聚区；“南联”区域着眼强化要素汇聚功能，依托青神和东坡、仁寿、洪雅、丹棱南部区域，建设联动川南的高质量发展引领区、西部陆海新通道重要节点。

【工业园区发展】 11月26日，眉山市委、市人民政府印发《关于推动工业园区高质量发展的实施意见》，坚持“机制最活、营商最优、保障最强”的工作思路，以构建现代工业体系为主线，以创新体制机制为突破口，差异化、特色化推动全市工业园区加快发展，融入全省“5＋1”现代工业体系和成都都市圈产业协作体系中，将工业园区打造成为全市经济发展主要增长极；目标任务是聚焦园区发展，全市工业园区产业聚集度每年增长1个百分点，到2025年确保完成“1234”目标，即“建设1个高新带”（加快建设成眉地区高新技术产业带），“升级2个工业园”（眉山高新区升级为国家高新区、甘眉工业园区升级为国家级经开区），“培育3个梯次级”（培育2个超1 000亿元工业园区、2个超500亿元工业园区、4个超100亿元工业园区），“实现4个翻一番”（园区企业户数、营业收入、入库税金、研发投入翻番）。

【制造业发展】 11月26日，眉山市委、市人民政府印发《关于推动制造业高质量发展的实施意见》，坚持新发展理念，坚持以供给侧结构性改革为主线，坚持“做强高端、做大集群、做优生态”工作思路，围绕四川省委赋予的建设高新技术产业集聚地目标和建设成都都市圈副中心战略，抢抓新时代西部大开发、成渝地区双城经济圈建设、成德眉资同城化发展等重大机遇，深度融入省“5＋1”现代工业体系建设，以特色产业集群发展为路径，以做优产业生态圈为支撑，着力强基础、补短板，推进产业基础高级化和产业链现代化，加快培育“3135”产业集群，构建现代化制造业体系，促进全市制造业高质量发展；发展目标到2025年，制造业营业收入年均增速高于全省平均水平，制造业增加值占GDP比重稳中有升，制造业投资年均增速达10%以上，高技术制造业营业收入占规模以上工业营业收入比重提高5个百分点，制造业企业研发经费年均增长10%以上，亩均营业收入年均增长7%以上，全力推动制造业质量效益稳步提升，产业结构不断优化，新动能加速壮大，关键核心技术创新能力显著增强，制造业发展生态进一步优化，基本建成高新技术产业集聚地，竞争力进入全省先进行列；到2035年，基本实现制造业现代化，建成西部有重要影响力的先进制造强市。

（胡　洋）

市委巡察
Inspection Tours of Municipal Party Committee

【概况】 2020年，中共眉山市委巡察工作领导小组和巡察机构学习贯彻习近平总书记关于巡视巡察的重要论述，深入践行中央巡视工作方针，突出“三个聚焦”深化政治巡察，持续营造良好政治生态，为全市经济社会发展提供坚强保障。

【巡察组织】 眉山市委将巡察纳入常委会年度工作要点，市委书记主持研究巡察工作年度计划和配合省委巡视巡察上下联动，听取巡察情况报告，推动宣传思想文化系统一体整改，先后作出指示批示6次；市委、市政府班子成员落实“一岗双责”，支持巡察，并落实巡察整改督促7项责任；市委巡察工作领导小组履行组织实施责任，专题学习巡视巡察最新精神，研究制定贯彻举措，组织每轮巡察，听取情况汇报。截至年底，眉山市级实现对纳入本届市委任期规划的76个对象巡察全覆盖，四川省委巡视办主要领导肯定眉山巡察工作“有章法、有做法”。

【巡视巡察】 眉山市委巡察机构完成四届市委第七、八轮对市委办公室、市政府办公室等22个单位常规巡察，发现问题1 202个，移交线索15条，党纪政务处分18人，移送司法3人；依托省委常规巡视和专项巡视，对市法院、市公安局等6个单位开展巡视巡察联动，省委第四巡视组组长肯定眉山巡察工作“思路清，抓得实”。

【巡察整改】 眉山市委书记强调要全面压实各方责任，加强巡察整改和成果运用；市纪委书记、市委组织部部长分别参加市林业局、市国资委、市经信局、黑龙滩风景区的巡察反馈大会并提整改要求；分管市领导严格落实整改监督责任，听取巡察情况汇报，参加分管单位巡察整改专题民主生活会，全程监督指导整改。四届市委第六、七轮28个被巡单位整改问题1 118个，制定措施2 185项，建立健全制度规定859个，通过诫勉、谈话提醒、批评教育处理502人次，清退违规违纪款230万元。眉山市纪委监委通过巡察线索移交，严肃查处粮食系统腐败案，涉案资金1 600万元，涉及33人，立案18人、移送司法8人，做法受到中央、省委关注和肯定。眉山市委巡察机构加强问题综合分析，形成宣传思想文化系统问题、形式主义官僚主义问题、贯彻落实中央八项规定精神不到位问题3个分析报告，为市委提供问题参考，推动重点领域、重点行业问题一体整改、全面整改。

【巡察规范化建设】 眉山市委巡察办对标中央、省委巡视巡察最新要求，修订完善《管党治党重要法规制度汇编》《巡察参考资料》《巡察“三个聚焦”发现问题指南》《眉山市党委巡察工作流程》《眉山市党委巡察工作规范化模板》5套资料汇编；创新巡察质效评估，探索巡察“政治画像”，受到省纪委表扬通报；创新监督贯通方式，建立巡纪协作、巡审联动机制，形成“巡察组＋选人用人、意识形态专项检查组”常态共驻模式；创新制定《关于完善市县（区）巡察上下联动机制的意见》，有效强化市委巡察机构对区县巡察督导指导，对甘眉工业园区、黑龙滩风景区探索开展“市巡园区带县巡乡镇”联动巡察；在全省率先出台延伸巡村制度规范，探索实践延伸巡察二级单位，受到省委巡视办领导肯定；做深做实巡察整改，创新开展巡察整改“四方会审”，构建起整改责任、督促、评估三大机制；加强巡察队伍建设，市委增设第四巡察组，设组长职数1名（正县级）、副组长职数1名（副县级），增核市委巡察办行政编制1名。

（毛利强）

市委事务
Municipal Party Committee Affairs

【概况】 2020年，眉山市委办公室召开64次室务会、理论学习中心组会；落实从严治党主体责任，自觉主动接受市委政治巡察，制定《科级干部操办婚丧喜庆等事宜的暂行办法》《加强党风廉政建设的十六条措施》，修订办公室室务会议事规则、谈心谈话、安全保卫和保密工作制度；创新实施“强学提能”计划，精选12个主题开展研学活动；与联系社区支部共建“党建大联盟”，探索水云间小区治理“513”党建模式，解决包保小区步道破损、管理无序等问题17个，多渠道筹集资金87万元支持联系贫困村道路扩建、文化广场建设；参与“送温暖”“防疫情、大扫除”等活动，制定并实施办公室《关于开展脱贫攻坚问题整改清零行动抓实四个联系村脱贫实效的实施方案》，问题全部清零销号；推进“轮岗交流”“双向互派”，轮岗历练、上挂锻炼、下派磨炼干部28人次；获“全市开放发展突破年先进集体”等荣誉奖励44项，受到市委、市政府表扬表彰党员干部55人次。

【信息调研】 眉山市委办公室深入园区、企业、乡镇村社等调研30次，编撰《领导参阅》35期、信息内刊355篇，获省委领导批示2条、市委主要领导批示29条，“眉山因地制宜建设竹林风景线”信息被中共中央办公厅采用，直送中央领导。

【文稿起草】 眉山市委办公室起草市委重要文件、讲话、报告等文稿500篇，牵头起草市委四届十四次、十五次、十六次全会等系列重要文稿，为市委谋划实施“136”等重大决策部署贡献力量。

【统筹协调】 眉山市委办公室发挥运转中枢作用，印发市委抓落实事项清单、市委常委会研究事项清单，编制《市委主要领导每周重要活动安排》，定期召开市四套班子秘书长、办公室主任联席会议，最大限度调动各方积极性，全力服务市委高效运转；研究出台《全市重大会议活动筹办机制》，筹办9个大型现场会议、24场项目投促活动以及竹博会、泡博会等重大节会，其中全省抓项目促投资现场会是眉山市首次承办省委、省政府主要领导和近20位省部级领导同时出席的重大会务活动，实现会场衔接流畅、分秒不差；推进公文办理流转数字化，创新中省文件阅办管理“12345”工作法，受到省委办公厅“全省领先”高度评价；深化“基层减负年”活动，推动基层微信工作群减少75%、填报表格减少56%、市本级印发文件下降11.5%、全市性会议下降19.5%，受到省委办公厅充分肯定。

【目标和项目督查】 眉山市委办公室对照梳理市委部署的55项重点工作，牵头分解任务284条，开展专项督查72次，同步全程督办市委常委会议定事项、书记批示交办事项543件，印发督查、督办报告51期；紧盯重点项目，落实“红黑榜”制度，对129个省市重点项目、31个重大招商项目，实行“一月一督查、一季一拉练”，倒逼项目落地，助力高质量发展。

【党务公开】 眉山市委办公室全面启动党务公开试点及推广，在全市县（区）党委、纪检监察机关、基层党组织中选取15个单位开展试点，以点带面推动全市党务公开制度化、规范化。

（胡 洋）

组织建设
Organization Construction

【概况】 2020年，眉山市组织部门深入学习贯彻党的十九届四中、五中全会，省委十一届六次、七次、八次全会和市委四届十四次、十五次全会精神，落实全国全省组织部部长会议部署，聚焦中心服务大局、助力发展担当作为，推动组织建设各项工作取得新的成效，为加快建设成都都市圈副中心提供组织保证。

【党的政治建设】 眉山市制定《眉山市巩固深化“不忘初心、牢记使命”主题教育成果的实施方案》，从9个方面提出98条任务，将执行落实情况纳入日常监督、考察考核、政治巡察重要内容；召开市委常委会（扩大）会议，专题听取县（区）党委书记、市级部门（单位）党组（党委）书记2019年度抓基层党建工作述职报告，并开展评议考核；落实“一把手”民主生活会责任，落实列席指导、及时叫停、责令重开、整改通报等制度，市纪委监委机关、市委组织部抽调力量全覆盖列席指导各县（区）委、市级各部门（单位）党组（党委）年度民主生活会，指导市委第六轮、第七轮巡察的27个市级部门（单位）巡察整改专题民主生活会。四川省委表彰全市防汛救灾优秀共产党员2名、先进基层党组织1个以及抗击新冠肺炎疫情优秀共产党员4名、先进基层党组织4个。

【领导班子建设】 眉山市委组织部制发贯彻落实《2019—2023年全国党政领导班子建设规划纲要》实施方案，细化17项措施；着眼换届和事业发展需求，选用敢担当善作为干部，全市调整交流干部332人次，配强东坡、彭山、仁寿等5个县（区）党政负责人，选优市委办、市发改委等31个市级单位“一把手”，优化市政府办、市科技局等56个市级单位班子功能，指导完成眉职院、红十字会等3个群团部门换届；全覆盖开展领导班子和领导干部重点考核调研，对眉山天府新区、6县（区）、79个市级部门（单位）领导班子开展2019年度考核调研，与2 700名正科职以上干部开展个别谈话，听取各级干部对市管领导班子和正科级以上干部评价、对干部队伍建设建议等5个方面意见，撰写《关于对眉山天府新区和县（区）考核调研情况的报告》《关于对市级部门（单位）考核调研情况的报告》等3个专题报告，推动调研成果转化为工作实际20项，解决干部问题诉求100个。

【干部教育培训】 眉山市委组织部深入实施习近平新时代中国特色社会主义思想教育培训计划，举办市级领导干部和县级主要负责人读书班1期、培训干部134人，举办科级领导干部读书班6期、培训干部991人，组织参加党的十九届四中全会精神网络专题培训班、培训县级以上领导干部690人，各地各部门分层分类开展全会精神学习培训、全覆盖培训党员干部1.6万人；深化实施新时代治眉兴眉执政骨干递进培养计划，举办年轻干部铸魂工程培训班8期，培训年轻干部436人；精准实施干部专业能力提升计划，围绕全市重点领域工作推动和干部专业能力提升，举办专题培训班29期；深化“1＋8＋6”东坡讲坛体系，全市开展“东坡讲坛”及分讲堂培训68期，培训干部8 600人；统筹实施培训保障提升计划，按照仁寿县独立办学，东坡区、彭山区“市区一体”统筹办学，洪雅县、丹棱县、青神县“市县整合”统筹办学模式，推进县级党校分类建设；探索建立培训计划统筹共商、学科体系统筹共建、师资队伍统筹共育、教学资源统筹共享、管理评估统筹共议“五个统筹”办学机制，健全骨干学科5个，建设精品现场教学点23个，打造优质课程26门，增核党校师资编制31个，引进高层次人才9名，54名专兼职教师纳入学科平台统筹调配，191名领导干部走上党校讲台，干部教育培训质量整体提升。

【干部管理监督】 眉山市委组织部开展干部个人事项专项整治，向市委常委会专题汇报领导干部个人有关事项专项整治工作精神，制定全市整治工作方案；按照专项整治5个方面重点内容，复查复核2019年以来重点抽查和随机抽查的干部个人事项查核资料，见人见事建立台账，开展整改；结合市委第七、八轮巡察，组建6个选人用人专项检查组，紧扣《干部选拔任用工作监督检查和责任追究办法》明确的5个重点监督检查内容，专项检查21个单位选人用人，立项督办1起严重违规问题，同时对市委第六轮选人用人专项检查反馈问题整改情况开展“回头看”，对照问题台账逐一验收13个单位整改情况；完成946名市管填报对象2020年个人有关事项报告表集中填报、数据录入和汇总综合，抓好任前报告事项审核和公示举报。

【干部档案数字化建设】 眉山市委组织部完成市、县直部门管理的在职干部公务员、参公人员、企事业单位中层及以上人员档案专审“回头看”及数字化，完成5万卷干部人事档案专审、4.5万卷在职干部人事档案数字化；加强干部人事档案任前把关，发挥档案凭证价值和资政作用；重点做好巡视整改和选人用人专项检查反馈档案问题整改，对账销号，对部分难点疑点问题深入调查、抓紧核实、尽快处理、限时解决；结合干部工作开展干部档案工作业务知识培训，对《干部任免审批表》填写及干部档案材料收集和归档提出要求，解答干部人事档案日常工作中遇到的问题，提升档案干部队伍业务素质。

【党组织设置】 眉山市委组织部调整优化党组织设置，新设立大熊猫国家公园眉山管理分局党组，改设市应急管理局党组为党委，设立市应急管理局机关党委、市妇幼保健院（四川大学华西第二医院眉山妇女儿童医院）纪委，撤销团市委党组、市地震监测中心党组、现代工业新城办党组。

【基层党组织建设】 眉山市委组织部以“战斗堡垒工程”为统揽，推进基层党建标准化建设，修订完善基层党建工作标准化建设指导标准，分11个领域提出504项建设标准；会同市纪委机关把基层党建工作推进情况纳入巡察重要内容，对存在履行主体责任不力等问题的严肃问责，实施党组织问责21个、党内问责342人；开展软弱涣散党组织集中整顿“回头看”，细化村党组织评先定级10个评分标准和负面清单，整顿软弱涣散村（社区）党组织25个；全覆盖建立街道“大工委”13个、城市社区区域党委123个，建立城市小区（片区）党组织964个，全市村民小组党小组、小区（片区）党组织100%覆盖，非公有制企业、社会组织党组织覆盖率分别达86.66%、82.7%。截至年底，全市有基层党组织8 256个，其中党委723个、党总支497个、党支部7 036个。

【农村党组织建设】 眉山市委组织部结合村级建制调整改革同步优化组织设置，跟进升格村党委207个、村党总支290个，推进村民小组党支部应建尽建，纵向健全乡村组党组织体系；调强干部队伍，村常职干部总数从4 373名减至2 683名，平均年龄从45.3岁降至40.2岁，大专及以上学历从32.5%提高到47.4%，选用农民工村党组织书记415名、占比81.3%，干部素质大幅提升、能力明显提高；加强班子建设，研制《农村基层党建工作标准化建设指导标准》《眉山市村党组织评先定级工作方案》，落实基本制度、基本要求；开展软弱涣散党组织集中整顿“回头看”，排查整顿软弱涣散村（社区）党组织25个，建强“战斗堡垒”。

【“两新”组织党建】 眉山市委组织部启动“两新”党建示范行动，覆盖产业园区、非公有制企业、楼宇商圈等6大重点领域、36家创建单位，突出政治引领、促进发展、氛围营造等细化评价指标33项，命名授牌“眉山市‘两新’组织党建示范单位”17个；推动眉山天府新区、7个省级工业园区、1个产值亿元以上楼宇全面建立党群活动服务中心；出台《律师行业党建工作引导方案示范文本》，全市42家律师事务所党组织对标“高线”提质升档；启动2轮摸底排查，选派党建指导员1 137名，全市纳入有效管理“两新”组织增长15.8%，非公有制企业、社会组织党组织覆盖率分别达86.66%、82.7%，华陆大厦综合党委入选全省首批10大“两新”党建示范楼宇；落实习近平总书记对快递物流行业党建重要指示，青龙物流产业链党总支工作经验在中央组织部调研座谈会书面发言。

【党员队伍管理】 眉山市委组织部落实党员涉嫌违纪违法信息通报和及时处理工作机制，联合纪委、公检法等部门对工作机制实施方案实施情况评估；在彭山区、青神县整体推进农村发展党员违规违纪问题排查整顿，排查出存在“四类问题”党员74人；开展居住地党组织评价在职党员报到服务情况；组织开展党内关爱资金申报，确定37名符合条件的困难党员为关爱对象，发放关爱资金15.8万元。

【党员教育】 眉山市委组织部研究制定《眉山市贯彻落实〈2019—2023年全国党员教育培训工作规划〉实施方案》《关于印发〈2020年全市基层党员学习贯彻习近平新时代中国特色社会主义思想教育培训方案〉的通知》《眉山市2020年党员教育培训工作重点任务清单》，市县两级举办培训班51期、培训6 000人次，充实党员教育培训师资库600人。“眉州先锋”公众号发布142期、信息656条，播出党建电视节目154条（部）。全市“智慧党建”手机平台覆盖党支部4 825个、注册党员10.35万名，电视平台覆盖60.9万户，月均上线量3.4万人次，实现县、乡、村三级党组织覆盖。眉山市委组织部统筹策划“疫情阻击战 眉山在行动”“基层治理党旗扬”“雪域高原的眉山故事”系列报道109期，制定18个党员教育电视片精品项目，向中央、省级媒体报送优秀视频课件31部，采用10部，其中中央电视台采用1部、中央组织部《共产党员》电视栏目采用5部、四川省委组织部《天府先锋》电视栏目采用4部。

【村级集体经济发展扶持】 眉山市委组织部推动265个村党组织书记兼任集体经济组织负责人，发挥81个集体经济重点扶持村带动效应，328个新合并村统筹集中撤并村零散资源、闲置资产，采取“两委”领办、专合组织带办、产业大户引办、党员群众联办等模式发展集体经济，消除集体经济“空壳村”，培育69个年收入10万元以上村，带动产业整村发展、促进群众致富增收。眉山市健全村级集体经济收入分配机制相关经验在《中国组织人事报》头版报道。

（刘　刚）

宣传工作
Publicity Work

【概况】 2020年，眉山市宣传工作紧扣“决胜全面小康、决战脱贫攻坚”主题主线，服务中心大局，自觉肩负“举旗帜、聚民心、育新人、兴文化、展形象”使命任务，全国文明城市首创即成，为加快建设现代化成都都市圈副中心提供思想保证和精神力量。

【理论学习和研究】 眉山市委宣传部坚持把学习宣传贯彻习近平新时代中国特色社会主义思想作为首要政治任务，深入学习贯彻党的十九届五中全会和省委十一届七次、八次全会精神；制发《眉山市党委（党组）理论学习中心组学习测评细则》，坚持以自己学、自己讲为主，组织市委理论学习中心组学习10次，全市各级党委（党组）中心组学习制度化、规范化水平进一步提升；加强全市宣讲力量培育统筹，遴选40名宣讲人才，建立宣讲人才库，打造41个基层宣讲联系点；围绕学习宣传中央、省委、市委重大会议精神，开展宣讲活动2 600场次；“学习强国”平台活跃度由全省第15位升至第4位，发放《习近平谈治国理政》第三卷、习近平同志《论党的宣传思想工作》等重要理论读物7万册，组织报刊台网常态化推进理论宣传阐释，推动党的科学理论深入百姓。眉山市委宣传部围绕治眉兴眉重大问题开展社科课题研究，聚焦“成渝地区双城经济圈建设”“构建新型城乡基层治理体系”等专题，立项社科课题82项；创新开展“江口沉银”专项研究，编印《江口明末战场遗址研究论文集》；抓住成渝地区双城经济圈建设契机，与重庆市涪陵区建立两地社科联联席会议制度。

【意识形态风险防范】 眉山市委宣传部落实工作责任，提请市委常委会传达贯彻中央新修订《党委（党组）意识形态工作责任制实施办法》，专题研究部署意识形态工作4次；坚持把意识形态工作责任制纳入监督问责、巡察考察、目标考核、述职评议和民主生活会重要内容，每季度召开联席会议，推动意识形态工作与行政管理、行业管理、社会治理紧密结合；防范化解意识形态领域重大风险，做好讲座、论坛、报告会、研讨会审核报备，管好守住新闻舆论、民族宗教、涉外活动、社科文艺、各类学校阵地；对21个市级单位开展意识形态工作责任制专项检查，对全市各级党委（党组）全覆盖书面督查，对8所在眉山高校实地督查；接受省委巡视眉山市意识形态工作专项检查，完成资料收集、情况汇报、服务保障，并完成中央巡视四川反馈意见整改；推进“正道”“新风”集中行动，加强出版物市场监管及渠道管控，“扫黄打非”进基层工作经验全省推广，办结1项全国、全省“扫黄打非”挂牌督办案件，广播电视实现全年安全播出无事故。

【主题宣传】 眉山市委宣传部深入宣传贯彻党的十九届四中、五中全会，省委十一届七次、八次全会和市委四届十四次、十五次、十六次全会精神，紧扣“决胜全面小康、决战脱贫攻坚”主题主线，围绕开放发展攻坚年、成德眉资同城化、基层社会治理、文旅融合等重点，创新运用电台直播车、海报长图、短视频开展主题宣传，有效统一思想、凝聚共识，激发全市干部群众凝聚力向心力；完成中宣部“走向我们的小康生活”主题采访启动仪式及后续集中采访，为全国8个现场点之一。

【抗疫宣传】 眉山市委宣传部启动突发公共卫生事件舆论引导I级响应，做到7×24小时值守，健全日研判、周会商等机制，做好宣传引导；围绕重大部署、疫情动态、公众关切，发布权威信息，普及防疫知识，刊发宣传报道5.6万篇，设置固定宣传点2 200个，有效舒缓公众情绪，新华社、《人民日报》、央视《新闻联播》《焦点访谈》等先后报道眉山做法；制作短视频、漫画、H5等新媒体作品300件，征集创作诗歌、音乐等防疫主题文艺作品700件，抖音视频《女儿举报父亲疫情期间外出聚赌》浏览量7 600万人次，歌曲《最美逆行》网络播放量30万次，有效提振抗“疫”士气；加强应急值守，及时辟谣，有效引导舆论，妥善处置“东坡区村民捐赠武汉柑橘”等涉疫敏感舆情，相关做法被省委宣传部2次刊发推广；统筹推进疫情防控和经济社会发展，落实“六保”“六稳”任务要求，联合广电、电信、移动、联通等单位，增加优质线上文化产品供给，满足群众居家精神文化生活需求；走访调研电影院，了解需求，检查疫情防控措施落实情况；开展文旅市场排查调控，制定《进一步激发文化和旅游消费潜力工作清单》，落实63项具体举措，帮助文旅企业纾困解难、复工复产。

【对外宣传】 眉山市委宣传部坚持策划先行、移动优先，瞄准重要媒体、重要版面、重要时段，在省级以上媒体刊播正面稿件5 300篇，实现建区设市以来《人民日报》首次头版头条报道、中央电视台《新闻联播》首次单条播出、中央电视台单季报道首次超60条、中央电视台单月报道首次达24条；创新外宣形式，竹博会、泡博会等亮相美国纽约时代广场，实现200家海外主流媒体网站传播，境外覆盖近5亿人次。

【宣传阵地管理】 眉山市委宣传部坚持政治家办报、办刊、办台、办网，出台《关于深化市级新闻单位采编播管岗位人事管理制度改革的实施方案》，推动市直新闻事业单位长远健康发展；推进县级融媒体中心提质增效，仁寿县融媒体中心建设入选全国县级融媒体中心舆论引导能力建设十大典型案例，为全省唯一。

【网络综合治理】 眉山市全面推进网络综合治理体系建设，成为全省首批6个试点市州之一。眉山市委宣传部把网络综合治理体系建设试点与构建新型城乡基层治理体系和市域社会治理现代化试点有机结合，印发《开展全市网络综合治理体系试点工作实施方案》，推进领导管理、正能量传播、内容管控、社会协同治理、网络法治、技术治网、组织保障七大体系建设，提高网络综合治理能力；严格执行7×24小时网络值班制度，坚持日报、周报、月报和发点球交办制度；启动互联网加强级应急响应2次。全市全年未发生重大负面舆情事件。

【网络安全管理】 眉山市委宣传部开展眉山市2020年国家网络安全宣传周活动暨护网2020网络安全攻防演习，对重要信息系统（网站）开展网络攻防实战演习，将演习中发现风险隐患书面通报相关单位，敦促开展漏洞隐患修复整改，防止重大网络安全事件。全市全年未发生重大网络安全事件。

（王　聪）

精神文明建设
Spiritual Civilization Construction

【概况】 2020年，眉山市精神文明建设战线坚持围绕全国文明城市创建主线，坚持社会主义核心价值观引领，推进公民思想道德建设，深化群众性精神文明创建，开展新时代文明实践，推进志愿服务制度化常态化，为统筹服务全市疫情防控、决胜全面建成小康社会、决战脱贫攻坚和经济社会发展大局提供思想保证和精神力量。

【全国文明城市创建】 眉山市先后召开全国文明城市创建工作推进会、誓师大会、深化文明城市创建工作会3次，印发《“门前五包”“院内四自”工作实施方案》系列文件，持续推进创文“十二项”重点工程和“10＋5”专项行动；制定并公布实施首部规范文明行为的地方性法规《眉山市文明行为促进条例》，统筹推进文明城市、文明村镇、文明单位、文明家庭、文明校园“五大创建”；打造创建实地点位3 500个，上传网报资料252项，发放《眉山市文明卫生手册》等资料30万份，围绕创建目标办理民生实事2 360件。6月30日，眉山市在四川全国文明城市创建工作推进会上作经验交流发言。11月20日，眉山市以三年综合排名第25位获评第六届全国文明城市。眉山市新创全国文明村镇3个、省级10个，全国文明单位3个、省级8个，全国文明家庭1户、省级4户，全国文明校园1个、省级4个；背街小巷治理经验总结《眉山下足三重“绣花功夫”推进背街小巷精细管理》入选中央文明办文明城市创建工作案例。丹棱县、洪雅县成功创建第五届四川省文明城市，青神县再获四川省文明城市称号。

【群众性精神文明创建】 眉山市印发《关于深化新时代文明单位创建工作的实施方案》和《2020年眉山市乡风文明提升行动重点任务清单》等系列指导性文件；成功创建全国文明村镇3个、全国文明单位3个、全国文明家庭1户、全国文明校园1个，省级文明村镇10个、省级最佳文明单位5个、省级文明单位8个、省级文明家庭4户、省级文明校园4个；验收命名市级文明村镇182个、文明单位50个，复查确认市级文明村镇、文明单位239个；制定出台《眉山市文明校园创建管理办法》，完成30个省级文明校园复查验收；评选星级文明户26 287户，县级以上文明村镇覆盖率75.7%。丹棱县张场镇万年村“道德超市”积分制度成为全省唯一入选全国村级“乡风文明建设”优秀典型案例。

【社会主义核心价值观建设】 眉山市弘扬伟大抗战精神、抗美援朝精神、抗疫精神，组织开展纪念中国人民抗日战争暨世界反法西斯战争胜利75周年以及中国人民志愿军抗美援朝出国作战70周年系列纪念活动，举办抗疫先进典型事迹主题展和巡回报告56场；组织开展以“决胜全面小康、决战脱贫攻坚”为主题的文艺会演、主题展览、事迹报告62场；开展“圆梦小康 幸福家园”脱贫美丽新村接力“晒”活动，17个乡村视频稿件被“川报观察”刊载，东坡区《“新星之火”可以燎原》乡村视频被《人民日报》客户端转载，丹棱县《“全国人大代表晒新村”Vlog》乡村视频获第29届四川人大新闻奖、新媒体作品类一等奖；把社会主义核心价值观融入法治建设，指导建成乡镇（村）农家法制院坝479个；印发《进一步加强各类先进典型选树宣传工作方案》，涌现出全国劳模梁飞、全国抗疫最美家庭赵登祥家庭等39个国字号先进典型。

【公民思想道德建设】 眉山市深入贯彻《新时代公民道德建设实施纲要》，培育和践行社会主义核心价值观；首次开展诚信宣传月活动，承办第七届全国道德模范故事汇首轮示范巡演活动，开展道德模范、身边好人和文明家庭基层宣讲50场；常态化开展先进典型评选，1人入选“中国好人”、6人入选“四川好人”、20人入选“眉山好人”，92人入选市级以上“三八红旗手”、19人入选省级以上劳动模范，1人获评全国抗疫先进个人、1个家庭获评全国抗疫最美家庭、30人获评四川省抗击新冠肺炎疫情先进个人。

【未成年人思想道德建设】 眉山市深化未成年人思想道德建设，首次开展未成年人思想道德建设专项测评，市委常委会专题听取未成年人思想道德建设工作报告。彭山区鹏利小学被评为全国文明校园，眉山第一小学被评为全国未成年人思想道德建设工作先进集体，眉山市直机关工委被评为全国关心下一代工作先进集体，彭山区被评为全省未成年人思想道德建设先进区县。1人入选全国十大“最美孝心少年”、2人入选四川“新时代好少年”、10人入选眉山“新时代好少年”，1人入选全国优秀共青团员、2人入选全国优秀少先队员、11人入选四川省优秀少先队员，2人获得教育部宋庆龄奖学金。4家单位被评为全省思想道德建设工作先进集体，4人入选全省思想道德建设工作先进个人。

【新时代文明实践中心建设】 眉山市印发《深化拓展新时代文明实践中心建设工作实施方案》，推进县级新时代文明实践中心建设，7个县级中心全部挂牌，建成新时代文明实践所56个、新时代文明实践站648个；深入开展移风易俗主题教育，提升乡风文明。青神县百家池村“邻里百家”文明实践活动做法在全省推广。

【志愿服务】 眉山市在全国志愿服务信息系统登记注册志愿者63万人，占全市常住人口比例21%，有服务时间记录占比63%，居全省前列；推动学雷锋志愿服务制度化常态化，疫情防控期间组建1 500多个志愿服务队共50万人次参与防控宣传、秩序维护、物资运送、心理咨询等活动；推动丹棱县、洪雅县在全省率先成立县级志愿服务联合会，组织10万名志愿者参与创建全国文明城市、国家卫生城市志愿服务活动。眉山市“关爱抗战老兵志愿服务项目”和彭山区凤鸣街道城东社区分获全国最佳志愿服务项目和最美志愿服务社区称号，祝光伦、朱庭霞、许海峰、刘艳林获评四川省百名优秀志愿者，“红色追梦人”脱贫助困项目获评全省十大“互联网＋学雷锋”种子项目，“东坡岛红领巾志愿服务项目”获国家青年志愿服务项目大赛铜奖、省级金奖。

（王　聪）

统一战线
United Front

【概况】 2020年，眉山市统战工作深入学习贯彻习近平总书记关于加强和改进统一战线工作的重要思想，坚持“不忘初心、维护核心、服务中心、凝聚人心”工作定位，助力开放发展示范市和现代化成都都市圈副中心建设。眉山市委统战部召开部务会35次、研究统战重点工作例会11次，组建部机关研究学习小组并开展活动2次，提升统战干部素质能力；编纂《眉山统一战线》杂志6期，“眉山统一战线”网站和微信公众号刊发稿件1 000条，《眉山日报》刊发统战稿件49条，“四川统一战线”网站刊用稿件115条；有1篇理论创新成果获四川省委统战部三等奖，3篇实践创新成果获四川省委统战部优秀奖。

【民主协商】 眉山市委统战部引导党外人士深入调研，形成调研报告23篇，其中民盟眉山市委《关于出台眉山市农村人居环境治理条例的建议》和民革眉山市总支《关于强化顶层设计，促进农地经营权抵押落地的建议》被全国政协采用，民进眉山市委《全面实行畜禽定点规范屠宰箭在弦上》被民进中央采用，民盟、民进7篇疫情防控社情民意信息被四川省政协采用，眉山市工商联《关于将鹌鹑列入〈畜禽遗传资源目录〉的建议》成功转化为国家部委决策。眉山市党外人大代表、政协委员提交省人大建议14件、省政协提案12件，提交市人大建议53件、市政协提案167件，许多建议意见转化为党委、政府决策参考；市级各民主党派、市工商联和市级统战团体8篇调研报告和交流发言获市委主要领导肯定性批示。

【民主党派和统战社团建设】 眉山市级各统战组织全面开展领导班子年度述职评议，并将测评结果用于班子换届和干部安排使用。民建眉山市委利用互联网技术，率先在全省创新打造机关总支智慧魅力基层组织；九三学社眉山市委通过九三学社中央机关规范化检查，农工党市总支被农工党中央评为“优秀基层组织”；民革东坡区支部成功创建全国第一批“民革示范支部”，受到民革中央表彰。眉山市委统战部协助四川省知联会、省欧美同学会共建“留学报国学习教育基地”“党外知识分子学习教育基地”，指导市留联会举办“我的留学生活”会员分享沙龙活动；承办环成都片区知联会建设调研座谈会并作发言交流，眉山市知联会会员企业洪雅县瓦屋山药业公司获抗击新冠肺炎疫情全国三八红旗集体称号，3名知联会会员入选眉山市首批优秀高层次人才；指导成立成都药科职业学院、市资产经营有限公司、四川信合集团公司知联会，推动知联会工作向基层延伸；组织召开全市网络人士统战工作会议和全市网络代表人士座谈会，传达全省网络人士统战工作会议精神，部署眉山市网络人士统战工作；参加全省新的社会阶层人士统战工作成都片区座谈会并作交流发言。

【非公有制经济领域统一战线】 眉山市委统战部到重庆、昆明等地开展民企“暖冬”慰问，组织开展民营企业大走访、大调研和谈心谈话活动，形成调研报告《化解民营企业“三难”问题的建议》，获市委主要领导肯定性批示；评选表扬市优秀中国特色社会主义事业建设者56名和百企联百村先进集体29个、先进个人49人，10名“眉山市优秀创新型民营企业家”入选“眉山菁才”行动，2名新生代企业家入选“四川省青年民营企业家成长计划”；为30家民营企业争取补贴1 400万元，帮助企业排忧解难；强化和夯实民营企业党建工作基础，对接摸清规模以上民营企业党建工作情况，摸清357家企业“两个覆盖”情况，完成357家企业“五个清”台账；建立领导干部联系企业党组织制度，对眉山浙江商会等30家商会、企业党建工作标准化规范化指导，指导昆明、西藏2个异地商会成立综合党委，实现异地商会党组织建设零的突破。

【民族宗教代表人士统一战线】 眉山市委统战部做好宗教活动场所安全稳定隐患排查整治和新冠疫情常态化防控，争取市财政资金50万元为121处宗教活动场所配备消防设备；集中开展安全问题排查整治4次，调处化解隐患40起；开展民族团结进步宣传教育“六进”活动，组织开展宣传宣讲活动20场次；指导仁寿县完善仁寿二职中民族团结进步示范基地建设，2名个人和2个集体获第八次全省民族团结进步模范表彰。

【新的社会阶层人士统一战线】 眉山市委统战部指导召开市新联会一届三次会员大会，增补3名副会长、1名秘书长和18名理事。眉山市新联会参加全省新的社会阶层人士统战工作成都片区座谈会并作交流发言，参加成德眉资新联会同城化发展推进工作联席会议第一次会议并交流发言；联合四川同心法律律师服务团眉山分团两次走进阿坝州金川县开展法律服务对口帮扶，联合四川方正圆企业出台“创业圆梦计划”，免费提供营业执照办理手续、财务咨询；受省新联会委托向援鄂医院捐赠防护物资。眉山市新联会、东坡区新联会举办两届人才招聘会；彭山区新联会举办抖音网店交流培训会，促进优势产业与电子商务深度融合；洪雅新联会参与端午汉服秀活动，受到中央电视台、四川广播电视台新闻关注；柳江分会联合多部门在柳江古镇举行“安逸走四川，康养在洪雅——文旅融合与康养产品展示活动”。

【党外知识分子统一战线】 眉山市委统战部在党外知识分子中开展“弘扬爱国

图1 2020年5月23日，眉山市委统战部到修文镇开展进“百村”促振兴、进“百企”助发展启动仪式（市委统战部供图）

图2 2020年10月10—11日，眉山市委统战部到金川县开展对口援建（市委统战部供图）

图 3　2020 年 9 月 29 日，“两岸一家亲·千里共婵娟”川台青少年中秋云诗会暨在眉台胞台属共度中秋佳节活动在眉山市举行

（市委统战部供图）

奋斗精神、建功立业新时代”主题教育活动，举办全市党外知识分子第 6 期专题培训会；组织加强对国家政策、法规及大政方针的学习，特别是学习《中共中央关于加强参政党建设的意见》及相关文件；疫情期间组织收集并撰写社情民意信息，提高建言献策水平和参政议政能力。

【“企业联村”行动】　眉山市委统战部持续开展“百企联百村”活动，全市 359 家民营企业和商会组织联系 295 个村，通过产业带动、提供就业岗位、开展培训、扶贫捐赠等投入帮扶资金 2 985 万元；完成“千企帮千村”对口援助行动，共动员 105 家企业与金川、茂县 86 个村建立结对帮扶关系，投入帮扶资金 1 408 万元，助力援助市县同胞脱贫奔康。

（李红兵）

侨务和台湾事务

Overseas Chinese Affairs and Taiwan Affairs

【概况】　2020 年，眉山市侨务、台务工作围绕全市中心工作，创新举措、务实奋进，努力实现侨务、台务工作发展；举办“2020 成都海外华侨华人社团大会”“全国台企联知名台企眉山行”等活动，为促进海峡两岸经济发展、文化交流和民心相通做贡献。

【侨务管理与服务】　眉山市侨务办公室邀请 5 批 45 个侨界团组 80 人到眉山市考察；向新加坡天府会、泰国四川会馆两个侨团授牌“海外眉山”联络处，搭建眉山开展海外交流合作平台；加强党建带侨建，扩大基层侨联覆盖面，建成“侨胞之家”4 个。眉山市侨联签署《成德眉资侨联共促同城化发展战略合作协议》《眉山市侨联　渝北区侨联友好合作协议》，推进成德眉资、眉渝侨务资源共享。全市落户涉侨项目 2 个，投资金额 148 亿元。疫情期间，海外侨团以及在眉侨资企业捐款捐物 84.8 万元，帮助采购防疫物资 13.9 万件（个）。

【台湾事务管理与服务】　眉山市委台湾工作办公室（市政府台湾事务办公室）发挥“海峡两岸产业合作区眉山产业园”金字招牌作用，推动园区从传统仓储物流转向以特种物流（冷链物流）、电商物流、智慧物流等为重点领域的现代高端物流，围绕物流枢纽延伸发展以零库存采购、生产流程管理、大数据、贸易代理、跨境电商为主的供应链服务，建立集商流、物流、资金流、信息流“四流合一”一体化服务平台。全市新增台资企业（项目）6 家（个），涉及总投资 4.43 亿美元。面对突如其来的疫情，眉山市重点台企四川金桐精细化学有限公司捐赠价值 4 万元的消毒液、医用口罩等抗疫物资，为彭山区援鄂医疗队家属捐资 3.78 万元。

【对台友好交流活动】　眉山市首次承办国台办对台交流重点项目“两岸一家亲·千里共婵娟”川台青少年中秋云诗会，承办民革中央联络部“在陆台胞同心活动（2020 冬·四川）”，承办省台办、省农业农村厅组织开展的“台资农业企业家专家服务基层面对面”活动，联合成都市台联、台盟成都市支部共同举办“茶园结茶情·两岸一家亲—蓉台茶产业暨茶文化研习”走进眉山活动；围绕全省对台文旅交流发展战略，成功申报青神县云华竹旅有限公司（国际竹艺城）为“川台文旅交流合作示范基地”，申报丹棱县文化旅游发展有限公司优秀青年负责人骆美霖为“川台文旅交流合作带头人”；组织人员参加国台办批准实施的 2020 年对台交流重点项目“四川·台湾乡村暨社区文化创意演迪”活动，涵养对台交流资源，支撑眉台交流发展。

（李红兵）

民族和宗教事务

Ethnic and Religious Affairs

【概况】　2020 年，眉山市有 39 个民族，有少数民族户籍人口 1.2 万人，少数民族流动人口 2 万人；有佛教、道教、伊斯兰教、天主教、基督教五大宗教，有经批准开放的宗教活动场所 121 处、宗教教职人员 145 人，其中佛教活动场所 56 处、比丘和比丘尼 120 人，道教活动场所 11 处、乾道和坤道 14 人，伊斯兰教活动场所 1 处、阿訇 1 人，天主教活动场所 28 处、神父和修女 6 人，基督教活动场所 25 处、牧师和副牧师 4 人；有市、县爱国宗教团体 20 个，全市信教群众 23 万人。眉山市民宗局全年以中央和省委宗教工作督查反馈问题整改为重点，推进民族团结进步创建、宗教活动场所规范化建设，引导宗教坚持中国化方向不动摇。

【民族团结进步示范创建】　眉山市民宗局加强民族团结进步示范创建宣传，获评全省民族团结进步示范单位；做好第八次全省民族团结进步模范集体和模范个人推荐评选，市农业农村局、东坡区委统战部两个集体获评全省民族团结进步模范集体，彭志礼、韦燕平两人获评全省民族团结进步模范个人；指导仁寿县完善仁寿二职中民族团结进步示范基地建设，指导东坡、仁寿、彭山等建立少数民族社区服务站，在就业、就学、医疗等方面为少数民族群众提供一站式服务；深入开展民族团结进步宣传教育“六进”活动，组织开展宣传宣讲活动20场次，铸牢中华民族共同体意识。

【民族宗教领域稳定维护】 眉山市民宗局开展集中安全排查整治3次，整改安全隐患40起；组织开展宗教领域安全生产月活动，制定印发活动方案，指导各县（区）开展宗教领域安全整改，全市民族宗教领域总体和谐稳定；引导宗教与社会主义社会相适应，支持开展“爱国爱教爱家乡”主题教育活动，通过参观家乡发展变化、召开座谈会等方式，增强宗教界人士的爱国意识，引导宗教中国化方向。

【宗教活动场所管理】 眉山市民宗局指导宗教活动场所完善管理制度，重点规范场所财务、食品安全等管理；指导宗教活动场所开展爱国卫生运动，对场所大殿、寮房、客堂、斋堂等环境卫生全面清扫，建立清扫保洁常态机制。

【法律进宗教场所活动】 眉山市民宗局指导宗教界开展新修订的《宗教事务条例》和《四川省宗教事务局条例》的学习宣传，提高宗教界依法办事、依法活动意识。

（李红兵）

目标和绩效管理
Target and Performance Management

【概况】 2020年，眉山市委目标绩效办公室深入贯彻中央、省、市决策部署，推动现代化成都都市圈副中心建设，夺取疫情防控和经济社会发展“双胜利”。眉山市在省委、省政府2019年度目标综合考核中名列全省第4名，被评为一等奖，继续保持全省先进；街道（社区）评议职能部门工作被省委列入全省试点，《眉山市建立健全重点项目督导考核推进机制大力促进有效投资》经验做法得到省委办公厅发文认可并在全省推广。

【目标绩效体系优化】 眉山市委目标绩效办公室对标省委、省政府关于考核工作的新精神、新要求，对全市目标绩效管理办法在强化激励导向、优化分值权重、严明考评纪律、力戒形式主义官僚主义等方面作出调整；贯彻落实省委“投资唱主角”部署和市委重点项目“三比三看”考评要求，在全省率先研究出台《重点项目“三比三看”考评办法》，统筹整合项目招引、建设、投产全过程考评体系，将项目推进情况细化量化为12项具体指标，与目标绩效直接挂钩，推动全市重点项目建设全面提速；按照考评程序，评选2019年全市目标绩效管理先进集体45个、末位单位4个，由市级分管领导对每个序列排名末位单位约谈提醒；加大省定目标加扣分力度，对获得省上加分指标单位对应加分提高到2倍，对受到省上扣分指标单位由3倍扣分提高到5倍扣分，同时会同市级有关部门，按照“鼓励干事创业、同级别职务高于职级、统筹微调、缩小差距、尊重惯例”原则优化调整市级绩效奖系数；将考核指标体系规范设置为党务目标、政务目标，分值权重参照省上设置为35∶65，其中党务目标考评分为党的建设、年度重点专项、政令畅通3个方面，政务目标分为高质量发展、年度重点任务、政府自身建设3个方面，指标架构保持相对稳定，确保考核工作严肃性；围绕省定目标任务和“开放发展攻坚年”部署，统筹下达全市党务目标、政务目标三级指标及考评细则，一级指标、二级指标、三级指标分别比2019年减少1个、1个、3个，个性指标比2019年减少582条，实现指标体系“瘦身”和考核重点“聚焦”；加大差异化考核力度，指导各县（区）和市级部门（单位）结合实际设置1至3项个性指标，差异化设置农产品主产区洪雅县考核分值权重，针对优化营商环境、成德眉资同城化、支持眉山天府新区发展、双城联创、眉山高新区创建国家级高新区等设置差异化分值权重，推动各单位担当履职、错位争先、竞相发展。

【目标考核统筹】 眉山市委目标绩效办公室实行日常考评，减少考核材料报送，被考核单位原则上不再报送专门自查和佐证资料；加大日常监管，将平时掌握情况计入年底“总账”中，落实考核、从严扣分；加快建设眉山市目标绩效管理信息系统，推行“无纸化”“不见面”考核；探索三方考评，在重点考核环节引入专家评议，将群众和社会评价作为检验各单位工作实际成效重要手段，提升考核客观性和科学性；规范社会评价，开展社会评价事项排查梳理，梳理市级社会评价事项6项、县（区）级社会评价事项13项，在强化评价统筹、改进评价方式、提升评价实效、严肃评价纪律等方面提出明确要求，推动留痕指标规范化管理和表扬工作规范化开展。

【省定目标任务推进】 眉山市委目标绩效办公室围绕“双胜利”总体目标和“六稳”“六保”总体要求，逐项细化分解省委、省政府下达的114项指标，逐一明确市级分管领导和牵头单位、责任单位、配合单位和具体目标任务，推动各项目标任务落实到岗到人，省定目标任务和市委、市政府确定的重要指标、重大项目、重点工作考核分值权重达90%以上；对省委、省政府反馈眉山市2019年综合目标考评中的9项党务目标和22项政务目标扣分事项，逐一分析、找准原因，报市委常委会会议审议后，“点对点”通报市级牵头部门，督促对标整改，提升工作质效；落实2020年度目标任务考核要求，会同市级有关部门加大目标推进力度，坚持定期收集分析目标任务执行情况，形成分析报告7份，按程序报市委领导审示，逐一反馈市级有关部门并抄送市级分管领导；逐条分析省委、省政府2019年群众和社会评价中干部群众、“两代表一委员”提出的80条意见建议，分类梳理后反馈各县（区）、市级各部门（单位）整改落实；研究形成《关于2019年度群众和社会评价得分情况的分析报告》，提出6条针对性建议报市委主要领导，并印发《关于做好2020年度省委、省政府目标绩效群众和社会评价工作的通知》等文件；筛选、分析样本框人员信息，上报1 200名具有代表性、典型性和高素质的在职干部和“两代表一委员”样本信息；发挥“参谋助手”作用，先后6次到省上汇报对接，邀请省委督查室、省政府督查室到眉山调研指导6次。

【“三重”目标任务推进】 眉山市委目标绩效办公室针对暗访督导力量不足问题，整合市级部门督查和目标绩效管理干部组建“暗访督导员”队伍，编制人员名单，构建自上而下、全域覆盖的大暗访督导体系，由“专人”到“全员”解决暗访督导人手不足问题;针对暗访督导专业化水平不高问题,结合全市项目工作重点,制定提能学习计划,邀请市级部门领导和行业专家开展重点项目、乡村振兴、工业发展等专题培训6场次,提升项目工作理论水平和联系实际能力;针对个别推进慢、成效不明显的重点项目,分析全市重点项目推进中短板、弱项,制定《全市重点项目暗访督导工作方案》,由市级领导带队,采取现场查看、明察暗访、约谈提醒等督导方法,反馈并整改问题130个,推动重点项目实现加快推进、完美呈现;将地区生产总值、规模以上工业增加值等10项主要经济指标从相关重点工作中单列赋分,实行针对性精准考核,合计分值权重由9%提高到20%,对纳入市委、市政府政务目标考核的五大发展理念贯彻落实情况和抢抓"双城"机遇、推进防疫抗洪、攻克"双城联创"、迎考脱贫收官等年度重点工作涉及的160项具体指标实行季度测评、排位和反馈;针对主要经济社会发展指标在成都平原经济区排位情况专门设置加扣分事项,对目标执行情况实行全过程跟踪监控,召开主要指标分析调度会议7次、全市目标绩效管理工作会议1次、与市级部门面对面会商19次,提出工作建议20条。

(蒋　虎)

机要保密
Confidentiality Work

【概况】 2020年,眉山市国家保密局深入贯彻落实习近平总书记关于保密工作的重要批示指示精神和中央、省委、市委决策部署,坚持党管保密,推进国家秘密治理体系、治理能力现代化,保密管理安全有效。全市全年无失泄密事故案件。

【保密宣传】 眉山市国家保密局将保密法纳入全市普法工作计划,开展保密法进机关、进校园、进社区活动;在市政府四届第101次常务会"会前学法"领学保密法,举办全市保密业务培训,组织市委办公室系统党员干部到省国家保密实训平台参观学习;抓好"4·15""12·4"等关键宣传节点,开展保密知识进机关宣传活动6次,发放《文印保密注意事项》《保密红线提示》等宣传资料1 500份。

【保密监管】 眉山市国家保密局抓好网络保密监管,检索判读互联网疑似违规信息5万条,有效降低网络失泄密风险;做好保密技术专项服务,做好"反窃听、反窃照"保密安全环境检测,开展计算机隐患排除技术检测,提供智能手机病毒查杀服务;持续做好涉密载体销毁,为17家市级部门(单位)、6个县(区)提供废旧涉密载体销毁服务,销毁纸质涉密载体70吨、涉密移动存储介质758个。

【保密检查】 眉山市国家保密局组织开展2020年度机关、单位保密自查自评,召开保密自查自评工作培训会,督促检查76个市级部门(单位)和6个县(区)保密自查自评,对重点单位和前期检查中发现问题较多的单位开展"回头看",11月通过省国家保密局开展的自查自评和"双随机"检查;抓实高考、成考、自考和全国司法考试眉山考区保密监管,考试试卷安全保密。

(陈黎迅)

机构编制
Organization Establishment

【概况】 2020年,眉山市委机构编制委员会办公室落实《中国共产党机构编制工作条例》,坚持党管机构编制原则,以政治引领为主线,以深化改革为抓手,以规范管理为关键,以自身建设为动力,推动各项工作取得新成效。"三型"编办建设工作得到省委编办主要领导肯定,被《四川机构编制》刊载;优化调整园区设置、监督检查工作经验均在《中国机构编制网》刊载,18条机构编制工作举措被《眉山要情》刊载,实施乡村振兴战略等16项工作得到市委、市政府表彰奖励。眉山市委编办被评为全省机构编制工作先进单位,机构编制统计工作连续4年获评全省机构编制系统先进单位,得到市委主要领导肯定性批示。

【党政机构改革】 眉山市委编办推进公安系统"大部门、大警种"改革,将市公安局29个内设机构整合设置为18个;完成森林公安管理体制改革,整体转隶80名森林公安专项编制、69名森林公安干警到同级公安部门。

【事业单位改革】 眉山市委编办完成市场监管等6个领域综合行政执法改革,市、县(区)666名综合行政执法改革人员全部转隶到位,督促指导市级相关部门制定和公布执法事项清单;建立"1+3+1"工作模式,创新编制人员安置方式,低成本、零信访完成全市12家生产经营类事业单位改革;完成大熊猫国家公园眉山管理分局及洪雅县管理站机构设置,为打造生态城奠定基础;规范园区事业单位设置,重新核定甘眉工业园区、眉山高新区下属事业单位名称、职责、编制和领导职数。

【乡镇机构改革】 眉山市委编办做好两项改革后半篇文章,开展专题调研,形成调研报告和工作方案;印发《进一步深化街道管理体制改革实施意见》,按照"5+X""1+X"模式设置机构,跨层级调整556名乡镇行政编制到街道;优化调整乡镇(街道)公安派出所86个、司法所80个、市场监管所51个;印发《眉山市乡镇(街道)属地事项责任清单指导目录》,明确属地事项110项,指导县(区)制定属地事项责任清单、党政机构职责清单;成立市、县(区)城乡基层治理委员会,构建上下贯通的基层治理领导机制。

【民生领域机构管理】 眉山市委编办加强民生服务保障,探索"县管校聘""医共体"管理模式,全市岗编适度分离人员2 417名;保障新冠肺炎疫情防控,成立眉山天府新区疾病预防控制中心,支持市疾控中心引进防疫人才10名;强化公立医院党建引领,部分下放市人民医院、市妇幼保健院党委机构编制管理权限;加强眉山天府新区法律援助工作力量,为市法律援助中心增核参公事业编制3名,派驻眉山天府新区负责新区法律援助业务;增核市就业服务管理局参公事业编制2名,市就业服务管理局挂牌机构"市劳务开发暨农民工工作领导小组办公室"更名为"市农民工服务中心","农劳科"更名为"农民工服务科";调整地震监测和服务机构隶属关系,将市防震减灾服务中心、市地震数字台网中心调整为市应急管理局所属事业单位，构建防震减灾救灾工作机构体系。

【机构编制信息化建设】 眉山市委编办加强机构编制信息服务保障，保持全市党政机关事业单位网站中文域名注册率和标识挂标率两个“全覆盖”，为党委政府决策和有关部门工作急需提供数据服务60次；以全省实名制系统上下编“不见面”办理试点市为契机，延伸梳理常规性事项13项，探索建立市级机构编制“不见面”审批体系；重新备案自聘临时人员291名，清理消化自聘临时人员190名，杜绝多头挤占财政资金。

【事业单位事中事后监管】 眉山市委编办强化事业单位监督管理，提前1个月完成232家市级事业单位法人年度报告公示，公示率98.3%，高于省上要求8.3个百分点；结合经营类事业单位改革，简化办事程序，缩短工作时限，完成91家事业单位登记和68家机关、群团统一社会信用代码赋码，确保机关、事业单位正常运转，抽查事业单位11家；举办首届市级事业单位新任法定代表人培训班，对70名法定代表人和区县事登工作人员进行业务提升培训。

【机构编制执行管理】 眉山市委编办结合市委巡察和领导干部任期经济责任审计，采取听取汇报、查阅资料、个别谈话、比对实名制系统信息等方式，专项检查21个市级部门（单位）和10名部门主要负责人任期内机构编制管理和执行情况，发出整改通知10份，反馈整改问题12个，督促部门按时限整改落实。

（陈思翰）

档案管理
Archives Management

【概况】 2020年，眉山市档案馆在推进档案接收与征集、档案资源开发与利用、档案信息化建设和档案法治建设的基础上，保障库管建设，加强民生档案、重大活动和项目档案等管理；开发编辑《眉山非物质文化遗产口述档案》文字版，《仁寿县档案馆藏抗战档案选编》《青神县第十七届人民代表大会第四次会议资料汇编》《丹棱民俗》等7部档案资料出版发行。

【综合档案馆建设】 眉山市档案馆推进市综合档案馆项目建设，专班专职履行项目业主责任，协调解决项目建设重点难点，严格全过程监督，确保程序合法、透明公正，同时集思广益、集体研究，做到科学决策、民主决策，市综合档案馆完成方案审批、地勘、初步设计、功能审查报批等前期工作；指导、督促东坡区、彭山区、丹棱县、青神县综合档案馆建设，东坡区完成桩基，彭山区主体完工，青神县正在进行主体修建。

【档案接收与征集】 眉山市档案馆派专人进驻市疫情防控指挥部办公室，制定《疫情防控档案资料收集分类方案及归档范围》，指导收集整理纸质资料8 200件、声像档案8.73GB、图片7.28GB、诗歌2.8GB；参与制定《关于进一步规范眉山市创建国家卫生城市技术评估资料收集工作的通知》，明确迎检资料范围、责任单位、格式和报送要求，收集整理资料32盒。眉山市档案馆全年依法接收征集各载体档案41 760卷、96 580件进馆，丰富馆藏内容。

【档案资源开发利用】 眉山市档案馆接待查档人员21 903人次，利用档案31 848卷次，复印或出具证明122 511份，异地查档243人次；利用馆内资源，开发编辑《眉山非物质文化遗产口述档案》文字版，全市档案馆独立或联合开发档案文化产品，《仁寿县档案馆藏抗战档案选编》《青神县第十七届人民代表大会第四次会议资料汇编》《丹棱民俗》等7部档案资料出版发行。

【档案信息化建设】 眉山市档案馆按照“存量数字化、增量电子化”要求，开展馆藏资源数字化，全市7个综合档案馆共投入档案数字化专项经费216.9万元，完成馆藏档案全文数字化121.67万条、524.9万页；加大涉改部门和单位档案、国有企业改革干部人事档案收集力度，开展档案“双套制”接收，接收电子档案1 539.522GB进馆；编印《眉山市档案信息化发展实用操作手册》，为立档单位档案信息化提供遵循。

【档案法治建设】 眉山市档案馆对全市116个机关、企事业单位开展“双随机”档案行政执法检查，对存在问题的单位通报批评，指出具体问题和整改要求，2021年3月将对问题较多的单位开展复查。

【民生档案管理】 眉山市档案馆围绕“民生工程”和脱贫攻坚加强档案监督，对涉及不动产、社保、环保、食品、诚信体系建设等民生领域的43个单位上门指导和检查63次；开展农村集体产权制度改革档案工作，指导524个村建立村级档案管理制度；健全扶贫档案工作机制，指导收集、归档脱贫攻坚资料56次，收集整理脱贫攻坚档案4 012卷；贯彻《四川省〈高等学校档案管理办法〉实施细则》，对50个中小学、3个高校业务指导74次；联合市教育和体育局对洪雅县、仁寿县职业高中、高级中学、初级中学等学生资助档案管理专题调研8次，举办全市学生资助工作会暨学生资助档案标准化示范工作推进会，开展业务指导148次，收集整理学生资助档案1 730卷。

【重大活动和项目档案管理】 眉山市档案馆履行市档案局指定任务，督促项目主管部门对全市231个重点建设项目档案管理登记，其中省重点项目30个、市重点项目100个、区（县）重点项目101个；联合市交通运输局检查8个全市千亿交通大会战在建工程项目档案，对存在的问题提出整改意见；联合相关部门督查112个重点建设项目档案，对69个单位整改情况跟踪复查；验收10个市级、区（县）级重大建设项目档案。

【档案安全管理】 眉山市档案馆坚守档案安全底线，层层压紧压实责任，定期开展安全教育、消防培训和演练；对6个区县档案馆及天府新区档案机构开展馆库建设和安全检查，对市级123个单位开展安全隐患排查；落实库房“九防”（防火、防盗、防紫外线、防有害生物、防水、防潮、防尘、防高温、防污染）安全措施，做好夏季防汛防潮等安全措施，确保档案实体和信息绝对安全。

【档案规范化管理】 眉山市档案馆审核和审定59个单位制定或修订的档案分类方案、归档范围和保管期限表；承办全市档案工作规范化管理专题培训会，通过上门服务和个别指导等形式宣传贯彻《四川省档案工作规范化管理办法》，指导188个立档单位档案规范化管理271次，全市67个立档单位达到档案工作规范化管理认定或复查标准，其中省一级9个、省二级27个、省三级31个，市级40个单位达到要求。

【档案宣传教育】 眉山市档案馆利用"6·9"国际档案日举办"档案见证小康路，聚焦扶贫决胜期"专题展览，发放宣传手册800份；整理收集6个区县档案馆馆藏档案精品，制作反映眉山历史发展的《眉山·记忆》微视频，在新华社、学习强国等公众平台发布，新华社点击率一周内突破40万人次；与市文管所联系，共同开发编辑《眉山非物质文化遗产口述档案》文字版，全市档案馆独立或联合开发档案文化产品，《仁寿县档案馆藏抗战档案选编》《青神县第十七届人民代表大会第四次会议资料汇编》《丹棱民俗》等7部档案资料出版发行；以"12·4"国家宪法日为契机，组织市区（县）及相关部门（单位）37个147专兼职档案人员参加"新修订档案法公益大讲堂"培训，学习习近平总书记对档案工作的指示批示，学习新修订档案法重大意义、主要内容释义以及新修订档案法"档案信息化建设""监督检查""法律责任"专章解读。

（吴　超）

史志工作
Local Chronicles Work

【概况】 2020年，眉山市党史和地方志编纂中心推进党史编研、志鉴编纂和地情资源开发，编纂出版《中共眉山市委执政实录（2019）》《眉山市志》《眉山年鉴（2020）》，在《眉山日报》开设"眉山史志纵览"专栏，定期刊载史志资料。《眉山年鉴（2019）》获第七届全国地方志优秀成果年鉴类二等奖、四川省第十九次地方志优秀成果年鉴类一等奖。

【党史征编】 眉山市史志编纂中心完成《中共眉山市委执政实录（2019）》编纂出版，全书82.8万字，彩页图片40张，12月正式出版；启动《眉山建市20周年大事记》编写，作为中国共产党成立100周年献礼工程之一；完成眉山脱贫攻坚亲历者口述资料5篇；指导区县做好党史类书籍编纂，做好审核把关，其中东坡区收集整理《眉山西南北12个乡镇剿匪经过的叙述》并连载刊发，仁寿县开展《仁寿县黑龙滩亲历者口述史》编写以及录音录像制作，丹棱县着手整理1996—2020年大事年表，青神县完成《青神县革命老区发展史》初稿编纂；以新中国成立70周年大型成就展为契机，收集、整理历年来涉及政治、经济、文化、社会、生态等方面图片1 000张；完成100位眉山抗战老兵口述资料征集、整理，抢救党史资料20万字；开展党史正本第三卷资料收集、初稿编写，截至12月，全市完成300万字初稿，其中《中国共产党眉山历史》第三卷编写至2011年。

【《眉山市志》编纂出版】 《眉山市志》于2013年启动编纂，2020年11月由方志出版社公开出版发行。全书37篇164章，327.5万字（上、中、下三册），前置彩页141张，随文插图211张。《眉山市志》是眉山建区设市以来编修的第一部市志，辑存眉山市1997—2012年经济、政治、文化、社会、生态文明建设等方面的历史与现状，追溯秦朝以来眉山建置沿革和历史名人，是一部认识眉山、了解眉山的百科全书。

【《眉山年鉴》编纂出版】 《眉山年鉴》于2003年创刊，一年一鉴，公开出版，至2020年共编纂出版18卷。《眉山年鉴（2020）》采用分类编辑法，按类目、分目、条目框架结构组成主体内容，设27个类目、216个分目、1 600个条目，辑录7篇文章、71个图表、119幅内文图片、79幅彩页图照，98万字，全彩精装印刷，12月由开明出版社公开出版发行。《眉山年鉴》全面系统记载2019年眉山市经济建设和社会事业等方面大事、要事、新事、特事，反映眉山市在改善民生和服务社会等方面的重大举措、进展情况和取得的成就。

【乡镇（村社）志编纂业务指导】 眉山市史志编纂中心全年深入乡镇（村社）指导业务14次；10月制发《眉山市乡镇（村社）志审查验收规范》，规范乡镇（村社）志审查验收程序及内容。截至12月，全市出版乡镇（村社）志4部，分别是《青岗乡邹胡村志》《瓦屋山风物志》《西龙镇志》《白果乡白庙村志》；完成初稿8部，分别是《三苏乡志》《广济乡志》《江口镇志》《黄丰镇志》《龙正镇志》《柳江镇志》《高庙镇志》《顺龙乡幸福村志》；启动9部，其中《柳江镇

图4　2020年11月，《眉山市志》公开出版发行　（市史志编纂中心供图）

志》成功申报为中国名镇志工程。

【旧志抢救整理】 眉山市史志编纂中心指导东坡区完成《眉州属志》（清·嘉庆版）繁体版和简体版点校整理，12月出版发行；指导彭山区完成嘉庆版《彭山县志》手工录入、点校，指导洪雅县完成《读史随笔译注》《咸平集注解》整理。

【地情资源开发】 眉山市史志编纂中心加强与主流媒体交流合作，2月在《眉山日报》开设《眉山史志纵览》专栏，定期刊载史志资料，截至12月刊登“中国共产党眉山历史（1927—1949）”眉山文化村落等10期，获市委主要领导肯定性批示。4月15日，中共中央党史和文献研究院网站刊发“四川省眉山市党史和地方志编纂中心在市级主流媒体开辟党史专栏，提升党史宣传影响力”信息，为市史志编纂中心成立以来党史工作首次在中央级媒体进行信息刊发。

【史志校地共建】 眉山市史志编纂中心开启校地合作新模式，与眉山职业技术学院、市委党校、四川大学图书馆等合作，签订《战略合作框架协议》，建立资源“共享、共知、共建”合作模式，开启多角度、多形式、多层次校地合作；与眉山职业技术学院合作，拟共建眉山市党史和方志馆，发挥史志资政、存史、育人作用。

【史志课题研究】 眉山市史志编纂中心围绕眉山人民艰苦奋斗精神，开展“黑龙滩水库建设光荣历史”“泡菜产业的异军突起”“眉山市开放发展的回顾与思考”三个专题研究；围绕眉山脱贫攻坚与乡村振兴，形成《产业强根造血为本　跳出脱贫抓脱贫——丹棱县积极探索片区外“插花”贫困稳定脱贫新路径》等4篇调研成果。

【史志宣传教育】 眉山市史志编纂中心加强新型媒体宣传，整合市党史和地方志资源，微信公众号更名为“眉山党史方志”，全年推送信息100篇，在中国地方志指导小组办公室组织的“全国地方志微信号榜单”421个微信号中排名靠前；结合脱贫攻坚、双创包保工作，深入联系村、社区开展史志宣讲活动，制作大型史志宣传橱窗，赠送党史和地方志书籍；开展“史志进军营”“学习党史、新中国史”活动，向部队官兵、市图书馆、市内高校赠送史志书籍，传播党的声音、讲述党的故事、塑造党的形象。

（李　霞）

机关党建
Party Building in Organs

【概况】 2020年，眉山市直机关工委以贯彻落实《中国共产党党和国家机关基层组织工作条例》为抓手，深入贯彻中央、省委、市委机关党的建设工作会议精神，围绕中心、建设队伍、服务群众职责任务，谋深谋实工作载体，开拓创新，夯实机关党建工作基础，提升标准化规范化，强化组织力、凝聚力、战斗力，为推动眉山高质量发展、建设现代化成都都市圈副中心提供保障，受省直机关工委常务副书记及市委主要领导肯定性批示。

【机关党建创新发展】 眉山市直机关工委开展机关党建十大创新项目评选活动，6个区县及49个市直机关党组织申报创新项目65项；召开创新项目工作推进会，深入基层一线督促指导创新项目和示范点建设22次，涌现市中级人民法院“党徽引领　法徽闪耀”、市林业局“红色引领　绿色发展”、眉山日报社“红色笔杆子”等党建业务双强、党建业务互促的优秀机关党建创新品牌；抢抓成渝双城经济圈建设、成眉同城发展等重大机遇，10批次走出去对接成都及周边市州党组织，以党组织结对联建、组建联盟、签订协同服务协议等方式，开展成眉机关党建组织联建、机制联动、活动联办、党员联训、资源联享、发展联促，互派干部20名，指导教育、税务等部门开展成德眉资党建联系活动，将党建活力转化为成眉同城发展动力；指导市委政法委、市民政局打造党务公开示范点，同时按照要求设置公开栏，利用干部学习会、党组织生活等形式推进工委党务公开，保障党员权利，接受党员群众监督。5 437名党员回居住地小区报到，认领服务岗位1.2万个，融入全市236个网格，开展纠纷调解、环境治理、政策宣传等志愿服务1.8万人次，助力“创文创卫”目标实现；412个机关基层党组织与包保社区（小区）结对，指导建立实体型小区党组织14个，选派党建指导员75名；21个机关党委累计投入资金76.8万元助力小区治理，高标准打造“水云间”“公园1号”两个小区示范点，小区治理“五一三”工作法在全市推广。

【机关基层党组织建设】 眉山市直机关工委专题研究基层组织设置24批次，新建、划转、撤销、更名党组织37个，指导选举27个；开展全覆盖调研2次、督查1次，约谈机关党委书记3人，建立负面清单22条，指导督促党组（党委）落实主体责任；选优配强党务干部队伍，37个设立机关党委的部门配备专职副书记25名、兼职副书记7名，配齐配强机关纪委书记，将班子成员安排到支部担任支部书记，22个直属支部中11个由“一把手”担任机关党支部书记；向市委汇报，赋予工委督查职能，并协调争取，将机关党建考核分支由0.5分增加为3分，强化督查考核；修订印发《机关党建工作标准化建设指导标准》，明确7个基本25项任务细则，坚持每月印发任务清单，照图施工；举办《条例》专题学习培训班、党组织书记培训班和“眉州头雁”大讲堂等25堂，3 000人次参加；开展庆“七一”机关党建知识网上答题活动，2.7万名机关党员参与；开展“坚定信念跟党走，眉州头雁作表率”党组织书记赛党课活动，通过“支部讲、竞赛讲、网上讲、进小区讲”等方式，掀起“讲党课”热潮；开展公文写作培训，组织选手参加全省公文写作大赛，获评优秀组织奖，首次获得一等奖（市委统战部赵有旭），4人获三等奖；督促整改市委巡察反馈和督查发现等问题34项，总结并督促整改共性问题8个，梳理主体责任落实、党员发展、换届选举、组织建设、党内政治生活等典型案例8类59个。

【机关精神文明建设】 眉山市直机关工委分片区集中宣讲党的十九届四中、五中全会，省委十一届七次、八次全会和市委四届十五次、十六次全会精神18场，各机关党组织开展宣讲、集中学习、专题研讨458场，覆盖党员6 758人次；做好“不忘初心、牢记使命”主题教育后半篇文章，督促市直各机关党组织学习常态化、问题整改常态化，严肃党内政治生活，强化政治理论学习，坚定理想信念，做到“两个维护”，树牢“四个意识”；制定完善党内目标考核实施细则，将意识形态工作列为重要考核指标，4月对全市37个设机关党委的市级单位（部门）意识形态工作责任制落实情况全覆盖督导反馈，全年各机关党组织召开中心组学习会532次、讲党课683场，实现意识形态领域“零事故”；创办“眉州头雁”微信服务号，开通“微党课”“微答题”线上学习渠道，开办“习言习语”“党史资料”“党务知识”等学习专栏，刊发党建信息28次123条；健全机关党建信息宣传考核制度，被省级以上媒体采用217条，市委书记署名文章《党建引领 壮干强核 集智聚力加快建设成都都市圈副中心》在《四川机关党建》2020年第5期刊发。

【机关干部驻村帮扶】 眉山市直机关工委建立全覆盖帮扶机制，按照延续性与重点性结合原则，跟踪统计、对接协调、缺位补充，37名市领导、89个市级单位（部门）、184名县级领导分别联系帮扶74个、186个、358个贫困村和“加挂村”，2.1万名机关党员干部结对帮扶51 114户建档立卡贫困户，选派61名驻村工作队队员，实现帮扶力量全覆盖，贫困户不漏一户；建立片区化督导机制，5—7月与市脱贫办联合组成6个督导组，深入6个区县14个贫困村，开展问题排查、整改回访、检查验收三轮全覆盖检查，向5个市级部门及6个区县函告并督促整改干部帮扶类问题62个，通报推进脱贫攻坚不力干部156人，对28名履职不到位干部诫勉、责令检查等问责；开展脱贫攻坚问题整改清零行动，紧盯脱贫攻坚以来中央、省、市开展的脱贫攻坚成效考核、巡视巡察、督查调研、审计、媒体暗访等发现的问题，整改销号问题2万个，实现成功清零；针对疫情影响，强化细化干部结对帮扶，帮助销售农副产品4 700万元，帮助8 345名贫困群众就业。干部工作《眉山市坚持“三个突出”推动全面脱贫与乡村振兴有效衔接》在全省作经验交流。

【“清风扬眉”工程推进】 眉山市直机关工委指导开展廉政法规知识竞赛、廉洁齐家、警示教育活动；开展“风险管控行动”，紧盯重点领域、重点岗位、重要环节，排查出风险点867个，建立党员廉政风险动态管理台账，针对风险岗位谈话3 760人次，发现并解决苗头性问题100个；按照监督执纪“四种形态”处置问题线索，审理违纪科级及以下党员案件22件、22人。

（邹文娟）

老干部工作
Work on Retired Cadres

【概况】 2020年，眉山市委老干部局深入学习贯彻习近平总书记关于老干部工作重要指示精神，深入学习贯彻党的十九届四中、五中全会精神，落实省委十一届七次、八次全会和市委四届十四次、十五次全会部署要求，把握新时代新阶段老干部工作面临的新形势新要求，坚持为党和人民的事业增添正能量价值取向。

【老干部政治待遇落实】 眉山市委老干部局开展离退休干部月度学习活动，学习中央、省、市重大会议精神和民法典等重要法律；组织召开全市离退休干部先进事迹宣讲会，激励离退休干部党组织和党员创先争优；组织离退休干部代表开展参观考察、座谈活动，畅谈眉山新发展、新变化、新气象；组织离退休干部代表参加市上重要会议和活动，为市委重大决策部署建言献策。

【老干部生活待遇落实】 眉山市委老干部局完善离退休干部困难帮扶机制，加大对困难离退休干部帮扶力度，使用12.2万元资金帮扶17名老干部；发放离休干部地方生活补贴，落实部分中华人民共和国成立初期老干部门诊医疗照顾费，并增调困难补贴；组织市级退休领导干部开展历时7天的健康休养活动，落实健康体检、代报销医药发票等生活待遇；在春节、重阳节以及抗美援朝、抗日战争胜利周年纪念等重大节日节点开展走访慰问，把党的温暖和关怀送达每位老干部；看望生病住院老干部28人次，吊唁去世离休干部3人；接待离退休干部来信来访2件次，回复率和满意率100%。

【离退休干部党建】 眉山市委老干部局举办2020年度全市离退休干部党组织书记培训班，市级部门、区县离退休干部党组织书记代表90人参训；组织市级、区县离退休干部观看全国、全省在线学习讲座3次，观看网上事迹报告会1次、网上专题报告会3次；利用《离退休支部学习参考》和微信平台，向离退休干部宣传党的大政方针和党委政府中心工作；推动离退休党支部规范化运行，规范“三会一课”、主题党日活动等组织生活，并督促指导市级各部门、区县对离退休党支部开展评价考核。

【离退休干部活动】 眉山市委老干部局落实“增添正能量·共筑中国梦”系列活动要求，组织引导离退休干部开展“助力脱贫攻坚、推动基层治理、开展科技下乡、组织先进宣讲和举办文艺展演”五大行动；引导有专长的离退休干部深入基层发挥作用，在市级和区县开展“我为脱贫攻坚出份力”、“送农技、送帮扶”专家指导、“党建引领·基层治理”文艺展演、老年书画艺术家进社区等活动，为群众文化生活注入正能量；印发《关于试点建立社区、小区离退休干部党组织的通知》《关于在全市离退休干部中开展“我为城乡基层治理出份力”活动实施方案的通知》等文件，鼓励离退休党员干部到社区、小区组建离退休干部功能型党组织24个，建立涉老工作室63个，开展理论宣讲398次，结对联系困难群众430人，协调问题343个，参加志愿服务6 585人次。

（杨志东）

党校工作
Work of Party School

【概况】 2020年，眉山市委党校有各类教室14间，学员床位224个，可同时容纳400人培训、餐饮，200人住宿；校（院）定编35人，其中行政管理人员参公编制15名、事业人员20名，在编在岗25人。

【党校分类改革】 眉山市委成立眉山市县级党校分类建设工作领导小组，全面启动县级党校分类改革。眉山市委党校与东坡、彭山区委党校合署办公、一体办学，支持彭山区委党校成功挂牌眉山市乡村振兴学院，与洪雅、丹棱、青神县委党校统筹办学，加强市县两级党校培训计划、学科建设、师资力量、教学资源、管理评估统筹，提升县级党校办学质量；成立党校办学质量评估工作组，对全市县（区）委党校全覆盖预评估；指导区县委党校申报省委党校立结课题4项、申报市委党校立结课题50项；深入区县委党校调研指导40次，形成《彭山养生长寿文化研究》《创新和完善现代乡村治理——“全国乡村治理示范村”百家池的调查》等调研成果。

【党校培训教育】 眉山市委党校举办习近平新时代中国特色社会主义思想专题师资培训班、新任副县级干部培训班、年轻干部铸魂班、新任科级领导干部培训班、基层党员示范培训班、事业单位高层次和紧缺人才岗前培训班、新录用公务员初任培训班、党组织书记党务干部培训班等主体班次9期，培训900人次；承接成都市中青年干部培训班、成都市委党校铸魂班、德阳市罗江区干部培训班、金川县组工干部培训班等外培班13期，培训1 234人次；协助市级各部门（单位）办班62期，培训5 572人次；持续推进特色办学，连续2年举办东坡文化干部培训班，承办首期市外委托“东坡文化游学培训”；新录取研究生17名，开展研究生教学点工作。

【党校科研活动】 眉山市委党校完成省委党校《建设“六有乡村　丘陵大县小康社会建设的实践启示——以四川省仁寿县为例”》重大委托课题1项、省委党校一般课题《眉山市以营商环境建设培育开放新优势的对策研究》《长征精神数据库建设重大研究项目》2项、省社会主义学院课题《新形势下继续优化营商环境促进眉山民营经济高质量发展研究》1项、市社科研究课题5项、全市党校系统课题10项；编辑出版《中共眉山市委党校学报》1期，呈报“党校专报”7期，4项咨政成果获市委、市政府主要领导肯定性批示，2项成果分获市哲学社会科学二、三等奖；举办“成渝地区双城经济圈背景下眉山市建设成都都市圈副中心理论研讨会”，并汇编出版论文成果；组织参加2020年四川省资本论研究年会、四川省领导科学研究年会等省市理论研讨和学术交流会30人次，提交参会论文20篇；组建眉山市党的建设新型智库，组织开展党的建设研究。

【党校队伍建设】 眉山市委党校交流4名班子成员，晋级一级调研员、二级调研员、三级调研员各1人，5名正科职干部晋级一级主任科员，分流消化2名事业管理岗人员；引进到岗3名全日制硕士研究生，启动博士研究生引进工作；举办“习近平新时代中国特色社会主义思想”专题师资培训班，选派32人次外出培训学习；组织青年教师全员领衔备课，培养5名教师登上讲台；组织开展全市党校系统首次精品课和优质课评选活动，评选出优质课24门、精品课2门；梳理教学培训、科研咨政、综合管理、机关党建等5个方面制度清单，逐项新建或修订完善，强化内部管理。

【校院建设】 眉山市委党校着眼保障改革过渡期办学需要，强化校园维护改造，完成财政投入600万元对现有校园附属设施维修改造，对党校主楼道、楼层过道、楼梯扶手、卫生间、阶梯教室、阅读室、围墙、大门等附属设施维修改造，改造后学员宿舍6 969平方米、住宿房间158间，学员食堂712平方米，可同时容纳400人进餐；加大信息化投入，升级改造校园信息化基础设施；投入53万元推进学校图书室建设，新购图书7 000册。

（郭佳铭）

眉山市人民代表大会

THE PEOPLE'S CONGRESS OF MEISHAN MUNICIPAL

人大机构 / 重要会议 / 人大事务

人大机构
People's Congress Agencies

【概况】 2020年,眉山市人民代表大会及其常务委员会有工作部门12个,分别为市人大常委会办公室、市人大法制委员会、市人大监察和司法委员会、市人大经济委员会、市人大教育科技文化卫生民族宗教委员会、市人大农业与农村委员会、市人大城乡建设环境资源保护委员会、市人大预算委员会、市人大社会建设委员会、市人大常委会研究室、市人大常委会人事代表外侨工作委员会、市人大常委会法制工作委员会。

【2020年市人大常委会主要领导名录】

主　任:刘十庆

副主任:吴爱玲(4月离任)

陈万忠

李建章

李永高

王晓丽

宋仕祥

秘书长:徐智勇(4月离任)

阳运良(4月任职)

【2020年市人大专委会和常委会内设机构及领导名录】

市人大常委会办公室

主　任:岳　燕

市人大法制委员会

主任委员:陈　建

市人大监察和司法委员会

主任委员:雷建勇

市人大经济委员会

主任委员:廖明清

市人大教育科技文化卫生民族宗教委员会

主任委员:黄　玲

市人大农业与农村委员会

主任委员:李启明

市人大城乡建设环境资源保护委员会

主任委员:刘继桂

市人大预算委员会

主任委员:赵晓明

市人大社会建设委员会

主任委员:李　艳(4月任职)

市人大常委会研究室

主　任:杨加盛

市人大常委会人事代表外侨工作委员会

主　任:王仲成(4月离任)

李　艳(4月任职)

市人大常委会法制工作委员会

主　任:杨昌勤

(刘　荣)

重要会议
Important Meetings of People's Congress

【概况】 2020年,眉山市人大常委会召开眉山市人民代表大会1次、人大常委会会议8次、人大常委会党组会议26次和主任会议25次。

【市人民代表大会会议】 4月27—29日,眉山市四届人民代表大会六次会议召开。会议听取和审议《政府工作报告》《眉山市人民代表大会常务委员会工作报告》《眉山市中级人民法院工作报告》《眉山市人民检察院工作报告》,书面审查《眉山市人民政府关于2019年度全市环境状况和环境保护目标完成情况的报告》《眉山市2019年国民经济和社会发展计划执行情况及2020年计划草案的报告》《眉山市2019年财政预算执行情况和2020年财政预算草案的报告》,通过关于上述8个报告的决议;选举胡元坤为眉山市人民政府市长,选举吴良军为眉山市中级人民法院院长,选举阳运良为眉山市第四届人民代表大会常务委员会秘书长,选举尹斗芳、卢明春、张瑾、杨兴弘、赵藟、夏荣升为眉山市第四届人民代表大会常务委员会委员,表决通过李艳为眉山市第四届人民代表大会社会建设委员会主任委员;表决通过眉山市人民政府2020年度重点实施的民生实事项目10项,分别是新开工、续建义务教育学校10所,对2000年(不含)以前的400个城镇老旧小区按照"七化"标准改造,继续实施引青入东工程、巩固提升2.15万名农村人口饮水安全保障能力,新(改)建农村公路200公里、保有"四好农村路"示范路200公里,实施场镇、村、农村聚居点"路灯照明"2 400组,新开工建设新能源汽车充电站6座、充电桩600个,资助白内障患者实施复明手术1 000例,完成眉山主城区6 000个机动车停车位智能化改造、集中改造人行道智慧停车泊位100处、联网改造重点公共停车场10处,建设公益性公墓35处,建成投用眉山主城区齐通路、文定街、双凤街、文安东路、青衣街5条市政道路。

【市人大常委会会议】 眉山市人大常委会全年召开常委会会议8次,主要听取和审议市人大常委会执法检查组关于检查《中华人民共和国药品管理法》《中华人民共和国民办教育促进法》《中华人民共和国义务教育法》《中华人民共和国水污染防治法》实施情况的报告,听取和审议市人民政府《眉山市人民政府关于全市公共卫生服务能力建设的情况报告》《眉山市人民检察院关于开展公益诉讼检察工作情况的报告》《眉山市人民政府关于2019年度法治政府建设工作的报告》,听取《眉山市人大常委会法制工作委员会关于2019年度规范性文件备案审查工作情况的报告》《眉山市人民政府关于全市公共卫生服务能力建设的情况报告》《眉山市人民检察院关于开展公益诉讼检察工作情况的报告》《眉山市人民政府关于2019年度法治政府建设工作的报告》《眉山市人大常委会法制工作委员会关于2019年度规范性文件备案审查工作情况的报告》《眉山市人民政府关于全市公安机关、司法行政机关履行职能营造法治化营商环境的工作报告》《市中级人民法院关于全市法院履行职能营造法治化营商环境的工作报告》《市人民检察院关于充分履行检察职能营造法治化营商环境的工作报告》《市人民政府关于全市2020年重点项目推进情况的报告》《市人民政府关于全市公安机关、司法行政机关履行职能营造法治化营商环境的工作报告》《市中级人民法院关于全市法院履行职能营造法治化营商环境的工作报告》《市人民检察院关于充分履行检察职能营造法治化营商环境的报告》《市人民政府关于全市2020年重点项目推进情况的报告》《市人民政府关于全市扫黑除恶专项斗争工作情况的报告》《市人民政府关于2020年上半年国民经济和社会发展计划执行情况的报告》《市人民政府关于眉山市2019年财政决算情况的报告》《市人民政府关于眉山市2020年1—6月财政预算执行情况的报告》《市人民政府关于2019年度市级预算执行和其他财政收支的审计工作报告》《市人民政府关于全市扫黑除恶专项斗争工作情况的报告》《市人民政府关于2020年上半年国民经济和社会发展计划执行情况的报告》《市人民政府关于眉山市2019年财政决算情况的报告》《市人民政府关于眉山市2020年1—6月财政预算执行情况的报告》《市人民政府关于2019年度市级预算执行和其他财政收支的审计工作报告》;对市人民政府办理《眉山市人大常委会关于市人民政府2018年度法治政府建设工作情况报告的审议意见》《眉山市人大常委会关于全市公共法律服务体系建设工作情况报告的审议意见》《眉山市人大常委会关于检查〈中华人民共和国农产品质量安全法〉贯彻实施情况报告的审议意见》《眉山市人大常委会关于全市乡村振兴推进情况报告的审议意见》《市四届人大五次会议代表建议、批评和意见情况报告的审议意见》《眉山市人大常委会关于市人民政府科技成果转化工作情况报告的审议意见》《眉山市人大常委会关于市人民检察院开展公益诉讼检察工作情况报告的审议意见》《眉山市人大常委会关于全市公安机关、司法行政机关履行职能营造法治化营商环境工作的审议意见》《眉山市人大常委会关于检查〈中华人民共和国建筑法〉贯彻实施情况报告的审议意见》《眉山市人大常委会关于听取和审议市人民政府〈关于眉山市2018年度国有资产管理情况的综合报告〉的审议意见》《眉山市人大常委会关于检查〈中华人民共和国消防法〉贯彻实施情况报告的审议意见》的情况和市中级人民法院办理《眉山市人大常委会关于全市法院充分履行职能营造法治化营商环境工作的审议意见》的情况以及市人民检察院办理《眉山市人大常委会关于全市检察机关充分履行检察职能营造法治化营商环境工作的审议意见》《眉山市人大常委会关于全市扫黑除恶专项斗争工作情况报告的审议意见》《眉山市人大常委会关于听取和审议〈市人民政府关于眉山市2020年重点项目推进情况的报告〉的审议意见》《眉山市人大常委会关于市人民政府2019年度全市环境状况和环境保护目标完成情况报告的审议意见》《眉山市人大常委会关于市人民政府2020年度民生实事票决项目推进情况报告的审议意见》的情况进行满意度测评,对彭山区人民政府、仁寿县人民政府、市住房城乡建设局、市交通运输局2019年预算执行及其他财政收支审计查出问题整改情况进行满意度测评;审议《眉山市人民代表大会常务委员会关于依法全力做好当前新型冠状病毒肺炎疫情防控工作的决定》《眉山市人民代表大会常务委员会工作报告》《眉山市人大常委会2020年工作要点》《眉山市第四届人民代表大会六次会议的决定及有关事项》《眉山市文明行为促进条例》《眉山市人民代表大会常务委员会关于全面禁止食用野生动物的决定》《眉山市农村人居环境治理条例》《眉山市人民代表大会常务委员会关于规章及规范性文件备案审查的规定》《眉山市人大常委会关于加强三岔湖眉山区域水环境保护的决定》《眉山市人大常委会2021年工作要点》《眉山市人大常委会召开眉山市第四届人民代表大会第七次会议的决定》,表决通过有关代表资格审查报告和人事任免议案等。

【市人大常委会党组会议和主任会议】 眉山市人大常委会全年召开党组会议26次、主任会议25次,其中党组会议主要传达贯彻重要会议精神和文件精神、市委重要决策部署,研究提请市委审定的重大事项;主任会议主要研究提请市人大常委会会议审议的专项工作报告、执法检查报告、人事任免事项等议题,安排部署市人大常委会重要日程工作等。

（刘　荣）

人大事务
People's Congress Affairs

【概况】 2020年,眉山市人大常委会坚持市委有要求、人大有行动,市委有部署、人大有落实,围绕中心、依法履职,主动作为、创新工作,问题导向、务求实效,全国人大常委会预算工委确定丹棱县为四川唯一、全国5个基层联系点之一,省人大常委会办公厅2次专刊推介眉山做法、表扬眉山为宣传人大制度先进单位,《人民权力报》5次头版、专版深度报道眉山做法,各项工作取得新进展新成效。

【新冠肺炎疫情防控】 眉山市人大常委会坚定贯彻党中央和省委、市委决策部署,运用法治思维和法治方式,作出依法全力做好新冠肺炎疫情防控的决定,为疫情防控提供法治保障,推动落细管控措施,抓好复工复产;在全省市州率先作出全面禁止非法食用野生动物的决定,列出禁食清单、细化法律责任,组织执法检查,落实全面“禁野令”;调整监督计划,将原定于10月进行的听取审议公共卫生服务能力建设工作报告,调整到4月,针对工作薄弱环节,提出加快疾控中心标准化建设、完善队伍激励机制等审议意见,推动健全平战转换机制,提升传染病防控和突发公共卫生事件处置能力;发出关于充分发挥人大代表作用为打赢疫情防控阻击战贡献力量的通知,组织机关全体职工直接向武汉市红十字会捐款;开展“走百企、解难题”活动,将五级人大代表混编为670个走访小组,成立工业、农业、文教、医卫等15类70个专业小组,发动代表针对受疫情影响较大、复工复产难度较高的餐饮、文旅等行业,集中3个月时间面对面听呼声,心贴心解难题。全市各级人大代表走访企业1 100家、走访群众2.2万人,协调解决问题1 700个,金象赛瑞化工知识产权维权案件取得重大突破,眉州文化村、中车紧固件等重点项目协调搬迁资金、银行贷款3 000万元,省人大常委会办公厅2次专刊推介眉山做法,《人民权力报》专版报道,市委书记批示“行动快、举措实、成效好”。眉山市人大常委会开展资金直达基层、直达企业、直达民生专题调研和专项督导,推动精准用好中央财政直达资金,优化审批程序,解决总体支付进度偏慢的问题;听取审议全市重点项目推进情况报告,深入40个省、市重点项目调研分析,推动“要素跟着项目走”,加快建设速度,提升建管水平,招引布局新基建等重大战略支撑项目;听取审议民营经济发展情况报告,针对政策宣传不到位、融资难等问题,提出编写简明政策读本、做实做强金融服务中心等审议意见,推动企业和金融机构有效对接、政策宣传更接地气;听取审议企业国有资产管理情况报告，提出优化产业结构、完善国资监管等审议意见，推动国有资产保值增值、国有企业转型发展；听取审议计划、预算、决算、审计报告，首次听取政府性债务管理和预算绩效管理工作报告，推动精打细算，落实预算绩效管理，推动审计查出的83个问题全部整改到位。

【人大跨区域协作】 眉山市人大常委会梳理市委确定的成眉同城关键项目，向成都市人大常委会提出协作清单，签署协作协议，确定交通同城、环保监督等6个方面年度协作重点；建立成眉人大协作常态机制，联合印发年度协作要点，组织有关部门到眉山天府新区、双流、简阳等地现场办公，组织参加交通、医保、农业、法制和财税共享同城座谈会，协同监督，推动成眉两地实现医保服务项目和流程统一，推动解决剑南大道断头路建设等项目推进中的具体问题13个，成眉动车日发车从62列增加到80列；通过成都市人大常委会立法、眉山市人大常委会出台决定，实现三岔湖开发规划同标、保护同质；对接重庆市大足区人大常委会，签署合作协议，建立推进两地政府协作落地见效工作机制。

【法治化营商环境优化】 眉山市人大常委会连续三年听取审议法治政府建设工作报告，对法制审核人员配备比例、行政机关负责人出庭应诉率、司法建议办结率明确提出量化指标，推动政府带头尊法守法用法；听取审议公益诉讼检察工作报告，提出健全协作机制、加大宣传力度等审议意见，推动最高检挂牌督办的泉龙河水体污染案件高质量办结，被最高检推广；听取审议扫黑除恶专项斗争工作报告，同30名一线干警、人大代表和群众心贴心交流，针对个别单位思想有松懈、部门联动不够等问题，提出深化部门协作、巩固斗争成果等审议意见，推动提高站位、细化措施、完善机制，形成打击合力；听取审议市法院、市检察院和公安、司法行政机关履行职能营造法治化营商环境工作报告，提出强化执法监督、做好“两法衔接”、加强诚信体系建设，推动司法机关聚焦发展大局，主动加强服务；开展风景名胜区条例执法检查，推动明晰部门职责，做好详规编制，严格保护、永续利用，把资源优势转化为招商优势、发展“名片”；针对群众反映强烈的东坡岛交通拥堵问题，组织交通、公安交警等部门现场深度调研，提出既要注重长远也要立足现有技术和管理手段，采取修建临时停车场等措施缓解拥堵；加强城乡规划监督，开展日常巡查293次、集中检查2次，发现违规问题133个，发出监督建议函12份；深入开展问题整改“回头看”，对2019年发现的58个问题逐一回访，监督整改，推动纠正一批城乡规划领域的违规行为；组织到江苏、浙江等地考察学习公共法律服务体系建设，向市委提出建好实体平台、创建品牌工作室等建议，市委书记批示“要学习好经验、好做法，取长补短，加快构建覆盖眉山市全业务、全时空的现代化法律服务体系”；修改市人大常委会备案审查工作规定，完善报备主体，细化审查程序，备案审查规范性文件92件，提出审查意见8条，纠正1件；参与党内规范性文件合法性审查22件，提出审查建议13条。

【“双创”推进】 地方性法规案一般应当经过三次常委会会议审议，再交付表决，施行日期一般滞后于批准和公布日期。眉山市人大常委会为顺应“双创”急需，报请省人大常委会批准出台《眉山市物业管理条例》；启动立法审议特别程序，主任会议依法决定《眉山市文明行为促进条例》，常委会会议二次审议后交付表决，公布即施行，比一般法规案出台压缩至少两个月时间。眉山市人大常委会研究前两次测评通报，深入小区、街道、餐馆调研，向市委提出做好网报资料、灵活加快基础设施建设等建议，推动集中人力物力整改测评通报问题；坚持常态化开展“双创”督导，轮流安排职工每周到包保社区开展志愿活动；临近测评的最后两个月，常委会主任、副主任带头，每周深入包保联系社区，一线调研督导、一线指挥协调、一线解决问题，并入户宣传；验收测评期间，常委会主任、副主任每天现场督战，机关职工接力宣传动员、文明劝导，点对点深入宣传2 000人次，发放资料1 000份，实现包保网格每家每户、每个商铺全覆盖。

【民生实事项目人大代表票决制完善】 眉山市人大常委会建立民声定民生常态机制，每年10—11月组织市县乡三级人大代表深入群众，集中听取民声，征集提出民生实事建议项目，2020年302名市人大代表征集提出民生实事建议项目177件；完善常态监督动态反馈机制，出台监督方案，每个票决项目落实一名常委会督办领导、一个督办委室、一个代表监督小组，每月开展监督活动，全年常委会主任、副主任实地督导60次，209名市人大代表组成49个监督小组开展监督活动700次，协调解决具体问题175个；定期听取审议票决民生项目推进情况报告，提出审议意见4条，政府全部办结；健全代表提高能力的制度，组织监督代表培训会，明确监督节点和重点，提升代表监督能力。2019年试点“票决制”以来，全市票决实施的民生项目全部如期完成，其中一半的项目实现提前竣工。

【民生事业发展推进】 眉山市人大常委会组织残疾人就业条例执法检查，提出依法征用残疾人就业保障金、落实用人单位超比例安置残疾人奖励政策，对政府新开发公益性岗位安置残疾人就业提出具体指标，推动将新增超比例安置残疾人就业奖励资金和残疾人就业创业扶持资金纳入财政预算；听取审议医保工作报告，提出加强医保队伍建设、联动严打欺诈骗保，推动解决眉山市医保人员编制全省靠后、医药机构欺诈骗保取证难等问题，受到市委书记批示肯定；开展义务教育法执法检查，提出加快已规划学校建设、按规定将教职工餐补列入财政预算等审议意见，推动完善中小学教师待遇保障机制，优化教学布局，基本解决“大班额”问题；连续三年聚焦“舌尖上的安全”，组织市人大代表视察农产品安全监管，推动全市区县农产品质量监测站全部通过“双认证”，乡镇农产品质量安全服务站实现全覆盖；持续助力打好脱贫攻坚战，组织农村扶贫开发条例执法检查，强化宣传、规范档案，坚决反对形式主义，解放“表哥”“表姐”，将帮扶措施做实做细做到位、落小落实落到点；针对群众反映的突出问题，建议暂停征收农业水费，经市政府议定，从2020年5月起，全市暂停收取用水农户农业水费，由财政定额补助；开展县域医共体改革试点调研，推动优化医保支付方式，建好管好用好妇女儿童中心、中医医院精神病区、中医康复医养中心；开展全民健身运动调研，推动科学规划体育设施、有序开放现有设施；开展佛道教商业化治理调研，督促规范管理宗教场所，整改中央和省委宗教工作督查反馈问题；开展生猪生产情况专题调研，找准突出问题，提出对策建议，促进生猪产业健康发展。

【环境污染监督】 眉山市人大常委会加快环保立法，针对农村普遍存在的乱搭乱建、乱堆乱放、乱扔乱倒等突出问题，组织制定《眉山市农村人居环境治理条例》，条例草案已通过二审；加强执法检查，组织《眉山市集中式饮用水水源地保护条例》执法检查，提出加大农业面源污染监管执法、构建大保护工作格局等审议意见，督导落实监管职责，解决部分集中式饮用水源地未划定保护区、农业面源污染执法监管难等突出问题，黑龙滩水质由过去常年地表Ⅲ类稳定提升到Ⅱ类以上；开展大气污染防治法、土壤污染防治法执法检查，现场督促整改4次，推动尖子山航电施工喷淋系统未开启、堆放砂石物料未覆盖等问题全部整改到位；连续4年主任会、常委会、人代会“三会”审议环保报告，紧盯环保目标和突出问题，推动科学落实防治措施；助力做好省生态环境督察，梳理2018年以来涉及生态文明建设的代表建议办理情况，组织到东风渠南干渠勤劳闸等20个敏感点位调研暗访，督导有关单位核查处理问题30个。

【代表建议办理】 眉山市人大常委会创新完善代表建议办理机制，持续梳理归纳省人代会期间眉山代表团提出的重点建议，由市委书记亲自签批，常委会主任专题交办，督促有关部门向上汇报争取，加快办理，省人大代表提出的30件重点建议全部办结；推进市人大代表建议办理规范化、制度化，完善代表提能、建议交办、建议督办、建议评价四项制度，印发代表建议督办方案，落实常委会领导督办、市政府领导领办、常委会委室跟办，市四届人大六次会议期间和闭会期间113件代表建议全部办结，代表满意率100%。眉山市委书记3次批示肯定，省人大常委会领导批示“工作效果好”，并安排省人大常委会将眉山做法转报全国人大常委会办公厅。眉山市人大常委会持续加强建议办理跟踪问效，听取审议市政府建议办理工作报告；组织重点督办建议联席会，专题听取重点督办件推进情况报告；邀请提出建议的代表参与，对14件重点督办件全覆盖“杀回马枪”，现场核实办理质效，防止办理单位答复了事，工作停留在规划和打算上；连续2年组织开展代表建议办理专题询问，直面矛盾，在一问一答中展现担当，在良性互动中增进沟通。

【人大代表服务】 眉山市人大常委会组织代表参加民法典专题讲座，组织部分代表观摩非法捕猎公益诉讼庭审，组织部分国、省人大代表视察重点工业项目建设，每名常委会组成人员参加常委会组织的活动均达2次以上；落实基层市人大代表参加常委会活动计划，截至年底基层市人大代表常委会活动参与率100%。在新冠肺炎疫情防控关键时刻，全市各级人大代表捐款478万元，捐口罩12万只、防护服1 800套，捐献物资价值630万元。

（刘　荣）

眉山市四届人大六次会议代表建议、批评和意见一览表

（113件）

表4

序号	姓　名	建议、批评和意见	类别	满意度
		交市人民政府办理（102件）		
		工业、国企和园区发展（10件）		
1	杨兴弘	关于支持彭山区工业招商的建议	A	满意
2	李天玉	关于帮助中小企业转贷资金问题的建议	A	非常满意
3	李　貌	关于坚持放管并重，提升国企市场竞争力的建议	A	非常满意
4	李永贵	关于融入成都、争取纳入成都东部新区建设协调管控区的建议	B	满意
5	吴　洪	关于做强彭山经济开发区（省级）的建议	A	非常满意
6	席幼平	支持民营企业做大做强，增加就业岗位的建议	A	非常满意
7	粟　勇	关于加大对提档升级企业的扶持力度的建议	A	满意
8	吴　靓	关于整合产业链，提升食品加工行业，助力川菜发展的建议	A	满意
9	万琼英	关于搬迁中国石油天然气股份有限公司四川雅安销售分公司彭山青龙油库的建议	B	满意
10	徐志祥	关于管好用好闲置国有资产的建议	B	满意
		乡村振兴（15件）		
11	江　林	关于撤乡并镇工作中开展对合并乡镇地名的留存和使用工作的建议	A	满意
12	解淑均	关于“乡村振兴、道路硬化”的相关意见和建议	A	满意
13	李勇刚	关于在乡村振兴中，认真研究解决偏远地方土地大量抛荒的问题的建议。	A	满意
14	任仲军	关于加快乡村振兴规划编制工作的建议	A	满意
15	付志洪	关于农业水费财政转移支付的建议	A	非常满意
16	陈　波	关于提升眉山春橘品牌的建议	A	满意
17	陈　波	关于支持建设川渝经济圈晚熟柑橘先行先试示范区的建议	A	满意

续表4

序号	姓　名	建议、批评和意见	类别	满意度
18	余志宏	关于建立完善农产品质量安全制度建设的建议	B	满意
19	华　东	关于食用农产品市场“菜篮子”食品安全实施诚信公示黑名单制度的建议	A	满意
20	沈根莲	关于提质增效眉山市100万亩竹林基地，带动农民增收的提议	A	满意
21	万月宁	做好《眉山春橘》品牌的建议	A	非常满意
22	李照前	关于农业灌溉山平塘、支渠的整治维修建议	A	非常满意
23	秦学超	关于加大农村道路加宽改造力度助推乡村振兴发展的建议	A	满意
24	徐文科	关于加大引进工商资本进入农业农村生产的建议	A	满意
25	徐文科	关于提高基础设施建设共谋乡村振兴的建议	A	满意
		三产服务业（9件）		
26	张贵华	关于将奶粉及纸尿裤列入生活必需品的建议	A	非常满意
27	任清元	关于制定《眉山市集中餐饮活动管理条例》的建议	A	非常满意
28	曾开元	关于加强餐饮业发展的建议	A	非常满意
29	杨　珊	关于打造全域旅游的建议	A	满意
30	陈云华	关于做精“青神竹编”让竹编文化永驻青神的建议	A	满意
31	陈云华	关于把青神做成“国家级竹林康养旅游基地”的建议	A	满意
32	肖　芳	关于发展农村电子商务的建议	A	满意
33	周　宇	关于多为彭山推荐引进优质服务业企业，促进县域经济高质量发展的建议	B	满意
34	祝九芬	关于加大网络餐饮服务食品安全监管的建议	A	满意
		交通设施建设（16件）		
35	商旭梅	关于解决太和镇学生上下学交通安全和拥堵问题的建议	A	满意
36	王永存	关于解决东坡岛交通拥堵问题的建议	A	满意
37	张桂芳	关于增加成都至眉山动车运行班次，实现成眉动车“公交化”运行的建议	A	满意
38	廖　伟	关于开通52路从彭山区直达眉山东坡区公交线路的建议	A	满意
39	廖　伟	关于加强市域城际铁路S13线建设，加快推进“成眉同城化发展”的建议	A	满意
40	黄秀航	关于支持抢抓成渝地区双城经济圈发展中重点交通项目建设的建议	A	满意
41	高刘英	关于严厉整治非法营运确保道路旅客运输正常秩序、确保疫情防控不留盲区的建议	A	满意
42	王述林	关于加大村道建设资金投入的建议	A	满意
43	戴健勇	关于加快推进市域铁路S5号线眉山城区至洪雅延伸段前期工作的建议	A	满意
44	宋银祥	关于开展眉州大道西延线项目的建议	A	非常满意
45	梁　颖	关于增设眉山城区至眉山岷江现代农业示范园区（东坡段）公共交通路线的建议	B	满意
46	赵建华	关于在“浦井高速”近万胜镇地界设一进出口的建议	B	非常满意
47	赵建华	建议重建万胜镇场口至秦家方向“高中桥”的建议	B	非常满意
48	蒋在德	关于加快环天府新区快速通道西延线建设的建议	A	非常满意
49	罗永田	关于加快推进彭蒲快速通道建设的建议	A	非常满意
50	吴忠建	关于加快推进彭邛快速通道建设的建议	A	非常满意
		住建规划（11件）		
51	江　林	关于规范50万元至400万元工程施工项目招标方式的建议	A	满意
52	江　林	关于规范眉山市工程招标代理行业管理的建议	A	满意
53	席幼平	关于既有住宅增设电梯相关问题的建议	A	满意
54	郑建英	关于在眉山市辖区内城区空地修建立体停车场或地下停车场的建议	A	满意
55	李永贵	关于规划建设眉州绿道的建议	A	非常满意
56	廖伦万	关于进一步规范眉山市住宅小区物业管理的建议	A	满意
57	曾　翔	建议取消建设工程初设专家审查程序	A	满意
58	伍　懿	关于维护群众在房地产领域合法利益的建议	A	满意
59	王永存	关于落实眉山市建筑装配式产业政策的建议	A	满意
60	柳联森	关于城区通惠河两岸合理配置停车资源的建议	A	满意
61	向　梅	关于加强二次供水管理的建议	A	满意

续表4

序号	姓 名	建议、批评和意见	类别	满意度
		文教、卫生（16件）		
62	王作平	关于扶持发展示范农村文化大院的建议	A	非常满意
63	王玉英	关于学校体育场地设施向周边居民开放的建议	A	满意
64	解淑均	关于进一步完善“城乡居民医疗保险”的相关意见和建议	A	满意
65	雷 怡	关于加强社会办医机构与公立系统相互转诊管理的建议	A	满意
66	佘成斌	关于设置传染病专科医院建设的建议	B	满意
67	陈 静（洪雅）	关于加强全市医疗应急物资储备的建议	A	满意
68	陈 静（彭山）	关于进一步规范中小学生课后延时服务的内容，减轻学生负担的建议	A	非常满意
69	郑 燕	关于加速成眉教育同城化的建议	A	满意
70	包国容	关于加快推进眉山市普通高中育人方式改革的建议	A	满意
71	雷 怡	关于加强社会营运幼儿园、中小学生接送车辆及校车管理的建议	A	满意
72	段 勋	出版以苏字为范的义务教育书法教材的建议	B	满意
73	唐诗蕾	关于加强全市家庭教育推广工作的建议	A	满意
74	吴 莹	关于提高教师待遇的建议	A	非常满意
75	刘霞霞	关于提高农村学校住校生教育管理经费的建议	A	满意
76	王太勇	关于加快推进彭山区江口沉银博物馆建设的建议	A	满意
77	罗鸿翔	关于将彭山区文旅产业纳入“‘眉彭一体’‘一城双核’文旅产业集群”共同发展的建议	A	满意
		社会治理（22件）		
78	王加宾	关于加快推进眉山市智慧平安小区建设的建议	A	基本满意
79	江 林	关于眉山市翠竹长廊风景线防火工作的建议	A	满意
80	袁大可	关于完善眉山城区人行横道的建议	A	满意
81	杨昌勤	关于进一步做好城市道路交通缓堵保畅工作的建议	A	非常满意
82	杨兴弘	关于加快推进眉山北湖公园（太和片区）建设，促进东坡、彭山交界地带城市化发展的建议	A	满意
83	朱雪瑛	关于减少和预防未成年极端事件及犯罪低龄化的建议	A	满意
84	商旭梅	关于预防高空坠物的建议	A	满意
85	董 敏	关于进一步整治老旧小区停车占用消防通道的建议	B	满意
86	李璐秀	关于加快推进城区无物业管理的老旧小区治理的建议	A	满意
87	李天玉	关于眉山中心城区实行停车计时收费的建议	A	非常满意
88	张 霞	关于加大城市公厕日常保洁管理和资金投入的建议	A	满意
89	万荷君	关于完善金龙、白虎滩两个安置小区地下停车场设施的建议	A	满意
90	杨 容	关于错时共享停车，缓减交通拥堵的建议	A	满意
91	雷 怡	关于强化城区城市照明行业管理的建议	A	非常满意
92	王树忠	关于在城区规划免费停车位的建议	A	满意
93	王 佳	关于解决异地任职基层工作人员住房问题的建议	A	满意
94	刘利平	关于减轻社区工作量的建议	B	满意
95	王玉英	关于“餐桌食品安全”源头管控的建议	B	满意
96	李天玉	关于对不文明行为进行惩处，提高全民素质的建议	A	非常满意
97	万荷君	关于东坡岛完善相关民生场所配套设施的建议	A	满意
98	李建东	推进乡风文明规范治理农村操办红白喜事抑制铺张浪费的建议	A	满意
99	郭志凡	关于加强农村集体聚餐规范管理的建议	A	满意
		生态环保（3件）		
100	何 均	关于试点实施“种养循环”的建议	A	满意
101	窦青蓝	关于规范城区大件垃圾堆放点的建议	A	非常满意

续表4

序号	姓 名	建议、批评和意见	类别	满意度
102	李建群	关于将彭山区生态文明建设纳入眉山市“同城一体化”建设的建议	A	满意
		交市中级人民法院办理（1件）		
103	邓春兰	关于进一步规范醉驾类危险驾驶案定罪量刑尺度的建议	A	满意
		交市纪委监委办理（1件）		
104	柳联森	关于严查涉企“本本主义”的建议	A	满意

眉山市四届人大六次会议闭会期间代表建议、批评和意见一览表

（9件）

表5

序号	姓 名	建议、批评和意见	类别	满意度
105	陈宏斌	关于加强对汤坝电站建设过程的监管力度，确保优化方案落实到位的建议	A	满意
106	陈宏斌	关于亮化公交站台，提升城市形象的建议	A	满意
107	陈宏斌	关于取消中心城区道路“绊脚石”的建议	A	满意
108	陈宏斌	关于眉山市建筑行业向成都招投标体系看齐，推进成眉同城发展的建议	A	满意
109	陈宏斌	关于在全市尽快推进“交所合一”的建议	A	满意
110	陈宏斌	关于整治城区部分小区业主在楼顶天台安门上锁，严重堵塞消防逃生通道的建议	A	满意
111	陈宏斌	关于将眉山市中医医院龚村养护中心打造成全省医养发展典范的建议	A	满意
112	陈泽刚	关于加强金融支持为“问题楼盘”纾困解难的建议	A	满意
113	曾开元	关于改善老城区停车的建议	A	非常满意

眉山市人民政府

THE PEOPLE'S GOVERNMENT OF MEISHAN MUNICIPAL

政府机构 / 重要会议 / 重大决策 / 政府事务 / 人事和人力资源管理 / 退役军人事务/ 政务服务 / 外事管理 / 港澳事务 / 机关事务管理 / 群众信访

政府机构
Government Agencies

【概况】2020年，眉山市人民政府有工作部门33个，即市政府办公室、市发展改革委、市经信局、市教体局、市科技局、市公安局、市民政局、市司法局、市财政局、市人社局、市自然资源局、市生态环境局、市住建局、市交通局、市水利局、市农业农村局、市商务局、市文广旅局、市卫健委、市退役军人局、市应急局、市审计局、市国资委、市市场监管局、市经合局、市统计局、市信访局、市林业局、市机关事务管理局、市金融工作局、市医保局、市政管局、市数字经济局；市政府派出机关3个，即四川天府新区眉山管理委员会、眉山高新技术产业园区管理委员会、甘眉工业园区管理委员会；市政府直属事业单位4家，即眉山职业技术学院（眉山技师学院）、市住房公积金管理中心、市广播电视台、市东坡文化旅游景区管委会（挂眉山三苏祠博物馆、眉山三苏纪念馆、眉山东坡书院牌子）；省水利厅委托眉山市政府代管，并参照市政府直属事业单位管理2家，即四川省通济堰管理处、四川省都江堰黑龙滩灌区管理处。

（陈思翰）

【2020年市政府主要领导名录】

市　长：罗佳明（1月离任）
胡元坤（1月代理，4月任职）
副市长：祝　云（2月离任）
刘先伟（2月任职）
王淑琳（下派，6月任职）
王景弘（6月任职）
唐　宏（6月离任）
曹　晖
罗　毅（6月离任）
冉登祥
肖忠良
孙　剑
鲁　力（10月任职）
秘书长：吴　江

【2020年市政府工作部门及领导名录】

市政府办公室
主　任：覃建华（10月离任）
赖　刚（10月任职）

市发展和改革委员会
主　任：邹汝林（9月离任）
韩　杰（10月任职）

市经济和信息化局
局　长：彭　盆

市教育和体育局
局　长：廖仁军

市科学技术局
局　长：彭远畅

市公安局
局　长：罗　毅（6月离任）
王景弘（6月任职）

市民政局
局　长：万俊才（8月离任）
王建祥（8月任职）

市司法局
局　长：万　超（8月离任）
张　勇（8月任职）

市财政局
局　长：刘汉学

市人力资源和社会保障局
局　长：何万高（4月离任）
徐智勇（4月任职）

市自然资源局
局　长：王泽文

市生态环境局
局　长：周代军（5月离任）
骆仕明（5月任职）

市住房和城乡建设局
局　长：梅　斌

市交通运输局
局　长：韩　杰（10月离任）
范纯文（10月任职）

市水利局
局　长：杨　忠（4月离任）
邹成双（7月任职）

市农业农村局
局　长：熊　英（3月离任）
肖　巍（3月任职）

市商务局
局　长：李　红

市文化广播电视和旅游局
局　长：刘友洪

市卫生健康委员会
主　任：康　勤（10月离任）
蒋传德（10月任职）

市退役军人事务局
局　长：邢光华

市应急管理局
局　长：严明宇

市审计局
局　长：徐　琳

市国有资产监督管理委员会
主　任：杨德志

市市场监督管理局
局　长：王世林

市经济合作局
局　长：赖　刚（10月离任）
姚文第（10月任职）

市统计局
局　长：程志春

市信访局
局　长：李秀英

市林业局
局　长：江昌渚

市机关事务管理局
局　长：周吉勋

市金融工作局
局　长：王　枫

市医疗保障局
局　长：郭建国

市政务服务管理局
局　长：王　绪

市数字经济发展局
局　长：黄锦鸿（12月离任）

【2020年市政府派出机关及领导名录】

四川天府新区眉山管理委员会
主　任：梁　磊（6月离任）
邹汝林（10月任职）

眉山高新技术产业园区管理委员会
主　任：车智勇（2月任职）

甘眉工业园区管理委员会
主　任：邓　强（2月离任）
杨　静（7月任职）

【2020年市政府直属事业单位及领导名录】

眉山职业技术学院
院　长：徐井万

市住房公积金管理中心
主　任：王　杰

市广播电视台
台　长：王　军

市东坡文化旅游景区管委会
主　任：陈仲文

四川省通济堰管理处
处　长：倪修武

四川省都江堰黑龙滩灌区管理处
处　长：肖伟胜

（市级相关部门）

重要会议
Important Meetings of People's Congress

【概况】 2020年，眉山市召开第四届人民政府全体会议1次、第四届人民政府常务会议41次、市政府专题会议120次。

【市政府全体会议】 7月28日，眉山市第四届人民政府第六次全体会议召开。会议传达贯彻四川省委十一届七次全会、四川省人民政府第六次全体会议精神，调度2020年三季度全市经济运行工作，安排部署2020年下半年重点工作。

【市政府常务会议】 眉山市全年召开第四届人民政府常务会议41次。会议审议市政府重点工作、重要政策文件等议题260项，其中传达贯彻《全国、全省两会精神》《中国共产党第十九届中央委员会第五次全体会议》《习近平总书记在十九届中央政治局第十九次集体学习时的重要讲话精神》《习近平总书记对凉山森林火灾作出的重要指示、李克强总理重要批示精神》《习近平总书记关于禁毒工作重要指示批示精神》《习近平总书记今年以来关于安全生产重要论述和指示批示精神》《习近平总书记对制止餐饮浪费行为作出重要指示精神》《中国共产党四川省第十一届委员会第八次全体会议》《中共眉山市委四届十五次全会精神》等中共中央、国务院和省委、省政府及市委重大决定并研究制定贯彻措施37项，学习《中华人民共和国传染病防治法》《中华人民共和国国家安全法》《中华人民共和国民法典》《中华人民共和国政府信息公开条例》《中华人民共和国固体废物污染环境防治法》《中华人民共和国公职人员政务处分法》等法律法规25项，审议《关于加快构建“583”农业产业体系推进都市现代绿色农业强市的实施意见（送审稿）》《关于统筹推进新冠肺炎疫情防控和经济社会发展工作奋力完成2020年经济社会发展目标的意见（送审稿）》《关于加快构建“443”现代服务业体系建设现代服务业强市的实施意见（送审稿）》《关于推动制造业高质量发展的意见（送审稿）》《眉山市金融生态环境建设的指导意见（送审稿）》《关于推动工业园区高质量发展的指导意见（送审稿）》等全市经济发展工作6项，审议《关于进一步用好企业应急转贷资金和贷款风险补偿基金促进全市经济高质量发展的实施办法（送审稿）》《眉山市苏东坡文学艺术奖评奖办法（送审稿）》《眉山市政府质量奖评审管理办法（送审稿）》《眉山市经营性土地出让管理体制暂行办法（送审稿）》《眉山市产业用地管理暂行办法（送审稿）》《眉山市国有建设用地使用权出让管理办法（送审稿）》《眉山市城市规划区杆管线管理办法（送审稿）》《眉山市市政府顾问聘任管理暂行办法（送审稿）》《眉山市市属国有企业负责人经营业绩考核办法（送审稿）》《眉山市市级财政预算执行审批管理办法（送审稿）》《眉山市消防责任制实施办法（送审稿）》《眉山市农村集体聚餐食品安全管理办法实施细则（送审稿）》等重要政策和规范性文件18项，审议《眉山市人民政府启迪控股股份有限公司四川发展控股有限责任公司涛石股权投资管理（上海）股份有限公司战略合作协议（送审稿）》《眉山市人民政府中国联合网络通信集团有限公司四川省分公司“智慧社会＋5G”战略合作协议（送审稿）》《眉山市人民政府联想（北京）信息技术有限公司智慧城市应用平台建设战略合作协议（送审稿）》《成都市人民政府眉山市人民政府共享天府新区建设势能共促成眉同城化发展成势见效共建区域高质量发展先行示范区合作协议（送审稿）》《眉山市人民政府中国农业发展银行四川省分行合作协议（送审稿）》《眉山市人民政府哈尔滨工业大学战略合作协议（送审稿）》《成都市人民政府德阳市人民政府眉山市人民政府资阳市人民政府四川省铁路产业投资集团有限责任公司关于成都外环铁路共建共管框架合作协议（送审稿）》等协议26项，审议干部人事议题23项，审议《关于眉山交通技工学校（眉山交通职业技术学校）缺口经费补助有关事项的请示》《关于2019年住房公积金增值收益用于保障性住房建设补充资金分配方案的请示》《关于兑现2019年眉山市推进经济高质量发展和促进民营经济健康发展项目资金的请示》《眉山市交通及社会事业建设项目（PPP模式）使用专项资金的补充合同（送审稿）》等经费安排事项28项，审议土地出让事项16项，审议《2019年全市环境状况和环境保护目标完成情况报告（送审稿）》《眉山市2019年国民经济和社会发展计划执行情况及2020年计划草案的报告（送审稿）》《眉山市2020年市重点项目计划（送审稿）》《关于2020年市本级政府投资计划和政府投资三年滚动计划有关事项的请示》《眉山市2019年财政预算执行情况和2020年财政预算草案（送审稿）》等市级部门（单位）、县（区）请示市政府的重要事项172项。

【市政府专题会议】 眉山市人民政府全年召开专题会议120次，研究全市公务用车购置更新工作、研究加快推进四川大学华西第二医院眉山市妇女儿童医院项目建设有关事项、研究全市既有住宅电梯增设工作、研究新型冠状病毒感染肺炎疫情防控工作、研究应对新型冠状病毒感染的肺炎疫情防控工作、研究全市新冠肺炎疫情防控期间企业复工复产工作、研究眉山军分区干部公寓楼改造有关工作、研究眉山天府新区扩权赋能有关工作、研究成渝地区双城经济圈建设“四重清单”暨成眉同城化发展工作、研究全市企业项目复工复产工作、研究工业园区用水保障工作、研究落实疫情防控不放松和精准稳妥推动复工复产工作、研究市供排水总公司改制工作、研究成眉交通同城化工作、研究全市经济运行有关问题、研究创建国家生态文明建设示范市有关工作、研究全市债券项目申报有关工作、研究遂资眉高速公路眉山段项目“收费主体变更＋股权收购”方案、研究拟供地周边市政道路工程建设推进情况、研究市医保信息平台建设有关工作、研究统筹推进新冠肺炎疫情防控和经济社会发展政策措施有关工作、研究医疗物资保障工作有关问题、研究促进全市服务业发展工作、研究促进家政服务业发展工作、研究眉山中心城区污水处理能力PPP项目建设工作、研究加快推进华西医院眉山妇女儿童医院项目建设、研究全市公务用车购置更新和调整优化中心城区园区管理体制与布局涉及公务用车编制调整、研究大熊猫国家公园眉山管理分局机构组建工作、研究中美文化产业新城项目等3个项目推进情况、四川大学眉山校区项目有关工作、瓦屋山保护开发有关工作、四川大学眉山校区项目有关工作、研究森林防火、复工复产和防汛地质灾害安全有关工作、研究包保督导仁寿县安全生产工作、研究市第二污水处理厂配套生态湿地项目建设、研究应对国栋集团起诉仁洪公司等5家单位修建省道106线借款合同纠纷民事诉讼、研究成眉同城化有关工作、研究向国际友城和国际友好人士捐赠防疫物资有关工作、研究推进市政基础设施项目建设工作、研究市属经营性事业单位改革工作、研究遂资眉高速公路眉山段项目债务问题防范化解金融风险工作、研究全市金融工作、研究东坡岛建设项目有关问题、研究处置四川瑞能硅材料有限公司重大安全环保事故隐患有关问题、研究新建眉山市青少年法治宣传教育实践基地有关工作、研究四川大学眉山校区项目推进有关工作、研究研究眉山高新区、研究甘眉工业园区道路基础设施建设、研究市医保信息平台规划建设有关工作、研究东坡区房地产领域有关工作、甘眉工业园区第六次市州联席会议、全市污水处理设施建设约谈会、研究眉山主城区城市建设工作、研究市资产经营公司发行小微企业增信集合债券有关工作、研究晚熟柑橘产业集群建设项目暨三年提升行动有关工作、研究眉山市东坡区正大300万只蛋鸡项目担保贷款工作、研究全市家政服务业发展有关工作、研究化解房地产领域突出问题和强化房地产市场监管、研究全市电网发展及电力保障有关问题、研究全市经济运行"大调研、大排查"成果运用有关工作、研究市疾控中心整体迁建项目工作、研究学前教育"80、50"攻坚工作、研究家政服务业产教研融合发展工作、研究成眉市域铁路S5线有关工作、研究森林火灾风险隐患专项整治工作、研究森林防灭火宣传教育专项整治工作、研究地方专业扑火队伍和巡山护林队伍建设专项整治工作、研究加快推进万象创新科技产业园申报国家级科技企业孵化器有关事项、研究市境内铁路沿线外部环境安全专项整治工作、研究全市公务用车购置更新和部分公务用车编制调整有关问题、研究万华化学集团职工宿舍项目建设工作、研究全市信息化基础设施规划建设有关问题、研究财政运行有关工作、研究中央财政应急物资保障体系建设补助资金有关工作、研究眉山发展（控股）有限责任公司融资有关问题、研究解决中心城区公办幼儿园建设问题、天府新区眉山管委会现场办公会议、青神县现场办公座谈会、仁寿县现场办公座谈会、研究住房公积金缴存基数调整有关工作、丹棱县现场办公座谈会、研究全市稳外资工作、东坡区现场办公座谈会、研究中心城区缓堵保畅工作、研究四川大学华西第二医院眉山市妇女儿童医院项目有关事项、彭山区现场办公座谈会、研究全市2020年三季度经济运行有关工作、研究眉山主城区2020年民生实事智慧停车项目推进、研究规范全市建筑业企业管理服务有关工作、研究"天府市民云"眉山站点建设工作、研究天府新区经眉山至乐山高速公路项目眉山段路线方案及相关事项、研究2020中国国际竹产业交易博览会疫情防控工作、全市项目推进工作调度会议、研究中心城区5所公办幼儿园建设有关工作、研究与华为技术有限公司开展生态企业合作有关问题、研究第十二届中国泡菜食品国际博览会、第三届世界川菜大会筹备及疫情防控工作、研究全市购置更新公务用车有关问题、研究东坡岛商业水街道路交通、公共安全、疫情防控工作、研究岷江流域河长制工作、研究"十四五"规划编制有关工作、研究组织政府性基金收入有关工作、研究眉山城市第三水厂二期工程项目建设工作、眉山市"智慧警务"一期项目建设专题会会议、全市工业经济运行调度会议、研究市公安局外墙安全隐患整治工程、研究眉山主城区2020年民生实事智慧停车项目、研究新冠肺炎疫情防控医疗物资保障工作、研究省委第四巡视组反馈眉山重大项目决策仓促、程序不规范问题整改工作、研究省委第四巡视组反馈眉山"征而未安"和房地产领域信访问题解决不及时整改工作、研究四川省林牧区输配电设施火灾隐患专项整治现场交流会疫情防控工作、关于研究力铎房地产"旺达广场·旺达铭苑"项目相关问题、研究汤坝航电工程"水中捞地"相关工作、研究眉山发展控股集团有限公司发行非公开公司债券有关事项、市政府与市级群团部门联席会。

（朱霈露）

重大决策
Major Decisions

【概况】 2020年，眉山市人民政府根据上级决策部署和相关法律法规规定，结合眉山实际情况，全面统筹经济和社会发展，制定系列决策部署。

【协同改革先行区建设】 眉山市人民政府贯彻落实《四川省人民政府关于印发中国（四川）自由贸易试验区德阳等7个协同改革先行区总体方案的通知》要求，印发《中国（四川）自由贸易试验区眉山协同改革先行区建设实施方案》，提出总体要求、功能布局、主要任务和保障措施。协同改革先行区实施范围122.8平方公里，涵盖3个片区，即天府新区视高片区45平方公里，打造以电子信息、先进材料、会展经济为主导的创新服务核心区；天府新区青龙片区42.8平方公里，打造以智能制造、先进材料、现代物流为主导的高端产业功能区；眉山空港经济区片区35平方公里，打造以智能制造、电子信息、空港物流等为主导的产城融合区。主要任务是建立监管执法新机制、知识产权保护新机制、涉税事项办理新机制、商贸纠纷解决机制、人才聚集新机制、产业用地新机制；搭建多元开放载体，提升双向投资水平，构建贸易便利化服务平台，参与"一带一路"建设，推动成眉园区共建；在争取权限上实现新突破，在企业登记便利化实现突破，在工程建设项目审批实现突破，在政务办理上实现新突破；聚焦重点提速"眉山智造"，打造现代服务业集聚区，培育新兴产业发展新动能，建设区域创新源头。到2020年底，眉山协同改革先行区广泛复制推广全国、四川自贸试验区改革经验和创新成果；到2022年底，建成现代产业集群发展、研发孵化要素齐备、创新创业人才聚集、政务服务高效便捷、开放合作互利共赢、成眉发展同频共振的高质量协同改革先行区，探索、总结和推出一批系统性、集成性、首创性改革创新眉山经验。

【晚熟柑橘全产业链发展】 眉山市人民政府印发《眉山市晚熟柑橘全产业链

高质量发展提升行动计划（2020—2022年）》，提出以实施乡村振兴战略为抓手，以深入推进农业供给侧结构性改革为主线，以国家晚熟柑橘优势特色产业集群建设项目为载体，坚持“稳面积、控风险、强园区、提品质、创品牌、促增收”的发展思路，实施“六大提升”行动，推进眉山晚熟柑橘全产业链高质量发展，到2022年全市柑橘产业基地稳定在100万亩以上（其中晚熟柑橘达80万亩以上），实现柑橘产值100亿元以上，带动100万人增收，将眉山打造成全国晚熟柑橘品质最优、品牌最响、效益最好的优势特色产业集群示范区。主要任务为加强院地创新合作，建设晚熟柑橘研究院，建设“1＋3”良繁体系；打造丹棱县全域和东坡区岷江以西区域的丹棱东坡晚熟柑橘产业示范带、彭山区和仁寿县西北区域的天府新区南部晚熟柑橘产业示范带、青神县全域和东坡区岷江以东的眉山岷江东岸晚熟柑橘产业示范带、仁寿中东部晚熟柑橘产业示范带，完善《晚熟柑橘早结丰产建园技术规范》和杂交柑橘爱媛38号、不知火、春见、大雅柑、马克斗、清见、沃柑以及椪柑8个主推品种生产技术规范，制定《老果园改造技术规范》，制定《晚熟柑橘应对极端天气技术指南》；改造20万亩老果园，实施全产业大数据试点，培育壮大新型经营主体；加快发展初加工及冷链物流，适度发展深精加工，打造农旅融合示范园；构建区域品牌体系，创新宣传方式，拓展营销渠道；构建危险性病虫害防控体系，强化危险性病虫害检疫执法，强化绿色生产与质量监管；强化组织保障，强化人才保障，强化政策保障。

【工业发展】 眉山市人民政府印发《关于2020年工业发展的实施意见》，提出克服新冠肺炎疫情影响，抓好规上工业壮大、传统产业转型、新兴动能培育，加快融入成渝地区双城经济圈，加速推进成德眉资产业同城化，实现产业培育、项目投资、绿色发展、创新驱动、两化融合、营商环境“六大突破”，夺取疫情防控和经济发展双胜利，推动全市工业实现高质量发展。2020年，全市规上工业增加值确保增长10%，力争11%；工业投资和技术改造投资均增长10%，力争11%；工业增加值率、产品销售率均提升1个百分点以上，规上工业利润总额增长6.5%以上；新增规上工业企业50户、小微工业企业260户，规上工业企业研发投入比2019年增长10%，单位工业增加值能耗、水耗完成省政府下达目标。

【重点项目推进】 眉山市人民政府印发《关于实施“三大攻坚行动” 抓好2020年重点项目建设工作的通知》，要求按照《眉山市2020年省重点项目名单》《眉山市2020年市重点项目名单》，完善责任落实机制、项目推进机制、项目管理机制，强化项目推进攻坚；提升用地保障服务、综合协调服务、预测预警服务，强化项目服务攻坚；抢抓成渝地区双城经济圈的战略机遇、“十四五”规划编制机遇、贯彻落实《政府投资条例》政策机遇，强化项目谋划攻坚；落实市委“开放发展攻坚年”决策部署，实施项目推进、服务和谋划三大攻坚行动，抓好29个省重点项目和100个市重点项目建设，确保分别完成投资155亿元、242亿元以上，实现稳投资、稳预期工作目标。

【新增工程规范管理】 眉山市人民政府根据相关法律、法规、规章及有关规定，印发《眉山市市级政府性投资工程建设项目新增工程管理办法》，共6章25条，对适用范围、新增工程定义、新增资金定义、审核原则和依据、新增工程管理、认定主体、权限和程序、新增工程处置、责任追究作出规定。

【自然资源统一确权登记】 眉山市人民政府按照《自然资源部财政部、生态环境部、水利部、国家林业和草原局关于印发〈自然资源统一确权登记暂行办法〉的通知》和《四川省人民政府关于印发四川省自然资源统一确权登记总体工作方案的通知》要求，印发《眉山市自然资源统一确权登记工作方案》，提出以不动产登记为基础，利用国土调查成果和自然资源专项调查成果，对自然资源部、自然资源厅直接开展确权登记之外的自然保护区、自然公园等自然保护地，江河湖泊、生态功能重要的湿地、森林等具有完整生态功能的自然生态空间以及全民所有单项自然资源开展统一确权登记，逐步实现对水流、森林、山岭、荒地以及探明储量的矿产资源等全部国土空间内的自然资源登记全覆盖；通过开展自然资源统一确权登记，清晰界定全部国土空间自然资源资产的产权主体，划清全民所有和集体所有之间的边界，划清全民所有、不同层级政府行使所有权的边界，划清不同集体所有者的边界，划清不同类型自然资源的边界；推进确权登记法治化，为建立国土空间规划体系并监督实施、统一行使全民所有自然资源资产所有者职责、统一行使所有国土空间用途管制和生态保护修复职责提供基础支撑和产权保障；建立归属清晰、权责明确、保护严格、流转顺畅、监管有效的自然资源资产产权制度，支撑自然资源合理开发、有效保护和严格监管。

【国有建设用地使用权出让管理】 眉山市人民政府贯彻落实国有建设用地使用权出让管理规定，印发《眉山市国有建设用地使用权出让管理办法》，对出让土地应当同时具备的条件、土地出让方案编制审批、土地出让交易程序、土地出让合同管理、土地出让供后监管、土地出让工作要求、土地出让方案集体会审作出规定。

【经营性土地出让管理】 眉山市人民政府根据《中华人民共和国土地管理法》《四川省〈中华人民共和国土地管理法〉实施办法》等法律法规规定，印发《眉山市经营性土地出让管理体制暂行办法》，共11条，对经营性土地定义、出让管理联动协调机制、出让原则、出让主体和出让程序、工作要求作出规定。

【征收农用地区片综合地价标准】 眉山市人民政府公布《眉山市征收农用地区片综合地价标准》，自2020年1月1日起实施。各县（区）征收农用地区片地价等别和标准以《眉山市征收农用地区片综合地价标准》为准。

【征地青苗和地上附着物补偿标准】 眉山市人民政府公布《眉山市征地青苗和地上附着物补偿标准》，要求各县（区）在执行征地补偿安置中，坚持确保被征地农民原有生活水平不降低、长远生计有保障原则，根据当地经济社会发展水平，调整不适应的补偿标准并按程序报批；规定标准以外的补偿项目，参照规定标准中相近情况补偿，不能参照的，按市场价格给予合理补偿。

【城市杆管线规范管理】 眉山市人民政府根据《中华人民共和国城乡规划法》《中华人民共和国建筑法》《城市道路管理条例》《四川省测绘管理条例》《四川省城镇地下管线管理办法》等法律法规，印发《眉山市城市规划区杆管线管理办法》，共7章40条，对城市规划区杆管线管理范围、管理责任、规划管理、建设管理、城市地下综合管廊、维护管理、信息和档案管理作出规定。

【金融生态环境建设】 眉山市人民政府印发《眉山市金融生态环境建设的指导意见》，主要任务为做大经济总量，优化国民收入结构，提升市场活跃程度；深化财金互动，化引导激励，依法维护金融债权，推动金融纠纷多元化解，打击金融违法犯罪活动，加快征信体系建设，完善信用监管体系；强化金融机构内控建设，有效监测化解金融风险，构建金融维稳长效机制；完善金融基础设施，完善现代金融综合服务体系，推进成眉金融同城。到2023年，实现眉山金融生态外部环境赋能护航、金融生态内生环境提质增效，经济金融良性互动，眉山在全省金融生态环境评价位次进入全省前列。

【市场监管"双随机、一公开"推进】 眉山市人民政府落实《国务院关于在市场监管领域全面推行部门联合"双随机、一公开"监管的意见》《四川省人民政府关于在全省市场监管领域全面推行部门联合"双随机、一公开"监管的实施意见》和市委关于全面推动高质量发展要求，印发《关于在全市市场监管领域全面推行部门联合"双随机、一公开"监管的实施意见》，提出运用法治思维和法治方式履行市场监管职能，不断推进市场监管领域"双随机、一公开"监管法治化、制度化、规范化和程序化；实施信用分类监管；厘清部门责任边界，形成监管合力；建立部门随机联查监管机制，完善部门随机联查监管模式，提升部门随机联查监管水平。到2020年底，实现全市市场监管领域相关部门"双随机、一公开"监管全覆盖，在全市市场监管领域联合实施"双随机、一公开"监管常态化；到2022年底，在全市建立完善的市场监管领域监管机制，实现综合监管、智慧监管。

【市级府院联席会议制度建立】 眉山市人民政府、眉山市中级人民法院按照法治政府建设工作要求，印发《市级府院联席会议制度》，对联席会议成员、办公室、主要职能、职责分工、会议规则、工作要求作出规定。

【行政规范性文件清理】 眉山市人民政府印发《关于公布2014—2019年市政府行政规范性文件清理结果的通知》，继续有效的行政规范性文件56件，修改后继续执行的行政规范性文件8件，废止的行政规范性文件9件，失效的行政规范性文件29件。通知要求各级各部门（单位）高度重视行政规范性文件清理，全面清理本地本部门（单位）印发的行政规范性文件，修订和废止并予以公布；严格执行行政规范性文件有效期制度，不得适用废止、失效的行政规范性文件，行政规范性文件有效期届满后均不得作为适用依据；对修改后继续执行的行政规范性文件，起草部门（单位）应在本通知印发之日起3个月内完成修订，否则自行失效，一律不得执行；凡是以市政府或市政府办公室名义印发的行政规范性文件，在有效期届满3个月前，起草部门（单位）要提出废止或修订完善等具体意见，报市政府审定，确保行政规范性文件有效实施。

【市政府质量奖评审管理】 眉山市人民政府根据《中华人民共和国产品质量法》《卓越绩效评价准则》规定，印发《眉山市政府质量奖评审管理办法》，共7章28条，对市政府质量奖的组织管理、申报条件、评审程序、表彰奖励、监督管理作出规定。眉山市政府质量奖是眉山市设立的最高质量奖项，是全市质量领域的最高荣誉，主要授予质量管理成效显著、经济效益和社会效益在全市处于领先地位、对经济社会发展做出卓越贡献、在全市具有标杆示范作用的组织和个人。

【市政府顾问聘任管理】 眉山市人民政府印发《眉山市市政府顾问聘任管理暂行办法》，共5章14条，对市政府顾问职责与义务、权利与待遇、聘任与解聘、服务与保障作出规定。市政府顾问，是指根据实际工作需要，以市政府名义编制外聘任在国内外具有较大影响力的知名人士、专家及专业领域高层次人才。

【名誉市民称号管理】 眉山市人民政府印发《眉山市授予名誉市民称号办法》，共9条，对授予名誉市民称号的范围、条件、程序、申报时间、相应礼遇和撤销情况作出规定。

【人口普查】 眉山市人民政府印发《关于做好第七次全国人口普查工作的通知》。第七次全国人口普查标准时点是2020年11月1日零时；普查对象为普查标准时点在中华人民共和国境内的自然人以及在中华人民共和国境外但未定居的中国公民，不包括在中华人民共和国境内短期停留的境外人员；普查主要调查人口和住户的基本情况，内容包括姓名、居民身份证号码、性别、年龄、民族、受教育程度、行业、职业、迁移流动、婚姻生育、死亡、住房情况等。普查分三个阶段进行，其中2020年3—10月为准备阶段，组建各级普查机构，制定工作计划，开展普查试点，落实普查经费和物资，开展普查宣传，选聘培训普查指导员和普查员，划分普查区域和制图，进行户口整顿、开展摸底等；2020年11—12月为普查登记阶段，普查员开展入户登记，进行比对复查，开展数据质量抽查等；2021年1月—2022年12月为数据汇总和发布阶段，处理、评估、汇总普查数据，发布主要数据公报，开发利用普查资料等。

【社会力量化解矛盾纠纷】 眉山市人民政府根据市委、市政府《关于完善一核多元矛盾纠纷化解工作体系的实施意见》精神，印发《关于进一步鼓励社会力量参与矛盾纠纷化解若干政策》，提出支持个人建立调解工作室，支持社会公益服务类组织、律师、心理咨询师参与矛盾纠纷化解，支持专业性、行业性社会调解组织建设，支持商事调解组织发展，并对设立条件和补助标准作出规定。

【就业保障】 眉山市人民政府印发《眉山市促进高校毕业生就业八条措施》《眉山市促进建档立卡贫困劳动力就业八条措施》《眉山市促进城镇登记失业人员就业八条措施》《眉山市支持劳动者创业六条措施》，主要措施为鼓励中小微企业和社会组织招用高校毕业生，扩大机关事业单位招录（聘）规模，扩大高校毕业生服务基层人数，鼓励大学生应征入伍，提升高校毕业生就业能力，提高高校毕业生创业补贴标准，支持高校毕业生创业，免除创业担保贷款反担保；调动贫困劳动力就业积极性，鼓励市场主体聘用贫困劳动力，鼓励贫困劳动力参加技能培训，提高培训机构培训贫困劳动力积极性，鼓励中介推介贫困劳动力就业，促进贫困劳动力就地就业，做好资金保障，加强组织领导；调动失业人员就业积极性，鼓励市场主体聘用失业人员，鼓励失业人员参加技能培训，提高培训机构培训失业人员积极性，鼓励中介机构推介失业人员就业，加强对失业保险参保人员补贴，给生活困难人员发放生活补助，做好资金保障；鼓励返乡农民工创办（领办）经营实体，加大个人创业担保贷款支持力度，加强统筹协调，加强创业指导，加强创业培训，强化服务保障。

【大学生应征入伍】 眉山市人民政府、眉山军分区根据《中华人民共和国兵役法》《征兵工作条例》和省委、省政府、省军区征兵政策规定，印发《眉山市激励大学生应征入伍的政策措施》，主要内容为提高大学毕业生入伍一次性奖励金标准，提高大学生义务兵家庭优待金发放标准，提高大学生返乡应征差旅补助标准；公务员定向招录退役大学生士兵，专职人民武装干部优先招录退役大学生士兵，事业单位定向招聘退役大学生士兵，后备干部着重培养退役大学生士兵；定额补助高校征兵工作经费，给予高校征兵工作奖励。

【"健康眉山"推进】 眉山市人民政府贯彻落实《四川省人民政府关于推进健康四川行动的实施意见》精神，印发《关于推进健康眉山行动的实施意见》，提出总体要求、基本原则、总体目标、功能布局、主要任务和组织实施要求，其中主要任务为实施健康知识普及行动，实施合理膳食行动，实施全民健身行动，实施控烟行动，实施心理健康促进行动，实施健康环境促进行动，实施妇幼健康促进行动，实施学校健康促进行动，实施职业健康保护行动，实施老年健康促进行动，实施心脑血管疾病防治行动，实施癌症防治行动，实施慢性呼吸系统疾病防治行动，实施糖尿病防治行动，实施传染病及地方病防控行动，实施中医治未病健康促进行动，实施口腔健康促进行动。到2022年，健康促进政策体系基本建立，全民健康素养水平稳步提高，健康生活方式加快推广，健康服务能力得以提升，健康环境持续得到改善，重大慢性病发病率上升趋势得到遏制，重点传染病、严重精神障碍、地方病、职业病得到有效防控，致残和死亡风险逐步降低，重点人群健康状况显著改善，居民主要健康指标水平逐步提升；到2030年，健康促进政策体系更加完善，全民健康素养水平大幅提升，健康生活方式基本普及，健康服务能力达到较高水平，健康环境得到显著改善，居民主要健康影响因素有效控制，重大慢性病导致的过早死亡率明显降低，重点传染病、严重精神障碍、地方病、职业病进一步得到有效防控，人均健康预期寿命得到较大提高，居民主要健康指标达到或超过全省平均水平，实现《"健康眉山2030"规划纲要》有关目标。

（朱霈露）

政府事务
Government Affairs

【概况】 2020年，眉山市人民政府办公室围绕全市中心工作和"开放发展攻坚年"主题，强化闭环思维、过程管理，着力提升工作质效，全面提升"三服务"水平，保障全市政府系统高效规范运行，为统筹抓好疫情防控和经济社会发展做出贡献。

【办文办会】 眉山市人民政府办公室持续整治"文山会海"，巩固"基层减负年"成效；落实"短实新准"要求，建立前置审查、定期通报机制，严控发文数量、质量、规格；持续推进OA系统全覆盖，全年无纸化办理公文160万件、协同事项40万项，公文运转效率进一步提升；实施限额办会，做到有计划、有布置、有落实、有反馈、有改进；对重大会议，坚持会前精细筹备、会中灵活服务、会后及时跟进；以市政府（办公室）名义印发的"三类文件"比2019年减少15%，召开的全市性会议比2019年减少12.12%。

【信息调研】 眉山市人民政府办公室围绕全市中心工作，强化前瞻思维、坚持精品意识，报送信息、起草文稿，政务信息被国务院办公厅信息刊物采用85条，被省政府办公厅信息刊物采用93条，获国务院领导批示17条；起草文稿400篇，编辑《市长参阅》105期、《市长专报》5期，多次被市政府主要领导肯定和采纳；起草的2020年《政府工作报告》获人大代表电子票决100%满意率，起草《加快发展新经济推动眉山高质量发展的对策研究》《眉山市统筹抓好疫情防控和经济社会发展工作探析》《抢抓成渝地区双城经济圈战略机遇加快推进成眉同城发展研究》等调研文章；针对春橘销售困难、果农面临亏损的情况，深入实地调研，总结"接驳式""无接触"销售模式，有效解决"采、收、运、卖"等难题，眉山特色农业促增收经验被《人民日报》头版头条报道。

【督查督办】 眉山市人民政府办公室重点围绕疫情防控、复工复产、"六稳""六保"等重大政策落实情况，采取"四不两直"方式，加强全程跟踪、实地督查；建立市政府重大决策部署以及中心重点工作每月盘点、每季度通报制度；针对疫情防控、重点工作、重大项目，实行五天一反馈、一月一报告、一季一通报，确保有令必行、有禁必止、政令畅通，推动市政府决策部署落地落实；印发督查通知、报告、通报109期，办理督查督办事项1 300件，一次性办结率100%，督查有效推进率100%。新冠肺炎疫情防控督查工作经验被省纪委监委推广，受到市政府主要领导肯定性批示。

【民生工作】 眉山市人民政府办公室牵头抓好市民生办工作，30件民生实事178个项目完成年度目标任务，累计筹集拨付资金102.72亿元，全市两会测评民生工作连续8年满意率和基本满意率达99%以上；牵头开展"开门听音·网络问政——邀您一起写《政府工作报告》"活动，社会参与度、影响力进一步提高，浏览量超过60万人次，收集有效意见建议357条，解决一批困扰群众的难题；牵头开展创建全国文明城市廉洁高效的政务环境、舒适便利的生活环境两个分指挥部和创建国家卫生城市爱国卫生管理分指挥部工作，助推眉山成功创建全国文明城市和国家卫生城市；开展人大代表建议和政协提案办理，1件省人大代表建议、111件市人大代表建议和202件市政协提案，均按时办结，满意率100%；持续推进人大代表建议和政协提案办理结果网上公开机制，在市委、市政府门户网站公开办理结果70件。

【政务公开】 眉山市人民政府办公室聚焦做好“六稳”工作、落实“六保”任务，着眼深化“放管服”改革优化营商环境，以公开促落实、促规范、促服务，在市委、市政府门户网站主动公开政府信息2.1万条，发布政策解读82篇，征集社会公众意见68件次，举行新闻发布会、在线访谈各7场；依法办理群众向市政府提出的政府信息公开申请102件，按期答复率100%，未出现行政复议被纠错或行政诉讼败诉情况。

【值班值守】 眉山市人民政府办公室高度重视值班工作，严格执行领导在岗和值班人员24小时值班制度；加大对节假日、汛期和重要敏感时期的值班抽查，抽查单位585个次；办理政务信息288个，省领导批示6件，上报节假日值班工作综述6次；建立成德眉资同城化值班协作机制，实行信息共享；完成视频会商指挥调度系统和会议室升级改造，实行省市视频会商指挥系统的互联互通，保障28次视频会议顺利进行。

【后勤保障】 眉山市人民政府办公室严格用车审批，实现用车全流程监控，建立节假日公务用车入库检查机制，健全车辆入库情况台账；严格规范财务管理，执行财经纪律和财经制度，坚持事前审批，严格报账程序，严控经费支出，“三公”经费比2019年下降3.83%。

（朱霈露）

人事和人力资源管理
Personnel Affairs and Human Resources Management

【概况】 2020年，眉山市加强机关、事业单位人事管理，深化区域人才合作交流，建强人才队伍，为推动成渝地区双城经济圈建设、成德眉资同城化发展、眉山市成都都市圈副中心建设提供人力资源支撑。

【公务员任用管理】 眉山市委组织部全面推行职务与职级并行制度，1 514人次晋升职级；面向“双一流”高校招录急需紧缺专业选调生42名，录用基层选调生57名，考录公务员237名；统筹推进综合管理、专业技术、行政执法等公务员分类管理，制定实施《眉山市公务员平时考核实施细则》《眉山市市级机关公开遴选公务员办法（试行）》《眉山市公务员调任实施办法》等配套政策，在眉山天府新区、洪雅县首次开展公务员聘任。

【公务员薪资管理】 眉山市委组织部根据政策文件指导全市实施新工资政策和规范津贴补贴，上报市级2019年度公务员绩效奖方案，经省绩效奖管理联席会议批准后执行；批复各县（区）2019年度公务员绩效奖并报省绩效奖管理联席会议备案；推动市级单位和县（区）根据年度考核结果进行级别工资晋级晋档，办理职务（级）晋升后工资晋升、工龄认定、退休和退休费批复、抚恤金审批、工资关系转接、工资基金审核管理以及省管干部工资呈报等；完成2019年公务员工资统计。

（刘　刚）

【事业单位人才管理】 眉山市人社局组织人事考试23场次，连续10年保持“零差错、零事故、零投诉”；公开考试招聘教师805人，到高校考核招聘市属事业单位高层次和紧缺专业技术人才181名，面向社会公开招募“三支一扶”人员33名，争取国家、省上资金520.72万元；疫情期间开辟人事招聘绿色通道，采取网上报名、视频面试等方式，为参与疫情防控救治的医疗机构招聘急需紧缺医务人才12名。

【事业单位薪资管理】 眉山市人社局完成增资调资审批3 642人次，疫情期间核增市属医疗卫生机构一次性绩效工资总量54.3万元126人次，落实完成疫情防控人员临时性工作补助审批58.6万元780人次。

（黄　霞）

【人才体系建设】 眉山市完善人才“引育用留”顶层设计，以问题为导向，立足发展需要，启动编制“十四五”人才规划，系统修订高层次人才分类认定、安居保障、项目资质、平台建设、管理服务等15项政策，织密政策优才、项目优才、服务优才“8＋5＋4”网络体系；出台《眉山市特聘人才支持办法（试行）》，对重点企业特聘人才给予最高50万元个税返还，激发企业等用人主体引才积极性；出台《眉山市人才工作领导小组成员单位联系服务重点企业（项目）人才工作方案》，建立部门联系服务107个重点企业（项目）人才工作机制，优化完善齐抓共管人才工作格局；持续创新专业技术人才评价方式，将全员答辩范围扩大到建筑工程技术领域。

（刘　刚　黄　霞）

【区域人才协同发展】 眉山市强化区域人才协同，把握成渝地区双城经济圈建设机遇，签署《重庆两江新区管委会与眉山天府新区管委会战略合作八大行动》《四川省眉山市人民政府与重庆市涪陵区人民政府推动成渝地区双城经济圈建设合作框架协议》《四川省眉山市人民政府与重庆市渝北区人民政府推动成渝地区双城经济圈建设合作框架协议》等协议，签订眉涪社保一体化和成眉社保、工伤保险、公积金同城化等7项协议，开启渝眉、成眉人力资源协同新局面。

【人才市校（院企）合作】 眉山市先后与四川大学、重庆大学、省农业科学院、四川音乐学院、瑞士洛桑酒店管理学院等签署战略合作协议，四川大学眉山校区正式落地，北京外国语大学东坡附属学校实现全学段招生，兰大伯克利研究院完成初步设计，华西二院眉山市妇女儿童医院即将投入使用。

【人才集聚】 眉山市引进美国维亚康姆国际文创项目、眉州东坡·中国川菜创意产业园项目、安思卓新能源制氢和加氢设备中国区域总部、研发和生产基地项目等落户眉山，集聚院士、享受国务院特殊津贴专家等国家级、省级高层次人才55人、团队7个；组织128家重点企事业单位参加“才汇东坡”引才高校行、智汇天府招聘会、第八届大中城市联合招聘会暨“才兴川渝”公共招聘进校园等招才引智活动，为国（境）内外高层次人才提供千余个优质岗位，引进电子信息、医疗卫生、金融、地址、环境、交通等行业领域专业技术人才1 494名；递进实施眉州本土菁才培育计划，推进眉州名匠、眉州名师、眉州名医、眉州名厨、眉州田园名星、眉州文艺名家、眉山市创新型企业家、眉山市创新型科技人才培育，遴选培育对象508名，以市政府名义命名2020年度眉州本土菁才64名。

【人才项目管理】 眉山市委组织部协调国有资产平台设立2.5亿元高层次人才项目基金，按照《眉山市支持高层次人才项目基金投资管理办法》，组织开展项目申报，首批推荐OLED新材料、医用聚氨酯等7个项目，向海外引进高层次人才领办的“植保无人机”智慧农业项目提供2 000万元基金支持。

（刘 刚）

【人才交流和激励】 眉山市人社局开展四川省专家服务团助力成德眉资同城化发展暨回头帮走进眉山活动，柔性引进42名专家到眉山市开展智力帮扶，解决基层技术难题277个，举办专题讲座、学术交流和现场指导210场次，培训基层专业技术人才和技能人才710人次，眉山市成为全省唯一一个连续4年承办专家智力服务活动的市州；举办“蓉城专家进眉山”活动，20名成都市知名专家到眉山市智力帮扶；举办“川渝博联高层次人才眉山行”活动2场，组织26名在京眉山学子参观考察眉山市重点产业项目；牵头起草《眉山市市政府顾问聘任管理暂行办法》；推进职称制度改革，面向全市公开征集职称评审专家库成员，充实完善职称评审专家库；为536名市级规模以上企业人才发放补助资金351.6万元，中车眉山车辆厂博士后科研工作站、吉香居公司博士后创新实践基地新进博士后2名；联合直属机关工作委员会和市农业农村局开展落实脱贫攻坚专项奖励，下发《关于在全市事业单位集中开展脱贫攻坚专项奖励的通知》，表彰记功个人82名、集体18个，向省人社厅推荐“记大功”表彰人选1名，同时天府新区眉山管委会、六县（区）拟嘉奖个人720名、集体37个，由于个别区县嘉奖正在进行，实际嘉奖个人635名、集体32个。

（黄 霞）

【人才服务】 眉山市开展“弘扬爱国奋斗精神，建功立业新时代”专题研讨等“八个一”活动；开展基层治理人才支撑五大行动，分类推进党政人才一线领航、专技人才下沉服务、本土人才培养支撑、在外人才回引回归、基层人才关怀激励行动，引导1 600名党政、专技、本土人才服务基层一线；落实党委联系服务专家人才工作制度，37名市领导直接联系服务专家人才74名，各级党政领导班子联系服务人才1 503人；落实“眉山优才卡”服务，为全市优秀高层次人才提供法律金融、工商税务、医疗健康等14项贴心服务；组织联谊交流活动7次，组织100名专家人才集中开展健康体检；依托“聚贤汇智 兴医强农”四川省创新驱动发展两院院士四川行生物医药与现代农业专题对接会、蓉漂人才日、全省数字经济产业推介会等平台，推介眉山或重点产业3次；22个市人才工作领导小组成员单位联系服务重大项目57个、重点工业企业50家，解决具体问题200个；出台关心疫情防控专家和医护人员9条措施，市县发放“眉山优才卡”428张。

（刘 刚）

【人力资源管理服务】 年初受到疫情的影响，眉山市人社局开办线上专场招聘活动5场，参会单位805家，提供岗位1.5万个；开办线下招聘会20场，参会企业781家，提供岗位2.3万个，求职人员1.26万人，同时眉山市人力资源市场微信小程序同步进行线上招聘会。疫情期间，眉山市人社局自主开发眉山市人力资源市场微信小程序，为高校毕业生、农民工、退役军人开放求职专区，方便群众求职；组织开展人力资源清理整顿专项行动，检查人力资源服务机构36户、用人单位72户，受到人社部、国家市场监管总局通报表扬。

（黄 霞）

退役军人事务
Veterans Affairs

【概况】 2020年，眉山市退役军人工作以推进退役军人事务领域治理体系和治理能力现代化为主线，围绕“12355”工作思路，即围绕“一个中心”（以服务退役军人为中心），开展“两项活动”（基层基础基本建设年活动、思想政治工作年活动），着力“三大体系”（组织管理体系、工作运行体系、政策制度体系），夯实“五个基础”（服务保障、信访稳定、移交安置、拥军优抚、褒扬纪念），实现“五大提升”（思想政治、权益维护、依法管理、就业创业、信息化建设），紧盯“夯基础、抓重点、促和谐、创品牌”工作目标，完成各项目标任务。眉山市退役军人事务局选树市级“优秀退役军人、优秀军人家属”35名，2个单位被评为“四川省退役军人工作先进集体”，6人被评为“全省先进个人及模范退役军人”。

【军转干部安置】 眉山市退役军人事务局按照“三公开、三优先”方式阳光安置，完成计划安置军转干部、自主择业军转干部、转改文职干部接收安置；采取积分排序选岗的安置方式，完成符合政府安排工作条件退役士兵和2019年度自主就业退役士兵接收安置，按时发放一次性地方经济补助。

【退役军人就业创业】 眉山市退役军人事务局依托眉山市退役军人教育培训联盟，抓实退役士兵职业教育和技能培训，组织自主就业退役士兵完成职业技能培训；开展专场招聘37次，一批退役军人通过招聘实现就业；以多渠道就业为补充，拿出岗位（公务员和事业单位）定向招录退役军人；推荐退役军人参加公安辅警、消防救援队员招录；吸纳退役军人进村“两委”，全市一批退役军人担任村（社区）“两委”成员；发挥驻外服务点功能，搭建退役军人对外输出平台，推荐退役军人外出就业；组织开展眉山市2020年退役军人创业大赛，全市23家符合条件的企业报名参赛，激发创业创新热情和活力，青神县赵小波入选全省就业创业之星。

【军休服务】 眉山市退役军人事务局完成军队离退休干部（士官）年度安置计划，接收计划安置军队离退休干部（士官）；落实军休干部“两个待遇”，组织军休干部（士官）到峨眉山休疗养；完成军休干部换证信息审核、享受护理费核查和申报等；打赢疫情防控阻

图5 2020年6月18日，眉山市组建退役军人创业导师团队，先期聘任专家12名，逐区县开展“巡诊”，为退役军人创业提供财税、金融、法律等方面服务指导 （市退役军人事务局供图）

击战，全市军休人员无确诊、疑似病例；开展军休干部战“疫”募捐；举办四川省退役军人事务系统西南片区门球邀请赛。

【优待抚恤】 眉山市退役军人事务局严格执行现行优抚政策，对照政策认定程序、标准和要求，依法依规做好优抚对象身份审核认定，通过“一卡通”平台按时足额发放抚恤补助，落实优抚对象医疗保障；落实“属地管理、各负其责”的优抚数据管理原则，按要求开展优抚数据年度确认，加强优抚对象数据精细化管理，为抚恤补助资金精准发放提供依据；贯彻《伤残抚恤管理办法》，规范残疾等级评定程序，做好伤残人员证件换发以及新办、补办、调整评定残疾等级和伤残抚恤关系转接，规范伤残人员档案；组织申请带病回乡退伍军人体检，审批体检符合条件人员；组织部分参加核试验军队退役人员到省疾控中心体检，组织部分重点优抚对象到大邑休养院短期疗养。

【退役军人信访工作】 眉山市退役军人事务局全年接待调处群众来信来访1 823件2 034人次（信访件次较2019年下降24.6%），化解1 749件，化解率95.94%，办结率100%；

【退役军人权益维护】 眉山市退役军人事务局率先在全省成立退役军人法律咨询服务站，并在建立市、县（区）、乡镇（街道）三级“退役军人法律服务工作站”基础上，会同市司法局印发《眉山市退役军人公共法律服务建设标准》，确保退役军人公共法律服务体系建设规范化、标准化、质效化，全年积极为退役军人提供法律服务。

【退役军人困难帮扶】 眉山市退役军人事务局充分发挥财政下拨困难退役军人关爱帮扶基金的作用，会同市慈善总会，印发《眉山市特殊困难退役军人和其他优抚对象慈善救助基金管理暂行办法》，形成行政机关、事业单位、社会力量“三驾马车”共同关爱帮扶困难退役军人的格局，全年对有特殊困难的退役军人给予帮扶援助，解决困难退役军人实际问题。

【退役军人服务中心（站）建设】 眉山市建成退役军人服务中心（站）900多个，其中有市级退役军人服务中心、县级退役军人服务中心、乡级退役军人服务站、村级退役军人服务站；市、县、乡、村四级退役军人服务保障网络全面覆盖、上下贯通局面基本形成；开展全国示范型退役军人服务中心（站）创建，12月全市50多个示范型退役军人服务中心（站）通过省级、部级验收。

【退役军人事务信息化建设】 眉山市退役军人事务局推进退役军人事务系统信息化建设，眉山市被省退役军人事务厅确定为信息化建设试点单位。眉山市退役军人事务系统信息化建设项目已通过市政府常务会议。项目总投资950万元，已完成信息化建设可行性研究报告和初步设计方案。眉山市退役军人事务局完成市、县（区）应急指挥视频综合应用平台建设，实现全市市、县两级与省级平台互联互通。

【退役军人志愿服务】 眉山市退役军人事务局组建退役军人志愿服务队，开展志愿服务活动。新冠肺炎疫情发生后，全市有一批退役军人参与疫情防控，成立退役军人突击队，深入一线协助有关部门参加宣传引导、卡点执勤、车辆排查、应急值守等任务3.8万人次，配合社区入户排查5 000户，摸排人员2万人，发放宣传资料5万份，各类捐款捐物折合近80万元。

（杨旖旎）

政务服务
Government Affairs Services

【概况】 2020年，眉山市政务服务管理局坚持开放引领，以“眉山服务，用心帮助”为理念，创新服务方式，采取多项举措，牵头深化“放管服”改革优化营商环境，推动服务型政府改革、“一窗受理、一网通办”改革，不断提升“12345”政务服务热线办理质效，不断强化公共资源交易监管，助推各项工作有序有力开展。“坚持问题导向推动政府采购提速增效”工作作为营商环境典型做法在全省推广，营商环境评价从2019年全省14名上升为第8名，营商环境评价政务服务满意度全省第1名，政务服务和公共资源交易服务全省第2名，网上政务服务能力社会满意度评价全省第3名。眉山市被国务院办公厅确定为全国政务服务“好差评”试点地区、全省工程建设项目审批管理系统（2.0版）项目试点地区、全省“一事一次办”改革试点地区。

【服务型政府建设】 眉山市政务服务管理局参与《政务服务评价工作指南》《政务服务“一次一评”“一事一评”工作规范》两项国家标准研制，印发《眉山市政务服务“好差评”国家标准试点三级联动工作实施方案》，拓展评价渠道，采取评价仪、四川政务服务网、“天府通办”APP、手机扫描二维码、自助评价机、“12345”政务服务热线、评价意见箱“七端协同”方式同步开展评价，全年收到企业群众办事评价122.9万条，主动评价92万条，主动评价率83.45%；在省一体化政务服务平台眉山门户网站公开发布“一件事一次办”改革任务清单102项，以人民群众“需求端”倒逼政务服务部门“供给端”改进；完成全市31个乡镇便民服务中心改造，督促推动各县（区）将全市39个乡镇（街道）、87个村（社区）便民服务机构标准化建设纳入2021年人大代表票决实事项目；服务老年人等特殊群体，开通老年人等特殊群体办事“快速通道”，保留线下服务办理渠道和现金缴费方式，办事窗口不得以任何方式拒收现金，对70岁以上老年人提供等候优先、全程导引、代办帮办、延时办理、上门服务等优待服务。

【行政权力清单动态调整】 眉山市政务服务管理局印发《眉山市市本级行政权力清单（2020年本）》，对市本级政务服务事项实施清单管理，清单之外无审批，行政权力5 412项，其中行政许可283项、行政处罚4 296项、行政征收23项、行政强制178项、行政确认40项、行政裁决8项、行政给付4项、行政检查267项、行政奖励109项、其他行政权力204项；梳理公布乡镇（街道）行政权力事项和公共服务指导目录，明确乡镇行政权力事项225项、公共服务事项36项，为规范乡镇依法行政、提升基层治理能力提供依据；梳理形成《眉山市村（社区）便民服务事项指导目录》91项，为基层群众办事实现就近办、多点可办提供保障。

【“一窗受理、一网通办”改革】 眉山市政务服务管理局推进审批服务“一窗受理、分类审批、受办分离、统一出件”改革，在市民服务中心设立行政审批综合服务窗口，统一受理行政审批申请件，各审批部门入驻审批后台，专司审批、限时办结，实现行政审批“受理权和审核、决定权相对分离”，前台受理席9个，其中“企业开办”受理席2个、“工程建设”受理席2个、“其他审批”受理席5个，全年入驻综窗事项数1 644项，办结件36 274件；稳步推进一体化政务服务（3.0）系统建设，完成43个市级部门和7个县（区）组织机构配置，县（区）、市级部门平台使用角色共创建管理账号400个，全市80个乡镇（街道）及村（居）组织机构在一体化平台完成架构设置；推动“天府通办”APP（试运行）宣传和使用，组建专职运营团队，推进天府通办眉山分站点建设，上线眉山特色服务60个，引导群众注册使用，眉山市“天府通办”个人注册数达130.65万人次，超过常住人口注册率40%的省定目标；按照成德眉资同城化要求，推动“眉山市民云”建设，依托成都“天府市民云”服务架构设立眉山市民云站点，与成都市民共享婚育婴幼、文体教育、民生保障等生活服务及物业、家政等社区服务，构建成德眉资市民服务一体化城市治理新模式。

【行政审批流程优化】 眉山市政务服务管理局推动“放管服”改革“三百工程”，下放146项政务服务事项到区县办理，压减102项政务服务事项办理时限，削减154项政务服务事项申请材料；印发《眉山市优化营商环境政务服务指标提升行动方案》，全市政务服务事项承诺提速达81.2%，削减材料达25%，办事指南准确度达99%，企业群众办事评价总量122.9万次，主动评价数92万次，主动评价率74.97%，有力推动政务服务线上线下多端协同；首批试点全省工程建设项目审批系统2.0版，优化工程建设项目审批流程，阶段主事项和附事项并联审批，大幅度降低审批用时，工改2.0系统可办理657个项目1 388件事项，全面覆盖立项用地规划许可、工程建设许可、施工许可和竣工验收四个阶段，做到线上线下基本一致，试点工作被省大数据中心授予系统最佳推广奖。

【政务热线办理】 眉山市政务服务管理局完善工作机制，修订完善《眉山市“12345”政务服务热线运行管理办法》，印发《关于进一步规范群众诉求办理信息公开工作的通知》，提高政务公开规范化、专业化水平；强化工作回访督办，利用工单抽查、暗访督办等措施，通过“短信＋人工”方式，实现件件回访，同时实行电话督办、书面督办和现场督办，针对群众多次反映问题现场暗访20次；坚持问题导向，解决疑难诉求，印发通报15期，书面通报热点焦点问题48个。眉山市政务服务管理局全年受理群众诉求201 560件、较2019年上升19.82%，话务满意率99.67%，办件满意率97.68%。

【公共资源交易监管】 眉山市政务服务管理局拓展交易平台功能，推进智慧交易，实施“五不见面”线上交易模式，常态化开展异地远程评标，与绵阳、泸州等市州签订异地远程评标协议，与成都德阳资阳签订《成德眉资同城智慧交易框架协议》，完成眉山作为主场项目16个、副场项目13个；深挖采购评标智能化，实现评标环节“评什么，点什么”“看什么，查什么”的智能化评标，评标效率提升50%；率先在全省探索开展集采联动，研发政府采购项目跨区域交易系统，采购人可以根据采购项目需求的特点、集采机构的考核情况、服务半径和服务能力，自主选择全市范围内任一集采机构代理，打破集采机构只承接本行政区域、本行政级次采购项目现状；率先在全省完成公共资源交易数字证书和电子签章兼容互认，完成电子交易平台CA互联互通驱动2.0版的上线，实现一地注册、全省通用；逗硬异常情况处置，净化交易市场环境，上报招投标项目异常情况分析表8起，立案查处3起，配合主管部门冻结4个项目投标保证金5 233万元，不予退还投标保证金10万元，并协助行政监管部门处理招投标质疑投诉21起，派遣专人协助监察机关、公安机关办理招投标案件涉案项目90项次，提供700条招投标线索、证据。眉山市级全年组织完成交易项目622项，涉及交易总额385.42亿元，增收节支54.27亿元。

【投资项目“红色代办”】 眉山市政务服务管理局依托原有眉山市投资项目审批代办服务中心，设立“红色代办”综合服务窗口，实施“红色代办员”制度，实现投资者（项目单位）委托项目全程代理、全程跟踪、全程服务，提升项目落地建设实效，创新监管方式，优化服务环境，打造眉山投资项目服务品牌，推进投资项目早落地、早开工、早投产。全市全年“红色代办”项目43个。

【惠企减负降本】 眉山市政务服务管理局做好新冠肺炎疫情服务保障，探索推出“网上办、邮寄办、预约办、就近办”等“九办”服务，在项目立项、环境评估、生产场地落实等方面快速介入指导，开启防疫物资项目“审批绿色通道”，对受资质条件限制有产能可以生产的企业，实行审批告知承诺或“容缺受理”，让防疫物资提前进入生产线；助力企业开办提速增效，将过去企业开办涉的“企业登记、印章刻制、申领发票、社保登记”4个环节合并为1个环节，实现企业开办全流程5小时办结；推动新开办企业首次免费刻制印章服务，为新开办企业免费刻制印章4 200套，为企业直接节约办事成本420万元；取消政府采购投标保证金收取和减少履约保证金收取，全年取消投标保证金1 917.7万元，减少履约保证金近377.25万元；推进工程建设项目投标保证金电子保单保函应用，化解融资“难贵慢”，激发市场主体活力，受到企业一致好评。

【政务服务同城化无差别受理】 眉山市与成都、德阳、资阳三市建立同城协同工作推进机制，联合印发《成德眉资政务服务同城化无差别受理工作方案》，公布公安、社保、税务、公积金部门确立部分行政许可、公共服务“同城无差别”“跨市通办”事项清单55项，眉山市彭山区与成都新津区、资阳雁江区，东坡区与成都双流区、仁寿县与成都金堂县、青神县与乐山夹江县率先实现306项政务服务事项跨区域办理；推动川渝通办、跨省通办，与重庆市潼南区签署成渝地区双城经济圈政务服务一体化合作协议，初步实现95项高频事项“跨渝通办”，58项高频事项“跨省通办”；在各级市民服务中心设立统一规范的“成渝双城、成德眉资、跨省通办”服务专区或服务专窗，受理和办理跨区域政务服务事项。

【乐山海关入驻眉山】 眉山市政务服务管理局推进乐山海关入驻眉山市市民服务中心，为进出口企业办理企业管理和报关员管理两级审批事项，方便眉山市范围内的进出口企业就近办理企业注册登记、变更、未注册证明办理以及报关人员备案证明申办、注销等海关服务事项，为企业提供更加便利、高效的海关优质窗口服务。眉山市市民服务中心全年办理海关业务130件，其中注册备案登记62件、变更登记12件、通关咨询业务30件、检验检疫咨询业务11件、原产地证咨询业务6件、电子口岸咨询业务7件、注销登记2件。

（王婷婷）

外事管理
Foreign Affairs Management

【概况】 2020年，中共眉山市委外事工作委员会办公室（以下简称眉山市委外办）围绕建设“环成都经济圈开放发展示范市”和“现代化成都都市圈副中心”发展定位，精心谋划、主动作为，服务大局、彰显担当，全力打好涉外疫情防控阻击战，坚定服务国家总体外交和眉山经济社会发展，有力展示眉山开放形象，推动全市加快开放发展、构建开放发展新格局。

【国际抗疫合作】 眉山市委外办在全市疫情最吃紧的时候，向中国驻外使领馆、国际友好城市、友好组织、友好人士、海外华人华侨等寻求支持，收到来自俄罗斯、瑞士、匈牙利、以色列等多国友好城市，以及哥斯达黎加前总统菲格雷斯、日本前首相鸠山由纪夫、法国前总理拉法兰、联合国教科文组织文化助理总干事奥托内等友好人士来信来电慰问和物资捐赠，获得价值300万元的海外防疫物资捐赠，采购海外抗疫物资价值超1 000万元，为全市打赢疫情防控阻击战提供有力支持；全市疫情缓解后，秉持人道主义精神，开展对外抗疫援助，向13个国际友好城市、友好组织援助价值超过80万元的抗疫物资，涉及英国、德国、法国、泰国等11个国家，巩固深化国际友谊，配合国家总体外交。法新社、日本共同社、韩联社、美国哥伦比亚广播公司、英国BBC等国外主流媒体宣传眉山抗疫成就、对外援助和重大外事活动，吸引超过2 000万名中外网友关注，增强眉山国际影响力和辐射力。

【国际友城建设】 眉山市委外办创新思路，破解疫情期间对外交流难题，通过电子邮件、微信、电话等方式，与18个国际友好城市、友好关系城市和友好交流城市开展“云问候”，巩固深厚友谊；与多年无往来的友城俄罗斯莫斯科州克林斯基区重新建立联系，重拾中断长达14年的友谊；5月22日与国际友城俄罗斯鞑靼斯坦自治共和国下卡姆斯克市举行“云会议”，分享抗疫经验并商讨下步合作方向；8月5日与尼泊尔卡马拉迈市通过“云会议”签订《中华人民共和国四川省眉山市与尼泊尔联邦民主共和国巴

与眉山市缔结的国际友好城市一览表

表6

序号	签约时间	城市
1	2006年5月	俄罗斯莫斯科州克林斯基区
2	2019年4月	俄罗斯鞑靼斯坦共和国下卡姆斯克市

与眉山市建立国际友好合作关系城市一览表

表7

序号	签约时间	城市
1	2017年7月	泰王国清迈府
2	2017年7月	以色列国南部区勒哈维市
3	2017年7月	摩洛哥卡萨布兰卡市
4	2017年7月	法国盖雅克市
5	2018年7月	瑞士布里恩茨市
6	2017年9月	厄瓜多尔圣多明各—德洛斯查奇拉斯省
7	2018年12月	法国蒙特莫里永
8	2019年12月	匈牙利卡辛茨巴茨卡市
9	2019年12月	美国橙郡
10	2020年8月	尼泊尔卡马拉迈市

格马蒂省卡马拉迈市建立友好合作关系谅解备忘录》，卡马拉迈市成为眉山市第10个友好关系城市。

【外事为民服务】 眉山市委外办持续推进APEC商旅卡宣传，邀请省委外办专家开设专题讲座，现场受理相关业务，为眉山市企业家"走出去"提供便利；对接外交部、省委外办、驻外使领馆，融入"五位一体"海外领事保护机制，印发《海外安全保护知识宣传手册》《眉山市居民出国特别提醒》和《新冠肺炎疫情期间眉山市企业境外机构、人员安全防范和保障工作预案（试行）》，通过线上、线下多渠道全方位开展宣传，发布海外安全预警，防范海外疫情负面影响和安全问题叠加风险，保护眉山市国外机构、企业、人员安全；配合驻外使领馆，妥善处置涉及眉山市的海外领事保护案（事）件5起。

【因公出国（境）管理】 眉山市委外办利用疫情"空窗期"，梳理因公出国（境）管理工作，废止不符合当前开放发展需求的文件内容，制定完善《关于进一步规范全市因公出国（境）工作的通知》，制发《眉山市因公临时出国（境）办理流程》《眉山市因公出国（境）手续办理指南》以及《行前教育制度》《境外监督制度》《归国（境）报告制度》，对因公临时出国（境）工作全流程严格规范管理；举办2期全市因公出国（境）专办员培训班，规范全市因公出国（境）工作办理流程。

【对外友好交流活动】 8月13日，日本驻重庆副总领事斋藤宪二到眉山天府新区调研中日国际康养城项目建设情况；8月28日，眉山市委书记会见日本瑞穗金融集团股份有限公司常务执行董事兼日本瑞穗银行股份有限公司常务执行董事、东亚地区总裁兼瑞穗银行（中国）有限公司董事长菅原正幸，双方就增进友谊、推进日企在眉投资合作等友好交流；9月6日，博鳌亚洲论坛秘书长李保东到眉山市考察，到三苏祠、天府乐高乐园规划展示馆等调研文旅融合发展、重大会节会展举办、重大项目引进推进、重大开放平台打造等方面情况；10月19—20日，"金砖国家友好城市暨地方政府合作论坛"在俄罗斯鞑靼斯坦共和国首府喀山召开，眉山市副市长应邀代表眉山市线上出席论坛，并就"确保新冠疫情期间和后疫情时代城市可持续发展"作专题发言；11月2日，眉山市委书记、市长会见国际竹藤组织总干事穆秋姆，市委书记会见喀麦隆驻华大使马丁·姆巴纳及夫人，市长会见塞浦路斯驻华大使安东尼斯·图马齐斯及夫人；11月2—7日，2020中国国际竹产业交易博览会·首届数字国际熊猫节活动在眉山市青神县举行，喀麦隆驻华大使姆巴纳、文莱驻华大使拉赫玛尼等22国31名驻华使节以及国际竹藤组织总干事穆秋姆、中国—东盟中心秘书长陈德海等国际组织官员出席；11月15日，眉山市委书记、市长会见文莱驻华大使拉赫玛尼及夫人、中国—东盟中心秘书长陈德海及老挝、缅甸、越南、马来西亚等东盟国家驻华使节；11月15—17日，澳大利亚、以色列、泰国、日本、韩国、新加坡6国驻蓉、渝总领事、领事馆官员及领馆代表到眉山市调研考察眉山重点项目、文旅融合发展、区位优势等情况并出席第十二届中国泡菜食品国际博览会、第三届世界川菜大会活动；11月16—22日，第十二届中国泡菜食品国际博览会、第三届世界川菜大会在眉山市举行，文莱驻华大使拉赫玛尼、中国—东盟中心秘书长陈德海、世界中餐业联合会常务副会长邢颖、泰国驻成都总领事张淑贞、日本驻重庆总领事渡边信之出席；12月，眉山市对外友协承办中摩历史文化名城交流活动，与摩洛哥卡萨布兰卡市相互开展友城系列宣传报道，丰富全市民间对外交流交往；12月4日，眉山市作为全国三个分会场之一，市委外办（市对外友协）、市应急管理局参加2020中日防灾减灾研讨会视频交流活动并作发言，推进与日本在防灾减灾领域的合作；12月22日，眉山市人民政府市长线上出席博鳌亚洲论坛与日本医疗国际化机构联合举办的"中日新时代健康论坛"并作主旨演讲。

【国际（地区）合作项目建设】 眉山市面向全球招引高端优质项目，签署四川天府小猪佩奇小镇、世界川菜产业园、美国安思卓新能源制氢加氢设备生产研发、新加坡丰树集团建设国际标准通用仓储设备设施4个国际项目。眉山天府乐高乐园、中法农业科技园、兰大伯克利研究院、德国通内斯肉联加工、泰国正大蛋鸡种养循环产业园、维亚康姆全球文创旗舰项目等重大国际（地区）合作项目加快建设，全年全市外商直接投资到位资金创历史新高，列全省第二。金象赛瑞化工股份有限公司在俄投资年产12万吨三聚氰胺全产业链循环经济项目被列入《中俄投资合作委员会秘书处第二轮前景项目清单》。眉山市通过"快捷通道"、包机等方式，陆续分批次帮助国际（地区）合作项目接返国外返眉员工330名，企业生产得到有效保障。

（刘祥宏　任运南）

港澳事务
Hong Kong and Macao Affairs

【概况】 2020年，眉山市港澳事务办公室做好因公赴港澳团组组织筹备和服务，拓展眉山市与港澳交往联络渠道，促进眉山市与港澳深入交流合作；引进香港皇权集团IFC国际时尚城项目、香港玉湖集团四川天府新区·玉湖城2个项目。

【眉港澳交流活动】 6月24日，眉山市委外办在成德眉资同城化发展宣讲会上向与会港商推介眉山；7月23日，香港贸发局西部地区新任首席代表罗焕钊、香港贸发局成都办事处市场推广办主任杨健、加州中心总裁张家华参观考察眉山天府新区川港合作示范园、加州智慧城等项目；11月9—11日，眉山市港澳事务办公室组织全省市州中全年首个公务出境团组出境，由市长带队到澳门地区参加博鳌亚洲论坛国际科技与创新论坛首届大会，并拜访澳门大学、澳门贸易投资促进局、澳门中华总商会，与澳门国际品牌企业商会、澳门东盟国际商会、澳门酒店协会等商协会建立联系，深化拓展眉山市与博鳌亚洲论坛和澳门特区合作；11月25日，眉山市人民政府市长在成都出席"创新升级·香港论坛"活动，作为唯一市州代表在开幕式上就川港合作实践作分享，眉山市作为全省两个分会场之一参与论坛活动，推动眉港两地创新发展。

【川港合作示范园项目建设】 2019年11月25日，川港合作示范园项目正式启动。项目计划总投资966亿元，旨在将粤港的“南沙模式”复制到四川，打造“一带一路”沿线国家和地区科技创新合作的示范基地，建成港澳向内地拓展、内地借助港澳通达国际市场的双向通道和重要平台，推动眉山天府新区加快建设成具有世界先进水平的经济新高地。截至2020年年底，新华川渝总部、新华全球购总部、新华农业科技转化中心、新华动物医学成果转化中心、“一带一路”工商专业委员会西部经贸研究中心等项目初步呈现。

（刘祥宏　任运南）

机关事务管理
Organ Affairs Administration

【概况】 2020年，眉山市机关事务管理局学习贯彻落实党的十九届五中全会、省委十一届七次全会和市委四届十六次全会精神，有序推进机关事务高质量发展，在公共机构节能、公务用车、资产管理、后勤服务、公务出行和会务保障方面取得明显成效。

【行政事业单位资产管理】 眉山市机关事务管理局按照《眉山市行政事业单位国有资产处置管理暂行办法》规定，从严审批市级行政事业单位非经营性资产处置，审批14家单位报废划转固定资产16批次，资产金额727.16万元。

【办公用房管理】 眉山市机关事务管理局统筹调配使用办公用房，保障市委办公室、市政府办公室、市纪委等27家涉及单位正常办公需要；严格审批15家单位维修办公用房事项，完成全市党政机关办公用房审核、汇总及统计报送，市级党政机关办公用房建筑面积280 348.28平方米、技术业务用房建筑面积36 236.1平方米。

【公共机构节能管理】 眉山市机关事务管理局抓好公共机构节能措施落实，人均综合能耗、单位建筑面积能耗和人均水耗比2019年分别下降3.79%、2.38%、3.26%；加大节能宣传力度，组织开展节能宣传周和“全国低碳日”活动，围绕“绿水青山　节能增效”宣传主题开展“低碳生活　绿色出行”健步走、骑行活动，全市参与“低碳生活、绿色出行”人数达40万人次，张贴节能宣传组图1 500套，发放宣传资料1.6万份。全市节能灯具改造数量3万只，改造建筑面积超过8万平方米，投入专项节能改造资金5 000万元，节能效果明显，2019—2020年度3家国家级节约型公共机构示范单位和2家省级节约型公共机构示范单位创建通过初步验收。眉山市机关事务管理局制定《眉山市市本级公共机构生活垃圾分类和处置工作实施方案》，规范市级公共机构生活垃圾分类基础设施，全面规划市级机关生活垃圾分类。

【公务用车管理】 眉山市机关事务管理局严格审批公务用车购置更新，审批同意购置更新42辆，未出现超编、超标等违规审批购置车辆情况；严格公务用车编制管理，拆乡并镇后重新核定全市乡镇应急用车编制方案；规范处置公务用车59辆，经专业评估公司鉴定评估，批复同意市级单位报废42辆、拍卖17辆；深化公务用车信息化管理，全市纳入平台管理车辆2 121辆，较2019年底增加216辆；开展重点监督检查，紧盯春节、清明节、“五一”、端午节、国庆节等假期，利用公车平台对节假日期间市级部门和县（区）公务用车使用情况监督检查，发现未通过平台审批使用102车次，经逐一核查，未发现公车私用等违规问题。眉山市公车管理中心保障公务出行3 210车次，行程75万公里，优质服务全市重大政治、经济、文化活动用车需要。

【会务保障】 眉山市会议中心有效整合会议服务资源，集中提供会议服务，提高资源利用效率，提升办会水平，全年承接市级及区县、部门一般会议410场次、视频会议93场次以及大型会议、活动等14场次。

【后勤服务管理】 眉山市机关事务管理局加强机关后勤服务管理指导，指导县（区）和市级部门按照精细化、标准化、信息化要求做好安全保卫、保洁、绿化、维修、机关食堂等服务保障，推进集中提供后勤服务和社会化管理，降低服务成本，提升服务效能；按照节俭、卫生、安全、便利原则，提供交流领导干部入住新周转房后勤保障，为领导干部营造温馨、舒适的居住环境；开展管理区域和包保小区“双创”工作，加强管理区域卫生保洁和绿化管护；牵头实施民生工程，缓解停车难问题，完成市级主城区对外免费开放泊车位330个；做好集中办公区、旭光小区和周转房物业管理，全年未出现安全责任事件，确保正常办公秩序；机关食堂为39万人次提供就餐保障。

【机关疫情防控】 眉山市机关事务管理局成立集中办公区新冠肺炎疫情工作领导小组，明确工作任务，落实工作责任，形成一把手负总责、班子成员具体抓，分线作战、分片包干的工作机制，为开展疫情防控提供组织保障；印发《关于在新型冠状病毒感染的肺炎疫情防控期间确保机关安全有序运转的通知》，在机关疫情监测排查、运行防疫保障以及机关安全有效运转等方面明确要求，规范健康申报和台账管理；印发《关于进一步落实新型冠状病毒感染肺炎疫情防控措施的通知》，要求市级各党政机关单位要对本单位筛查出来的过去14天内到过疫区或接触过疫区人员严格管理，查实行动轨迹等，并按照流行病学调查要求，落实医学隔离观察措施；派出工作指导组，对各县（区）机关事务部门和市级单位部门防控情况检查指导，规范防控措施，强化防控力量，形成全市机关单位从思想上重视防控、措施上严密防控的工作态势，为全市打好疫情防控攻坚战提供保障；科学研判疫情防控需求，为机关疫情防控一线员工购置设备和物资，并协调配送、采购，保障防疫需要；将防输入、细排查、严管控作为工作重点，对走廊、会议室、卫生间、电梯间及开关按钮、扶手、水龙头等机关重点场所和部位每天喷洒消毒2次，对到过医院及集中留观点的车辆、人员全面喷洒消毒，对进入集中办公区的工作人员和车辆排查、测体温、问情况、勤提醒，确保一岗不落、一人不漏；厨房用具每次使用后浸泡、高温消毒，避免用餐人员扎堆，2—4月将集中办公区机关食堂集中用餐调整为分餐制，送发饭盒5.2万盒；邀请市卫健委、市疾控中心和市市场监督管理局专业人员，研究印制《眉山市政中心新型冠状病毒感染肺炎防控工作手册》，利用OA办公平台等网络载体发布官方信息及新型冠状病毒防控知识，提升干部职工防控能力。

【公共机构制止餐饮浪费行为】 眉山市机关事务管理局根据市委、市政府印发的《关于制止餐饮浪费行为行动方案责任分工清单》，向全市公共机构及干部职工发出倡议，以LED电子显示屏、宣传栏、餐桌提示牌等宣传“厉行节约，反对浪费”理念；印发《眉山市机关事务管理局关于加强机关食堂管理制止餐饮浪费行为的通知》《眉山市机关食堂制止餐饮浪费工作措施》，制定《眉山市机关食堂制止餐饮浪费工作方案》，对眉山市公共机构机关食堂制止餐饮浪费提出总体要求，明确工作任务、细化工作措施；建立机关食堂防控机制，加强食材采购、就餐管理、用餐监督三方面管理；开展“拒绝舌尖上的浪费光盘打卡行动”，10月16日—11月15日全市参与光盘打卡活动34 554人次；将机关食堂制止餐饮浪费工作作为公共机构节能管理和节约型机关建设的重要内容，纳入目标考核，制定《眉山市机关事务管理局关于开展机关食堂制止餐饮浪费专项督查的实施方案》，对各个县（区）集中办公区食堂制止餐饮浪费行为工作专项督查，指导督促各县（区）抓好制止餐饮浪费行为工作。

（谢开第）

群众信访
Letters and Calls from the Masses

【概况】 2020年，眉山市信访工作围绕中心、服务大局，努力推动解决群众合理诉求，维护社会和谐稳定，完成各项目标任务，多次获得市委、市政府、省信访局主要领导肯定性批示。眉山市越级访专项治理、信访事项办理群众满意度评价工作经验分别在全省走访工作会和信访“三率”工作会上作交流发言。

【群众信访事项办理】 2020年，眉山市群众向市及以上信访4 878件，与2019年基本持平；重复信访率比2019年下降23个百分点，正向排位全省前列；群众到市集访同比下降36.8%、41.3%，群众进京到省上访总量继续排全省末位，进京到省非访、集访为零；信访部门信访事项及时受理率、按期答复率、群众满意率分别为100%、99.95%、99.16%，位居全省前列。

【领导干部接访】 眉山市信访系统继续深入推进领导干部接访活动，坚持落实领导干部定点接访、重点约访、带案下访制度，市、县（区）领导到各级群众工作中心接待来访群众443批854人次，推动解决疑难信访问题447个；市委、市政府主要领导带头接访下访，推动解决楼盘销售中介违规乱收费、中心城区夜市摊位设置、住宅小区违建等群众反映强烈的涉众型突出信访问题。

【人民满意窗口创建】 眉山市信访局继续组织开展“人民满意窗口”创建，升级改造眉山市群众工作中心接访大厅，推动接访场所标准化建设，并结合机构改革市级健全各项内部工作规程，严格落实“市领导接访日”制度，全市新建成省级人民满信访接待意窗口4个。

【信访服务保障】 眉山市信访局畅通信访渠道，按照“四个当天”工作要求，回应和推动解决群众急难愁盼的涉疫信访事项400件；对群众反映强烈的共性问题，4次向市委、市政府专题报告，为全市推进疫情防控、复工复产、做好“六稳、六保”等提供重要参考；做好全国全省两会、党的十九届五中全会以及“竹博会”“泡博会”等33个省市重大会节和重要接待期间信访值守和应急处置，确保“四个不发生”，维护眉山良好形象。

【信访迎巡】 眉山市信访局制定和实施迎巡工作方案，设立6个专项工作组，受理、交督、审核、报送省委第四巡视组交办信访事项1 606件，受到省委第四巡视组肯定；选派政治素质好、业务能力强、群众工作经验丰富的人员组成案件受理、现场处置工作小组，保障省级生态环境保护例行督察和省政府采购专项巡视，按时转交、审核、报送信访件300件。

【信访干部教育培训】 眉山市信访局组织全市各级信访干部收看纪念中国人民志愿军抗美援朝出国作战70周年大会、全国抗击新冠肺炎疫情表彰大会等全国、全省重要会议实况，组织学习党的十九届五中全会，省委十一届七次、八次全会，市委四届十四次、十五次、十六次全会精神，表扬奖励“学习强国”先进个人，引导信访干部不断增强“四个意识”、坚定“四个自信”、做到“两个维护”，提升政治判断力、领悟力和执行力；创新组织“快乐分享、共同成长——学榜样守初心、争先进担使命”主题活动，安排10名优秀信访干部分10期轮流讲述成长经历和体会、工作方法和经验，其他干部现场谈感受和差距、打算和目标，全市信访系统形成你追我赶、拼搏进取的良好氛围；针对市、县（区）机构改革和乡（镇）区划和村级建制调整后各级信访干部交流力度较大的实际，通过“请上来、送下去”、视频培训等方式，举办9场全市性信访业务专题培训班，受训人员1 000人次，其中邀请省信访局领导到眉山授课2次；组织局机关45岁以下年轻干部和新调入人员轮流到接访窗口接待来访群众，在信访工作一线接受锤炼；轮流在眉山天府新区、各县（区）选派优秀干部参与日常驻京、驻蓉工作，学习群众工作方法，历练应急处突本领；坚持在眉山天府新区、各县（区）重点乡（镇）、部门选派信访干部和分管领导，轮流到市信访局跟班实践学习，全市信访工作专业化水平得到明显提升。

（李峻漾）

政协眉山市委员会

MEISHAN MUNICIPAL THE CHINESE PEOPLE'S POLITICAL CONSULTATIVE CONFERENCE

政协机构 / 重要会议 / 政协事务

政协机构

Political Consultative Conference Organization

【概况】 2020年，政协眉山市委员会设办公室、研究室2个综合办事机构，设提案委员会、经济科技委员会、农业和农村委员会、教体医卫委员会、法制群团委员会、文化文史和学习委员会、民族宗教港澳台侨外事委员会、资源环境保护监督委员会和委员联络管理委员会9个专门委员会。眉山市政协办公室设秘书科、综合科、行政科、老干部管理科、提案科、经济科技科、农业和农村科、教体医卫科、法制群团科、文化文史和学习科、民族宗教港澳台侨外事科、资源环境保护监督科、委员联络管理科，研究室设信息调研科、宣传网络科15个内设科室，下设市政协书画院、市政协信息中心2个正科级事业单位。

【2020年市政协主要领导名录】

主　席：吴小可（4月任职）

副主席：梁　勇（6月省委提名免职）

　　立胡左格

　　黄玉蓉（4月离任）

　　祝明洪

　　杨常沙

　　余自生

　　钟维钦

　　周　强

　　熊　英（4月任职）

秘书长：胡建辉

【2020年市政协综合办事机构和专门委员会及领导名录】

市政协办公室

主　任：刘忠义

市政协研究室

主　任：章亚梅

市政协提案委员会

主　任：刘云福（9月离任）

市政协经济科技委员会

主　任：蔡　健（4月离任）

　　李付贵（4月任职，9月离任）

　　胡宝林（12月市委提名任职）

市政协农业和农村委员会

主　任：陈明芳

市政协教体医卫委员会

主　任：李晓萍

市政协法制群团委员会

主　任：夏炬光（4月离任）

　　黄海波（4月任职）

市政协文化文史和学习委员会

主　任：杨晓宁（6月离任）

　　罗兴建（6月任职）

市政协民族宗教港澳台侨外事委员会

主　任：杨　波（4月离任）

　　杨　帆（4月任职）

市政协资源环境保护监督委员会

主　任：彭蜀宁

市政协委员联络管理委员会

主　任：刘雪萍

（王　维）

重要会议

Important Meetings of Political Consultative Conference

【概况】 2020年，眉山市召开市政协四届全体会议1次（第五次）、市政协四届常委会议5次（第14～18次）、市政协党组会议19次（第113～131次）、市政协主席会议13次（第85～97次）。

【市政协全体会议】 4月27—28日，中国人民政治协商会议第四届眉山市委员会第五次会议召开。会议听取并协商《眉山市人民政府工作报告》《眉山市中级人民法院工作报告》《眉山市人民检察院工作报告》《眉山市2019年国民经济和社会发展计划执行情况及2020年计划草案的报告》《眉山市2019年财政预算执行情况和2020年财政预算草案的报告》，并赞同该五个报告；审议批准王影聪代表政协第四届眉山市委员会常务委员会所作的题为《坚持党建引领　聚焦中心履职　在建言资政和凝聚共识上双向发力》的工作报告，审议批准黄玉蓉代表政协第四届眉山市委员会常务委员会所作的提案工作情况报告。

【市政协常委会议】 4月9日，政协第四届眉山市委员会常务委员会第十四次会议召开。会议审议政协第四届眉山市委员会常务委员会第十四次会议议程（草案）；学习贯彻市委政协工作会议精神和市委《关于新时代加强和改进人民政协工作的实施意见》精神，审议《政协眉山市委员会加强委员监督管理办法（审议稿）》，通报市政协助推新冠肺炎疫情防控和统筹全市经济社会发展的情况，协商人事事项。

4月27日，政协第四届眉山市委员会常务委员会第十五次会议第一次会议召开。会议审议政协第四届眉山市委员会常务委员会第十五次会议第一次会议议程（草案），协商人事事项，各委员小组汇报小组第一次会议讨论情况；审议通过召集人人选名单，审议通过政协第四届眉山市委员会第五次会议秘书长、副秘书长建议名单，审议通过主席台就座人员建议名单；审议政协第四届眉山市委员会第五次会议选举办法（草案），审议主席、副主席、常务委员建议人选名单，审议政协第四届眉山市委员会第五次会议总监票员、监票员建议名单，审议政协第四届眉山市委员会第五次会议日程。4月28日，政协第四届眉山市委员会常务委员会第十五次会议第二次会议召开。会议审议政协第四届眉山市委员会常务委员会第十五次会议第二次会议议程（草案），各组召集人汇报各委员小组第二次、第三次会议讨论协商情况；审议《政协第四届眉山市委员会提案委员会关于四届五次会议提案审查情况的报告（草案）》，审议通过政协第四届眉山市委员会第五次会议选举办法（草案），审议通过主席、副主席、常务委员候选人名单，审议通过总监票员、监票员名单（草案）并指定总计票员、计票员；审议《政协第四届眉山市委员会第五次会议决议（草案）》。

6月11日，政协第四届眉山市委员会常务委员会第十六次会议召开。会议审议政协第四届眉山市委员会常务委员会第十六次会议议程（草案），传达全国政协十三届三次会议、省政协十二届三次会议精神；观看“城市老旧小区改造、改善安居环境”专题片，听取市政府关于“城市老旧小区改造、改善安居环境”的情况通报，政协常委或委员代表围绕“城市老旧小区改造、改善安居环境”主题作专题协商议政发言；审议《政协眉山市委员会专门委员会通则》，协商人事事项。

9月16日，政协第四届眉山市委员会常务委员会第十七次会议召开。会议审议政协第四届眉山市委员会常务委员会第十七次会议议程（草案），学习传达省委十一届七次全会、市委四届十五次全会精神；听取市政府关于“优化营商环境、深化开放发展”的情况通报，政协常委代表围绕“优化营商环境、深化开放发展”主题作专题协商议政发言；协商人事事项。

12月23日，政协第四届眉山市委员会常务委员会第十八次会议召开。会议审议政协第四届眉山市委员会常务委员会第十八次会议议程（草案）；学习中国共产党第十九届五中全会精神、中央经济工作会议精神、中共四川省委十一届八次全会精神和市四大班子理论学习中心组联合集中学习研讨会精神，听取市人民政府通报市政协四届五次会议提案办理情况，听取市纪委监委通报2020年全市党风廉政建设和反腐败工作情况、市中级人民法院通报2020年度工作情况、市人民检察院通报2020年度工作情况，通报政协常委履职情况，党员常委代表汇报履职情况；审议《政协眉山市委员会2021年工作要点（审议稿）》《政协第四届眉山市委员会常务委员会工作报告（审议稿）》《政协第四届眉山市委员会常务委员会关于市政协四届五次会议以来提案工作情况的报告（审议稿）》《关于召开政协第四届眉山市委员会第六次会议的决定（草案）》，审议人事事项，审议《关于授权市政协主席会议审议市政协四届第十八次常委会议未尽事宜的决定（草案）》。

【市政协党组会议】 眉山市政协第113次党组暨第85次主席（扩大）会议学习习近平总书记在中央“不忘初心、牢记使命”主题教育总结大会上的讲话精神和在中央财经委员会第六次会议上的讲话精神，传达贯彻市委第126次常委（扩大）会精神；传达中央、省委“不忘初心、牢记使命”主题教育总结大会精神，传达贯彻市委四届十四次全体会议暨市委经济工作会议精神；学习《关于加强新时代民营经济统战工作的意见》，学习传达《中共中央办公厅关于落实中央政协工作会议主要任务分工方案》《中共四川省委关于新时代加强和改进人民政协工作的实施意见》，传达《关于四起违反中央八项规定精神典型问题的通报》；听取走访基层市政协委员的情况汇报，听取市政协四届五次全会筹备情况的汇报。第114次党组（扩大）会议传达学习市委常委会会议暨市委应对新型冠状病毒感染肺炎疫情工作领导小组会议精神和市委《关于进一步加强党的领导、为打赢疫情防控阻击战提供坚强政治保证的通知》精神，通报眉山市疫情防控相关情况，安排部署市政协疫情防控工作。第115次党组（扩大）会议专题学习贯彻中央政治局会议精神、中央统筹推进新冠肺炎疫情防控和经济社会发展工作部署会议精神、省委常委（扩大）会议精神和市委四届第134次常委会精神。第116次党组暨第86次主席（扩大）会议学习中央重要文件精神，学习贯彻市委四届第135次常委会会议精神；审议眉山市政协四届五次全会日程（草案），审议2020年社情民意信息相关工作安排，审议《政协眉山市委员会办公室2020年度关于推进成德眉资同城化建设调研实施方案》《政协眉山市委员会办公室关于2019年市政协委员履职情况的通报（审议稿）》。第117次党组（扩大）会议专题学习市委政协工作会议精神，学习贯彻全市生态文明建设和中省环保督察反馈问题整改工作专题会议精神，学习贯彻市委农村工作会议暨决战决胜脱贫攻坚工作会议精神，传达学习全市创森工作总结暨创文创卫工作推进会议精神。第118次党组（扩大）会议专题学习《中共眉山市委关于新时代加强和改进人民政协工作的实施意见》，传达学习省委书记在全省决战决胜脱贫攻坚工作推进会上的讲话精神。第119次党组（扩大）会议深入学习贯彻市委书记在政协第四届眉山市委员会第五次会议上的讲话精神，安排部署政协第四届眉山市委员会第五次会议总结工作，研究市政协领导班子成员分工。第120次党组（扩大）会议专题学习全市两会精神，市政协主席会议成员、机关班子成员及各专委会主任围绕两会精神以及市委书记和市政协主席在政协第四届眉山市委员会第五次会议闭幕式上的讲话作交流发言。第121次党组（扩大）会议传达省十三届人大三次会议和省政协十二届三次会议精神，学习《党委（党组）落实全面从严治党主体责任规定》；审议《中共眉山市政协党组2020年党建工作要点》《中共眉山市政协党组2020年党风廉政建设工作要点》《眉山市政协党组理论学习中心组学习规则》《2020年眉山市政协党组理论学习中心组专题学习安排意见》。第122次党组（扩大）会议传达全国两会精神，传达省委巡视眉山协调配合专题会精神，传达全市创建国家生态文明建设示范市暨迎接省级生态环境保护例行督察动员大会精神。第123次党组（扩大）会议专题学习贯彻市委主要领导对市政协四届五次会议履职成果肯定性批示精神。第124次党组暨92次主席（扩大）会议学习传达《中国共产党四川省第十一届委员会第七次全体会议公报》，学习《中共中央 国务院关于新时代加快完善社会主义市场经济体制的意见》《省委书记在全省服务业发展大会上的讲话》《省委书记在全省抓项目促投资工作会议上的讲话》《省政协主席在省政协十二届第十次常委会议上的讲话》；通报《2020年上半年落实全面从严治党、党风廉政建设工作情况报告》《2020年上半年落实全面从严治党、党建工作情况报告》《2020年上半年意识形态工作情况报告》，审议《政协眉山市委员会视察调研工作规则》《政协眉山市委员会反映社情民意信息工作条例》《政协眉山市委员会宣传工作办法》《眉山市人民政协理论与实践研究工作规则（试行）》，审议《政协眉山市委员会联络服务住眉省政协委员工作制度》《政协眉山市委员会新任委员履职承诺制度（试行）》，审议《关于市政协部分领导干部工作安排的建议》。第125次党组（扩大）会议传达学习市委四届十五次全会精神，传达全市创建全国文明城市、国家卫生城市誓师大会精神，安排2020年度工休假有关事宜。第126次党组暨93次主席（扩大）会议学习《习近平谈治国理政》第三卷第十三章“促进人与自然和谐共生”内容，学习传达全市推动制造业暨工业园区高质量发展工作会议精神；审议《习近平新时代中国特色社会主义思想学习座谈会制度》，审议市政协四届第十七次常委会方案，审议全市政协系统领导干部专题学习会方案，审议眉山政协智库成立大会筹备方案，审议关于贯彻落实市委书记“争取在眉建设特色农业特区”有关指示精神的方案,审议人事事项。第127次党组暨94次主席(扩大)会议传达省政协学习会精神,传达市委落实中央和省委巡视组反馈意见整改工作领导小组会议精神,传达全市现代农业园区建设现场会会议精神,传达创建全国文明城市包保工作推进会会议精神,传达全市整治形式主义为基层减负专项工作机制会议精神;通报杨曲冰严重违纪违法案件及4起招投标领域突出问题典型案例,审议眉山政协智库人员建议名单,审议人事事项。第128次党组暨理论学习中心组(扩大)会议传达学习党的十九届五中全会精神,传达学习省政协主席在省政协学习会上的讲话,传达学习省政协主席在省政协十二届常委会第十一次会议上的讲话。第129次党组(扩大)会议审议人事事项。第130次党组(扩大)会议专题研究《眉山市国民经济和社会发展第十四个五年规划和二〇三五年远景目标的建议(征求意见稿)》。第131次党组暨理论学习中心组(扩大)会议传达中央经济工作会议精神,学习《中共四川省委关于制定四川省国民经济和社会发展第十四个五年规划和二〇三五年远景目标的建议》。

【市政协主席会议】 眉山市政协第87次主席(扩大)会议学习贯彻习近平总书记在浙江考察调研时的重要讲话精神,审议政协第四届眉山市委员会常务委员会第十四次会议议程(草案),审议人事事项。第88次主席(扩大)会议审议政协第四届眉山市委员会第五次会议选举办法(草案),审议政协第四届眉山市委员会第五次会议秘书长、副秘书长建议名单,审议总监票员、监票员建议名单,审议人事事项。第89次主席(扩大)会议审议《政协第四届眉山市委员会提案委员会关于四届五次会议提案审查情况的报告(草案)》,审议通过政协第四届眉山市委员会第五次会议选举办法(草案);审议主席、副主席、常务委员候选人名单(草案),审议总监票员、监票员名单(草案),指定总计票员、计票员名单;审议《政协第四届眉山市委员会第五次会议决议(草案)》。第90次主席(扩大)会议审议《政协第四届眉山市委员会常务委员会第十六次会议方案》,审议收集整理出版东坡诗词事宜,研究眉山政协智库建设工作。第91次主席(扩大)会议审议人事事项。第95次主席(扩大)会议审议《政协第四届眉山市委员会常务委员会第十八次会议方案》,审议《关于苏母公园2号楼和3号楼功能设置的建议》,审议《政协眉山市委员会重点提案遴选与督办办法》;传达川南"7+3"城市政协联系会第三十五次会议精神。第96次主席(扩大)会议学习《成渝地区双城经济圈建设规划纲要》,学习省委十一届八次全会精神;传达全国地方政协社会和法制委员会工作座谈会精神,传达川渝八市区政协"携手助推共建巴蜀文化旅游走廊"专题协商会议精神;审议《眉山政协2021年新年茶话会筹备方案》,审议《政协第四届眉山市委员会常务委员会关于召开政协第四届眉山市委员会第六次会议的决定(草案)》,审议《政协第四届眉山市委员会第六次会议日程(草案)》,审议《政协第四届眉山市委员会第六次会议秘书长、副秘书长建议名单(草案)》,审议《政协第四届眉山市委员会第六次会议开幕大会、闭幕大会主席台就座人员名单》《参会人员名单(草案)》,审议《政协眉山市委员会2021年工作要点(审议稿)》《政协第四届眉山市委员会常务委员会工作报告(审议稿)》,审议《市政协四届五次会议以来提案工作情况的报告》,审议《2021年提案参考目录》,审议眉山政协书画院、文史馆展陈建议方案,各专委会向主席会议述职;审议人事议题。第97次主席(扩大)会议审议人事议题。

(王　维)

政协事务
Political Consultative Conference Affairs

【概况】 2020年,眉山市政协及其常委会团结带领全体委员,紧扣疫情防控、开放发展攻坚、"六稳""六保"以及基层治理等中心工作,建言资政、凝聚共识,贡献政协智慧和力量。眉山市政协全年形成调研视察专报、社情民意信息66件,全国政协采用3件,民革中央采用3件,民进中央采用1件,省领导批示1件,省政协采用12件,市委书记批示31件,市长批示11件,并作为全省唯一市州代表出席全国地方政协社会和法制委员会工作座谈会。

【新冠肺炎疫情防控】 眉山市政协号召全市政协系统投入疫情防控,捐款捐物献爱心折合800万元;成立机关志愿服务先锋队,分15批60人次到联系社区开展疫情防控志愿服务;领导带队深入委员企业调研走访,协调解决复工复产难题,形成《关于眉山市复工复产中的问题与建议》《关于夯实公共卫生安全底部基础的建议》等专报8件,其中3件获市委书记批示、2件获市长批示,2期社情民意信息被全国政协采用。

【政治协商】 眉山市政协办公室联合市委办公室、市政府办公室印发《2020年度协商工作计划》,确定重点协商议题23项。4月27—28日,政协第四届眉山市委员会第五次会议召开,全面协商"一府两院"工作报告。6月11日,政协第四届眉山市委员会常务委员会第十六次会议围绕"城市老旧小区改造、改善安居环境"开展专题协商议政。9月16日,政协第四届眉山市委员会常务委员会第十七次会议围绕"优化营商环境、深化开放发展"开展专题协商议政。眉山市政协开展重点视察协商5项,分别是"成眉交通设施建设同城化推进情况专题协商""全市乡村振兴示范县、乡(镇)、村创建情况""全市公共卫生应急防控体系建设情况""全市小流域污染防治情况""区划调整后乡镇(街道)民主政治建设情况";开展重点调研协商9项,分别是"新冠肺炎疫情对全市经济社会发展的影响及对策""金融与招商引资项目合作情况""全市生猪产业发展现状""宗教活动场所文物的保护和管理情况""司法所在乡村振兴中的作用发挥情况""全市未成年人教育现状""加强社工组织建设提升社会治理能力情况""挖掘利用乡土文化助力乡村文旅发展情况""全市乡镇污水处理厂(站)运行长效机制建设情况";政协四届五次全会后收到提案262件,含集体提案65件,经审查立案257件,其中并案49件,截至10月30日所有提案全部办结,其中解决或基本解决的提案218

件，正在解决或列入计划准备解决的提案36件，受条件限制或其他原因今后逐步研究解决的提案3件，办理结果满意257件，满意率100%；探索“有事来协商”平台建设，成立工作领导小组，创建“有事来协商·东坡事大家议”“有事来协商·和谐助寿乡”“有事来协商·仁人同心”“有事来协商·民事有主张”“有事来协商·共襄齐乐事”“有事来协商·竹乡人话竹乡事”等特色协商品牌；推进政协协商与基层协商有效衔接，搭建院坝协商议事堂、网格协商议事厅、协会协商议事厅、乡镇街道协商平台等，开展专题协商70场次、微协商50场次。

【民主监督】 眉山市政协发挥市项目监督委、市文化和生态建设监督委和市政协资环委监督平台作用，加强重点监督。眉山市项目监督委聚焦重大项目，开展复工复产专项监督2次，形成的专报获市委书记肯定批示，并在市项目投资工作大会上被表扬；参加全市工业项目联席会议，审查通过工业项目8个，涉及投资115亿元；对2018年以来市项目委员会审查通过的工业项目和政府投资项目以及129个省市重点项目开展全覆盖监督，对签约情况、落地情况、进展情况、竣工情况、存在问题持续跟踪了解，有效助推解决一批实际问题。眉山市文化和生态建设监督委围绕市政改造、乡村文史等专项监督，提出的《关于破解城市绿化过度问题提升园林美化水平的建议意见》《关于建设乡村史馆的建议》，均得到市委主要领导批示。眉山市政协资源环境保护监督委对全市小流域污染治理等开展专项监督，相关建议引起市委、市政府高度重视，市长批示相关部门整改。眉山市政协全员参与“双创”攻坚，助力首创即成；开展社情民意监督，收集社情民意信息150条，向省政协、市委市政府及有关部门编辑报送反映53条。

【参政议政】 眉山市政协围绕市委工作重点、社会关注焦点、群众生产生活难点开展深入调研，形成《省市重点项目建设中存在的问题亟须引起高度重视》《关于加快恢复发展全市生猪产业的建议》《关于夯实公共卫生安全底部基础的建议》《关于全市宗教活动场所疫情防控和自养工作的建议》《关于从根本上着力解决学前教育突出问题的几点建议》《关于乡镇污水处理设施规范运行的建议》《关于加强眉山市网格化服务管理提升基层社会治理能力水平的建议》《关于打造成德眉资自驾游促进文旅融合发展的报告》等调研成果，获市委、市政府主要领导多次肯定。

【政协巡察整改】 眉山市政协配合市委第二巡察组巡察，接受监督检查；制定《巡察迎检工作方案》，成立巡察工作联络组，准备巡察资料642卷册，完成巡察工作情况报告及专题汇报材料5个；针对巡察反馈的三大方面34个问题，制定整改方案，班子成员主动认领问题，做到责任落实到人，清单式推进整改，力求将问题整改落实到位。

【政协制度建设】 眉山市政协将2020年确定为“制度建设年”，修订完善《全体会议工作规则》《常委会工作规则》《委员监督管理办法》等35项制度，固化15项、完善13项、新建7项，政协制度体系更加成熟；参与《中共眉山市委关于新时代加强和改进人民政协工作的实施意见》起草，确保与中央、省委文件精神一致，突出基层特色和可操作性。

【政协平台建设】 眉山市政协新建面向市民开放的政协书画院、文史馆和委员活动室，增设与群众联系“窗口”；成立眉山政协智库，吸纳60名省内外专家学者，着力提升协商议政质量水平；新建“眉山政协履职通APP”，加强政协信息化建设，拓展委员知情明政渠道，提高履职效率。

【政协宣传】 眉山市政协出刊《眉山政协》杂志2期，改版出刊《眉山文史——眉山村落文化》《眉山文史——眉山抗疫记录》，提升影响力。全市各级政协组织、各参加单位新闻稿件获中央、省、市等主流媒体报道，其中《人民政协报》采用3条、《中国政协》杂志采用3条、《四川政协报》采用126条、人民政协网采用3条、四川政协网采用17条、《眉山日报》采用97条。眉山市政协获评2020年全省政协新闻宣传工作先进单位，1人获评全省政协新闻宣传工作先进工作者，1人获评全省政协优秀通讯员。

【政协对外开放】 眉山市政协以举办“同源·同心·同城”书画作品联展为契机，建立成德眉资四市政协文化交流平台；签订眉山江津政协战略合作框架协议，推动“双城记”协商合作常态化；加入川渝八市区政协专题协商联系会（四川乐山市、资阳市、眉山市、都江堰市和重庆江津区、南川区、大足区、武隆区），开展“巴蜀文化旅游走廊建设”专题协商；围绕教育管理、营商环境建设以及金融与招商等课题，与重庆永川、北碚、南岸以及成都、绵阳等省内外城市加强合作交流；围绕市委“开放发展攻坚年”和建设成渝地区双城经济圈决策部署开展对外交流学习，《关于打好开放发展攻坚战的几点建议》《关于赴南充泸州自贡学习考察的情况报告》获市委主要领导批示；接待省内外考察交流59批874人次，展示眉山开放发展成果和开放示范形象。

【“我为扶贫攻坚做件事”活动】 眉山市政协深化“我为扶贫攻坚做件事”活动，坚持主席会成员带头帮村、委员企业家组合帮村、各界别和专委会协调帮村、政协委员结对帮村、机关干部结对帮户机制，1 500名省市县（区）政协委员参与联系帮扶贫困村238个、贫困户2 412户、爱心助学25人，1 550名委员参与走访企业590家、困难群众1 672户，帮助企业协调解决资金2 300万元、捐款捐物折合80万元。眉山市政协机关支持两个联系村产业扶持资金、基础设施建设资金28万元。

（王　维）

纪检监察

DISCIPLINE INSPECTION AND SUPERVISION

纪检监察机构 / 重要会议 / 纪检监察事务

纪检监察机构
Institutions of Discipline Inspection and Supervision

【概况】 2020年，眉山市纪委监委有内设机构21个，即办公室、纪检监察干部监督室、组织部、宣传部、法规研究室、党风政风监督室、信访室、案件监督管理室、案件审理室、第一至十一纪检监察室、机关党委办公室；下属事业单位3个，即市纪检监察公开信访举报中心、市纪检监察电教中心、市纪检监察干部教育培训中心（市监委留置管理中心）。

【2020年市纪委（监委）领导名录】

中共眉山市纪律检查委员会

书　记：张　力
副书记：俞红梅（12月离任）
　　　　杨燕昭
　　　　骆仕明（6月离任）
　　　　邓世虎（11月任职）
常　委：徐正刚
　　　　邓世虎（11月离任）
　　　　徐　国（10月离任）
　　　　李　懿
　　　　张　健（5月任职）

眉山市监察委员会

主　任：张　力
副主任：俞红梅
　　　　杨燕昭
　　　　骆仕明（8月离任）
　　　　邓世虎（12月任职）
委　员：徐　国（10月离任）
　　　　李　懿
　　　　田　波（4月离任）
　　　　张　健
　　　　吕文中（6月任职）
　　　　荣小东（6月任职）

（周晓燕）

重要会议
Important Meetings of Discipline Inspection and Supervision

【概况】 2020年，眉山市纪委监委召开各类会议15次，包括市纪委四届七次全体会议、全市纪检监察机关监督检查工作会议、全市粮食系统腐败案件“以案促改”工作推进会议、省纪委监委内部督察调研工作见面会、全市园区新区党风廉政建设工作会议等重要会议。

【市纪委全体会议】 4月10日，中国共产党眉山市第四届纪律检查委员会第七次全体会议召开。会议传达贯彻十九届中央纪委四次全会和省纪委十一届四次全会精神，总结2019年党风廉政建设和反腐败工作，安排部署2020年工作；开展区县和市级部门“一把手”述责述廉民主测评，审议通过张力代表市纪委常委会所作的《完善监督体系　提升治理效能　为开放发展攻坚年提供坚强保障》工作报告。

【市纪检监察系统工作总结推进会】 8月31日，眉山市纪检监察系统工作总结推进会召开。会议进一步贯彻落实中央纪委四次全会和省纪委十一届四次全会精神，总结全市纪检监察系统2020年以来的工作情况，分析当前面临的形势，安排部署下一步工作。

【市粮食系统腐败案件“以案促改”工作推进会议】 9月24日，眉山市粮食系统腐败案件“以案促改”工作推进会议召开。会议观看《粮仓“硕鼠”》专题警示教育片，传达粮食系统案件有关领导签批精神，组织学习关于开展粮食系统“以案促改”工作的方案，青神县纪委监委介绍青神县粮食系统“以案促改”工作经验。

【全市园区新区党风廉政建设工作会议】 12月25日，眉山市园区新区党风廉政建设工作会议召开。会议总结党的十九大以来全市园区新区推进全面从严治党、党风廉政建设和反腐败工作，研究部署下一步工作。

（周晓燕）

纪检监察事务
Affairs of Discipline Inspection and Supervision

【概况】 2020年，眉山市各级纪检监察机关增强“四个意识”、坚定“四个自信”、做到“两个维护”，坚持稳中求进的工作总基调，立足监督保障执行、促进完善发展基本职能职责，围绕中心、服务大局，正风肃纪，一体推进不敢腐、不能腐、不想腐，为全市统筹推进疫情防控和经济

图6　2020年4月10日，中国共产党眉山市第四届纪律检查委员会第七次全体会议召开　（市纪委监委供图）

社会发展提供保障。全市党风廉政建设和反腐败工作获省纪委、市委领导肯定性批示14次，规范精准问责工作和用好用活习近平总书记引用苏东坡名典工作在全省作经验交流；查处粮食系统腐败窝案受到中央领导、中央纪委领导关注，受到中央纪委调研组肯定，相关做法被省纪委监委以正式文件印发推广。眉山市纪委监委获扫黑除恶专项斗争全省先进集体、脱贫攻坚“五个一”帮扶先进集体等荣誉。

【政治监督】 眉山市纪委监委持续巩固深化“不忘初心、牢记使命”主题教育成果，深入开展党性教育，召开中心组学习会12次，开展“清风扬眉”讲堂8期；制定政治监督年度重点任务，围绕党章党规党纪和宪法法律法规执行、习近平总书记重要指示批示精神落实等，细化22项监督任务，全市查处违反政治纪律政治规矩问题20件20人；深化定责、履责、述责、考责、追责“五位一体”责任体系，细化分解全面从严治党和党风廉政建设年度目标任务，明确7大任务和44项工作重点，进一步将责任压紧压细到各级各部门；强化对政治生态状况的研判把握，组织区县和市级部门“一把手”向市纪委全会述责述廉并接受民主测评；坚持失责必问、问责必严，问责党组织21个，党内问责353人，规范精准问责工作在全省交流经验。

【监督责任落实】 眉山市纪委监委抓细日常监督，出台做好中央、省委巡视整改日常监督20条措施，强化对巡视整改的全过程、全环节监督，实践运用“四种形态”4 175人次，各形态分别占比73%、21.8%、2.5%、2.7%，其中第一种形态较2019年增长8个百分点；严把选人用人关，出具党风廉政意见1 159份，建议暂缓16人、“叫停”8人；持续深化“阳光问廉”，市、县（区）联动开播6期；拓展“一卡通”管理问题专项治理成果，通过平台发放补贴资金13.96亿元，“一卡通”阳光审批平台全省试点；开展重大项目推进情况专项监督，深入开展工程招投标、医疗卫生、建筑资质审批、人防系统监管等重点领域突出问题系统治理，工程招标代理机构专项清理工作经验被省纪委监委推广；通过推动纪律、监察、派驻、巡察监督“四位一体”协调衔接、持续深化派驻机构改革、在全市847个村（社区）全面设置村级纪检委员（纪委书记）等方式，抓牢监督体系。

【反腐工作推进】 眉山市纪委监委重拳查处腐败问题，各级纪检监察机关接受信访举报1 654件次，处置问题线索2 697件，立案审查调查1 151人，严肃查办全市粮食系统腐败窝案，受到中央和省委领导高度关注，主要做法被省纪委监委以正式文件印发推广；通过案件通报、警示教育大会、纪检监察建议等方式，进一步堵塞制度漏洞、健全体制机制、强化权力监管，构建反腐败机制；针对全市粮食系统腐败案件暴露出的典型问题，对全市粮食企业开展调研督导，督促主管部门健全制度；深化受处分党员干部回访教育，持续完善“党委统一领导、纪委监委组织协调”的“大回访”机制，全年回访770人；持续深化“五廉教育”机制，开展“清风扬眉·廉洁齐家”活动，市县联动举办“清风扬眉”党纪法规知识竞赛初赛8场次；用好用活三苏廉政文化资源，系统梳理习近平总书记引用苏东坡名典37处，在“2020中国廉政文化·遂宁论坛”上作经验交流；持续完善“1＋6＋N”廉洁文化基地体系，丹棱县大雅堂被命名为省级廉洁文化基地。

【正风肃纪】 眉山市纪委监委通过开展违规发放差旅费专项整治、开展餐饮浪费行为专项督查等纠治“四风”，查处409件560人，通报曝光170件249人，市县联动开展“奇葩”证明整治，再清理、再取消41项；聚焦食品药品安全、教育医疗、征地拆迁等领域，开展漠视侵害群众利益问题专项整治“回头看”，查处群众身边不正之风和腐败问题895件；持续深化“脱贫攻坚纪律作风保障年”活动，发现并督促整改问题137个，查处扶贫领域问题41件65人；严厉查处医疗机构内外勾结欺诈骗保和侵害群众利益行为，处理违规医药机构748家次，曝光典型案件515件；持续开展涉农保险专项清理，查处违纪违法问题198个，清理违规资金125.1万元；坚持把扫黑除恶专项斗争与查处基层“微腐败”结合起来，与政法机关建立线索移送、同步办理、案件会商等协作机制，全市查处党员干部涉黑涉恶腐败和“保护伞”问题33件49人。

【监督效能提升】 眉山市纪委监委建设具有鲜明纪法特色的“清风扬眉”党建示范工作品牌，创建机关党建“四定五增强”工作法；持续开展“学习型、创新型、效能型”机关建设，分层分类开展培训，培训人员4 706人次；建立干部个性化台账，对139名干部摸底分析，按照人岗相适原则，强化干部梯队建设；坚持问题导向，梳理13大类34项纪检监察业务重大风险点，逐条制定防范措施；持续“刀刃向内”，严防“灯下黑”，处置纪检监察干部问题线索35件，立案5件5人；完成对6个区县纪委监委、25个派驻（出）机构内部督察全覆盖，接受省纪委监委内部督察。全市聘请77名特约监察员，自觉接受社会监督。

（周晓燕）

图7 2020年5月25日，眉山市《阳光问廉》全媒体直播节目青神县专场开播 （市纪委监委供图）

民主党派

DEMOCRATIC PARTIES

民革眉山市总支委员会 / 民盟眉山市委员会 / 民建眉山市委员会 / 民进眉山市委员会
农工党眉山市总支委员会 / 致公党眉山支部委员会 / 九三学社眉山市委员会

民革眉山市总支委员会

Meishan Municipal General Branch Committee of the Revolutionary Committee of the Chinese Kuomintang

【概况】2020年,中国国民党革命委员会四川省委员会直属眉山市总支委员会设主委1人、副主委3人、支委6人,有党员112名,其中市直一支部28人、市直二支部38人(含彭山区6人)、东坡区支部46人。党员中,"70后"占64.3%,本科以上占74%,硕士研究生13人,博士后1人;中级及以上职称占60%,高级职称20人,正高级6人;一级巡视员1人,副县级及以上干部6人,科级实职干部10人;省、市、县(区)人大代表、政协委员32人。

民革眉山市总支委员会主委:宋洪芳。

【民革组织建设】民革眉山市总支委员会建立总支部班子成员联系支部制度,实现总支部联系指导基层全覆盖;定期召开总支部和支部班子民主生活会,集体协商、民主决策;全体党员集资建好用好"眉山民革党员之家",党员回家500人次、对外交流300人次;完成基层支部换届,配强配齐支部班子。市直二支部成功创建全省第二批"民革示范支部",东坡区支部被民革省委评为"优秀基层组织"。

【民革思想建设】民革眉山市总支委员会深入学习中共十九大和十九届二中、三中、四中、五中全会精神,领会中共中央总书记习近平系列重要讲话精神;学习中共省委、市委全会精神,传达民革中央、省委全会精神;深入开展"不忘合作初心,继续携手前进"主题教育活动,特色化开展"我为什么加入民革"大讨论、"我为民革组织做件事"和"我为眉山发展建一言"活动;组织开展"观故居,走多党合作之路",增强"四个意识"、坚定"四个自信"、做到"两个维护"。各支部主委带头总结、撰写信息、扩大宣传,在各级各类媒体、网站发表和转载信息260篇。总支宣传稿件采用得分在市级各民主党派中排名第一,获市政协通报表扬;市直二支部被民革省委评为"宣传工作先进基层组织"。

【参政议政】民革眉山市总支委员会提交各级两会提案、建议30件,其中省两会7件、市区两会23件;调研报告、民情建议被全国政协和民革中央采纳2件、省直部门采纳2件、民革省委采纳6件、市领导批示2件,《关于在全市营造人人都是营商环境氛围的建议》《关于综合施策保住市场主体的建议》得到市委主要领导肯定性批示,《关于规范公共双语标识,提升眉山城市国际化水平的建议》促成《眉山市公共服务领域英文译写指导手册》出台,《关于夯实公共卫生安全底部基础的建议》被《团结报》采用,《金融与招商融合发展的建议》在市政协专题议政发言,《关于在眉山建设"西部特色农业特区"的建议》被民革中央被采纳。总支部被民革省委评选为"参政议政先进基层组织"。

【社会服务】民革眉山市总支委员会抗击新冠肺炎疫情,全体党员捐款捐物140.2万元,医务党员、区县和乡镇工作人员始终奋战一线,提交《当前疫情防控物品供给存在问题,应高度重视》等9条抗疫建议,党员王永树被民革中央评为"抗疫先进党员",党员左性智、宿丽霞、田小海被民革省委评为"抗疫先进个人";持续开展脱贫攻坚民主监督与调研献策,对口青神县河坝子乡黄莺岭村、汉阳镇上游村以及东坡区秦家镇一里村、眉山特校、眉山中学、东坡区永寿中学开展资助关爱,党员王永树组建的"华信恒富树人奖(助)学基金"支出44万元,党员杨建华向东坡区太和镇街道路面改造、残疾儿童书法捐拍、资助5名贫困学生、捐助白血病患者和东坡区松林社区改造出资22.5万元,党员喻文建资助太和镇街道8万元,党员王静资助抗战老兵、福利院老人、贫困学生5万元。

(宿丽霞)

民盟眉山市委员会

Meishan Municipal Committee of the China Democratic League

【概况】2020年,中国民主同盟眉山市委员会下设市直总支、东坡区总支、彭山区总支、四川工商学院直属支部,有盟员228人,平均年龄50岁,其中文化教育以及科学技术主界别盟员118人、占51.75%,在职盟员177人、占77.63%。盟员中,研究生学历31人、占比13.60%,大学本科学历156人、占比68.42%,大专学历37人、占比16.23%,大专以下学历4人、占比1.75%;省政协委员1人、市人大代表4人(常委2人)、市政协委员22人(常委5人)。在职盟员中,厅级干部1人,县处级干部9人,科级干部26人。

民盟眉山市委员会主委:杨常沙。

【民盟组织建设】民盟眉山市委员会贯彻落实"新纪要"精神,制定《民盟眉山市委2020年度组织发展计划》,不断提高发展质量;召开组织发展工作会,指导各总支健全组织发展程序,严格把控入盟标准,综合运用多种考察办法,为民盟的组织发展选好才、把好关,截至12月底新发展盟员11人,其中正县级领导干部1人,文化、教育及相关科技领域主界7人,界别特色鲜明,人才队伍结构进一步优化;以提升领导班子"五种能力"为抓手,贯彻落实《各民主党派中央关于建立健全领导班子民主生活会制度座谈会纪要》精神,制定民盟市委领导班子民主生活会方案,健全工作机制,规范领导班子民主生活会工作程序;按照"三个文件"精神,出台完善《民盟眉山市委领导班子分工联系基层制度》《民盟眉山市委述职测评办法》等8项制度,强化领导班子建设,规范民盟决策管理机制;推进基层组织换届事宜,市直总支、东坡区、彭山区总支完成换届。11月10日,民盟眉山市第三届委员会第十一次全体会议召开,选举市现代服务业促进中心主任王进儒为民盟市委副主委。

【民盟思想建设】民盟眉山市委员会通过主委会、市委会以及盟员培训会等,组织盟员干部学习中共中央、中共省委、民盟省委、中共眉山市委、市政府等文件,了解当前中心工作,增强盟员走中国特色社会主义政治道路的决心和信心;推荐盟员骨干2人参加民盟四川省委在福建古田干部学院举办的"履职能力提升班"培训,推荐1人参加省委统战部民主党派第51期骨干班,推荐1人参加市委组织部举办的2020年市本级年轻干部铸魂工程培训班,组织盟员骨干和新盟员30人次分别参加民盟省委、市委统战部举办的成德眉资新盟员培训班、同心大讲堂等学习班，并引导各总支、支部在疫情常态化下，创新性开展小型培训会、读书会、线上学习会等，提升盟员政治素养和与党同心同德同向决心。民盟市委依托民盟中央、民盟省委、市政协、市委统战部网站、公众号及团结网、四川新闻网等主流媒体宣传平台，持续宣传眉山民盟参与疫情防控工作，发布抗疫信息32条，其中被《团结报》采用3条，被民盟中央采用4条，被四川民盟网、四川新闻网等省级媒体、平台采用18条，并在眉山民盟网站设立“战疫·民盟在行动”专题，展示眉山民盟参与疫情防控成果；开展“我与脱贫攻坚”系列征文活动，组织深入参与脱贫攻坚工作盟员骨干撰写征文13篇，其中1篇被省委统战部选刊、4篇被民盟省委采用。

【参政议政】 民盟眉山市委员会盟员人大代表、政协委员在省市两会期间，围绕城市建设、教育、卫生等民生问题提出提案、议案、建议意见31件，其中省政协委员提案3件、市政协集体提案6件、市人大代表议案和建议意见7件、市政协委员提案和建议意见15件。主委杨常沙在省政协十二届三次会议上提出的《关于破解老年人不适应收集支付难题的建议》被省政协认为具有重要参考价值，上报全国侨联作为重要信息参考；盟员任学东主笔的民盟市委在市政协四届五次全会上的发言《关于进一步规范危险废弃物处置管理促进全市工业企业良性发展的建议》以及盟员陈莉撰写的集体提案《做大做强研学产业 恢复重振文旅市场》获中共眉山市委书记肯定性批示。民盟市委承接民盟中央课题调研任务，牵头完成民盟中央调研课题《大力发展知识产权服务业，促进我国科技创新发展》，参与完成民盟中央调研课题《实行“河长制”后存在的问题及建议》、民盟省委课题《基层医疗卫生服务体系建设》；围绕市委中心工作开展调研，撰写《依托海峡两岸产业合作区眉山产业园助力眉台经济融合发展的建议》《补短板激活力 提高学前教育公益普惠水平》2篇调研报告，通过市委统战部向市委、市政府报告，受到市委、市政府领导高度重视；组织全市盟员围绕经济、民生、疫情防控等市委、市政府工作热点、难点撰写上报社情民意信息53件，与2019年度比较采用增长2倍，其中全国政协采用2件、民盟中央采用6件、省政协采用6件、民盟省委采用20件、市政协采用19件；发挥民盟特色优势，把参政议政与民主监督有机结合，聚焦仁寿县脱贫质量和成果巩固开展监督，重点围绕“全面脱贫与乡村振兴政策有效衔接”“疫情常态化下对脱贫户生产、生活影响”等主题开展调研6次，助推脱贫成果巩固和长效机制建立，调研撰写的《关于基层干部“报喜不报忧”现象的分析和对策建议》被民盟中央采用，《关于四川省立即启动畜禽产品收储的建议》被省政协采用。

【社会服务】 民盟眉山市委员会在深入开展“回头看”“回头帮”、巩固脱贫攻坚成果的同时，向联系村“两委”提出租赁村民闲置土地、打造村集体果园示范点的建议，并以民盟市委机关经费1.2万元作为联系村打造集体果园经济扶持资金，解决联系村无集体经济的困局。夏天，樊家村遭受罕见暴雨，民盟市委机关第一时间到联系村调研，了解贫困户暴雨受损情况，联系盟员企业家陈健、刘小军等捐赠4 000元用于修复受损房屋，确保脱贫户生活、生产安全。全市32名盟员干部联系帮扶贫困户49户，全年协调落实帮扶资金、个人捐款捐物近5万元。民盟市委深入推进“农村教育烛光行动”，为仁寿县虞丞乡九年义务学校协调争取到五人制足球场建设项目，10月价值30万元的全塑化标准五人制足球场建设完毕并投入使用。民盟东坡总支教育服务团继续为松江中学烛光阅览室订阅杂志30种、价值8 600元，投资1万元组织盟员到校义务为学生开设吉他培训班、舞蹈培训班、小主持人班，组织盟员支助松江中学10名彝族贫困学生助学金5 000元。彭山区总支为保胜中学、谢家中学20名优秀贫困生爱心捐助，发放奖学金8 000元，并邀请优秀心理教师分别为两所学校师生进行“学生心理健康教育”专业培训。面对新冠肺炎疫情，民盟市委贯彻落实中共中央防疫政策部署，以电话、微信、信息等形式，鼓励和支持全市盟员投身疫情防控；民盟市委机关对接东坡区红星西路社区，机关干部王毅以志愿者身份到基层一线开展疫情防控；在得知社区急缺设卡所需的帐篷和遮阳棚后，对接中国移动、中国电信、工商银行等企业，为街道、社区协调落实防控点急需的帐篷、遮阳棚37顶。盟员周建伟在了解到街道、社区急需消毒液等消杀物资，购买捐赠1吨价值2万元的消毒液；盟员艾柏杨、任学东、林俊羽捐赠N95口罩1.7个、医用消毒酒精27.5公斤、84消毒液90公斤，各总支、支部通过募捐、个人捐款等方式捐款149 500元。盟员干尧鳖、倪文萍作为眉山市新型冠状病毒肺炎感染疫情救治专家组成员，组织、参与新冠肺炎患者接治培训和防控业务指导，其中干尧鳖为市人民医

图8 2020年3月25日，民盟眉山市委在东坡区红星西路社区开展疫情防控 （民盟眉山市委供图）

院争取到医用橡胶手套5 000双、医用连体防护服1 000件，总价值11万元；盟员曾庆凌作为市人民医院检验科分子生物实验室骨干，主动承担东坡区、彭山区以及周边部分区县内新冠病毒核酸检测，每天检测新冠核酸标本量最多达300多例。丹棱南苑中医医院院长汤学全派出医护人员到县集中隔离点协助值守，无偿为住院病人家属和来院患者提供口罩104只，为基层社区干部和邻近小区住户免费提供预防中药“大锅汤”，组织医护人员22人报名参加四川省社会办医分会倡议的防控后备医疗队，为阻击疫情蔓延、守护人民生命健康安全贡献民盟力量。

（王　毅）

民建眉山市委员会

Meishan Municipal Committee of the China National Democratic Construction Association

【概况】 2020年，中国民主建国会眉山市委员会下设市直机关、东坡、彭山3个总支委员会，各总支分设2个支部委员会；有会员161人，其中市直总支65人、东坡区总支49人、彭山区总支47人。会员中，研究生学历9人、大学本科学历85人、大专学历44人；经济界会员109人，中高级职称会员60人，退休会员10人；省政协委员1人，市政协副主席1人、常委4人、委员12人，市人大代表5人、常委2人，区县人大代表3人、常委1人，区县政协副主席2人、常委6人、委员19人；实职领导正处职2人、副处职4人，副调研员1人，正科职14人、副科职8人。

民建眉山市委员会主委：祝明洪。

【民建组织建设】 民建眉山市委员会坚持以领导班子建设为重点，3月增补市委领导班子成员3人，完成市委班子届中调整；4月启动总支、支部换届，6月底前完成3个总支、6个支部换届；坚持“三为主”原则，严格政策要求，严把政治关、廉洁关、入口关，严格遵守发展规程，注重代表性，发展新会员10人，培养入会积极分子12人；持续推进魅力基层组织创建，年初召开创建工作推进会，推动机关总支和东坡总支创建，9月召开专题会议听取两个总支创建工作情况汇报并开展测评，测评通过后授予两个总支“五个好”基层组织。12月14日，机关总支和东坡总支接受民建省委检查验收，机关总支运用“互联网＋”技术，在全省率先打造智慧魅力基层组织，得到民建省委副主委和检查验收组高度评价。民建眉山市委扩大对外学习交流，7月与成都、德阳、资阳三地民建组织共同签署成德眉资同城化发展战略合作协议，共促成德眉资同城化发展；9月中旬接待民建北海市委到眉山考察眉山市现代农业产业化发展；9月下旬到广安民建专题学习考察会内监督，推动会内监督工作规范化制度化发展；11月上旬，率机关总支与广安民建第四支部缔结友好支部；11月下旬，与重庆民建涪陵区委签订共促成渝地区双城经济圈建设战略合作协议，共推成渝地区双城经济圈建设和现代化成都都市圈副中心建设。

【民建思想建设】 民建眉山市委员会通过领导班子中心组学习、主委会、委员会、培训班、征文等方式，深入学习习近平新时代中国特色社会主义思想以及中共十九届四中、五中全会精神，准确把握习近平总书记有关重要论述和重要讲话精神实质，增强“四个意识”、坚定“四个自信”、做到“两个维护”；学习贯彻全国、省市“两会”精神以及省委十一届八次全会精神、市委四届十五次全会精神，贯彻落实中央、省市委决策部署；开展集中学习讨论与个人自学相结合，汇编政治理论学习资料3本，印制120册，发至每名会员学习；班子成员率先垂范，主委、副主委带头领学，深刻认识和把握习近平新时代中国特色社会主义思想以及习近平总书记系列重要讲话精神时代背景、鲜明主题、重大理论和实践意义，深化对多党合作初心和参政党性质地位的认识；组织会员开展对新中国历史、中共党史、民建会章会史、多党合作历史以及习近平总书记关于统一战线重要论述的深入学习，开展“不忘合作初心，继续携手前进”拓展训练活动；组织会员参观眉山市抗战将士纪念馆，带领班子成员到广安邓小平故里参观学习、到泸定桥干部学院开展体验式培训，主委参加省委统战部在省社会主义学院举办的培训学习，2名副主委参加民建省委在阿坝藏族羌族自治州长征干部学院举办的“弘扬长征精神、坚定理想信念”培训班，持续深化主题教育活动，巩固主题教育活动成果。32名会员撰写纪念文章、学习心得和感想体会，凝聚力、向心力和影响力增强，民建优良传统进一步弘扬。

【参政议政】 民建眉山市委员会发挥民情建议“直通车”作用，3月疫情期间深入企业和扶贫联系村，开展走访调研，了解掌握会员思想动态及企业疫情防控情况，排查摸清复工复产方面的困难和需求，形成9条社情民意向市委、市政府和有关部门反映，其中《关于对疫情期间保供企业加大扶持力度的建议》《关于简化稳岗补贴申领资料的建议》2篇民情建议，得到市长高度重视，分别签批市政府分管副市长及有关部门，帮助企业解决融资难问题、简化补贴申领手续、缩短资金拨付周期，出台政策惠及全市各类企业；紧扣党委政府工作重点、群众生产生活难点、社会治理焦点，23名政协委员和市人大代表提交提案、建议24篇和社情民意17篇，其中市政协会议上《关于完善天府新区眉山区域公共法律服务体系建设的建议》的书面发言得到市委书记高度重视，并作出肯定性批示，列为市政协重点提案，由市政协领导牵头督办，有关部门积极采纳，促进问题得到解决；深入开展调查研究，形成7篇理论文稿和2篇调研报告，其中民建中央理论研究主题“民建在新时代如何更好地发挥作用”，会员徐朝辉《关于新时代民建基层会员能力建设的思考》、会员李戈《建言资政与凝聚共识双向发力　充分发挥民建会员在基层治理中的积极作用》2篇理论文稿作为重点理论成果参加民建省委理论研讨会并报送民建中央参加评选。会员李戈完成的省委统战部理论研究课题《职业教育与稳就业途径研究》报送省委统战部参加评选，民建省委作为秋季成果向民建中央报送，民建省委拟作为集体提案采用；委员何锋完成的调研报告《关于彭山区农合联改革试点工作情况的调研及建议》被民建省委和省政协作为社情民意采用，报民建中央进一步使用。

【社会服务】 民建眉山市委员会深入洪雅县槽渔滩关顶村、瓦屋山小店村2个扶贫联系村开展调研6次，分别落实3万元捐赠款用于联系村疫情防控专用资金；协调洪雅县落实资金25万元，帮助关顶村修建三级提灌站1座，解决200多名群众生产生活用水问题；争取市民政局支持25万元，为关顶村修建日间照料中心；为关顶村、小店村各支持扶贫资金5万元，巩固脱贫攻坚成果。民建眉山市委通过光彩工程，捐赠仁寿县禄加镇中心卫生院4万元，解决基层卫生院疫情防控经费不足的难题；为“聚光福稳脱贫”丰宁光伏扶贫专项行动捐款10 604.4元，会员郑波为东坡区扶贫开发协会捐赠10万元，委员胡加全、何锋牵头募集扶贫助学资金6万元。机关总支医生江晓玲牵头创建的“赠人玫瑰 手留余香”医疗志愿者服务团队，6—7月在东坡区13个乡镇巡回开展农村居民常见疾病预防、慢性病防治等医疗健康知识讲座和医保政策宣讲活动31场次，“六一”儿童节送学习用具、体育器材、免费健康体检进东坡区娴婆小学，受惠人数2万人。新冠肺炎疫情发生后，民建眉山市委组织会员为疫情防控捐款捐物1 126万元，认购40万元农副产品在会员企业扶贫商品专区长期销售；经科委从海外分批次购回6万元的N95口罩、一次性医用外科口罩、隔离服等紧缺物资，班子成员带队3次赠送物资到市内3家定点医院。会员企业通威集团有限公司通过中国光彩事业基金会捐赠1 000万元，支援湖北武汉及周边疫区前线抗击疫情及防治；其他会员捐款捐物126万元支持抗疫，会员医护工作者4人、会员非医护工作者24人坚持投入防控一线。民建眉山市委全年为疫情防控、社会弱势群体、社会公益事业、脱贫攻坚联系村捐款捐物1 384万元，副主委罗永田捐款捐物折合205万元。

【信息宣传】 民建眉山市委员会通过“眉山民建”微信公众号转载学习民建中央、民建省委重要文件精神、工作信息，宣传会务动态、弘扬先进典型等；编印《眉山民建》杂志2期、印制600册，收集整理编印《2020参政议政成果汇编》200册，发至全体会员学习；向各级媒体报送文稿195篇，其中中央级媒体民建中央采用20篇、全国政协采用1篇、《团结报》采用3篇、团结网采用1篇、人民法治网采用2篇，省级媒体民建省委采用76篇、《四川民讯》采用6篇、四川统一战线采用3篇、川报观察采用3篇，市级媒体《眉山政协》杂志采用2篇、《眉山日报》采用2篇、市政协采用44篇、市委统战部采用32篇。民建眉山市委关于助力脱贫攻坚文稿《我和我的关顶村》获评民建中央会外媒体新闻宣传工作表彰的“优秀新闻作品”。

（欧　庆）

民进眉山市委员会

Meishan Municipal Committee of the China Association for Promoting Democracy

【概况】 2020年，中国民主促进会眉山市委员会下设总支委员会3个（东坡区总支、彭山区总支和机关事业总支）、直属支部1个（民进眉山职业技术学院支部）、支部委员会7个、专门工作委员会3个，有会员173人。会员中，省人大常委1人，市级人大代表、政协委员20人，区县级人大代表、政协委员26人，副县级以上干部8人。

民进眉山市委员会主委：梁勇（6月离任），向东（6月任职）。

【民进组织建设】 民进眉山市委员会按照民进中央、省委基层组织换届工作的要求，做好与市、区两级统战部的协调沟通，结合《民主党派代表人士队伍建设规划（2018—2027）》，制定印发《民进眉山市委基层总支（支部）换届工作方案》，指导基层组织完成换届；以成为系统规范、运行有效、制度健全的参政党为目标，贯彻落实民进中央《规章制度建设五年规划（2018—2022年）》和民进组织工作规章制度建设计划，夯实自身建设制度基础，为履职尽责提供制度保障；推进代表人士和后备干部队伍建设，做好代表人士政治安排推荐，2名会员提拔为副科级干部，1名会员取得高级职称；重视骨干会员培养，补充完善骨干会员信息库，开展骨干会员、后备干部培训会2次，在各基层组织新纳入骨干会员13名，并向统战部提交推荐培养会员名单；加强会员培训，开展新会员入会培训3次和参政议政培训5次、培训会员100人次，在眉山市社会主义学院开展新任基层组织领导班子成员培训1期、培训会员40人，推荐会员参加民进中央、民进四川省委、四川省社会主义学院、中共四川省委统战部、中共眉山市委统战部、眉山市社会主义学院组织开展的培训，参加培训会员45人次；重视新会员发展，全年发展会员8名。

【民进思想建设】 民进眉山市委员会把学习习近平新时代中国特色社会主义思想列为第一议程，组织班子学习3次、全委扩大学习会2次；重点学习中共中央、省委、市委两会精神和中共十九届五中全会以及民进中央十四届三中、四中全会精神，领会习近平总书记在党外人士座谈会、财经委员会第六次会议上关于“推动成渝地区双城经济圈建设，在西部形成高质量发展的重要增长极”的重要讲话精神，学习贯彻中共中央《关于加强中国特色社会主义参政党建设的意见》等“三个文件”重要精神；制定主题教育方案，继续深入开展“不忘合作初心，继续携手前进”主题教育活动，将民进优良传统教育和主题教育相结合，巩固和扩大2019年主题教育活动的成果，并结合教师节、国庆节等节日组织开展主题教育活动；结合民进成立75周年开展“讲会章，学会史”等系列传统教育活动，召开“民进人讲民进事，共话75载同心情”庆祝民进成立75周年座谈会，邀请民进四川省委副秘书长胡敏到眉山以《认知民进从会史开始》为题开展民进会史讲座。

【参政议政】 民进眉山市委员会加强专委会建设，组建参政议政专委会，有成员27人，成为参政议政骨干力量；加强与各级组织上下联动、横向联系，借成渝双城经济圈建设、成眉合作的契机，与成都市委会签订成眉同城化发展战略合作框架协议，彭山区总支在职支部与民进成都市委出版支部、东坡区总支在职支部与民进成都市委文化支部、机关事业总支一支部与民进成都市委机关支部分别签订结对共建友好组织协议书，加强两地交流合作；组织会员到成都金牛区文创产业园与民进金牛区总支联合开展成眉文旅融合发展调研，东坡区总支到重庆与渝中区科技和新阶层支部就网红经济、成渝文旅融合发展开展座谈和调研；配合民进四川省委到眉山青神、白马龚村开展企业生产调研，调研会员企业成都艺术职业大学航空旅游学院和培培生态农业有限公司；针对复工复产“六稳”“六保”工作到东坡区开展“城镇居民就业情况调研”，针对农村儿童保护到仁寿县、东坡区开展“儿童保护专题调研”，针对非遗文化保护到彭山区开展江口古镇文化调研，到城区、乡镇中小学针对中小学学生体质健康状况开展“中小学体育教学情况”调研，会员参加民进四川省委组织的到乐山参政议政调研活动。民进眉山市委员会全年组织开展专题调研活动20次，形成并上报统战部、政协调研报告5篇，3篇调研信息被民进中央采用；两会期间提交集体和个人提案（市区两级提案）15篇，其中市政协副主席、会员周强在省政协会上提交的提案《构建三位一体教育模式 关注青少年的意志品质培养》受到媒体关注并接受四川卫视和人民网采访，会员王素君提交的《关于拓宽退役军人就业创业渠道的建议》、周江峰提交的《关于注重家庭教育，提升公民素养加快推进文明城市建设的建议》和刘俊英提交的《眉山市传染病防治的建议和措施》提案接受眉山电视台专访；参与政治协商，市区两级政协委员参加政治协商座谈会15次，提出建议20条，反馈单位征求意见稿6篇，其中在市政协常委会上就“企业开办服务水平”协商建言，在统一战线助推文化旅游发展专题协商座谈会就全市文旅工作提出建议意见。

【社会服务】 民进眉山市委员会在年初新冠肺炎疫情防控阻击战中，向全市各级民进组织和全体会员发出号召，9名医护工作者会员奋战疫情防控第一线，27名机关干部会员下沉社区布点防控，40名会员参与志愿者服务，42名在职教师会员坚守工作岗位；市委会微信公众号推送抗疫防疫信息、宣传视频30条，报道会员抗疫先进事迹和人物；组织会员围绕全国疫情防控的难点重点问题建言献策，通过社情民意“直通车”报送疫情社情民意信息11篇，被全国政协采用1篇、民进中央采用1篇、四川省政协采用2篇、民进四川省委采用5篇，报送动态信息17条，被民进中央采用2条、民进四川省委采用13条、四川新闻网采用11条；文化界别会员创作抗疫诗歌、书法、油画、国画、摄影等作品31件，会员赵婧献唱的抗疫歌曲《最美逆行》被《人民日报》、新华社、四川人民广播电台转播报道，会员王洪光创作发表的抗疫歌曲《义无反顾》获北京公卿杯抗击疫情主题原创歌曲金奖并登上“学习强国”平台，会员曾伟创作的国画作品《逆行集结者》《携手抗疫 共克时艰》被四川美协和四川美术馆主办的《众志成城 抗击疫情——四川美术家在行动》采用；会员刘俊英被四川省政府评为全省抗疫工作先进个人，会员刘俊英、熊壮、袁野、袁琼被评为民进四川省委抗疫工作先进个人，会员周江峰被眉山精神文明建设委员会评为“新冠肺炎疫情防控优秀志愿者”并被中共东坡区委统战部授予“最美逆行者”称号。民进眉山市委员会组织“民进同心艺术团”到踏水村开展新春送文化下乡公益演出，书法家会员开展“春联万家”活动，惠及群众800人；走访慰问贫困户32户，发放慰问金2.5万元；帮扶因病致贫家庭，会员程淑彬、郭建、宋庭、邹平、周江峰为宋安村患癌母亲捐款捐资5 000元；号召鼓励有条件的会员优先购买、定向采购帮扶对象农副产品，购买洪雅出产的藤椒、茶业等产品3万元。会员刘戈创作扶贫歌曲的《幸福加速度》被《眉山日报》、民进四川省委、民进中央网站刊载。民进眉山市委员会策划开展“同心公益艺术大讲堂”系列活动，弘扬东坡文化，助力眉山“三城建设”；邀请民进会员、民族歌手王洪光为会员、群众开展民族声乐讲座，授课7课时，参与学习会员、群众600人；把社会服务和宣传教育相结合，创新活动形式，“民进艺术团”在东坡区永寿镇开展“学习宣传贯彻中共十九届五中全会精神文艺宣传演出”，被《眉山日报》刊登报道，微信公众号浏览4万人次；倡导“服务就在身边，人人可以参与”的微公益理念，鼓励会员参与爱心公益，开展送教下乡、送法入校园、参加志愿者团队、敬老送温暖服务等活动。会员刘朝建到沐川为100名学生开展送教活动，将丰富教学知识带入山区小学课堂；会员李思行开展《民法典》知识入校园讲座，听课学生2 000人次；东坡区总支5名会员加入东坡区同心志愿者服务队，会员周江峰担任常务副队长；会员周江峰、王晓波、刘济等6人到敬老院开展敬老慰问演出3次，会员刘婧企业眉山喆雅书坊承接举办“眉山非遗”公益大课堂15次。

【信息宣传】 民进眉山市委员会紧跟时代步伐，扩展宣传平台和渠道，开通“眉山民进”微信公众号，建立微信宣传群，开办民进画报，全年微信公众号刊登信息85条，包括市委会动态工作信息、会员企业展示、会员风采、创作园地等专栏，点击率和总阅读量4.5万人次；依托会员资源，建立与东坡融媒体中心、各类文化宣传企业等信息媒体的合作，通过主流权威平台发声，提升宣传广度深度。民进眉山市委员会全年报送宣传信息92篇，其中被团结网采用3条、民进中央网站采用19篇、民进四川省委网站采用82篇、民进四川省委会刊采用11篇、《四川统一战线》杂志采用3篇、四川新闻网采用20篇、眉山市政协采用36篇、眉山统一战线采用25篇。

（余艾佳）

农工党眉山市总支委员会

Meishan Municipal General Branch Committee of the Chinese Peasants and Workers Democratic Party

【概况】 2020年，中国农工民主党眉山市总支委员会下设市直机关支部、东坡区支部、彭山区支部3个基层支部委员会，有党员146人。

农工党眉山市总支委员会主委：彭洪。

【农工党组织建设】 农工党眉山市总支委员会先后召开三届七次、八次全委会，传达学习中共中央、中共四川省委、中共眉山市委重要文件会议精神；响应中共中央和习近平总书记的号召，推动成渝地区双城经济圈建设，东坡区支部委员会与农工党重庆市渝北区委签署《友好建立合作协议》，眉山市总支委员会与成都、德阳、资阳农工党市委（总支）签署《成德眉资同城化发展战略合作协议》；表扬优秀党员、优秀党务工作者19人，班子成员开展述职和民主测评；完成市直机关、东坡区、彭山区3个支部委员会换届，新增支部委员4人；加强新党员培养，新发展党员10人，医药卫生、人口资源和生态环境主界别占比70%。市直机关支部委员会召开“庆国庆·迎中秋·提建议·促工作”座谈会，征求党员意见建议18条；东坡区支部委员会班子成员开展谈心谈话活动，东坡区新联会到东坡区支部委员会好味稻同心实践基地开展交流学习活动。

【农工党思想建设】 农工党眉山市总支委员会深入开展中共十九届四中、五中全会和中共四川省委十一届六次、七次全会以及中共眉山市委四届十四次、十五次全会精神、《习近平论治国理论》第三卷、中共中央在中国农工民主党成立90周年纪念大会上的贺词等学习贯彻活动，组织班子成员和全体党员开展讨论，把思想行动统一到中共中央决策部署上来；组织参加新党员、民主党派入党申请人、统一战线人士新闻写作等培训班40人次，东坡区支部委员会到重庆中国民主党派历史陈列馆、中国农工民主党中央机关旧址陈列馆等开展庆祝农工党成立90周年党史学习教育活动；参加统一战线征文、竞赛活动，伍志攀获“东坡区统一战线给明天写封信征文活动”一等奖；加强微信群、QQ工作群监督管理，在《团结报》、团结网、农工党中央网站、中共四川省委统战部网站、《眉山日报》等主流媒体用稿117篇。

【参政议政】 农工党眉山市总支委员会到眉山天府新区、西部药谷等地，参观重大建设项目，调研医药产业、生态环境、脱贫攻坚与乡村振兴、中小微企业生存发展等课题并形成调研成果；党员人大代表、政协委员向市、区县人大、政协提交提案建议28件，《关于加强青少年意志品质培养的建议》《关于在脱贫攻坚中进一步发挥新的社会阶层和非公经济人士帮扶作用的建议》入选市、区政协大会发言，《关于新冠肺炎疫情之下加强东坡区医药产业招商工作的建议》获中共东坡区委书记签批肯定，党员李晓萍《着力解决学前教育的突出问题》被《团结报》采用，党员李俊英向省政协提交的《关于设立“破坏婚姻家庭罪”，让出轨者付出高昂代价的建议》在四川省新闻界、妇女界引起热议。东坡区支部委员会被中共东坡区委评为“东坡区政协工作先进集体”，党员祝光伦被中共东坡区委评为“东坡区政协工作先进个人”。

【社会服务】 农工党眉山市直机关支部委员会举办“峥嵘岁月·保家卫国·一生无悔”关爱抗战老兵活动，为35名抗战老兵发放慰问金物2.8万元。东坡区支部委员会联合市关爱抗战老兵爱心团队，为69名抗战老兵赠送衣服价值1.69万元；举办“共建一座双拥城·共叙军民鱼水情”“警民共建·禁毒宣传”“同心禁毒宣传进校园、进社区”等主题社会服务活动，党员祝光伦个人捐资43万元为东坡区尚义镇万坡村群众新修村道400米；党员捐款捐物16.84万元，维修爱国宗教场所1处，帮扶敬老院1所、农村五保户和孤寡老人50人，入户走访帮扶农村建档立卡贫困户、残疾人、患病群众41人次。彭山区支部委员会为10户农村贫困户捐款送物5 700元。李俊英、王德全等党员志愿者，坚持常年奔走在城镇农村，全年捐资送物27万元，走访帮扶贫困学生、困难群众365人次；党员陈丽萍申请支教茂县，被评为“全省优质学校对口帮扶深度贫困县中小学工作先进个人”。面对新冠肺炎疫情，东坡区支部委员会党员个人捐款9.05万元。党员祝光伦提议成立东坡区统一战线同心志愿者服务队并被推为队长，个人捐赠防疫物品价值150万元，被评为“四川省百名优秀志愿者”。党员彭洪争取防疫医用物品价值100万元，党员周鹏个人捐款学校防疫物资价值10万元，党员薛莉、周泽萍、单程松、罗丽鹏、乔璐等坚守一线，党员李俊英、孙德林、周小龙等争当志愿者协助街道、社区开展工作。农工党中央向眉山市62名农工党员发来感谢信。

（何　明）

致公党眉山支部委员会

Maishan Municipal Branch Committee of the China Zhi Gong Party

【概况】 2019年12月12日，中国致公党眉山支部委员会成立。2020年，致公党眉山支部有党员25名，其中男性8人、女性17人，高级职称5人、占20%，中级职称7人、占28%，党员平均年龄41.9岁。致公党眉山支部秉承“致力为公、侨海报国”的宗旨，落实中共中央、中共省委和市委决策部署，贯彻“四新”“三好”要求，团结带领全市党员开展“不忘合作初心，继续携手前进”主题教育活动；适应改革开放新要求，围绕眉山市“环成都经济圈开放发展示范市”定位，以“开放发展突破年”为契机，加强自身建设，围绕中心履行参政议政职能，为眉山市经济建设、社会发展等做出贡献。致公党眉山支部被致公党四川省委评为“致公党四川省抗击新冠疫情先进集体”。

致公党眉山支部委员会主委：曹晖。

【致公党组织建设】 致公党眉山支部坚持将增强组织凝聚力、提升履职能力作为加强组织建设的出发点和着力点，健全工作机制，夯实组织基础，强化人才保障，提升履职能力；作为新成立的支部，坚持“三个为主”基本方针，重视党员提质增量，考察、发展新党员4名，并经致公党省委会同意，将绵阳支部贾晋转入支部；制订《中国致公党四川省委会直属眉山支部制度汇编》《中国致公党四川省委会直属眉山支部组织建设制度》等规范性文件，增强党的组织生活吸引力、感染力；通过“致公党史学习”“新党员及入党积极分子考察”“大学习、大讨论、大调研”等活动，采用“以会代训”“以老带新”等形式加强培训，壮大后备干部队伍，提高骨干党员参政意识、参政议政能力和水平。

【致公党思想建设】 致公党眉山支部以“不忘合作初心，继续携手前进”主题教育活动为契机，加强参政党思想建设；结合形势发展及自身建设需要，通过线下召开组织生活会、线上学习等形式开展学习；集中学习习近平总书记系列重要讲话精神、中共十九届五中全会精神、中国致公党十五届三中全会精神、四川省第十三届人民代表大会第三次会议精神、眉山市第四届人民代表大会第六次会议精神、中国致公党党史等，使党员树立“致力为公”的信念，增强“四个意识”、坚定“四个自信”、做到“两个维护”。

【参政议政】 致公党眉山支部围绕统筹推进“五位一体”总体布局，协调推进“四个全面”战略布局的中心工作，深入调查研究，积极建言献策，参加政治

图9 2019年12月12日，中国致公党眉山支部成立 （致公党眉山支部供图）

协商，履行参政议政和民主监督职能，主委曹晖撰写的社情民意《关于充分发挥检察公益诉讼职能，助力脱贫攻坚的建议》获省级领导批示，被省委统战部综合采用；参加市委统战部组织的协商会、征求意见会、座谈会，提出意见和建议20条，得到市委统战部领导好评；领导班子参加市人大、市政府、市政协组织的考察、视察活动并提出意见建议；召开调研工作会，集思广益，精选课题，向市委统战部上报《眉山高校“校企合作、产教融合”运行机制现状、问题与对策研究》《眉山市“课程思政”理念下小学教师队伍建设问题的现状与对策研究》2篇调研报告。

【社会服务】 致公党眉山支部开展社会服务12次，党员参与100人次，直接受益群众3 000人，捐赠、协调社会服务资金188.64万元；向凉山捐赠100万元扶贫资金，对甘孜州白玉县50名中小学骨干教师进行业务培训，对110名乡村两级干部进行党建工作专题培训；参与致公党省委会组织开展的对口帮扶布拖县中小学生夏令营活动和“一村一幼”辅导员培训；启动“致爱眉山”系列活动，争取“致公党筑梦一帮一助学”教育扶贫项目，资助全市60名贫困学生；利用传统节日开展惠民活动，中秋节对洪雅县5名孤残儿童进行节日慰问资助，重阳节在眉山万达广场举办“九九重阳·爱是陪伴”活动，60个家庭参加；联合市图书馆，举办“读书点亮乡村生活”2020年经典诵读暨关爱留守儿童活动；走进洪雅县止戈小学，将关爱送给学校300名孩子，为止戈小学捐赠价值6 000元服装；开展“科技进校园”活动，组织眉山市20个家庭参加“科普进校园·‘电’亮精彩一夏”活动。致公党眉山支部抗击新冠肺炎疫情捐款捐物50.24万元，并开展“众志成城、抗击新冠疫情”专项募捐倡议活动，筹得捐款5万元，直接捐赠给黄石市第四医院；面对医疗物资紧缺情况，领导班子成员采购14 150只医用口罩、1万个N95口罩捐赠到眉山市防疫一线的医院、检查站及仁寿县慈善总会；协调捐赠现金3万元到眉山市慈善总会，协调捐赠21 996元到武汉大学人民医院，副主委刘洪投资3 000万元引进22条口罩生产线投入生产，日均产量220万只，缓解眉山市口罩紧缺状况。

（杨　帆）

九三学社眉山市委员会
Meishan Municipal Committee of the Jiu San (Sept.3rd) Society

【概况】 2020年，九三学社眉山市委员会有2个基层委员会、1个直属小组、6个支社，社员148人，平均年龄46.8岁。社员中，高中级职称92人、占比63%，科学技术、高等教育、医药卫生75人、占比51.4%，女社员62人、占比42.5%，45岁青年社员72人、占比49.3%，离退休社员19人、占比13%；省人大代表1人、市人大代表2人、市政协委员16人、区县政协委员7人，县处级领导9人、科级干部20人。

九三学社眉山市委员会主委：赖崇华。

【九三学社组织建设】 九三学社眉山市委员会按照九三学社组织发展“三个文件”和《九三学社章程》规定，创新机制采取“自荐＋选举”模式，严格标准条件，规范工作程序，完成市属基层委员会和东坡基层委员会及其支社的换届选举，配强配齐各基层组织班子成员，领导班子年轻化和干事创业能力提升；调整优化参政议政委、社会服务委、青年工作委班子成员，增强3个工作委员会的组织活力和工作创新力；按照社省委下达的年度社员发展12个名额，注重主界别化和年轻化，严把社员发展入口关；加强入社前的培训、考察和廉政谈话，征求所在单位纪检监察等意见，优先发展各领域优秀代表人士。社市委围绕民主党派“六型”机关建设目标，以机关规范化建设为抓手，建立完善各种制度、机制和工作规则，制定社市委及机关《工作制度》《内控制度》《工作手册》，涵盖会议制度、学习制度、收发文处理、档案管理、用语规范、组织发展、资金收支、资产管理等规章、制度、办法63个，实现以制度管人管事；制发《2020年工作要点》谋划全年工作，建立《2020年工作台账》分解落实工作任务，建立工作清单制，推动社市委各项工作向科学化、制度化、规范化转变。9月，社市委通过九三学社中央规范化建设检查组检查验收并获得好评。12月，社市委获社中央“2020年度机关规范化建设市级组织工作成效奖”和“2020年度机关规范化建设工作组织奖”。

【九三学社思想建设】 九三学社眉山市委员会坚持主委会、主委办公会、主委（扩大）会学习制度，把学习近平新时代中国特色社会主义思想、党的十九大及十九届五中全会精神和习近平总书记系列重要讲话精神、中共四川省委十一届七次全会精神等，作为社员的“必修课”和重要政治任务，全年集中学习10次；对新社员开展社章、社史和“九三先贤”“九三楷模”学习，组织社员收听收看九三学社中央、省委举办的网络直播《民主科学　风雨同舟——纪念九三学社建社75周年》等专题讲座4次，参加九三学社省委及统战部门组织的线下线上等培训8次，把社员思想和行动统一到中国特色社会主义建设上来；号召各基层组织坚持把集中学习与日常学习结合起来，组织社员学习中央、省、市两会重要精神，引导社员自觉坚持中国共产党领导，增强“四个意识”、坚定“四个自信”、做到“两个维护”，提高政治站位；以庆祝建社75周年为契机，组织社员开展“九三，我想对您说”主题征文活动，优选征文50篇，编辑出版《九三，我想对你说》在社内交流，引发社员思想共鸣，强化思想信念引领。

【参政议政】 九三学社眉山市委员会印发《九三学社眉山市委参政议政工作制度》，规范参政议政的形式、途径、日常管理和考核量化等；成立参政议政工作组，下设经济、医卫、教育、民生四个小组；建立参政议政委微信工作群，征求意见，活跃气氛，踊跃建言；邀请市政协研究室领导作《如何做好反映社情民意信息工作》专题培训，组织社员参加社中央“2020年全国新闻宣传骨干网络培训班”、社省委“2020年全省机关干部宣传工作暨通讯员写作培训班”，推荐社员参加省级党外代表人士学习提升等；报送《民情与建议》3期，其中就如何持续保持“东坡岛商业水街”成为“网红打卡地”提出《关于尽快规范穿越城水街管理借势发力推进东坡岛文旅产业发展的建议》，受到市委、市政府高度重视，市长实地考察调研，次日东坡岛穿越城街区每天限流1.5万人措施出台，社市委建议受到国内主流媒体关注；围绕市委“开放发展攻坚年”开展政党协商，围绕“关于城市老旧小区改造、改善安居环境建议”“关于优化营商环境、深化开放发展建议”等开展政协协商；提交提案、建议34篇，其中集体提案3篇，均被相关部门采纳，主委赖崇华参加省人代会就成渝地区双城经济圈建社和成德眉资同城化发展建言受采纳，东坡区委员会《关于乡镇行政区划调整后脱贫攻坚工作的建议》在2020区政协大会书面发言等，社员郭鹏被市委、市政府表彰为“2019年度政协工作先进个人”；提交社情民意31篇，其中《关于建立新冠肺炎疫情期间农产品“农村一小区”直销渠道的建议》被省委统战部采用，《关于建立成渝地区双城经济圈知识产权保护机制的建议》等6篇被社省委采用，《关于尽快出台眉山市商贸服务业复工复产指导性意见的建议》《关于出台政策促进餐饮消费的建议》被市政府采纳，东坡区委员会《关于提高农村网格员薪酬待遇的建议》在区政协五届第十一期《民情与建议》刊发，转交市、区部门办理。

【社会服务】 九三学社眉山市委员会携手川金象到阿坝州金川县卡撒乡猫雕村、凉山州木里县李子坪乡黄泥巴村、阿坝州茂县叠溪镇杨柳村开展精准扶贫对口帮扶，送上农民急需春耕春播和花椒种植肥料65吨，委员秦维东到阿坝州茂县开展对口援助并获省政府表彰，社员岳宗相、宋晓蓉分别到阿坝州小金县、茂县开展医疗对口帮扶，东坡区基层委员会对联系乡镇三苏镇常态化开展脱贫攻坚；利用医卫界别资源优势为修文镇岳营村贫困村民开展医疗义诊服务；利用社内资源与东坡区智慧养老平台相结合，深入社区为老年群众开展常态化义诊活动及日常健康护理等，义诊6次服务400人，杨祎被四川省妇联和省人社厅表彰为“2019年度四川省三八红旗手”；依托盘鳌乡养老创新实践基地，为特殊老人提供医疗服务，捐赠日常用品；携手四川达宽律师事务所、四川省农科院等，开展为期三年的“进百村促振兴，进百企促发展”的“双百工程”。“双百工程”拟于3年内分别为100家企业和100个村提供服务，已为东坡区属26家国有企业结合民法典讲解公司治理内容，助力东坡区国有企业做优做大做强，同时对2020年服务的修文镇岳营村等30个村持续发送就业服务信息，助力企业发展，促进乡村振兴。疫情期间，社市委充分发挥九三学社科技、医卫界人才荟萃、智力密集的优势，立足本职岗位、积极奉献，其中医卫界社员战斗在疫情防控一线；组织20名社员义务献血为抗疫提供血液保障，号召社员向九三王选关怀基金会捐款1.79万元，社员及其所在企业捐款和捐赠消毒液、防护服、N95口罩、护目镜等物资500多万元。因助力甘孜州人民抗击新冠肺炎疫情，社市委收到甘孜州委关于共同抗击新冠肺炎疫情的感谢信。社市委获九三学社省委抗疫工作先进集体（全省5个），委员唐印被社中央评为“抗击新冠肺炎疫情先进个人”，社员戴凯等3人被社省委评为“抗击新冠肺炎疫情先进个人”。12月，社市委被社中央评为“2016—2020年社会服务先进集体”。

【信息宣传】 九三学社眉山市委员会在社中央、社省委及省市各级媒体发送信息208篇，其中社中央采用72篇，社省委采用80篇，同心四川采用1篇，今日头条、四川新闻网、《眉山日报》等媒体采用55篇。

（钟　伟）

群众团体

MASS ORGANIZATIONS

眉山市总工会 / 共青团眉山市委员会 / 眉山市妇女联合会 / 眉山市文学艺术界联合会
眉山市科学技术协会 / 中国贸促会眉山市委员会 / 眉山市残疾人联合会 / 眉山市红十字会
眉山市工商业联合会 / 眉山市社会科学界联合会 / 眉山市党外知识分子联谊会

眉山市总工会
Meishan Federation of Trade Unions

图 11　2020 年 12 月 2 日，眉山市劳模座谈会合影　（市总工会供图）

【概况】 2020 年，眉山市各级工会深入贯彻落实中央、省委和市委决策部署，围绕中心、服务大局，履行维护职工合法权益、服务职工群众的基本职责，财务管理、“安康杯”竞赛 2 项工作获全总表扬，集体协商、农民工等 15 项工作获省总、市委市政府表扬，女职工、普惠服务等工作在全省作交流发言，劳模工作获市委主要领导肯定性批示。

眉山市总工会主席：王光彩（7 月离任），来建（7 月任职）。

【工会组织建设】 眉山市工会持续巩固百人以上企业建会专项成果，符合建会条件的百人以上企业 303 家全部建会；推动货车司机等八大群体入会，推动实现百人以上和规模以上企业建会动态全覆盖；组织开展百人以下、25 人以上企业建会专项行动，建会率 85.8%。眉山市总工会争取 1 000 万元用于区县总工会及以下基层工会开展工作，其中乡镇（街道）、开发区（产业园区）工会经费专项补助和职工之家建设资金 285.49 万元，确保基层工会有钱干事；为企业职工 2 000 人以上的乡镇（街道）、开发区（产业园区）工会配备 31 名社会化工会工作者、4 名集体协商专职指导员，确保基层工会有人干事。

【工会改革】 眉山市工会聚焦产业工人队伍建设改革重点任务，24 项改革事项全部完成，培养高技能产业工人技术人才 6.5 万人，推动产业工人队伍建设改革向纵深发展、向基层延伸；推进工会网上工作平台建设，探索工会业务网上办理、政策网上咨询、建议网上提交，实现服务职工零距离、全覆盖，平台注册用户 10.8 万人，认证用户 9.2 万人，发布新闻信息 602 条、普惠服务和工会活动信息 22 条；推动职工之家阵地建设，助力城乡基层治理，全年全市阵地建设项目 32 个，其中省级 3 个、市级 5 个、县级 24 个，完成职工之家阵地建设 31 个。

【民主管理】 眉山市工会健全完善民主管理制度，推进厂务公开制度，引导职工有序参与企业和社会治理，推荐全国优秀职工代表提案候选提案 1 个；开展以“增强集体协商质效·助力城乡基层治理”为主题集体协商集中要约行动，签订专项集体合同 2 510 份，覆盖企业 3 211 家、职工 8.5 万人；组织召开首届眉山市集体协商竞赛、全市集体协商现场观摩会。

图 10　2020 年 7 月 17 日，市总工会举办眉山首届集体协商竞赛活动　（市总工会供图）

【劳动技能提升】 眉山市工会深入开展劳动竞赛和练兵比武活动，围绕“3135”重点建设项目和重点工程，在食品加工、建筑施工、制造业等行业开展 58 场，参与职工 2.4 万人次，其中旅游饭店服务技能大赛成效明显；推进职工技术创新创效，开展创新成果征集，涌现出优秀职工技术创新成果 19 项和合理化建议 10 项，梁飞劳模和工匠人才创新工作室被评为省“十佳”创新工作室，全市劳模和工匠创新工作室攻关课题 160 项、取得创新成果 134 项，节创经济效益 1 217 万元，培养人才 3 506 人。

【劳模选树与宣传】 眉山市工会选树全国劳动模范和先进工作者 4 名进京接受党中央、国务院表彰，选树省劳动模范和先进工作者 16 名接受省政府表彰，选树省五一巾帼标兵（岗）8 个、“同心战役”最美女职工集体（个人）3 个；开展以“弘扬劳模精神，争当时代先锋”为主题的宣传活动 20 场次，召开眉山市 2020 年全国劳动模范和先进工作者、四川省第八届劳动模范和先进工作者座谈会，讲述劳模故事，弘扬劳模精神，运用身边的先进典型和榜样力量鼓舞激励职工为加快建设“成都都市圈副中心”、推动眉山经济高质量发展而贡献力量。

【工会经费管理】 眉山市工会依法拨缴工会经费，加大产业工会经费收缴，返还小微企业工会经费1 124万元；审计市级机关单位工会27家，查找问题63个，督促整改，确保基层工会有序规范高效运行。

【惠工工程实施】 眉山市工会筹资758万元，救助困难职工3 464名，为30名困难职工申请低保，为6名困难职工申请廉租房，为400名困难职工子女申请减免学费；举办招聘会和家政、物流等培训班76期，培训4 100人次，实现就业2 460人；走访慰问重点项目重点企业310个，慰问职工2万人；助学465人次，首次实现全覆盖；冬送温暖6 110人次；争取资金20万元，慰问农民工600人次；投入资金337万元，推出覆盖面广、职工参与度高的“普惠加油”、“普惠洗车”、瑜伽培训等活动，服务工会会员232万人次。

【劳动保护】 眉山市工会重点聚焦快递员、货车司机、职业病患病职工等重点群体，开展职工队伍稳定风险排查，排查企业317家、职工1.32万人，防范化解一批隐患点；引导企业职工安全生产，“安康杯”劳动竞赛覆盖400家企业1万多名职工，提升职工安全意识；深入企业专项检查30家重点企业、走访3 600名职工，督促企业和职工消除隐患、筑牢防线；开展劳动保护和职业病防治专项监督以及尘肺病防治宣传活动，参与企业30家、职工1.32万人，发放宣传资料1 400份。

【劳动报酬保障】 眉山市工会开展送法进企业、法律大讲堂等活动63场，覆盖职工4.6万人，发放普法资料3.25万份，受理劳动争议案件8件，帮助农民工追讨欠薪、工伤补偿等314.26万元；联合市人社、住建、司法、交通等部门组成10个根治欠薪调研组，对全市203个在建项目工资支付情况开展拉网式摸排调研，保障农民工工资按时足额发放；办结法律援助维权案件22件，涉及职工（农民工）72人，为职工挽回经济损失170.83万元；强化信访和网络舆情工作，处理职工信访37人次，处置上级交办网络舆情信访3件。

（郭翔宇）

共青团眉山市委员会
Meishan Municipal Committee of the Communist Youth League of China

【概况】 2020年，共青团眉山市委员会内设办公室、组织宣传部、青年发展部、学校少先队工作部。全市有团委290个、团工委37个、团总支679个、团支部5 173个，团干部7 579人，团员109 096人。

共青团眉山市委员会书记：李永康。

【共青团基层组织建设】 共青团眉山市委坚持党建带团建制度，将团的建设纳入党的建设总体规划，把团建工作纳入党建工作目标考核；以乡镇（街道）区划调整为契机，统筹加强乡镇（街道）团（工）委班子建设，书记均由副科实职领导干部担任，其中党委副书记14人、组宣统委员57人；加强社会领域团建，全市新建社会领域团组织1 760个，社会组织密度达60.34，增加28.95；组建社会组织、柑橘产业、互联网、建筑建设4个行业系统团指委，组建全市非公有制经济组织团工委；开展少先队工作专题调研，推动落实阶梯式激励成长体系；构建“彭山区省级示范区，东坡区、洪雅县市级示范县（区），各县（区）建立县级示范点”的分批入队体系，推动全市305所中小学全覆盖成立少工委；举办基层团干部、中学（中职）团委书记、少先队辅导员培训会，培训700人次，提升团干部理论水平和业务能力。

【青少年思想道德建设】 共青团眉山市委组织150万名青少年参加34期“青年大学习”网上主题团课，参学比位居全省前列；组织基层团组织全覆盖开展“学习寄语精神，展现青春担当”主题活动；组织团干部、青联委员、少工委委员和“新时代文明实践青年宣讲团”“青年讲师团”“红领巾宣讲团”深入学校、企业、社区宣讲党的十九届五中全会和省委十一届八次全会精神703次，覆盖团干部和青少年15万名；开展新思想、团章知识、防疫知识、时事政治线上答题活动，5万名青年参与；开展“眉山故事少年说”讲说比赛，1万名少先队员讲述抗疫故事和身边榜样，被《中国青年报》专题报道；与电视台合作推出《我们正青春》访谈栏目，30名抗疫青年代表讲述抗疫故事、分享青春感想；编印抗疫专刊，展示眉山青年在疫情防控中的青春担当；以弘扬“五四”精神为主题，组织开展12项“绽放战疫青春·坚定制度自信”主题宣传教育实践活动；选树先进典型激励，推选4个集体（个人）获团中央表彰“两红两优”，获奖个数高全省平均水平1个，1个集体获“全国青年安全示范岗”称号，2个集体（个人）被团中央表彰为抗疫青年志愿服务先进（占全省名额八分之一），1人获“全国青年岗位能手”称号，5个集体（个人）获团省委表扬，6个集体获“省级青年文明号”称号，20人获眉山市开放发展、志愿奉献十佳青年称号。

【青年就业创业】 共青团眉山市委联合眉山人才网、眉山人网开展“团团帮就业·就业团团帮”青年人才网聘会，发布岗位需求295个、用工需求2 757人，在线浏览23万人次，收集简历1.5万份，双向对接13 842人次；联合眉山人才网举办家政服务从业人员专场网络招聘会，组织13家企业发布用工需求384人，在线浏览9万人次，双向对接4 000人次；“逐梦计划”眉山大学生社会实践活动募集岗位440个。团市委实施“青春抗疫贷”，向31名青年发放“四川青年创业促进计划”小额无息贷款293万元；联合成都农商银行，面向青年群体推出最高50万元的免抵押信用贷款，年利率低至3.915%；联合邮储银行实施“蜀青邮贷”项目，向符合条件青年推出邮储银行当期执行贷款利率下调30～50个基点优惠，纳入疫情防控重点保障名单的企业最低按当期贷款基础利率下调200个基点优惠；疫情期间推出“微力青创”系列青春公益微课堂8期，在线为3 000名创业青年就如何度过疫情难关答疑解惑；举办青年创新创业大讲堂8次，培训创业青年2 000名；组织30名农村青年致富带头人开展现场学习交流，共谋后疫情时代乡村产业发展；组织青年创业导师走访创业青年60名，把脉问诊青年创业项目；组织创业导师现场指导大学生创业项目50个；举办“眉山—涪陵”“成德眉资”青年创业交流会，整合资源共谋发展；集中展示展销眉山（东坡）农村青年致富带头人产品、川渝青年文创产品，为创新创业青年提供交流平台。

【青少年成长促进】 共青团眉山市委新建“童伴计划”35个，全市运营点位53个，配备童伴妈妈55人，覆盖留守儿童1 571人，“童伴计划”关爱留守儿童被央视新闻联播报道，彭山区公义场社区“粽香迎端午　情暖留守童”被中央电视台、《人民日报（海外版）》报道；召开眉山市落实《四川省中长期青年发展规划（2017—2025年）》实施工作联席会议第二次全体会议暨工作推进会，印发《眉山市落实〈四川省中长期青年发展规划（2017—2025年）〉2020年工作要点》，细化44条发展措施和68个工作重点，“青年之家”入驻团中央云平台14个，发布活动351场，覆盖青少年8 203人次；在“5·20”等重要时间节点，开展高层次人才联谊会、单身青年交友等活动15场，500人参加，最美逆行者集体婚礼、端午汉服秀活动被中央电视台、四川卫视宣传报道，5月20日举办“穿越时空·为爱而来”青年交友活动得到青年和市民好评；组建29人心理健康志愿者队伍，开展心理公益课20次，覆盖青少年1 000人次；指导85个社区（村）创建市级“青少年零犯罪零受害社区（村）”。

【“新时代好少年”先进事迹发布】 6月28日，眉山市2020年“新时代好少年”先进事迹发布仪式在洪雅县举行。活动重点推荐在孝老爱亲、助人为乐、热心公益、勤学善思、创新创造，尤其是在新冠肺炎疫情防控等方面表现突出、事迹感人的青少年先进典型，蒋仁皓等10人获评2020年眉山市“新时代好少年”。

【“青春驿站”建设】 10月末，共青团眉山市委、共青团东坡区委和东坡书院建立“青春驿站”，团聚市内外名师、诗人、作家、优秀青年志愿者等资源，通过讲座、沙龙、研学等多种形式，定期开展文化分享、创新创业等主题公益活动，推广东坡文化、本土文化和中外古今优秀文化，提升青年和少年儿童素质能力；集中展示展销眉山（东坡）农村青年致富带头人产品、川渝青年文创产品，为全市创新创业青年提供更广阔交流平台，并全天候提供便民饮水、便民充电等公益服务以及折扣优惠等青年志愿者惠享服务。

【青年志愿服务】 共青团眉山市委推进眉山市青年志愿服务制度改革试点，与宣传、教育、民政等部门协商出台《眉山市青年志愿服务制度改革试点方案》，工作获市委主要领导肯定性批示3次，被省级及以上媒体宣传报道60次；在全省率先制定青年志愿服务激励办法，建立眉山市青年志愿者服务中心，成立眉山青年志愿者培训基地（学院）；建立“志愿四川”眉山平台，开设志愿者和志愿组织注册、项目发布、记录时长等功能，新增注册志愿者17.6万人（达25.2万人）、志愿服务团体2 621个；建立心理咨询、生态环保等20支专业志愿服务队伍，建成“红领巾志愿服务岗”“眉山市儿童福利院欣愿花圃”等15个志愿服务站点；培育“东坡岛红领巾志愿服务”“会节志愿服务”“应急救援”等品牌项目10个，其中“东坡岛红领巾志愿服务”吸引2 000名少先队员、青年、家长志愿者报名参与，获中国青年志愿服务项目大赛铜奖、四川省金奖；组织1 200名志愿者服务食品安全大会、泡博会、竹博会、全省抓项目现场推进会等节会15次，会节志愿服务获全省优秀项目奖；开展志愿服务活动1 232次，参与志愿者4万人次，服务时长46.2万小时，其中疫情期间近3 000名志愿者开展入户排查、预检分诊、卡口值守、防疫消杀等，被《中国青年报》《四川日报》专题报道。

（邓　平）

【关心下一代工作】 眉山市关心下一代工作委员会依托关心下一代基金会，发放助学资金97.68万元，资助非义务教育阶段贫困学生566人，发放助残助困资金121万元，帮助残困青少年2 300人；完成中国关工委主任，省关工委执行主任、常务副主任等领导到眉山重要调研活动；青少年主题教育、困难帮扶成效显著，得到中国关工委主任、省关工委主任等上级领导肯定批示。眉山市关心下一代工作委员会被中国关工委、中央文明办表彰为全国关心下一代工作先进集体。

（杨志东）

眉山市妇女联合会
Meishan Women's Federation

【概况】 2020年，眉山市各级妇联组织贯彻落实中央、省委、市委全会精神和全国妇代会、省妇代会决策部署，团结带领妇女做好“六稳”工作、落实“六保”任务，为建设现代化成都都市圈副中心贡献巾帼力量。

眉山市妇女联合会主席：王学芳。

【妇联重要会议】 4月24日，眉山市妇联四届三次常委会、四届三次执委（扩大）会议召开，替补彭静梅、姚海英、郑森为市妇联第四届执行委员会委员，彭静梅当选市妇联四届常务委员。7月29日，眉山市妇联四届四次常委会、四届四次执委会议召开，增补曹阳、刁美尹、周庆、熊玉平、黄莉、刘翠、李惠、周隽、李建群、刘艳林为市妇联第四届执行委员会委员，曹阳、巫燕平当选市妇联四届常务委员，曹阳当选市妇联四届副主席。

【妇联组织建设】 眉山市妇联深入推进组织建设改革“破难行动”，选配挂职副主席1人，执委增至41人；发展团体会员7个，指导4个县（区）妇联完成换届选举，配备挂兼职妇联副主席及30人以上执委；在居民小区、商圈、社会组织等“四新”领域建妇联组织156个，建立“妇女之家”“妇女微家”等阵地66个，扩大组织覆盖面。

【妇联思想建设】 眉山市妇联召开党组会议17次、党组理论学习中心组学习会12次，开展干部领学活动15场，传达学习贯彻习近平总书记系列重要讲话和党中央、省委、市委重要文件会议精神；到西山等地开展主题党日活动4次，开展“党员人人讲党课”活动4次；在高校、基层、网上妇联开展“巾帼心向党思想引领大讲堂”等主题宣讲44场，增强妇女政治认同、思想认同、情感认同；评选表扬市级三八红旗手90名、三八红旗集体30个，强化妇女思想引领。洪雅瓦屋山药业获评抗疫全国三八红旗集体，周梅、杨袆获评省级三八红旗手。

图 12　2020 年 4 月 24 日，眉山市妇联四届三次常委会　（市妇联供图）

图 13　2020 年 7 月 29 日，眉山市妇联四届四次执委会　（市妇联供图）

【妇联巡察整改】 眉山市妇联根据市委第三巡察组巡察妇联反馈意见，制定整改方案，提出整改措施 77 项，完善制度机制 18 项，批评教育 1 人，清退违规违纪款 9 985 元。38 项问题全部整改到位，其中长期坚持 33 项，整改到位率 100%。

【新冠肺炎疫情防控】 眉山市妇联组织线上宅家系列疫情防控宣传活动 30 场，举办“疫情心理危机干预讲座”11 期，开通心理咨询热线 3 条，服务 2 000 人次，有效缓解妇女儿童焦虑情绪；争取省妇联“加油！抗疫天使”项目，为 37 个眉山援鄂医护家庭提供“四送到家”服务；“三八”妇女节期间，开展“最美的花，送给最美的您”活动，慰问女民警、女网格员、女环卫工人等一线抗疫女性 150 人次；依托网络平台，帮助企业销售滞销鹌鹑蛋 200 吨。

【巾帼创新创业】 眉山市妇联与成德资三市妇联联合发出“女性创新创业协同发展计划”倡议书，鼓励女性参与创新创业；争取省级项目经费 20 万元，实施“家政服务进社区”项目，建社区示范点 5 个、社区网点 8 个，开展育婴、保洁、插花等培训服务；开展“巾帼建新功”提升行动，面向贫困妇女、留守妇女开办技能培训班 36 期，培训 1 392 人次；举办“巾帼家政网络招聘”活动，帮助 125 名妇女实现就业；与重庆市长寿区妇联达成合作意向，为唱好“双城记”、建好“经济圈”贡献巾帼力量。

【关爱妇女儿童】 眉山市妇联救助贫困母亲 500 人，妇女居家灵活就业培训 2 103 人次；建成城乡社区儿童之家 278 个，打造市级城乡社区儿童之家（家长学校）示范点 20 个；争取农村“两癌”救助专项资金 38.9 万元，救助农村“两癌”贫困患病妇女 146 人；举办第二届留守儿童夏令营暨大学生关爱留守儿童志愿服务活动，200 名留守儿童参与。

【妇女儿童合法权益保护】 眉山市妇联建立健全妇女儿童维权“五项机制”，推动多部门维权合作；联合市法院制定《关于建立共同推动保护妇女儿童权益工作合作机制的意见》，提升涉及妇女儿童权益案件应对处置能力；投入 7 万元新建维权站点 2 个，新聘家事调解员 7 名，常态开展家事调解；开展普法宣传 43 场，增强城乡妇女维权意识；接访 234 件，办结率 100%。

【脱贫攻坚行动】 眉山市妇联以青神竹编为媒，协调青神云华竹旅与甘洛县妇联达成竹编技术培训和订单生产协议，带动当地贫困妇女发展彝族特色竹编，培训 2 期 60 人；到金川县开展家庭教育大讲堂，智力帮扶提升家庭教育水平；支持联系村、加挂村脱贫攻坚工作经费 13 万元；结对帮扶贫困户 14 户，人均开展帮扶活动 16 次，送慰问金（物资）约 2 万元。

【家庭文明建设】 眉山市妇联实施“苏香·智慧堂”“智慧父母直通车”“心灵相约 幸福相伴”“妇女儿童之家示范运行”等项目，开展家庭教育、亲子活动、读书沙龙等活动 400 场；开展“清风扬眉 廉洁齐家党员干部廉洁家庭”主题教育活动 8 场，260 个党员干部家庭参与；评选市级“最美家庭”20 户，其中赵登祥家庭获评“抗疫全国最美家庭”，徐瑞蓉等 6 户获评全省“最美家庭”；举办“乡村家庭日暨最美家庭故事巡讲活动”17 场，受益群众 1 000 人；启动“春蕾计划”青春期教育项目，开展青春期教育讲座 2 场，为 2 100 名在校青春期女孩赠送守护包 800 个、《你好，女孩》书籍 1 300 册；结合创文创卫、基层治理、乡村振兴开展“绿色家园‘童’心共创”“大

图 14　2020 年 5 月 13 日，“苏香·智慧堂”项目启动仪式　（市妇联供图）

手牵小手庆六一”“童眼看非遗保护非物质文化遗产”等系列活动，惠及家庭5万个。眉山市妇联获评全国家庭工作先进集体。

（时嵩杰）

眉山市文学艺术界联合会
Meishan Federation of Literatury and Art Circles

【概况】 2020年，眉山市文学艺术界联合会（以下简称眉山市文联）坚持深化文联改革，加强对外交流合作，繁荣眉山文艺创作。眉山市文联内设办公室和创联部两个科室，下属事业单位市文学艺术中心（挂市东坡文学艺术院牌子）；下属15个团体会员单位，会员3 000人，其中国家级会员188人、省级会员636人。

眉山市文学艺术界联合会主席：王莉茹。

【文艺创作】 眉山市文联聚焦“抗击新冠疫情”“双城经济圈”“脱贫攻坚”“基层治理”和“中国共产党成立100周年”等主题，组织创作文艺作品，在省级及以上公开出版、发表、入展、获奖120人件次。刘小川传记文学《品西方文人》2卷、《苏东坡传》、周仲明报告文学《重装突围》、沈荣均艺术随笔《天青色等烟雨》公开出版；周仲明眉山元素作品《眉山情缘》《杜鹃不语》在《人民日报》发表，入选中国作协年选；周仲明、沈荣均、许岚、罗大佺、华子、李云、申红梅、谢红等人30件优秀作品，《人民日报》《光明日报》《文艺报》《诗刊》《人民文学》《文学报》《散文海外版》《散文百家》《四川文学》《湖南文学》《天津文学》等省级以上报刊发表或入选；华子、林晓波获中国诗歌学会首届“三苏诗歌奖”优秀奖，罗大佺获省委宣传部“点赞新时代，我们都是追梦人”“庆祝建党100周年”主题征文优秀作品奖；许岚、刘川眉、沈荣均、周仲明等人100件作品，参加《中国作家》、省委宣传部、省作协主题征文，并被《人民日报》《光明日报》《文艺报》《文学报》等全国性全省性平台采用推送。邓枫《山坡坡》、何学芬《雄风》入选中国美协“悲鸿精神——第四届全国中国画作品展”，何学斌《山河瑞景》参加四川省政府文史馆跨省（广西）交流巡展，何学芬《星星萤火颂和谐》入选中国美协“同源——第二届中国画作品展”，何玉超《又是一年丰收年》入选中国美协“聚焦脱贫攻坚，走向小康生活”中国画作品展，袁泉《彝家秋正浓》参加四川省美协、陕西省美协“丝路豪情　西部放歌”川陕中国画作品交流展；9件美术作品入选“战疫情·颂英雄——四川志愿服务美术书法作品展”，其中袁泉《佳音忽至》获特别奖、《复工第一天》获一等奖、廖志平《等你归来》获三等奖；5件作品入选省美协“众志成城，抗击疫情”美术作品展，1件作品获省文旅厅四川省乡村艺术节——2020美术、书法、摄影优秀作品展三等奖，8件作品入选省级主题展。杨江帆入展“中国力量·全国扶贫书法展”并入选省文联“百家推优”，康永久获首届中国恒美花都杯书法篆刻展一等奖；6人入选四川省第二届青年书法篆刻作品展，胡云健、徐继雪获优秀奖；3件作品入选省书法家网抗疫网络展，刘怀东、周学波入选省书协第七届篆刻作品展；8人入选省书协首届老年书法篆刻展，吴树明、李金鹏获优秀奖；8人入选四川省第二届行草书大展，章明直获优秀奖。曾艳组照《援彝干部伍艺》获四川省第17届摄影艺术展金奖，4件作品入选；张辉、杜雪峰、曾艳等入展省文联脱贫攻坚摄影作品展并入选省文联“百家推优”；李隆德《新修房》入展第13届中国摄影艺术节“一个都不能少”全国脱贫攻坚摄影作品展，张辉、王成、李隆德等人10件作品入选四川省“向人民汇报”脱贫攻坚摄影作品展；张佳豪《跳动的生命线》获香港第十届全国摄影艺术展银奖，柴树清《朝圣路上》、张锐红《异乡蔺草客》获百佳；尹霜林《藤椒丰收椒农乐》获国务院扶贫办政策法规司等主办的“我所经历的脱贫攻坚故事”征集展示展播活动图片类优秀奖，王成《仁和洞藏》获省摄协2019郎酒庄园主题摄影赛活动“银镜头奖”，余正平《挑战》获四川省第六届幸福春节·家乡随手拍活动二等奖；张正祥《大娘，口罩要戴好》、王媛《防疫宣传进小区》获省档案馆“镜头里的抗疫记忆”摄影大赛优秀奖，陈述平《人民的守护神》入选；文庆莲《春天依然美丽》获省民族文化影像艺术协会庚子年四川战“疫”专题摄影展三等奖，姜定波等4人获优秀奖；25件作品入选省级展览，王长生等人6件作品在《人民日报》等国家级媒体刊登；东坡区援彝干部风采摄影被《中国摄影报》以2个整版宣传报道。余启翔《青山谣》获省环保歌曲征集一等奖，赖永毅《川·渝》入选中国音协“听见中国听见你”2020年度优秀歌曲和“颂歌百年——庆祝中国共产党成立100周年”专题歌曲四川推选展演活动；来福和顺儿乐队《最美逆行》、王晋川《祖国是靠山》《你在我身边》、赖永毅《生命的彩虹》、管斐《我们等你回家》、洪雅《当你需要时》、丹棱《大爱如歌》等10首歌曲，在“学习强国”、《人民日报》、优酷等重要平台推出。梁龙获省文联、省舞协主办的第四届全省青年舞蹈展演最佳作品奖，入选省文联“百家推优”。彭德平剪纸入选中国非物质文化遗产保护中心《抗击疫情，非遗人在行动》和“最美小康路——2020年中国西部民间工艺主题创作展”展览，李长青作品入选中国民协“中国西部民间工艺主题展”，11件作品入选省级展览或获奖。《风雨同歌》入选中国视协中国抗疫主题MV征集典藏，微视频《千秋伟业》获省广播电视局、省扶持开发局等主办“精彩短视频·记录新时代”2020年四川省短视频创作传播活动一等奖，微视频《安心就是安家》获省发展改革委主办“搬”出幸福新生活摄影摄像作品征集活动视频组二等奖，8件入选省级展演活动或获奖。

【文艺人才培养】 眉山市文联修订完善《苏东坡文学艺术奖评审细则》，开展第九届苏东坡文学艺术奖评奖，激励文艺工作者出精品、出人才；与中国作协、省作协联办中国作家“文学照亮生活”文学公开课走进眉山活动，与省作协联办“红色文学轻骑兵·百场讲座进基层”暨四川省图书馆“21市州讲座联盟”走进眉山系列活动，与省作协、《星星诗刊》联办四川新时代乡村题材创作系列活动；举办“眉州文艺名家”培育活动27场次，邀请省内外专家26人次到眉山辅导。1名文艺家被评为全国劳动模范，3人加入国家级协会，38人加入省级协会。

【文艺对外交流】 眉山市文联围绕“双城经济圈”“眉成同城发展”战略，与重庆市江津区文联签订两地文联协同发展协议，与成德资签署四市文联战略合作协议，全方位多层次探索成德眉资四市文联深度合作，协同打造区域文艺品牌，加力助推成渝双城经济发展。七里坪省级文化艺术示范区通过省文联复查，提升眉山文艺影响力。

【文艺活动】 眉山市文联与生态环境部和中国作协联办“繁荣生态文学·共建美丽中国”座谈会暨“大地文心”生态文学作家采风活动，与省文联联办“听见中国听见你”四川赛区歌曲选拔展演活动，与省作协联办“名家看四川·走进彭山”大型文学采风暨第三届全国文学名刊主编论坛和周仲明长篇报告文学《重装突围》研讨会；与省书协联办“同心同书·祖国新春好”送万福进万家志愿服务公益活动走进洪雅县中山镇，与省杂协联办“魔术进校园”活动走进眉山，与省美协联办“我们的中国梦·文化进万家”文艺志愿小分队走进东坡区富牛镇；与重庆渝北区联办“渝北·眉山百名书画家作品展”，与市委宣传部、市文广旅局、市妇联联办《疫线的她最美》、“大爱无邪”——致敬中国人民抗击新冠肺炎疫情眉山市摄影作品展摄影征集活动，与市文广旅局联办“陈敦良、周成仕书画作品展”等活动。

（胡志蓉）

眉山市科学技术协会

Meishan Association for Science and Technology

【概况】 2020年，眉山市科协系统贯彻落实各级重大战略决策部署，加强科协组织政治性、先进性、群众性建设，把握“四服务”职责职能，团结带领科技工作者，服务中心大局，尽职担当作为，为全面融入成渝地区双城经济圈建设、建设现代化成都都市圈副中心、推进眉山高质量发展和科协事业不断发展做出努力和贡献。眉山市科协被中国科协评为“全国科普日”活动优秀组织单位。

眉山市科学技术协会主席：王利清（2019年9月离任），周惠（2020年1月任职）。

图15 2020年12月2日，眉山市举办第二届乡土人才创新创业大赛 （市科协供图）

【青少年科技教育】 眉山市科协组织科普大篷车进校园宣传活动15次，将科普展具、机器人表演、科普小实验、反邪教宣传等内容送到学校，受益师生1.2万人次；选派22名师生参加由中国科协、中国教育部组织的高校科学营活动，1名教师获评优秀带队教师，10名学生获评优秀营员；选派30名科技辅导员参加中国科协、省科协等单位组织的科学影像活动、青少年科技航天科普、青少年科学调查活动等专项培训，组织37所学校参加由中国科协、教育部、国家发展改革委等六部委共同主办的2020年青少年科学调查体验活动。眉山东辰国际学校参加全国青少年航天科普活动，获优秀活动基地校。

【青少年科技大赛】 眉山市科协举办第19届眉山市青少年科技创新大赛，征集作品1 509件，评出青少年科技创新成果一等奖18项、二等奖22项、三等奖49项，科技实践活动一等奖8项、二等奖18项、三等奖21项，科技辅导员创新成果一等奖11项、二等奖19项、三等奖8项，少年儿童科学幻想绘画一等奖58幅、二等奖117幅、三等奖387幅，青少年科学影像作品一等奖7项、二等奖15项、三等奖21项，机器人竞赛项目一等奖15项、二等奖27项、三等奖31项；组织参加全国、全省青少年科技创新大赛和科幻作品大赛，选送70件作品参加第35届省青创赛，获一等奖9项、二等奖15项、三等奖35项以及省“十佳”科技辅导员1名，获“白衣侠——我心中的超级英雄”科幻作品大赛二等奖4项、三等奖16项，20件作品入选第35届全国青创赛，向全省青创赛和科幻作品大赛获奖者发放奖金43 700元。

【乡土人才创新创业】 眉山市科协选派5名选手参加省乡土人才第四届创新创业大赛，获金牌2枚、银牌1枚、铜奖2名，获金牌数和获奖率连续4届居全省第一；举办眉山市第二届乡土人才大赛，评选金奖3名、银奖4名、铜奖5名，并挑选优秀选手6名参加省第五届乡土人才大赛；承办“中国农村专业技术协会（四川）科技小院工作推进会”，东坡鹌鹑科技小院获评全国十佳科技小院。

【院士（专家）工作站建设】 6月，四川金象赛瑞化工股份有限公司、眉山中车紧固件科技有限公司、四川富生电器有限责任公司、四川中科兴业高新材料有限公司、丹棱县生态源农业发展有限公司5家单位的工作站被认定为眉山市第二批专家工作站。眉山市补助建站单位工作经费50万元。全市8家专家工作站全年研发经费投入2.1亿元，实现新产品产值18.3亿元，新增产值4.15亿元，新增税收4 523万元，获国家级科技奖励3项，获省部级奖励7项，获发明专利受理223项，授权136项，参与制定国家标准10项、行业标准8项，主持制定行业标准4项，帮助企业解决关键技术难题25项，推广转化科技成果22项。

【银会合作】 眉山市科协突出“科普+金融”助力乡村振兴，促进邮储银行加大对农技协等农村实体经济组织和个人贷款融资，全年新增融资 2 758 笔、10.8 亿元，开展财政专项贴息 100 万元。银行合作开展以来，累计助农贷款 11 018 笔、31.2 亿元。第三方机构对 2017—2019 年度银会合作专项贴息政策绩效开展评估，取得 90.98 分。眉山银会合作模式入选中国科协《建功新时代改革再出发》改革创新典型案例交流出版。

【脱贫攻坚行动】 眉山市科协实施科技助力精准扶贫工程，以农技协为载体邀请农业专家和乡土人才开展技术培训 100 场次，培训 5 000 人次；深入单位联系帮扶的 2 个村、31 户贫困户开展面对面帮扶 20 批次 200 人次，投入 5 万元经费支持产业结构调整、环境卫生整治、办公设备购置和开展贫困户、老党员慰问。

【创文创卫服务】 眉山市科协深入包保片区开展“双创”志愿服务 60 天（次）、400 人次，开展卫生清扫、文明劝导、集中宣传等；支持创建经费 10 万元，开展垃圾清理清运、聘请保洁人员、制作围栏造型牌等；开展主题科普活动进行创建宣传 3 次，发放创建资料 3 000 份（件），宣传引导群众 2 000 人次。

【天府科技云服务】 眉山市科协争取省级专项资金 120 万元，市县（区）配套 187.5 万元，建设完成 1 个市级、6 个县（区）云服务中心；落实市县（区）云服办专兼职工作人员 72 人。截至年底，眉山市云平台注册 118 349 人，其中科技工作者注册 35 078 人，注册企事业单位 6 328 家。全市为群众提供精准科普服务 3.9 万人次、累计 150 万人次，科普浏览量 148 万人次，首批入驻科普共享基地 22 家。

【科普宣传教育】 眉山市科协系统开展大众科普培训宣传活动 200 场次，受益群众 6 万人次；组建“科普中国”APP 信息员队伍 2 653 人，分享科普文章 6.1 万篇，居全省第 7 位。93 个科普 e 站和“科普中国”App 等科普平台更新推送图文 5 775 条，挂图 88 组，视频 321 个，累计点击率 10 万人次。眉山市县（区）老科协组织开展现场和线上农业实用技术培训 354 场次、近 3 万人次，印发科普资料 3 万份。

（李韵玲）

中国贸促会眉山市委员会
The CCPIT Meishan Municipal Committee

【概况】 2020 年，中国贸促会眉山市委员会（以下简称眉山市贸促会）内设办公室、国际经贸部、企园助推部、法律事务部 4 个部室。

中国贸促会眉山市委员会会长：牟建霖（9 月离任），周学梅（9 月任职）。

【投资促进】 眉山市贸促会整理、收集眉山龙头企业、重点园区 2020 年生产经营情况和招商项目信息，捕捉并报送有效招商信息 8 条，实现招商引资合同金额 6.8 亿元，其中居然之家项目 6 亿元、川辣源二期项目 0.8 亿元。

【企业服务】 眉山市贸促会围绕高端装备制造、精细化工、医药、农副产品深加工、新能源新材料等支柱产业，为中车、金象、吉香居、海峡两岸产业合作区眉山产业园等 27 户龙头企业及 9 个重点园区（新区）提供转型升级、投资贸易“一对一”服务平台；以“服务企业见实效”为抓手，分别以“疫情对企业发展的影响”和“新形势下眉山外贸加快发展”为主题对市内进出口企业全面调研并形成调研报告，市委、市政府主要领导和分管领导对调研报告作肯定性批示；对调研中企业提出的问题列出清单，梳理明确需求 34 个，逐一协调解决、回复，同时建立眉山市进出口企业工作群，为企业提供服务。

【原产地证服务】 眉山市贸促会作为全市唯一的原产地证签发机构，为企业办理原产地证业务，服务全市外贸工作。全市新增原产地企业 18 家，其中从市外迁回眉山 6 家；签发一般原产地证 482 份，FOB 金额 1 259.8 万美元，办结率 100%；办理优惠原产地证 148 份，FOB 金额 686.8 万美元，受理办结率 100%；出证商品涉及美国、俄罗斯等 22 个国家和地区，涉及化工、零部件、食品等领域。

【商事法律服务】 眉山市贸促会继续发挥民商事纠纷诉调对接平台作用，接受法律咨询 130 起；受东坡区法院委托，受理调解案件 14 起，办结 14 起，受理办结率 100%；组织企业开展商事法律、企业合规培训 8 次，参训 339 人次，助力企业积极应对新冠肺炎疫情带来的影响，提高企业国际贸易风险防范能力。

【经贸活动】 眉山市贸促会承办“味在眉山·香飘世界”活动，组织 49 家企业参加“创新升级·香港论坛”“中日韩中小企业经贸创新峰会”等线上经贸活动，拓展境外市场；围绕成渝双城经济圈建设，组织千禾味业、王家渡食品、老峨山茶业、眉山市果业商会等 122 家企业参加“2020 成都美好生活系列会

图 16　2020 年 7 月 23—25 日，眉山市贸促会组展第五届中国（成都）智慧产业国际博览会
（市贸促会供图）

展”“十一届中国(四川)—南亚、东南亚国家工商领袖峰会”等市外经贸活动12次,营销“味在眉山”产品;邀请香港贸发局、中国—卡塔尔商业中心等16家商协会和企业参加竹博会,邀请中国贸促会、香港贸发局、韩中文化协会等12家商协会和新西兰、俄罗斯等13个国家的45家食品企业参加泡博会。

(张 娟)

眉山市残疾人联合会
Meishan Disabled Persons' Federation

【概况】 2020年,眉山市残疾人联合会(以下简称眉山市残联)机关编制8人,在职7人;下属市残疾人就业服务中心、市残疾人康复中心和市残疾人托养服务中心3个事业单位,有全额事业编制30人,在职22人。全市残疾人工作以全面推进残联改革,统筹抓好新冠肺炎疫情防控和残疾人事务治理为重点,残疾人工作取得新进展。

眉山市残疾人联合会理事长:刘艺(5月任职)。

【残疾人优惠政策落实】 眉山市残联为2 781名扶贫对象发放生活费补贴176万元,为361名符合条件的残疾人发放机动轮椅车燃油补贴;会同民政部门为31 017名残疾人发放困难补贴3 465万元,为38 419名重度残疾人发放护理补贴3 196万元。全市6~14岁残疾儿童少年入学2 258人,义务教育阶段随班就读1 641人,特校就读306人,送教上门311人,入学率96%;1 416名残疾学生得到资助,资助金额121.57万元。

【残疾人民生项目实施】 眉山市残联投资200万元对1 000户贫困重度残疾人家庭实施无障碍改造,中心城区和五区县建成无障碍人行道870条,铺设盲道总长度168公里;为贫困残疾人适配亟须基本型辅助器具6 833件,资助白内障患者实施复明手术1 032例,集中(居家)托养智力、精神和重度肢体残疾人2 704人。

【残疾人就业创业促进】 眉山市残联举办农村残疾人实用技术、盲人保健按摩等培训,培训残疾人2 564人次;实现城乡居家灵活就业2.8万人,分散按比例就业1 051人,集中就业982人。全市创建庇护性就业机构7家,安置智力、精神和重度肢体残疾人232名,就业规模不断扩大。

【残疾人康复促进】 眉山市残联印发《关于进一步提升残疾儿童康复救助能力的实施意见》,规范儿童康复机构管理、项目申请、经费管理等;投入资金500万元,为318名视力、听力、言语、肢体、智力等残疾儿童和孤独症儿童提供康复救助服务;与市儿童福利院合作开展智力障碍、自闭症儿童康复教育项目,新增教学场地1 200平方米。全市7.48万名残疾人实现家庭医生签约,残疾人基本康复服务汇总覆盖率80%以上。

【残健共融促进】 眉山市残联发放残疾人康复(健身)体育进家庭项目器材4 542件(套);与成都市残联签订成眉两地残疾人事业融合发展合作协议,建立工作互动、信息互通、资源共享机制,服务成都都市圈副中心建设;聚焦决战决胜脱贫攻坚,组织残疾人自强模范、创业就业和扶残助残先进典型开展励志报告。

【新冠肺炎疫情防控】 眉山市残联通过残联系统微信、QQ和各专门协会平台推送疫情防控措施,公布心理援助服务热线和生活困难紧急救助政策,教育引导残疾人加强自我防控保护,全市残疾人无一人感染新冠病毒,128名居家隔离残疾人全部解除隔离,被隔离的70名重度残疾人无一人失托失管;指导全市19家集中安置残疾人就业的企业和7家辅助性就业机构有序复工复产,落实补助资金27.07万元对45家租用私有产权未享受房租减免的盲人按摩机构给予阶段性房租补贴和稳岗补贴。

【残联组织和队伍建设】 眉山市残联深入贯彻中省关于进一步加强和改进群团工作决策部署,落实中省残联改革方案要求,市和县(区)均出台残联改革方案;培育和发展助残社会组织,推动“国家扶持、市场推动、公办民办并举”的残疾人事业发展格局落地落实;召开四届主席团第三次全体会议,调整充实残联领导机构;结合乡镇(街道)和村(社区)建制调整,选好配强基层残疾人工作者队伍,全市80个乡镇(街道)配备专干135人,845个村(社区)配备专委1 122人;紧扣残疾人事务治理能力提升年主题,加强残联系统干部队伍建设,开展“坚守初心使命,做新时代合格残疾人工作者”大讨论活动,锻造“忠诚、干净、担当”“有高度、有力度、有温度”的残疾人工作者队伍。

(童 雪)

眉山市红十字会
Meishan Branch of the Red Cross Society of China

【概况】 2020年,眉山市红十字会第二届理事会设会长1人、常务副会长1人、副会长1人(专职)、副会长(兼职)5人、常务理事13人、理事30人,监事会设监事长1人、副监事长1人、监事3人。

眉山市红十字会会长:来建(11月任职)。

【红十字会组织建设】 9月,眉山市政府办印发《眉山市红十字会改革方案》。11月,眉山市红十字会第二次会员代表大会在眉山宾馆召开,出席会议代表119名。大会审议通过题为《高举旗帜 弘扬精神 开启眉山市红十字事业新征程》的工作报告,选举产生第二届理事会和第二届监事会领导班子。

【新冠肺炎疫情防控】 眉山市红十字系统全年接收新冠肺炎疫情防控捐赠款物2 260万元(捐款1 250万元),其中用于支持医疗机构1 760万元,用于支持学校、社区等近160万元,用于受疫情影响的困难群众的人道救助和心理援助80万元,用于企业复产、环卫等260万元;为因新冠肺炎防控工作牺牲的仁寿县高家镇英头村党支部书记郑少华家属送去人道救助慰问金10.5万元,对59户受新冠肺炎疫情影响的困难群体发放救助金4.72万元;实施红十字社区健康促进项目6个。

【救灾救援】 8月,眉山市连续发生“8·

图 17 2020 年 7 月 23 日，眉山市红十字会在彭山区凤鸣街道城东社区宣传无偿捐献（市红十字会供图）

11”“8·15”洪涝灾害，多地遭遇暴雨和特大暴雨袭击。眉山市红十字会启动救灾、救助应急预案，召集眉山市红十字应急救援队队员，做好灾情应对准备，掌握灾情数据，向上争取救灾物资 81 万元，争取抗洪救灾资金 20 万元，全市 5 000 户受益。

【募捐救助】 眉山市红十字会实施“关爱眉山抗战老兵”网络募捐项目，募集资金 96.9 万元，慰问和救助眉山市抗战老兵 88 名；推进脱贫攻坚和干部直接联系服务群众工作，为 2 户贫困户改建厨房、厕所，为 1 户贫困户购买电视机 1 台，组织志愿者为贫困户捐款 4 000 元；春节期间发放博爱送万家家庭包 416 个，向上申请小天使基金、阳光天使基金、人道救助项目 38 人。

【无偿捐献】 眉山市红十字会利用“5·8”世界红十字纪念日、“6·14”无偿献血者日、9 月世界急救日、“12·1”世界艾滋病日等重要时间节点开展大型宣传活动，结合文明城市创建在高校、社区宣传义务献血、人体器官捐献和造血干细胞捐献，共采集造血干细胞志愿者血样 400 人份，初配成功 2 人。全市新增登记器官和遗体捐献志愿者 695 人，实现捐献 10 例。

【救护培训】 眉山市红十字会将应急救护培训纳入市民生工程，全市开展急救培训进机关、企业、社区、学校、农村“五进”活动，普及培训 27 600 人次，救护员培训 5 200 人；公安、教育、文旅等部门主动对接制定培训计划，企业、高校联系培训接连不断。

【志愿服务】 眉山市红十字会组织红十字志愿者开展疫情防控知识宣传、物资转运和发放、应急救护普及培训、环境卫生整治和消杀、文明行为劝导、艾滋病疾病预防、义诊义检、“三献”宣传等，参与志愿者 200 人次，服务时长 500 小时。

【普法宣传】 眉山市红十字会全年组织开展宣传活动 50 次，发放《中华人民共和国红十字法》、疫情防控、预防艾滋病、小天使基金、天使阳光基金、人道救助基金、无偿捐献等法律法规宣传资料 6 000 份，发放眉山市创建全国文明城市、国家卫生城市宣传资料 3 000 份。

（曾忠成）

眉山市工商业联合会
Meishan Federation of Industry and Commerce

【概况】 2020 年，眉山市工商业联合会（简称眉山市工商联）内设办公室、经济信息调研科、会员科，下属事业单位眉山市非公有制经济服务保障中心；有干部职工 19 人，其中行政编制 7 名（实有 9 人，另有单列行政编制 1 名）、事业编制 8 名（实有 7 人）、机关工勤编制 1 名（实有 1 人）、临时性辅助性人员控制数 1 名。

眉山市工商联合会主席：周强。

【新冠肺炎疫情防控】 眉山市县（区）工商联、直属商会、行业商会及异地眉山商会建立上下左右内外响应联动机制，两个月组织动员民营企业捐款捐物 4 860 万元，助推民营企业成为民间抗疫捐赠主力军。在常态化疫情防控期间，眉山市工商联征求企业需求，助力有序复工复产，6 月底全市民营企业基本实现复工复产。

【参政议政】 眉山市工商联全年提交提案、建议 18 件，涉及农业、商业、交通、经济、文化教育等方面，成果转化成效明显；得知外引家禽鹌鹑养殖产业濒危，组织调研，形成《关于将鹌鹑列入〈畜禽遗传资源目录〉的建议》上报，《全国政协报》《中华工商时报》等新闻媒体跟进报道，引起全国政协、农业农村部高度关注，推动鹌鹑被纳入经国务院批准的《国家畜禽遗传资源目录》并由农业农村部公布，转化为国家部委决策；联合市委统战部深入民企大调研，开展谈心谈话大走访，形成《关于化解民营企业三难问题的建议》，得到市委主要领导批示，并转化为市政府落实解决的工作方案。

【招商引资】 眉山市工商联建立“双城三地”商会密切合作工作机制，与成都、德阳、资阳市共同签署四地工商联（商会）战略合作框架协议，与重庆北碚区工商联缔结友好工商联（商会）；会同相关部门践行“保姆式”“娘家式”服务理念，持续追踪眉山籍优秀企业家返乡投资，助力全国工商联常委刘汉元投资 380 亿元的“通威集团全球创新基地项目”、投资 120 亿元的“通威太阳能高效晶硅电池项目”落户眉山，市工商联企业家副主席王刚总投资 103 亿元的世界川菜产业园项目正式启动；到重庆、昆明等地开展民企“暖冬”慰问，深入 2 个异地眉山商会走访慰问座谈会员企业 30 个，听取在外企业家意见建议，鼓励在外成功人士推介家乡、建设家乡。

【“百企联百村”行动】 眉山市工商联

图 18 2020 年 5 月 19 日，眉山市工商联到茂县开展“情系羌山 爱撒茂县”捐赠活动 （市工商联供图）

组织引导全市民营企业和商会等社会力量参与“百企联百村”助力脱贫攻坚，对口支援阿坝州金川县、茂县 94 个贫困村，获“眉山市 2019 年度百企联百村工作先进集体”称号；召开“百企联百村”工作会，以市委办、市政府办名义表扬 2019 年度“百企联百村”工作先进企业 22 个、先进企业家 23 名。全市全年组织 373 家企业参与，新增投入资金 3 412.18 万元，其中产业带动投入资金 2 552.66 万元、基础设施建设投入 471.6 万元，提供就业岗位 3 005 个，解决就业 4 356 人，开展培训 5 193 人次，扶贫助困捐资助学 345 万元。

【企业培训】 眉山市工商联与四川工商学院签署合作协议，共同建立民营经济培训基地；依托多方资源整合培训，搭建民营企业家互相学习交流平台，邀请成都农商银行、四川亚世臣公司为民营企业家作融资专题培训以及市中级人民法院李东为商协会负责人作民法典讲座等 20 次，培训非公有制经济人士 630 人次，提升非公企业管理水平。

【现代企业制度试点建设】 眉山市工商联围绕质量强市和标准化建设，与市民营经济领导小组成员单位建立协作机制，参与民营企业建立现代企业制度全省首个试点市工作，培育重点民营企业建立完善治理结构合理、股东行为规范、内部约束有效、运营高效灵活的现代企业制度，眉山试点经验入选四川改革典型案例并全省推广。年底，建立现代企业制度的试点民营企业 135 户，其中 10 户试点民营企业实现资本市场上市融资。金象赛瑞化工、眉山益稷农业科技等 8 家企业入选“四川省绿色经营百佳民营企业”，四川环龙新材料有限公司等 3 家企业入选全国工商联“创新型、成长型民营中小企业”。

（王 敏）

眉山市社会科学界联合会
Meishan Federation of Social Sciences Associations

【概况】 2020 年，眉山市社会科学界联合会（以下简称眉山市社科联）内设办公室、学术研究部 2 个科室，有参公编制 5 人，实有在编人员 7 人（其中 1 人在市政协任职）；有党组书记 1 人，党组成员、专职副主席 1 人，兼职副主席、二级调研员 1 人，党组成员、秘书长、四级调研员 1 人，正科级干部 2 人。

眉山市社会科学界联合会主席：王元珑（4 月任职，兼任）。

【社科联代表大会】 4 月 30 日，眉山市社会科学界联合会第四次代表大会召开，选举主席 1 名、专职副主席 1 名、兼职副主席 9 名、秘书长 1 名、常务理事 30 名、理事 40 名。主席由天府新区航空旅游职业学院党委书记、省人民政府派驻天府新区航空旅游职业学院督导专员、二级教授王元珑兼任。9 月 23 日，眉山市委同意常伟任市社会科学界联合会党组书记；免去王继市社会科学界联合会党组书记职务，任二级调研员。

【社科联组织建设】 眉山市六县（区）全部成立社科联，与县（区）委宣传部合署办公。全市有省级社科普及基地 2 个、市级基地 9 个，有省级学会 1 个（苏轼研究学会）、市级学会（协会、研究会）17 个；有 12 所高校，其中 5 所高校成立社科联（眉山职业技术学院、四川工商学院、四川科技职业学院、四川城市职业学院、天府新区航空旅游职业学院），省社科院眉山分院设在眉山职业技术学院。

【社科智库建设】 眉山市社科联制发《眉山市社会科学研究智库组建方案》，向眉山市新型智库建设领导小组推荐首席专家 1 名、智库专家 9 名。

【社科阵地建设】 眉山市社科联编印《眉州学刊》4 期，开设“学习贯彻党的十九届五中全会精神”“调查研究”“工作探讨”“产业发展”等专栏，刊载社科理论文章 80 篇，48 万字，发送市委、市人大、市政府、市政协和市级部门、区县、高校及科普基地、研究机构等，促进社科成果交流转化。

【社科研究】 眉山市社科联围绕市委、市政府中心工作立项年度社科研究课题 37 项，对符合结项要求的 36 项研究成果予以结项；首次设立“高校专项课题”，立项 45 项，对符合结项要求的 42 项研究成果准予结项，受到市委领导、高校教师好评；开展成渝地区双城经济圈建设专项课题研究 20 项，完成研究，取得研究成果；择优精选 39 项结项课题编印《眉山市社科研究立项课题成果选编 2020》，并精编《社科研究成果专报》4 期呈送相关市级领导和部门参阅，促进成果转化应用；完成专项课题研究，将研究成果汇编成《江口明末战场遗址研究论文集》和《眉山市融入成渝地区双城经济圈建设研究论文集》。

【社科评奖】 眉山市社科联按照《关于印发眉山市哲学社会科学研究课题管理

和优秀成果评奖办法的通知》要求，组织开展眉山市第十五次哲学社会科学优秀成果评奖，收到申报成果187项，158项进入评审；按照政治标准与学术标准相统一的原则，从成果的选题水平、理论及应用价值、社会影响、逻辑和文字水平等方面综合评价，经民主评议、小组讨论、组长会商、市评审委员会综合评议等程序，50项成果获市政府表扬奖励，其中特等奖空缺、一等奖5项、二等奖17项、三等奖28项。

【社科普及】 眉山市、县（区）社科联组织参与"三下乡""科普活动月""科技活动周"专题活动，开展规模社科普及活动40场次；通过科普展览、科技咨询、文化演出、卫生咨询义诊等方式发放科普资料10万份，开展为民咨询10万人次；开展大型论坛、讲堂活动。

【社科活动】 眉山市社科联协办苏洵苏轼苏辙与传统法治文化高峰论坛，中央、省、市有关领导，国内高校知名法学教授、苏学专家、学者代表，四川21个市（州）代表，眉山市地方学者、法学会理事代表以及新闻媒体的嘉宾共200人参加。

【社科对外交流】 眉山市社科联与重庆市涪陵区社科联签署战略合作协议，建立两地社科联联席会议制度，在智库建设、学术交流、社团管理、社科普及、成果转化等方面全方位合作，对优势学科、优质文化资源和优秀人才整合互补，形成联合优势。

（谢婷婷）

眉山市党外知识分子联谊会
Meishan Non-Party Intellectuals Association

【概况】 2020年，眉山市党外知识分子联谊会（以下简称眉山市知联会）有会员170名，其中议政建言专委会40人、经济建设专委会44人、社会事业专委会43人、社会服务专委会43人，理事33人。会员中，省人大代表2人；省政协委员2人，其中常委1人；市人大代表13人，其中常委1人；市政协委员41人，其中常委8人；副厅级领导干部1人，正县级领导干部2人，副县级领导干部15人，科级领导干部34人。4名优秀会员加入中共和民主党派，10名会员和会员企业受到全国、省、市表彰或受到提拔重用，其中会员企业洪雅县瓦屋山药业有限公司获抗击新冠肺炎疫情"全国三八红旗集体"称号，会长陈宏斌当选四川知联会第四届理事会执行副会长，洪雅县知联会会员王波获"四川省先进工作者"称号。青神县知联会会员王晓梅、陈云华、张泽军入选眉山市首批优秀高层次人才，分获"领军人才"和"菁英人才"称号。东坡区知联会会员王桂兰、肖六妹、宋红芳分别被市、区两级政府评为优秀教师和教育工作先进个人，会员李诗梦在四川省2020年预防接种技能竞赛活动中获疾病预防控制组个人三等奖。四川工商学院知联会会长熊斌撰写的《民办高校的改革与发展模式研究》获眉山市第十五次哲学社会科学优秀成果奖。

眉山市党外知识分子联谊会会长：陈宏斌。

【知联会组织建设】 眉山市新成立眉山市国有资本投资运营集团有限公司知联会、四川信和集团公司知联会，吸纳72名企业高管、部门负责人和行业精英加入；在区县成立洪雅县东岳镇知联会、眉山药科职业学院知联会，新建成1个展示活动场所（党外知识分子之家）。眉山市知联会召开理事会1次、会长会2次、轮值会长会2次、工作推进部署会3次、专题研讨会3次、季度学习会12次，了解工作进度，把握工作方向，并调整解决工作中存在的问题；组织开展微论坛、QQ群吧、专题讲座培训、现身说法等形式多样、内容丰富的联谊活动19次；组织开展"同心线上课堂"公益讲座4期，内容涵盖企业所得税汇算、复工复产防控新冠、地理人文等。各区县、高校、企业、园区知联会开展联谊交流6次。

【知联会思想建设】 眉山市知联会组织会员150人次学习习近平总书记系列重要讲话精神和治国理政新理念新思想新战略，重点学习党的十九届五中全会精神、四川省委十一届七次全会精神以及省委书记在全省决战决胜脱贫攻坚工作推进会上的讲话、省委统战部部长在四川知联会四届一次会员大会上的讲话、眉山市委四届十五次全会精神、全市优化营商环境大会精神等；组织全市党外知识分子专题培训会1期，组织会员30人参加市委统战部2020年两期"同心大讲堂"专题讲座，选派1名班子成员参加省委统战部第62期无党派代表人士培训班。

【参政议政】 眉山市知联会完成省人大建议意见3件、省政协提案13件、市人大建议意见13件、市政协提案28件以及各区县人大建议意见和政协提案39件，涉及疫情常态化防控、城市建设、文化保护、生态环保、产业发展、民生民情等领域，撰写的《关于进一步加强眉山中心城区公共厕所建设运营管理的建议》在市政协会上发言并受到市委书记批示，东坡区知联会撰写的《关于镇、村建制调整后原乡镇村级闲置资产合理处置的调研报告》受到东坡区委书记批示；围绕老旧小区改造等深入开展调研，撰写《关于推进全市老旧小区改造工作的建议》并在市政协专题协商会上发言；组织会员53人次开展关于特校教育、企业发展、重点项目、基层知联会工作等方面大调研大讨论，提出可行性意见建议17条。会员通过参加或列席省、市组织召开的经济社会形势通报会、政府工作报告意见征求会、市政府常委会、市政协常委会、党外人士情况通报会、全市"十四五"规划建议党外人士座谈会等会议，建言献策，为经济社会发展提出合理化建议。

【信息宣传】 眉山市知联会向上级组织及网站上报信息47条，被采纳42条，采纳率90%以上；上传50条信息到微信公众号，出刊发行《知联会之声》13期；整理编辑市知联会和担任各级人大代表、政协委员2018—2020年的建议意见和提案题目，编印《诤言》第2期。

【对外合作交流】 眉山市知联会接待德阳市知联会学习考察团，并协商成德眉资党外知识分子联谊会同城化发展合作框架协议；协助市委统战部完成环成都片区知联会建设调研座谈会，并在会上作经验交流发言。

【社会服务】 眉山市知联会组织会员开展春节慰问、扶贫济困等帮扶活动，同心帮扶专项扶贫基金向9户困难家庭及丹棱县扶贫开发协会、万胜镇川剧玩友协会捐款7万元,向1户甘蔗种植专业户提供无息借款5万元帮助发展壮大产业。东坡区知联会与万胜镇艾光村共建晚熟柑橘基地,为艾光村10户贫困户捐赠价值5 000元的农资产品和进行柑橘管理技术培训,并指导岷江现代农业示范园区农户春耕生产,保障粮食安全。洪雅县知联会向洪雅中学3名高三贫困学生捐助学金9 000元。各级知联会在春节、儿童节、教师节、重阳节等传统节点慰问贫困户、残疾儿童、退休教师、孤寡老人等。洪雅县知联会会员、县中医医院呼吸内科副主任医师王波驰援武汉,在汉阳方舱医院救助患者。眉山市知联会会员、仁寿县谢安镇镇长梁晓英带领谢安镇干部群众利用村通小喇叭、便民服务群宣传疫情防控知识,在场镇、村庄、交通要道张贴手写抗疫标语,开展地毯式人员摸排,实现全镇零感染病例零疑似病例。眉山市知联会副会长、东坡区医保局局长梁颖采购一次性防护口罩1 680 710只、消毒液14 689瓶、防护头罩8 587副、体温计2 198支、防护服16 045套,保障医疗物资供应。眉山市知联会会员企业洪雅瓦屋山药业公司员工取消春节休假,投身一线车间,加工生产中药饮片20吨,投放口罩6万只、消毒酒精500件,并向洪雅县交警大队送去抗疫汤药1 000份、抗疫中药30斤。眉山市知联会副会长辜英智创建的天府新区航空旅游职业学院,为抗疫一线医护工作人员子女减免学费。洪雅县知联会向洪雅县红十字会捐款2万元,彭山区知联会全体会员捐款12万元,青神县知联会全体会员捐款2 620元,仁寿县知联会会员向仁寿商会捐赠20把测温枪支持企业有序复工复产。

（朱　丽）

法 治

RULE OF LAW

依法治市 / 政法 / 公安 / 检察 / 审判 / 司法行政

依法治市
Governing City by Law

【概况】2020年，眉山市委全面依法治市委员会办公室（以下简称市委依法治市办）召开全面依法治市委员会第二次会议，研究出台依法治市年度工作要点，安排部署109项依法治市重点工作，通过“清单制+责任制”制定工作台账，分解落实工作任务；开展新冠肺炎疫情依法防控，印发《关于做好新冠肺炎疫情依法防控有关工作的通知》《依法防控新冠肺炎疫情工作方案的通知》；印发《眉山市乡村振兴法治工作实施方案（2020—2022年）》《〈四川市县法治指数—实施细则〉任务分解表》《关于深入学习贯彻习近平总书记重要讲话精神有效推动〈中华人民共和国民法典〉实施的工作方案》《关于加强综合治理从源头切实解决执行难问题的实施意见》，统筹安排全面依法治市重点工作；开展创建对外开放法治示范区课题调研，形成《眉山市对外开放法治示范区创建研究》调研报告；开展2020年度全面依法治市工作督查，形成督查通报报市委全面依法治市委员会。

【地方性法规修订和制定】眉山市人民政府全年立法计划包含制定地方性法规草案2件、地方政府规章1件，立法调研1件。眉山市委依法治市办参与《眉山市文明行为促进条例（草案）》《眉山市农村人居环境治理条例（草案）》立法调研及论证会、听证会，《眉山市文明行为促进条例》于2020年8月7日公布实施，《眉山市农村人居环境治理条例（草案）》已经市政府常务会议审议通过并按程序提交市人大常委会审议；提前参与《眉山市城市园林绿化管理办法（草案）》调研、论证、起草过程，城市生活垃圾分类管理立法调研报告正在撰写。

【法治政府建设】眉山市委依法治市办完成2019年度法治政府建设总结，向省委省政府、市人大常委会报送工作情况；完成法治政府建设季度工作总结和督察报告，印发《眉山市人民政府2020年度法治政府建设重点工作安排》；总结全市落实《眉山市法治政府建设实施方案（2016—2020年）》情况，通过省法治政府建设第三方评估；完成省政府对市政府依法行政目标考核，开展2019年度法治政府建设工作先进集体评选，由市政府予以表扬；征集法治政府建设创新实践案例8条并在全市推广，其中“健全教科书式行政复议制度规范”和青神县人民政府探索推行的“首违不罚”包容审慎监管机制2个案例收录到《四川省法治政府建设创新实践案例汇编》；协助市人大调研2019年度法治政府建设情况，形成《眉山市法治政府建设的实践与探索研究》。

【行政复议与应诉】眉山市委依法治市办以市政府行政复议委员会名义印发《眉山市行政复议立案工作规定》《眉山市行政复议案件审理规定》《眉山市行政复议文书送达规定》等6项制度和《关于规范行政复议决定书法律文书格式的通知》，以法治政府建设工作领导小组名义印发《关于印发加强行政机关负责人出庭应诉工作的通知》；以市政府名义与市中级人民法院印发《关于印发〈市级府院联席会议制度〉的通知》，建立眉山市市级府院联席会议制度；坚持依法审理行政复议案件，纠正不当行政行为，办理市政府行政复议案件27件，结案27件；代理市政府应诉案件371件，无一件涉及市政府案件败诉；承办省政府行政复议案件22件，结案22件，无被撤销、确认违法案件。

【行政决策合法性审查】眉山市委依法治市办严格执行公众参与、专家论证、风险评估、合法性审查和集体讨论决定等法定程序，市级9件重大行政决策，全部公开征求公众意见并作出反馈；推进行政决策合法性审查规范化、标准化建设，审查行政规范性文件、政府性决策事项以及办理省人大省政府地方性法规、规章征求意见稿471件，提出建议意见625条；审查政府性合同、协议35件次，提出建议意见54条。

【行政执法“三项制度”推行】眉山市深入推行行政执法“三项制度”，评查1 610件行政处罚案卷，规范行政执法行为；开展内部监督，强化行政执法监督，整改57项企业、人民群众反映最强烈、最不满意的行政执法问题；强化“经济体检”，完成审计项目47个，查出违规金额65 010万元、管理不规范金额490 700万元，向纪检监察机关和有关部门（单位）移送线索15条，提出建议119条，被采纳119条，促进财政增收节支65 003万元。

【行政执法监督】眉山市委依法治市办依法做好疫情防控常态化，开展疫情防控执法监督，指导办理涉疫执法案件2件，形成《眉山市司法局关于涉疫情防控行政执法突出问题收集研判工作的报告》；完成2019年度全市市县乡三级行政执法和行政执法监督情况汇总和公示，并报省司法厅备案；完成全市行政执法证年审，通过4 799人；新办、更换执法证件639人，统一公示行政执法人员信息；组织2 048名行政执法人员进行资格考试，对36件重大行政处罚案件执法监督和备案；梳理确认全市法制审核人员413名，组织收集行政执法典型案例9件，供稿《法治四川》。

【规范性文件管理】眉山市委依法治市办落实规范性文件备案管理，向省政府和市人大常委会报送市政府规范性文件18件，接收天府新区眉山管委会、县（区）政府、市级部门（单位）报送规范性文件119件，均备案审查，就存在问题与发文机关协调沟通后，发文机关整改落实、及时纠错；完成市政府行政规范性文件清理，截至12月市政府行政规范性文件现行有效71件、修订8件、废止9件、失效27件。

【法律顾问管理】眉山市委依法治市办发挥法律顾问作用，市党政法律顾问为市委、市政府领导接待来访群众提供法律服务36批50人次，出具法律意见书22件，参加专题研究论证会3次；疫情防控期间，市党政法律顾问24小时保持多种通信方式随时在线，通过现场、远程服务模式相结合，为市委、市政府问题提供咨询服务36次。

【仲裁案件办理】眉山市委依法治市办全年受理案件50件，总标的额8 643万元，结案率60%，调撤率70%。案件类型以房屋买卖为主，其次为建设工程、买卖、租赁、借贷、金融、保险、委托、合伙、劳务、物业、投资类、公司领域等纠纷。眉山市委依法治市办暂未受理交通事故、医疗纠纷、土地交易、涉外仲裁、电子商务、网络仲裁及临时仲裁案件。

（余汭浦）

政 法 Politics and Law

【概况】 2020年，眉山市政法系统落实中央、省委、市委政法工作会议部署，围绕全市工作大局，坚持党对政法工作的绝对领导，坚持稳中求进工作总基调，以市域社会治理现代化试点为牵引，深化平安眉山、法治眉山建设，打造过硬政法队伍，为建设开放发展示范市和成都都市圈副中心创造安全稳定的社会环境。眉山市被中央政法委列入全国首批市域社会治理现代化试点市，成功创建全国禁毒示范市；扫黑除恶专项斗争长效常治制度建设列入中央政法委第五批“十大调研课题”，工作经验在全国扫黑办“川藏滇”三省调研座谈会上交流；智慧平安小区建设试点获评“2020年全国政法智能化建设智慧治理10大解决方案”，“递进式”诉源治理机制经验被省委改革办专刊向全省推介；市域社会治理现代化试点工作在全省调研评估中位居第一方阵，政法领导班子运行调研、政治轮训、政法宣传等走在全省前列，政法机关党建、社会稳定风险评估、综治中心实体化运行、乡村智能防控、法学会实战化建设、诉讼服务等做法经验全省交流。全市群众到市集访批次、人次分别下降36.8%、41.3%，到省进京信访总量持续排名全省末位，实现“五个不发生”目标，每10万人命案发案率低于全国全省平均水平。

【市域社会治理现代化试点】 5月29日，中央政法委正式批复眉山市为全国首批市域社会治理现代化试点地区。眉山市委四届149次常委会再次研究部署，以平安眉山建设为载体，以健全体制机制为抓手，规范推进试点开展。眉山市在全省率先建立市县乡三级党委平安建设领导小组，设立市域社会治理9个专项工作组，实行分线作战、整体推进；市委、市政府出台《关于扎实推进市域社会治理现代化试点工作实施意见》，召开试点工作动员部署会，印发试点《责任清单》《负面清单》《特色工作责任清单》，细化落实试点工作目标任务103项；实施“一市一品牌、一县一特色、一乡镇一亮点”工程，开展专项督导，推动试点落地落实；推进中央政法委联系点建设，做实中央政法委和全市政法系统“1+16”重点课题调查研究，推动政法工作实践创新、制度创新。

【司法体制配套改革】 眉山市政法系统开展公安警务运行机制改革，市公安局29个内设机构整合为18个，88个下设机构调整优化为99个，提升警务效能；强化审判监管，市中级人民法院推行类案、关联案件强制检索，促进裁判尺度统一，案件繁简分流改革成效凸显，简案速裁率78.18%、平均审理时间31天，工作质效排名全省前列。全市法院受理案件39 519件、比2019年下降2.6%，审结39 142件、比2019年上升0.2%，执结案件15 442件，执行到位金额29.67亿元。眉山市、区县级检察院完成内设机构改革，认罪认罚从宽适用率84.7%，居全省前列；监督公安机关立（撤）案88件，纠正漏捕29人，追诉漏犯78人；提出抗诉16件，纠正刑罚执行、监管场所办理减刑、假释834件。眉山市政法系统加强执法司法监督，做实“万案大评查”后半篇文章，对文书不规范、程序不到位等56件瑕疵案件逐一制定整改台账，对2件不合格案件提级复查复核，查析原因、改进工作；涉法涉诉信访案件实行季度分析通报、动态跟踪督导案件办理，坚持律师参与化解工作机制，提升息诉罢访率；向法学专家咨询第三方法律意见，依法妥善办理重大疑难涉法涉诉信访案件3件。

【政法公共服务体系完善】 眉山市政法系统深化公安“放管服”改革，推动“互联网+公安政务服务”与省一体化政务服务平台深度融合，实现5大类21项户籍业务网上全程办理，在全省率先建立出入境办证“只跑一次”服务标准；推进诉讼服务线上线下融合发展，优化“一站通办、一网通办、一次通办”诉讼服务体系，在线立案12 197件，在线庭审819件；针对生态环境保护、食品药品安全等违法行为立公益诉讼案257件，向行政机关发出诉前检察建议225件，建成全省首个“候鸟补食”公益保护基地；建成市、县、乡、村四级公共法律服务平台，实现服务网络全覆盖；办理公证案17 581件、仲裁案50件、法律援助案1 156件，提供法律援助服务22 004人次；开展司法救助303件342人，落实救助资金428.25万元；推进法学会三级服务平台实战化建设，拓展智能化法律服务，探索“网格+法律服务”模式，服务基层社会治理，市法学会在全省优秀市州法学会考核中获第2名。眉山天府新区成立司法局，有序承接辖区内司法行政工作。

【法治保障体系完善】 眉山市公安机关侦破“9·19”特大伪造假币案、“7·15”系列串通投标案等经济案87件，检察机关起诉破坏营商环境犯罪188人；审判机关审结民商事案件18 936件、知识产权案112件，创新破产预重整机制，审理破产案63件，盘活涉案闲置土地614.9亩、资产1.33亿元；司法机关组建法律服务团，开展民营企业法治体检、外来企业大走访、企业风险防控等专项行动，指导企业完善文件、制度53项；市法学会举办企业法务培训2期。眉山市政法系统召开市委全面依法治市委员会第二次会议，细化落实109项具体任务，统筹推进法治示范创建，开展政府规范性文件、重大决策事项审查2 286件，提出建议意见3 714条；开展重大行政处罚备案案件执法监督，推进行政复议程序规范化制度建设；落实“谁执法谁普法”责任，开展法治宣传，“七五”普法收官；举办苏洵苏轼苏辙与传统法治文化高峰论坛，推动出版《北宋士大夫的法律观——苏洵、苏轼、苏辙与传统法律文化》，在法学、苏学研究界引起较大反响，获中国法学会副会长张苏军肯定批示；召开市法学会三届二次常务理事（扩大）会议，完成法学立项课题35个，编辑出版《眉山法学文集（第十一辑）》《2019年法学研究立项成果选编》和《眉山法学》杂志4期；融入成渝地区双城经济圈建设和成德眉资同城化发展，全市政法机关与重庆、成都、德阳、资阳等地开展法治协作对接，分别签订《成德眉资同城化发展提供高质量司法服务保障的合作框架协议》《成都、德阳、眉山、资阳与重庆第一、第五分院“4＋2”检察协作意见》《关于加强检察协作服务保障成德眉资同城化发展的工作意见》《关于建立成德眉资禁毒区域协作机制的协议》等。

【政法信息化建设】 眉山市政法系统开展“大数据辅助办案和涉案财物集中管理”两个系统、“新一代政法网建设”等调查研究；组建政法系统局域网，在全省率先实现市、区县政法委和市级政法部门数据联通；推进全省政法系统跨部门办案平台试点和“安可替代工程”，完成“新一代政法网建设”项目评审立项。全市政法单位全面接通电子政务外网，开发应用新版政法系统门户网站。眉山市政法系统推动“四川省委政法委办公业务综合平台”在全市政法机关应用，搭建起省、市、县三级政法机关信息直通平台；加强“智慧警务”建设，推进“智慧停车”、天网前端智能升级等任务，“眉山健康通”“眉山禁毒AI三级防控体系”及“眉警督考推”APP荣获全省公安机关移动应用创新一、二等奖。

【政治安全和社会稳定维护】 眉山市政法系统研究制定政治安全职责任务清单和政治重点人异地管控协作机制，依法加强政治重点人和境外非政府组织管理；落实《关于切实做好新时代反恐怖工作的实施意见》，召开全市反恐怖工作视频会，深化严打暴恐专项行动，持续保持暴恐事件“零发生”；开展新冠肺炎疫情对社会稳定影响、村级建制调整改革、房地产领域问题楼盘风险隐患摸排调查，梳理21个方面突出问题，逐一落实化解稳控措施；开展社会稳定风险评估摸底调查，优化第三方评估机制，完成重大决策风险评估673件，排查化解风险点1 971个；向市委、市政府呈报《社会稳定风险报告》4期；出台《开展集中治理重复信访化解信访积案专项工作实施方案》，化解中省交办重复信访事项108件，全市重复信访率同比下降23.6%；深化信访重点交办事项、重点领域问题、重大疑难问题三大攻坚，化解疑难信访问题447个，中央、省交办241件重点信访事项全部按期办结；出台《防范化解和处置群体性事件规程》，开展应对处置群体性事件“红蓝对抗”等系列实战演练，妥善应对处置重大涉稳问题，协助乐山市开展峨眉山景区违建整治第二阶段工作；有效化解中心城区巡游出租车涉稳问题，得到省委政法委书记、市委书记肯定批示；启动敏感时段维稳工作机制，统筹调度各级维稳安保力量，确保全国全省两会、竹博会、泡博会、“4·25”等重大活动、敏感时段和省委巡视组到眉山巡视、村级建制调整改革等重点工作平稳度过。

【平安眉山建设】 眉山市政法系统组织开展平安建设群众满意度测评，印发宣传海报11万份；命名表扬市级“七无”平安村（社区）100个，其中18个村（社区）被命名为省级“六无”平安村（社区）；推进“一村（社区）一警务助理”建设，建立村（社区）警务室131个，配备警务助理187人；落实铁路护路联防任务，实现零事故、零损害目标；抓好升级版网格化服务管理系统应用，强化网格员业务培训，全市有专职网格员2 592名、兼职网格员411名、网格协管员2 495名，办理网格事件60万件、办结率99%；落实特殊人群服务管理7项制度，精神障碍患者监护人纳入以奖代补对象5 927人；开展吸毒人员“满员收戒、全员管控”专项行动，强戒执行率提高32.6%，管控率提高10%；健全社区矫正工作制度，强化定位监管，矫正对象电子监管率91%，无特殊人群肇事肇祸案事件；开展关爱保护未成年人健康成长专项行动，在市工读学校成立教育指导委员会，教育矫治不良行为青少年32人，受到省人民检察院检察长充分肯定；发动“眉警2020特大案集群作战”，先后破获“7·22”跨境电信诈骗案、部督“8·23”传播淫秽视频牟利案等大要案件，破获毒品刑事案件213件、缴获毒品21.39千克，收缴销毁枪支480支；深入开展命案积案专项攻坚，破命案积案7件、现案18件，现案破案率100%；开展森林防灭火专项整治，排查整治隐患1 100处；排查整治治安重点区域114个、突出治安问题710个，社会治安形势持续向好。

彭山区、洪雅县被评为2019年度全省平安建设先进区县。眉山市政府授予3名个人“眉山市见义勇为勇士”称号。

【新冠肺炎疫情防控】 眉山市委政法委发出《关于发动全市政法干警、网格员积极参与新型冠状病毒感染肺炎疫情联防联控工作的通知》《关于进一步发挥综治中心和网格员疫情防控第一道防线作用的通知》，组织3个督导组，分别由1名副书记带队，到区县政法系统督查指导，书记先后5次到区县防疫一线和眉州监狱、眉山强戒所督导防控。公安机关设置检查卡点136个，排查车辆100万台次，守卫定点医疗机构等重要区域57处，关停娱乐场所2 600家；建成“眉山健康通”，注册人数318万；查处涉疫情案件66起，处理涉案人员56人。政法机关依法从快办理全省首例妨害疫情防控案件，入选最高人民检察院和省高级人民法院典型案例；司法行政机关网络编发《违反疫情期间相关管理规定法律责任解答》《企业复工复产法律指南》等法律读本。网格员入户核查重点地区来眉及密切接触者5万人次，劝导聚集群众6万人次，发放宣传资料50万份，协助外出务工人员办理健康证明10万份。3月4日，省委政法委书记到眉山调研，对眉山市政法干警、网格员积极参与疫情防控、有序推动复工复产工作给予高度评价。

【社会治安立体化信息化防控】 眉山市委政法委推进综治中心实战化运行，制定县乡两级综治中心实战化建设重点工作指标，完善3类考核项目、13项具体指标；优化综治信息系统，新增“受理中心”“考核监督”“指挥调度”3个功能模块，四级综治中心受理群众诉求办结率99.9%；制定落实雪亮工程视频资源共享使用管理办法，完成与市民政局、市消防救援支队等部门数据资源对接；强化社会治安智能防控，召开全市平安乡村·慧眼工程建设现场推进会，建成慧眼工程视频监控10万路，有效提升农村“雪亮工程”覆盖面，逐步弥补农村社会治安防控短板；加强智慧平安小区建设，将智慧平安小区建设列入市委、市政府2020年30件民生实事推进，制定《智慧平安小区试点建设方案》，建成省级标准化智慧平安小区96个。

【矛盾纠纷多元化解】 眉山市政法系统深入推进诉源治理，建立健全诉源治理机制，推动社会治理从化讼止争事后应对向少诉无讼前端防范转型，全市法院新收一审民商事案件16 059件、比2019年下降4.19%，万人起诉率5.71，低于全省平均水平；制定鼓励社会力量参与矛盾纠纷化解若干政策，召开全市个人调解工作室规范化建设推进会，新建个人调解工作室15个、专业性行业性调解组织8个；推进市县乡三级矛盾纠纷多元化解协调中心规范化实战化建设，持续推动诉非衔接、检调对接、公调对接、访调对接等解纷方式融合联动，打造“一站式”解纷平台；挂牌督办7件省级重大矛盾纠纷、10件市级突出矛盾纠纷，全部化解销案；编印《矛盾纠纷多元化解典型案例汇编》《矛盾纠纷多元化解实用法规手册》，增强基层调解员解纷能力；排查受理矛盾纠纷13 027件，化解12 732件，成功率98%，没有发生严重“民转刑”案件和个人极端案事件。

【扫黑除恶专项斗争】 眉山市政法系统办理涉恶九类案件660件1 289人，打掉黑社会性质组织5个、恶势力犯罪集团9个、恶势力犯罪团伙12个，判处黑恶犯罪人员417人；查封、扣押、冻结涉案资产7.22亿元，判处追缴黑恶财产1.4亿元、罚金1.45亿元、没收个人财产3.6亿元；办结党员干部涉黑涉恶问题线索373条，党纪政务处分71人（含移送司法机关处理5人），查处党员干部涉黑涉恶腐败和“保护伞”问题74人；排查整顿软弱涣散基层党组织263个，市场监管、文化旅游等10个行业系统乱点乱象实现有效整治；中央扫黑除恶第10督导组、全国扫黑办特派督导第10组、省扫黑除恶第6督导组和“回头看”第2督导组反馈问题45个，全部整改到位；在全省率先系统集成固化专项斗争14项制度，市中级人民法院刑事审判团队被推荐参加全国扫黑除恶专项斗争工作先进集体评选。全市专项斗争群众满意度95.26%，高于全国平均水平。

【政法队伍建设】 眉山市政法系统把贯彻落实《中国共产党政法工作条例》和四川省实施细则作为队伍建设重要抓手，严格执行重大事项请示报告制度，配合区县党委配齐配强80个乡镇（街道）政法委员，组织区县委常委、政法委书记向市委政法委述职，市委政法委派员参加市级政法部门、区县委政法委领导班子民主生活会；开展政法系统领导班子运行和优秀年轻干部专题调研，形成政法系统领导班子运行分析报告，提出政法领导班子成员和优秀年轻干部名单，有效建立政法领导干部中长期培养计划，全年协管市、区县政法领导干部35人；制定实施《从优待警30条措施》，设立500万元公安民警优抚救助金，有效解决干警后顾之忧。眉山市公安局完成“坚持政治建警全面从严治警”教育整顿试点。

【政法宣传】 眉山市政法系统落实政法领域意识形态工作责任，定期召开政法宣传工作联席会议，策划开展系列宣传，中央电视台、《法治日报》、《长安》杂志等省级以上主流媒体刊发眉山市政法系统宣传稿件5 000条（篇），眉山市政法信息工作蝉联全省第一；制作推广基层网格员工作纪实MV《你在我身边，真好！》，社会反响良好；落实“三同步”原则，加强政法网军建设，妥善处置东坡区苏辙中学学生刘某弑母案、“7·30”谢江案庭审宣判等敏感案事件网络舆情，全年未发生有影响的涉政法负面舆情。中国长安网和中央广播电视总台庭审直播眉山市2起涉黑社会性质组织犯罪案，在线观看人数2 000万人次，提高眉山市扫黑除恶专项斗争知晓度、满意度。眉山市委政法委获第四届平安中国看四川“三微”比赛优秀组织奖，推送作品获一等奖3个、二等奖3个、三等奖9个。

（曾　钧）

公　安
Public Security

【概况】 2020年，眉山市公安机关贯彻落实全国全省全市公安工作会议精神，统筹做好疫情防控和防风险、保平安、护稳定、抓改革、促发展各项工作，为全市经济社会发展营造持续安全稳定的政治社会环境。全市公安机关接处警系统接警92 151起，其中有效警情84 674起，接处群众报警求助2 295起，流转指令526条，指挥落地核查稳控1 200人次；破刑事案件3 937起、比2019年上升30.8%，抓获刑事案件作案成员2 446名，刑事拘留1 434人，提请逮捕933人；发现受理治安案件11 818件，查处3 802件（其中涉黄案件171件，打击处理458人；涉赌案件380件，打击处理1 873人）；开展矛盾纠纷大排查、大调处，化解矛盾纠纷3 797起，调处成功3 675起，调解成功率96.68%。眉山公安工作社会化综合评价满意指数为95.54分。眉山市公安局在全省公安系统年度综合考评中获二等奖，被评为“2020年度目标绩效考核先进集体”。104项警务工作获省、市先进，163名民警获市级以上先进个人称号。

【新冠肺炎疫情防控】 疫情防控期间，眉山市公安机关按照“136＋4”疫情防控工作体系要求，围绕“政治安全、社会稳定、秩序良好、三战全胜”工作目标，开展公安武警联勤武装巡逻，出动警力3 460人次、车辆692台次，劝导在公共场所不落实防疫要求人员2 800人，安全护送转运防疫物资4次，抓获网上在逃人员3名，为筑牢全市疫情防控安全屏障贡献力量。

【治安防控】 眉山市公安局制定《眉山市公安局关于处置暴力恐怖和个人极端事件工作预案》，落实“屯警街面、动中备勤、武装处突”工作要求；健全完善全市18支快反小组，制定“135”分钟到达分布表，依托市公安局联合指挥部，每日点对点调度，实现扁平化指挥、可视化掌控；制定《眉山市公安局关于处置突发事件工作预案》，健全全市公安机关应急处突警力，落实“定人、定车、定位”三定要求，规范等级响应准备，做到“拉得出、动得快、用得上”。6月，眉山市公安机关率先在全省成立正式列编的警用无人驾驶航空器警务航空大队，推动落实科技兴警战略，将无人机应用于安保维稳、普法宣传、交通疏导、刑事侦查、抢险救援等领域，初步探索出一套地空联动、快速反应的新型三维警务实景巡防方式，转变传统二维警力部署模式，疫情防控期间开展空中防疫宣传58次，应急救援演练8次、“空地一体”巡逻16次、隐蔽侦查9次、重点部位VR全景制图及三维建模26次、押解侦查6次，飞行总时长超过260小时。

【违法犯罪打击】 眉山市公安机关累计立案114起，破案87起，抓获犯罪嫌疑人300名，移送审查起诉案件91起、打击处理219人，查扣涉案资金、资产约6亿元；通过专案侦办、集群作战等模式，侦破川金象商业秘密被侵犯案，系眉山市首例民营企业重大商业秘密被侵犯案件；侦破“9·19”特大伪造货币案，获得部经侦局和经侦总队贺电；侦破“7·15”系列串通投标案，系眉山建市以来最大串通投标案，涉案金额110亿元，打掉职业串通投标团伙4个，抓获犯罪嫌疑人38名，挽回经济损失1.5亿元；侦破“3·30”特大系列贷款诈骗案，系全省首例利用公积金信用信息诈骗贷款案件；侦破“11·18”虚开增值税专用发票案、“6·03”和“5·10”区块链网络传销案、“4·27”和“6·12”非法经营案、“6·05”地下钱庄案等重特大案件。眉山市公安机关推动扫黑除恶专项斗争、“奋进”系列专项行动、“云剑”专项行动等，侦破公安部挂牌督办彭山“3·22”特大盗掘古文化遗址案、丹棱“11·14”刘某某等人系列制贩枪支案、东坡孙某某和陈某某等人利用信用卡、POS机系列诈骗案、“7·22”特大跨境电信诈骗案、省公安厅挂牌督办天府新区李某某系列诈骗案以及陈某某等人买卖国家机关公文、妨害信用卡管理案、“4·16”专案、“9·24”专案、肖某某等人团伙扒窃案等大案要案，抓获网上逃犯361名；立、破七类涉网主侦案件65件，抓获犯罪嫌疑人194人，并成功预警国内重大刑事犯罪13起，抓获犯罪嫌疑人18人（其他类51起），山东省菏泽市公安局、河北省唐山市公安局分别向眉山市公安局发送感谢信，此项工作得到省公安厅常务副厅长在《眉山公安深化网约犯罪预警机制 成功阻止多起学生自杀事件》（《眉山公安专报》第48期）上批示。

【政治安全维护】 眉山市公安机关围绕维护国家政治安全核心任务，以抗击新型冠状病毒肺炎疫情和助力有序复工复产为主线，着力构建完善全市公安机关“政治安全和社会稳定”体系；开展严打网上政治谣言和有害信息，及时研判风险，严防有害信息滋生蔓延，上报查控清理类信息221条，完成机制落查任务72人次、任务核查36人次。

【涉稳风险防控】 眉山市公安局组织全市公安机关稳妥应对“鑫圆系”“拥德控股”“明天系”“四川信托”等10个涉稳群体数百名涉稳人员，实现非法集资存量案件清零；配合打好防范化解重大风险攻坚战，实现信访人员零进京，有效化解眉山市经济金融领域风险；开展基础性监管检查和对接联系600次，督促落实整改事项23项，基本达到全覆盖无遗漏；依法阻止境外非政府组织非法活动5起，落实监管措施200处次，确保境外非政府组织依法合规开展活动；编报涉疫专报110期，协助核查1 125人；研判上报预警信息185条，被省公安厅认定采用67条、被公安部采用6条。

【舆情管控】 眉山市公安机关开展调度任务100次，搜报网上信息4 750期，采用2 612期；持续开展5个网警执法账号经营，发文1 000条，回复网民咨询200次；经营境外账号527个，开展境外舆料投放8 444条，获点赞数2.6万次；开展境内引导任务140次，完成反制临时任务7次，成功处置本地涉稳舆情事件20次。

【“智慧警务”项目建设】 眉山市公安局按照市公安局党委确定的“刚需必建、急需先建、适度超前、高性价比”原则和“建设、整合、集约、优化、提升、安全”十二字方针，于7月底完成“智慧警务”项目建设内容优化瘦身，压减项目建设预算约2.2亿元，强化提升经费使用效益；在保持项目总体预算不变前提下，优化完善“智慧警务”建设内容，将公安厅部署的视觉计算建设应用、大数据分节点、大数据赋能工程3项建设任务纳入“智慧警务”二期建设；按照“锎定目标、对标先进、并联推动、弯道超车”要求，在依法依规按程序前提下加快推进项目建设进度，将原先规划“智慧警务”三期建设内容合并为两期并行推进，截至年底完成“智慧警务”一期项目初步设计方案编制和非涉密部分监理单位招标。

【公安科技信息化建设】 眉山市公安局做好大数据支撑疫情防控，发挥已建视频监控系统作用，为防控提供车辆、卡口数据查询服务，调取1月1日—2月9日期间悬挂眉山车牌的车辆曾经在湖北境内出现和活动的轨迹信息2 600条，调取卡口数据1.44万条；推广新一代移动警务建设应用，全市民警终端配备率81%、终端使用率86%，应用到巡逻盘查、侦查办案、采集录入等日常工作中，提高公安业务效率；在全市范围内深入开展“四川省公安机关违法犯罪记录管理系统”示范建设应用，推进大数据智能辅助办案系统应用，全市有大数据平台高级使用权限248人、云搜平台高级使用权限38人，人均使用5 350次；全方位加强信息化实战大练兵，组织市公安局和各区县分局科信民警开展公安视频图像智能化建设应用、警综平台办案部门变更功能、“互联网+公安政务服务”、信息安全技术在线培训2 460人次。

【公安基础技术革新】 眉山市公安局参加全省公安基层技术革新，牵头开发的“眉警督考推”系统获三等奖、“眉山市禁毒AI三级防控体系”获优秀奖；深入推动移动创新应用，参与研发和部署的“眉山健康通”系统实现健康信息与人员活动轨迹关联和“一标三实”系统实时对接，“眉山健康通”系统被省公安厅评为2020年全省移动应用创新项目一等奖，“眉山市禁毒AI三级防控体系”及“眉警督考推”APP被省公安厅评为2020年全省移动应用创新项目二等奖，市公安局科技信息化支队被省公安厅表彰为“2020年全省移动应用创新优秀组织单位”。

【公安网络系统建设与管理】 眉山市公安局完成市公安局信息中心运维服务采购项目招标，配合省公安厅做好警综平台、政务微信、移动警务等系统升级维护，定期对信息中心机房网络、设备、系统和数据等全面维护检查保养，解决网络故障15起；指导各区县做好夏季信息通信设备防雷、防汛，全面落实防灾安全制度，确保信息通信设备安全运行。眉山市公安局以“防信息泄露、防病毒木马、防内外攻击、防系统瘫痪”为重点，持续抓好网络安全防范；1—4月深入开展公安信息网边界安全隐患专项整治行动，疫情防控期间配合省公安厅开展加强联防联控和复工复产中数据安全与个人信息保护专项工作，5—10月配合省公安厅对“四川公安信息网新PKI／PMI身份认证与访问控制系统”测试并实现上线运行，8—11 月在全市范围内组织开展公安机关网络安全检查，9 月起根据全省公安应用系统日志审查工作机制开展风险查询日志现场审查处置，11—12 月在全市公安机关推开信息化合作企业安全管理专项整治行动，通过一系列组合拳，堵塞漏洞、确保安全；每季度组织一次内部安全风险隐患排查，定期组织对信息中心机房、UPS 电源巡检，排除系统、设备隐患 12 起。

【网络安全监管】 眉山市公安机关对卫健、教体、政务等行业单位信息系统开展技术检测，编报《网络与信息安全通报预警专刊》9 期；远程扫描检测全市网站 12 461 家次，现场检查 272 家次，发送《网络安全风险告知书》131 份，编报《网络与信息安全信息通报专刊》49 期，发现并通报处置中高危风险漏洞 164 个，组织开展网络安全评估单位 137 家，启动“一案双查”案件 12 件，行政处罚互联网单位 4 家，处罚个人 13 人；联合市委网信办举办眉山“护网 2020”网络安全攻防演习。

【电子证据采集服务】 眉山市公安机关全年共立、采集移动智能终端数 1 192 条（全省第六），总体合格率 96.14%（全省第五）；配合侦破“3·30”骗取贷款案、“4·1”洗钱案、“4·16”串通招投标案、“9·19”伪造货币案等重大涉网案件，涉案金额高达数亿元。

【警卫保卫】 眉山市公安机关会同相关部门完成疫情防控、全国两会、党的十九届五中全会、高考等重大会议、活动安保任务，确保重点时段、节点平稳过渡，全市政治安全形势保持长期平稳。

（钟丽娟）

检 察
Procuratorate

【概况】 2020 年，眉山市检察机关全面加强法律监督，持续推进转型发展，办理案件 12 987 件，其中刑事检察案件 10 953 件、民事检察案件 328 件、行政检察案件 42 件、公益诉讼案件 257 件、其他类检察案件 1 407 件，各项工作取得新成效。

眉山市人民检察院检察长：吕皓（11 月离任），于强（12 月代理检察长）。

【刑事检察】 眉山市检察机关疫情期间运用远程提讯、远程接访等信息化手段办案，起诉涉疫情犯罪 10 人，仁寿县检察院办理的王某妨害公务案入选最高检妨害疫情防控犯罪典型案例；批准逮捕故意杀人、抢劫、盗窃、诈骗等刑事犯罪 284 人，提起公诉 578 人；起诉毒品犯罪 343 人，办理的李某某贩卖、制造毒品案和胡某某贩卖毒品案被评为全省惩治毒品犯罪典型案例；起诉非法吸收公众存款、集资诈骗、传销等涉众型犯罪 76 人，起诉危害食品药品安全犯罪 15 人，办理食品药品领域公益诉讼案件 82 件；运用“12309”检察服务中心绿色便民通道，受理控告、申诉信访 605 件，接待群众来访 523 人次；在办案中主导促成刑事和解 43 件，审查办理刑事申诉案件 13 件，实现连续 14 年涉检案件进京到省“零上访”；落实认罪认罚从宽制度，2 286 人适用认罪认罚从宽处理，适用率 83.4%，居全省前列；依法准确提出量刑建议 1 846 人，采纳率 96.15%；推动案件办理繁简分流，适用速裁程序 474 件，占比 35.24%；发挥派驻公安机关执法办案管理中心检察室作用，监督公安机关立案 41 件、撤案 42 件，纠正漏捕 29 人，追诉漏犯 70 人，提出抗诉 16 件；纠正刑罚执行、监管场所和社区矫正违法 106 件，提出变更强制措施建议被采纳 61 人，办理减刑、假释 834 件，监督改变减刑幅度 36 件、不予假释 3 件，深化监管场所巡回检察，发现并纠正问题 32 个；协力推进反腐，办理监委移送审查起诉 28 人，提起公诉 25 人，其中县处级 6 人，立案查处司法人员渎职犯罪 1 人。

【民事检察】 眉山市检察机关全年受理民事行政检察监督案件 338 件，民事生效裁判监督案件办结 71 件，其中提出再审检察建议 14 件，不支持监督申请案件 51 件，提出抗诉 2 件获得法院改判；受理民事审判、执行监督案件 78 件，提出检察建议 76 件，采纳率 97.4%；受理支持起诉案件 176 件，支持起诉 161 件，采纳支持起诉意见 151 件，采纳率 93.8%；加强对拖欠劳动报酬案件监督，支持 151 名农民工起诉索薪，帮助追回欠薪 447.5 万元；深入推进虚假诉讼领域深层次违法专项监督活动，办理虚假诉讼监督案件 4 件。

【行政检察】 眉山市检察机关全年受理行政检察监督案件 45 件，其中办结行政生效裁判监督案件 10 件，提请省检察院抗诉 1 件，不支持监督申请案件 9 件；受理行政审判活动监督案件 5 件，提出检察建议 5 件，法院采纳检察建议 5 件；受理行政执行活动监督案件 25 件，均为非诉执行监督案件，提出检察建议 25 件，采纳检察建议 25 件；发挥行政检察监督职能，推动行政争议实质性化解，化解行政争议 5 件，办理的邹进忠工伤行政争议案是全

图 19 2020 年 7 月 31 日，成德眉资检察协作签约仪式 （市检察院供图）

图 20　2020 年 5 月 20 日，眉山市检察机关优秀公诉人、刑事检察业务能手竞赛笔试考场（市检察院供图）

省首例促成行政争议实质性化解案件。

【公益诉讼检察】 眉山市检察机关立案办理公益诉讼案件 257 件，向行政机关发出诉前检察建议 225 件，磋商结案 10 件，发出民事公益诉讼公告 10 件，提起诉讼 12 件，其中民事公益诉讼案件 2 件、刑事附带民事公益诉讼案件 9 件、行政公益诉讼案件 1 件；起诉破坏野生动物资源犯罪 8 人，联合有关部门对 40 家人工繁育野生动物养殖场专项检查，提出改进建议全部被采纳，洪雅县检察院创新打造全省首个由检察机关牵头建设的“候鸟补食”公益保护基地，开启野生动物保护领域公益帮教和生态修复补偿新路径；起诉非法捕捞、非法采矿等破坏生态环境资源犯罪 58 人，立案办理生态环境和资源保护公益诉讼案件 123 件，办结最高检挂牌督办 2 件水污染公益诉讼案件，其中天府新区泉龙河水污染行政公益诉讼案入选四川省检察机关长江上游生态环境保护典型案例，“四聚四化”工作法被最高检、省河长办推广。眉山市检察机关督促治理修复被污染水源地 3 处，清理被污染和非法占用河道 13 公里；督促关停和整治违法造成环境污染企业 5 家，保护被污染土壤 35 亩；督促清理违法堆放生活垃圾 23 吨，督促回收和清理固体废物 6 万吨，督促查处销售走私假药、伪劣食品 20.87 吨；督促收回国有财产和权益价值 78.8 万元，督促追缴国有土地出让金 2.1 亿元，其中督促相关部门一次性追缴国有土地出让金 1.926 亿元行政公益诉讼案是全省国有建设用地使用权出让领域专项监督整治活动中涉案金额最大的案件。

【未成年人刑事检察】 眉山市检察机关开展“打击侵害未成年人犯罪专项行动”，起诉侵害未成年人犯罪 58 人；坚持对涉案罪错未成年人宽容不纵容，起诉未成年人犯罪 38 人，对涉嫌犯罪、无社会危险性的不捕 12 人、不诉 19 人；查询全市 473 所幼儿园、中小学校以及 156 所校外培训机构 1.2 万名教职员工违法犯罪记录，66 名检察官担任法治副校长，开展学校法治宣讲近百场；与公安、教体等部门建立严重不良行为、未达刑事责任年龄不予刑事处罚未成年人的信息互通、线索移送等罪错未成年人分级干预体系，联合教体、公安、民政、卫健会签《关于建立侵害未成年人案件强制报告的实施办法》；联合团市委会签《关于构建未成年人检察工作社会支持体系的合作框架协议》，对未成年被害人开展心理疏导、经济救助和医疗服务等“一条龙”帮扶；探索罪错未成年人临界预防，通过建立等级评估、专门学校帮教、结业跟踪等方法，帮助 25 人回归社会，11 人进入学校继续学习或考上大学。

【“两法衔接”推进】 眉山市人民检察院、市公安局、市市场监管局印发《关于加强行政执法与刑事司法衔接工作的实施意见》，市人民检察院、市公安局、市林业局印发《眉山市林业行政执法与刑事司法衔接工作机制（试行）》，进一步明晰行政执法案件移送标准。眉山市检察机关通过共享平台录入行政执法案件信息 37 条（件），录入率 100%，移送率 100%；运用“两法衔接”平台发现并移送涉嫌犯罪 7 人，督促公安机关立案；邀请民营企业家参加“护航民企发展”检察开放日活动，听取并依法协调解决民营企业法治需求；监督司法机关对行政执法部门移送的案件线索在规定时限内审查，将审查处理结果（立案或不予以立案）及理由书面告知行政执法部门、检察机关，对不予以立案的，公安机关按规定向检察机关通报和反馈。眉山市检察机关全年立案 35 件，应该立案率 100%。

【扫黑除恶专项斗争】 眉山市检察机关全年受理审查逮捕 61 人、审查起诉 144

图 21　2020 年 10 月 19 日，眉山市检察院到眉山中学讲解《民法典》，和同学们共同探讨未成年人权益保护法律问题

（市检察院供图）

人，其中以涉黑提起公诉45人、审结率100%，以恶势力集团或团伙起诉99人，实现检察环节案件清结，被评为全省扫黑除恶专项斗争先进单位，扫黑除恶认罪认罚从宽工作经验全省交流，其中李某某等25人涉黑案，由中央电视台社会与法频道《现场》栏目等22个媒体平台对庭审同步网络直播，关注人次达850万，取得良好政治效果、法律效果和社会效果；依法甄别黑恶势力，“是黑恶犯罪一个不放过，不是黑恶犯罪一个不凑数”，追诉漏罪3条，追捕漏人21人，抗诉2件；发现并移送黑恶势力“保护伞”线索6条，坚持每案必建议，分析行业管理、综合治理方面漏洞和问题，向行政机关发出检察建议9份，推动相关部门建章立制、堵塞漏洞、消除隐患、依法行政。

【民营经济发展保障】 眉山市检察机关起诉非法经营、合同诈骗、侵犯知识产权等破坏营商环境犯罪188人；加强涉民营企业民事、行政诉讼监督，对生效裁判提出抗诉、再审检察建议7件，对审判活动和执行活动提出检察建议9件，其中对情节轻微的涉疫情犯罪企业或企业家落实从宽政策，不批捕1人，不起诉8人，监督撤案1件；对长期搁置的涉民营企业刑事诉讼“挂案”组织专项清理，排查出22件，全部督促结案。

（张　瑾）

法　院
Court

【概况】 2020年，眉山市中级人民法院受理案件39 518件、同比下降2.55%，审结39 125件、同比上升0.17%，结案率99.01%、同比上升2.68个百分点，法官人均结案184.55件、同比上升7.25%，其中市中级人民法院受理案件4 262件、同比下降7.96%，审结4 194件、同比下降7.97%，结案率98.4%、同比上升1.26个百分点。与“十二五”期末对比，全市法院受理案件数同比上升40.28%，审结案件数同比上升46.24%，结案率同比上升4.04%，法官人均结案数同比上升140.05%。

眉山市中级人民法院院长：吴良军。

【刑事审判】 眉山市法院坚定维护国家政治安全，依法审结袁某某煽动颠覆国家政权犯罪案件；严厉打击多发刑事犯罪，依法审结故意杀人、故意伤害等严重暴力犯罪案件71件，审结抢劫、盗窃、诈骗等侵财犯罪案件360件，审结危险驾驶、交通肇事等危害公共安全犯罪案件405件，审结“黄赌毒”犯罪案件370件；坚决惩治贪腐犯罪，依法审结杨某某、王某某、廖某等职务犯罪案件28件。全市法院审结涉黑涉恶犯罪案件31件417人，结案率100%，工作经验在全省“扫黑除恶”专项斗争第三次推进会上交流；审结全国扫黑办督办的谢某等20人涉黑犯罪案件，受到省法院主要领导批示肯定，入选全省法院“扫黑除恶十大典型案例”，为最高法院出台打击跨境赌博犯罪司法解释提供示范案例；坚持“扫黑除恶”与“打财断血”同步推进，判处罚金和追缴、没收财产6.45亿元；开展“黑财清底”行动，执行到位率90.96%，排名全省前列。全市法院全年受理刑事案件2 016件、同比下降23.32%，审结1 999件。眉山市中级人民法院刑事审判团队获“全国扫黑除恶专项斗争先进集体”称号。

【民商事审判】 眉山市法院落实市委优化营商环境决策部署，全面提升营商环境司法指标，依法审结合同类、公司类商事案件10 715件；加强知识产权司法保护，成立全国首个知识产权保护中心多元解纷工作站，设立知识产权巡回法庭，深入园区企业培训指导，依法保护金象化工、斑布纸业、“幺麻子”食品等企业知识产权，妥善审结知识产权案件112件；加强破产审判，发布破产审判白皮书，建立府院联动机制，加强破产管理人监督管理，实施破产预重整机制，审理破产案件63件，盘活土地614.9亩、资产1.33亿元，受到市委主要领导批示肯定。全市法院全年受理民商事案件19 140件、同比下降4.3%，审结18 937件。

【行政审判】 眉山市法院发布行政审判白皮书，针对行政执法中突出问题，提出司法建议，受到市政府主要领导批示肯定，市政府专门出台工作推进方案；推动建立府院联席会议制度，诉前协调化解行政纠纷64件，诉中行政和解案件99件，促进行政纠纷实质化解；推进行政机关负责人出庭应诉，行政机关负责人出庭率90.15%、同比上升13.94个百分点。全市法院全年受理行政、国家赔偿案件1 320件、同比上升36.08%，审结1 306件。

【执行工作】 眉山市法院深入贯彻市人大常委会《关于加强人民法院执行工作的决定》，推动出台《关于加强综合治理从源头切实解决执行难问题的实施意见》；加大失信惩戒，发布执行典型案例，公开曝光4 494人，纳入“黑名单”7 437人，限制高消费6 784人，拘留30人，移送拒执立案13人；强化执行办案，开展“做好‘六稳’工作、落实‘六保’任务”等系列专项执行行动，“三个90%、一个80%”（有财产可供执行案件法定审限内执结率达到90%、无财产可供执行案件终本合格率达到90%、执行信访办结率达到90%和执行案件执结率达到80%）核心指标高位运行，涉民营企业专项执行工作受到市委、市政府主要领导批示肯定；坚持善意文明执行，完善执行长效机制，工作经验在全省第十五次执行工作联席会议上交流。全市法院全年受理执行案件15 541件、同比上升3.7%，执结15 442件、到位金额29.67亿元。

【多元解纷】 眉山市法院推进诉源治理实质化，推动出台《关于建立健全诉源治理机制加强矛盾纠纷源头预防和前端化解的实施意见》，诉源治理大格局更加健全；推进商事调解专业化，与市金融工作局、市发改委、市人社局共建金融、价格、劳动等多元解纷机制，天府商事调解中心入驻眉山，“一核多元”体系更加完善；推进市域社会治理现代化试点，联合市委城乡基层治理委员会命名全市首批40个“诉源治理示范村（社区）”，发布物业纠纷审判白皮书，设立诉讼服务站、点，夯实社会治理基层基础。眉山市民商事纠纷、行政纠纷万人起诉率5.88‰，低于全国、全省平均水平；诉源治理改革经验被省委改革办刊载推介，多元解纷“眉山实践”被央视《法治天下》栏目深度报道。9月，眉山市中级人民法院被最高人民法院评为“全国法院一站式多元解纷和诉讼服务体系建设先进单位”。10月，眉山市中级人民法院构建“递进式”诉

图 22　2020 年 5 月 13 日，眉山市金融纠纷多元化解案件研判会（市法院供图）

图 23　2020 年 4 月 23 日，第二届妇女儿童权益十大典型案例颁奖仪式暨新闻发布会（市法院供图）

源治理机制被省委深改办《四川改革专报》专刊发表。

【司法为民】 眉山市法院严惩食品药品安全犯罪，依法审结曾某某、江某某生产"染色腊肉"犯罪案件；加强农民工权益保护，联合市人社局出台劳动人事争议化解指导意见，依法打击拒不支付劳动报酬等违法犯罪，审结劳动争议案件 814 件，为农民工讨回薪资 4 369.19 万元；保护妇女、儿童、老人合法权益，联合市妇联等发布"眉山市第二届保护妇女儿童合法权益十大典型案例"；深化家事审判改革，妥善审结家事纠纷案件 3 582 件、调撤率 62.34%，发出人身安全保护令 8 份；加大司法救助力度，依法对生活确有困难的当事人提供司法救助 356.79 万元。

【司法公开】 眉山市法院加大司法公开力度，依法公开审判流程信息，裁判文书公开率 100%，庭审直播 8 783 次、在线观看 745 万人次；强化新媒体运用，市中级人民法院通过微信、微博等推送《法庭纪实》33 期、工作动态 677 条，点击阅读量 41.8 万人次；落实"法律七进"要求，开展"三百"[百名法官送法进百村（社区）、百名法官送法进百企、百名法官送法进百校]普法等法治宣传，深入学校、企业、村（社区）开展《中华人民共和国民法典》宣讲、巡回审判和法律咨询；做强微电影品牌，《达瓦里希》获中央政法委平安中国"三微"比赛"优秀微电影"，《渔祸》获全国法院微电影大赛"十佳微电影"，市中级人民法院被评为首届中国法治微电影展"优秀组织单位"。

【公正提速】 眉山市法院深化案件繁简分流改革，探索类型化、要素式审判，实现简案快审、难案精审，简案速裁率 78.18%，平均审理时间 31.04 天，刑事案件简易程序审理 695 件、平均审理时间 11.08 天，适用认罪认罚从宽制度审理 1 196 件、平均审理时间 15.80 天，全市法院案件结案率排名全省第六；做实刑事庭审实质化，严格执行庭前会议、证人出庭和非法证据排除三项规程，庭审实质化审理刑事案件 160 件，召开庭前会议 39 件，启动非法证据排除程序 2 件，全市法院审判综合质效排名全省前列，五项核心指标（平均审理天数、案件发改率、结收比、结案率、首次执行案件实际执结率）达到满分值，案件发改率不断下降，服判息诉率持续提升。

【全国模范法院创建】 眉山市东坡区人民法院坚持向改革要动力，8 项改革创新经验在全国全省法院推广示范；自主研发矛盾纠纷多元化解一体化平台，入选《法治蓝皮书·中国法院信息化发展报告》，并在首届数字中国峰会成果展和全国法院信息化工作会议上交流推广；创新建立以诉讼辅导为中心的立案模式，被最高法院确定为全国立案登记制改革创新经验，多家中央媒体集中采访报道并向全国推广；创新建立多元化、区分化、信息化矛盾纠纷分流化解体系，被最高法院确定为"全国法院案件繁简分流机制改革示范法院"。2016—2020 年，东坡区人民法院受理案件 41 538 件，审结 37 907 件，结案率 91.26%，法定期限结案率 99.92%。2020 年 1 月 15 日，人力资源和社会保障部、最高人民法院授予东坡区人民法院"全国模范法院"称号。

（刘慧彬）

司法行政
Judicial Administration

【概况】 2020 年，眉山市司法行政系统紧扣"1＋4"职能定位，以全面依法治市为核心，以夯实基层基础为重点，履行行政立法、行政执法、刑事执行、公共法律服务四大职责，聚力服务中心工作，全力维护社会和谐稳定，整体工作水平得到明显提升，为眉山开放发展营造良好法治氛围。眉山市司法局被评为全国公共法律服务工作先进集体、全省司法行政系统抗击新冠肺炎疫情表现突出先进集体、全国"七五"普法中期先进集体，丹棱县司法局被评为全省司法行政系统先进集体。

【公共法律服务体系建设】 眉山市司法局推进公共法律服务体系建设，将村（社区）公共法律服务室建设、公共法律服务平台服务群众列入 2020 年全市十大民生工程及 30 件民生大事项目，全市建成市级公共法律服务中心 1 个、县级公共法律服务中心 6 个、乡镇（街道）公共法律服务工作站 80 个、村（社区）公共法律服务工作室 842 个，构建市县乡村（社区）四级"一站式""窗口化"综合性公共法律服务平台，实现服务网络全覆盖；落实"一村（社区）一法律顾问"制度，村（社区）全部配备法律顾问，培育村（社区）"法律明白人"4 800 人，"半小时服务圈"基本形成；发挥"眉山司法"微信公众号、"12348"法律服务热线作用，实体、网络、热线三大平台基本融合，为人民群众搭建普惠、便捷的公共法律服务综合平台；实现“服务网络覆盖城乡、服务力量不断壮大、服务产品满足需求、服务质量明显提升”工作目标，完成2020年工作任务。眉山市司法局被评为全国公共法律服务工作先进集体。

【法律援助】 眉山市司法行政系统通过扩大法律援助范围、增强服务能力、优化服务方式、提高服务质量，推动法律援助服务由“有没有”向“好不好”跨越，努力满足群众对法律援助的获得感、认同感和赞誉度。全市为困难群众提供法律援助服务22 004人次，办理法律援助案件1 156件、其他法律援助事项19 692件。

【法律服务】 眉山市司法局组建法律服务团开展“民营企业法治体检”“外来企业大走访”“企业风险防控”专项活动，指导企业完善文件和制度53项，审查完善农民工合同4 000份；完成国家统一法律职业资格考试组织实施。

【律师服务】 眉山市司法局深化律师制度改革，在全市6个区县开展刑事案件律师辩护全覆盖试点；组织律师服务团深入丹棱园区、眉山天府新区管委会等，举办“企业风险防控”等法律知识主题讲座，开展“民营企业法治大体检”和“外来企业大走访”活动，为企业出具法律意见书40份，提供法律意见46条，指导完善企业制度53项；组织律师到贫困村开展法治讲座30场，参与村规民约制定115次，到阿坝州金川县开展同心法律服务帮扶活动。

【公证服务】 眉山公证处取得办理涉台公证业务资格后，实现国内、涉台、涉外业务全覆盖；办理城区出租汽车产权确认、岷江水电公司股东会等涉及改革或重点项目公证，办理东湖春天送达告知函、水天花月公示文件、万景峰汇工程现状、“法恩莎”知识产权匿名购物、“积木家”商标侵权、东坡里水街现状、富源牧业合同纠纷等涉及房产开发、合同纠纷取证保全公证，疫情期间为中国银行、成都农商行、乐山商行、长城华西银行借款合同办理赋予强制执行效力公证；办理水稻田边界侵权纠纷现状保全，维护村民民事活动公平运行；对于简易案件当事人立等可取，继承等复杂案件5个工作日办结，按时办结率100%，零复查、零投诉；深化减证便民活动，规范公证流程，落实最新证明材料清单，通过多途径告知、网上预约、免费邮寄送达等措施使公证服务“最多跑一次”占总办证量超30%。眉山公证处全年办理公证2 831件，其中涉外302件、涉台3件，业务收费80.06万元。

【司法鉴定】 眉山市司法局完成关于健全统一司法鉴定管理体制改革，完成司法鉴定机构和鉴定人清理整顿；完成司法部国家司法鉴定信息采集平台注册审核，完成2020年度司法鉴定机构及鉴定人会员注册；完成司法鉴定人电子证照库信息采集，组织机构参加2020年度司法部公共法律服务管理局国家认可委司法鉴定能力验证活动；完成鉴定文书质量评查，推选10件司法鉴定文书参加司法部第四届“宋慈杯”优秀司法鉴定文书评选活动；完成机动车司法鉴定机构和司法鉴定人执业类别变更为痕迹司法鉴定相关项目材料报送，完成司法鉴定行业党建工作指导员选派。

【人民调解】 眉山市司法局充分发挥人民调解员人多面广线长的优势，参与疫情防控和涉疫矛盾纠纷排查，全市排查化解涉疫纠纷1 385件，成功化解1 338件；新建金融、食品工业等专业性调解组织3个，发展个人调解室16个；开展矛盾纠纷专项行动5次，排查化解2 671件矛盾纠纷，调解成功率98.71%。全市有2名人民调解员入围全省最美调解员评比前30名，其中有1人进入前10名，获最美调解员称号。

【社区矫正】 眉山市司法局印发《关于在全市社区矫正对象中开展“文化引领、‘四德’夯基、助力新生”教育帮扶活动实施方案的通知》《学习宣传贯彻〈中华人民共和国社区矫正法〉实施方案的通知》等；市政府召开第109次常务会议，集中学习《中华人民共和国社区矫正法》。10月，眉山市政府办印发《关于成立眉山市社区矫正委员会和眉山市就业工作领导小组的通知》。《法本有情》微视频获四川省委依法治省办和重庆市普法办联合举办的2020年“民法典，让生活更美好”法治微视频微电影大赛“社区矫正好故事”一等奖，“打造社区矫正全域性绿色环保公益劳动服务区”列入全省“一县一品牌”学习文件汇编。

【安置帮教】 眉山市司法行政系统开展刑满释放人员“清仓”行动，摸排全市6 000名刑释解教人员，按规定落实“一人一档、一人一措”帮教方案，签订安置帮教协议书6 722份；落实“双管双帮”，完成湖北籍刑释人员临时安置帮教，对离眉打工人员落实“户籍（常居）地与打工地”双列管措施，确保不脱管漏管。

【司法所建设】 眉山市司法局开展司法所规范化建设，规范化率98.47%。全市“省级规范化”司法所62个，1个司法所纳入国家“十三五”规划项目。

【普法宣传】 眉山市司法局落实“谁执法、谁普法”普法责任制，完善联席会议制度，督促各级各部门制定“年度普法清单”“普法任务清单”“个人普法清单”三张清单，细化部门及其内设科室、领导干部、执法人员普法责任；开展新冠肺炎防控专项法治宣传行动，编写《新冠肺炎防护之法律知识48问答》《法眼看疫》《企业复工复产法律指南》等宣传资料，深入社区、乡村、工厂、建筑工地和村（居）民院落开展以案释法活动，提供法律服务，编发依法防疫、复工复产短信，覆盖全市人口；因疫情防控需要，创新线下小分队宣传和线上法治文化活动相结合的模式，利用重要时间节点开展“一月一主题”法治宣传系列活动，全市发放宣传资料72万份，接受群众法律咨询6万人次，线上法治宣传信息点击量突破100万次；深入贯彻学习民法典，把民法典学习教育列入各级党委（党组）理论学习中心组年度学习和政府常务会前学法计划，深入开展“百名法官送法进百村（社区）、百企、百校”“百名律师百场讲座”“全国民主法治示范村（社区）民法典特色宣讲和法治体检”等活动，全市举办民法典法治文艺演出30场、系列讲座280场次；推进法治文化建设，制作“宪法进万家”法治宣传微视频12个，制作“东坡有法”系列晴雨伞、环保袋、围裙和“文明眉山 法治先行”宣传折页、法治文化入户问卷20万件（份）；助推眉山创建全国文明

图24 2020年12月2日，四川省普法依法治理业务骨干（法律明白人）培训班在眉山开班 （市司法局供图）

城市和国家卫生城市、国家森林城市，实施法治环境提升四大工程、八大行动，创文法治环境建设分指挥部成为眉山市唯一一个连续3年网报指标未被全国文明创建验收组扣分的分指挥部；推进“法治乡村”建设，实施乡村、社区“法律明白人”培育工程，实现每个村（社）至少有1名骨干“法律明白人”，东坡区苏祠街道金龙社区、青神县青竹街道兰沟村被评为第八批全国民主法治示范村（社区）；开展全市“七五”普法总结验收，完成中央和省级层面“七五”普法网报验收，向省上报送特色亮点工作4项、点位4个。

（余汭浦）

军　事

MILITARY

人民武装 / 双拥共建 / 人民防空

人民武装
People's Armed Forces

【概况】 2020年，眉山军分区贯彻落实省军区党委扩大会议精神，按照“举旗铸魂抓根本、练兵备战强素质、落实条令严规范、打牢基础保稳定、探索创新谋发展，努力建设一流军分区”的工作思路，狠抓各项工作落实；新冠肺炎疫情发生后，坚持以中央军事委员会主席习近平关于疫情防控系列重要讲话精神为指导，按照省军区党委和眉山市委决策部署，一手抓疫情防控、一手抓年度各项工作统筹推进，确保“两不误、双促进”。

【思想政治建设】 眉山军分区充分利用省军区、军分区强军网资源，采取线上辅导与线下自学相结合的方式，组织开展党委理论学习中心组带机关及人武部学习；狠抓《习近平关于“不忘初心、牢记使命”重要论述选编》《习近平论强军兴军（二）》和《习近平谈治国理政》第二、第三卷等必读书目自学，适时组织学习体会交流、分批次开展检查抽查，确保学习落实；与省军区同步展开专题学习教育，针对备战打仗形势任务变化和常态化疫情防控，突出抓好舆论引导和心理疏导等思想教育，结合上级下发的《形势教育参考资料》等教育提纲，开展授课辅导和谈心谈话活动，过细做好一人一事工作，化解人员思想心理顾虑，确保人员思想稳定；以贯彻民主集中制和《军队基层建设纲要》为培训重点，分析党委班子建设形势，军分区书记、副书记带头授课辅导，组织贯彻民主集中制研讨交流和班子成员谈心交心；组织全区基干民兵营（连）党委（支部）书记预建党组织培训，做法被省军区肯定。

【党管武装与全面从严治党】 眉山市委书记责成相关部门将党管武装、征兵工作、国防动员和全民国防教育列入全市目标绩效考核和市委年度考评表扬项目。眉山军分区扭住双重领导、双向兼职、第一书记述职等制度落实不放松，召开市委议军会议，总结部署党管武装工作，审议出台武委会、国动委会《工作职责》和《工作要点》，研究解决驻军部队实际问题；“八一”建军节前，组织眉山市党政机关开展“军事日活动”，增强各级领导干部国防意识。眉山军分区党委对照“政治意识弱化、责任担当缺失、领导作风飘浮”3个方面突出问题，狠抓问题查纠整改；军分区、人武部主官带头把自己摆进去、把工作摆进去、把职责摆进去，查找出3个方面8项问题；有针对性制地订定《清除纠治政治领域官僚主义台账》，建立健全清除纠治长效机制。

【民兵组织整顿】 眉山军分区联合市委、市政府印发《关于做好眉山市2020年民兵组织整顿工作的通知》，开展民兵组织整顿业务培训，完成民兵潜力调查数据会审上报，分解落实基干民兵编组任务；组织地方37个单位和部门，召开市民兵应急营编组任务协调部署会议，协调市投入经费采购应急抢险器材装备；6月组织全市民兵应急营、连和新质力量开展各型装备集中点验活动，全面检验民兵调整改革成效。

【基层人武部建设】 眉山军分区结合地方乡镇（街道）行政区划调整改革，按照“规范队伍、规范工作、规范制度、规范秩序”要求，推进基层人武部规范化建设达标活动；统一下发库室物资器材配备清单，组织对所辖基层人武部规范化建设情况进行达标抽查，对发现的问题逐项明确整改要求，紧实建设标准。

【兵役征集】 眉山军分区针对“两征两退”改革新要求和常态化疫情防控新特点，调整市县两级征兵领导小组，召开市征兵工作会议和阶段推进会议，抓好征兵工作落实；创新常态化疫情防控下征兵宣传，统筹线上线下两条渠道，突出对大学生尤其是对大学毕业生的“点对点”线上精准宣传；严格按照常态化疫情防控要求抓好征兵体检和政审，完成上级赋予的征兵任务。

【国防动员潜力统计】 眉山军分区召开全市国防动员潜力统计调查任务部署会，明确要求，加强指导，分析数据，形成高质量潜力报告。

【参建参治】 眉山市委、市政府持续加大武装工作经费投入力度，投入300万元对军分区干部公寓楼和宿舍楼进行综合整修等。眉山军分区参与眉山市“创建全国文明城市”活动，开展文明新风进军营和爱国卫生运动，共建精神文明新

图25 2020年7月14日，民兵应急拉练 （眉山军分区供图）

风范；协同市政府举行全国爱国拥军模范彭斌茹第三届强军奉献奖发放仪式，现场发放资金84.4万元。眉山市被表彰为第十一届四川省“双拥模范城”，全市六个（区）县、多个（名）单位部门和个人受到省级表彰表扬。8月中下旬，眉山地区普降暴雨，多地出现洪涝、山体滑坡、房屋倒塌、道路损毁等险情，防汛形势严峻。眉山军分区组织民兵应急队伍参与防汛救灾，执行转移受灾群众、加固河堤、城市排涝、安全巡逻警戒等任务，装填沙袋1 760个，修筑堤坝425米，转移受灾群众5 502人。

【新冠肺炎疫情防控】 眉山军分区坚决贯彻落实习近平主席“生命重于泰山、疫情就是命令、防控就是责任”的指示要求，将疫情防控作为严肃政治考验、责任考验和能力考验；坚持党委统揽强化责任担当，成立疫情防控工作领导小组，具体负责全区疫情防控；召开党委常委会、领导小组会、电视电话会议，传达习近平主席最新重要指示和上级相关要求，安排部署全区疫情防控；由党委常委带队深入一线检查、督导，确保各级防控责任落到实处、各项防控工作抓到实处；印发《新型冠状病毒感染的肺炎防控知识手册》，制定《眉山军分区疫情防控工作方案》《眉山军分区做好疫情防控工作十项措施》，修订完善《防范与处置新型冠状病毒感染的肺炎疫情预案》，党委首长坚持领导带头，深入一线督促检查，狠抓防控措施落实，抓好常态化疫情防控，军分区无一例确诊病例和疑似病例；投入6万元购买被褥、床单及枕头200套，筹集帐篷30顶，协调部队借用军用铁床170张，支援市疫情防控疑似病例隔离观察病区建设，缓解地方防控急需；在疫情防控关键时期，出动民兵应急力量，协助开展设卡排查、交通管控、巡逻巡查、信息登记、复工复产等。

【部队安全管理】 眉山军分区坚持学习上级指示要求和规章制度，抓好《军队安全管理条例》《军队保密条例》集中学习和条令条例经常性学习；注重结合交班会、经常性思想政治教育等时机抓好随机教育、搞好安全提示，将安全教育特别是疫情防护教育纳入年度政治教育计划；结合开展“条令条例学习月”“三零”（零违规喝酒、零酒后驾驶、零酒后滋事）活动，通过张贴安全警示卡、下发《事故案例警示录》、学唱军分区制作的《安全歌》《励志歌》等途径开展宣传教育，增强人员安全防范意识；开展战备值班管理教育整顿活动，组织全体人员深入学习习近平主席关于备战打仗等重要论述和战备值班规章制度，围绕战备意识、制度落实、履职尽责和秩序规范4个方面深入查摆整改；结合“十一”国庆节战备召开专题总结会，明确抓好常态化严格战备值班十条硬核措施。

（高金龙）

双拥共建
Double Support and Joint Construction

【概况】 2020年，眉山市双拥工作坚持以习近平新时代中国特色社会主义思想为指导，按照中央以及省委、市委决策部署，坚持“发展与双拥同步，经济与国防统筹”的基本思路，合力做好双拥氛围营造、退役军人保障。

【全省双拥模范城创建】 眉山市始终将双拥工作摆在突出位置，不断完善工作机制、完备政策体系，构建市委领导、政府落实、人大政协配合、社会参与的双拥工作格局；多举措推进拥军优属，健全完善退役军人服务机构，支持退役军人就业创业，做好军休人员服务。7月，四川省委、省人民政府、省军区授予眉山市“第十一届四川省双拥模范城”称号，授予仁寿县、洪雅县“第十一届四川省双拥模范县”称号，授予东坡区、彭山区“第十一届四川省双拥模范区”称号。四川省双拥工作领导小组授予丹棱县、青神县“四川省双拥先进县”称号。

【拥军慰问】 眉山市双拥办组织市、县（区）两级党政主要领导在春节、“八一”等重要节日分别率队走访慰问驻眉部队官兵，发放慰问金和慰问品；“八一”前夕，走访慰问退役军人、优抚对象和烈军属，发放慰问金；疫情期间，为驻眉山部队提供一次性医用口罩1.1万只、N95口罩1 200个、护目镜20副、防护服50套，帮助眉山籍防控一线军人解决家庭实际困难、解除后顾之忧的做法得到中央军委政治工作部和全国双拥办充分肯定，被中央电视台宣传报道；走访慰问抗战老兵16人，发放慰问金和慰问品6.69万元；争取省预算内专项资金320万元，完成某部队小远散点进场道路和某部队营区门口道路改建项目；按照《眉山市军人子女教育优待实施方案》，全市军人子女优待入学175名；以“六送”活动为载体，开展“情系边海防官兵”活动，为边海防及任务部队官兵家庭解决实际困难，在生产生活、医疗等方面给予帮助。

【拥政爱民】 驻眉山部队在完成练兵备战等任务的同时，参与重大项目建设，维护眉山改革发展稳定大局；疫情发生后，

图26 2020年7月30日，眉山市双拥模范表扬大会召开 （市退役军人事务局供图）

支持配合地方开展防控，动员民兵和专武干部投入防疫战斗，成为疫情防控战场上的重要力量。

【军地共建】 眉山市、县（区）两级传达学习习近平总书记在纪念中国人民志愿军抗美援朝出国作战70周年大会上的重要讲话和习近平总书记给四川省革命伤残军人休养院全体同志的回信内容，在全系统掀起讨论热潮，引发强烈反响；走访慰问老复员军人、伤残军人代表1 068人次，发放慰问金、慰问品35万元，颁发纪念章1 800枚；持续宣传抗美援朝老兵先进事迹，采写刊载宣传报道37篇，营造全社会关爱和尊崇退役军人的氛围；评选出“眉山市优秀退役军人、优秀军人家属”35名，宣传先进事迹和高尚品格，激励退役军人新时代新作为；创新开展“致敬·2020清明祭英烈”活动，倡导烈士遗属和社会各界采取“线上网络祭扫、线下预约祭扫”等方式缅怀先烈，祭扫人数超过15万人次；组织开展“9·30”烈士纪念日向人民英雄纪念碑敬献花篮仪式，全市1 700名社会各界代表参加。

（杨旖旎）

人民防空
Civil Air Defense

【概况】 2020年，眉山市人民防空工作坚持以习近平新时代中国特色社会主义思想和习近平总书记对人民防空工作系列重要论述为指导，深入贯彻中央、省、市有关决策部署，坚持“长期准备、重点建设、平战结合”的方针，全面履行“战时防空、平时服务、应急支援”的职能使命，不断提高城市综合防护能力，推动全市人防事业再上新台阶。

【工程防护体系建设】 眉山市人防办成立人防工程执法组，加强对人防行政审批、工程建设质量监管、工程维护使用监督检查；开展实地执法监督检查26次，会同市纪委到县（区）督导检查11次；推进全市已竣工人防工程质量普查发现问题整改，发出限期整改通知书，对整改情况现场检查，确保质量普查发现问题全面整改到位。

图27　2020年10月，眉山人防指挥通信队伍参加四川省人防指挥通信比武竞赛　（冯江红／摄）

【组织指挥体系建设】 眉山市人防办按照国家人防办训练大纲和省人防办训练计划按纲施训、练兵备战；完成省政府、省纪委主要领导调研人防工作保障任务，受到省人防办表扬；参加2020年全省人防指挥通信技能比武竞赛，获机动指挥所技能竞赛三等奖、理论知识竞赛个人二等奖；参加全省人防短波电台执勤训练，沟通率100%；参加全省人防视频互联互通训练沟通率100%。

【应急救援体系建设】 眉山市人防办结合“九一八”防空警报试鸣，联合教育和体育局、应急管理等部门组织大、中、小学及部分社区开展应急疏散演练，主城区选取苏辙小学为演练试点学校，全市参演人数10万人次以上；完成市委、市政府30件民生实事之人防应急包发放，全市发放应急包4 000份；组建眉山人防水上（综合）志愿应急救援队，参与全市应急演练和防汛减灾救援行动；5月组织人防机动指挥通信队伍、水上志愿应急救援队伍、专业民兵队伍等，在黑龙滩水库开展人防水上应急救援演练，发放《人民防空宣传小知识》手册1 500份，制作新媒体宣传推文、人防系列动画等，宣传政策法规。

【人防重点行业突出问题系统治理】 眉山市人防系统按照中央、省、市纪委监委关于人防重点行业突出问题系统治理的安排部署，结合市委巡察，在易地建设费征收、人防工程建设管理等重点领域开展专项治理并接受监督巡察；建立整改台账，制定实施方案，挂图作战、挂牌督战、整改销号、长效治理，行业治理取得成效。

（戴　值）

图28　2020年11月，眉山人防与南充人防开展联合演训　（冯江红／摄）

综合经济管理

COMPREHENSIVE ECONOMIC MANAGEMENT

经济体制改革与结构调整 / 固定资产投资管理 / 价格管理 / 国有资产管理 / 经济合作管理
市场行政管理 / 质量技术监督管理 / 食品药品监督管理 / 知识产权保护管理 / 财政管理
税务管理 / 审计管理 / 统计管理 / 国家统计调查管理

经济体制改革与结构调整
Economic System Reform and Structural Adjustment

【概况】 2020年，眉山市抢抓国家加快推动成渝地区双城经济圈建设重大机遇，聚焦聚力重大关键性改革，重点推进41项改革任务，组织实施28个专项改革方案，组织开展8项中央、省部署改革试点，出台30多个专项改革方案，重点推进7项改革攻坚项目。

【供给侧结构性改革】 眉山市自2019年大规模实施减税降费以来，累计落实减税降费超90亿元，其中2020年落实减免税超50亿元，新增减税12.83亿元，办理留抵退税6.7亿元，留抵退税规模居全省第三位；清理规范涉企收费，对明令取消、停征的项目全面禁止征收，实现市级及以下涉企行政事业性收费项目“零收费”，对法定行政事业性收费项目按下限执行，对涉企收费情况开展专项检查，对涉企收费目录清单全面清理；落实电力市场化交易的政策措施，组合用好直购电、留存电、富余电等电力交易品种，“十三五”以来累计降低企业用电成本约56亿元。2020年11月，眉山市委、市政府印发《关于推动制造业高质量发展的实施意见》。“十三五”以来，全市以“三化四新”（自动化、智能化、信息化和新装备、新材料、新工艺、新产品）为导向，推进企业开展技术改造，实施项目712个，完成总投资846亿元。成德眉资四地联合出台《成德眉资同城化暨成都都市圈产业协同发展三年实施方案（2020—2022）》，着力打造成眉高新技术产业带、成绵眉新型显示产业带、成眉乐光伏产业带。眉山市不断夯实制造业承载能力，将重点工业园区优化整合为8个，建成400亿以上园区1个、200亿元以上园区2个、50亿元以上园区2个；80%以上制造企业聚集在工业园区，产业集中度71.1%。

【投融资体制改革】 眉山市发展改革委贯彻落实《政府投资条例》，起草《眉山市市本级政府投资项目管理办法》，规范政府投资项目决策程序、审批流程，明确部门职责，强化实施监管，着力提高政府投资效益；为有效防控债务风险，实行年度投资规模控制制度，严格计划外项目审批程序，全年经市委、市政府同意下达两批次市级政府投资计划，89个项目，下达市级财政资金6.57亿元，占全年控制规模9.8亿元的67%；通过“走上去”“请下来”等方式，与国家发改委、省发改委沟通汇报，尽可能争取更多中央资金支持项目建设，全市争取到位中央预算内投资项目64个，到位中央资金10.2亿元，创历史新高。

【全面创新改革推进】 眉山市按照四川省委、省政府关于印发《四川省系统推进全面创新改革试验方案》目标要求，制定《眉山市深入推进全面创新改革试验实施方案》，共细化为20项，逐项分解任务并落实牵头单位和责任单位，明确牵头市领导。眉山市坚持推进全面创新改革“一号工程”，按照“坚持问题导向，突出创新主体、坚持改革创新，优化创新环境、坚持系统推进，着力重点突破、坚持人才为先，统筹资源配置”的原则，通过新一轮全面创新改革试验，基本形成各类市场主体融通创新的发展格局，建立健全创新改革长效机制，建成一批支撑能力强、带动作用大的重大创新平台，在培育企业创新、产业体系创新、金融创新、人才培养和激励等方面取得一批重大创新改革突破，形成在全省甚至全国范围可复制可推广的改革举措和重大政策。全市高新技术企业数量超过120户，高新技术产业增加值占工业增加值比重超过27%，地区生产总值和城乡居民人均收入比2017年增加1.5倍以上，科技进步对经济增长贡献率超过60%，全社会研究与开发经费大幅增长。

（李旭平）

固定资产投资管理
Fixed Asset Investment Management

【概况】 2020年，眉山市围绕“投资唱主角、项目做支撑”，召开全市投资促进大会、抓项目促投资现场会，开展在建项目摸底调查、重点项目推进调研等，建立“周报告、月调度、季通报、年述职”机制，每月召开重点项目调度会，每季度举行重大项目集中开工。全市全社会固定资产投资完成1 283亿元、同比增长10.7%，居全省第一方阵，居成都平原经济区第1位；省重点项目完成投资232.3亿元，年度投资率149.8%，居全省第4位；投资运行二、三季度进入全省“红榜”，重点项目四季度进入全省“红榜”。为应对新冠肺炎疫情，眉山市疫情指挥部成立复工复产工作组，建立复工复产日报制度，制定复工复产包保方案，制定《眉山市应对新型冠状病毒肺炎疫情支持中小企业共渡难关的二十条措施》，省市重点项目在全省率先复工，复工复产经验被省疫情指挥部、省发展改革委充分肯定，争取28个省重点项目，省预算内防疫专项资金1 455万元，居全省第3位；发放重点项目防疫口罩10万只。

【“红黑榜”通报机制建立】 眉山市对标省“红黑榜”通报机制，出台《眉山市投资运行和重点项目推进“红黑榜”通报工作机制（试行）》，根据每季度省、市重点项目推进情况和投资运行情况量化评分，以得分排名确定“红黑榜”通报名单。

【重点项目建设】 眉山市列入省重点项目29个，总投资889亿元，年度计划投资155亿元，其中续建项目21个，总投资659.7亿元，年度计划投资128.1亿元；新开工项目8个，总投资229.3亿元，年度计划投资27亿元。全市省重点项目完成投资232.3亿元，完成进度149.77%，其中21个续建项目完成投资187亿元，完成进度146%；新开工项目全部开工、开工率100%，完成投资45.3亿元、完成进度167.8%。眉山市市重点项目100个，总投资2 226亿元，年度计划投资242亿元，其中续建项目56个，总投资1193亿元，年度计划投资152.5亿元；新开工项目44个，总投资1032.6亿元，年度计划投资89.6亿元。全市市重点项目完成投资362.6亿元，投资进度149.6%，其中56个续建项目完成投资226.6亿元，投资进度148.8%；44个新开工项目完成投资136亿元，投资进度151%。

【项目招投标管理】 2020年进入眉山

市公共资源交易中心工程招投标项目招标控制价336.84亿元，中标价291.35亿元，节约资金45.49亿元，资金节约率13.51%。眉山市面对新冠肺炎疫情，优先将民生项目、应急项目、保障城市运行和促进全市经济社会发展的重大项目招标事项特事特办，优先考虑招标文件会商、备案、挂网、补遗、评标场地预约等，推行不见面开标和异地远程评标；印发《眉山市招投标营商环境指标提升专项行动实施细则》，细化目标任务，压实部门责任；印发《关于推广眉山市国家投资工程建设项目投标保证金电子保单保函的通知》，推行投标保证金电子保单保函；印发《眉山市市级政府性投资工程建设项目新增工程管理办法》，规范政府性投资工程建设项目管理，从严控制工程投资，防止随意新增变更；制定《眉山市国家投资工程建设项目异地远程评标暂行办法》及操作规程，推动评标专家和交易场地资源共享；印发《关于印发〈眉山市建筑施工总承包企业和建立企业信用综合评价管理暂行办法〉等11个信用管理办法的通知》，建立信用评价量化考核体系，推进招投标行业信用体系建设；取消无法律依据的招标文件事前备案，印发《关于取消眉山市国家投资工程建设项目招标文件事前备案的通知》，转变招投标监督方式，强化事中事后监管；创新招投标服务方式，7月25日在全省率先推出移动CA数字证书——“标证通”，实现CA数字证书网络共享。5月起，眉山市深入开展全市工程招投标领域突出问题系统治理，重点整治招标人规避招标、虚假招标和投标人围标串标、中标人转包和违法分包、领导干部违规插手干预招投标等问题，通过系统治理投诉举报和线索征集，收到25个（不含公安机关）信访、投诉、举报、质疑等问题线索，办结25件。全市立案27起，采取刑事强制措施38人，移送起诉案件18件，起诉人员30人，移送公职人员违法违规线索8条；新打掉3个职业串标团伙，抓获犯罪嫌疑人16人，涉案金额110亿元，冻结涉案资金2 000万元，减少经济损失上亿元；纪检监察机关查处党员干部23人，通报曝光工程招投标领域典型案件8起。

【民间投资促进】 眉山市落实中央、省、市促进民营经济发展政策措施，持续优化营商环境、整合审批事项、优化审批流程、提高投资审批效率，提升民间投资项目报建审批服务水平；健全长效机制，鼓励民间资本参与基础设施补短板重点领域建设，同时健全与民营企业常态化沟通机制，依托在线平台公开发布引导民间资本投资项目，促进项目落地实施，推动民间投资持续增长。

（李旭平）

价格管理
Price Control

【概况】 2020年，眉山市发展改革委围绕市委、市政府中心工作，针对新冠肺炎疫情和洪涝灾害，落实降低成本、惠及民生各项举措，改善营商环境，推进价格改革，降低费用负担1.53亿元，降低要素成本12.41亿元，发放价格临时补贴1.25亿元，物价涨幅4.1%，完成4.5%左右调控目标，保障民生和促进经济社会发展。

【要素价格政策实施】 眉山市发展改革委争取要素价格政策，促进复工复产，降低用能成本12亿元，全市符合条件的182家企业纳入电费扶持名单，获电费补贴2 749万元；降低工商业到户电价5%，降低用电成本5 009万元；四川启明星、博眉铝业、通威项目、宏瑞得新材料4户企业纳入精准扶持电价试点，降低用电成本1 324万元。眉山市实施留存电政策，四川启明星、博眉铝业、能投鼎盛等11家企业降低用电成本9.71亿元；8户企业执行电能替代电价政策，降低用电成本2 811万元；13家重点优势企业获四川省外送电价差电费扶持1 000万元；347户直购电用户结算直购电，降低用电成本7 640万元；166户企业利用低谷弃水电量政策，降低用电成本2 288万元；执行非居气价上下游联动，非居民用气单价降低0.33元，减少工商业企业用气成本4 000万元。

【惠民价格政策实施】 眉山市发展改革委争取惠民价格政策，减少价格改革对群众基本生活的影响，落实低收入家庭价格优惠政策，全市居民费用支出减少1.34亿元；落实国家免费用电补贴政策，14万户“低保”“五保”家庭获用电补贴资金400万元，自来水、天然气价格减免优惠200万元；丰水期（6—10月）居民生活用电享受替代电月价政策，减少电费支出300万元；实施社会救助和保障标准与物价上涨联动机制，发放价格临时补贴1.25亿元。

【价格改革】 眉山市发展改革委完善天然气定价机制，建立健全非居用气价格联动机制；指导区县推进农业水价综合改革，完成农业供水合同签署、农业水价公示、农业水价供水成本监审等，全市完成90.82万亩改革任务；持续推进转供电不合理加价清理规范，按国家和省转供电统一要求，结合眉山市在成渝双圈经济发展新定位，突出重点整治基站涉及的转供电电价。眉山市在全省率先由发改、经信、市场监管部门印发通信基站转供电电价政策有关事项通知，明确电费内涵、整改要求；组织住建、市场监管、供电企业、经信、商务等部门及物业协会，会商推进。眉山市发展改革委印制省上统一的转供电宣传政策，发送到相关行业主管部门、行业协会、转供电单位；明确转供电加价行为界定、规范内容、转供电电价标准等；专题调研物业、商业综合体、园区，深入解剖和分析降价及转改直两大难点；指导摸排行政事业单位、小水电站、医院、学校、物业服务单位等800家转供电基站，转供改直供40户，降到目录电价85户；指导物业与基站所属单位协商，将属市场调节的用电保障服务收费降低至0.3元左右，降价幅度超50%。全市基站涉及转供电降价及转改直覆盖率90%以上，整改成功率70%以上。

【价格调控】 眉山市发展改革委针对大灾大疫时价格易出现波动的惯例和物价指数高位运行的实际情况，提前预判，找源头析成因，按菜篮子市长负责制要求，在发展猪肉生产的同时，科学实施冻猪肉政府储备计划，合理引导预期，保持猪肉价格相对稳定，进而保持物价总水平相对稳定；牵头实施社会救助和保障标准与物价上涨联动机制，向城乡低保对象等困难群众发放价格临时补贴，并阶段性实行提标扩面，同时落实低收入家庭水电气价格优惠政策，保障低收入群体基本生活。

【价格认定】 眉山市全年完成价格认定501件，认定总额1 905.5万元，其中涉纪案件价格认定1件，认定金额5.3万元；涉嫌刑事案件价格认定418件，认定金额1 640.65万元（其中涉嫌职务犯罪2件，认定金额51.95万元）；其他价格认定53件，金额244.05万元；价格争议纠纷调解29件，调解金额15.5万元。眉山市在约定时间内完成案件价格认定，认定结论均得到提出方认可，无一例复核认定。

（李旭平）

【价格监督管理】 眉山市市场监督管理局不断强化节日及疫情期间价格监管，重点监测城区市场粮油食品、肉蛋奶禽、蔬菜等居民生活必需品货物储备、销售价格、销量等情况，关注市场价格动向，汇总分析，早预测、早预警，确保第一时间发现市场价格异动倾向性、苗头性问题，采取有效措施化解矛盾，检查食品、药品等经营单位5 600家次，发放《提醒告诫书》《告广大市民书》3 600份，张贴通告、通知、公告、告知书等4 900份；开展价格减负惠民行动、防疫物资产品质量和市场秩序专项整治、扫黑除恶专项斗争价格违法行为专项整治、行业协会商会收费专项整治、转供电环节价格专项整治等，重点整治医疗服务价格、涉企收费、转供电电价、旅游市场价格，出动检查人员14 462人次，检查市场主体8 985家次，发放宣传资料2 000份，挽回消费者经济损失48.82万元，处置网络舆情，行政指导、行政约谈140次；落实水电气运和计量器具检定校准、产品质量检验减费降费政策，倡导农（集）贸市场主办方适当减免场内经营户摊位费等，减轻企业复工复产负担，支持企业增加产能，全市计量器具检定校准、产品质量检验减免收费50%的政策落实到位，20家天然气公司均于2月22日起执行眉山主城区非居民用气销售价格最高限价降低0.33元/立方米的优惠政策，12家CNG经营单位均于3月18日零时按要求将车用压缩天然气销售价格降低至3元/立方米，国网眉山供电公司执行一般工商业电价直降5%的政策落实到位，全市为企业减免检测、用电、用气费8 000万元。眉山市市场监督管理局全年立案查处价格违法案件20件，结案20件，办结率100%，罚没金额543.3万元，退还价款40万元；受理价格咨询投诉984件，其中价格咨询275件，价格投诉举报709件，办结率100%，群众满意率99.42%。

（张　建）

【收费改革】 眉山市发展改革委针对国家对民办教育收费改革重点，开展民办学校收费调研，参与省上对民办教育收费政策制定；放开民办营利性学校收费管理，实行市场调节；加大对非营利性民办学校服务力度，上门解读相关政策，引导民办教育机构强化办学质量，降低办学成本，坚持办学非营利原则，从严核定收费标准；加强民办普惠性幼儿园认定指导，各地抽样调查城区及乡镇幼儿园保教成本，按规范管理、价格稳定基本原则，制定保教费初步方案；要求国有景区继续执行降价政策，落实疫情防控医务人员景区免门票政策，指导各景区落实对老年人、学生、军人、残疾人等特殊人群优惠政策；指导区县合理制定前期物业收费标准，协调物业服务企业与业主停车收费规范管理。

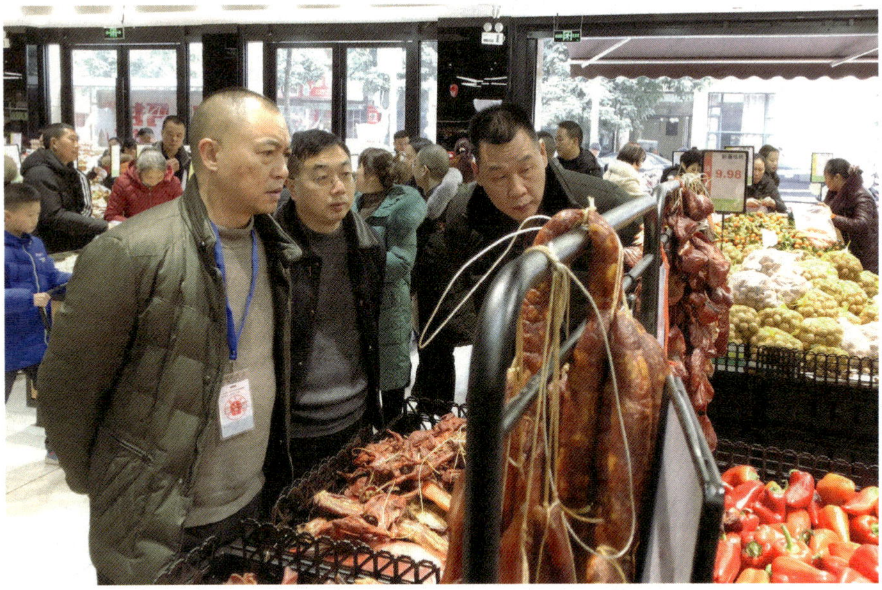

图29　2020年12月31日，检查节前超市商品价格　（市市场监管局供图）

【收费管理】 眉山市发展改革委继续执行一费制、清单式管理，清理、核实市级涉企行政事业性收费、经营服务性收费、基金收入项目和标准，完善《眉山市市本级涉企收费目录》（2020年版），并印制成册免费发放；公布2020年涉农收费清单，市级及以下定涉企行政事业性收费项目“零收费”，对法定行政事业性收费项目按下限执行；继续清理规范中介机构和行业协会。

【成本监审】 眉山市发展改革委开展仁寿华兴中学、实验高级中学、冠城七中实验学校等民办学校教育成本以及眉山社会福利院基本养老服务成本、国润金象污水处理成本、长江经济带污水处理成本、公办幼儿园保教成本等监审，测算彭山职中、东坡职高、农村幼儿园保教成本等，相关经营单位报送成本8.43亿元、核定成本6.66亿元，核减1.77亿元，核减率21%；按《四川省政府制定价格成本信息公开办法》要求，在涉及政府调定价教育、农业用水、污水处理、天然气、前期物业、生猪屠宰等重点行业和领域，在成本监审及成本调查开展后及定价前一个月以上，要求在行业主管部门网站和经营单位主、经营者网站或APP上公开单位基本情况及成本信息32条。

【重要农产品成本调查】 眉山市发展改革委推进成本调查基础建设，优化部分农本调查户，更新农本调查设备，加强对农调户的培训；上报农户存售粮情况、农资情况、主要农产品成本预测情况，做好生猪、油菜籽、小麦、玉米、中籼稻直报数据审核；深入调查户，了解生产面积、产量、单价变化、销售收入、成本变化，协助核算成本效益；向会审市州报送眉山市成本调查数据。眉山市发展改革委梳理眉山市特色农产品生产经营情况，针对“一县一品”,指导区县开展枇杷、葡萄、绿茶、春见、淡水鱼等种养殖专项调查,形成调研报告及信息5篇,报送当地政府、农业等行业主管部门。

(李旭平)

国有资产管理
State-owned Assets Management

【概况】 2020年,眉山市国资委按照市委、市政府部署要求,统筹推进疫情防控和国有经济发展,抓重点、补短板、强弱项,实现国有资产保值增值。截至12月底,全市国有资产总额2 606.8亿元、同比增长28.4%,所有者权益1 404亿元、同比增长35.1%,其中市属国企资产总额1 048.9亿元、同比增长38.7%,所有者权益583.1亿元、同比增长58%;国企实现营业收入98.7亿元、同比增长70.4%,实现利润9.8亿元,上缴税费5.1亿元、同比增长12.6%,其中市属国企实现营业收入48.3亿元、同比增长46.0%,实现利润5.9亿元、同比增长227.3%,上交税费2.6亿元、同比增长1.9%。全市国有经济总体呈现稳中有进、质效双升的良好态势。

【国资国企改革】 眉山市国资委学习借鉴成都、绵阳、宜宾、泸州等地先进经验,围绕加强领导、整合重组、监督管理、作用发挥、评价与激励等,制定《推动市国资国企改革发展的工作方案》,启动市国有资本“十四五”战略规划编制,起草《眉山国企改革三年行动实施方案》;印发《眉山市属国有企业支持县(区)经济发展的十条措施》,国务院国资委门户网站刊载;深化混合所有制改革,加强与央企、省属企业和知名民企合作,引入川发展、川体投、中欧建工、华体照明、洲际酒店、万达信息等优质资本,与市属国企携手并进、合作共赢,全年完成混改项目11项,吸引社会资本24.9亿元;按照“压层级、提质量、活机制、控风险”的改革思路,将眉山国投集团12家二级公司整合为6家,注销眉山发展集团下属宏图广告、宏源污水等公司,启动撤销兴达运业、源丰广告、城勘大队3家公司,解决市属国企低效的问题。

【国资国企监管】 眉山市国资委实行清单管理,制发《出资人监管权力清单(2020版)》,清单以外事项由企业自主决策、自主经营,并取消一批审批事项,下放一批管理权限,让企业成为真正的市场主体,参与市场竞争;依法实施监管,建立健全市属国企投融资管理办法、资产处置办法、领导人员管理办法、绩效考核办法、工资总额管理办法、外部董事管理办法、监事会工作办法等;建立市属国企章程指引,全覆盖修订完善市属企业章程,督促企业按章程推进企业决策和生产经营;加强对区县国资部门监督和指导,着力构建国资监管一盘棋;配合市审计局调查组对市属企业全覆盖审计调查,对查出的问题,制定整改措施,建立整改台账,限时抓好整改;整合出资人监督、纪检监察监督、巡察监督、审计监督以及社会监督等监督力量,形成监管闭环。

【现代企业制度建设】 眉山市国资委完成市属全民所有制企业改制,对市供排水总公司、市公交公司、洪雅七里沟联办电厂3户企业进行公司制改制,完善法人治理结构,妥善安置在岗职工,激发企业活力,实现企业轻装上阵、公司化运行,市供排水总公司改制后实现利润2 762万元、同比增长11.34%;落实党组织在公司法人治理结构中的法定地位,指导企业制定党组织前置研究讨论重大经营管理事项清单,推进“党建入章”全覆盖,落实“双向进入、交叉任职”“一肩挑”要求,厘清各治理主体权责边界;加强企业董事会和监事会建设,4月首次向眉山发展、眉山国投、眉山工投委派专职外部董事1名,9月在全省率先出台《市属国有企业监事会工作试行办法》;完成国企退休人员社会化管理目标任务,省国资委发函表扬。

(张清富)

经济合作管理
Economic Cooperation Management

【概况】 2020年,眉山市招商引资到位资金783.35亿元,完成全年目标任务760亿元的103.07%,其中完成国内省外到位资金686.96亿元,完成省下达目标任务470亿元的146.16%、市下达目标任务650亿元的105.69%,位居全省第6。2019中外知名企业四川行履约率100%,开工率100%,资金到位率63.12%。全市外商直接投资(PDI)实际到位2.32亿美元,同比增长123.01%,首次排名全省第2;在册外商投资企业95家,其中2020年新设26家,同比增长160%。“十三五”末,全市有百亿元项目25个、合同金额7 174亿元,世界500强企业33家、投资项目50个,世界500强企业数量居全省第2。

【重大项目引进】 眉山市全年新签约项目134个,合同金额2 354.21亿元,其中引进由世界500强、中国500强、中国民营企业500强投资或投资额5亿元及以上重大项目58个、合同金额2 264.43亿元,分别同比增长5.45%和45.36%,项目个数、合同金额均为历年最佳;引进通威集团投资380亿元的全球创新基地项目、四川特驱投资集团投资105亿元的兰大伯克利中外合作办学眉山项目、香港皇权集团投资220亿元的IFC国际时尚城项目、眉州东坡投资103亿元的川菜创意产业园项目等优质百亿元项目。

【“云招商”行动】 上半年,眉山市经济合作局为应对新冠肺炎疫情影响,开展“云招商”行动,通过微信公众号、网络邮件等方式,向企业包装并线上推出产业项目35个;视频、电话连线拜访环球融创、韵达快递等企业30家,线上对接洽谈新加坡丰树集团、韩国FPCB生产基地等项目20个,在线或邮寄签约项目12个,协议金额超100亿元;开展“网上进千企”“线上”走访已签约项目在建情况,帮助企业解决问题,问需问困企业120户,推进复工复产,确保项目建设进度。

【“百日招商攻坚”行动】 8月—11月上旬,眉山市经济合作局开展“百日招商攻坚”行动,对接拜访重点企业296家,33家商会和行业协会、206家企业到眉山考察;捕获有效项目信息264条,新签约招商引资项目合同金额972.65亿元,其中世界500强、中国500强、中国民营企业500强或投资额5亿元以上重大项目22个,在谈项目156个,市领导带队

2020年眉山市招商引资签约项目统计表

表8　　单位:亿元

序号	项目名称	项目内容及生产技术	合同金额	投资方名称	落户区、县(园区)	签约时间
1	港奥佳祥纸业(眉山)竹元素特色竹浆生活用纸总部项目	主要建设竹元素特色竹浆生活用纸总部基地电子商务中心、结算中心、研发中心、销售中心、人才中心等管理中心及配套设施	2.5	港奥佳祥纸业有限公司	天府新区	2019年11月15日
2	丰树天府新区(眉山)现代物流中心项目	主要建设4栋单层国际最高规格的通用仓储设施。引进国内外知名电商和商贸企业,建设结算和仓配中心,打造电商和商贸企业区域基地,促进消费升级;引进大型第三方物流与快递快运企业,配备高效的货物装卸与分拣设施,建设第三方物流与快递快运区域运营中心,促进物流与生产制造、商贸、消费和服务的融合发展	6	上海丰树管理有限公司	天府新区	2020年2月
3	广州市海灏(眉山)西南总部基地及现代农业科技创新产业研究院项目	投资5亿元建设西南总部基地,包含西南总部大楼、眉山现代农业科技创新产业研究院(包含生物科技研发、农业科技创新孵化)、博士及博士后工作站、海大学院(培训中心)、金融中心、西南采购中心等项目;投资3亿元建设高端人才社区,包含研发专家安置小区、高级管理人员安置小区,打造集居住、服务、休闲于一体的高端人才社区	8	广州市海灏投资有限公司	天府新区	2020年3月17日
4	通威集团(眉山)全球创新基地项目	主要建通威集团相关工业项目、通威集团全球研发及创新中心、世界新能源博物馆、世界水产博物馆、通威研究院及通威大学	380	通威集团有限公司	天府新区	2020年4月21日
5	广州市海大(眉山)动物营养素生产基地项目	主要建设海大动物营养素生产基地项目,建设年产5万吨高端动物营养素生产线及相关附属设施等	2	广州市海灏投资有限公司	天府新区	2020年5月14日
6	四川南麓乡村旅游资(眉山)云漫山生态旅游度假区项目	主要打造生态旅游度假区域、悬浮酒店、星空俱乐部(承办天府国际星空音乐节)、农业花卉水果种植观赏及采摘、传统文化体验区、网红酒店、特色民宿、康养等	10	四川南麓乡村旅游资源开发集团有限公司	天府新区	2020年5月7日
7	成都均宜(眉山)年产100万平方米A2级防火铝镁复合板项目	主要建设生产车间2.4万平方米,购置铝镁复合板生产线及配套生产线4条,年产A2级铝镁复合板100万平方米	1	成都均宜金属制品有限公司	天府新区	2020年3月31日
8	成都硕特(眉山)环保设备生产项目	主要建设面积2.8万平方米的生产厂房,其中膜生产中心9 000平方米,负责生产制造高压DTRO碟管式膜、新型WTRO宽管式膜、气态脱氨膜、特种物料膜组件等;总装生产中心1.9万平方米,负责生产制造水处理成套设备	4	成都硕特环保科技有限公司	天府新区	2020年7月14日
9	北京中军天信(眉山)小猪佩奇小镇项目	主要建设以小猪佩奇小镇、海洋探索中心等为核心内容的文旅小镇及配套,投资约49亿元,占地面积约500亩,建设周期3年;项目区配套基础设施含道路、公园、学校、市民服务中心、社区医疗等,投资约46亿元,建设周期10年;配套生态社区,占地面积约2 000亩,建设周期10年	95	中军天信(北京)投资有限公司	天府新区	2020年7月2日

续表8

序号	项目名称	项目内容及生产技术	合同金额	投资方名称	落户区、县（园区）	签约时间
10	启迪天府新区科技城项目	主要建设启迪天府新区科技城，引入清华大学国有资产管理研究院、清华大学“科创中国”项目、启迪科创产业（首期落户启迪智能网联汽车集团总部基地项目），围绕5G、人工智能、智能网联等新兴产业打造产业创新生态以及产业集群	15	启迪科技城集团有限公司	天府新区	2020年8月6日
11	万达地产集团有限公司（眉山）天府万达国际文旅项目	主要打造集度假、体育、文化、会议、商业、教育等为主要内容的中国顶级国际文旅城	90	万达地产集团有限公司	天府新区	2020年8月28日
12	成都理想境界科技有限公司（眉山）未来显示科技示范园一期项目	主要建设以“FSD核心器件与光机模组精密制造生产与配套研发基地”为核心的未来显示科技产业示范园，打造下一代显示技术产业集群	10	成都理想境界科技有限公司	天府新区	2020年9月29日
13	联合利华（眉山）家用护理扩建项目	主要新建1个家庭护理品工厂，主要生产奥妙洗衣液和金纺柔顺剂，主要生产过程为外购买各种原料→经计量加入到配料锅→通过搅拌、混合、加热和冷却并经均质后通过输送泵打入成品储罐→生产出来的家庭护理品及个人护理品经灌装机进行包装后装箱最终成为成品，然后通过联合利华的物流中心将产品配送到西区所覆盖的市场	1	联合利华（四川）有限公司	天府新区	2020年10月22日
14	兰大伯克利中外合作办学眉山项目	主要建设自然科学研究学院、综合性“天府大学”；引进伯克利大学先进的教学理念、科研方式、科研影响力，建成世界一流创新研究型大学	105	四川特驱投资集团有限公司	天府新区	2020年11月
15	伦宇互联网管理服务项目	主要从事互联网管理服务	0.3	伦宇网络科技有限公司	天府新区	2020年12月
16	四川响云科技服务项目	主要从事技术转让、咨询服务	0.4	成都大唐红星房地产经济有限公司	天府新区	2020年12月
17	香港皇权集团（眉山）IFC国际时尚城项目	主要建设国际购物岛、五星级酒店、瞪羚岛和环球时尚公园城；建设亚太领先的跨境电商平台“i海外购”，打造超过300家国际品牌的产业化集群	220	香港皇权集团	天府新区	2020年12月
18	玉湖（集团）眉山环球冷链食品产业园项目	拟建设四川天府新区·玉湖城（眉山环球冷链食品产业园项目）。拟建设为中国西部基地的首个二级枢纽、城市配送中心，将以智慧型园区标准进行打造环球冷链食材物流仓储加工配送园区，包括智慧冷链园区、仓贸一体区、加工配送中心等，延续玉湖冷链供应链平台的独特优势，为园区企业提供全链条供应链服务，同时保障食品卫生安全及上游供给稳定	67	玉湖集团（香港）投资控股有限公司	天府新区	2020年12月
19	中物院成都科学技术发展中心（眉山）5G通讯产业研究院项目	乙方与甲方共同成立成科中心眉山5G通讯产业研究院。根据项目管理需要，由乙方下属平台公司发起在眉山天府新区注册组建成立专业化的运营管理有限公司，负责研究院日常运营管理，并在项目前端负责配合研发工作、人才技术储备，后端在项目市场运营中进行成果孵化、转化、测试、品质监控以及运营资质、市场资本进入等	0	中物院成都科学技术发展中心	天府新区	2020年12月

续表8

序号	项目名称	项目内容及生产技术	合同金额	投资方名称	落户区、县（园区）	签约时间
20	山东大道行商电子商务（眉山）石化等大宗产品交易中心项目	主要建设以石油化工产品、酒类、危化品交易为主的专业交易平台	0.5	山东大道行商电子商务有限公司	东坡区	2019年12月26日
21	四川扬帆泰佳（眉山）红豆杉植物提取及制剂项目	主要建设红豆杉植物提取及制剂建设生产基地及相关附属设施等	2	四川扬帆泰佳生物科技有限公司	东坡区	2019年12月6日
22	自然人何艳平（眉山）年产6万吨泡菜深加工基地项目	主要建设年产6万吨泡菜深加工生产线及相关附属设施等	1.5	自然人何艳平	东坡区	2020年1月2日
23	成都百品味源（眉山）年产1万吨复合调味料研发及生产基地项目	主要建设年产1万吨川味经典麻辣、创新飞麻辣复合调味料生产基地	1	成都百品味源餐饮有限公司	东坡区	2020年1月18日
24	自然人徐成贵（眉山）医药包装项目	主要进行食品及药品专业内外包装生产，落户园区可弥补园区无专业药品包装项目	1	自然人徐成贵	东坡区	2020年1月9日
25	巢氏健康生物科技（眉山）动物体外寄生虫药品生产基地项目	建设动物体外寄生虫药品生产基地	2	巢氏健康生物科技股份有限公司	东坡区	2020年3月6日
26	自然人李兴泽（眉山）化妆品、保健品及医疗器械生产基地项目	建设化妆品、保健品及医疗器械生产基地项目	1	自然人李兴泽	东坡区	2020年3月6日
27	成都蜀西制药（眉山）植物原料提取及制剂生产建设项目	建设橙皮甙提取及地奥司明制剂生产建设项目	30	成都蜀西制药有限公司	东坡区	2020年3月6日
28	自然人倪严辅（眉山）芯片研发、网络交换机生产项目	建设芯片研发、网络交换机生产项目	1	自然人倪严辅	东坡区	2020年3月6日
29	自然人刘德元（眉山）年产45万立方米蒸压加气混凝土板材项目	公司主要建设年产45万立方米蒸压加气混凝土板材生产线	2.2	自然人刘德元	东坡区	2020年3月9日
30	北京联东（眉山）国际健康城项目	主要建设产城融合发展项目，围绕工业产业园和住宅项目两大板块，打造眉山高端生物医药产业集聚区和高端人群居住区	35	北京联东投资（集团）有限公司	东坡区	2020年3月6日
31	自然人李彦英（眉山）医疗器械生产基地项目	主要建设医疗器械生产基地（含二类包材）、西南防疫卫材中心孵化平台及第三方经销仓储配送中心平台（含眉山医疗战略物资仓储）	1	自然人李彦英	东坡区	2020年6月28日
32	自然人夏志强（眉山）火锅石材及配套包装项目	主要建年产2 000吨自热火锅肉制品及年产1.4亿套火锅油瓶、自热餐盒包装生产线及相关附属设施等	1	自然人夏志强	东坡区	2020年6月2日
33	自然人杨俊波（眉山）年产2.4万吨鱼饵项目	主要建年产2.4万吨五谷杂粮、面包糠、泡米酒、泡酒4个品类鱼饵生产线以及配套塑料包装品生产线等	2	自然人杨俊波	东坡区	2020年7月6日
34	亲亲集团（眉山）休闲食品生产基地项目	项目分两期，主要建设果冻、膨化、烘焙、调味品、饮料等食品生产基地	10	亲亲（中国）投资有限公司	东坡区	2020年7月13日
35	成都香乐汇餐饮管理有限公司（眉山）年产1.5万吨复合调味料、1万吨调理肉制品生产基地项目	主要建设复合调味料和调理肉制品生产厂房、综合办公楼、生活区及配套设施等	2	成都香乐汇餐饮管理有限公司	东坡区	2020年7月21日

续表8

序号	项目名称	项目内容及生产技术	合同金额	投资方名称	落户区、县（园区）	签约时间
36	北京合川大酒楼（眉山）川菜中央厨房及总部基地项目	主要建设川菜类食品生产总部基地、中央厨房等	2	北京合川大酒楼	东坡区	2020年8月4日
37	广州希森美克新材料科技股份有限公司（眉山）纳米材料及基于纳米技术的自清洁材料生产基地项目	主要建设纳米材料及基于纳米技术的自清洁材料生产基地	20	广州希森美克新材料科技股份有限公司	东坡区	2020年8月18日
38	四川省简阳爱迪饲料药物有限公司（眉山）兽药制剂生产基地项目	主要建设兽药制剂生产基地	1	四川省简阳爱迪饲料药物有限公司	东坡区	2020年9月3日
39	眉州东坡（北京）实业有限公司眉州东坡·中国川菜创意产业园项目	主要打造集公共艺术带、农业艺术园、生产体验区、川菜总部区、文化休闲区、川西风貌水塘林盘聚落为一体的"一带一环三区多林盘"的川菜创意产业园	103	眉州东坡（北京）实业有限公司	东坡区	2020年9月13日
40	自然人吴小玲（眉山）医疗器械研发及生产基地项目	主要建设医疗器械的研发及生产（含三类一次性使用无菌注射器带针、二类医用灭菌级外科手套等）	1.2	自然人吴小玲	东坡区	2020年8月12日
41	安思卓（眉山）新能源制氢和加氢设备中国区域总部、研发和生产基地项目	项目分三期，主要建设新能源制氢和加氢设备生产基地、国际氢能研究院、大数据中心和中国区域总部项目	35	安思卓（南京）新能源有限公司	东坡区	2020年10月20日
42	北京宽街博华投资中心（眉山）年产60万吨调味品项目	主要建设年产50万吨酱油、10万吨料酒生产线等	12.6	北京宽街博华投资中心	东坡区	2020年11月16日
43	自然人段小伦（眉山）原矿及尾矿综合利用生产基地项目	主要建设原尾矿综合利用生产基地	5.6	自然人段小伦	东坡区	2020年12月7日
44	今麦郎食品股份有限公司（眉山）方便面食品生产基地项目	主要建设方便面生产线及相关附属设施等	5	今麦郎食品股份有限公司	东坡区	2020年11月16日
45	内江德天力建筑材料（眉山）蒸压加气混凝土砌块及装配式复合墙板生产基地项目	主要建设蒸压加气混凝土砌块及装配式复合墙板生产基地	3	内江德天力建筑材料有限公司	彭山区	2020年3月5日
46	广东阿格蕾雅（眉山）OLED材料合成项目和物流仓储项目	建设合成项目，计划占地面积100亩，总建面积约10万平方米；建设物流仓储项目，计划占地面积100亩，总建面积约6.9万平方米	10	广东阿格蕾雅光电材料有限公司	彭山区	2020年3月18日
47	四川德康农牧（眉山）牧优质生猪产业化项目	主要投资新建年存栏5 000头规模的种猪场1座，新建年出栏生猪5万头规模的生猪育肥场1座；通过代养模式或业主投资模式发展年出栏生猪5万头，如农户参与积极性不高，则由乙方负责建设，同时严格按照环评要求投资建设配套环保处理设施	2.9	四川德康农牧食品集团股份有限公司	彭山区	2020年3月17日
48	海南文昌万和（眉山）智创彭山产业园项目	主要建以智能制造及高新技术为主导的功能完善的智能制造产业园，占地面积300亩，一期供地100亩，总建筑面积约18万平方米。园区分商务办公区、生产制造区、生活服务区三大功能区，配备完善的研发中心、金融、法律、税务、培训咨询、知识产权、安全环保等服务，提供园区企业"一站式"服务	7	海南文昌万和置业有限公司	彭山区	2020年4月23日

续表8

序号	项目名称	项目内容及生产技术	合同金额	投资方名称	落户区、县（园区）	签约时间
49	上海泸冈光学（眉山）高纯铊氧化物及梯度折射率透镜光学玻璃棒材生产基地项目	主要建设年产48吨高纯铊氧化物生产线及年产15吨梯度折射率透镜光学玻璃棒生产线，在传统“铊”的工艺基础上，生产出纯度达99.99%的高纯产品；全部建成投产可实现年产值约43 920万元，可实现税收约3 250万元	1	四川明晶光电科技有限公司、上海泸冈光学有限公司、什邡市凯锐半导体材料研究所	彭山区	2020年4月23日
50	广东研一新材料（眉山）生产基地项目	主要建设锂离子电池电解液及其添加剂、超级电容器电解液、高安全隔膜产品等	11	深圳市研一新材料有限公司	彭山区	2020年4月17日
51	茵地乐（眉山）年产10万吨新材料生产基地项目	主要建设年产10万吨新材料生产基地，产品主要应用于技术先进、量广面大的锂离子电池，是锂离子电池所需关键的原材料之一	5	眉山茵地乐科技有限公司［常州聚人股权投资中心（有限合伙）、华盈开泰科技（深圳）有限公司、江苏远宇电子投资集团有限公司］	彭山区	2020年5月13日
52	成都众星乐乐旅游文化发展有限公司（眉山）乐天兔乡村度假运动公园项目	主要建设汽摩越野公园、房车营地音乐公园、儿童酒店公园等，构建亲子游乐、科普互动、科技生态的高品质农业旅游度假区，其中一期建设内容为汽摩越野公园、房车营地音乐公园，二期建设内容为儿童酒店公园、亲子游乐、科普互动、科技生态的高品质农业乡村度假公园	5	成都众星乐乐旅游文化发展有限公司	彭山区	2020年5月12日
53	河南新乡汇森科技（眉山）年产17.8万吨表面活性剂生产基地项目	主要建设年产17.8万吨表面活性剂生产基地，建设年产15.8万吨黄化产品、2万吨APG及高分子聚合物等	4	新乡汇森科技有限公司	彭山区	2020年10月
54	亿虎控股（眉山）亿虎西部生产基地及总部项目	主要建设年产8万吨改性沥青、1万吨特种沥青，20万吨沥青贸易，20万吨沥青仓储及物流，沥青产品检测与研发等	5	亿虎控股（集团）有限公司	彭山区	2020年11月5日
55	自然人葛江波（眉山）20万吨/年液体无碱速凝剂和聚羧酸高性能减水剂项目	主要建设20万吨/年液体无碱速凝剂和聚羧酸高性能减水剂（其中减水剂10万吨/年，液体无碱速凝剂10万吨/年）	1	自然人葛江波	彭山区	2020年11月13日
56	成都科宏达化学有限责任公司（眉山）西部绿色、特种表面活性剂研发生产基地项目	主要建设年产2万吨绿色特种表面活性剂研发生产基地	1	成都科宏达化学有限责任公司	彭山区	2020年11月10日
57	苏州金宏气体股份有限公司（眉山）西南总部结算中心、物流中心及电子材料生产基地项目	占地面积72亩，建设西南总部结算中心、物流中心及电子材料生产基地；全面建成后，可实现产值5亿元，税收3 500万元，解决就业100人	5	苏州金宏气体股份有限公司	彭山区	2020年11月27日
58	自然人邱伟（眉山）建设年产1 000吨电子级特种高纯光学玻璃原料生产基地项目	占地面积22亩，建设年产1 000吨电子级特种高纯光学玻璃原料生产基地；全面建成后，可实现产值6 000万元，税收600万元，解决就业50人	1	自然人邱伟	彭山区	2020年11月30日
59	自然人周海生（眉山）饼干、糕点食品加工生产项目	主要建设饼干、糕点食品加工生产线及相关附属设施等	1.2	自然人周海生	仁寿县	2020年1月13日

续表8

序号	项目名称	项目内容及生产技术	合同金额	投资方名称	落户区、县（园区）	签约时间
60	自然人唐卫东（眉山）年产60万吨建渣再生利用精选粉磨项目	主要建设年产60万吨建渣再生利用精选粉磨生产线及相关的附属设施等	1.3	自然人唐卫东	仁寿县	2020年1月2日
61	自然人曾华福（眉山）豆制品加工项目	主要建豆制品加工生产线等	0.2	自然人曾华福	仁寿县	2020年1月8日
62	自然人周传兰（眉山）冷冻、即食食品项目	主要建设冷东、即食食品生产线等	0.26	自然人周传兰	仁寿县	2020年1月13日
63	自然人朱子见（眉山）沥青混凝土搅拌站项目	主要建设沥青混凝土搅拌站等	1.2	自然人朱子见	仁寿县	2020年1月21日
64	成都豪洋印务（眉山）水果包装箱和水果套袋生产项目	主要建设水果包装箱和水果套袋生产线及相关附属设施等	0.48	成都豪洋印务有限公司	仁寿县	2020年3月11日
65	宇恩环境（眉山）生活垃圾焚烧发电厂炉渣综合利用项目	主要建设生活垃圾焚烧发电厂炉渣综合利用等	0.58	宇恩环境工程有限公司	仁寿县	2020年3月24日
66	四川德康农牧食品集团股份有限公司（眉山）中德欧盟标准生猪屠宰和肉食品加工产业一体化项目（一期）	主要建设生猪屠宰工厂、肉食品加工工厂，在仁寿县城选址30～50亩，建设生猪肉食品检测中心、研发中心、销售中心、展示中心等	13	四川德康农牧食品集团股份有限公司	仁寿县	2020年6月4日
67	深圳市宝能投资集团有限公司（眉山）仁寿县宝能装配建筑产业园项目	主要建设PC构件产业园约260亩、PS构件产业园约200亩、厨卫一体化产业园约170亩、玻璃幕墙产业园约120亩、智能家居产业园约100亩	20	深圳市宝能投资集团有限公司	仁寿县	2020年6月4日
68	深圳市宝能投资集团有限公司（眉山）天府宝能城项目	主要建设宝能中心、宝能东市西市仓储式会员店、步行街、高端新型城市社区	60	深圳市宝能投资集团有限公司	仁寿县	2020年6月4日
69	山东至臻优品（眉山）坚果生产项目	主要租用仁寿县文林工业园区B区创新孵化园4号楼第一层、第二层厂房，总计10 884平方米，建设坚果炒货、果干蜜饯糖果生产线等	0.28	至臻优品（山东）控股有限公司	仁寿县	2020年6月12日
70	四川省齐心源食品有限公司（眉山）豆制品及复合性调味料生产项目	主要建设豆制品及复合性调味料生产线及相关附属设施等	0.4	四川省齐心源食品有限公司	仁寿县	2020年6月8日
71	四川成都聚帷易达企业管理有限公司（眉山）即食性方便食品系列生产项目	租用孵化园厂房面积27 240平方米，主要建设即食性方便食品系列生产线等	1	四川成都聚帷易达企业管理有限公司	仁寿县	2020年6月18日
72	上海万达地产集团（眉山）仁寿万达酒店项目	主要建设五星级酒店、商业、办公、商品住宅等，其中酒店项目投资约5亿元、住宅项目投资约20亿元。酒店建设周期30个月，拟规划总建筑面积3.5万平方米，配备约250个房间、全日餐厅（西餐厅）、1个1 300平方米的宴会厅（会务厅），同时配备1个多功能厅及数个不同面积的会见厅及会务厅（会议室），将建设集餐饮、住宿、会务等功能于一体的五星级酒店	25	万达地产集团有限公司	仁寿县	2020年7月10日

续表8

序号	项目名称	项目内容及生产技术	合同金额	投资方名称	落户区、县（园区）	签约时间
73	台湾飞仕达有限公司（眉山）天府仁寿医养城项目	总投资约30亿元（其中医院项目投资不低于10亿元），选址怀仁街道办，用地面积约345亩（其中医院项目用地约80亩、住宅项目用地约265亩），主要建设以预防治疗癌症肿瘤、慢性病为特色的全城国际医院、干细胞和免疫细胞实验室、国际学术交流中心、国际康养中心、国际医养城	30	成都中屹银丰股权投资基金管理有限公司、台湾飞仕达有限公司	仁寿县	2020年7月10日
74	四川川威集团（眉山）装配式建筑（智能制造）产业园项目和现代智慧物流港项目	占地面积1 800亩，建设装配式建筑（智能制造）产业园项目和现代智慧物流港项目。装配式建筑产业园项目分两期建设PC制品、钢筋智能加工、钢结构、焊接材料生产线，搬迁升级川威龙泉厂区原有的冷轧生产线，总投资50亿元，总规划用地面积约1 000亩，全部达产后年收入约64亿元，年税收约3.84亿元，就业3 640人。现代智慧物流港项目分两期建设天府新区大宗商品交易配送中心、川威集团检测研发中心、汽车市场等配套设施，总投资8亿元，总规划用地面积约800亩，全部达产后年收入约20.5亿元，年税收约0.82亿元	58	四川省川威集团有限公司	仁寿县	2020年7月10日
75	陕西华夏纪元园区有限公司（眉山）四川美加蓉祥电子信息科技产业园区项目	主要建设电子信息、高端智能装备制造及其上下游配套产业，分三期建设，其中一期用地面积400亩，建筑面积30万平方米以上，建设工期24个月；二期用地面积400亩，建筑面积30万平方米以上，建设工期24个月；三期用地面积400亩，建筑面积30万平方米以上，建设工期24个月。全部建成运营并全部投产后，年销售收入60亿元以上，年缴税收3亿元以上，年亩平税收25万元以上，解决就业6 000人以上	45	陕西华夏纪元园区有限公司	仁寿县	2020年7月10日
76	四川蜀茶（眉山）“一杯茶”建设加工项目	主要建设6条模具显示器生产线、6条背光源生产线及其他配套设施	1.3	四川蜀茶实业发展有限公司	洪雅县	2019年12月3日
77	自然人余佑详（眉山）年产1.5万吨高强度板簧及高性能共模具制品项目	主要建1条竹钢门窗、家具生产线及1条大型建筑构件专业生产线等	1	自然人余佑详	洪雅县	2019年12月24日
78	贵州南风日化（眉山）50万吨元明粉生产线“煤改电”节能减排项目	主要建设约2 000平方米办公楼、约1万平方米厂房，建设1条工业复合材料生产线，配套建设冷却循环水站、氮气源、储气罐、变压器、弱电等设施，建设数字化网络系统、物流信息化系统	2.2	贵州南风日化有限公司	洪雅县	2019年12月24日
79	浩创置业（眉山）天府假期·玉湖岚山项目	主要建景观大道、环湖步道、产权式酒店、商业街、相关运动设施及其他配套设施等	30	浩创置业集团有限公司	洪雅县	2020年1月23日
80	四川通用航空投资管理有限公司（眉山）通用机场项目	主要建设通用机场、机坪、机场综合楼、机库等相关配套设施等	5	四川通用航空投资管理有限公司	洪雅县	2020年3月30日

续表8

序号	项目名称	项目内容及生产技术	合同金额	投资方名称	落户区、县（园区）	签约时间
81	深圳市华智智能控股集团（眉山）“腾讯智能产品”生产基地项目	一期建设“腾讯智能网关-5G”等产品生产线2条、青少年教育3D智能打印机生产线1条，配备2条包装线。二期租用标准化厂房2万平方米，建设“腾讯智能网关-5G”等相关生产线	5	深圳市华智智能控股集团有限公司	洪雅县	2020年4月25日
82	深圳市展捷光电（眉山）智能光电项目	建设2条模组显示器生产线、4条触摸屏全贴合生产线、1条背光组装线及其他配套设施	0.6	深圳市展捷光电公司	洪雅县	2020年4月24日
83	四川省川瑞发展投资有限公司（眉山）柳江国际旅游度假区开发建设项目	主要对柳江古镇4.33平方公里规划区进行整体打造，成为四川文旅产业发展的示范区和特色区，将其创建为国家AAAAA级旅游景区	50	四川省川瑞发展投资有限公司	洪雅县	2020年5月9日
84	自然人张回冬（眉山）知竹洪江农业观光旅游项目	主要建设竹文化营地、雅茶人家农家乐、竹茶农业观光园、采摘桑果园等乡村旅游、休闲农业观光、特色民宿等业态，打造集观赏性、参与性、娱教性、趣味性于一体的田园风情特色农业综合体	0.2	自然人张回冬	洪雅县	2020年5月31日
85	深圳嘉万光（眉山）数据中心高速光缆及5G光源无组件项目	主要建设6条数据中心高速光缆生产线，2条5G光模块接口组件生产线，2条光纤衰减器生产线及其他配套设施	0.5	深圳市嘉万光通信有限公司	洪雅县	2020年7月7日
86	四川德康（眉山）20万头生猪养殖项目	主要建设生猪养殖场及其相关配套设施	1	四川德康农牧食品集团股份有限公司	洪雅县	2020年7月5日
87	自然人甘启彬（眉山）年产6 500吨软包装生产项目	新建6 500吨智能高速药用软包装生产线2条，新建4 000平方米GMP净化车间及检验室及相关配套设施等	1	自然人甘启彬	洪雅县	2020年7月28日
88	自然人甘建平（眉山）年产1.5万吨高铁桥梁支座和1万座机械配件扩建项目	新建1条年产1.5万吨高铁桥梁支座生产线，升级1条年产1万吨机械配件项目生产线及办公楼，建设职工宿舍等配套设施	1	自然人甘建平	洪雅县	2020年8月28日
89	广州弘亚数控机械股份有限公司收购中车集团四川丹齿零部件有限公司100%股权项目	由广州弘亚数控机械股份有限公司收购中车集团四川丹齿零部件有限公司，并引进战略股东增资扩股，在丹棱经开区新建生产基地	5	广州弘亚数控机械股份有限公司	丹棱县	2020年1月6日
90	陕西汉华（眉山）幸福古村·齐乐桃源国际旅游度假区项目	主要在丹棱县齐乐镇梅湾村、幸福古村、十里桃花红区域整合地块内山、水、田园等自然资源，打造以滨湖旅游度假为主要功能的环湖中心圈、以山地运动休闲为主要功能的原始山野圈、以原乡田园体验为主要功能的乡园体院圈，最终打造初集观光农业、康养人居、文化体验、酒店度假、光影艺术等综合服务为一体的幸福古村·齐乐桃源国际旅游度假区	25	陕西汉华产业集团有限公司	丹棱县	2020年1月7日
91	西藏羊达（眉山）精品酒店项目	主要建设精品酒店及相关附属设施等	0.5	西藏羊达水利水电工程有限公司	丹棱县	2020年2月28日
92	自然人李轩（眉山）环保高分子材料制品生产项目	购买丹棱创新工业园现成厂房，建设环保高分子材料制品生产线；建成后年产2.2亿套各类托盘，年产值3 000万元以上，上缴税收70万元	0.3	自然人李轩	丹棱县	2020年4月28日

续表8

序号	项目名称	项目内容及生产技术	合同金额	投资方名称	落户区、县（园区）	签约时间
93	自然人贺学芬（眉山）电磁设备生产项目	购买丹棱创新工业园现成厂房，建设各类起重电磁设备制造生产线；建成后年产值2 000万元，实现税收60万元	0.3	自然人贺学芬	丹棱县	2020年5月7日
94	四川省品重钢构股份有限公司（眉山）装配式钢结构总部基地建设项目	主要建设厂房、研发中心、仓库等，建设交通设施、建筑设施等装配式钢结构生产基地	5	四川省品重钢构股份有限公司	丹棱县	2020年6月2日
95	自然人代树根（眉山）光学精密镜头项目	租用明宏光学有限公司厂区，建设光学精密镜头生产线	1	自然人代树根	丹棱县	2020年7月30日
96	中国航天神州汽车有限公司（眉山）军用无人电动特种车辆产业园项目	一期项目建设军用无人电动车辆装备及配件生产，包括军用无人电动特种车辆的装配线、检测调试线以及各种特种电源组装生产线、微电站组装生产线、后勤保障电池包组装生产线等重要零部件配套生产线；二期项目建设军用无人电动特种车辆产业园及军用无人电动特种车辆装备性能评估试验场	5	中国航天神州汽车有限公司	丹棱县	2020年9月21日
97	广州弘亚数控机械股份有限公司（眉山）丹齿精工项目	一期项目建设4个生产车间及部分辅助设施，主要用于齿轮生产制造；二期项目建设公办楼、综合服务楼和4个生产车间，用于设计研发、试验、培训、办公和精密减速器总成的组装调试、机电一体化总成生产等	5	广州弘亚数控机械股份有限公司	丹棱县	2020年9月23日
98	威蘭特國際（香港）有限公司（眉山）果小酒研发生产基地项目	主要建设全新一代果酒技术研发中心、公司VI展示及体验中心、全新一代果酒生产线6条以上	0.3	威蘭特國際（香港）有限公司	丹棱县	2020年9月23日
99	四川佳迅物流有限公司（眉山）农特产品物流园区项目	主要建设农产品物流园	3	四川佳迅物流有限公司	丹棱县	2020年11月3日
100	宝能物流集团（眉山）农产品运营中心项目	主要以丹棱桔橙为主要产品，打造辐射周边其他产区的集农产品仓储、初加工、冷链、物流于一体的农产品核心战略基地	8	宝能物流集团有限公司	丹棱县	2020年12月21日
101	自然人周文强（眉山）新型建材生产项目	主要建设生产厂房及其他配套设施，主要生产钢筋混凝土预制构建	1	自然人周文强	丹棱县	2020年11月5日
102	自然人杨文武（眉山）机械锻造项目	主要建设生产厂房及其他配套设施，主要生产精密锻造件	1	自然人杨文武	丹棱县	2020年11月5日
103	自然人旷文元（眉山）高分子环保包装膜制造项目	收购原四川鑫顺生物科技有限公司，引进设备，主要生产高分子包装膜	1	自然人旷文元	丹棱县	2020年11月5日
104	自然人罗仕兵（眉山）高端装备电磁制动器零部件制造项目	建设生产厂房及其他配套设施，主要生产电磁制动器相关零部件	1	自然人罗仕兵	丹棱县	2020年11月5日
105	自然人李勇（眉山）烟花小镇建设项目	主要打造烟花为主题的旅游三产项目，其中经营性建设用地面积60亩，设计年游客容量20万人次；建成后直接和间接带动就业约500人，年营业额可达3 000万元，税收可达200万元	1.5	自然人李勇	青神县	2020年1月9日

续表8

序号	项目名称	项目内容及生产技术	合同金额	投资方名称	落户区、县（园区）	签约时间
106	自然人陈世洪（眉山）机械零部件加工项目	分两期建设，一期新增机械加工中心50台以及龙门铣、车床等其他各类数控机床100台，新增年产机械零部件加工生产能力100万件的能力；二期在建业路临近现有厂房位置新建厂房1万平方米，新增铸造生产线2条（含全自动脱箱造型生产线、全自动镕炼设备、环保除尘设备等），形成新增零部件铸造生产1万吨的能力	0.6	自然人陈世洪	青神县	2020年1月10日
107	自然人王鸿（眉山）年产1.5万吨铸件及机加工项目	主要租用山河机械厂房，新上铸造和机加生产线，新建相关配套设施，生产规模为机械配件1.5吨／年	0.21	自然人王鸿	青神县	2020年3月12日
108	重庆客商投资（眉山）汽车发动机组合式凸轮轴生产线项目	租用改建生产车间24.5亩（已建成面积9 600平方米，在建面积1 800平方米），购置D46-1200模横轧机、1 000千瓦中频炉、辊道式连续恒温正火炉、冷却塔、ZDS-S2000双吊钩抛丸机、锯床、车床、铣床、磨床等30台套生产设备，建设由组合式凸轮、支承轴颈、轴颈等几部分组成汽车钢制凸轮轴生产线，计划年生产汽车凸轮轴120万支	2	自然人李波	青神县	2020年4月1日
109	自然人左天明（眉山）年产5 000吨覆膜砂生产项目	主要建设生产线，新购置造型线废气收集系统、多层滤网式废气分级处理系统、熔炼工序球化喂丝机及废气收集系统、浇注线废气收集系统、水基式废气处理系统、清理线震动式废砂筛分机、磁选机、废砂提升机、废砂存储罐、砂带打磨机废尘收集处理设备、滚筒废尘收集处理设备，预计生产量5 000吨／年	0.33	自然人左天明	青神县	2020年5月6日
110	自然人吴晓洪（眉山）彩虹健康产业园项目	主要分两期建设，其中一期新建生产性厂房、固体制剂车间、液体制剂车间、仓库、办公楼、检验楼及相关基础配套设施，购置多功能提取罐等设备，建成片剂、胶囊剂、颗粒剂等7条净化生产线，同时引进3～5家医药生产性企业入驻。工贸物流区部分将现有约84亩土地上的生产车间整体搬迁至生产加工区部分，在现有土地范围内招商引进医药公司及大健康产业，打造3家以上的医药经营公司和100家以上医药服务公司	10	自然人吴晓洪	青神县	2020年2月21日
111	四川能投（眉山）青神川能水务有限公司增资扩股项目	通过对青神川能水务有限公司增资8 430.61万元，控股青神川能水务有限公司51%股份，控股后取得青神县自来水一水厂、二水厂、原水管网、配水管网、县城市生活污水处理厂资产经营管理权，后期继续实施青神县域范围内供排水项目的投资、建设、经营	2	四川能投水务投资有限公司	青神县	2020年6月18日
112	自然人（眉山）精密模具制造及智能设备制造建设项目	分两期建设，一期租用力兴孵化园约4 000平方米厂房，新购置精密车床、精密数控车床等设备；二期计划投资约1亿元，规划建设面积约50亩，新上智能装备生产线	1	自然人何波	青神县	2020年7月6日

续表8

序号	项目名称	项目内容及生产技术	合同金额	投资方名称	落户区、县（园区）	签约时间
113	西藏新颂创业投资（眉山）变频压缩机及商用压缩机智能生产线项目	分2期建设，一期新建自动焊接生产线2条、缸体生产线1条，新建1条变频压缩机生产线及配套的零部件清洗生产线、1条曲轴自动化生产线等，配套建设自动化检测线及辅助配套设施；二期计划投资约4亿元，新建商用压缩机及变频商用压缩机生产线	5	西藏新颂创业投资有限公司	青神县	2020年7月7日
114	自然人张晓宣（眉山）绿色铸造创新特色产业园区建设项目	主要打造行业内具有影响力的示范标杆绿色铸造创新特色产业园区，引导区域内铸造企业及生产线进入园区，并通过引进各类铸造企业，形成集铸件生产、产品研发和销售于一体的高端协同产业园	20	自然人张晓宣	青神县	2020年7月16日
115	成都嘉兴鸽业（眉山）养殖基地建设项目	承租约200亩土地（距离成绵乐高铁线600米、成乐高速公路西龙连接线240米），建设花园式观光型信鸽养殖场，按前后间距30米左右的间隔，点状形态分布，建设单体面积100平方米的养殖棚39个，鸽棚占地总面积约4 000平方米，打造国际性信鸽养殖示范园区。承租原高铁汽车站，将成都嘉兴信鸽文化咨询服务有限公司注册地迁入青神，装修布置办公区、茶叶等特色农产品展销区、信鸽文化（红色文化）展示区、接待中心	0.40	成都嘉兴信鸽文化咨询服务有限公司	青神县	2020年9月10日
116	自然人徐均全（眉山）水月楼旅游度假酒店项目	计划总占地面积约30亩，按五星级标准打造水月楼旅游度假酒店，建设内容包括总建筑面积不低于1.2万平方米，不少于200间客房，同步建设温泉浴场、游泳池、KTV、园林景观等	5	自然人徐均全	青神县	2020年7月16日
117	西藏融创投资（眉山）立白智能家居绿色日化产业园项目	计划总投资约20亿元，其中一期计划投资10亿元，主要引进智能家居产业项目、绿色日化产业项目及相关配套项目，打造中国西南日化品牌企业培育区、四川日化产业供应链服务基地、眉山智能制造创新基地，重点发展日化品牌企业培育、产业供应链打造以及创新发展产业业态打造，融合企业需求和发展趋势，形成办公研发、生产制造、仓储物流三大业态	20	西藏融创投资有限公司	青神县	2020年11月17日
118	中欧国际建工集团总部基地项目	主要建设中欧国际建工集团总部基地、未来建筑广场、集团人才公寓、建筑业创新孵化楼等	6	中科坤林建设有限公司	岷东新区	2020年3月23日
119	自然人王勇（眉山）年产2万套铝合金挤压模具项目	修建厂房4万平方米、办公用房600平方米，一期完成全部建筑工程及部分设备购置安装，形成1万套挤压模具的生产规模；二期新增设备后新增1万套/年的生产产能。一、二期完成后，总体可形成年产2万套铝合金挤压模具的生产规模	0.24	自然人王勇	甘眉园区	2019年12月23日

续表8

序号	项目名称	项目内容及生产技术	合同金额	投资方名称	落户区、县（园区）	签约时间
120	陕西动力（眉山）年产1万吨锂离子电池硅碳负极材料项目	二期实施，一期建设年产1万吨锂离子电池硅碳负极材料生产线及相关生产设施、配套设施；二期扩产至年产1万吨锂离子电池硅碳负极材料生产线，并建设产业研发中心及相关生产设施、配套设施	6.7	陕西动力越源有限公司	甘眉园区	2019年12月25日
121	铝型材设备制造项目	主要进行铝型材氧化电泳生产线设计、整线设备制造安装调试、工艺技术咨询及服务、整线工艺技术及设备改造提升、铝型材氧化生产线维护及保养、新工艺开发及应用，主要产品包括氧化着色设备、电泳设备、纯水设备、硫酸回收设备、固化炉、酸雾废弃处理设备、金属表面处理设备	0.25	佛山市南海区振大铝型材机电设备有限公司	甘眉园区	2019年12月27日
122	广东昕泰建材（眉山）年产200万平方米新型全铝幕墙及全铝家居西南生产基地项目	主要建年产180万平方米新型全铝幕墙生产线及20万平方米全铝家居生产线及相关生产设施、配套设施	3.1	广东昕泰建材有限公司	甘眉园区	2020年1月6日
123	山东海联坚端智能家居（眉山）全铝家具、轻钢别墅及集成墙板生产项目	主要建年产200吨全铝家具、50栋轻钢别墅及100吨集成墙板生产线及相关生产设施、配套设施	0.8	山东海联坚端智能家居科技有限公司	甘眉园区	2020年3月2日
124	自然人陈美莺（眉山）年加工回收100万吨废钢铁、50万辆报废车拆解回收项目	主要修建厂房2万平方米，办公用房2 000平方米，采购10台（套）设备，形成100万吨废钢铁和50万台汽车破解的生产规模	5.033	自然人陈美莺	甘眉园区	2020年3月11日
125	深圳科沃（眉山）先进金属材料产业创新科技园项目	主要建设年产10万吨纳米铝项目生产项目，并逐步引入其他符合园区主导产业的新材料项目；总用地面积1 200亩，其中一期项目300亩、二期预留用地400亩、三期预留用地500亩。一期总投资8亿元，建设2万吨纳米铝生产线（含1万吨纳米铝、1 500吨纳米铝3D打印材料生产线、7 000吨纳米铝焊条生产线等项目及配套设施）。年销售收入200亿元，年纳税10亿元，解决就业1 200人	30	深圳科沃高新产业发展有限公司	甘眉园区	2020年4月21日
126	四川省绿辉科技环保（眉山）HW48危废铝灰综合利用项目	主建设HW48危废铝灰综合利用生产线及相关生产设施、配套设施等	0.83	四川金隧大地路桥工程材料有限公司	甘眉园区	2020年5月8日
127	亚王能源（眉山）年产10万吨三元正极材料前驱体项目	主要建设年产10万吨三元正极材料前驱体生产线及相关附属设施等	43	亚王能源（深圳）有限公司	眉山高新区	2020年3月
128	兰州国华化工（眉山）年产200吨聚烯烃催化剂项目	主要建设年产200吨聚烯烃催化剂生产线及相关附属设施等	1.5	兰州国华化工有限责任公司	眉山高新区	2020年3月
129	长飞科技（眉山）年产1 000万只高端光器件和高端模块项目	主要建设年产1 000万只高端光器件和高端模块项目，高端光器件主要原材料包括光电芯片、滤波片、隔离器、结构件、尾纤组件、插芯套等，主要辅料包括环氧树脂胶、UV紫外胶等；高端模块主要原材料包括PCBA、壳体、光器件等，主要辅料包括焊锡丝、绝缘胶等。高端光器件工艺流程为耦合焊接—耦合粘胶—老化—测试—包装；高端模块工艺流程为组装—调试—老化—性能测试—外观检验—包装	2	长飞光纤光缆股份有限公司	眉山高新区	2020年5月

续表8

序号	项目名称	项目内容及生产技术	合同金额	投资方名称	落户区、县（园区）	签约时间
130	自然人祝建平（眉山）年产2万吨油气田完井用新材料项目	主要建设年产2万吨油气田完井用新材料项目，主要原材料包括有机土、碳酸钙、微硅、氯化钠、羧甲基纤维素、羟乙基纤维素、葡萄糖酸钠、瓜尔胶、黄原胶、聚酯纤维、非离子表面活性剂等	1.2	自然人祝建平	眉山高新区	2020年6月
131	自然人李勇（眉山）年产1万吨环保型涂装前处理产品生产线项目	主要建设年产1万吨环保型涂装前处理产品生产线项目，主要原材料包括纯碱、EDTA-四钠、碳酸氢钠、柠檬酸钠、葡萄糖酸钠、异构醇，主要辅料包括偏硅酸钠、表面活性剂等	1.5	自然人李勇	眉山高新区	2020年6月
132	重庆田源科技（眉山）餐厨垃圾综合利用项目	主要建设餐厨垃圾综合利用项目，主要原材料包括大型餐饮企业餐厨垃圾，主要产品包括腐殖酸肥料、粗油脂等	1.5	重庆市田源生物科技有限公司	眉山高新区	2020年6月
133	山东万华化学（眉山）万华化学西南基地项目	主要建设万华化学西南基地项目，总投资400亿元（其中一期总投资12亿元，年产25万吨高性能树脂项目），建设包括但不限于10万吨/年水性树脂、2.2万吨/年改性聚合物和5万吨改性PP项目、锂电池三元正极材料、香料及营养化学品、生物发酵及可降解塑料等业务平台等	400	万华化学集团股份有限公司	眉山高新区	2020年6月
134	梅塞尔（眉山）工业气体项目	分三期建设，主要建设集研发中心、氢气和氧化亚氮装置及电子特气物流仓储中心为一体的工业气体等	7	梅塞尔格里斯海姆（中国）投资有限公司	眉山高新区	2020年11月
合计：134个			2 354.21			

眉山市招商引资落户世界500强项目统计表

表9　　　　单位：亿元

序号	投资企业	项目名称	主要投资内容	落户地	签约时间	合同金额	国别
1	联合利华	联合利华（四川）全球生产基地项目	投资建设联合利华大陆西区生产基地	彭山	2012年9月26日	31.5	英国/荷兰
2		联合利华（眉山）家用护理扩建项目	主要新建1个家庭护理品工厂，主要生产奥妙洗衣液和金纺柔顺剂，主要生产过程为外购买各种原料→经计量加入到配料锅→通过搅拌、混合、加热和冷却并经均质后通过输送泵打入成品储罐→生产出来的家庭护理品及个人护理品经灌装机进行包装后装箱最终成为成品，然后通过联合利华的物流中心将产品配送到西区所覆盖的市场	天府新区	2020年10月22日	1	
3	中国大唐集团	大唐水电开发项目	城东水电开发项目	洪雅	2010年6月20日	4.06	中国
4	沃尔玛	大型综合超市建设项目	建设沃尔玛大型综合超市	东坡	2011年4月1日	5	美国
5	林德集团	德国林德气体（眉山）气体生产项目	主要生产氮气、氧气、氩气、氢气、氦气、二氧化碳及合成气体等气态和液态工业气体产品，建成后年产值可达5亿元，年税收可达2 500万元	彭山	2008年	4.5	德国
6	中国石油天然气集团	大深001—X1井天然气开发建设及后续探井项目	天然气开发及后续探井建设	丹棱	2012年9月26日	1.5	中国

续表9

序号	投资企业	项目名称	主要投资内容	落户地	签约时间	合同金额	国别
7	中国中铁股份有限公司(中国铁路工程总公司)	中铁(仁寿)仁禾广场商业综合体项目	建设集商业、住宅为一体的高端综合体	仁寿	2012年11月12日	12	中国
8		黑龙滩国际生态旅游度假区项目	主要围绕吃、住、行、游、购、娱等功能设计策划,实施包括但不限于主题公园项目、旅游休闲项目、体育运动项目、水乡小镇项目、度假酒店项目、学校、医院、养生养老、高尚生活区、现代商务综合区等	仁寿	2016年	400	
9		竹艺水乡东坡田园创客小镇项目	主要建设现代农业示范区、东坡与竹文化的田园民宿示范区、乡村集市、乡村创艺公社与创客酒店、创客社区、酒店与会议于一体的竹建筑群、田园养生度假区等	青神	2018年12月7日	30	
10	高盛	年产20万吨酱油醋项目	建设年产20万吨酱油醋生产线	东坡	2012年3月26日	4.2	美国
11	中国建筑材料集团(凯盛科技集团)	收购雅森水泥	对雅森水泥进行股权收购	洪雅			中国
12		年产300兆瓦铜铟镓硒薄膜太阳能项目	主要建2条铜铟镓硒薄膜太阳能电池生产线等	铝硅园区	2017年2月	26	
13		西南智慧农业项目	按照AAAA级景区标准规划,建成四川省乃至全国一流的智慧农业示范园	东坡	2017年2月13日	15	
14	中国华润总公司	华润万家西部物流基地项目	总投资10亿元,占地面积260亩,建设华润万家西部物流生产基地,建成投产后年上缴税收不低于2 080万元,解决就业1 800人	彭山	2013年6月30日	10	中国
15	达能(上海)投资有限公司	达能增资入股蒙牛乳业(眉山)扩能增效建设项目	主要进行乳制品、饮料的生产、加工和销售	东坡	2014年4月11日	1.2	法国
16	中建钢构有限公司、中建商品混凝土成都有限公司(中国建筑总公司)	中建钢构西部制造基地项目	占地面积496亩,建设周期12个月,主要打造西部制造基地,建成投产后将实现销售收入30亿元,税收可实现6 000万元	仁寿	2014年2月15日	15	中国
17		中建减水剂、砂浆外加剂彭山生产基地项目	主要建年产10万吨碱水剂及砂浆外加剂,建成后预计可实现产值1.5亿元,税收550万元,解决用工35人	彭山	2015年6月25日	1	
18	中国机械工业集团有限公司	生活垃圾焚烧发电与节能型元明粉热能综合利用循环经济项目(国机集团中机国能工程有限公司)	主要建设生活垃圾焚烧发电与节能型元明粉热能综合利用循环经济项目,分两期进行,一期主要建设2台400吨/日机械炉排炉垃圾焚烧发电和50万吨/年元明粉生产热能综合利用项目,二期主要建设1台400吨/日机械炉排炉垃圾焚烧发电项目	东坡	2015年4月22日	10	中国

续表9

序号	投资企业	项目名称	主要投资内容	落户地	签约时间	合同金额	国别
19		滨江新区基础设施建设项目（中工国际工程股份有限公司、重庆建工集团有限责任公司）	主要建设滨江新区南片区，包括滨江大道南段2公里、打造603亩滨河景观、护城河整治工程（含护城河上段截污干管1.7公里、下段防洪堤岸2公里）、改造外东街160米、盐关路620米、扩容污水处理厂1万立方米/日（总容量达2万立方米/日）；滨江新区北片区，包括滨江大道北段1公里、新建杨坡儿街北路800米、新建兴业路3 000米、新建400亩青神湖、新建100亩青绘湖及排涝渠	青神	2017年10月18日	10	
20	伊藤洋华堂有限公司	购物中心建设项目	主要建设4万平方米的大型购物中心	东坡	2015年4月22日	5	日本
21	中电建建筑集团有限公司（中国电力建设集团有限公司）	顺河坝土地一级开发整理项目	主要对顺河坝约4 200亩土地实施城市建设整体开发，建设内容包括河堤、景观大道、桥涵、道路、绿化、公共设施、安置房和顺河大桥建设等	彭山	2015年10月23日	16	中国
22	珠海格力电工有限公司	珠海格力电工高档电磁线生产项目	主要建高档电磁线生产线等	彭山	2015年10月23日	5	中国
23		高档电磁线二期项目	主要建设高档电磁线、铝线、铜加工、新能源汽车漆包生产线等	彭山	2016年11月28日	2.5	
24		高档电磁线项目	主要建设高档电磁线、新能源汽车漆包线、铜材和铝材精深加工、电磁线用原材料项目或乙方母公司项目	彭山	2019年5月6日	4	
25	深圳大生农业集团公司（中国华信能源有限公司）	农产品仓储物流项目	双方在农业开发、农产品供应链相关服务、农产品市场电子结算及金融服务、农产品批发市场托管经营等方面开展合作	东坡	2016年6月	1.2	中国
26	陶氏化学（中国）投资有限公司	年产6万吨丙烯酸系乳液项目	主要建设办公楼、成品仓库、工艺楼、原料仓库、共用工程厂房、停车场、消防水池和废水池及丙烯酸系乳液生产线和低挥发性丙烯酸系乳液生产线等	彭山	2015年12月30日	5.22	美国
27	甲骨文（Oracle）公司	技术人才创新创业基地项目	主要建设科技型企业孵化平台，通过联合运营，将“Oracle（天府新区）技术人才创新基地”打造成为立足西南地区、辐射全国范围的完整人才与信息产业生态链	彭山	2016年7月	1.1	美国
28	中国中车股份有限公司	全域水环境综合治理项目	主要建设机械园区污水处理厂项目、全域污水治理示范县项目、乡镇污水处理站项目、县城污水处理厂项目、县城供水厂项目、乡镇供水厂项目、县域范围内供排水官网存量及升级改造项目、水环境治理及开发、流域治理项目、城乡环卫项目等	丹棱	2016年12月	10	中国
29		水务设备制造及组装项目	占地面积约30亩，建设厂房及其他配套设施等	丹棱	2016年12月	0.8	
30	华为软件技术有限公司	华为眉山大数据中心示范项目	首期项目投资约10亿元，其中机房部分投资3亿元、机柜部分投资7亿元。首期满足1 000个机柜需要，建设1万平方米机房。根据业务发展需要，远期可扩展至机房面积2万~3万平方米，部署机柜2 000~3 000个	岷东	2016年7月18日	10	中国

续表9

序号	投资企业	项目名称	主要投资内容	落户地	签约时间	合同金额	国别
31	绿地地产集团有限公司	大峨眉文化旅游健康特色小镇项目	主要建设野奢山地酒店、养生温泉酒店、国际康养主题酒店等国际高端主题酒店集群，诗词书苑、雅致茶社、艺术体验中心，峨眉禅院、小影院等峨眉文化体验小镇等	洪雅	2017年6月29日	180	中国
32		国家乡村公园建设项目	主要建设丹名快速通道（丹棱段）和丹蒲旅游快速通道（丹棱段），并对龙鹄山、梅湾湖、老峨后山等进行旅游综合开发	丹棱	2017年12月11日	30	
33	成都万科房地产有限公司	万科书香小镇建设项目	主要建设一个以生态宜居、文旅休闲、健康颐养及国际教育为主题的“万科天府花海生态城”	仁寿	2017年9月14日	300	中国
34		万科崇礼新城建设项目	主要建金融超市、风情商业街、精品酒店、国际学校、医院、购物中心、智慧城市生活区等，并重点打造桃湖、月亮湖和苏湖三大湖泊	东坡	2017年11月23日	300	
35	恒大集团	恒大金碧天下项目	主要建地产、酒店、旅游、休闲、度假、商务等	彭山	2010年10月	80	中国
36		恒大医养健康城项目	主要建设集医疗、健康、养生为主要内容的健康生态城，包括高品质专业医疗设施，酒店、会议会展中心等设施，高端康养中心，新型高端健康居住社区等	岷东	2018年2月9日	300	
37		恒大童世界文化旅游综合体项目	主要建设恒大童世界、国际会议中心、国际会展中心、主题广场、珍稀特色植物园、文化娱乐城、文创商业街、滨水商业街、滨水酒吧街、国际高端品牌酒店、度假酒店、购物中心、旅游产品、商业中心和温泉小镇等	彭山	2017年12月	1 000	
38	枣矿物产集团有限公司（山东能源）	天府新区纳米纤维生产制造应用基地项目	主要建设年产4亿平方米锂电隔膜生产线、纳米纤维设备制造生产线、年产4 000吨超细纤维生产线及中科院呢米新材料（四川）工程研究所	彭山	2018年4月2日	30	中国
39	联想新视界（北京）科技有限公司、拉卡拉支付股份有限公司	眉山联想叠云创新科技园项目	主要建设“两中心、两基地、一示范社区”，包括联想企业级创新中心（智慧行业应用及支撑中心）、创新创业孵化中心、联想系企业总部基地、云电脑制造基地和智慧示范社区	仁寿	2018年	80	中国
40	保定乐凯新材料股份有限公司（中国航天科技集团有限公司）	电子材料研发及产业基地项目	主要建设电磁波屏蔽膜、压力测试膜等产品研发与生产基地	彭山	2018年8月22日	5	中国
41	内蒙古蒙牛乳业（集团）股份有限公司（中粮集团）	年产18万吨低温牛奶项目	主要建设10条低温牛奶生产线，年设计产能18万吨，主要有酸酸乳、纯甄、真果粒、冠益乳、优益C等系列产品	东坡	2018年5月	3	中国
42		年产50万吨常温牛奶智能化生产项目	主要建设13条常温牛奶生产线，年设计产能50万吨，建成后预计年产值50亿元，年入库税收6 000万元	东坡	2021年1月5日	10.5	

续表9

序号	投资企业	项目名称	主要投资内容	落户地	签约时间	合同金额	国别
43	阿里云计算有限公司（阿里巴巴）	德恩“云上智造”项目	阿里云和德恩精工出资共建德恩“云上智造”项目，益企云公司主要负责实施，为眉山所有企业搭建生产、设计、运营、销售、物流于一体工业云平台，平台收益由德恩精工和阿里云分成	青神	2018年3月28日	0.3	中国
44		丹棱县农村电子商务项目	主要建设县级服务中心、仓储物流中心，设置不少于30个村镇服务站点，并为丹棱电商企业提供服务	丹棱	2017年1月17日	0.3	
45	苏宁云商集团有限公司	苏宁西南地区电子商务营运中心	主要建设集采购结算、电子商务、物流配送、售后、客服、培训等功能于一体的区域性总部	彭山	2013年8月15日	22	中国
46		苏宁西南地区电子商务运营中心二期项目	主要建设集线下产品展示、电商集聚、仓储物流、综合配套于一体的综合电商产业园	彭山	2016年12月20日	12	
47	新加坡普洛斯集团	仓储物流项目	主要建设仓储物流中心项目	彭山	2014年9月	1.5	新加坡
48	中国昊华化工集团股份有限公司	清洁能源装备制造及催化剂产业基地项目	主要建设清洁能源装备制造及催化剂产业基地等	金象园区	2019年6月	50	中国
49	北京京东叁佰陆拾度电子商务有限公司	互联网+新经济发展合作项目	主要建设1个农业大数据中心、1个京东数字农业示范中心、1个电商生态聚集中心、1个产业创新中心	东坡	2019年3月18日	2	中国
50	液化空气（中国）投资有限公司	西部电子材料中心和供应链中心项目	占地面积70亩，内容涵盖工业特种气体生产、供应链中心、西部采购结算中心三大板块，建成达产后可实现产值3亿元，税收3 000万元，解决就业70人。年产5 000吨笑气生产线，6万标准立方米磷烷混合气	彭山	2019年11月14日	3	法国

说明：33家50个项目3 052.38亿元

促进项目20批次。行动期间，全市引进投资10亿元的亲亲食品休闲食品生产基地项目、投资10亿元的成都理想境界科技有限公司未来显示科技示范园一期项目等优质项目。

图30　2020年6月8日，全省服务业项目集中开工仪式眉山分会场　（市经济合作局供图）

【外资“冬季攻坚”行动】　11月中旬—12月底，眉山市经济合作局开展全市扩大利用外资“冬季攻坚”行动，期间部口径资金从64万美元增长到2.52亿美元，增加2.51亿美元，增长率39 285.94%，增幅创历史新高，完成“冬季攻坚”行动部口径1 000万美元目标任务的2 514.3%；新签约外资项目3个，新注册外商投资企业13家，拜访有外资投资意向的企业38家，走访外企94家，各项指标数据均位居全省前列。

【“三走一请”招商】　眉山市经济合作局开展“三走一请”（走出去、走下去、走上去、请进来）招商，“走上去”对接省级部门、协会，获取招商信息20条；各区县、园区党政主要负责人“走出去”拜访企业、对接项目174批次，分管负责人“走出去”拜访企业、对接项目257批次；深入“走下去”督查项目推进，摸清2017年以来签约的473个招商引资项目落地建设情况，其中履约项目397个、履约率83.93%，开工项目297个、开工率62.79%，55个项目因市场环境、投资方战略调整等原因退出；接待300家企业到眉山参观考察。

【驻外招商】 眉山市人民政府7个驻外经济合作局全年签约项目29个、合同金额440.5亿元，其中2020年履约项目28个、合同金额439.5亿元，重大项目19个；提供有效项目信息214条，带有明确投资意向投资方到眉山对接考察174家次。

【招商平台搭建】 眉山市经济合作局利用进博会、广交会、厦洽会暨丝路投资大会、2020知名企业四川行、中国智慧产业国际博览会等国家、省级平台和泡博会、竹博会、东坡文化节等眉山特色展会活动，承办会展、推介、签约等系列投资促进活动，推介眉山优势产业，展示眉山对外开放新形象；组织新华社、央视财经频道、《四川日报》、人民网、新浪、腾讯、网易等30家中央、省级主流媒体和专业新媒体对眉山重大招商活动进行专题报道推送600篇次，提高眉山知名度和美誉度；办好“投资眉山　合作共赢”微信公众号，全年发稿240篇，其中原创120篇，省、市级主流媒体转载100次，微信公众号等政务新媒体转载30次。

（郑　洁）

市场行政管理
Market Administration

【概况】 2020年，眉山市市场监督管理局贯彻落实市委、市政府决策部署，锁定“建设党委政府放心、人民群众满意的眉山市场”总目标，投入新冠肺炎疫情防控，打赢“四大安全”监管、“双创”迎检攻坚、优化营商环境、民营经济发展、质量强市建设、综合监管执法、知识产权保护等硬仗，在夺取疫情防控和经济社会发展“双胜利”中交出一份合格答卷。

【新冠肺炎疫情防控】 眉山市市场监督管理局牵头全市疫情防控市场监管组工作，参与医疗救治和后勤保障组工作；成立10个工作督导组、4个专项巡察组和1支快速处置执法队，开展3轮督导检查和6大领域巡查，组织全系统检查全市食品、药品、医疗器械生产经营企业和集贸市场、活禽屠宰点、野生动物驯养场所36 268家次，查验审核防疫物资50批次，受理价格投诉案件465件，立案查处37起，维护市场秩序和价格稳定，保障防疫物资生产供应；出台《支持企业复工复产十二条》，争取省市场监督管理局开通“绿色通道”，将全市口罩日产量提升到150万个；免费为复工企业提供检测服务452批次，减免费用90万元；为全省援鄂医疗队返川疗养提供封闭式食品安全保障40天，抽检食品及原料220批次；牵头成立冷链物流疫情防控专班，依托“川冷链”系统平台，强化全环节产品溯源管理；指导东坡区、仁寿县建设进口冷链食品集中监管仓，开展冷链食品风险隐患排查；检查冷链食品生产经营主体569家，登记冷链食品4 562批次，其中进口冷链食品277批次，立案调查涉嫌冷链食品违法案件3件。

【行政审批】 眉山市市场监督管理局深入推进“互联网＋政务服务”，推进一体化政务服务平台建设，调整更新服务事项办事指南，做到线上、线下标准统一，为“一窗进出、一网通办”改革打下基础，市市场监督管理局进驻政务服务大厅行政许可和公共服务事项29大项，全部纳入四川省一体化政务服务平台办理，网上可办率（全程网办＋原件核验）占比100%，70%以上许可事项实现“最多跑一次”甚至“一次都不跑”目标；坚持在缩减审批时间、优化审批流程、压减审批材料上做减法，在提升服务质量上做加法，开展“真心、用心、精心、热心、耐心”五心服务，推广“容缺受理、延时服务、预约服务”等服务举措，一次性告知，无差别受理，标准化办理，让群众少跑路、好办事、更满意，办理涉及企业登记注册、食品生产许可、药品零售企业许可、执业药师注册、特种设备使用登记、特种设备作业人员资格认定、企业登记档案查询等行政许可和公共服务事项35 016件，按时办结率100%，连续获得季度流动红旗3次、“五心服务明星”6人次，收到企业赠送的锦旗1面，位居市级部门前列；积极营造良好营商环境，持续深化压缩企业开办时间，将“社保登记”并入“企业登记”环节，将企业开办的涉及“企业登记、印章刻制、发票申领”3个环节整合为1个环节，开办时间由8小时再次提速至5小时，提高企业开办效率；推广“营商通”登记，与市工行合作全面推广“营商通”手机登记软件，设置“营商通”导办专窗，现场为企业提供“一对一”“保姆式”导办服务，打通登记注册“前一公里”，企业设立登记线下办、网上办、移动办同步运行，更加便利；服务企业复工复产，采取“登记注册网上办理、许可申请在线指导、应急许可特事特办、证照文书邮寄送达”等举措优化审批流程，做好市场主体登记注册和市场监管行政许可，为企业复工复产营造便利条件，疫情期间窗口办结审批事项5 073件（其中涉及疫情防控许可、备案事项12件），免费邮寄证照300份，企业和群众满意率100%；持续深化“放管服”改革，执行上级简政放权部署，5月按照眉山市推进政府职能转变和“放管服”改革协调小组《关于优化营商环境实施“放管服”改革“三百工程”的通知》要求，将11项行政权力和公共服务事项委托下放到区县行使，方便企业就近、就地办理业务。

【综合行政执法】 眉山市市场监督管理局始终执行市场监管法律法规，打击危害市场秩序违法行为，开展“统筹做好疫情防控和食品安全监管”“打击非法制售野生动物及其制品”“打击市场销售长江流域非法捕捞渔获物专项活动”“秋季校园食品安全检查”“打击非法制售军服”等专项行动；贯彻落实“四个最严”中最严格的执法，维护食品、药品、产品质量、特种设备四条安全底线，全市立案查处案件1 202件，案值金额850万元，罚没金额1 930.18万元；出台《关于及时查处从严查处和打击制假售假伪劣口罩等个人防护用品的通知》《关于开展打击整治非法制售口罩等防护用品专项行动的紧急通知》及《联合开展打击野生动物等违规交易专项执法行动的通知》等文件，全市出动执法人员28 338人、执法车辆6 551台次，检查经营户8 557户次，查办口罩等防护用品及野生动物违法案件47件，案值金额20.62万元，罚没金额54.55万元；持续推进“长江十年禁捕”，印发《眉山市市场监管局打击市场销售长江流域非法捕捞渔获物专项行动实施方案》，翻印国家市场监管总局《关于开展“长江禁捕 打非断链”专项行动公告》5 000份，联合市保护消费者权益委员会、市个体私营权益委员会、市食品安全学会、市餐饮行业协会发布《关于不买不卖不食长江流域非法捕捞渔获与的倡议书》并印制2 000份，出动执法人员8 839人次，检查经营单位10 391家次，全市媒体宣传报道129次，同时网络检查电商平台（网站）6 655个次，开展指导94个次，督促下架（删除、屏蔽）非法交易信息108条，广告监测3 325条，检查营业执照中含有“河鲜”“河鱼”“野生”字样82家经营单位责令改正，“长江禁捕”相关案件立案3件。

【企业登记注册】 眉山市市场监督管理局持续推进企业登记和注销便利化改革，完善企业开办4小时办结制，进一步解决企业“退出难”问题；为眉山天府新区市场监督管理和综合执法局开通市场监管一体化平台账号，协助纪检监察和组织部门协查经商办企业人员1.2万人次；为眉山市歌舞剧院办理核名；推进企业登记全程电子化和“一窗通办”，指导区县推进“政银合作”企业注册登记服务；出台促进全市市场主体发展相关措施，细化举措，支持个体工商户复工复产复市；出台《关于扶持“新集市经济”健康发展进一步做好“稳就业”工作的指导意见》和《支持办理领导干部配偶、子女及其配偶退出经商办企业有关登记注册工作的指导意见》，印发《四川省发展和改革委员会关于落实好〈市场准入负面清单（2019年版）〉》《眉山市“开办企业”指标提升专项行动方案》《企业登记全程电子化工作》和《眉山市市场监督管理局查处无照无证经营专项整治工作方案》；组建“成德眉资同城化发展登记注册”专窗，规定“专窗”设置标准、“专窗”业务范围、服务模式和服务标准。

【信用监管】 眉山市市市场监督管理局成立企业年报工作领导小组，强化市场主体年报公示协调、统筹、督导、考核，平稳、有序、有效推进年报，全年全市2019年度企业应年报公示企业31 092户、比2018年增长15%，年报公示29 232户、企业年报公示率93.46%；全面推行系统内“双随机、一公开”监管，提升事中事后监管效能；加强清理各自监管领域和区域的抽查事项，按要求落实“两库”建设制订“双随机”抽查计划28个，其中市市场监督管理局制定17个，全系统抽查录入结果企业1 379户，匹配执法人员2 798人次，抽查比例占全市市场主体总数4.7%；以市政府名义印发《在全市范围内推进部门联合“双随机、一公开”监管实施意见》，召开第一次部门联合“双随机、一公开”工作联席会议，制定《眉山市市场监管领域部门联合抽查事项清单（第一版）》《眉山市市场监管领域部门联合“双随机、一公开”抽查工作细则》；制发《眉山市市场监督管理局关于依托“眉山市市场主体信用信息系统”补录行政许可信息和行政处罚信息的通知》，确保系统内企业信息100%归集公示，全年归集全市各级政府部门行政许可信息5 293条、行政处罚信息635条；深化信用监管，注重部门联合惩戒，让违法失信企业处处受制，全年全市列入经营异常企业1 693户，经信用修复移出442户，100户企业因三年未年报被列入严重违法企业名录，严重违法企业报送市发改委实施联合惩戒；为768家企业出具信用证明（其中为17家申请上市企业）。

【反不正当竞争】 眉山市市场监督管理局以“重拳出击治乱象、凝心聚力护民生”为主题，开展“春雷行动2020”暨知识产权保护执法行动，全市出动执法人员21 963人次，检查生产、经营企业和个体户35 209家，检查商场、超市、集贸市场等市场2 953个次，检查学校食堂214个次，检查网站、网店556个次，取缔无证、无照经营35户，受理消费投诉举报2 044次，为消费者挽回经济损失81.3万元，排查特种设备安全隐患515条，立案查处案件884件（其中大要案119件），案值495.8万元，罚没款800.25万元，移送司法机关4件；统筹推动2020年扫黑除恶专项斗争，分别接受省、市各级督导组督导，同时坚持扫建结合，重点加强行业乱象治理，全市摸排行业乱点1 994个，摸排涉黑涉恶涉乱线索173条（其中涉黑涉恶线索23条、涉乱线索150条），整治150件，移送市、县（区）扫黑办核查处理23条，移送率100%，对实名举报做到“人人见面、件件回应”，收到“三书一函”55份，均为检察建议书，整改并回复建议书55份，做到“事事有回音，件件有着落”；指导、推动全市公平竞争审查，组织开展全市公平竞争审查督导，印发《关于对全市公平竞争审查工作进行督查的通知》，明确督导内容，会同市发改委、市商务局、市司法局组成两个督查组，督查指导市发改、商务、经信、自然资源、生态环保、交通运输、住建、水利、农业农村、经合10个成员单位及所有区县联席会议办公室公平竞争审查推进情况；做好疫情期间直销企业规范管理，加强静态和动态管理（每月直销企业上报工作开展情况，定期开展实地督查），禁止聚众、集会、会销等违规行为；有针对性摸排网络传销等违法行为，并做好与公安部门对接，移交相关线索2条；开展全市反不正当竞争执法，统筹部署反不正当竞争执法，督促基层局搞好重点领域不正当竞争行为整治，并接受省、市人大对《中华人民共和国反不正当竞争法》贯彻实施情况督查。

【消费维权行动】 眉山市市场监督管理局持续推进“放心舒心消费环境”建设，制发《放心舒心消费环境建设2020—2021年工作方案》，深入景区、商场、超市、街道，面上指导，整体规划，重点突破，定点规范，组织发动相关职能部门和生产经营者参与，发挥消费维权社会共治机制作用，深入推进放心舒心消费环境建设，全市规范建立商场超市“消费维权服务站”184个，处理消费投诉245件，挽回消费者经济损失32万元；发挥示范单位示范引领作用，全市建成放心舒心消费示范行业9个、放心舒心消费示范街道10个、放心舒心消费企业和商场42家、放心舒心消费示范店104家、放心舒心消费示范景区8个、诚信计量示范单位15家、ODR企业43家，示范引领，推动全市放心舒心消费环境建设；召开宣讲会、培训会255场次，培训经营主体员工3 016人，宣传消费者权益保护法律法规和消费知识，引导科学理性消费和绿色环保消费，树立科学、健康、安全、文明的消费理念，推进资源节约型和环境友好型社会建设；通过曝光典型案例，发布消费警示，提高消费者自身科学消费和自我维权意识，促使经营者重视和履行诚信守法经营的市场规则，促进市场经营行为规范有序，全市曝光典型案例、发布消费警示提示256条，在网络、报刊、新媒体发表署名文章187篇；加强“诉转案”工作，在调解消费纠纷过程中，发现商家存在违法行为，将违法线索移送办案机构，全市“诉转案”有29件；巩固“五线整合”（原工商“12315”、质监“12365”、食药监“12331”、物价“12358”、知识产权“12330”五条投诉举报热线统一整合为“12315”热线）成果，提升“12315”重要窗口和服务品牌整体形象，实现一号对外、集中接听、按责转办、限时办结，消费者投诉举报受理处理及时，相关职能部门协调配合有力，有效保护消费者合法权益；面向社会集中宣传市场监管部门“12315”热线职能作用，扩大社会知晓度，更换“12315”标志标牌，全市更换“12315”热线标识标牌2 289块，其中街区3块、商圈600块、大型商场超市31块、药店183块、餐饮娱乐场所1 385块、其他场所87块，扩大社会知晓度和影响力；做好与市政府“12345”政务服务平台汇报和对接，在市政府“12345”政务服务热线话务大厅设立“12315”消费者投诉举报专席，开通“12315”投诉举报专线，落实专席工作人员，通过全国“12315”平台处理消费者投诉举报，形成消费投诉处理“一号一平台”格局；健全维权网络，拓宽投诉渠道，加强“一会两站”（消委分会和“12315”联络站、消费者投诉站）和“消费维权服务站”建设，加大“12315”消费者权益保护力度，处理消费纠纷，化解消费矛盾，提高投诉举报的处理效率和处理质量，全市接受消费咨询14 156件，处理消费投诉举报9 927件，挽回消费者经济损失352.17万元，没有出现过影响稳定的突发重大消费事件。眉山市市场监督管理局开展服务领域消费维权，全系统处理服务领域消费投诉1 600件，挽回消费者经济损失56万元；围绕旅游“吃、住、行、游、购、娱”等要素行业开展专项整治行动，出动执法人员1 300人次，监督检查生产、流通、餐饮“三小”单位1 500户，杜绝景区无证无照经营情况；开展网络订餐专项整治，约谈美团、饿么网约平台企业，下架无证入网餐饮单位180户；推进景区“一会两站”、“12315”的“五进”规范化建设，拓展“12315”消费维权领域，强化指导监督，建立和完善投诉受理制度，受理处理消费者投诉举报，保护消费者合法权益，营造放心舒心旅游消费环境；开展餐饮经营者勾结客车司机宰客乱象专项整治，维护消费者权益；接到涉旅投诉举报79件，挽回消费者经济损失11.5万元。

【网络监督管理】 眉山市市场监督管理局建立并初步完善全市网络交易主体数据库，识别并绑定主体的本地企业自建网站1 053个、网店5 126个、电子商务平台2个、微信公众号664个；加强网络监测，开展网络交易信息监测5万个次，监测发现合同、广告、不正当竞争、价格等涉嫌违法行为为200条，固定相关电子证据后交办属地县（区）市场监督管理局依法调查处理，办结案件10件，罚没款90.66万元；理顺全市动产抵押登记秩序，督促县（区）市场监督管理局更改动产抵押登记专用章，明确必须以县（区）市场监督管理局名义开展动产抵押登记，并督促县（区）市场监督管理局落实动产抵押登记申请24小时响应制（从申请起24小时内办理），全市办理动产抵押登记128件，为企业、个体工商户、农业生产者融资24.279 1亿元，支持企业发展和复工复产；新冠肺情疫情期间，监测本地论坛、公众号、网站、网店、微博、抖音等，发现并处置网络舆情3件，督促淘宝、抖音、快手平台下架野生动物交易信息40条，通过省市场监督管理局网监处分别向公安部门和合肥市市场监管部门提供假口罩线索2件，其中合肥市市场监督管理局根据提供线索，查获淘宝店铺“鼠你吉祥2020”销售劣质口罩并价格违法案，查获劣质口罩59.7万只，涉案金额200万元；开展2018—2019年度省级“守合同、重信用”企业公示申报，新增3户省级企业、17户企业继续保留；按照《省市场监管局等十四部门关于印发四川2020网络市场监管专项行动（网剑行动）方案的通知》要求，经征求眉山市网络市场监管联席会议各成员单位意见，于11—12月联合开展眉山市2020网络市场监管专项行动（网剑行动），推进《中华人民共和国电子商务法》贯彻落实，打击网络市场违法行为，落实电子商务经营者责任义务，规范网络市场经营秩序。

【广告监督管理】 眉山市市场监督管理局依托广告监管平台，对眉山广播电视台、眉山日报社、四川广电网络眉山分公司等大众传播媒体发布药品、医疗服务、保健食品、特殊医学用途配方食品、普通食品和金融服务类等广告进行24小时监测，监测广告31万条次，发现涉嫌违法广告293条次，违法广告线索处理率100%；依托全国互联网广告检测平台和移动互联网广告监测平台，加强对互联网网站、APP、微信公众号等媒介发布广告监测监管，发现和派发涉违法广告线索3条，案件处理率100%；强化户外广告传播媒介监管，将路牌、果屑箱、公交站台、电梯、小区道闸、公交车车载电视、灯柱、出租车顶灯、大型商业LED广告屏、单立柱广告牌等户外媒介广告经营单位纳入重点监管对象；强化户外广告媒介经营单位监管，加强行政指导，充分发挥市场主体自律作用，督促广告经营单位建立健全广告业务的承接登记、审核、档案管理制度并予有效实施；安排专人，提供广告发布咨询服务，为眉山电视台、眉山框视界文化传播公司等发布的广告提出68条修改意见，从源头上降低广告违法率；印发《关于进一步开展房地产广告专项整治工作的通知》《关于严肃查处虚假违法农资广告的通知》《关于坚决整治“医托”“号贩子”的通知》等文件，充分发挥广告监管职能作用，持续整治房地产、医疗、药品、农资领域广告违法行为，受理绿洲郡等房地产虚假宣传投诉9件；开展烟草广告整治，重点检查主要交通要道、重点街区、车站码头、校园周边等场所发布的广告，禁止在大众传播媒体或者工作场所、公共交通工具、户外发布或变相发布烟草广告，完成建成区无烟草广告目标；开展“长江禁捕打非断链专项行动”广告监管执法，重点检查辖区内主要商业区、主干道、公共交通、车站、农贸市场、餐饮聚集地以及从事渔具销售的场所等区域发布含有出售、利用禁捕流域水生野生动物交易的虚假违法广告；组织开展含有“软色情”等低俗庸俗媚俗广告清理整治，下发《关于开展清理整治含有“软色情”等低俗庸俗媚俗广告的通知》；推进“双随机、一公开”广告监督抽查，利用《“双随机、一公开”房地产广告现场监督检查表》，采取定向抽查的方式选取118家房地产企业作为检查对象，重点检查房地产广告中是否以虚假或者引人误解的内容欺骗、误导消费者、是否存在虚假广告发布行为以及是否含有升值或者投资回报的承诺等情况，检查发现15条问题并责令改正。

【民营经济发展】 眉山市新登记个体工商户19 692户、总数16.1万户，新登记私营企业5 309户、总数3.2万户。眉山市市场监督管理局印制《民营经济发展有关政策汇编（2020年）》1万册，分发到区县、市级部门和企业，同时深入一线走访企业，加强《6个实施细则》宣传，督促相关部门强化政策执行，定期收集、梳理和汇总政策落实情况并进行通报，确保政策落地见效，2019年度省上考核市州民营经济政策落实，眉山得满分；兑现2019年评审通过的33户建立现代企业制度民营企业鼓励资金330万元，推进80户民营企业建立现代企业制度；在全市面向民营企业开展“金融顾问”，推荐2名金融顾问，提供信息咨询服务，帮助企业解决融资问题，并推荐发展潜力较好的优质民营企业20户，作为重点服务对象；开展小微企业“战疫贷”“金融服务零距离”等活动，收集有贷款需求的小微企业87户、个体工商户30户，实际完成贷款732户，贷款额度5.79亿元；开展专题调研，形成《眉山新冠肺炎疫中疫后复工复产加快发展调研报告》《眉山市“十四五”加快民营经济发展研究报告》和《眉山民营企业知识产权需求调研报告》，完成市人大常委会听取和审议市政府民营经济工作报告相关调研、文稿等；组织召开民营经济发展领导小组第二次联席会议，以市政府名义表彰2019年度促进民营经济发展暨优化营商环境先进集体30个和先进个人60名；完成营商环境评价政府侧问卷填报，并组织10户企业完成企业侧问卷填报。全市民营经济增加值（不含外商、港澳台）802.48亿元，增长3.2%，居全省第8位，同比上升4位，占GDP比重56.4%。全市民间投资增长14.5%，占全社会固定资产投资比重66.8%，居全省第1位。四川省民营办发布各市州民营经济发展指数，眉山民营经济发展指数综合排位居全省第6位，民营经济考核综合评定居全省第6位，进入全省第一方阵。

（张　建）

质量技术监督管理
Quality and Technical Supervision and Management

【概况】 2020年，眉山市场监督管理局推进质量发展，组织质量管理先进企业参加政府质量奖评选；加强标准化建设，《泡菜（盐渍发酵蔬菜）规范和试验方法》国际标准正式发布，实现四川省在食品领域制定ISO标准零的突破；强化计量、特种设备等监管，维护消费者权益，保障质量和安全。

【质量发展】 眉山市市场监督管理局组织质量管理先进企业参与首届“四川省天府质量奖”评选申报，推荐5家企业申报首届“四川省天府质量奖”，千禾味业食品股份有限公司入围获提名奖；完成2019年度市（州）政府质量工作考核，考核结果被评为B级；修订并印发《眉山市政府质量奖评审办法》，启动第五届眉山市政府质量奖评审活动，印发《关于开展第五届眉山市政府质量奖评选工作的通知》《关于开展往届眉山市政府质量奖复评工作的通知》，收到新申报组织资料13家、个人资料2个，参与复评企业资料15家；印发《2020年质量强市暨质量提升行动工作计划》，完成“十三五”质量发展规划实施情况总结和“十四五”质量发展规划建议；印发《关于开展2020年全市“质量月”活动的通知》，安排部署全市“质量月”活动；完成眉山市质量工作视频宣传片拍摄和制作，与成德资市场监管局在成都共同举办“2020年成德眉资市场监管质量月”活动启动仪式，签署《成德眉资同城化质量发展合作协议》；组织千禾、吉香居、金象化工等质量标杆企业开展“质量开放日”活动；完成新冠肺炎疫情防控和企业复工复产督导，动员全市质量奖获奖企业和首席质量官落实《共同战“疫”　共同担当》倡议，共同做好“抓生产、严防控、保质量、稳供给”等。

【质量监督】 眉山市市场监督管理局严格工业产品获证企业证后监管，清理全市工业产品许可证新增企业、注销企业、取消许可管理企业，更新企业信息，完善获证企业质量档案，实施动态监管，全市有57家许可证企业62张许可证；按照《工业产品生产许可证管理条例》要求，组织对全市许可证企业开展年度自查，督促获证企业落实质量主体责任；开展产品质量监督抽查，监督抽查生产、流通领域水泥、肥料、学生服装、床上用品、儿童服装、人造板、配装眼镜、毛巾，完成监督抽查任务144批次，合格140批次；针对省市监督抽查不合格68批次产品，通过下达责令整改通知书、组织企业约谈、督促问题整改、开展企业回访、实施行政处罚等方式，加强不合格产品后处理，并将后处理情况上传系统；在全市范围内开展危险化学品行业安全风险隐患排查整治，邀请专家对眉山4家危化品生产企业进行证后监督检查，提出问题整改项22项，抽查1批次危化品桶罐、8批次危化品、10批次烟花爆竹均合格；强化非医用口罩质量监管，指导7家企业制定非医用口罩企业标准，指导企业按照产品标准要求调整生产工艺，选择合适的原材料，协调省外有资质的检验检测机构对眉山7家企业15批次非医用口罩样品进行委托检验，帮助6家企业修改完善产品标识；突出非医用口罩细菌过滤效率、颗粒物过滤效率、吸气和呼气阻力等关键指标，组织对辖区13家口罩生产企业16批次非医用口罩产品抽样送检，从生产源头实现非医用口罩质量监测全覆盖；开展成品油质量抽检，对全市240家加油站建立基本台账。

【标准化建设】 眉山市市场监督管理局加强标准化战略与全市重大战略互动对接，围绕市委、市政府中心工作，发挥标准引领作用，坚持标准与产业发展相结合，坚持标准与质量提升相结合，夯实标准化技术支撑，以高标准推动全市经济高质量发展；深入基层，深入企业，开展标准化发展“十四五”规划前期研究，完成《眉山市标准化发展“十四五”规划》初稿编制；加强地方标准制定，将现代农业、服务业时效性要求高以及社会需求迫切的标准作为研究重点，组织制定地方标准19项，其中现代农业地方标准2项、养老服务地方标准5项（省级地方标准3项）、家政服务地方标准4项、出入境服务地方标准2项、地理标志保护产品相关技术规范6项；组织开展质量对标提升行动，指导四川禹王防水建材有限公司、四川柯美特铝业有限公司等10家企业制定高于国家、行业或地方标准的先进企业标准，指导四川柯美特铝业有限公司、四川禹王防水建材有限公司做好质量对标提升达标产品认定准备；开展企业标准“领跑者”制度宣传，围绕区域经济创新发展中培育形成的特色产业、特色产品，对辖区内具有良好标准化工作基础、产品标准处于行业领先水平的企业开展调查摸底，引导企业提升企业标准技术指标，指导金象化工、德恩精工等企业做好参与企业标准“领跑者”评选准备；开展企业产品执行标准“双随机、一公开”监督检查，指导9家口罩和6家消毒液企业修改完善企业产品标准，提升企业标准质量水平，督促15家口罩和消毒液生产企业对产品执行标准自我声明公开，全市监督检查企业标准53项，整改企业标准21项，新增企业产品标准自我声明公开750项；加快全市竹产业标准体系建设，收集竹编、竹纸、竹基纤维板材相关国家、行业、地方标准，指导洪雅竹元科技有限公司制定《高强度竹基纤维复合材料模压户外地板》企业标准，竹元科技参与制定的LY/T 3194-2020《结构用重组竹》行业标准于3月发布实施；以鹌鹑产业、养老服务、家政服务、出入境服务标准化试点项目建设为载体，建立健全以国家标准和行业标准为基础、内控标准为主体、地方标准为补充的行业标准体系；完成眉山市社会福利院养老服务标准化试点、市公安局出入境标准化试点、眉山苏小妹家政服务公司家政服务标准化试点3项国家级标准化试点项目建设，眉山市儿童福利院申报的服务标准化试点项目获省市场监管局批准立项；启动四川九升食品有限公司“国家鹌鹑产业标准化示范区”项目建设，指导制定《国家鹌鹑产业标准化示范区建设实施方案》，建立鹌鹑产业标准体系；加强企业标准化工作指导服务，为中车眉山车辆有限公司《钢结构桥梁用铆钉生产技术规程》和眉山中车制动科技股份有限公司《工程机械制动系统整套标准》申报省级地方标准立项提供技术指导。12月24日，ISO 24220:2020《泡菜（盐渍发酵蔬菜）规范和试验方法》国际标准正式发布，实现四川省在食品领域制定ISO标准零的突破，标志眉山在全球食品领域发出“中国声音”，为全球泡菜产业可持续发展贡献出“中国智慧”。

【计量监管】 眉山市市场监督管理局强化民生计量监督检查，重点对集贸市场、加油站、眼镜制配场所、医疗机构等涉及民生行业的强检计量器具全覆盖检定，检定集贸市场148家、加油站242家、眼镜制配场所99家、医疗机构142家；持续开展“计量惠民生、诚信促和谐双十工程”，引导并培育诚信计量自我承诺单位100家；组织开展节日市场计量专项监督检查，检查集贸市场、大型超市、加油站等单位621家，检查计量器具9 348台（件），合格率92%，抽查商品量76批次，合格76批次，合格率99.2%；开展眼镜制配场所计量专项检查，检查眼镜制配单位、医疗机构等与验光配镜相关机构110家，检查强检计量器具323台件、其他计量器具5台（件），其中不合格3台件，并梳理出眼镜制配场所197家（含停业），对162家眼镜制配场所强检计量器具472台进行检定；开展环境监测计量器具检查、能效水效标识产品专项检查、用水用能等重点用能单位计量专项检查；推动民用“三表”首检和到期轮换，提升民用“三表”服务质量和水平；强化安全防护计量器具监管，组织开展煤矿、非煤矿山、石油石化、天然气、重点货运源头、高速公路出入口及普通公路等重点领域使用安全防护计量器具专项检查和压力仪表计量风险防控专项检查，督查16家涉及安全防护计量器具的使用单位，对督查中发现的问题要求立即整改；排查压力仪表计量风险隐患，加大压力仪表的计量监管力度，确定压力仪表重点检查企业88户，其中燃气企业8户、加油站18户、化工企业38户、非煤矿山企业24户；强化能源计量监管，配合发改委开展2019年度重点用能单位能耗总量控制和节能考核企业24家，清理24家重点用能单位，通过请专家进企业等方式督促3家重点用能单位开展能源计量审查；开展“计量服务中小企业百日行”，围绕食品生产、机械制造、化工原料生产、医药制造等行业确定服务企业名单，发挥计量技术优势，成立10支计量技术服务队，为企业送服务解难题1 696人次，检定计量器具3 475台（件），减免费用80万元；做好强检计量器具备案和免费检定，全市法定计量检定机构检定强检计量器具61 934台（件），其中贸易结算计量器具39 365台（件）、安全防护计量器具18 543台件、医疗卫生计量器具3 874台（件）、环境监测计量器具152台（件）；指导四川明晶光电科技有限公司、自豪药业等8家企业建立计量器具台账，帮助企业做好计量器具检定和校准等量传工作，建立溯源体系；开放计量检定实验室，为四川兴荣科科技有限公司培训实验室计量检定人员。眉山市市场监督管理局举办“5·20”世界计量日计量知识培训会和宣传活动，开展服务行业诚信计量座谈会，签订诚信计量承诺书100份；免费为市民检测血压计、眼镜、人体秤500件，为集贸市场、旅游景点小摊点检定调试电子秤300台（件）；现场设立计量知识宣传牌、张贴计量宣传画，发放计量宣传资料3 000份；播放计量宣传标语100条，通过电信、移动发送宣传短信5 000条。

【认证认可与检验检测监管】 眉山市市场监督管理局深入开展低速电动车生产及销售治理，联合市应急管理局、市经信局、市公安局、市住建局、市消防支队5部门转发《关于进一步加强电动自行车消防安全管理工作的通知》；组织开展全市电动自行车生产和销售环节专项检查，督促电动自行车生产企业严格按照强制性国家标准要求生产，严守质量安全底线，出动执法人员91人次，检查电动自行车生产企业3家、经销商64家，抽查电动自行车85批次，发放宣传资料60份；组织开展2020年低速电动车生产和销售专项治理，通过摸清家底、制定方案、集中整治、总结深化，严厉打击生产销售未纳入国家生产目录和未取得CCC认证的低速电动车违法行为，全市市场监管系统检查低速电动车生产企业、销售商家179家次，发出《责令改正通知书》4份，立案查处销售未经CCC认证的电动三轮车案件1件；强化“双随机、一公开”监管，联合市住建局开展2020年度建设领域检验检测机构“双随机、一公开”监督抽查，联合公安、生态环境、交通运输开展机动车检验检测机构“双随机、一公开”监督抽查；配合省市场监督管理局完成对鑫宏光、加伦工程检测等9家机构的资质认定初评和5家获证机构的资

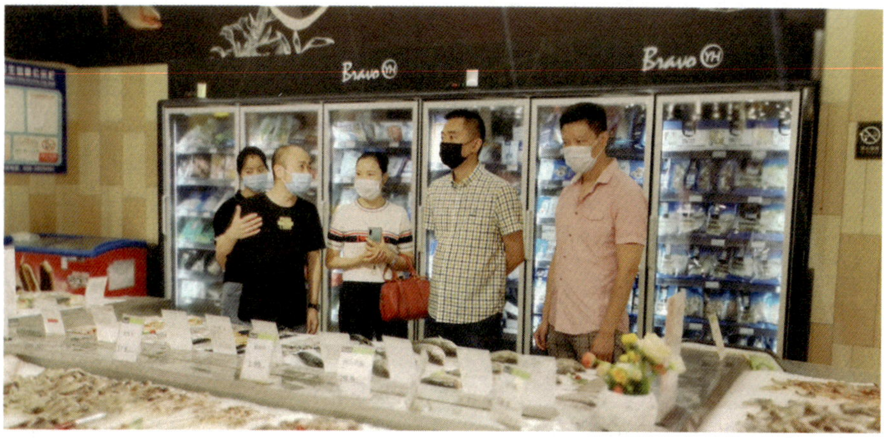

图31　2020年6月14日，检查商超进口冻虾产品安全情况　（市市场监管局供图）

质复查换证（扩项）审查；召开全市机动车检验机构集中警示约谈会，通报2019年度监督检查情况、能力验证考核情况及处理结果，分析当前眉山市机动车检验检测管理状况，集中学习《检验检测机构资质认定管理办法》，重申机动车检验检测规范要求；深入开展机动车检验机构源头隐患排查治理，重点加强对“两客一危一货”等重点车辆的安全技术性能检验和柴油货车排放检验监督，督促机构履行机动车检验主体责任，严格按照法律法规和作业规程开展检验业务，把好机动车辆安全和排放关，防范“带病车辆”上路运行；加强认证结果检查，严厉打击违法违规行为，组织开展口罩、防护服等防疫物资认证领域专项治理行动、摩托车头盔强制性认证、强制性认证产品专项检查、认证活动现场见证检查等监督检查，排查认证活动不规范、虚假认证、伪造冒用、非法买卖认证证书和标志等问题，出动检查人员63人次，排查企业17家，发现涉嫌虚假认证线索2条，依法移送代理机构所在地的市场监管局核查处理；以6月9日第十三个“世界认可日”为契机，开展“认证认可检验检测守护安全底线，服务复工复产”等主题宣传活动，宣传普及认证认可知识，提高对认证认可的认知度；举办以“机动车检验检测机构监管能力提升”为主题的务实培训会，邀请国家级资质认定评审专家授课，主要围绕部门职能职责、机动车检验标准、机动车检验质量控制、日常监督检查要素与技巧等7个方面详细讲解，提升基层人员监管能力。眉山市有通过管理体系认证、产品认证获证组织691家，获得有效认证证书2 526张，分别较2019年同期增长89家、565张，增长率分别为14.78%、28.81%，获证规模持续保持全省第四位；有检验检测机构101家，较2019年增加19家，涉及机动车检验、建工检测、环境监测、司法鉴定、食品药品、产品质量、疾病控制、防雷检测等领域；新增低碳认证产品1个，实现眉山市此类产品认证零的突破。

【特种设备安全监管】 眉山市有特种设备生产单位34家、使用单位2 607家、驻点电梯维保单位64家、综合检验机构1家、气瓶检验机构4家、气瓶充装单位37家，有特种设备20 290台（套），其中锅炉568台、压力容器（不含气瓶）4 663台、起重机械2 199台、电梯11 087台、场（厂）内专用机动车辆1 741台、大型游乐设施30台（套）、客运索道2条，有注册气瓶118 081只、压力管道401公里。眉山市市场监督管理局积极做好特种设备安全生产宣传教育，充分利用6月第19个全国“安全生产月”活动时机，开展以“消除事故隐患，筑牢安全防线”为主题的集中宣传，在眉山市电视台和主城区280台公交车的380台车载视频上连续播放安全乘坐电梯知识公益广告，宣传受众480万人次；制定《特种设备安全专项整治三年行动实施方案》，提出7个方面的专项整治计划，开展气瓶充装和气瓶检验机构的专项整治、工贸行业特种设备专项整治、大型游乐设施专项整治、危险化学品相关特种设备专项整治、夏季液化石油气瓶专项执法行动以及特种设备安全“排险除患”集中整治行动等；召开全市液化石油气瓶充装企业集中约谈会，约谈企业负责人12人，排查非法充装和使用超期气瓶、翻新气瓶、未经检验气瓶等违法行为，从源头遏制事故，查处眉山动能机械有限责任公司超核准范围检测、非法改造报废气瓶行为，罚款37.5万元；开展春雷行动特种设备专项子行动，协调解决疫情防控期间特种设备使用过程中安全管理、设备维护、故障处置等方面存在的突出问题，重点帮助国为制药等13家药品、消毒液、口罩生产企业，四川大学华西医院眉山医院等19家定点治疗、监测医院，恒发气体等5家医用氧气供应单位以及圣丰农产品批发市场等综合型农贸市场、超市开展隐患排查，排查锅炉7台、压力容器76台、压力管道9条、电梯172台、叉车2辆、CNG公交车辆447辆、CNG气瓶2 012只；开展汛期特种设备监管，组织全市系统监管部门召开汛期安全监管工作会议1次，发布汛期特种设备安全《使用须知》，公布八大类特种设备可能出现的安全风险、

图32　2020年9月28日，检查特种设备安全情况　（市市场监管局供图）

防范要点和处置措施，市特检所、4家气瓶检验站、64家电梯维保单位分别组织精干技术力量，协助应急处突；开展“中秋”“国庆”期间安全生产，制定《关于切实做好2020年“中秋”“国庆”期间安全生产工作的通知》，部署“双节”期间特种设备安全生产，并制定《关于开展中秋国庆节特种设备安全督导的通知》，集中对各区县第二轮督导，确保“双节”期间特种设备“排险除患”落到落实，“双节”期间检查重点单位135家、设备158台，排查隐患202条，下达监察指令书12份，开展暗访工作36组次，出动检查人员165人次，检查重点单位119家、设备178台，排查隐患86条，均要求限期整改；做好特种设备安全生产清单制管理，印发《眉山市市场监督管理局安全生产工作责任制度》《眉山市市场监督管理局安全生产领导小组工作规则》，并向市应急管理局报备《眉山市市场监督管理局安全生产工作责任清单》。

【质量检验检测】 眉山市市场监督管理局成功争取国家标准评审委员会支持，将“酱腌菜铅限量国家标准”由0.3毫克/千克调整为0.5毫克/千克，促进四川泡菜产业可持续发展；坚持以研提能，搭建科研平台，与南开大学联合申报的省科技厅“四川泡菜发酵过程中耐药菌株的筛选及特性研究”省级重点课题进展顺利，与四川东坡中国泡菜产业技术研究院申报四川省科技厅社会发展领域研发项目“中国酱腌菜中生物胺含量的测定及其安全控制研究”有利于掌握中国泡菜生物胺含量水平，与四川东坡中国泡菜产业技术研究院联合申报的《四川工业泡菜亚硝酸盐污染状况及形成和降解机理研究》通过审批；完成上级下达的省级专项和市级定期监督检验任务，对陶瓷砖、人造板和定配近视眼镜等开展省级专项监督抽查任务75批次，实际抽样75个批次、任务实施率100%，产品合格75个批次、合格率100%，对水泥、肥料和人造板等开展市级定期监督抽查任务60批次，实际抽样58个批次、任务实施率100%，产品合格55个批次、合格率94.8%；首次重新承担食品定期监督抽查和抽检任务，市级食品抽检检测任务104批次、完成104批次，市级食品监督抽查27批次、完成27批次；加强产品质量安全检验，与25家食品企业签订全年委托检验服务协议。眉山市泡菜国检中心申请的泡菜、乳制品和调味料三大类94个参数全部通过中国合格评定国家认可委员会（CNAS）实验室认可现场评审，4月2日获得中国合格评定国家认可委员会（CNAS）认可颁发的证书。

【计量检定】 眉山市计量所完成计量器具检定校准25 560台（件），其中检定强检计量器具21 939台（件）、检测校准计量器具3 621台（件）；推动强检计量器具免费检定，严格执行国家制定的强检停征政策，对强检计量器具按照规定的备案流程检定，并按时将每月强检统计表上报市计量科，全年征强检计量收费380万元；抓好安全防护和环境监测计量，组织开展安全防护领域的计量器具强制检定，检定9 537支压力表和1 420台可燃气体报警器；对市环境监测中心站等企事业单位涉及环境监测领域的酸度计、电子天平和可见分光光度计等计量器具开展强制检定，检定计量器具150台；开展医疗光学计量检定服务，对全市219家医疗和眼镜店使用的3 792台（件）多参数监护仪、医用诊断螺旋计算机断层摄影装置（CT）、医用数字摄影（CR、DR）系统X射线辐射源和验光机等医疗光学计量器具进行检定服务；开展加油机、加气机和出租车计价器等涉及民生的计量器具强制检定，检定加油机1 282台（件）、加气机182台件、出租车计价器755台（件）；开展节日市场计量监督检查，在春节、“五一”和“3·15”国际消费者权益日等期间，组织人员对集贸市场、超市、餐饮业和加油站在用计量器具开展计量监督检查和检定，出动检定人员80人次，检查大型超市7家、餐馆11家、加油站15家；开展集贸市场免费检定服务活动，检定集贸市场的电子秤、台秤等计量器具3 120台（件），有效震慑和打击不法商贩短斤少两的违法行为；拓展检测范围，经过与天府新区眉山市场监管和综合执法局协调，计量检测范围覆盖天府新区，检测压力表、加油机、压力变送器、电子天平、B超和血压计等计量器具9 147台（件）；新建医用电子体温计检定装置、红外耳温计检定装置和测量人体温度的红外温度计校准装置3项计量标准，购置价值70万元的标准测力仪、二等金属量器、血压计检定装置、婴儿培养箱校准装置和智能心脑电图机检定装置等精密检测设备17台（套），提升综合检测能力。

【特种设备监督检验】 眉山市特种设备监督检验所完成特种设备检验18 417台（只），其中电梯定检7 712台、电梯监检2 644台、起重机定检767台、起重机监检255台、厂车定检1 120台、厂车监检415台、锅炉定检503台、锅炉监检55台、压力容器定检697台、压力容器监检5台、安全阀校验4 244只，压力管道定检7 009米，压力管道监检39 728米，发现重大安全隐患120起，财政入库非税收入1 622.3万元，完成财政预算收入指标的210.7%；支持企业复工复产，对疫情防控相关的单位、企业开辟特种设备安全检验绿色通道，当天受理、当天安排，确保按企业需求做好检验计划安排，检验检测特种设备2 952台，协助使用单位排查安全隐患70处，纠正并帮助规范操作建议90条，为企业安全生产提供保障；组织开展10期“特检论坛”活动，完成所内工作人员业务能力考核2期46人次，开展质量抽查活动48次，抽查检验报告240份，发现报告问题233条，抽查检验现场24个，发现检验现场问题31条，全部督促责任人员整改；电梯检验领域，拓展“BDIM”系统应用，组织优化BDIM检验系统功能3项，发挥其最大效能，运用移动互联网技术提高检验检测效率和准确率。

【纤维质量检验】 眉山市纤检所强化技术检测，组织参与由成都市市场监管局主办、眉山市市场监管局参与协办的认证认可检验检测能力提升网络公益培训，提升机构日常标准化管理和专业技术人员综合能力；强化委托检验，缩短检验周期，出具合法、准确、公正的检验报告，完成委托检验385批次，出具检验报告438份，收到委检费33.09万元；帮扶指导辖区企业复工复产，对防疫生产企业原辅材料进行甲醛含量、PH值和可分解致癌芳香胺染料等项目免费检测，减免企业8家，减免30 750元；完成一季度市级监督抽查14个批次（涵盖床上用品、成人服装、棉胎、坯布、校服）、合格率100%，2季度儿童服装市级监督抽查10个批次、合格率

图 33　2020 年 10 月 13 日，开展校服监督抽查专项行动　（市市场监管局供图）

90%（不合格产品为洪雅县新世联华超市抽查的 1 件儿童服装，其中纤维含量不符合标准），3 季度市级监督抽查 10 个批次（毛巾）、合格率 90%（不合格产品为洪雅县卢国平百货批发部抽查的面巾，其中纤维含量不符合标准），4 季度校服省级专项监督抽查 19 个批次、合格率 100%；根据中国纤维质量监测中心公证检验一处安排，调专业技术骨干到四川什邡和新疆奎屯开展监管棉公证检验，完成监管棉公证检验 2 747 批，公重 117 620.39 吨（其中什邡 325 批次 13 908.39 吨、奎屯 2 422 批 103 712 吨）。

（张　建）

食品药品监督管理
Food and Drug Supervision and Management

【概况】 2020 年，眉山市市场监督管理局加强食品药品监督管理，落实食品药品安全责任，提升食品药品安全监督管理能力，扩大食品药品安全宣传，有效保障全市人民群众饮食用药安全。

【食品安全协调】 眉山市委、市政府根据省委办公厅、省政府办公厅《关于印发〈四川省省级党政领导干部食品安全工作责任清单〉的通知》修订并印发《眉山市市级党政领导干部食品安全工作责任清单》，明确食品安全责任。眉山市食品安全委员会印发《眉山市 2020 年食品安全重点工作安排》，修订《眉山市食品安全突发事件应急预案》，开展食品安全突发事件（Ⅲ级）应急处置演练，提升应对食品安全突发事件应急管理能力；召开 2020 市食安委第一次（扩大）会议，加强省级食品安全示范县创建，仁寿县成功创建第三批省级食品安全示范创建县；完成第十八届中国食品安全年会、第十二届泡博会和第三届川菜大会工作，国家市场监管总局标准创新司司长、中国标准化研究院副院长、省市场监管局食品生产处处长等到眉山参加相关活动；开展食品安全宣传，召开食品安全宣传工作专题会议，印发《眉山市食品安全工作宣传方案》，明确宣传内容、形式及重点；开展食品抽检 8 129 批次，检出不合格 253 批次，合格率 97%；生成不合格食品核查处置任务 455 件次，受理不合格食品异议申请 4 起，不合格食品核查处置率 100%。

【食品生产监管】 眉山市市场监督管理局组织召开全市食品安全监管工作会，印发《眉山市食品生产监管工作要点》，督促企业签订《食品生产质量安全责任书》《食品生产质量安全承诺书》，出台《眉山市食品生产企业主体责任清单》和《眉山市食品生产企业违法责任清单》，杜绝不合格食品流入市场，避免违法行为；指导全市食品生产企业开展质量风险控制，提升质量管控水平；督促全市食品生产企业对质量体系自查，全市 383 家企业上报 2019 年《年度食品质量运行自查报告》，自查率 100%；组织全市 50 家蔬菜制品企业召开全市蔬菜制品企业质量公开承诺活动暨酱腌菜质量控制专题培训会，通过质量承诺、会议培训强化企业质量意识；开展对不合格企业“一对一”责任约谈，约谈企业 16 家次，2020 年不合格批次 80 批次、较 2019 年下降 30 批次，不合格企业 50 家、较 2019 年下降 12 家；按照《食品生产经营风险分级管理办法》要求，对 383 家获证食品生产企业进行综合评价和动态调整；强化日常监督检查和飞行检查相结合，对抽检不合格企业开展飞行检查，重点对原材料采购、生产过程关键工序、投料、成品检验及销售记录进行生产全过程监督检查，责令整改 20 家次，警告处罚 6 家，移交稽查处理 1 件；配合省市场监管局开展飞行检查，对 3 家食品生产企业和 2 家保健食品生产企业开展飞行检查，督促企业整改问题，消除安全隐患；按照国家市场监督管理总局、省市场监督管理局和眉山监管实际对生产领域部分品种开展专项整治，印发《关于开展固体饮料、压片糖果、代用茶等食品专项整治的通知》《关于开展肉制品生产监督检查的通知》《眉山市白酒品质提升工程实施方案》，启动白酒品质三年提升行动；开展食品生产企业产品标签标识专项检查，检查企业 120 家次，出动检查人员 350 人次，发现并整改风险隐患 30 处；按照国家市场监督管理总局《关于加强食品生产加工小作坊监管工作的指导意见》要求，出台《食品生产小作坊生产加工操作指南》，规范酱腌菜、白酒、菜籽油、肉制品、豆制品、面制品、糕点、茶叶、淀粉制品、谷物加工品 10 个和群众日常生活消费密切相关的食品小作坊生产加工操作流程；规范行政许可，提升许可质量，处理 90 家企业许可申请；督促全市 364 家企业的 386 名质量管理人员通过“食安员抽考”App 参加食品安全知识考核，企业参考覆盖率 100%，合格率 100%，覆盖率、合格率均排全省第一；制定《市场主体“眉山造”产品市场拓展专场活动实施方案》，组织 20 家食品生产企业和 50 家食品经营、餐饮企业召开市场拓展大会，帮助企业拓展市场，为食品生产企业和食品经营、餐饮企业之间搭建互通平台，提升“眉山造”产品市场份额，促进眉山食品经济的发展。

【餐饮服务监管】 眉山市市场监督管理局牵头开展“春雷行动 2020”食品经

营安全子行动，以深化整治食品安全问题联合行动成效为契机，以校园及周边为重点区域，以农村集体聚餐、小餐馆、承办大型聚餐的餐饮服务单位以及网络订餐为重点业态，以消费量大、风险较高的食用农产品、散装白酒为重点品种，保持严打高压态势，严惩重处违法违规行为，抽检乌鱼等其他食品276批次，检查农贸市场386个次、经营户4 092户，发现索票索证、进货查验等制度未落实问题206个，下达责令改正通知书62份；检查校园周边、城乡接合部食品经营店1 433户，整治无证经营行为47件，立案查处销售过期、变质、假冒伪劣食品9件；检查大型餐饮单位512家，排查和整改问题50个，立案查处违法行为4件；检查线下餐饮单位624家，检查和整改风险隐患55个，对抽检不合格的单位下发《暂停销售通知书》和《责令召回通知书》，并依法查处；联合卫健、教育等部门开展春秋两季开学学校食品安全、校园食品安全三年提升行动、中高考食品安全等专项工作，采取部门联合“双随机、一公开”、全覆盖、“四不两直”等方式对学校及周边食品安全检查，全面排查食品安全隐患，出动执法人员2 264人次，检查学校食堂、供餐单位及校园周边食品经营者1 492户次，约谈经营者11户，责令改正102户，立案查处3起，培训从业人员1 990人次，发放培训材料1 954份；加强《四川省中小学食品安全管理办法》宣贯，多方位宣传和解读四川史上最严学校食品安全管理办法，设立食品安全投诉举报箱，全市有学校食堂889个，设立实体和电子举报箱889个，设立率100%，其中全市267所1 000人以上乡镇中心学校设立实体举报箱，其余622所学校设置电子举报箱，青神县作为全国“校园食安”智慧监管系统15个县级地区之一，完成“校园食安”智慧监管系统在川为期1个月的试点，在“小程序、学习考试、个人中心、监管端、日常管理、监管查询统计”6个板块向国家市场监督管理总局提出反馈意见18条，为推进实施智慧监管提供“眉山智慧”；将散装白酒专项整治纳入食品经营安全执法子行动内容，通过对全市1 338户散装白酒经营者和586户自制泡酒的餐饮服务单位提供者履行进货查验义务，指导、督促经营者按照规范格式，完善盛装白酒、泡酒的容器，统一张贴标签、标识，出动执法人员785人次，检查散装白酒销售者1 018户次，发现未标示散装白酒生产信息、索证索票手续不全、无有效健康证等问题81个，下达监督意见书67份，下达责令改正通知书47份，对1起涉嫌销售侵犯注册商标专用权的白酒类商品案立案调查；做好疫情期间食品安全监管，以食安办名义印发《疫情防控期间全市单位食堂疫情防控及食品安全指南的通知》，要求各部门高度重视单位食堂管理；出台《疫情防控期间推行食安封签和食品安全明白卡的通知》和网络订餐文件，要求餐饮单位在没有开放堂食的基础上，有条件地开展外卖、打包服务；发出《致全市游厨同仁的倡议书》《致眉山餐饮单位的倡议书》等，要求餐饮单位坚决执行禁止令，做好防疫措施、做好网络餐饮服务；开展联合督导野生动物交易专项检查，督导全市各区县野生动物违规交易执法情况；做好养老机构食堂食品安全监管，联合市民政局印发《眉山市养老服务设施食品安全工作手册》；做好宗教场所食品安全监管，在全省率先将宗教场所食品安全监管纳入农村集体聚餐食品安全管理，并将其写入《眉山市农村集体聚餐食品安全管理办法实施细则》；做好网络订餐食品安全监管，运用“网络订餐数据监测系统”，全面爬取、对比网络餐饮问题数据，实现网络餐饮问题数据及时核查处置，完成95件问题数据处置；开展2019年风险隐患检查出的问题“回头看”，出动执法人员1 674人次，检查食品经营主体1 720户次，发现风险隐患113个，整改到位111个，发现隐患主体79个，责令整改72家；在全市范围内启用“眉山市食品经营监管系统”，将全市13 174家获食品经营许可证单位纳入系统管理，进行食品安全风险分级，利用“一店一码、一码三扫”的全新模式，公示食品安全信息，引入社会监督，督促经营者落实主体责任，构建食品安全社会共治的氛围；贯彻落实《四川省农村集体聚餐食品安全管理办法》，推动市政府出台《眉山市农村集体聚餐食品安全管理办法实施细则》，明确分级管理措施，做到“五个到位”（立足长效监管，制度保障到位；构建村级管理体系，人员保障到位；落实工作经费，财政保障到位；强化部门监管，责任落实到位；完善工作预案，应急处置到位，进一步降低农村集体聚餐食品安全风险），全市备案乡村厨师1 340人，备案并实施检查农村群体性宴席2.9万次，就餐82万桌次，指导其购买食品安全保险74.6万元，全年未发生农村群体性自办宴席食品安全事故；制定《关于开展倡导文明餐桌拒绝餐饮浪费活动的通知》，联合市直机关工委、市个体私营经济协会、市消费者权益保护协会发布“浪费可耻、节约为荣”的倡议书，号召市直机关党员、个体私营经济业主、消费者弘扬勤俭节约、艰苦奋斗的传统美德，共同抵制“舌尖上的浪费”；出台《关于进一步加强重大活动餐饮服务食品安全保障工作的通知》，制定《餐饮安全监督员工作职责》《重大活动保障食品安全要求》，按照“预防为主、科学管理、属地负责、分级监督”的

图34　2020年7月10日，检查餐饮店食品经营公示栏情况　（市市场监管局供图）

原则，规范“任务承接、事前评估、事中监管、事后总结”等流程，强化“组织领导、责任落实、应急管理”，并在“眉山市食品经营监管系统”中植入“重大活动保障模块”，建立全市“重大活动联络员制度”，推动重大活动保障工作无纸化办理，承担重大活动保障18次，其中国际性会节保障4次、国家级和省级保障10次、市级保障2次，保障天数48天，完成市委、市政府交办的各项重大活动食品安全保障任务，做到食品安全保障“零”差错、食品安全“零”事故。12月31日，四川省市场监督管理局《关于表扬2020年省级重大活动食品安全监管工作的通报》对眉山市市场监督管理局该项工作通报表扬，并收到市级部门感谢信2封。

图35　2020年7月6日，指导商超特殊食品规范经营　（市市场监管局供图）

【食品流通监管】 眉山市市场监督管理局完善重点行业重点对象基础数据和项目收集，为精准监管提供数据支撑，全市有获证食品销售单位9 502个（其中特殊食品经营单位3 852个），有食用农产品集中交易市场179个（其中中心城区市场33个、批发市场2个）；持续开展特殊食品许可经营和规范经营，印发《眉山市市场监督管理局关于加强特殊食品经营许可管理的通知》；召开加油站便利店负责人约谈会，约谈中石油、中石化、壳牌属地派出机构，要求旗下便利店统一规范，完善许可证经营项目，规范特殊食品专区专柜销售行为；向全市取得食品经营许可的经营者发送完善食品经营许可经营项目提示短信约1.4万条，全市新增特殊食品经营单位410户，超范围经营特殊食品现象进一步减少；开展自我承诺活动，推动食品销售主体落实食品安全主体责任，普遍形成诚信、守法、规范的良好风尚；制发《眉山市食品销售风险清单及防控措施清单》，提高销售环节食品安全针对性和有效性，有效防范系统性、区域性食品安全风险；加强食用农产品市场销售安全监管，保障食用农产品集中交易市场销售安全，规范食用农产品集中交易市场内食品经营行为；结合省市场监督管理局“食用农产品集中交易市场食品安全规范化建设三年行动”部署，制发《关于加强食用农产品集中交易市场食品安全监管工作的通知》，组织召开全市食用农产品市场销售安全监管工作会，推进食用农产品市场销售安全；落实食品销售风险分级管理，把食品销售者风险等级情况作为制订年度监督检查计划的重要依据；加强农村食品监管，实施农村地区食品销售安全治理提升行动，重点整治农村地区假冒伪劣食品等突出风险隐患；开展农村地区食品经营许可审核复查，加强农村地区食品经营许可管理；开展保健食品行业专项清理整治，联合六部门印制《眉山市保健食品行业专项清理整治行动实施方案（2020—2021年）》，全面清理整治保健食品行业违法行为，严格规范营销行为、严厉查处传销和违规直销以及销售不合格保健食品行为，出动执法人员1 371人，检查保健食品生产企业6家次和销售经营保健食品的超市、育婴店及小食品店1 274家次，责令改正51家，调查处理不合格保健食品案件1件，罚没2.86万元；开展散装白酒专项整治，组织检查辖区内农贸市场、散酒小经营店、散酒专门销售单位及一般商超销售散酒单位，全市范围内有散装白酒经营者1 338家，出动执法人员785人次，检查散装白酒销售者1 018户次，发现未标示散装白酒生产信息、索证索票手续不全、无有效健康证等问题81个，下达监督意见书67份，下达责令改正通知书47份，成德眉资四市市场监管局共同制定统一的《成德眉资地区散装白酒标识规范》；组织开展婴幼儿配方乳粉和特医食品大检查，排查统计全市39家二级以上医疗机构使用或销售婴幼儿配方乳粉和特医食品情况，抽查各区县妇幼保健院、县人民医院等医疗机构12家，同时出动检查人员1 142人次，检查经营户1 169户，发现安全隐患78个，并组织开展婴幼儿配方乳粉溯源核查，通过溯源方式核实查验婴配乳粉的标签标识、供货来源和质量安全等真实信息，保障婴配乳粉质量安全；组织开展食品经营风险隐患排查，食品流通领域重点检查食用农产品经营者、食品销售者和食品小经营店进货查验、经营环境控制、产品溯源、假冒伪劣、过期食品等内容，出动执法人员1 936人次，检查食品经营主体1 207户次，发现风险隐患主体82个，整改落实到位70个；开展豆芽、乌鸡、乌鱼质量安全专项整治行动，主要检查辖区内农贸市场、农产品批发市场、超市、蔬菜经营配送单位、餐饮服务提供者，重点围绕农兽药残留、非法添加、违禁使用等突出问题，检查农贸市场386个次、经营户4 092户，排查和整改问题206个，下达责令改正通知书62份，其中抽检出1个批次乌鱼不合格，已移送执法机关；开展湖南镉超标大米经营安全排查，全市出动执法人员973人次，排查大米经营单位621户次。

【药品监督管理】 眉山市市场监督管理局贯彻执行中央和省、市关于疫苗药品安全党政同责规定，印发《眉山市改革和完善疫苗管理体制工作台账》，落实疫苗安全属地管理责任；制定《2020年全市药品监管工作要点》《2020年全市药品流通监督检查计划》，以疫苗、集采中选药品、特殊管理药品、中药饮片、新型冠状病毒肺炎防控药品为重点品种，实施针对性监督检查，检查药品零售企业及

图 36 2020 年 12 月 20 日，举办 2020 年"全国安全用药月"集中宣传活动 （市市场监管局供图）

使用单位 5 100 家次，配合省市场监督管理局对药品生产及批发企业开展行政许可核查、品种注册核查等现场检查 88 家次，全市未发生区域性、系统性药品安全风险和安全事故；坚持重拳出击，着力解决药品安全领域突出问题，药品安全放心执法行动立案查处 108 件、罚没金额 36 万元，集采药品专项整治检查中选药品使用单位及零售企业 500 家次、抽检中选品种 22 批次、合格率 100%，中药饮片专项整治抽检中药饮片 22 批次、立案 9 件，药品网络销售违法违规行为专项整治收集并处置涉嫌违法违规经营药品信息 3 起、约谈企业 4 家；制定《疫苗质量安全事件应急预案（试行）》，完善应急管理体系，完善应急管理队伍及机制建设；开展"两法"宣贯培训，组织 5 名符合条件的监管人员参加省级 GMP 检查员培训，提升专业化监管能力；实施药品智慧监管行动，试点开展执业药师远程药学服务及使用远程电子处方，运用药品网络交易监测系统、特殊药品生产流通信息报告系统进行数据监测分析；助力产业发展，抓好舒泰神医药生产基地、上药华西医药产业园 2 个重大项目推进落实；落实支持医药产业高质量发展"二十六条措施"，深化审评审批体制改革，助力"西部药谷"打造为西部最专业、规模最大的医药产业基地；支持中医药发展，做好川产道地药材全产业链管理规范及质量标准提升示范工程的政策宣传和引导，提升全产业链发展水平；建立完善药品安全部门协调机制，在疫情防控、健康眉山、执业药师管理、短缺药品保供稳价、医卫共享平台建设等方面加强与卫健、医保、经信等部门联动，推动形成齐抓共管格局；强化正面宣传，利用微信公众号发布药品监管重要法律法规、重大部署、重点工作等信息；开展"全民禁毒宣传月""安全用药月"等主题宣传活动，形成社会共治合力。

【医疗器械监督管理】 眉山市市场监督管理局积极开展无菌和植入性医疗器械质量安全、医疗器械"清网"行动、严厉打击非法经营装饰性彩色平光隐形眼镜行为、避孕套质量安全、临床检验分析仪器及体外诊断试剂产品质量、药品安全放心子行动、防疫物资产品质量及市场秩序等专项整治行动，抽查无菌植入医疗器械经营使用单位 18 家、隐形眼镜经营企业 12 家、避孕套经营企业 12 家、体外诊断试剂经营使用单位 12 家、医疗器械网络销售企业 10 家，责令整改 76 起，立案查处违法行为 34 件，规范医疗器械经营使用行为；规范第一类医疗器械备案，指导 16 家医疗器械生产企业完成 20 个产品备案，有医疗器械生产企业 17 家（仅有第一类产品的企业 11 家，涵盖第一类产品的二、三类企业 4 家，未涵盖第一类产品的二、三类企业 2 家），备案产品 61 个，主要涵盖医用卫生材料、贴敷类、一次性使用隔离衣、液体伤口敷料等产品；按照《医疗器械经营质量管理规范》要求，组织对 135 家申请第三类医疗器械经营许可、换证、变更企业开展现场核查，其中市级开展现场核查 99 家，不予通过 19 家，截至 12 月仅从事第二类医疗器械经营的企业 1 965 家，仅从事第三类医疗器械经营的企业 122 家，同时从事第二、三类医疗器械经营的企业 169 家。

【化妆品监督管理】 眉山市市场监督管理局宣贯国务院《化妆品监督管理条例》（以下简称《条例》），制定《条例》宣贯方案，组建《条例》宣传队，开展线上、现场宣传；将《条例》纳入市局党组中心组学习内容，召开《条例》解读和全市化妆品监管人员监管能力提升培训会，对全市监管人员和监管主体代表开展《条例》深入解读；制定《眉山市关于切实加强化妆品经营质量监管的通知》，强化企业履行主体责任意识，督促引导经营使用单位建立各项制度；强化化妆品经营和使用单位日常检查，制定 2020

图 37 2020 年 9 月 15 日，开展药械化企业安全生产"排险除患"集中整治 （市市场监管局供图）

图 38 2020 年 12 月 29 日，检查化妆品经营销售单位 （市市场监管局供图）

年《化妆品监督检查计划表》，将监督检查任务细化到县（区）市场监督管理局，并统一制发《化妆品经营单位监督检查记录表》，对 1 787 家次化妆品经营和使用单位开展监督检查，签订《化妆品经营质量安全承诺书》1 209 份，发放限期整改通知书 152 份；开展美容美发机构化妆品专项整治，以春雷行动为契机，以美容机构、美发店为重点，检查索票索证情况、注册、备案情况、标识标签等，严厉查处自制化妆品和经营使用不合格、过期变质化妆品等违法违规行为，出动检查人员 662 人次，检查化妆品经营门店及美容美发机构 339 家次，排查风险隐患 5 处，责令整改 12 家，查处化妆品经营违法案件 5 件，并做好不合格产品清查，清查美度、浩鑫等 344 个批次不合格、假冒伪劣化妆品、染发膏等；协助抽检科做好省抽、国抽抽样检测，抽样检测 31 个批次的美白类、祛痘类、婴幼儿使用类等产品，做到户户见面、批批参与；组织开展化妆品“线上净网 线下清源”专项行动，对 189 家化妆品电子商务经营者开展自查清理，对淘宝、天猫、京东、小红书等 39 家平台经营者开展网上清查，对利用公众号、自建网站、微信小程序等 150 户化妆品经营单位行为进行登记造册，并充分发挥机改后的监管合力，在风险排查处置过程中，与网监科协商，共同规范化妆品网络销售行为；组织开展 2020 年以“安全用妆 伴你同行”为主题的全国化妆品安全科普宣传周系列活动，开展科普活动 13 场次，公众参与 4 767 人次，进店张贴海报 1 200 张，发放宣传手册 8 000 份，播放主题宣传标语、视频 1 560 余，推送宣传短信 3 万条，通过公众号、当地主流媒体、抖音、小红书等平台发布宣传周信息 21 次；做好非特殊用途化妆品备案，对 27 户非特化妆品备案人建档，对 13 家企业的 172 个产品完成备案初审和复核，对其中已通过备案的 114 个产品完成备案后现场检查，对备案后现场检查中发现的 5 个产品与备案申请资料不一致的情况责令整改。

【食品药品抽检监测】 眉山市市场监督管理局在全省率先制定和完善《眉山市不合格食品核查处置工作规范（试运行）》《眉山市食品安全抽检监测信息发布制度》等制度，优化流程，减少重复劳动，工作更加规范高效；坚持以问题为导向，紧盯“五大领域”，涵盖 31 个食品大类，全覆盖食品生产企业所涉及品种，覆盖市区、农村、城乡接合部等不同区域开展食品日常检查、既往抽检等，全市开展食品抽检 8 129 批次，检出不合格 253 批次，合格率 97%；坚持抽检围绕监管走，结合监督检查、专项整治、投诉举报、舆情反映、质量提升等情况，组织和调度抽检监测任务，开展靶向抽检和跟踪抽检，坚持常规抽检与专项抽检结合；深入贯彻落实《食品安全抽样检验管理办法》要求，建立完善食品安全抽检监测核查处置联动工作规范，理顺优化部门内部核查处置工作职能，形成核查处置牵头部门主动协调，食品生产经营监管、稽查和法制等部门各司其职的工作机制，有效解决核查处置分工不明、效率不高等问题；加强督促指导基层核查处置，逐级落实核查处置任务，推动核查处置由考核任务完成数量和速度转变为提高风险控制和核查处置质量，生成不合格食品核查处置任务 455 件次，受理不合格食品异议申请 4 起，不合格食品核查处置率 100%；明确食品抽检信息公布要求、程序，逐步建立起科学规范的信息公布模式，发布抽检信息 310 批次，公布核查处置信息 15 期；组织专家考核食品承检机构，提升食品抽样数据质量；以问题为导向，对集中采购中选品种、中药饮片、疫情防控相关药品、医疗器械等品种重点抽检，提高药品风险隐患防控，提升抽检的靶向性，全市抽样零售使用环节药品 500 批次、批发环节药品 55 批次、医疗器械 30 批次、化妆品 33 批次、检验药品 653 批次，药械化抽样、检验任务完成率 100%，牵头处理不合格药

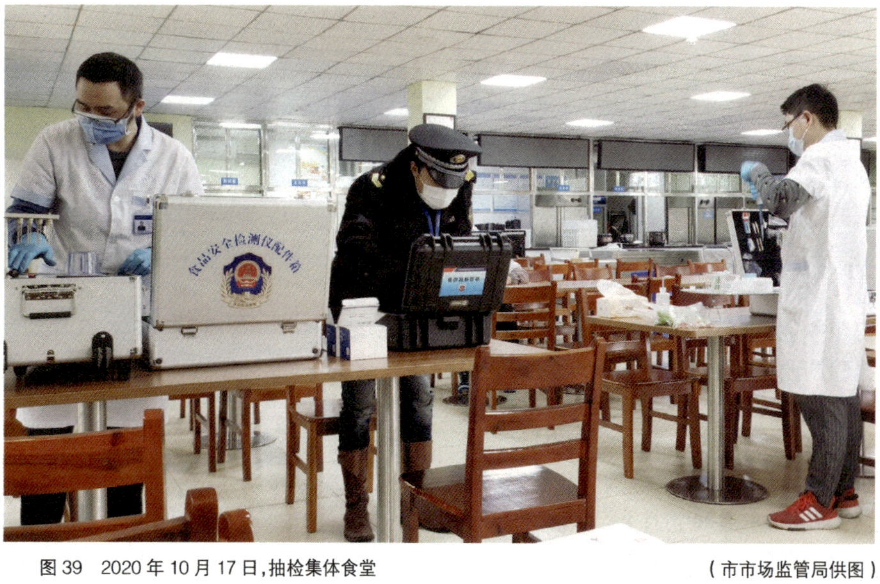

图 39 2020 年 10 月 17 日，抽检集体食堂 （市市场监管局供图）

品2批次、不合格医疗器械2批次、不合格化妆品1批次。

【食品药品检测】眉山市食品药品检验检测中心出动抽样人员1 200人次、车辆300台次，落实食品药品抽检任务，覆盖2区4县；贯彻省药品不良反应监测工作会议精神，按照填报规范开展工作；加强与各区县工作站配合，提高报告表的数量、质量，市县药品（器械）不良反应监测机构运行良好，审核上报药品不良反应病例报告表1 846份，上报药物滥用监测调查报告表953份；组织召开药物滥用监测推进暨培训、药械化不良反应／事件监测业务培训、药械化不良反应／事件报告质量评估暨业务培训会等，提升不良反应监测工作力度；强力推动质量体系管理，制定食品药品质量控制计划，通过参加能力验证、人员比对、实验室间比对等手段，提升检验检测能力；组织开展药品、食品室的仪器检定／校准，完成仪器设备的检定／校准118台；参与“食品中罗丹明B的测定”“乳粉中大肠菌群计数平板计数”“对乙酰氨基酚含片的含量测定”等中检院、省院组织的能力验证实验，结果均为满意；完成2020年药品标准变更，通过全省食品安全抽检监测任务承检机构现场检查及全省食品农产品领域检验检测机构“双随机、一公开”专项监督检查；提供食药安全技术保障，出动技术人员358人次、车辆113车次，完成市“三会”（党代会、人代会、政协会）、第七届全国道德模范故事会巡演（眉山站）、“双创”评估、中国泡菜食品国际博览会暨世界川菜大会以及高、中考等重要会议及重大会节活动期间的食品安全保障，快速检测米、面、油、蔬菜、泡菜等食品2 118批次；常态化开展便民快速检测，开展便民快速检验进机关、进学校、进市场、进农村、进社区“五进”活动，针对单位、企业、学校食堂、各级各类市场、酒店饭馆、饮食摊点、外卖店等餐饮密集地的蔬菜、水果、鸡、鸭、鱼、肉等产品快速检测603批次；加强对本地产业的技术服务，对接联系辖区企业，走访调研企业检验检测49家，开展产品检验指导以及厂房洁净度检测；组织100人次参加《中国药典》2020年版宣贯（培训）工作会议、全省食品安全抽检监测信息系统培训、全省食品药品抽样培训班、GMP检察员培训班等业务培训，提升业务能力；深化科研合作，拓展工作视野，“拉曼光谱法在食品安全快速检测中的应用技术研究”通过市科学技术局验收，申报《一种硫化物的检测方法》1项国家专利已经受理；完成藏药医疗机构制剂20个品种复核；加强与四川大学锦江学院、眉山职业技术学院以及岛津（中国）公司、无锡中德伯尔生物技术有限公司等大专院校和重点企业的战略合作，通过技术交流提升中心专业水平。

（张 建）

知识产权保护管理
Intellectual Property Protection and Management

【概况】2020年，眉山市市场监督管理局推动眉山市委、市政府将知识产权保护纳入重要议事日程，召开专题会议研究部署全市知识产权保护，落实知识产权属地责任。眉山市委常委会第177次会议传达学习习近平总书记在中央政治局第二十五次集体学习时关于知识产权保护工作的重要讲话精神，研究制定贯彻落实具体举措。眉山市民营经济发展领导小组联席会议暨知识产权工作领导小组会议向与会代表通报眉山市知识产权发展状况，听取知识产权创造保护运用工作情况汇报。眉山市知识产权专题工作会议全面推进知识产权工作任务清单逐项落实。7月1日，经眉山市人民政府批准，眉山市知识产权工作领导小组成立，制定领导小组工作规则和各成员单位工作职责。

【知识产权规划发展】眉山市市场监督管理局印发《眉山市2020—2021年贯彻落实〈关于强化知识产权保护的意见〉推进计划工作任务清单》《眉山市〈2020年深入实施国家知识产权强国战略加快建设知识产权强国推进计划的通知〉工作任务清单》，拟定《眉山市强化知识产权保护行动方案》，并报市深改委审批；印发《关于设立知识产权维权工作站的指导意见的通知》，在全市范围内设立55个知识产权维权工作站，把保护企业知识产权作为化解、帮扶民企发展的重要政策措施；成立眉山市知识产权纠纷行政调解中心、眉山市知识产权纠纷人民调解委员会作为眉山市知识产权领域的调解组织，维护创新者、专利权人和社会公众的合法权益；与市司法局联合印发《眉山市知识产权民事纠纷仲调对接实施办法》，推动全市知识产权“大保护”格局建立；与市财政局联合印发《眉山市知识产权质押融资管理办法》，将商标专用权纳入质押融资范畴，为推进知识产权转化、解决企业融资提供新途径；出台眉山市《实施“知识产权腾飞工程”助力经济高质量发展工作方案》，在全市开展“知识产权腾飞工程”；围绕持续推进国家知识产权强县工程试点示范创建，指导东坡区、青神县、彭山区完成国家局、省局的强县工程试点书面验收。

【知识产权协作机制完善】眉山市市场监督管理局参与制定《成德眉资同城化发展知识产权价值评估2020年工作方案》，逐步优化知识产权价值评估标准和工作机制，完善知识产权价值评估系统功能，促进知识产权价值评估和转移转化业务延伸覆盖面；按照成德绵泸资市分别签订的《成德绵眉资地区知识产权跨区域保护协作协议》《成泸资眉知识产权协同保护合作备忘录》要求，成功协查资阳市市场监督管理局转交协查口罩案，按跨区域知识产权案件受理机制受理成都周某诉专利侵权调查案，并移交涉嫌销售侵犯“3M”注册商标专用权案件线索1件；与成都知识产权交易中心签订战略合作框架协议，加大眉山知识产权运用效益，助推眉山市知识产权运用增质提效。

【知识产权保护】眉山市市场监督管理局指导企业布局知识产权综合保护，破解企业商标、专利单项知识产权保护侵权易、取证难，提出商业秘密、专利、商标相互结合的新型知识产权保护格局；开展知识产权专项服务，指导“斑布”“千禾”“幺麻子”请求驰名商标行政保护，通过流程指导、定期协调、跟踪进度等方式，稳步推进保护请求；强化重点企业知识产权保护预警，向千禾味业有限责任公司和高庙白酒协会预警商标抢注及侵权风险并指导应对办法，帮助落实保护措施，防范化解侵权风险；组织开展世界知识产权日宣传活动，召开座谈会6次，

图 40　2020 年 4 月 21 日，开展知识产权保护执法行动　（市市场监管局供图）

走访拥有知识产权企业 75 家，发放知识产权宣传资料 500 份，受理现场咨询 350 人；展出 LED 标语 180 块，利用微信、微博、客户端等新型宣传途径发布知识产权宣传信息 10 篇，营造全社会尊重知识产权、保护知识产权的氛围。

【知识产权监管】 眉山市市场监督管理局开展知识产权优势企业调研，支持企业创建知名产品和品牌，深入四川启明星铝业有限责任公司、四川省洪雅青衣江元明粉有限公司、四川德恩精工科技股份有限公司等 13 家知识产权优势企业，开展送政策、送服务活动，宣传知识产权法律知识，引导企业加大创新力度，积极申请马德里商标国际注册，强化国际商标保护和运用，结合调研结果，创造性提出“技术专利化、专利标准化、标准市场化、标准国际化”的知识产权新模式，鼓励企业充分实践；加强防疫物资保障监管，组织开展防疫物资产品质量和市场秩序专项整治行动，开展防疫物资生产企业知识产权监管服务，深入四川丙寅医疗器械有限公司、四川彩虹制药有限公司等防疫物资生产企业，指导申请防护服商标注册，加快专利转化运用，检查和规范酒精、消毒水商标、专利使用情况，并立案查处销售假冒 3M 口罩违法案件 2 件，罚没金额 7.5 万元，疫情期间市县两级市场监督管理局走访企业 90 家；制定《眉山市市场监督管理局注册商标监督检查》《眉山市市场监督管理局专利真实性监督检查》工作方案，随机抽查企业 33 户，检查事项 88 项，发现问题责令改正 1 项，完成省市场监督管理局商标代理机构“双随机”抽查 1 户。

【专利申请与管理】 眉山市全年专利申请 3 485 件，比 2019 年同期增长 60%，居全省第八，其中发明专利申请 667 件、比 2019 年同期增长 32.60%；专利授权 1 991 件，比 2019 年同期增长 42.93%，位居全省第十二名，其中发明专利授权 85 件、实用新型专利 1 536 件、外观设计专利 370 件。眉山市市场监督管理局开展“学专业、强技能、重监管”的专利监管大练兵行动，通过组织学练结合技能培训、专利市场巡查、线索摸排、灵活运用学习培训、案件解评、现场指导等方式，打造专业化监管执法队伍，提升全市专利市场监管能力和水平；印发《关于进一步加强专利保护工作的意见》《关于加强区县局专利案件指导的意见》，整理眉山市有效专利企事业名单 300 户，加强线上摸排、线下核查，对京东、淘宝、苏宁易购、美团等互联网平台监测识别，排查涉知识产权产品案件线索 56 件，市场巡查发现专利案件线索 5 条；印发《关于开展进一步深化“蓝天”行动促进知识产权服务业健康发展工作的通知》，核查经营范围中含专利代理和服务的企业 48 家，并面向社会各界征集违法专利代理线索，严查专利代理领域违法违规行为；调解处理眉山市、洪雅县专利侵权案 3 件，转办处理省市场监督管理局交办的专利案件线索 11 件，向省市场监督管理局上报专利代理线索 1 件，查处假冒专利案件 4 件、案值 0.71 万元、罚没款 2.64 万元，其他专利违法案件 21 件，责令改正 21 件，深入市场检查专利产品等 160 次。眉山市获 2019 年度四川专利奖三等奖 1 个、创新创业奖 3 个，受到省政府表彰奖励，获奖数量位居全省前列，是自 2013 年设立奖项以来，眉山市获奖数量最多一次；组织推荐四川德恩精工科技股份有限公司等单位 4 个专利项目参评第二十二届中国专利奖，2 个项目通过省知识产权服务促进中心公示上报国家知识产权局参选；组织中国泡菜研究院等单位参评 2020 年度四川专利奖 7 个。

【商标注册与管理】 眉山市有注册商标 23 897 件、较 2019 年增长 23%，新增商标申请 8 098 件、较 2019 年增长 27%，新增注册商标 5 047 件。马德里商标国际注册申请量累计 32 件（按类别）。眉山市市场监督管理局开展商标助企大走访活动，加强商标法律知识宣传，帮助解决企业在商标发展保护中遇到的困难和问题，全年市县两级市场监督管理局走访企业 140 家；加强“四川扶贫”公益品牌建设，与商务局联合推广“四川扶贫”集体商标，推广至 35 个企业 63 个单品，规范指导 35 个用标企业；协助省商标协会，推荐“彭山葡萄”“洪雅藤椒”“青神竹编”“青神椪柑”等 8 家地理标志使用企业免费入驻四川电信天虎云商网上商城、中国建行四川分行网上商城、京东集团、四川宓禾文化传播有限公司（高原红商城）、香港国际网络电视台 5 家网上商城；开展涉农领域侵犯商标、地理标志专用权等商标侵权违法行为治理，以农村和城乡接合部市场、超市为重点监管区域，以眉山市 19 个地理标志商标和产品为重点项目，检查生产经营单位 150 次；以投诉举报为抓手办理商标侵权案件，受理 3 位商标权利人投诉，促成 1 起商标权利人和涉嫌侵权人达成和解，处理终结 2 件，案值 1 万元，罚款 1 万元。

【地理标志管理】 眉山市市场监督管理局指导“丹棱不知火”“丹棱白酒”“丹棱大雅柑”“洪雅雅连”地理标志证明商标注册申请；结合地理标志保护产品专

用标志使用核准改革试点，稳步推动地理标志保护产品换标，全年制定地理标志保护产品地方标准6项，换标21户，清理不用标企业6户；依法查处地理标志侵权假冒行为，以四川省知名白酒企业商标专用权保护为重点，办理侵犯地理标志专用权案件2件，案值13万元，没收违法白酒1 848桶，罚没款26万元。眉山市入选北京广播电视台《解码中华地标》栏目“走进四川”活动，全省入选地理标志产品13件，其中眉山4件，分别是“东坡泡菜”“青神竹编”“洪雅藤椒油”“仁寿芝麻糕”，入选数量居全省第一；栏目组预计拍摄专辑10期（专题9期、综合1期），其中眉山2期，分别是“东坡泡菜”“青神竹编”，专题数量居全省第一。

【知识产权服务】 眉山市市场监督管理局对全市13家国家知识产权示范优势企业开展知识产权“一企一策”专项指导服务；以“4·26”知道产权宣传日活动为契机，召开全市地理标志产业发展座谈会；获2020年省级知识产权专项资金立项5项，获项目法资金100万元、因素法资金112万元；修订《眉山市专利权质押管理办法（试行）》，将商标权纳入质押融资范畴，修改完成《眉山市知识产权质押融资管理办法》。

（张　建）

财政管理
Fiscal Management

【概况】 2020年，眉山市地方一般公共预算收入1 216 203万元（为预算104.57%，同口径增长9.8%），加上级返还性收入和转移性收入1 473 932万元、地方政府债券转贷收入368 339万元、动用预算稳定调节基金24 509万元、2019年结转项目结余29 412万元、调入资金180 118万元，收入总计3 292 513万元；地方一般公共预算支出2 754 648万元（为预算99.22%，同比增长6.22%），其中一般公共服务支出357 818万元、国防支出2 723万元、公共安全支出155 475万元、教育支出432 530万元、科学技术支出8 671万元、文化旅游体育与传媒支出43 539万元、社会保障和就业支出342 156万元、卫生健康支出342 086万元、节能环保支出62 573万元、城乡社区支出129 516万元、农林水支出428 390万元、交通运输支出87 963万元、资源勘探信息等支出48 476万元、商业服务业等支出8 316万元、金融支出9 502万元、自然资源海洋气象等支出31 197万元、住房保障支出120 332万元、粮油物资储备支出12 533万元、灾害防治及应急管理支出49 013万元、其他支出7 500万元、债务付息支出73 920元、债务发行费用支出419万元。收入总计减一般公共预算支出2 754 648万元、上解上级支出107 101万元、地方政府债务还本支出325 074万元、安排预算稳定调节金83 962万元，收支品迭滚存结余21 728万元，全部结转为2021年支出。眉山市完成政府性基金收入4 707 731万元、增长30.83%，完成政府性基金支出5 304 008万元、增长39.7%。

【市级预算执行】 眉山市级地方一般公共预算收入230 844万元（为预算100.35%，同口径增长5.37%），加上级返还性收入和转移支付收入653 926万元、下级上解收入31 565万元、地方政府债券转贷收入208 499万元、2019年结转项目结余9 199万元、动用预算稳定调节基金19 722万元、调入资金36 816万元，收入总计1 190 571万元；一般公共预算支出497 527万元（为预算98.33%），其中一般公共服务支出67 786万元、国防支出719万元、公共安全支出35 928万元、教育支出26 963万元、科学技术支出2 307万元、文化旅游体育与传媒支出14 024元、社会保障和就业支出25 997万元、卫生健康支出158 934万元、节能环保支出8 881万元、城乡社区支出40 137万元、农林水支出21 872万元、交通运输支出10 684万元、资源勘探信息等支出20 591万元、商业服务业等支出1 947万元、金融支出3 650万元、自然资源海洋气象等支出5 661万元、住房保障支出11 806万元、粮油物资储备支出2 313万元、灾害防治及应急管理支出6 865万元、其他支出1 509万元、债务付息支出28 834万元、债务发行费用支出119万元。收入总计减一般公共预算支出497 527万元、补助下级支出390 523万元、上解上级支出32 919万元、地方政府债务还本支出101 654万元、债务转贷支出111 580万元、安排预算稳定调节金47 912万元，收支品迭滚存结余8 456万元，全部结转为2021年支出。眉山市级政府性基金预算收入完成560 086万元、增长41.85%，市级政府性基金预算支出完成635 941万元、增长50.28%。

【财政管理体制完善】 眉山市财务局支持眉山天府新区设立独立金库，实行收入分享的财政管理体制，促进新区、区县共同发展；支持眉山高新区创建国家级新区，推动高新区设立国家金库，实行独立运行的财政管理体制。

【支付标准化改革】 眉山市财政局推进国库集中支付标准化管理改革，开设零余额账户，压实部门财务主体责任，规范财政资金支付行为，完成省定市县财政改革“两年攻坚”73项改革任务；推行公务卡结算，方便预算单位用款，减少现金流量，增强资金使用透明度，规范公务消费，防止财务违纪违规行为，截至12月底眉山市级181个独立核算单位发公务卡5 297张，消费还款11 356笔，累计消费金额1 355万元，比2019年同期增加2.73%；贯彻中央八项规定、省委省政府“十项规定”精神和市委市政府“六个坚持”，控制市级“三公”经费开支，截至12月底市级“三公”经费支出2143.63万元，与2019年同比下降12.40%。

【财政支出监管】 眉山市财政局加强支出进度管理，对直达资金、抗疫特别国债、政府新增债券、扶贫资金等重点资金实行日报告、周调度、月通报，依法依规加快支出进度，有效支持经济发展；开展直达资金常态化监督，实施“日常监督＋重点督导”相结合的监督方式，每月对区县开展实地督查，对支出进度偏慢等问题，督促整改到位；7月组织编印《财务禁止行为80项》，发放到天府新区眉山管委会、各县（区）和市级所有预算单位，加强预算执行管控和资金支出管理；开展差旅费专项整治，通过自查自纠，全市清退差旅费505.37万元，同时选取20个单位开展重点督查，清退差旅费91.87

万元；开展会计监督检查，全市各级财政部门选取21家单位，发现违规金额560.88万元，其中清退违规支出2.65万元，调账522.81万元。

【政府采购监管】 眉山市财政局先后制定《加强市级单位政府采购活动内部控制管理的指导意见》《关于加强政府采购预算编制和执行的通知》《关于加强政府采购执行有关工作的通知》等15个政府采购制度文件，督促采购人建立内部控制制度，落实采购人主体责任；探索“互联网+政府采购”，构建政府采购管理平台，实现从预算到资金支付采购全流程闭环管理，杜绝采购人无预算采购、先采购后备案等情况；在全省率先探索采购机构竞争和联合采购改革，开展政府采购意向公开试点，实行“承诺+信用管理”准入管理，降低采购成本，节约财政资金，激发企业活力；印发《涉密政府采购业务操作规程》，以16个节点、17个操作规程和23个标准化范本规范涉密政府采购流程，实现涉密政府采购活动方便快捷、标准规范。全市政府采购预算58.16亿元，实际采购金额50.25亿元，节资率13.61%，其中预留专门面向中小企业采购资金4.15亿元，占全部采购预算金额34.35%。

【政府购买服务管理】 眉山市根据《财政部关于做好政府购买服务指导性目录编制管理工作的通知》要求，完善试点部门政府购买服务指导性目录；促进纳入政府购买服务指导性目录范围内项目全部列入部门预算；以乡镇行政区划和村级建制调整改革“后半篇”文章为契机，制定《关于加大政府购买服务力度专项工作方案》，为统一规范操作流程、加强部门预算编制、强化绩效管理、培育更多更好承接主体提出具体的计划和时间节点要求。

【电子票据推行】 眉山市深化“放管服”改革，印发《关于全面推行医疗收费电子票据管理改革的通知》，在全市全面推行医疗收费电子票据，推行全国统一医疗收费票据式样；完善医保报销制度机制建设，加强医疗收费电子票据宣传，实现医疗收费电子票据推送、自助打印等服务，方便群众快捷获取信息。

【惠民惠农“一卡通”】 眉山市被财政厅确定为全省“一卡通”阳光审批试点市之一，以“四个统一”统筹市级部门，即统一补贴项目名称、统一操作流程和标准、统一需上传佐证资料以及统一各级审核权限，细化市级主管部门职责，推动全市阳光审批。眉山市财政局坚持便民高效原则，构建“五个一”“两个免”机制，全市办卡率和激活率位居全省前列，成为全省第一批实现惠民惠农财政补贴社会保障卡发放的市州；启动系统大数据比对，筛查全市符合享受补贴人员信息，剔除和追回不应享受人员信息和资金情况，全年发放“一卡通”补贴资金193 497.18万元，发放625.09万人次，惠及122.95万人。

【预算绩效管理】 眉山市财政局经市人民政府同意出台《眉山市市级财政预算绩效结果运用管理办法》和《眉山市市级项目支出绩效管理办法》，健全绩效管理制度；首次选取32个部门、40个项目绩效目标上人大会审议；选取8个项目开展重点绩效评估、3个单位开展重点绩效运行监控和对8个部门整体支出、2个政策支出和14个项目支出开展重点绩效评价，通过调整项目预算、压减部门综合预算、收回结余资金、取消预算项目等方式，将评价结果和预算安排紧密挂钩。

【财政投资评审】 眉山市财务局构建由项目业主方、预算编制方、项目设计方和财政评审4方组成的评审会商机制，发挥财政评审专业技术优势和监督管理职能，提升财政评审规范化水平；按照《眉山市财政投资评审操作规程（试行）》《财政投资评审内部控制制度》《市本级政府性投资项目委托中介机构预算评审管理办法》等规定，规范评审操作程序和评审委托中介机构提供服务行为。眉山市财务局全年评审市级政府投资项目90个，送审总金额37.49亿元，审定金额33.61亿元，审减金额3.88亿元，综合审减率10.35%。

【企业发展财政支持】 眉山市财务局发挥财政资金撬动作用，引导社会资金支持经济社会发展，设立5亿元的市级企业应急转贷资金和1.2亿元的贷款风险补偿金，并将支持范围扩大到一、二、三产企业和新型农业经营主体；新冠肺炎疫情期间开通绿色通道确保预算安排，实行“先预拨、后清算”，优先调度疫情资金，全市全年统筹安排各级各类财政资金20.7亿元；用好小微企业“战疫贷”“政采贷”等财金互动政策助企纾困，研究出台一系列支持复工复产政策措施。

【农业发展财政投入】 眉山市市级财政安排直接支持实施乡村振兴战略专项资金2 500万元，其中设立乡村振兴农业产业发展贷款分险金1 000万元、实施乡村振兴先进乡（镇）和示范村奖补资金1 000万元、现代农业园区奖补资金500万元，支持乡村振兴战略实施；安排财政专项扶贫资金2 600万元、对口援建帮扶金川县经费658万元，助力决战决胜脱贫攻坚；统筹安排特色农业扶持专项资金1 880万元，支持“眉山春橘”和“东坡泡菜”产业发展；安排专项资金9 00万元，支持生猪等现代畜牧业发展；安排小流域污染防治奖补资金、河长制专项经费等水利事业发展资金1 700万元，支持水质保护和生态修复。

【交通建设与工业发展财政投入】 眉山市财政统筹安排太和大道建设资金8 192.4万元、成绵乐铁路运营激励奖补资金2 069.6万元、岷江一桥改造工程建设资金3 447.24万元；统筹安排工业发展资金1.68亿元，执行市级园区财税政策，安排拨付园区扶持资金5.63亿元。

【教育事业财政投入】 眉山市财政安排教育支出43.25亿元，其中市级2.7亿元，支持全市教育发展；向上争取资金6.65亿元，落实财政投入优先保障教育发展，督促区县履行主体责任，确保一般公共预算教育支出只增不减、按在校学生人数平均的一般公共预算教育支出只增不减；扶持认定普惠性民办幼儿园249所，投入资金839万元，全市学前教育普惠率83%；义务教育学校全部实行“三免一补”免投入资金2.8亿元，对城乡义务教育学生免除学杂费、免费提供教科书和作业本，对义务教育学校补助公用经费，惠及中小学生24万人；继续推进高考综合改革建设，投入资金1.68亿元，新建、改扩建校舍10.14万平方米，建设运动场3万平方米，购置仪器设备18.6万套，受益学生1.68万人；继续实施中职免学费和助学金政策，投入资金4 330万元，免除2.21万名学生中职学费；对贫困家庭在教育方面的特殊困难实行基金救助，全市募集和财政投入教育扶贫基金1.4亿元，使用额度1.34亿元，资助学生人数12万人。

【文旅发展财政投入】 眉山市财政安排文旅发展资金2 970万元，支持举办群众文化活动2 300场，惠及300万人次；支持2020年东坡文化国际高峰论坛暨四川音乐周举办；投入全市“免开资金”1 396.39万元，文化馆、图书馆、美术馆、乡镇文化馆、博物馆（纪念馆）每周免费开放时间达40小时；扶持打造90条特色文旅线路，扶持新建A级景区4个，兑现创建天府旅游名县洪雅县政府奖补资金1 000万元；专项安排文物保护资金300万元，补助全市文物保护项目5个。

【科技发展财政投入】 眉山市级财政加大科技投入力度，落实科技创新优惠政策，鼓励企业增加研发投入。眉山市财政全年安排科学技术经费2 307万元，争取到上级资金1 535万元，支持科技创新项目82个，科协科普惠农小额贷款贴息资金100万元。

【民生工程财政投入】 眉山市民生支出占一般公共预算支出比重65.43%，全市全部财政支出中88.18%用于民生。四川省人民政府下达的30件民生实事中，眉山市涉及22件民生实事，财政投入资金27.84亿元，为计划投入的105.59%。眉山市安排保障性安居工程建设各级资金41 603.29万元，保障性安居工程改造危旧房棚户区1 250户，租赁补贴发放1 095户，老旧小区改造20 770户。

【社会保障财政投入】 眉山市统筹安排城乡居民社会养老保险补贴资金6.59亿元，支持做好城乡居民社会养老保险，稳步提高城乡居民社会养老保险参保率；完善城乡居民基本医疗保险制度，提升城乡居民基本医疗保险财政补助标准到550元，统筹安排各级财政投入资金14亿元，提高城乡居民基本医疗保障水平；实施援企稳岗扩就业政策，为全市1 310户企业发放稳岗返还资金1.61亿元，其中困难企业562户、返还资金1.36亿元，非困难企业748户、返还资金0.25亿元，稳定就业岗位8万个；加大基本公共卫生服务经费投入，投入基本公共卫生服务专项资金20 907万元；深化公立医院综合改革，巩固县级和城市公立医院取消药品加成，按核定药品收入减少额20%进行补助，统筹安排公立医院取消药品加成补助资金1 106万元，保障县级和城市公立医院取消药品加成；支持城市公立医院发展，重点支持华西第二医院眉山市妇女儿童医院项目建设，安排项目资金9 794万元；加强社会保障，各级财政安排城市低保资金3 978万元、农村低保资金20 872万元，为困难群众最低生活提供保障；扩大救助范围，城乡医疗救助范围从城乡低保对象、农村五保户扩大到建档立卡贫困户、低收入重病患者、重度残疾人、低收入家庭老年人等特殊困难群体，财政安排城乡医疗救助资金9 737万元。

【自然资源与环境保护财政投入】 眉山市财政局统筹安排各类项目资金2.77亿元，专项用于地质灾害防治、水污染防治、空气环境质量激励、重点生态保护修复治理等重大公共设施项目建设；向上争取竹产业高质量发展县奖补资金2 630万元，安排市级资金600万元，保障竹博会暨首届数字熊猫节举办；安排竹林风景线项目资金1 500万元，推进竹林风景线项目建设，保障全省竹林风景线建设现场推进会在眉山召开。

【会计管理】 眉山市财政局面对新冠肺炎疫情，坚持以考生为本，以考生满意度为标准，对考生实行“先报考后审”，解决考生需求，提升服务水平。全市会计专业技术资格初级资格考试报名10 957人、21 914科次，中级资格考试报名2 370人、6 053科次，高级会计师考试报名45人，注册会计师考试报名1 591人、4 452科次；会计专业技术初级合格人数2 626人、同比增长17.3%，中级资格考试全科合格416人、同比增长61.87%，高级会计师考试合格人数23人、同比增长130%，高级会计师考评合格人数13人、同比增长30%。

（杨漪寒）

税务管理
Tax Management

【概况】 2020年，眉山市税务系统组织税费收入200.04亿元，其中税收收入151.2亿元、增长1.64%，税收规模继续保持全省第9位，增速居全省第11位；完成一般公共预算收入（含非税收入）77.4亿元、同比增长7.27%，一般公共预算税收收入规模和增速分列全省第8位和第5位，一般公共预算税收收入规模较2019年提升1位；征收社保费42.7亿元，非税收入6.9亿元。“十三五”时期，全市累计入库税收666.5亿元，年均增长9.6%，较“十二五”期间增长53.7亿元；实现一般公共预算收入310.7亿元，年均增长7.6%。

【依法治税】 眉山市税务局落实行政执法“三项制度”，典型案例在全市推广，并申报“四川省法治政府建设创新实践案例”评选；完成市县两级55个执法主体权责事项清单编制，6个县（区）税务局创建市级依法行政示范单位；编撰《建筑安装行业税收风险指引》《土地增值税管理工作手册》，创新签订《税收服务和纳税遵从三方协议》，推动税企共治税收风险；实现风险应对收入4.3亿元，清压欠税1.4亿元；稽查立案65户，入库1.1亿元；以复议、诉讼方式化解涉税争议7起，扫黑除恶典型案例入选全市扫黑除恶专项斗争成果汇编。

【税收征管】 眉山市税务局稳步推行“信用＋风险”征管方式，基础工单与风险任务全部实现扎口管理，制发工单任务3.5万条，工单办结率99.94%；探索开展征管质量“5C”评价；推行增值税电子普通发票和“蓉票儿”开票系统，加快成德眉资征管发票一体化进程；在全市推开不动产办证资金监管，市级监管资金1.3亿元，保障1.7万户购房业主合法权益；创新房地产业税收管理“四个一”（一个制度，即预售评审制度，夯实源泉控管；一个平台，即信息共享平台，强化过程监管；一项举措，即办证资金监管，实现终点堵漏；一个格局，即政府主导部门协作，推动税

眉山市纳税额前20位企业一览表

表10

编号	企业名称	编号	企业名称
1	四川省烟草公司眉山市公司	11	眉山鑫川越再生资源回收有限公司
2	四川智云合顺置业有限公司	12	眉山农村商业银行股份有限公司东坡支行
3	联合利华服务（合肥）有限公司四川分公司	13	眉山农村商业银行股份有限公司
4	千禾味业食品股份有限公司	14	眉山市东坡区土地储备中心
5	四川彭祖文化旅游开发有限公司	15	眉山隆和旅游开发有限公司
6	四川仁寿鑫龙水务建设有限公司	16	中车眉山车辆有限公司
7	四川保利金仁房地产开发有限公司	17	眉山市金府房地产开发有限公司
8	眉山环天发展有限公司	18	中亚建业建设工程有限公司
9	仁寿县产业投资有限公司	19	仁寿大都融创鸿宜房地产开发有限公司
10	四川圆中润达丰置业发展有限公司	20	眉山市博眉启明星铝业有限公司

2020年眉山市税收分税种收入一览表

表11　　单位：万元

一、收入总计	2 000 364	2. 城乡居民基本养老保险费	25 435
（一）税收收入合计	1 512 021	3. 机关事业单位基本养老保险费	101 013
1. 国内增值税	623 390	4. 职工基本医疗保险费	73 695
其中：改征增值税	366 544	5. 城乡居民基本医疗保险费	67 704
2. 国内消费税	33 634	6. 失业保险费	4 756
3. 营业税	3 081	7. 工伤保险费	2 765
4. 企业所得税	270 839	8. 生育保险费	0
5. 个人所得税	65 947	（三）非税收入	69 739
6. 资源税	10 699	1. 教育费附加	21 298
8. 城维税	40 619	2. 地方教育附加	14 200
9. 房产税	23 040	3. 残疾人保障金	5 203
10. 印花税	17 653	4. 文化事业建设费收入	22
11. 土地使用税	48 426	附：两教一金	40 701
12. 土地增值税	77 677	（四）工会经费	8 223
13. 车船税	13 401	二、税款查补收入	11 325
14. 车辆购置税	54 861	其中：稽查部门查补	10 963
15. 耕地占用税	29 043	其中：纳税评估查补	337
16. 契税	196 630	三、出口退税	-16 185
17. 环境保护税	3 081	其中：免抵调库	-11 900
（二）社会保险费收入	427 244	四、个人所得税代扣代缴手续费退库	-678
1. 企业职工基本养老保险费	145 974		

收共治）经验，受到省税务局局长肯定性批示；牵头升级改造房地产交易系统，实现税务、住建、自然资源三方信息互通互联、秒级共享；稳妥接收企业社保费征收职责，实现包括四项电力类基金在内的10项非税收入项目划转征收；以四川拉卡拉汇积天下有限公司为代表的全省电子商务新兴产业税收征管在眉山试点，截至12月31日为公司自由职业者办理临时税务登记37 735户，公司申报收入额50 947万元，入库税款1 301万元，拉动眉山市新业态经济GDP增长0.3个百分点。

【税种管理】 眉山市税务局创新开发房产税和城镇土地使用税可视化分析系统，实现房土两税税源数据可视化管理；完成首次个人所得税汇算，汇算30万人。全市增值税电子普通发票推行户数达1.6万户，契税、土地增值税、城镇土地使用税、房产税、印花税入库收入额均位居全省前列。

【纳税服务】 眉山市税务局创新搭建“1＋N＋1”呼叫矩阵，呼叫转接3.2万次，受理咨询3万次；探索办税服务厅转型升级，办税服务厅纳税人进厅流量减少近70%，窗口数量减少近40%；在全市开通云闪付、微信、支付宝等多渠道智能化缴税平台，实现快捷缴纳税费；推出发票免费寄递服务，办理免费邮寄发票8.8万户次；牵头推进成德眉资四市涉税业务75项通办，建成全省首个实现全覆盖的纳税服务调度指挥中心；先后推出14个“银税互动”产品，为全市守信小微企业落实贷款5.16亿元；宣传片《减税降费 编织美好未来》入选第五届百部网络正能量动漫音视频，受到国家税务总局局长表扬性批示。眉山市纳税人满意度综合评价位列全省第5位,创历史最好成绩;税收营商环境评价位列全省并列第一,政务服务“好差评”好评率100%。

【减税降费】眉山市全年减免税费超50亿元,办理留抵退税6.7亿元,留抵退税规模居全省第4位;用足用好车船税、房产税、城镇土地使用税减免和定额调整、延期缴纳税款等纾困解难的政策措施,兑现疫情防控优惠4.87亿元。“十三五”时期,眉山市落实税收优惠180亿元,其中2019年实施大规模减税降费以来,落实减税降费超90亿元。

(侯迎春)

审计管理
Audit Management

【概况】2020年,眉山市审计局完成审计项目47个,查出违规金额6.5亿元、管理不规范金额49.1亿元,移送15件;审计提出建议119条、被采纳119条,促进财政增收节支6.5亿元,获市级以上表扬表彰13次,获省审计厅、市委市政府等领导肯定性批示29条。“十三五”期间,眉山市审计局完成审计项目251个,查出违规金额5.3亿元,促进财政增收节支和挽回损失17.01亿元,移送司法、纪委监委等机关线索98件91人;审计提出建议464条,被采纳414条;参与的南充市土地出让收支和耕地保护情况审计项目被审计署表彰为2016年全国优秀审计项目;组织实施的丹棱县委书记、县长任期经济责任审计项目,泸州市合江县委书记、县长任期经济责任审计项目,彭山区人民政府2016年和2017年医疗保险基金审计项目分别被省审计厅表彰为2016年度、2019年度、2020年度全省优秀审计项目。

【国家重大政策措施落实情况跟踪审计】眉山市审计局围绕中央、省委、市委决策部署,紧跟优化营商环境、支持中小企业纾难解困、保就业促创业等政策落实情况开展审计监督,抽审资金87.7亿元,抽审项目153个,提出审计建议20条,推动援企稳岗,促进做好“六稳”、落实“六保”任务;对2个园区40个省、市重点项目推动落实情况开展专项审计调查,推动重点项目落地落实。

【财政审计】眉山市审计局开展2019年度市级财政预算执行和总决算草案编制情况审计,对存量资金清理、财政暂付款清理消化和库款管理进行上下联动专项审计;首次实现市、县财政预算执行全覆盖审计,搭建全市统一数据分析平台,对市发改委、市教体局等6个预算单位开展现场全面审计,对15个预算单位实施现场核查,对67个一级预算单位开展自查指导和审计复核。

【经济责任审计】眉山市审计局贯彻落实《党政主要领导干部和国有企事业单位主要领导人员经济责任审计规定》,修订完善联席会议制度,加强对权力运行的审计监督,完成10名县级领导干部经济责任审计。

【固定资产投资审计】眉山市审计局完成8个政府投资项目审计,对建设单位已办理结算审核的15个项目开展专项审计调查复核。

【民生审计】眉山市审计局对六县(区)2019年乡村振兴战略政策措施落实情况开展专项审计调查,对2019年保障性安居工程资金投入和使用绩效开展审计,对2019年度就业创业和失业保险基金开展专项审计调查,12月起审计2020年基本养老保险基金、基本医疗保险基金筹集、使用和运行管理情况。

【“三大攻坚战”审计】眉山市审计局对全市六县(区)2019年度脱贫攻坚实施情况开展专项审计调查,紧盯审计查出问题整改落实,持续巩固脱贫攻坚成果,助力打赢脱贫攻坚收官战;组织实施东坡区2018—2019年生态环境保护情况专项审计调查,对2位县处级领导开展领导干部自然资源资产离任审计;关注地方政府性债务、金融运行、国有资产监督管理等情况,就地方政府新增债券资金闲置问题提出审计建议。

【企业审计】眉山市审计局对90家市属国有企业2019年度运营管理情况开展专项审计调查,重点关注企业经营发展总体情况、盈亏总体情况、对外投资情况、债务和融资情况、大额资金调度情况、法人治理情况。

【审计整改】眉山市审计局推动建立市政府常务会议听取审计结果及整改情况制度,以市政府办公室名义印发《关于进一步加强审计整改工作的通知》。2019年度眉山市市级预算执行和其他财政收支审计查出的6个方面84项问题,整改或基本整改83项,推进建章立制、完善制度机制80个,遏制屡审屡犯情况。

(王孟苗)

图41　2020年10月21日,工作人员查看眉山环城公路南环线G(351)工程项目跟踪审计现场

(市审计局供图)

统计管理
Statistical Management

【概况】 2020年，眉山市统计局坚持以党的建设为引领，围绕中心、服务大局，充分发挥二次考核激励作用，带领全局统计干部主动作为、攻坚克难，各项工作取得明显成效。眉山市地区生产总值（GDP）1 423.74亿元，同比增长4.2%，增速比全国高1.9个百分点，比全省高0.4个百分点，比前三季度提高1.5个百分点；增速排位居全省第5位，比2019年提升7位，比前三季度再提升2位，创近四年来最好成绩。在四川省统计局对各市（州）22项统计业务评价中，眉山18个专业排位提升，获"优秀"等次（1～5名）8项、"良好"等次（6～12名）11项，系近5年来最好成绩，2020年统计工作综合评价考核获一等奖、全省第二名，并在全市目标绩效考核中获"优秀"等次。

【统计改革创新】 眉山市统计局以市委办公室、市政府办公室名义印发《眉山市县（区）地区生产总值统一核算改革实施方案》，制定规范制度10项；实施乡村振兴和县域经济统计监测，全市2个县、4个乡镇、30个村（社区）被评为省级乡村振兴先进县、乡镇和示范村，2个县（区）被评为县域经济发展进步县（市、区）；实施名录管理第三方核查，聘请第三方公司随机核实1 000家单位名录库。统计基础规范化三年行动计划收官，全市80个乡（镇）统计办公室全部挂牌成立。

【统计法治建设】 眉山市统计局坚持将习近平总书记关于统计工作重要指示批示精神和统计法律法规纳入市、县（区）党委常委会会议、政府常务会会前学法内容，纳入领导干部任前廉政考试、全市普法规划和干部教育培训重要内容；印发《眉山市工业统计数据质量评估办法》等12项数据质量管理制度，加强数据质量管控；对720户企业（项目）开展数据质量巡查、抽查，对25户规模以上工业企业开展"双随机"执法检查、交叉检查；以市委办、市政府办名义印发《眉山市落实国家统计督察反馈意见整改方案》，逐项明确责任单位、整改时限、整改目标，制定整改清单，落实37项措施，抓好统计系统督察整改。

【统计服务】 眉山市统计局先后20次牵头筹办和配合市政府召开经济运行分析会等重要经济会议，针对短板弱项提出建议意见20条；撰写《眉山统计分析》《统计信息专报》72期，受到市领导肯定性批示28条，《成德眉资服务业同城化发展浅析》受到省政府副省长批示；参与全市"十四五"规划编制，在7次座谈会上提出工作建议10条，撰写《关于对全市"十四五"规划编制工作的几点思考》；回复群众来信40条，接收群众来电业务咨询600人次；4次优化调整《眉山统计月报》，编发5 000册；编印《眉山市国民经济核算工作手册（2020）》《眉山市统计单位申规入统业务工作指南》等资料，送各级各部门参阅。

【第七次全国人口普查】 眉山市成立以市长为组长的眉山市第七次全国人口普查领导小组，印发《人口普查领导小组成员单位职责分工》《领导小组办公室组成人员及职责分工》，选聘普查指导员和普查员1.2万人，落实人口普查经费5 647.8万元；在全市14个区域同步开展市县两级综合试点，为普查打好基础；开展普查宣传，举办全省宣传月启动仪式，眉山普查宣传经验在《中国信息报》头条刊发，《大国点名、眉山答"行"》短视频在校园拉歌比赛中播放量和点赞量位居全国第二、全省第一；推进普查登记，采取即登即审的方式，跟踪进度，开展比对复查、查漏补缺，确保登齐、登全、登准。

（彭　杰）

国家统计调查管理
National Statistical Survey Management

【概况】 2020年，国家统计局眉山调查队以习近平新时代中国特色社会主义思想为指导，坚持党建引领，全面深化从严治党，积极实践党建与业务融合发展；落实统计改革决策部署，保障统计数据质量，防范和惩治统计造假弄虚作假，提升优质服务水平；坚持疫情防控和统计调查工作"两手抓"，各项调查有效推进，取得较好工作成效。

国家统计局眉山调查队队长：蔡卫东。

【居民收支调查】 眉山调查队在全市范围内抽选950户住户调查样本开展收入、支出调查，计算全市城镇居民可支配收入、消费支出，农村居民可支配收入、消费支出，全体居民可支配收入、消费支出，研究城镇、农村居民生产、生活变化情况。2020年，全市全体居民人均可支配收入27 608元，同比增加1 670元，增长6.4%。从收入构成看，工资性收入13 745元、增长6.4%，经营净收入6 781元、增长3.5%，财产净收入1 421元、增长7.7%，转移净收入5 661元、增长10.0%。全体居民人均生活消费支出18 871元、增长2.2%，人均食品消费支出7 225元、同比增长10.8%，占生活消费支出的比重（恩格尔系数）38.3%。

分城乡来看，全市城镇居民人均可支配收入38 892元，同比增加2149元，增长5.8%。作为家庭收入的主要构成，居民人均工资性收入22 689元、增长6.7%，经营净收入6 823元、增长1.8%，财产净收入人均2 565元、增长7.7%，转移净收入6 815元、增长6.7%。城镇居民人均生活消费支出23 965元、增长1.7%，人均食品消费支出9 132元、同比增长10.7%，占生活消费支出的比重（恩格尔系数）为38.1%。全市农村居民人均可支配收入19 730元，同比增加1 553元，增长8.5%。从收入构成看，工资性收入7 500元、增长8.3%，经营净收入6 752元、增长4.8%，财产净收入623元、增长11.7%，转移净收入4 855元、增长14.2%。农村居民人均生活消费支出15 314元、增长3.5%，人均食品消费支出5 894元、同比增长11.7%，占生活消费支出的比重（恩格尔系数）38.5%。

【涉农监测调查】 眉山调查队自1月1日起正式开展全市粮食畜牧业统计调查数据归口管理，在彭山区、洪雅县、丹棱县、青神县4个非大县，相继开展畜牧业重点调查、粮食产量抽样调查，经国家统计局四川调查总队核定，统一反馈分县粮

图42 2020年12月4日，眉山市住户调查新一轮记账户授牌仪式 （国家统计局眉山调查队供图）

食、畜牧业季度、年度统计数据；组织开展粮食安全、生猪生产保供等专题调研，经国家统计局四川调查总队核定，全市粮食产量125.9万吨、同比增长0.7%，生猪出栏190.36万头、同比增长14.23%。仁寿县和东坡区作为全市的两个产粮大县及生猪调出大县，分获产粮大县奖励资金3 526万元、1 396万元，分获生猪调出大县奖励资金713万元、162.64万元。仁寿县获全省2020年产粮大县粮食监测调查工作先进县称号，仁寿县、东坡区均获全省2020年生猪调出大县监测调查工作先进县（区）称号，东坡区、彭山区、洪雅县、丹棱县、青神县获2020年全省粮食统计调查数据归口管理工作先进县称号，彭山区、洪雅县、丹棱县、青神县获2020年全省畜牧业统计调查数据归口管理工作先进县称号。

【居民消费价格调查】 眉山居民消费价格指数累计上涨4.1%，涨幅较2019年提升0.4个百分点，低于4.5%的调控目标。与全国全省比较，眉山2020年累计涨幅高于全省0.9个百分点，高于全国1.6个百分点。眉山调查队及时提供居民消费价格变动情况，确保社会救助和保障标准与物价上涨联动机制平稳实施。

【统计调查法治建设】 眉山调查队贯彻落实党中央统一部署，加强《中华人民共和国宪法》《中华人民共和国民法典》学习宣传教育，组织干部职工开展法律知识集中学习5次，对基层统计调查工作人员和脱普攻坚调查工作人员开展法律法规集中培训13次，培训2 000人次；组织全队干部职工到企业、乡镇，对基层统计人员和调查对象等开展法律知识宣讲10次，为调查对象送去统计法律法规宣传读本、宣传手册、宣传纪念品3 000份，对企业统计调查员进行统计法律法规知识培训200人次；开展“法制宣传月”、“9·20”中国统计开放日、“12·8”统计法颁布日、“12·4”宪法宣传日、“第七次全国人口普查”集中宣传活动，发放宪法、民法典、统计法等法律法规宣传资料1 500份、宣传纪念品500件，接受群众咨询200人次。眉山调查队统计执法监督检查工作领导小组落实防惩统计造假、弄虚作假责任制，强化对统计执法监督检查的组织领导，年内对4家企业开展统计执法监督检查，依法对1家企业处罚，确保统计数据调查真实可信；组织市县调查队业务骨干参加全国统计执法资格考试，2人取得统计执法证。

【统计调查服务】 眉山调查队融入地方经济社会发展，撰写工作信息140篇、经济信息64篇、调查分析报告45篇、约稿24篇，编发上报市委、市政府《眉山调查报告》《调查信息专报》15篇，省级以上采用75篇次，市级以上领导批示17篇次；组织开展眉山创建全国文明城市模拟测评、全市目标绩效社会公众满意度测评，开展专题民生经济调研分析，2篇调研报告被国家统计局采用。

（王昕宇）

农　业

AGRICULTRUE

农业和农村经济运行 / 乡村振兴 / 农业产业化发展 / 农业生产项目推进 / 种植业 / 畜禽业 / 林产业 / 水产业 / 农业机械化 / 农田水利 / 移民安置与扶持 / 现代农业园区 / 黑龙滩灌区 / 通济堰灌区

农业和农村经济运行
Agriculture and Rural Economy Operation

【概况】2020年,眉山市实现农林牧渔业总产值380.42亿元、比2019年增长14%,其中农业219.79亿元、林业9.93亿元、牧业120.57亿元、渔业20.96亿元、服务业9.17亿元,农业、林业、牧业、渔业、服务业产业结构比为57.78∶2.61∶31.69∶5.51∶2.41;实现一产业增加值222.9亿元,同比增长5.7%、高于全省平均水平0.5个百分点,农村居民人均可支配收19 730元、增速8.5%。

【农业质量安全与品牌推进】眉山市省级农产品质量安全例行监测总体合格率98.8%,未发生重大农产品质量安全责任事件。全市有效期内"三品一标"总量261个,洪雅县完成国家农产品地理标志(洪雅绿茶)保护工程项目,丹棱桔橙4.4万亩核心生产基地成功创建国家绿色食品原料标准化生产基地,"丹棱脆红李"获得国家农产品地理标志登记;6个县级农产品质量检测机构全部通过"双认证",东坡区、仁寿县、丹棱县通过"四川省农产品质量安全监管示范县"资格复审。

【农业信息化推进】眉山市建成运营益农信息社1 074个,后因合村并组后行政村减少,正常运营333个;开展以招工信息发布、免费体检、平安乡村等为主题的益农暖心行活动210场,在益农平台发布村委关于惠民、财务公开、党务、农民工信息填报等信息11 900条,依托益农平台为群众代缴通信费2 000笔,电商代购代销1 000次。

【农业行政执法】眉山市农业行政执法部门加强农业投入品、农产品质量安全、畜牧水产品质量安全、渔业资源保护及生猪屠宰秩序等领域执法监管,办结农业行政处罚案件126件,罚没款231.366万元,行政案件办结率100%;组织开展监管对象"双随机、一公开"检查行动,检查监管对象33家,并分别与市市场监管局和市应急局联合检查4家;强化专项执法检查行动,组织开展农资打假、"中国渔政亮剑"、农产品质量安全"利剑"行动等执法专项执法行动和农产品质量安全专项监督抽检等行动,通过农资打假春雷行动,印发识假打假宣传资料5万份,组织查处假冒伪造农药肥料登记证、无证或"套牌"生产授权种子、制售假劣兽药和违禁药物添加、制售假劣饲料等违法行为,出动执法人员5 000人次,检查企业3 260个次,整顿市场1 510个次,查办农资案件55件,同时通过"中国渔政亮剑2020"系列执法、禁渔期执法专项行动、长江流域十年禁捕巡查行动,清理取缔涉渔"三无"船舶104艘,清理整治违规网具2 900张。在农业行政处罚案卷评查中,眉山市获评部优案卷1件、省优案卷5件,另有1件案卷被评为省农业行政执法优秀移送案卷,获优数量全省排名第二。

【农村经营管理】眉山市基本完成以农村集体经营性资产股份合作制改革为主的农村集体产权制度改革试点,清查核实经营性资产5.9亿元(村级1.9亿元、组级4亿元)、非经营性资产39.75亿元(村级25.25亿元、组级14.5亿元)、资源性资产900.6万亩,确定集体经济组织成员258万个,量化资产总额5.09亿元,对完成产权制度改革的集体颁发《农村集体经济组织登记证》2 099本。

【新型农业经营主体培育】眉山市新培育省级重点龙头企业4家、市级龙头企业15家,全市国家级、省级和市级龙头企业分别达5家、42家和137家;新增农民合作社48个、累计3 391个,创建省级农民合作社31家、累计153家,评定市级合作社示范社33个、累计191个;争取央财农业生产发展资金支持合作社项目122个、合作社质量提升整县推进项目2个,金额共1 765万元。青神县被确定为第二批农民合作社质量提升整县推进省级试点县。

【农业科技推广】眉山市推介发布农业主推技术33项,主推技术到位率100%;组织825名基层农技人员开展知识更新培训,其中省级骨干培训17人、市级集中培训808人;建设农业科技试验示范基地20个,培育农业科技示范主体288人,好味稻水稻专业合作社创建为国家现代农业科技示范展示基地;调整组建市、区县农业产业综合技术指导专家服务团201人,调整优化帮扶农技员77人,建立健全巡回服务指导小组32个234人,开展农业技术服务62 295人次,推广新品种62个、新技术33项;开展中纺粮油(四川)有限公司农业转基因生物安全日常监管,彭山新希望饲料有限公司获得农业转基因生物加工许可。全市"中国农技推广"APP使用率96.96%,其中市本级、仁寿县、洪雅县均达100%。

(王 飞)

乡村振兴
Rural Revitalization

【概况】2020年,眉山市持续推动"六有"新乡村建设;完善市、县(区)、乡三级党委、政府主要领导推进体系,制定推进意见,调整充实市、县委农村工作领导小组和各县(区)委农村工作领导小组,由县(区)党委书记担任县(区)委农村工作领导小组组长;完善"示范引领"推进体系,落实乡村振兴先进示范和现代农业园区考评激励办法和考评细则,制定全市农民增收县(区)委书记和县(区)长负责制和农村改革考核办法;完善"多方督促"推进体系,市委、市政府定期开展乡村振兴专项督查,结合脱贫攻坚和疫情防控,六县(区)均建立县级领导干部和县局主要负责人包村制度。各县(区)每半年向市委、市政府报告乡村振兴工作推进情况,各县(区)政府每半年向同级人大报告、向同级政协通报乡村振兴工作情况制度。眉山市委农村工作领导小组对滞后区县党委政府主要和分管负责人开展约谈,并每季度研究乡村振兴工作,听取各县(区)、各部门关于乡村振兴工作的专题汇报;市人大常委会组织开展乡村振兴专项审议,专门听取关于"切实破解人居环境整治困境"等5项审议意见报告;市政协对乡村振兴先进示范开展专项视察,组织开展乡村振兴助力美丽眉山建设等专项调研,向市委、市政府提出加强古村落保护、现代农业园区建设等建议。

【乡村振兴先进示范建设】眉山市财政

列支3 000万元奖补市级乡村振兴先进示范和现代农业园区，各县（区）共筹措30多亿元资金组织开展示范创建，培育市级乡村振兴先进区县2个、先进乡镇10个、示范村50个以及市级现代农业园区5个。眉山市乡村振兴建设经验在中宣部“我们的小康生活”大型主题采访活动启动仪式上作交流推广。

【产业新乡村建设】 眉山市以实施乡村振兴战略为总抓手，围绕“六有”新乡村建设、现代农业园区创建和都市现代绿色农业发展，做大做强东坡泡菜、眉山春橘、竹业、生猪、粮油5大主导产业，做精做优奶业、禽蛋、水产种苗、东坡蜂蜜、彭山设施葡萄、仁寿枇杷、洪雅茶叶、洪雅藤椒8大特色产业，做稳做实现代农业种业、现代农业装备、现代农业烘干冷链物流3大先导性产业，加快构建眉山市“583”现代农业产业体系。

【“颜值”新乡村建设】 眉山市完成农村人居环境整治“三年行动”任务，建成“美丽四川·宜居乡村”达标村219个，农村生活垃圾得到有效治理的行政村占比100%，农村生活污水得到有效治理的行政村552个、占比76%，农村户用卫生厕所60.5万户、普及率89%；打好“大规模绿化全川眉山行动决胜战”，新创建省级森林小镇2个和市级森林小镇4个、森林村庄26个，完成营造林16.07万亩，新建翠竹长廊42公里，公园绿地建设和提升1 150亩。眉山农村人居环境整治工作在2020年省委农村工作会上作经验交流，全省农村生活污水治理工作会议在眉山市召开。

图44 丹棱县张场镇万年村党群服务中心 （市农业农村局供图）

【农业生态环境保护】 眉山市农业农村局组织开展第二轮省级环保督察迎检，省级环保督察期间收到涉农举报件42件，其中来电来信举报18件（均按规定时间办结）、下沉督察指出问题4件、“12345”“12369”投诉热线举报件20件，完成整改32件、按序整改中7件、群众反映不属实3件；完成市、区县耕地土壤环境质量类别划分，完成省定受污染耕地安全利用类、管控类面积任务，建成受污染耕地安全利用集中推进区和核心示范区5个，建成综合效果监测点6个；组织开展农业农村污染治理，建立化肥农药减量示范点103个；建设种养循环示范基地13个，实施畜禽养殖场种养循环提升工程246个，全市50亩以上池塘规模养殖户实行养殖尾水治理、治理率99.7%；设立废旧农膜集中回收点481个，建立农药包装废弃物回收点2 353个。

图43 美丽宜居乡村——丹棱县幸福古村 （市农业农村局供图）

【“底蕴”新乡村建设】 眉山市农业农村局打造“眉山东坡大舞台”“文化惠民乡村行”“乡村春晚”等群众文化活动品牌，开展群众文化活动1 500场以上；推荐3个乡镇、30个村申报省级乡村治理示范镇村，开展眉山市首批乡村治理示范村镇创建；组织开展“小康美景”摄影征集、“新时代乡村阅读季”“美丽乡村健康跑”活动，组织参评四川省农村手工艺大师，推动全市农村精神文明和优秀农耕文化建设，青神县竹编技艺入选全省首批农村生产生活遗产保护传承重点项目；打造道德评议堂、感恩银行、道德超市等，引导村民遵规守约、感恩向善，定期开展党员明星、文明家庭、道德模范等评选，丹棱县张场镇万年村“道德超市”积分制度入选全国村级“乡风文明建设”优秀典型案例；深入挖掘“三苏”、虞允文、彭端淑等本土优秀传统文化资源，着力构建城乡基层德治教化体系。

【“秩序”新乡村建设】 眉山市农业农村局完善乡村治理机制，完成村级建制调整改革，行政村从1 050个调减为510个，形成59个中心村、50个集镇村、98个特色村；优化党组织设置，升格村党委207个、村党总支290个；落实“三会一课”“党群集中活动日”等日常管理制度，推行“四议两公开”，修订完善村规民约、村民聚居点公约等自律规范，搭建议事会、恳谈会、联席会等议事平台；健全村（社区）法律顾问制度，实现“一村一辅警（警务助理）”“一村一法律顾问”；推行“一肩挑”，507个实现村党组织书记与村主任“一肩挑”、占比99.4%，其中370名村党组织书记兼任集体经济组织负责人；调强干部队伍，村常职干部总数从4 373名减至2 683名，平均年龄从45.3岁降至40.2岁，大专及以上学历从32.5%提高到47.4%；健全便民服务体系，51个被撤乡镇便民服务分中心和540个被撤村党群服务分中心实现实体化运行，20个村党群服务中心完成亲民化改造，510个村推行民事代办服务、开展网上便民服务；发挥81个集体经济重点扶持村带动效应，消除集体经济“空壳村”，培育69个年收入10万元以上村；创新乡村治理方式，将构建“1＋6＋4”基层综合治理指挥体系纳入市域社会治理项目，利用综治信息系统“受理中心”和网格化服务管理系统“事件处理”模块，健全完善集发现问题、解决问题、办理反馈、监督评价为一体的闭环式管理流程，实现网格员队伍、社区工作队伍、行政执法队伍等力量联动指挥，提高处置效率。

【“保障”新乡村建设】 眉山市农业农村局落实农民增收县（区）委书记和县（区）长负责制，制定《眉山市农业农村经济暨农民增收形势分析会商制度》和《眉山市农业农村经济暨农民增收形势分析会商评估办法》，对农民增收实行一月一分析、一季度一排位、半年一考评，全市农村居民可支配收入增长8.5%；消除新冠肺炎疫情影响，促进农民工安全返岗、有序流动、稳妥就业，开展农民工职业培训4.45万人，落实培训补贴2 190.18万元，《人民日报》、新华社、中央电视台、《经济日报》和川报、川台等重要媒体深度报道眉山农民增收工作；实施“四好农村路”工程，新改建农村公路357公里，保有“四好农村路”示范路650公里；实施“宽带乡村”惠民工程，铺设农村光缆9.92万皮长公里，光纤到户端口累计100万个，510个行政村实现“村村通光纤、村村通宽带”；推进“雪亮工程”向农村公共区域、城乡接合部、治安复杂地区的视频监控建设，80%的村实现“雪亮工程”覆盖；实施农村饮水安全巩固提升工程，3.66万人饮水安全得到全面提升，集中供水率88.2%，自来水普及率86.5%。通济堰灌区续建配套与节水改造项目全面完工，完成渠道整治27公里；黑龙滩灌区续建配套与节水改造项目完成投资5 192万元，预计2021年2月前完成主体工程建设。眉山市农业农村局开展爱国卫生运动，创建国家卫生乡镇11个、省级卫生乡镇45个、省级卫生村519个；推进农村医疗卫生机构厕所建设，全市基层医疗机构卫生厕所覆盖率100%；开展“优质服务基层行”，全市10家基层医疗机构通过“优质服务基层行”现场审核；推进学前教育发展，建成投用公办园16所、新增学位5 520个，认定普惠性民办园249所、普惠率83.09%；推进农村义务教育学校标准化工程，改善乡镇公办园办园和105所乡村小规模学校、乡镇寄宿制学校办学条件；落实教育助学政策，投入2.3亿元资助学生26万人，进城务工人员随迁子女10 711人全部实现就近入学；扩大城乡居民养老保险覆盖面，全市城乡居民养老保险参保人数153.59万人，其中建档立卡贫困人口、低保对象、特困人员完成代缴4.4万人、代缴率100%；推进全国第四批居家和社区养老服务改革试点，争取到位试点项目资金2 349万元，投入5 748.26万元用于养老服务体系建设，落实社区养老服务阵地6 501平方米；印发省内首部困境儿童安全保护工作专项规程，精准关爱农村重点留守、困境儿童4 145名，保障153名孤儿、247名无人抚养儿童基本生活。

【“活力”新乡村建设】 眉山市农业农村局盘活农村土地资源，制定《农村产权流转交易土地经营权预流转服务规范》等4项地方标准，建成眉山农交所，全市农村土地流转面积150万亩，占承包地面积41.7%。青神县被确定为全国第二轮土地承包到期后再延长30年先行试点县，彭山区被确定为全国第二批深化农村宅基地制度改革试点地区。11月2日，全国农村承包地确权登记颁证工作总结暨表彰电视电话会议在北京召开，眉山市东坡区被表彰为全国农村承包地确权登记颁证工作典型地区，青神县农业农村局被表彰为全国农村承包地确权登记颁证工作先进集体（四川唯一一个县级先进单位）。眉山市农业农村局加大金融支持乡村振兴力度，发行农业农村领域专项债11.84亿元，为全市乡村振兴战略实施提供资金支撑；推动农村承包土地经营权抵押贷款款增量扩面，完善乡村振兴农业产业发展贷款风险补偿金机制，实施新型农业经营主体主办行制度，全市金融机构“一对一”为2 546户新型农业经营主体发放贷款14.78亿元；全年开展政策性农业保险，8家保险公司承保品种20类，积极开展“政融保”保险资金支农助农试点。全市涉农贷款总额668.94亿元，较年初新增90.92亿元，增幅16%。国有农业公司“四大主体”推进乡村振兴改革经验全国交流，并入选党的十八届三中全会以来四川省全面深化改革典型案例。彭山区探索建立农业农村发展用地保障机制试点被农业农村部《农村改革动态》第40期采用，职业农民刘沈厅事迹被省农业农村厅《每周要情》第26期刊发。

【全国“一村一品”示范村和全国乡村特色产业亿元村创建】 眉山市围绕山水、田园、产业、村落、民俗等，推进“一村一品”“一乡一业”试点镇村建设，实施基地建设、农产品加工、融合发展、主体培育、科技服务五大提升工程。11月，眉山市东坡区三苏镇鸭池村获评第十批全国“一村一品”示范村，全市全国“一村一品”示范村镇总数达10个；彭山区观音镇果园村、洪雅县中山镇前锋村、丹棱县齐乐镇梅湾村获评2020年全国乡村特色产业亿元村。

（王 飞）

农业产业化发展
Agriculture Industrialization Development

【概况】 2020年，眉山市加快构建“583”农业产业体系。4月1日，眉山市委、市政府印发《关于加快构建“583”农业产业体系推进都市现代绿色农业强市的实施意见》，做大做强东坡泡菜、眉山春橘、竹、生猪、粮油5大主导产业，做精做优奶业、禽蛋、水产种苗、东坡蜂蜜、彭山设施葡萄、仁寿枇杷、洪雅茶叶、洪雅藤椒8大特色产业，做稳做实现代农业种业、现代农业装备、现代农业烘干冷链物流3大先导性产业，实施5大主导产业市上统抓、8大特色产业区县主抓、3大先导产业融入全链，推动特色产业加快发展。

【"味在眉山"产业发展】 眉山市农业农村局推进"味在眉山·香飘世界"行动计划，组织企业参加"十一届中国（四川）—南亚、东南亚国家工商领袖峰会""遇见巴蜀国际融合采洽会"、第十八届中国国际农产品交易会、第13届亚洲果蔬博览会、第四届上海优质农产品博览会、第三届直供粤港澳大湾区农产品产销对接会和第六届中国农业品牌年度颁奖盛典等系列展会活动，推动千禾、海霸王、李记、今麦郎、幺麻子等重点项目建设。全市全年"味在眉山"销售收入1 030.95亿元，较2019年增长93.15亿元。

【泡菜产业发展】 眉山市泡菜原料基地稳定在46万亩左右，全年泡菜销售收入210.71亿元，较2019年增长9.91亿元。11月24日，眉山市主导制定的泡菜国际标准《泡菜（盐渍发酵蔬菜）规范和实验方法》（ISO 24220）通过国际标准化组织（ISO）最终国际标准批准，正式进入出版阶段。泡菜国际标准的成功制定发布，标志四川省在ISO框架下制定食品国际标准实现"零"的突破，成为全国在ISO框架下制定的第六个食品国际标准。

【眉山春橘产业发展】 眉山市人民政府印发实施《眉山市晚熟柑橘全产业链高质量发展提升行动计划（2020—2022年）》，按照"稳面积、控风险、强园区、提品质、创品牌、促增收"的发展思路，实施"六大提升行动"（强化科技支撑，提升产业可持续发展能力；打造现代产业基地，提升优质果品生产能力；推进融合发展，提升眉山春橘综合效益；做强区域品牌，提升眉山春橘影响力；筑牢防火墙，提升产业风险防范能力；强化要素保障，提升工作推进能力），推动眉山春橘全产业链高质量发展。全市形成以"眉山春橘"为公共品牌，不知火、春见、爱媛38、清见、大雅柑、马克斗、沃柑7大主推品种，30个万亩基地乡镇，10个现代农业园区，105万亩全国最具规模的晚熟柑橘标准化生产基地，全年产值突破115亿元，带动103万从业人员人均增收上万元，先后创建7个柑橘产业"中国特产之乡"，整市被农业农村部、财政部等九部委认定为晚熟柑橘中国特色农产品优势区，跻身全国唯一的晚熟柑橘优势特色产业集群。眉山春橘获评"中国农产品百强标志性品牌"。

【茶产业发展】 眉山市茶叶种植面积41.8万亩，总产量2.92万吨，总产值28亿元；有"万亩茶乡"10个，其中洪雅县种植面积29.5万亩，仅次于雅安市名山县，居全省第二位，是全国茶叶百强县、中国十大生态产茶县，洪雅绿茶获国家农产品地理标志登记。全市涉茶市级以上重点龙头企业有4个，专业合作社和家庭农场有194个（国家级示范合作社2个、省级15个）。

【成德眉资同城化】 成都、德阳、眉山、资阳四市围绕农业建链、强链、补链、延链，取得系列成果。7月27日，成德眉资四市发改委和农业农村局在省同城化领导小组第二次会议上签订《成德眉资同城化粮食生猪蔬菜区域生产保供合作协议》，确保同城化区域口粮、生猪、蔬菜供给平衡。7月30日，成都益民投资集团旗下3个子公司分别与眉山市金融服务中心、眉山市彭山区国有粮食购销有限责任公司和洪雅坤元农业发展投资有限公司签署项目合作协议，双方围绕综合融资，在打造专业化粮食供应链管理服务平台、粮油仓储贸易、打造"菜篮子"保供基地等方面展开合作。9月10日，德眉资三市农业农村局与成都天府农商文旅体融合发展联盟签订《成德眉资农商文旅体融合发展战略合作协议》。11月24日，成德眉资四市相关农业园区签订《成德眉资现代农业园区联动发展战略合作框架协议》。

（王　飞）

农业生产项目推进
Agricultural Production Projects Promotion

【概况】 2020年，眉山市对上争取到中央、省级涉农项目资金15.075 8亿元，其中中央预算内计划投资农业项目计划资金1.381亿元、中央和省级财政专项农业项目资金13.694 8亿元；有序实施高标准农田建设项目、畜禽粪污资源化利用整县推进项目、长江经济带农业面源污染治理项目、产业集群建设项目，投资120亿元的中德通内斯—德康（眉山）高端肉制品屠宰加工项目正式开工，投资12亿元的泰国正大集团300万只蛋鸡全产业链项目进展顺利。

【东坡区水产产业融合园区建设】 四川省、眉山市、东坡区渔业部门重点打造以"眉山市水产科技示范园"为核心的眉山市东坡区水产产业融合园区，建立中国西部知名和四川省最大的现代水产种业示范园区；从2020年起，力争用三年时间将园区打造成为四川省规模最大、效益最好的省级现代农业种业（水产种苗）示范园区。园区核心区位于东坡区尚义镇、太和镇，辐射区为多悦镇、思蒙镇等地，现已包含东坡区象耳镇、尚义镇、太和镇水产养殖户1 368户，养殖面积8 374亩，其中尚义镇养殖户455户，养殖面积3 163亩，主要品种为江团、叉尾鮰、黄颡鱼等；象耳镇养殖户568户，养殖面积2 522亩，主要品种为黄颡鱼、草鱼等；尚义镇养殖户345户，养殖面积2 689亩，主要品种为黄颡鱼等。园区计划总投资5 600万元（其中省级财政从2020年起连续3年投资3 000万元，每年1 000万元），其中2019年、2020年投资4 200万元，已完成第一、第二条、第三条生产线保温设施、四套工厂化育苗设施、第四条生产线名优鱼苗孵化池和三号净化池建过滤池等射手建设；试点开展池塘高位池+净化池、工厂化育苗、陆基集装箱、池塘内循环等水产健康养殖模式，效果明显；引进和开展斑点叉尾鮰"江丰1号"、大口黑鲈"优鲈3号"、杂交黄颡"黄优1号"等名优新品种繁育推广。项目被眉山市人民政府确定为2019年、2020年市级重点产业发展项目。

【国家晚熟柑橘优势特色产业集群项目】 农业农村部、财政部在全国实施50个优势特色产业集群建设，眉山晚熟柑橘作为核心区纳入国家唯一晚熟柑橘优势特色产业集群建设，商贸物流中心、晚熟柑橘研究院等重点项目落户眉山，配套推进标准化基地建设、产地初加工建设、眉山春橘品牌市场培育、新型主体培育，将眉山打造成全国晚熟柑橘品优势特色产业集群示范区。眉山市晚熟柑橘产业集群建设项目连续实施3年，其中2020年下达资金1亿元，安排全市项目资金7 890万元。眉山市在丹棱县打造集初加工中心、电子商务中心、检验检测中心、数据采集中心“四中心”于一体的综合性商贸物流中心，委托西南大学进行区域商贸物流中心整体规划设计，与四川大学建筑设计学院达成合作协议，开展区域商贸物流中心综合大楼规划设计；在仁寿县与四川农业大学、四川省农科院、中国柑橘研究所等科研院校合作共建晚熟柑橘研究院，落实建设用地指标30亩打捆实施晚熟柑橘研究院、乡村振兴学院、人才培训中心阵地建设，正进行规划设计，同时落实400亩土地打捆实施新技术示范基地、新品种选育基地和仁寿县良繁基地建设，完成占地200亩柑橘新品种选育基地建设；在东坡区打造电商生态聚集中心，确定眉山市永惠农业发展投资有限公司为实施主体，投入2 600万元完成征地拆迁和项目规划；在青神县打造农产品加工冷链物流园区，投入资金2.6亿元，完成厂房修建和设备安装，投入运行生产。眉山市推进全市晚熟柑橘标准化基地建设，改造老果园4.73万亩，培育丹橙果业、神果环球2个省级龙头企业，集中打造“眉山春橘”全市区域公用品牌，成功注册国家地理标志证明商标，被授予中国食品安全领军品牌，蝉联2020中国农产品百强标志性品牌榜首，并举办中国柑橘学会2021年学术年会暨眉山市第四届晚熟柑橘节。

【青神县农产品冷链物流园区项目建设】 青神县农产品冷链物流园区位于青神县高台镇百家池村，占地面积60亩，总投入2.6亿元，设计冻库容量1.3万吨，总计容面积5.6万平方米，投用柑橘分选包装生产线9条，柑橘日处理能力200吨以上，是眉山市最大的区域性农产品仓储冷链物流中心。园区与深圳百果园、盒马鲜生等多家国内外知名公司展开深度合作，提供完善农产品冷链物流服务，年物流量5万吨，年销售收入5亿元，其中出口创汇4 000万美元，推动区域柑橘产业发展综合效益提高10%以上，解决就业400人以上。

【中法农业科技园项目建设】 中法农业科技园位于彭山区（眉山天府新区）锦江镇，由华侨城西部集团和法国欧倍欧集团共同开发，规划占地面积18平方公里，其中核心区7 000亩，计划总投资300亿元，被列入中法两国重点合作项目。截至年末，园区累计投资18.16亿元（其中2020年度新投入资金8.16亿元），建成中法农业科技示范区1 031亩，建成7 000平方米亲子乐园并对外营业，500平方米展示中心完成装修并投运，1.5公里锦江大道路面基本贯通，中法农夫学院启动建设。

【畜牧业重点项目建设】 2019年9月20日，在第三届西部国际博览会上，德康集团与德国通内斯集团签订“中德通内斯—德康（眉山）高端肉制品屠宰加工项目”。项目落户仁寿县，总投资120亿元，建成可年屠宰加工生猪600万头，其中一期200万头。2020年11月，一期项目开工建设。眉山德康200万头生猪一体化项目开工建设生猪养殖单元1 504个，完成三年目标任务88.47%，其中仁寿县慈航、富加两个5 000头种猪场、东坡区华诚5万头育肥场满产关猪。正大东坡300万只蛋鸡项目完成投资5.2亿元，蛋鸡场18栋鸡舍和青年鸡场10栋鸡舍完成主体建设；饲料厂主体建设基本完成，蛋品加工厂主体建设完成50%。

（王　飞）

图45　青神县冷链物流园　（市农业农村局供图）

种植业
Planting Industry

【概况】 2020年，眉山市农作物总播种面积31.99万公顷、同比增长0.6%，其中粮食作物播种面积19.7万公顷、同比增长0.9%，油料作物播种面积5.6万公顷、减少2.2%。

【粮油作物】 眉山市继续实施“藏粮于地、藏粮于技”战略，完成11万公顷粮食生产功能区和重要农产品生产保护区“两区”划定，向部、省两级汇交划定成果；落实2020年耕地地力保护补贴资金3.13亿元、种粮大户补贴494万元、稻谷补贴2 993.98万元等惠农政策，鼓励农民采取秸秆还田、科学施肥用药、推进病虫害绿色防控和统防统治等综合措施，加强农业生态资源保护，粮油生产综合生产能力稳步提升，新增粮食规模化经营面积5%。全市粮食作物播种面积19.7万公顷，粮食产量125.9万吨、增长0.7%，其中小春粮食产量6.5万吨、与2019年持平，大春粮食产量119.3万吨、增长0.7%，油料作物播种面积5.6万公顷、同比减少2.2%。

【经济作物】 眉山市水果面积11.06万公顷，产量209万吨，产值162亿元；蔬菜面积5.22万公顷，产量153万吨，产值33亿元；中药材面积5 973公顷，产量4.2万吨，产值3.5亿元。

【种业发展】 眉山市农业农村局推进农业种质资源保护与利用，开展畜禽遗传

图 46 东坡区万亩粮食基地 （市农业农村局供图）

资源调查，全市建成种畜禽场15个，建成省级水产（原）良种场8家，建成东坡区晚熟柑橘无病毒繁育中心，新建洪雅县西门塔尔种牛与利用园区，新改建东坡区4大水产种业集群；推进东坡区现代水产种业园区、洪雅县现代种牛园区创建省级种业园区建设，推进东坡区、彭山区省级种业提升工程、制种基地中央财政奖补项目建设，全市水稻制种面积稳定在2万亩以上；开展种子质量市场监管，检查种子生产企业15家次、种子销售门店2 123个次、制种基地11个，抽检种子合格率100%；开展自主试验和制种基地全覆盖转基因检查，现场检测农作物品种307个；组织东坡区、仁寿县实施新品种展示项目，建立展示点4个、展示品种165个，建立风险监测点5个，提升良种覆盖率5个百分点；开展种业纠纷调解，为农民挽回经济损失1 200万元。

【高标准农田建设】 眉山市以实施乡村振兴战略为总抓手，围绕建设都市现代绿色农业先行市，落实“藏粮于地、藏粮于技”战略，创新平原区“沃野方阵”、丘陵区“生态走廊”、山区“绿海明珠”三大高标准农田建设模式，粮食综合生产能力得到显著提高。全市新建高标准农田0.813 3万公顷，累计建成高标准农田13.44万公顷，占耕地面积55.72%。

【农村能源清洁安全生产】 眉山市已建大中型沼气和集中供气工程项目29个，有效促进种养业绿色循环发展；在重要农时季节开展重点环节隐患排查50次，检查沼气企业21次、户用沼气池2 000口，排查整改安全隐患30处，并开展农村户用沼气突发事件应急演练和安全下池作业操作2次，开展全市农能安全培训和清单制管理培训2次；争取到东坡区、洪雅县秸秆综合利用重点县项目700万元，争取到洪雅县2021年沼气工程种养循环利用项目74万元。全市秸秆利用市场化主体39家，农作物秸秆综合利用量104.28万吨，秸秆综合利用率94.01%。

（王 飞）

图 47 青神县高标准农田建设 （市农业农村局供图）

畜禽业
Livestock and Poultry Industry

【概况】 2020年，眉山市畜牧业以生猪稳产保供、畜禽养殖污染治理、种养结合循环发展为重点，深入推进畜牧业供给侧结构性改革，加快现代畜牧业高质量发展。全市畜牧业产值137亿元，猪、牛、羊、家禽出栏量分别为190.36万头、2.16万头、42.61万头、3 955.31万羽，猪肉产量13.38万吨、牛奶产量13.87万吨。

【家禽养殖】 眉山市依托温氏、巨星公司等龙头企业推行寄代养模式，出栏优质肉鸡3 569.6万只，同比增长5.11%。全市家禽出栏3 955.31万只。

【生猪养殖】 眉山市出栏生猪190.36万头、同比增长14.23%，年末存栏生猪139.12万头、同比增长46.57%，其中能繁母猪存栏13.26万头、同比增长41.93%。

【奶产业发展】 眉山市奶牛存栏2.05万头，主要品种有荷斯坦奶牛、西门塔尔奶牛、娟姗奶牛等，鲜奶产量13.87万吨；有蒙牛、新希望、菊乐3家乳制品加工龙头企业，企业产值24亿元，年产量30万吨。

【蜂产业发展】 眉山市饲养蜜蜂20.1万群，有养蜂专业合作社27个、专业养蜂户2 900户，蜂业从业人员1.5万，蜂蜜产量1.28万吨；有“无公害农产品”认证蜂蜜产品企业2家、GMP认证蜂产品生产企业1家。

【饲料产业发展】 眉山市有饲料加工企业70家，设计年生产饲料能力430万吨，全年生产饲料、饲料添加剂219.60万吨，其中配合饲料177.94万吨、浓缩饲料6.55万吨、预混料3.49万吨、单一饲料30.18万吨、饲料添加剂1.44万吨，饲料产值77亿元。

【畜禽良种化和养殖场标准化建设】 眉山市农业农村局推荐上报现代牧业洪雅有限公司为2020年部级畜禽养殖标准化示范场，推荐上报仁寿县一品兔业家庭农场为2020年省级畜禽养殖标准化示范场。全市创建部省级畜禽养殖标准化示范场16个、市级畜禽养殖标准化示范场46个、县级畜禽养殖标准化示范场50个，有眉山温氏家禽育种有限公司、四川省阳平种牛场国家级核心育种场2个和眉山万家好种猪繁育有限公司省级生猪核心育种场1个。

【畜禽养殖废弃物资源化利用】 眉山市农业农村局全域推进种养循环，推广粪污管网输送、“3211”、异位发酵等农牧结合生态治理模式，引导畜禽养殖场配套完善雨污分流、干湿分离、异位发酵、粪污贮存输送利用设施设备。全市建设畜禽养殖种养循环示范基地13个，实施畜禽养殖场种养循环提升工程248个，累计试点“异位发酵”粪污水零排放处理技术场408个，调整划定禁养区320个、禁养区面积1 078.03平方公里，畜禽粪污综合利用率89.6%，规模养殖场粪污处理设施装备配套率100%。

【重大动物疫病防控】 眉山市农业农村局完善市、县（区）两级疫情定期分析会商机制，县（区）病原学检测能力增强，全市完成监测流调采送样任务410份，监测64 640份次，针对防控节点提交多份监测分析报告，科学指导防控；抓好重大动物疫病防控，免疫畜禽4 598.3万头（只、羽），重大动物疫病应免全免，平均免疫抗体合格率91.16%，高出部省标准21.16个百分点；抓好人畜共患病防控，狂犬病实行春、秋两次免疫，设置120个犬只常年补免点，免疫登记犬只99.91万只次，免疫抗体合格率89.78%；完成牛羊布病、结核病监测27 027头（只）；血吸虫病检测家畜20 934头次，未发现阳性家畜，扩大化治疗家畜22 645头次，家畜（牛）圈养率100%。东坡区、彭山区和仁寿县血吸虫病消除达标通过省级验收，全市六区县血吸虫病消除达标均通过省级验收。

【“非洲猪瘟”防控】 眉山市农业农村局抓好“非洲猪瘟”常态化防控，建立健全“非洲猪瘟”防控“3＋1”网格化管理体系，全市实施网格化管理养殖场（户）21 687个、生猪定点屠宰场41个，落实一、二、三级网格员5 267人；执行“非洲猪瘟”疫情排查及企业自检周报制，排查生猪2 00万只次，养殖场、屠宰场等企业自检猪只20万只次；开展大消毒大宣传大培训“三大行动”，消毒面积66 652.6万平方米，培训人员20万人次，印发防控宣传资料36万份（册）；开展“非洲猪瘟”专项监测4次529份样品，养殖场“非洲猪瘟”入场监测任务完成率100%，检测样品2.67万份次；严禁泔水喂猪；严格生猪调运，强化屠宰检疫监管，严打私屠滥宰，规范化处置病死猪，促进全市生猪产能恢复提升。

【动物卫生监管】 眉山市农业农村局严格实施检疫申报制度，规范申报程序，产地检疫到场到点，屠宰检疫同程同步。全市检疫出证网点全部实行联网电子出证；产地检疫畜禽4 225.6万（头）只，屠宰检疫肉类产品13.2万吨，畜禽产地申报检疫受理率100%，屠宰检疫申报受理率100%；对备案养殖场（小区）派驻监督人员，对备案登记的规模场（小区）监管率100%。眉山市农业农村局严格调运流通环节监管，落实屠宰环节生猪进场查验“六符合”要求，做好种猪、仔猪调运服务，畅通调运渠道；推行执业兽医年度执业情况报告制度，做好官方兽医和乡村兽医备案管理，全市注册执业兽医103名、官方兽医864名、乡村兽医1 326名。

【生猪屠宰监管】 眉山市农业农村局落实官方兽医派驻制度，保障屠宰检疫监管落到实处；对屠宰企业肉品品质检验人员和“非洲猪瘟”实验室检测人员开展培训146人，经现场考核合格的人员颁发培训证书，规范屠宰企业“非洲猪瘟”自检，提升肉品品质检验能力；严格屠宰环节“非洲猪瘟”防控措施，强化生猪进场查验和检疫出证管理，落实屠宰场场点人员、车辆进出登记及消毒管理，规范“非洲猪瘟”自检，全年屠宰环节“非洲猪瘟”自检未检出阳性样品；开展屠宰行业污染治理，加强安全生产监管，落实屠宰企业安全生产主体责任。

（王　飞）

林产业
Forestry Industry

【概况】 2020年，眉山市实现林业总产值245.67亿元，农民人均从林业上获得收入2 115.83元，分别较“十二五”末增长35%和40.8%。

【林产业发展】 眉山市林业产业基地总面积324.3万亩（其中木质原料林129.7万亩，竹质原料林91.6万亩，花椒、核桃、林药、茶桑果等特色经济林面积103万亩）、现代林业产业基地面积182.6万亩、林下种养面积48.1万亩（其中林下种植面积22.3万亩、林下养殖面积5.2万亩、林下采集面积20.6万亩），主要林下产品及产量中林药产量8.3吨、林禽出栏200万只、林畜出栏2.1万头（只）、蜂蜜产量0.2万公斤，林下经济产值12.44亿元；有特优林产品（木材）经营加工企业242户，主要产品及产能为人造板产能184万立方米、木地板产能1.3万平方米、木家具产能240万件（套），木材产业产值52.57亿元；有省级以上林业园区3个，分别为彭山明都花卉科技示范园区、彭山南方家居产业示范园区、青神全国竹编产业示范园区，就业人数1.9万人，完成投入0.75亿元，实现综合产值64.8亿元；培育竹林面积91.6万亩（不含天然大熊猫食用竹），竹笋产量0.43万吨、竹材产量50万吨、竹浆纸产量33.7万吨、竹家具110万件、竹编制品322万件、竹基纤维复合材料（竹钢）1.1万吨，竹产业实现综合产值76.35亿元；花卉苗木种植面积1.9万亩，建温室1.3万平方米，鲜切花生产量2 346万支、盆栽植物48万盆、观赏苗木5 583万株、食药用花卉3 750公斤，花卉产业实现综合产值9.98亿元；林业生态旅游接待人数2 032万人次，实现收入80.8亿元，其中森林康养接待人数415.41万人次，实现收入16.9亿元。

【森林康养产业发展】 眉山市创建国家级生态康养品牌4个，分别是“全国森林康养标准化建设县”洪雅县、“全国森林康养基地标准化建设单位”七里坪、“中国森林康养人家”洪雅县雅女湖有机农庄、“全国森林康养基地试点建设单位”丹棱老峨山；创建省级森林康养基地4个、森林康养人家4家，市级森林康养基地6个、森林康养人家13家，评定一至四星级“森林人家”22家。6月，洪雅玉屏山森林康养基地被国家林业和草原局办公室、民政部办公厅、国家卫生健康委员会办公厅、国家中医药管理局办公室4个单位联合评定为第一批“国家森林康养基地”。全市森林康养综合收入16.9亿元，接待人数415.41万人次。

【林业有害生物防治】 眉山市主要林业有害生物发生面积11.48万亩（轻度9.06万亩，中度2.32万亩、重度0.1万亩），其中病害0.91万亩、虫害5.39万亩、鼠害5.18万亩；林业有害生物防治面积10.68万亩、防治率93.03%，无公害防治面积10.13万亩、无公害防治率94.82%。全市无突发林业有害生物发生、无成灾情况，成灾率为0。

【退耕还林工程实施】 眉山市林业局开展退耕还林Logo征集和退耕还林发展大讨论网络征文，征集东坡区、仁寿县、丹棱县、青神县8个退耕还林Logo设计方案和洪雅县、青神县2篇网络征文；开展2020年退耕还林实绩核查和退耕还林综合效益评价，完成眉山市退耕还林还草政策实施情况自查。全市巩固退耕还林117.46万亩，兑现补助资金1 774万元。

【林木采伐和林地管理】 眉山市林业局执行限额采伐，全市全年采伐林木蓄积39.99万立方米、面积2 6618.5亩，占年度限额指标49.6%；开展“国家、省、市、县”四级森林督查，对全市2 205个疑似变化林地图斑逐一现场核实；组织开展涉林问题清查整治，依法查处违法占用林地、滥伐林木等案件153起。

（欧　磊）

水产业
Aquaculture

【概况】 2020年，眉山市水产养殖面积21.43万亩，实现水产品总产量13.63万吨、比2019年同期增长2.8%；渔业经济总产值49.78亿元，其中渔业产值29.8亿元（包括鱼苗鱼种产值4.2亿元），比2019年同期增加2.21亿元，增长7.4%；生产优质鱼苗135亿尾，鱼种23 765吨；渔业人均助农增收118元，渔业经济发展和水产养殖科技水平继续保持全省领先地位。

【农村养殖水面经营权确权颁证】 眉山市市、县（区）两级养殖水域滩涂规划（2017—2030）编制完成并经市、县（区）政府发布实施；颁发养殖水域滩涂许可证（县级）49本，总面积2 580公顷；年检水产种苗生产许可证496户（本）。

【水产科技推广应用】 眉山市推广斑点叉尾鮰“江丰一号”、黄颡鱼“黄优一号”以及大口黑鲈“优鲈3号”等优质水产品种，推广现代渔业机械、养殖水体及养殖数据实时监控、智能设施渔业远程电脑控制系统等现代渔业管理创新成果；推广池塘“80：20”鲢鳙鱼套养、生物浮床种植（水稻、蔬菜、花卉）、水生植物栽培（狐尾藻、水葫芦、水花生等）、微生物制剂水质底质改良、渔业机械增氧以及水库放牧式养殖、稻鱼综合种养等健康养殖技术，开展水产科技健康养殖技术培训活动8期；试点开展工厂化循环水育苗、“高位池+净化池”循环水健康养殖、池塘流水槽生态循环、底部增氧和养殖尾水固液分离、池塘内循环水养殖、池塘纳米微孔底部增氧、池塘生物浮床鱼草（菜）共生、养殖用水池塘种藕以及生物藻类培育等，水产科技贡献率85%以上。

（王　飞）

农业机械化
Agricultural Mechanization

【概况】 2020年，眉山市新增农机总动力1.528万千瓦，修复改造提灌设备3 073台次37 406千瓦（其中新建和改造提灌站251座5 630千瓦），新增提水设备726台8 373千瓦；提水量24 735万方，提水保灌面积161.9万亩。

【农机化应用推进】 眉山市主要农作物机耕面积306.48万亩、机播（含机插秧）面积142.68万亩、机收面积202.16万亩，主要农作物耕种收综合机械化水平70%。

【农机购置补贴】 眉山市实施农机购置补贴资金737.83万元，受益户数1 004户，带动农民投入1 900万元，新增补贴机具1 609台（套）。

【农机智能化建设】 眉山市洪雅县实施省级农机装备示范区建设，投资60万元，通过安装卫星导航农机作业终端、对购置绿色高效农机装备补贴，提升农机智能化水平。

【提灌站建设】 眉山市东坡区、仁寿县实施标准化机电提灌站建设项目，投资60万元，新建和改造提灌站3座。

【农机安全管理】 眉山市农业农村局开展各种形式的农机宣传教育培训35次，发放安全宣传资料1万份，制作安全标语、展板等30个，发送安全提示短信1.8万条，培训操作人员1 156人次。全市无较大及以上农机安全生产事故。

（王　飞）

农田水利
Irrigation and Water Conservancy

【概况】 截至2020年底，眉山市建成水利工程24 153处，其中水库289座［大型水库1座、中型水库8座、小（1）型水库50座、小（2）型水库230座］、引水渠堰541条、山坪塘19 467处、石河堰1 458处、固定提灌工程2 398处。

【小型水库管理体制改革】 11月19日，东坡区通过水利部专家考核，被评为全省三个“全国第一批深化小型水库管理体制改革样板县”之一，省、市多家媒体深层次报道。眉山市小型水库“有钱管事、有人管事、按标准管事”的新格局基本形成，管理体制改革不断深化。

【农村水利】 眉山市农业水费实行财政

定额补助，全年实施农业水价综合改革面积90.82万亩，累计安装计量设施315套；投资1 824万元，整治完成小型病险水库15座；投资28 500.71万元，建设45个水美新村项目。6月1日，全市完成167.52万亩水稻栽插目标任务。

【农村供水】 眉山市累计建成供水工程188处，其中千吨万人以上农村集中供水站23处、千人至万人农村集中供水工程30处、小集中供水工程135处，形成乡村集中供水工程51.98万吨／日规模供水能力，解决268.3万人饮水不安全问题，实现从"饮水解困"向"饮水安全"的转变。截至年底，全市农村集中式供水受益人口比例91.32%、超出市级目标6.32%，自来水普及率88.6%。

（方 媛）

移民安置与扶持
Immigrant Resettlement and Support

【概况】 2020年，眉山市大中型水库库区和移民安置区涉及2区4县，有已建大中型水库10座、已建中型电站12座，移民分布全市6个区（县）79个乡镇2 268个村民小组，其中三峡、瀑电外迁移民涉及全市6个区（县）41个乡镇98个安置点；有在建水利水电工程5座（东坡区汤坝航电工程、东坡区穆家沟水库、青神县虎渡溪航电工程、青神县复兴水库扩容工程、仁寿县喜鹊寺水库）。全市有农村移民人数59 356人，其中瀑电移民3 184人、三峡移民866人，涉及直发直补人数39 552人，项目扶持人数19 804人。

【移民后期扶持】 眉山市农业农村局做好移民后扶人口动态管理，实行一人一卡，按月（季）到账，足额兑现全市39 552人移民后扶直发直补资金3 681万元，无截留挪用、错领冒领现象；投资移民后期扶持项目资金8 478万元，扶持农村移民59 285人，改善移民群众生产生活条件，促进移民安置区经济社会发展；围绕打好水库移民和巩固拓展脱贫攻坚成果同乡村振兴有效衔接"组合拳"，因时因势精准发力，推动移民美丽新村建设，促进移民产业升级发展、提升基础设施水平，激发移民户增收致富，促进库区和移民安置区经济发展。

【重点工程建设】 眉山市农业农村局按照程序不减、时间缩短要求，并联作业、交叉运行，推进重点工程移民。穆家沟水库移民安置完成蓄水阶段市县两级自初验合并验收，准备申请省政府组织开展终验；喜鹊寺水库完成实物指标调查细则和工作方案审查，向省政府申报停建通告；汤坝航电、虎渡溪航电及复兴水库扩建工程实施阶段建设征地及移民安置有序推进。

【信访维稳】 眉山市农业农村局按照"党政同责、一岗双责"的要求履行职责，妥善办理来信47件、来访11批53人次、网上信访4件、上级交办信访案件7件；分析研判农业农村系统稳定形势和稳定风险，妥善化解、积极应对和认真整改潜在的稳定隐患2起和安全隐患117处；履行安全生产监管职能，督促区县和市农业农村局安委会成员单位实施清单制管理，抓好责任分解和落实，实现全市移民总体稳定。

（王 飞）

现代农业园区
Modern Agricultural Parks

【概况】 2020年，眉山市农业农村局编制全市现代农业园区发展规划，计划培育现代农业园区50个，覆盖全市68%乡镇；突出抓好东坡区水产种业现代农业园区、洪雅县牛种业现代农业园区、仁寿县粮油现代农业园区培育和彭山区葡萄现代农业园区、青神县椪柑现代农业园区提质晋星，培育市级现代农业园区5个，新创建省星级现代农业园区1个。眉山市委、市政府组织召开现代农业园区建设现场会，到南充、广元等地实地考察现代农业园区建设经验。眉山市现代农业园区建设经验在全省食品加工产业发展现场会和全省现代农业园区建设现场会上作经验交流，第十二届中国农业园区研讨会在眉山市东坡区召开。3月5日，眉山岷江现代农业示范园区管理委员会挂牌市农业农村局。5月、8月，东坡区和彭山区分别成立中共眉山市东坡区岷江现代农业示范园区工作委员会、中共眉山市彭山区岷江现代农业示范园区工作委员会。

【东坡区岷江现代农业示范园区建设】 东坡区岷江现代农业示范园区引进日本越光、泰国茉莉香、黑龙江稻花香2号等95个优质新品种开展试验示范，筛选适合眉山种植的优质新品种7个，水稻平均亩产688公斤，较2019年每亩增产27公斤；引进国内外领先的化肥和农药减量增效技术开展减量20%～50%大田试验，安装螟虫性诱装置8 000套、太阳能紫外线杀虫灯10台，无人机统防统治率超90%，实现园区水稻病虫害绿色防控率80%，是全区平均水平2倍；注册自有商标3个，推出粮、油、酒等产品10种，

图48 岷江现代农业园区 （市农业农村局供图）

并在仁寿、青神、洪雅建立分社，累计流转土地面积4.1万亩；连续第5年开展以优质、高产、高效为目标的水稻生产竞赛活动，带动全区实现水稻优质化率95%以上，优质稻发展经验在全省推广。园区全年各类项目投资资金4 350万元，农产品总产值1.79亿元，在CCTV-7、新华网、《人民日报》等媒体宣传报道11次，“好味稻”专业合作社入选农业农村部全国110个“国家农业科技示范展示基地”且在《农民日报》评选的“2020年农民合作社500强”中排名第10（全省第一）。

【彭山区岷江现代农业示范园区建设】 彭山区岷江现代农业示范园区依托设施葡萄、晚熟柑橘、水稻制种等优势主导产业，规划葡萄、柑橘、稻药等6个现代农业园区，撬动社会投资1.9亿元；开展农村土地经营权和农民房屋财产权“两权”抵押融资改革，推出“产权+设施”“产权+机具”“产权+订单”等贷款产品16个；与四川农业大学、省农科院等高校及科研院所建立校地合作，建设专家大院1个，推广葡萄厢垄微耕机运用、水肥一体灌溉等实用技术15项，科技推广运用率100%；年产5万吨有机肥的臻润农业公司投产。园区先后获得国家农业产业化示范基地、全国农村创业创新园区、省四星级现代农业园区等称号。6月，观音街道果园村作为全国分会场，承办中宣部“走向我们的小康生活”大型采访报道活动，全省唯一，并获评“亿元村”。电子科大硕士毕业生刘沈厅作为园区新型职业农民代表，登上央视新闻联播。

【金眉现代农业园区建设】 金眉现代农业园区全年投入眉山援建资金1 100万元，实施雪梨文化长廊、智能温棚、基础设施提升3个建设项目，园区基础设施不断完善，规模化、特色化、标准化产业基地基本形成。3月，园区纳入2020年省级现代农业园区培育名单。4月，园区企业在眉山岷江现代农业园区引进高端技术管理人才1名。5月，园区创建阿坝州州级现代农业园区。12月，园区通过四川省级现代农业园区专家考核组现场考评。

（王 飞）

黑龙滩灌区
Heilong Beach Irrigation Area

【概况】 2020年，四川省都江堰黑龙滩灌区管理处内设中层机构24个，即行政办公室、劳动人事科、计划财务科、工程管理科、供水经营科、综合执法科、水政渔政科、发展与经营管理科、内部审计科、勘测设计室、黑龙滩水库地方海事所、黑龙滩水库管理站、李家沟水库管理站、渠首渠道管理站、东干渠渠道管理第一站、东干渠渠道管理第二站、东干渠渠道管理第三站、南干渠渠道管理第一站、南干渠渠道管理第二站、南干渠渠道管理第三站、南干渠渠道管理第四站、南干渠渠道管理第五站、龙正渠道管理站、付加干渠渠道管理站；年末有职工638人，其中在职职工285人、退休职工310人、临聘人员43人。

四川省都江堰黑龙滩灌区管理处处长：肖伟胜。

【春灌用水】 黑龙滩灌区管理处结合灌区水利实际，严格水资源管理制度，有效化解供需矛盾；成立由处领导、仁寿县分管农业的副县长组成的春灌用水指挥部，研究部署春灌工作，同时与仁寿县气象局合作，掌握降水信息；狠抓蓄保水，减少放塘捕鱼、挖藕等弃水性生产，错开用水高峰，缓解用水矛盾；向水利厅、农水局、都管局等上级单位汇报，并协调东风渠管理处，争取最大输水支持；将各管理站春灌用水量纳入考核，奖惩落实，调动干部职工积极性，确保灌区工程安全、人民群众生命财产安全和灌区适时满栽全种。黑龙滩灌区春灌用水于3月11日开闸，5月31日关闸，共用毛水量12 240万立方米，完成泡田栽秧43.19万亩，占计划的100%，实现灌区满栽全种，实现春灌少水量、无水毁、无纠纷，促进灌区和谐稳定；按水利厅部署，向井研大佛水库输水3 595万立方米；加强城市生产生活用水保障，城镇生产生活年供水10 043万立方米。

【项目建设】 黑龙滩灌区管理处争取续建配套与节水改造项目富加分干渠36.68公里、龙正支渠21公里、松林支渠21公里渠系及建筑物整治工程，总投资8 945万元；争取省级维修养护项目资金580万元、眉山市级水毁修护资金200万元、县级项目奖补资金953万元、禾加分干渠山体垮塌修护应急抢险资金220万元；配合四川省都江堰设计院完成黑龙滩现代化灌区的实施方案编制，总投资80亿元；配合四川省都江堰设计院完成黑龙滩灌区“十四五”规划方案编制，包括东、南总干渠及4条支渠（花房支渠、玉龙支渠、向加支渠、凤陵支渠），总投资1亿元；按照《水库大坝安全鉴定办法》《水库大坝安全评价导则》（SL258-2017）要求，对黑龙滩水库、李家沟水库大坝全面安全鉴定和科学评价，完成黑龙滩水库、李家沟水库安全鉴定并出具安全报告。

【水源保护】 黑龙滩灌区管理处做好河（湖）长制工作，调整工作领导小组，修改完善灌区水系河湖管理、检查及考核制度和办法，制定科学翔实的实施方案；加强与灌区地方政府沟通，建立协调协作机制；按水利厅要求，协助岷江、沱江流域河长制联络员单位推进河（湖）长制工作；开展灌区巡河、排污口排污情况及执法检查；加强对库区水面漂浮物和堤岸垃圾打捞清运公司的监管，确保水面漂浮物及库岸垃圾及时规范处理，年打捞及处置东风渠来水漂浮物及水面漂污物和清除岛屿、消落带垃圾1 146吨，打捞动物漂尸437只，杨柳渔场打捞青萍10吨；利用节假日、“世界水日”、“中国水周”等时间节点和日常巡湖检查加强水法规及水质保护宣传，在库区张贴、悬挂宣传水质保护标语标牌40处，利用高音喇叭水路、陆路宣传水质保护60次；定期或不定期检查库区排污情况，发现问题及时处理，特别是在重大节日期间，组织专人巡查库区、取水口，确保供水安全；在引水渠、眉山取水口、民生隧洞取水口等重要位置设置饮用水源地保护宣传牌6个，并对社会各界公布举报电话。黑龙滩水库水质常年保持国家地表水饮用水均值Ⅱ类标准，眉山和仁寿取水口达到Ⅰ类水质标准。

【灌区安全及度汛】 黑龙滩灌区管理处成立黑龙滩灌区防汛指挥领导小组，召开防汛工作会议，签订防汛责任书，落实防汛责任制，落实抢险队伍、物资；做好灌区汛前防汛检查，消除影响安全度汛的病害和隐患，并将黑龙滩灌区汛前防汛检查情况报送都管局、市人民政府防汛抗旱指挥部；加强防汛值班，及时调度，水调中心坚持24小时工作制度，严格执行调水指令，做到无漏无缺无误，确保仁寿城区及灌区的安全度汛。黑龙滩灌区管理处完成黑龙滩水库、李家沟水库、东南总干渠城区段以及灌区安全度汛任务。

（余 涛）

通济堰灌区
Tongji Weir Irrigation Area

【概况】 2020年，四川省通济堰管理处实现农业水费收入483.9万元、环境生态供水收入817.48万元、工业水费收入178.42万元、水政维权收入150万元，市财政补助590万元；9月实现灌区农业水费由财政转移支付，年增收25万元。

四川省通济堰管理处处长：倪修武。

【供水与灌溉】 通济堰管理处在实现节约用水和实行水资源管理后，加大引进水量控制，编制《通济堰灌区2020年配水计划》，并报经眉山市水利局批准。通济堰灌区全年引进水量10.14亿立方米、比2019年同期下降9%，其中农业2.28亿立方米、工业0.06亿立方米、河道内生态补水7.4亿立方米、河道外生态补水0.4亿立方米；比计划提前15天完成春灌任务，实现44.14万亩水稻的满栽满插。

【灌区工程建设】 通济堰管理处编制完成《通济堰灌区续建配套与现代化改造实施方案》，6月初通过水利厅初评，待水利部审批；完成2017—2018年续建配套与节水改造工程竣工审计，完成2018年量测水工程安装调试；完成划界确权图纸修订，重新标注界桩、里程桩号；争取维修维修养护资金和水毁资金400万元，整治新津拦河坝、范盆堰拦河坝、青岗堰节制闸下游渠段、江渔堤节制闸下游渠段等水毁工程；依照国家工程建设的招投标程序和规定，监督管理全部工程建设。

【灌区水质管理】 通济堰管理处坚持工程巡查制、污染源调查制、“四张清单”制，灌区水质总磷、氨氮同比分别由0.224毫克／升和0.48毫克／升下降到0.218毫克／升和0.34毫克／升，同比分别下降6.5%和29%，水质长期稳定在Ⅳ类，全年4个月达到Ⅲ类。

（岳 蕾）

工信产业

INDUSTRY AND INFORMATION INDUSTRY

工业经济运行 / 工业结构调整 / 工业产业发展 / 工业项目建设 / 工业企业发展
电网建设与电力供应 / 信息化建设与管理 / 无线电管理 / 电信通信 / 移动通信
联通通信 / 铁塔通信 / 眉山高新区 / 甘眉工业园区

工业经济运行
Industrial Economy Operation

【概况】 2020年,眉山市经信系统统筹推进疫情防控和工业经济发展,加强物资保供能力,保障重点防控物资生产企业正常运转,保障疫情防控需要。全市在抓疫情防控的同时,有序有力组织复工复产,推动工业经济平稳发展。全市实现规模以上工业增加值同比增长4.9%,居全省第11位,高于全省平均水平0.4个百分点;完成工业投资344.1亿元,同比增长10.3%,总量居全省第9位;完成技术改造投资104亿元,同比增长12.4%,总量和增速均分别居全省第13位、第12位;实现工业入库税金32.5亿元,同比增长14%;工业用电量92.7亿千瓦时,同比增长6.3%。

【"工业强市"战略实施】 眉山市坚持工业挑大梁、制造业扛大旗,着力推动先进制造业强市建设;坚持"稳中求进"总基调,围绕"开放发展攻坚年"主题,按照"精准施策、精细管理、精确量化"要求,以抓推进规上工业壮大、传统产业转型、新兴动能培育为重点,以加快"3+3"产业培育和推进成眉工业同城发展为抓手,加快构建现代产业体系,推动工业实现高质量发展。眉山市全方位融入全省"5+1"产业发展,精准培育"3+3"产业;全方位对接成都,深入推进工业同城;全方位补齐短板,推动工业提质增效;全方位服务项目,促进落地投产增效;全方位开拓市场,多措并举激发活力。

【"眉山智造"行动计划实施】 眉山市在全市开展市级智能制造示范单位评价,涵盖离散型、流程型、网络协同、大规模个性化定制、远程运维服务等智能制造模式建设和创建,创建智能制造示范单位12户;通过示范引领,有100户企业实施、储备智能化改造提升项目,累计认定6户省级装备首台套(新材料首批次)企业;开展"两化融合"贯标、企业上云等,青城机械、新都化工等10户企业认定为省级"两化融合"贯标试点企业,全市"两化融合"管理体系贯标试点企业32户;创建省级信息消费体验中心4个,数量居全省第一;创建绿色制造体系示范单位,累计培育市级绿色工厂示范企业22个、省级绿色工厂25个、国家级绿色工厂(产品)10个。

【工业经济高质量发展政策落实】 眉山市委、市政府出台《关于推动制造业高质量发展的实施意见》,着力推动制造业质量变革、效率变革和动力变革,打造在西部有重要影响力的先进制造强市。全市经信系统落实《眉山市推进经济高质量发展若干政策》,在企业培育、能源要素、技术改造、技术创新、标准制定、"两化融合"等方面激励,全年兑现眉山市推进经济高质量发展若干政策6 996万元,涉及项目98个。

【工业企业信贷风险补偿贷款】 眉山市经济和信息化局支持企业使用应急和风险基金,化解信贷风险;扩大政策惠企范围,向市政府推荐应急周转资金及风险补偿基金白名单企业599户,全年应急转贷为18户企业办理22笔转贷业务、转贷总额4.879亿元,风险补偿贷款为16户企业办理19笔贷款业务、贷款总额9 820万元。

【工业园区建设】 眉山市委、市政府出台《关于推动工业园区高质量发展的实施意见》,着力构建"一带一核三区"(沿眉山天府新区、眉山东部新城环线,打造最具活力的高新技术产业带;协同眉山高新区、甘眉园区、彭山经开区、仁寿经开区,支持眉山高新区创建成为国家级高新区,甘眉园区创建成为国家级经开区,支持仁寿经开区、彭山经开区创建省级高新区,打造先进制造业极核;以青神经开区、洪雅经开区、丹棱经开区为载体,打造特色优势产业集中发展区)工业发展新格局。全市有8个重点工业园区(眉山天府新区、眉山高新区、甘眉工业园区、彭山经济开发区、仁寿经济开发区、洪雅经济开发区、丹棱经济开发区、青神经济开发区),有省级以上工业开发区(高新区)7个;建成400亿元园区1个、200亿元园区2个、100亿元园区1个。截至年底,8个园区规划面积265平方公里,建成面积51.79平方公里,实现规上工业营业收入1 360亿元;工业投资241.9亿元、占全市比重70%,技术改造投资53.75亿元、占全市比重51.68%。

【工业上市公司发展】 眉山市抢抓新《证券法》实施和注册制实行,取消"企业利润""净资产"等限制后债券发行门槛降低、发行规模扩大的历史机遇,梳理中央、省关于疫情防控的支持政策,加强债券发行的工作指引,邀请上交所、深交所和头部券商专家开展培训2次;优选10家企业进入省上市后备资源库包装,推动企业挂牌上市,已有3家企业完成挂牌,吉香居、幺麻子2家公司上市资料报省证监局辅导备案;坚持"跑部进京到省",对接发改、证监、人行和证券交易所等单位,做好汇报沟通,打通债券审批关键环节;鼓励国有公司多渠道引入承销机构,推进债券发行认购,不断降低发行成本。全市实现直接融资124亿元,全省第一,其中发行债券11笔,融集资金81.2亿元,同比增长180%,增速全省第一,平均综合成本比2019年降低1

眉山市省级以上工业企业开发区(高新区)情况表

表12

序号	园区名称	备注
1	眉山高新技术产业园区	含金象化工产业园区、眉山"中国泡菜城"、眉山经济开发区新区3个园区
2	甘孜—眉山工业园区	含甘眉工业园区南区
3	四川彭山经济开发区	
4	四川仁寿经济开发区	文林、富加、汪洋
5	四川洪雅经济开发区	
6	四川丹棱经济开发区	
7	四川青神经济开发区	

个百分点左右，每年节约资金约8 000万元。

【规模以上工业企业发展】 眉山市规模以上工业企业总数631户，其中净增规模以上工业企业35户。631户规模以上工业企业实现营业收入1 633.4亿元、同比增长6.2%，其中亿元以上企业335户、10亿～20亿元以上企业15户、20～50亿元以上企业5户、50亿元以上2户。

【国家级绿色工厂和产品认证】 截至年底，眉山市吉香居食品、金象赛瑞化工、环龙新材料等7户企业获得国家级绿色工厂认证，数量位居全省第3；环龙新材料"斑布BASE系列卫生卷纸"、四川金象赛瑞化工股份有限公司11种复合肥、四川天府江东科技有限公司层绞式通信用室外光缆3个产品获得国家级绿色产品认证，数量位居全省第3。

【成都工业供需平台接入】 眉山市为满足疫情防控期间企业供需匹配，促进上下游合作，完善产业生态，率先与成都市共同打造工业政企互通供需对接平台，并于2月18日起正式上线。平台包括产业链协作配套、原材料保障、关键环节（技术）创新攻关、金融服务、能源保障、交通物流保障、人力资源服务、信息化智能化保障八个方面，全市有100户企业在平台上开展对接活动。

【工业产业对接合作】 7月，成眉两地经信部门在眉山共同举办成眉同城制造业深化合作"1＋6"对接活动，近800人参加，签署合作协议45个。眉山市经信局邀请龙泉驿区经信局到眉山举办眉山市、成都市龙泉驿区产业协作推介会，签署合作协议3个，两地21户企业开展对接。眉山市启动成德眉资名优产品申报认定，有48家企业申报；邀请远东租赁成都公司、成都中小企业担保公司等成都金融机构到眉山开展银企对接；开展成渝产业对接，与重庆南川区、渝北区、长寿区、大足区交流互访8次，举办对接活动2次，签订协议6个，围绕食品及农产品加工、铝产业、电子信息、汽车产业、智库搭建等开展深度合作。

（沈财军）

工业结构调整
Industrial Structure Adjustment

【概况】 2020年，眉山市将全市"3＋3"产业纳入全省"5＋1"现代产业规划体系，融入全省发展大格局；优化产业布局，对标全省"5＋1"现代产业体系，按照《眉山市电子信息产业发展规划（2019—2025）》等6个产业发展规划，推进成眉产业错位发展、差异化发展；推进产业发展，每个产业确定1位市领导联系，制发《"3135"产业发展2020年行动计划》，细化目标，有力有序推动产业发展；加强服务体系建设，启动制定重点领域"五图七单"，分产业召开推介会，指导六个行业协会开展对外交流合作，推动企业抱团发展。

【工业投资】 眉山市完成工业投资344.1亿元，同比增长10.3%，总量居全省第9位；完成技术改造投资104亿元，同比增长12.4%，总量和增速均分别居全省第13位、第12位。

【工业技术创新】 眉山市持续实施重点企业研发（R＆D）活动全覆盖行动，开展第四批市级企业技术中心认定，培育企业技术中心，提升企业技术创新能力。全市全年培育市级企业技术中心15户、省级企业技术中心7户、省级技术创新示范企业3户，截至年底有市级及以上企业技术中心83户（其中省级38户、国家级1户）、省级及以上技术创新示范企业10户（其中国家级1户）。

【工业落后和过剩产能淘汰】 眉山市淘汰落后办按照省年度淘汰落后工作要求，印发《眉山市2020年度推动落后产能退出工作方案》，明确2020年度重点任务；在全市范围内排查不符合产业政策及环保、安全、质量等标准的落后产能，制定年度淘汰落后计划，计划涉及4户企业，完成淘汰任务，淘汰人造革产能300万米、复合瓦60万平方米、煤气发生炉1套、水泥产能20万吨。

（沈财军）

工业产业发展
Industrial Development

【概况】 2020年，眉山市"3＋3"产业有规上工业企业522户，实现营业年收入1 460.5亿元，其中电子信息产业规上企业37户，实现营业收入162.5亿元；新能源新材料产业规上企业125户，实现营业收入435.2亿元；农产品及食品加工产业规上企业173户，实现营业收入423.5亿元；机械及高端装备制造产业规上企业93户，实现营业收入212.1亿元；绿色化工产业规上企业75户，实现营业收入163.9亿元；医药产业规上企业19户，实现营业收入63.3亿元。

【现代工业产业体系构建】 眉山市围绕全省构建"一干多支、五区协同"区域发展新格局要求，主动融入全省"5＋1"现代产业体系，把特色优势产业和战略性新兴产业作为主攻方向；围绕"开放发展攻坚年"主题，突出抓重大工业项目、抓传统产业转型、抓特色产业培育，加快推动工业经济质量变革、效率变革、动力变革，着力打造"3＋3"现代产业集群。

【工业主导产业集群壮大】 眉山市传统产业不断优化升级、特色产业不断培育壮大，产业布局不断调整优化、发展质量不断提升。新能源新材料产业形成四川重要的太阳能光伏产业集群和以铝制品深加工为主的金属新材料产业集群；农产品及食品加工产业以泡菜和调味品为核心，形成具有全国影响力的"东坡味道"区域品牌和产业集群，其中泡菜产业总产值超过200亿元，接近全国泡菜产业总产值50%；电子信息产业依托眉山天府新区、仁寿经开区、眉山大数据产业园等重点载体和项目，已初具规模并呈现高速发展态势；生物医药产业依托"西部药谷产业园"聚集一批明星企业，成为四川省重要的医药产业集群之一；绿色化工产业形成全球最大的三聚氰胺、硝基复合肥以及全国最大的丙烯酸酯橡胶研发与生产基地。在机械及高端装备制造产业领域，眉山的紧固件以及电器压缩机产品全国领先。

【机械及高端装备制造产业发展】 眉山市形成以中车眉山、中车制动为代表的轨道交通装备产业，以德恩精工、中车紧固件为代表的通用传动件产业，以格力电工、中车丹齿为代表的机械加工产业，以青城机械、德鑫航空、恒重清洁能源为代表的高端成套装备产业；拥有全球最大的传动件配件生产基地、世界第二全国最大的紧固件生产基地（中车紧固件2020年被认定为国家单项冠军示范企业）、全国最大的小型压缩机生产基地、全国最大的木工机床生产基地、全国重要的基础零部件生产和加工基地、国内轨道交通设备生产重要基地；产业主要集中在甘眉工业园区南区、青神经济开发区、丹棱经济开发区、洪雅经济开发区等区域。全市机械及高端装备制造产业规上企业93户，实现营业收入212.1亿元。

【电子信息产业发展】 眉山市形成以信利（仁寿）、阿格瑞新材料为代表的新型显示产业，以天府江东科技、莱福德科技、欣蓝光电、飞普科技等为代表的半导体电子元器件产业，以华为大数据中心、软通动力、联想新视界等为代表的大数据产业；业主要集中眉山天府新区、仁寿经济开发区、洪雅经济开发区、岷东新区等区域。全市电子信息产业规上企业37户，实现营业收入162.5亿元。

【新能源新材料产业发展】 眉山市形成以启明星铝业、川铝铝业、亚洲铝业为代表的先进金属材料产业，以陶氏化学、金象集团、方大蓉光炭素为代表的化工新材料产业，以通威太阳能、凯盛光伏新材料、能投鼎盛锂业、宏瑞得科技为代表的新能源产业；拥有全球最大规模三聚氰胺生产基地（金象赛瑞2019年被认定为国家单项冠军产品）、省内最集中铝及铝合金生产基地、国内最大OLED新材料生产基地（阿格瑞是中国大陆自主知识产权量产材料龙头供应商）、省内重要光伏材料生产基地、西南最大微电子材料集聚区（占比40%以上）；产业主要集中在眉山高新区、甘眉工业园区、彭山经济开发区、丹棱经济开发区等区域。全市新能源新材料规上企业125户，实现营业收入435.2亿元。

【绿色化工产业发展】 眉山市形成以联合利华、广州立白为代表的日化产业集群，以金象集团为引领的天然气化工产业集群，以青衣江元明粉、同庆南风为代表的精细化工产业集群；拥有全国最大的硝基复合肥生产基地、全球最大的钙芒硝生产基地、中西部地区最大的磺酸生产基地、西部最大的洗化专用粒子生产基地；产业主要集中在眉山高新区（原金象化工园区）、青神经济开发区等区域。全市绿色化工产业规上企业75户，实现营业收入163.9亿元。

【医药产业发展】 眉山市形成以国为制药、科伦药业为代表的化学制药产业，以德峰药业、森科制药、彩虹制药、瓦屋山药业为代表的现代中药产业，以格林泰科、新渔现代为龙头的医药配套产业；拥有复方黄连素片、盐酸莫西沙星等21个销售千万以上单品种和“儿肤康搽剂”“参柴胶囊”等18个全国独家品种；产业主要集中在眉山高新区（西部药谷）、洪雅经济开发区等区域。全市医药产业规上企业19户，实现营业收入63.3亿元。

【农产品及食品加工产业发展】 眉山市形成以千禾味业、李记酱菜、吉香居为代表的泡菜调味品加工产业，以今麦郎、蒙牛乳业为代表的饮料食品产业，以金利纺织制品、环龙科技竹制品为代表的特色农副产品加工产业；产业主要集中在眉山高新区（中国泡菜城）、青神经济开发区、洪雅经济开发区、仁寿经济开发区等区域。眉山“中国泡菜城”是全国第一、全省唯一的国家现代农业产业园，“东坡泡菜”连续三年登上“中国品牌价值评价信息发布”百强榜，品牌价值113亿元。环龙新材料是全国最大的竹本色纸生产基地，千禾“零添加”酱油、吉香居红油泡菜、幺麻子藤椒油等特色产品市场占有率全国第一。全市农产品及食品加工产业规上企业173户，实现营业收入423.5亿元。

【战略性新兴产业发展】 眉山市深入推进“3＋3”产业发展，提升产业发展能级，构建“3＋3”现代工业体系，将电子信息、新能源新材料、高端装备制造、生物医药四大战略性新兴产业作为重点产业推进，制定年度行动计划，明确推进目标和工作重点。全市战略性新兴产业全年实现营业收入441亿元。

【工业要素保障服务】 眉山市全年争取国家级、省级项目资金2.65亿元，信利（仁寿）高端显示科技有限公司第5代TFT-LCD高端显示器项目、通威太阳能（眉山）有限公司年产7.5GW高效晶硅太阳能电池国产智能装备（系统）运用项目、万华化学（四川）有限公司年产25万吨高性能改性树脂项目（一期4万吨改性聚丙烯树脂＋2万吨改性PP）分别获省级工业发展资金1 000万元支持；继《建设天然气高效利用示范园区战略合作协议》后，再次与中石油西南油气田公司签订深化合作系列协议，以实现天然气产量就地转化，高效合理利用天然气资源；在全省率先开展“清单制”服务，经验全省推广；以“一帮一、多帮一”等多元化融资方式为企业解决实际需求，走访对接907户企业，定制方案233家，新增户数209家，新增贷款17.44亿元，新增首贷企业33户；帮助900户企业获得各金融机构信贷支持220亿元，全市银行机构为企业降低融资成本减少利息3 406万元，申请贷款贴息22.22万元；组合用好留存电、直购电、富余电政策，600户企业参与省电力市场化交易，节约企业用电成本14亿元。

（沈财军）

工业项目建设
Industrial Project Construction

【概况】 2020年，眉山市经信系统深入贯彻省委、省政府“先进制造强省”战略，落实市委、市政府“开放发展攻坚年”决策部署，坚持以项目建设为总抓手，持续推动产业结构调整和转型升级，为推进全市工业经济高质量发展提供项目支撑。

【国家先进制造基地项目申报】 眉山市与成都、绵阳联合申报具有地域唯一性的国家先进制造基地（新型显示）项目，推动“3＋3”产业融入成都产业生态圈。

【工业项目招引】 眉山市经信系统干部

40人次先后到烟台、佛山、重庆等13个省市考察对接10次，参与宝能、西飞等重大项目招引和洽谈，推动投资400亿元的万华化学西南基地项目、投资20亿元的宝能集团PC构件产业园项目、投资30亿元的深圳科沃先进金属材料产业创新科技园项目等高端项目签约实施。全市全年新签约工业项目98个，合同金额1 011亿元。

【工业项目投资】 眉山市实施投资千万元以上重点工业项目260个，其中投资亿元以上工业项目157个、投资10亿元以上工业项目19个、投资20亿元以上工业项目8个。

【万华化学产业园项目建设】 万华化学产业园项目位于眉山高新区，由万华化学集团股份有限公司投资打造，是万华化学继烟台、宁波、珠海、匈牙利之后的全球第五个化工新材料生产基地。项目一期总投资13.6亿元，占地面积580亩，主要建设包括10万吨/年改性聚丙烯树脂、10万吨/年水性树脂、5万吨/年改性PC生产线等。项目一期部分建成投产，全部达产后年营业收入34亿元，年税收1.5亿元。项目二期总投资44亿元，占地面积4 000亩，主要建设高性能树脂和水性涂料、生物发酵及可降解塑料、锂电池材料、维生素及营养化学品四大产业链11个子项目，可降解塑料、乙炔、锂电池正极材料等工业项目已开工建设。

【通威晶硅产业园项目建设】 通威晶硅产业园项目位于甘眉工业园区，由中国500强企业通威集团投资建设，总投资120亿元，建成将优化全省光伏产业布局，形成成都—眉山—乐山光伏产业带。项目一期建设7.5吉瓦高效晶硅电池项目，二、三期逐步建成光伏产业生产线及相关生产设施、配套设施。项目一期总投资25亿元，占地面积650亩，于2019年3月27日启动建设，2020年4月21日建成投产，2020年实现产量2 179兆瓦，产值18亿元，利税2.3亿元。项目二期总投资24亿元，占地面积480亩，“年产7.5吉瓦高效晶硅太阳能电池智能工厂项目”于2020年3月启动建设。

（沈财军）

工业企业发展

Industrial Enterprises Development

【概况】 2020年，眉山市规上工业企业总数631户，其中亿元以上企业335户、10亿元以上企业22户、20亿元以上企业7户、50亿元以上企业2户。631户规模以上工业企业实现营业收入1 633.4亿元，同比增长6.2%。

【规模以上工业企业培育】 眉山市新入规工业企业71户，净增规上工业企业35户，规上企业总户数631户。

【国省专精特新“小巨人”企业培育】 眉山市培育龙蟒福生、中车制动2户国家级专精特新“小巨人”企业，培育省级专精特新中小企业44户。

【国家级单项冠军示范企业培育】 眉山市培育1户国家级单项冠军示范企业，即眉山中车紧固件科技有限公司。

【国家级绿色工厂培育】 截至年底，眉山市吉香居食品、金象赛瑞化工、环龙新材料等7户企业获得国家级绿色工厂认证，数量位居全省第3。

【四川国为制药有限公司】 四川国为制药有限公司是成都国为生物医药有限公司于2011年5月全资成立的药品研发和生产基地，注册资金5 000万元，占地面积170亩（建成面积60亩），是国家高新技术企业、中国化学制药行业创新型优秀企业品牌、中国制药行业企业信用评级AA级、四川省行业发展小巨人、四川企业技术创新发展能力100强、四川企业技术创新研发经费20强、四川企业发明专利拥有量100强、四川企业技术创新发展最具潜力20强。

公司已形成年产化药近10吨、口服固体制剂1亿片/粒、软胶囊5亿粒和高纯度深海鱼油300吨以上的生产能力，主导产品包括盐酸莫西沙星、盐酸莫西沙星片、琥珀酸索利那新片、度他雄胺软胶囊和欧淬恩鱼油软胶囊，其中盐酸莫西沙星系国内第二家通过一致性评价，琥珀酸索利那新片、度他雄胺系国内首家通过一致性评价，欧淬恩牌鱼油软胶囊是市场上欧米加-3酸乙酯含量最高的鱼油保健品。2020年，公司总投资1.53亿元的生产基地二期第Ⅰ阶段建设工程项目在做前期筹备，完成环评批复、建设用地规划许可证等手续和施工图纸设计，计划于2021年4月开工建设。公司全年实现产值6.92亿元，缴纳税金4 187万元。

【四川森科制药有限公司】 四川森科制药有限公司位于眉山经济开发区新区（西部药谷）香樟路6号，占地面积115亩，其中生产厂房面积24 768.06平方米，拥有科研仪器设备近150台（套）。公司是一家以生产中西成药为主，集研发、生产、销售于一体的现代化高科技制药企业，前身为始建于1976年的成都第八制药厂，有多年技术产品沉淀，是眉山市五十户重点工业企业之一、

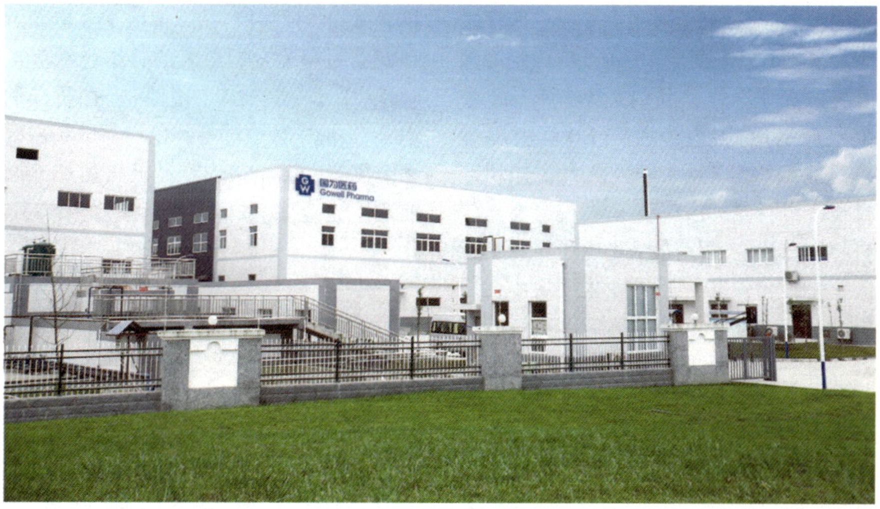

图49 四川国为制药有限公司 （市经信局供图）

图 50　四川森科制药有限公司　（市经信局供图）

图 51　四川省惠通食业有限责任公司　（市经信局供图）

国家高新技术企业、四川省名优企业、四川省企业技术中心。近 5 年，公司获得研发成果 22 项，获得国家发明专利 3 项，实现 14 种产品成果转化，是全国唯一纯中药国药准字号儿童专用外用制剂企业（儿肤康搽剂）、全国第一个儿童专用盐酸氨溴索的颗粒剂型企业、全国纯中药抗肿瘤独家剂型企业（夏枯草片）。公司通过省食药监行政主管管理部门审核，核发以四川森科制药有限公司为主体资格的药品生产许可证及 GMP 证书等药品上市许可的必备证书；有 92 个药品生产批准文号，产品线覆盖儿科、妇科、泌尿科等。2020 年，公司主营业务收入 16 976 万元，利润总额 1 194 万元，缴税总额 1 215 万元，研发投入 605 万元。

【四川省惠通食业有限责任公司】　四川省惠通食业有限责任公司位于眉山“中国泡菜城”，占地面积 160 亩，解决就业 500 人，是以生产东坡泡菜为主的农业产业化省级重点龙头企业。2015 年末，公司与上市公司“重庆市涪陵榨菜集团”战略重组，双方资源共享、优势互补，致力于打造中国佐餐开味菜行业的绝对领导者。公司是行业中首家将泡菜直接出口日本的企业，产品已覆盖全国各大中城市、各大商场超市并出口日本、韩国、欧美、澳洲等 40 多个国家和地区；在行业中率先通过 ISO 9001 质量管理体系认证、HACCP 食品安全管理体系认证，先后获得中国驰名商标、四川省非物质文化遗产保护单位、四川名牌、四川老字号、四川泡菜十强企业等称号。2020 年，公司实现营业收入 6.67 亿元，上缴税金 5 366 万元。

【柯美特建材集团股份有限公司】　柯美特建材集团股份有限公司创立于 2006 年，是西南地区大型塑料门窗型材生产企业之一。集团公司下设四川柯美特建材有限公司、四川柯美特铝业有限公司、四川柯美特管业有限公司、四川柯美特门窗技术有限公司、安徽柯美特建材有限公司等，占地面积 445 亩，职工 500 多人，主要产品为多色异型材、铝型材、化学管道、高端系统门窗。公司拥有国家专利专有技术 24 项，其中发明专利 1 项、实用新型专利 23 项；建成“省级企业技术中心”，2016 年在全国中小企业股转系统成功挂牌新三板，是丹棱县首家 5 亿元企业，也是丹棱县规模最大的企业，先后获得国家级高新技术企业、眉山市政府质量奖、眉山市优秀民营企业、眉山市促进就业先进企业等称号，柯美特品牌被誉为“四川省著名商标”并获评“四川省名牌产品”。2020 年，公司实现营业收入 3.7 亿元，上缴税金 2 000 万元。

【四川洪雅青衣江元明粉有限公司】　四川洪雅青衣江元明粉有限公司组建于 1997 年，注册资本 3 000 万元，主要从事芒硝矿开采及元明粉生产、销售业务，元明粉年生产能力 100 万吨 / 年，属国内较大的元明粉生产企业。公司拥有元明粉生产工艺相关的 5 项自主知识产权专利，另有申请中专利 6 项，生产工艺属国内行业领先水平。生产工艺分矿井开采获取原料、对原料加工成元明粉两部分，其中矿井开拓为斜井开拓，开采工艺为硐室水溶法；地面元明粉生产采用“热电联产五效外加热强制循环真空蒸发”工艺。公司着力推进企业标准化、规范化、制度化建设，安全事故率一直保持行业较低水平；连续多年为“眉山市纳税大户”、洪雅县“十佳企业”，2011 年获“国家安监总局第五届安全生产科技成果”二等奖，2011 年被评为“全国模范职工之家”，2012 年获“四川名牌”称号，2013 年有 5 个项目获“实用新型专利”授权并获评“四川省知识产权试点企业”，2015 年获“眉山市市内促进就业先进企业”称号。公司产品出口全球 78 个国家和地区，年出口创汇 2 000 万

图 52　柯美特建材集团股份有限公司　（市经信局供图）

图 53　四川洪雅青衣江元明粉有限公司　（市经信局供图）

图 54　四川丹甫环境科技有限公司　（市经信局供图）

美元以上；年销售额 5 亿元，利税 3 000 万元。2020 年，公司资产总额 3.5 亿元，员工 1 200 名，实现营业收入 4.7 亿元，上缴税金 2 000 万元。

【四川丹甫环境科技有限公司】 四川丹甫环境科技有限公司由原四川丹制冷压缩机股份有限公司资产重组发展而成，占地面积 400 亩，注册资本 1 亿元。公司拥有 40 多年的制冷技术经验，获得专利 40 件，是国内小型制冷压缩机龙头生产企业、中国制冷空调工业协会和中国电子专用设备工业协会会员单位、国家级高新技术企业等；具备年产 800 万台制冷压缩机生产能力，产品应用于饮水机、制冰机、电冰箱、冰柜等，产品市场占有率超过 50%，主要客户包括美的、美菱和 TCL 等国内知名电器制造商，产品直接或间接出口包括美国、欧盟、东南亚等在内的 30 多个国家和地区。近年来，企业加大技术改造投入，推进生产设备自动化、智能化，促进生产模式向智能化转变。2016—2020 年，公司累计投入超过 1 亿元，用于购买加工、装配生产设备 60 多台（套）等，用于新型节能环保制冷压缩机职能化生产线项目改造。通过 PDM、CAPP 及 ERP 信息集成系统实现产品从研发、工艺、生产、采购、销售的共享及挖掘分析，降低技术工作重复性，提升产品研发效率，为企业经营决策科学性提供有效支撑。项目实施后，企业生产效率提升 20%，用工成本降低 600 万元 / 年，产品质量的一致性、稳定性和可靠性进一步提高。2020 年，公司有员工近 900 人，其中从事科研活动人员 200 人；实现营业收入 8.2 亿元，上缴税金 1 900 万元。

（沈财军）

电网建设与电力供应
Power Grid Construction and Electric Power Supply

【概况】 2020 年，国网四川省电力公司眉山供电公司（以下简称国网眉山供电公司）坚持以“十讲十增强”总要求和“12333”战略部署为指引，贯彻省公司和市委、市政府决策部署，完成售电量 122.9 亿千瓦时，同比增长 7.69%，总量居省公司第 5；主营业务收入 46.92 亿元，同比增加 3.03%；目标利润 1.52 亿元，同比增长 17.74%；综合线损率 3.28%，较年度计划降低 0.01 个百分点。产业单位业绩实现产值 11.31 亿元，增长 8.96%；实现利润 868 万元，增长 102.17%；存款余额 2.02 亿元，同比增长 119.14%；售电服务、基础资源共享等新兴业务产值突破 5 400 万元。公司整体业绩考核居省公司第 5，同比提升 5 位，实现业绩“重回 A 段”目标。

国网四川省电力公司眉山供电公司总经理：赵藟。

【电网建设与发展】 国网眉山供电公司促成市委市政府、省公司主要领导首次会谈，在电网规划、老旧小区供电设施改造等方面达成战略合作共识，常务副市长、分管副市长 3 次到公司调研，4 次召开专题会议研究电网事宜，协调解决电力线路廊道、变电站站址等 11 项历史问题；围绕眉山区域经济特性，结合国土空间规划和产业布局，按照“全网平衡”思路，完成“十四五”电网规划，争取投入 30 亿元，推动 500 千伏眉山西站等重大项目纳入国网规划；统筹推进“里程碑”计划，新开工、投运 35 千伏及以上项目 8 个，新增变电容量 170 兆伏安、线路长度 70.35 公里，供电网架进一步优化；建立“高清视频＋机器人＋在线监测＋环控”变电站立体巡检新模式，实现 79 座变电站高清视频全覆盖，完成 5 条线路可视化建设，巡视效率提高近 12 倍；率先投运全国首套 5G 配网差动保护，被评为

图 55　2020 年 6 月 4 日晚，国网眉山供电公司共产党员服务队队员正在为摊主检查插线板、电源插座护航“地摊经济”　（国网眉山电力公司供图）

图 56 2020 年 2 月 7 日，洪雅县供电公司中保供电所心连心服务队到槽渔滩新型冠状病毒临时隔离区现场进行表计安装，室内线路安全检查，确保隔离区供电保障 （国网眉山电力公司供图）

图 57 2020 年 3 月 25 日，在 220 千伏青龙变电站施工现场，施工人员正在抓紧时间进行 2 号主变压器安装工作 （国网眉山电力公司供图）

国家电网“最佳实践”。

【电力安全生产】 国网眉山供电公司战疫情、严管控，率先启动一级响应，建立一揽子工作机制，实现疑似确诊“双零”目标；保障定点医院等 37 家重要用户电力可靠供应，在满足自身防疫需求的同时筹集紧缺物资驰援兄弟单位；创新开展“线上＋线下”的“云上安监”立体安全督查模式，管控风险 395 次，查处违章 1 356 个，处理 649 人次，处罚 25.8 万元；深化警企、政企联动机制，推进电力设施保护区“施工许可制度”，外破同比减少 52%；制定电网补强计划 20 项，有效管控六级以上电网风险 6 项，成功应对负荷 7 次、电量 9 次创新高的考验；积极应对防汛抗洪、雨雪冰冻等自然灾害，完成 60 项重大保电任务；建成“电力北斗综合示范区”，预警多起杆塔位移和山火险情；探索以“12345”工作法推进森林防火，工作成效获新华社等多家主流媒体头版头条报道，助推全省现场交流会在眉山洪雅召开，打造“眉山样板”“四川经验”。

【电力经营管理】 国网眉山供电公司优化负荷接入，释放容量 48 万千伏安，相当于新建 1 座 220 千伏变电站；推进低效无效资产清理利用，接收 14 条优质用户线路，节约投资 5 000 万元，促成政府投资 1.6 亿元建设 220 千伏甘眉变电站并无偿移交，获省公司点名表扬；在全省率先试点与电信、移动、联通开展杆塔共享，每年增收 800 万元；常态开展价费风险管控劳动竞赛，发现问题 3.3 万个，整改成效 851.86 万元，查处违窃电 168 笔，追补电费及违约使用电费 249.29 万元；完成电锅炉改造 115 蒸吨，新增用电容量 4.69 万千伏安，实现电能替代电量 2.3 亿千瓦时，同比增长 155.52%，居全省第 1，应林化工电能替代改造项目入选国网公司典型案例；重构“六部门、三中心，一子七分”管理格局，重塑“1＋5”薪酬管理体系，激活产业发展活力，产业营收首次突破 11 亿元，同比增长近 10%，外部市场占有率提升 20%，利润、货币资金、外部市场签约量等关键指标实现“3 个翻番”，售电服务、充电桩等新兴业务实现“零的突破”，签约量 5 400 万元，创产业单位成立以来最好成绩。

【电力改革创新】 国网眉山供电公司探索“数字眉电”理念落地，努力营造“用数据分析、用数据决策、用数据管理”模式，以供电服务指挥中心为依托，整合安全管控、数字审计等中心业务，着力构建“五中心合一”的供电服务综合平台；推进重点改革任务，推进供电所优化提升，压减供电所 23 个，压降率 43%。

【电力服务提升】 国网眉山供电公司全面上线 36 项营销业务，线上办电率 94.17%，较年初上升 39.94%，全年降低成本 728 万元，增加售电收入 860 万元；以多维精益分析为判断基础，在全省率先推进 53 个 C 级营业厅转型升级，降低成本 2 600 万元，释放 150 名营业厅人力资源，为全省营业厅转型升级提供眉山经验；持续优化营商环境，“获得电力”指数居全省第 4，营商环境指标连续三个季度居全省第 1；提升线上缴费率，线上缴费率、推广率和绑定率连续 10 个月位于全省第 1，其中低压线上缴费率保持在 95% 以上，较年初提升 43%，高于全省平均值 20 个百分点，高压线上缴费率突破 60%，排名全省前 5；努力以项目小循环助推经济大循环，固化推广通威项目经验，通威二期等重点项目提前投产增收 9 700 万元；配合政府做好用电测算，引进万华化学等大型项目；开发“税电贷”等新兴金融产品，帮助 11 家企业取得贷款 1 342 万元，实现复工复产、电费结零“双赢”。

【国网眉山市彭山供电分公司】 国网眉山市彭山供电公司担负彭山区凤鸣街道、观音街道等 5 个街道、3 个镇供用电管理，供电面积 465 平方公里。供区内用电客户 16 万户，供电人口 33 万人，乡、村、农户通电率 100%。公司管辖变电站及开闭所 17 座，其中 220 千伏变电站 2 座、110 千伏变电站 6 座、35 千伏变电站 4 座、10 千伏开闭所 5 座，变电总容量 1 160.1 兆伏安；全年完成电网建设投资 2 046.67 万元，实现售电量 8.82 亿千瓦时、同比增长 9.91%，实现营业总收入 4.85 亿元，综合线损率 4.19%、同比减少 0.03%，电费回收率 100%。截至 12 月 31 日，公司实现连续安全生产连续运行 6 940 天。

【国网仁寿县供电分公司】 国网仁寿县供电分公司主要承担眉山市仁寿县 2 717 平方公里，32 个乡镇（街道办），216 个村和 147 个社区，61.7 万户、

152.5万人口的工农业生产和人民生活供用电管理。仁寿电网形成以500千伏彭祖站为支撑，220千伏输电线路为骨干，110千伏环网双电源备自投基本全覆盖的网架格局。仁寿全域主要以220千伏枣树站、宝飞站作为电源点，变电容量600兆伏安，220千伏线路5回，总长202公里。公司有110千伏变电站10座，变电容量894.5兆伏安，110千伏线路20回，总长295公里；有35千伏变电站17座，变电容量272.6兆伏安，35千伏线路29回，总长329公里；有10千伏开闭所4座，10千伏线路151回，总长4 000公里。公司全年完成售电量22.89亿千瓦时，同比增长14.17%；电网最大负荷52.51万千瓦（工业避峰2.75万千瓦、拉闸限电0.69万千瓦、故障损失0.51万千瓦，还原真实负荷后仁寿电网最大负荷应为56.32万千瓦），同比增加6.83万千瓦，增长率14.95%，呈高速增长形势。截至12月31日，公司实现安全生产连续运行6 939天。

【国网洪雅县供电分公司】 国网洪雅县供电分公司主要担负洪雅县9个镇（洪川镇、止戈镇、余坪镇、槽渔滩镇、中保镇、东岳镇、柳江镇部分村社、中山镇、将军镇）供电，供电范围960.22平方公里，供电客户数126 350户，供电服务总人口30.99万人。公司有35千伏及以上变电站7座，变电容量66.8万千伏安；有35千伏线路及支线17条，总长130.62公里；有10千伏配电线路43条，线路总长1 310.08公里；有配变1 815台，容量33 210千伏安；有水电站4座，装机容量2.72万千瓦。洪雅电网形成以1座220千伏变电站、3座110千伏变电站为支撑，110千伏输电线路为骨干网架，35千伏、10千伏电源供电的格局。公司全年完成售电量7.86亿千瓦时，同比增长24.74%，总量排名眉山公司第4，增速排名第1；完成发电量1.26亿千瓦时，完成售电收入3.58亿元、同比增长24.7%；综合线损率3.97%、同比压降1.3个百分点，电费回收率100%。截至12月31日，公司实现安全生产连续运行5 367天。

【国网丹棱县供电分公司】 国网丹棱县供电分公司经营区域覆盖全县五镇两乡，供电范围448.9平方公里，服务人口16.24万人，用户数7.118万户，其中居民用户6.19万户、大工业用户102户。公司有专变450台、公变1 012台，有110千伏变电站3座（丹棱站、何场站、木林站）、35千伏变电站2座（杨场站、中隆站），有110千伏输电线路16.31公里、35千伏输电线路66.4公里、10千伏及以下配电线路2 692.61公里。丹棱电网形成以3座110千伏变电站为支撑，35千伏及以上输电线路为骨干网的双电源供电格局。公司全年售电量5.57亿千瓦时，综合线损率2.56%。截至12月31日，公司实现安全生产连续运行6 939天。

【国网青神县供电分公司】 国网青神县供电分公司担负青神境内1街道、4个镇、2个乡、71个村、18个社区和51个经济社及周边地区乐山市关庙乡、眉山东坡区莲花乡、井研县镇阳乡、仁寿县洪峰乡和曹家乡等部分行政区域的供电任务。公司有110千伏变电站2座（兰店站、青竹站），总容量180兆伏安；有35千伏变电站3座（罗坝站、穆家埂站、黑龙站），总容量39兆伏安；有公用配电变压器1 027台，总容量25.13万千伏安。辖区内有110千伏线路4条，线路长度31.47公里；有35千伏线路7条，线路长度35.94公里；有10千伏配电线路35条，线路长度799.11公里。公司全年完成售电量4.75亿千瓦时，同比增长0.91%；综合线损率3.94%，同比下降0.71个百分点，较眉山公司下达的综合计划低0.66个百分点，实现节约线损成本超160.66万元，同期线损线路合格率稳定100%、台区合格率稳定在98.5%以上；电费回收100%。公司全年未发生生产性人身、电网、设备、火灾、交通事故，截至12月31日实现安全生产连续运行6 939天。

（李　征）

信息化建设与管理
Informatization Construction and Management

【概况】 2020年，眉山市数字经济发展局围绕中心工作，紧抓四川省获批国家数字经济创新发展试验区、国家推进成渝双城经济圈建设等历史发展机遇，加快数据资源汇聚，推进数字产业化、产业数字化，推动数字经济高质量发展。全市数字经济企业新增11家、达145家，数字经济总量突破200亿元。眉山市被列入全省第一批“蜀信链”节点建设城市。

【数字经济发展规划实施】 眉山市数字经济发展局为抢抓新一轮科技革命和产业变革机遇，加快眉山市数字经济发展，增强数字变革能力和经济发展韧性，根据《中华人民共和国国民经济和社会发展第十四个五年规划和2035年远景目标纲要》《眉山市国民经济和社会发展第十四个五年规划和二〇三五年远景目标纲要》等文件精神，牵头编制《眉山市“十四五”数字经济发展规划》，规划期为2021年至2025年。截至12月，眉山市数字经济发展局完成全市数字经济调研，形成规划纲要初稿。

【政务数据资源汇聚】 眉山市数字经济发展局做大数据资源汇聚量，累计登记数据资源4 619条，发布可共享数据资源目录795条，挂接共享数据资源目录650条，挂接共享率81%；汇聚51个部门（单位）数据资源，累计采集数据2.76亿条，清洗比对后汇聚数据资源796万条；丰富数据资源开放量，梳理完成全市公共数据开放目录768条，发布公共数据资源624条。

【信息化项目管理】 眉山市数字经济发展局优化云资源管理流程，新迁移部署44个信息系统至眉山市大数据中心；立项审查市大数据中心云监管平台、市污水处理设施监管平台等28个项目，评审中心城区老旧交通信号设备更换项目、公安交通管理信息安全监管系统等16个项目设计方案并出具评审意见，审查市级电子政务项目59个，减少新建信息系统投资概算6 685万元；全面摸底市级信息系统及其配套建设情况，梳理华为公司2016—2020年协议履约情况，为市政府科学决策提供依据。

【数字经济产业发展】 眉山市数字经济发展局加大项目招引，引入猪八戒创新孵化、启迪智能网联汽车、华智“腾讯智能产品”生产基地等数字经济项目6个，总投资12亿元；推进重大项目建设，全市数字经济在建项目52个，国内最大的四川阿格瑞OLED新材料生产基地正式投产，联想叠云创新科技园、加州智慧小镇、苏宁西南地区电子商务运营中心等重点项目年度投资突破16亿元，启迪创新孵化园建设顺利推进、意向入驻企业30家，眉山信利项目投产生产线30条、全年实现产值60亿元以上；加快数字经济产业园区建设，京东云（东坡）数字经济产业园开园，已入驻千禾、吉香居、眉州东坡等125家企业；构建产业人才培养机制，启动全市首届“数智”工程专业职称评审，涉及大数据、云计算、区块链等6个专业，全年评审21人次。

【数字经济产业融合】 眉山市数字经济发展局支持传统企业建设基于互联网的“双创”平台，易链科技、创安科技、德恩云智造等8家公司9个产品入选《2020年四川省新型智慧城市优秀解决方案、典型应用案例及技术创新产品名单》，入选总量居全省前列；推动研发设计、生产、管理、营销等环节的数字化转型，市政务云云安全资源管理平台、东坡区互联网＋新经济合作项目入选《2020四川省数字经济与实体经济融合创新项目》。

【数字经济区域协同发展】 眉山市数字经济发展局积极开展成眉、渝眉等区域合作，建立成德眉资大数据产业合作交流机制，与成都市大数据协会、重庆市涪陵区、渝北区签订大数据产业合作协议，眉山天府新区与成都天府大数据协会达成产业合作联盟，涉及两地数字经济企业120家；组织企业参展第五届中国（成都）国际智能产业博览会，并布展2020线上中国国际智能产业博览会，眉山市展厅在区域合作板块热度位列第一。

【大数据防疫】 眉山市数字经济发展局落实中央、省委、市委关于新冠肺炎疫情各项安排部署，派出1名业务骨干脱产到市疫情防控指挥部办公室，组建专班与省大数据中心对接，运用大数据分析疫情高发地区到眉山人员数据8万条，排查湖北、武汉到眉山重点人员2 299人，眉山市大数据防疫工作入编《四川省大数据战疫蓝皮书》；做好“六保”“六稳”工作，推动应用场景创新应用，发布成德眉资同城化城市机会清单121条，对接率100%。

【“蜀信链”节点城市建设】 四川省经信厅确定眉山市为第一批“蜀信链”节点建设城市。在眉山市数字经济发展局领导下，四川天府云大数据公司与四川省区块链协会签订“蜀信链”建设运营合作协议，共同推动眉山市区块链产业发展。

（周沿旭）

无线电管理
Radio Management

【概况】 2020年，眉山市经济和信息化局实施完成无线电智能化改造项目，提升眉山主城区及天府新区的无线电监测覆盖能力；承办全省2020年度军地电磁频谱联合演练，来自7个市州及西部战区等8个代表队共聚眉山，锻炼提升队伍的无线电监测技术能力和水平。

【无线电行政审批】 眉山市经济和信息化局贯彻落实国家《无线电频率使用许可管理办法》，优化审批流程，将法定行政许可10天审批时限，缩短为3天，推动无线电频率管理更加便民高效，完成无线电行政事项17件，受理率100%，完成率100%。

【无线电干扰处理】 眉山市经济和信息化局开展5G通信基站和卫星地球站干扰处理，会同市文化广播旅游局和眉山电信、眉山移动、眉山联通公司等通信运营商召开5G干扰协调会2次，处理5G通信基站与卫星地球站干扰事件3例。

【无线电监测与通信保障】 眉山市经济和信息化局使用GSM-R小型站和移动监测车，加强对航空、铁路和广播电视等重点频率保护性监测，对重点频率24小时追踪，排查航空干扰2例，排查重要会议干扰1例；派出技术监测车56辆次、技术人员70人次，完成高考、司法考试、公务员考试、专业职称考试等17类、21次无线电安全保障任务。

【“伪基站”“黑广播”专项打击行动】 眉山市经济和信息化局持续开展打击治理电信网络新型违法犯罪专项行动，会同市文化广播旅游局、市公安刑侦大队开展为期1个月打击治理“伪基站”“黑广播”专项行动，出动监测车30次，查找定位非法广播台站5例，其中影响疫情防控工作的非法电台3个。

（沈财军）

电信通信
Telecommunication

【概况】 2020年，中国电信股份有限公司眉山分公司（以下简称眉山电信分公司）真抓落实，支持和参与地方工作，完成市委、市政府下达的各项目标任务。

中国电信股份有限公司眉山分公司总经理：杜林。

【4G网络覆盖】 眉山电信分公司聚焦城镇老旧小区薄弱覆改造攻坚、城镇边界扩展网络拓扑增建以及农村广域基础覆盖，行政村通信光纤及宽带网络入村率99.5%，4G无线覆盖入村率98.2%，网络容量同比提升9.6%。

【5G网络发展】 眉山电信分公司与市委、市政府合作开展5G网络基础设施规模建设，启动眉山天府新区大数据中心建设；率先发布5G三千兆智慧家庭宽带，持续提升光纤宽带领先优势，固网宽带出口带宽占全市出口带宽70%，光纤宽带网络能力全市第一；率先实现各区县城区及乡镇政府所在地5G信号连续覆盖，5G千兆独立组网基础网络初成规模；推进战略合作协议落地，率先联合眉山市人民政府签订5G战略合作协议；结合眉山特色，探索5G在智能制造、产品展示、智慧园区上的新型应用。

【4G、5G网络共建共享】 眉山电信分公司与眉山联通分公司密切合作，分别开展5G网络共建共享以及4G资源战略整合，组建集团、省、市三级联合工作机构，通过联合规划、标准、采购、建设，共同建设一张广覆盖、高可靠、高质量的4G/5G网络。截至年底，5G基站100%共享。

图 58　2020 年 8 月 13 日，眉山电信“5G 三千兆　信息新消费”发布会

（眉山电信分公司供图）

图 59　2020 年 9 月 28 日，眉山电信户外驿站挂牌

（眉山电信分公司供图）

【网络质量提升】　眉山电信分公司坚持以 NPS 测评改善推动网络质量提升，多次开展专项／全量测评，促进网络优化建设调整、渠道厅店规范运营、装维队伍重整优化及全屋 Wifi 产品更加贴近客户，家庭宽带满意度行业第 1、全省排名第 2。

【平安智慧乡村工程建设】　眉山市政法系统、公安系统分别召开慧眼工程推进现场会，与眉山电信分公司组成平安智慧乡村推进工作组，在全市共同推广魔镜慧眼平安智慧乡村工程，实现基层社会治理智慧化，打通农村治安防控“最后一公里”。

【通信保障】　眉山电信分公司疫情期间为全市提供免费线上天翼云视频会议系统和宽带免费提速 300 兆服务，保障网课不卡顿；洪灾期间加大机房及重要节点巡检保障，安排人员巡检干线光缆、C3 中继，处理存在隐患的点位，出动抢修车辆 253 台次、抢险人员 499 人次、油机 592 台次、卫星电话 17 台次，恢复受损基站、设备等。8 月 22 日，洪雅黑山全线阻断，眉山电信分公司出动抢险队徒步进入灾区，往返 3 次运输修复受损通信设施，成为全市唯一一个同步抢通罐坪、黑山有线／无线网络的运营商。

【电信服务】　眉山电信分公司疫情过后投入 100 万元牵引电信用户红包 20 亿元资金用于消费，减免中小企业、合作伙伴房屋租金 300 万元，创造就业岗位 3 000 个，助力全市复产复工复学。9 月 28 日，眉山分公司户外工作驿站正式挂牌，为全市户外工作者提供休憩场所，提供饮水、医疗急救等服务。

（石　耘）

移动通信
Mobile Communication

【概况】　2020 年，中国移动通信集团四川有限公司眉山分公司（以下简称中国移动眉山分公司）贯彻落实市委、市政府战略部署，以“践行党的宗旨，履行央企责任，融入眉山战略，服务治眉兴眉”为行动纲领，服务和服从于地方经济社会发展。公司全年实现运营收入超 12 亿元，客户综合满意度测评保持本地行业领先，年度目标考评被市委、市政府评为一等（先进集体）。

中国移动通信集团四川有限公司眉山分公司总经理：王永洪。

【5G 应用】　中国移动眉山分公司探索具有眉山特色的 5G 产业发展道路，分别于 9 月 29 日与丹棱县政府、10 月 10 日与仁寿县政府、10 月 23 日与东坡区政府、10 月 28 日与青神县政府、11 月 27 日与洪雅县政府签署《5G 应用县域示范基地建设战略合作协议》；持续丰富 5G 应用场景，在党政、公安、环保、城管等行业实现项目签约 63 个，联合眉山电力公司在全国率先落地实施电力差动保护 5G 试点项目，中心城区 5G＋智慧停车项目成为重点民生标杆；推出“三千兆”体验升级，实现出门 5G 千兆、回家宽带千兆、全屋 Wifi 千兆无缝连接。

【网络建维】　中国移动眉山分公司全年投入 3.5 亿元开展 5G 网络基础设施建设，实现核心网下沉和本地独立组网，形成 SA／NSA（独立／非独立）双模接入能力；新建 SPN 独立传输网组，为 5G 网络承载提供坚实基础；立足区域内规模最大的 4G 网络，打造 5G＋4G 协同网络，实现网络快速部署，率先完成眉山所有区县城区移动 5G 网络连续覆盖，超时间进度完成全市 67 个行政（乡）镇 100% 覆盖及重要园区、热点区域 5G 网络开通，4G／5G 网络综合覆盖率均保持本地行业领先；累计割接千兆 1000A 端口 11.1 万线，家宽端口数突破 105 万线，家宽覆盖能力进一步增强。

【客户服务】　中国移动眉山分公司对接政府社区网格，在全市划分网格服务分局 44 个，补强服务营业网点 600 个；加快网络提速降费，加快光纤宽带提速升级，提升千兆宽带接入能力，推动企业优化和精简资费套餐；深入开展移动网络品质攻坚行动，着力解决“东坡商业水街”等高负荷、高容量以及市政新建区域弱覆盖、老旧小区等网络问题；开展服务进万家、服务进万企、服务进万铺活动，上门为客户提供网络检测调试、服务咨询、信息化方案解决。2 月 20 日，四川移动批复同意眉山天府新区分公司独立运营，对接天府新区眉山片区网络和服务需求。

【移动服务】　中国移动眉山分公司在新冠肺炎疫情发生后，优先保障党政系统及医疗系统特殊通信需求、做好辅助科学决策、实施疫源排查、开展科普宣传、强化便民服务，以信息化手段助力疫情精准防控；投入100万元专项成本支持眉山市“消费促进月”活动，助力东坡商业水街成为新晋“网红”；做好“第十二届泡博会、2020竹博会”等重大会节和防洪抢险保障，为各级党政机关单位发送公益短信9 447万条；将公司营业厅打造为“工会户外劳动者服务站点”；配合市政建设，迁改网络点位1 458处，整治杆管程1 380公里；开展志愿服务，重点抓好营业厅点位建设及“包保”小区帮扶，投入专项成本完成东坡区、仁寿县、青神县等40个家宽老旧小区改造，助力眉山创建全国文明城市、全国卫生城市。

（王　捷）

联通通信
Unicom Communication

【概况】 2020年，中国联通眉山分公司围绕集团“提价值、谋发展、重基础、有激情”12字方针，统筹抓好疫情防控和改革发展各项工作，经营发展态势良好，利润持续减亏、共建共享成果显现，数字化转型全面开展，打赢抗疫防洪阻击战。公司主营收入同比增长6%，公众基础业务收入完成同比增长2.5%。

中国联通眉山分公司总经理：王康林。

【“数字眉山”建设】 中国联通眉山分公司紧跟数字经济需求，融合5G与“云、大、物、智、安、链”等技术，促进与实体经济深度融合，助力产业结构转型升级，拓展信息消费新业态新模式，为党政机关、企事业单位、企业园区等提供一揽子信息化解决方案。

【网络运营】 中国联通眉山分公司着力打造高品质网络，全市无线网规模5 280个（其中5G基站792个、4G基站3 020个、3G基站1 468个），无线网络城区人口覆盖率99%，乡镇及行政村人口覆盖率95.6%；宽带网规模36.18万线，光纤宽带乡镇覆盖率100%，行政村通光纤率98%，用户宽带接入端速率均达100Mbps及以上，千兆接入能力达50%；互联网出口带宽1 000GB（其中IDC 800G）。

【客户服务】 中国联通眉山分公司将客户体验深度融入全生产环节，建立专业体验团队，开展业务、服务流程穿越和感知体验；建立“5＋1”端网服信协同解决机制，围绕8个场景重点测评问题进行流程梳理和问题解决，全渠道刚性使用统一结束语，按天开展贬损用户感知修复；制定横纵两级服务质量考核标准，全场景开展服务质量监督考核；重点落实6项风险问题服务保障，提高客服人员咨询投诉处理技巧，提升处理有效性；通过打造新媒体专业团队提升撰稿能力，通过持续开展高星级用户服务专项工作提升差异化服务；组建网络、客户、市场一体的宽带中台BU团队，7×13小时值班，5分钟响应提升支撑能力；深入推进宽带装维，装移维100%回访，建立实时评价考核机制提升装移维服务质量。公司移网NPS提升9.08分，高于目标值5.12分，同比提升9.07分；宽带NPS提升13.38分，高于目标值10.29分，同比提升13.41分。

（李远芬）

铁塔通信
Tower Communication

【概况】 2020年，中国铁塔股份有限公司眉山市分公司（以下简称眉山铁塔公司）面对新冠肺炎疫情和深化市场化变革，落实“中央企业提质增效专项行动”要求，围绕“一核引领”“两个目标”“三大战役”“四项保障”，把握5G发展和成眉同城化机遇，统筹“一体两翼”。

中国铁塔股份有限公司眉山市分公司总经理：罗永。

【5G建设】 眉山铁塔公司全年承接5G需求1 233个，交付1 205个，实现二区四县城区、高校、重点乡镇等数据热点区域全覆盖；建立5G专项工作组解决高场租、高电价、资源免费开放、疑难站点等难点痛点，推动出台各级文件政策支持5G建设；牵头编制全市5G通信基础设施专项规划，将基站、机房、传输等配套设施纳入控制性规划；创新性开展5G改造站天线合频、开关电源插框改造等，引入智能开关电源、电池合路管理器、智能配电单元等创新产品降低5G改造成本。

【通信保障】 眉山铁塔公司积极抗击新冠肺炎疫情，配合地方政府，联合电信企业做好通信保障，实现全市防疫重保基站“零退服”；抗洪保通信，设立两级通信保障应急组织机构，与本地运营商共同建立指挥通信联络机制，启动应急防汛5次，出动维护人员603人次、车辆296次、油机900台次，获得主要客户“2020年防汛抢险保通信优秀合作单位”称号。

【客户服务】 眉山铁塔公司践行以客户为中心的服务理念，全面推动物业降本，通过借力抢抓5G规划建设窗口期，推动市发改委、市市场监管局和市经信局联合发文《关于规范通信基站转供电价格政策有关事项的通知》，完成全市物业小区转供电限价≤0.95元/千瓦时，眉山市成为全省首家与物业协会达成转供电限价约定的地市。3家运营商场全年租降价29个，零场租获取12个，年化节约18.14万元；争取转供电降价184个，转改直92个，年化节约电费214.7万元，降本成效位居全省前列。

【铁塔服务】 眉山铁塔公司以创文创卫为契机，投入近10万元，在苏祠街道东安社区集中统一安装智能充电桩端口，解决小区居民电动车充电难题，全市充电桩完成70个小区覆盖，建设端口4 167个；推进多用途换电柜建设，开设“铁塔换电”旗舰店，帮助快递小哥、外卖骑手群体解决充电问题；开展应付账款专项清理，回应民营企业诉求，保证付款及时规范，确保按时支付账款。

（陈　涛）

眉山高新区
Meishan High-tech Industrial Park

【概况】 眉山高新技术产业园区（以下简称眉山高新区）由原眉山金象化工产业园区、原工业新城办总部经济区、眉山经开区新区和“中国泡菜城”四部分组成，总规划面积64.64平方公里。眉山高新区采取“市区共建、以市为主”建设模式，眉山高新区西区（含原金象化工产业园区、总部经济区）由市级建设管理并受

图 60 2020 年 8 月 16 日,万华化学西南基地一期办公楼启用 (眉山高新区供图)

市政府委托,代管原科工园片区 39 家工业企业。“中国泡菜城”和西部药谷委托东坡区建设管理。2020 年,眉山高新区(全域)实现规上工业总产值 284.4 亿元,同比增长 5.2%;实现规上工业营业收入 264.8 亿元,同比增长 4.6%。实现规上工业增加值增速 4.4%,位居区县园区第四;完成全社会固定资产投资 100.2 亿元,同比增长 26.2%,其中工业投资 76.97 亿元,同比增长 54.9%;实现税收 7.86 亿元。

原中共眉山金象化工产业园区工作委员会书记:车智勇(2 月离任);原眉山金象化工产业园区管理委员会主任:杨静(2 月离任)。中共眉山高新技术产业园区工作委员会书记:刘先伟(2 月任职);眉山高新技术产业园区管理委员会主任:车智勇(2 月任职)。

【园区机构设置】 3 月 2 日,眉山市委印发《关于调整优化中心城区园区管理体制与布局实施方案》,组建眉山高新技术产业园区党工委管委会,为市委、市政府正县级派出机关,全面接管原金象化工产业园区职责及产业、债权、债务,管理原工业新城办总部经济区,统一领导眉山经济开发区新区、眉山“中国泡菜城”的项目建设、产业推进等工作。眉山市撤销现代工业新城办,其管理的总部经济区交由高新区党工委管委会管理,原现代工业新城办人员和编制整体转隶到高新区党工委管委会。岷东新区党工委管委会与金象化工产业园区党工委管委会合署办公,实行“两块牌子、一套人马”。金象化工产业园区与东坡区象耳镇不再实行“政园合一”管理体制,2010 年“政园合一”时东坡区交由金象化工产业园区管理的象耳镇机关事业编制回归东坡区管理,实际工作岗位在乡镇的人员回归东坡区管理,“政园合一”期间在金象化工产业园区退休的人员,按退休政策由高新区管理。3 月 9 日,眉山市委机构编制委员会印发《关于眉山高新技术产业园区机构编制有关事项的通知》,撤销原现代工业新城办下属事业单位现代工业新城投资服务中心,实际工作岗位在金象化工产业园区机关及下属事业单位的人员整体转隶到高新区。

【园区基础设施建设】 眉山高新区完成本部征地拆迁 2 800 亩,协调确定成乐高速公路扩容项目金象园区段线形方案。万华大道二期、5 万立方米/日供水工程、10 千伏尚金线完成建设。就业安置示范区暨新材料产业综合体建设项目、西堰二期安置区、刘庙路和誉丰路二期开工建设。

【园区项目建设】 眉山高新区万华化学西南基地年产 25 万吨高性能改性树脂、博雅新材年产 30 吨高性能闪烁晶体、赞宇科技年产 12 万吨绿化表面活性剂、德峰二期技改、国为制药技改、海霸王速冻食品、福建亲亲食品等 22 个项目竣工投产,万华化学西南基地二期首批乙炔产业链及年产 6 万吨 PBAT 可降解塑料和年产 1 万吨锂电池三元正极材料项目、顺应三元正极材料前驱体项目等 30 个项目开工建设。

【园区开放发展】 眉山高新区与重庆长寿经开区、重庆涪陵区、重庆石油天然气交易中心、成都天府中药城签订战略合作协议,加入长江上游新材料产业协同创新联盟;新签约投资 43 亿元的眉山顺应三元正极材料前驱体项目、投资 7 亿元的德国梅塞尔工业气体项目、投资 12 亿元的昊华科技清洁能源催化材料产业化基地项目、投资 10 亿元的亲亲食品项目、投资 35 亿元的联东 U 谷项目、投资 30 亿元的蜀西制药项目等 28 个项目,合同总投资额 669 亿元。

【园区企业培育】 眉山高新区万华化学、博雅新材、金象赛瑞 3 家公司分别成功争取建园以来单笔最高中央补助资金 3 807 万元、2 250 万元、908 万元;新增眉山中车制动科技股份有限公司 1 家国家级“专精特新”小巨人企业,新增加眉山中车紧固件科技有限公司 1 家制造业单项冠军示范企业,新增四川国为制药有限公司 1 家省级技术创新示范企业。

【园区国有企业改革】 原金象园区下有金象园区投资建设公司(市工投 100% 控股)、金象园区园林绿化公司、金象园区工业供水公司、金象园区锦象广告公司、四川眉州能源公司(含眉州电力、眉州气体、眉州水务)5 家国有企业。截至年底,眉州能源公司与四川华油集团合资组建眉山华油天然气销售公司,占股 49%;眉州能源公司入股眉州建工公司 20% 的股权;眉州能源公司与眉山市城市发展投资有限责任公司、四川发展中恒能环境科技有限公司共同设立合资公司眉山市城投川发中恒能环保科技有限公司,占股 10%。

【园区科技创新】 眉山高新区有高新技术企业 29 家,高新技术产业营业收入 151 亿元,占规上企业营业收入的 51%;企业研发投入 3.5 亿元,新增高新技术企业 6 家,新增省级企业技术中心 5 个,新获得省级科技进步奖励 2 项;截至年底,累计有效发明专利 292 项,省级及以上创新平台 32 个。四川顺应动力电池材料有限公司成功开发全球首创、高效零排放处

图61 2020年12月28日，万华化学西南基地一期高性能改性树脂项目正式投产，成为万华化学（四川）有限公司首个投产项目 （眉山高新区供图）

理褐铁型红土镍矿的湿法创新工艺“褐铁型红土镍矿硝酸加压浸出新技术”。

【高新西区生态文明建设】 眉山高新区西区持续深入开展污染防治，组织环保大检查5次，排查问题50个，均完成整改；新增加蒙牛乳业（眉山）有限公司1家国家级绿色工厂，迎接省级环保督察，全年环境污染事故零发生。《眉山高新技术产业园区控制性详细规划环境影响报告书》通过审查，取得四川省生态环境厅正式批复。

【高新西区安全生产管理】 眉山高新区西区继续推动金象公司引进美国杜邦世界一流的安全理念和安全管理体系；召开园区安委会4次，开展安全大检查等检查10次，检查企业280家次，重新辨识重大危险源14个，排查一般隐患1 200条，约谈2家隐患突出企业负责人；开展安全标准化建设，新创建三级标准化企业1家、二级标准化企业1家，三级升二级1家，一级复评1家，61家企业完成双控预防机制建设。眉山高新区全年重大安全生产事故零发生。

【高新西区新冠疫情防控】 眉山高新区西区成立应急指挥部，制定实施《疫情防控“十要十严禁”》等9个措施和应急预案，组建党员志愿服务队37支，指导企业防疫、推动复工复产；排查人员10 137人次，做好隔离观察1 206人次，协调口罩15万只、体温枪1 000把、防护服1 200套、消毒产品20吨，处置6起体温异常应急事件。园区双氧水、微酸性次氯酸等消毒液和防疫物资生产企业24小时满负荷生产，助力抗疫。

（邓　佳　伍　敏）

甘眉工业园区
Ganzi-Meishan Industrial Park

【概况】 2020年，甘眉工业园区完成工业总产值256亿元，增速12.1%，位居全市第一；工业增加值增速7.1%，比全市高2.2个百分点，连续4年保持全市第一；财税收入6.3亿元，增速77%，位居全市第一；固定资产投资41.8亿元，增速43.6%，位居全市第一。

甘眉工业园区党工委书记：夏荣升（2月离任），邓强（2月任职）；管委会主任：邓强（2月离任），杨静（7月任职）。

【园区用地保障】 甘眉工业园区批回新增建设用地2 600亩，完成土地出让22宗2 284.574亩，采取“五个一批”方式处置低效用地817亩。

【园区基础设施建设】 甘眉工业园区通威—方大专线开通运营，城镇综合体、人才公寓和“四纵三横”道路网等加快推进，滨河新城逐步形成。青龙220千伏变电站东坡至通威220千伏线路工程如期带电，刷新眉山电力建设多项纪录；污水处理厂实现接水并试运行；标准化厂房项目主体工程完工，开始管网、道路等附属工程施工；光伏路项目正在场地清表、清淤，箱涵管涵施工。

【园区招商引资】 甘眉工业园区新签约深圳科沃和广东昕泰等高端优质项目8个，总投资47亿元；招商引资到位资金35.95亿元，占全年目标任务22亿元的159%，其中省外到位资金27.68亿元，占全年目标任务18亿元的153%。

【园区项目建设】 甘眉工业园区坚持“项目为王”，研究提出“项目专班制”和“周报制”，班子成员分别联系项目，指导解决项目前期用地、环评、能评等问题。通威一期A1车间于4月竣工投产，9月入规；方大一期建成投产，二期压型工序车间正在建设；宏瑞得一期正在进行设备调试和试运行，万邦一期试验线投产试运行。

【园区对上争取】 甘眉工业园区利用藏区飞地产业园区优惠政策、中央省市各种支持政策，指导企业对上争取项目资金；年初为企业争取留存电量22亿千瓦时、直购电20亿千瓦时以上，协调方大留存电量增量，降低企业生产成本；协助企业融资超10亿元，为通威二期、凯盛铜铟镓硒、方大二期和四川启明星超低排放4个项目争取到2021年第一批省级工业发展资金（预计3 000万元），为企业发展建设提供资金支持。

【园区安全生产】 甘眉工业园区深入学习习近平总书记关于安全发展的重要论述和关于安全生产的重要指示批示精神，落实“一岗双责”和“三个必须”要求，守住安全生产底线；以清单制管理为抓手，制定《园区党工委、管委会属地安全生产责任清单（1.0版）》，常态化开展隐患排查整改，排查安全隐患1 149处，下发限期整改通知117份，落实整改资金200万元，按期完成整改926处，按期整改率100%；妥善处置瑞能安全环保事故。园区全年未发生一起生产安全事故。

【园区环境保护】 甘眉工业园区研究制定产业准入负面清单，控制高耗能、高污染、资源性和产能过剩行业建设项目新落户，控制熔炼企业改扩建项目；对企业废水预处理、污水集中处理、人工湿地深度处理三个环节密集管控，确保长期达标排放；实行"日巡查月监测"，定期对辖区李桥河及沟渠清淤疏浚，确保水质达标；摸清园区大气污染物种类和排放量，实行重点整治和专项整治相结合，确保空气质量提升；加快推进四川启明星等超低排放项目实施，制定《危险废物专项整治行动实施方案》，主要危废企业全部签订处置承诺书并完成处置危废3 000吨，完成2019年度结存危废清零；下发《限期整改通知》71份，整改企业环保问题107个；省环保督察过关，反馈的各项问题基本办结，环境质量明显提升。

【园区信访维稳】 甘眉工业园区以创建"平安园区"为目标，研究制定《信访工作联席会议制度》，加大矛盾纠纷排查处置和信访突出问题化解力度，全年受理群众来访227件次，评估出风险点124个，落实化解措施124项，妥善处置飞云铝业200人欠薪欠保和瑞能公司30名留守员工2019年欠保遗留等问题，未发生一起进京到省集访非访事件，未发生一起个人极端事件和有影响的恶性群体性事件，信访形势稳定向好。园区获评省级民族大团结示范单位。

【甘眉公司】 甘眉公司全年续建项目4个，新开工项目5个，拟建项目6个，正在开展审计决算项目2个，完成审计决算项目1个，总投资16.5亿元；参加司法拍卖，11月6日以2 600万元竞得园区破产企业奥深达、普瑞达土地及建筑物，其中土地面积153.9亩；配合债券发行，强化资金保障，全年到位债券资金41 014万元，其中甘眉工业园区光伏产业园新增到位专项债券资金30 000万元，甘眉工业园区光伏产业园到位抗疫特别国债1 100万元，甘眉工业园区修文镇污水处理厂及配套管网建设项目到位抗疫特别国债9 914万元；对上争取，甘眉工业园区光伏路建设项目成功争取中央预算内资金（提升藏区动力）6 000万元，标准化厂房项目成功争取藏区扶贫资金4 000万元。

【铝硅公司】 铝硅公司加快推进代建项目，人工湿地一期和二期均投入使用，并完成项目验收和移交；完成雅苑安置区二期项目勘察、设计、监理等代理机构比选；持续推进捷足公司股权相关事宜，因捷足公司供应商（债权人）向法院提交破产清算申请，法院已判决裁定。公司追偿浙江和之家工贸有限公司的担保责任，向眉山市东坡区人民法院提起诉讼，并于8月取得胜诉，判决对方支付转让款及相应利息。

（刘 斌）

商贸业

COMMERCE AND TRADE

国内贸易 / 对外经贸 / 粮食商业 / 石油商业 / 烟草专卖 / 盐业专营 / 供销合作社经营 / 会展和节会活动

国内贸易
Domestic Trade

【概况】2020年,眉山市有规模(限额)以上服务业单位622家,其中规模以上服务业企业116家、限额以上商贸单位506家(其中限额以上商贸企业298家)。

【服务业发展】眉山市全年服务业增长4.9%,比全省平均水平高1.5个百分点,增速位列全省第2位;服务业增加值673.3亿元,较"十二五"末扩大1.3倍;服务业增加值占GDP比重47.2%,较"十二五"末提升9.7个百分点,成为国民经济第一大支柱。全市68个市级三产重点产业项目完成投资247.7亿元,完成目标任务123.96%。眉山市委、市政府被表彰为"四川省促进服务业发展工作先进单位",四川省委主要领导、商务部领导对眉山服务业发展工作给予肯定。"十三五"期间,眉山市三次产业结构从2016年的16.7∶44.2∶39.1调整到2020年的15.7∶37.1∶47.2,服务业实现对制造业的赶超,成为经济增长的主要动力,初步形成以旅游度假、医疗康养、文化创意、高端教育为主导的"443"现代服务业体系。"十三五"期间,全市服务业增加值平均增速8.4%,高于全省1.5个百分点,高于全国1.8个百分点。

【内贸流通】眉山市全年实现社会消费品零售总额543.3亿元,增长-2.3%,增速比全省平均水平高0.1个百分点,排名居全省第8位,其中城镇社会消费品零售总额330亿元、增长-2.6%,乡村社会消费品零售总额213.2亿元、增长-1.9%。全市实现商品零售476.3亿元、增长-0.8%,住宿餐饮业实现餐饮收入66.9亿元、增长-11.8%。CCTV-2《生财有道》用时23分钟聚焦眉山夜间经济发展,东坡水街成为全国"网红打卡地"。

【电子商务发展】眉山市探索"无接触式配送""共享员工""线上不打烊"等新模式,开展生活必需品配送服务;打造"味在东坡""618"狂欢节,眉山获京

图62 2020年9月24日,全省"步步欢乐购"步行街促消费活动启动仪式在东坡印象水街举行

(市商务局供图)

2020年眉山市重点商超名单一览表

表13

序号	区县	单位性质	名称
1	东坡区	企业	宏远商场(小北街店)
2			宏远商场(盖丽店)
3			宏远上铖超市有限公司(盖丽店)
4			宏远上铖超市有限公司(华陆店)
5			四川永辉超市眉山万景追梦城店
6			四川永辉超市大润发店
7			成都伊藤洋华堂眉山店
8			沃尔玛
9			万景追梦城
10			眉山万达广场
11			宏远上铖超市盖丽店
12			眉山大润发商业有限公司
13			好又多
14			鲸品汇
15	彭山区	企业	彭山美家好商贸有限公司
16			希望城
17			四川建伟伟业商贸有限公司
18	仁寿县	企业	仁寿国贸有限责任公司
19			四川惠乐美家好商贸有限责任公司
20			仁寿县佳惠超市
21			永辉中铁仁禾广场店
22			仁寿县富中超市
23		个体	仁寿县文宫镇赛购超市
24			仁寿县汪洋镇宜家园超市
25			仁寿县文林镇万全商场
26	洪雅县	企业	洪雅县家家乐商贸有限责任公司
27			洪雅邻你商贸有限公司
28			四川德惠商业股份有限公司洪雅分公司
29		个体	洪雅县新世联华超市
30	丹棱县	个体	丹棱县蓝天超市
31			丹棱县家乐购超市
32	青神县	个体	青神县双双超市
33			青神德麦盛生活超市

2020年眉山市城市商圈情况表

表14

区县	名称
东坡区	雕像国际商圈
	万达广场商圈
	万景国际商圈
彭山区	四川建伟伟业商贸有限公司
	希望城
	锦江·大学城
仁寿县	中铁仁禾购物广场
	仁寿县怡和春熙步行街
洪雅县	雅康世纪广场
	汇金天地
	财富广场
丹棱县	丹棱县万景大雅城
青神县	青神万景商圈

2020年眉山市建成区集贸市场一览表

表15

区县	序号	市场名称	地址
东坡区	1	眉东大市场	东坡区红星路119号
	2	城东农贸市场	东坡区大东街107号
	3	学道街市场	东坡区学道街
	4	新街市场	东坡区落虹巷
	5	宝华寺市场	东坡区宝华街50号
	6	城北市场	东坡区一环北段153号
	7	通惠街市场	东坡区通惠街
	8	眉象路市场	东坡区眉象路中段
	9	星野市场	东坡区瑞莲街86号
	10	火车站市场	东坡区铁环路
	11	眉山大市场	东坡区新区彭寿街
	12	文安市场	东坡区长庚街439号
	13	启明星市场	东坡区江月路68号
	14	金鑫市场	东坡区金鑫西街89号
	15	岷东新区农贸市场	岷东新区青神路2号
	16	象耳农贸市场	东坡区象耳镇五里墩街
彭山区	17	彭溪综合农贸市场	彭山区寂照街
	18	城西市场	彭山区张纲路236号
	19	城南市场	彭山区古城南路
	20	龙门桥综合市场	彭山区彭溪街道

东生鲜“618”全国城市成交额增速榜TOP1；参与商务部在四川举办的电商专家下乡活动，开展电商云课堂培训7次；推荐报送农商项目10个，通过省上评审项目7个，争取到位资金309.18万元；推进农村电商示范建设，镇村电商服务网点覆盖率100%，青神县再度入选国家级电子商务进农村综合示范县；持续举办“云推介”和网络直播活动，丹棱县推广县长直播带货，半小时3 500单，售出不知火0.75万公斤。全市全年实现网络交易额261.14亿元，同比增长5.38%，高出全省平均增速7.07个百分点；实现网络零售额105.86亿元，稳居全省第4，同比增长15.32%。

【家政服务】 眉山市全年培训家政从业人员3 619名，1 200人培训后走上家政职业岗位；完成国家级服务业标准化试点项目，构建起以通用基础标准为基础、以服务保障标准和服务提供标准为主体、以岗位工作标准为支撑的“苏小妹”家政服务标准体系，共121项标准，其中采用上级标准27项、自编标准94项，于4月发布实施，项目通过最终验收；完成商务部家政服务信用信息平台建设目标任务，平台录入企业26户、家政服务人员3 238人，通过验证授权人数1 958人，其中录入建档立卡家政服务人员312人，完成验证授权人数152人。

【农贸市场升级改造】 自2018年9月起，眉山市商务局牵头，东坡区、彭山区人民政府和岷东新区、金象园区管委会具体负责，分别对辖区内20个农贸市场升级改造，其中东坡区14个、彭山区4个、金象园区和岷东新区各1个。截至2020年底，除因东坡区金鑫市场不销售农产品而不列入达标市场以外，其余19个市场全部达标投运，达标率95%，为眉山市成功创建国家卫生城市做出贡献；在中心城区打造的7个大型商场、9个大型超市、2个非星级宾馆等创文点位，确保眉山市全国文明城市首创即成。

【商贸系统安全风险管控】 眉山市商务局按照“党政同责、一岗双责”要求，调整市商务局安全生产领导小组，修订完善安全生产责任制；组织线上线下消防安全培训，指导开展消防安全应急演练12次，召开全市商务系统安全工作会议2次；以安全生产清单制为抓手，完善商务系统安全生产管理手段，构建商务系统“1＋7＋N”行业监管责任体系，推动企业建立健全全员岗位安全生产责任制；开展安全生产专项整治8次，督查安全工作6次，安全检查20次，逐步建立完善风险“常态研判、动态管控”和隐患“每日排查、动态清零”制度；对重点监管的23家商贸企业，开展安全风险辨识管控，形成安全风险管控两张清单。全市商贸领域无重大安全风险和重大安全隐患，遏制重特大事故，商贸领域安全生产持续稳定。

【“消费促进季”活动】 眉山市开展“消费促进季”活动，全年政府投放消费券5 160万元，拉动消费15亿元，在全省率先将石油、汽车纳入消费券支持范围；指导商家抢抓“十一”黄金周等消费档期，开展商业促销活动1 600场。眉山天府新区与苏宁易购合作投放1 000万元举办网络促销狂欢节，东坡区创新推出苏小妹儿抖音直播发券，彭山区、青神县把消费券范围扩大到商超，洪雅县把消费券与景区结合。

（黎　亮）

对外经贸
Foreign Economic Trade

【概况】 2020年，眉山天府新区获批国家级进口贸易促进创新示范区，获批全省五个对外开放法治示范区试点创建单位之一；乐山海关正式入驻眉山市市民服务中心，保税物流中心（B型）项目开工建设。

【营商环境优化】 眉山市商务局向省税务局争取汇报，率先在新兴态行业制度创新上取得突破，联想拉卡拉成为全省税收委托代征申报首个试点；协同改革先行区已复制推广自贸区“企业登记套餐式”“企业简易注销”“企业名称自主申报”“模拟审批”等18条经验，创新平台经济集群注册登记、平台经济税收代征等5条经验；开展“一窗全科无差别”服务和“一窗”办结业务600件，缩短企业开办注册时限，从申请到出证30分钟办结，工程建设项目审批时间最短缩至14.5天，“一次都不用跑”办结率100%；在全市率先实行“一支队伍管执法”，形成综合执法能力。

【外贸进出口】 眉山市有进出口实绩企业137户，进出口总额39.51亿元（其中出口22.4亿元、进口17.11亿元），排全省第7位，排位提高2位；同比增长12%，增速居全省第8位，排位提高9位；在成德眉资4市中总量排位第3位、增速排第2位，在成都都市圈8市中总量排位第5位、增速排第3位。眉山市贸易伙伴遍及6大洲94个国家和地区，与亚洲贸易往来最多，进出口总额30.76亿元，占全市进出口总额77.85%，其中以日韩两国为主，进出口15.4亿元，占全市进出口总额38.98%。眉山市出口产品以化工、机械为主，出口12.12亿元，占全市出口总额54.11%；进口以设备、矿产品进口为主，进口15.15亿元，占全市进口总额88.54%。

【国际经贸交流】 眉山市组织企业参加第127届、第128届云上广交会，15家企业参展，涉及农业、智能制造、批发与零售业等领域，与10个国家20家客户建立联系，成交金额约420万元；组织37家企业参加第三届中国国际进口博览会，两批158人次的党政代表团到上海观摩学习，并开展眉山市招商引资专场推介和重点企业拜访等专项活动。

【成德眉资商务协同发展】 眉山市商务局推动眉山宏远上铖超市拓展成都市场，已在武侯、双流、高新、天府新区及新津开设15家店；推荐眉山市5家行业龙头企业、2家行业协会加入成都市现代商贸产业生态圈联盟并作为成员单位；联合成都、德阳、资阳商务局共同印发《关于成德眉资振兴老字号工作计划》，促进完善成德眉资老字号协同发展支持体系。郫县豆瓣、成都花中花等30家餐饮企业及食品公司到眉山市参加第十二届泡博会暨第三届世界川菜大会。成都红旗连锁、国莎实业等20家企业考察眉山川南酿造、老坛子、李记酱菜等企业，达成10多项合作意向。年底，成德眉资商务系统共同召开现代服务业协作和自贸区（协同改革先行区）专项合作组筹备工作会议，会后印发《专项合作组工作规则》。成都益民生鲜与眉山市圣丰农商达成合作意向，拟共建农产品批发市场。成都白家、蒙阳批发市场与圣丰农产品批发市场形成长期合作。

【四川自贸试验区眉山协同改革先行区建设】 眉山市商务局于7月13日以市政府名义出台《关于印发中国（四川）自由贸易试验区眉山协同改革先行区建设实施方案的通知》，以“清单制＋责任制”方式明确4大板块74项具体任务；7月29日，以领导小组办公室名义印发《中国（四川）自由贸易试验区眉山协同改革先行区2020年工作要点》。眉山市新签约通威集团全球创新基地、启迪天府新区科技城、四川天府小猪佩奇小镇、上海丰树（眉山）天府新区现代物流中心、海灏西南总部基地及现代农业科技创新产业研究院、眉山未来显示科技示范园（一期）、四川天府新区玉湖城、香港皇权集团IFC国际时尚城等全国全省有重大影响力的项目20个，协议总投资超1 000亿元；新立项重大产业项目31个。

（黎　亮）

图63　十二届加博会期间，眉山市与东莞市就加工贸易梯度转移签订政府间合作的框架协议

（市商务局供图）

粮食商业
Grain Commerce

【概况】 2020年，眉山市贯彻落实国家粮食安全战略，履行全社会粮食流通管理职责，完成各项目标任务。在2020年度粮食安全省长责任制考核中，眉山市人民政府被省粮安考核办评为优良单位。

【粮食调控】 眉山市全年总购进粮食259.4万吨、总销售粮食70.66万吨，油菜籽总购进2.12万吨、食用油销售3.06

万吨，工业总产值实现146.2亿元；完成市级储备粮稻谷轮换7 700吨、小麦11 695吨、菜籽油800吨，完成省级储备粮稻谷轮换8 971吨、小麦5 000吨、菜籽油3 090吨；制定印发《眉山市储备粮油轮换管理制度》，拨付市级储备粮油费息补贴1 192.72万元，轮换费用430万元；疫情期间落实应急小包装大米储备6 400吨、菜籽油640吨储备任务，后经调整最终确认为小包装大米5 900吨、菜籽油600吨；制定《眉山市超标稻谷处置方案》，出库超标稻谷10 072吨，未出现不合格粮食流入口粮市场现象；为四川彭山凤鸣国家粮食储备库争取到省级储备稻谷指标5 000吨，为仁寿国家粮食储备库争取到省级储备小麦指标1万吨；向国家、省粮食和物资储备局报送粮油价格监测104次，向省发改委报送生活物资保障进展情况93条，向省粮食局报送粮油加工信息日报153条，向市疫情指挥部报送疫情防控进展158条；开展2019年度粮油供需平衡调查，完成粮食流通统计；与攀枝花市开展产销对接，签订购销合同，取得良好效果。

【粮食重点项目建设】 眉山市完成东坡区、彭山区、青神县2019年"优质粮食工程"粮食质量安全检验检测体系建设项目，总投资1 710.55万元，累计完成投资1252.6万元，建成标准化实验室1 610平方米，配置仪器设备138套，有效改善县（区）粮食质量检测条件；完成丹棱城关省粮食储备库2019年度粮食安全保障调控和应急设施中央预算内投资3万吨仓储设施项目，总投资3 900万元，累计完成投资2 837万元；完成青神县2019年粮食产后服务体系建设项目，总投资60万元；完成全市粮库智能化升级改造24个项目，实际总投资1 643.3万元，建设仓容42.02万吨，基本实现省、市、县、企业互联互通；持续推进8个低温储备库项目，总投资2 789.1万元，累计完成投资1 817.936万元，建设仓容11.33万吨。丹棱县争取到2020年促进粮油产业高质量发展项目资金570万元（示范县500万元、仓顶阳光70万元）。

【粮油产业发展推进】 眉山市16个粮食产后服务中心，粮食日烘干处理能力2 500吨，自建成以来为农民烘干粮食30万吨，助农增收4 500万元；鼓励以宝家粮油为代表的放心粮油企业创建绿色优质粮油生产基地，发展放心粮油"产收储加销"一体化全产业链经济；辖区企业与黑龙江、山东、河南、湖北、江苏等粮食主产区构建长期稳定粮食产销合作关系，以优质粮食满足人们多元需求，有效保障市场粮食供应。

【疫情期间粮油保供】 面对突如其来的新冠肺炎疫情，眉山市人民政府市长定时召开指挥部调度会议，听取情况汇报，分析解决粮油生产、运输、疫情防控方面遇到的困难和问题；市政府分管市长多次主持召开全市疫情应急指挥部生活物资保障工作会，安排部署保供稳价工作。眉山市出台实施《眉山市应对新型冠状病毒感染的肺炎疫情粮油应急保供方案》《眉山市应对新型冠状病毒感染肺炎疫情生活物资保障工作协调机制》《眉山市应对新型冠状病毒感染肺炎疫情主要生活物资保供稳价工作预案》；对加工企业、超市和放心粮油店开展检查指导，对超市、批发市场、农贸市场加强价格监测，及时向市场投放储备粮油等，为应急保供奠定基础。

【粮食安全责任制落实】 眉山市粮食安全市长责任制考核工作组办公室牵头考核天府新区眉山管委会、6个县（区）人民政府2018年度落实粮食安全责任制情况。经县（区）人民政府自查、市考核组抽查和综合考评，天府新区眉山管委会、6个县（区）人民政府落实粮食安全责任制均达优秀等次。

【粮油质量安全监督检查】 眉山市发展改革委先后按照市政府、省粮食和物资储备局安排，2次开展全市政策性粮油数量和质量大清查，全市检查19家地方政策性储粮企业，检查粮食249 261吨（包括小包装大米折合原粮）、菜籽油11 058吨（包括小包装菜籽油），检查仓间260个（其中静态仓156个、熏蒸仓47个、动态仓13个、成品粮货位40个、菜籽油货位4个），普查发现问题隐患153个，检查组将问题形成整改台账，现场与相关县（区）发改局、粮食企业交换意见并填制《检查发现问题及整改汇总表》，明确整改时限、整改措施、整改部门及责任人，并由企业负责人签字、盖章确认；开展粮食流通监督检查、政策性粮食出库检查、夏粮收购检查、统计制度落实情况检查、市级小包装应急储备落实、最低收购价收购等专项检查，并结合"味在眉山"粮油产品发展和"放心粮油"示范工程建设，开展粮油质量安全监督检查，执法检查80次，纠正不规范储粮管理行为21例，维护全市粮食流通市场秩序，尤其在元旦、春节等重要节假日期间，保障市场粮油供应、价格基本稳定，未出现断档脱销现象。

【粮食和物资日常管理】 眉山市发展改革委坚持储备粮油规范化管理，落实"一规定两守则"，建立安全生产责任清单44份，市级开展储粮安全和安全生产检查89次，发现整改一般隐患122处。全市粮油"四无"（粮食无害虫、无变质、无鼠雀、无事故，油脂无变质、无混杂、无渗漏、无事故）比例100%，粮油储存安全、品质稳定、账账相符、账实相符，做到"一符三专四落实"，实现规范管理出效益。眉山市粮油监测站抽检储备粮油、小包装成品粮和放心粮油样品108个，粮食质量符合国家标准、适宜储存。

【物资储备】 眉山市发展改革委根据眉山市地质结构、区域特点，已建成救灾物资储备库5个、乡镇应急物资储备点47个，储备帐篷2 024顶、棉被17 160床、折叠床3 778张、棉大衣8 730件、棉衣裤4 084套等价值1 161万元的救灾物资，可满足1.2万名受灾群众物资需求；坚持"属地优先、就近调拨、全市统筹"原则，建立高效调度体系，全年分批次向疫情防控和救灾一线调拨帐篷1 766顶、折叠床1 773张、棉被15 612床、棉大衣7 573件等价值约648万元的救灾物资；遵循科学管理、保障有力原则，实行专人负责、专账管理，确保物资分类存放有序、标识清楚、账物相符。

（李旭平）

石油商业
Oil Business

【概况】 2020年，中国石油天然气股份有限公司四川眉山销售分公司（以下简称中石油眉山销售分公司）实现油气销售总量30万吨、与2019年持平，非油店销收入5 956万元、同比增长39.76%，实现营业总收入19.18亿元，上缴财政税收1 566万元；安全环保实现“四零”目标，总体保持和谐稳定。7月，公司作为成品油供应服务行业的代表，获“眉山市优秀服务业企业”称号，并连续获评省级文明单位。“十三五”以来，公司资产总额从3.48亿元上升至7.61亿元，网点占比由“十二五”末的27%提高到31%，油气总量较“十二五”末增长22%，非油店销收入较“十二五”末增长149%，人均销量较“十二五”末增长6.35%；统筹实施加油站环保沟、隔油池及双层罐改造计划，安全发展、绿色发展进一步落实；纵深推进风险防控体系建设，梳理重要风险管控点，制定多项制度、流程，风险管控有力强化；加速推进基于高清视频、车牌识别和客户消费习性的“大数据”应用软件开发，加油站运营管理更加高效。

中国石油天然气股份有限公司四川眉山销售分公司党委书记：李俊（9月任职），总会计师：张路（12月任职）。

【加油网点建设】 中石油眉山销售分公司全年开发项目4个、落地项目4个、投运项目6个；加速千秋、天宫合资合作项目施工进度，确保2座服务区加油站顺利投产；探索充电业务、LNG替代能源，完成天宫驿站服务区、东坡城东加油站、青神新城西加油站新能源汽车充电桩建设，并取得环天府新区物流园区LNG清洁能源示范项目、5个眉山市“十四五”LNG加气站定向规划布点；收回被非法侵占8年之久的洪雅奇运加油站，并办理完成关键经营证照，在12天内实现撬装加油设备原址投放；完成仁寿城东加气站输气管道改道、设备设施二次维修、输气管道接驳等工程，让沉睡10年的加气站合法合规正式投入运行。

【石油公司转型发展】 中石油眉山销售分公司组织开展“中油优途”进政府部门、进企事业单位、进优质社区等推广活动，让“互联网+”安全、快捷的方式深入人心，顾客不下车就能享受集加油、开票、洗车、商品送货上门等一体化服务；与市总工会、邮政、邮储等单位洽谈，联合开展工会会员互惠活动，平台资源更加丰富；与眉山市商务局联合开展“你购车，我送油”加油卡发放活动，彰显公司品牌形象、服务水平；深入贯彻落实党的十九大精神，实施乡村振兴战略，引入眉山系列泡菜、龙眼酥、丹棱桔橙、洪雅藤椒等品牌土特产品上架销售，并利用四川中石油线上平台——“中油优途”同步推广销售，助力地方特色产业做大做强，开辟“东坡味道”千亿产业新渠道；将东坡文化、青神竹艺等本地文化元素融入加油站文化打造，发挥中石油平台推广作用，让社会大众更深地了解眉山文化、热爱眉山文化。

【石油公司经营服务】 中石油眉山销售分公司把握“短周期、小趋势、波段式”的市场特征，系统梳理批发重点客户数据，整理出“流失客户”和“重点维护”两张清单，组织专人走遍5个片区，走访客户，深入了解客户需求；持续跟进辖区扶持复产复工的政策、措施，“一客一议、一户一策”取得多个重点工程、大客户用油订单；开展惠民优质服务、开通送油上门专属直通车，送油到工地、到田边；实行网格化管理模式，逐站梳理对接客户需求，灵活做好优惠宣传和服务保障；解决高峰期人员排班、现场加油车辆排队等问题，推行视频监控、现场检查、夜间巡查、神秘顾客访问相结合的“四位一体”稽查机制，强化员工规范服务和操作技能培训，提升加油站客户服务质量和现场管理水平。

图64 送油上门专属直通车服务 （中石油眉山销售分公司供图）

【石油市场稳固】 中石油眉山销售分公司聚焦眉山市加快推进成渝地区双城经济圈建设、“千亿级”产业建设、城市建设、交通建设等重大规划，优化资源配置、供给，灵活调整油品出库地点、增加运力、强化对配送计划和车辆调度的过程管控，确保各时段配送计划落实到位，保障市内各单位、重点项目、重点工程用油需求；严格把控油品出库、运输、接卸关，保证专车专运、专罐专储，从源头和过程上把好质量关，确保油品质量100%合格；协同中石化、壳牌等单位，对市场内无秩序的“价格战”和“黑油”泛滥等问题研究对策，共同维护市场良好发展环境；秉承对人民群众安全负责、对生态环境保护负责、对净化辖区市场负责的责任意识，加强对成品油市场监控，获取市场乱象的切实信息，向当地政府监管部门报告，配合开展突击查处，确保市场乱象得到有效遏制。

【石油风险防控】 中石油眉山销售分公司制定《安全管理人员履职尽责实施办法》，完成《安全管理责任清单》编制，准确划分公司、片区、油站和班组各级管理职责，推动各层级、各岗位人员知责履职、正确履职；疫情期间成立应急领导小组，协调配齐防疫物资、宣贯防疫知识，严格实施防控措施不懈怠，实现“零感染”“零疑似”“零确诊”目标；持续推进隐患治理，全年开展安全环保、质量计量、施工作业等检查337次，发现隐患、问题996项，整改947项；编制完成《安全生产专项整治行动三年计划实施方案》，部署各项工作措施，组织直线部门和属地单位按周期要求执行到位；传达并组织片区、加油站学习"安全生产月"文件,推动基层员工树牢安全发展理念;组织机关、片区与当地消防大队联合开展火灾消防模拟演习,加强地企联防联控,提升公司消防应急能力。

(彭新竹)

烟草专卖
Tobacco Monopoly

【概况】 2020年,眉山市烟草专卖局(四川省烟草公司眉山市公司)辖东坡区、彭山区、仁寿县、洪雅县、青神县、丹棱县6个县级烟草专卖局(分公司)以及1个物流中心,有从业人员329人。全市全年销售卷烟45.4亿支(9.08万箱),同比增加396.31箱,增幅0.44%;销售收入35.15亿元(含税),同比增长1.78亿元,增幅5.33%;实现税利9.6亿元,同比增4 757.24万元,增幅5.21%;销售川烟2.77万箱,同比增加802.63箱,增幅2.9%。

眉山市烟草专卖局(四川省烟草公司眉山市公司)局长、经理:四朗彭措。

【烟草市场监管】 眉山市持续推进烟草专卖打假打私,持续在涉烟违法大要案件侦办上发力,全年查获5万元以上案件53起,结案认定2起一类网络案件,刑拘15人,逮捕13人,直诉5人,判刑16人,涉案金额1 306万元,其中"2·1"厅督案为全省近十年首例航空运输假烟案件;整治违法违规大户77户,其中限量或停供6户、取消经营资格4户、其他67户;开展烟草专卖法律法规培训6场、知识测试与竞赛2场,组织开展学法活动104次、参训人员5 000人次,评审合同298份,评查处罚案卷181个、许可案卷120个,审查备案112个重大行政处罚案件,通过四川省烟草专卖局(公司)"七五"普法验收。

【烟草物流发展】 眉山市致力精益、现代、绿色的卷烟物流配送,立足"高效、平稳、和谐"工作总基调,促进卷烟物流发挥"敢为人先的开拓精神、不怕苦不怕累的敬业精神、精益求精的工匠精神",全年配送卷烟9.08万箱,配送38万户次,出动车辆5 293台次,安全行驶56万公里;安全回收资金35.16亿元,非现金结算率100%,准时到货率、货款回收率均为100%,送货破损率、送货差错率、客户投诉率均为零。

【卷烟营销服务】 眉山市顺应卷烟营销市场化取向改革,运用现代营销方法,推进卷烟营销数字化转型升级,探索构建面向消费者的现代营销体系;纵深推进营销网建,推进网上结算,网上结算客户8 481户、占比95.84%,电子结算率实现100%;推广零售终端二维码及"红码管家"APP,注册"红码管家"用户8 836户,占有效客户数99.85%;安装智慧收银机261户,月使用率100%;建成自律小组543个,覆盖客户8 199户,占比94.21%。

(付　玉)

盐业专营
Salt Monopoly

【概况】 2020年,眉山市经济和信息化局按照《食盐专营管理办法》,按照《四川省经济和信息化厅办公室关于贯彻落实国家三部委要求进一步加强食盐专营管理有关工作的通知》,加强食盐专业化监管、完善食盐定点企业资质管理、规范食盐定点企业生产经营行为、保证合格加碘食盐供应、落实食盐储备和应急管理、规范食盐电子商务、加大食盐政策宣传力度。

【食盐监管】 眉山市经济和信息化局针对疫情防控食盐供应的特殊情况,为确保食盐安全保供,对食盐储备和社会食盐市场开展检查,维护正常的食盐流通秩序,疫情期间全市食用盐市场销售正常、无抢购,价格和年前一致、无波动;2月会同市市场监管局对全市重点食盐批发企业开展专项检查,抽检食盐3个批次,重点检测亚铁氰化钾(以亚铁氰根计)是否超出国家标准允许范围,经检测全部符合国家标准;9月会同市市场监管局开展秋季联合执法检查,检查规范大型商超、副食品批发店、各食盐经销点的购销台账、仓储管理、票据留存、库房卫生等环节。

【碘缺乏病防治宣传】 5月15日,眉山市经济和信息化局协同市卫生健康委及盐业公司等单位联合开展以"众志成城战疫情,科学补碘保健康"为主题的"防治碘缺乏病日"宣传活动,向群众普及预防碘缺乏病知识,倡导科学补碘健康生活方式,提高群众食用碘盐、科学补碘以及自觉抵制假盐意识。

(沈财军)

供销合作社经营
Supply and Marketing Cooperatives Operation

【概况】 2020年,眉山市供销系统各项经济指标保持稳定,实现销售额79 133万元,利润总额560万元,农副产品购进总额23 170万元。全市有基层社139个,覆盖率100%;有综合服务社1 017个、同比增加3个,专业合作社114个、同比增加5个。

【供销综合改革】 眉山市供销社指导区县供销社联合会建立完善内部规章制度,组织架构基本完善,理事会主任配齐配强,工作人员到位;在监事会主导下,完善供销社内审工作制度。眉山市供销社和彭山区、仁寿县、青神县供销配置监事会主任,设置监事会办公室,配齐办公室工作人员。仁寿县供销社加快推进仁寿三帮会计服务有限公司"帮村理财、帮社记账、帮民办事"相关业务。

【农资供应】 眉山市仁寿绿园农资服务中心是全市供销社入股领办的重点农资企业,是"传统供销人"建立起来的新型供销企业,注册资金1 000万元,覆盖化肥、农药、种子和农膜回收等经营,开展技术培训、农技推广、土地托管代管等一体化服务,是一家综合型农资经营企业。仁寿绿园农资服务中心建立完善的售前、售中及售后一体化服务体系,外聘农技专家成立专业的农技服务团队,开展新技术新产品推广、农技知识普及、指导科学种植的全托管、半托管服务,全年技术半托管种植1万亩。仁寿绿园农资服务中心经营的农资涵盖国内外所有知名品牌,全年销售额首破亿元。

【农村流通网络建设】 眉山市供销系统

通过培育壮大工程完善基层组织网络，夯实基层基础、创新体制机制、推进联合合作，成功申报省级和国家级农民专业合作示范社各1户，新增农民社员5 000人，完成改造提升薄弱基层社4个，三大配送平台（粮油、日杂、农资）及超市网点建设近4 000个，逐步开展村集体经济代理记账在6个乡镇的试点。

【农村社会化服务体系建设】 眉山市仁寿三帮会计服务有限公司隶属仁寿县供销合作联合社，专注开展仁寿县代理记账业务，服务内容包括帮村记账、帮社理财、帮民办事。公司完成仁寿县供销社内部公司与农民专业合作社等新型农村经营主体的项目专项清理建账16个，完成清理资金总额300万元；专合社代理记账客户6家、小企业代账客户1家、供销社控股参股企业14家。2月底，公司在凉山州越西县组成项目小组，完成越西县208个贫困村集体经济与专合社2016年至2020年5月建账清账代账及村集体财务基础知识培训，并参与越西县会计服务中心建设。7月，公司业务人员到凉山州金阳县协助靖轩总公司专业团队处理全县34个乡镇176个村和153个专合社资料补充完善。

【"四川扶贫"集体商标】 自2018年8月四川省人民政府成功注册"四川扶贫"集体商标以来，全市供销系统开展"四川扶贫"商标申报宣传，召开扶贫商标申报专题培训，利用公众号推广"四川扶贫"商标10期，累计64户企业成功申请使用"四川扶贫"商标，使用单品110个。眉山市供销社为扩大"四川扶贫"用标产品影响力，结合"四川扶贫"产品开展慰问援鄂医护人员活动，受到社会好评；持续助推扶贫产品，带动线上销售及长期合作。

（黎　亮）

会展和节会活动
Exhibitions and Festival Activities

【概况】 2020年，眉山市举办泡博会、竹博会等品牌展会，组织眉山企业参加国内知名展会，提升"眉山造"系列产品的知名度和美誉度；组织企业参加2020"味美四川"川派餐饮活动周、茶博会、旅博会等重大展会活动超过1 000户次，推动眉山竹等特色优势产业转型升级和竹编、竹钢、东坡泡菜等"眉山造"产品开拓国际国内市场，扩大眉山的朋友圈，展现眉山的开放新形象。

【会展业发展】 眉山市把创新发展现代会展业作为四大高效率都市生产服务业重点打造，全市拥有眉山会展中心、青神国际竹产业展览中心、眉山天府新区商务会展中心三大会展中心，总投资9.04亿元，建筑面积8万平方米；引进国内外知名会展企业与眉山市企业合作在眉山设立专门的会展企业，并加强对眉山市专业人才培养。

【中国进出口商品交易会】 6月15日、10月15日，第127、128届中国进出口商品交易会分别在"云端"举行，是自新冠肺炎疫情发生以来最大规模的全球性贸易盛会。两届广交会，眉山有李记酱菜、川南酿造、鸿浩天富、巨森鞋业、瑞华五金、与美食品、丹甫环境科技、明宏光学科技等15家企业参展，涉及农业、智能制造、批发与零售业等领域，与印尼、越南、澳大利亚、荷兰、美国等10个国家20家客户建立联系，成交金额约420万元。

（黎　亮）

【2020中国国际竹产业交易博览会】 11月2—7日，2020中国国际竹产业交易博览会在眉山市青神县举行。本届竹博会升格为国家级展会，邀请到国家部委领导和省领导8人以及国际竹藤组织总干事、喀麦隆大使、塞浦路斯大使等国家驻华使节11人、厅级领导66人，邀请到"五大洲"10个国家（地区）、20个省（市）参展商和采购商1 310家。展会期间，国内四川、浙江、福建、江西四省14个竹产业发展重点地级市共同发布《眉山宣言》，建立全国首个中国竹产业高质量发展联盟。本届竹博会促成招商签约项目27个，签约总金额193.05亿元、较2019年增加10亿元，现场成交额6 800万元、较2019年增加1 000万元。

（欧　磊）

【第三届中国国际进口博览会】 11月4日，第三届中国国际进口博览会在上海举行。眉山市组织37家企业参加，组织两批158人次的党政代表团到上海观摩学习，并开展眉山市招商引资专场推介和重点企业拜访等专项活动。在四川省国家级经济技术开发区产业链全球合作对接会上，眉山市委主要领导出席并作眉山专题推介，获得与会人员极高评价，并引发媒体热议，商务部副部长王炳南接见眉山党政代表团，青神竹编《横绝峨眉巅》在国家会展中心（上海）永久陈列。

（黎　亮）

【第十二届中国泡菜食品国际博览会暨第三届世界川菜大会】 11月16—22日，第十二届中国泡菜食品国际博览会暨第三届世界川菜大会在眉山市联合举办，吸引日本、韩国、俄罗斯等18个国家的63家企业驻华代表参展，重庆涪陵、阿坝茂县、雅安宝兴等7个国内友好城市41家企业应邀参展。大会以"健康美味·世界共享"为主题，展览设立食品专业展馆5个，总面积3万平方米；设置专业采购商及媒体开放日、"千品千味"采供对接等系列活动，特邀专业采购商、展销商350名，促成贸易签单142宗，总金额45.47亿元。大会坚持线上线下、场内场外全场景融合、多点位展示销售，线上在京东官网设置泡博会专栏，结合"双11"开展"味在眉山"系列产品同步秒杀活动；线下设立"寻味眉山""泡博连连看"和VR-AR互动等活动，并在北京、重庆、成都、海口四地开展系列产品同步展销，线下活动销售金额7 398万元，较上届增加5 438万元，同比增长277%。大会接待客商、游客超38.2万人次，拉动地方旅游经济3 400万元。中国轻工集团、联合利华等370家知名企业参观考察眉山"中国泡菜城"、千禾产业园等产业地标。眉山市人民政府与中国农科院签订合作协议。总投资260亿元的中国科学院·生命科学大健康产业园、总投资103亿元的眉州东坡·世界川菜园等29个项目落户眉山，协议引资481.54亿元。其中，第三届世界川菜大会举行2020全球川菜产业发展高峰会议暨全球餐饮业侨领云端会议等系列活动26场，宣传海报登上纽约时代大厦，线上吸引超1亿人次关注。

（王　飞　黎　亮　张旭东　杨　益　高　源）

【中国农业经济学会2020年学术研讨会】 11月28—29日，中国农业经济学会2020年学术研讨会在眉山市召开，来自全国各地农业经济领域的300名专家学者在总结“十三五”农业农村发展经验基础上，探讨“十四五”期间巩固脱贫攻坚成果、乡村振兴与农业农村现代化的方法与路径，特别是为四川“十四五”“三农”发展战略把脉问诊、出谋划策。同时，大会颁奖表彰中国农业经济学会年度优秀涉农研究论文。

【第十八届中国食品安全大会（年会）】 12月5—6日，第十八届中国食品安全大会（年会）在眉山市举行。大会由8个国家部委和四川省人民政府联合举办，第十届全国人大常委会副委员长、中国关心下一代工作委员会主任顾秀莲出席开幕式并作重要指示，6位部级领导、11个国家级协会负责人和中国科学院院士韩布兴、中国工程院院士赵春江到眉山参会，国家有关部委及协会组织、四川省级有关部门、各级食品安全监管部门、全国相关企事业单位代表、专家学者、企业代表、学习代表等嘉宾近600人参会。大会期间，召开眉山春橘推介会，签约褚橙农庄乡村振兴战略合作、宝能物流集团四川农产品运营中心等建设项目4个，意向金额37.5亿元；签约柑橘采购协议3个，意向金额1.67亿元。

（王　飞）

【第十二届中国加工贸易产品博览会】 12月17—20日，第十二届中国加工贸易产品博览会在广东省东莞市举行。眉山市作为加博会举办以来首个、也是本届唯一主宾市，其间市委副书记以“天府眉山，缘来有你”为题，推介眉山，向全世界发布投资邀请。眉山市在主展区设置“东坡故里　天府眉山”特装馆，展示眉山10户优势企业和近年来引进的部分重大项目，商务部部长助理出席开馆仪式并巡视眉山特装馆。眉山市与东莞市签署《加工贸易产业梯度转移合作框架协议》，眉山市人民政府副市长出席成果发布会，并就眉山市与东莞市签署加工贸易梯度转移的重要意义以及眉山市在承接加工贸易产业梯度转移上的优势和愿景等问题接受记者提问。

（黎　亮）

旅游业

TOURISM

旅游业发展 / 旅游项目推进 / 旅游管理与服务 / 旅游营销与旅游节会 / 旅游景区选介

旅游业发展
Tourism Development

【概况】 2020年，眉山市文化广播电视和旅游局坚持一手抓疫情防控、一手抓恢复发展，以提振市场为重点，以融入“双城”为支撑，以眉山“新八景”为核心，以项目建设为抓手，着力打造环成都文旅经济带新兴增长极，加快推进文旅强市建设。眉山市文旅产业跑出疫后复苏“加速度”，7月旅游收入和接待游客数实现首次转正，全年实现旅游收入363.15亿元、接待游客3 994.78万人次。

【中国最美生态文化旅游城市申报】 7月，眉山市向中国城乡融合与文旅振兴发展论坛组委会提交“中国最美生态文化旅游城市”申报材料。经组委会专家团综合评审，认为眉山市深厚的历史文化底蕴、丰富的绿色生态旅游资源、独特的旅游文化以及在实践中所营造出的良好全域旅游休闲度假环境，实现旅游的可持续发展，在中国旅游业有着重要影响力，授予眉山市“中国最美生态文化旅游城市”称号。

【四川省级全域旅游示范区创建】 眉山市文广旅局加快推进《全域旅游发展中体规划》编制，印发《关于加快推进全域旅游示范区创建的实施意见》，东坡区、仁寿县、洪雅县入围首批省级全域旅游示范区创建单位，东坡区通过第二批省级全域旅游示范区验收单位市级初审验收，青神县完成省级全域旅游示范区创建单位备案。

【文旅产业融合发展】 眉山市文旅系统坚持一手抓疫情防控、一手抓恢复发展，以提振市场为重点，以融入“双城”为支撑，以眉山“新八景”为内容，以项目建设为抓手，着力打造环成都文旅经济带新兴增长极，加快推进文旅强市建设、文旅产业融合发展，跑出疫后复苏“加速度”；出台《眉山文化旅游恢复发展计划》《促进文化旅游业健康发展十五条措施》，成功申报文旅融合示范项目补助资金800万元，全年实现旅游收入363.15亿元、接待游客3 994.78万人次。

【区域旅游合作发展】 眉山市以“双圈”“同城”为契机，扩面升级区域合作，成德眉资四市签订《2020年同城化发展文化广电旅游合作备忘录》，四市图书馆签订《“成德眉资”公共图书馆区域合作框架协议》，眉德两市文化执法支队签订《眉山与德阳旅游执法工作互动合作协议》，眉山与重庆大足、涪陵、渝北三区文旅委签订《文化旅游发展合作框架协议》；联合重庆、成都、德阳、资阳举办2020“文化四季风·音乐消夏”少儿才艺大赛，联合渝北区举办“绘就双城记 抒写巴蜀情”——眉山·渝北百名书画家作品展，联合成德资三市推出竹艺体验之旅等，同重庆大足、涪陵、渝北三区联合推出“川渝一家，人文相亲”研学之旅等六大主题精品旅游线路。

【乡村旅游发展】 眉山市文广旅局加快推进中法农业科技园、彭祖国际养生养老文化城、黑龙滩国际生态旅游度假区、中瑞（瓦屋山）国际山地旅游度假区、柳江文旅特色小镇、丹棱国家乡村公园等省、市重点乡村旅游项目建设，强力推进文宫枇杷小镇、仁寿西南第一村、丹棱县幸福谷乡村人文度假区、丹棱橘橙小镇、洪雅蜀山古村、六七山居等示范乡村民宿旅游项目建设，青神县青竹街道兰沟村、洪雅县瓦屋山镇复兴村、自新村和丹棱县齐乐镇梅湾村4个村列入省级乡村旅游重点村名录。全市全年完成乡村旅游项目投入12.2亿元，实现乡村旅游收入102.4亿元、同比下降13.4%。

【文旅招商引资】 眉山市文广旅局抢抓成渝双城经济圈建设机遇，深入落实市委、市政府“一市一地一区一城”发展战略，围绕“一区三带四基地”文旅产业发展布局，储备包装一批优质文旅项目，文旅产业发展后劲增强；新引进天府小猪佩奇小镇、维亚康姆国际文创城等重大文旅项目6个，计划总投资606亿元；深度挖掘眉山市优质文旅资源，编制《眉山文旅资源投资指南暨项目手册》，优选包装精品文旅项目34个，拟引资1 408亿元；组织参加第七届中国四川文旅投资大会，包装推荐的东坡文旅融合示范项目、李密故里文旅综合开发、青神三线记忆小镇等11个项目入选省级优选文旅项目。

【旅游品牌创建】 眉山市三苏祠、瓦屋山、七里坪度假区分别获“成渝十大文旅新地标”“巴蜀文化旅游走廊新地标”“成渝潮流新地标”，玉屏山创建为省级生态旅游示范区；彭山区彭祖故里景区通过AAAA级旅游景区景观质量评审，青神中岩景区、仁寿裸伊谷景区、东坡区大自然惠川景区创建为国家AAA级景区，丹棱天府橙都景区创建为国家AA级景区，全市A级景区总量达32家。眉山市文广旅局完成星级农家乐、乡村酒店复核清理，85家通过复核。

【特色旅游产品打造】 眉山市文广旅局组织参加全国文化和旅游创意产品开发推进活动暨首届四川省文创大会，包括文创大赛、文创精品展示等系列活动，大雅堂系列等11套文创产品被选入参加全四川文创精品展示，眉山市仁寿县臻鲜火锅底料被评为全省文创大赛实物类铜奖。雅女湖牌雅连系列获“2020中国特色旅游商品大赛”入围奖，竹纤维旅游餐具套装等3件（系列）获2020四川特色旅游商品评选金奖，素翁纸杯茶等7件（系列）获2020四川特色旅游商品评选银奖，彭祖祖养生系列等16件（系列）获2020四川特色旅游商品评选铜奖。

（张丛文）

旅游项目推进
Tourism Projects Promotion

【概况】 2020年，眉山市文广旅局实施文旅项目谋划、推进和服务三大行动，编制《眉山市文旅资源投资指南暨项目手册》，形成成渝双城经济圈重大文旅项目清单和“十四五”文旅发展规划重大项目清单。全市纳入省级重点文旅项目库投资额居全省第四名，在全省重点文旅项目推进电视电话会上作经验交流发言，被大会点名表扬。全市全年完成文旅项目投入115.7亿元，同比增长10.38%。

【乐高乐园项目建设】 乐高乐园项目位于眉山天府新区视高街道，总用地面积365亩，总投资30亿元，建筑面积15.9万平方米，主要建设乐高工厂、乐高积木世界、海盗岸、迷你世界、乐高城堡等

10个板块。项目于6月8日开工建设，2020年完成投入14.7亿元，项目展示馆、道路建成并投用。

【中国彭祖国际健康养老养生文化城项目建设】 中国彭祖国际健康养老养生文化城项目选址眉山市彭山区江口镇、武阳镇，主要由彭祖仙山景区、江口古镇（古镇保护开发和新建江口沉银博物馆）和江口水镇三个项目组成，规划占地面积65平方公里，总投资400亿元。江口水镇为商业地产项目，一期已开售，推动二、三期建设。2020年完成江口古镇保护性开发规划，沉银博物馆动工建设，启动基础设施建设。

【齐乐桃源国际旅游度假区项目建设】 齐乐桃源国际旅游度假区项目位于眉山市丹棱县齐乐镇梅湾湖、顺龙乡幸福古村区域，由陕西汉华产业集团投资，规划用地面积8 000亩，其中建设用地面积3 000亩。项目集观光农业、康养人居等综合服务为一体，总投入126亿元，力争3年内创建为省级旅游度假区、6年内创建为国家级旅游度假区。项目一期投资15亿元，规划建设范围800亩，其中建设用地300亩，规划建设文旅度假休闲业态商业配套、美学中心等项目，2020年7月道路景观启动建设。

（张丛文）

旅游管理与服务
Tourism Management and Service

【概况】 2020年，眉山市旅游行业积极应对疫情，加强防控，统筹做好复工复业，落实常态化疫情防控措施；强化安全生产，制定行业安全生产清单，落实行业管理责任和企业主体责任，开展大小长假和汛期、暑期等重点时段加强安全隐患排查整治，完善安全生产隐患排查台账；开展旅游品牌创建，加强培训，提升服务质量；联合公安、市场监管等部门开展旅游市场整治专项行动，打击“黑导”“黑社”、低价旅游等违法违规行为；开展文明旅游宣传和诚信体系建设，加强氛围营造；办理旅行社行政许可3件，受理旅游投诉35件，办结率100%。眉山市旅游服务质量稳中有升，旅游市场安全有序，没有发生一起重特大旅游安全事故。

【旅游行业管理】 眉山市旅游行业分类制定6项文旅行业复工复产指南，实现一类市场主体一个专业指南，出台《眉山文化旅游恢复发展计划》《促进文化旅游业健康发展十五条措施》。眉山市文广旅局积极争取纾困政策，其中黑龙滩国际生态旅游度假区项目获应对疫情纾困补贴——文旅资源运营主体融资利息补贴100万元，暂退11家旅行社旅游质量保证金156万元，支持眉山青年旅行社和印象国旅两家旅行社争取省文旅厅纾困资金22万元；牵头建立与市市场监管局、市交通运输局执法协作机制，发布打击涉旅市场乱点乱象的通告，联合开展市场检查。

【旅游人才管理】 眉山市文广旅局举办2020年眉山市导游（讲解员）线上比赛，选派2名选手参加全省导游大赛，三苏祠选手郑小利获三等奖；举办全市旅游饭店服务技能大赛，选派岷江东湖饭店4名选手参加全省旅游饭店服务技能大赛和中餐主题宴会比赛，曾令英获中式铺床项目单项二等奖和团体三等奖；组织全市首届研学旅行指导师技能大赛，选派2名选手参加全省研学旅行指导师技能大赛，邹莹和伍艳分别获一等奖和三等奖；培养乡村文旅能人，眉山市已有13人入选全省乡村文化和旅游能人库。

【旅游住宿管理】 眉山市文广旅局设立眉山市旅游星级饭店评定委员会，下设眉山市旅游星级饭店评定委员会办公室，负责全市旅游饭店质量等级评定等工作；召开酒店业疫情后运营座谈会，引导企业转型发展；完成2020年全市星级农家乐、乡村酒店复核，复核星级农家乐和乡村酒店203家，110家乡村酒店、星级农家乐取消星级称号，85家星级农家乐、乡村酒店通过复核，8家星级乡村酒店延迟复核；加强对全市星级旅游饭店和绿色旅游饭店经营管理、运营质量和安全的指导和规范，指导青神大酒店和江湾神木园通过年度复核省检。

【旅游市场规范】 眉山市文广旅局制定下发《关于规范全市行政审批工作的通知》，规范行政审批程序和审批流程，新审批3家旅行社（四川省益路同伴研学旅行有限公司、眉山三苏祠研学旅行有限公司、仁寿圣唐旅游有限公司），注销1家旅行社（四川星期天旅行社有限公司）；严格市场准入，推进全国旅游监管服务平台使用，旅行社全面使用电子合同；督促旅游企业诚信经营，要求旅行社签订“诚信经营承诺书”并在经营场所公示，规范旅行社合同签订、旅游车辆租用，指导研学旅行安全。

【旅游市场监管】 眉山市文广旅局牵头建立与市场监管、交通等部门执法协作机制，发布打击涉旅市场乱点乱象通告，联合开展市场检查；开展旅游乱点乱象整治、暑期旅游整治、旅行社预收费专项整治，严厉打击未经许可经营旅行社业务、不合理低价、旅行社“零负团费”“挂靠承包”等违法违规行为；联合公安、交通、市场监管等部门开展春节、“十一”旅游市场专项检查，引导旅游企业依法、诚信、规范经营，营造诚实守信的消费环境。眉山市文广旅局全年处理投诉35件，其中“12301”投诉32件，投诉案件办结率100%。

【旅游服务质量提升】 眉山市文广旅局制定《眉山市旅游服务质量提升行动实施方案》，并委托第三方公司开展眉山市2020年游客满意度调查；按照报告指出的问题，指导县（区）梳理问题清单，指导相关企业加强整改，同时举一反三，不断提升旅游服务质量，为游客营造满意的旅游环境。

【文明旅游宣传教育】 眉山市文广旅局在《眉山日报》、眉山文旅资讯网、好要在“眉山微信”APP上发布文明旅游温馨提示，推出文明旅游专栏；指导旅游企业运用展板、挂图等，推广文明旅游，营造文明旅游氛围；在春节、“5·19”中国旅游日等重要节假日，在重点景区、重要场所设立志愿服务站点，开展文明旅游志愿服务，发放文明旅游宣传资料4 000份，引导游客养成健康、文明的旅游习惯；与发改、人行等部门建立信息通报机制，组织开展“诚信兴旅”活动；建立旅游市场“黑名单”信息沟通管理机制，每周将受行政处罚文旅企业名单报市发改委，并上传眉山市社会信用信息共享平台公示。

（张丛文）

旅游营销与旅游节会
Tourism Marketing and Festivals

【概况】 2020年，眉山市突出“安逸走四川·好耍在眉山”主题，围绕全市文广旅系统新冠肺炎疫情防控、疫后文旅恢复振兴等内容，突出“天府旅游名县、全域旅游示范区”创建等，每月有针对性开展文旅资源营销，全年举办文旅节会活动122个，参加国内大型文旅展会活动16次，到国内9个城市开展眉山文旅推介会（新闻发布会）11场次，参与境外营销2次、省外营销10次，开展文化旅游交流活动11次，编制推出文旅特色线路90条，编印派发眉山文旅宣传品10种10万份；与《中国旅游报》《中国改革报》等10家媒体建立年度合作营销关系，上百家国内外媒体转载眉山文旅信息稿件3 500篇，浏览量1 000万人次以上。

【国内旅游营销】 眉山市文广旅局围绕全市文广旅行业新冠肺炎疫情防控、复工复产及市场恢复提振等开展线上线下宣传营销，与重庆市渝北区、涪陵区、大足区文旅委合作联推区域线路6条，组织参加赏金秋庆国庆四川文旅（郑州、西安）营销推广等展会活动16个，开展眉山文旅（重庆）专场推介会等推介会11场次，全方位立体化多渠道多形式宣传展示推介眉山文旅资源和旅游商品，拓展长沙、西安等10个国内城市客源市场；开展“好耍在眉山”抖音短视频营销，发布短视频163个，粉丝9.1万人以上，获赞26.9万次以上，播放量1 773.4万次，5月排名省内地级市文旅新媒体传播力指数第二。眉山市32家A级旅游景区推出“自景区疫后恢复运营之日起，向全国（含港澳台地区）所有医务工作者、眉山全市抗疫志愿者免费开放一年”的优惠政策。

【国际旅游营销】 眉山市文广旅局组织参加中国（上海）国际旅游交易会、第八届澳门国际旅游（产业）博览会，以现场展示推介、抖音直播等形式向境外游客宣传眉山美景美食及文化魅力，《亚太日报》、《人民日报》海外版、国际在线俄文版、香港国际卫视等媒体多次报道眉山文旅资源及发展成果；制作推出《诗润天府 眉山苏轼》多语种宣传片，在中秋国庆期间向海外华人华侨和日韩及东南亚等国家宣传推广；借助泡博会，眉山泡菜宣传片第三次登陆全球金融商业中心美国纽约时报广场，宣传东坡泡菜、眉山网红水街等文旅资源。

【展会营销】 眉山市举办2020年“安逸四川·冬游天府”瓦屋山冰雪嘉年华启动仪式、“穿越盛世”眉山非遗展、眉山东坡春节大庙会、“寻美乡村 乐游眉山”乡村旅游季、第四届眉山东坡文化学术高峰论坛暨第六届全国书院高峰论坛、眉山市2020年文化和旅游发展大会、2020四川冰雪和温泉旅游节等大型文旅展会活动122个，通过直播带货、专场推介、展示展销、研学旅游、非遗展示、旅行社及周边省市游客踩线等多形式全方位宣传眉山美景、美食、旅游商品等文旅资源，掀起入眉春季赏花、夏季避暑、秋季庆丰收、冬季冰雪温泉、打卡眉山“网红”水街旅游热潮，激活市场消费潜力，眉山文化旅游知名度、美誉度持续攀升。

【美食营销】 眉山市文广旅局设计制作《玩转眉山》《眉山精品旅游线路折页》等宣传资料，整合宣传推介眉山美食；推出“东坡美食 味在眉山”之旅线路；通过组织参加第七届四川国际旅游交易博览会、第24届重庆都市文化旅游节暨城际旅游交易会等展会活动16个，开展眉山文旅（重庆）专场推介会等推介会11场次，组织开展“寻美乡村 乐游眉山”乡村旅游季等大型文旅节会活动122个，以现场展馆展示、食物展示展销、专场推介会、直播推介、媒体报道、眉州东坡各地店铺介绍等形式宣传推介眉山美食。

【瓦屋山冰雪嘉年华】 2019年12月20日—2020年3月31日，瓦屋山冰雪嘉年华活动在眉山市瓦屋山景区举行。活动由四川省文化和旅游厅、眉山市人民政府支持，眉山市委宣传部、市文广旅局指导，洪雅县人民政府主办，瓦屋山景区管委会、瓦屋山投资有限公司承办。活动由启动仪式和冰雪嘉年华两部分组成，举办采风活动、旅游产品发布会、瓦屋山冰雪动漫秀和汉服秀、旗袍秀等系列活动，提升瓦屋山冰雪旅游品牌影响力。

【2020“寻美乡村·乐游眉山”乡村旅游季活动】 6—9月，2020“寻美乡村·乐游眉山”乡村旅游季活动在眉山市举行。活动由眉山市文广旅局、市农业农村局、市总工会、市电视台主办，天府新区管委会眉山民生和社会事业局、各县（区）文广旅局、成都农交所眉山农村产权交易有限公司承办；由启动仪式，“寻美乡村·乐游眉山”7场主场活动、7场分场活动、16场工会会员单位活动，摄影、短视频、游记3场大赛，颁奖仪式四个部分构成，历时3个月。活动期间，通过媒体宣传，邀请成都、重庆及周边市县媒体粉丝参与，吸引超过4 000人报名参加，其中开展直播带货7场，吸引60万粉丝在线观看，直播推荐眉山特产、乡村旅游商品等150种，直播带货助力30种农副产品和乡村旅游产品实现线上线下直接和间接销售收入上百万元。

【“安逸走四川·好耍在眉山”文旅摄影展】 4月30日—5月10日、9月29日—10月7日，眉山市文广旅局分别在成都宽窄巷子举办“安逸走四川·好耍在眉山”文旅摄影展2次，向来蓉住蓉市民游客宣传推介眉山“五一”、国庆中秋精品旅游线路、成渝地区双城经济圈区域合作联推线路、眉山乡村旅游线路，展出眉山美景美食、民俗风情、城市风光美图90幅，吸引100万名成都市民游客观展。

【首届数字国际熊猫节】 11月3日，首届数字国际熊猫节在眉山市青神县与“2020中国国际竹产业交易博览会”联合举行开幕式。节会以“熊猫的世界 世界的熊猫——为了自然本来的样子”为主题，由四川省林业和草原局（大熊猫国家公园四川省管理局）、四川省人民政府新闻办公室等主办，四川大熊猫数字科技发展有限公司承办，四川省人民对外友好协会、成都大熊猫繁育研究基地等协办。喀麦隆、塞浦路斯等驻华使节，国家发改委、商务部等国家部委，国际竹藤组织、国际竹藤中心、中国竹产业协会等组织协（商）会以及四川省委宣传部、省委网信办、省发改委、财政厅等省级部门、全国竹产业发展和大熊猫保护的非政府组织和知名专家学者代表、国内外竹产业企业代表等参加开幕式。节会以大熊猫文化为引领，以数字林草建设为载体，集生态保护、国际交流、开放合作、创意创新、绿色发展为一体，采取“线上为主、线下为辅”方式，通过网络向公众、向世界宣传介绍四川以大熊猫国家公园为主体的自然保护地体系建设等系列重要生态、科技和文化成果，力争发展成为主题鲜明且具有全球旗舰性、全国唯一性、西部独特性的品牌化国家级国际化交流的网络平台。开幕式上对“青神竹编”进行“生态原产地产品保护”授牌，授予“青神竹编”和“斑布”竹本色纸“大熊猫友好型产品”称号，授予青神县“四川省自然教育（竹文化）国际实训基地”称号。

【2020四川冰雪和温泉旅游节】 2020年11月18日—2021年3月22日，2020四川冰雪和温泉旅游节在眉山市瓦屋山景区举行。活动以“安逸走四川·冬趣瓦屋山”为主题，由四川省文化和旅游厅、眉山市人民政府主办，洪雅县人民政府、眉山市文广旅局承办。活动期间，开展2020四川冰雪和温泉旅游节重庆路演推介会等配套活动，12月3日召开2020四川冰雪和温泉旅游节新闻通气会，并陆续举行冰雕雪雕作品展、非遗展演、冰雪火锅等配套活动，提高瓦屋山冰雪旅游品牌影响力，使瓦屋山成为全川热门的冰雪旅游网红打卡地。

（张丛文）

旅游景区选介
Introduction of Tourism Scenic Spots

【概况】 2020年，眉山市有国家A级景区32个，其中国家AAAA级景区8个（三苏祠、中国泡菜城、黑龙滩、仁寿城市湿地公园、柳江古镇、瓦屋山、江湾神木园、国际竹艺城）、AAA级景区15个、AA级景区8个、A级景区1个；有省级旅游度假区2个（黑龙滩、七里坪）、省级生态旅游示范区2个（玉屏山、黑龙滩）。

【三苏祠】 三苏祠位于眉山市东坡区纱縠行南段，是北宋大文豪苏洵、苏轼、苏辙父子三人的故居及祠堂，元代改宅为祠，明末毁于兵火，清康熙四年在原址上模拟重建，经历年添修扩建，现占地面积106亩，建筑面积1.15万平方米。2006年，国务院公布三苏祠为第六批全国重点文物保护单位。三苏祠于2007年新建东因碑廊、三苏纪念馆（生平陈列馆）、旅游接待中心等，2009年被国家文物局评定为国家二级博物馆，2010年被原国家旅游局评定为国家AAAA级旅游景区，2018年被联合国教科文组织正式授予世界文化遗产保护证书并上榜“天府十大文化地标”，2020年被评选为成渝十大文旅新地标。

【东坡城市湿地公园】 眉山东坡城市湿地公园位于东坡岛西北侧，三面环水，西与眉山城区隔湖相望，东与蟆颐观风景区拥江而立，总占地面积2 500多亩。公园以“东坡水月”文化为主题，通过醉月桥、岷江河堤与城区相连，规划生态类、文化类、休闲类三大类型32个游憩景点；集湿地保护、科文教育、游憩休闲、运动健身等功能于一体，是眉山市实施“绿海明珠、千湖之城、百园之市”三大工程建设中的重点项目，已成为当地的“城市绿肺”；是眉山的城市名片、文化会客厅，也是西南地区最大的城市湿地公园。公园于2013年10月完成项目立项，是眉山市十大民生工程之一，按照国家级标准打造，2014年1月开工建设，2015年1月1日正式对外开放。公园以“水”“绿”为底，紧扣“东坡”“月亮”“水”三个关键词，突出低碳、环保和可持续发展；植物群落模拟自然湿地植物的组成及分布状态，合理搭配各种陆生植物、水生植物、花卉植物、草坪植物以及优选乡土树种，构建成自然的多层次植物景观；动物种类丰富，水鸟以野生大雁、白鹭、野鸭、翠鸟为主，鱼类除常见淡水鱼外，还有人工放养的中华鲟、鸭嘴鱼等。公园自开园以来，月接待游客35万人，最高人流量约4万人/日。

【瓦屋山】 瓦屋山位于眉山市洪雅县瓦屋山镇，面积693.3平方公里，是亚洲最大

图65 瓦屋山

（市文广旅局供图）

图66 柳江古镇 （市文广旅局供图）

的桌山，是国家森林公园、大熊猫国家公园南大门、全国森林康养基地，被《国家地理杂志》评为“最美桌山”，被英国植物学家、探险家威尔逊誉为“云霭之上一个巨大的诺亚方舟”，也被誉为“世界杜鹃花的王国”和“中国鸽子花的故乡”。瓦屋山有野生动物890多种，大熊猫等国家重点保护野生动物50种；108口泉眼汇成的72道瀑布，其中多条落差超过400米的瀑布，为世界罕见。瓦屋山四季气候分明，春看万亩杜鹃、夏观飞瀑流泉、秋赏五彩林海、冬睹冰瀑雪景，四季可观日出、云海、佛光、三个太阳等奇观，是著名的休闲度假、森林康养避暑胜地。瓦屋山于2019年被评为国家AAAA级旅游景区，2020年被评为巴蜀文化旅游走廊新地标。

【柳江古镇】 柳江古镇位于眉山市洪雅县柳江镇，占地面积4.33平方公里；始建于南宋绍兴十年（1140），距今已有800多年历史；气候温润多雨，素有“烟雨柳江”“云南丽江，四川柳江”之称。古镇有全国重点文物保护单位曾家园、川西风情吊脚楼等特色景点，其中曾家园是一处保存较为完好的家族庄园，占地面积11 621平方米，“四院三戏台”布局，鸟瞰呈繁写的“寿”字，是近代中西合璧建筑的典范。柳江古镇于2014年被评为国家AAAA级旅游景区，2015年被评为四川省文化旅游特色小镇，2019年被评为中国历史文化名镇并入选“四川100个最美观景拍摄点”。

【彭祖山】 彭祖山位于眉山市彭山区江口街道，海拔432～601米，垂直高差158米，占地面积120平方公里。彭祖山是中国传说中八百岁寿星彭祖及其女儿修身之地，是世界长寿文化和茶叶文化的发源地之一，被尊为中华养生文化第一山、中华养生文化发祥地。彭祖山为国家AA级旅游景区、省级风景名胜区，正升级改造核心景区，创建国家AAAA级旅游景区。2020年，彭祖山通过四川省旅资委AAAA级旅游景区资源与景观质量专家评审。

【七里坪】 七里坪位于眉山市洪雅县七里坪镇，距峨眉山3.5公里，面积12平方公里，平均海拔1 300米，森林覆盖率95%，年平均气温15.5℃～18℃，年平均降雨量1 500毫米以上，年平均相对湿度82%，被誉为“天然的生态氧吧”。七里坪是全国首个抗衰老健康产业实验区和省级旅游度假区，拥有露天温泉、山地户外运动项目、高瑞山地主题酒店、度假别墅、汽车营地、森林栈道等业态，是一个集避暑休闲、度假居住、温泉养生、美食购物、户外运动等为一体的休闲旅游康养度假胜地。

【玉屏山】 玉屏山位于眉山市洪雅县柳江镇，面积23平方公里，森林面积14平方公里，森林覆盖率98.6%，是省级生态旅游示范区、全国森林康养试点建设单位、全国森林体验试点建设单位、国家森林康养基地（第一批），被誉为“四川第一村”。玉屏山拥有别致的吊脚楼、小木屋、树屋、森林别墅和时尚的森林茶吧、森林影院，有独具特色的玉屏梯田、玻璃栈道、超大露营地、露天泳池，有滑翔伞、真人CS、森林探险、滑草体验、森林瑜伽等精彩刺激且有趣的森林康养运动项目。2019年，玉屏山获评国家森林康养基地标准化建设示范单位。

（张丛文）

图67 彭祖山 （彭山区委宣传部供图）

金融业

FINANCIAL INDUSTRY

金融业发展 / 金融管理 / 银保监管 / 银行业 / 保险业

金融业发展
Financial Industry Development

【概况】 2020年，眉山市金融系统按照“多措并举、广开财路、引进资金、助力发展”的工作要求，全力服务“六稳”“六保”，金融服务质效全面提升，金融业务多项核心指标大幅增长，金融服务实体经济成效明显。截至年末，全市存贷款余额增速、直接融资增速、保费收入增速三项金融考核指标均居全省第一。据眉山市统计局分析，金融业对全市经济恢复增长贡献明显，金融业对全市经济增长贡献率近20%，拉动GDP增长0.5个百分点。

【信贷投放】 截至年末，眉山市存贷款余额4 190.03亿元，较年初增速16.94%，全省第一；贷款余额1 538.11亿元，全省排位第九，较年初增速22.32%，全省第三，居成都平原经济圈第二；存款余额2 651.92亿元，全省排位第十，较年初增速14.03%，全省第三。

【保险服务】 眉山市保险公司为经济建设、社会发展和人民生活提供各类保险服务，服务经济和社会发展的能力进一步提高。全市全年产、寿险保费收入84.21亿元，同比增长16.19%，增速全省排名第四；赔款及给付22.57亿元。

【险资入眉】 眉山市各类保险公司参与眉山市社会事业建设项目（PPP模式），连续投资26亿元支持火车站片区中学等10个子项目开发建设。

【债券发行】 眉山市全年发行债券13笔，融资95.3亿元，占社会融资规模26.7%，直接融资与地区生产总值的比例达6.69%。

【融资担保与小额贷款机构管理】 截至12月末，眉山市有融资担保公司5家，均为政府性融资担保公司，注册资金11.33亿元，融资担保余额15.93亿元；有小额贷款公司7家，其中分支机构1家，注册资金11.2亿元，贷款余额11.98亿元。

【成眉同城金融对接】 眉山市金融工作局与成都市金融工作局以及驻蓉金融机构对接20次，建立金融要素同城、金融监管同城、金融资本同城、金融队伍同城和金融培训同城五大同城机制；与农业发展银行四川省分行、四川省信用联社等金融机构签订战略合作协议，深化成眉在资产证券化、股权融资、债券、信托、租赁、基金等方面合作，扩宽两地企业融资渠道、丰富企业融资模式；推进两市资本合作步伐，引导眉山市国有公司市场化运作；引进成都农交所、西南联交所到眉山设立分支机构。

【金融服务多元化】 眉山市金融工作局研究制定《眉山市应对新型冠状病毒肺炎疫情支持中小企业共渡难关金融政策实施细则》，有效确保各级各类金融支持政策在眉山落地；将企业应急转贷资金和贷款风险补偿基金惠及面从工业拓展至全产业覆盖；创新“一产一单”金融服务企业机制，打造涵盖金融机构及中介服务等120人的市级“金融顾问”专业团队，“一企一策”上门跟踪纾解企业、项目融资症结；坚持每季度开展银政企座谈、金政企沙龙等主题式对接活动，搭建金政企学“面对面”交流平台，宣传信贷金融产品，讲授资本市场改革实操，对标落实企业融资需求，回复响应285条，涉及融资金额524.48亿元。

【企业挂牌上市】 眉山市金融工作局制定《眉山市加快推动规模以上企业规范化公司制改制工作方案》，对68户企业规范化改制，兑现中介机构服务费用340万元；深入实施《眉山市企业资本市场融资鼓励办法》《眉山市企业资本市场融资鼓励办法的实施细则》等政策，向8户企业兑现鼓励资金139.81万元。全市新增天府股交中心挂牌企业10家，幺麻子、吉香居2家企业上市资料已报四川证监局辅导备案。截至年末，全市有上市企业3家、新三板挂牌企业2家、天府（四川）联合股权交易中心等区域性交易市场挂牌展示企业94家、上市后备企业331家，上市企业数量居全省第六。

【非法集资防范与处置】 眉山市金融工作局统筹各行业主（监）管部门，按照“线上排查与线下扫楼清街相结合”的工作原则，不定期开展点面结合、全面覆盖的涉非涉稳风险专项排查，实行“清单式”“台账式”管理，综合运用市场、行政、司法等手段，积极稳妥、分级分类化解，全年化解非法集资存案30件，司法审结、行政办结率73.2%，超额完成省定目标，居全省前列；连续5年组织开展防范非法集资宣传月活动，品牌效应不断凸显；常态化开展防范和处置非法集资宣传，组织大型集中宣传活动20次，参与人数4万人次，发放或张贴宣传资料10万份，发送处非宣传短信70万条，不断增强人民群众风险防范意识；多次到成都、德阳、眉山天府新区、彭山等地，协调、会商重点非法集资群体维稳和案件处置，同时搭建维护好与特定案件群体的沟通平台，做好定期信访接待，回应群众关切，依法妥善解决反映强烈的突出问题，守住“不发生进省进京群访非访，不发生重大群体性事件和个人极端事件”的底线。

【互联网金融风险排查】 眉山市金融工作局联合市公安局、市市场监管局、人行眉山市中心支行、眉山银保监分局等部门，深入开展互联网金融风险排查，推动眉山市P2P网贷机构清退实现本地机构和异地分支机构网贷业务“双清”，提前退出高风险市州。

【金融信息报送与通报】 眉山市金融工作局坚持每月按时收集本地和异地金融机构信贷投放情况，以“一月一通报”的形式全市通报，同时收集全市金融业改革、创新、发展的经验和思路，以动态的形式发送全市金融机构、区县国资金融局，并择优报送市委、市政府及省地方金融监督管理局。全市金融业信息沟通网络运行平稳。

（骆建军）

金融管理
Financial Management

【概况】 2020年，中国人民银行眉山市中心支行（以下简称人行眉山市中心支行）坚持新发展理念，贯彻落实党中央“六稳”“六保”决策部署，加大对实体经济支持力度，全面履行基层央行职责，有力促进全市经济金融平稳健康发展。截至年末，全市各项贷款余额1 538.11亿元，较年初新增280.71亿元，同比多增70.62亿元，增速22.32%，高于全省平均增速8.67个百分点，位列全省第三位、成都平原经济区第二位。“十三五”期间，全市各项贷款增加854亿元、较“十二五”期间多增452亿元，年均增速17.59%、较“十二五”期间下降1.84个百分点。人行眉山市中心支行按照“急事急办，特事特办”原则，开辟支付结算、账户管理、外汇收付、现金调运等疫情防控绿色通道，打造“国库惠民服务平台”459个，国库经收业务、横向联网电子缴税、储蓄国债发行与兑付等业务制度不断完善；办理各级财政应急资金拨付，创新开展天府新区集中支付电子化；落实现金防控措施，疫情期间加大原封新券投放力度，加强回笼现金消毒，确保百姓用上“放心钱”；推进LPR形成机制改革，外汇金融服务水平不断提升；支持成眉同城化发展，有序推进不动产抵押登记同城化、“农贷通”和“知识产权融资”平台对接等，异地电子缴纳税费、商业银行个人账户通存通兑、金融信息共享实现工作目标。

【金融改革】 眉山市各银行业金融机构积极应对利率市场化、存款保险制度实施等改革措施，加快改革创新步伐，提升经营管理水平，提高支持地方经济发展能力。农业发展银行眉山市分行持续发挥政策性银行作用，围绕乡村振兴战略和服务农业供给侧结构性改革主线，加大对现代农业和新农村基础设施建设、脱贫攻坚等领域的信贷支持。农业银行眉山分行继续深化“三农金融事业部”改革，以服务乡村振兴战略为统领，以服务农业结构性改革为主线，加大农村小微企业和金融扶贫信贷支持，着力推动“三农”业务提质增效。

【金融综合管理】 人行眉山市中心支行实施金融管理综合评价，对辖内19家银行业金融机构进行量化考核，5家机构进入A等，其他机构均为B等，无C等机构；对2家银行业金融机构开展综合执法检查，并“一对一”反馈结果。

【金融风险监管】 人行眉山市中心支行围绕辖区金融风险，统筹协调，分类施策，建立完善风险化解处置的组织体系和制度保障，制定完善风险化解处置方案，推进全方位的监测分析和跟踪督促，推动各方责任落实，深入推进机构改革和风险化解。全市金融业稳健运行，未出现重大金融风险事件，非法金融活动逐步收敛，完成打好防范化解重大金融风险攻坚战目标。

【反洗钱管理】 人行眉山市中心支行对辖内63家银、证、保金融机构开展反洗钱分类评级，执法检查3家金融机构执行反洗钱法规情况，对2家存在违法违规问题的机构实施单位和个人的“双罚”，共对机构罚款70万元，处罚2名责任人员2万元；对金融机构开展监管走访5次，约谈10家机构高管，下发监管意见书7份，拟发洗钱风险提示2期，推动金融机构提升反洗钱工作水平；督导金融机构加强反洗钱资金监测，接受和处理金融机构报送重点可疑交易报告40份，经分析研判后向公安、税务等部门移送案件线索21条，推动立案11起，破案8起；协助公安、税务、纪监委等部门协查案件43起，向人行成都分行申请开展反洗钱行政调查4起；发挥反洗钱联席会议机制作用，推动一起涉毒洗钱罪判决，被告人张某因洗钱罪被东坡区人民法院判处有期徒刑六个月，并处罚金6 000元；组织反洗钱集中宣传月活动，开展“反洗钱知识进校园”12场次，提高社会公众和特定群体对洗钱犯罪活动的认识和洗钱风险防范意识。

【金融消费权益保护】 人行眉山市中心支行推动多元化解机制建设，推动成立眉山市金融纠纷人民调解委员会，印发《眉山市金融纠纷人民调解委员会工作规则》，明确金融纠纷要做到尽可能非诉调解、尽可能简案速审、尽可能从速处置财产，高效率低成本化解好金融纠纷，构建调解员名录库，聘任司法部门、金融监管部门、金融机构、律师事务所的专业人士担任调解员；持续推动金融知识纳入国民教育体系，“金融知识进课程”覆盖范围扩大到仁寿县8所农村中学；统筹开展“金融消费者权益日”“普及金融知识、守住钱袋子”“金融知识普及月”等宣传活动，疫情期间探索运用多种“非接触式”宣传模式，宣传基础金融知识和风险防范技能，全年开展宣传活动483次，发放宣传资料29.83万份，短信宣传平台覆盖消费者人数28万人，微信推送阅读量8.26万次，媒体报道30次。

【金融服务“三农”发展】 人行眉山市中心支行深化“三农”金融服务，通过新型农业经营主体主办行制度，年末全市银行业金融机构涉农贷款余额719.31亿元，比年初增加141.3亿元，较年初增长24.44%，其中农户贷款余额354.9亿元，较年初增长34.89%；农村企业及各类组织贷款余额278.19亿元，比年初增长143.33%；城市企业及各类组织涉农贷款余额75.13亿元，较年初增长28.84%。

【融资环境优化】 人行眉山市中心支行深入开展民营小微企业“服务零距离、融资大畅通”金融服务专项行动和“银行机构民营小微企业金融服务能力提升行动”，截至年末，全市银行机构对名单内企业走访对接1 792户，其中1 317户企业获得信贷支持，实现融资金额139.22亿元；为638户个体工商户提供信贷支持，金额2.47亿元。人行眉山市中心支行建立对金融机构创新的监测评价制度，指导金融机构推广应收账款质押、专利权质押等创新业务；按照“一企一策”的工作思路，组织金融机构持续实施小微企业融资培育计划，帮助433户小微企业和1 779新型农业经营主体获得融资支持。

【小微企业金融服务】 截至年末，眉山市全口径小微领域贷款（小型企业贷款＋微型企业贷款＋个体工商户经营性贷款＋小微企业主经营性贷款）余额533.04亿元，比年初增加62.92亿元，占各项贷款余额34.66%，增量占各项贷款增量22.41%；民营企业贷款（集体控股企业贷款＋私人控股企业贷款）余额232.06亿元，比年初增加2.62亿元，余额占各项贷款余额15.09%，增量占各项贷款增量0.93%。

【贷款市场报价利率改革】 人行眉山市中心支行按照中国人民银行〔2019〕第15号、16号公告和人民银行成都分行工作要求，引导银行贷款利率定价参照基准从贷款基准利率向贷款市场报价利率（LPR）转变，3月以来7家地方法人金融机构新发放贷款LPR运用占比均达100%；按照中国人民银行〔2019〕第30号公告和人民银行成都分行工作要求，稳妥有序推动辖内银行机构存量浮动利率贷款定价基准转换为LPR，截至8月9日，辖内7家地方法人银行机构转换进度均已达100%，提前完成转换工作目标。

（周静雅）

银保监管

Banking and Insurance Industry Supervision and Management

【概况】 2020年，眉山银保监分局坚持补短板、强弱项，阻击疫情、服务实体、防控风险、深化改革，坚持稳中求进、跳起摸高的工作基调，有力保障眉山银行业保险业平稳运行，为眉山经济加快恢复向好和社会稳定发展提供金融支撑。截至12月末，全市有银行保险机构76家，其中银行业机构19家、保险公司33家、保险中介机构24家，另有1家银行和1家保险公司正筹建；资产规模3 081亿元，从业人员近4万人。全市银行业存款余额2 582亿元，较年初增加297.3亿元，较年初增长13.01%，高于全省平均水平3.46个百分点，居全省第五位；贷款余额1 538.11亿元，较年初增加280.71亿元，同比多增87.29亿元，较年初增长22.32%，高于全省平均增速8.57个百分点，居全省第三位。全市原保险保费收入84.21亿元，同比增长16.19%，增速居全省第四位。全市全年无重大金融案件和安全责任事故。

【金融行政监管】 眉山银保监分局全年批复行政许可事项136项，其中机构行政许可事项47项、高管任职资格行政许可事项89项；结合市场乱象整治"回头看"、金融放贷突出问题专项整治、案件（风险）专项治理"回检稳固"等重点工作有序开展现场检查和专项督查，检查银行保险机构11家，实施行政处罚3起，对机构罚款100万元，对7名高管处警告并罚款45万元，另有2件案件正在办理；开展保险专业中介机构清理整顿2次，注销机构9家；对7家机构开展消保督查，妥善处理投诉、举报、信访262件，未出现集中投诉和群访、闹访事件。

【金融综合服务】 在抗击疫情关键时刻，眉山银行业向107户防疫物资企业发放疫情防控贷款5.65亿元，保险业向4.68万名奋战一线的医护人员、村社干部、公安干警捐赠专属保险保障234亿元。面对罕见特大洪涝灾害，眉山银行业发放灾后重建贷款7.25亿元，保险业赔付3 708.02万元，受灾地区基础金融服务和关键设施平均1天时间内恢复运行。眉山银保监分局探索形成"点对点、面对面、分局对区县"资金要素保障长效机制，创新开展"清单制"金融服务，提供资金支持超百亿元。银行业通过降低利率、减少收费、延期还本付息等措施让利3.05亿元；通过债委会机制稳贷增贷301.57亿元，帮助部分困难企业渡过难关；推动市级应急转贷资金补充资本金、增加合作银行、扩展受惠企业范围，为34户企业办理5.86亿元。保险资金直投余额62亿元，创历史新高。眉山市精准扶贫贷款余额持续增加，小微企业"增量、扩面、提质、降本"，涉农贷款"一个不低于"目标完成；农小机构坚守定位6项核心指标持续改善；保险业回归本源，提供风险保障3万亿元，同比增长23.52%，保险密度、保险深度分别同比上升360.03元/人、1.26个百分点。

图68　2020年5月29日，眉山分局牵头眉山高新区管委会召开"银保政企"对接座谈会

（眉山银保监分局供图）

【金融风险防控管理】 眉山银保监分局着力强化风险防控，持续巩固市场乱象整治成果，存量风险基本实现清仓见底，逾贷比比年初下降13.62个百分点，关注类贷款比年初下降27.74%；处置不良贷款34.53亿元，不良贷款实现"双降"，其中9家机构"双降"、3家机构单降，不良贷款率2.05%，与全省平均差距缩小0.55个百分点，在全省排名大幅好转；2家高风险机构实现摘帽，2家异地城商行在眉分支机构风险有效化解，潜在群体性退保等重点风险稳妥处置，扫黑除恶专项斗争、金融放贷突出问题专项整治、市场乱象整治回头看、案件风险专项治理回检稳固等专项行动成效明显，全年未发生群体性事件和重大金融案件，守住不发生系统性、区域性金融风险底线。

【银行保险业改革创新】 眉山银保监分局推进仁寿农商行、洪雅联社增资扩股，指导彭山珠江村镇银行增资扩股至1亿元做好"多县一行"试点准备；推动车险综改在眉山平稳落地，探索开展市级保险公司合规管理评价并加强结果运用；联合税务、电力、银行等单位研发"税电贷"金融产品，为11家企业授信1 942.2万元；外贸领域综合金融服务取得突破，国寿财险眉山中支为信利光电提供1 000万元的进出口关税保证保险，撬动8亿元进出口额。

【债委会建立和管理】 眉山银保监分局完成辖内银行业债权人委员会组建，债委会作用持续有效发挥。截至12月末，辖内债委会152户，用信余额458.35亿元，支持类企业128户、帮扶类企业14户、退出类企业7户,其中实施稳贷策略的债委会127户,用信余额393.9亿元;实施增贷策略的债委会1户,用信余额3.6亿元;实施减贷策略的债委会18户,用信余额47.93亿元;实施重组策略的债委会4户,用信余额12.32亿元。眉山银保监分局充分发挥加强金融债权管理、防范化解重大风险等方面积极作用,通过延期还本、减免贷款利息等方式帮助困难企业复产脱困。

(廖大兴)

银行业
Banking Industry

【概况】 2020年,眉山市银行业金融机构组织体系继续完善,泸州银行眉山分行筹建稳步推进。截至年末,全市有银行业金融机构19家,其中政策性银行1家、国有商业银行5家、股份制商业银行2家、城商行3家、农村合作金融机构6家(农村商业银行5家、农村信用社1家)、村镇银行2家。

【货币信贷政策实施】 人行眉山市中心支行继续落实货币政策和宏观审慎评估(MPA)双支柱调控要求,支持地方法人金融机构对实体经济应贷尽贷,鼓励非法人金融机构加大对实体经济融资的支持力度,全年贷款新增280.71亿元;落实比例考核和"三农金融事业部"考核准备金率调整,对比例考核达标的1家金融机构降低法定存款准备金利率1个百分点,对"三农金融事业部"考核达标的1家县级农业银行降低法定存款准备金利率2个百分点,共释放可贷资金0.76亿元;加大支农、支小再贷款和再贴现运用,发放支农再贷款4.97亿元、支小再贷款7.42亿元,再贴现0.59亿元,支持企业和经营业主2 600户,为其节约融资成本1 800万元以上;加大金融支持小微企业力度,年末眉山市全口径小微领域贷款余额533.04亿元,比年初增加62.92亿元,余额占各项贷款余额34.66%,增量占各项贷款增量22.41%,同时民营企业贷款余额232.06亿元,比年初增加2.62亿元,余额占各项贷款余额15.09%,增量占各项贷款增量0.93%;组织银行机构继续落实个人、产业和项目金融精准扶贫政策,确保在风险可控基础上"应贷尽贷",全年发放贷款25.68亿元;推动彭山区"两权"抵押贷款试点增量扩面,在全市推广农村承包土地经营权抵押贷款,贷款投放额10.45亿元;落实差别化住房信贷政策,鼓励和引导金融机构落实首套房贷款的首付款比例和贷款利率政策,满足居民购买首套自住房的信贷需求。

【负债业务发展】 眉山市银行业金融机构全年新增存款297.34亿元,年末本外币存款余额2 582.14亿元、比年初增长14.03%。

【信贷管理】 眉山市银行业金融机构加强市场培育,对接重点项目,注重服务小微企业和"三农",支持精准扶贫,支持实体经济发展,全年为实体经济新增贷款280.71亿元、比2019年多增加70.62亿元(其中农发行新增贷款15.25亿元,国有商业银行和邮储银行新增贷款166.06亿元,股份制商业银行新增贷款10.05亿元,农商行、农信社和村镇银行新增贷款56.96亿元,城商行新增贷款18.23亿元),地方法人金融机构使用人民银行再贷款12.39亿元;优化信贷结构,保障重点领域资金需求,全年新增工业贷款25.05亿元、增长21%,新增涉农贷款141.3亿元,新增服务业贷款62.78亿元、增长12.79%,新增小微企业贷款47.39亿元,累计发放金融精准扶贫贷款25.68亿元,带动贫困人口3.86万人;开展应收账款质押融资,全年实现融资35.16亿元。

【支付结算管理】 人行眉山市中心支行持续改善农村支付环境,农村地区设立银行网点330个、助农取款服务点2 415个,创建省级支付惠农示范点37个、示范站14个、示范行2家,在38个乡镇251个易地扶贫搬迁安置区(点)设立助农取款服务点495个,在249个助农取款服务点加载电商平台;落实"放管服"要求,改善辖区营商环境,简化银行结算账户核准行政许可,全年实施许可2.8万件;在全市开展"移动支付便民工程"建设,"云闪付"APP新增绑卡用户19.59万户,累计用户74.58万户,仁寿主城区公交云闪付乘车码改造完成;推动普惠金融,便利支付结算服务,全市银行机构在用银行卡1 352万张,网上银行和手机银行分别开户266万户和370万户,布设ATM机(存取款一体机)1 750台、布放银行联网机具数(POS、静态码、支付盒子、扫描枪等)9.31万台,银行卡、自助设备、助农取款终端全面实现互联互通。全市通过大小额支付系统清算资金970万笔、金额1.9万亿元。截至年底,全市有展业非银行支付机构29家。

【财政资金与国债管理】 人行眉山市中心支行办理全市各级次预算收入资金757.44亿元,其中地方公共预算收入121.62亿元;拨付各类财政款943.67亿元,其中地方公共预算支出276.55亿元;办理各类预算收入资金退付12.13亿元;办理更正调库78.66亿元;组织发行储蓄国债(凭证式)四期4 330.46万元、储蓄国债(电子式)四期8 664.87万元。

【人民币管理】 人行眉山市中心支行落实现金防控措施,严格现金收支两条线,加大原封新券投放力度,投放25.04亿元;疫情期间严禁对外支付未消毒现金,单独收取、封存保管医院回笼现金,收回封存4 822.52万元;购置消毒柜、紫外线消毒灯等100台,对投放回笼现金消毒。人行眉山市中心支行加强对辖区银行库存现金、投放回笼情况监测,合理有序投放现金,引导银行开辟"绿色通道",确保现金安全供应,提高现金服务水平,全年投放发行基金101.82亿元,回笼119.64亿元,净回笼17.82亿元;深入推进现金服务示范区建设,促进网点现金服务更加方便、快捷,客户业务办理时间缩减约70%;开展反假宣传,配合公安部门摸排案件线索,筛查涉嫌冠字号码10批次,提供真伪鉴定7次、39 410张,没收涉案假币274.95万元,支持"6·3"川湘跨省假币犯罪特大案件及仁寿20元制假案的破获,全年收缴假人民币334.97万元;推进人民币净化工程,落实小面额现金备付金、主办网点、主办银行三项制度,发行新版5元券人民币,加大收残损券回收力度,着力提升流通人民币质量。

【外汇管理】 国家外汇管理局眉山市

中心支局持续加强外汇管理和服务，创新外汇金融产品，推动“中欧e单通”产品在眉山落地，为6家企业通过“绿色通道”办理疫情物资采购和捐赠款收支40万美元，为10户企业办理资本项目收入支付便利化、电子单证审核货物贸易外汇收支、服务贸易对外支付电子税务网上核验等贸易投资便利化业务近300笔，筛选48户小微涉外企业开展培育，引导企业使用跨境结算、贸易融资、远期结售汇等外汇金融服务产品，给予信贷支持。眉山市涉外企业全年进出口总额5.76亿美元、同比上升12.02%，其中出口32 867.03万美元、上升42.51%，进口24 787.58万美元、下降12.49%；资本项目跨境收支总额2.63亿美元（含异地）、增长1.51倍，其中流入23 312.16万美元、比2019年上升1.65倍，外商投资项下流入19 560.1万美元、占比83.9%，流出3 105.12万美元、比2019年下降7.6%，收支顺差20 207.04万美元、是2019年的1.88倍；辖内个人购汇2 661.26万美元、同比下降34.67%，个人结汇1 990.38万美元、同比下降17.09%。

【应收账款融资管理】 人行眉山市中心支行通过应收账款融资“甘泉行动计划”和“应收账款融资倍增计划”，指导金融机构创新金融产品和服务，推出“政府投资项目融资”“政府采购贷”“信贷资产收益权质押融资”“应收账款融资”等信贷产品。全市开通中征平台企业用户45户，实现应收账款质押融资35.16亿元。

【银行间债务融资管理】 人行眉山市中心支行会同市金融工作局等部门持续完善全市银行间市场直接债务融资后备企业名单、眉山市上市和挂牌企业后备资源库，筛选企业按照重点推进、重点培育、重点关注三种类型分类开展融资培育。

【央行金融机构评级】 人行眉山市中心支行对全市7家法人银行业金融机构开展央行金融机构评级，综合评价金融机构经营管理和风险状况，持续引导金融机构审慎稳健经营。

2020年眉山市中资银行业金融机构一览表

表16

序号	机构属性			机构名称	机构所在城市名称	地址
1	银行业法人机构	1	农商行	眉山农村商业银行股份有限公司	眉山市	眉山市东坡区东坡大道南段1号
2		2	农商行	四川仁寿农村商业银行股份有限公司	仁寿县	眉山市仁寿县文林镇陵州路二段22号
3		3	信用社	洪雅县农村信用合作联社	洪雅县	眉山市洪雅县洪川镇北街36号
4		4	农商行	四川青神农村商业银行股份有限公司	青神县	眉山市青神县青城镇大南街53号
5		5	农商行	四川丹棱农村商业银行股份有限公司	丹棱县	眉山市丹棱县丹棱镇东升路124号
6		6	村镇银行	仁寿民富村镇银行有限责任公司	仁寿县	眉山市仁寿县文林镇仁寿大道腾飞时代大厦
7		7	村镇银行	彭山珠江村镇银行股份有限公司	彭山区	眉山市彭山区蔡山东路223号
8	银行业分支机构	1	政策性银行	中国农业发展银行眉山市分行	眉山市	眉山市东坡区一环路西段255号
9		2	国有商业银行	中国工商银行股份有限公司眉山分行	眉山市	眉山市东坡区三苏路81号
10		3	国有商业银行	中国农业银行股份有限公司眉山分行	眉山市	眉山市东坡区金鑫西街160号
11		4	国有商业银行	中国银行股份有限公司眉山分行	眉山市	眉山市东坡区三苏路56号
12		5	国有商业银行	中国建设银行股份有限公司眉山分行	眉山市	眉山市东坡区红星西路119号
13		6	国有商业银行	中国邮政储蓄银行股份有限公司眉山市分行	眉山市	眉山市东坡区东坡大道南一段69号
14		7	全国性股份制银行	广发银行股份有限公司眉山分行	眉山市	眉山市东坡区二环东路（北）61、63、65、67、69号
15		8	全国性股份制银行	中国光大银行股份有限公司眉山分行	眉山市	眉山市东坡区学士街88号、90号、92号
16		9	地方商业银行	乐山市商业银行股份有限公司眉山分行	眉山市	眉山市东坡区琼海路61号
17		10	地方商业银行	成都银行股份有限公司眉山分行	眉山市	眉山市东坡区湖滨路南一段东坡大酒店附楼
18		11	地方商业银行	长城华西银行股份有限公司眉山分行	眉山市	眉山市东坡区东坡大道南四段191、193、195号底楼门面及205号2—4楼营业大楼
19		12	地方商业银行	成都农村商业银行股份有限公司眉山分行	眉山市	眉山市东坡区东坡大道南一段69号10栋

眉山市金融机构人民币信贷收支合并表

（2020 年 12 月 31 日）

表 17

项目	本月余额	比上月增减额		比年初增减额		项目	本月余额	比上月增减额		比年初增减额	
		2020 年	2019 年	2020 年	2019 年			2020 年	2019 年	2020 年	2019 年
一、各项存款	26 452 865	−39 896	268 794	3 223 332	2 353 024	一、各项贷款	15 379 158	177 231	209 616	2 807 250	2 101 080
（一）境内存款	26 450 275	−39 889	268 635	3 223 637	2 352 684	（一）境内贷款	15 378 613	177 227	209 613	2 806 791	2 101 069
1. 住户存款	18 690 948	313 198	64 219	2 177 147	1 832 571	1. 住户贷款	7 459 146	87 063	48 376	1 756 264	1 047 855
（1）活期存款	4 767 034	312 503	83 955	584 689	303 651	（1）短期贷款	758 538	−11 220	−4 176	174 394	114 192
（2）定期及其他存款	13 923 915	695	−19 735	1 592 458	1 528 920	消费贷款	279 406	−7 925	6 641	46 482	83 486
2. 非金融企业存款	3 147 179	−7 667	217 850	457 737	442 241	经营贷款	479 132	−3 295	−10 817	127 911	30 707
（1）活期存款	2 003 033	13 694	198 217	297 436	204 469	（2）中长期贷款	6 700 609	98 283	52 552	1 581 871	933 662
（2）定期及其他存款	1 144 146	−21 361	19 633	160 301	237 772	消费贷款	5 884 621	89 953	58 020	1 557 286	948 601
3. 机关团体存款	3 910 928	−423 298	−68 806	309 575	87 017	经营贷款	815 987	8 331	−5 468	24 584	−14 939
4. 财政性存款	697 777	78 779	43 236	289 708	−21 866	2. 企（事）业单位贷款	7 919 467	90 164	161 237	1 050 527	1 053 215
5. 非银行业金融机构存款	3 443	−901	12 137	−10 530	12 720	（1）短期贷款	1 452 561	28 584	72 943	156 020	189 743
（二）境外存款	2 589	−7	158	−305	340	（2）中长期贷款	6 065 573	78 689	60 752	750 857	719 453
二、金融债券	0	0	0	0	0	（3）票据融资	401 333	−17 109	27 542	143 678	143 992
其中：境外发行	0	0	0	0	0	（4）融资租赁	0	0	0	0	0
三、卖出回购资产	0	0	0	0	0	（5）各项垫款	0	0	0	−28	27
四、借款及非银行业金融机构拆入	0	0	0	0	0	3. 非银行业金融机构贷款	0	0	0	0	0
五、联行往来（净）	0	0	0	0	0	（二）境外贷款	545	5	4	459	11
六、应付及暂收款	686 634	−3 202	33 354	91 592	90 537	二、债券投资	2 180 753	−111 586	10 116	1 089 641	581 970
七、各项准备	384 125	31 607	3 487	24 133	21 502	其中：境外债券	0	0	0	0	0
八、所有者权益	799 657	13 250	−3 381	146 578	71 071	三、股权及其他投资	111 439	−41 000	−800	−12 839	3 530
其中：实收资本	274 904	25 750	0	59 990	7 485	四、买入返售资产	0	−42 070	0	0	0
九、其他	−2 947 183	−209 325	26 227	441 674	98 218	五、存放非银行业金融机构款项	0	0	0	0	0
						六、联行往来（净）	7 450 553	−172 167	125 949	−1 697	−34 095
						其中：境内存放二级准备金	15	−124	1 155	−298 062	−40 707
						七、金银占款	0	0	0	0	0
						八、中央银行外汇占款	0	0	0	0	0
						九、应收及预付款	132 271	−19 647	−18 076	43 169	−17 870
						十、投资性房地产	0	0	0	0	0
						十一、固定资产	121 924	1 672	1 676	1 785	−263
资金来源总计	25 376 097	−207 566	328 481	3 927 308	2 634 352	资金运用总计	25 376 097	−207 566	328 481	3 927 308	2 634 352

说明：本表机构包括中国人民银行、银行业存款类金融机构、银行业非存款类金融机构

眉山市金融机构本外币信贷收支合并表

（2020 年 12 月 31 日）

表 18

项目	本月余额	比上月增减额		比年初增减额		项目	本月余额	比上月增减额		比年初增减额	
		2020 年	2019 年	2020 年	2019 年			2020 年	2019 年	2020 年	2019 年
一、各项存款	26 519 193	−11 612	263 177	3 263 111	2 306 359	一、各项贷款	15 381 146	177 271	208 810	2 807 109	2 100 892
（一）境内存款	26 516 586	−11 605	263 021	3 263 436	2 306 018	（一）境内贷款	15 380 601	177 266	208 806	2 806 651	2 100 881
1. 住户存款	18 707 678	313 062	63 387	2 176 016	1 831 468	1. 住户贷款	7 459 268	87 069	48 254	1 756 077	1 047 804
（1）活期存款	4 779 731	312 378	83 154	583 978	303 082	（1）短期贷款	758 656	−11 214	−4 297	174 209	114 140
（2）定期及其他存款	13 927 946	684	−19 767	1 592 038	1 528 386	消费贷款	279 524	−7 919	6 520	46 298	83 433
2. 非金融企业存款	3 196 621	20 754	213 068	498 671	396 679	经营贷款	479 132	−3 295	−10 817	127 911	30 707
（1）活期存款	2 038 656	41 567	199 197	327 802	199 612	（2）中长期贷款	6 700 612	98 283	52 551	1 581 867	933 664
（2）定期及其他存款	1 157 964	−20 813	13 871	170 870	197 067	消费贷款	5 884 624	89 952	58 020	1 557 283	948 604
3. 机关团体存款	3 911 051	−423 299	−68 807	309 566	87 020	经营贷款	815 987	8 331	−5 468	24 584	−14 939
4. 财政性存款	697 777	78 779	43 236	289 708	−21 866	2. 企（事）业单位贷款	7 921 333	90 197	160 552	1 050 574	1 053 077
5. 非银行业金融机构存款	3 460	−902	12 137	−10 526	12 717	（1）短期贷款	1 452 561	28 584	72 240	156 020	189 743
（二）境外存款	2 607	−7	157	−325	340	（2）中长期贷款	6 067 439	78 723	60 770	750 904	719 315
二、金融债券	0	0	0	0	0	（3）票据融资	401 333	−17 109	27 542	143 678	143 992
其中：境外发行	0	0	0	0	0	（4）融资租赁	0	0	0	0	0
三、卖出回购资产	0	0	0	0	0	（5）各项垫款	0	0	0	−28	27
四、借款及非银行业金融机构拆入	0	0	0	0	0	3. 非银行业金融机构贷款	0	0	0	0	0
五、联行往来（净）	0	0	0	0	0	（二）境外贷款	545	5	4	459	11
六、应付及暂收款	687 092	−3 155	33 032	91 581	90 773	二、债券投资	2 180 753	−111 586	10 116	1 089 641	581 970
七、各项准备	384 134	31 608	3 486	24 126	21 501	其中：境外债券	0	0	0	0	0
八、所有者权益	799 765	13 283	−3 351	146 386	71 415	三、股权及其他投资	111 439	−41 000	−800	−12 839	3 530
其中：实收资本	274 904	25 750	0	59 990	7 485	四、买入返售资产	0	−42 070	0	0	0
九、其他	−2 948 632	−209 692	26 340	441 490	99 177	五、存放非银行业金融机构款项	0	0	0	0	0
						六、联行往来（净）	7 513 913	−144 210	120 960	37 791	−79 035
						其中：境内存放二级准备金	15	−124	1 136	−298 102	−40 726
						七、金银占款	0	0	0	0	0
						八、中央银行外汇占款	0	0	0	0	0
						九、应收及预付款	132 377	−19 644	−18 077	43 207	−17 870
						十、投资性房地产	0	0	0	0	0
						十一、固定资产	121 924	1 672	1676	1785	−263
资金来源总计	25 441 552	−179 567	322 685	3 966 694	2 589 224	资金运用总计	25 441 552	−179 567	322 685	3 966 694	2 589 224

说明：本表机构包括中国人民银行、银行业存款类金融机构、银行业非存款类金融机构

（周静雅）

【存款保险风险评分】 人行眉山市中心支行对全市7家投保机构开展存款保险风险评分，根据评分结果对投保机构实施差别费率管理和保费核定，持续指导督促辖内7家投保机构按制度要求交纳保费。

【信用体系建设】 人行眉山市中心支行推广天府信用通平台，推动印发《2020年度天府信用通平台建设推广工作方案》，助力稳企业保就业。截至12月末，眉山市天府信用通平台注册认证企业2 522户，注册个人经营户410户，金融机构企业信用档案查询4 218次，促成融资1 827笔，融资金额182.34亿元。人行眉山市中心支行会同市发改委等部门，评定“2020年度金融守信企业”75户；开展2020年农村三项评定，全市评定信用村101个、信用乡（镇）12个；开展2019年度金融生态环境评价，在全省21个市州中，眉山市金融生态环境评价排名第12名。

【“两权”融资渠道畅通】 人行眉山市中心支行推动彭山区“两权”抵押贷款增量扩面，推动各县区完善确权登记颁证、产权流转交易、产权价值评估、风险防范等配套政策制度体系，在全市推广农村承包土地经营权抵押贷款业务。截至年末，全市累计发放贷款2 154笔，金额10.45亿元。

（周静雅）

保险业
Insurance Industry

【概况】 2020年，眉山保险业有保险公司33家，其中财险公司15家、人身险公司18家；有区县分支机构75家、乡镇保险服务站180家，保险从业人员2万人；实现保费收入84.21亿元，同比增长16.19%，保费收入全省排名第七位，增速排名第四位。全市保险业充分发挥在防灾减灾、经济补偿等方面的保障功能，赔款及给付22.57亿元；推动复工复产保险产品、家政服务行业保险、医疗责任保险、食品安全责任保险、安全生产责任保险的发展，保险业风险总体可控，产、寿险偿付能力充足稳定，服务经济社会能力不断增强，全年缴纳税费2.3亿元，新增就业与再就业人员7 009人；助力打赢疫情防控战，引导保险公司强化保险服务政策，支持企业复工复产；各保险机构参与公益活动87次，捐款66万元，捐物折合195万元，发放保险宣传资料及保险宣传书籍等71万份。

【财产保险业务发展】 眉山财险公司全年保费收入17.66亿元、同比增长6.6%，保费收入排名前五的财险公司依次为人保财险、平安产险、太保产险、国寿产险、阳光财险。全市车险渠道业务保持小幅上涨，农险渠道的负增长转为正增长，企业财险渠道的下降幅度大幅收窄，机动车辆保险渠道保费收入125 608.57万元、同比上升3.78%，农业保险渠道保费收入8 966.82万元、同比上升3.61%，企业财产保险渠道保费收入1 407.67万元、同比下降6.45%，其他各渠道保费收入40 587.04万元、同比上升17.83%。全市赔款及给付支出9.58亿元，同比下降12.19%。

【人身保险业务发展】 眉山人身险公司全年保费收入66.55元、同比增长19.03%，保费收入排名前五的人身险公司依次为中国人寿、前海人寿、恒大人寿、太保人寿、华夏寿险，5家公司市场份额68.15%。人身险个人代理渠道保费收入315 580.87万元，同比上升3.99%；银邮渠道保费收入316 061.69万元，同比上升42.38%；公司直销渠道（含团险、电销、网销）保费收入30 911.77万元，同

2020年眉山市辖内保险公司一览表

财险分支机构

表19

序号	机构名称	级别	地 址
1	中国人民财产保险股份有限公司眉山市分公司	市公司	眉山市东坡区东坡大道南三段55号
2	华泰财产保险有限公司眉山中心支公司	中心支公司	眉山市东坡区三苏大道168号华地恒通沃尔玛1栋2单元15层2号
3	锦泰财产保险股份有限公司眉山中心支公司	中心支公司	眉山市东坡区诗书路北段66号玫瑰园16期景峰3-1号
4	鼎和财产保险股份有限公司眉山中心支公司	中心支公司	眉山市东坡区三苏大道168号华地恒通沃尔玛1栋2单元15层4号
5	中国平安财产保险股份有限公司眉山中心支公司	中心支公司	眉山市东坡区眉州大道西一段71号华陆大厦2F
6	太平财产保险有限公司眉山中心支公司	中心支公司	眉山市东坡区眉州大道西一段111号华陆大厦29栋23楼
7	阳光财产保险股份有限公司眉山中心支公司	中心支公司	眉山市东坡区三苏大道会凌大厦3楼
8	永诚财产保险股份有限公司眉山中心支公司	中心支公司	眉山市东坡区岷江大道东段357号5栋4层2号
9	中国人寿财产保险股份有限公司眉山市中心支公司	中心支公司	眉山市东坡区三苏大道东段158号3楼，杭州北路297号、299号
10	大家财产保险股份有限公司眉山中心支公司	中心支公司	眉山市东坡区大北街111号巴黎春天商业街2栋1单元
11	永安财产保险股份有限公司眉山中心支公司	中心支公司	眉山市东坡区湖滨路北二段16号1幢3楼2号
12	中航安盟财产保险有限公司眉山市东坡营销服务部	营销服务部	眉山市东坡区万霖钱丰门市32号
13	中华联合财产保险股份有限公司眉山中心支公司	中心支公司	眉山市东坡区湖滨路南四段205号
14	中国太平洋财产保险股份有限公司眉山中心支公司	中心支公司	眉山市东坡区文安路西一段18号1单元
15	中国大地财产保险股份有限公司眉山中心支公司	中心支公司	眉山市东坡区眉州大道西一段71号华陆大厦1楼73号、5楼1~3号

续表19

寿险分支机构

序号	机构名称	级别	地址
1	泰康人寿保险有限责任公司四川眉山中心支公司	中心支公司	眉山市东坡区三苏大道东段207号九龙豪府（新尚广场旁）5栋3单元
2	中国人民健康保险股份有限公司眉山中心支公司	中心支公司	眉山市东坡区岷江大道西段99号万景金府威尼斯37栋4层2号
3	国华人寿保险股份有限公司眉山中心支公司	中心支公司	眉山市东坡区裴城路69号财富中心A座1201
4	中国平安人寿保险股份有限公司眉山中心支公司	中心支公司	眉山市东坡区眉州大道与铁环东路交叉口东南角中鑫半岛龙湾2号楼1楼、2楼
5	中国太平洋人寿保险股份有限公司眉山中心支公司	中心支公司	眉山市东坡区眉州大道杭州路147号会凌大厦
6	华夏人寿保险股份有限公司眉山中心支公司	中心支公司	眉山市东坡区东坡大道东坡湖广场1号3栋1单元1层、2层
7	天安人寿保险股份有限公司眉山中心支公司	中心支公司	眉山市东坡区杭州东路1号会凌大厦5.6楼
8	中国人民人寿保险股份有限公司眉山中心支公司	中心支公司	眉山市东坡区东坡大道南一段69号凯旋广场12栋3层2号
9	富德生命人寿保险股份有限公司眉山中心支公司	中心支公司	眉山市东坡区裴城路69财富中心11层
10	太平人寿保险有限公司眉山中心支公司	中心支公司	眉山市东坡区裴城路69号财富中心1栋2单元18层1.2.3.4号，1单元18层3号B座
11	新华人寿保险股份有限公司眉山中心支公司	中心支公司	眉山市东坡区诗书路北1段7.9号一、二楼
12	中国人寿保险股份有限公司眉山市分公司	市公司	眉山市东坡区三苏大道158号
13	中融人寿保险股份有限公司眉山中心支公司	中心支公司	眉山市东坡区裴城路69号1栋2单元6层2号
14	前海人寿保险股份有限公司眉山中心支公司	中心支公司	眉山市东坡区眉州大道西一段71号华陆大厦16楼 、21楼
15	恒大人寿保险有限公司眉山中心支公司	中心支公司	眉山市东坡区眉州大道西一段71号华陆大厦19楼
16	北大方正人寿保险有限公司眉山中心支公司	中心支公司	眉山市东坡区二环东路273号万景国际大厦15楼
17	百年人寿保险股份有限公司眉山中心支公司	中心支公司	眉山市东坡区学士街78号
18	恒安标准人寿保险有限公司眉山中心支公司	中心支公司	眉山市东坡区三苏大道东段207号银鹏国际写字楼13楼

2020年眉山市财产保险公司承保情况表（一）

表20

保险机构	全部业务						企业财产保险					
	保险金额（百万元）	承保数量（个）	保费收入（万元）	同比	环比	市场份额	保险金额（百万元）	承保数量（个）	保费收入（万元）	同比	环比	市场份额
人保财险	636 536.46	613 626	81 604.14	4.45%	17.61%	46.22%	12 812.54	688	647.52	-4.80%	76.75%	46.00%
太保产险	122 750.62	506 486	17 473.61	0.17%	31.21%	9.90%	4 847.82	121	217.23	-44.99%	69.29%	15.43%
平安产险	423 417.56	444 057	32 803.24	24.76%	38.44%	18.58%	786.00	416	76.27	-50.28%	-94.60%	5.42%
永安保险	17 443.31	42 891	2 828.70	-26.26%	-31.23%	1.60%	910.90	29	203.34	335.66%	-100.00%	14.45%
华泰财险	6 895.07	38 272	1 055.37	-11.73%	-0.42%	0.60%	12.99	1	1.23	-57.59%	—	0.09%
中华财险	52 893.99	52 765	6 879.14	-13.31%	-23.11%	3.90%	212.81	14	32.81	-54.19%	—	2.33%
太平财险	20 682.99	23 406	2 617.26	0.77%	-24.55%	1.48%	169.44	16	12.27	51.39%	—	0.87%
大地保险	44 649.36	55 094	3 298.85	10.92%	6.99%	1.87%	25.59	3	2.34	-24.63%	—	0.17%
中航安盟	325.63	1 764	593.75	116.49%	-68.92%	0.34%	0.00	—	0.00	—	—	0.00%
永诚产险	12 702.79	14 480	980.20	14.50%	-10.87%	0.56%	2.70	9	2.55	-52.60%	—	0.18%
大家财险	5 790.20	6 094	879.92	191.21%	20.04%	0.50%	0.20	1	0.09	-96.64%	-100.00%	0.01%
阳光财险	94 352.48	65 870	7 409.52	19.82%	7.42%	4.20%	169.75	6	9.13	106.09%	—	0.65%
鼎和保险	2 487.26	3 193	719.05	-24.68%	28.69%	0.41%	3.00	1	0.71	—	—	0.05%
锦泰保险	35 958.71	430 551	3 827.11	-9.00%	-55.22%	2.17%	1 449.52	27	60.81	-6.25%	-90.54%	4.32%
国寿财险	100 438.46	99 995	13 600.25	9.12%	27.73%	7.70%	3 694.88	286	141.37	112.72%	1 176.74%	10.04%
全市	1 577 324.90	2 398 544	176 570.10	6.60%	17.46%	2.87%	25 098.14	1 618	1 407.67	-6.45%	44.01%	0.90%

2020年眉山市财产保险公司承保情况表（二）

表21

保险机构	机动车辆保险					
	保险金额（百万元）	承保数量（个）	保费收入（万元）	同比	环比	市场份额
人保财险	251 406.30	431 459	52 079.46	2.58%	29.88%	41.46%
太保产险	55 172.80	83 536	14 609.78	-2.02%	19.79%	11.63%
平安产险	139 807.85	179 361	26 170.99	21.65%	42.58%	20.84%
永安保险	8 146.10	24 926	2 179.20	-35.88%	-25.75%	1.73%
华泰财险	4 872.71	21 445	759.68	-14.97%	9.51%	0.60%
中华财险	11 097.38	16 273	4 350.46	-5.53%	-1.96%	3.46%
太平财险	11 543.25	19 533	2 207.03	-3.13%	-19.74%	1.76%
大地保险	13 226.06	18 665	2 374.43	2.08%	13.69%	1.89%
中航安盟	91.31	146	17.44	-51.56%	481.35%	0.01%
永诚产险	3 851.06	9 111	750.85	0.86%	-10.12%	0.60%
大家财险	4 009.28	5 788	777.41	213.04%	15.16%	0.62%
阳光财险	33 718.67	44 676	5 738.90	19.27%	5.40%	4.57%
鼎和保险	1 840.75	2 751	685.29	-23.97%	28.68%	0.55%
锦泰保险	6 705.29	8 965	1 840.18	-21.09%	9.09%	1.47%
国寿财险	63 013.12	84 467	11 067.47	-1.76%	27.68%	8.81%
全市	608 501.92	951 102	125 608.57	3.78%	26.56%	3.20%

2020年眉山市财产保险公司承保情况表（三）

表22

保险机构	农业保险											
	小计						其中					
							种植业保险					
	保险金额（百万元）	参保农户户次	保费收入（万元）	同比	环比	市场份额	保险金额（百万元）	参保农户户次	保费收入（万元）	同比	环比	市场份额
人保财险	1 538.98	3 408	4 827.59	-6.52%	-18.58%	53.84%	524.58	852	2 259.89	-0.52%	-25.40%	53.93%
太保产险	211.56	13 730	568.46	149.80%	863.45%	6.34%	128.72	11 484	341.10	172.06%	—	8.14%
平安产险	272.94	15 216	826.81	32.27%	396.94%	9.22%	85.45	11 018	474.66	-4.29%	—	11.33%
永安保险	0.00	—	0.00	—	—	0.00%	0.00	—	0.00	—	—	0.00%
华泰财险	0.00	—	0.00	—	—	0.00%	0.00	—	0.00	—	—	0.00%
中华财险	144.24	8 223	751.47	-56.71%	-110.47%	8.38%	42.40	3 829	184.46	-48.67%	—	4.40%
太平财险	0.00	—	0.00	—	—	0.00%	0.00	—	0.00	—	—	0.00%
大地保险	0.00	—	0.00	—	—	0.00%	0.00	—	0.00	—	—	0.00%
中航安盟	104.25	1 009	572.40	151.60%	-73.01%	6.38%	6.33	30	25.33	-220.75%	—	0.60%
永诚产险	0.00	—	0.00	—	—	0.00%	0.00	—	0.00	—	—	0.00%
大家财险	0.00	—	0.00	-100.00%	—	0.00%	0.00	—	0.00	—	—	0.00%
阳光财险	0.00	—	0.00	—	—	0.00%	0.00	—	0.00	—	—	0.00%
鼎和保险	0.00	—	0.00	—	—	0.00%	0.00	—	0.00	—	—	0.00%
锦泰保险	138.09	4 767	777.26	45.48%	-90.05%	8.67%	132.99	4 434	758.30	50.43%	-90.23%	18.10%
国寿财险	183.88	662	642.84	365.94%	18.96%	7.17%	79.71	13	146.50	466.72%	-100.00%	3.50%
全市	2 593.94	47 015	8 966.82	3.61%	-10.32%	2.71%	1 000.18	31 660	4 190.24	11.40%	-2.48%	3.43%

2020年眉山市财产保险公司承保情况表（四）

表23

保险机构	农业保险																	
	其中																	
	养殖业保险						林业保险						其他农业保险					
	保险金额（百万元）	参保农户户次	保费收入（万元）	同比	环比	市场份额	保险金额（百万元）	参保农户户次	保费收入（万元）	同比	环比	市场份额	保险金额（百万元）	参保农户户次	保费收入（万元）	同比	环比	市场份额
人保财险	457.95	2 536	2 498.33	-11.52%	-14.96%	53.25%	556.44	20	69.36	1.00%	-100.00%	80.90%	0.00	—	0.00	—	—	0.00%
太保产险	81.22	2 237	220.03	115.32%	74.70%	4.69%	0.00	—	0.00	—	—	0.00%	1.63	9	7.33	—	—	800.41%
平安产险	60.26	3 581	336.12	160.26%	0.91%	7.16%	127.23	617	16.02	—	—	18.69%	0.00	—	0.00	—	—	0.00%
永安保险	0.00	—	0.00	—	—	0.00%	0.00	—	0.00	—	—	0.00%	0.00	—	0.00	—	—	0.00%
华泰财险	0.00	—	0.00	—	—	0.00%	0.00	—	0.00	—	—	0.00%	0.00	—	0.00	—	—	0.00%
中华财险	101.84	4 394	567.01	-58.81%	-110.47%	12.09%	0.00	—	0.00	—	—	0.00%	0.00	—	0.00	—	—	0.00%
太平财险	0.00	—	0.00	—	—	0.00%	0.00	—	0.00	—	—	0.00%	0.00	—	0.00	—	—	0.00%
大地保险	0.00	—	0.00	—	—	0.00%	0.00	—	0.00	—	—	0.00%	0.00	—	0.00	—	—	0.00%
中航安盟	97.93	979	547.07	120.17%	-73.01%	11.66%	0.00	—	0.00	—	—	0.00%	0.00	—	0.00	—	—	0.00%
永诚产险	0.00	—	0.00	—	—	0.00%	0.00	—	0.00	—	—	0.00%	0.00	—	0.00	—	—	0.00%
大家财险	0.00	—	0.00	-100.00%	—	0.00%	0.00	—	0.00	—	—	0.00%	0.00	—	0.00	—	—	0.00%
阳光财险	0.00	—	0.00	—	—	0.00%	0.00	—	0.00	—	—	0.00%	0.00	—	0.00	—	—	0.00%
鼎和保险	0.00	—	0.00	—	—	0.00%	0.00	—	0.00	—	—	0.00%	0.00	—	0.00	—	—	0.00%
锦泰保险	5.09	333	27.21	-15.39%	-71.89%	0.58%	0.00	—	0.00	—	—	0.00%	0.00	—	-8.25	322.53%	—	-900.41%
国寿财险	103.17	648	495.99	342.39%	164.04%	10.57%	1.00	1	0.35	—	—	0.41%	0.00	—	0.00	—	—	0.00%
全市	907.46	14 708	4 691.76	-2.79%	-16.20%	2.47%	684.67	638	85.73	24.84%	-100.00%	0.50%	1.63	9	-0.92	-53.07%	—	-0.09%

2020年眉山市财产保险公司承保情况表（五）

表24

保险机构	家庭财产保险											
	小计						其中					
							巨灾保险					
	保险金额（百万元）	承保数量（个）	保费收入（万元）	同比	环比	市场份额	保险金额（百万元）	承保数量（个）	保费收入（万元）	同比	环比	市场份额
人保财险	2 465.01	10 872	282.78	1.44%	-52.74%	60.81%	1 226.21	151	182.72	-7.53%	-51.34%	66.55%
太保产险	251.69	1 921	7.78	-81.53%	-113.07%	1.67%	0.00	—	0.00	—	—	0.00%
平安产险	945.33	3 370	34.30	5.82%	-7.00%	7.38%	0.00	—	0.00	—	—	0.00%
永安保险	0.00	—	0.00	—	—	0.00%	0.00	—	0.00	—	—	0.00%
华泰财险	0.88	6	3.30	47.32%	-97.33%	0.71%	11.05	116	1.74	-22.32%	—	0.63%
中华财险	99.61	53	0.66	-61.48%	643.77%	0.14%	0.00	—	0.00	—	—	0.00%
太平财险	147.45	15	0.29	42.19%	—	0.06%	0.00	—	0.00	—	—	0.00%
大地保险	80.35	92	4.00	2.71%	-59.24%	0.86%	0.00	—	0.00	—	—	0.00%
中航安盟	0.00	—	0.00	—	—	0.00%	0.00	—	0.00	—	—	0.00%
永诚产险	19.11	14	0.12	—	—	0.03%	0.00	—	0.00	—	—	0.00%
大家财险	0.00		0.00	—	—	0.00%	0.00	—	0.00	—	—	0.00%
阳光财险	79.90	82	0.55	-55.28%	-90.00%	0.12%	0.00	—	0.00	—	—	0.00%
鼎和保险	0.00	—	0.00	—	—	0.00%	0.00	—	0.00	—	—	0.00%
锦泰保险	253.74	293	2.14	-87.89%	-18.04%	0.46%	0.00	—	0.00	—	—	0.00%
国寿财险	4 476.78	2 445	129.10	386.45%	2236.12%	27.76%	721.63	236	90.12	2137.38%	—	32.82%
全市	8 819.84	19 163	465.02	14.30%	77.04%	1.54%	1 958.90	503	274.57	34.68%	301.77%	4.76%

2020 年眉山市财产保险公司承保情况表（六）

表 25

保险机构	责任保险							工程保险					
	保险金额（百万元）	承保数量（个）	投保单位数（家）	保费收入（万元）	同比	环比	市场份额	保险金额（百万元）	承保数量（个）	保费收入（万元）	同比	环比	市场份额
人保财险	88 332.86	21 510	21 510	4 617.27	1.93%	-16.04%	37.60%	1 111.43	64	283.78	131.40%	120.62%	30.78%
太保产险	11 226.98	2 204	2 184	604.49	-9.60%	34.78%	4.92%	836.62	15	93.68	-64.26%	—	10.16%
平安产险	52 922.56	13 171	—	3 410.20	56.71%	-29.07%	27.77%	2 020.75	20	38.88	-87.25%	-100.00%	4.22%
永安保险	5 456.62	773	—	195.70	-14.41%	45.67%	1.59%	217.77	1	9.43	—	—	1.02%
华泰财险	728.47	74	73	80.19	173.78%	-78.67%	0.65%	40.38	1	18.30	—	—	1.98%
中华财险	4 790.64	4 030	4 030	668.51	32.43%	-75.10%	5.44%	2 899.80	8	313.76	15 266.08%	—	34.03%
太平财险	2 166.47	561	566	193.32	47.60%	-31.43%	1.57%	0.91	1	0.17	193.33%	—	0.02%
大地保险	2 070.55	488	415	243.46	35.48%	-56.72%	1.98%	109.20	8	32.89	202.86%	-20.00%	3.57%
中航安盟	91.01	19	17	3.92	-28.35%	117.19%	0.03%	0.00	—	0.00	—	—	0.00%
永诚产险	8 338.54	1 001	—	152.52	1 754.97%	-32.70%	1.24%	0.00	—	0.00	—	—	0.00%
大家财险	883.31	116	116	60.67	30.60%	352.64%	0.49%	0.00	—	0.00	—	—	0.00%
阳光财险	5 457.15	10 906	4 755	475.29	-7.90%	86.59%	3.87%	305.40	6	28.58	1 090.83%	17 686.67%	3.10%
鼎和保险	254.70	120	116	12.14	-12.94%	-40.10%	0.10%	0.00	—	0.00			0.00%
锦泰保险	13 915.85	1 328	—	650.86	33.38%	-36.55%	5.30%	265.91	7	30.63	-76.21%	-98.49%	3.32%
国寿财险	10 372.25	2 082	556	912.06	54.63%	-15.04%	7.43%	473.23	18	71.82	381.76%	-98.62%	7.79%
全市	207 007.96	58 383	34 338	12 280.62	21.40%	-26.35%	2.56%	8 281.39	149	921.92	8.63%	106.96%	0.87%

2020 年眉山市财产保险公司承保情况表（七）

表 26

保险机构	货物运输保险					
	保险金额（百万元）	承保数量（个）	保费收入（万元）	同比	环比	市场份额
人保财险	562.61	391	49.66	32.87%	220.13%	18.69%
太保产险	958.79	7	18.87	221.23%	0.00%	7.10%
平安产险	1 407.15	949	61.25	239.17%	-29.39%	23.06%
永安保险	0.00	—	0.00	—	—	0.00%
华泰财险	0.15	1	0.01	—	—	0.00%
中华财险	0.00	—	0.00	—	—	0.00%
太平财险	0.00	—	0.00	-100.00%		0.00%
大地保险	7 346.65	798	106.42	1939.91%	-31.33%	40.06%
中航安盟	0.00	—	0.00	-100.00%	—	0.00%
永诚产险	0.00	—	0.00	—	—	0.00%
大家财险	0.00	—	0.00	—	—	0.00%
阳光财险	210.02	21	2.49	24800.00%	—	0.94%
鼎和保险	0.00	—	0.00	—	—	0.00%
锦泰保险	15.96	28	1.03	-56.83%	—	0.39%
国寿财险	450.22	232	25.90	-11.42%	-17.77%	9.75%
全市	10 951.55	2 427	265.63	139.72%	-22.96%	1.34%

2020 年眉山市财产保险公司承保情况表（八）

表 27

保险机构	保证保险											
	小计						其中					
							个人信用贷款保证保险					
	保险金额（百万元）	承保数量（个）	保费收入（万元）	同比	环比	市场份额	保险金额（百万元）	承保数量（个）	保费收入（万元）	同比	环比	市场份额
人保财险	721.90	1 403	1 615.79	-4.28%	-23.95%	62.43%	3.38	-92	199.43	-76.08%	-44.40%	36.39%
太保产险	11.41	77	348.59	—	-46.35%	13.47%	11.01	72	348.61	—	-41.87%	63.61%
平安产险	8.97	29	41.98	—	33.01%	1.62%	0.00	—	0.00	—	—	0.00%
永安保险	0.00	—	0.00	—	—	0.00%	0.00	—	0.00	—	—	0.00%
华泰财险	0.00	—	0.00	—	—	0.00%	0.00	—	0.00	—	—	0.00%
中华财险	0.00	—	0.00	—	—	0.00%	0.00	—	0.00	—	-100.00%	0.00%
太平财险	5.00	1	14.15	—	—	0.55%	0.00	—	0.00	—	—	0.00%
大地保险	3.82	5	8.58	1053.21%	—	0.33%	0.00	—	0.00	—	—	0.00%
中航安盟	0.00	—	0.00	—	—	0.00%	0.00	—	0.00	—	—	0.00%
永诚产险	1.04	113	5.26	—	49.96%	0.20%	0.00	—	0.00	—	—	0.00%
大家财险	0.00	—	0.00	—	—	0.00%	0.00	—	0.00	—	—	0.00%
阳光财险	85.94	280	295.90	47.88%	-85.26%	11.43%	0.00	—	0.00	—	—	0.00%
鼎和保险	0.00	—	0.00	—	—	0.00%	0.00	—	0.00	—	—	0.00%
锦泰保险	113.81	337	230.27	34.92%	-73.05%	8.90%	0.00	—	0.00	—	—	0.00%
国寿财险	64.89	22	27.59	—	1550.39%	1.07%	0.00	—	0.00	—	—	0.00%
全市	1 016.78	2 267	2 588.12	25.67%	-28.26%	0.92%	14.39	-20	548.03	-34.26%	-43.34%	0.84%

2020 年眉山市财产保险公司承保情况表（九）

表 28

保险机构	意外保险						健康保险					
	保险金额（百万元）	承保数量（个）	保费收入（万元）	同比	环比	市场份额	保险金额（百万元）	承保数量（个）	保费收入（万元）	同比	环比	市场份额
人保财险	92 415.64	134 302	2 830.19	5.02%	8.18%	36.25%	185 164.91	7 658	14 366.89	18.14%	-32.12%	90.11%
太保产险	39 045.42	123 512	433.27	-6.37%	36.53%	5.55%	10 187.53	281 363	571.47	30.97%	30.13%	3.58%
平安产险	209 078.34	210 658	1 603.68	24.36%	79.72%	20.54%	15 414.90	31 365	227.77	84.77%	121.33%	1.43%
永安保险	1 731.79	16 908	222.47	49.32%	4.16%	2.85%	980.13	254	18.55	42.24%	73.70%	0.12%
华泰财险	595.52	16 622	184.22	-31.02%	-195.81%	2.36%	643.97	108	8.44		-8.70%	0.05%
中华财险	14 189.84	10 272	289.31	9.08%	30.32%	3.71%	19 459.68	13 892	472.17	-36.97%	105.05%	2.96%
太平财险	4 674.89	2 336	138.40	31.83%	-47.30%	1.77%	1 975.59	943	51.63	-19.85%	-70.82%	0.32%
大地保险	18 554.35	34 633	500.18	19.81%	64.28%	6.41%	3 232.80	402	26.54	-1.99%	-26.59%	0.17%
中航安盟	38.20	297	-0.05	-102.36%	0.00%	0.00%	0.86	293	0.04	-95.51%	0.00%	0.00%
永诚产险	405.15	4 213	68.15	-30.05%	-4.90%	0.87%	85.20	19	0.74	36.53%	-100.00%	0.00%
大家财险	824.96	173	40.66	1895.38%	182.37%	0.52%	72.45	16	1.08	117.59%	322.94%	0.01%
阳光财险	54 325.65	9 893	858.67	32.48%	-21.42%	11.00%	0.00	—	0.00	—	—	0.00%
鼎和保险	388.80	321	20.91	-47.00%	49.09%	0.27%	0.00	—	0.00	—	—	0.00%
锦泰保险	12 490.22	419 282	177.67	-42.96%	-43.12%	2.28%	610.32	77	56.25	-63.86%	-25.42%	0.35%
国寿财险	11 477.74	7 395	439.20	48.09%	-34.32%	5.63%	6 231.47	2 386	142.89	290.88%	-4.90%	0.90%
全市	460 236.51	990 817	7 806.93	10.77%	20.85%	2.86%	244 059.81	338 776	15 944.47	15.81%	-18.73%	3.22%

2020 年眉山市财产保险公司承保情况表（十）

表 29

保险机构	其他财产保险						储金
	保险金额（百万元）	承保数量（个）	保费收入（万元）	同比	环比	市场份额	
人保财险	4.28	1 871	3.21	—	—	1.02%	313.93
太保产险	0.00	—	0.00	-100.00%	—	0.00%	0.00
平安产险	752.78	3 979	311.11	450.27%	172.65%	98.97%	0.00
永安保险	0.00	—	0.00	—	—	0.00%	0.00
华泰财险	0.00	14	0.00	-100.00%	—	0.00%	0.00
中华财险	0.00	—	0.00	—	—	0.00%	0.00
太平财险	0.00	—	0.00	—	—	0.00%	0.00
大地保险	0.00	—	0.00	—	—	0.00%	0.00
中航安盟	0.00	—	0.00	—	—	0.00%	0.00
永诚产险	0.00	—	0.00	—	—	0.00%	0.00
大家财险	0.00	—	0.00	—	—	0.00%	0.00
阳光财险	0.00	—	0.01	—	—	0.00%	0.00
鼎和保险	0.00	—	0.00	—	—	0.00%	0.00
锦泰保险	0.00	—	0.00	—	—	0.00%	0.00
国寿财险	0.00	—	0.00	—	—	0.00%	0.00
全市	757.07	5 864	314.33	252.52%	172.69%	0.53%	313.93

2020 年眉山市财产保险公司理赔情况表（一）

表 30

保险机构	合计								企业财产保险							
	已决赔款金额（万元）	同比	环比	已决赔款件数（件）	同比	环比	未决赔款金额（万元）	未决赔款件数（件）	已决赔款金额（万元）	同比	环比	已决赔款件数（个）	同比	环比	未决赔款金额（万元）	未决赔款件数（件）
人保财险	46 879.13	-14.53%	58.77%	191 092	-21.79%	24.19%	11 853.19	2 395	1 168.63	19.98%	-7.08%	54	50.00%	100.00%	73.80	4
太保产险	9 381.09	9.69%	5.87%	12 293	-10.89%	25.81%	4 486.21	982	315.99	827.70%		7	-41.67%		294.07	4
平安产险	13 792.14	-6.62%	-1.80%	21 529	-15.55%	13.36%	7 705.91	2 546	0.00	-100.00%			-100.00%		0.00	
永安保险	2 462.04	-14.86%	1.05%	1 934	-23.41%	2.65%	1 331.89	286	0.00						17.36	1
华泰财险	590.50	2.46%	-5.07%	929	2.20%	53.85%	217.61	85	0.00						0.00	
中华财险	3 585.00	-55.97%	-6.08%	10 763	-62.46%	24.98%	1 309.40	558	0.00	-100.00%			-100.00%		0.00	
太平财险	1 593.21	6.65%	120.82%	2 978	18.27%	2.25%	428.73	176	32.25	-32.84%		5	-44.44%		0.20	1
大地保险	1 481.88	-4.96%	-63.13%	2 328	-10.91%	7.02%	416.42	187	0.00						0.00	
中航安盟	257.12	-89.43%	107.57%	1 145	-92.55%	40.86%	52.87	11	0.00						0.00	
永诚产险	418.18	-16.68%	0.13%	903	-16.47%	54.32%	263.71	61	0.02			1			0.00	
大家财险	334.20	15.89%	55.71%	436	-59.48%	39.22%	165.70	21	0.00						0.00	
阳光财险	3 255.10	17.59%	25.88%	6 412	13.89%	22.21%	748.40	344	0.00	-100.00%		1	-80.00%		0.00	
鼎和保险	528.73	60.09%	120.49%	968	35.57%	15.79%	178.51	83	0.00						0.00	
锦泰保险	2 116.55	-9.18%	-34.78%	2 351	-45.72%	26.18%	501.67	138	2.62	428.69%		4	100.00%		2.90	6
国寿财险	6 934.80	31.04%	-18.78%	15 362	48.63%	17.69%	3 593.04	1 444	25.00	112.64%	-100.00%	21	61.54%	-66.67%	207.65	7
全市	93 609.66	-12.33%	26.63%	271 423	-24.48%	22.83%	33 253.26	9 317	1 544.52	42.47%	-7.10%	93	16.25%	50.00%	595.97	23

2020年眉山市财产保险公司理赔情况表（二）

表31

保险机构	机动车辆保险							
	已决赔款金额（万元）	同比	环比	已决赔款件数（件）	同比	环比	未决赔款金额（万元）	未决赔款件数（件）
人保财险	29 710.94	5.85%	59.09%	36 026	-5.65%	30.84%	9 865.23	2 095
太保产险	8 051.30	14.27%	23.06%	9 759	-2.30%	29.34%	3 347.96	666
平安产险	12 506.88	-5.98%	-1.32%	18 716	-2.80%	15.48%	6 626.41	2 242
永安保险	2 297.62	-14.66%	2.53%	1 729	-23.83%	9.92%	1 006.95	226
华泰财险	564.43	-0.85%	20.40%	821	-3.41%	-4.55%	211.51	74
中华财险	2 266.05	1.71%	-25.94%	3 749	11.88%	23.44%	1 269.57	215
太平财险	1 379.37	24.89%	165.09%	2 657	23.24%	5.70%	367.49	110
大地保险	1 231.11	-14.97%	-64.25%	1 933	-17.07%	3.09%	364.40	116
中航安盟	27.14	0.39%	13484.44%	19	-58.70%	400.00%	25.65	1
永诚产险	378.27	-15.61%	-15.43%	863	-18.43%	50.00%	204.26	38
大家财险	333.15	111.94%	56.13%	429	129.41%	43.75%	142.10	19
阳光财险	2 894.92	18.13%	27.91%	5 447	11.28%	20.35%	691.36	241
鼎和保险	516.49	57.00%	123.11%	948	37.59%	18.92%	170.76	79
锦泰保险	1 470.72	7.71%	-39.48%	1 652	-7.97%	25.69%	339.55	84
国寿财险	6 138.54	23.37%	-23.71%	10 934	21.41%	1.67%	3 045.75	913
全市	69 766.92	5.37%	22.68%	95 682	-0.40%	21.24%	27 678.94	7 119

2020年眉山市财产保险公司理赔情况表（三）

表32

保险机构	农业保险															
	小计								其中							
									种植业保险							
	已决赔款金额（万元）	同比	环比	已决赔款件数（件）	同比	环比	未决赔款金额（万元）	未决赔款件数（件）	已决赔款金额（万元）	同比	环比	已决赔款件数（件）	同比	环比	未决赔款金额（万元）	未决赔款件数（件）
人保财险	3 121.57	-77.67%	27.13%	7 377	-89.96%	30.49%	35.51	47	2 140.15	30.26%	6.28%	1 363	34.68%	80.82%	28.18	28
太保产险	356.86	-46.66%	-75.79%	1 099	-59.30%	54.65%	74.91	118	190.91	1126.85%	-83.79%	88	877.78%	33.33%	38.80	33
平安产险	471.15	-46.61%	-53.61%	1 537	-68.28%	8.09%	178.07	132	282.43	310.53%	-73.81%	112	43.59%	-77.78%	153.26	88
永安保险	0.00	—	—	—	—	—	0.00	—	0.00	—	—	—	—	—	0.00	—
华泰财险	0.00	—	—	—	—	—	0.00	—	0.00	—	—	—	—	—	0.00	—
中华财险	883.98	-83.73%	-26.16%	1 763	-90.39%	388.24%	20.36	177	168.52	-56.55%	-94.79%	69	-33.01%	26.92%	0.00	—
太平财险	0.00	—	—	—	—	—	0.00	—	0.00	—	—	—	—	—	0.00	—
大地保险	0.00	—	—	—	—	—	0.00	—	0.00	—	—	—	—	—	0.00	—
中航安盟	216.87	-90.96%	39.88%	1 119	-92.69%	38.92%	1.37	5	33.41	493.71%	—	28	-20.00%	—	0.00	—
永诚产险	0.00	—	—	—	—	—	0.00	—	0.00	—	—	—	—	—	0.00	—
大家财险	0.00	-100.00%	—	—	-100.00%	—	0.00	—	0.00	—	—	—	—	—	0.00	—
阳光财险	0.00	—	—	—	—	—	0.00	—	0.00	—	—	—	—	—	0.00	—
鼎和保险	0.00	—	—	—	—	—	0.00	—	0.00	—	—	—	—	—	0.00	—
锦泰保险	364.43	-35.89%	241.83%	258	-75.89%	41.18%	0.00	—	347.71	-20.82%	—	111	-4.31%	-100.00%	0.00	—
国寿财险	406.30	306.68%	30.76%	3 549	322.50%	37.48%	36.54	362	10.06	53.59%	-100.00%	15	650.00%	-100.00%	0.00	—
全市	5 821.17	-75.88%	-4.83%	16 702	-85.79%	51.65%	346.76	841	3 173.19	23.64%	-37.37%	1 786	31.81%	64.29%	220.25	149

2020 年眉山市财产保险公司理赔情况表（四）

表 33

保险机构	农业保险															
	其中															
	养殖业保险								林业保险							
	已决赔款金额（万元）	同比	环比	已决赔款件数（件）	同比	环比	未决赔款金额（万元）	未决赔款件数（件）	已决赔款金额（万元）	同比	环比	已决赔款件数（件）	同比	环比	未决赔款金额（万元）	未决赔款件数（件）
人保财险	980.34	-91.93%	96.58%	6 010	-91.71%	14.88%	7.32	19	1.08	-99.42%	-100.00%	4	-84.00%	-100.00%	0.00	—
太保产险	165.95	-74.60%	68.92%	1 011	-62.43%	61.54%	36.10	85	0.00	—	—	—	—	—	0.00	—
平安产险	183.97	-77.39%	-9.53%	1 421	-70.19%	12.96%	6.90	42	4.75	—	-45.71%	4	—	0.00%	17.92	2
永安保险	0.00	—	—	—	—	—	0.00	—	0.00	—	—	—	—	—	0.00	—
华泰财险	0.00	—	—	—	—	—	0.00	—	0.00	—	—	—	—	—	0.00	—
中华财险	715.47	-85.82%	464.26%	1 694	-90.72%	489.25%	20.36	177	0.00	—	—	—	—	—	0.00	—
太平财险	0.00	—	—	—	—	—	0.00	—	0.00	—	—	—	—	—	0.00	—
大地保险	0.00	—	—	—	—	—	0.00	—	0.00	—	—	—	—	—	0.00	—
中航安盟	183.46	-92.34%	39.88%	1 091	-92.86%	38.92%	1.37	5	0.00	—	—	—	—	—	0.00	—
永诚产险	0.00	—	—	—	—	—	0.00	—	0.00	—	—	—	—	—	0.00	—
大家财险	0.00	-100.00%	—	—	-100.00%	—	0.00	—	0.00	—	—	—	—	—	0.00	—
阳光财险	0.00	—	—	—	—	—	0.00	—	0.00	—	—	—	—	—	0.00	—
鼎和保险	0.00	—	—	—	—	—	0.00	—	0.00	—	—	—	—	—	0.00	—
锦泰保险	16.72	-87.07%	241.83%	147	-84.59%	60.00%	0.00	—	0.00	—	—	—	—	—	0.00	—
国寿财险	396.24	324.44%	45.39%	3 534	321.72%	38.61%	36.54	362	0.00	—	—	—	—	—	0.00	—
全市	2 642.14	-87.64%	78.34%	14 908	-87.16%	49.82%	108.60	690	5.83	-96.86%	-48.14%	8	-68.00%	-50.00%	17.92	2

2020 年眉山市财产保险公司理赔情况表（五）

表 34

保险机构	家庭财产保险															
	小计								其中							
									巨灾保险							
	已决赔款金额（万元）	同比	环比	已决赔款件数（件）	同比	环比	未决赔款金额（万元）	未决赔款件数（件）	已决赔款金额（万元）	同比	环比	已决赔款件数（件）	同比	环比	未决赔款金额（万元）	未决赔款件数（件）
人保财险	55.77	33.64%	34.35%	262	-58.81%	9.52%	0.13	1	0.00	—	—	—	—	—	0.00	—
太保产险	0.00	—	—	—	-100.00%	—	0.00	—	0.00	—	—	—	—	—	0.00	—
平安产险	1.94	-91.83%	-100.00%	8	-91.49%	-100.00%	3.01	12	0.00	—	—	—	—	—	0.00	—
永安保险	0.00	—	—	—	—	—	0.00	1	0.00	—	—	—	—	—	0.00	—
华泰财险	0.21	—	—	2	—	—	0.00	—	11.87	—	—	122	—	—	1.88	—
中华财险	0.00	-100.00%	—	—	-100.00%	—	0.00	—	0.00	—	—	—	—	—	0.00	—
太平财险	0.00	—	—	—	-100.00%	—	0.00	—	0.00	—	—	—	—	—	0.00	—
大地保险	0.00	—	—	—	—	—	0.00	—	0.00	—	—	—	—	—	0.00	—
中航安盟	0.00	—	—	—	—	—	0.00	—	0.00	—	—	—	—	—	0.00	—
永诚产险	0.00	—	—	—	—	—	0.00	—	0.00	—	—	—	—	—	0.00	—
大家财险	0.00	—	—	—	—	—	0.00	—	0.00	—	—	—	—	—	0.00	—
阳光财险	0.00	—	—	—	—	—	0.00	—	0.00	—	—	—	—	—	0.00	—
鼎和保险	0.00	—	—	—	—	—	0.00	—	0.00	—	—	—	—	—	0.00	—
锦泰保险	2.72	-90.98%	62.79%	112	-91.09%	75.00%	0.00	—	0.00	—	—	—	—	—	0.00	—
国寿财险	15.24	310.00%	-71.66%	71	195.83%	-42.86%	0.44	1	0.00	—	—	—	—	—	0.00	—
全市	75.89	-24.41%	3.41%	455	-77.42%	3.03%	3.58	15	11.87	—	—	122	—	—	1.88	—

2020 年眉山市财产保险公司理赔情况表（六）

表 35

保险机构	责任保险								工程保险							
	已决赔款金额（万元）	同比	环比	已决赔款件数（件）	同比	环比	未决赔款金额（万元）	未决赔款件数（件）	已决赔款金额（万元）	同比	环比	已决赔款件数（件）	同比	环比	未决赔款金额（万元）	未决赔款件数（件）
人保财险	2 304.33	21.87%	220.73%	3 285	−19.66%	66.67%	1 165.36	165	7.77	−88.05%	—	4	−55.56%	0.00%	31.00	3
太保产险	320.72	40.23%	−68.43%	257	70.20%	−41.07%	268.12	61	36.42	−85.08%	—	5	−16.67%	—	0.00	—
平安产险	363.97	99.12%	−15.18%	204	6.25%	−13.33%	416.37	76	47.76	104.69%	—	4	100.00%	—	0.00	—
永安保险	69.00	107.42%	−100.00%	71	2.90%	−80.00%	191.96	24	0.00	−100.00%	—	—	−100.00%	−200.00%	8.95	1
华泰财险	17.36	562.60%	−97.04%	28	211.11%	−286.67%	0.00	—	0.00	—	—	—	—	—	0.00	—
中华财险	98.52	46.88%	637.89%	17	−19.05%	200.00%	14.80	7	0.00	—	—	—	—	—	0.00	—
太平财险	147.09	−40.37%	−96.78%	147	−0.68%	−46.88%	11.00	27	0.00	—	—	—	—	—	0.00	—
大地保险	147.40	874.91%	−70.61%	38	216.67%	−40.00%	27.82	27	0.22	−99.15%	—	1	0.00%	—	0.00	—
中航安盟	10.11	100.32%	—	5	−50.00%	—	23.85	4	0.00	−100.00%	—	—	−100.00%	—	0.00	—
永诚产险	0.00	−100.00%	—	1	−66.67%	—	0.05	1	0.00	—	—	—	—	—	0.00	—
大家财险	0.10	−99.60%	—	1	−83.33%	—	20.00	1	0.00	—	—	—	—	—	0.00	—
阳光财险	271.30	49.96%	21.37%	364	22.97%	−23.53%	40.45	68	0.00	—	—	2	100.00%	—	0.00	—
鼎和保险	0.70	337.50%	—	7	75.00%	−100.00%	5.70	1	0.00	—	—	—	—	—	0.00	—
锦泰保险	54.98	−65.78%	159.38%	85	54.55%	53.85%	25.60	19	14.49	−53.56%	−100.00%	12	200.00%	−100.00%	108.10	2
国寿财险	232.49	49.42%	78.75%	604	61.50%	157.14%	173.72	46	0.00	—	—	—	−100.00%	—	31.00	2
全市	4 038.06	26.37%	91.43%	5 114	−5.98%	47.93%	2 384.80	527	106.66	−74.00%	1039.01%	28	3.70%	−120.00%	179.05	8

2020 年眉山市财产保险公司理赔情况表（七）

表 36

保险机构	货物运输保险							
	已决赔款金额（万元）	同比	环比	已决赔款件数（件）	同比	环比	未决赔款金额（万元）	未决赔款件数（件）
人保财险	0.08	−98.68%	—	1	−96.00%	—	0.00	—
太保产险	39.55	—	−100.00%	6	—	−50.00%	0.00	—
平安产险	0.00	—	—	—	—	—	0.00	—
永安保险	0.00	—	—	—	—	—	0.00	—
华泰财险	0.00	—	—	—	—	—	0.00	—
中华财险	0.00	—	—	—	—	—	0.00	—
太平财险	0.12	−96.29%	—	1	−50.00%	—	0.00	—
大地保险	0.00	—	—	1	—	−100.00%	0.00	—
中航安盟	0.00	—	—	—	—	—	0.00	—
永诚产险	0.00	—	—	—	—	—	0.00	—
大家财险	0.00	—	—	—	—	—	0.00	—
阳光财险	0.00	—	—	—	—	—	0.00	—
鼎和保险	0.00	—	—	—	—	—	0.00	—
锦泰保险	0.00	−100.00%	—	—	−100.00%	—	0.00	—
国寿财险	0.00	—	—	—	−100.00%	—	0.00	—
全市	39.75	296.85%	−100.00%	9	−68.97%	−66.67%	0.00	—

2020 年眉山市财产保险公司理赔情况表（八）

表 37

保险机构	保证保险															
	小计								其中							
									个人信用贷款保证保险							
	已决赔款金额（万元）	同比	环比	已决赔款件数（件）	同比	环比	未决赔款金额（万元）	未决赔款件数（件）	已决赔款金额（万元）	同比	环比	已决赔款件数（件）	同比	环比	未决赔款金额（万元）	未决赔款件数（件）
人保财险	340.52	9 199.37%	27.62%	118	5 800.00%	25.00%	0.00		340.52	−14.83%	27.62%	118	45.68%	25.00%	0.00	—
太保产险	46.77	—	—	3	—	—	0.00	1	46.77	—	—	3	—	—	0.00	—
平安产险	0.00	—	—	—	—	—	0.00	—	0.00	—	—	—	—	—	0.00	—
永安保险	0.00	—	—	—	—	—	0.00	—	0.00	—	—	—	—	—	0.00	—
华泰财险	0.00	—	—	—	—	—	0.00	—	0.00	—	—	—	—	—	0.00	—
中华财险	0.00	—	—	—	—	—	0.00	—	0.00	—	—	—	—	—	0.00	—
太平财险	0.00	—	—	—	—	—	0.00	—	0.00	—	—	—	—	—	0.00	—
大地保险	0.00	—	—	—	—	—	0.00	—	0.00	—	—	—	—	—	0.00	—
中航安盟	0.00	—	—	—	—	—	0.00	—	0.00	—	—	—	—	—	0.00	—
永诚产险	0.06	—	—	1	—	—	0.00	—	0.00	—	—	—	—	—	0.00	—
大家财险	0.00	—	—	—	—	—	0.00	—	0.00	—	—	—	—	—	0.00	—
阳光财险	0.00	—	—	—	—	—	0.00	—	0.00	—	—	—	—	—	0.00	—
鼎和保险	0.00	—	—	—	—	—	0.00	—	0.00	—	—	—	—	—	0.00	—
锦泰保险	0.00	—	—	—	—	—	0.00	—	0.00	—	—	—	—	—	0.00	—
国寿财险	0.00	—	—	—	—	—	19.44	91	0.00	—	—	—	—	—	0.00	—
全市	387.34	10 478.22%	46.06%	122	6 000.00%	41.67%	19.45	92	387.28	−3.13%	45.89%	121	49.38%	33.33%	0.00	—

2020 年眉山市财产保险公司理赔情况表（九）

表 38

保险机构	意外保险								健康保险							
	已决赔款金额（万元）	同比	环比	已决赔款件数（件）	同比	环比	未决赔款金额（万元）	未决赔款件数（件）	已决赔款金额（万元）	同比	环比	已决赔款件数（件）	同比	环比	未决赔款金额（万元）	未决赔款件数（件）
人保财险	1 834.04	−5.98%	190.23%	5 563	−11.30%	19.88%	678.97	78	8 334.45	11.53%	57.77%	138 228	13.77%	22.17%	3.20	2
太保产险	185.56	−41.69%	−9.17%	1 123	23.27%	5.36%	465.41	124	27.93	126.92%	−68.02%	34	36.00%	166.67%	35.75	8
平安产险	203.27	24.44%	96.50%	420	−8.10%	0.00%	398.58	41	67.19	−10.37%	−32.44%	530	−4.68%	9.21%	6.43	25
永安保险	77.36	−41.18%	4028.25%	120	−24.05%	83.33%	91.08	31	18.06	35.82%	−100.00%	14	−48.15%	−100.00%	15.58	2
华泰财险	8.50	92.74%	27.27%	78	56.00%	−35.71%	5.10	10	0.00	—	—	—	—	—	1.00	1
中华财险	27.14	−62.19%	−100.00%	47	−91.70%	−100.00%	0.52	7	309.32	−8.43%	−24.81%	5 187	−18.69%	−27.62%	4.16	152
太平财险	24.01	−70.67%	48.94%	126	−27.59%	140.00%	13.50	19	10.37	8.82%	−90.15%	42	50.00%	0.00%	36.54	19
大地保险	102.52	45.02%	146.15%	352	31.84%	46.43%	24.21	44	0.63	309.33%	—	3	50.00%	—	0.00	—
中航安盟	3.00	—	—	2	100.00%	—	2.00	1	0.00	−100.00%	—	—	−100.00%	—	0.00	—
永诚产险	39.82	−25.49%	1759.17%	37	85.00%	300.00%	59.40	22	0.00	—	—	—	—	—	0.00	—
大家财险	0.95	—	38.45%	6	—	−33.33%	3.60	1	0.00	−100.00%	—	—	−100.00%	—	0.00	—
阳光财险	88.88	−13.55%	−10.13%	598	73.84%	71.70%	16.59	35	0.00	−100.00%	—	—	−100.00%	—	0.00	—
鼎和保险	11.54	903.48%	−98.44%	13	−38.10%	−100.00%	2.05	3	0.00	—	—	—		—	0.00	—
锦泰保险	168.49	10.94%	8.70%	34	−20.93%	0.00%	16.08	27	38.10	77.75%	−59.75%	194	86.54%	−22.22%	9.45	—
国寿财险	92.17	124.64%	−84.54%	169	152.24%	−39.39%	71.00	20	25.07	451.43%	−100.00%	14	40.00%	0.00%	7.50	2
全市	2 867.24	−8.77%	113.59%	8 688	−7.09%	18.85%	1 848.08	463	8 831.11	10.69%	51.82%	144 246	12.06%	19.49%	119.60	211

2020年眉山市财产保险公司理赔情况表（十）

表39

保险机构	其他财产保险							
	已决赔款金额（万元）	同比	环比	已决赔款件数（件）	同比	环比	未决赔款金额（万元）	未决赔款件数（件）
人保财险	1.03	-99.74%	—	174	114.81%	21.05%	0.00	—
太保产险	0.00	—	—	—	—	—	0.00	—
平安产险	129.97	20.50%	253.69%	110	20.88%	-38.89%	77.04	18
永安保险	0.00	—	—	—	—	—	0.00	—
华泰财险	0.00	—	—	—	—	—	0.00	—
中华财险	0.00	—	—	—	—	—	0.00	—
太平财险	0.00	—	—	—	—	—	0.00	—
大地保险	0.00	—	—	—	—	—	0.00	—
中航安盟	0.00	—	—	—	—	—	0.00	—
永诚产险	0.00	—	—	—	—	—	0.00	—
大家财险	0.00	—	—	—	—	—	0.00	—
阳光财险	0.00	—	—	—	—	—	0.00	—
鼎和保险	0.00	—	—	—	—	—	0.00	—
锦泰保险	0.00	—	—	—	—	—	0.00	—
国寿财险	0.00	—	—	—	—	—	0.00	—
全市	131.00	-74.20%	256.02%	284	65.12%	-8.11%	77.04	18

2020年眉山市人寿保险公司承保情况表（一）

表40

保险机构	全部业务					
	保费收入合计（万元）	环比	同比	市场份额	新单保费（万元）	同比
中国人寿	165 240.10	50.92%	8.17%	25.70%	61 423.58	5.17%
太保寿险	49 818.34	-38.47%	-0.55%	7.75%	8 935.56	-21.42%
平安人寿	38 174.66	73.67%	-5.39%	5.94%	8 248.90	-31.84%
新华保险	18 018.44	26.59%	21.70%	2.80%	6 637.15	85.44%
泰康人寿	25 639.31	-4.25%	7.67%	3.99%	3 613.14	-24.98%
太平人寿	19 983.02	11.22%	8.90%	3.11%	4 540.74	8.22%
中英人寿	0.00	—	—	0.00%	0.00	—
富德生命	5 227.34	-16.16%	15.00%	0.81%	1 878.26	38.29%
北大方正	381.37	-126.90%	-5.64%	0.06%	93.51	-76.86%
农银人寿	0.00	—	—	0.00%	0.00	—
人保寿险	27 513.59	2.28%	2.91%	4.28%	10 319.83	-21.92%
恒安标准	98.29	-116.09%	1.30%	0.02%	33.91	-65.05%
华夏保险	44 089.54	-21.23%	-24.28%	6.86%	9 275.88	-70.95%
恒大人寿	66 912.85	-47.71%	118.43%	10.41%	64 320.23	137.61%
人保健康	2 500.54	-156.03%	-33.58%	0.39%	283.16	-91.44%
国华人寿	26 923.86	37.63%	13.77%	4.19%	16 016.64	-22.42%
百年人寿	5 749.29	13.53%	29.45%	0.89%	1 916.65	34.96%
天安人寿	8 727.68	33.28%	-22.51%	1.36%	1 683.89	-78.39%
前海人寿	127 597.52	-5.75%	56.17%	19.85%	113 349.41	60.33%
中融人寿	10 349.40	-7.45%	-23.17%	1.61%	10 276.70	-23.71%
全市	642 945.16	0.17%	14.99%	3.93%	322 847.13	12.93%

2020年眉山市人寿保险公司承保情况表（二）

表41

保险机构	个人代理																
													其他指标				
	保费收入小计（万元）	环比	同比	市场份额	普通寿险（万元）	分红（万元）	投连	万能（万元）	长期健康险（万元）	短期健康险（万元）	长期意外险（万元）	短期意外险（万元）	新单保费（万元）	新单趸缴保费（万元）	10年期及以上期交新单保费（万元）	人均保费（元）	件均保费（元）
中国人寿	142 296.02	34.41%	5.83%	44.88%	68 741.26	35 281.97	0.00	8.06	17 047.67	17 135.44	111.52	3 970.10	43 183.99	81.93	13 661.46	2 727.31	4 150.34
太保寿险	48 163.80	-39.36%	-0.10%	15.19%	14 320.06	20 142.72	0.00	5.51	11 578.80	1 845.22	53.74	217.74	7 859.90	2 062.97	3 868.88	523.98	756.72
平安人寿	32 737.03	94.98%	-6.40%	10.33%	12 310.73	8 933.51	0.39	812.12	9 486.97	0.51	0.00	1 192.78	7 142.63	84.87	3 239.42	2 144.60	3 903.96
新华保险	3 977.48	25.45%	10.93%	1.25%	476.06	1 460.42	0.00	0.03	1 891.75	127.61	0.00	21.62	637.22	68.71	592.54	1 693.52	2 611.54
泰康人寿	21 759.55	-21.91%	5.68%	6.86%	2 857.49	12 954.12	0.00	145.59	4 443.83	1 261.42	0.00	97.10	2 610.15	128.18	2 061.65	1 014.00	507.00
太平人寿	8 119.72	35.03%	2.43%	2.56%	2 273.20	2 778.98	0.05	0.08	2 143.13	758.08	0.00	166.20	1 615.63	35.72	727.46	963.47	1 896.35
中英人寿	0.00	—	—	0.00%	0.00	0.00	0.00	0.00	0.00	0.00	0.00	0.00	0.00	0.00	0.00	0.00	0.00
富德生命	1 473.33	286.85%	3.23%	0.46%	296.68	505.01	0.00	0.00	669.09	0.68	1.30	0.57	192.17	10.00	131.28	0.00	0.00
北大方正	381.37	-126.90%	-5.64%	0.12%	229.50	0.00	0.00	0.04	127.80	22.16	0.00	1.88	93.51	2.45	68.17	1 251.77	2 758.32
农银人寿	0.00	—	—	0.00%	0.00	0.00	0.00	0.00	0.00	0.00	0.00	0.00	0.00	0.00	0.00	0.00	0.00
人保寿险	14 747.53	-2.57%	9.99%	4.65%	3 788.99	5 021.75	0.00	52.01	5 001.83	638.87	151.16	92.93	4 018.30	377.05	2 186.07	856.93	1 163.39
恒安标准	98.29	-116.09%	1.30%	0.03%	26.90	18.39	0.00	0.00	50.57	1.03	0.04	1.37	33.91	3.61	9.28	-22.39	0.00
华夏保险	33 168.97	-54.57%	5.04%	10.46%	20 746.63	30.17	0.00	2.81	10 430.20	1 753.45	0.00	205.72	5 607.27	181.17	2 987.79	969.00	3 366.00
恒大人寿	360.91	-46.16%	15.76%	0.11%	111.10	27.55	0.00	0.00	220.29	0.11	1.26	0.59	73.04	11.17	0.00	0.00	0.00
人保健康	2 476.10	-156.29%	-33.44%	0.78%	0.00	447.00	0.00	0.00	1 967.85	8.11	43.29	9.85	279.90	81.71	71.63	3 855.32	7 140.21
国华人寿	0.00	—	—	0.00%	0.00	0.00	0.00	0.00	0.00	0.00	0.00	0.00	0.00	0.00	0.00	0.00	0.00
百年人寿	505.55	-45.05%	10.00%	0.16%	284.89	0.00	0.00	116.96	91.12	12.47	0.00	0.12	168.36	116.96	48.20	76.70	884.04
天安人寿	1 941.14	-80.62%	3.75%	0.61%	1 253.99	54.12	0.00	0.01	631.33	0.83	0.00	0.86	210.80	0.07	69.28	54.47	6 426.88
前海人寿	4 842.88	-17.63%	-0.29%	1.53%	2 444.48	1 216.63	0.00	0.00	1 021.16	154.25	3.95	2.41	762.45	164.23	161.55	11 497.93	4 689.94
中融人寿	0.00	—	—	0.00%	0.00	0.00	0.00	0.00	0.00	0.00	0.00	0.00	0.00	0.00	0.00	0.00	0.00
全市	317 049.68	-3.50%	2.98%	3.71%	130 161.97	88 872.35	0.44	1 143.20	66 803.39	23 720.24	366.26	5 981.82	74 489.23	3 410.80	29 884.65	27 606.60	40 254.69

2020年眉山市人寿保险公司承保情况表（三）

表42

保险机构	银行及邮政代理					
					其它指标	
	保费收入小计（万元）	环比	同比	市场份额	新单保费（万元）	新单趸缴保费（万元）
中国人寿	7 985.05	-53.28%	33.31%	2.69%	3 649.08	0.00
太保寿险	1 144.80	-32.52%	75.52%	0.39%	721.44	721.44
平安人寿	269.01	44.49%	-15.73%	0.09%	25.28	0.50
新华保险	7 764.23	-71.94%	71.55%	2.62%	5 188.76	3 792.52
泰康人寿	3 669.66	105.80%	22.71%	1.24%	1 000.31	181.65
太平人寿	11 243.14	-20.49%	13.73%	3.79%	2 810.47	0.00
中英人寿	0.00	—	—	0.00%	0.00	0.00
富德生命	3 752.36	-83.19%	20.50%	1.27%	1 684.44	394.79
北大方正	0.00	—	—	0.00%	0.00	0.00
农银人寿	0.00	—	—	0.00%	0.00	0.00
人保寿险	11 341.35	5.22%	-4.99%	3.83%	4 895.57	1 588.64
恒安标准	0.00	—	—	0.00%	0.00	0.00
华夏保险	10 903.96	69.73%	-59.05%	3.68%	3 653.00	1 135.09
恒大人寿	66 551.94	-47.72%	119.49%	22.45%	64 247.19	62 495.01
人保健康	22.20	-15.00%	-43.27%	0.01%	1.03	1.03

续表42

保险机构	银行及邮政代理					
	保费收入小计（万元）	环比	同比	市场份额	其它指标	
					新单保费（万元）	新单趸缴保费（万元）
国华人寿	26 923.86	37.63%	13.77%	9.08%	16 016.64	11 200.69
百年人寿	5 241.81	28.73%	31.78%	1.77%	1 746.36	517.50
天安人寿	6 786.54	64.47%	-27.73%	2.29%	1 473.09	566.30
前海人寿	122 544.12	-4.37%	59.74%	41.33%	112 472.24	103 100.30
中融人寿	10 349.40	-7.45%	-23.17%	3.49%	10 276.70	10 246.50
全市	296 493.43	-13.01%	32.59%	4.85%	229 861.60	195 941.97

2020年眉山市人寿保险公司承保情况表（四）

表43

保险机构	公司直销														
	保费收入小计（万元）	环比	同比	市场份额	新单保费（万元）	其中：团险									
						保费收入（万元）	同比	新单保费（万元）	新单趸交保费（万元）	企业年金（万元）	长期险			短期险	
											寿险（万元）	健康险（万元）	意外险（万元）	健康险（万元）	意外险（万元）
中国人寿	13 723.55	3247.03%	11.44%	49.34%	13 355.03	13 723.55	11.44%	13 355.03	0.07	0.00	253.20	115.40	0.00	13 340.87	14.09
太保寿险	361.97	30.70%	-9.70%	1.30%	234.88	328.11	-9.03%	234.88	215.70	0.00	91.57	21.82	0.03	78.79	135.91
平安人寿	5 168.52	-8.19%	2.27%	18.58%	1 080.89	30.96	-8.32%	6.47	0.00	0.00	30.96	0.00	0.00	0.00	0.00
新华保险	6 276.32	53.17%	-6.24%	22.56%	811.17	6 276.32	-6.24%	811.17	134.49	0.00	4 380.30	1 664.78	0.00	185.63	45.60
泰康人寿	207.96	-31.81%	-9.32%	0.75%	2.67	0.45	—	0.00	0.00	0.00	0.43	0.02	0.00	0.00	0.00
太平人寿	620.16	396.35%	21.44%	2.23%	114.63	0.00	—	0.00	0.00	0.00	0.00	0.00	0.00	0.00	0.00
中英人寿	0.00	—	—	0.00%	0.00	0.00	—	0.00	0.00	0.00	0.00	0.00	0.00	0.00	0.00
富德生命	1.65	-18.75%	-60.42%	0.01%	1.65	1.65	-60.42%	1.65	0.09	0.00	0.00	0.09	0.00	0.02	1.54
北大方正	0.00	—	—	0.00%	0.00	0.00	—	0.00	0.00	0.00	0.00	0.00	0.00	0.00	0.00
农银人寿	0.00	—	—	0.00%	0.00	0.00	—	0.00	0.00	0.00	0.00	0.00	0.00	0.00	0.00
人保寿险	1 424.72	132.38%	2.41%	5.12%	1 405.96	1 424.72	2.41%	1 405.96	1 385.14	0.00	2.57	39.04	0.54	1 219.09	163.48
恒安标准	0.00	—	—	0.00%	0.00	0.00	—	0.00	0.00	0.00	0.00	0.00	0.00	0.00	0.00
华夏保险	15.61	-44.90%	-35.24%	0.06%	15.61	15.61	-35.24%	15.61	0.19	0.00	0.19	0.00	0.00	4.54	10.88
恒大人寿	0.00	—	—	0.00%	0.00	0.00	—	0.00	0.00	0.00	0.00	0.00	0.00	0.00	0.00
人保健康	2.23	—	-60.45%	0.01%	2.23	2.23	-60.45%	2.23	2.23	0.00	0.00	0.00	0.00	0.45	1.78
国华人寿	0.00	—	—	0.00%	0.00	0.00	—	0.00	0.00	0.00	0.00	0.00	0.00	0.00	0.00
百年人寿	1.93	-0.32%	-52.65%	0.01%	1.93	1.93	-52.65%	1.93	1.93	0.00	0.00	0.00	0.00	0.77	1.15
天安人寿	0.00	—	-100.00%	0.00%	0.00	0.00	-100.00%	0.00	0.00	0.00	0.00	0.00	0.00	0.00	0.00
前海人寿	10.54	-240.52%	33.08%	0.04%	7.32	8.17	3.13%	4.94	4.94	0.00	0.22	3.23	0.00	3.07	1.65
中融人寿	0.00	—	—	0.00%	0.00	0.00	—	0.00	0.00	0.00	0.00	0.00	0.00	0.00	0.00
全市	27 815.15	199.31%	4.41%	2.55%	17 033.98	21 813.69	4.67%	15 839.88	1 744.79	0.00	4 759.44	1 844.36	0.57	14 833.24	376.08

2020年眉山市人寿保险公司承保情况表（五）

表44

保险机构	公司直销							
	其中：电话销售				其中：互联网销售			
	保费收入（万元）	同比	其它指标		保费收入（万元）	同比	其他指标	
			新单保费（万元）	新单趸缴保费（万元）			新单保费（万元）	新单趸缴保费（万元）
中国人寿	0.00		0.00	0.00	0.00	—	0.00	0.00
太保寿险	33.85	-15.74%	0.00	0.00	0.00	—	0.00	0.00
平安人寿	1 260.06	-19.65%	263.51	0.00	3 877.51	12.33%	810.90	0.00
新华保险	0.00	—	0.00	0.00	0.00	—	0.00	0.00

续表44

保险机构	公司直销							
	其中：电话销售				其中：互联网销售			
	保费收入（万元）	同比	其它指标		保费收入（万元）	同比	其他指标	
			新单保费（万元）	新单趸缴保费（万元）			新单保费（万元）	新单趸缴保费（万元）
泰康人寿	170.63	-11.11%	-0.10	0.00	36.88	-1.32%	2.77	2.93
太平人寿	590.27	1654.29%	108.61	0.05	29.89	-93.73%	6.03	0.00
中英人寿	0.00	—	0.00	0.00	0.00	—	0.00	0.00
富德生命	0.00	—	0.00	0.00	0.00	—	0.00	0.00
北大方正	0.00	—	0.00	0.00	0.00	—	0.00	0.00
农银人寿	0.00	—	0.00	0.00	0.00	—	0.00	0.00
人保寿险	0.00	—	0.00	0.00	0.00	—	0.00	0.00
恒安标准	0.00	—	0.00	0.00	0.00	—	0.00	0.00
华夏保险	0.00	—	0.00	0.00	0.00	—	0.00	0.00
恒大人寿	0.00	—	0.00	0.00	0.00	—	0.00	0.00
人保健康	0.00	—	0.00	0.00	0.00	—	0.00	0.00
国华人寿	0.00	—	0.00	0.00	0.00	—	0.00	0.00
百年人寿	0.00	—	0.00	0.00	0.00	—	0.00	0.00
天安人寿	0.00	—	0.00	0.00	0.00	—	0.00	0.00
前海人寿	0.00	—	0.00	0.00	2.37	—	2.37	2.37
中融人寿	0.00	—	0.00	0.00	0.00	—	0.00	0.00
全市	2 054.81	12.03%	372.02	0.05	3 946.65	-0.50%	822.07	5.30

2020年眉山市人寿保险公司承保情况表（六）

表45

保险机构	专业代理公司及经纪公司					
	保费收入小计（万元）	环比	同比	市场份额	其他指标	
					新单保费（万元）	新单趸缴保费（万元）
中国人寿	1 235.48	-64.04%	—	77.85%	1 235.48	150.96
太保寿险	147.79	-87.71%	-82.14%	9.31%	119.35	119.35
平安人寿	0.11	—	—	0.01%	0.11	0.00
新华保险	0.42	—	0.00%	0.03%	0.00	0.00
泰康人寿	2.14	—	0.00%	0.13%	0.00	0.00
太平人寿	0.00	—	-100.00%	0.00%	0.00	0.00
中英人寿	0.00	—	—	0.00%	0.00	0.00
富德生命	0.00	—	—	0.00%	0.00	0.00
北大方正	0.00	—	—	0.00%	0.00	0.00
农银人寿	0.00	—	—	0.00%	0.00	0.00
人保寿险	0.00	—	—	0.00%	0.00	0.00
恒安标准	0.00	—	—	0.00%	0.00	0.00
华夏保险	1.00	—	0.00%	0.06%	0.00	0.00
恒大人寿	0.00	—	—	0.00%	0.00	0.00
人保健康	0.00	—	—	0.00%	0.00	0.00
国华人寿	0.00	—	—	0.00%	0.00	0.00
百年人寿	0.00	—	—	0.00%	0.00	0.00
天安人寿	0.00	—	—	0.00%	0.00	0.00
前海人寿	199.98	3178.96%	59.40%	12.60%	107.39	2.44
中融人寿	0.00	—	—	0.00%	0.00	0.00
全市	1 586.90	-61.86%	61.54%	0.26%	1 462.33	272.75

2020 年眉山市人寿保险公司赔款支付情况表

表 46

保险机构	赔款及给付合计			短期险赔款		死伤医疗给付		满期给付		年金给付		退保		
	金额（万元）	同比	件数（件）	金额（万元）	件数（件）	金额（万元）	件数（件）	金额（万元）	件数（件）	金额（万元）	件数（件）	金额（万元）	同比	件数（件）
太保寿险	31 734.08	6.25%	94 032	623.09	2 288	2 159.08	479	25 280.86	9 162	3 671.06	82 103	3 496.96	−11.12%	6 434
平安人寿	3 712.90	−18.63%	4 634	84.07	2 684	1 810.75	190	1 442.85	208	375.22	1 552	2 610.50	69.01%	8 586
新华保险	16 046.50	−18.16%	17 953	155.38	395	557.64	635	12 636.15	5 422	2 697.33	11 501	2 697.31	−31.38%	2 863
泰康人寿	8 235.11	109.68%	30 445	347.44	642	1 105.69	512	4 876.86	20 720	1 905.11	8 571	1 217.37	−82.82%	1 463
太平人寿	6 060.56	89.14%	13 414	183.94	380	319.22	53	3 989.85	978	1 567.55	12 003	2 666.06	−11.02%	862
富德生命	645.26	8.38%	2 403	0.71	7	182.01	151	462.54	2 245	0.00	—	5 174.88	−50.35%	921
北大方正	4.83	197.28%	12	4.18	9	0.65	3	0.00	—	0.00	—	28.33	1737.56%	275
人保寿险	4 564.42	−0.69%	5 755	1 424.07	1 034	567.15	128	2 100.94	3 467	472.25	1 126	4 879.44	−68.07%	3 146
恒安标准	7.63	658.08%	7	0.00	—	7.63	7	0.00	—	0.00	—	1.77	—	29
华夏保险	3 579.54	−6.61%	15 297	590.42	1 513	931.95	98	0.00	—	2 057.17	13 686	3 518.16	−49.22%	3 689
恒大人寿	146.73	37.63%	59	0.00	—	146.73	59	0.00	—	0.00	—	2 366.71	68.08%	216
人保健康	1 624.19	64.18%	267	0.32	11	314.68	7	1 309.18	249	0.00	—	180.67	−41.84%	701
国华人寿	1 010.07	−5.83%	883	0.00	—	117.34	26	36.12	22	856.62	835	3 301.17	−55.00%	324
百年人寿	76.77	−60.45%	44	1.61	8	13.63	8	0.00	—	61.54	28	75.04	10.85%	48
建信人寿	0.00	—	—	0.00	—	0.00	—	0.00	—	0.00	—	0.00	—	—
天安人寿	628.02	20.07%	909	5.64	84	336.34	112	0.00	—	286.04	713	4 135.61	164.62%	1 230
前海人寿	874.13	38.93%	424	55.71	74	769.29	108	0.00	—	49.14	242	7 386.03	245.06%	1 279
中融人寿	938.90	−23.21%	212	0.00	—	88.76	28	850.14	184	0.00	—	1 508.11	−69.34%	141
全市	122 026.08	3.70%	373 139	23 002.63	94 898	13 752.68	34 269	66 264.69	90 651	19 006.08	153 321	54 530.33	−32.48%	51 929

比下降 2.59%；代理公司渠道保费收入 2 991.18 万元。全市人身险赔款及给付支出 12.99 亿元，同比上升 9.33%。

【保险业务服务】 眉山保险业疫情期间加大线上服务推广力度，开通保险理赔绿色通道，为客户提供线上服务 2 万次，线上承保签单 9.6 万笔，提供保障 1.63 亿元，线上赔付金额 2 900 万元；辖内人身险公司在不增加保费前提下将 140 款产品责任范围扩至新冠肺炎；辖内保险机构向 1.8 万名村社干部、0.6 万名公安干警捐赠专属保险保障 120 亿元，为 95 家企业免费延长保险期限、提供风险保障 9.18 亿元，为 7 家企业缓交保费 13.47 万元，在不增加保费基础上升级保险保障惠及企业 577 家、涉及保障金额 62.7 亿元。眉山保险业引导险资直投眉山余额 62 亿元；推动设立国有保险专业代理机构，以此为契机，树立行业规范性发展标杆，促进中介市场规范发展；做好旱灾和暴雨洪灾保险保障，3—5 月旱灾中支付干旱赔款 280.61 万元，理赔面积 1.06 万亩，240 户农户受益。眉山银保监分局督导眉山市保险行业协会检查 15 家财险公司，以自律承诺为措施，提高行业公平有序竞争的自觉性，积极应对车险综合改革，保障行业经营秩序平稳有序过渡；健全和完善消费者权益保护体制机制，依法合规开展消费投诉处理，全年处理保险消费投诉举报事项 147 件，及时化解矛盾、维护行业信誉。

（廖大兴）

交通·邮政

TRANSPORTATION AND POSTAL INDUSTRY

交通建设 / 交通规划 / 跨区交通运营 / 市内交通运营 / 交通运输管理 / 邮政管理 / 邮政业务

交通建设
Transportation Construction

【概况】 2020年,眉山市综合交通建设完成投资158.8亿元,新开工一级公路4条75公里(梓州大道南延线、益州大道南延线、仁简快速通道、天府大道二峨山段)、二级公路1条27.7公里(省道307线夹江界至东岳段)、独立大桥1座(彭山岷江大桥);建成高速公路1条56公里(成宜高速公路仁寿段)、一级公路2条30.7公里(太和大道、工业大道东坡区南段)、二级公路1条23.7公里(国道351线富加至资阳段)、独立大桥1座(青神岷江二桥);续建铁路1条30公里(连汪燕铁路仁寿段)、高速公路1条27公里(成乐高速扩容眉山互通至乐山界)、一级公路6条183公里(天府大道眉山段、眉山绕城公路南环线、环天府新区快速通道、红星路南延线仁寿段、洪雅至峨眉山旅游快速通道、丹棱至蒲江快速路)、二级公路2条44.6公里(瓦屋山旅游快速通道袁坪至瓦屋山镇段、丹棱至名山路)、航电项目3个(汤坝、尖子山、虎渡溪航电枢纽)。

【"十三五"交通建设】 "十三五"期间,眉山市持续实施"千亿交通大会战",综合交通建设完成投资超700亿元、比"十二五"增长50%以上,其中2016年完成投资116亿元、2017年完成投资137亿元、2018年完成投资148亿元、2019年完成投资153亿元、2020年完成投资158亿元,交通建设投资连年占全市固定资产投资10%以上。全市高速公路完成新建3条159.5公里(简蒲高速公路、仁沐新高速公路仁寿段、成宜高速公路仁寿段)、扩容改造1条28公里(成乐高速公路扩容改造眉山互通至青龙段),高速公路通车里程达458公里,较"十二五"末增加159公里,高速公路网密度达每百平方公里6.4公里,是全省的3.5倍以上;实现县县通高速公路,其中仁寿县通高速公路5条。全市完成一级快速路7条145.5公里,太和大道、工业大道夹江界至青龙段、滨江大道东坡区至彭祖新城段、岷东大道青神县城以北段、洪雅至峨眉山旅游快速通道起点至柳江段、天府仁寿大道成黑快速通道至城区段、岷黑快速通道等一批6车道、8车道快速道路陆续建成,多条快速路与成都实现无缝对接,形成内通外畅、互联互通的快速路网体系。全市累计投入30亿元,完成新改建农村公路2 130公里,农村公路从路面完好程度到技术标准都有提高,基本消除烂路;2017年完成316个贫困村302公里村道建设,提前1年完成脱贫攻坚交通任务,交通助力脱贫攻坚效果显著。全市同时新开工3座岷江航电(汤坝、尖子山、虎渡溪),岷江航电进入建设高峰期,其中汤坝航电完成主体工程,即将蓄水发电;岷江航电的快速建设将为岷江眉山段在"十四五"实现复航奠定基础。眉山市稳步推进连汪燕铁路,成昆铁路复线建成通车;抢抓成眉交通同城化机遇,谋划成眉市域铁路S5、S5天府支线、S13线、成都外环铁路等一批轨道交通,基本实现县县规划布局轨道交通。

【成宜高速公路建成通车】 成都至宜宾高速公路起于成都经济区环线高速,对接成都天府国际机场高速南线,经成都、眉山、内江、自贡、宜宾,止于乐宜高速中峰寺,是成都至宜宾最快捷的通道,也是通往云南南向重要高速大通道。路线全长157公里,全线采用双向六车道高速标准建设,设计速度每小时120公里,路基宽度34.5米,沥青混凝土路面,其中眉山(仁寿)境内长56公里,投资估算72.3亿元。2016年12月,成都、眉山、内江、自贡、宜宾五市政府与四川省铁路产业投资集团有限责任公司签订《成都至宜宾高速公路合作共建投资协议》。2017年3月,工程可行性报告经省发展改革委批复;3月15日,项目开工动员大会在宜宾市召开;11月20日,仁寿县政府启动征地拆迁;12月,施工单位进场开展驻地建设。2018年6月22日,成宜高速公路全线开工,由广东省交通规划设计研究院股份有限公司和招商局重庆交通科研设计院有限公司设计,四川省公路工程咨询监理事务所有限责任公司监理,四川川交路桥有限责任公司、中建路桥集团有限公司等施工。2020年12月,成宜高速公路建成,12月31日开通运营,标志全省高速公路通车运营里程突破8 000公里。2020年,成宜高速公路完成投资27.06亿元,累计完成投资66.67亿元。

【成乐高速公路扩容项目眉山段建设】 国道512线成都至乐山高速公路扩容工程位于成都市、眉山市和乐山市境内,是连接成都双流机场与三市的重要快速通道,分为主线和乐山城区过境复线两部分,总长141.29公里,总投资估算231亿元,新建、扩建段均为双向八车道,路宽分别为42米和41米,设计速度每小时120公里和100公里,沥青混凝土路面。项目主线划分为成都三环路川藏立交至彭山青龙场段新建复线和青龙场至乐山段原路加宽两段,主线起点位于成都市三环路川藏立交,止于乐山张徐坝互通,在张徐坝互通顺接乐宜高速公

图69 成宜高速公路仁寿段沥青路面施工 (市交通运输局供图)

路并与乐雅高速公路形成十字交叉，里程129.93公里。乐山城区过境复线起于棉竹北枢纽互通跨青衣江大桥西侧桥台，顺接乐自高速公路乐山城区连接线，止于冷山枢纽互通，与乐雅高速公路十字交叉，顺接乐雅高速公路峨眉连接线，里程11.36公里。2017年5月16日，项目全线工可报告获省发改委核准批复。项目分三期行建设，眉山市境内长60公里，估算投资60亿元。一期工程青龙场至眉山互通试验段长28公里，于2019年11月27日建成通车。二期工程眉山互通至乐山交界段长31.5公里，其中主线26.5公里，青神互通连接线5公里，基本沿主路加宽改造，于2019年6月开工建设，由四川省交通运输厅公路规划勘察设计研究院设计，四川交投建设工程股份有限公司施工，四川省亚通工程咨询有限公司监理，正在进行路基、桥涵及互通施工。三期工程青龙场枢纽互通至二绕段眉山境内4.1公里双向八车道新建高架桥段，于2020年10月开工建设，由四川省交通运输厅公里规划勘察设计研究院设计，中交第四公路工程有限公司施工，重庆交通管理咨询有限公司监理，正在进行进场道路清表和场站建设。2020年，眉山段（含青神连接线）完成投资6.78亿元，累计完成投资39.53亿元。

【太和大道建成通车】 太和大道起于东坡区东坡大道与科工园三路交叉处，经简蒲高速公路眉山互通，止于彭山区彭祖大道南段与凤鸣大道交叉口，全长9.66公里，一级城市主干道，同步建设地下综合管廊，路幅宽度80米，双向八车道，设计速度每小时60公里，沥青混凝土路面，总投资16亿元。项目划分为2个土建标段，1个地下综合管廊标段9.7公里（东坡区7.84公里、彭山区1.86公里），1个绿化亮化标段。项目业主为眉山市恒信交通投资建设有限公司，由中国市政工程西南设计研究总院有限公司设计，四川精正建设管理咨询有限公司、成都衡泰工程管理有限责任公司等单位监理。2016年8月10日，项目开工建设土建一标段2.5公里，重庆建工第一市政工程有限责任公司中标承建；10月8日，项目开工建设土建二标段7.2公里，陕西建工第六建设集团有限公司中标承建。2017年5月，项目开工建设综合管廊标段，四川欧鹏建筑工程公司牵头与四川华西安装工程有限公司组成投标联合体中标承建。2018年11月，项目开工建设绿化标段，博大环境有限公司中标承建。2020年9月，太和大道全线建成通车，完成投资2亿元，累计完成投资16.32亿元。

【工业大道国道351线至夹江界建成通车】 工业大道国道351线至夹江界（工业大道东坡区南段）起于国道351线，连接工业大道国道351线至彭山界段，经白马镇、象耳镇、修文镇、崇仁镇，止于夹江县界，全长21公里，一级公路技术标准，沥青混凝土路面，总投资13.7亿元，由东坡区投资建设，其中国道351线至眉山环城公路南环线段长4.5公里，路基宽30米，双向六车道，设计速度每小时60公里；南环线至夹江界段长16.5公里，路基宽23米，双向四车道，设计速度每小时60公里。2018年8月，项目开工建设，由四川省交通运输厅交通勘察设计研究院设计，四川亚通公路监理所监理，黑龙江省龙建路桥第四工程有限公司和江西省宏发路桥建筑工程有限公司施工。2020年10月，项目建成通车，完成投资3亿元，累计完成投资13.7亿元。

【国道351线富加至资阳段建成通车】 国道315线富加至资阳段起于仁寿县富加镇，与县道富顺路（富加至禾加公路）相交，止于仁寿县与资阳市交界处分水村（甘古井）衔接既有省道106线，全长23.9公里，总投资5.77亿元，二级公路标准，设计速度每小时60公里，路基宽度12米，沥青混凝土路面，仁寿县投资建设。2017年9月，项目开工建设，由中国中铁二院工程集团有限责任公司设计，河北德鑫工程监理咨询有限公司监理，浙江八咏公路工程有限公司施工。2020年12月，项目建成通车，完成投资0.6亿元，累计完成投资5.8亿元。

【青神岷江二桥建成通车】 青神岷江二桥新建工程路线全长1 295米（引道366.5米、桥梁928.5米），宽度30.5米，桥梁主桥为80＋140＋80米预应力砼连续梁桥，主梁为变高度箱形梁，下部结构桥墩采用空心墩，一级公路技术标准，沥青混凝土路面，设计速度每小时60公里，总投资5.2亿元。2017年10月，项目开工建设，由四川省交通运输厅公路规划勘察设计研究院设计，四川合石工程咨询监理有限公司监理，国诚集团有限公司建设。2020年11月，项目建成通车，完成投资8 600万元，累计完成投资5.2亿元。

【彭山锦绣大道建成通车】 彭山锦绣大道起于迎宾大道交叉口，止于西南应急储备中心，全长680米，二级公路技术标准，设计速度每小时50公里，路基宽度40米（含市政配套），其中车行道28.5米、单侧绿化带2米、人行道3.75米，沥青混凝土路面。2019年5月，项目开工建设，由四川省公路规划勘察设计研究院有限公司设计，河南晟源路桥工程管理有限公司监理，四川中澈检测技术有限公司施工。2020年6月，项目建成通车，完成投资3 000万元，累计完成投资4 000万元。

【天府大道眉山段建设】 天府大道眉山段起于天府大道与成黑旅游通道平交口，经眉山天府新区、仁寿县、东坡区、岷东新区，止于工业大道，全长35公里，估算总投资87.57亿元；采用一级公路标准建设，兼顾城市道路功能，路基宽度80米，机动车道设计速度每小时80公里，辅道设计速度每小时40公里，双向12车道（8个机动车道＋4个非机动车道），沥青混凝土路面。项目分两段建设，其中天府大道眉山段17.71公里，于2019年3月27日开工建设，采用PPP模式建设，由眉山天环基础设施项目开发有限责任公司组织实施，四川省交通勘察设计研究院有限公司设计，四川公路工程咨询监理有限公司监理，四川路航建设工程有限责任公司施工，正在进行路基、桥涵、路面施工，2020年完成投资11亿元，累计完成投资16亿元；天府大道眉山城区段16.7公里，正在开展工可修编等前期工作。

【大峨眉国际旅游西环线建设】 大峨眉国际旅游西环线起于国道351线，经洪雅洪川、止戈、东岳、花溪、柳江、高庙镇，止于与峨眉山市与洪雅县交界处零公里，全长64.2公里（主线56公里、4条连接线8.2公里），主线采用一级公

图70 大峨眉国际旅游西环线上跨乐雅高速公路 （市交通运输局供图）

图71 建设中的红星路南延线天府新区贵平镇段 （市交通运输局供图）

路技术标准，双向四车道，沥青混凝土路面，总投资41.3亿元，由洪雅县投资建设。全线分四段设计，起点至柳江段34公里，其中起点段8.36公里，路基宽22.5米，设计速度每小时60公里；城区C1段3.4公里，路基宽55米，设计速度每小时80公里；止戈五龙祠至柳江段22.3公里，路幅宽度26米，设计速度每小时80公里；柳江至终点段21.8公里，路幅宽度21.5米，设计速度每小时60公里。项目由四川省交通运输厅公路规划勘察设计研究院和中铁二院工程集团有限公司设计。2013年8月，项目开工建设止戈五龙祠至柳江段22.3公里，其中核工业西南建设集团有限公司承建五龙祠至东岳连接线段8.7公里，四川瑞通工程建设有限公司承建东岳连接线至柳江段13.6公里，成都久久公路工程监理有限公司监理，于2016年9月建成通车。2016年8月，项目开工建设西环线洪雅城区段3.4公里，由中国五冶集团有限公司中标承建，四川省众信建设工程监理有限公司监理，于2017年12月建成通车。2016年8月，项目开工建设柳江至七里坪段22.3公里，由中铁十六局集团有限公司中标承建，四川省亚通公路工程监理所监理，正在铺设路面。2017年10月，项目开工建设起点段，由中国五冶集团有限公司承建，北京华路捷公路工程技术咨询有限公司监理，于2020年12月建成通车。2020年，项目完成投资4.6亿元，累计完成投资38.3亿元。

【环天府新区快速通道建设】 眉山环天府新区快速通道（国道245线至国道213线连接线）起于彭山区青龙镇工业大道，经仁寿视高镇、文宫镇，止于仁寿县观寺镇接三岔湖旅游环线，全长48.65公里，采用PPP模式建设，一级公路技术标准，设计速度每小时80公里，沥青混凝土路面，估算总投资55.86亿元，其中青龙（起点）至视高段25.86公里，路基宽度38.5～57米，双向六车道，配套市政设施；视高至三岔湖段（终点）22.79公里，路基宽度25.5米，双向四车道。项目按照统一规划、统一标准，属地管理、分步实施原则，由彭山区和仁寿县负责投资建设。项目由上海市政工程设计研究总院（集团）有限公司设计，上海浦桥工程建设有限公司和成都市蓉咨建设监理有限公司监理，上海建工集团股份有限公司施工。2017年9月，项目开工建设仁寿县境内隧道工程试验段。2018年1月，项目开工建设彭山区境内桥梁试验段。2020年，项目开展路基、桥涵、隧道、路面施工，完成投资25.51亿元，累计完成投资44.8亿元。

【洪雅至瓦屋山旅游快速通道建设】 眉山洪雅至瓦屋山旅游快速通道起于洪雅县柳江镇郭山村，接大峨眉国际旅游西环线二标段2K30＋360桩号处，经王关、双溪村、瓦屋山镇、沙湾村，止于瓦屋山国家森林公园，全长37.54公里，总投资19.55亿元，沥青混凝土路面，二级公路技术标准，采用PPP模式建设，其中袁坪至瓦屋山镇段21.52公里，路基宽度12米，设计速度每小时60公里，投资10.74亿元；瓦屋山场镇至金花桥段15.72公里，K0＋000—K8＋000（瓦屋山镇至富坪段）路基宽度12米，设计速度每小时60公里，K8＋000—K15＋720（富坪至终点段）路基宽度8.5米，设计速度每小时40公里，投资10.7亿元。2017年12月5日，项目开工建设袁坪至瓦屋山镇段，由江西省交通设计研究院有限责任公司设计，四川省天府兴通建设工程项目管理有限公司监理，四川公路桥梁建设集团有限公司施工，正在进行路基、桥涵工程施工。2020年，项目完成投资3.3亿元，累计完成投资7.46亿元。

【红星路南延线建设】 红星路南延线途经仁寿县高家、观寺、中岗、向家、龙桥、鸭池、城堰、北斗、中农、河口、禾加、禄加、宝飞、双堡、识经、天峨16个乡镇，全长67公里，总投资42亿元，由仁寿县负责投资建设。主线按照一级公路标准建设，沥青混凝土路面，设计速度每小时80公里；支线按照二级公路标准建设，沥青混凝土路面，设计速度每小时60公里。2018年5月，项目开工建设，由中国华西工程设计建设有限公司设计，成都市久久公路工程监理有限公司、河北德鑫工程监理咨询有限公司等监理，江西省宏发路桥建设有限公司、蓝海建设集团有限公司等施工。2020年，项目进行路面及附属工程施工，完成投资9.6亿元，累计完成投资38亿元。

【锦江大道建设】 江回路改造（锦江大道）新建公路工程分为南、北两段，南段起于彭山区江口街道，与现状府江大桥引桥段平交，沿府河东侧向北布设，途经江口街道、锦江镇，终点与规划中法农业科技园锦江大道市政段起点顺接；北段起点与规划中法农业科技园锦江大道市政段终点顺接，止于眉山天府新区与成都市双流区交界，与现状籍黄路顺接。线路全长5.03公里，采用施工总承包模式建设，二级公路技术标准，设计速度每小时40公

图 72　建设中的成乐高速扩容项目青神连接线　（市交通运输局供图）

里，双向四车道，沥青混凝土路面，估算总投资 53 650.32 万元。项目由眉山天府新区管委会负责投资建设，上海市政工程设计研究总院（集团）有限公司设计，四川合石工程管理有限公司监理，中建城开环境建设有限公司施工。2020 年 12 月，项目开工建设，完成投资 1 158 万元。

【眉山环城公路南环线建设】 眉山环城公路南环线（国道 351 线绕城）工程起于东坡区工业大道南段，止于岷东大道，由西至东先后与工业大道、成乐高速、成昆铁路、成绵乐客专、国道 245 线（原省道 103 线）、顺江大道、崇礼中路（在建）、岷东大道交叉，同时在岷江一桥下游 5 公里处跨岷江，全长 14.39 公里，一级公路技术标准，设计速度每小时 80 公里，配套市政设施，双向六车道，标准路幅宽度 60 米，项目控制性工程为跨岷江的岷江特大桥、跨成昆铁路（含成昆铁路复线）大桥。项目分东、西两段实施，东段起于国道 245 线，止于岷东大道，长 7.5 公里，于 2019 年 3 月 27 日开工建设，由中国华西工程设计建设有限公司设计，四川公路工程咨询监理有限公司监理，四川公路桥梁建设集团有限公司建设，正在实施全线控制性工程岷江三号特大桥水中基础、路基桥梁、涵洞等工程；西段起于工业大道，止于国道 245 线，长 6.9 公里，于 2020 年 9 月启动征地拆迁。2020 年，项目完成投资 5 亿元，累计完成投资 9 亿元。

【成乐高速公路青神连接线建设】 青神连接线是成乐高速公路扩容项目配套工程，是青神县东西向的快速通道，起于新规划的青神（观金）互通，向东连接锦绣大道，全长 4.5 公里，路基宽 25.5 米，双向六车道，设计速度每小时 100 公里，沥青混凝土路面，青神（观金）互通按四进五出标准设计，总投资 25 亿元。2019 年 5 月 16 日，项目开工建设，由成乐高速公路公司投资建设，四川省交通运输厅公路规划勘察设计研究院设计，四川交投建设工程股份有限公司建设，四川亚通工程咨询有限公司监理。2020 年，项目正在开展路基、桥涵施工，完成投资 2 亿元，累计完成投资 3.5 亿元。

【丹蒲快速路建设】 省道 401 线丹蒲快速路是丹棱县向北融入成都，对接成新蒲快速通道的交通主动脉，丹棱段全长 14.9 公里，总投资 11 亿元，采用 PPP 模式建设，一级公路技术标准，路基宽 24.5 米，设计速度每小时 60 公里，双向四车道，沥青混凝土路面，配套建设 10 米绿化带、3 米绿道、2 个驿站、1 个特色农产品售卖长廊。2018 年 3 月，项目开工建设，由中国华西工程设计建设有限公司设计，新疆昆仑工程监理有限责任公司监理，贵州建工集团有限公司施工。2020 年，丹棱县市政段 2 公里建成并投入使用，路基完成 80%，路面正常推进，桥梁完成 2 座，涵洞全部完成；完成投资 2.77 亿元，累计完成投资 3.45 亿元。

【七里坪连接线建设】 洪雅七里坪连接线起点位于西环线 2K45＋830 处，与西环线平面交叉，路线沿山腰顺势而下，止点 K4＋280，全长 4.48 公里，路基宽度 10 米，沥青混凝土路面，二级公路技术标准，设计速度每小时 40 公里，总投资 3.4 亿元。2020 年 6 月，项目开工建设，由中交基础设施养护集团有限公司设计，河南交院工程技术有限公司监理，四川衡源工程技术有限公司、中天交通建设投资集团有限公司施工。截至 2020 年底，项目正在进行桥涵施工，完成投资 0.53 亿元。

图 73　眉山市重点项目 S104 线丹（棱）名（山）路丹棱段建设　（市交通运输局供图）

【丹名路建设】 省道104线丹棱至名山路是丹棱县对接雅安市名山区的一条要道。丹棱段全长23.1公里，按二级公路技术标准改（扩）建，总投资6亿元，采用PPP模式建设，沥青混凝土路面。县城至幸福古村段路基宽15米，双向四车道，其余路段路基宽10米，双向两车道；县城至梅湾湖景区配套建设10米绿化带、3米绿道、2个观景平台。2018年3月，项目开工建设，由中国华西工程设计建设有限公司设计，新疆昆仑工程监理有限责任公司监理，贵州建工集团有限公司施工。2020年，丹棱县城至幸福古村段完工并投入使用，幸福古村至顺河桥段路基完成80%，桥梁完成1座，涵洞完成80%，顺龙隧道实现贯通；完成投资3亿元，累计完成投资3.56亿元。

【天府仁寿大道二峨山段开工建设】 天府仁寿大道二峨山段项目起于简蒲高速仁寿黑龙滩立交附近，接天府仁寿大道清水至三绕段，与在建天府仁寿大道大化至城区段在团灯坝位置顺接，全长12.46公里（其中隧道2座总长2 637米，采用四洞单向通行隧道）。项目采用一级公路技术标准建设，双向八车道，沥青混凝土路面，设计速度每小时80公里，路基宽度45.5米和80米，总投资25.85亿元。2020年5月，项目开工建设，由中国华西工程设计建设有限公司设计，北京中交安通工程技术咨询有限公司监理，中铁二十三局集团有限公司施工。2020年，项目进行征地拆迁及清表，完成投资4亿元。

【仁简快速通道开工建设】 仁寿至简阳快速通道（省道307线县城至简阳界）起于仁寿县城规划区内龙滩大道，途经珠嘉、方家、龙马，穿空港经济开发区，至简阳界，全长26公里，一级公路技术标准，双向六车道（配套市政设施），路基宽度48米，沥青混凝土路面，设计速度每小时80公里，总投资37.98亿元。2020年5月，项目开工建设，由上海市政工程设计研究总院（集团）有限公司设计，北京华路捷公路工程技术咨询有限公司监理，中铁二十三局集团有限公司施工。2020年，项目进行征地拆迁及清表，完成投资4亿元。

图74 建设中的彭山岷江大桥 （彭山区交通运输局供图）

【省道307线洪雅县夹江界至东岳镇段开工建设】 省道307线洪雅县夹江界至东岳镇段起于夹江县与洪雅县交界处河口大桥北岸桥头，与X145线峨洪路顺接，经三宝镇、将军乡、止戈镇、东岳镇，止于东岳镇X151线洪瓦路与X171线雅东路交界处，与X171线雅东路顺接，主线全长27.7公里，其中改建段15.7公里、完全利用段12公里，改建段拟采用二级公路技术标准建设，双向两车道，沥青混凝土路面，设计速度每小时40公里，路基宽度8.5米，总投资1.03亿元。2020年10月，项目开工建设，由中交远洲交通科技集团有限公司设计，四川合石工程管理有限公司监理，新疆北新路桥集团股份有限公司施工。2020年，项目进行涵洞、水沟及水稳层施工，完成投资0.1亿元。

【彭山岷江大桥开工建设】 彭山岷江大桥建设（拆除重建）工程起于迎宾大道与国道245线交叉口长寿牌坊平交处，止于岷江东岸规划环湖路交叉口，全长2 106.6米，其中桥梁长2座556.7米，引道及改造连接线长1 549.9米。主桥采用三塔斜拉桥，上部孔跨布置结构采用37.5＋39＋55＋120＋120＋55＋39＋35米整联连续预应力混凝土箱梁，设计速度每小时60公里，跨岷江桥梁宽度30.5～32.5米（含桥塔结构区），二级公路技术标准，迎宾大道路基宽度40米、滨江大道一段路基宽度30米、滨江路路基宽度20米、环湖路路基宽度26米，沥青混凝土路面。2020年5月，项目开工建设，由彭山区投资建设，林同棪国际工程咨询（中国）有限公司设计，成都衡泰工程管理有限责任公司监理，四川公路桥梁建设集团有限公司施工。2020年，项目进行路基、桥涵施工，完成投资4 200万元。

【梓州大道南延线开工建设】 梓州大道南延线（省道424线大林至仁寿段）全长17.29公里（含连接线长度），路基标准宽度为48米，采用新建“双向六车道＋双向两车道辅道”一级公路标准，设计速度每小时80公里，沥青混凝土路面，其中与红星路南延线仁寿共线段采用新建双向八车道标准，路基宽度40.5米。全线设置桥梁3座、天桥5座、涵洞及通道46道、穿龙泉山脉隧道1处、互通立交1处。2020年10月，项目开工建设，由华设设计集团股份有限公司设计，四川省天府新通建设工程项目管理有限公司监理，中国二冶集团有限公司施工。2020年，项目进行路基、土石方施工，完成投资1亿元。

【益州大道南延线开工建设】 益州大道南延线起于成都市益州大道规划终点处（成都天府新区与眉山天府新区交界处），途经视高街道、成都第三绕城高速、天府大道眉山段，终点位于黑龙滩附近与天府大道眉山段相交处，全长16.25公里，采用一级公路（兼顾城市道路功能）技术标准，双向六车道，主路设计速度每小时80公里、辅路设计速度每小时40公里，路基宽度60米，沥青混凝土路面。2020年10月，项目开工建设，由中交第一公路勘察设计研究院有限公司设计，成都久久工程项目管理有限公司监理，中交第二航务工程局有限公司（牵头单位）、中交第三航务工程局有限公司（成员单位）施工。截至2020年底，项目正在进行路基、桥涵、隧道施工，完成投资4.8亿元。

【洪雅通用机场建设】 2017年，洪雅通用机场纳入《四川省通用机场布局规划》。2018年7月3日，洪雅县通过政府采购与中航规划设计研究总院签订机场选址报告和航服报告（含飞行程序设计）技术咨询合同；7月24日，中航规划设计研究总院专家到洪雅实地调研踏勘，收集中保通用机场选址前期资料；9月10日，洪雅县向设计单位提供"十三五"发展规划、城市规划、土地规划、征地拆迁、县乡道路建设规划、气象等涉及通用机场选址资料；11月19日，洪雅县与四川通用航空投资管理有限责任公司共同拟定《洪雅通用航空项目战略合作协议》，机场建设探索采用通用航空机场"省市县三级共建"模式；12月27日，洪雅县向四川省测绘局购买1∶10 000及1∶50 000洪雅县地形图40幅，提供设计单位。2019年，洪雅平乐通用机场完成《四川省眉山市洪雅县通用机场选址报告》《四川省眉山市洪雅县通用机场选址阶段——飞机性能分析报告》《四川省眉山市洪雅县通用机场选址阶段航行服务研究——飞行程序设计报告》编制。经过前期对孙坝、中保、花溪等初选场址实地踏勘对比，拟推荐中保镇作为洪雅通用机场首选场址。中保场址位于洪雅县中心城区西南侧，距县城直线距离8.2公里，公路里程15公里，乐雅高速公路北侧，国道351线南侧，距离国道351线最近点直线距离270米，跑道中心初定位置坐标（北纬29°52′20.16″、东经103°16′57.72″，2000国家大地坐标系）。2020年9月，洪雅平乐通用机场通过机场场址研究技术咨询会、民航西南地区管理局选址报告评审会等，场址报批取得阶段性突破。洪雅平乐通用机场按照专家评审组意见，修改完善选址报告材料，提交专家进一步审定。

【连汪燕铁路仁寿段建设】 连汪燕铁路是国家铁路网的组成部分，全长93.4公里（含连界站接轨2.37公里），其中仁寿段长30公里，总投资18.5亿元，占地面积101.17公顷，途经仁寿县识经镇、汪洋镇、天峨镇、涂家乡、四公镇、松峰乡6个乡镇及22个行政村，是仁寿县重点交通"5322"重要格局的第一条铁路，也是仁寿县向西南发展、向西南出境的重点基础设施项目；国家Ⅱ级单线铁路，设计时速120公里，限制坡度6‰，最小曲线半径一般为1 200米，困难条件下800米。仁寿境内设识经、尖山（预留）、汪洋3个车站。2015年10月29日，项目开工建设，由四川连乐铁路建设有限责任公司负责投资建设，中铁二院工程集团有限责任公司设计，北京铁城建设监理有限责任公司监理，四川省铁路建设有限公司施工。2020年，项目在加快道路路基、桥涵和隧道工程建设，完成投资2.47亿元，累计完成投资15.67亿元。

【汤坝航电枢纽工程建设】 岷江汤坝航电枢纽工程位于眉山市东坡区境内，是规划调整后岷江中游6级航电规划自上而下开发的第2个梯级，2009年获省发改委、省交通运输厅、省水利厅审查批准，2016年被纳入《四川省高等级航道达标升级2016—2020年专项工程方案》，2017年5月被纳入《四川省公路水路交通运输"十三五"发展规划》《四川省"十三五"内河水运发展规划》，2019年10月被纳入《成都至乐山段航运发展规划》，是四川省"十三五"时期省重点开工建设项目。项目由眉山岷江水电开发有限公司开发建设，以通航为主、发电为辅，兼顾防洪、灌溉、供水、流域综合开发，按照4级航道标准设计。坝址位于眉山市主城区岷江一桥下游1.7公里处，水库正常蓄水位414.8米，电站装机容量6.9万千瓦，多年平均发电量2.83亿千瓦时，船闸按Ⅳ级航道通行2×500吨级船队设计，渠化航道13.8公里，工程概算总投资21.06亿元。项目于2017年2月20日取得移民安置规划大纲批复，5月9日取得取水申请批复，9月29日取得移民安置规划报告批复，11月20日取得初步设计批复，12月11日取得环评批复。2017年12月，项目开工建设，由四川省水利水电勘测设计研究院、四川省交通运输厅交通勘察设计研究院设计，四川一沙兴蓉建设工程有限公司、四川东昇岷泰建设工程有限公司施工，四川大桥水电咨询监理有限责任公司、成都交大工程建设集团有限公司监理。2020年，项目完成大坝主体工程施工、防洪堤施工、船闸土建部分施工等，完成投资5.45亿元，累计完成投资23.26亿元；11月25日取得洪水影响评价批复，35项前期专题报告全部完成并取得批复。

【尖子山航电枢纽工程建设】 尖子山航电枢纽工程位于眉山市彭山区境内，是规划调整后岷江中游6级航电规划自上而下开发的第1个梯级，2009年获省发改委、省交通运输厅、省水利厅审查批准建设，2016年被纳入《四川省高等级航道达标升级2016—2020年专项工程方案》，2017年5月被纳入《四川省公路水路交通运输"十三五"发展规划》《四川省"十三五"内河水运发展规划》，2019年10月被纳入《成都至乐山段航运发展规划》，是四川省"十三五"时期省重点开工建设项目。项目由广西亚王水电股份公司开发，以通航为主、发电为辅，兼顾防洪、灌溉、供水、流域综合开发，按照Ⅳ级航道标准设计。坝址位于彭山主城区岷江一桥下游5.7公里处，水库正常蓄水位426米，电站装机容量6.9万千瓦，多年平均发电量2.8亿千瓦时，船闸按Ⅳ级航道通行2×500吨级船队设计，渠化航道14.9公里，工程概算总投资16.89亿元。项目前期有32个专题报告全部取得批复。2019年10月8日，项目开工建设，由四川省岷源水利水电工程设计有限公司、四川省交通运输厅交通勘察设计研究院设计，成都水利水电建设有限责任公司施工，湖南水利水电工程监理承包总公司、四川省水运工程监理事务所有限公司监理。2020年，项目完成五孔冲沙闸水下部分施工，船闸上引航道和厂房和船闸混凝土施工完成35%，完成投资3.6亿元，累计完成投资5.25亿元。

【虎渡溪航电枢纽工程建设】 岷江虎渡溪航电枢纽工程位于眉山市青神县境内，是规划调整后岷江中游6级航电规划自上而下开发的第4个梯级，2009年获省发改委、省交通运输厅、省水利厅审查批准建设，2016年被纳入《四川省高等级航道达标升级2016—2020年专项工程方案》，2017年5月被纳入《四川省公路水路交通运输"十三五"发展规划》《四川省“十三五”内河水运发展规划》，2019年10月被纳入《成都至乐山段航运发展规划》，是四川省“十三五”时期省重点开工建设项目。项目由湖南省水利水电勘察研究设计总院、四川省水利水电勘察设计研究院设计，青神虎渡溪航电开发有限公司开发，以通航为主、发电为辅，兼顾防洪、灌溉、供水、流域综合开发，按照Ⅳ级航道标准设计。坝址位于眉山市青神县主城区岷江一桥下游3.5公里处，水库正常蓄水位391米，电站装机容量6.3万千瓦，多年平均发电量2.04亿千瓦时，船闸按Ⅳ级航道通行2×500吨级船队设计，渠化航道13.4公里，工程总投资14.25亿元。2018年1月16日，项目在青神县白果乡举行开工仪式。2019年，项目前期23个专题报告全部取得批复。2020年10月，项目开展一枯围堰主体工程、营房基地、施工道路、砂石系统、混凝土拌合场等施工，完成投资4.18亿元，累计完成投资5.8亿元。

（魏　平）

交通规划
Transportation Planning

【概况】　眉山市交通运输局为深入贯彻习近平总书记对四川工作系列重要指示精神，部署落实中央《交通强国建设纲要》，把握成渝双城经济圈建设和成德眉资同城发展重大战略意义，按照《眉山市发展和改革委员会关于印发的〈眉山市“十四五”规划编制工作方案〉的通知》要求，2019年11月启动《眉山市“十四五”综合交通运输发展规划》《眉山市交通基础设施国土空间控制规划》《眉山农村公路网布局规划》等5个规划编制，总结全市“十三五”公路水路运输发展规划执行情况，形成“十四五”综合交通运输发展规划纲要、“十四五”综合交通规划前课题调研报告，梳理“十四五”综合交通运输发展规划重点项目，2020年12月形成规划初步成果。

【成眉交通同城化发展规划】　眉山市交通运输局加强与成都交通运输局规划协同，实现规划同网、共绘蓝图，轨道线路、高速路、快速通道成眉间规划建设“7高8轨16快”31个综合交通大通道。“7高”即成雅高速公路、成都经济区环线高速公路、成乐高速公路、成自泸赤高速公路、成宜高速公路、彭峨高速公路、天府新区经眉山至乐山高速公路，“8轨”即成昆铁路、成贵高铁、川藏铁路、成都都市圈环线铁路、成眉市域铁路S5线天府机场支线、成眉市域铁路S5线（含仁寿支线）、成眉市域铁路S13线、成昆高铁，“16快”即工业大道、剑南岷东大道、天府大道、滨江大道、天邛快速＋环天府新区快速、丹蒲快速、金简仁快速、金简黄快速、彭邛快速、东蒲快速、彭蒲快速、锦江大道、梓州大道南延线、益州大道南延线、通江大道、眉资快速路（成渝高速至成宜高速联络线）。成都、眉山两市通过共同争取，已将市域铁路S5线纳入《成都都市圈发展规划》和《成德眉资同城化综合交通发展专项规划（2020—2025）》，配合省发改委向国家发改委汇报，力争国家发改委尽快印发《成渝地区双城经济圈多层次轨道交通规划》。7月27日，成都、眉山两市签订《关于市域铁路S5线共建共管协议》，共同与省铁投集团签订《关于成都外环铁路共建共管框架合作协议》，加速成眉两市间轨道交通建设。12月31日，成都至宜宾高速公路仁寿段建成通车。眉山市北上“六横九纵”城际快速路建成通车2条（剑南岷东大道、天府大道），加快推进城际快速路10条（天邛快速—环天府新区快速、丹蒲快速、梓州大道南延线、锦江大道、仁简快速、金简黄快速、工业大道、滨江大道、益州大道南延线、通江大道），开展前期研究3条城际快速路（彭邛快速、东蒲快速、彭蒲快速）；东进“一横五连”城际快速路加快建设2条（仁简快速、金简黄快速），开展前期研究4条城际快速路（眉州大道东西延线、眉资快速路、仁寿至资中快速、天府大道南延线）。

【眉山市交通基础设施国土空间控制规划】　眉山市交通运输局按照省政府办公厅《关于印发四川省国家公路和省级公路国土空间控制规划工作方案的通知》要求，开展普通国省干线和地方经济干线等项目国土空间控制规划“1＋1＋3”成果文件编制，印发《眉山市交通运输局关于开展交通基础设施国土空间控制规划工作的通知》。经过区县申报，眉山市交通基础设施国土空间控制规划项目55个，其中国道项目8个、省道项目23个、快速通道项目23个、桥梁项目1个。眉山市交通运输局多次召集市自然资源局、市生态环境局、各区县交通部门以及编制单位开展全市交通基础设施国土空间控制规划编制推进会，共同研究项目建设方案，形成全市交通基础设施国土空间控制规划“1＋1＋3”文本报告初步成果。

【眉山市农村公路网布局规划】　眉山市交通运输局按照省交通运输厅《关于农村公路网规划编制指导意见》《四川省农村公路网规划编制及建库工作方案》要求，开展全市农村公路网调整，统筹组织各区县完成各自辖区内农村公路县乡村道路线电子数据采集、入库，各区县根据省交通运输厅审定反馈电子数据分别编制形成各自辖区内农村公路网布局规划文本；多次组织各区县交通部门、规划编制单位召开全市农村公路网规划编制推进会，实施完成全市农村公路规划方案。经四川省交通运输厅审定，确认全市农村公路8 602.4公里，其中县道2 411.9公里、乡道3 279.8公里、村道2 910.7公里。

【S5线规划建设】　成眉市域铁路S5线主线起于成都天府新区红莲村南站、止于眉山中心城区，仁寿支线起于南天府公园站、止于仁寿县城，总长82.1公里，总投资240亿元，设计时速160公里，其中成都境内19.4公里、投资71亿元，眉山主线段31.3公里、投资86亿元，仁寿支线31.4公里、投资83亿元。主线后期按需开展二期延伸至中心城区金罗马音乐广场，二期线路长5.6公里、投资21.88亿元。7月27日，成都、眉山两市签订《关于市域铁路S5线共建共管协议》，初步纳入上位规划《成渝地区双城经济圈多层次轨道交通规划》，正开展工可编制、项目公司组建等。

【交通运输服务专项规划编制】　眉山市交通运输局总结全市“十三五”抢抓成眉同城化发展战略机遇、推进运输服务各项任务，客货运输效能迈上新台阶；梳理“十四五”交通运输服务完善运输场站布局、客运服务升级、货运降本增效、安全应急保障等，形成“十四五”交通运输服务专项规划初稿。

（魏　平）

跨区交通运营
Trans-regional Traffic Operation

【概况】2020年，眉山市新开行成眉跨市公交线路4条，并开行“天府号”动车，经停眉山东站列车对数增加到40对80列；统筹做好跨区交通运营疫情防控，率先在全省开展农民工返岗“春风行动”，确保外出务工人员安全返岗复工。

【成眉跨市公交完善】眉山市全年开行成眉跨市公交线路4条，投放新能源公交车52辆，其中1月10日开通成眉跨市公交“彭山—黄龙溪”S101、S102和“彭山—新津”SK4三条线路，投放新能源公交车26辆，年输送旅客200万人次；11月19日，开通市内跨区眉山至视高T51路，投放纯电动公交车26辆，实现与T50路无缝对接。

【“天府号”动车开行】9月29日，成都平原城市群铁路公交化新型动车组投运仪式在成都东站举行，眉山市购置（租赁）的1组时速200公里CRH6A-A新型公交化动车组“天府号”正式投运，由中国铁路成都局集团统一调度，租赁费用十年总计9 151万元，其中动车造价6 600万元。“天府号”动车组投运后，对提高成都平原城市群铁路公交化运营服务水平有促进作用。“天府号”动车组日开行7列，全年运输旅客40万人次。

【成眉动车公交化运营】成贵高铁经过4次运行图调整（分别为2020年一季度、二季度、三季度、四季度），同时眉山市购置（租赁）的1组CRH6A-A新型公交化动车组“天府号”正式投运，经停眉山东站列车对数从2019年末28.5对增加到40对80列，按每天运营16小时计算，平均12分钟就有一列动车停靠眉山东站，日最大客流量突破2万人次。

【公交卡发行】眉山市实现支付宝、云闪付扫码乘车，为乘客提供多元化的公交出行服务。全市全年发行公交IC卡29 103张，其中普通卡3 175张、交通一卡通5 987张、敬老卡13 087张、学生卡5 403张、爱心卡1 451张。

【“春风行动”农民工广东专列】2月，眉山市交通运输局率先在全省开展农民工返岗“春风行动”，在确保疫情防控措施到位、不留死角前提下，采取分级负责、部门联动，集中调度各类专列、班车、包车和小型乘用车运送5 745名农民工陆续返岗。2月底，眉山市交通运输局获悉仁寿县有800名农民工需集中出行到广东汕尾市参与技能培训上岗，组织专班进行研究，制定行动方案，明确由仁寿县交通运输局负责，联合县人社局确定出行人员信息，确认出行需求，明确出行时间；由仁寿县交通运输局负责协调，4天内完成所有出行人员的体检、健康证明申领；由仁寿县交通运输局负责，组织农村客运定时上门接出行人员，组织大巴统一将人员送至眉山东站，同步做好车辆和随车人员疫情防控；由仁寿县人社局负责，联系对方企业，派出专车将农民工送抵工厂；由市综交办负责，与成都市铁路局协商，将出行人员从眉山东站直接送抵汕尾。2月26日，所有人员信息锁定，转运车辆和驾驶员一切就绪；2月27日，成都铁路局公司同意单独调配一列高铁，不中转、不停车直接将农民工送至汕尾；2月28日，所有农民工体检完成、健康证明开具到位；3月2日凌晨，几十辆农村客运车辆前往29个乡镇到家接农民工，早上7点将农民工全部送抵仁寿汽车联运站，20辆大巴车统一将农民工再次送抵眉山东站，早上8点20分800名农民工通过眉山东站专用快速通道直接进站，坐上前往广东汕尾高铁专列，列车到达汕尾车站由40辆专车将农民工送至厂区，真正实现“出门进车门，下车进厂门”。

（魏　平）

图75　2020年2月29日，眉山市彭山区组织农民工乘坐专车返岗复工　（市交通运输局供图）

市内交通运营
Urban Traffic Operation

【概况】2020年，眉山市交通运输局落实公交优先发展战略，开展公交都市创建，加大城市公交资金、用地、政策支持力度，创新开行眉山天府新区—东坡区、眉山天府新区—仁寿县、眉山东坡区—彭山区等跨县公交；依托“金通工程”，按照“交邮融合、产业联动”思路，不断深化农村物流供给侧结构改革；发挥成昆铁路、成乐高速和毗邻双流国际机场交通优势，不断创新物流组织模式，推进货物多式联运。全市有城市公交客运线路74条，营运车辆926辆，年运送旅客8 100万人次。

【公路水路运输】眉山市完成公路客运量1 650万人次、旅客周转量74 241万人公里，货运量8 463万吨、货物周转量677 879万吨公里，客货运输总周转量685 304万吨公里、同比增长4.89%，增速全省排名第6位；城市公共交通运营里程2 409万公里、客运总量4 305万人次，水路客运量12万人次、旅客周转

2020 年眉山市交通运输能力情况表

表 47

公路				内河			
通车里程	总里程(公里):8 622.3			通航里程	总里程(公里):280		
	其中	高速公路	457.6		其中	三级航道	—
		一级公路	393.8			四级航道	—
		二级公路	465.8			五级航道	—
		三级公路	391.0			六级航道	78.7
		四级公路	6 286.0			七级航道	11.02
		等外公路	628.1	港口(码头)	总数(个):34		
公路密度	按国土面积算:百平方公里 120.9 公里				吞吐量	旅客吞吐量(万人次)	15.1
	按人口计算:万人 25.19 公里					货物吞吐量(万吨)	—
通达程度	通公路的乡镇 72 个,占乡镇 100%			水路运量	客运	运量(万人次)	12
	通公路的村 1 272 个,占村 100%					周转量(万人公里)	159
客运站	总数(个):891				货运	运量(万吨)	—
	其中	一级站	1			周转量(万吨公里)	—
		二级站	6	营运船舶	总数(艘):157		
		三级站	2		其中	客船 122 艘 2 782 座	
		四级及以下站	882			货船 35 艘 3 563 吨	
营运车辆	总数(辆):22 898			城市公交运输			
	其中	客车 1 418 辆 32 862 座		营运车辆	926 辆		
		货车 21 480 辆 238 369 吨		公交线路	74 条		
公路运量	客运	运量(万人次)	1 650	公交站	1 020 个		
		周转量(万人公里)	74 241	运量	0.81 亿人次		
	货运	运量(万吨)	8 463	备注			
		周转量(万吨公里)	677 879				

量 159 万人公里,完成春运、国庆等重点时段运输和节会运输保障任务。春运期间,全市日均投放营运车辆 3 237 辆,其中班线客运 1 575 辆、出租汽车 922 辆、网约车 711 辆、公交车 740 辆、船舶 149 艘;由于受新冠肺炎疫情的影响,旅客出行量成断崖式下降,累计安全运送旅客 181.53 万人次、同比下降 96.3%。

图 76　眉山城市公交 13 路东坡文明号上线运营,三苏文化走进车厢　（市交通运输局供图）

【公交都市创建】 眉山市交通运输局根据《眉山市创建公交都市实施方案》实施公交都市创建,创建主题为“以互联网+智能公交为抓手,通过公交文化构建眉山‘千载诗书城’的城市名片”,预算总投资 57 909 万元(其中市级 34 709 万元),主要任务包括 5 类重点项目(公交政策规划编制 759 万元、公交场站建设 24 900 万元、公交车辆购置 22 900 万元、公交专用道建设 3 750 万元、智能公共交通建设 5 600 万元),其中公交政策规划编制包括 10 项子任务(含 5 项规划编制、3 项政策制定、1 项年度工作报告及 1 项评估验收报告),已完成 5 项规划及 3 项政策编制并通过中期专家评审,完成 2 项年度工作报告(2018 年度、2019 年度),完成投资 532 万元;公交场站建设完成投资 479 万元,主要用于规划设计等前期费用;公交车辆购置完成投资 4 234 万元,包括 51 辆新能源公交车购置及 38 辆新能源公交车充电桩建设。

【天府新区视高园区公交路线运营】 2 月,天府新区视高园区开通 4 条内循环公交线路,投放 34 辆纯电动公交车。截至年底,园区共开通 6 条线路,全年完成营运里程 201 万公里,发送 16.22 万班次,客运总量 134 万人次。

【新能源公交车投放】 眉山市展通公交公司全年采购新能源公交车 236 辆,

其中纯电动公交车 160 辆、气电混动 76 辆，新能源公交车占总车辆比重 47.4%；投放新能源纯电动公交车 86 辆，开通公交线路 11 条，其中彭山区 6 条、眉山天府新区 5 条。

【公共交通智能化建设】 眉山市交通运输局完成眉山市城市公共交通专项规划、眉山市“互联网＋城市公交”专项规划、眉山市绿色低碳交通运输体系发展规划、公交文化品牌建设发展规划和眉山市城乡客运一体化发展规划 5 项规划编制，并通过中期专家评审；完成眉山市公共汽电车管理办法、眉山市建设项目交通影响评价管理办法和眉山市关于落实公交优先创建公交都市实施意见 3 项政策编制。

【金通工程建设】 眉山市交通运输局制发《眉山市乡村客运“金通工程”全域试点工作实施方案》，按期完成 126 个乡镇、1 052 个建制村通客车任务和乡村客运“金通工程”建设；提升服务质量，统一车辆车身标识 569 台，统一制作驾驶员工牌工装 1 004 套，统一乡村招呼站（牌）964 个，统一使用“12328”交通运输监督服务平台对驾驶员和车辆集中监管；加强资金保障，制发《眉山市乡村客运可持续发展省级补助资金管理办法》，会同市财政部门落实市级财政配套政策，眉山市 2019 年、2020 年农村客运可持续发展省级补助 800 万元和“金通工程”补助 360 万元全部拨付到位。

（魏　平）

交通运输管理
Transportation Management

【概况】 2020 年，眉山市交通运输局坚持“安全第一、预防为主、综合治理”方针，开展“平安交通”“智慧交通”建设，做好新冠肺炎疫情常态化防控、向上争取资金、交通脱贫攻坚等工作，加强交通安全大检查、公路水路安全隐患整治、道路运输安全隐患排查、打非治违、车辆超限治理等工作，实施工程质量和造价管理，推进交通信息化二期工程建设；举办交通运输“行在乡村游在路上”脱贫攻坚自驾主题宣传眉山站活动，完成市公交公司转企改制。全市公路通车总里程 8 622.3 公里，通航里程 280 公里，公路密度百平方公里 120.9 公里，国省干线公路路面性能使用指标（PQI）92.98，乡村公路通达率 100%，客运站总数 891 个，营运车辆 22 898 辆。

【交通运输安全监管】 眉山市交通运输局结合交通实际，狠抓行业安全监管，开展隐患排查治理，落实“一岗双责”，健全制度，完善安全生产责任机制，严格“三把关一监督”。全市交通运输安全生产形势持续稳定向好，成功应对并处置岷江“8·12”、青衣江“8·18”特大洪水造成砂石船舶失控漂移险情，水上交通连续 23 年保持无事故、无经济损失、无死亡人数“三为零”目标，道路运输没有发生负源头管理责任事故，公路管理、养护和在建工程项目以及各单位内保安全没有发生人员伤亡事故。

【交通隐患排查整治】 眉山市交通运输执法机构全年办理行政处罚案件 734 件，罚款 299.13 万元；查处违法违规车辆 500 辆次，其中非法经营 183 辆次，查处打着“网约车”“顺风车”开行班线车辆 20 辆，处理“喊客”“拉客”人员 18 人；检查重点货运源头单位 272 家次，约谈重点货运源头企业负责人 13 人次，处罚重点货运源头企业 29 家；开展为期 4 个月的地质灾害和防汛安全隐患集中排查整治，在汛期先后开展 6 轮地质灾害隐患排查整治，对排查出的 285 处公路地质灾害隐患点安排专人监测并在附近储备有抢险机具，公路部门加强日常巡查，做到随垮随抢；对 34 座普通公路危桥实施挂牌督办，实施完工 10 座；对 8 处黄色水上安全风险点和 25 处蓝色水上安全风险点落实海事人员加强日常监管，确保水上交通运输安全。眉山市级全年排查安全隐患 308 处，全部整改完成。

【超限运输治理】 眉山市交通运输局注重治超源头监管，按照《四川省道路货运源头管理办法》，落实“政府主导、行业主管部门监管，交通运输、公安联合巡查”工作机制，推进源头治超规范化；严格执行“一超四罚”制度，继续将水利、国土部门批准的砂石料场全部纳入区县政府公布的重点货运源头单位，落实砂石行业主管部门在治超工作中行业监管责任，落实运政部门牵头驻点或巡查监管的工作机制；坚持对违法超限运输联合惩戒，组织开展对全市 80 家重点货运源头企业的超限运输专项整治，约谈重点货运源头企业负责人 13 人次，处罚 19 家超限装载的货运源头企业。全市 12 个超限检测站实行 24 小时不间断检测、卸载工作制，实行交警、路政联合执法“一站式”查处工作机制，通过固定检测与流动检查相结合，强化路面管控，对超限车辆全部实行由交警部门对其罚款、记分，路政部门卸载后放行办法，超限车辆联合查处率 100%；全年检测货车 179.8 万辆次，查处超限车辆 2 327 辆次，卸载超限货物 6.4 万吨，超限率控制在 0.5% 以内。11 月 9 日，交通运输部“十三五”干线公路养护管理能力评价组到眉山市实地核查，对源头治超工作给予充分肯定。

【交通运输综合执法】 眉山市交通运输局印发《关于贯彻执行〈全面落实行政执法公示制度行政执法全过程记录制度重大行政执法决定法制审核制度〉相关要求的通知》，落实政务公开制度和行政执法全过程记录制度，实现一线执法人员人均一台执法记录仪，完善法制审核机制。全市全年办理行政处罚案件 641 件、行政强制案件 2 532 件、重大案件 21 件，144 家企业被列入违反交通运输法律法规失信名单，“一案一审、一案一查”案件审查率 100%。

【“打非治违”专项行动】 眉山市交通运输局持续开展“打非治违”专项行动，不断规范道路运输市场经营秩序，推进道路运输安全综合整治，化解道路运输领域安全风险，全年出动执法人员 2.54 万人次、检查车辆 4.28 万辆次，查处非法营运车辆 502 辆；开展道路旅客运输非法营运和客运站“喊客、拉客”专项整治，查处非法营运车辆 121 辆，打击眉山东站及全市客运站周边长期盘踞“喊客、揽客、组客”人员，净化客运站周边环境，全市对营运车辆驾驶员从业资格证记分 1 376 人次，813 人次被列入“重点监控名单”，7 人被列入“禁止进入黑名单”退出运输市场；紧扣安全开展执法检查，夯实道路运输安全管理基础，全市运政执法机构充分利用各种营运车辆、驾驶员监管平台，加强“两客一危”车辆和12吨以上重型货车联网监控动态监管，“两客一危”车辆GPS安装率和在线率均达100%，12吨以上重型货车GPS安装率和在线率均达95%，对省运管局通报的117辆次“两客一危”违规报警车辆全部核查处理到位。

【交通项目补助资金向上争取】 眉山市交通运输系统全年向上争取到位项目部省补助资金68 534.61万元，其中农村公路（含渡改桥）对上争取资金16 240.6万元。部省补助资金来源包括村道危桥改造车购税资金138万元、县乡道危桥改造车购税资金76万元、普通国省道交通工程与附属设施车购税资金300万元、普通国省干线服务区建设车购税资金20万元、国省道提档升级省补资金47 663万元、国省干线公路养护工程省补资金1 550万元、水上交通安全监测巡航救助一体化建设省补资金42万元、水路交通“厕所革命”省补资金1.2万元、农村客运省补资金400万元、渡改公路桥建设省补资金3 988万元、幸福美丽乡村示范路省补资金7 922万元、最美竹林风景线竹产业公路省补资金3 665万元、通乡通村硬化路“畅返不畅”整治资金202.4万元、船舶和港口污染防治突出问题整治资金10.29万元、农村客运村级招呼站牌“通返不通”整治资金243.72万元、公路灾毁应急抢修保通资金900万元、农村公路路网完善工程665.6万元、农村公路灾后恢复重建工程247.4万元、内河水运灾后恢复重建工程500万元。全市交通运输系统通过积极争取，将未入省网规划的在建项目天府大道眉山段、环城公路南环线、环天府新区快速通道、红星路南延线、仁简快速通道、洪雅七里坪连接线、洪雅东岳至夹江公路7条路158公里快速公路，通过规划调整，全部纳入补助项目；按照补助政策可新争取补助资金12亿元，争取上级资金创历史新高，全年到位资金32 487万元。

【交通项目造价监督管理】 眉山市交通运输局强化工程建设造价监督管理，参与成都至乐山高速公路扩容建设项目眉山段造价监督，开展监督检查4次，收集材价信息600条，发布材价信息12期；审查23个交通建设项目造价，其中7个概算审查项目、送审金额760 467万元、审减金额28 211万元、审减率3.7%，8个预算审查项目、送审金额76 951万元、审减金额2 518万元、审减率3.5%，8个设计变更审查项目、送审金额19 697万元、审减685万元、审减率3.5%，在概预算审查项目中10个国省干线项目送审金额716 728万元、审减22 942万元；完成环天府新区快速通道项目材料价格询价，以现场询价为主、网上询价为辅，公开独立询价材料109种，为项目建设提供更合理、更准确的投资概算、预算。

【公路工程质量监管执法】 眉山市全年纳入质量安全监督范围的续建、新建重点公路建设项目24个，项目总投资392亿元，建设总里程528公里，其中高速公路2条，建设里程114公里，占比21.6%；一级公路12条，建设里程279.7公里，占比52.97%；二级及以下公路10个，建设里程134.3公里，占比25.43%。全市全年纳入质量安全监督范围的隧道11个、特大桥6座、续建水运工程项目2个。眉山市交通运输局落实专职质监人员，职责分工明确，以“品质工程”“平安工地”为主要抓手，按照法律和政策规定，有效监督全市交通建设工程质量安全，未发生一起安全生产责任事故，安全状况良好；结合在建项目实际情况，对全市在建项目先后组织开展春节前后复工安全生产及疫情防控检查、红线行动、汛期安全检查、安全生产专项整治三年行动、环保检查、特种设备安全整治等专项检查和日常巡查，出动检查工作组111个、356人次，发现一般隐患127处，下发抽查意见通知书20份、停工整改通知书2份，整治一般隐患127处，确保发现的安全问题实现闭环管理。眉山市交通运输行政执法支队严格执法监督程序，定期或不定期开展全市交通建设工程质量安全检查，每次检查都按工程项目随机、检查人员随机的“双随机”抽查方式，抽查工程施工资料，纠正执法监督检查、巡查中发现的各种影响结构安全及使用功能等方面的质量问题，同时根据各项目各标段的工程实际情况采用随机的方式合理确定工程实体质量及原材料构配件抽捡，全年采用“双随机”抽查方式，做到执法检查内容和抽查对象全覆盖，委托试验检测单位开展工程实体质量及原材料构配件抽捡专项检查2次，发现违反工程质量安全案件2起，处理工程质量投诉2起。眉山市交通运输局完成岷东大道东坡区永寿至青神中岩寺建设工程（青神段）一期等4个工程建设项目交工验收，完成岷东大道眉（山）彭（山）段1个工程建设项目竣工验收，交竣工一次性验收合格率100%。

【“四好农村路”示范创建】 眉山市按照部省“四好农村路”建设工作部署，不断加大示范创建力度。全市新创建“四好农村路”示范乡镇13个、示范村38个，累计创建“四好农村路”示范乡镇24个、示范村95个，“四好农村路”示范路保有量超过600公里。丹棱县成功创建为第四批省级“四好农村路”示范县。

【交通脱贫攻坚】 眉山市交通运输局按照省交通运输厅交通脱贫攻坚工作安排，省市联动，现场查看眉山所有乡镇、村的通路、通车情况。按照相关标准，眉山市7月初完成全市204段、161公里“畅返不畅”、203个村“通返不通”整改，确保交通脱贫攻坚通过上级验收。

【农民工欠薪“两清零”治理】 眉山市交通运输局深入贯彻落实党中央国务院、省委省政府、市委市政府关于根治欠薪工作的重大决策部署，贯彻落实《保障农民工工资支付条例》，强化目标引领，坚持问题导向，深化源头治理，整改突出问题，压紧压实责任；按照市根治欠薪领导小组安排，完成国企项目和政府投资项目欠薪案件清零行动，未发生因欠薪引发的群体性事件，保持总体稳定、持续向好的工作态势。

【交通信息化建设】 眉山市实施“互联网+交通”战略，推进“智慧交通”建设，建成四川省交通运行监测与交通应急指挥系统项目二期工程，完成移动OA办公和视频会议系统建设。眉山市作为第三批次建设市州，经省发改委批准立项、省交通运输厅批复设计，应急二期工程包括眉山建设部分（市级统筹5个非试点区县项目建设）和试点县洪雅建设部分，概算总投资2 122.73万元，其中省级财政投资779.08万元，市、区县地方财政投资1 048.62万元、企业投资295.03万元。地方投资按市、区县财政分级自筹，市级财政投资472.42万元，试点县（洪雅县）投资408.16万元，非试点区县（东坡区、彭山区、仁寿县、青神县）投资168.04万元，企业投资295.03万元。眉山市工程主要建设完善交通运行监测和应急指挥应用系统，建设交通数据中心，建设通信调度系统，建设网络和安全系统，建设应急指挥中心、机房和配套工程，建设联网监控监测管理平台和外场监测监控、信息发布终端，实际总投资1 299.34万元。工程按眉山建设部分和洪雅建设部分两个标段进行，其中眉山建设部分总投资1 145.99万元，包括省级投资419.8万元、市级投资299.05万元、非试点区县投资132.11万元、企业投资295.03万元；洪雅建设部分总投资153.35万元，包括省级投资108.2万元、县财政投资45.15万元（洪雅县指挥中心内场建设由县智慧旅客平台统筹建设，未纳入建设内容）。眉山市交通运输局统筹非试点区县招标建设，财评招标控制价850.96万元。2019年3月，项目完成招标，四川省眉山新世纪科技发展有限公司以809.09万元中标承建，首盛建设集团有限公司监理。项目应急指挥系统建设完成8项工程，建成市级及试点县洪雅县应急指挥大厅、机房及配套设施；建成市县两级视频会议系统，并且接入部、省级视频会议系统，实现部、省、市、县高品质视频会商；建成65个外场固定视频监控终端、15套车载移动视频监控终端、3套船载移动视频监控终端，建成联通省、市、县三级通信指挥调度平台系统；整合接入市辖区内16处150路视频资源（包括客运场站、渡口码头、超限检测站等），整合接入市辖区内高速公路400路视频资源（包括隧道、路面、收费站、服务区等）；完成眉山市华为大数据中心网络构架，完成眉山市交通运行监测与应急指挥系统云资源配置，完成眉山市交通运输局无人机配置。眉山建设部分于2019年5月开工建设，2020年5月完成市级建设，2020年9月完成省级投资部分硬件标段验收，2020年12月完成市县视频会议系统建设；洪雅建设部分于2020年9月开工建设，2020年12月完成项目建设。截至2020年12月，眉山市工程完成投资788.23万元。

【公交公司转企改制】 眉山市展通公交公司启动转企改制，按照政策规定制定安置方案，对事业编制职工143人（在职43人、退休100人），分事业编制在岗人员、事业编制已退休人员、事业编制职工遗属3类群体分别细化安置方式。经职工自愿选择，43名事业编制在岗人员中，1人选择自愿辞聘、自谋职业，4人选择离岗待退，38人随企业改制并按事业身份享受退休养老待遇。通过分类施策，职工得到妥善安置，对安置方式普遍表示满意。7月10日，眉山市展通公交公司召开职工安置会议，转企改制全面完成。9月24日，眉山市展通公交公司经市事业单位登记管理局批准，完成事业单位法人注销。

【交通运输疫情防控】 眉山市成立由分管副市长任组长的交通运输疫情防控工作领导小组（工作专班），明确市交通运输局、市卫建委、市公安局等部门职能职责，5次召开联席会议推动工作。眉山市交通运输局印发《眉山市交通运输局深入开展新型冠状病毒感染肺炎疫情防控工作方案》《进一步做好秋冬季交通运输新型冠状病毒肺炎疫情防控工作方案》《关于成立眉山市应对新型冠状病毒肺炎疫情应急指挥部交通运输组工作专班的通知》等文件，根据不同时期疫情防控要求明确交通行业防控工作职责；党组17次召开党组会议、22次召开专题会议，传达贯彻落实习近平总书记关于疫情防控指示精神及上级文件会议精神，安排部署交通运输系统疫情防控，确保做到工作不松、精力不减，严格落实交通场站、交通运输工具、行业从业人员等防控措施，严把交通运输关，坚守交通运输防疫第一线，掐断病毒运输传播途径，保障群众生命安全；疫情初期全面设置疫情防控检测点位，坚持“边界防控、全域设点，横向到边、纵向到底”原则，在全市范围高速路口、车站、码头、边界线设置76个卡点位布防，农村公路自主设置331个检测点，全市驻点防控人员日均达1 800人，织密交通运输防控网；进入复工复产阶段后，公路疫情防控卡点逐步全部取消，保留高铁站、火车站、客运站等重要客运枢纽设置疫情防控检查点，严格执行境外人员、高风险地区人员通过高铁、长途客运等方式到眉山的初筛检查要求，发现发热人员立即移送医务人员排查。截至12月31日，全局消毒车辆200万台次，体温检测1 599万人次，发现体温异常并移送观察103人。

【铁路沿线安全环境整治】 眉山市交通运输局按照省政府《四川省普速铁路沿线安全环境专项整治工作方案》、眉山市人民政府安全生产委员会《关于印发眉山市安全生产专项整治三年行动计划的通知》以及《2020年全市铁路沿线外部环境安全专项整治行动工作方案》要求，牵头完成市境内沿线138个普速铁路安全隐患问题治理和销号，比省定完成目标109个多完成29个，完成率127%，比省定时限提前2个月完成，是全省第一批次完成任务的市（州），并同步完成境内112个高速铁路“回头看”整治销号。

【公路养护管理】 眉山市加强公路养护管理，坚持每月对市域1 183公里国省干线、旅游专线、桥梁隧道专项巡查，排查整治公路安全隐患，查处违规占用公路、公路建控区内乱搭乱建、违规接道、损坏公路及其附属设施等违法违规行为，全年完成国省干线养护工程84公里，其中大修3公里、中修35公里、预防性养护46公里，国省干线公路PQI（路面使用性能指数）92.98，处于优等水平；狠抓公路养护水平提升，打造国道213线养护管理示范公路70.7公里，全线路况水平达优，通行能力、安全水平、服务品质进一步提升，公路实现“畅、安、舒、美”，完成交通运输部“国评”迎检任务；持续做好桥隧养护管理，对公路危桥实施挂牌督办，存量危桥全部启动整治改造，完工10座，深入开展二峨山隧道、瓦屋山大坝左岸交通道提质升级专项行动，桥隧养护管理质量和安全运营保障水平持续提升。

【农村公路路长制推行】 眉山市推动农村公路路长制工作由部门工作向政府工作转变，各县（区）全面推行农村公路路长制，东坡区、彭山区、仁寿县、洪雅县、丹棱县、青神县和眉山天府新区相继出台辖区《农村公路路长制实施方案》，基本建立起县、乡、村三级路长体系。

【交通运输“行在乡村 游在路上”脱贫攻坚主题宣传活动】 交通运输部举办“行在乡村 游在路上”脱贫攻坚自驾主题宣传活动，旨在通过自驾主题宣传活动，宣传党的十八大以来全国农村、特别是贫困地区百姓因修路筑桥带来的美好幸福生活，展示脱贫攻坚取得的成就。11月17日，四川站启动仪式在眉山市丹棱县举行，全面展示眉山市、特别是丹棱县农村建设成绩，农村公路建设对地方产业、旅游所产生的影响以及对当地百姓生产生活所带来的变化，交通运输部新闻办主任、省交通运输厅副厅长等部省领导参加启动仪式。

（魏 平）

邮政管理
Postal Management

【概况】 2020年，眉山市有快递品牌23个，2 000平方米以上的分拨中心5个（中通、圆通、顺丰、苏宁、邮政），1 000平方米以上的分拨中心3个（韵达、申通、百世）；有邮政快递服务网点792个，其中邮政普遍服务网点238处、快递法人企业39家、分支机构111家、备案的末端网点404处；有从业人员3 400人、车辆1 400辆（含电动三轮车），邮政、快递服务网点均实现乡镇全覆盖。

【邮政行业发展】 眉山市全年邮政业业务量完成228 044.17万元，居全省第3位，同比增长14.27％，邮政业业务收入完成94 862.28万元，居全省第7位，同比增长6.16％，其中快递业务量完成8 964.61万件，居全省第2位，同比增长11.82％，快递业务收入完成55 746.57万元，居全省第6位，同比增长4.05％。全市快递业务量占邮政业业务量的90.25％，快递业务收入占邮政业业务收入的92.18％；快递业务量比重前三位的品牌是中通、苏宁易购、韵达。从单个品牌发展来看，中通、苏宁易购、韵达、顺丰、圆通、申通6个品牌的快递业务量占快递行业业务总量的91.25％，快递业务收入占快递行业业务总收入的86.34％。

【快递品牌项目打造】 眉山市邮政管理局打造“眉山柑橘”快递服务农业金牌项目，组织邮政、快递企业负责人培训，明确数据填报要求、时间节点并建立微信交流群；联系市农业农村局、市商务局到柑橘产量高的区县、乡镇调研，鼓励邮政、快递企业为柑橘销售提供“仓储＋包装＋运输”一体化服务，全年快递服务柑橘业务量近1 600万件；完成“眉山泡菜”“眉山枇杷”“眉山猕猴桃”3个银牌项目。

【邮政普遍服务】 眉山市邮政管理局不断强化邮政普遍服务监管，开展邮政普遍服务乡镇局所专项检查，并依法开展《庚子年》生肖特种邮票及《北京2022年冬奥会吉祥物和冬残奥会吉祥物》《众志成城 抗击疫情》《北京2022年冬奥会——冰上运动》等纪特邮票发行监督；从全市238处邮政普遍服务网点中采用“双随机”方式，与乡镇局所专项检查相结合，检查普服网点165处，对检查中发现的问题，与市邮政公司召开政企联席会议，提出限期整改要求；巩固提升全市建制村直接通邮水平，全市建制村直接通邮率100％；推动邮快合作，邮快合作通达建制村覆盖率49.61％；开展“扫黄打非”工作，严查严堵非法出版物，防范和打击利用寄递渠道寄递非法出版物的违法行为，检查报刊亭13个，通过了解报刊亭进货渠道及责任书签订情况，现场检查未发现非法出版物；发动监督员参与《人民日报》投递时限调查、纪特邮票发行情况调查等专项行动，收到监督员报表125张、反馈问题1个，针对反馈问题，调查核实处理，做到“事事有回音”，1名邮政特邀监督员获评优秀；依法行使邮政普遍服务监督管理职权，邮政普遍服务网点就近迁址备案33处，新增1处；向市邮政公司下发责令改正通知书3份、季度通报4份；开展党报党刊当日县城见报率和2020年度邮件全程时限监测，全市两区四县城市党政机关党报当日见报率均为100％；做好邮政普遍服务监督管理信息系统及行政执法信息系统使用，录入执法信息和常用报表。

【邮政市场监管】 眉山市邮政管理局加强日常检查，全年检查快递网点299处、邮政普服网点170处，下发责令改正通知书15份，作出行政处罚5起，并协助公安部门查办涉毒案件4起、涉枪案件1起；召开安全生产专题培训4次、培训300人次，全市邮政业未发生重大安全事故；配合区县疾控中心开展核酸检测等，抓好疫情监测预警；要求企业在两会期间严格执行“收寄验视、实名收寄、过机安检”三项制度，着力查堵涉枪涉爆、涉黄涉非、危险化学品等禁寄物品，严防不法分子利用寄递渠道将禁寄物品寄往北京，严防违规收寄禁寄物品造成重大安全事件，联合眉山国安局，截获反宣品40份；以实现“两不”（全网不瘫痪、重要节点不爆仓）、“三保”（保畅通、保安全、保平稳）为目标，继续发挥“错峰发货、均衡推进”的核心机制作用，坚持防控与生产并重，坚持服务与安全并重，坚持发展与环保并重，保障旺季平稳运行；开展邮政快递业安全生产专项整治三年行动，制定《眉山市邮政快递业安全生产专项整治三年行动实施方案》《眉山市邮政快递业安全生产专项整治三年行动实施方案细则》《眉山市邮政快递业安全生产风险点及管控措施（试行）》，学习宣传贯彻习近平总书记关于安全生产重要论述，落实企业安全生产主体责任，深化寄递渠道安全整治，深化企业生产安全整治，提升安全监管能力建设；结合“双随机”检查、专项检查，每月检查普服、快递网点不少于20处，动态管理隐患排查台账；加强邮政业应急预案体系建设，组织从业人员系统学习《国家邮政业突发事件应急预案》《邮政业人员密集场所事故灾难应急预案》《邮政业运营网络阻断应急预案》《邮政业用户信息泄露事件应急预案》《邮政业重大活动期间突发事件应急预案》，要求企业分析研判收寄、分拣、运输、仓储等生产作业过程中的安全风险，制定切实可行的应急预案，明确应急管理负责人、主要安全风险、疏散避险途径、报警求助方式等内容，并结合预案开展应急演练，做到“一企一案”，解决“有无”问题；开展安全生产宣传进企业主题宣传，印制消防安全海报2 000张、应急知识手册5 000本；联合交通、商务、统计等部门开展专项检查；结合“普遍服务大提升”，检查网点68处，发现问题17处，督促企业完成整改；分两次对全市6个机要室和1个转运场所检查，确保机要安全畅通。全市13家企业快递业务经营许可到期，其中11家在规定期限内完成延续，2家未申请延续，已按规定申请注销许可。

【邮政行业宣传】 眉山市邮政管理局利用“3·15”消费者权益日、“6·26”国际禁毒日、“10·9”世界邮政日、“12·4”法制宣传日等重要节点和日常检查，重点开展禁毒宣传、“诚信快递 你我同行”主题宣传、法制宣传等活动；向《中国邮政快递报》《快递》杂志报送新闻稿件，并在四川新闻网等主流媒体发布新闻20篇；向四川省邮政管理局报送政务信息42篇，被国家邮政局和省邮政管理局网站采用22篇；在全市150辆出租车顶广告和市中心LED显示屏投放“快递绿色环保”宣传信息，倡导快递绿色包装，营造上下联动、主题鲜明的宣传氛围。12月23日，青神鑫玉速递有限责任公司被国家邮政局评为全国邮政行业先进集体。

（何思齐）

图77 2020年10月22日，眉山市邮件快件绿色包装规范培训 （市邮政管理局供图）

邮政业务
Postal Service

【概况】 2020年，中国邮政集团有限公司眉山市分公司下辖东坡、彭山2个区分公司和仁寿、洪雅、丹棱、青神4个县级分公司，累计建有普遍服务网点238个（其中金融网点80个、纯邮务类点7个、委代办点151个）、便民服务站1 220个、村邮电商服务站350个；建设邮件处理仓配库中心3 630平方米，日均设计处理能力10万件；有邮路212条、揽投部7个、投递段道103条、投递车辆122辆，邮路日运行单程4 538公里。企业职工高婷被评为“四川省五一巾帼标兵”。

【邮政企业发展】 中国邮政集团有限公司眉山市分公司坚持疫情防控和经营发展两手抓，聚焦“四梁八柱”，树立“走在全省前列”的雄心，企业发展总体平稳、稳中有进、稳中提质。全市实现收入38 667万元，规模列全省第13位，完成省公司预算进度102.46%，列全省第8位，高于全省1.8个百分点；同比增长9.78%，高于全省1个百分点，列全省第8位，累计进度、增幅双双跑赢全省；实现经营利润6 371万元，列全省第11位；收入利润率16.45%，高于全省10.36个百分点，列全省第9位。全市代理金融在业务发展中实现“3个”第一、“3个”第二，寄递业务量收市场占比双提升，其中实现业务量占比11.65%、同比提升2.58个百分点，实现业务收入占比10.89%、同比提升1.56个百分点。

【邮政企业管理】 中国邮政集团有限公司眉山市分公司坚持预防为主、思想不松、策略不变、措施不减，抓好全方位、无死角的疫情预警、监测和防控，全年采集防疫物资、设备63万元，切实将市委、市政府决策部署落实到位，全市邮政职工中没有发现确诊或者疑似病例；建立分层级培训体系，培训人数828人次，综合合格率100%，全市从业人员持证率90.14%、列全省第7位，高技能持证率32.82%、高于全省平均4.01个百分点；践行“六者定位”、推进“六个转型”，强化财务支撑与管控，保障企业经营成果，全市用户欠费率控制在0.05%以内，欠费指标质量保持全省第2名，存货周转率由年初23.68次提升到29.43次；投入建设资金3 179万元加快企业能力建设，提升客户用邮体验。

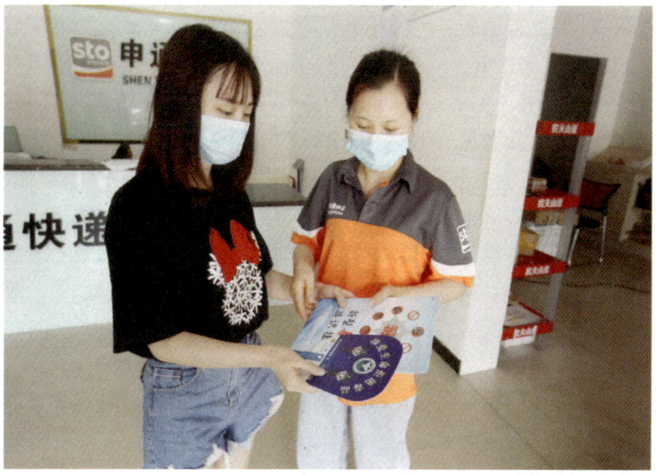

图78 2020年6月18日，禁毒宣传进企业 （市邮政管理局供图）

图79 2020年6月30日，禁毒宣传进乡镇 （市邮政管理局供图）

【邮政企业改革创新】 中国邮政集团有限公司眉山市分公司深入推进寄递“五大改革”，优化调整城区揽投机构，将普邮投递从18个段道压降到13个段道并在主城区推行网格作业模式，建成6个揽投网格；调整优化电子围栏、前置分拣环节，揽投部内部处理时长从2.5小时压缩到1.5小时，增加外部揽投作业时长，提高揽投效率，全市零星揽收业务量20.23万件，业务收入309.43万元，件均单价14.39元；深入开展“全员创新”活动，全市创新活动组织动员积分93.18分，员工人均积分7.18分，发布创意点子766个，上报省公司创新课题31个、创新成果4个。

【邮政服务能力提升】 中国邮政集团有限公司眉山市分公司抓实普遍服务及服务质量，新增投入578万元用于夯实普服四项基本业务开办、建制村投递、网点形象整治及监控安防等；优化委托代办人员近30人；强化普服网点6S管理，提升客户用邮体验；推行智能跟单系统应用，据实绘制农村投递线路图、制定邮路排单，优化投递网络组织；核实乡镇—村投递路线432条12 277公里；在5个村委会试点建立“村邮站”，叠加便民缴费、警邮、税邮、农产品寄递等便民服务。全市乡镇网点覆盖率100%，建制村直接通邮率100%，建制村打卡率100%，营业服务达标率100%；普服邮件全程时限均达标，机要通信无失密丢失事故，《人民日报》当日见报率100%。

【邮政企业安全生产管理】 中国邮政集团有限公司眉山市分公司强化安全生产和代理金融风险防控，深入开展重大风险整治活动和合规文化建设，强化队伍管理，提升履职能力，全市代理金融风险监测平均得分85.49分，列全省第1位；实施44个代理金融网点出入口卷帘门达标改造，完成4个代理金融网点安防建设和审批验收；80个代理金融网点、8个离行式网点和6个三类业务库的远程监控平台全面建改，运行指标由2019年全省21位提升至全省第2位。公司全年未发生责任安全案件和事故、未发生群体治安事件、未发生安全负面媒体报道事件。

（邹　凤）

城乡建设与管理

URBAN-RURAL CONSTRUCTION AND MANAGEMENT

城乡规划 / 城市建设 / 城镇与乡村建设 / 城乡绿化 / 房屋建设

城乡规划
Urban and Rural Planning

【概况】2020年，眉山市自然资源局聚焦“现代化成都都市圈副中心”目标定位，立足“一极一地一枢一市一城一园”六大支撑，以规划为引领，推进市县国土空间规划、专项规划、详细规划编制和实施，推动构建国土空间规划体系，召开市国土空间规划委员会3次，审议议题29个，城乡发展建设不断优化完善；推进《眉山市国土空间规划（2020—2035）》编制，开展《成眉同城空间发展规划》《“水润眉州”策划与规划——眉山市游赏水系规划》等编制，严格规划执行，强化规划监督，指导城市建设、提升城市品位，为建设现代化成都都市圈副中心、推动眉山高质量发展提供规划保障。

【成都都市圈“1+1+N”规划体系构建】眉山市自然资源局参与以都市圈发展规划为纲领、国土空间规划为基础、各类专项规划为支撑的成都都市圈“1+1+N”规划体系构建，在四川省同城化发展领导小组框架下，与成都、德阳、资阳三市自然资源及相关部门组建国土空间规划衔接专项合作组，明确工作规则和实施细则，建立“规划体系共建、规划协调共商、规划实施评估”的衔接机制，有序开展涉及区域各类规划编制。

【国土空间体系建设】眉山市自然资源局持续推动全市国土空间规划编制，指导各县（区）稳步推进国土空间规划；利用现有平台，加快实施眉山市国土空间基础信息平台及国土空间规划“一张图”实施监督信息系统建设；编制完成《北部新城控制性详细规划、修建性详细规划和城市设计》《成眉同城空间发展规划》等规划13个，启动并稳步推进《眉山市历史文化名城保护规划修编》《眉山市东彭仁新一体化发展战略规划》《眉山市主城区雕塑设置专项规划》等规划5个，有关规划成果将依法依规纳入正在编制的国土空间规划和各片区控制性详细规划，有效指导城市建设，不断优化环境品质，推动城市发展提质升级。

【国土空间规划编制】10月，《眉山市国土空间规划（2020—2035）》初步方案形成，初步成果作为全省样板交流推广。11月，眉山市完成城市开发边界试划并向自然资源部提交成果，入选城镇开发边界国家级试划城市。眉山市自然资源局完成区域生态格局、综合交通体系、水资源等专题研究。

【镇村规划编制】眉山市自然资源局加快村规划编制，全市启动实用性村规划编制85个，批复1个，完成初步成果32个，正在编制初步方案52个；编制完成《提高乡村规划建设水平专项工作方案》，强调打破行政区划，以片区（经济区）编制镇村国土空间规划，明确责任主体、工作任务和时间安排，推动省市关于乡镇行政区划和村级建制调整改革“后半篇”文章的决策部署落地落实。

【园区景区规划编制】眉山市自然资源局编制完成《眉山天府新区公园城专项规划》《眉山天府新区天府大道绿化景观及地下综合管廊规划方案》等9项规划，启动开展《眉山天府新区绿地系统规划》等专项规划，不断完善“1+24+N”国土空间规划体制；开展《眉山天府新区国土空间规划（2020—2035）》《锦江镇牧马组团北片区控制性详细规划修编》《南天府公园片区控制性详细规划》等5项规划编制，配合开展《成眉同城化空间发展》《成德眉资“三区三带”空间规划》《成都都市圈发展规划》等规划并完成编制，配合推进《成都都市圈（成德眉资同城化）国土空间规划》编制，完成《金象园区14.8平方公里控规》修编。

【历史文化名城保护规划修编】眉山市自然资源局开展《眉山历史文化名城保护规划》修编，推动将历史文化保护政策精神、市申报国家历史文化名城工作要求以及国土空间总体规划中关于历史文化名城内容落实到规划成果，完成修编初步成果，将太平古街、江口古街、东坡区修文镇苏坟园等纳入名城保护范围，并按照原真性、整体性与重点突出、保护为主、合理永续利用、注重非物质文化遗产和地方文化的原则实施名城保护，建立市域、中心城区、历史城区、历史文化街区和各类物质、非物质文化遗产五个层面的保护框架，鼓励对历史文化遗产展示、活化与利用。

【规划行政审批】眉山市自然资源局推进“放管服”改革，推行工程建设项目“多审合一、多证合一、多测合一”，严格执行立项用地规划许可、工程建设许可阶段并联审批实施细则要求，依托省一体化政务服务平台开展审批，进一步优化审批流程、精简申报材料、压减审批时间，一体化政务服务平台全程网办率100%，许可申请材料减免率41.75%，办理时限较法定时限减少89.95%，全年办理《建设项目用地预审与选址意见书》33份，依法办理“一书两证”143份。

【规划方案审查】眉山市自然资源局执行所有规划和项目方案由规划部门审查、专家技术评审、规划委员会审议“三审制”，全年审查建设项目10个，总建筑面积161.47万平方米，其中房地产项目9个、总建筑面积160.42万平方米。所有建设项目均在项目建设所在地和门户网站进行批前公示，公示率100%。

【城市规划管理】眉山市自然资源局编制《眉山市城市规划管理技术规定（2019年版）》补充规定，支持城市森林花园建筑建设，提升建筑及城市品质，巩固国家园林城市和国家森林城市创建成果，促进眉山高质量发展；11月与市住房和城乡建设局联合印发《关于严格实施城市森林花园建筑试点项目的通知》，将绿色生态理念融入城市建筑，规范城市森林花园建筑项目试点，促进眉山房地产业持续健康发展。

【规划执法监督】眉山市自然资源局严格规划监督，严格中心城区主要干道、重点区域和重大项目违法建设查处，组织开展东湖春天、城北一号幼儿园、鹭湖幼儿园等违法建设专项治理，发出违法建设执法文书43份，违法建设移送5起，开展在建工地专项检查7次，立案查处未按规划实施项目8个，罚没932.76万元。

【建设工程规划核实】眉山市自然资源局健全完善并严格执行建设工程放验线、竣工规划核实制度和程序，中心城区（含东坡区、彭山区）完成规划核实111项，核实面积431.6万平方米。

【地理信息测绘】 眉山市自然资源局启动眉山市“十四五”基础测绘规划编制；开展建设工程“多测合一”，将原竣工验收阶段涉及的多项测绘测量合并为一个综合性联合测量项目；协同四川省测绘地理信息局开展北斗导航定位基准站勘选及建设，全市新增东坡、青神、洪雅三地4个基准站建设，实现眉山全域北斗导航定位信号全覆盖。

（刘　杰）

城市建设
Urban Construction

【概况】 2020年，眉山市住房和城乡建设局围绕“文化城、公园城、活力城”建设，研究学习城市建设新理念新标准，研究制定《关于建设具有天府韵味眉山特色高品质生活宜居城的实施意见》；坚持城市新区建设和旧城更新改造两手抓，加快拓展城市规模、完善城市功能、提升城市能级和建设品质。

【城市基础设施建设】 眉山市住房和城乡建设局围绕“文化城、公园城、活力城”建设，研究学习城市建设新理念新标准，研究制定《关于建设具有天府韵味眉山特色高品质生活宜居城的实施意见》；坚持城市新区建设和旧城更新改造两手抓，加快拓展城市规模、完善城市功能、提升城市能级和建设品质；学习借鉴苏州、成都城市建设经验，制订《眉山市政基础设施建设导则》，从城市管理和市民的角度审视建设，将新的城市理念落实到设计环节；以城镇基础设施投资千亿大会战为抓手，加快推进新型城镇化，城镇综合承载能力显著增强。全市完成城镇基础设施投资256亿元，占200亿元目标任务128%；中心城区新增建成区面积5平方公里，常住人口城镇化率49.22%。

【棚户区改造】 眉山市住房和城乡建设局向上争取棚户区改造和公租房建设中省财政补助1 302万元，争取到位老旧小区改造中省资金5.4亿元。全市老旧小区改造开工447个，开工率100%，完工72个；棚户区改造开工1 250套，开工率100%，发放租赁补贴1 431户。

【“厕所革命”行动】 眉山市住房和城乡建设局加快公厕新建改造，新建公厕153座，改建公厕72座；运用新技术、新材料，提升公厕品质，推进信息化、智能化运用；健全公厕管理制度，提升公厕智慧化管理水平，推动公厕管理服务水平不断提高。

【既有住宅电梯增设】 眉山市住房和城乡建设局印发《眉山市关于实施既有住宅电梯增设两年计划（2020—2021年）的指导意见的通知》，组建共产党员服务队提供协调服务。全市全年竣工取得合格证11台，在建50台，正在协商50台。

【机动车规范停放管理】 眉山市住房和城乡建设局修改完善《停车收费管理员办法》，加强收费人员管理，加大新增人员业务培训力度；持续开展巡查，强化临时占道停车泊位管理。截至12月30日，机动车停放服务收费408亿元，超额完成机动车停放服务收费全年非税任务。

（刘　攀　杨　竹）

城镇与乡村建设
Towns and Villages Construction

【概况】 2020年，眉山市住房和城乡建设局坚持以创新、协调、绿色、开放、共享的理念为指导，加快推进小城镇建设，拟制《眉山市关于推进中心镇改革发展的工作方案》报市政府审定；制定《眉山市城镇生活污水处理厂运行管理办法（试行）》《眉山市城镇生活污水处理厂污泥处理处置管理办法（试行）》，加强全市城镇污水处理厂行业监管；推进农村人居环境整治，将农村生活垃圾纳入城镇垃圾处理系统，推行“户分类、村收集、乡镇转运、县区处理”的垃圾治理机制，生活垃圾有效处理行政村达100%，开展垃圾分类行政村达78.6%；以市政府办公室名义印发《眉山市农村房屋安全隐患排查整治实施方案》，加强农房安全治理。

【“百镇建设”试点行动】 眉山市住房和城乡建设局坚持以创新、协调、绿色、开放、共享的理念为指导，持续推进“百镇建设”试点行动，集中打造、巩固提升、培育创建一批特色镇，着力提升城镇承载能力和吸纳能力。全市全年“百镇建设”试点镇基础设施建设总投入3亿元，完成公共服务设施建设投资0.4亿元，完成产业发展建设投资9.6亿元。

【新型城镇化建设】 眉山市住房和城乡建设局完成新型城镇化8大试点任务，引导农村居民融入城镇经验在全国推广，丹棱农村垃圾治理、彭山农村“两权”抵押贷款等经验在全省推广；加快推进成眉城市品质同城化发展，提升基础设施建设水平，对标成都公园城市标准，开展岷江沿线绿道绿廊建设，成功“创森、创卫、创文”，城镇化进程进一步加快，城镇率达50.14%。

【农村土坯房改造】 眉山市住房和城乡建设局加强农房建设质量，推广标准图集使用率98%；组织农村工匠培训8期，培训农村工匠3 000人次；指导村镇建设业务21次。全市全年土坯房建设计划实施户数12 947户，开工户数12 947户、开工率100%，竣工12 947户、竣工率100%。

【污水处理设施建设】 眉山市住房和城乡建设局加快推进污水处理设施建设，建成市第二污水处理厂（4万吨／日），完成岷东污水处理厂扩建项目（1万吨／日）。全市共建成10个城市污水处理厂，总处理规模30.8万立方米／日，城市污水管网650公里；原有128个乡镇（现为67个）建成115个乡镇污水处理厂（站），总处理规模9.4万立方米／日，建成配套污水管网614.02公里。全市“省三推”147个污水处理设施建设任务已完成146个，取消1个；“市强推”205个新建及提标升级改造污水处理设施任务已完成204个，在建1个。

（刘　攀　杨　竹）

城乡绿化
Urban and Rural Greening

【概况】 2020年，眉山市住房和城乡建设局坚持绿色发展，推进生态文明建设，抓好园林绿化品质提升。截至2020年底，眉山市建成区绿地率37.81%，建成区绿化覆盖率43.30%，城区园林绿地总面积2 793.79公顷，人均公园绿地面积14.40平方米。

【公园绿地项目建设】 眉山市对标成都公园城市标准，开展岷江沿线绿道绿廊建设，东坡区完成醴江河等流域绿道绿廊建设，彭山区完成滨江路南段、龙湾大道等景观绿化项目建设，青神县启动竹里银杏、唤鱼公园等重点节点项目建设，洪雅县完成全省公园城市建设试点方案并推进公园城市样板区建设，仁寿县推动天府大道城区段绿廊建设并启动满井镇、禾家镇等“一镇一园”建设；深入实施“百园之市”工程，开展“一镇一园”建设，开工建设公园20个，城乡公园数量达161个。

【公园绿地新技术新理念利用】 眉山市住房和城乡建设局坚持“随坡就势不挖山、顺其自然不填塘、依树造景不毁林”原则，持续推进公园绿地建设，不断完善城市生态功能，提升城市形象和品质；结合实际，合理布局邻里公园、城市公园、郊野公园“三级公园体系”，加大各类公园绿地建设力度，同时结合开发项目配建临街集中绿地，实施河道绿化和整治工程，保护河滩、山体、原生林地等自然保留地，加快绿道体系建设，构建沿江河和沿交通干线的城市生态廊道等，不断丰富城市绿地系统。

【城区公共绿化建设】 眉山市住房和城乡建设局提升道路绿化景观节点品质，坚持“香化、花化、彩化、绿化”，合理配置乔木、灌木、花草；重点实施城市主干道、公园广场绿化提升，补植行道树3 000株、灌木3万平方米、草坪2万平方米、更换鲜花300万盆，完成红星路、湖滨路、彭寿街等10条街道9 000株乔木修剪；因地制宜推动水域环境治理，实施东坡湖、通惠河生态浮岛项目，建成水上生态浮岛6 400平方米；开展眉州大道高铁桥体美化，营造富有艺术特色的节点景观，彰显城市特色。

（刘攀 杨竹）

房屋建设
Housing Construction

【概况】 2020年，眉山市住房和城乡建设局先后出台《关于推动眉山市建筑业高质量发展的实施意见》《眉山市有效应对新冠肺炎疫情促进建筑业健康有序发展政策措施》《眉山市有效应对新冠肺炎疫情促进房地产市场平稳发展政策措施》等文件，推进建筑业改革试点，促进建筑业提档升级，促进全市房地产市场平稳健康持续发展。全市建筑业总产值增速高于全国、全省水平，商品房市场开发完成投资增速仅次于成都居全省第二，累计销售面积、销售金额均创眉山历史同期新高，推进房地产领域“问题楼盘”清零经验被住建部推广。

【建筑业发展】 眉山市获批全省唯一的建筑业改革发展试点市，推进工程总承包、装配式建筑等改革，6个项目被省住建厅列为工程总承包示范项目；实行建筑工人实名制，根治民工工资拖欠问题，实现实名制项目覆盖率100%，建筑工人覆盖率97%以上，全省排名领先；收缴民工保证金6 813.5万元，办理外地企业入眉项目登记133个，新开工装配式建筑约170万平方米；完成建筑业产值455.16亿元，增速11.3%，增速全省排名第7；实现建筑业税收19.19亿元，税收占比12.69%。

【房地产市场发展】 眉山市坚持“房住不炒”总体定位，落实房地产长效管理机制，率先出台《眉山市有效应对新冠肺炎疫情促进房地产市场平稳发展政策措施》。全市124名一线防疫医护人员享受购房补贴政策，涉及124套、1.25万平方米，成交金额1.03亿元、补贴金额396.62万元。眉山房地产完成开发投资476.53亿元，全省排名第2；商品房销售813万平方米，全省排名第4；实现税收46.68亿元，税收占比30.87%。

【建筑行业专项治理】 眉山市住房和城乡建设局结合全省建筑企业资质审批等四个专项治理，开展住建领域“1＋X”专项治理，制定印发11个信用管理办法，开发“眉山市住建领域信用信息管理系统”，建立信息共享和联合惩戒机制；开展建筑企业资质审批突出问题治理，组织调研督查2轮，发出整改通知9份，督促区县完成43个排查发现问题整改；开展招投标代理机构核查，核查代理机构147家，发现整改问题31个，清退“皮包公司”3家。

【项目审批与咨询】 眉山市住房和城乡建设局牵头服务重点项目57个，对接重点企业7个，协调解决企业困难8个，从审批流程、办事效率上解决项目建设的痛点，房地产项目开工时间平均提前一个多月；与市发展改革委联合印发《关于推进工程建设项目全过程咨询的实施办法》，推进科二路等项目全过程咨询试点；办理建筑工程施工许可35件、建设工程初设审查95件、建筑企业资质429件、商品房预售许可59件、竣工验收备案157件，累计办件2 111件，收取城市基础设施配套费977.52万元，缓缴配套费项目10个、金额5 003.56万元。

【标准定额监管】 眉山市住房和城乡建设局严格执行“双随机、一公开”，检查四川佳蕊、四川策信、四川金鼎、四川唯实、四川恒大等造价咨询公司，对检查情况较差的公司下发限期整改通知，并将检查结果在市委、市政府门户网站公示；督促指导洪雅县柳江镇完成无障碍创建。

【房屋勘察设计监管】 眉山市住房和城乡建设局健全完善勘察设计单位准入、备案等制度，加强对市外勘察设计企业入川验证、资质审核和人员管理，对其市场行为记录动态跟踪，确保勘察设计企业在资质有效期内合法、合规从事勘察设计；强化勘察现场过程管理，按照勘察现场作业报告流程，对勘察单位事前报告、事中监管、事后管理；按照“程序正确、技术规范、效益增加”原则，开展初步设计审查技术会议，实行技术审查量化考核；完成87家入市勘察、设计单位资质审核和人员登记，完成建设工程项目技术审查143件，办理施工图审查备案104个。中心城区完成32个项目勘察现场作业见证。

【建筑节能与绿色建筑监管】 眉山市住房和城乡建设局坚持“以政策制定、标准规范为保障，全面落实绿建工作”的思路，实行建筑节能和绿色建筑项目“闭合”管理模式，执行绿色建筑强制性标准和管理规定；持续开展“禁实”“禁黏”（实心砖、黏土砖），加快推进墙体材料革新，培育骨干墙材企业；推广中水回收利用和可再生能源、外墙自保温系统等新技术、新材料应用，推广竹钢等绿色建材在工程建设中的运用，政府性投资项目及社会投资项目鼓励优先采用“眉山造”产品和竹制品。全市新增绿色建筑面积1 202.22万平方米，累计建成绿色建筑面积4 377.97万平方米。

【消防审查验收】 眉山市住房和城乡建设局规范教育培训类装饰装修工程消防安全，印发《关于规范校外教育培训机构装饰装修工程消防审查验收办理流程的通知》，规范市民办教育培训机构办学许可流程，保证校外教育培训机构装饰装修工程的质量安全和消防监督管理；指导全市建设工程消防设计审查验收，多次召开全市消防设计审查验收工作交流会，掌握情况、解决问题；开展消防检查，按照“双随机、一公开”方式，抽查全市特殊建设工程消防建设情况，检查各区（县）落实特殊建设工程项目消防审查验收和执行消防技术标准情况，保证项目消防安全。

【住建领域信访问题化解】 眉山市住房和城乡建设局坚持“党政同责、一岗双责、齐抓共管”，围绕“减存量、控增量、防变量”，突出重点，强化措施，集中开展矛盾化解，提升信访投诉办理实效性、规范性、满意率，受理信访件1 299件，办结1 299件，办结率100%；针对全市58个“问题楼盘”，建立干部包案专班，落实93名干部包案化解，化解“问题楼盘”53个、化解率91.4%，剩余“问题楼盘”均进入依法处置程序，房地产领域信访案件占比从70%降至15%，相关经验被住建部推广。

【住建系统扫黑除恶专项行动】 眉山市住房和城乡建设局借助新闻媒体开展宣传3次，发放宣传资料6 000份，张贴宣传海报50幅，悬挂标语横幅200条，利用新兴媒体发布宣传信息10条，访问量1.5万人次；排查线索65条，其中涉及行业乱象治理63条、其他2条；核查处理中央督导组、省住建厅、市扫黑办交办线索，反馈率100%；对建筑市场、房地产市场、城市管理等重点领域违规违法行业乱点乱象开展全覆盖、拉网式摸排梳理和集中整治，开展专项整治行动184次，排查乱点乱象219个，办理行政处罚案件436件，罚款金额2 939万元；化解处理5起欠薪事件，涉及金额17万元，涉及工人21人；化解问题楼盘17个，为群众办理不动产权证书3 000本。

【川渝住建领域合作】 眉山市住房和城乡建设局与重庆大学建筑规划设计研究总院有限公司签署《院地协同战略合作协议》，双方将依托重大设计总院背靠重庆大学的高校平台优势，推动重大设计总院眉山分公司落地；构建基于重大设计总院优势资源、强项科技和契合眉山实际的院地合作体系；围绕全过程咨询、策划规划、工程设计、EPC总承包等领域，完善基础资源共享、数据信息互联、人才技术交流互通、专家咨询支持等模式，形成校地合作新典范。

（刘　攀　杨　竹）

教育·科学技术

EDUCATION AND SCIENCE AND TECHNOLOGY

教育事业发展 / 校园建设 / 师资建设 / 基础教育 / 职业教育 / 高等教育 / 招生考试 / 教学科研
教育督导 / 眉山职业技术学院 / 四川大学锦江学院 / 科学技术

教育事业发展

Educational Cause Development

【概述】 2020年，眉山市教育系统以促进公平、提升质量为核心，一手抓疫情防控，一手抓教育事业，夯实举措，集中力量补齐发展短板，加快推进教育治理体系和治理能力现代化，让群众享有更优质更公平的教育。

【依法治校】 眉山市教育和体育局落实党政主要负责人履行法治建设第一责任人职责；续聘常年法律顾问，完善法律咨询专家库，开展社会稳定风险评估1次；联合检察院、法院开展新一轮法治副校长聘任，69名检察官、100名法官受聘为法治副校长；组织学生到法治教育基地开展法治教育实践活动12万人次；参与“国家宪法日”集中法治宣传活动，发放法治宣传资料1万份，接受群众现场咨询1 000人次。

【教育改革】 眉山市教育和体育局完成成眉教育共享平台、百足千篮工程等5项市级改革分工任务，完成“完善中小学课后服务模式”小微创新改革并在全市推广；完成高中阶段学校考试招生制度改革试点、普通高中学生综合素质评价改革试点并申请销账，跨区域职教资源共建共享机制创新试点延期实施至2022年，进一步扩大辐射影响范围；新申请“成德眉资同城化教育改革创新试验区”被省教育厅立项，纳入“教育鼎兴”省级改革试验区项目；创新改革经验“眉山市丹棱县实施‘1＋N’办园模式推进学前教育普惠优质发展”被《四川改革动态（第59期）》《眉山要情（改革专刊第6期）》刊载。

【教育均衡发展】 眉山市教育和体育局完成市人大常委会《中华人民共和国义务教育法》执法检查；调整城区中小学规划与布局，“谨慎拆并”边远农村小学；启动25所公办中小学建设，新（续）建公办中小学10所，新建、改（扩）建校舍15万平方米，完成投资14.5亿元；改善105所乡村小规模学校和乡镇寄宿制学校办学条件。全市未新产生56人以上大班额，完成152个大班额化解任务。眉山市教育和体育局组建市、县两级“结对帮带”，推进12个市级办学共同体对口帮扶25所农村薄弱学校，45个县级办学共同体对口帮扶80所农村薄弱学校；组建小学、初中优质校联体2个，筛选38所学校共同开展优秀骨干教师培养、全省教育品牌打造，强化优质学校对薄弱学校的引领示范作用，整体提升区域教育水平。

【民办教育发展】 眉山市教育和体育局执行民办学校审批标准和流程，指导区县开展民办学校审批135所，其中幼儿园6所、校外培训机构129所；结合疫情防控和开学复课评估创新开展民办学校年检，其中合格746所、基本合格21所、不合格5所、终止办学16所，5月实现全面开学复课，全市民办学校办学稳定有序；召开联席会议，联合相关部门开展联合执法3次，开展疫情防控、创文、防风险等政策宣讲33次；开展整治无证无照教育机构专项行动，通过调查摸底、联合执法排查整治32所问题机构；公布“黑白名单”9次，其中市级2次，全市白名单448所、黑名单18所。

【教育民生工程实施】 眉山市教育和体育局减免非民族地区幼儿保教费10 121名；为义务教育阶段家庭经济困难寄宿学生提供生活费补助14 221名，为义务教育阶段非寄宿生提供生活费补助20 269名，为义务教育阶段学生提供营养膳食补助3 266名；免除中职学生学费22 118名，资助业余训练家庭经济困难学生运动员70人；扶持认定民办普惠性幼儿园249所，全市普惠率83.09%。

【智慧教育建设】 眉山市投入教育技术装备经费9 100万元，提升教育装备条件，学校网络接入100%，网络带宽达200Mbps（兆位每秒）以上；完成“眉山市初中学生综合素质评价系统”使用调研、平台优化升级，完成“高中教学质量检测评价系统”方案编制及立项。12月，“成德眉资同城化发展智慧教育联盟”在眉山市签约成立，并开展首次论坛活动。

【教育对外开放与合作】 眉山市教育和体育局深化成眉教育合作，眉山中学等3所高中分别加入成都四七九中牵头组建的优质教育集团，共享优质教育资源，成眉教育同城化工作经验全省推广；签订成德眉资一体化教育科研、教育督导、智慧教育联盟合作协议，组织教师参加成都名师名专家讲座及研讨会15场1 500人次；加强成（都）德（阳）眉（山）资（阳）雅（安）乐（山）阿（坝）七市职教联盟交流合作，发展盟员单位319家；加入成渝地区双城经济圈中部（区域）职业教育联盟，在提质培优、产教融合、招生就业等方面深入合作；推动兰大—伯克利自然科学研究院、川大眉山校区落地建设。眉山市与清华大学、重庆大学、四川音乐学院签署战略合作协议。2所学校与俄罗斯下卡姆斯克市2所学校开展国际化教育交流与合作。

【教育扶贫行动】 眉山市教育和体育局制定《眉山市教育扶贫专项2020年度实施方案》及分工实施方案，督促各区县开展挂牌督战及整改清零专项行动，“三不愁、两保障”全面完成；投入资金5 781万元，改善乡村小规模学校和乡镇寄宿制学校办学条件；投入资金2.6亿元，落实贫困学生资助政策，惠及学生26万人；选派66名教师和3名驻村队员，在阿坝州开展教育对口帮扶。眉山市教体局被四川省委、省政府表扬为“2019年度省内对口帮扶先进集体”，被眉山市委、市政府表扬为“2019年度脱贫攻坚先进集体”。《眉山市多措并举破解“插花式”贫困地区教育扶贫四大难题》被四川省委教育工委、省教育厅简报刊发，工作经验全省推广。

【学校基层党建】 眉山市教育和体育局开展新时代全市中小学校党组织“教育先锋”行动和党员教师“育人先锋”行动，16所学校党组织、12所党员名师工作室、41名党员教师入选培育创建名单；组织收看中央宣讲团报告会视频，组织党员干部学习《习近平谈治国理政》第三卷和《习近平总书记教育重要论述讲义》；召开市委教育领导小组第二次全体会议，全市中小学校和高校开展党的十九届五中全会精神宣讲140场次；召开2020年教育系统党建工作会暨学校党组织书记专题培训班，培训大中小学党组织

图 80 2020 年 2 月 27 日，省委教育工委、省教育厅调研眉山市学校疫情防控及开学复课准备工作
（市教体局供图）

书记 150 人；推进成德眉资教育系统党建联盟建设，第一期确定 7 所学校。

【学校创文创卫】 眉山市教育和体育局常态化推进系统创文创卫，制定台账，建立纵向报送机制，完成 119 项教体网报资料指标任务；48 所大中小学和 15 个培训机构点位增添无障碍设施 430 处，完善提示、标识牌 2 600 个，设置公益广告、核心价值观、文明校园宣传展板等 11 380 个，增加创文视频播放、LED 宣传展示等 180 处，整改消防设施 320 处，消除安全隐患 76 处；参与市城管、市公安等部门以净化校园周边环境为内容的联合行动 20 次；梳理“创卫”国家暗访反馈问题整改责任清单，完善学校卫生常态长效机制，通过“创卫”国家技术评估。

【学校安全管理】 眉山市投入资金 5 980 万元，建成县校联通的食品安全视频监控平台 6 个，在学校食堂和校园重点部位安装摄像头 24 189 个，实现学校食堂“明厨亮灶”全覆盖；投入资金 1 400 万元，建成学校食堂食品快检室 404 个，推动学校食品安全预警关口前移。6 月，眉山市教育和体育局与市公安局联合印发《眉山市推进中小学幼儿园安全防范建设三年行动计划实施方案》，推进全市校园安全治理体系化和治理能力现代化。全市中小学与城市幼儿园、城镇幼儿园专职保安员配备达标率 100%，中小学、城市幼儿园封闭化管理率 100%，中小学、城市及城镇幼儿园一键式紧急报警、视频监控系统达标率 100%，城市、乡镇中小学、幼儿园“护学岗”设置率 100%。洪雅县第三幼儿园教师徐晓莉被四川省教育厅推选为 2020 年“平安之星”网络宣传活动候选人。

【学校疫情防控】 眉山市教育和体育局成立全市教体系统疫情防控领导小组，启动系统公共卫生类突发事件应急预案，落实常态化防控职责；3 月联合市卫健委编制《眉山市学校安全和卫生工作手册》收录学校安全和卫生常用标准及政策，9 月制发《眉山市综合防控儿童青少年近视工作方案》将儿童青少年近视防控纳入健康课程；建立多部门联防联控工作机制，指导区县和学校严格执行值班值守、疫情“日报告、零报告”、因病缺勤追踪登记、晨午晚检等防控机制，组织 2 万名骨干教师参加疫情防控、学校卫生及心理健康教育培训，组织 6 批次 55 万师生错峰、有序开学复课；整合网络平台教学资源，指导 8 850 个班级教学群、2 万名教师利用线上资源，开展网络教学；主办首届“线上”运动会 36 场次，开展“宅家学习战疫情”主题作品创作征集活动，编印《宅家学习战疫情优秀作品集》；利用教体官微发布防控资讯 1 000 条，在省级以上媒体刊载教体疫情防控稿件 100 篇，疫情防控被央视、新华社、《人民日报》等媒体报道。

（胡仕兵）

校园建设
Campus Construction

【概况】 2020 年，眉山市实施学前教育发展专项工程、义务教育薄改能力提升工程、高考综合改革建设工程等基础教育重大工程项目，新建、改（扩）建学校 59 所，新建、改扩建校舍 50.84 万平方米，完成投资 28.9 亿元；新建、改（扩）建投用学校 23 所，其中幼儿园 16 所、小学 3 所、初中 2 所、高中 1 所、中职 1 所，新增学位 10 170 个。

【公办幼儿园建设】 眉山市推进学前教育普及普惠发展，学前教育普惠率 83.09%；实施第三期学前教育行动计划，2017 年以来累计投入资金 105 519 万元，实施学前教育项目 63 个，新建校舍面积 26.15 万平方米。全市 2020 年建成投用公办幼儿园 16 所（其中主城区 4 所），总投资 2.78 亿元，新增学位 5 520 个。

【义务教育学校建设】 眉山市实施眉山市第一小学、天府新区第一小学、天府新区第一中学、彭山区第一小学等 11 所城区义务教育学校升级扩容建设，其中新建义务教育学校 5 所，建成后可新增学位 8 200 个；改（扩）建义务教育学校 6 所，建成后可新增学位 3 810 个。眉山市第一小学扩容工程建成投用。

【高中阶段学校建设】 眉山市投入资金 1.17 亿元，完成洪雅中学扩建，新增建筑面积 21 603 平方米，新增学位 1 200 个；启动新建青神中学、眉山嘉祥外国语学校、眉山成实外花海学校、仁寿成都外国语学校 4 所高中阶段学校。

【北外附属东坡外国语学校建设】 北外附属东坡外国语学校北区（小学部）建成，在校师生人数 1 300 人，同时开启南区（中学部）建设。

【眉山药科职业学院建设】 眉山药科职业学院启动二期工程，建设 27 836 平方米学生宿舍，可容纳 4 300 名学生，同时建设4 000平方米康健中心;在校生规模5 360人。

（胡仕兵）

师资建设
Teachers Team Construction

【概况】 2020年,眉山市教育和体育局围绕“加强教师队伍建设与管理,服务于提高教育教学质量”目标,落实中央、省《全面深化新时代教师队伍建设改革的意见》和《中共眉山市委 眉山市人民政府关于进一步加快教育高质量发展的意见》,提升教师综合素质和专业化水平。2019—2020学年,全市基础教育和中职学校教职工总数34 420人(专任教师27 948人),其中幼儿园教职工8 071人、小学教职工11 416人、初中教职工7 841人、高中教职工4 887人、特校教职工153人、中职教职工2 052人。

【教师全员培训】 眉山市以提高师德素养和业务水平为核心,以提升培训质量为主线,组织开展教师和校(园)长全员培训;投入教师培训专项经费1 280.35万元,其中市级师训经费318.35万元、区县师训经费962万元,开展线上线下培训校(园)长和教师4.5万人次。

【教师职称评审与资格认定】 眉山市教育和体育局推进中小学教师职称制度改革,完善中小学教师职称评聘办法和制度,规范开展职称评审,完成各级各类职称推荐评审1 985人,评审通过中小学正高级教师8名、高级教师696名、中级教师886名、初级教师395名;认定中小学教师资格2 147人,其中高中阶段教师资格472人。全市全年教师注册2 306人。

【教师队伍建设】 4月,眉山市教育和体育局印发《关于开展办眉州名师大讲坛的通知》,统筹举办眉州名师大讲坛39次。8月,眉山市多部门联合印发《关于加强公办幼儿园机构和队伍建设的通知》,探索采取“两自一包”、政府购买服务、招聘劳动合同制教职工等方式,创新公办幼儿园的管理运行机制。全市补充各级各类教师2 000人,表彰表扬各级各类教师954人,其中评选省级名师名校长名班主任13名、眉山市优秀教师优秀校长59名;参加第二届四川省中小学青年教师大赛获一等奖1名、三等奖2名。教师余强被评为四川省第二批名师名校长鼎兴工作室领衔人,教师沈卫东获“四川省先进工作者”称号。

（胡仕兵）

基础教育
Basic Education

【概况】 2020年,眉山市有各级各类学校819所(公办392所、民办427所),其中幼儿园435所(含附设幼儿园192所,其中民办394所)、小学177所(含教学点53个)、初中158所、高中26所、中职校17所、特校6所;教职工34 420人,学生406 413人,其中中小学寄宿生29 575人,建档立卡贫困生12 115人,解决进城务工人员随迁子女就学11 644人。

【学前教育】 眉山市完成小区配套园治理9所,新创建市级示范园4所;5月开展以“特殊的时光,不一样的陪伴”为主题的第九个全国学前教育宣传月活动,6月召开专题研究学前教育“80、50”攻坚,11月开展以“聚焦幼儿健康,解读领域目标”为主题的年度活动。眉山市“1＋N”办园模式推进学前教育普惠优质发展经验全省推广。

【义务教育】 眉山市教育和体育局落实义务教育适龄、免试、划片就近入学,依法保障适龄儿童少年接受义务教育,全市义务教育入学率100%,九年义务教育巩固率99%以上,解决进城务工随迁子女入学10 711名,解决38名抗疫一线医务人员、74名现役军人及消防人员、18名高层次人才、22名进藏干部子女入学;组建中小学“区域合作”“强强联合”“结对帮带”“学段融通”4类119个校联体。全市6～15周岁12 115名建档立卡贫困学生,在校就读11 151人(含送教上门97人),延缓入学104人,毕业860人,无一人辍学;60名建档立卡贫困学生享受精准扶贫专项招生计划优待政策。

【普通高中教育】 眉山市构建“眉山市初中学生综合素质评价系统”,实现初中学生综合素质评价由“纸质档案记载”向“电子信息化管理”转变,实现一级开发,市、县、校三级使用,并优化初中学生综合素质评价方案2次,升级评价系统3次,2020届完成21 963名学生综合素质评价等级评定,实验初中综合素质评价全省交流,眉山实施综合素质评价经验被《教育导报》第72期正版刊发。

【特殊教育】 眉山市投入资金690万元,建成特殊教育资源教室116个,实现招收5名以上残疾学生的义务教育阶段学校全覆盖;对全市残疾学生教育信息监测和动态管理,采取“一人一策”,形成以“随班就读为主体,特殊教育学校为骨干,送教上门和远程教育为补充”的特殊教育保障体系。秋季学期,全市入学适龄残疾儿童少年2 064人,残疾儿童少年入学率97.3%。东坡区特殊教育学校高中毕业生参加对口高校招生考试,其中5名学生分别被长春大学、西安美术学院、郑州工程技术学院录取。

【“五育”教育】 眉山市实施立德树人工程,着力构建德智体美劳一体化育人体系,3所学校分别获评“全国文明单位”“全国文明校园”“全国未成年人思想道德建设工作先进单位”,4所学校获评“四川省文明校园”,学生李东骏获评“全国优秀共青团员”,王梦佳获评“全国最美孝心少年”(全国共10个),2名学生获宋庆龄奖学金,3套自编读本获评省级中华文化优秀校本课程读本(获评数全省前三);加强学校体育,开齐开足体育课程,落实中小学生每天在校体育活动时间不少于1小时的规定,获评“全国青少年校园篮球特色学校”10所、“全国青少年足球特色学校”7所、“全国幼儿足球特色学校”6所,青神中学橄榄球队32名学生分别获国家一级、二级运动员称号,70名学生注册省级橄榄球运动员并作为省唯一代表队在全国青少年U系列英式7人制橄榄球锦标赛中获第二名;加强劳动教育,眉山市学校劳动教育实践案例获省优秀实践创新案例一等奖,经验全省交流;10月举办3 000名教师参与的全市首届教师运动会(全国首创),获评省级研学实

2020年眉山市基础教育情况表

表48

学校类型	学校数(所)	毕业生数(人)	招生数(人)	在校生数(人)	教职工数(人)	
					合计	其中:专任教师
普通中学	186	38 533	42 946	118 781	12 728	11 089
高中	26	14 388	15 617	45 155	4 887	3 919
民办	8	2 492	4 129	10 423	1 535	800
初中	160	24 145	27 329	73 626	7 841	7 170
民办	2	1 275	2 034	5 444	575	371
小学	177	27 079	27 532	167 485	11 416	10 782
民办	14	1 947	1 363	9 980	539	397
幼儿园	435	29 172	27 043	88 412	8 071	4 344
民办	394	17 863	12 376	47 558	5 940	3 039
特殊教育学校	6	132	117	470	153	115

2020年眉山市国家、省示范普通中学一览表

表49

名称	地址	负责人
四川省仁寿第一中学校北校区	眉山市仁寿县文林镇仁寿大道二段56号	高世金
四川省仁寿第一中学校南校区	眉山市仁寿县文林镇南坛路一段217号	吕仲辉
四川省眉山中学校	眉山市东坡区三苏大道中段372号	罗金福
四川省眉山第一中学	眉山市东坡区五圣路57号	邹义平
眉山市彭山区第一中学	眉山市彭山区彭溪镇翰林路81号	王洪伟
四川省洪雅中学校	眉山市洪雅县洪川镇文昌路67号	冯学东
四川省眉山车城中学	眉山市东坡区太和镇	邹义强
四川省仁寿县铧强中学	眉山市仁寿县文林镇陵州路三段181号	叶小兵
四川省青神中学校	眉山市青神县学道街10号	兰志祥
四川省丹棱中学校	眉山市丹棱县丹棱镇北环路152号	汪九均
仁寿县华兴中学	眉山市仁寿县文林镇迎宾大道63号	付登超

践基地3个、省级研学实践营地2个、省级家庭教育创新实践基地2个。

【国防教育】 眉山市教育和体育局依托“互联网+”、微课等方式建优质国防教育教学资源库,做到国防教育计划、课程和师资“三落实”;创新国防教育培养模式,国防预备班招收学生,首届国防预备班学员进入军营;联合市军分区指导驻眉高校抓好征兵工作站建设,设立征兵宣传点6个,发放征兵宣传资料2 000份。

【成眉合作办学】 7月22日,成都市与眉山市校际合作签约仪式在眉山市教育和体育局举行,眉山中学、仁寿一中南校区、彭山一中分别与成都石室中学、成都七中、成都树德中学签订校际合作协议,双方学校将在教师共培共育、重大教育教

图81 2020年7月22日,成都市、眉山市校际合作签约仪式在眉山举行 (市教体局供图)

学活动、教育科研指导等方面开展合作，推动优化成都、眉山优质教育资源共建共享。

（胡仕兵）

职业教育
Vocational Education

【概况】 2020年，眉山市有中等职业学校22所，其中公办学校8所、民办学校14所（含4所高校内设中职班），在校学生36 706人；有国家中等职业教育改革发展示范学校2所、国家级重点中职校3所、省级示范学校1所（仁寿新科综合高中）、省级重点中职校4所，省级示范（特色）专业3个（青神职中竹编专业、眉山电子职业技术学校电子技术专业、眉山工程技师学院机电一体化专业）。

【职业教育改革】 眉山市教育和体育局继续加强成（都）德（阳）眉（山）资（阳）雅（安）乐（山）阿（坝）同城化职教联盟交流与合作，强化现代职业教育理念，提升职业学校管理能力；通过区域职教资源的共建与共享，深化课程改革，提高教育教学质量和办学效益，推动区域职业教育健康、稳定、持续、快速发展；指导青神中职校继续推行现代学徒制试点，探索校企双主体育人的人才培养模式；以区域职教联盟为平台，开展学校思政课、财经商贸类、汽车运用与维修专业、教学质量管理与检测等教研活动。

【职业教育体系建设】 眉山市教育和体育局加大职业教育投入，落实地方教育附加费用于职业教育比例不低于30%的政策；规范招生秩序，实施中职招生“阳光工程”，中职招生13 768人，达到职普招生大体相当；实施中高职教育衔接，力争升入高职院校的中职毕业生比例达50%以上；优化专业、课程和教材体系，推进校企合作、产教融合，新增新能源汽车维修专业等13个专业，17所中职校与32所高职院校签订在招生、专业设置等方面中高职衔接协议。

【职业教育基础能力建设】 眉山市教育和体育局向上争取职教资金3 710万元，其中争取现代职业教育质量提升计划中央专项资金1 440万元、争取优秀国示学校奖补资金1 000万元、争取中职示范学校建设规划项目资金500万元、争取中职学校示范（特色）专业建设规划项目资金600万元、争取“1＋X”证书试点项目资金20万元、争取市级职教专项资金150万元创建市级示范专业5个。眉山东星航空职业学校投入2亿元完成教学楼、实训楼、运动场、学生宿舍等建设。

【中等职业教育教学】 眉山市教育和体育局开展以“全民智学，助力‘双战双赢’”为主题的职业教育活动，组织遴选42个作品参加省中职教师教学能力比赛，学前教育、信息技术等5个专委会分别组织39名专业教师开展示范课、研究课、说课、评课等活动；开展高三“一诊”考试和2019级学业水平考试，组织中职校教分管教学副校长、教务主任43人参加教学诊改培训；组织教学常规检查组深入学校对教学文件的制定、教师备课、上课、实训操作等环节督查，指导全市中职学校完成2020年度教育质量报告编制。全市中职毕业生6 907人，升学4 199人，其中本科35人，就业率99%。

【“9＋3”免费教育】 眉山市教育和体育局组织4所“9＋3”学校到甘孜州、凉山州招生宣传，招收“9＋3”学生1 478名，其中藏区学生230名、彝区学生1 248名。全市有“9＋3”学生3 131名，团员1 612名，参加党课培训258名，递交入党申请书2 263名，预备党员1名。2017级637名学生全部落实就业单位，其中升学452名。

【中职学校技能大赛】 眉山市教育和体育局组建28支代表队参加全省2020年中职学校技能大赛17个赛项，获得二等奖2个、三等奖11个。

【劳动者终身职业培训】 眉山市教育和体育局围绕产业发展对技术技能型人才的需求，充分发挥职教中心（职业学校）功能，推进实施劳动者终身职业培训

2020年眉山市中等职业教育基本情况表

表50

学校类型	学校数（所）	毕业生数（人）	招生数（人）	在校生数（人）	教职工数（人）	
					合计	其中：专任教师
职业高中	17	8 107	13 768	29 152	1 362	1 230
技工学校	3	1 359	3 477	3 856	351	293
成人中专校	1	0	0	0	42	42

2020年眉山市国家、省重点职业中学基本情况表

表51

名称	地址	负责人	备注
眉山科学技术学校	眉山市东坡区齐通路西三段189号	王　鲁	国家级重点中等职业学校
四川省仁寿县第二高级职业中学	眉山市仁寿县龙滩大道一段1号	刘　杰	第一批国家级示范中职学校
眉山工程技师学院	眉山市彭山区青龙街道	黄　健	第二批国家级示范中职学校
四川省东坡区中等职业技术学校	眉山市东坡区诗书路南段160号	刘志勇	省级重点中等职业学校
仁寿新科综合高中学校	眉山市仁寿县文林镇西正街77号	李智慧	第二批省级示范中职学校
眉山电子职业技术学校	眉山市洪雅县洪川镇修文路五段15号	李劲松	省级重点中等职业学校

2020年眉山市高校基本情况表

表52

名称	地址	负责人
四川大学锦江学院	眉山市彭山区锦江大道1号	阙海宝
四川工商学院	眉山市岷东新区眉州大道岷东段9号	夏明忠
成都艺术职业大学	眉山市青神县南城镇红桥村	陈 怡
中国武警警官学院	眉山市仁寿县清水镇百花村	杨殿东
眉山职业技术学院	眉山市岷东新区眉州大道东延段5号	徐井万
四川城市职业学院	眉山市岷东新区岷东大道南段1号	王世伦
四川科技职业学院	眉山市天府新区花海大道大学路1号	陈 宇
眉山药科职业学院	眉山市丹棱县葡园路79号	曾晓荣
天府新区通用航空职业学院	眉山市天府新区天府大道南三段50号	谭辉旭
天府新区信息职业学院	眉山市天府新区视高经济开发区大学城路2号	景志明
天府新区航空旅游职业学院	眉山市天府新区青龙管委会航空大道中段	刘存绪
眉山广播电视大学	眉山市东坡区江乡路530号	郭子明

2020年眉山市高等教育情况表

表53

学校类型	学校数(所)	毕业生数(人)	招生数(人)	在校生数(人)	教职工数(人)	
					合计	其中:专任教师
本科	4	4 508	12 084	45 786	2 146	1 763
专科	8	6 630	22 403	52 402	3 707	2 435

体系建设计划,完成青年劳动者技能培训2 896人、农村劳动力品牌培训3 108人,开展创业培训1 254人。

(胡仕兵)

高等教育
Higher Education

【概况】 2020年,眉山市域内有高校12所,其中本科4所[四川大学锦江学院、四川工商学院(眉山校区)、成都艺术职业大学(青神校区)、中国武警警官学院(仁寿校区)],在校学生45 786人;高职院校7所[眉山职业技术学院、四川城市职业学院(眉山校区)、四川科技职业学院(眉山校区)、眉山药科职业学院、天府新区通用航空职业学院、天府新区信息职业学院、天府新区航空旅游职业学院],在校生52 402人;另有眉山广播电视大学1所。眉山市高校开设各类专业312个。

【高校合作发展】 眉山市与清华大学、重庆大学、深圳大学签署战略合作协议,推动兰大—伯克利自然科学研究院、川大眉山校区加快落地建设;加强成(都)德(阳)眉(山)资(阳)雅(安)乐(山)阿(坝)七市职教联盟交流合作,发展盟员单位319家;加入成渝地区双城经济圈中部(区域)职业教育联盟,在提质培优、产教融合、招生就业等方面深入合作。

(胡仕兵)

招生考试
Entrance Examination

【概况】 2020年,眉山市教育招生考试系统遵循"一切以考试安全为中心"的工作思路,筑牢疫情防控和考试安全"两道防线",确保"健康考试""平安考试""温馨考试",完成各项教育招生考试。

【招生考试制度改革】 眉山市坚持"凡学必考,学完即考"原则,实现初二生物地理考试、初三信息技术上机考、道德与法制和历史同堂开卷考试、理化实验操作考试、体育"4+X"考试;实现考试成绩等级呈现,加快由"分分计较"向"减负提质"转变步伐;完成中考网上报名、网上志愿填报、网上评卷招标及运用;实施"统一招生"与"自主招生"相结合的招生录取方式,实现基于初中学业水平考试成绩并结合综合素质评价的高中阶段学校考试招生录取办法和考试招生管理机制。

【义务教育招生】 眉山市教育和体育局印发《眉山市教体局关于做好2020年义务教育阶段学校招生入学工作的通知》,召开全市中小学招生会议强化义务教育招生宣传,推送《2020年义务教育学校招生入学问答》等官方微信8期,确保义务教育招生入学家喻户晓,实现阳光招生;实行同步报名、同步录取,实现公、民办学校招生统一管理,东坡区、仁寿县搭建义务教育招生报名录取平台。全市民办义务教育学校通过市教育和体育局微信公众号统一集中发布招生简章,21所民办学校报名学生均未超过计划,未启动电脑随机派位录取。

【高中招生考试】 眉山市有20 942名初三学生参加高中阶段招生考试报名和志愿填报,经过文考、招生录取,28所普通高中校统一招生 12 431 名学生，其中定向切块录取 7 228 人、精准扶贫录取 60 人、艺体特长生录取 136 人。

【初高中实验操作考试】 眉山市初中实验操作考试，按照相对集中的原则，设 7 个考点，抽调 258 名理化教师监考，参考学生 2 万名；高中理化实验操作考试和高中通用技术实践操作考查，设 29 个考点，参考学生 1.5 万人。

【普通高校招生考试】 眉山市 2020 年高考报名人数 22 386 人、比 2019 年少 210 人，高职单招提前录取 5 852 人（其中“9＋3”录取 378 人），应考人数 16 534 人、比 2019 年减少 855 人。上一本控制分数线的有 2 885 人、比 2019 年减少 9 人，上二本控制分数的有 5 364 人、比 2019 年减少 34 人；本科录取 8 085 人，其中一本录取 2 511 人、比 2019 年增加 10 人，二本录取 4 848 人、比 2019 年增加 9 人，艺体本科录取 703 人、比 2019 年增加 1 人，职教本科录取 23 人、比 2019 年增加 2 人。全市参加对口高职类考试的考生有 4 237 人、比 2019 年增加 619 人，有 3 727 人被录取、比 2019 年增加 617 人。

【成人高校招生考试】 眉山市参加成人高考报名 6 242 人，比 2019 年增加 845 人，增幅为 15.7%；录取 5 234 人，其中高中起点专科 3 134 人、高中起点本科 17 人、专升本录取 2 083 人。

【高等教育自学考试】 眉山市组织高等教育自学考试 2 次，有 23 851 人参考，报考 54 840 科次；办理毕业证书 32 人次，转免考 13 人次，更改考籍 4 人次，自考成绩复核 40 人次。

【非学历证书考试】 眉山市组织大学英语四级、六级考试 3 次，25 500 人参考；组织全国计算机等级考试 1 次，4 853 人参考；组织中小学教师资格证笔试、面试考试各 1 次，13 372 人参考；举办四川省书法水平测试考试 1 次，有 11 501 人参考，比 2019 年增加 1 万人。

【研究生招生考试】 眉山市教育考试院新增设为研招考点。全市共设四川大学锦江学院、四川工商学院、市教育考试院 3 个考点，有 5 830 人报名，其中四川大学锦江学院 3 002 人、四川工商学院 2 100 人、市教育考试院 728 人。

（胡仕兵）

教学科研
Teaching and Scientific Research

【概况】 2020 年，眉山市教育科学研究所落实全国、全省教育大会及教育领域文件精神，围绕办好人民满意的教育，教育智库建设稳步推进，为建设教育强市、办人民满意的教育提供人才支撑和智力保障。

【课程改革】 眉山市开展中小学教师“课堂教学大比武”活动，引导课堂教学在注重知识传授的同时，强调形成积极主动的学习态度，打破基于升学取向的课程定位，关注学生全面发展，课程功能持续转变。全市中小学普遍开设综合实践活动课程，强化劳动教育、信息技术教育、研究性学习，课程结构均衡性、综合性和选择性进一步增强。眉山市完成《东坡故里·天府眉山》系列乡土读本编写和试教，课程体系进一步完善，校本课程在四川省委宣传部、省教育厅共同发起的“四川省中华文化优秀校本课程读本评选”活动中上榜数居全省第三。

【教学管理】 眉山市教育科学研究所开展业务管理指导，开展集体视导 20 次，开展跨区教研、名师送培送教活动 40 场，开展教师培训 30 场次，组织眉州名师大讲坛线上线下活动 82 场，参加“成眉同城教研”活动 20 次；引进高质量“一、二诊”试题对复习备考全程监控，对区县诊断中存在的问题及原因开展调研、分析，指导学校用好诊断结果；深入推进高中阶段招生考试改革，初步建立与素质教育理念相一致的评价标准和评价体系。

【教学研究】 眉山市在年度四川省教育科研课题申报中获立资助金项目 7 项（其中重点课题 3 项、一般课题 4 项），获立中小学名师名校长工作室专项课题 1 项、乡村教育发展专项课题 3 项；开展 2020 年度眉山市教研小课题评奖活动，评出眉山市 2020 年度教研小课题获奖项目 56 项，其中一等奖 19 项、二等奖 26 项、三等奖 11 项；省级在研课题参加四川省教育科研课 2020 年度阶段成果评审活动，获一等奖 4 项、二等奖 5 项、三等奖 2 项；年度开展优质课展评活动 20 场、优秀教学论文评选 26 科次，组织 1 000 名教师现场观摩。眉山市教师参加全省优质课展评活动获一等奖 9 人次、二等奖 17 人次，参加论文评选获一等奖 39 人次、二等奖 53 人次，获奖绝对数位居全省前列。

【语言文字事业发展】 眉山市组织第 23 届全国推普周活动，营造推广普通话的浓厚氛围；实施中华经典诵读工程，常态化开展经典诵读活动，校校有比赛，县市有平台，开展“晨读晚诵”学校专场诵读和社会诵读，表彰月“诵读人气之星”13 个、年度“诵读人气之星”3 个、年度优秀作品 5 个、诵读活动优秀学校 12 个；组织 2020 年中华经典诵写讲演系列活动，74 件作品获省级表彰；11 月组织四川省语言文字（眉山分会场）会议。眉山市普通话测试中心开展普通话检测 7 次，测试 1 953 人。

（胡仕兵）

教育督导
Educational Supervision

【概况】 2020 年，眉山市学习贯彻中办、国办《关于深化新时代教育督导体制机制改革的意见》和《四川省深化新时代教育督导体制机制改革的实施意见》，组织开展落实义务教育教师工资待遇、年度重点交账任务清单、省政府对眉山政府履行教育职责问题整改、义务教育基本均衡接受国家复查等专项督导，开展对县（区）政府履行教育职责督导评价，指导区县教育督导部门开展中小素质教育、幼儿园规范办学行为等督导评估，落实中小学挂牌督导，签订成德眉资教育督导同城化框架协议。

【督导体制机制改革】 眉山市将督导

体制机制改革纳入市政府对县（区）政府履行教育职责评价内容，督促各县（区）理顺管理体制、健全机构，加大改革措施推进力度。10月，《成德眉资教育督导同城化发展框架协议》在眉山市签订并召开第一次联盟会议，眉山市2次选派督学参加成都市和德阳市教育督导培训。12月，眉山市召开全市贯彻落实督导体制机制改革视频会议，就眉山如何贯彻落实教育督导体制机制改革安排部署。眉山市教育和体育局主持召开全市教育工作会议，再次就贯彻落实教育督导体制机制改革提出具体要求；增核副总督学领导职数（正科级）1名，形成教育督导由总督学、副总督学和督导内审科抓落实的格局。

【区县教育履职督导】 眉山市坚持把推进政府履行教育职责评价作为综合督政的重要抓手，作为推进教育重大决策部署、落实教育重点的重要举措；结合教育年度重点任务，优化2020年评价指标体系，从2019年的100条精简到2020年19条，突出重点，更具操作性和针对性；10月组织专家对区县政府履职材料评审，并点对点下发材料整改通知；邀请成都、德阳、乐山等地专家，实地督导评审，客观公正开展评价，并点对点向接受实地督导的区县下发评价意见。

【专项教育督导】 5月，眉山市督导委组织市委组织部、市政府督查室、市财政局、市人社局、市教体局，分2个小组对眉山天府新区和6个区县开展督导检查，督导2018年、2019年、2020年义务教育教师工资待遇目标落实情况，督导落实义务教育教师工资待遇建立长效机制情况，督导调整优化财政支出结构、优先解决教师工资所需经费情况，基本实现义务教育教师平均工资收入不低于当地公务员平均工资收入的目标。10月，眉山市督导办组织对区县义务教育均衡发展接受国家复查前专项督导，建立问题台账，要求逐校落实整改。眉山市教育和体育局点对点落实省上教育重点交账任务，做到年初建账、年中查账、年底交账，清单式管理，成效得到省教厅、市政府领导充分肯定。

【教育督导评估】 眉山市教育和体育局发挥市督学和专委会成员的作用，聘请市内专家分业务部门开展督导评估，基教科牵头组织幼儿专家对40所示范幼儿园办学行为和32所特色示范学校开展督导评估，职教高校科牵头开展对8中职学校办学水平督导评估，教科所牵头对13所普通高中学校教育教学管理度督导评估；常态抓好中小学责任督学挂牌督导，指导区县按年度计划开展中小学素质教育、幼儿园规范办园行为督导评估。教育督导结果运用有明显突破，青神县、丹棱县跟踪督导问题整改，将教育督导结果纳入年度目标考核，督导权威性得到充分认可。

（胡仕兵）

眉山职业技术学院
Meishan Vocational and Technical College

【概况】 2020年，眉山职业技术学院（以下简称眉职院）占地面积382亩，校舍建筑面积21万平方米；有校内实验实训室134个、实训基地6个（其中中央财政支持的实训基地2个）、校外实训基地219个，教学、科研仪器设备资产总值5 990万元，馆藏纸质图书50.7万册；在校学生7 622人，在岗教职工452人，其中专任教师262人，博士、硕士研究生104人，高级职称88人、中级职称183人；设有师范教育系、文化艺术系、农业技术系、商贸旅游系、工程技术系、思政教学部、中专部和继续教育部8个教学科研单位。

【依法治校】 眉职院新建和修订管理制度22项，健全章程统领下的制度体系；修订党委会、院长办公会议事规则，印发会议决定事项督办实施细则，完善党委领导下的校长负责制具体制度机制；坚持党务校务公开，畅通师生表达诉求和参与管理的渠道，民主管理、依法治校氛围浓厚。

【校园基础建设】 眉职院整合眉山交通技工校，组建下属眉山高智远机动车驾驶技术培训有限公司，扩大基础建设；二期工程部分楼栋投用，新建和改扩建实训室16个、智慧教室33间；常态维护美化校园，升级校园网络宽带，搭建远程视频会议、"空中招聘"平台，完成校园网到华为大数据中心机房的专线光纤建设。

【学校专业建设】 眉职院对接市场需求，新办电子制造技术与装备、化工技术专业，新申报动物医学、机械装备制造、家政服务与管理3个专业；组建现代农业技术、幼小专业群，启动省级"双高计划"项目申报；新增实训基地2个、校企合作单位15家，新办"现代学徒制班"4个；畜牧兽医专业现代学徒制班试点通过省级验收，汽修专业被授予四川省"1＋X"汽车领域眉山地区工作站称号。

【师资队伍建设】 眉职院出台《教师师德考核办法（试行）》，加强师德考评；强化人才引育，选拔任用中层副职管理人员3名，调整中层管理人员2名，引进研究生及以上人才25名，组织人员参加培训577人次，完成顶岗实践锻炼100人次；推进职称评审制度改革，完成中高级职称晋升85人；评选表彰优秀教学团队3个、师德标兵5名、优秀教师23名、优秀管理人员12名。商贸旅游系教师李倩入选教育部产业导师资源库技术技能大师，现代农业技术专业团队被四川省教育厅认定为首批省级职业教育教师教学创新团队。教师孙贵山作品《迎春到》获中国职工文化体育协会、辽宁省总工会主办的"中国梦·劳动美"第七届全国职工美术作品展金奖，袁泉作品《耕海人》获优秀奖，王艳丽作品《凝视系列》入展。

【教育教学管理】 眉职院坚持疫情防控和教育教学两手抓，打赢疫情防控阻击战和平安校园保卫战；持续深化教学改革，巩固深化一师系列教改行动，完善教学质量监督和教学运行管理制度，提升教学质量；立项院级教改项目22个，结题省级教改项目6个；启动在线开放课程建设10门，建成省级思政课程示范课1门、"课程思政"示范课省级6门。《思想道德修养与法律基础》入选四川省高等学校省级思政课示范课程认定名单，《果树生产技术》入选四川省高等学校省级"课程思政"示范课程认定名单，《美术基础》《器械健身》立项四川省级创新创业示范课程，《汽车故障诊断技术》入选教育部"十三五"规划教材。

2020年眉山职业技术学院基本情况统计表

表54

类 目	数量	类 目	数量
一、学生情况（单位:人）		2. 专任教师数	262
1. 普通高等教育在校生总数	7 622	3. 正高级职称数	13
普通专科生数	7 622	4. 副高级职称数	75
2. 普通高等教育招生数	2 692	四、办学条件	
普通专科生数	2 692	1. 年末固定资产总值（万元）	30 310.68
3. 普通高等教育毕业生数	2 342	2. 校园占地面积（千平方米）	382.35
普通专科生数	2 342	3. 年末校舍面积（千平方米）	213.6
4. 成人教育学生数	979	4. 教学科研仪器设备总值（万元）	5 990.62
5. 网络教育学生数	389	5. 图书馆面积（平方米）	13 978.32
二、学科及专业设置（单位:个）		6. 年末纸质图书量（万册）	50.7
专科专业数	27	年末电子图书量（万册）	112
三、教职工构成（单位:人）		7. 教学用计算机数（台）	1 520
1. 总数	452	8. 各类实训室总数（个）	140

教师团队参加四川省职业院校教师教学能力大赛获一等奖5个、二等奖3个、三等奖10个，获奖率81.82%，2012年以来教师参加全国教学能力比赛总成绩位列四川省高职院校第3位。

【教学人才培养】 眉职院修订人才培养方案，推进校企双主体育人，学生参加职业技能大赛和创新创业大赛获省级奖40项，参加智慧农业虚拟仿真创新设计大赛获国家级一等奖；深化思政课程和课程思政改革，加强辅导员队伍建设，巩固团学组织架构，常态开展思想素质、运动健身、文化艺术和社会实践4类活动，提升学生综合素质。学生参加艺术类比赛获奖6项，参加省高校大学生讲思政课公开课获二等奖，“学宪法讲宪法”获三等奖；参加四川省大学生茶艺技能大赛，获团体二等奖；参加2020年全省高校学生资助诚信教育宣传作品评选，获三等奖和优秀奖各1项。师生创作的《归来》获全省2020年“我心中的思政课”微电影大赛一等奖、全国优秀奖，创作《千年英雄苏东坡》登上全省展演舞台。

【招生与就业创业】 眉职院高职新生报到2 733人，报到率95.4%，创历史新高；高职扩招注册32人，五年制转录招生444人；中职及技师学院招生265人，自考及网教招生194人；线上线下组织招聘会等50场次，发放困难就业补贴、求职创业补贴790人次，学生初次就业率84.88%。12月22日，学生参加“建行杯”第六届四川省国际“互联网+”大学生创新创业大赛荣获职教赛道创意组银奖。

【学生管理】 眉职院引进调整15名辅导员，完善“三查三联”“三严三到位”“三级量化考核”的学生管理机制，常态开展思想素质、运动健身、文化艺术和社会实践4类活动；实施团委、学生会改革，召开第六次学生代表大会，完成学生会换届选举；评选发放国家奖助学金922.36万元、学院奖学金44.5万元，评选表彰学生4 098人次；接受学生心理咨询460人次，处理心理危机个案18起。

【教育科研管理】 眉职院立项各级各类科研项目39项，其中省市级课题14项，结题科研项目43项；公开发表论文230篇，申请专利2项，出版教材5部，获省市级优秀成果奖6项。学院被表彰为2012—2020年社科先进集体。

【职院社会服务】 眉职院牵头组建眉山乡村振兴研究智库，成功申报计算机类专项职业能力考核点，四川省技能培训基地建设项目通过现场绩效考核评估；组织各级各类培训50项，服务对象5 064人次；开展各类鉴定认证考试2 070人次，承接对外考试4.2万人次；连续5年承办眉山市“两高一优”水稻生产竞赛，推广集成药肥双减稳产技术2项，参赛田块直接增产2430吨；派选41名师生到金阳县顶岗支教，全年投入80万元，扶持对口帮扶村建设和产业发展，落地基建项目4个，扶持产业1个，有效巩固脱贫成效。

（李 涛）

四川大学锦江学院
Sichuan University Jinjiang College

【概况】 2020年，四川大学锦江学院设二级学院15个、本科专业53个、专科专业15个，涵盖文、理、工、经、管、艺六大学科门类；有在校生21 236人、教师1 029人。

（胡仕兵 郭 晨）

【学校疫情防控】 四川大学锦江学院成立以校长、书记为组长的新型冠状病毒感染的肺炎疫情防控工作领导小组，启动突发公共卫生事件应急预案，制定《四川大学锦江学院新型冠状病毒感染的肺炎疫情防控工作方案》和“七案七制三流程”，落实防控责任制，建立信息联络机制；采用“A＋B＋N”［“A”指学生在教室隔位就坐线下（现场）听课，“B”指学生在校园内教室外的其他地方线上听课，“N”指学生在学校以外的全国各地线上听课］线上线下同步教学模式，保障教学任务完成；采用“云毕业典礼”的形式，举行2020年毕业典礼暨学位授予仪式；联系并协助在意大利、西班牙等参加海外项目的锦江学子全部安全归

2020 年四川大学锦江学院办学基本情况表

表 55

类目	数量	类目	数量
一、学生情况(单位:人)		1. 总数	1 029
1. 普通高等教育在校学生总数	21 236	2. 专任教师数	883
普通本科生数	18 309	3. 正高级职称数	111
普通专科生数	2 927	4. 副高级职称数	183
2. 普通高等教育招生数	5 915	四、办学条件	
普通本科生数	4 854	1. 年末固定资产总值(万元)	46 243.21
普通专科生数	1 061	2. 校园占地面积(千平方米)	668.62
3. 普通高等教育毕业生数	4 315	3. 年末校舍面积(千平方米)	347.7
普通本科生数	3 918	4. 教学科研仪器设备总值(万元)	10 759.35
普通专科生数	397	5. 图书馆面积(平方米)	13 000
二、学科及专业设置(单位:个)		6. 年末纸质图书量(万册)	133.51
1. 本科专业数	50	年末电子图书量(万册)	189.38
2. 专科专业数	18	7. 教学用计算机数(台)	3 834
三、教职工构成(单位:人)		8. 各类实验室总数(个)	66

国;做好在校师生员工生活保障,举办全国抗疫英雄梁宗安“弘扬抗疫精神 牢记初心使命”专题讲座等疫情防控教育会、宣传会27场次。学校总体情况平稳有序,全体师生员工零感染、零疑似、零确诊。

【教育教学改革】 四川大学锦江学院启动2017—2020年、2018—2020年教育教学改革项目结题验收,“基于养成教育的高校课外‘五育融合’育人模式研究与实践”“打造专业集群,推进产教融合,建设特色鲜明的应用型本科院校——四川大学锦江学院转型发展的研究与实践”等25项教改项目通过结题验收,“《Android应用技术》教学内容和课程体系改革”“数字造价时代工程造价专业信息化教学新模式研究与应用”等11个项目获批教育部“产学合作协同育人”项目。

(郭 晨)

【教学管理】 四川大学锦江学院加强教学质量监控和规章制度建设,组织万名学生、20个教学单位完成教学考核;开展作业布置与批改专项检查,使“让学生课后忙起来”的理念深入人心;加强教学督导队伍建设,完善教学质量管理体系;建立更优质的教学管理人员与师生的信息交互平台,初步形成《教务管理信息化建设方案》。

【学校专业建设】 四川大学锦江学院新增人工智能、数字媒体技术、数字媒体艺术、戏剧影视导演4个本科专业,新增大数据技术与应用、舞蹈表演、数字媒体艺术设计、动漫设计4个专科专业;经济与金融1个专业新增为学士学位授予权专业,国际经济与贸易、会计学2个专业获批省级一流本科专业建设点,酿酒工程、工程造价2个专业被推荐申报国家级一流专业建设项目,会计学、视觉传达设计、工程造价、酿酒工程4个专业被立项校级品牌专业建设项目。学校形成机器人与人工智能、国际经贸与金融投资、文化创意、新一代信息技术、现代管理、土木工程及管理、白酒与绿色食品7个专业集群。

【课程建设与改革】 四川大学锦江学院淘汰“水课”,打造“金课”,立项食品生物化学、财务管理、基础会计学等7门课程为第一批校级“金课”课程建设项目;推进课程思政建设,立项基础会计学、乒乓球俱乐部等10门课程为校级“课程思政”示范课程建设项目,CG色彩设计获批认定省级一流课程,食品生物化学、管理学原理、大学生职业发展与学业管理、播音创作基础、毛泽东思想与中国特色社会主义理论体系概论5门课程被认定为省级“课程思政”示范课程,建设工程法规及应用教学团队被认定为省级“课程思政”示范教学团队。学校“STEAM教育创新创业指导”“国际贸易实务”2门课程获批“四川省高等学校第四批高等学校省级创新创业教育示范课程”。

【教职工队伍建设】 四川大学锦江学院加强师德师风建设,制定教师师德师风失范行为负面清单;举行教职工宣誓活动,重温教师职业使命与担当;加强干部的选拔、培养和考核,新任命处级干部15名、科级干部40名;以办公室建设和教研室建设为抓手,推动学校整体管理水平和教学水平不断提升;开展第三届辅导员素质能力大赛,启动第二届“十佳辅导员”评选;完成专业技术职务任职资格评审,许蓉等8名教职工取得高级专业技术职务,马叶馨等44名教职工取得中级专业技术职务。教职工获得省级及以上荣誉20项。

【教育科研管理】 四川大学锦江学院完善科研管理制度,加强科研组织、指导和服务,科研项目立项取得新突破;修订出台《四川大学锦江学院科研奖励办法》,加大科研成果奖励力度;邀请四川省社科联、四川大学科研院等单位专家到学校为教职工开展科研指导。学校专职教师主持科研项目18项,其中四川省科学技术厅科技计划项目1项、四川省社科规划项目3项、眉山市社会科学规划项目2项;专职教师发表论文45篇,其中SCI(科学引文索引）2篇、EI（工程索引）1篇、CSSCI（中文社会科学引文索引）3篇、北大中文核心期刊6篇；专职教师主编、参编教材1本，获得国家专利2项，获得软件著作权15项。学校获批成为四川省社科联高校团体会员。

【学生管理】 四川大学锦江学院创新班会和专题教育方式，采用线上、线下相结合的方式开展班会和专题教育50次；组织1.8万名学生利用网络平台，观看“美育云端课堂”活动；开展“学宪法·讲宪法”主题班会、“宪法晨读”和“宪法学习进课堂”等活动，并开展同上一堂国家安全教育公开课、高校师生共上一堂网络安全课、疫情防控及身心健康教育主题班会、“12·1”携手防疫抗艾共担健康责任主题班会、发放防诈骗温馨提示等安全教育活动；开展节能低碳宣传教育，倡导勤俭节约、绿色低碳的社会风尚。

【招生与就业】 四川大学锦江学院在2020年四川省普通本科录取中，文科调档线（490分）超过二本控制线（459分）31分，理科调档线（473分）超过二本控制线（443分）30分，录取线位名列全省同类院校前茅。本科报到率94.0%，较2019年增加0.2个百分点；专科报到率86.0%，较2019年增加5个百分点。学校总体就业率87.56%，其中本科毕业生4 145名、就业率87.26%，专科毕业生472名、就业率90.25%。

【创新创业】 四川大学锦江学院在省级以上学科竞赛中获奖355项、非学科竞赛获奖24项，获批国家级大学生创新创业训练计划项目46项、省级项目87项，其中在2020年“挑战杯”四川省大学生创业计划竞赛中获金奖1项、银奖1项、铜奖12项，《成都启爱聋童康复中心—E启爱中国聋童在线康复教育服务平台》获全国决赛城市治理和社会服务组银奖。学校在2020年“高教社杯”全国大学生数学建模竞赛中获全国二等奖2项，获四川省一等奖2项、二等奖7项、三等奖10项，获奖成果为历年之最；在第十一届“蓝桥杯”全国软件和信息技术专业人才大赛全国总决赛中获全国总决赛二等奖3项、三等奖2项，获四川赛区一等奖14项、二等奖34项、三等奖46项，并获“全国总决赛优秀组织单位奖”。学校团队在第四届“互联网+”大学生创新创业大赛中获省级银奖1项、铜奖6项。

【学生考研】 四川大学锦江学院学生考研成绩创历史新高，539名学生达到国家考研分数线，上线人数占本科毕业生总数12.89%，最终246名学生被全国各高校录取，其中部分学生被四川大学、电子科技大学等“双一流”高校录取，有162名学生被美国东北大学、英国爱丁堡大学、澳大利亚悉尼大学、英国伯明翰大学、意大利罗马大学等国外知名高校录取为研究生。

【校园基础建设】 四川大学锦江学院完成校园网络和中心机房重建，实现有线无线网络校园全覆盖，网络速率大幅提升；完成第四实验楼建设、新网球场建设、运动场改造3个基建项目及7个工程改造项目，启动新教学楼、新图书馆等5个项目建设。

【教育交流与合作】 四川大学锦江学院与澳大利亚迪肯大学、英国赫特福德大学、白俄罗斯国立经济大学、克罗地亚萨格勒布经济管理学院、韩国启明大学等国外高校签订校际合作协议，并举办“锦江东方论坛”2020年会、“迎新生国际教育展”等活动。

（胡仕兵　郭　晨）

【教育扶贫】 四川大学锦江学院深入实施“三帮扶三服务”工程，先后组织100人次到茂县对接扶贫工作，开展调研和慰问贫困户，精准推进扶贫，完成帮扶项目13项。学校在全省高校定点扶贫工作成效年度考核中获得“好”的评价，驻村干部顾亚宁被四川省委、省人民政府授予脱贫攻坚“优秀第一书记”称号。

【马克思主义学院揭牌成立】 7月1日，四川大学锦江学院马克思主义学院成立暨揭牌仪式在锦江学术会堂举行。马克思主义学院是四川省民办高校成立的第一家马克思主义学院，将推进学校马克思主义理论学科规范化建设，凝练学科方向、汇聚学科队伍、扩大学科影响，有效支撑思政课的建设体系，提升思政课教学质量，加强马克思主义理论学科和教学的深层次建设和发展。

【四川省高校“思想道德修养与法律基础”课教学研究会第十一届理事会暨2020年年会】 11月28日，四川省高校“思想道德修养与法律基础”课教学研究会第十一届理事会暨2020年年会在四川大学锦江学院开幕。全省70所高校从事“思想道德修养与法律基础”课教学的有关院系领导、教师300人齐聚，围绕“学习贯彻党的十九届五中全会精神，深入推进新时代高校思想政治理论课改革创新”的主题，交流各高校思想政治理论课教学和科研心得，共同研讨新形势下“思想道德修养与法律基础”课教育教学改革发展之计。

【第22届全国机器人锦标赛】 12月12日，中国人工智能学会主办的第22届全国机器人锦标赛在四川大学锦江学院开幕。大赛设六大类48种比赛项目，来自上海交通大学、西安交通大学、哈尔滨工业大学、四川大学、重庆大学、西北工业大学、南开大学、电子科技大学、北京邮电大学等全国74所高校的138支队伍在线切磋过招，参赛队伍及人数达历届之最。

（郭　晨）

科学技术
Science and Technology

【概况】 2020年，眉山市科技创新工作全面落实市委、市政府“开放发展攻坚年”的目标要求，直面疫情防控，迎难而上，抢抓成渝双城经济圈科技创新中心建设机遇，推动成德眉资区域协同创新和产业转型升级，破解发展难题，推进成都都市圈科创新高地高质量建设。

【科技制度编制】 眉山市科技局制定《眉山市建设高新技术产业集聚地行动方案》《眉山市深化科研项目评审改革实施方案》《眉山市构建市场导向的绿色技术创新体系工作台账》《眉山市科技创新卷实施管理暂行办法》等制度办法，优化科技创新环境。

【科技金融保障】 眉山市全年21户高新企业享受15%的税率，减免2 690.96万元；182户企业享受研发费加计扣除优惠，减免13 134.4万元；兑现2019年度优秀科技成果、新建创新平台等奖励资金115万元，组织参加第八届中国（绵阳）科技城国际科技博览会。

【科技平台建设】 眉山市科技局分别与重庆市大足区、涪陵区科技局签署《科技创新战略合作协议》，推进区域科技创新合作。全市新认定省、市工程技术研究中心10家，培育科技创新新型农业经营主体16家，万象产业园创建国家级企业孵化器通过省科技厅专家评审；新认定高新技术企业27家，高新技术企业总数达105家，高新技术产业营业收入429亿元；建成全省瞪羚企业2家，科技型中小企业备案入库132家。

【科技人才引育】 眉山市引进高层次外国专家7人，3名科技人才获得省天府万人计划项目支持；开展第二批40名创新型科技人才培育，完成国省“两院”院士四川行“生物医药与现代农业”专题对接；完成首批创新型科技人才评选，推荐9名创新型科技人才以市政府名义进行表彰和奖励；“植保无人机与农药助剂生产”“国际物联网智能家居系统研究与设计”争取到省级引智专项经费20万元。

【科技项目实施】 眉山市科技局围绕全市现代产业实施关键技术科技攻关，41个科技项目获国家、省支持，争取项目资金1 801万元；实施高新技术及战略新兴产品项目91项。全市全年财政科技支出8 672万元，比2019年增长25.9%。

【科技成果转化】 眉山市新登记（评价）科技成果23项，实施重大科技成果转化项目30项；登记技术合同84笔，完成技术合同交易额9 140.52万元；备案省级科技成果转化示范企业13家。眉山市主持或参与的5项科技成果获2019年度四川省科技进步奖，其中科技进步奖二等奖2项、三等奖3项。

【科技创新创业】 眉山市有国家级众创空间1个、省级众创空间4个，国家级星创天地4家，省级孵化器7家；双创载体孵化面积48 818平方米，在孵企业450家，毕业企业103家；在孵化企业实施科技项目49项，申请专利93项，拥有授权专利76项，接受风险投资9笔。

【科技为农服务】 眉山市认定市级农业科技园区1家、市级农业专家大院2家；举办“科技战疫 创新强国”科技活动周大型科普活动，参与活动人数3.5万人次，发放科普资料3万份（张），开展种养殖技术指导5 000人次；认定仁寿县珠嘉镇棚村为市级“科普活动示范村”，丹棱县“青少年职业启蒙教育基地”获批省级科普基地。彭山区科技局、眉山东坡泡菜产业技术研究院被评为四川省科技特派员先进集体。

（刘桥华）

文化·体育

CULTURE AND SPORTS

文化事业发展 / 文化产业项目建设 / 专业文艺 / 群众文化 / 考古发掘 / 文物保护 / 文化遗产保护

“三苏文化”研究 / 传媒事业发展 / 广播电视台 / 眉山日报社 / 体育事业发展 / 社会体育 / 竞技体育

文化事业发展
Cultural Undertakings Development

【概况】 2020年，眉山市坚持“政府主导、社会参与，改革创新、共建共享”原则，以基层综合性文化服务中心建设为载体，全面提升公共文化服务效能；鼓励社会力量参与公共文化建设，开创公共文化建设和服务新模式。

【中心城区文化设施规划编制】 眉山市制定《眉山市中心城区文化设施专项规划（2017—2030）》，并对公共文化设施体系、公共文化设施建设标准、公共文化设施布局、文化产业规划等内容进行专项规划。

【基层公共文化建设】 眉山市基本建成市、区县、乡镇（街道）、村（社区）四级公共文化服务设施网络，有文化馆7个、图书馆7个、美术馆10个（其中国有8个、私有2个）、博物馆6个、乡镇（街道）综合文化站131个、村（社区）文化活动室1 363个、幸福美丽新村文化院坝43个；实现“三馆一站”、村（社区）文化活动室全部免费开放，完成基层综合文化活动室免费Wi-fi工程市级管理平台建设。全市图书馆、文化馆依托文化共享工程、数字推广工程，构建公益性数字服务体系，开通网站、微信公众号、APP等数字服务平台，推广网上阅读、手机阅读。

（张丛文）

【优秀传统文化传承】 眉山市加快推进东坡文化传承创新“七个一”工程，推动东坡文化等优秀传统文化进校园进教材，3套自编读本获评省级中华文化优秀校本课程读本，4件案例入选《四川省优秀传统文化案例》。

【文化产业发展】 眉山市抢抓成渝地区双城经济圈建设契机，与重庆市渝北区、涪陵区、大足区签订文旅融合发展合作协议；加强文产项目统筹指导、培育包装力度，重大文产项目入选四川省文化产业发展项目库2个，入统规上文化企业36家；修订《眉山市市级文化产业发展专项资金管理办法》，有效发挥市级文产资金的引领撬动作用。洪雅县成功创建天府旅游名县，三苏祠获评“成渝十大文旅新地标”，瓦屋山获评“巴蜀文化旅游走廊新地标”，玉屏山获评国家首批森林康养基地，幸福古村入选全国第一批乡村旅游重点村。

（王 聪）

【文化娱乐产业发展】 眉山市文旅企业在做好疫情防控的前提下，有序复工复业。眉山市文广旅局实施《眉山文化旅游恢复发展计划》，出台《促进文化旅游业健康发展的十五条措施》，采取延缴缓缴税款、社保金等措施，减轻文化旅游企业负担；重点支持眉山青年旅行社和印象国旅2家旅行社，向旅行社暂退旅游服务质量保证金156万元，加快兑现品牌创建奖励资金226万元；实施《促进文化旅游业健康发展的十五条措施》，开展全市文旅企业经营现状调查，指导娱乐场所、网吧、景区等文旅企业开展发放消费券、打折等促销增收活动。

【文化市场管理】 眉山市文广旅局建立与市场监管、交通等部门联合协作机制，发布打击涉旅市场乱点乱象通告，打击文化综合市场违规行为，互通执法信息；持续清查全市文旅市场经营场所（单位），清查出“僵尸”企业42家；开展“双随机、一公开”，通过文旅部大平台抽取25次、抽查企业家数512家、抽取执法人员1 734人次，场所涵盖文化、文物、旅游、新闻出版等业态；先后开展校园周边文化市场专项整治、新闻出版广电市场及反宣品专项整治、网络文化专项整治、出版物“清源2020”和“固边2020”专项整治、娱乐场所超时经营和接纳未成年人专项整治等行动。

【文化市场综合执法】 眉山市文广旅局出动执法人员3 452人次，检查全市文化市场场所889家，立案20件，办结20件，罚款8.1万元，警告10家，罚款3家，停业整顿1家，警告并处罚款5家，没收违法所得并处罚款1家，其中办结某机构擅自从事旅行社经营业务等旅游违规经营案和某艺术培训公司擅自从事社会艺术水平等级考试案，实现市级两个领域执法办案“零的突破”。某网吧违规接纳未成年人进入营业场所案获评2019—2020年度全省文化市场十大重大案件，位列受表彰的5个市级执法机构之一。

【“扫黄打非”行动】 眉山市文广旅局围绕查堵和整治两个环节，持续开展“清源、净网、固边、护苗、秋风”、中小学校园周边环境治理等专项整治行动；加强文化市场执法力度，配合网信办、公安局开展网上“扫黄打非”，加大对涉及历史敏感题材等非法出版物、政治性有害出版物和反宣品的查处打击；结合扫黑除恶专项斗争开展全市出版物市场专项整治行动，全市出动文化执法人员2 256人次，检查文化经营场所和网站796家次，通报违规问题14个。

（张丛文）

文化产业项目建设
Cultural Industry Project Construction

【概况】 2020年，眉山市文广旅局实施文旅项目谋划、推进和服务三大行动，编制《眉山市文旅资源投资指南暨项目手册》，先后引进维亚康姆国际文创城等重大文旅项目34个，总投资3 532.71亿元。全市纳入省级重点文旅项目库投资额居全省第四名，在全省重点文旅项目推进电视电话会上作经验交流发言，被大会点名表扬。全市完成文旅项目投入115.7亿元，比2019年增长10.38%。

【文化产业园区建设】 眉山市文广旅局建立文旅经济运行季度分析制度，开展文旅产业聚集区、重点文旅项目及相关产业法人单位摸底调查，建立重点文旅项目库、规上文旅企业名录库。全市拥有四川省文化产业示范（试验）园区柳江古镇、眉山东坡宋城2个，四川省文化产业示范基地眉山东坡文化产业园、四川洪雅县幺麻子食品有限公司2个，市级文化产业示范基地15家。

【维亚康姆国际文创项目建设】 维亚康姆国际文创项目选址眉山市东坡区岷东新区，计划总投资368亿元，重点打造尼克动漫创作基地、MTV天籁村、尼克欢乐世界、派拉蒙世界等，涵盖动漫创意、教育培训、演艺博览、音乐创作、影视创作、游乐体验、旅居度假等。项目完成规划设计及前置审批要件，启动场平、施工道路等基建项目。

【天府小猪佩奇小镇项目建设】 天府小猪佩奇小镇项目选址眉山天府新区视高街道，总投资95亿元，打造全球最大、全国第一的以小猪佩奇玩趣世界、海洋探索中心等为核心内容的文旅小镇。项目启动规划设计和前置审批要件办理。

（张丛文）

专业文艺
Professional Art

【概况】 2020年，眉山市深入实施首批“眉州文艺名家”培育计划，组织系列培训活动27场；举办“绘就双城记 抒写巴蜀情”眉山渝北百名书画家作品展、“新时代·看眉山”2020眉山市微视频大赛、“名家看四川·走进彭山”大型文学采风等活动。眉山市歌舞剧院成立，填补眉山市专业院团空白。

（王 聪 张丛文）

【渝北·眉山百名书画家作品展】 7月10日，重庆市渝北区委宣传部、眉山市委宣传部共同主办的“绘就双城记 抒写巴蜀情——渝北·眉山百名书画家作品展”在重庆碧津美术馆开幕。展览展出书法和中国画作品100件，其中渝北区、眉山市书法、中国画作品各50件。

【“名家看四川·走进彭山”大型文学采风活动】 9月19—20日，“名家看四川·走进彭山”大型文学采风暨第三届全国文学名刊主编论坛在眉山市彭山区举行，来自省内外50名知名作家参加。在第三届全国文学名刊主编论坛上，作家围绕新现实主义写作的局限及可能、新媒体时代文学期刊的定位及使命等深度交流。活动期间，作家走进江口古镇参观江口沉银遗址和张献忠千船沉银出水文物，体验彭山的武阳茶肆文化、码头文化，走进李密故里聆听孝感天下的李密传奇，走进眉山天府新区乐高乐园、川港合作示范园、中法农业科技园等地感受眉山天府新区的变化。作家对眉山东坡文化、长寿养生文化和现代文旅发展给予高度评价，表示将把采风素材付诸笔端，用行动真诚书写眉山故事。

（王 聪）

【《大国芬芳》全国巡演】 11—12月，眉山市歌舞剧院在《大国芬芳》原有剧目基础上，融入东坡文化、长寿文化等眉山特色元素，全新创排《东坡问月》《寿星悠乐》等篇章，并分别到四川隆昌市莲峰大剧院、云南省玉溪市聂耳大剧院、海南省歌舞剧院、重庆璧山文化艺术中心、江苏无锡大剧院、江苏苏州文化艺术中心大剧院、江苏盐城文化艺术中心等地演出9场。

（张丛文）

群众文化
Mass Culture

【概况】 2020年，眉山市文广旅局在推进“文化立市”战略中，加强公共文化服务体系建设，丰富群众精神文化生活；开展文化进万家活动，传播先进文化，服务民生热点。全市各级公共文化场馆运用线上平台为群众提供丰富的数字公共文化服务，公共文化场馆发布公共文化服务项目2 000件，点击量100万人次。东坡区心连心艺术团和东坡区图书馆获评“第八届全国服务农民、服务基层文化建设先进集体”。

（张丛文 王 聪）

【图书馆建设】 眉山市图书馆多方位打造阅读阵地，新建2个特色分馆，共建成14个馆外阅读点；入藏新书1.8万册，藏书总量15.5万册；开展阅读推广活动589场次，其中线上505场次、线下84场次；网站发布信息180条，浏览量103万人次；微信公众号推送信息454条，阅读量93 814人次，微信公众号影响力指数在全省地市公共图书馆综合排名第二；微博推送信息288条，阅读量17.9万人次。眉山市图书馆选送的《抢鸭子》《亮出非遗绝活》等6幅作品在中国图书馆学会主办的“童眼看非遗”少儿美术作品征集活动中获奖并参加全国巡展，选送的《中国加油》《共抗疫情》等27幅作品在四川省图书馆“抗击病毒，从我做起”全民抗“疫”少儿简笔创作展示活动中获奖并获优秀组织奖，在四川省图书馆“最美家乡话”——寻找家乡的方言推广大使活动中获组织一等奖，获四川省图书馆“抗击新型冠状病毒肺炎”主题作品征集活动优秀组织奖、全国“2019阅读推广星级单位”称号、四川省图书馆学会2020年“优秀单位”称号。

【文化馆建设】 眉山市文化馆有馆舍面积2 867平方米，其中业务用房面积977平方米、展览展陈用房面积1 890平方米，设有综合排练厅、舞蹈排练厅等活动场地；新馆与市融媒体中心（传媒文化产业园基础设施）综合项目整合建设完成项目立项、选址，取得建设用地使用权，成功发行地方政府专项债6 000万元；联合12家社会艺术培训机构加入全民艺术普及联盟，开设培训班21个，培训学员1 300人；选送作品参加四川省乡村艺术节评选，表演唱《抬起春风追太阳》、小品《在家过年》分别获音乐类、戏剧类全省第2名，创历史最佳成绩。

【美术馆展览】 眉山市美术馆先后举办“眉山市首届新人新作展”、“大爱无邪——致敬中国人民抗击新冠肺炎疫情眉山市摄影作品展”、“眉山书画家作品系列展——陈敦良、周成仕书画作品展”、“景苏”全国书法作品展、“缘起丹青——2020广元、眉山、乐山美术精品交流展（眉山展）”、“水梦彩幻、写意春秋——罗永超、陈维仪诗画展”、“热爱祖国，砥砺奋进”庆祝新中国成立71周年书画摄影作品展、重庆渝北·四川眉山百人书画精品展等展览，进馆观展人数达2万人。

【群众文化活动】 眉山市文广旅局克服新冠肺炎疫情造成的不利影响，采取“线上＋线下”开展群众文化活动；抓好眉山特色，集中打造“东坡大舞台”“陵州大舞台”“眉山人画眉山”等活动品牌，开展文化（戏曲）惠民乡村行、万人赏月诵中秋、广场舞集中展演、乡村艺术节等线下文化惠民活动，开展群众文化活动1 300场。

（张丛文）

考古发掘
Archaeological Excavation

【概况】2020年，眉山市有不可移动文物点1 348处，可移动文物数量6 783套、40 116件；完成考古勘探发掘项目10个，完成江口沉银遗址第三期考古发掘，遗址出水文物已到5.5万件。纪录片《沉银追踪》在央视纪录频道播出。

（张丛文　王　聪）

【眉山考古工作站成立】7月23日，眉山考古工作站挂牌成立，是全省设立的第一个市（州）考古工作站。工作站由四川省文物考古研究院与眉山市文物局共建共管，主要负责眉山范围内的考古调查、勘探、发掘和出土文物修复、保护、研究等，对探索和深层次打造以考古为支撑的文物保护利用文旅融合发展样板、创新"省地合作"的考古工作模式、前瞻性建设"省市区"三级联动的考古发掘和文物保护利用示范平台具有重要意义。

【考古项目勘探与抢救】眉山考古工作站成立后，有序推进各项考古项目，全年完成基本建设考古勘探7项，其中东坡区5项、彭山区2项，并实施抢救性考古发掘项目3项。

【江口沉银考古发掘】江口沉银第四期考古发掘（2020—2021年）抢救性考古勘探发掘出水文物1.1万件（重要文物2 000件），出水兵器数量为历年之最；发现火烧文物证明江口之战确实曾使用火攻，发现"永昌督理之印"对研究张献忠、李自成的关系以及明末政治格局具有重要意义，并发现一批巴蜀青铜器，对研究巴蜀历史及四川早期城市发展史具有重要意义。

（张丛文）

文物保护
Cultural Relics Preservation

【概况】2020年，眉山市推动实施文物保护修缮项目17个、保护规划编制项目4个；印发《文物保护项目常态督导工作方案》，建立常态督导机制，推动文保项目按时按质完成；成功申报2021年度国保保护项目计划4个，评审、核准项目方案5个；完成74处文物建筑利用现状调查表编报，举办"国际博物馆日""文化和自然遗产日"活动15场次。眉山市在全省率先开展乡村史馆建设，建成13家。全市2名个人和1个集体获评四川省首批"十佳遗产守护者""十佳遗产志愿者"和遗产卫士。

图82　2020年7月23日，眉山考古工作站授牌仪式　（市文广旅局供图）

【文物安全管理】眉山市文广旅局印发实施《眉山市市级文物保护专项资金管理办法》，持续推动将文物安全经费纳入市级财政预算；邀请省文物局专家授课，举办2020年度全市文物安全培训会；对13处国保、23处省保、15处市保、9处县保和8家博物馆开展文物安全检查，抓好安全隐患整改；印发文物火灾隐患整治和消防能力提升三年行动实施方案，分阶段分步骤筑牢文物建筑消防保障。

【文物保护项目管理】眉山市文广旅局将文物保护项目作为各区县文物工作年度考核重要指标，推动实施文物保护修缮项目17个、考古调查勘探和发掘项目10个、保护规划编制项目4个；成功申报2021年度国保保护项目计划4个，评审、核准项目方案5个。

【文物保护单位管理】眉山市文广旅局划定11处省保保护范围和建设控制地带，争取市保保护范围公布；理顺关系，优化清眉州城墙北段保护管理；做好尚未核定公布为文物保护单位的不可移动文

图83　江口沉银考古发掘现场　（市文广旅局供图）

物保护管理。

【三苏遗址遗迹保护】 眉山市文广旅局深入实施《眉山市三苏遗址遗迹保护条例》，市财政补助200万元用于蟆颐山重瞳观抢险维修保护工程，加快建设三苏祠博物馆精品馆，抓好苏坟山、中岩寺等文保单位开发利用，串珠成链，助推打造“百里岷江画廊”文旅新名片。

【江口沉银博物馆建设】 江口沉银博物馆选址眉山市彭山区江口遗址旁、两江汇流的三角洲上，总占地面积200亩，建筑面积5万平方米，展厅面积1.25万平方米，总投资预计5亿元。项目完成土地划拨200亩，完成江口沉银博物馆及遗址公园立项，列入省重点储备项目；完成和省级相关部门的规划对接，完成施工图设计。9月，江口沉银博物馆开工建设。

（张丛文）

文化遗产保护
Cultural Heritage Protection

【概况】 截至2020年底，眉山市有非遗资源项目211个，其中列入国家级非遗项目名录1项、省级17项、市级66项、县级110项；公布第七批市级非物质文化遗产代表性传承人27名。“青神竹编”入选四川省首批十大主题研学旅行线路，非遗传承人谢世春、殷瑛、张进、温怀林、谌会均被授予2020年“四川省农村手工艺大师”称号，“瓦屋山山歌”代表性传承人尹成静入选四川省2019年度优秀非遗传承人名单，“钦斋泥塑”代表性传承人李长青入选四川省2019年度优秀非遗传承人“提名奖”名单。

【省级非遗代表性传承人抢救性记录】 眉山市有5位75岁以上省级非遗代表性传承人，分别为87岁的彭山竹琴（道琴）传承人夏福寿（已故）、86岁的洪雅复兴耍锣鼓传承人冯光仆（已故）、80岁的青神捻条画艺术传承人吴建堂、80岁的彭山“长春号”南味豆腐乳传统手工制作技艺传承人潘福祥、75岁的仁寿抬工号子传承人赖家修。眉山市省级非遗项目代表性传承人抢救性记录拍摄非遗实践片、口述片、传承教学片、综述片视频171小时，录制传承人口述史音频171.5小时，收集纸质文献37件、电子文献90件、实物文献43件、图片508张、精选图片134张，整理口述史文稿46万字。

【非遗宣传推广】 眉山市文广旅局组织创作拍摄非遗短视频作品3部，被文旅部官方微博非遗影像展、学习强国、川报观察、抖音等20家新媒体播放和转载，观看网民60万人次，其中“丹棱冻粑制作技艺”短视频被国家广电总局评为2020年第二季度优秀网络视频优秀作品，是第二季度四川省唯一入选作品；在市委宣传部组织开展的“新时代·看眉山”2020眉山市微视频大赛中，“丹棱冻粑制作技艺”“青神竹编”“东坡剪纸”分别获一、二、三等奖。

【四川农村生产生活遗产申报】 眉山市申报公布的与农村生产生活相关的非遗项目194项，涉及民间文学7项、传统音乐15项、传统舞蹈15项、传统戏剧7项、曲艺3项、传统体育、游艺与杂技8项、传统美术13项、传统技艺97项、传统医药9项、民俗20项，覆盖“非遗”十大类别。其中青神竹编工艺，由选竹、制篾、编织、装饰等工序组成，全部纯手工操作，是中国几千年农耕桑蚕文化的见证。青神县从事竹编工艺生产的人员近3万名，传承代表人物有陈云华、殷超、张德明、邵晓玲、陈岚等，竹编产品远销20个国家和地区，年产值2亿元。苏东坡酒传统酿造技艺于清光绪二十七年（1901年）由眉山太和镇章芳年根据“东坡酒经”记载的酿法和心德创办“德利元酒坊”而问世。苏东坡酒由优质高粱、小麦、糯米、大米、玉米，选用岷江眉山段玻璃江边德利元百年古井提取的优质井水，入百年泥窖酿造而成，传统技法主要有蒸糠、剥窖、滴窖提取黄水、出窖、看糟配料、润料拌和、上甑蒸馏（上甑、摘酒）、出甑打量水、降温拌曲，入窖踩窖、封窖、窖池管理等。东坡肘子制作技艺源于北宋大文豪苏东坡所撰《猪肉颂》之“净洗铛（锅），少着水，柴头罨烟焰不起。待它自熟莫催它，火候足时它自美。早晨起来打两碗，饱得自家君莫管”的记述，主要技法是选猪前膀（肘子）一块，煮成八分熟，弃原汤，入笼蒸熟蒸火巴，选上等豆瓣辣酱，加蒜、姜、椒、葱、糖、醋、盐、芫荽、红油、经炒料、调汁淋于肘上即成。东坡泡菜制作技艺早在宋代就于眉州地区流传，传统泡菜品种主要有泡红椒、泡青菜、泡萝卜、泡嫩姜、泡豇豆等，是东坡故里人最为惦记的乡愁和记忆，承载着东坡故里魂牵梦萦的家乡味道，也承载着眉山百姓人家质朴的情怀和对未来的希望。东坡泡菜凭借低盐脆香的独特风味和绿色健康的营养价值，深受消费者喜爱。

（张丛文）

“三苏文化”研究
Three Su Culture Studies

【概况】 2020年，眉山市三苏祠博物馆按照精品博物馆建设要求，加强“三苏文化”研究力度；与故宫博物院达成合作意向，与川农大开展《苏东坡陶情风景园林》研究，《苏轼书法全集》完成工作量80%；开发三苏父子IP新形象，对儒学、蜀学等16位人物仿古画像绘制作品进行知识产权保护。三苏祠被评为“成渝十大文旅新地标”，短视频《此心安处是吾乡》获四川省十佳文博短视频、最佳视觉两项奖，碑廊传拓技艺体验被评为四川省优秀文博教育案例。

【东坡书院建设】 10月，东坡书院装修改造与文化氛围营造全部完成。11月10日，东坡书院在眉山三苏祠正式揭牌开院，标志“三苏文化”研究进入新的发展阶段。书院由眉山市和四川大学共建，开放以来开展茶艺、古琴、埙等课程培训，通过讲学论道、体验传习传承包括东坡文化在内的优秀传统文化。

【“三苏文化”产业开发】 三苏祠博物馆完成三苏IP形象开发，出台《三苏祠IP授权发展认知报告》《三苏祠文化及文物内容商业开发建议》《三苏祠馆藏资源著作权、商标权和品牌授权操作管理办法》《三苏祠IP授权渠道管理办法》《IP授权秋冬季销售政策》等；在东坡书院开设古琴、茶艺、洞箫等公益及半公益课，优化三苏祠耳房空间，将祈福走廊设计打造成为景区新网红打卡点；整合资源，定制三苏祠、东坡书院等常态性的文化主题产品、沉浸式体验活动，建立苏东坡文化创意生活馆微信小程序。

【“三苏诗词与当代精神文化沙龙”讲座】 5月9日，南京师范大学教授、央视《百家讲坛》主讲人郦波在眉山市三苏祠博物馆，以“三苏诗词与当代精神文化沙龙”为主题，诠释三苏文化、三苏精神及三苏的人生启示。

【“聆听古今抗疫故事·敬献英雄千年丹荔”活动】 7月9日，三苏祠组织开展“聆听古今抗疫故事·敬献英雄千年丹荔”活动，邀请眉山援鄂医务工作者和洪雅槽渔滩中心卫生院祖孙三代抗疫医务工作者参与分享，四川观察、“智慧眉山”APP、微眉山进行线上直播。

【“三苏父子‘青春照’，可是你我意中人”活动】 8月18日，三苏祠开展“三苏父子‘青春照’，可是你我意中人”活动，收集整理宋代人物绘画、宋代服饰文献，结合时下流行的新国风绘制三苏父子IP形象。活动发布最新设计的三苏IP形象，深度还原苏洵壮年时期以及苏轼苏辙两兄弟青少年时期的形象。

【“做一天宋朝人”系列主题活动】 10月1—8日国庆节期间，三苏祠推出“做一天宋朝人”系列主题活动，开展宋服体验、手工制作香囊等活动，参与游客约2万人。通过体验活动，让游客感受宋人雅致生活，营造节日的浓厚氛围，同时开启三苏祠“沉浸式旅游”新体验的新篇章。

【第四届眉山东坡文化学术高峰论坛暨第六届全国书院高峰论坛】 11月10日，2020年第四届眉山东坡文化学术高峰论坛暨第六届全国书院高峰论坛在眉山市举行。论坛围绕“环成都经济圈开放发展示范市”定位，以“开放发展攻坚年”为契机，以“东坡教育思想与书院文化”为主题，举办论文征集评审、主旨演讲、东坡书院揭牌仪式、“东坡教育思想”分论坛、“书院文化”分论坛、首届苏轼研究青年学者奖颁奖仪式、参观三苏祠七大核心活动。论坛把“开放发展”贯彻始终，邀请国内知名高校专家学者参会，邀请7个国家和地区的苏学专家视频交流东坡文化国际新动向，形成《东坡教育思想与书院文化论文集》《中国苏轼研究学会成立40周年 十年史料汇编》。

（张丛文）

传媒事业发展
Media Industry Development

【概况】 2020年，眉山市文广旅局完成全市11 255个自然村广电“村村通”向“户户通”升级后的运行维护，并启动全市应急广播平台建设，完成有线电视网络“全国一张网”整合发展股权归集，实现市广播电视台所有频道高清化播出；选送广播电视与网络视听作品参与各级活动，获国家广电总局优秀短视频奖1件和电视类公益广告扶持作品1件、全省短视频创作传播活动优秀作品奖6件和入围作品14件，第九届广播电视优秀公益广告创作展播活动获奖作品3件，“精彩短视频·记录新时代”2020年四川省短视频创作传播活动获奖作品9件。网络动画片《少年苏东坡传奇》精品创作工程项目获省级补助资金20万元，被省广电局推荐至国家广电总局，已完成备案。

【广电行业管理】 眉山市文广旅局协调市经信局处理5G信号干扰，处理干扰点2处，打击黑广播2处；完成2020年广播电视“户户通”运行维护任务，全市11 255个自然村广播电视“户户通”和全市行政村广播“村村响”正常运行和维护；抓好广播电视脱贫攻坚回头看，对没有电视机、设备故障、没有信号等问题分类解决，确保贫困户看电视不返盲。新冠肺炎疫情期间，广电网络向所有用户免费开放全部数字电视基本节目和付费节目直播，开通24小时热线服务群众。全市全年未发生广播电视安全播出事故。

【“智慧广电”建设】 眉山市广播电视台完成公共频道高清制播能力升级改造，完成省政府“高清四川智慧广电”专项改革方案规定任务，提升全台高清制播能力。青神县应急广播项目进入省广电局2020—2021年建设范围，省级补助资金300万元。仁寿县“智慧广电”建设完成，全县投入建设资金1 000万元（其中省级投入350万元）。

【广电宣传与节目评选】 眉山市文广旅局完成扫黑除恶、安全生产天府行、安全生产月、森林草原防灭火、夏季防汛减灾、退役军人事务、厉行节约制止餐饮浪费等专项宣传；指导东坡区策划的网络动画片《少年苏东坡传奇》精品创作工程项目获省级补助资金20万元，通过国家广电总局备案；印发《眉山市广播电视和网络视听节目奖评选办法》，评出2019年度市级奖作品109件，其中优秀作品43件、提名作品66件。眉山市选送广播电视与网络视听作品获国家广电总局优秀短视频奖1件、电视类公益广告扶持作品1件以及全省短视频创作展播活动优秀作品奖6件，14件作品入围。

【首届“广电惠民服务月”活动】 1月，眉山市首届“广电惠民服务月”活动举行。活动由眉山市委宣传部、市文广旅局主办，市广播电视台和各区县委宣传部、文广旅局、融媒体中心联办，市广电网络公司承办。活动期间，全市举办启动仪式暨现场服务日活动，开展遥控器免费赠、上门换和升级便民缴费渠道两项惠民服务和保障返乡农民工节日期间看好电视、“智慧广电”进社区等六项惠民活动，受到社会各界一致好评。

（张丛文）

广播电视台
Radio and Television Station

【概况】 2020年，眉山市广播电视台深入实施“全媒体传播、全天候发布、全方位经营、全能型记者”发展战略，讲好眉山故事，宣传事业、产业经营稳步推进，确保安全播出，为全市“开放发展攻坚年”和推动现代化成都都市圈副中心建设营造良好舆论氛围；探索出一条具有眉山特色的地市州广播电视媒体转型发展之路，新媒体及媒体融合工作受到市委主要领导肯定性批示，被评为全省抗击疫情广电视听内容供给播出先进单位；参加省、市广播电视节目政府奖评选，获市级政府优秀奖17件、提名奖18件，获四川新闻奖4件。

【主题宣传】 眉山市广播电视台围绕市委、市政府中心工作，在全媒体平台上开设“决胜全面小康 决战脱贫攻坚”“学习贯彻党的十九届五中全会精神”“众志成城抗击疫情”等专栏近40个，通过消息、专题、系列报道、H5、短视频、一图看懂等全媒体表达方式，宣传眉山市脱贫攻坚、疫情防控、现代化成都都市圈副中心建设、“双创”、开放发展、民生工程等重点工作，攻坚第四届眉山东坡文化学术高峰论坛暨第六届全国书院高峰论坛、竹博会、泡博会等重要会节宣传战役，全平台播发稿件2万条；在新冠肺炎疫情期间，围绕疫情防控和复工复产，全媒体矩阵多层次全方位宣传。

【对外宣传】 眉山市广播电视台在中央电视台播出稿件139条，其中《新闻联播》发稿12条；在四川卫视播出稿件305条，其中《四川新闻》发稿216条；《眉山，等你》等200条稿件被央视频、学习强国、《四川观察》等中央、省级新媒体采用，其中《四川眉山果园村的“幸福密码”》在央视《新闻联播》播出近4分钟，是建区设市以来《新闻联播》首次播出眉山单条新闻。

【新媒体建设】 “智慧眉山”APP从1.0新闻客户端升级到4.0综合客户端，用户突破10万户。“微眉山”连续获评“微政四川十佳市州政务新媒体”，用户突破11万，传播力排名位列全省政务微信榜第三名。眉山市广播电视台形成完备的全媒体矩阵，舆论动员能力进一步提高。

【媒体活动】 眉山市广播电视台克服“疫情”影响，执行2020中国国际竹产业交易博览会等重大活动，举办“十一”房车展等活动，全年经营收入完成2 647万元；完成《开放引领未来》《眉山市十大民生工程汇报片》、微视频《春天等你来》、泡博会宣传片《味在眉山 香飘世界》等30部专题片、微视频拍摄制作，参与两会视频会议、全省重大项目开工仪式连线等47场次直录播，完成全市抓项目促投资工作会、全市服务业发展大会等6次重大会议随行广播。

（李 霞）

眉山日报社
Meishan Daily Press

【概况】 2020年，眉山日报社围绕市委、市政府工作中心，服务眉山发展大局，贯彻落实意识形态工作责任制，持续推进市委巡察反馈问题整改，受到市委、市政府主要领导书面肯定表扬5次，9项工作被市委、市政府评为先进集体并表彰，为助推眉山开放发展，建设成都都市圈副中心营造良好舆论氛围。

【重大活动宣传】 眉山日报社打响疫情防控、脱贫攻坚、创卫创文、中国国际竹产业交易博览会、第十二届中国泡菜食品国际博览会·第三届世界川菜大会等重大宣传战役，策划组织决战脱贫攻坚走县区、眉山援助藏区阿坝行、成渝双城经济圈建设、成都都市圈副中心建设、开放发展看市州、乡村振兴同题采访等活动，分别到重庆璧山、成都、绵阳、南充、内江、资阳、乐山、雅安、阿坝藏区等地开展现场同题采访竞赛，推出系列有温度、有深度的综合新闻报道，营造良好舆论氛围；聚焦重大主题集中策划，内外宣稿件多次受到市委、市政府领导肯定性批示，数量创历年之最，其中《辐射成渝走向全国 眉山“苏小妹”疫情之下逆势突破》获市委书记批示，《眉山城大了、车多了，出行却不方便了——谨防生活品质之城沦为“堵城”》受到市委书记批示表扬，《“合村并镇”后，500多个闲置的阵地如何盘活？——聚焦两项改革的“后半篇”文章》获得市委宣传部部长何迎晓肯定性批示。

【对外宣传】 眉山日报社在《人民日报》、新华社、《光明日报》《经济日报》、中新社、《四川日报》6家中央、省级传统主流媒体发稿数262件（组），比2019年度增加43件；新媒体中心在新华社和《人民日报》客户端、“学习强国”等新媒体平台推送发稿1 558件。

【新媒体建设】 截至12月31日，眉山网微博粉丝17万人，每周总阅读量30万人次，其中眉山新闻话题阅读1.4亿人次；《眉山日报》微信公众号用户6万人，较2019年增长20%；眉山在线客户端用户8.5万人，较2019年增长25%；今日头条用户2.6万人，较2019年增长15%，总累计阅读1 462万人次；“眉山发布”微博用户7万人，每周总阅读量32万人次；抖音关注量20.5万人，较2019年增长100%；快手《眉山日报》关注量2.1万人次，较2019年增长100%。

【媒体融合发展】 眉山日报社基于互联网时代媒体融合发展的特点，提出“高端策划、一体执行、全程传播”运营理念，构建立体多样的现代传播体系；改进每天的采前会，把单一的采访部门参会扩大到编辑中心、新媒体中心、运营策划中心参会，联席打通堵点，畅通各个生产平台。

【报社创新发展】 眉山日报社创新报道模式，发挥新媒体传播优势，综合运用全媒体方式、大众化语言、艺术化形式制作新闻产品，加大音视频内容生产，尝试并打造城市慢直播、短视频、公益广告、海报图片等产品，推出系列群众喜爱、刷屏热传的作品。疫情期间，“眉山发布”微博、“眉山日报”微信公众号、“眉山在线”APP、眉山网等新媒体平台，发稿2 826篇（条），传递权威信息，总点击量3 000万人次以上，其中抗疫抖音短视频《护士大妈话语“治愈”紧张小伙》浏览量1 053万人次以上，城市慢直播（远景楼＋音乐喷泉点位）两周有36.6万人次观看。

【报社对外合作】 眉山日报社选派业务精干力量，推进与眉山天府新区合作，承接其融媒体中心所有外包业务，负责时政新闻采写、新媒体编辑运营、图片和视频产品设计生产等，探索出一条媒体合作发展的全新路径，每年可为报社增收300万元；发挥主流媒体的平台优势、人才优势、策划优势，对外合作推动转型，承办2020年眉山市“四川农信杯”第十二届羽毛球联赛、2020年眉山市食品安全突发事件（Ⅲ级）应急演练和2021年眉山首届网络春晚。

【报社经营管理】 眉山日报社安排专人与中国邮政集团公司眉山市分公司对接协商，促成眉山日报报业传媒有限责任公司与其签订《眉山日报》报纸发行合同补充协议，改变报纸发行费结算支付方式，提高资金使用效率；针对报纸版面成本相对较高以及受疫情影响报社传统广告减少等问题，开展调研并向市委、市委宣传部反映争取，调整2021年度《眉山日报》发行价格，为报社正常运转提供经费保障。

（左陈娟）

体育事业发展
Sports Cause Development

【概况】 2020年，眉山市克服新冠肺炎疫情不利影响，继续围绕“办人民满意的体育”目标，完成全年和“十三五”各项目标任务；新建远景楼科学健身示范区等便民健身设施，举办眉山市首届线上运动会、眉山市首届教师运动会、眉山市第六届老年人运动会。眉山市教育和体育局被省体育局表彰为群众体育和体育产业两项先进单位。

【学校体育】 眉山市完成中考改革后的首次体育考试和体育特长生招收，完成全市20 941名中考考生体育成绩审核、公示和上报；完成体育特长生自主招生，全市600人参加体育特长生考试，实际录取体育特长生93名；参与四川省教厅和省体育局4月举办的四川省第三届幼儿体育大会线上亲子运动会，获一等奖7个、二等奖13个、三等奖9个。全市有10所学校成功申报全国青少年校园篮球特色学校（共16所），7所学校成功申报全国青少年校园足球特色学校（共60所），6所幼儿园成功申报全国幼儿足球特色学校（共22所）。

【体育产业发展】 眉山市教育和体育局召开全市跑团工作会，推动马拉松运动产业快速发展；召开全市体育服务业龙头企业座谈会，为体育服务业企业纾困解难，尽早复工复产，推动体育产业率先复苏，助力全市经济健康发展。5月28日，四川体育产业集团与眉山市资产公司正式签署协议，重组共建眉山市体育产业发展投资有限公司。玉屏山景区成功创建全国十佳体育旅游精品景区。全市全年销售体彩1.9亿元。

【体育阵地建设】 眉山市新建远景楼、旭光小区、北门诗碑、青神唤鱼公园4个科学健身示范区和16个社区示范点、200个小区健身点；建成社会足球场45块，“十三五”期间累计建成社会足球场75块，完成任务率居全省第四；打造40个村级健身示范点，为280个村新增建设设施，全市行政村设施较高水平全覆盖。眉山市教育和体育局与自然资源、住建等部门出台《公园绿地广场增建健身设施意见》；指导9个场馆申报中央、省、市免开低开资金510万元，全年公共体育场馆服务健身群众超过158万人次。

（胡仕兵）

社会体育
Social Sports

【概况】 2020年，眉山市举办首届线上运动会、首届教师运动会和第六届老年人运动会等活动，并参加第十四届全国冬季运动会、川南七市县县（区）中老年篮球邀请赛等活动。

【第十四届全国冬季运动会】 1月11—12日，眉山市启明星龙舟队代表四川参加第十四届全国冬季运动会冰上龙舟大赛。启明星龙舟队在男子5人冰上龙舟100米项目中以22.297秒的成绩获得全国第三，仅次于东道主内蒙古队和传统强队吉林队。

【眉山市首届线上运动会】 3月16日—4月5日，眉山市首届线上运动会在“眉山教育体育”微信公众号平台举行。比赛分大众组、青少年组、创意组三个组别，涵盖引体向上、俯卧撑、仰卧起坐、亲子趣味、广场舞、搏击操、瑜伽等项目，收到视频2 000个，推出作品展示10期，视频总点击量超过50万次。仁寿县举办“百城千乡万村”线上运动会，将全民健身与乡村文旅发展相结合，带动各乡镇参与，总参与人数64万人次。

【眉山市第六届老年人运动会】 9—11月，眉山市第六届老年人运动会举行。运动会由眉山市人民政府主办，市委老干部局、市教体局、市民政局、市卫健委、市老体协承办，设7个大项25个小项，19个代表团参赛，参赛296场次，参赛运动员3 000人。

【眉山市首届教师运动会】 10月24日—11月1日，眉山市首届教师运动会举行。运动会以“扬体育精神、展教师风采”为主题，设10个大项，近4 000人参加，为推动体教融合、强化学校体育打下基础，受到四川省教育厅、省体育局领导和教师一致肯定。

【川南七市县（区）中老年篮球邀请赛】 10月30日—11月1日，川南七市县县（区）中老年篮球邀请赛在眉山市丹棱县举行，来自眉山、宜宾、自贡、泸州、乐山、内江、资阳等市、区（县）13个代表队、300名运动员参赛。眉山队获市级组第二名，丹棱县获区县组第一名。

【四川省老年人乒乓球比赛】 11月9日，四川省老年人乒乓球比赛在眉山市体育馆举行。比赛由四川省老年人体育协会主办，眉山市委老干部局、市教体局、市民政局、市卫健委、市老体协承办，来自省级机关和各市州23个代表队300人参赛。

（胡仕兵）

竞技体育
Competitive Sports

【概况】 2020年，眉山市布局20个项目开展业余训练，常年业训人数5 000人；与四川体育职业学院共建眉山摔跤、柔道项目优秀运动队训练基地，与四川省水校共建国家级水上运动训练基地，与尤文图斯共建眉山青少年足球高水平运动队，带动和促进全市竞技体育水平提升；加强教练员队伍和裁判员队伍培养，举办足球、篮球等教练员、裁判员培训班5期，培训人数300人；向国家和省级输送优秀运动员26名，参加各级体育比赛取得优异成绩。

【竞技体育水平提升】 眉山市选派20支队伍350人，参加在成都、绵阳等11个市州举办的四川省青少年锦标赛，获得金牌13枚、银牌13枚、铜牌14枚；选派13支队伍200人，参加2020年四川省青少年校园足球最佳阵容遴选赛，其中2名队员入选四川省青少年校园足球最佳阵容，1名队员入选全国青少年校园足球最佳阵容；提升青少年足球集体项目竞技水平，5支队伍全部进入省青少年锦标赛前8名（其中1支队伍进入省青少年锦标赛第4名），12名队员入选四川省备战全运会集训队伍。青神中学代表眉山市参加2020年“宿迁奥体”杯全国青少年U系列英式7人制橄榄球锦标赛获得亚军，眉山武术散打代表队参加2020年四川省学生武术散打锦标赛获得金牌5枚、银牌8枚、铜牌12枚。

【2020年“文轩杯”国际男子篮球挑战赛】 1月3—5日，2020年“文轩杯”国际男子篮球挑战赛在眉山市体育馆举行，来自美国、拿大、塞尔维亚3支职业球队参赛。比赛为眉山市举办的首场商业篮球比赛，共3场，吸引近万人次到场观赛以及10万人次通过网络直播观赛。美国获得冠军，加拿大获得亚军，塞尔维亚获得季军。

【2020大美仁寿半程马拉松暨全国半程马拉松锦标赛（眉山站）】 1月12日，华鑫智慧2020大美仁寿半程马拉松暨全国半程马拉松锦标赛（眉山站）·跑遍四川（眉山站）在眉山市仁寿县举行，来自25个国家和全国30个省市的12 082名运动员参赛，其中半程马拉松6 892人、迷你马拉松5 190人。半程马拉松男子突破70分选手27人，女子突破90分选手26人，跑进90分选手336人，创下四川乃至西部地区半程马拉松赛事成绩之最。谢超以1小时4分27秒成绩夺得男子组半程马拉松冠军，史立莹以1小时15分39秒成绩夺得女子半程马拉松冠军。比赛为2020年全国半程马拉松锦标赛首场赛事，吸引10个省级专业队参赛，其中四川队杨克古取得1小时5分19秒的PB（个人最好成绩），创造四川籍半程马拉松纪录。10月，2019眉山东坡区国际半程马拉松赛和2019天府仁寿不成马拉松升级为“2019中国田径协会银牌赛事”。

【2020年眉山市中小学生足球、篮球联赛和中小学生棋类、健身操舞比赛】 3—11月，眉山市中小学生足球、篮球联赛和中小学生棋类、健身操舞比赛举行，来自全市3区（眉山天府新区、东坡区、彭山区）4县（仁寿县、洪雅县、丹棱县、青神县）128个学校185支代表队近6 000名学生运动员参加，推动学校体育工作的开展和青少年体质健康水平的提升。

【2020年四川省青少年摔跤、柔道锦标赛和国青国少乒乓球选拔赛（四川赛区）】 7—10月，眉山市承办2020年四川省青少年摔跤、柔道锦标赛和国青国少乒乓球选拔赛（四川赛区），来自全省21个市州50支队伍近800名运动员参加。赛事的承办，锻炼眉山市办赛队伍，助推眉山竞技体育和学校体育的发展，同时宣传眉山，提高眉山知名度。

（胡仕兵）

卫 生

HEALTH

卫生健康事业发展 / 医政管理 / 疾病预防控制 / 妇幼卫生保健 / 计生管理 / 中医药管理
医疗保障 / 健康促进 / 川大华西眉山医院 / 华西二院眉山妇女儿童医院 / 眉山市中心血站

卫生健康事业发展
Health Undertakings Development

【概况】 2020年，眉山市有各类医疗卫生机构2 136个，其中医院88个、基层医疗卫生机构2 023个［包括卫生院125个，诊所、卫生所、医务室413个，社区卫生服务中心12个，村卫生站（室）1 473个］、公共卫生机构25个（包括疾病预防控制中心7个，卫生执法监督机构6个，妇幼保健院7个，中心血站1个，单采血浆公司2个、急救中心1个，专科疾病防治院1个）；有床位20 370张，其中医院床位13 523张，卫生院床位数5 767张；有卫生人员24 849人，其中卫生技术人员18 782人；有执业（助理）医师7 062人，注册护士8 328人，药剂人员952人，检验人员674人，其他技术人员769人；每千常住人口有卫生技术人员6.27人，每千人口有医师（助理）2.36人、注册护士2.78人、医疗机构床位数6.8张。

【国家卫生城市建设】 眉山市卫健委组织对全市11个国家卫生乡镇、45个省级卫生乡镇、435个省级卫生村、255个省级卫生单位、184个省级无烟单位复审。全市新创建省级卫生镇5个、省级卫生村101个、省级卫生单位34个和省级无烟单位110个。眉山城区通过国家卫生城市创建综合评审，丹棱县被命名为国家卫生县城。

【法治卫健建设】 眉山市卫健委深入推进扫黑除恶专项斗争，开展卫生健康行业领域突出问题系统治理，实施卫生行政处罚17起，罚没金额4.94万元；落实合法性审查制度、公平竞争审查制度，组织开展《中华人民共和国传染病防治法》《中华人民共和国基本医疗卫生与健康促进法》《中华人民共和国民法典》等系列法治宣讲，强化法治意识，规范行政、执法和医疗服务行为，全年无行政复议、行政应讼案件。

【医疗联合体建设】 眉山市卫健委持续推进与北京常春藤医学高端人才联盟、川大华西医院、川大华西第二医院、省人民医院、四川耳鼻喉专科联盟合作，推进青神县紧密型县域医疗卫生共同体试点，建成不同模式医联体22个，县域内就诊率86.36%。

【现代医院管理制度试点】 眉山市卫健委开展现代医院管理制度试点，确定市人民医院和市中医医院为试点单位，市人民医院启动医疗小组、绩效分配等管理体制和运行机制改革；将医院章程制定纳入公立医院绩效考核，全市二级及以上公立医院100%制定章程，100%民营非性医院制定章程。

【药品供应保障】 眉山市卫健委组织公立医疗机构实施两次药品集中带量采购，降低药品价格；推动仿制药临床使用，坚持基本药物主导地位，基本药物达到规定比例的机构数达90%以上；指导医疗机构抓好短缺药品管理，持续保障国家医保谈判药品和带量采购药品配备使用，定期上报临床配备使用情况；实施取消药品加成改革，共让利超过1亿元。

【医疗卫生行业监管】 眉山市政府办印发《眉山市进一步完善医疗卫生行业综合监管制度工作方案》，明确市级各部门重点任务分工。眉山市卫健委开展“双随机”监督抽检，监督抽检585家；实施卫生行政处罚151起，罚没107.84万元；对22家二级医疗机构、45家公共场所开展专项检查，下达监督意见书31份。全市所有二级以上医疗机构接入医废在线监管平台。

【基本公共卫生服务】 眉山市居民电子健康档案建档292.31万人，建档率97.96%；高血压患者管理18.19万人，规范管理率89.06%；糖尿病患者管理6.28万人，规范管理率85.71%；疫情期间持续开展外出务工人员免费健康服务，出具健康证明60.39万份，服务66.26万人次。

【医疗卫生设施建设】 眉山市全年争取上级直达资金、抗疫特别国债资金、地方专项债券和中央预算内投资等10.85亿元，为历史之最；7个重大项目顺利推进，市人民医院业务综合楼搬迁投用，华西眉山妇女儿童医院、市疾控中心项目全面封顶，市中医医院全面做好搬迁准备，其余项目全部完成主体施工，进入装饰装修及工程安装阶段；中央预算投资项目开工率、竣工率、投用率等居全省第一，完成率居全省第四。

【卫生信息化建设】 眉山市卫健委在全省率先建成覆盖全行业的电视电话会议系统，统筹推进电子健康卡和“眉山医健通”智慧医疗服务平台建设，完成全市二级及以上公立医疗机构电子健康卡改造、平台接入和部署应用，已办理电子健康卡150万张，“眉山医健通”智慧医疗服务平台正式上线运行；完成市级医疗“三监管”平台部署实施，230家医疗机构实现网络连接和数据上传；完成137家基层医疗机构四川省基层医疗卫生机构管理信息系统迁移上云，并配合推动医卫管理服务信息平台建设。

【卫生行政审批改革】 眉山市卫健委深化“放管服”改革，调整清理优化权力清单393项，精减行政许可申请材料32项、证明事项14项，进一步压缩行政许可办理时限、较法定时限压缩82.15%；推进证照电子化改革，组织完成医疗机构、医师、护士执业许可电子证照申领；推进跨省、川渝通办改革，实现消毒产品备案、医疗广告审批跨省通办；落实政务服务“好差评”制度和“五心服务”，受理办结服务事项263件，办结率100%、满意率100%。

【社会资本办医】 眉山市有民营医院72家，其中三级民营医院2家、二级民营医院20家、一级民营医院50家，与2019年相比增长2家；实有床位数5 694张，占所有医院实有床位数的42.11%；诊疗117.52万人次，占19.83%，与2019年相比下降4.62%；入院11.83万人次，占31.90%，与2019年相比入院人次数增长5.51%。

【卫生宣传教育】 眉山市卫健委加强对外宣传，在主要媒体刊登稿件1 205篇（其中市级媒体793篇、省级媒体332篇、国家级媒体80篇）；做好新冠肺炎防控宣传和舆情处置，宣传报道先进典型事迹约2 000篇次，权威发布疫情通报342条，妥善处置网络舆情30起；参加第三届"健康四川—大美医者"评选宣传活动，推荐9名候选人参加省级评选；组织开展卫生健康三下乡、健康扶贫暖心义诊等宣传活动，发放宣传资料2.3万份、宣传品1 100份，并组织开展《爱卫有我 健康同行》知识有奖竞答、"5·12"国际护士节纪念作品征集等活动。

【健康扶贫】 眉山市卫生扶贫救助基金累计救助6 389人，支出1 262万元；完成贫困人口健康体检21 138人，年度体检率124.74%；建档立卡贫困人口家庭医生应签尽签完成率100%。眉山市卫健委抓好"先诊疗后付费""一站式结算""十免四补助"等健康扶贫政策执行，村卫生室标准化建设达标，建档立卡贫困人口100%参加城乡居民基本医疗保险，贫困患者县域内住院和慢性病门诊维持治疗医疗费用个人支付占比均控制在10%以内。

【四川大学华西医院眉山医院揭牌】 1月，四川大学华西医院眉山医院干部任命暨揭牌仪式举行。四川大学华西医院领办眉山市人民医院，与华西医院建成紧密型医联体，并完成党委书记、院长及副院长的任命。华西医院通过"人才输出"＋"技术输出"的方式，带动市医院学科建设全面提升，力争实现成眉医疗水平同质化发展，使全市居民享受更高水平的医疗服务。

（张　瀚　张　勇）

医政管理

Medical Administration

【概况】 2020年，眉山市卫健委开展疫情防控医疗救治，建立"四早"工作机制，补短板、堵漏洞、强弱项、健全完善应急医疗救治体系，全市新冠肺炎疑似病例48例，排除40例，确诊8例，治愈8例，治愈率100%，无危重症和死亡病例；持续推进医疗卫生体制改革，安全稳步提高医疗质量，深化改善医疗服务行动，推进医疗行风建设，统筹做好健康扶贫医疗救治、征兵体检、优质护理、重点专科建设、二级生物安全实验室建设等其他重点工作。

【医疗综合监管改革】 眉山市卫健委完成医疗"三监管"市级平台部署，组建"三监管"判定专家组，对全市各级各类医疗机构开展视频培训，确保平台数据上传规范；强化动态精准监管，筛查"耗材使用、门诊处方、重点药品使用、住院费用、检验检查、抗菌药物处方权限"六类问题线索，督促整改到位。

【食品卫生安全监测】 眉山市卫健委加强食品安全监测能力建设和风险评估，完成食品风险监测样品374份，占全年任务数100%。食源性监测哨点医院病例上报信息2 443例，完成全年任务数113.1%。

【卫生应急管理】 眉山市成立突发公共卫生事件应急指挥部，由市政府领导、卫生健康部门牵头、各部门联防联控、医疗卫生专业机构具体负责。全市有8家疾控机构、39家二级以上医疗机构，已建立市、县、乡三级疫情监控及网络直报和突发公共卫生事件直报系统，监测预警机制健全。眉山市制定完善30个专项应急预案，成立专家咨询委员会，组建24支卫生应急队伍；设置市、县两级卫生应急物资储备库；有针对性开展应急演练，提升处置能力；开展新冠肺炎疫情防控应急处置，排查疑似病例48例，确诊病例8例，治愈率100%。

【医疗废物监管】 眉山市卫健委持续加强医疗卫生机构医疗废物监管，将医疗卫生机构医疗废物分类收集纳入院感管理，严格落实申报登记；结合新冠肺炎疫情常态化监督检查、国家"双随机"抽查及日常监督检查，联合市生态环境局等多部门开展医疗废弃物专项整治，推进在线监管，35家医疗机构接入医疗废物在线监管平台。全市医疗机构医疗废物分类收集率100%，使用专用包装物及容器率100%，并全部交由有资质的单位集中处置，全年处置医疗废物1 761吨，处置率100%。

【医疗费用管理】 眉山市卫健委加强对全市医疗费用监管，受疫情影响，全市医疗总收入同比下降0.25%，医药收入同比下降7.62%，门诊人均医药费用同比增加8.84%，住院人均医药费用同比增加5.59%，门诊人均费用和住院人均费用增长均因开展核酸检测等相关费用增加。

【医疗质量管理】 眉山市卫健委组织医疗机构开通"互联网＋医疗健康"服务，眉山市人民医院、仁寿县人民医院通过5G网络接入华西医院远程会诊平台；充实市级质量控制中心专家库，建立市质控中心44个、县级143个，开展质控督导47次、培训班46班次，培训6 000人次。

【医疗重点专科建设】 眉山市全年市级临床重点专科立项4个、验收合格6个、动态评审合格7个，仁寿县人民医院成功创建三级甲等医院。

【医疗卫生人事管理】 眉山市卫健委实施人才引进计划，引进卫生技术人员877名；实施农村订单定向医学生项目和"眉州名医"培育计划，遴选第二届"眉州名医"培育对象49名；实施对口支援，选派52名中级以上职称医务人员到12个深度贫困县、183名医务人员到基层医疗机构开展对口支援"传帮带"；选派30名医疗队员、2名疾控人员驰援武汉，精选15名疾控人员支援成都海关入境卫生检疫；落实眉山市关心关爱新冠肺炎疫情防控一线医疗卫生人员及家属的十三条措施；完成620人次卫生、中医副高级专业技术职务任职资格考试、评审申报材料审核，完成8 522人次卫生技术考试考核报名资格审核和组织。

【医疗卫生财务管理】 眉山市卫健委积极争取专项资金14.5亿元，规范资金使用和政府采购，督导专项资金使用；启动全市卫健系统政府采购自查，加强项目绩效评价，财务管理培训200人；加强项目廉政教育，提高风险防范能力。

【医疗卫生职业健康管理】 眉山市卫健委开展尘肺病防治攻坚行动，成立市长为组长的尘肺病防治攻坚行动领导小组，印发《眉山市尘肺病防治攻坚行动实施方案》，明确工作目标，255家企业纳入攻坚治理；加强职业病防治体系建设，全市建成职业病诊断机构1家、职业健康体检机构8家、培训机构4家、技术服务机构

2家，拟建设尘肺病康复站1家。

【医疗卫生安全与保障】 眉山市卫健委全面实施安全生产责任清单制，以“安全生产月活动”为契机，组织全系统集中开展重点环节、重点时期安全隐患大排查大整治，全年全系统未发生安全生产责任事故；承担市委、市政府重要会议活动医疗保障200次，完成全省抓项目促投资现场会、2020年中国国际竹博会、第四届眉山东坡文化学术高峰论坛等重大会议医疗保障，完成2020年干保对象体检及延伸服务。

【医疗纠纷调处建设】 眉山市卫健委引入医疗责任保险经纪公司，建立眉山特色的医疗风险分担、医疗纠纷调处和医疗风险防范专业管理体系和调赔结合机制，推动医疗纠纷实现独立第三方调处；开展风险防范培训19场1 172人次，向医疗机构递风险提示函24份，回访医疗机构43次。眉山市医调委运行以来，接受咨询报案131件，受理医疗纠纷59件，成功调解55件，其中涉及患者死亡的案件16件。

【血液供应保障】 眉山市采血21 323人次、33 728.75单位，保障全市及疫情期间临床用血。

（张　瀚　张　勇）

疾病预防控制
Disease Prevention and Control

【概况】 2020年，眉山市疾病预防控制工作围绕“健康眉山”建设，以机构改革为契机，全面提升疾病防控能力。全市居民健康素养水平达25.91%，较2019年提升6个百分点；人均预期寿命达79.25岁，高于国省平均水平；甲乙类传染病报告率低于全省平均水平，6区县均达到血吸虫病消除目标；打赢疫情防控阻击战，并抓好常态化疫情防控。

【艾滋病防控】 眉山市卫健委完善优化艾滋病“三线一网底”运行管理，开展2020年艾滋病中期调研评估和艾滋病防治“十三五”终期评估，常住人口艾滋病检测率33.91%，治疗覆盖率93.12%，成功率92.88%。

【血吸虫病防控】 眉山市查螺11 400.84万平方米，未查到感染性钉螺，灭螺5 178.11万平方米；查病57.28万人次，现存晚血病人650人，晚血治疗731人次，扩大化疗60 576人次，无急血病例；完成血吸虫病“十三五”防治规划终期评估，东坡区、彭山区、仁寿县通过省级消除达标评估，至此全市所有区县均达到血吸虫病消除目标。

【结核病防控】 眉山市推进结核病防治新型服务体系建设，强化耐多药结核病防治，严格落实学校结核病防治措施，全年登记并治疗活动性肺结核病人1 128例，总体到位率95.65%，治疗成功率96.78%；耐多药高危人群耐药筛查率100.00%，病原学阳性病人耐药筛查率85%；发现利福平耐药病人8例、纳入治疗6例，治疗率75%。

【狂犬病防治】 眉山市卫生健康系统充分利用宣传栏、宣传单等形式开展狂犬病防控知识宣传，使狂犬病防治知识家喻户晓，促进犬伤患者及时到医疗机构处置伤口和主动免疫。全市报告狂犬病1例（仁寿县报告），死亡1例；犬伤就诊34 591人，犬伤患者伤口处理34 588人，接种疫苗34 584人，接种狂免2 415人。

【慢性病和地方病防控】 眉山市管理糖尿病患者64 736人，规范管理55 575人，规范管理率85.85%。眉山市疾病预防控制中心开展慢病、心脑血管和儿童伤害监测，全市常住人口粗死亡率690/10万，肿瘤登记报告发病6 998例，死亡4 391例；继续加强已消除达标地方病病种（克山病、地氟病）常规监测。

【精神障碍患者管理】 眉山市完善精神卫生综合管理协调机制，健全服务管理体系和网络，建立精神卫生长效保障机制，加强精神卫生工作培训、督导，提升服务能力。年底，全市在册患者14 804例，报告患病率4.96‰，规范管理率95.17%。

【免疫规划管理】 眉山市深入贯彻落实《中华人民共和国疫苗管理法》，继续深化规范化门诊建设，巩固示范区建设成果，确保接种安全。全市全年国家免疫规划疫苗常规免疫报告接种率99.46%。

【卫生监测管理】 眉山市卫健委全年完成食品风险监测样品364份，任务完成率100%；完成哨点医院食源性疾病病例信息报送2 424例，指导区县处置食源性疾病暴发事件14起62例；完成全市枯、丰水期饮用水监测784份，完成率105.09%，农村乡镇监测覆盖率100%；完成农村环境监测、校园环境卫生调查，开展学生近视及其他重点常见病和健康影响因素监测与干预。

【传染病管理】 眉山市所有建制乡镇卫生院及以上医疗机构均实行网络直报，市县两级疾控机构分别落实专人负责疫情信息管理、监控，指导全市医疗机构按照《传染病信息报告管理规范（2015年版）》开展传染病报告。全市全年报告甲乙类传染病5 606例，报告发病率187.87/10万，同比下降7.43%，发病数居前五位的分别是梅毒、乙肝、肺结核、丙肝和艾滋病；报告丙类传染病2 606例，同比下降56.11%。

【疫情防控就诊管理】 眉山市全面落实首诊负责制，规范预检分诊和发热门诊管理，改建市县人民医院传染病区（科）和其他医疗机构、乡镇卫生院（社区卫生服务中心）发热门诊、业务用房及设备购置等，设置基层哨点诊室134个；规范医院感染管理，开展院感技术培训5.6万人次，开展院感防控专项督导2 000家次，严格落实《普通科室陪护人员/探视者监测管理制度》，做到“一患一陪一探视”，降低院内感染风险。眉山市全年发热门诊接诊12万人次，医学观察1.7万人次。

【疾控基础建设】 眉山市坚持以项目建设为引领，推动疾控机构软硬件水平提升。眉山市疾控中心综合业务大楼及地下停车库工程建设项目于6月底完成竣工验收，交付使用；眉山天府新区疾控中心建设项目完成钢结构主体，正进行砖砌体施工；东坡区疾控中心完成招标，签订监理合同和施工合同，施工队进场完成临设搭建及场地道路施工；仁寿县疾控中心专家评审已过，项目取得发改立项批复报告、用地预审与选址意见和建设用地规划许可证，地形测绘、地勘等基本完成；洪雅县疾控中心完成项目选址，正开展可行性研究。

（张 瀚 张 勇）

妇幼卫生保健
Maternal and Child Health Care

【概况】 2020年，眉山市稳步提升妇幼健康服务能力，市妇幼保健院成功创建省新生儿听力障碍诊治分中心，正积极创建产前诊断技术服务机构；市妇幼保健院、仁寿县和洪雅县妇幼保健院通过等级复评，市妇幼保健院和仁寿县妇幼保健院分别荣获国家级和省级母婴安全优质服务单位称号，仁寿县汪洋中心卫生院成功创建听力筛查机构。

【妇幼救治中心标准化建设】 眉山市持续推进危重孕产妇和新生儿救治中心标准化建设，转诊救治危重孕产妇4例、新生儿3例。全市孕产妇、3岁以下儿童系统管理率分别为98.99%、97.98%，孕产妇住院分娩率99.97%，孕产妇死亡率9.09/10万，婴儿死亡率1.77‰，5岁以下儿童死亡率3.5‰。

【计生优生优育服务】 眉山市卫健委持续开展计划生育优生优育服务，免费手术40 012例，新生儿疾病筛查率95.99%，听力筛查率96.36%；实行《出生医学证明》网络化管理，废证率0.31%；受理申请病残儿医学鉴定4人，符合再生育标准4人；指导举办市产科、儿科适宜技术培训，培训技术人员400人次。眉山市妇幼保健院和仁寿县妇幼保健院被省卫健委推荐为"国家级母婴安全优质服务单位"，眉山市妇幼健康工作在全省作经验交流。

【妇幼健康服务】 眉山市卫健委推进妇幼重大公卫项目及民生工程稳步实施，落实农村生育妇女免费增补叶酸项目；实施免费孕期优生健康检查和免费婚前医学检查，孕检目标人群覆盖率99.54%，婚前婚检率94.49%，"两癌"筛查56 106人；推进预防艾滋病、梅毒和乙肝母婴传播项目，艾滋病、梅毒和乙肝孕期检测率100%，孕产妇艾滋病抗体检测率100%，实现艾滋病母婴"零"传播。

【"两纲"实施】 眉山市卫健委狠抓"两纲"实施，建立"两纲"监测指标责任清单，明确目标任务和责任分工；梳理各项指标完成情况，及时查漏补缺，制定相应的工作举措，确保"两纲"终期目标任务完成。

【农村妇女"两癌"免费筛查】 眉山市完成宫颈癌筛查35 355人，完成省定目标任务123.27%；完成乳腺癌筛查20 751人，完成省定目标任务119.95%。"两癌"筛查合计完成56 106人，完成省定目标任务数122.02%。

（张 瀚 张 勇）

计生管理
Family Planning Management

【概况】 2020年，眉山市积极推进计划生育服务管理改革，提升服务管理水平，东坡区继2016年后再次成功创建为全国计划生育优质服务先进单位；积极推进人口监测手段改革，加强与民政、公安等部门，实时共享人口信息，并依托健康档案云平台，整合比对住院分娩、预防接种、出生医学证明签发等信息，实时更新人口数据；积极推进落实计划生育特殊家庭扶助关怀措施落实，全市计生特殊家庭保持长期稳定。

【计生便民服务】 眉山市卫健委开展计划生育证明事项清理，精简办证材料、优化办事流程，实行特殊情形再生育审批网上办理。流动人口凭居住证提交结婚证、户口本在居住所在地卫生计生窗口即可完成生育登记，也可通过《四川省计划生育便民服务平台》上传相关资料即可完成网上登记，无须跑路。群众可通过"健康四川""健康眉山"进行网上登记，需要制式生育服务证的，可在就近乡镇卫生计生窗口实现异地打印。全市全年受理生育登记21 632对，其中拟生育二孩8 502对，11 207对育龄夫妻通过网络自主登记，无擅自增设前置条件和门槛现象，办结特殊情形再生育审批4例；加强全面两孩政策宣传，登记出生人口27 678人，出生人口性别比105.82，符合政策生育率99.3%，人口出生率7.8‰，死亡率6.64‰，人口自然增长率1.16‰。

【计划生育惠民政策实施】 眉山市奖励扶助、特别扶助等五项计生惠民政策惠及288 873人，兑现资金20 441.75万元，均纳入"一卡通"监管平台发放；梳理计生惠民政策阳光审批流程，组织区县、乡镇按规范开展2021年计生惠民政策享受对象申报受理和乡村两级核查、年审、初审等。

【计生特殊家庭扶助】 眉山市卫健委落实计划生育特殊家庭联系人制度等"三个全覆盖"，确定7家特殊家庭就医绿色通道定点医院，为特殊家庭提供"两免四优先"医疗便利服务，并根据自愿原则，提供基本公共卫生服务和免费健康体检；确定特殊家庭乡（镇）、村联系人，了解特殊家庭动态；协调医保、人社等部门，落实代缴城乡基本医疗保险和城乡基本养老保险；继续为7 300名计生特殊家庭购买住院护理补贴保险，向1 045人次支付住院护理补贴94.93万元；协调四川省医药爱心扶贫基金提供救助8 423元，市、县两级向计生特殊困难家庭发放慰问金36.12万元。

【计划生育药具服务】 眉山市免费避孕药具公共服务管理体系健全，各级管理机构职责明确。眉山市卫健委坚持市、县、乡、村共同管理和发放。全市有2 320个计划生育避孕药具免费发放网点，有68台凭身份证刷卡领取避孕药具的自助发放机。截至2020年，全市共增加110台用手机二维码领取避孕药具的自助发放机，高校安装16台壁挂式避孕药具自助发放机，保障和满足群众避孕节育需求，加强预防艾滋病传播知识宣传，提高育龄群众知晓率。

【婴幼儿托育服务】 眉山市县妇幼保健机构设立婴幼儿早期发展教育中心，开展讲座、亲子活动和家庭照护技能指导，提升家庭婴幼儿照护水平；眉大中专院校开设保育员、育婴师等专业，培训婴幼儿照护人才；一批民办婴幼儿照护服务机构建设投入运营，部分幼儿园开设托幼班，增加学位，招收2岁以上幼儿。全市有幼儿园托班、早教托班、托育园等373家机构提供婴幼儿照护服务。

（张 瀚 张 勇）

中医药管理
Traditional Chinese Medicine Management

【概况】 2020年，眉山市有中医类医院10家，其中三级甲等2家、三级乙等1家、二级5家。100%的社区卫生服务中心和95.24%的乡镇卫生院设置中医馆，100%的社区卫生服务站和94.27%的村卫生室能提供中医药服务。全市已建成省级重点中医专科11个、建设单位8个，建成市级重点中医专科36个，建成全国名中医药专家传承工作室4个，有中医药类市级非物质文化遗产7个，市中医医院中医康复学建成全国重点中医学科。12月，眉山市委、市政府印发《眉山市促进中医药传承创新发展的实施方案》，力争在2025年前建立完善中医药传承创新制度体系，提升中医药治理体系和治理能力现代化水平，增强全市中医药健康服务能力，形成产学研用全面协调发展新格局。

【中医药传承创新】 眉山市委、市政府印发《眉山市促进中医药传承创新发展的实施方案》，全面推进中医药强市建设，创建省级中医重点专科建设单位8个。眉山市中医医院、彭山区中医医院新院区投入运营，仁寿县、洪雅县中医医院基建项目持续推进。东坡区通过全国基层中医药工作先进单位复审，彭山区通过全国基层中医药工作先进单位检查验收。眉山药科职业学院建成省中医药文化宣传教育基地，新渔生物中医药博物馆建成省中医药旅游文化示范项目。3个集体和4名个人获省中医药传承创新发展先进集体、先进个人。

【中医药康养发展】 眉山市积极推进中日国际康养城、彭祖国际健康养生养老文化城、玉屏山森林康养基地等重大项目建设；依托彭祖养生文化和东坡文化资源优势，发展康养休闲旅游，为建设眉山康养高地注入文化内涵和人文精髓。眉山市中医医院建立以中医药健康养老为主的市中医医院龚村养护中心，探索中医药深度参与医养结合发展，努力打造成全省医养结合发展的典范，形成医养结合的“眉山模式”。全市已建成省级中医药健康旅游示范基地七里坪、中医药健康旅游示范项目新渔生物中医药历史文化馆以及彭祖山、中日康养城、恒大养生谷等丰富的中医药旅游资源。中医药深度融入的眉山康养旅游、休闲度假、医养结合发展高地雏形已成。

【中医药服务能力提升】 眉山市95.24%的乡镇卫生院（含社区卫生服务中心）建有中医馆，94.27%的村卫生室、100%的社区卫生服务站能提供中医药服务，基层中医药服务量47.6%，基本实现中医药服务全覆盖；修订市级中医重点专科管理办法，组织中医医术确有专长人员考核。全市新创三级中医医院1家，洪雅县中医医院创成三级乙等中医医院。

【中医队伍建设】 眉山市为传承推广中医药优势特色，发挥中医药人员在健康服务领域的作用，通过全科医师转岗培训、西学中医培训、祝之友高级人才研修班、适宜技术培训等，营造良好的中医药发展环境；开展第三届眉山市名中医评选，评选出20名市名中医。截至年底，全市有中医（助理）医师2 133人、省学术技术带头人及后备人选7人、享受国务院特殊津贴1人，有四川省十大名中医1人、省名中医12人、市名中医47人、首届眉州名医3人、眉州名医培养对象15人。

（张 瀚 张 勇）

医疗保障
Medical Security

【概况】 2020年，眉山市参加基本医保299.5万人，按常住人口算基本实现全民参保；职工医保基金征缴收入9.2亿元（含生育保险），待遇支出6.5亿元，结余18.3亿元，静态可支撑34个月；城乡居民医保基金征缴收入21.9亿元，待遇支出20.1亿元，结余23.6亿元，静态可支撑14个月；生育保险参保人数23.1万人，待遇支出4 938万元。全市开展医疗救助13.23万人次，医疗救助资金支出6 871万元。

【成德眉资医疗保障同城化发展】 眉山市与成都市、德阳市、资阳市签订医保同城化发展《战略合作备忘录》《基金监管合作协议》《经办服务合作协议》等，将药耗集中采购区域联盟、职工缴费年限互认纳入议事日程，2020年度成德眉资同城化发展最亮眼五张名片投票评选中，“医保异地就医直接结算”获市民投票第一名；与成都中医药大学合作，在全省率先完成眉山医保“十四五”规划并在全省医保系统作经验交流。

【医保支付方式改革】 眉山市42家二级及以上医疗机构全部实现DRG按月预付，186家基层医疗机构全部纳入DRG清算管理，力争从根本上扭转医院过度检查、过度治疗问题。相较2019年，全市二级以上医疗机构总体药占比、耗占比下降5.03%，次均住院天数下降6.06%，次均住院费用下降0.425%，群众就医费用下降2.78%。

【城乡居民医疗保险】 眉山市个人缴费标准260元／人，财政补助标准520元／人，参保人数263.6万人，征缴收入6.85亿元，财政补助13.7亿元，报销223.62万人次，待遇支出20.1亿元；大病保险筹资标准72元，报销11.31万人次，待遇支出1.6亿元。

【职工医疗保险】 眉山市职工基本医疗保险最低缴费基数为4 746元／月，参保单位10 311家，参保人数35.9万人，同比增幅4.2%；征缴收入9.2亿元，报销39.98万人次，待遇支出6.5亿元。

【生育保险】 眉山市生育保险参保缴费人数23.1万人，同比增幅14%，缴费费率0.80%；生育保险支出4 938万元，同比增幅-29.3%；享受生育待遇5 890人次，其中享受生育医疗待遇3 291人次、享受生育津贴待遇2 599人次。

【医保待遇】 眉山市门诊特殊疾病病种增加至40个，方便群众不住院报销；城乡居民以Ⅱ类门诊特殊疾病为主要诊断住院的一年只付一次起付线，脑卒中后遗症、癫痫、甲状腺功能亢进或低下、慢性活动性肝炎4种慢性病取消复查；发动全市基层组织和医疗机构开展高血压、糖尿病确诊登记，“两病”患者25.1万人，登记率名列全省第二；新生儿参保缴费时限由28天增加至90天，方便新生儿住院报销。

【医保基金监管】 眉山市医保局深入推进医保基金专项治理，严厉打击侵害群众利益的欺诈骗保行为；全覆盖检查医药机构1 842家次，处理违规违约医药机构748家次；针对医药机构常见违规问题，出台《关于规范医药机构医疗保障行为的规定》；针对康复诊疗低指征入院、过度治疗乱象，在全省率先制定《康复诊疗指南》；联合5部门印发《医保基金监管信用体系相关制度》，对定点医药机构、医保医师护师、参保人员实行信用计分，营造诚实守信、公平竞争的医疗卫生营商环境。

【药品集采】 眉山市医保局稳步推进国家药品集中带量采购，28种第二批集采药品于4月在全省首个落地实施，获得省医保局高度评价并转报国家联采办，超额完成省定任务，合同完成量位居全省前列。11月，44种第三批集采药品落地眉山，最高降幅94.1%。全市全年节约医药费用1.05亿元，减轻患者就医负担。

【国家谈判药品政策落实】 眉山市医保局落实国家医保局、省医保局关于国家谈判药品政策规定，实行“五定”（定认定机构、定治疗机构、定责任医师、定供药机构、实名制管理）管理。2019年10月，眉山市确定1家特殊药品特供药房进行试点，开始实施“双道通”供药，有效解决市内参保患者购药难、报销难的问题。2020年，参保患者到眉山市特供药房购药4 976次，涉及谈判药品费用3 072万元，医保基金报销2 218万元。

【医保信息化建设】 眉山市医保局完成医疗保障系统骨干网络眉山市横向接入汇聚区、眉山市医保基金监管全生命周期管理平台（一期）、眉山市医卫信息共享平台3大项目立项、技评和财评；开展医保信息业务编码，完成医保单位16家、医保系统工作人员215人、定点医疗机构348家、定点零售药店935家、医保医师5 675人、医保护士7 323人、医保药师710人的国家赋码；打通信息系统渠道，完成医保系统与税务2.0系统的灵活就业人员缴费、退役军人补缴、个人补收、单建统筹转统账结合补差、医保协议清算缴费、企业（单位缴费）接口改造和阳光政务“一卡通”接口改造。

【医保便民服务】 眉山市医保局不断优化信访处置方式，全年回复群众20.7万人次，满意率99.9%；新增5项政务服务办理事项，窗口办件543 361人次，市县医保窗口获流动红旗12次、窗口服务明星47人次，获群众表扬1 300件次。“眉山智慧医保”微信公众号粉丝85.3万人，200多万名城乡居民通过微信公众号参保。

【疾病应急救助管理】 眉山市医保局落实疾病应急救治政策制度，切实解除医疗机构后顾之忧，保障困难群众不因医疗费用得不到及时救治。全市医疗机构全年申报疾病应急救助5人次，审核通过4人次，总费用5.01万元，申报费用4.85万元，审核通过并支付4.84万元。

【医保扶贫】 眉山市医保局为全市30.2万名建档立卡贫困人口、低保对象、特困人员代缴城乡居民基本医疗保险，确保百分百参保；开展慢性病筛查，将26 754名贫困人口纳入慢病管理。全市贫困人口发生县域内住院医疗费用2.65亿元，其中患者个人自付2 521.78万元，控制自付比例在10%以内，无一人因病返贫。

【疫情防控医保服务】 眉山市医保局申领疫情防控物资保障任务，完成4 074.7万元防控物资采购和发放；报销48名新冠肺炎确诊及疑似病人医疗费用30万元，财政兜底10万元，实现患者“零自付”；将发热门诊病人核酸检测纳入医保，报销费用87.77万元；实施职工医保降费减征政策，为全市6 500家企业减免费用2.75亿元，惠及2.6万灵活就业人员。

（郭金帝）

健康促进
Health Promotion

【概况】 2020年，眉山市开展健康主题活动，普及健康知识，提高群众参与程度，增强宣传教育效果，完成健康促进工作。东坡区完成健康促进县（区）建设，通过省级技术评估验收。全市有彭山区、东坡区完成健康促进县（区）建设，创建健康促进社区、学校、单位、企业、医院80个，居民素养水平25.91%。

【医养结合机构建设】 眉山市有医养结合服务机构9家，其中7家纳入医保定点。医养结合机构中，7家医疗机构开展养老服务，2家养老机构设立医疗机构。全市医养结合机构床位总数1 600张，其中医疗床位570张、养老床位1 030张，有医养服务人员282人。

【健康教育促进】 眉山市推进创建健康促进示范县，彭山区、东坡区完成健康促进县（区）建设，洪雅县申报成功，准备接受省级评估验收；开展全市居民健康素养水平监测，通过制定方案、抽样、培训、现场调查、问卷录入、数据分析等，完成覆盖全市所有区县城市、农村、机关企事业单位、学校等70个监测点2 800份问卷监测。

【爱国卫生管理】 眉山市卫健委印发《关于开展冬春季爱国卫生运动加强环境卫生整治工作的通知》《关于进一步开展爱国卫生运动全力做好新冠肺炎疫情防控工作的通知》《关于持续开展爱国卫生运动预防疫情传播工作的通知》《关于在全市开展以市场整治为重点的爱国卫生运动助力新冠疫情防控的通知》等文件，加强爱国卫生管理。

【爱国卫生宣传】 眉山市卫健委组织第32个爱国卫生月活动，举办爱国卫生运动成就展；发放、张贴宣传资料8.3万份，稳步推进无烟环境建设。

【病媒生物防制】 眉山市卫健委组织2020年全市病媒生物防制培训工作电视

电话会，印发《眉山城区2020年病媒生物防制工作实施方案》《眉山城区2020年病媒生物滋生地调查方案》《眉山城区2020年病媒生物防制技术方案》等文件；协调组织开展2020年春秋季集中药物消杀和“三防”设施建设维护，全年病媒生物防制消杀专项经费投入201.92万元。

（张　瀚　张　勇）

川大华西眉山医院

Meishan Hospital of Sichuan University West China Hospital

【概况】 2020年，眉山市人民医院·四川大学华西眉山医院（以下简称川大华西眉山医院）分为新院区、老院区和青神病区，占地面积208.98亩，建筑面积108 306.39平方米；在职人员总数1 793人，其中卫生技术人员1 512人（博士4人、硕士138人、高级职称266人）；编制床位1 199张，开放床位1 502张；建成省级重点专科3个（肾内科、泌尿外科、放射科），建设中的省级重点专科3个，建成市级重点专科12个，建设中的市级重点专科7个；医院门诊995 828人次，急诊193 105人次，手术操作人数35 263人次，日间手术2 298台，出院56 964人次。1月，四川大学华西医院领办眉山市人民医院。5月，眉山市人民医院新院区业务综合楼投入使用，包括门诊、多个内科住院病房完成搬迁，改善就诊环境。

【医联体建设】 川大华西眉山医院持续深化作为华西医院领办型医联体单位的建设，借力成眉同城发展与成都医疗机构组建专科联盟。5月，华西医院神经内科、神经外科、肿瘤科、胸外科和血液内科5个专业的教授受聘为川大华西眉山医院首批学科主任。7月、11月，华西医院再次增派急诊科、重症医学科、呼吸内科、风湿免疫科四个专业的学科主任。学科主任通过定期到医院出专家门诊、教学查房、手术指导、专题讲座等，直接参与和指导学科建设，推进川大华西眉山医院相关专科在医、教、研方面发展。川大华西眉山医院加快推进以本院为龙头的区域医联体建设和城市医疗集团建设，重点抓好既有医联体丹棱县人民医院托管，努力扩大川大华西眉山医院医联体参与单位，持续做好与川大华西眉山医院建立对口支援关系的彭山区中医医院、青神县人民医院、洪雅县中医医院支援。

【专科和基地建设】 川大华西眉山医院成立风湿免疫科，甲乳外科和肝胆外科分设；接受检验科省级医学重点专科验收评审，呼吸内科、妇产科、心内科、普外科市级重点医学专科动态验收评审，儿科、病理科市级重点医学专科立项评审，神经内科、消化内科、内分泌科市级重点医学专科验收评审；接受四川省护士规范化培训基地复查，获批国家级住院医师规范化培训基地（全科医师住培基地），实现眉山市住院医师规范化培训基地零的突破。9月23日，四川大学华西医院眉山医院（眉山市人民医院）通过2020年度第一批次中国胸痛中心（标准版）认证，正式成为国家级胸痛中心，标志着医院急性心肌梗死等胸痛疾病综合诊疗水平已与国家标准胸痛诊疗技术接轨。

【医疗质量管理】 川大华西眉山医院在华西医院领办后，持续推行医疗组长负责制，制定医疗组长聘任和管理规定，逐步实现医疗资源按照医疗组配置，质量指标、效率指标、费用指标全部按照医疗组考核，进一步筑牢医疗质量医疗安全网格化管理基石；借鉴华西医院医疗缺陷管理制度，印发《眉山市人民医院医疗缺陷管理规定》，涵盖依法执业、辐射（放射）管理、十八项核心制度、病历书写、医疗纠纷防范、医院感染管理、门诊管理、药事管理、医德医风、医疗三监管、突发公共卫生事件报告等方面，并对违反规定给予相应处理；结合医院实际印发《关于修订病案管理制度的通知》，并参照华西标准修订形成眉山市人民医院《住院病历质量评查标准（2020年第六版）》，进一步加强病历质控；完善毕业后医学教育制度，制定《总住院医师管理办法》进一步明确住院总医师资格认定、上岗工作程序、工作职责、任期管理及考核管理等，提高住院总医师素质及能力，确保医疗服务质量；定期组织开展专项检查，加强院感督察。

【医疗服务管理】 5月6日，川大华西眉山医院新门诊部投用。6月22日，医院新老区病区逐步搬迁到新业务综合大楼。医疗服务重心转移新院区，患者就医环境和医务人员工作条件明显改善，科室分区布局和流线进一步优化。门诊部持续推进分时段预约诊疗、预约率77.25%，门诊候诊区域和诊室有效保护患者隐私，建立老年患者和特殊群体患者绿色就医通道；门诊部二楼增设收费窗口，周末开通出院结账服务。医院围绕合理治疗、合理用药、合理检查，充分利用信息化措施对全院药物、抗菌药物及外购药品等使用量及金额进行全院排序；加强“重点监控药品”临床应用动态监测，对使用量异常增长、使用量排名前列、频繁超适应症超剂量使用等情况预警，调查并采取有效干预措施；规范医疗服务行为，控制医疗费用不合理增长。

图84　2020年5月6日，四川大学华西医院眉山医院新综合大楼门诊开诊　（川大华西眉山医院供图）

医院规范护工管理，清理黑护工；成立配送中心，开通病历复印网上预约；开展义诊、对口支援等活动，服务群众健康。

【医疗信息化建设】 川大华西眉山医院按照“三个统一与共享”目标，信息系统纳入华西医院医联体单位信息系统统一管理；启动实施集成平台和基于电子病历的临床数据中心项目、数据安全灾备系统建设，提升医院数据质量、数据挖掘和业务应用能力；通过四川省第一届智慧医院评审，授牌一星智慧医院；通过互联网医院评审，成为眉山市第一家互联网医院；启动国家医疗健康信息互联互通标准化成熟度四级甲等测评申报，推进医院数据标准化、规范化、共享化建设和改造。

【新冠肺炎疫情防控】 疫情初期，川大华西眉山医院成立医疗救治领导小组和专家组，187 名党员支援感染病区，各科室组建 41 支共产党员先锋队；完成发热门诊改建、预检分诊和“三区两通道”布局流程再造，组织开展全员新冠肺炎防治和院感防控培训会，筹备防疫物资采购。9 名专业骨干担任眉山市新冠肺炎救治专家组成员，除夕夜确诊全市首例病例，完成 8 名确诊病例会诊和救治指导。医院响应经济复苏企业复工复产需求，组建核酸采集队伍，承担全市企业复工复产人员核酸检测任务；进入疫情常态化防控阶段，针对前期新冠疫情防控中存在的问题和短板，按照“防治结合”“平战结合”原则，补短板强弱项，启动建设重大公共卫生应急处置中心，将新区医院旧门诊楼改建为眉山市重大公共卫生应急处置中心，采购配置专业医疗设施设备。

（杨　柳）

华西二院眉山妇女儿童医院

Meishan Women's and Children's Hospital of West China Second University Hospital

【概况】 2020 年，四川大学华西第二医院眉山市妇女儿童医院（眉山市妇幼保健院）（以下简称华西二院眉山妇女儿童医院）有职工 492 人（含华西管理团队 8 人），其中卫生专业技术人员 406 人；开放床位 150 张。医院全年门诊病人 303 710 人次、较 2019 年同期下降 9.23 %，收治住院病人 9 642 人次、较 2019 年同期下降 13.02 %，住院手术 3 337 例、较 2019 年同期增长 5%，门诊手术病人 4 046 人次、较 2019 年同期增长 26.83%，危重住院病人 1 765 人次，抢救成功率 99.9 %，床位使用率 95.56 %，平均住院日 5.32 天。

【医疗联合体建设】 华西二院眉山妇女儿童医院在四川大学华西第二医院（以下简称华西二院）支持下，建立坐诊、指导、教学、查房长效机制，医院管理和技术同步快速提升。华西二院长期派驻运营管理、后勤保障、信息化建设、医学检验方面 7 名专家，对医院管理、科室建设和医疗保健技术开展指导。华西二院眉山妇女儿童医院邀请多名华西二院专家到院指导妇科、产科、儿科、生殖医学科、病理科、临检中心、产前诊断机构建设，二级亚专业得到迅速拓展。

【医院改革】 华西二院眉山妇女儿童医院规范设置职能科室 14 个，一级临床保健医技科室 15 个和二级专业组 27 个；增设运营管理部，实行运营管理控制；整合后勤保障部，实施“采管分离”；增强信息管理部力量，开展 5G 信息化建设；规范临床学科设置，建立以妇产科和儿科教研室为主导、妇幼保健四大部为支撑、各一级学科和二级专业为基础的学科体系；健全门诊急诊体系，开设儿科急诊，方便夜间儿童就诊；在妇科试点设置 3 个专业组、建立绩效激励机制后，业务总量和住院总人数比 2019 年增长，手术量由不足 20 台次 / 月增加到 100 台次 / 月，并创新开展多项三级、四级手术，填补眉山地区部分妇科肿瘤术式空白，医疗服务能力显著提升。

【妇幼保健】 华西二院眉山妇女儿童医院落实母婴安全五项制度，履行全市妇幼公共卫生管理职能，拟定妇幼保健工作方案 10 项，包括《眉山市 2020 年度妇幼卫生相关项目实施方案》《眉山市 2020 年自愿免费婚前医学检查项目实施方案》《眉山市新型冠状病毒感染流行期间孕产妇保健指导意见（第一版）》《眉山市新型冠状病毒感染流行期间儿童保健指导意见（第一版）》等；组织市级专家到区县开展妇幼健康服务督导与技术指导 712 人次，采取“现场培训＋网络同步直播”的形式举办妇幼相关技术、管理知识等培训 23 期，培训全市各级医疗保健机构医务人员 3 371 人次，覆盖县、乡、村三级网络；组织开展危重孕产妇病例、孕产妇死亡病例、婴儿死亡病例评审，孕产妇死亡率、儿童死亡率、艾滋病母婴传播率等指标逐年降低，完成省市工作目标。医院全年孕产妇保健 8.03 万人次、儿童保健 7.33 万人次，新生儿疾病筛查率 99.6%，新生儿听力筛查率 99.28%。

【妇幼健康教育】 华西二院眉山妇女儿童医院开展线下孕妇学校 32 期、父母课堂 32 期，受众人数 2 285 人次；开展线上“好”孕课堂 46 期，阅读量 21 482 人次；开展公益讲座、义诊 24 次，受益群众 3 000 人次。

【特需医疗服务】 4 月 23 日，华西二院眉山妇女儿童医院华西专家特需门诊开诊，科目涵盖产科、妇科、儿科、儿童保健、妇科内分泌及生殖医学、产前诊断等，到医院坐诊专家 450 人次，接诊眉山及周边地区如乐山、绵阳、宜宾等市州妇女儿童 5 500 人次，实现“足不出眉”就能享受到华西顶级医疗服务目标，满足市

图 85　2020 年 4 月 23 日，四川大学华西第二医院眉山市妇女儿童医院华西专家特需门诊开诊仪式

（华西二院眉山妇女儿童医院供图）

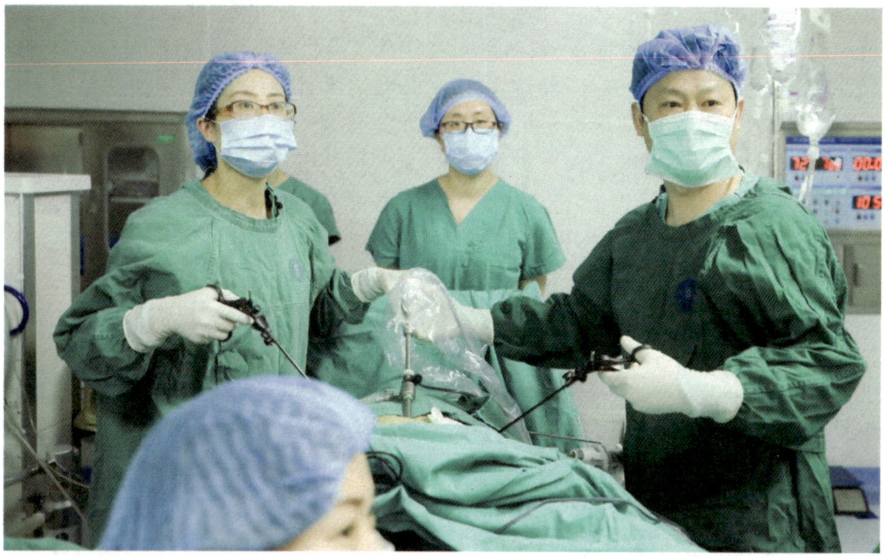

图 86　2020 年 3 月 31 日，华西二院眉山妇女儿童医院完成眉山市首例微创妇科恶性肿瘤根治术
（华西二院眉山妇女儿童医院供图）

民健康保健需求。

【医疗科研教学】　华西二院眉山妇女儿童医院筹备成立眉山市第一届听力与言语康复专委会、眉山市第一届妇科内分泌及生殖健康专委会、眉山市第一届儿童肾脏免疫专委会、眉山市第一届新生儿学专委会、眉山市第一届围产医学专委会、眉山市儿童保健医疗质量控制中心、眉山市新生儿科质量控制中心，与四川大学华西第二医院签约“妇儿健康医学装备管理互联网＋大数据平台研究示范”“宫安康用于宫腔镜电切术后粘连预防的多中心研究”以及国家“生殖健康及重大出生缺陷防控研究”等科研课题 7 项；邀请华西等省内外专家团队到眉山市授业解惑，主办（或协办）国家级继教 2 项、省级继教 3 项、市级继教多项。

【医疗新技术应用】　华西二院眉山妇女儿童医院开展腹腔镜下免举宫宫颈癌根治术、子宫内膜癌全面分期手术、盆底重建手术、宫腹腔联合手术、非孕期经腹腔镜宫颈环扎术、宫颈冷冻治疗技术、心理云智能系统等 16 项新技术、新项目，较 2019 年同期增加 166.7%，医疗技术服务质量和能力得到提升。

【数字化医院建设】　华西二院眉山妇女儿童医院新增手麻系统、院感系统、OA 系统、检验外送系统、心理云智能测评系统等，实现医健通电子居民健康卡就医全流程；实行官微发热免费咨询，开通远程视频会议云视讯系统，与四川大学华西第二医院实现远程门诊会诊及远程骨龄同步诊断。

【医疗人才队伍建设】　华西二院眉山妇女儿童医院制定《人才引进管理办法》及《人才成长基金管理办法》，招聘 127 人，引进高级职称 2 人、硕士 4 人，外出规培 14 人，外出进修 16 人次；为不同层级干部量身定制普适化、专业化和干部能力培训计划，开展层级培养，锻造中坚力量，逐步实现两院管理同质化；完成全院中层岗位竞聘上岗，选拔 46 名政治素质高、业务能力强、管理经验丰富、群众认可的中层干部，建立健全干部队伍。四川大学华西第二医院管理及技术专家加入医院，主要牵头医院运营管理、后勤保障管理、信息化建设、医学检验科和儿童保健学科发展。

【医疗对口支援】　华西二院眉山妇女儿童医院根据《眉山市妇幼保健院对口支援工作实施方案》，选派 3 名高级职称专业技术人员到南部县、蓬安县、沐川县妇幼保健院开展对口支援，并组织医院产儿科专家到三县妇幼保健院开展讲座，接纳 50 名干部开展培训、学习，做到从管理到技术全方位帮扶，全面落实贫困地区城乡医疗卫生对口支援“传帮带”工程；与市内 6 家医院建立对口支援关系，派出 14 名医务人员到受援单位指导。

【医院创建与评审】　华西二院眉山妇女儿童医院创建四川省新生儿听力障碍诊治眉山分中心，通过三级乙等妇幼保健院复评及四川省儿童早期综合发展示范基地复评，并筹备创建产前诊断机构。

【新冠肺炎疫情防控】　华西二院眉山妇女儿童医院储备外援应急后备力量，建立疫情防控三通道，实行 24 小时值班制，设置疫情防控过渡病区，落实“一患一陪护”制度；按照国家扩大新冠肺炎检测范围的要求，6 月 25 日率先在全省妇幼系统开展核酸检测。

【华西二院眉山妇女儿童医院项目建设】

华西二院眉山妇女儿童医院建设项目进入全面装修和安装阶段，全年完成投资 6.73 亿元，累计完成投资 12.69 亿元（含土地拆迁经费）。为满足开诊需求，眉山市政府批准增加投资 2.84 亿元，用于采购医疗专项设施和设备、办公家具和建设红线双电源等，项目总投资从 10.97 亿元调整为 13.81 亿元。面对突如其来的新冠肺炎疫情，国家出台发热门诊建设规

图 87　2020 年 6 月 13 日，四川大学华西第二医院紧密型医联体中层干部培训班
（华西二院眉山妇女儿童医院供图）

范，项目已建成的发热门诊无法满足规范要求，医院委托西南设计院进行可行性论证和编制选址建设方案。

（曾小玲）

眉山市中心血站
Meishan Central Blood Station

【概况】 2020年，眉山市中心血站做好新冠肺炎疫情防控与临床急救血采供，维护群众身体健康和生命安全，保证血液质量安全。在政务党务管理上，血站强化思想引领，加强党建工作，推进党风和廉政建设；加强制度建设，强化队伍管理；加强继续教育，促进自我提升；强化安全生产，落实“一岗双责”；开展“三创”，完成“包保”任务；开展精神文明建设、爱国卫生运动和社会治安综合治理，落实在东坡区富牛镇宋程村的扶贫攻坚任务。

【血站新业务楼建设】 眉山市中心血站新业务楼项目位于东坡区彭寿街278号，总建筑面积4 033.99平方米（其中地上4层面积2 461.27平方米、地下1层面积1 572.72平方米）。项目被列为2018年全民健康保障工程中央预算内投资计划，总投资1 873万元（其中中央预算内投资1 498万元、地方预算内投资375万元）。项目于2018年12月24日开工，2020年9月23日竣工。

【血站管理】 眉山市中心血站强化血液质量管理，执行《血站管理办法》《血站质量管理规范》和《血站实验室质量管理规范》，保证血液从采集到发放执行《血站技术操作规程》及血站质量体系文件等规范要求，无质量事故；检测标本23 162人（份），血液核酸检测全覆盖。

图88 2020年3月13日，眉山首批10万毫升“爱心血液”出发驰援湖北 （市中心血站供图）

【血液质量与安全管理】 眉山市中心血站强化血液质量管理，执行《血站管理办法》《血站质量管理规范》《血站实验室质量管理规范》，保证血液从采集到发放执行《血站技术操作规程》及血站质量体系文件等规范要求，无质量事故；检测标本23 162人（份），血液核酸检测全覆盖。

【无偿献血采集与供应】 眉山市中心血站保证临床急救用血采供，全年采集血液22 987人次，采血量36 351.25单位，供应临床红细胞类33 699.75单位、血浆类12 808.5单位、浓缩血小板9 019.5单位、冷沉淀2 552单位；完成省卫健委驰援湖北供血任务，向湖北调剂血液504.5单位；通过市临床输血质量控制中心，要求各医疗机构严格把握用血指征，节约血液资源，在疫情期间应急状态下，优先保障新冠病毒感染患者、急重症患者、产妇急救救治患者用血。

【医疗废物（水）管理】 眉山市中心血站在医疗废物（水）管理上，执行《中华人民共和国传染病防治法》《医疗废物管理条例》《医疗卫生机构医疗废物管理办法》等法律法规，坚决做到依法执业、依法管理，防止疾病传播，保护环境，保障人体健康，努力推进生态文明建设。血站全年医疗废物产生量9 182.3公斤。

【无偿献血宣传招募】 眉山市中心血站启动应急机制，增加采血车次、延长采集时间，开展电话“一对一”招募、短信招募，并制作宣传小视频，动员全站职工通过个人微信、抖音等网络平台招募；争取上级部门支持，通过市应对新型冠状病毒肺炎疫情应急指挥部医疗救治组，组织动员各区县和市级部门单位开展团体应急献血，各区县组织团体献血7 573人，献血量9 242单位，采集比例25.42%；开展“血站开放日”活动，普及献血知识；加强稀有血型献血者招募，组织稀有血型应急献血87人次，保证全市稀有血型病人用血及时、安全、足量；招募志愿者400人，培训志愿者3次，开展志愿者活动5次，300名志愿者参加无偿献血志愿服务。

【无偿献血满意度调查】 眉山市中心血站通过短信、电话、QQ、微信，每季度开展一次献血者满意度和医疗机构满意度调查，献血服务满意度98.06%，临床医疗机构用血满意度98.5%。

（王 曦）

社会民生

SOCIETY AND PEOPLE'S LIVELIHOOD

人口管理 / 治安管理 / 市政管理 / 应急预案管理 / 安全生产管理 / 防灾减灾救灾 / 交通安全管理
消防救援管理 / 民生实事 / 劳动保障 / 就业保障 / 社会保障 / 住房公积金管理 / 社会管理 / 社会服务
老龄事务 / 老年大学

人口管理
Population Management

【概况】 2020年，眉山市户政管理沿袭市公安局、区县公安(分)局、派出所三级管理制。全市总户数1 240 821户，总人数3 417 565人，其中男性1 732 190人、占总人口50.68%，女性1 685 375人、占总人口49.32%；出生人口33 318人、出生率9.75‰，死亡人口32 702人、人口死亡率9.57‰，人口自然增长率0.18‰；迁入人口9 604人，迁出人口15 301人，人口机械增长率 1.67‰。

【户籍制度改革】 眉山市继续按照“全面放开和就地转移”原则，实行“全放开、零门槛”制度，全面放开全市中小城市、城镇落户限制条件，通过政策引导促进农村居民在其实际工作、居住地的城镇落户，推进农村人口就地市民化。农村居民在城镇有合法固定住处(含出租房)或有生活来源的，允许本人及其共同生活的配偶、子女、父母及亲属迁入城镇，申请在辖区公安派出所登记为城镇居民；市内外农村居民投靠本市城镇亲属的，不受年龄限制，允许本人及其共同生活的配偶，子女、父母及亲属迁入城镇，在辖区公安派出所登记为城镇居民；农村孤寡老人，其近亲属愿意赡养或抚养的，经公证机关公证，允许为孤寡老人在辖区公安派出所登记为城镇居民；离开户籍所在地县级行政区域到其他行政区域居住的人员，不愿在现居住地城镇落户的，推行流动人口居住证制度，在居住地登记办理居住证，享受与本地城镇居民同等待遇。全市总人口3 417 565人，城镇人口1 336 313人，

2020年眉山市人口基本情况统计表

表56

区县	总户数(户)	总人口(人)	其中			
			男性(人)	女性(人)	乡村人口(人)	城镇人口(人)
东坡区	364 008	873 165	434 866	438 299	459 114	414 051
彭山区	126 096	325 929	162 372	163 557	173 618	152 311
仁寿县	513 113	152 2716	783 846	738 870	1 022 765	499 951
洪雅县	111 340	342 389	173 175	169 214	211 751	130 638
丹棱县	57 038	162 423	81 896	80 527	93 590	68 833
青神县	69 226	190 943	96 035	94 908	120 414	70 529
全市	1 240 821	3 417 565	1 732 190	1 685 375	2 081 252	1 336 313

2020年眉山市人口四项变动情况统计表

表57

区县	出生人口(人)	人口出生率(‰)	死亡人口(人)	人口死亡率(‰)	人口自然增长率(‰)	迁入人口(人)	迁出人口(人)	人口机械增长率(‰)
东坡区	7 451	8.53	9 157	10.49	-1.95	4 346	3 775	0.65
彭山区	3 524	10.81	3 007	9.23	1.59	989	1 579	-1.81
仁寿县	14 717	9.66	12 325	8.09	1.57	3 117	7 483	-0.39
洪雅县	4 865	14.20	4 726	13.80	0.41	514	1 072	-1.63
丹棱县	1 429	8.80	1 472	9.06	0.26	374	545	-1.05
青神县	1 332	6.98	2 015	10.55	-5.09	264	847	-3.58
全市	33 318	9.75	32 702	9.57	0.18	9 604	15 301	-1.67

2020年眉山市农业转移人口落户城镇情况表

表58

区县	落户城镇总人口(人)	增加原因									
		大中专院校招生(人)	录(聘)用(人)	务工经商(人)	投资创业(人)	购(租)房(人)	投靠亲属(人)	移民搬迁(人)	城中村改造(人)	城乡属性调整(人)	其他(人)
东坡区	37 939	1	4	0	0	286	428	0	1	0	37 219
彭山区	36 177	6	4	1	2	40	54	2	0	86	35 982
仁寿县	37 409	1	3	0	0	71	614	4	0	756	35 960
洪雅县	36 254	0	5	0	0	6	84	0	0	17	36 142
丹棱县	35 095	0	24	0	0	18	66	0	0	0	34 987
青神县	21 957	0	4	0	0	2	23	0	0	0	21 928
全市	204 831	8	44	1	2	423	1 269	6	1	859	202 218

2020年眉山市户籍人口城镇化率情况表

表59

	总人口（人）	城镇人口（人）	城镇化率（%）	增加率（%）	增加人数（人）
市辖区	1 199 094	566 362	42.47	4.76	74 116
东坡区	873 165	414 051	43.73	13.69	37 939
彭山区	325 929	152 311	39.07	7.66	36 177
仁寿县	1 522 716	499 951	32.29	10.54	37 409
洪雅县	342 389	130 638	30.42	7.74	36 254
丹棱县	162 423	68 833	24.25	18.33	35 095
青神县	190 943	70 529	25.51	11.43	21 957
天府新区	261 199	96 423	36.92	—	—
高新区（甘眉）	31 559	22 437	71.10	—	—
眉山市	3 417 565	1 336 313	39.10	4.19	204 831

2020年眉山市流动人口登记情况表

表60

区县	流入居住人员					境外居留人员					
	合计（人）	占比（%）	跨县流入（人）	跨市流入（人）	跨省流入（人）	合计（人）	占比（%）	外国居留（人）	华侨居留（人）	港澳地区居留（人）	台湾地区居留（人）
东坡区	119 081	13.36	41 430	62 820	14 831	99	0.01	43	14	6	36
彭山区	38 985	15.90	6 857	26 267	5 861	27	0.01	6	4	11	6
仁寿县	29 553	3.67	3 496	21 488	4 569	21	0.00	5	7	8	1
洪雅县	13 122	4.64	3 191	7 565	2 366	25	0.01	16	5	0	4
丹棱县	11 080	7.32	4 139	5 556	1 385	6	0.00	3	1	1	1
青神县	13 186	8.23	2 608	9 180	1 398	27	0.02	10	8	3	6
天府新区	33 533	17.89	1 842	26 471	5 220	5	0.00	1	0	1	3
高新区（甘眉）	3 999	39.36	749	2 493	757	1	0.01	0	0	0	1
眉山市	262 539	110.37	64 312	161 840	36 387	211	0.06	84	39	30	58

说明：在警务综合平台，实有人口—流动人口查询统计

其中新增城镇人口204 831人，城镇化率39.1%、比2019年增长4.19%。

【微户政管理】 10月19日，“眉山公安微户政”正式开通，实现户籍业务全程网上办理，包括出生入户登记、户口迁移、户口注销、非主项变更、居住证申请五大类，覆盖21项户籍业务。群众通过手机微信就可以实现在互联网上申请办理户籍业务，实现“百姓不出户，业务网上办”，全年办理户籍业务受理313件、业务咨询723次。

【居民身份证管理】 眉山市公安机关继续开展便民服务活动，开通绿色通道，上门为高龄人员、残疾人、孤寡老人、参加中高考学生等特殊群体办理二代身份证，送证上门1 375张；继续执行公安部《关于认真做好居民身份证异地受理挂失申报和丢失招领制度建设工作的通知》和2017年6月省公安厅《关于进一步完善居民身份证“三项制度”建设工作的通知》规定，全市设立“异地办证窗口”和“异地办证点监督电话”6个，建立挂失申报窗口108个，挂失申报证件数量1 134张；建立丢失招领窗口62个，收到群众捡拾丢失证件数量76张，发还丢失证件61张，销毁丢失证件数量15张；制发居民身份证139 769张，其中普递证126 571张，速递、异地证9 197张，跨省异地证4 001张。

【流动人口管理】 眉山市继续按照《眉山市居住证暂行办法》发放居住证，居住证持有人依法享有与常住人口相同的就业、社保、教育、医疗、交通等待遇；结合“一标三实”信息采集，采集出租房屋信息81 127户，登记流动人口265 014人，办理居住证10 447本；办理港澳台居民居住证23张。

【无户口人员户口登记】 眉山市公安局继续按照公安部《关于进一步做好无户口人员登记户口工作的通知》和省公安厅《关于进一步做好全省无户口人员清理登记落户工作的通知》要求，制定全市开展解决无户口人员登记户口问题工作实施方案。2016年2月—2020年12月，眉山市公安机关摸排无户口人员8 498人，办理无户口人员落户8 277人（2020年480人），其中不符合计划生育政策的7 062人，未办理出生医学证明的271人，未办理收养手续的事实收养人员80人，被宣告失踪或者宣告死亡后户口被注销人员45人，农村地区因婚嫁被注销原籍户口的52人，户口迁移证件遗失或者超过有效期限造成的无户口人员31人，中国公民与外国人、无国籍人非婚生育的无户口人员12人，其他无户口人员724人。

【户口普查清理整顿】 眉山市各级公安机关按照省公安厅《全省公安机关开展第七次全国人口普查户口整顿工作实

施方案》要求，制定工作方案、建立健全组织领导机构，全市建立领导小组9个，落实工作人员10 289人，其中民警392人、聘请基层人员5 864人，报请工作经费270万元，落实159.85万元；加强业务培训，开展宣传动员、入户调查，截至9月30日完成户口清理整顿。全市入户核对1 238 810户3 411 480人，与清理前的1 280 188户3 422 646人相比，减少41 378户11 166人；乡村人口2 076 614人，登记人户分离393 548人；常住户口待定人员428人、解决412人，其中持证未落户8人、解决8人，出生未申报户口102人、解决94人，其他318人、解决310人；暂住人口361 174人，其中居住半年以上303 593人、新登暂住人口57 581人，与清理前的249 761人相比，增加111 413人；重复户口登记人数329人，应销未销户口17 688人，死亡未注销户口17 331人，项目145 834项。眉山市公安机关按照省公安厅下发疑似重复户口1 593人，完成清理1 593人，清理率100%；继续按照省公安厅治安管理总队《关于开展不规范相片人员清理核查工作的通知》要求，清理全市使用尺寸不规则照片950人、使用模糊相片271人、使用黑白相片1803人，核查完成率99.97%；继续按照《四川省人民政府办公厅关于加强和规范人口登记管理工作的通知》，办理户籍业务引用标准地址达99.85%，超过省平均值7.76%（省平均值92.09%）。

【公民出入境管理】 眉山市公安出入境管理部门全年受理普通护照、内地居民往来港澳通行证及签注、大陆居民往来台湾通行证及签注、中华人民共和国出入境通行证、外国人普通签证和停留证件11 650证。疫情期间，眉山市公安出入境管理部门引导群众错峰办证，鼓励群众在疫情期间减少出境行为，最大限度减少人员流动，有效切断传播途径；通过预约服务、“绿色通道”、优化住宿登记采集、主动服务四项举措优化外国人管理，助力企业复工复产。3月2日起，眉山市公安局出入境管理支队抽调3名民警、2名辅警成立防控境外疫情专班，入驻市公安局联合指挥部。专班每日负责梳理、分析入境人员数据，筛选眉山市相关人员，将信息推送至各分县局，确保落地查人、精准管控，截至12月对100万条出入境数据整合、去重、补全。

【“服务农民工办证月”专项活动】 1月11日—2月10日，眉山市公安局组织全市治安部门深入开展“为返乡农民工实施便民服务”专项活动。活动期间，全市接待群众2.4万人，受理二代证12 064人，办理临时身份证2 563人，办理异地证121张，采集人像信息7 930张，受理出生登记1 251人、迁移967人次、补录户口24人次、户口项目变更更正2 992次，办理居住证49张，为解决急难问题42件。

（钟丽娟）

治安管理
Security Management

【概况】 2020年，眉山市发现受理治安案件11 818件，查处3 802件（其中涉黄案件171件，打击处理458人；涉赌案件380件，打击处理1 873人）。

【社会治安防控体系建设】 眉山市公安局坚持以实战需求为导向，整合共享“一标三实”、智慧小区、车站、医院、智慧停车等感知源数据，深入开展数据研判应用，为社区疫情防控、电信诈骗精准劝阻、重点人员管控等提供数据支撑。眉山已建成华为大数据中心，部署机柜1 100个，可提供云主机22万台，部署于大数据中心的政务云平台共承接35个市级部门的98个信息系统；建成高清“天网”3 213个、人脸卡口527个、车辆卡口969个，“魔镜慧眼”工程累计12万户，农村常住人口家庭户数渗透率达18.2%，并建成平安智慧小区242个，覆盖城镇实有人口20万人；依托数字城管信息系统共建设视频监控点位300个，共享市公共安全联网视频平台2 300路；设环蓉检查站3个、“1、3、5”快反点15个。

【“一标三实”采集与运用】 眉山市公安机关以省公安厅开展的“六进六边”活动为载体，持续深入开展“一标三实”基础信息采集、录入和维护，18～65岁重点年龄段手机采集维护率97.62%，治安重点人员实地维护率99.61%，农业劳动者、留守儿童、空巢老人、空号错号、轨迹分析维护率99.66%，出租房屋、闲置房屋维护率100%，户籍和实有人口清理率99.12%，建立基础信息数据库，充分发挥“一标三实”基础信息服务、反哺全警合成作战、情报研判等方面的实战作用。

【矛盾纠纷化解】 眉山市公安机关按照“源头治理、预防为主、调解优先”原则，开展矛盾纠纷大排查、大调处，化解苗头性矛盾隐患，排查矛盾纠纷3 797起，调处成功3 675起，调解成功率96.68%。

【治安突出问题整治】 眉山市公安机关清查各类场所1 000家，挂牌整治治安乱点地区1处，整改取缔违法场所16家，捣毁涉黄窝点4个，抓获涉黄人员5人。

【公共安全监管】 眉山市公安机关加大对党政首脑机关、金融网点、繁华商业区、大型广场、车站、校园、医院、水电油气、景区等重点单位、要害部位及人员聚集场所安全防范，严防重点单位内部发生重大案件和事故，检查指导银行网点151家、汽车站23个、中小学幼儿园197个、医院163个、寄递物流网点134个、水电油气56家、景区18个；动用警力2.5万人次、车辆1万台次，组织群防群治力量2.7万人，参与巡逻值守活动18万人次，排查整改安全隐患400处，整改治安乱点120处，稳控重点人员85人次，排查化解矛盾纠纷100起，开展法治宣传教育230次，指导演练80次，选派法制辅导员1 300人次，发放张贴宣传资料图片3 000份。全市全年未发生一起公共安全事件。

【特种行业管理】 眉山市公安局按照公安部文件要求，下放公章刻制业和典当业审批权限，由县级公安机关审批；做好旅馆业、典当业、公章刻制业行政管理，落实监管责任，查处擅自从事上述经营活动的无证经营行为，开展废旧金属回收业备案登记，做好二手机动车交易市场等旧货流通业治安管理阵地控制；管理行业场所42 621家，宾馆按规定上传信息1 530家，废旧收购站点490家，承修机动车

1 200家，831家未办证留宿场所安装信息系统，安装率100%。

【食药环节安全管理】 眉山市公安局加强食品药品安全和机构建设，提升打击食品药品领域违法犯罪能力，深入推进“昆仑2020”专项行动，开展“食品安全、共享共治”宣传活动16次，会同市场监督管理局、农业农村局、商务局、文广旅局等职能部门召开联席会2次，协调相关行政部门执法5次，收集合理化建议137条；在全市范围内开展专项整治3次，检查农贸市场、商品市场、餐馆、餐饮场所、药品企业、药品经营店500家，发现并整改有问题商家13家，关门停业4家，全年立食品药品违法犯罪案件3件，起诉17人。

【食药环违法犯罪打击】 眉山市公安机关治安系统开展打击“食药环”等民生领域违法犯罪“昆仑”专项行动，立案40件，移送起诉案件40件，起诉人数63人；侦破省公安厅、省检察院联合督办的“5·13”生产销售有毒有害食品案，移送起诉嫌疑人11人，涉案价值2 000万元。

【“三电”设施违法犯罪打击】 眉山市持续打击整治盗窃破坏“三电”设施违法犯罪活动，破案10起，打击处理15人，协调处理企地纠纷12起；参与人员5 300人次，动用车辆860台次、油机310台次，发电保障230站次，市电恢复170个，恢复基站运行280个；发放宣传资料6.5万份、宣传短信60万条、公益广告牌展板横幅等1 700幅（条、块），入户宣传5 000户；发现整改重大风险26项、一般风险851项、突出问题25项，完善制度40项，有效保护“三电”设施安全稳定运行。

【扫黑除恶专项斗争】 眉山市公安机关新增侦办涉黑案件3起、恶势力集团案件4起；开展“六清”行动，3起涉黑案件全部开庭审理判决。眉山市、区县两级组建线索核查中心，负责涉黑涉恶线索核查，全省省级目标重点线索全部清结，通过线索核查转为专案侦查重点案件2起。眉山市公安机关“6·15”专案组被记四川省公安厅记集体二等功。9月7日，全国扫黑办副主任、公安部党委委员、副部长杜航伟率调研组在西藏自治区公安厅召开座谈会，眉山市作为川藏滇3省（区）唯一市（州）代表，在座谈会上就扫黑除恶专项斗争成效尤其是长效机制建设开展情况作经验交流发言。

【禁黄禁赌行动】 眉山市公安局结合“断链”“奋进”等专项行动及“扫黑除恶”专项斗争，保持对涉黄涉赌违法犯罪严打严查严控高压态势，净化社会风气。全市查处黄赌案件600件，行政处罚2 800人，移送起诉160人；破获省督“4·9利用‘闲聊’APP网络开设赌场案”“张某等人介绍卖淫案”等11件省公安厅挂牌督办涉网络黄赌案件。

【禁毒缉毒行动】 眉山市禁毒部门以“净边2020”、“奋进”系列、“天府破冰2020百日阻击战”为抓手，聚焦综合整治制贩合成毒品，以“严打击、强监管、夯基础、防反弹”为主要目标，全面强化破案攻坚、社会管控、责任落实三大系统工程，全力打击涉毒违法犯罪。全市禁毒部门破毒品刑事案件239件，抓获毒品犯罪嫌疑人471人，其中破制毒案件7件、非法制造制毒物品案件2件，破省级目标案件9件、部目标案件1件，抓获凉山籍毒品逃犯1人；缴获毒品海洛因0.027 47克、冰毒3.8千克、易制毒化物品37吨。

【“打击枪爆违法犯罪”专项行动】 眉山市公安机关开展“打击枪爆违法犯罪”专项行动，收缴流散社会的非法枪爆物品，依法严厉打击非法制贩、私存枪爆物品等违法犯罪活动，破获非法制造、买卖枪支案11起，破获非法持有枪支案20起，查处非法储存、运输烟花爆竹案11起；破获省督涉枪案件“郭某某等人系列制枪贩枪弹案”，协办侦破公安部挂牌督办网络贩枪案件3起（巴塘县“8·6”拉某等人网络贩卖枪支、弹药案，达州市宣汉县“3·24”网络贩枪案，宜宾江安“5·11”王强等人网络制贩枪支案）。全市未发生五类持枪犯罪案件，六类涉枪犯罪人员起诉案件8件，起诉人数为8人。

【“打拐”专项行动】 眉山市公安机关持续开展反拐宣传和校园法治教育宣讲，加大法治进校园力度，拓展进社区、进学校、进乡村、进企业、进家庭宣传，确保全年无拐卖案件；4月帮助找回于1990年12月在仁寿县文宫镇文宫电站附近失踪的李某臣（现名占某波），并于4月15日在仁寿县李某臣父母家中开展认亲活动。

【“打击侵财犯罪”专项行动】 眉山市公安机关会同金融和通信部门，开展行业漏洞自查和风险隐患整治，强化手机卡、银行账户办理重点环节管控，开展“防范电信网络诈骗犯罪宣传年”活动，开展“百县破案会战”“贷款诈骗集群攻坚”“断卡行动”等专项行动，全市四类侵财犯罪起诉人员428人、较2019年同期增长8.9%，侦破丹棱“7·22”跨境电信诈骗案、东坡“丁某等人技术性开锁入室盗窃案”、天府“李某某系列诈骗案”、仁寿“吉海某某等人系列入室盗窃案件”、洪雅“肖某某等人系列扒窃案”、彭山“4·16”专案、仁寿“9·24”专案等大要案件。4月27日，“7·22”跨境电信诈骗案被公安部云剑办予以肯定性通报。

【派出所建设】 眉山市公安局结合乡镇行政区划调整，按照“一乡（镇）一所”设置原则，将全市138个公安派出所机构优化调整为86个，其中运行69个，保留机构作为警务室运行17个，并通过摸排，掌握行政区划调整后标准地址调整情况，完成警综平台和人口信息系统数据调整；围绕《四川公安派出所高质量建设三年攻坚战总体规划》，9月9日组织召开全市基层所队规范化建设，制定印发《公安派出所正规化／标准化使用指南》，明确加强派出所规范化建设标准，对全市32个老旧派出所完成改造；推进实施“一所一品”警务战略，开展“枫桥式公安派出所”创建活动，在争创省级“枫桥式公安派出所”中，眉山市成功命名东坡区公安分局大石桥派出所、高新区分局象耳派出所、仁寿县公安局富加派出所3个“省级枫桥式公安派出所”。

【社区警务建设】 眉山市城市和城镇社区警务区按照“1＋2＋N”配齐民警、辅警和其他协管力量，农村警务区探索“民警包乡”“辅警包片”或警务助理等模式，确保有民警或辅警深入社区、农村开展警务工作；充分利用社区居委会、村委会阵地，加强社区警务室建设，全市建成社区（村）警务室124个；优化配齐配强社区民（辅）警队伍，实行"一区一警"或"一区多警"，落实专职社区民警240人；推进社区民警参与党内事务，4名派出所所长进入街道（乡镇）领导班子，75名民警进入社区（村）基层组织；实施乡村振兴战略，深化城乡基层社会治理，推进"一村一辅警（警务助理）"建设，全市在847个行政村和社区落实辅警（警务助理）434人，其中丹棱县局实现"一村一警务助理"全覆盖，其余区县除仁寿、洪雅外"一村一警务助理"实施方案过县区常委会，正在落实人员和阵地。

【安全保卫】 眉山市公安局完成全省抓项目促投资现场、市两会及市委四届十五次全体会议、援甘孜湖北医疗队隔离疗养、2020年全国高考、2020中国国际竹产品交易博览会、第十八届中国食品安全年会（大会）、第十二届中国泡菜食品国际博览会第三届世界川菜大会、全省扫黑除恶专项斗争督导"回头看"第2督导组到眉山市督导、第七届全国道德模范故事汇首轮示范巡演眉山站活动、苏洵苏轼苏辙与传统法治文化高峰论坛、第四届眉山东坡文化学术高峰论坛暨第六届全国书院高峰论坛、中国农业经济学会2020年学术研讨会、首届川渝电力企业电力交易技能大赛暨2020年川渝电力发展交流对话活动等120起活动会议安保任务和10次国家领导人到眉山市调研警卫。

（钟丽娟）

市政管理
Municipal Administration

【概况】 2020年，眉山市住房和城乡建设局创新工作举措，实施城市精细化管理，提升智慧化管理水平，开展城市防汛、环境卫生、市容环境等管理，市政管理取得明显成效。

【城市防汛管理】 眉山市住房和城乡建设局修订《2019—2023年防洪排涝应急预案》，完善汛期应急处置体系；组建防汛应急队伍，负责应急抢险；落实汛期值班制度，严格汛期24小时值班，值、带班人员坚守岗位，及时处理重大汛情，确保防汛信息畅通。8月，眉山市出现3次严峻汛情，市住建局集结各防汛应急抢险队伍，开展抢险，汛期疏通雨水口2 000个，处置倒伏树木500株，关闭积水较深街道配电柜130台，出动4 000人次、500车次。在乐山市遭遇百年一遇特大洪水时，眉山市住建局组成应急救援队驰援乐山市，出动抽水设备50台次、车辆60台次、人员120人次，成功处置受灾小区险情。

【环境卫生管理】 眉山市住房和城乡建设局提升道路精细化保洁水平，普扫保洁时间为7：0—22：00，增加繁华路段巡回保洁和捡拾频次，确保主要街道保洁时间不低于16小时、一般街道不低于12小时；建立扬尘污染控制和美化环境长效机制，采用"白＋黑"歇人不歇车方式，先后出动车辆6.4万台次，全天候对道路及附属设施洒水、洗扫、除尘作业，主城区道路机械化作业率73%；加强城区生活垃圾转运力度，出动车辆6.5万台次，清运生活垃圾13万吨，日产日清率100%；收运、处置大件垃圾270吨，规范处置医疗废物约445吨、餐厨垃圾1.5万吨、建筑垃圾2.2万吨，垃圾无害化处理率100%。

【污水处理管理】 眉山市厂网建设全面覆盖，建成市第二污水处理厂（4万吨／日），完成岷东污水处理厂扩建项目（1万吨／日）；建成10个城市污水处理厂，总处理规模30.8万立方米／日，城市污水管网650公里；原有128个乡镇（现为67个）建成115个乡镇污水处理厂（站），总处理规模9.4万立方米／日，累计建成配套污水管网614.02公里。四川省、眉山市"三推"齐头并进，全市"省三推"涉及147个污水处理设施建设任务，完成项目146个，取消项目1个；"市强推"涉及全市需新建及提标升级改造205个污水处理厂（站），完工运行204座，1座在建，建成污水管网947.64公里，建成配套生态湿地1 076.39亩。眉山市住建局规范行业监管，建成全市城镇污水处理厂运行监管平台，实现污水处理厂实时监管；推进全市乡镇污水处理厂（站）实现公司化运营，建立政府绩效考核付费机制，全市污水处理标准日趋规范、实效日益明显。

【市容环境管理】 眉山市住房和城乡建设局集中治理"五乱"，持续推进"牛皮癣""占道经营""违章搭建""共享单车乱停乱放"专项治理，开展集中整治43次，出动1 500人次，发放《限期整改通知书》1 500份，规范坐商9 600家、游商2.16万起，暂扣违规物品1 070件，制止违章搭建6处，处罚金额22 650元，行政拘留暴力抗法人员1人；整治餐饮油烟污染，制定《眉山主城区餐饮业油烟污染专项治理工作方案》，与主城区178家餐饮企业主签订《眉山城区餐饮业油烟净化器安装协议》；做好非机动车停放管理，新增施划非机动车停车位标线18 000米，施划标志1 100个，投入经费22万元；服务农副产品销售，在长安北路、飞仙街、拱极街等地设置夜间便民摊位600个，提供就业岗位2 000个，在九巷十坊设置夜市摊区，规划摊位300个，优先引进解决生计的小商小贩、农民自产自销农副产品经营。

【路灯管理】 眉山市住房和城乡建设局全年检修路灯2.5万盏次、配电控制柜840次，处理路灯地下网络故障310次，保证亮灯率和设施完好率达标；清除灯杆小广告8 000处，清洗灯杆1万柱，美化路灯控制柜150台，同时对轻度锈蚀灯杆喷漆美化200柱，确保路灯设施卫生整洁；推进锈蚀路灯和电缆改造项目，完成科工园片区、文忠街、三苏大道、颖州路等路段电缆26 482米、路灯671柱改造与更换，安装远程控制柜1台。

【城管智能化管理】 眉山市住房和城乡建设局完成数字城管信息平台数据向眉山市大数据中心云平台迁移上云，完成数字城管信息平台二级等保测评；购买天府云安全服务，完成数字城管信息平台、智慧工地平台及信用信息平台安全组件部署；开展城市综合管理服务平台联网，依托现有数字城市管理信息化平台，对应开发业务指导、指挥协调、行业应用、公众服务、数据汇聚和数据交换6大系统模块，纵向对接省级平台、国家平台应用系统并联通县（区）平台，横向整合共享城市管理部门数据资源；推进"智慧工地”平台建设和应用，完成眉山市“智慧工地”平台项目数据库清理核对和整合，将项目库571个在建项目清理整合为284个；编制工作流程、数据采集和接入标准、操作手册，分批完善“智慧工地”实名制管理数据，上传四川省建筑工人管理服务信息平台项目203个。

【城市管理行政执法】 2020年，眉山市住房和城乡建设局受理举报2 160件，立案457件，结案436件，罚没总额2 939.62万元，处罚企业255家，处罚个人232人；实行“双随机一公开”，保证行政执法公开、公平、公正，处罚企业198家，处罚个人239名，处罚金额3 000万元，扣减31家企业和133人次个人诚信分504分。

【城市管理领域防疫】 眉山市住房和城乡建设局制订建筑工地、住宅小区疫情防控指南，加强物业、外来务工人员管理；强化公共广场使用审批，做好街面工作人员安全防护，抓好公共区域防控；按照国家相关标准、规范、规定达标处理废弃口罩，在全市城乡设置废弃口罩收集专用容器16 306个，在全省率先实行医废垃圾专桶收集、专车运输、专线处置；开通一条日处理能力5吨的医废处理专线，单独处理疫情期间感染及疑似感染病人治疗产生的医疗废物。央视新闻《共同战“疫”》栏目对眉山市废弃口罩处置进行40分钟直播报道。

（刘 攀 杨 竹）

应急预案管理
Contingency Plan Management

【概况】 2020年，眉山市应急管理局坚持以人民为中心的发展思想，以改革创新为动力，以基层基础建设为保障，着力建机制、补短板、强能力、促协同，做好应急管理，有效确保全市安全稳定。

【应急值班制度落实】 眉山市应急管理局制定完善《眉山市应急管理局值班工作制度》，执行24小时在岗值班要求；编排局机关全年值班计划，每天落实带班领导和值班人员值班值守，明确值班要求，确保应急值守规范有序。

图89 2020年5月12日，眉山市防汛抢险“双盲”演练现场 （市应急管理局供图）

【应急信息报送与预警监测】 眉山市应急管理局印发《关于进一步做好信息报送工作有关事项的通知》《眉山市应急系统紧急信息报送工作手册》，进一步落实突发紧急信息报送责任，完善信息报送原则、流程、内容，提高信息报送质效；联合气象部门发布暴雨蓝色预警信息15次、暴雨黄色预警3次、橙色预警1次、其他天气预警信息20次。

【应急预案与实战演练】 眉山市应急管理局专题研究总体预案修订，制定总体预案修订流程、时间表和任务图，通过招标，聘请第三方机构开展总体预案修订，全市有市级预案34个，机构改革后（编制）修订预案10个；统筹市级应急演练计划，重点推进市级重点演练56项，推进应急演练常态化，5月12日在彭山区岷江大桥冬泳基地开展防汛抢险“双盲”演练，消防、卫健、民兵、社会志愿者等救援队伍150人、装备800件（套）参演，5月12日联合青神县政府开展防汛及地灾抢险救援演练，6月13日联合东坡区政府开展防汛及地灾抢险救援演练，6月27日组织开展水上救援应急演练，9月13日组织开展极端天气受困人员救援应急演练。

【应急救援队伍建设】 眉山市应急管理局加强与消防救援队伍工作衔接，发挥各级消防救援队伍“国家队、主力军”作用，加强应急救援演练合作，建强综合性救援队伍；协调对接武警眉山支队，建立应急救援协作机制，紧急情况下可调用100人（最大可调用200人）武警救援突击力量；配合眉山军分区建立全市民兵应急救援抢险队伍，配合开展眉山市应急民兵分队战备拉动演练暨集合点验民兵活动和应急民兵集中轮训活动，建强民兵救援力量；推进市化工专业应急救援队建设，对接省应急管理厅，协助完成首批1 000万元省级攻坚装备招标，队伍被四川省应急委确定为三支省级危化救援专业队伍之一，已招录队员34名，2 387万元市级装备进入交付阶段；统筹四川路正通用航空有限公司、眉山市应急救援志愿者协会、眉山蓝天应急救援队、眉山飞虎应急救援队等社会救援队伍，在人员搜救、物资转运、灾情查勘、应急演练等方面建立合作渠道，协调社会救援力量参与抢险救援，全市有登记在册社会救援队伍9支1 500人，其中可72小时连续出勤最大人数超过170人；指导仁寿县注册建立首支社会救援队伍，建立各区县森林火灾专业扑救队；落实应急救援装备建设专项资金，为消防、武警、民兵和社会救援队伍配备170万元救援物资装备，为市矿山救护队配备25万元救援装备。

【应急宣传教育】 眉山市应急管理局抗疫期间在“眉山应急”微信公众号上线“疫情助理”栏目，开辟“共同战‘疫’”专栏，推出“战疫情·东坡区应急管理局的铁娘子！”“一名应急人的三个人生信条”等先进典型，并通过移动通信、广播电台、新闻报刊、微信等媒体渠道，宣传普及疫情防控、企业复工复产指引、居家安全知识等应急安全内容，发送防控疫情提示信息42期58条，受众22万人次，应急管理部、省应急管理厅、《中国应急管理报》、四川新闻网等媒体刊发信息28条次，为打赢疫情防控阻击战营造良好舆论氛围；在抗洪抢险中报道"暴雨来袭！眉山应急人枕戈待旦，全力出击！""逆流英雄'应急蓝'"等，弘扬应急正能量；6月10—14日，依托"眉山应急"微信平台，在全市组织开展全民安全生产和应急知识网络有奖答题活动，动员5万人次参与答题抽奖；开展安全宣传教育"五进"，各级各部门派出宣传人员1 100人次、宣传车300台次，深入123个乡镇，采取多种形式，送安全知识进学校、进乡村、进社区、进企业、进单位，进一步营造"关爱生命、关注安全"的社会氛围；开展"眉山应急"微信公众号宣传，"眉山应急"公众号关注人数1.5万人，全年推送安全生产、应急管理、防灾减灾等法律法规、动态、监管资讯182次274条，推送人群98万人次，单篇阅读量最高超过6 000人次。

（郑 波）

安全生产管理
Production Safety Management

【概况】 2020年，眉山市发生生产安全事故68起、死亡67人，事故起数、死亡人数同比减少7起、11人，分别下降9.3%、14.1%；发生较大事故1起。全市安全生产形势总体平稳。

【安全生产责任落实】 眉山市应急管理局推行清单制管理，制定市委常委会、市政府常务会议和市委书记、副书记、常委、副市长等市级领导安全生产职责清单以及各县（区）政府、园区管委会、行业主管部门监管清单和企业清单，列支专项经费71万元在7家企业推行清单制管理试点，在全市范围内分类选树50家企业开展清单制管理示范企业创建，让安全生产责任"零缺位"。

【安全生产风险防控】 眉山市应急管理局指导督促各县（区）、市级行业主管部门开展风险辨识、分级管控和隐患排查治理，辨识较大风险点156个、重大风险点74个；建立"两书两函"提示机制，印发安全生产风险提示函（交办件）29份。

【安全社区建设】 眉山市统筹推进民生工程建设，市安办印发《2020年安全社区工作的意见》，成功创建东坡区尚义镇、彭山区江口街道、仁寿县禾加镇、丹棱县张场镇、杨场镇、青神县西龙镇、白果乡7个乡镇省级安全社区建设。

【安全生产标准化建设】 眉山市将企业安全生产标准化建设纳入市委、市政府2020年30件民生实事项目和2020年全市安全生产党政同责考核重要内容，逗硬奖惩，新增（复评）工贸行业标准化二级企业8家、三级企业59家，新增（复评）非煤矿山二级企业2家、三级企业8家，新增（复评）危险化学品三级企业47家。

【非煤矿山安全监管】 眉山市应急管理局开展非煤矿山"排险除患"专项整治行动，检查非煤矿山91座次，排查整治安全隐患和问题399处；聘请第三方机构，对7座15万吨以上地下矿山全面诊断检查，排查整治安全隐患121处；印发《非煤矿山安全监管责任清单（1.0版）》《金属非金属矿山安全生产管理清单制模板（1.0版）》，督促指导25座非煤矿山完成清单制管理；加强非煤矿山源头管理，督促指导8座非煤矿山完成与现状相符的《安全设施设计》和《开采设计》。

【危险化学品和烟花爆竹安全监管】 眉山市应急管理局组织召开市级部门危险化学品联席会议4次，以眉山市委办、市政府办名义印发《眉山市全面加强危险化学品安全生产工作实施方案》，以市安委会名义印发《眉山市危险化学品安全专项整治三年行动实施方案》，全面推进危险化学品领域百日专项整治；召开安全生产清单制管理现场推进会4场，投入71万元在7家企业试点智能化安全生产清单制管理，推动366家化工（危化）和烟花爆竹企业建成清单制管理，制定清单4 000份；开展安全生产应急知识培训13场次，培训人数4 000人次，帮助协调化工（危化）从业人员133人报考四川轻化工大学提升学历；完成国务院安委办硝酸铵等爆炸性危险化学品专项督导检查3次，落实"一企一策"措施3条。全市7家重大危险源企业19个点位接入重大危险源安全风险预警监测系统，实现24小时在线风险监测预警和远程安全监管。全系统危化监管检查企业935家次，发现整改隐患3 865处，挂牌督办重大隐患5处，下发限期整改责令书72份，立案调查9家，责令局部设备停产3家，行政罚款27.1万元；狠抓烟花爆竹监管，开展批发经营企业库房安全设计诊断和旺季经营安全大检查，检查烟花爆竹仓库28家次、零售网点165家次，发现整改隐患434处，停业整改2家，暂扣、吊销零售许可证4家，立案调查2家，罚款5 000元；查封收缴非法爆竹583箱，组合烟花450箱，行政处罚15人次，集中销毁收缴烟花爆竹4次。

【安全生产行政审批】 眉山市应急管理局落实安全生产行政审批"减""简"

图90 2020年6月12日，"安全生产月宣传咨询日"活动 （市应急管理局供图）

"健"总体部署，进一步规范行政审批流程，下放行政审批权力，减少行政审批环节，精简申报材料，优化营商环境；统一编制《安全生产行政审批事项办事指南》，推行行政审批"一张网、一体化、一个标准"，全年办理行政审批事项4 897件，其中涉企许可事项127件、特种作业操作证3 114件、安全生产知识和管理能力考核合格证1 656件，接受咨询服务约2万人次。

【安全生产执法监察】 眉山市应急管理局全年计划监督监察生产经营单位16家，实际监督监察生产经营单位159家次，发现并整改生产安全事故隐患546项，安全生产违法行为立案19件（其中事故案件1件），处罚款105.15万元（其中事故类罚款26.2万元、监督监察罚款78.95万元）。

【安全生产文化建设】 眉山市应急管理局依据《四川省安全文化建设示范企业评价标准》，对安全文化建设培训辅导；创新安全文化建设活动载体，持续开展"安全之星·眉山榜样""全面落实安全生产主体责任十佳企业""全面落实安全生产主体责任十佳带头人""百日安全生产宣传教育"等活动；发挥主流媒体宣传作用，开展"安全文化大家谈"专题宣传活动，在《眉山日报》《都市周刊》、"眉山应急"微信公众号等平台开辟安全文化大家谈宣传专栏，推广安全文化建设优秀企业先进经验和典型做法。中建西部新材料有限公司成功创建为省级安全文化建设示范企业。

【安全生产宣传】 眉山市应急管理局组织120个安全法治宣讲组，开展法律"七进"活动260场次，受教育18万人次；深入挖掘"推行蒙牛卓越运营管理模式，打造企业之魂""企业发展显本色　安全生产勇担责——记四川金象赛瑞化工股份有限公司董事长雷林"等典型安全监管，开展第二届"眉山市安全生产十佳优秀企业及'安全责任·眉山榜样'模范企业评选表彰"活动；6月12日，以市政府名义对生产经营单位纳入安全生产科学技术"四个一批"项目、安全生产标准化建设、安全生产守信联合激励、安全文化建设示范单位、年度安全生产工作先进单位等21家先进典型评选表彰奖励，奖励金额106万元；在《眉山日报》开设安全生产专栏，深化与《中国应急管理报》《四川日报》、新华网、人民网等重要媒体合作，多方面、多层面宣传全市应急管理重要部署和经验；开展"眉山应急"微信公众号安全生产宣传，全年组织信息宣传540篇。10月28日，眉山市安委会印发《关于进一步加强生产经营单位安全生产教育培训工作的通知》，全面部署安全生产教育专题培训，开展"生产经营单位法定代表人、实际投资人、主要负责人、职业经理人"专题安全培训活动。全市各企业开展专题培训680场、安全知识考试16 980人次、安全讲座400堂，制作悬挂安全生产标语800幅，制作安全生产专报专栏600刊，发放安全宣传资料15万份。

（郑　波）

防灾减灾救灾

Disaster Prevention, Reduction and Relief

【概况】 2020年，眉山市牢固树立"人民至上、生命至上"理念，始终把人民群众生命安全放在第一位，层层压实责任，突出重点防范，加强应急值守，强化监测预警，科学实施调度，坚持隐患排查，务实开展督导，奋力抢险救灾，成功应对12次区域性暴雨天气过程、29站次江河超警超保洪水，特别是"8·18"岷江、青衣江自中华人民共和国成立以来第一大洪水过程，最大程度减轻洪涝灾害损失，确保全市"零伤亡"，实现安全度汛目标。

（方　媛）

【防灾减灾救灾机制完善】 眉山市应急管理局持续深化推进15项防灾减灾救灾体制机制改革，完成2项重点防灾减灾救灾体制机制改革；建立自然灾害风险形势会商研判机制，在汛期按月对全市自然灾害风险形式会商研判，形成《全市自然灾害风险分析报告》6期；健全自然灾害综合监测预警机制，市减灾委员会主要成员单位会商调度50次，发布暴雨、高温、雷电、大风预警信息47期，发布森林火险天气警报12期，自然灾害预警信息发送人次350万条，同时市防汛指挥部发布防汛蓝色预警6次、洪水预测82次，启动Ⅳ防汛应急响应3次、Ⅲ级防汛应急响应1次。

（郑　波）

【防汛减灾】 眉山市水利局落实以行政首长负责制为核心的防汛责任制，全市290座水库逐库明确"三个责任人"，418个山洪灾害危险区逐一落实"三类责任人"；组织开展防汛减灾培训55场4 800人次、防灾减灾应急演练1 030场2.43万人次，组织群众避险转移5.77万人次；拉网排查隐患，出动队伍800支5 300人次，排查点位6 150处，发现138处隐患全面整治到位或落实应急措施；组织防汛减灾督导组57个，督导点位1 370处，发现167个问题全面完成整改；强化应急保障，汛前完成水毁工程修复，修订完善290座水库"两预案一规程"、418个山洪灾害危险区防御预案、涉水在建工程度汛方案，编制市级超标准洪水防御预案、沿江城市超标准洪水防御方案，储备价值1 800万元防汛抗旱物资，建立抢险救灾应急物资储备社会联动机制；汛期组织开展全市防汛减灾应急演练、岷江超标洪水防御视频调度演练，强化军地、企地、社会联动；加强会商研判，组织开展防汛会商调度27次，发布防汛蓝色预警6次、洪水预测82次，启动Ⅳ防汛应急响应3次、Ⅲ级防汛应急响应1次，发送防汛短信13.92万条次；提升防汛减灾能力，完成2020年度山洪灾害防治项目非工程措施建设项目，对彭山区、仁寿县、丹棱县等山洪灾害危险区划定复核与调整，充实更新全市水利系统涉水应急抢险救灾专家库；编报《眉山市水利基础设施洪涝灾害灾后恢复重建项目实施方案》，争取16个水毁项目纳入省级方案，项目概算投资7 958万元。

【洪涝灾害】 8月，眉山市境内各主要河流累计发生超警超保洪水29站次，其中17次超警、12次超保；岷江发生5次洪水过程，彭山站最大洪峰出现在8月18日12时，洪峰水位423.86米，超警戒水位0.36米，相应洪峰流量11 800立方米/秒，为新中国成立以来岷江第一大洪水，洪水重现期20年一遇；青衣江发生4次洪水过程，洪雅站最大洪峰出现在8月

图 91 2020 年 5 月 12 日，防灾减灾救灾宣传 （市应急管理局供图）

18 日 7 时 10 分，洪峰水位 457.4 米，超保证水位 0.4 米，实测洪峰流量 16 800 立方米／秒，为 1917 年以来最大洪水，洪水重现期 100 年一遇；府河发生 3 次洪水过程，江口站最大洪峰出现在 17 日 8 时，洪峰水位 437.75 米，超保证水位 0.75 米，相应洪峰流量 3 570 立方米／秒，洪水重现期 100 年一遇；思蒙河、丹棱河、安溪河发生 30 年一遇洪水，醴泉河发生 20 年一遇洪水，花溪河发生 10 年一遇洪水，粤江河、球溪河、龙水河发生 5 年一遇洪水。眉山市汛期 6 县（区）79 个乡镇受灾 50.36 万人，农作物受灾面积 1.9 万公顷，洪涝灾害直接经济总损失 10.55 亿元，其中农业损失 2.71 亿元、工矿企业损失 0.7 亿元、基础设施损失 5.61 亿元（水利基础设施损失 4.15 亿元）、公益设施损失 0.2 亿元、家庭财产损失 1.33 亿元，各县（区）洪涝灾害直接经济损失分别为洪雅县 3.36 亿元、仁寿县 2.18 亿元、东坡区 1.99 亿元、彭山区 1.41 亿元、青神县 0.93 亿元、丹棱县 0.69 亿元。

（方 媛）

【救灾与物资保障】 眉山市完善应急物资储备体系建设，完善全市应急资源管理平台中救灾物资仓库数据录入和共享机制，提升应急物资储备保障能力。疫情防控期间，全市调拨帐篷、折叠床、棉被、棉大衣等应急物资 14 634 件，价值约 320 万元。汛期，眉山市连续遭受多轮强降雨天气过程，经历“8·7”“8·11”“8·16”“8·24”“8·31”“9·14”6 次洪涝灾害，造成 503 619 人受灾，其中紧急转移安置 30 625 人，农作物受灾面积 19 007 公顷，倒塌房屋 271 户 1 059 间，直接经济损失 105 451 万元。眉山市应急管理局通过灾情收集、审核统计，精确锁定全市灾情数据，为精准开展灾害救援、群众救助奠定基础；推动乡村避灾安置点建设，全年各县（区）完成乡村避灾安置点 241 个。冬令春荒期间，眉山市为确保全市受灾困难群众冬春基本生活，发放冬春救助资金 2 076.72 万元，救助人口 91 469 人，市级紧急调拨帐篷 534 顶、折叠床 756 张、棉被 4 043 床、棉大衣 2 504 件、棉衣裤 1 657 套等救灾物资，价值 241 万元，并争取中央、省救灾资金 6 016.5 万元。

【水旱灾害救援】 眉山市建立市县乡村组点六级群测群防体系，运用短信、微信等“两微一端”和手摇报警器、鸣锣吹哨、敲门入户等方式发布预警信息，发送防汛短信 13.92 万条次。眉山市应急管理局组织开展防汛会商调度 27 次，发布防汛蓝色预警 6 次、洪水预测 82 次，启动Ⅳ防汛应急响应 3 次、Ⅲ级防汛应急响应 1 次；严格实行“提前避让、主动避让、预防避让”，坚决做到“应转必转、应转尽转”，汛期避险转移群众 5.77 万人次，实现人员零伤亡；组织开展工程抢险、防洪排涝、应急供水供电、紧急转移、冲锋舟救援等防灾减灾应急演练 1 030 场、2.43 万人次，实现全市 293 座水库、418 处山洪灾害危险区应急演练全覆盖；争取到中央和省级自然灾害救灾资金（抗洪抢险）400 万元、自然灾害防治体系建设补助资金（备灾点防汛物资）250 万元。全市汛期出动消防、民兵、武警及社会救援力量，调动救援车辆、舟艇、救援装备，避险转移群众 57 749 人，解救被困群众 288 人，无人员因洪涝灾害造成死亡失踪。

【地质灾害救援】 眉山市应急管理局组派地质灾害专业技术队伍 7 支 121 人巡（排）查乡镇 212 个、地质灾害隐患点 2 394 处，开展抢险调查地质灾害点 83 个，协助建立预案 141 个，完善防灾工作明白卡 361 张、防灾避险明白卡 497 张，设立警示标识 171 个，现场开展培训 7 334 人次，踏勘地质灾害点 27 处；联合开展会商研判 12 次，向县（区）应急部门发出暴雨洪涝灾害提示函和地质灾害气象风险预警图 118 次，掌握暴雨覆盖的 38 个重点乡镇、271 处山洪危险区、885 个地质灾害隐患点的安排部署情况和救援力量前置情况；5 月 12 日在彭山区岷江大桥冬泳基地组织开展抢险救援应急演练，8 月 27 日在仁寿县组织开展 2020 年眉山市地震应急桌面演练。7—8 月，全市遭受多轮强降雨袭击，发生地质灾害灾情 36 处、险情 133 处，直接受灾 361 人，紧急转移安置 22 793 户次 65 802 人次，造成直接经济损失 13 065 万元，未有人员伤亡。

【火灾防治管理】 眉山市深入推进森林防灭火专项整治，印发《眉山市森林防灭火专项整治实施方案》，细化 7 大方面 25 项重点整治任务，成立 10 个专项整治工作组和工作专班，各级党委政府召开森林防灭火专项整治会议 100 次；制发《眉山市森林防灭火专项整治督导工作方案》，成立 7 个市森林防灭火专项整治工作督导组，按照“清单制＋责任制”要求开展 3 轮全覆盖森林火灾隐患排查整治督导，排查森林火灾隐患 138 个，全部整改完成；夯实基础设施建设，投入 4 416 万元组建 7 支 281 人的森林火灾地方专业扑火队伍，新购指挥通信车 1 辆、无人机 19 架、防灭火装备 17 306 台（套），新建防火检查站 83 个，新建车辆防火通道 109.4 公里、消防蓄水池 70 口、物资储备库 408 平方米，开设防火隔离带 49.4 公里；完成眉山市 2020 年度国家综合性消防救援队伍消防员招录，录取消防员22名；针对消防车通道堵塞问题，推进“畅通消防车通道”集中治理行动，完成市人大代表建议和市政协代表提案回复；完成竹博会、苏洵苏轼苏辙与传统法治文化高峰论坛、泡博会等重大活动消防安全保卫。12月12—13日，国务院督导组副组长到眉山督导，充分肯定眉山森林防灭火专项整治。

【防震减灾】 8月27日，眉山市人民政府组织召开全市防震减灾工作会议暨市抗震救灾指挥部全体会议，对全市防震减灾再安排再部署。各县（区）抗震救灾指挥部办公室职责以及承担防震减灾工作的机构、编制、人员全部转隶到应急管理部门。眉山市重新修订《眉山市地震应急预案》，全市备案市、县（区）总体预案和专项预案116个；建成地震监测台站49个，地震监测实现全覆盖无盲区；形成《2021年度眉山地震趋势研究报告》等分析预报成果50份，创建综合减灾示范社区8个、省级防震减灾科普示范学校1所、市级防震减灾科普示范学校13所；8月27日在仁寿县开展2020年眉山市地震应急桌面演练，提高科学应对灾害水平；10月23日组织开展2020年全市地震与地质灾害业务培训，提升地震灾害风险防范能力。

【防灾减灾救灾宣传】 眉山市减灾委办公室会同市减灾委成员单位、县（区）减灾委员会结合“5·12”全国防灾减灾日和“10·13”国际减灾日推进防灾减灾知识和技能进家庭、进学校、进企业、进社区、进农村，并定期组织开展防灾减灾宣传教育和逃生避险演练活动。全市各相关单位在开展防灾减灾宣传期间，悬挂、张贴防灾减灾宣传画、标语800幅（条），展板620个，向群众发放宣传单11.5万份、宣传手册4.2万本、环保袋和围裙2.3万个，现场接受询问1 100次，市级完成56项重点应急救援演练。

【综合减灾示范社区建设】 眉山市各县（区）开展全国综合减灾示范社区创建，青神县高台乡傅塘村（现青神县高台镇傅塘村）、东坡区土地乡永光村（现东坡区富牛镇永光村）、洪雅县花溪镇塘坝社区（现洪雅县柳江镇塘坝社区）、丹棱县张场镇金花村4个社区成功创建为“全国综合减灾示范社区”，为推进全市防灾减灾起到示范引领作用。

【灾害信息员队伍建设】 眉山市应急管理局建立和完善覆盖市、县（区）、乡（镇）、村（社区）四级的灾害信息员队伍体系，全市有灾害信息员1 732名，全面完成灾害信息员数据库录入更新；加强全市灾害信息员管理，严格落实灾害信息员分级培训机制，确保全市各级灾害信息员已至少参加一次业务培训。

（郑　波）

交通安全管理
Traffic Safety Management

【概况】 2020年，眉山市公安局深入开展事故预防“减量控大”“奋进”系列行动，全市一般交通事故起数、死亡人数、受伤人数与2019年同期相比分别下降4.35%、14.87%和7.84%，死亡人数减少53人，远超公安部、省公安厅确定的6%目标。全市无一起死亡3人及以上交通事故，是全省未发生较大以上交通事故的9个市（州）之一，是全省三个连续两年未发生3人以上事故的市（州）之一。

【交通安全管理改革】 眉山市交警支队新开通互联网交通安全综合服务管理平台服务项目15项，服务项目达51个；全年办理业务12万笔，11项便民举措全部落实到位。

【道路交通秩序管理】 眉山市交警支队按照市委、市政府部署要求，以“治乱缓堵”为抓手，以“网格化”勤务管理为依托，组织开展中心城区不文明交通违法集中整治行动，强力整治12类不文明交通乱象，查处城市交通违法89万起；以“双创”为契机，组织开展城区“交通治乱”和“缓堵保畅”行动，实现“双创首创即成”目标。

【交通安全综合治理】 眉山市交警支队整治12类不文明交通乱象，查处城市交通违法89万起，查处酒醉驾5 465起、毒驾31起、无证驾驶4 510起，查处量同比上升7%；深入273家客货运企业和114家校车单位，开展安全大检查700次。

【农村道路交通管理】 眉山市交警支队坚持“县级负总责、乡级主责主抓、部门联动、社会共治”的基本原则，以道安办平台为依托，发挥农村“两站两员”建设作用，优化、整合农村交管办77个和农村地区重点村劝导站（点）550个，配备交管员314名、劝导员1 540名，查处农村地区严重交通违法7 300起，农村地区交通事故起数下降5.6%。

【道路交通事故应急演练】 眉山市交警支队联合“120”急救中心，对清障单位、道路施救中心等单位进行道路交通事故应急演练培训40起，涉及交通事故应急救援、恶劣天气交通管理、危化品管理、消防安全等内容，提升一线执勤民警的警务实战技能和故处理业务水平，增强各部门应急处置和救援能力以及协同配合的综合能力，最大限度防范和减少因交通事故等突发警情造成的危害与损失。

【机动车检测与驾驶人管理】 眉山市交警支队落实“放管服”12项新举措，通过筹划和部门间的协作沟通，除私家车登记持身份证全省通办未在四川省试点实施，其余摩托车驾驶证全国一证通考、摩托车转籍异地通办、扩大机动车免检范围等11项举措全部落实到位；持续推进车驾管业务下放，新增设2家汽车机动车登记服务站、1家摩托车登记服务站，辖区机动车服务站实现100%“一站式”快捷办理服务。

【交通安全培训宣传】 眉山市交警支队开展交通安全集中教育培训200次，开展交通安全讲座53次，发放宣传材料10万份，发送交通安全提示短信20万条，促进形成“文明交通、安全出行”的良好氛围。

【疫情防控交通管控】 眉山市交警支队开启“白＋黑”24小时勤务模式，投入警力5 600人次投入新冠肺炎疫情防控一线，协助防疫部门拦截检查车辆16万台次。11月17日，支队作为全市公安系统唯一代表，被省委、省政府授予“四川省先进基层党组织”和“四川省抗击新冠肺炎疫情先进集体”称号。

【交通安全管理队伍建设】 眉山市交警支队党委先后集中学习12次，组织开展专题学习教育21次，开展积案清理1.5万起，支队获集体嘉奖1次，2个直属大队获集体三等功，6人荣立个人三等功，26人次被省、市表彰为先进个人，张孟军被省政府评为全省先进工作者并被省公安厅记一等功。

（钟丽娟）

消防救援管理
Fire and Rescue Management

【概况】 2020年，眉山市消防救援支队抓住成眉同城发展区位优势，围绕火灾形势与队伍管理“两个稳定”，实现队伍内部“零事故”、灭火救援“零伤亡”、重大负面舆情“零发生”，保持建区设市23年以来无较大以上火灾事故记录。眉山天府新区大队顺利筹建并编配干部开展实体化运行。全市2个乡镇二级站（汉阳、七里坪）建成并投入使用，7个政府专职队建设稳步推进。

【消防改革深化】 眉山市消防救援支队在全国率先开展消防员参与监督执法试点，根本上解决防消“两张皮”的问题；继续加大力度推进指战员考取行政执法资格证，已10名指战员考取全国首批省级行政执法资格证，力争将“眉山经验”推广至全国；以系统思维推进“放管服”改革，联合9个市级部门出台《关于贯彻落实〈深化消防执法改革的意见〉的通知》；承办全省现场会，受到总队主要负责领导高度赞扬。消防站结合“六熟悉”、预案编制和实战演练，从实战角度开展消防安全检查，并通过实地检查、测试等方式提高救援人员对辖区重点单位的熟悉程度，提升灭火救援的科学性和针对性，进而探索一条防消联勤的新路子。根据应急管理部消防救援局《消防执法营商环境评估报告》，眉山消防在全省消防执法营商环境评估总评排名中位列第四。

2020年眉山市火灾统计表

表61

	火灾起数（起）	死亡人数（人）	受伤人数（人）	直接财产损失（元）
东坡区	71	0	0	1 019 440
仁寿县	248	1	1	1 732 602
彭山区	66	0	1	77 749
洪雅县	32	0	1	249 365
丹棱县	26	0	0	4 812 995
青神县	30	0	0	80 180
合　计	473	1	0	7 972 331

【火灾防控】 眉山市消防救援支队推进消防安全专项整治三年行动，将7个单位项目列入全市实事工程、民生工程，制定老旧小区消防安全改造计划50份；防疫期间提请市卫健委等7个行业主管部门，采取多种方式对定点医疗机构、集中隔离点、临时发热门诊、疫情防控物资生产企业、仓储物流企业等单位进行消防安全管理指导；联合市教体局印发《关于开展复课前消防安全检查的通知》《关于加强新冠肺炎疫情防控常态化条件下开学复课消防安全工作的通知》；联合市民宗局、市文物局印发《关于切实加强宗教活动场所、文博单位消防安全工作的通知》，贯彻落实宗教活动场所和文博单位“三定三禁”措施；联合市应急局在全市开展危险化学品重大危险源企业专项检查督导，建立危险化学品重大危险源企业联合监管机制；下发《关于进一步加强大型商业综合体火灾防控工作的通知》，推动五类重点领域单位场所整治，排查单位（场所）2 261个；重点关注热点景区，组织约谈“抖音”网红景点穿越盛世、东坡印象、东坡里等单位消防安全管理负责人。全市联合开展电瓶车专项治理联合检查16次，设置电动车集中充电、停放场所148个；2 043个物业住宅小区施划率90%，公共建筑施划率100%；各县（区）大队协调住建、自然资源等部门开展“蓝顶子”联合检查10次，拆除违规彩钢板面积9 600平方米。全市全年发生火灾473起，死亡1人，无人受伤，直接经济损失797.2万元，与2019年同期相比火灾起数上升43.3%、亡人数持平、伤人数下降100%、直接财产损失下降22.1%。

【消防安全监管】 眉山市有消防安全重点单位598家，其中市级消防安全重点单位35家、区县消防安全重点单位563家。眉山市消防救援支队起草《眉山市消防安全责任制实施办法》，经市人民政府第129次常务会通过，明确各级人民政府、工作部门及单位的消防安全职责与主体责任；依法检查单位2 751家，督促整改火灾隐患2 226处，临时查封28家，责令“三停”23家，罚款87万元，拘留4人；完成全国两会、眉山市第四届人民代表大会第六次会议、政协第四届眉山市委员会第五次会议、苏洵苏轼苏辙与传统法治文化高峰论坛、2020中国国际竹产业交易博览会首届数字国际熊猫节、第十八届中国食品安全大会、首届川渝电力企业电力交易职业技能大赛暨2020年川渝电力发展交流对话活动等消防安全保卫。

【消防训练与演练】 眉山市消防救援支队将抓训研训常态化贯穿全年，让指战员体能考核成绩与年底评优评先直接挂钩；邀请国际搜救教练联盟开展为期一周的激流培训和舟船艇操作，26人取得急流R1R2救援证书；邀请CRAR救援学校开展为期16天的绳索技术体系培训，28人取得CRAR高级证书；编印《典型火灾知识汇编》《作战训练安全汇编》等书籍562本；开展地震救援、交通事故、综合商业体、大跨度大空间厂房、化工演习和水域救援等支队级演习8次，全市“六熟悉”351次、演习283次；建强全市前突“轻骑兵”、速报员队伍，保证灾害现场在发生断网、断路、断电情况后，仍能向后方指挥部传回第一手灾情信息。全市指战员参加全省岗位大练兵和达标考核，通过率100%。支队在总队举行的第二届“火蓝尖兵”比武中，1个综合操法获全省第一，1个单兵体能项目获全省第一，综合成绩排名全省第三，取得历史最好成绩。

图 92 2020 年 3 月 31 日，眉山市消防救援支队跨区域增援西昌市阻截火势

（市消防救援支队供图）

图 93 2020 年 8 月 18 日，眉山市消防救援支队到乐山市增援抗洪救灾

（市消防救援支队供图）

【消防宣传教育】 眉山市深入企业、农村、社区、学校、家庭，以“落实处、增实效、广覆盖”为目标，全力打造消防安全宣传社会化“全覆盖”；分批次、分类别开展消防培训 600 场次，培训人数 8 万人，发放消防安全宣传海报资料 10 万份；紧扣“关注消防、生命至上”主题，举行“119”消防宣传月活动，并采取“线上＋线下”模式，创新开设消防宣传咨询日、全民消防体验日、首届火蓝荣耀杯全民消防运动会等系列活动；设立宣传点 188 个，印发消防宣传资料 40 万份，发放消防宣传环保袋 6 万个，出动消防志愿者 500 人次；结合冬春火灾防控特点，印制并发放《今冬明春火灾防控消防安全提示》宣传海报 20 万份、《消防宣传挂历》4 版 30 万份；利用电视台、广播电台等传统媒体播发消防安全提示、公益广告 6 万条次，面向社会群众发送消防安全宣传提示短信 80 万条；在省部级以上媒体上稿 200 条，央视稿 51 条，讲述消防员与家庭的文章《国梦，家梦，圆梦》在《中国消防》杂志刊登，短视频《不负芳华》获市总工会“寻找最美劳动者”短视频大赛一等奖，微电影《东坡防火记》被各平台转载，脱口秀栏目《龚龙说消防》以寓教于乐的方式宣传消防安全知识，点击量 300 万次。

【森林扑火队伍建设】 眉山市消防救援支队牵头开展森林火灾扑火指挥与安全专项整治，提升各地森林火灾专业扑救队执勤训练水平和应急救援能力；担负全市森林专业扑火队队建，6 个县（区）11 个森林专业扑火队相继成立，择优录取符合条件的专兼职扑火队员 190 人，配备车辆 23 台，配备灭火类、破拆类、保障类器材 2 000 件（套），森林扑火力量初具规模；在全省率先采用“一支队伍，两块牌子”的建队模式，提请政府将森林火灾专业扑救队与政府专职消防队的职能与救援力量统筹合并，最大限度整合资源、节约成本，提高营房、人员、装备有效利用率；按照消防救援队伍正规化建设方案管理指导扑火队队伍管理、执勤备战与训练考核，实行 24 小时值班备勤制度，快速反应，闻警即动；编制《眉山市森林火灾扑火指挥与安全专项整治工作方案》《关于开展森林防灭火队伍能力培训指导意见》，编发《眉山市森林防灭火培训教材》；组织开展县（区）级以上演练 12 次，最大化巩固练兵成果。全市政府专职消防员新增人数居全省前列，森林防灭火力量与政府消防专职队力量同步大幅度提升。

【化工应急救援队伍建设】 四川省应急厅将眉山市化工企业专业应急救援队纳入省上重点打造的三支专业队伍范围后，市消防救援支队担负队伍人员招录、训练及日常管理，逐步配强市级化工力量。

【消防救援】 眉山市消防救援支队全年接警出动 1 475 起，其中火灾扑救 482 起、抢险救援 276 起、社会救助 715 起、公务执勤 2 起，出动队伍 1 488 人次，出动车辆 1 905 辆次，出动人员 9 938 人次，抢救被困人员 1 047 人，疏散被困人员 1 940 人，抢救财产价值 200.3 万元。西昌“3·30”森林火灾发生后，支队连续 70 小时开展救援，成功保卫西昌学院民族预科学院、马道液化气站、铁路技校家属区等重点区域，完成设防降温、阻截火势、攻坚灭火、现场监护、供水支援、通信保障 6 项重要任务。夏天，眉山遭遇历史罕见特大暴雨，支队紧急响应、快速行动，在完成眉山市洪涝灾害救援之后，又转战乐山、绵阳、成都等地开展跨区域救援并协助受灾地清淤，累计接处警 114 起，疏散转移被困群众 1 402 人，营救遇险群众 1 140 人，排涝抽水 10 万立方米。灾后，乐山市委市政府、西昌市委市政府分别回送感谢信。

（王 骁）

民生实事
Solid Work of People's Livelihood

【概况】 2020 年，眉山市 30 件民生实事 178 个项目全面完成目标任务，累计筹集拨付资金 102.72 亿元，占计划安排资金 93.71 亿元的 109.6%。

【就业促进】 眉山市坚持以创业带动就业，以就业促进群众致富，开展补贴性技能培训 4.62 万人次，全市新登记注册个体工商户 25 576 户、私营企业 7 248 户；针对困难群体就业，开发公益性岗位 7 140 个，落实公益性岗位补贴和社保补贴 5 084.72 万元，发放灵活就业社保补贴 2 352.74 万元、失业补助金 995 万元，城镇新增就业 32 243 人、完成率居全省第二位，城镇登记失业率 3.04%、居全省第四位；做好创业帮扶，落实创业就业税收优惠5.67亿元，发放创业担保贷款10 833.6万元，帮助1 761名大学生、4 769名返乡创业者实现创新创业。

【扶贫解困】 眉山市筑牢返贫致贫防线，对有返贫风险的4 093名贫困户和有致贫风险的1 659名边缘户动态监测，为扶贫干部、建档立卡贫困户、留守儿童、环卫工人等提供风险保障7.48亿元，补贴疫情影响困难群众8 100万元；对残疾人群实施"量体裁衣"式服务，发放困难残疾人生活补贴、重度残疾人护理补贴6 673万元，托养智力、精神、重度肢体残疾人3 000名，残疾人家庭无障碍改造1 000户，实现城乡残疾人居家灵活就业3万人；城乡低保标准提高至630元/月、450元/月，城乡特困供养标准达820元/月、590元/月，城乡低保标准和特困供养标准位居全省第二；救助贫困母亲628人、困难职工1 046人，资助贫困白内障患者实施复明手术1 032例，对4 325名农村留守儿童、困境儿童实施精准关爱。

【教育助学】 眉山市投入资金12.9亿元用于教育发展，实施学前教育"80、50"攻坚和义务教育学校薄弱环节改善与能力提升工程，建成投用公办中小、幼儿园23所，新增校舍面积14.23万平方米、学位10 170个，改善乡村小规模学校和乡镇寄宿制学校办学条件105所，建成城乡社区儿童之家278个；落实教育资助政策，投入2.6亿元、受助学生26万人，解决进城务工人员随迁子女就学11 644人；推动兰大—伯克利自然科学研究院、川大眉山校区加快落地建设，与清华大学、重庆大学、深圳大学签署战略合作协议，在眉高校达12所、位居全省前三。眉山市代表队在四川省青少年皮划艇锦标赛等赛事中获25金、32银、28铜，青神中学橄榄球队代表四川在全国青少年U系列英式7人制橄榄球锦标赛中获第二名。

【医疗健康】 眉山市加快推进医疗基础设施建设，市精神病人福利院建成投用，市重大公共卫生应急处置中心基本完工，市疾控中心等6个重大项目完成主体施工，核酸检测机构增至23家；持续提供健康服务，为全市常住城乡居民免费提供12项国家基本公共卫生服务，为145 702名贫困人口代缴基本医疗保险个人缴费，为23.93万名65岁以上老人和2.12万名建档立卡贫困人口免费健康体检，为56 106名农村妇女提供免费"两癌"筛查；落实药品采集，为患者减少费用超过1亿元；加强全民健身场地设施建设，改造提升主城区集中健身点16个、老旧小区健身点200个，新建公共篮球场158片、足球场45片、村级体育设施323个，开放体育场馆体育锻炼达105万人次，开展国民体质监测2.6万人次。

【养老服务】 眉山市推进全国第四批居家和社区养老服务改革试点，投入财政资金5 748.26万元用于养老服务体系建设，落实社区养老服务阵地6 501平方米，市老年大学完成主体建设，建成社区养老服务综合体10个、配套养老服务设施31个，建成农村养老服务分中心29个、服务点29个，改造提升公办养老机构床位906张，为52 579名困难家庭中的失能、半失能老人和80周岁以上困难家庭高龄老人提供政府购买居家养老服务；不断扩大城乡居民养老保障覆盖范围，落实50.51万名城乡居民基本养老保障待遇，为44 556名贫困人口、低保对象、特困人员等困难群体代缴城乡居民养老保险个人缴费，老年人意外伤害保险覆盖26.04万人。

【百姓安居】 眉山市启动447个城镇老旧小区改造，改造城镇棚户区住房1 250套、农村土坯房12 947户，发放住房租赁补贴1 447户，整治地质灾害隐患点223处、减少受威胁群众636户；建成省级安全社区7个、智慧平安小区112个，实施场镇、村、农村聚居点"路灯照明"工程7 181组；建成新能源汽车充电站6座、充电桩790个，巩固提升52 637名农村人口饮水安全保障能力；布点5G基站1 505个，新增及改造农村低压变压器162台，新（改）建农村10千伏电网线路112.6公里、农村低压线路84.5公里。

【人居环境改善】 眉山市在全市240个村开展生活垃圾分类"百村示范行动"，在173个村实施整村推进农村"厕所革命"，新建公共厕所225座、农村户厕54 393户、农村生活污水处理设施6 919座，农村生活垃圾、农村生活污水有效治理行政村占比分别达100%、76%，实现城镇污水处理设施全覆盖，创建省级卫生乡镇5个、省级卫生村101个、省级森林小镇2个、市级森林小镇4个、市级森林村庄26个、"美丽宜居乡村"达标村60个、"水美新村"3个。

【生态环境提升】 眉山市全面启动国家生态文明建设示范城市创建，实施长江干流及重要支流"十年禁渔"，全面消除劣Ⅴ类和Ⅴ类水体，县级以上集中式饮用水水源地水质达标率100%；PM2.5平均浓度同比下降12.1%，空气优良天数率87.4%，提前七年完成环境空气质量达标规划，成为成都平原经济区第二个实现辖区空气质量全达标的城市；新增和恢复水域面积8.156平方公里，城乡公园总数165个，全市森林覆盖率50.13%，城乡绿化覆盖率60.17%。

【交通建设】 眉山市畅通城市"脉络"，建成齐通路、文定街、双凤街、文安东路、青衣街5条市政道路，改造维修乐居街、疏竹街等破损市政人行道2万平方米；破解停车"难题"，完成主城区机动车停车位智能化改造6 000个，集中改造人行道智慧停车泊位100处，联网改造重点公共停车场10处；通达交通"网络"，新（改）建农村公路224.3公里，建成通车一级公路60.7公里，在建一级公路136.5公里、铁路30公里、高速公路86.5公里，汤坝、尖子山、虎渡溪航电加速推进。

（万　堃）

劳动保障
Labor Security

【概况】 2020年，眉山市人社局检查用人单位2 993户次，涉及劳动者9.47万人，发出限期整改指令书153份；受理并处理劳资纠纷问题400件，其中协调处理385件，立案查处违法违规案件15件，办结15件，帮助劳动者追发工资等659.46万元，涉及劳动者673人；加大对劳动保障重大违法惩戒力度，持续实施媒体制度，加强联合惩戒，促进企业依法经营、诚实守信，向社会公布重大劳动保障监察违法企业7家、个人3人，纳入“黑名单”3人；深入推进“两法衔接”，依法打击恶意欠薪、恶意讨薪违法行为，移送涉嫌拒不支付劳动报酬罪案件8件，对1名“讨薪”材料供应商实施警告处罚。

【劳动争议管理】 眉山市人社局建立劳动争议行政调解组织88家，指导规模以上企业建立劳动争议专业调解组织179家，结案率、调解成功率居全省第一；受理劳动人事争议案件886件，调解成功率90.7%、结案率100%，涉案金额2 816.86万元，结案率、调解成功率居全省第一。四川省吉香居食品有限公司劳动争议预防调解工作经验作为全国先进典型上报全国企业联合会。

【薪酬管理】 5—6月，眉山市人社局组织县（市、区）人社部门、各行业具有代表性企业的工作人员，在对全市范围内200家企业、1 400多名在岗职工2019年度工资收入情况调查、统计、汇总和分析的基础上，确定制造业、采矿业、住宿和餐饮业、金融业等18个经济行业中的6个职业大类、55个职业中类、142个职业小类、282个职业细类的人力资源市场工资价位。12月，眉山市人社局发布人力资源市场工资价位，以全年收入为主要形式，按照职业类别、不同学历、性别和年龄、登记注册类型、企业规模、行业、管理技术技能岗位统计劳动者工资报酬及其构成，工资水平分为平均数、高位数、中位数和低位数，其中平均数反映该工种工资收入的平均水平，高位数、中位数和低位数分别反映该工种工资收入的最高、中等、最低水平。各用人单位可参照工资价位，对应工种（岗位）、专业技术职务、职业技能、文化程度和实际工作能力等因素，并结合企业实际，合理确定或调整劳动者的工资水平；劳动者在各级人力资源市场求职，可参照工资价位，对应应聘工种（岗位）合理确定工资预期；企业可参照行业人工成本，强化本单位人工成本管理，促进企业经济效益和提高市场竞争力，并在政府招商引资和企业投资活动中，参照行业人工成本，分析评价区域优势。

【欠薪根治】 眉山市人社局提出“高位推动、执法检查、依法处理、全市通报、执纪问责”五项举措，组织开展根治欠薪集中检查4次，检查企业（工地）1 345家次；处理拖欠工资类案件364件，立案10件，协调处理354件，涉及金额403.6万元；先后曝光5家企业、3名承包人重大劳动保障违法行为，将1家企业和1名个人列入拖欠工资“黑名单”，并纳入信用信息体系，实施联合惩戒。眉山市根治欠薪年度考核排名由全省第20位跃升至第8位，由C级跃升至A级，被四川省人民政府通报表扬。

（黄　霞）

就业保障
Employment Security

【概况】 2020年，眉山市城镇新增就业32 243人、完成全年目标任务115.15%，失业人员再就业7 359人、完成目标任务167.25%，就业困难人员就业3 322人、完成目标任务166.1%，城镇登记失业率3.04%，低于全国、全省平均水平；农村劳动力转移100.02万人，劳务收入278.88亿元。全市就业形势保持稳定。

【就业促进】 眉山市人社局制发印发《促进高校毕业生就业八条措施》等4个推进重点群体就业创业方案和稳就业应急预案，全力应对新冠肺炎疫情和经济下行对就业的冲击；针对困难群体就业，开发公益性岗位7 140个，落实公益性岗位补贴和社保补贴5 084.72万元，发放灵活就业社保补贴2 352.74万元；在全省率先开展基层人社服务体系建设，在基层组织建立专、兼职服务队伍，动态精准掌握全市劳动力情况和培训就业需求；制发《关于加强全市“3135”产业技能人才培养助推工业经济高质量发展的通知》，将6个工业主导产业技能人才培训基层建设在重点园区、重点企业，助力高质量就业。全市完成技能培训4.62万人，发放培训补贴2 257万元；133名退捕渔民在全省率先实现稳定就业，建档立卡贫困劳动力就业动态清零。

【创业促进】 眉山市人社局出台创业扶持措施，降低担保贷款门槛，简化审批程序，发放创业担保贷款10 833.6万元、完成目标任务146%；开展线上创业培训课程11期，培训创业者5 000名；定期举办“1＋N”助梦、创新创业大讲堂等活动，让创业者与创业导师“一对一、面对面”沟通，解决创业过程中的问题，惠及创业者2 000名；组织参加“中国创翼”创业创新大赛，眉山市创业项目“青神遇见、满足盛宴”获四川赛区创业扶贫专项赛二等奖，“果小酒”获四川赛区创业组三等奖。

【高校毕业生就业】 眉山市人社局举办“东坡故里　汇聚英才”高校毕业生专场招聘会，提供就业岗位1 200个，发放大学生求职创业补贴140.6万元，全市离校未就业高校毕业生就业率86.03%；通过人社部《离校未就业高校毕业生求职登记小程序》，对登记的99名离校（含往届）未就业人员，及时联系并回访标注，对71人员给予政策宣传，提供就业创业渠道，其中20人实现就业。

【大学生创业引导】 眉山市大学生创新创业1736人次，完成全年省、市目标任务115.7%。眉山市人社局扶持大学生创业（享受创业补贴）94人，对接专业团队为眉山市大学生创业联合会会员单位免费拍摄“讲出你的创业故事”系列宣传片；推荐10名市内大学生成功创业者参加全省第十一届“我能飞”创业提升培训，帮助创业大学生提升企业经营管理综合能力，提高企业存活率和创业成功率。

【“春风行动”实施】 眉山市人社局开展农民工返岗“春风行动”，春节前返乡农民工返岗率居全省第一；举办春风行动暨就业援助月线上线下招聘会276场，提供岗位11万个，达成就业意向2.67万人。

（黄　霞）

社会保障
Social Security

【概况】 2020年，眉山市民政部门进一步做好底线民生保障、做实基本社会服务，持续推动社会民生事业不断向前迈进；筑牢脱贫攻坚政策兜底保障防线，用好用足用活各类保障政策，全面落实“脱贫不脱保”“脱贫不脱政策”。

（刘 洁）

【社会保险】 眉山市企业职工基本养老保险参保人员52.74万人，城乡居民基本养老保险参保人员152.3万人，机关事业单位基本养老保险参保人员6.1万人，失业保险参保人数达到22.61万人，工伤保险参保人数达到34.84万人；发放企业职工离退休人员养老金666 307.04万元，城乡居民基本养老金69 441.84万元，机关事业单位基本养老金179 815.67万元，失业保险金3 952万元，工伤保险金7 778.3万元。

（黄 霞）

【城乡低保保障】 眉山市民政局提高保障标准，城乡低保保障标准分别提高到630元／月、450元／月，调整后标准位居全省第二，高于省定标准低限，农村低保标准高于国家扶贫标准，截至12月全市纳入城乡低保对象91 403人，发放救助金23 792万元；完成脱贫攻坚任务，通过“单人保”（对低收入家庭中的重度残疾人、重病患者参照单人户纳入农村低保）、“脱贫不脱保”（家庭人均收入超过低保标准后给予12个月以内的渐退期，实现稳定脱贫后再退出低保范围）等措施实现低保兜底目标，将符合条件的2.93万名建档立卡贫困人口全部纳入保障范围，占全市建档立卡贫困人员18%。

【特困人员供养】 眉山市民政局按城乡低保保障标准的1.3倍提高特困供养标准，城市提高到820元／月，农村提高到590元／月；将全市符合条件的对象19 861人全部纳入特困救助供养范围，支出特困救助供养金16 367万元，失能、半失能特困人员集中供养率52%。

【社会救助】 眉山市民政局提升救助服务能力，开通24小时救助服务专线，精简社会救助审批流程，开通网上审批服务，缩短审批时限，加快实现“至多1次见面审批”，甚至“不见面审批”；开展社会救助综合改革试点，在东坡区开展政府购买社会救助服务试点，引导社会组织参与入户调查，对救助对象开展照料护理、送医陪护、社会融入、心理疏导等社会救助。

【临时救助】 眉山市民政局建立健全临时救助备用金和救急难主动发现机制，每个乡镇（街道）按不低于人口数量1元／人落实备用金，按低保保障标准1～6倍给予临时救助，封顶限提高至1万元，全市实施临时救助21 898人次、发放临时救助资金2 440万元，其中救助鄂籍滞川等外来临时遇困人员598人次、街面临时遇困及流浪乞讨人员370人次；启动社会救助和保障标准与物价上涨挂钩联动机制，从4月起将孤儿和事实无人抚养儿童纳入覆盖范围，价格临时补贴标准提高1倍，全市发放临时价格补贴52.32万人次8 100万元。

【残疾人关爱行动】 眉山市民政局启动残疾人两项补贴标准调整，逐步建立动态调整机制，规范资金发放，全年向31 604名困难残疾人发放生活补贴3 476万元，向38 611名重度残疾人发放护理补贴3 197万元。

【儿童关爱行动】 眉山市民政局印发《眉山市儿童关爱保护保障工作联席会议成员单位职责任务分工》和《2020年工作要点》；将儿童关爱保护保障纳入联防联控，下发《关于进一步做好儿童福利领域防疫工作和开展全市困境儿童和留守儿童摸底排查工作的通知》，第一时间封闭管理儿童福利机构和未保机构，防疫物资向儿童福利领域倾斜；印发《眉山市未成年人救助保护中心关于疫情防控期间未成年人关爱保护24小时专线管理办法》，率先开通疫情期间市县联动儿童救助保护热线；按时足额打卡发放孤儿、艾滋感染儿童生活基本生活保障金，事实无人抚养儿童参照散居孤儿享受900元／月基本生活补贴；对接医保、税务部门将孤儿、事实无人抚养儿童、低收入家庭未成年人3类群体纳入医保范围，安排71名孤儿参加年度健康体检筛查，49名孤儿享受“福彩圆梦·孤儿助学”每年1万元资助；加强儿童关爱保护，将儿童关爱保护纳入眉山市2020年度30件民生实事计划，全年精准关爱重点农村留守儿童、困境儿童4 325名；联合市法院等5个部门印发《眉山市困境儿童安全保护工作规程》，编织全市困境儿童安全保护密网；联合市公安局印发《关于进一步细化事实无人抚养儿童保障工作中父母失联相关材料的办理流程的通知》，探索事实无人抚养儿童认定“五方查证、当月办理”方法，被省委《每日要情》139期刊载，民政部采用并参照印发文件。全市80个乡镇、842个村（居）全部确定和配备儿童督导员、儿童主任。眉山市儿童福利院临时履行政府兜底监护职能，除集中供养21名孤儿外，临时监护服刑人员、强制戒毒人员子女等事实无人抚养儿童35名。11月25日，由国际救助儿童会主办的“守护儿童 保护童行——2020年儿童保护年会”在北京举行，眉山市民政局受邀参会并作《弘扬慈幼恤孤东坡文化，打造“四聚焦四创新”模式，建立新时代儿童关爱服务体系》经验交流发言。

【困难群众关爱行动】 眉山市建立健全困难群众经常性走访机制，组织8 300名乡镇（街道）和村（社区）工作人员、网格员以及200个社会组织6 000名社工、志愿者，采取电话、微信、上门探访等形式，全覆盖、不间断开展困难群众走访，帮助解决各类生活困难。4月，全市集中开展对受疫情影响的“七类困难群体”走访救助，走访慰问人数3.5万人，其中市、县两级四大班子领导分组带队集中慰问1 505人次。眉山市启动社会救助和保障标准与物价上涨挂钩联动机制，从4月起将孤儿和事实无人抚养儿童纳入覆盖范围，价格临时补贴标准提高1倍，全年发放临时价格补贴52.32万人次8 100万元。

（刘 洁）

住房公积金管理
Housing Provident Fund Management

【概况】 2020年，眉山市住房公积金管理中心面对新冠肺炎疫情带来的严峻复杂经济形势，稳步推进住房公积金缴存、提取、贷款、服务等管理，实现缴存人数、缴存额和提取额、贷款额平稳增长。

【住房公积金缴存】 眉山市住房公积金缴存单位新开户303户，净增单位48家；缴存人数新开户3.04万人，年末缴存人数147 714人，比2019年末增加9 452人；缴存住房公积金29.47亿元、比2019年增长5.54%，缴存总额192.72

亿元，缴存余额72.25亿元。缴存职工中，国家机关和事业单位占51.21%、比2019年增加1.2个百分点，国有企业占17.81%、比2019年增加0.11个百分点，城镇集体企业占2.28%、比2019年增加0.85个百分点，外商投资企业占1.06%、比2019年减少0.19个百分点，城镇私营企业及其他城镇企业占23.98%、比2019年减少2.86个百分点，民办非企业单位和社会团体占1.9%、比2019年增加0.27个百分点，其他占1.76%、比2019年增加0.62个百分点，其中中低收入占99.02%、比2019年增加0.3个百分点，高收入占0.98%。眉山市住房公积金缴存基数上限为22 620元，比2019年提高1 122元；缴存基数下限为1 650元，与2019年持平。

【住房公积金提取】 眉山市职工全年提取住房公积金22.65亿元，比2019年增长13.11%，占当年缴存额76.88%，比2019年增加5.15个百分点。截至年末，全市提取住房公积金120.46亿元，提取金额中住房消费类提取占86.37%（其中购买、建造、翻建、大修自住住房占26.77%，偿还购房贷款本息占56.21%，租赁住房占3.37%，支持老旧小区改造占0.02%）、比2019年增加2.96个百分点，非住房消费类提取占13.63%（其中离休和退休提取占10.28%，完全丧失劳动能力并与单位终止劳动关系提取占1.81%，其他占1.54%）；提取职工中中低收入占98.94%，高收入占1.06%。

【住房公积金贷款】 眉山市全年发放个人住房贷款6 316笔、金额19.91亿元，比2019年分别增长69.6%、71.24%，截至年末累计发放个人住房贷款5.41万笔124.98亿元，存量贷款3.73万笔，贷款余额75.05亿元，占缴存余额103.87%，比2019年末增加3.87个百分点；发放异地贷款1 672笔5.19亿元，累计发放异地贷款总额25.38亿元，异地贷款余额17.36亿元。职工贷款笔数中，购房建筑面积90（含）平方米以下占32.3%、比2019年减少7.93个百分点，90～144（含）平方米占65.78%、比2019年增长9.15个百分点，144平方米以上占1.92%、比2019年减少1.22个百分点；购买新房占93.4%、比2019年增长12.14个百分点，购买二手房占6.6%。贷款职工中，30岁（含）以下占36.31%、比2019年减少3.54个百分点，30～40岁（含）占37.06%、比2019年增长1.88个百分点，40～50岁（含）占22.77%、比2019年增长1.99个百分点，50岁以上占3.86%、比2019年减少0.33个百分点；首次申请贷款占84.34%、比2019年减少2.45个百分点，二次及以上申请贷款占15.66%。截至年底，眉山市个人住房公积金贷款逾期额889.19万元，贷款逾期率1.19‰。

【住房公积金管理】 眉山市住房公积金全年业务收入24 449.74万元、同比增长12.16%，其中存款利息478.43万元、委托贷款利息23 970.72万元，委托贷款罚息收入0.59万元；业务支出13 668.09万元、同比增长12.77%，其中支付职工住房公积金利息10 388.65万元，委托贷款手续费956.5万元，其他2 322.94万元（融资借款利息支出2 321.94万元）。眉山市全年实现增值收益10 781.65万元、同比增长11.41%，增值收益率1.57%、比2019年增长0.01个百分点；在增值收益分配中，提取贷款风险准备金3 111.23万元，提取管理费用2 561.06万元，提取城市廉租住房（公共租赁住房）建设补充资金5 109.35万元。截至年末，眉山市住房公积金贷款风险准备金余额15 010.22万元，累计提取城市廉租住房（公共租赁住房）建设补充资金36 301.09万元。

【住房公积金服务】 眉山市住房公积金管理中心4月完成住房公积金信息系统迁移华为云，5月初步完成“12329”热线与“12345”热线整合，实现“12329”在“12345”平台的话务转接和政策咨询；截至12月底，微信公众号、微博、门户网站等服务渠道个人用户注册量10.57万人、占全市缴存职工72%，单位用户注册3 098个、占全市缴存单位数96%；通过短信发布信息121.76万条，向缴存职工和单位提供信息查询服务1 198万人次，全年网上业务办理量89万笔、网办率90%。11月，眉山市住房公积金管理中心岷东新区管理部更名为高新技术产业园区管理部，主要负责眉山高新技术产业园区范围内的住房公积金归集、提取和贷款业务的办理，原岷东新区管理部职责由直属管理部承担。眉山市住房公积金管理中心洪雅管理部、仁寿管理部正式入驻当地市民服务中心。

【住房公积金助力疫情防控】 2月9日起，受疫情影响，眉山市未能如期开工开业和生产经营效益受到影响的中小微企业，可申请降低住房公积金缴存比例和申请缓缴住房公积金，缴存比例最低可降至5%，降比和缓缴期限最长可延至12月31日，全年支持670家企业降比缓缴公积金6 704万元。眉山市为降低困难职工还款压力，从2月中旬起对全市住房公积金贷款设定宽限期，在6月30日前对受疫情影响不能正常偿还住房公积金贷款本息造成逾期的不作逾期处理、不计罚息和复利、不影响个人征信，累计对受疫情影响无法正常还款的668户缴存职工不作逾期处理；为解决困难职工租房问题，2月21日—12月31日将年度租房提取住房公积金最高额度上浮20%执行，为7 263名无房职工办理租房提取7 642.95万元。

（陶炯嫦）

社会管理
Social Management

【概况】 2020年，眉山市民政局坚持系统治理、依法治理、源头治理、综合施策，聚焦镇村建制调整两项改革“前后篇”文章，推动基层治理现代化，量基层政权建设得到加强，城乡基层治理体系不断健全，基层社会治理基础不断夯实；引导社会力量参与社会治理，推动全市社会组织健康有序发展。

【乡镇行政区划】 眉山市全面推进乡镇行政区划调整后的界线勘定，制定出台《眉山市乡镇行政区划调整后界线勘定实施方案》，编印《眉山市乡镇行政区划界线勘定资料》《眉山市乡镇行政区划界线勘定工作成果资料》，形成“1+2”实施方案，明确工作目标、勘界范围、实施步骤和工作要求；梳理乡镇行政区划政策法规、勘界流程、技术要求等资料，并规范乡镇勘界文件材料归档；根据工作实际整理情况，建立半月台账制度；对勘界完成后形成的成果资料，将测绘成果送四川省测绘产品质量监督检验站检验，收到验收合格报告后再组织验收，保证勘界成果准确有效。本次勘界全市投入633.19万元，总勘定界线156条，总长度2 140.14公里。

【村级建制调整】 眉山市建制村（含村组拆分）“二合一”411个、“三合一”63个、“四合一”10个，有效解决农村地块零散杂乱、村集体资源资产碎片化等问题。调整后，全市建制村（社区）总数847个，比调整前减少516个，减幅37.86%，其中村510个，比调整前减少540个，减幅51.43%；建制村平均面积从5.67平方公里增至9.59平方公里，增幅69.13%；村平均户籍人员从2 515人增加至3 823人，增幅65.8%；社区由313个调整到337个，比调整前增加24个，增幅6.71%。全市打造集镇村（社区）134个、中心村（社区）84个、特色村206个。

【村民小组调整优化】 6月19日，眉山市村级建制调整总结暨村民小组调整优化部署会召开。眉山市按照“市级指导、县级统筹、乡级主体、村级实施”原则，制定调整改革总体方案，明确8个时间节点安排；制定《各级任务清单》《风险防控清单》，明确3个阶段工作流程、8项主要任务、12项风险防控内容；坚持以民为本，尊重意愿、实事求是，收集组长“一肩挑”、任职条件、报酬待遇、合租方案、村民经济权属保障等意见建议600条，安排专人回复，提高群众满意度；坚持因地制宜，对区县、乡镇均不下减幅指标，不搞一刀切；坚持“给平台干事业、给待遇获支持、给关怀暖人心”，肯定离任干部成绩和贡献，鼓励发挥余热，疏解“人走茶凉”心结，对家庭条件不好、身体状况较差、有具体困难的离任干部给予关怀、关心，定期开展走访慰问和送温暖活动，最大限度争取离任干部理解。眉山市村（居）民小组由10 537个调整为8 001个，减少2 536个，减幅24.07%（其中村民小组由6 523个调整为4 849个，减少1 674个，减幅25.66%；居民小组由4 014个调整为3 152个，减少862个，减幅21.47%）；平均辖区面积从0.91平方公里增至1平方公里，增幅9.89%；平均户籍人口从371人增加至402人，增幅8.35%；村（居）小组长平均年龄从55岁调整为51岁、下降4岁，高中以上学历占比从19.06%调整为26.58%、上升7.52%；村（居）民小组党组织书记或党员兼任村（居）小组长3 960人，占比48.39%。全市以指定形式确定村（居）民小组长763人，民主推选2 427人。

【村（社区）“两委”换届】 眉山市民政局联合市委组织部门，先后召开全市村（社区）“两委”换届工作推进会和培训会，梳理学习换届政策法规，准备换届前期工作，制定培训资料、工作流程图、材料模板、市县乡村四级工作责任清单、风险提示清单等；召开村（社区）“两委”换届风险研判座谈会，及早应对换届可能存在风险；组建换届工作指导组，分5个小组，全面下沉县（区）指导。

【村民自治】 眉山市全面推行村（居）重大事项“四议两公开”，完善村（居）民议事会、村（居）民代表会、村（居）务监督委员会等运行机制；完善党组织领导下的基层民主协商机制，形成民事民议、民事民办、民事民管的多层次基层协商格局；10月28日，印发《关于在涉改村（居）推进村规民约（居民公约）修订和完善和村级红白理事会组建工作的通知》，指导各县（区）加强涉改村（居）村规民约（居民公约）修订完善，全覆盖组建立村级红白理事会，抵制陈规陋习，摈弃人情攀比、铺张浪费、封建迷信等不良风气。

【基层治理】 眉山市民政局落实市委四届十四次全会作出的《关于构建新型城乡基层治理体系的决定》，抓好《城乡基层治理重点工作》48项牵头或配合任务落实，做好彭山区、仁寿县申报第一批省级城乡社区治理试点示范并获批；按照空间布局更优化、功能配置更完备、环境氛围更温馨、载体活动更丰富、服务供给更贴心的基本要求，实施中心城区和县政府驻地镇社区党群服务中心亲民化改造44个，将社区党群服务中心打造成党在城市基层的坚强阵地、党员群众的温馨家园，增强吸附居民参与社区治理主动性；在两项改革（乡镇行政区划改革和村级建制调整改革）后半篇文章中，加入“加强和创新城乡社区治理”专题调研，要求优化社区治理，健全完善由组织部门牵头负责党建引领、政法部门牵头负责综治保障、民政部门牵头集成综合服务的“党建引领＋综合服务＋综治保障”新模式。眉山市优化调整社区，新增社区24个（其中48个村改社区，31个社区合并，拆分新增社区7个）。

【地名管理】 眉山市民政局审核命名城市道路112条，审核备案建筑物（群）9处；开展不规范地名排查清理，建立协调机制，先后组织市公安局、市自然资源局、市住房城乡建设局、市交通运输局、市市场监管局等部门召开工作协调会分析研判，协同街道、社区做好摸排，组织市级、区县有关专家对摸排出的15处不规范地名是否纳入清理详细论证。

【行政区域界线管理】 眉山市民政局牵头完成夹东线、夹丹线2条市（州）间县界联检，完成仁青线、东青线2条市内县界联检，共检查界线132公里，检查界桩14颗。联检工作小组深入界线毗邻乡镇、村，走访当地村组干部和界桩看护人员，调查了解行政区域界线管理情况及双方村民生产生活情况，实现边界地区和谐稳定、促进经济社会稳步发展的平安边界建设目标。

【社会组织管理】 眉山市民政局做好社会组织登记，全市新成立登记社会组织8个，注销登记社会组织12个；抓好社会组织党的建设，引导社会组织党组织做好打赢新冠肺炎疫情阻击战，划拨3万元专项党建经费支持抗疫，新建立社会组织党组织1个，培养入党积极分子39名，接收预备党员9名，选派5名党组织书记参加成都市社会组织党组织书记能力培训；开展年度检查，参加2019年度年检的社会组织184个，年检率83.25%，未接受年检社会组织37个（其中社会团体14个、民办非企业单位23个）、占比16.75%；规范社会组织建立对公账户和税务登记等，加强社会组织监管，推动党建引领和内部治理，社会组织诚信建设不断加强；推动社会组织收费标准公示和法人入库，评估社会组织12家，眉山市游泳协会、眉山市家政服务行业协会、眉山市基督教三自爱国运动委员会、眉山市应急救援志愿者协会4家社会组织被评为AAAA级社会组织。

（刘　洁）

社会服务
Social Services

【概况】 2020年，眉山市民政局坚持以人民为中心发展思想，以脱贫攻坚兜底保障任务为抓手，推动以城乡低保制度为主体，特困人员供养、临时救助、残疾人两项补贴、困难失能老人护理补贴、慈善救助等制度为补充的社会救助体系深化完善；聚焦群众关切，为民服务，推动养老、殡葬、儿保、婚姻登记等民政基本社会服务创新发展。

【志愿社工管理】 眉山市民政局推广应用全国志愿服务系统，实名注册志愿者达635 813人、占全市常住人口21.22%，有志愿服务时间记录的志愿者402 501人、占注册志愿者总数63.3%，注册率和活跃度均完成“十三五”规划指标和双创指标；常态开展志愿活动，发布志愿项目10 251个，注册志愿团体3 126个。全市80个乡镇（街道）和332个社区均建立志愿服务站和志愿服务团队，志愿服务站点全覆盖。眉山市民政局规范社会工作者管理，采集和登记全市历年取得社会工作者职业水平证书人员信息；组织参加全国社会工作职业水平考试，1 284人报名，涨幅37.9%；举办考前网络培训班，221人通过考试，通过率24%，全市持证社工总数达529人；组织815人参加社会工作者能力提升网络培训班，提高从业人员服务能力和水平；启动乡镇（街道）社工站建设，打造基层民政服务平台。

【婚姻登记管理】 眉山市民政局编制婚姻登记办事指南和工作规范，严格工作流程和工作要求开展登记，全年依法办理结婚登记20 525对、离婚登记10 772对，登记合格率100%；改善婚姻登记环境、拓展服务功能，首次举办“5·20”结婚证集体颁发仪式；开展婚姻法实施70周年宣传活动，“中国民政”微信公众号推送主要做法；举办“2020我想认识你”第四届大型交友活动，500名单身男女参与，24对牵手成功；利用“2·14”、“5·20”、七夕等日期宣传中华优秀传统婚姻家庭文化，倡导健康文明、简约适度婚俗文化；做好东坡区婚俗改革试点申报。

【殡葬管理】 眉山市全年投入资金2 400万元，建成公益性公墓35处，全市公益性公墓数量达83处，是全省投入资金和建设墓位数最多的市（州），建成一批体现“生态环保、移风易俗、家风家教、文化传承”四大功能的示范性公益性公墓；在全民全面免除基础上，实现惠民殡葬提标扩面，将节地生态安葬奖补纳入保障范围，减免13 617人共1 222.17万元，实现减免人数和减免资金双提升。眉山市民政局被公益时报社中国殡葬编辑部表彰为中国殡葬业抗击新冠肺炎疫情宣传报道先进集体，市殡仪馆副馆长罗杰被国家卫生健康委员会等10部委表彰为全国平安医院工作表现突出个人，市殡仪馆屈宇虹被四川省委、省政府表彰为四川省抗击新冠肺炎疫情先进个人和四川省优秀共产党员。2020年四川技能大赛——第四届全省民政行业（殡仪服务员、公墓管理员）职业技能大赛，眉山市6名选手参赛均获奖项，并包揽所有参赛项目个人和团队一等奖。

【福利彩票销售】 眉山市疫情防控与彩票销售同步推进，彩票销售稳中有升，目标完成率居全省第二，全年总销量26 117万元，其中电脑票21 820万元，除去休市因素（48天），同时段销量较2019年增长2 056万元，增幅10.4%；即开票3 040万元，较2019年增长391万元，增幅14.76%；视频票1 257万元，因政策调整较2019年减少10 547万元；电脑票和即开票合计目标完成率131.5%，全省排位第二名。眉山市向投注站配发测温枪250把、喷洒壶300个、酒精600瓶、消毒液600升、口罩18 500个、疫情防控宣传海报1 000张，全市福彩系统人员无一人感染，投注站未发生一例传染，恢复正常销售站点100%，1 019站次获得电脑票、即开票疫情销售补贴；在即开票春节停售、电脑票休市48天的情况下，即开票提前106天、电脑票提前63天完成全年目标任务。

【慈善事业发展】 眉山市慈善总会组织开展慈善募捐活动，募集和争取新冠肺炎疫情捐赠资金71.98万元、物资折价72.75万元，“4·20”地震灾后重建捐助资金100万元，定向慈善助学资金51.8万元，定向捐赠支持公益事业资金222.96万元；深入开展慈善救助活动，拨付新冠肺炎疫情款物144.73万元，“4·20”地震灾后重建项目资金180万元，发放慈善助学金174.67万元，慈善困难救助11.23万元，定向支持公益事业137.16万元；推动公益慈善同城化，与成都市慈善总会、德阳市慈善会、资阳市慈善总会共建“成德眉资同城化公益慈善联盟”。

【眉山市精神病人社会福利院建设】 眉山市精神病人社会福利院项目位于东坡区崇仁镇，总建筑面积14 791.46平方米，设计床位300张；总投资4 990万元，其中中央预算内投资2 160万元、市级财政800万元、东坡区政府配套剩余部分资金。项目于2018年立项，2019年1月10日正式动工，2020年9月建成并投入使用。

（刘　洁）

老龄事务
Ageing Affairs

【概况】 2020年，眉山市以习近平新时代中国特色社会主义思想和老龄工作系列论述为指导，坚持以老年人健康为中心，坚持问题导向，推动实施积极应对人口老龄化国家战略，健全老龄事业发展政策体系及老年健康服务体系，推动构建老年友好社会环境，不断提高老年人获得感、幸福感、安全感。

【老龄管理机制健全】 眉山市卫健委制定市老龄委成员单位职责，完善老龄工作督导员制度；完善老龄健康服务网络，6家二级以上综合医院设立老年病专科，7家基层医疗机构开展医养结合综合试点。

【老年人维权】 眉山市司法行政机关通过建立法律援助长效机制，促进老年人法律援助步入制度化、常态化。法律援助被列入眉山市委、市政府民生实事项目内容；建立“涉老公共法律服务绿色通道”，扩大与老年人权益保护密切相关的法律援助补充事项范围，把婚姻家庭、人身伤害赔偿等方面涉老侵权纠纷纳入法律援助补充事项范围。

【老年人参保】 眉山市落实老年人民生实事，各区县财政出资保障18.62万参保老年人意外伤害保险，其中眉山天府新区1.54万人、东坡区3.34万人、彭山区1.51万人、仁寿县8.69万人、洪雅县2.05万人、丹棱县0.73万人、青神县0.76万人，全市共投入资金726万元。

（张　瀚　张　勇）

【养老服务设施建设】 眉山市改造提升城乡公办养老机构床位1 905张，完成农村敬老院公建民营7所；建成护理型床位6 251张，占总床位数31.25%，民办养老机构床位数达8 811张。4月14日，眉山市民政局与市市场监管局、市消防救援支队联合印发《眉山市养老服务设施食品安全工作手册》《眉山市养老服务设施消防安全工作手册》，明确养老服务设施在食品、消防方面的标准及规范。4月24日，眉山市民政局与市自然资源局、市住建局联合印发《住宅小区配建社区居家养老服务设施建设、移交与管理的方案》，明确新建住宅小区应按每百户不低于20平方米建筑面积标准配建养老服务设施。7月28日，眉山市民政局与财政、住建、卫健、市场监管等部门联合印发《眉山市社区养老服务设施建设及补贴指导意见》，明确眉山市养老服务综合体、社区养老服务站点的建设及补贴标准。

【农村养老服务体系建设】 眉山市在15个乡镇开展农村养老服务体系建设，建成农村养老服务分中心41个、农村养老服务点39个；对15家办公敬老院进行适老化改造，改造床位1 905张；对222户困难老年人家庭开展适老化改造。

【居家和社区养老服务体系改革试点】 眉山市在全市范围内开展居家和社区养老服务体系改革试点，建成养老服务综合体11个、社区养老服务站点38个。8月25日，第四批中央支持开展居家和社区养老服务改革试点验收组到眉山验收试点完成情况，验收组对眉山居家和社区养老服务改革试点作出高度评价。9月28日，民政部、财政部公布第四批中央支持开展居家和社区养老服务改革试点地区成果验收结果，眉山市被评为优秀试点市，位列前10，同时按照优中选优原则，对眉山市予以100万元资金奖励。

（刘　洁）

【老年人健康服务】 眉山市卫健委抓好老年人心理关爱项目试点，东坡区、彭山区为1 012名老年人心理评估；开展省级安宁疗护试点，制订《眉山市省级安宁疗护试点工作方案》；印发《关于2020—2021年医养结合服务试点工作方案》，推进老年人家庭医生签约服务，为65周岁以上老年人提供免费健康体检、慢病管理、医疗巡访等服务，建立老年人健康管理档案。

【老龄健康服务业发展】 眉山市卫健委指导洪雅县编制《四川省健康服务业县（市、区）建设指南（试行）》，推进健康服务业示范县创建，打造中瑞国际等高端康养服务品牌；争取省财政资金200万元建设彭山区人民医院老年病科，指导新建眉山子瞻老年病医院、苏沈老年病医院。

【敬老模范县（区）创建】 眉山市彭山区连续5轮成功创建“四川省敬老模范县（区）”。眉山市中医医院龚村养护中心、彭山区老年大学、仁寿县汪洋镇老年协会、洪雅县老年人协会4个单位被评为“全国敬老文明号”，仁寿县慈航镇老协会长夏绍轩等6人被评为全国“敬老爱老助老模范人物”。

（张　瀚　张　勇）

【成德眉资养老服务同城化】 6月，成德眉资四市共建养老专家库，眉山市3名养老专家入库并参加成都养老机构等级评定。7月24日，成德眉资四市民政局联合举办第4届成都国际养老服务业博览会。10月22日，成都市养老企业三市行活动首发眉山。11月23日，眉山市民政局到资阳参加成都市养老企业三市行活动。

（刘　洁）

【老龄宣传】 眉山市卫健委依托村（社区）文化礼堂、乡镇（社区）卫生院、居家养老服务中心、医养结合机构、老年大学、老年协会等平台，开展老龄健康宣传活动周活动，为老年人宣讲老年健康政策和老年健康知识，重点宣传解读老年健康核心信息20条，编发眉山老年健康知识100条，发放宣传资料5万份，现场义诊3 000人次，接受咨询8 000人次。

【敬老爱老助老活动】 眉山市卫健委指导开展“敬老月”活动，市委、人大、政府、政协四大家主要领导带队到区县走访慰问高龄、留守、失能失智、失独老年人及抗美援朝老兵，市级慰问老人500名；重阳节发送16万条慰问短信，号召市民以真心尊老、以诚心敬老、以行动助老。

（张　瀚　张　勇）

老年大学
University for the Aged

【概况】 2020年，眉山市老年大学有工作人员8人（其中正式在编3人、临辅2人、自聘3人），聘用兼职教35人。因受疫情影响，学校未开学。

【老年大学建设】 眉山市老年大学新校位于东坡区长安路与惠州街交叉口东南侧，占地面积20.57亩，建筑面积1.7万平方米，含教学楼、多功能厅、活动用房、地面架空层车库及附属配套设施、绿化工程等，总投资5 957万元。项目于2019年11月正式开工建设，2020年5月完成主体框架验收，12月完成主体工程。新校建成后，计划开设40个专业、100个教学班，可为近万名老年人提供教学服务，基本解决眉山市城区老年人“入学难”的问题。

【第二课堂学习】 因新冠肺炎疫情原因，眉山市老年大学暂停第二课堂，倡导全校师生加入中国老年大学协会发布的免费学习平台，开展疫情期间“在线网上学习”，做到防疫、学习两不误。

【文艺活动开展】 1月9日，眉山市老年大学组织老年书法志愿者在眉山东坡宋城开展“迎新春——送春联送祝福进社区”活动，送出春联500幅。11月20日，眉山市老年大学萨克斯专业参加市老协游园活动开场演出。12月2日，眉山市老年大学形体舞专业舞蹈《军民鱼水情》代表学校参加眉山市庆祝《志愿者服务条例》颁布实施3周年暨国际志愿者日文艺活动。眉山市老年大学摄影专业选送作品参加“众志成城控疫情·丹心闪耀纪华章”四川省民政厅第二届老年摄影大赛，学员作品《我也来摄影》获三等奖、《晨光曲》获优秀奖、《霞光伴水舞》入选摄影作品集。

【体育活动开展】 眉山市老年大学组队参加2020年四川省老年人太极拳、健身球操网络视频比赛，拳剑专业代表6人全部获奖，健身球专业代表7人获奖；组织参加眉山市第六届老运会，健身球专业代表队健身球操比赛规定套路和自编套路均获优胜奖，柔力球专业代表队柔力球比赛规定套路和自编套路均获优胜奖，广场舞专业代表队健身秧歌比赛规定套路和自编套均获优秀奖。

【老年志愿服务活动】 11月5日，全省老年志愿服务工作推进会在眉山市召开。眉山市老年大学老年志愿服务支队现场开展志愿服务活动，展示眉山老年志愿者风采。

（刘　洁）

生态环保

ECOLOGICAL ENVIRONMENTAL PROTECTION

国土资源保护 / 森林资源保护 / 矿产资源保护 / 水资源保护 / 生态保护 / 环境保护 / 气象监测

国土资源保护
Land and Resources Protection

【概况】 2020年,眉山市自然资源局聚焦市委建设"现代化成都都市圈副中心"目标,坚持"规划国土空间、管理自然资源、促进开放发展"思路,推进自然资源领域重点攻坚任务,实现从"规范、融合"到"精准、精细"的过渡提升。眉山市自然资源局全年处置2009—2017年"批而未供"土地9 700亩、处置率排名全省第四,处置闲置土地3 200亩、处置率排名全省第一,东坡区"四个一批"盘活处置园区低效工业用地主要做法全省推广;土地出让面积、出让价款突破历史新高,年度批回建设用地面积创眉山建区设市23年之最;实现连续12年地质灾害人员"零伤亡",获省自然资源厅先进表彰。天府新区眉山片区省级用地审批权纳入首批委托试点,是全省仅有的三个区域之一。

【土地利用总体规划】 眉山市自然资源局坚持规划管控、用途管制,在项目选址、用地预审、土地报批等,严格执行土地规划管理规定;加大用地保障力度,在本轮规划执行末期,采取调整县域规划布局、市域内统筹调剂规划指标、争取省追加指标等方式,调整土地规划16次,面积751.43公顷(其中争取到省追加眉山市新增城乡建设用地规划指标3 000亩)。

【土地利用政策完善】 眉山市自然资源局严格执行国家、省、市关于土地利用的法律法规规定,组织修订《眉山市国有建设用地出让管理办法》;牵头起草《眉山市经营性土地出让管理暂行办法》《眉山市产业发展用地管理暂行办法》《眉山市有效应对新冠肺炎疫情促进房地产市场平稳发展政策措施》,进一步完善土地利用政策,规范全市国有建设用地、经营性用地、产业发展用地。

【土地利用管理】 眉山市全年组织出让土地566宗、面积36 922亩,实现合同价款407.77亿元,入库土地出让收入310.23亿元,催收欠缴土地出让金4.25亿元(其中市级出让8宗、702.9亩,合同价款30.3亿元,入库收入25.26亿元,催欠收入4 578.3万元);规范土地二级市场管理,土地二级市场划拨转出让2 644宗,收缴土地出让金5 731.66万元(其中市级501宗,收缴土地出让金1 434.08万元);组织开展工业用地弹性年期出让3宗、面积27.34亩。

【土地利用监测】 眉山市自然资源局推进城镇低效用地再开发,围绕经济社会发展和土地利用生态环境基本状况、建设用地节约集约规划目标实现状况、建设用地人口和经济承载水平、人口经济变化与建设用地变化协调程度、建设用地节约集约利用管理绩效分析,在市级、彭山区、仁寿县、洪雅县、丹棱县、青神县分6个单元组织开展城市建设用地节约集约利用状况整体评价,形成整体评价报告上报省自然资源厅;统筹开展标定地价和集体建设用地、农用地分等定级、2020年度地价动态监测等。

图94 2020年6月25日,"全国土地日"通过有奖问答向群众宣传节约集约利用土地(市自然资源局供图)

【土地报批】 眉山市自然资源局适应自然资源部和省自然资源厅用地计划管理新方式和用地报批新政策新要求,出台《眉山市自然资源局建设用地报批网上联审工作制度》《眉山市自然资源局征地文书参考格式》《眉山市自然资源局关于进一步规范集体土地征收管理的通知》等规章制度,规范用地报批征前程序和批后实施,优化用地报批"专班服务"机制,保障重大项目和民生等基础设施建设用地,着力破解供给侧结构性用地难题,全年上报建设用地91个批次、面积4.09万亩,批回94个批次、面积7.9万亩,重点区域、重点产业和重大项目用地需求得到有效保障。

【土地综合整治】 眉山市全年投入资金7 428万元,实施土地整理项目6个,拟新增耕地3 500亩;验收项目8个,获得新增耕地面积4 800亩。

【耕地保护】 眉山市自然资源局贯彻"十分珍惜、合理利用土地和切实保护耕地"的基本国策,落实《国务院办公厅关于坚决制止耕地"非农化"行为的通知》《自然资源部 农业农村部 关于农村乱占耕地建房"八不准"的通知》等政策规定,先后出台《眉山市自然资源局关于进一步加强耕地及永久基本农田保护的通知》《眉山市自然资源局 眉山市农业农村局关于进一步规范设施农业用地管理坚决遏制农地非农化乱象的通知》,研究制定眉山市耕地占补平衡指标管理、建设占用耕地易地占补平衡指标交易管理的相关规定,采取"长牙齿"的硬措施,强化和巩固耕地数量、质量和生态"三位一体"保护;划定永久基本农田储备区面积2 546.71公顷,通过省级审核、部级验收,完成省定耕地保有量和永久基本农田保护目标任务。

【工矿废弃地复垦】 眉山市自然资源局按照"共抓大保护,不搞大开发"的总体要求,紧扣四川省作为长江上游生态屏障的生态战略定位,开展长江支流岷江沿岸10公里范围内废弃矿山修复,修复面积

图 95 2020 年 9 月 6 日，自然资源部调研组到眉山市督导调研增减挂钩工作 （市自然资源局供图）

670 亩，推动解决突出的矿山生态环境问题。

【城乡建设用地增减挂钩】 眉山市自然资源局以保护耕地、保障农民土地权益为出发点，以改善农村生产生活条件和统筹城乡发展为目标，以优化用地结构和节约集约用地为重点，推进城乡建设用地增减挂钩项目建设。全市经省自然资源厅批复城乡建设用地增减挂钩项目 11 个，规模 4 084 亩；验收项目 3 个，获得城镇建新节余指标 835.5 亩；申请项目区实施规划 34 个，规模 13 051 亩，实现经济、社会效益双丰收。

【不动产统一登记】 眉山市自然资源局制定《眉山市不动产登记标准化流程建设手册》，压减办件时限、提高登记效率；创新开展标准化规模生猪养殖场不动产登记、办理所有权抵押贷款登记，有效破解养殖企业融资难题；推行不动产登记信息、平台系统、办理流程、时限要求“四个统一”，创新推行“126”办结时限标准，实现查封登记即时办结，补证换证、婚内析产、离婚分割、注销登记和异议登记 1 小时办结，变更登记 2 小时办结，首次登记和转移登记 6 小时办结，确保所有登记事项办结时限最长不超过 6 小时，刷新“眉山速度”。

【第三次全国国土调查】 眉山市按照国家、省关于第三次全国国土调查的安排部署，全年落实经费 4 524.69 万元，投入内外业技术人员 3 000 人次，推进 6 个县（区）131 个乡（镇）137.3 万个图斑外业核查和调绘等，按期完成各项调查任务。10 月 27 日，眉山市完成第三次全国国土调查统一时点更新成果国家级反馈问题整改，6 个县（区）成果合格报国务院“三调”办，统一时点更新成果平均差错率 0.11%，数据质量排名全省前列。

（刘　杰）

森林资源保护
Forest Resources Conservation

【概况】 截至 2020 年底，眉山市森林面积 358 060.75 公顷，森林覆盖率 50.13%；森林蓄积 2 463.8 万立方米，城乡绿化覆盖率 60.17%。

【国家森林城市创建】 眉山市召开国家森林城市工作总结大会，下达《眉山市创建国家森林城市提升期（2020—2022 年）工作目标任务》，深入实施森林生态体系、森林产业体系、生态文化体系、森林保障体系“四大重点工程”。截至 12 月，全市建成彭山区竹韵廊公园、丹棱县白塔公园（一期）、青神县竹里银杏公园等重点项目 80 个，累计完成投资超过 11 亿元；新建和提升城区公园绿地 2 300 亩，建成绿荫停车场 1.6 万平方米，完成水系绿化 56 公里，道路绿化、绿道建设 145 公里；新建和改造柑橘、枇杷等水果产业基地 4 万亩，建成旅游观光点 15 个；完成营造林 16.07 万亩，其中造林 4.97 万亩，退化林修复 2.45 万亩，中幼林抚育 8.65 万亩；完成义务植树 342 万株，参加人数 186 万人次。全市森林覆盖率增长到 50.13%，绿化覆盖率增长到 60.17%。

【森林小镇森林村庄创建】 眉山市将森林小镇、森林村庄创建纳入 2020 年民生实事项目，组织有条件的乡镇参加省级森林小镇创建，制定市级森林小镇、森林村庄创建实施办法，开展创建活动，创建市级森林小镇 4 个、森林村庄 26 个，洪雅县槽渔滩镇、青神县西龙镇入选第四批省级森林小镇。

【天然林保护工程实施】 眉山市林业局开展天然林保护，完成管护森林面积 133.64 万亩；实施集体公益林生态补偿 39.12 万亩，兑现生态补偿资金 605.32 万元。

【竹林风景线建设】 眉山市全年规划落实竹林风景线建设项目 52 个，建成滨江大道、岷江东岸、竹里芙蓉等翠竹长廊（竹林大道）8 条 120 公里，建成东坡竹园、竹林湿地、竹韵廊公园等竹主题公园 6 个 6 000 亩，建成尖山、天池、柳江等现代竹基地 30 万亩。通过种竹增绿，全市竹林面积达 110 万亩。1 月，全省竹林风景线建设现场会在眉山市召开，参观眉山市竹林风景线建设和竹产业发展现场，眉山建设标准和经验在全省推广，市林业局、青神县、洪雅县被评为先进单位。

【自然保护地管理】 眉山市林业局建立以国家公园为主体的自然保护地体系，组织开展全市 14 个自然保护地整合优化，检查《风景名胜区条例》执法工作；完成大熊猫国家公园眉山管理分局领导班子和机构组建，大熊猫国家公园体制试点通过验收；开展建设项目进入自然保护地审核审批，全年审核审批同意 10 个建设项目进入自然保护地；开展违法违规问题清查整治，查处自然保护地内违法项目 6 个，拆除违规建筑 14 个并完成复绿。

【野生动植物保护】 眉山市林业局狠抓野生动植物保护管理，利用“世界野生动植物日”“爱鸟周”“世界湿地日”等契机加强野生动植物保护宣传，组织开展主题宣传活动30次，设置爱鸟护鸟保护宣传标语、标识、展板等300个，发放宣传资料5万份；开展“清网、清套、清夹”活动，清理出绊索8根，救助受伤受困野生动物50只（头、条）。全市设置野生动物野外监测点53个，大熊猫国家公园眉山管理分局设置野外监测巡护线路164条。

【森林防火】 眉山市林业局以森林防灭火专项整治为契机，抓实抓细森林防灭火，实现眉山建区设市23年无较大以上森林火灾的目标；持续推进森林防灭火宣传教育进林区、进村庄、进学校、进社区、进家庭“五进”，全市发放森林防灭火等宣传单110万份、更新设置标识标牌9 112个、利用新媒体发布信息2 959条；对全市森林火灾重点区域、重点部位的风险隐患每月一次全覆盖、无死角排查，排查隐患109个，按照“清单制”加“责任制”建立台账，逐一整改销号并全部整改到位。全市累计投入2 056万元，组建7支236人的森林火灾地方专业扑火队伍，实现县县建队；组建巡山护林队伍1 245人，实行网格化巡护和“智能巡护”。12月12—13日，国务院督导组督导眉山市洪雅县森林防灭火专项整治，充分肯定眉山市工作。

（欧　磊）

矿产资源保护
Mineral Resource Protection

【概况】 2020年，眉山市有煤、地热、天然气、铁、铜、铅、锌、锰、沙金、钙芒硝、硫铁矿、菱镁矿、磷、石膏、脉石英、膨润土、白云岩、玄武岩、石灰岩、饰面用花岗岩、石英砂岩、建筑用砂岩、砖瓦用页岩、建筑用砂、砖瓦用黏土、矿泉水26种矿产，其中重要矿产有钙芒硝，其次为煤、石灰岩、砖瓦用页岩、建筑用砂等。截至12月31日，全市持有采矿许可证矿山企业165个，全年办理新立登记4个、变更登记5个、延续登记2个、注销登记1个。

【矿产资源管理】 眉山市自然资源局7月印发《眉山市矿产资源总体规划（2021—2025年）编制工作方案》，正式启动全市第四轮矿产资源规划编制；8月选定四川山河资产评估有限责任公司为编制技术服务单位，开展矿业权出让收益市场基准价调整；10月印发《关于认真落实矿产资源管理改革若干事项的通知》，严格矿业权按矿种分级管理；按照《眉山市露天矿山综合整治工作实施方案》，推进露天矿山综合整治，排查露天矿山119个，发现问题矿山23个，其中依法强制关闭矿山3个、完成综合整治6个、正在停产整顿14个；按照储量动态监测重点在生产矿山企业的要求，做到应测尽测，覆盖率122%，全市储量年报抽查率31.3%，合格率100%；开展2020年自然资源领域安全生产，推进安全生产清单制管理，集中开展安全生产专项整治行动，开展安全生产宣传活动，配合其他部门开展联合督查。

【矿区环保问题整改】 眉山市自然资源局落实自然保护区矿业权管理规定，在2019年10月以市政府名义向省自然保护区矿业权整改工作领导小组办公室报送瓦屋山自然保护区矿业权整改销号资料、通过督查组实地核查基础上，持续推进保护区矿区环保问题整改，截至12月31日，瓦屋山自然保护区内全部探矿权（11宗），均按程序请示省自然资源厅注销（另有1宗避让退出不需注销），已注销3宗。

【地质灾害防治】 眉山市自然资源局牢固树立“人民至上，生命至上”和“防范胜于救灾”理念，抓细抓实防灾措施，实现连续12年人员“零伤亡”；编制完善地质灾害防治方案和专项应急预案，明确局党委委员包片负责，压紧压实市、县、乡、村、组、点六级防灾责任，落实包保责任人2 604名，防灾、监测责任人382名，专职监测人员918名，驻守督导专业技术队伍8支27人；开展集中隐患排查3次，建立应急预案911份，落实“两卡”5 924份；开展宣传培训951场次13 566人，开展避险演练869场次13 746人，发放宣传材料6.2万份；全市争取到位地灾专项资金8 433.98万元，实施治理工程29个、排危除险70个、避险搬迁安置101户、专职监测629处、专业监测43处；完成民生实事治理工程4处，避险搬迁安置45户，减少受威胁群众114户385人，减少受威胁财产3 895万元；完成隐患点处置223处，减少受威胁群众636户1 594人；开展会商调度24次，发送预警预报46.4万条，组织转移避让群众25 277户72 930人，实现成功避险6起，有效避免33户79人因灾伤亡；完成眉山天府新区、各县（区）地质灾害风险调查评价。7月15日，眉山市自然资源局被省自然资源厅通报表彰为2019年度地质灾害防治先进单位。

（刘　杰）

水资源保护
Water Resource Protection

【概况】 2020年，眉山市平均降水量1 420.6毫米，比多年平均值偏大11.1%；水资源总量65.13亿立方米（不含过境水量），比多年平均值偏大16.2%；平均产水模数91.22万立方米/平方公里，人均拥有水资源量2 175立方米，大中型水库年末蓄水3.65亿立方米。

【水土保持规划实施】 眉山市根据《水土保持规划编制规范》（SL 335—2014），结合当地各时段经济发展目标及水利部、四川省水土保持综合治理计划，确定水保规划期为16年，以2014年为规划基准年，2020年为近期规划水平年，2030年为远期规划水平年，按近期、远期两个时段实施并以近期作为重点。近期目标是2020年末综合治理水土流失面积494平方公里，平均每年治理82.33平方公里，水土流失综合治理率20%以上，其中坡耕地整治239.29平方公里、人工实施林草措施120.14平方公里、生态自然修复134.83平方公里，配套建设小型水利水保工程，新增林草覆盖率3.57%。眉山市根据新的要求，形成和修订与水土保持法规配套的法规和制度体系，水土保持监督执法能力稳步提升，水土保持监测网路基本覆盖，水土保持设施运行维护到位，科技支撑能力不断提高；大部分河流的输沙量减少，中度侵蚀以上地区水土流失得到一定控制，遏制生态环境进一步恶化的势头，人均收入稳定增加。

【“引青入东”引水工程建设】 “引青入东”工程是一项在安全基础上兼具科

普教育、水质化验功能的水资源配置工程。工程立项总投资13亿元，在洪雅县青衣江亭子山水源地新建取水泵房，铺设原水输水管道27.5公里，建设东坡水厂，配套77公里的清水管道，分两期实施。一期工程于2019年10月25日开工，2020年12月底完工；二期工程于2020年10月15日开工，预计2021年底建成。工程建成后将进一步提高东坡区饮水品质。

【重点水利工程建设】 眉山市水利局按照“项目法人责任制、招标投标制、建设监理制、合同管理制”推进全市水利工程工程项目建设管理，综合治理思蒙河、府河、安溪河等重要中小河流10.8公里，新建和整治加固岷江、青衣江堤防5.5公里。东坡区穆家沟水库主体工程基本完成；彭山区龚家堰水库扩建工程完成下闸蓄水验收，正式蓄水；青神县复兴水库扩建工程开工建设。

【河湖管理保护】 眉山市水利局组织全市集中开展2次清河行动，投入资金1 700万元，清理河道4 500公里，清运垃圾5 000吨，清理河道淤泥、行洪障碍物13万吨；推动河湖“清四乱”常态化规范化，排查核实“四乱”点位37个（卫星遥感点位15个、自查“四乱”点位12个），完成整改24个，其余点位2021年底前完成整改；持续推动河湖管理范围划定和国有水利工程管理范围划定，全市纳入河湖管理范围划定的河流63条1 834.4公里，累计投入资金3 166万元，完成水库划界61座、水库确权21座，水库划界完成率100%，同时完成109处渠首、4 069处建筑物、1 348.6公里骨干渠道确权，骨干渠道划界完成率100%；推进岸线利用规划编制，配合省级有关单位开展青衣江岸线利用规划编制，同步启动锦江等4条河流岸线利用规划编制；规范河道采砂监督管理，组织完成《岷江青神段、青衣江洪雅段河道（2021—2025）采砂规划报告》编制，确保有采砂任务的河段采砂规划全覆盖；落实采砂管理“四个责任人”公示制度和砂石采运联单管理制度，印制下发《四川省砂石采运管理单》1 500套，对砂石采运严格执行“一车一票”登记管理；推进岷江流域非法码头整治，持续加大对岷江相关河域巡查力度，非法码头零新增；清理整改小水电，全市220座小水电中有130座整改类小水电，已全部完善，完成率100%，整改验收销号预计2021年底前完成。

【“河湖长制”体系建设】 眉山市水利局结合行政区划调整，调整基层河长并督促河长就位履职，按期更新完成省级河长制湖长制基础信息平台河流、河长及河档河策信息，全市设立市级河长34名、县级河长133名、乡级河长435名、村级河长1 052名；先后印发《2020年眉山市纵深推进河长制湖长制工作要点》《眉山市2020年清河护岸净水保水四项行动实施方案》《关于下发2020年度小流域污染治理重点工作任务和断面水质目标有关事项的通知》《眉山市河湖管理保护示范县、示范乡镇建设实施细则》等方案细则，促进全市河湖长制部署落地落实；完善省、市、县三级水电站生态下泄流量监控平台，结合基层河长巡河，将水电站下泄生态流量情况纳入巡河内容。全市河湖长制工作以建设生态廊道为突破口，建成生态廊道项目34个，建成生态廊道115公里，新增绿化面积3 200亩。

【农村水环境治理】 眉山市水利局通过实施农村河湖“清四乱”、农村垃圾收集处理、农村生活污水治理、农业面源污染治理“四大行动”，深化农村水环境治理，助力乡村振兴。全市建立103个化肥农药减量示范点，示范面积54 848亩；推广水产健康养殖面积17.58万亩，建立水产健康养殖示范点28处；新改建农村户用卫生厕所23.5万户，农村户用卫生厕所普及率89%，超省定目标任务4%；9 215个村（居）民小组实现生活垃圾有效处理行政村占比100%，近70%的行政村生活污水得到有效治理；畜禽粪污综合利用率89.3%，规模养殖场粪污处理设施装备配套率100%。

【农村饮水保障】 眉山市已建成千人以上农村集中供水站40处、千人以下小集中供水工程123处，累计形成乡村集中供水工程51.98万吨/日规模供水能力，解决268.3万人的饮水不安全问题。截至年底，全市集中供水率达91.32%，自来水普及率88.6%，实现从“饮水解困”向“饮水安全”的转变。

【水资源利用】 眉山市年总供水量12.05亿立方米，比2019年减小0.6亿立方米；农田灌溉、林牧渔、工业、城镇公共、居民生活、生态环境用水量分别为7.85亿立方米、1.01亿立方米、0.73亿立方米、0.27亿立方米、1.32亿立方米、0.88亿立方米，分别占总用水量65.1%、8.4%、6.0%、2.2%、11.0%、7.3%，供水基本满足全市用水需求。

【水资源管理】 眉山市水利局按照属地管理原则，督促各县（区）完成2020年度取水计划下达，确保全市用水总量、用水效率满足省定目标；推进非居民用水超定额累进加价制度，加强同市发改、住建等部门沟通协调，扩大实施范围，及时解决困难，按时下达用水计划；下发《关于开展取用水管理专项整治行动的通知》，指导各县（区）完成取水工程（设施）项目整改提升和取用水管理专项整治行动，全市整改331个项目，整改率100%；完成视高水厂、仁寿三水厂、两河口集中供水工程水资源论证审查和批复，市管新增取用水户3户、延续取水许可证1户、变更4户、注销2户。6月16日，眉山市水利局通过竞争性磋商，确定眉山市国家水资源监控系统运行维护单位，落实运维经费，强化系统运行维护和管理，确保系统运行质量稳定。系统全年运行综合指标93%，高于省定85%目标，居全省前列。

【节约用水】 眉山市水利局在涉水规划和建设项目水资源论证中严格落实节水评价制度，建立节水评价管理台账、节水评价登记表，按照审批权限对眉山宇达化工年产46万吨元明粉项目开展节水评价，年节水约14.3万立方米；深入开展节水载体创建，完成市、县两级水利局节水机关建设并通过验收，年平均节水率超过25%；完成机构改革后51个市级节水单位复核以及16个节水公共机构创建，市直机关节水型单位建成率100%，市直属事业单位节水型单位建成率70%，产生较好的示范带动效应。

【饮用水水源地监测保护】 眉山市水利局加强黑龙滩水库水质自动在线监测站运行维护，确定2020年度运维单位，落实运维经费，监测站稳定运行，黑龙滩饮用水水源地水质稳定保持在Ⅲ类及以上；委托眉山水文局定期对全市重要饮用水水源地开展水质监测，对不达标水源地所在县（区）人民政府下发《问题整改提示单》，确保眉山市集中式饮用水水源地水质安全；督促指导县（区）水利局做好县级饮用水水源地规范化建设。

【水土保持监管】 眉山市水利局以项目为牵引，完成仁寿县球溪河一级支流通江河钟祥段小流域水土流失综合治理项目建设，洪雅县安溪河小流域水土流失综合治理项目及东坡区白堰河等3个生态清洁小流域建设项目验收，2个治理项目纳入2021年中央、省储备项目；优化服务保障，规范承诺制项目（占地面积0.5～5公顷）及免于审批项目（占地面积0.5公顷以下），将服务贯穿于技术审查和行政审批全过程，审查审批水土保持方案529个，征收水土保持补偿费4 002.37万元，未出现一起违规和超期办结的批复；开展水土流失动态监测野外复核，督促指导生产建设单位开展水土保持监测；开展水保设施验收核查72次，开展监督检查475次，印发监督检查意见71份，出具限期整改通知书101份，查处违法违规项目16个；实施综合治理，治理水土流失面积84.43平方公里。

【水利普法宣传】 眉山市水利局邀请四川典扬律师事务所艾柏杨以《法治中国的里程碑》为题集中宣讲民法典，为每名在编干部职工发放民法典单行本和重点解读，汇编《眉山市水行政执法案例选编（2015—2020）》，开展"以案释法"；把眉山全面推行河长制湖长制以来"河畅水清岸绿景美"的成效作为重点加以宣传，展出河长制湖长制宣传展板6个、"最美河湖"优秀摄影作品30幅、河湖水质持续改善信息10条；以"3·22"世界水日中国水周、"12·4"国家宪法日等为契机，以"坚持节水优先 建设幸福河湖"为主题在本地主流媒体发表专题文章7篇，在《眉山日报》《华西都市报》等主流报刊夹带DM宣传单2万份，发送宣传短信2万条，向25万名微信用户朋友圈推送宣传广告，在智慧眉山、智慧河长等手机终端APP和眉山在线、微东坡等10个微信公众号和各网站推送宣传信息，被眉山电视台、《眉山日报》、川报观察等媒体报道。

【水务综合执法】 眉山市水利局严格执行水行政执法人员上岗培训考核制度，组织5名新进和换证人员参加执法培训和考试，为127名（含两处）有执法证人员申请换证；开展执法巡查662次，出动执法人员1 737人次，发现并制止水事违法行为22起，查处水事违法案件12起，移交公安机关1起，罚款74.317万元，没收违法所得1.171万元，补缴砂石款1.77万元，向税务机关移交水资源税水量2 547.21立方米。9—11月，眉山市水利局、公安局、林业局联合开展河湖专项联合执法，排查整治侵占河湖、违规乱搭乱建、破坏水利设施等行为12起，拆除违建厂房2处、违建保坎2处。

【水利系统扫黑除恶专项斗争】 眉山市水利局探索建立领导负责、分析研判、宣传发动、线索排查、线索管理、销号清零机制、联动会商、报告、保密、考评奖惩10项机制，制定下发《关于建立健全全市水利系统扫黑除恶专项斗争工作机制的通知》；联合市扫黑办、市公安局，制定下发《2020年扫黑除恶专项斗争全市水利行业领域乱象整治方案》，排查出乱点乱象16起并全部整改完成。

（方　媛）

生态保护
Ecological Protection

【概况】 2020年，眉山市生态环境保护工作坚持以创建国家生态文明建设示范市为统揽，以改善生态环境质量为核心，以解决群众身边突出生态环境问题为重点，一手抓疫情防控、一手抓污染防治攻坚，统筹推进服务经济高质量发展和生态环境高水平保护，"十三五"环境保护规划涉及18项重点指标全面完成，生态环境质量稳步改善。眉山市在省委、省政府2019年度生态环境保护党政同责工作目标绩效考评中排名全省第二，实现全省排位"三连升"，连续两年被评为生态环境保护先进市。

【国家生态文明建设示范市创建】 眉山市全面启动国家生态文明建设示范市创建，印发《中共眉山市委、眉山市人民政府关于落实新发展理念创建国家生态文明建设示范市的决定》，成立以市委、市政府主要领导任指挥长的市创建国家生态文明建设示范市指挥部，下设6个分指挥部，并召开创建动员大会；确立"市县联动、国省联创、梯次推进、整体创建"的思路，青神县、丹棱县、彭山区推进国家生态文明建设示范县（区）创建，洪雅县在做好国家生态文明建设示范县巩固提升的同时，开展"两山转化示范县"建设。彭山区印发《关于创建国家生态文明建设示范区的意见》，《丹棱县国家生态文明建设示范县规划（2019—2030）》通过专家评审并颁布实施。

【生态环境建设】 眉山市生态环境局深入推进成都都市圈生态环保联防联控联治，推进《成都平原经济区生态环境保护一体化发展合作框架协议》落地落实；会同成都、德阳、资阳共同编制《成都都市圈生态环保联防联控联治实施方案》《成德眉资同城化发展生态环境

图96　2020年5月20日，眉山市创建国家生态文明建设示范市暨迎接省级生态环境保护例行督察动员大会召开

（市生态环境局供图）

图 97 眉山市中心城区和各区县环境空气质量达到国家二级标准 （市生态环境局供图）

保护规划》《成德眉资同城化暨成都都市圈生态环境联防联控联治三年实施方案（2020—2022 年）》，加快推进生态环境治理体系和治理能力现代化建设；按照《眉山市健全生态保护补偿机制实施方案》，深入推进沱江、岷江流域水环境生态补偿机制，签署《沱江流域横向生态保护补偿协议》《岷江流域横向生态保护补偿协议》；推动《眉山市生态环境损害赔偿制度改革实施方案》落地落实，开展生态环境损害赔偿案件线索排查，对 2 件案件启动生态环境损害赔偿和修复。眉山市环境空气质量首次达到国家二级标准，成为成都平原经济区第二个辖区全域达标的城市，在“2020 中国蓝天百强城市榜”中位列成效榜第 3 位；水环境质量实现“三个 100%”，即国考、市考断面水质优良断面率占比 100%、全市县级以上集中式饮用水水源地水质达标率为 100%。

【饮用水源地规范化建设】 眉山市新划定 3 个、调整 3 个、撤销 8 个城乡集中式饮用水水源保护区，新划定 1 个青衣江亭子山县级集中式饮用水水源保护区，撤销青衣江马河山、梅湾水库 2 个县级集中式饮用水水源保护区。眉山市生态环境局开展饮用水源地规范化建设，全市所有集中式饮用水源地均设立标示标牌，并整治环境影响问题；开展排查整治，完成水源地基本信息核实，制作完成保护区矢量图，查清水源保护区划定、边界标志及保护区内环境违法问题，建立问题清单，限期开展问题整治；加强水质监测，每月对县级以上水源地、每季度对县级及乡镇集中式水源地实施监测 1 次，每年对县级及以上集中式饮用水水源水质全分析 1 次；加强应急保障力度，制定饮用水源地保护应急预案、组建饮用水源地保护应急队伍、开展饮用水源地保护应急演练、储备饮用水源地保护应急物资等；加大市县各级各部门联动力量，对巡查中发现的问题通过召开联席会议或其他方式即时沟通，提出治理方案，落实治理措施，全面治理，为群众提供放心水源。

【岷江干流眉山出境断面水质保障】 眉山市生态环境局推进污水收集处理，解决东坡区太和场镇沿线生活污水排放问题；实施螺蛳支渠截污工程，敷设管道 3.3 公里，实现农灌水与生活污水分离，螺蛳支渠沿线生活污水进入城市污水处理厂处理；配套建设生态湿地，在太和镇南面修建生态湿地，对螺蛳支渠农灌尾水再次进行水质净化；抓好农业面源污染整治，坚持“以种定养、种养结合、综合利用、循环发展”原则，岷江流域眉山段完成畜禽养殖场种养循环提供工程 80 个；强化流域水样健康养殖，深入推广池塘“80：20”鲢鳙鱼套养、生物浮床水生植物栽培、微生物制剂水质底质改良、渔业机械增氧、生石灰絮凝沉淀以及水库生态放牧式“净水渔业”、稻鱼综合种养等健康养殖技术，建立水产健康养殖示范点 28 处；规范水域岸线管理，7 月岷江干流眉山段管理范围划定成果通过省水利厅批复，并完成打桩定界和政府公告；结合“四项行动”，常态化规范化开展河湖“四乱”清理整治，排查核实岷江流域“四乱”点位 18 个并全部整改完成。

【青衣江出境断面水质保障】 眉山市生态环境局有机结合山水林田湖草系统治理和旅游名县打造，依托岸线整治、水环境治理、法治宣传和河长制文化建设等，指导洪雅县挖掘亮点、打造示范点，着力实施“雅韵花溪”项目建设，推进河道生态修复，保护水域岸线；坚持高标准补齐污水处理厂配套设施建设短板，采取垂直潜流模式，在江南、中保、余坪、三宝污水处理厂建成 33.72 亩人工湿地；按分时间、分区域、分品种“三分”机制，有序探索和推进“零碳”农业发展，新建茶叶、藤椒、蔬菜、猕猴桃等 7 个化肥零使用、化肥农药减量示范点 250 亩，建成“零碳”农业 2 500 亩。

【醴泉河流域污染治理】 眉山市完成流域 4 家工业企业淘汰转型，关闭流域内“散乱污”企业 24 家；建成并投运经开区新区和金象园区共建污水处理厂，在实现岷沱江准四类排放标准的基础上，实施深度处理工艺提升，并配套人工生态湿地，实现主要污染物指标达准三类排放；建成并投运眉山市第二污水处理厂及配套人工生态湿地，统筹实施通惠河河道截污干管、雨污管网改造和河道清淤疏浚工程，鲜滩小学旁一体化污水处理设施投入运行；对城区段 300 米明渠增加盖板封闭，完成西来堰截污工程，完成非主城区段（桃园桥至市第二污水处理厂）3.32 公里截污干管和 4.05 公里防洪治理工程建设，完成桃园桥至市第二污水处理厂 3 处集中排污口接入截污干管工程建设；组织流域养殖户修建储粪池、发酵池，以政府补贴形式购买抽粪车，对粪污统一收集、转运、处理、还田利用，完成畜禽养殖治理 298 家，关闭流域沿线禁养区内和整改不到位的畜禽养殖场 75 家；通过示范“养殖废水净化循环利用”“鱼草（菜）共生池塘生态健康养殖”“微生态制剂调控水质”等健康养殖技术，流域内建立水产健康养殖示范点 8 个；投入 60 万元，新增西来堰眉象路、眉象路至高铁桥段、鲜滩小学至九洞桥段 3 个绿化节点，绿化面积 6 300 平方米；在许村观音桥、甘眉园区牌坊和松江镇 103 线桥洞 3 个节点建设生态浮岛，面积约 500 平方米；利用通济堰西干渠输水，通过梁河泄洪闸、牛屎堰泄洪闸、半边堰泄洪闸、白腊堰泄洪闸、西米堰泄洪闸为醴泉河配水，提升水生态环境自净能力。

【毛河流域污染治理】 眉山市划定毛河畜禽养殖禁养区，流域禁养区范围内已关闭184家畜禽养殖场；树立监督牌，落实专人负责，严格监管，并不定期开展畜禽养殖场“回头看”；建成并投运成眉新能源新材料工业园区污水处理厂及配套人工湿地，整治沿线16家工业企业，关闭新华纸厂、樱中纸厂，14家企业通过治理全部完善治污设施达标排放；在镇江桥头建设50吨、100吨一体化污水处理设备各1台，处理东坡区镇江片区生活污水；收集太和镇永丰村10组、11组毛河沿线296户916人生活污水，新建2台50吨一体化污水处理设备处理生活污水；对沿线农村散户修建厌氧＋人工湿地10个，对永丰村1组居民聚集点104人的生活污水新建1处10吨微动力处理设备收集处理生活污水；在彭山区与东坡区交界处、镇江桥头及锅厂河大桥处，租用土地220亩，种植紫薇、天竺桂、红继木球、红叶石楠球、香樟、银杏、垂柳等近2 000株，种植草坪、混播草坪50 000平方米，种植净水植物20亩；在彭山区中桥建设生态浮岛，打造毛河水生态景观，铺设人工浮岛1 280平方米，种植美人蕉、梭鱼草、旱伞草、黄菖蒲等常绿性本土水生植物1 280平方米，栽植沉水植物8 495平方米。流域东坡段采取“以奖代补”的方式在沿线500米范围内流转土地475亩种植果树，鼓励业主科学种植，减少农药化肥使用量，同时在沿线10～15米范围内种植香樟、银杏、紫薇等树木200亩，形成绿色屏障隔离带；彭山区段流域500米范围内流转土地约1.23万亩，出台农业固体废弃物回收实施方案，实行财政补贴。

【思蒙河流域污染治理】 眉山市完成流域新建和提标改造污水处理厂（站）25座，丹棱县城市污水处理厂提标扩容改造和机械园区污水处理厂建设均完成并投运，甘眉工业园区派普污水处理厂提标升级改造及配套人工生态湿地完成建设并投运；东坡区作为思蒙河流域主要的水产养殖区域，加强源头管控，建立并推行“两个制度”“三本台账”，试点推广鱼草（稻）共生健康养殖技术，思蒙镇完成沿线600亩，修文镇完成500亩；绿化流域河岸1 000米，打造生态节点12个，栽种垂柳、樱花、柳树、海棠、紫薇等绿化植物12 300株，其中东坡区打造生态节点6个、绿化面积300亩，丹棱县打造生态节点3个、绿化面积50亩，青神县打造生态节点3个、绿化面积1 300亩。

【球溪河流域污染治理】 眉山市推进“污水处理厂＋生态湿地”模式，完成54处约385.9亩生态湿地建设；实施乡镇污水处理设施提升完善工程，完成配套管网259公里；仁寿县旧城区金马斗渠等13个片区范围内明沟散排污水通过新建管网收集，新增收集污水约1万方／日；在钟祥、北斗等流域重点乡镇栽植根系发达、脱氮吸磷效果好、经济价值高的金牧粮草600亩，栽植成片竹2 700亩，完成北斗大桥和白塔寺生态浮岛建设5 000平方米，加快形成生物拦截缓冲带，减少地表径流污染；结合春灌，通过黑龙滩灌区渠系、金马河对球溪河进行3～5立方米／秒的生态补水；开展清河行动，清运河面漂浮物、河底淤积物、河道行洪障碍物、河岸垃圾等，减少内源污染；完成流域内畜禽养殖种养提升工程286户，规模场粪污处理设施装备配套率100%、粪污资源化利用率100%；印发《全面禁止肥水养鱼实施方案》，执行池塘养殖尾水排放申报制度，仁寿县99座水库全部收回承包经营管理权，所有水库实现生态健康养殖，全部取缔4.8万亩肥水养鱼，共建成池塘底排污、过滤沉淀池等养殖尾水治理工程60处，推行生态健康养殖8.27万亩；加快河流沿线产业结构调整，发展生态农业和无公害农产品，鼓励发展水肥一体化等新型农业技术，推广绿色防控，确保连续实现农药化肥用量负增长。截至年末，眉山市共投入23.01亿元，新建污水处理厂（站）91座＋1座管网工程（清水管网工程），提标改造3座，配套管网建设408公里，新增污水处理能力11.74万吨／日，91座污水处理厂（站）建成投用并实现达标排放，提标改造项目3座全部完成投用。

【越溪河流域污染治理】 眉山市在巩固彻底关闭汪洋片区6家煤炭企业、整合63户耐材（陶瓷）企业、整治55家“散乱污”企业基础上，注重从工程治理、加强监管、开展群众搬迁等综合治理措施入手，持续全面开展流域内水污染防治；对流域内已建成的四公、松峰、天峨等6处生活污水处理设施加强运行监管，强化运维管理培训，确保流域内污水处理设施建得起管得好运行稳；完善污水处理设施入户支管网建设，完成汪洋污水处理厂提标改造并投运；按照因地制宜、分类治理的原则，采用就近纳管、新建分散式或集中式污水处理设施治理农村生活污水，70%以上的行政村农村生活污水得到有效处理；关停流域汪洋片区禁养区内24户规模畜禽养殖场，限养区养殖规模只减不增，逐步退出，宜养区推行“以种定养、种养循环”，全部配套种植土地，实行养殖尾水排放申报制度严格管控水产养殖尾水，实现粪污“零排放”；加强建成生态涵养林管护，提高苗木成活率，结合仁寿县“天府竹海、花漾仁寿、球溪绿道”方案，在流域河道沿岸空行、断带的地方进行绿化，越溪河流域完成河道补植补造74亩，新增河道绿化10.1公里。越溪河流域水质达到地表水Ⅲ类，完成省定目标要求。

（蔡　宇）

环境保护
Environmental protection

【概况】 2020年，眉山市纳入国考的3个断面中，水质优良断面率占比100%；纳入省考的5个断面中，水质优良断面4个，占比80%；纳入市考的7个断面中，水质优良断面率占比100%；市、县集中市饮用水水源地水质达标率稳定为100%。眉山市全面完成“十三五”环境保护规划涉及的10项约束性指标。与2015年相比，全市纳入市级河（湖）长制管理的17条河（湖、渠系）中优良水体从2条增加到13条，全面消除Ⅴ类和劣Ⅴ类水体。全市空气质量优良天数达320天，同比基准年（2015年）增加13.8个百分点，PM2.5平均浓度下降44.8%，改善幅度全省“双前列”，环境空气质量首次达到国家二级标准。化学需氧量、氨氮、二氧化硫、氮氧化物累计减排比例分别为29.1%、36.1%、34.38%、14.05%，为高质量发展腾出环境容量，提供发展空间。

【环保政策法规制定实施】 眉山市生态环境局继续深入推进行政执法公示制度、执法全过程记录制度、重大执法决定法制审核制度，牵头成立生态环境领域专业鉴定检验专家委员会；加强环境行政执法和刑事司法衔接，依法严厉打击环境违法犯罪行为；建立健全环保重大行政决策程序规定，明确集体讨论、民主决策、公众参与、专家论证、风险评估、合法性审查等法定程序；完善法律顾问制度和法制审查制度，为全市环境管理和行政执法提供法律保障和服务；调整环境行政案件审议委员会，规范环境行政执法行为，加强案件的审议和监督管理，确保环境行政案件办理的合法、公正、公平和公开；严格执行行政处罚自由裁量权制度、听证制度和行政复议制度，避免执法的随意性和不公平性；贯彻落实《四川省行政执法监督条例》，严格落实重大行政处罚、行政强制等备案规定，健全举报、控告和投诉制度，不断规范行政许可、行政处罚、行政强制、行政征收、行政检查等执法行为；组织全市相关部门参加四川省生态环境损害赔偿制度改革工作推进电视电话会议，以眉山市生态环境损害赔偿制度改革工作领导小组办公室名义向市政府提交《关于2020年四川省生态环境损害赔偿制度改革工作推进电视电话会议精神情况的报告》，并下发《关于推进生态环境损害赔偿制度改革工作的通知》，组织眉山天府新区、各区县、工业园区以及市级相关部门开展生态环境损害赔偿案件线索排查，完成两起生态损害赔偿案件修复。

【全国污染源普查】 眉山市生态环境局完成第二次全国污染源普查，联合市统计局、市农业农村局同发布污普公报，撰写技术报告、数据分析报告和臭氧前体物来源分析等专题报告，摸清各类污染源情况，建立重点污染源档案和污染源信息数据库，支撑深入打好污染防治攻坚战。眉山市生态环境局等3个集体和刘亮等9人获评第二次全国污染源普查表现突出集体和个人，仁寿生态环境局等9个集体和王怡等11人获评四川省第二次全国污染源普查表现突出集体和个人，《眉山市第二次全国污染源普查技术报告》等8个报告获评四川省第二次全国污染源普查优秀报告。

【大气污染防治】 眉山市生态环境局建立工业炉窑清单，全面淘汰10蒸吨以下燃煤小锅炉，"散乱污"动态清零；重点支持四川启明星、眉山博眉启明星超低排放项目建设，对重点区域开展激光雷达和挥发性有机物走航监测30次，农作物秸秆综合利用率94%；完成上路抽测柴油货车2 938辆，移交公安交警部门215辆；建成4台机动车遥感监测设施，检测柴油货车127 521辆，移交黑烟车和尾气排放不合格车辆15辆；印发《眉山市机动车环保检测机构管理办法（试行）》，对存在较严重问题的14家环检机构分四批次断网并移交调查处理，处罚金额92.136万元；累计建成微观站点324个，通过微站监测数据分析、平台预警、网格点长巡查、行业部门处理，实现空中卫星、天上无人机、地上微观站、走航车和网格员的"空天地车人"全方位立体监控。眉山市主城区环境空气质量主要考核指标双"32"，即优良天数320天、同比增加7天，较基准年（2015年）增加53天；优良天数率同比增加1.6个百分点，较基准年增加13.8个百分点，改善幅度全省排名第二；PM2.5平均浓度32微克／立方米，同比下降11.1%，较基准年下降44.8%，改善幅度全省排名第一。全市各区县PM2.5浓度持续下降，全面消除重污染天气，优良天数增加，新增东坡、彭山、仁寿、洪雅、丹棱5区县达标，实现辖区全面达标，迈入达标城市行列；提前七年完成眉山市环境空气质量达标规划，超额完成省政府下达的"十三五"大气环境质量改善目标任务。

【水污染防治】 眉山市生态环境局加快工业园区污水处理设施建设，实现全市12个重点工业园区污水处理设施全覆盖；按照《关于强力推进全域污水处理设施建设加快流域污染治理的通知》，推进城乡污水处理设施建设，实现全市建制镇污水处理设施全覆盖，并在污水处理设施后端建设1 076.39亩配套人工生态湿地；开展城中村、老旧城区、城乡接合部和合流制管网整治，加强污水收集和雨污分流改造；按照存栏2～5头猪配套一亩种植用地或存栏3头猪配套建设1立方米发酵床的标准，推进畜禽粪污还田还地资源化利用；围绕《四川省农村生活污水治理三年推进方案》，推进农村生活污水治理；对全市重点小流域两岸5～30米范围内因地制宜科学选择植物栽种，建设生态廊道，实施生态隔离，做到"生态河岸、呼吸河底"；在重点小流域河势稳定、水流平缓、水面开阔区域，因地制宜实施生态浮岛建设，增强污染因子消纳能力。全市水环境质量持续改善，优良水体比例87.5%（省定目标37.5%），全面消除劣Ⅴ类水体（省定目标0%），其中青衣江水质稳定在Ⅱ类，岷江干流和越溪

图98 2020年，全市水环境质量纳入国家、省考核的断面全部达标，4条小流域实现水质类别提升，重点小流域球溪河水质稳定达Ⅲ类
（市生态环境局供图）

河、毛河、球溪河、思蒙河、金牛河水质达Ⅲ类。

【土壤污染防治】 眉山市生态环境局完成眉山市耕地土壤环境质量类别划分，按期完成受污染耕地安全利用目标；开展重点行业企业用地调查，全市完成40户重点行业企业用地调查布点方案编制，完成布点监测，建立污染场地清单数据库；加强重点污染源管控，完成34户土壤环境重点监管企业隐患排查、整改和周边用地自行监测，开展对土壤环境重点监管企业监督性监测；完成土壤环境质量省控监测点位设置，梳理疑似污染地块，责成土地使用权人对地块开展调查评估，联合市自然资源局对全市13个疑似污染地块的场地调查报告组织评审，与相关部门协调联动，共享污染地块信息；严格用地准入，污染地块安全利用率100%。全市未发生因耕地土壤污染导致农产品质量超标且造成不良社会影响的事件，未出现因疑似污染地块或污染地块再开发利用不当且造成不良社会影响的事件。

【环境监测管理】 眉山市生态环境局以生态环境质量改善为核心，以确保生态环境监测数据"真、准、全"为根本，以加强生态环境监测网络建设为重点，以生态环境监测服务生态环境管理为导向，以提高生态环境监测数据质量为举措，完成47家排污单位自行监测指导帮扶，完成眉山市生态环境监测质量监督检查三年行动计划任务，建成3个长江经济带水质自动监测站，持续提升全市生态环境监测能力。

【环评审批】 眉山市贯彻执行《中华人民共和国环境影响评价法》《建设项目环境保护管理条例》《规划环境影响评价条例》及《排污许可管理条例》，强化环境影响评价，把住环境准入关，开展固定污染源排污许可全覆盖；执行环评审批"五不批"原则，坚持分类名录和审批权限规定，坚持规划环评、总量指标等环评审批要求，严格依法审批，审批建设项目环评文件388个，其中省厅审批2个、市级审批97个、区县审批289个；加快推进长江经济带"三线一单"编制试点及应用，落实"生态保护红线、环境质量底线、资源利用上线、生态环境准入清单""三线一单"硬约束，协同推进生态环境高水平保护与经济社会高质量发展；落实国家环评审批"放管服"改革精神和要求，实施"豁免管理一批、承诺审批一批、加快推进一批""三个一批"环评管理，实施告知承诺制审批项目32个（其中生猪规模养殖项目24个），实施登记表豁免管理预估100个；对全市129个省市重点项目、57个市领导联系重点项目环评审批建立"清单制＋责任制"，实行"四个提前"（提前与区县政府、园区对接，提前与业主联系，提前组织专家咨询，提前做好对上协调）环评审批服务，推进项目环评审批；通过强化工作导向、强化技术支撑、强化宣传培训、强化协调保障"四个强化"措施，推进排污许可证登记核发，提前1个月完成省定目标任务，实现发证、登记双"清零"，核发与登记总数5 049家。

【农村生活污水治理】 眉山市生态环境局年初印发通知文件，将农村生活污水治理目标任务分解到每一个区县和相关市级部门，督促各地以县域为单位编制农村生活污水治理方案（规划），合理确定目标任务、治理方式、建设时序、资金保障、运行维护与日常管理等；因地制宜试点示范，将靠近城镇的农村区域生活污水接管至城镇污水处理系统集中处理，采用有动力或微动力一体化处理技术对聚集程度较高、经济条件较好的农村区域集中处理，采用家庭分散式三格池、五格池系统加小型人工湿地的方式对居住较为分散、地形地貌复杂的农村区域开展污水处理，处理后的污水用于田间灌溉；推广农村生活污水治理模式和处理工艺，加快农村生活污水治理设施建设力度，组织对日处理规模20立方米/日（含）以上处理设施开展日常监测，切实执行《四川省农村生活污水处理设施水污染物排放标准》，确保治理设施正常运行；以乡村振兴战略为契机，以农村厕所革命、农村污水治理为重点，统筹农业农村、生态环境局、住建等部门人力、资金等资源，做到互促共进、源头控污；邀请西南交大、西南科技大学等省内高校和省环科院等机构专家到眉山调研，指导农村生活污水治理；组织区县工作人员到南充阆中市、广元苍溪县和广安武胜县等地学习农村生活污水处理技术。全市投入治理资金3.6亿元，新建农村污水处理设施8.7万座，实施8万户农户生活污水纳污接管或综合利用，563个行政村（含涉农社区）生活污水得到有效治理、占比76%，受益农户42.8万户。

【污染物总量减排】 眉山市生态环境局对照主要污染物总量减排任务，细化分解落实，层层传导责任；强力推进重点减排工程项目，对重点行业和区域实施专项整治；加强产业结构优化调整，加大环保基础设施建设、运营和管护；加强工业、城镇生活、畜禽养殖等污染治理，实施提标升级改造。全市化学需氧量、氨氮、二氧化硫、氮氧化物的削减比例分别为23.05％、28.26％、42.98％、16.11％，化学需氧量、氨氮、二氧化硫、氮氧化物

图99 2020年10月20日，全省农村生活污水治理工作现场会议在眉山市召开 （市生态环境局供图）

的重点工程减排量分别为 18 863.53 吨、2 334.38 吨、8 564.12 吨、3 392.86 吨，均完成省定目标要求，完成“十三五”总量减排任务。

【辐射环境管理】 眉山市生态环境局开展辐射安全隐患排查专项行动，检查单位 180 次，推进“清单制＋销号制”整改；将市级发证的 222 家核技术利用单位，划分 3 个风险等级，探索分级管理；优化疫情防控期间辐射安全行政许可，创新“不见面审批”方式，助力重大项目开工建设和复工复产，完成通威太阳能项目输变电工程等 8 个辐射项目环评审批、72 件医用射线装置项目辐射安全许可、丰华纸业室外探伤作业等辐射现场监督检查监测；利用东坡湿地公园电磁辐射自动监测站实时公布监测数据，面向公众宣传；完成辐射监管监测能力建设，配齐配强装备，通过组织培训、大比武等形式加大辐射监管人员能力提升，加强应急能力建设，修订完善应急预案，完成“十三五”规划目标任务。

【工业固体废物堆存场整治】 眉山市生态环境局制定《眉山市工业固体废物堆存场所环境整治工作方案》，在前期全面调查、制定“一场一策”、积极落实整改的基础上，联合经济和信息化部门，点对点督促整改，列入全省工业固体废物堆存场所问题清单中的青神华榕纺织印染公司等 3 家企业均整改完毕；对辖区内工业固体废物产生企业开展全面排查，督促有关企业按照防扬散、防流失、防渗漏的要求，对工业固体废物堆存场开展整治，连续开展“清废行动 2018”“清废行动 2019”等专项行动解决一大批突出环境问题；开展矿山矿企生态环境问题整治，全市排查矿山矿企 274 家，针对存在的生态环境问题，形成整治清单 32 家，制定相应整改措施，明确整改时限和责任单位并整治完成。

【危险废物管理制度落实】 眉山市生态环境局开展危险废物、固体废物管理法律法规知识宣传，落实源头审批管控、过程严格监管、事后严格督查，督促指导全市危险废物处置单位、危险废物产生单位严格执行危险废物经营许可、申报登记等 15 个管理制度；强化危险废物管理规范化考核，以规范化考核督促企业落实危险废物管理制度，督促危险废物处置与产生单位开展责任制建设，规范危险废物贮存、转移、处置利用等，确保环境安全；加强危险废物信息化管理系统建设，强化危废处置单位与产废单位的信息管理平台，增强渠道沟通，保障信息畅通，化解危险废物不能及时处置造成的环境风险隐患。

【医疗和危险废物处置】 眉山市推进全市危险废物处置能力建设，四川中明环境治理有限公司率先建成全省 13 个危险废物集中处置设施建设骨干项目，眉山市医疗废物处置中心二期项目提前建成并颁发经营许可证，全市共有危险废物经营单位 8 家，危险废物处理能力达 35 万吨/年，数量和处置能力位居全省前列，可处置《国家危险废物名录》46 大类中 40 大类危险废物，基本覆盖全省各类工业危险废物，危险废物集中处置设施加快建设做法在全省作经验交流；加快危险废物规范化处置，市委、市政府专题研究部署，召开全市生态环境保护推进会、恳谈会，对涉及危险废物和固废问题点对点、面对面交办。眉山市生态环境局会同卫健、住建、交通等部门联合开展医疗废物督导，出台《关于进一步加强肺炎疫情医疗废物规范处置的通知》《关于进一步加强医疗废物环境的通知》等机制文件，疫情医废和社会源口罩处置等得到认可，2 月 5 日央视新闻直播眉山市医疗废物、废弃口罩集中处置全过程，工作经验在全省大会上交流发言。

【生活垃圾无害化处理】 从 2016 年 10 月起，东坡区、彭山区、丹棱县、青神县城乡生活垃圾进入中机眉山再生能源有限公司市生活垃圾环保发电厂进行无害化焚烧处理，2020 年中机眉山再生能源有限公司垃圾处理能力由日处理 1 000 吨增至日处理 1 500 吨。仁寿县生活垃圾焚烧项目（一期）建成试运行，仁寿县城乡生活垃圾进入仁寿县大化填埋场无害化填埋，洪雅县城乡生活垃圾进入洪雅县生活垃圾填埋场无害化填埋。全市全年未发现存在非正规垃圾堆放点。

【环保企业管理】 眉山市生态环境局创新环保客服“云服务”，疫情期间利用微信、QQ 为企业远程服务，相关做法被生态环境部在全国推广，多家省级媒体宣传报道，创新“环保税复核”，印发《关于环保税复核有关事项的通知》，帮助企业在环境管理方面降本增效，相关做法被省生态环境厅在全省推广；将 112 家企业纳入清单，利用在线监控、电量监管等“非现场”方式灵活执法，做到分类监管无事不扰。

【环境监管执法】 眉山市生态环境局持续深化市县乡村四级网格化环境监管体系，定期开展培训并严格考核；严厉打击环境违法行为，下达处罚决定书 126 件，处罚金额 1 218 万元，实施配套办法 13 件，其中查封扣押案件 3 件、移送拘留 10 件；创新医疗废物处置“四步法”，全过程跟踪监管，保障医疗废物安全处置；组成“环保＋公安＋检察”普法服务队和党员攻坚队，宣传法律法规；利用“无人机、走航车、快速检测”等科技手段开展执法检查，眉山市通过分段监测、外围排查、精准打击的典型案例分别被生态环境部、省生态环境厅官方微信公众号宣传报道；与成都市联合开展“天府行动——2020 岷江突发环境事件应急演练”，提升上下游联动应急处置能力；投资 120 万元建成应急物资储备库，应急物资装备水平明显提升，成功处置“‘8·18’雅安弘利展化工原料桶因洪灾进入青衣江”环境应急事件。全市全年未发生重大及以上突发环境事件。

【环保宣传】 眉山市生态环境局完成省生态环境厅和川台联合主办的《对话绿色先锋》栏目专访宣传活动，市政府市长接受专访，并以萤火虫、野生大熊猫等“生态指标”为切入点，讲述和宣传“良好的生态是眉山最大的财富”；从防疫“后方”走向“前线”，发布真实准确的疫情信息，深入宣传生态环境“铁军”阻击疫情举措，引导群众科学理性应对疫情、增强防疫信心，1 月 25 日（大年初一）起在官方“双微”设立宣传专栏，编发防疫信息 63 期，转发相关信息 200 条，阅读总次数达 100 万次；加强环保设施和城市污水垃圾处理设施向公众开放，会同市直机关工委、市住建局、市总工会等市级部门，联合建立推进机制，鼓励各级各部门结合工

图100 11月9—14日，“大地文心”生态文学作家采风四川行走进眉山 （市生态环境局供图）

会活动、党群共建活动、职工教育培训、学生现场教学等参与开放，提升环保设施和城市污水垃圾处理设施向公众开放的对外知晓度和群众参与度，7家相关单位全部按要求完成向公众开放；以“4·15”“5·22”“六五”等重要活动为节点以及全市“双创”工作为契机，集中策划生态环境保护科普知识宣传，利用新媒体、手机短信、公交车载视频、展板、环保设施开放、集中启动仪式等宣传渠道，开展“线上+线下”系列宣传教育活动，推送宣传信息10万条次，现场发放宣传资料1万份，涉及群众50万人次。11月9—14日，由生态环境部宣传教育司、中国作家协会社会联络部等举办的“大地文心”生态文学作家采风四川行走进眉山，先后深入10个点位，了解眉山市践行绿色发展、持续改善生态环境质量取得的成效以及涌现出的感人故事，新华社、《光明日报》、《中国环境报》、澎湃新闻、四川电视台等近20家媒体跟踪报道。

【中央、省环保督察反馈问题及信访交办件整改】 眉山市委常委会、市政府常务会议先后16次研究生态环境，市委、市人大、市政府、市政协领导先后37次带队现场督导生态环境保护督察反馈问题整改，市委、市政府先后11次召开环保整改会议，推动问题整改。截至12月31日，中央生态环保督察组反馈问题涉及全市39项整改任务，完成整改38项，交办的293件信访举报件全部整改完成；中央生态环境督察“回头看”及沱江流域专项督察反馈问题涉及全市15项整改任务、交办信访举报件71件，全部整改完成；四川省环保督察发现问题282个，全部整改完成。11月12—26日，四川省级生态环境保护督察进驻眉山市，开展为期15天的生态环境保护督察，反馈问题36项，交办群众举报投诉件311件，均制定整改措施。

（蔡 宇）

气象监测
Meteorological Monitoring

【概况】 2020年，眉山市总降雨量955.9～1 607.8毫米，仁寿接近正常，其余各区县均比历史同期偏多1.6～3.7成；年平均气温17.0℃～18.5℃，洪雅、丹棱接近正常，其余各区县较历史同期偏高0.8℃～1.3℃。青神总降雨量和平均气温均超过历史最高值。

【气候特点】 前冬（1—2月），眉山市总降水量，洪雅63.4毫米，偏多近5成，丹棱32.2毫米，接近正常，其余各区县16.1～23.1毫米，较历史同期偏少2～4成；无冬干，平均气温8.5℃～10.2℃，较历史同期偏高1.4℃～2.6℃，彭山、青神平均气温超过历史最高值，最高气温21℃～24.5℃，均发生在2月29日，突破历史同期最大值；2月13—15日出现强降温天气过程，日平均气温累计下降6℃～8℃。春季（3—4月），全市总降雨量45～92毫米，较历史同期偏少3～4.5成，平均气温16.4℃～17.2℃，较历史同期偏高1.5℃左右，无“倒春寒”和春旱；3月25日日最高气温突破历史同期极值，最高值在青神，气温为29.6℃；3月26—28日出现强降温天气过程，降温幅度9℃～11℃。初夏（5—6月），全市总降雨量96.6～216.6毫米，较历史同期偏少，其中丹棱、洪雅偏少2～3成，其余区县偏少4～6成；平均气温23.9℃～25.8℃，较历史同期偏高1℃～3℃；降雨过程比较平稳，6月1—2日出现首场区域性暴雨，5月1—20日除洪雅外，其余各区县相继达到夏旱气候学标准，5月17—19日出现连续性高温天气，其中5月18日各区（县）最高气温均突破5月同期历史极值，最高值为彭山38℃。盛夏（7—8月），全市总降雨量571～1 031.5毫米，较历史同期洪雅、仁寿偏多3～4成，其余区县偏多8成至1倍，彭山、青神、丹棱处历史第一高位，东坡处第二高位；平均气温25.1℃～26.5℃，较历史同期东坡、青神、彭山偏高1℃左右，其余各区县接近正常；出现11次区域性暴雨过程，暴雨过程主要集中在8月（10次），其中8月10—18日出现持续性强降雨天气，连续发生6次区域性暴雨过程，分别为8月10日、8月11日、8月14日、8月15日、8月16日、8月17日，全市199站中，过程总累积雨量400～500毫米的60站，500～600毫米的17站，600毫米以上的2站，最大累积雨量在东坡晋凤（672.9毫米），最大小时雨强在东坡晋凤（99.3毫米），出现时段为8月11日07时。秋季（9—11月），全市总降雨量190.5～280.8毫米，丹棱接近正常外，其余各区县偏多1～2成；前期阴雨日较多，11月中旬开始出现持续性无雨时段，气温明显偏高，平均气温较历史同期偏高4℃左右；11月20日开始受冷空气影响，出现一次强降温过程，累计降温幅度10℃左右。初冬（12月），全市总降雨量21.6～39.9毫米，较历史同期偏多1～2倍；月平均气温6.1℃～7.3℃，较历史同期偏低1℃～2℃。

【人工影响天气作业】 眉山市上半年干旱明显，大范围出现冬干春旱夏旱连伏旱，严重影响农业生产。全市气象部门落实《人工影响天气“耕云”行动计划》实施方案和《西南区域人工影响天气能力建设》要求，抓住有利时机开展人工增雨作业，市县联动开展地面增雨14次、飞机增雨3次；集中开展增雨作业32次，受益面积2.1万平方公里，增加降水9 200万立方米，经济效益5 500万元；多形式开展人工增雨科普和作业情况宣传，提升人工影响天气的社会影响力。眉山市委书记、市长对抗旱气象服务给予高度赞扬，仁寿县委、彭山区委对抗旱气象服务给予高度评价。

【气象科研与宣传】 眉山市气象局推动科技业务深度融合，4项科研项目完成结题验收；新立项6项市气象局课题，2项课题被市科技局列为眉山市科技指导类项目；在省市主流媒体发布新闻信息16篇，《人工增雨作业》短视频获抖音、微博等大量点阅，气象科普进校园专题讲座活动获《人民日报》新媒体报道，为气象事业发展营造良好的舆论环境。青神县气象科普教育基地入驻“首批天府科技云服务科普惠民共享基地”。

【气象安全检查】 眉山市气象部门落实安全生产常态化管理，修订完善规章制度；落实台账式、留痕化管理制度，实行“清单制＋责任制”工作机制；坚持常态化疫情防控，执行防雷安全重点场所风险分级管理；组织执法人员对全市所有防雷安全重点场所全覆盖检查，市县两级发现安全隐患130处，下达整改通知130份，全部按时完成整改并通过复查；通过防灾减灾日、安全生产月、电视天气预报、微信、微博等渠道开展防雷安全法律法规和科普常识宣传，提升全社会的防雷安全意识。眉山市气象局统一制作防雷、防静电警示标识，防雷安全检查过程中在防雷、防静电重点部位张贴。全市气象部门未发生安全生产责任性事故。

【气象现代化建设】 眉山市国家级台站业务可用性100%；骨干网和区域站业务可用性99.62%，排位全省第四；土壤水分站业务可用性98.69%；精细化晴雨预报质量77.7%，排位全省第四；短期灾重天气质量77.4%，稳定在全省第一方阵；四项地面观测质量管理体系内部审查事项列入全省亮点清单。青神县国家气象站基础设施建设和眉山城市气象防灾减灾工程建设通过竣工验收。

【气象政务服务】 眉山市气象局应用全省一体化政务服务平台，全程网办率100%；持续推进“放管服”改革，网上政务服务提速率80%；材料减免率33.3%，即办件比例25%，有效提升行政审批效率。

【灾害性天气预警服务】 汛期，眉山市发生12次区域性暴雨天气过程，其中10次集中出现在8月，持续时间长，累计降雨量大，特别是8月10—18日，连续出现6次区域性暴雨、大暴雨天气过程，为历史罕见。眉山市气象局连续作战，提前发布预报预警信息，通报本地和上游雨情，开展“一对一”叫应服务，发布预警47期、预警信号284期、微博112条、短信294万条，最大限度降低灾害损失。洪雅、仁寿、青神气象局与相关部门联合发布地下车辆转移及交通和景区管制公告，紧急转移游客和群众3 800人，无人员伤亡，有效保障人民群众生命财产安全。

【农业气象服务】 眉山市气象局针对2020年暖冬、高温少雨、干旱、汛期多暴雨、低温冻害、作物虫害早发生等极端天气事件和虫害情况，联合省农气中心、市农业局、植保站田间调查，开展灾前、灾中、灾后评估，撰写《高温少雨 春旱连夏旱》《全市降雨明显 旱情得到解除》等12篇专题及评估报告，为地方政府抗旱防涝提供科学依据，对减轻作物损失起到积极作用；在春播春种、夏收夏种、秋收秋种等农事关键时段，做好市气象局并指导县气象局提供准确及时的系列专题服务，秋收秋种服务效果收入《全国公共气象服务简报》；全面推开“钉钉”“四川e农”平台，智慧农业服务能力不断提升。5月、7月日最高气温突破历史同期极值，年总降雨量偏少四成至六成，除洪雅外的各区县相继出现春旱、夏旱连伏旱。全市向党委政府报送分析材料31期。

【森林火险气象服务】 眉山市气象局作为森林防灭火指挥部成员单位，组织相关部门到责任片区开展森林防灭火专项检查3次；强化森林防灭火气象保障服务，组织开展人工增雨13次，有效降低全市重点区域森林火险等级。

【节庆活动气象服务】 眉山市气象局每次重大活动均制定气象保障服务方案，全年制作发布服务材料24期，为“竹博会”“东坡文化学术高峰论坛”“泡博会”“世界川菜大会”等节会提供服务，得到市委、市政府肯定。

（黄保云）

天府新区眉山片区·县（区）

TIANFU NEW AREA MEISHAN AREA AND COUNTIES (DISTRICTS)

天府新区眉山片区 / 东坡区 / 彭山区 / 仁寿县 / 洪雅县 / 丹棱县 / 青神县

天府新区眉山片区
Tianfu New Area Meishan Area

【概况】 天府新区眉山片区位于成都南部、眉山北部，地处成渝地区双城经济圈的中心腹地和成眉同城发展的前沿阵地，东临成都东部新区、简州区，南接仁寿县，西连双流区、彭山区，北靠四川天府新区成都片区，是四川天府新区的重要组成部分，是治眉兴眉的“百年大计”，是举全市之力、集全市之智的“头号工程”。天府新区眉山党工委、管委会驻视高街道中建大道二段8号。2020年，天府新区眉山片区辖区面积693平方公里，其中建成区面积31平方公里、耕地面积29.73万亩；辖视高、青龙2个街道办事处，锦江、贵平、高家、龙马、北斗5个镇，共有50个村民委员会、34个社区居委会；年末常住人口236 644人，户籍总数124 113户，户籍人口362 385人（其中城镇人口113 414人、乡村人口248 971人）；全年人口出生率10.8‰、人口自然增长3.2‰、人口密度523人/平方公里。

2010年9月，四川省委、省人民政府作出规划建设天府新区的部署。2011年5月，国务院批复《成渝经济区区域规划》，首次提出“规划建设天府新区”；同年11月，国务院批准《四川省成都天府新区总体规划》。2012年2月，国务院批复《西部大开发“十二五”规划》，将天府新区列入西部重点城市新区建设。2013年4月，四川省委编办分别批复同意成都市、眉山市、资阳市设立片区管理机构，负责片区经济发展等事务。2014年10月2日，国务院正式批复同意设立四川天府新区，为第11个国家级新区，由天府新区成都片区和眉山片区共同组成，规划面积1 578平方公里。2015年11月，四川省人民政府批准同意《四川天府新区总体规划（2010—2030年）（2015年版）》，总规划面积1 578平方公里，其中原视高镇和青龙镇2个镇纳入核心区、规划面积94平方公里，另有原10个乡镇纳入协调管控区、规划面积448平方公里。2017年11月，眉山市委作出“做强一带”战略部署，高标准规划建设眉山环天府新区经济带，即眉山天府新区。2018年3月，天府新区眉山党工委、管委会正式实体化运行。2019年5月，四川省委、省人民政府制定出台《关于加快天府新区高质量发展的意见》；同月，眉山市人民政府批复同意《眉山环天府新区经济总体规划》。2019年7月，眉山市委办、市人民政府办印发《中共四川天府新区眉山工作会四川天府新区眉山管理委员会职能配置、内设机构和人员编制的通知》，明确内设及派驻机构13个，下属机构5个，1家公司即眉山天府新区投资集团有限公司。2019年8月，眉山市委、市人民政府印发《关于深化“放管服”改革 推动眉山天府新区扩权赋能的实施方案》。2019年10月，眉山市委、市人民政府出台《关于加快眉山天府新区高质量发展的实施意见》，高位推进眉山“头号工程”建设；同月，天府新区眉山片区全面承接19个市级部门287项审批权限，22枚“2号”公章、5 541项市县经济社会管理权限。2020年5月，四川省委、省人民政府批准成都东部新区挂牌运行，在省发改委《关于印发成都东部新区〈总体方案〉的通知》中明确眉东新城与成都东部新区协同发展。2020年7月，天府新区眉山片区全面承接龙马镇、北斗镇管理权限。2020年11月，天府新区眉山党工委出台《关于坚定贯彻成渝地区双城经济圈战略部署 加快打造带动眉山高质量发展主引擎的决定》，推动中部腾飞、东翼崛起、西翼跨越。

天府新区眉山片区交通区位优越，北距天府广场48公里、科学城15公里，南距眉山市政中心26公里，西距成都双流国际机场32公里，东距成都天府国际机场28里；率先开通全省第一条跨市域公交T50（视高—兴隆湖）、接续开通T51（视高—眉山），环天府新区快速通道、“三纵三横一互通”、中建大道、川港大道等道路建成通车，市域铁路S5线及支线纳入国省规划，益州大道南延线、梓州大道南延线、天府大道眉山段等重大交通项目稳步推进，正加快规划建设“四横七纵”铁路网、“三横四纵”高速路网、“二横八纵”快速路网，构建连接“双机场”、内通外畅的现代化交通体系。

2020年，天府新区眉山片区实现地区生产总值168亿元、比2019年增长4.6%，高于全国、全省、全市，增速连续3年居全市第一；完成全社会固定资产投资201.7亿元、比2019年增长14.5%，增速连续3年居全市第一；招商引资到位资金234.85亿元，其中到位外资约1.93亿美元、占全市83%，成效连续3年居全市第一；完成地方一般公共预算收入16.1亿元、比2019年增长19.2%，增幅全市第一。

中共四川天府新区眉山工作委员会书记：黄剑东；四川天府新区眉山管理委员会主任：梁磊（6月离任），邹汝林（10月任职）。

【新区规划建设】 天府新区眉山片区建立健全国土空间规划体系，出台《眉山天府新区国土空间规划体系建设工作实施方案》，加快推进建成眉山天府新区“1＋

图101　2020年3月18日，环天府新区快速通道府河大桥施工现场　（眉山日报社供图）

25＋N”规划体系；按照省、市安排部署，加强与“十四五”规划及各专项规划衔接，编制《眉山天府新区国土空间规划》，完成阶段性成果汇报，完成“三区三线”划定；编制完成视高片区、青龙片区、牧马镇、锦江乡（锦江镇）控制性详细规划，实现重点区域控制性详细规划全覆盖，并完成眉山东部新城控制性详细规划招标；开展视高街道、青龙街道、锦江镇等部分区域详细性规划修编，深化完善视高控制性详细规划、锦江镇北片区控制性详细规划、青龙北片区控制性详细规划，完成《锦江镇牧马组团南片区控制性详细规划》《南天府公园片区控制性详细规划》修编；按照省市村规划编制部署，指导各镇（街道）开展新区18个村规划编制；完成《眉山天府新区公园城专项规划》《眉山天府新区风貌控制专项规划》《眉山天府新区行道树专项规划》4个专项规划编制，配合完成《综合交通体系专项规划》《供排水专项规划》《燃气专项规划》4个专项规划，《眉山天府新区绿地系统规划》完成初步方案汇报；配合市发改委、市自然资源局完成《成眉同城化空间发展》《成德眉资“三区三带”空间规划》《成都都市圈发展规划》，加快推进《成都都市圈（成德眉资同城化）国土空间规划》编制；编制《眉山天府新区（东部新城）国民经济和社会发展第十四个五年规划和二〇三五年远景目标纲要》，制定《眉山天府新区（东部新城）“十四五”重点专项规划目录》。

【进口贸易促进创新示范区建设】 11月4日，商务部宣布在全国设立10个进口贸易促进创新示范区，四川天府新区位列其中，成为西南唯一、全国十个之一。天府新区眉山片区利用“四川海峡两岸产业合作区眉山产业园”招牌，吸引3家台资企业签约落户，协议投资8亿元；新备案外贸资质企业13家、增长260%，其中12月国润新材料进出口货值1 000万美元，眉深、创威连两家公司8 000万美元，创历史新高；依托川港合作示范园成功挂牌内地—香港“一带一路”工商专业委员会西部经贸研究中心，并对接成都市商务局，初步达成以川港合作示范园区为载体共建现代服务业先行示范区、以中日国际康养城为载体共建中日（成都）现代服务业开放示范项目的共识；申建保税物流中心（B型），打通国际班列开放通道。12月30日，眉山保税物流中心（B型）项目正式动工建设，计划2021年10月完工。天府新区眉山片区全年实现外贸进出口总额7亿元，继续保持全市前列；新设外商直接投资企业14家，完成省口径外商投资实际到位资金7 114万美元，完成部口径外商投资实际到位资金19 279万美元、占全市完成率83%。

【新区项目招引】 天府新区眉山片区成功申报2021年省重点项目10个、市重点项目20个，省市重点项目个数和投资额居全市第一，再创新高；引进通威全球创新基地、小猪佩奇文创小镇、天府万达国际文旅等19个符合眉山天府新区产业规划的重大项目，协议总投资1 017.63亿元，其中协议投资5亿元以上或“三强”的重大项目13个，总到位资金234.85亿元（省外到位资金167.28亿元）。

2020年天府新区眉山片区招商引资已签约项目情况表

表62　　单位：亿元

序号	项目名称	投资方	项目内容	合同金额（亿元）	签约时间	项目进展（截至2020年底）
1	港澳佳祥纸业（眉山）竹元素特色竹浆生活用纸总部项目	港澳佳祥纸业有限公司	主要建设竹元素特色竹浆生活用纸总部基地电子商务中心、结算中心、研发中心、销售中心、人才中心等管理中心及配套设施	2.5	2019年11月15日	保证金0.1亿元，12月8日取地
2	丰树天府新区（眉山）现代物流中心项目	上海丰树管理有限公司	主要建设4栋单层国际最高规格的通用仓储设施。引进国内外知名电商和商贸企业，建设结算和仓配中心；引进大型第三方物流与快递快运企业，配备高效的货物装卸与分拣设施，建设第三方物流与快递快运区域运营中心	6	2020年2月	正在对项目用地进行场地平整，正在注册项目公司
3	广州市海灏（眉山）西南总部基地及现代农业科技院项目	广州市海灏投资有限公司	西南总部大楼、眉山现代农业科技创新产业研究院（包含生物科技研发、农业科技创新孵化）、博士及博士后工作站、海大学院（培训中心）、金融中心、西南采购中心等项目	8	2020年3月17日	到位票据资金1.1亿元。板块土方开挖完成55%，9#楼筏板土方施工完毕，12#楼主体施工至4层
4	通威集团（眉山）全球创新基地项目	通威集团有限公司	主要建设通威集团相关工业项目、通威集团全球研发及创新中心、世界新能源博物馆、世界水产博物馆及通威研究院及通威大学	380	2020年4月21日	到位票据资金1.6亿元。9月28日取得一期工业用地，12月取得地产土地

续表62

序号	项目名称	投资方	项目内容	合同金额（亿元）	签约时间	项目进展（截至2020年底）
5	广州市海大(眉山)动物营养素生产基地项目	广州市海灏投资有限公司	主要建设海大动物营养素生产基地项目,建设年产5万吨高端动物营养素生产线及相关附属设施等	2	2020年5月14日	待供地
6	四川南麓乡村旅游资源(眉山)云漫山生态旅游度假区项目	四川南麓乡村旅游资源开发集团有限公司	主要打造生态旅游度假区域、悬浮酒店、星空俱乐部(承办天府国际星空音乐节)、农业花卉水果种植观赏及采摘、传统文化体验区、网红酒店、特色民宿、康养等	10	2020年5月7日	1. 开展施工便道立项申请,待初步设计确定后做好立项准备。2. 启动特色民宿招商。3. 完成地形测量。4. 村规划、眉山段龙泉山区域规划进行中。5. 天府国际星空音乐节场地建设进行中
7	成都均宜(眉山)年产100万平方米A2级防火铝镁复合板项目	成都均宜金属制品有限公司	主要建设生产车间24 000平方米,购置铝镁复合板生产线及配套生产线4条,年产A2级铝镁复合板100万平方米	1.23	2020年3月31日	已注册项目公司,正在进行报规报建
8	成都硕特(眉山)环保设备生产项目	成都硕特环保科技有限公司	建设面积28 000平方米的生产厂房,其中膜生产中心9 000平方米,负责生产制造高压DTRO碟管式膜、新型WTRO宽管式膜、气态脱氮膜、特种物料膜组件等;总装生产中心1.9万平方米,负责生产制造水处理成套设备	4.2	2020年7月14日	正在准备仓房建设
9	北京中军天信(眉山)小猪佩奇小镇项目	中军天信(北京)投资有限公司	1. 以小猪佩奇小镇、海洋探索中心等为核心内容的文旅小镇及其配套,投资约49亿元,占地约500亩,建设周期3年。2. 项目配套基础设施,含道路、公园、学校、市民服务中心、社区医疗等,投资约46亿元,建设周期10年。3. 配套生态社区,占地约2 000亩,建设周期10年	95	2020年7月2日	正在做控规规划协议
10	启迪天府新区科技城项目	启迪科技城集团有限公司	建设启迪天府新区科技城,引入清华大学国有资产管理研究院、清华大学"科创中国"项目、启迪科创产业(首期落户启迪智能网联汽车集团总部基地项目),围绕5G、人工智能、智能网联等新兴产业打造产业创新生态以及产业集群	15	2020年8月6日	正在洽谈补充协议
11	天府万达国际文旅项目	万达地产集团有限公司	规划打造集度假、体育、文化、会议、商业、教育等为主要内容的中国顶级国际文旅城	90	2020年8月28日	双方已签订项目投资合作协议,在开展规划方案对接,有待开展供地协议洽谈
12	眉山未来显示科技示范园(一期)	成都理想进界科技有限公司	建设以"FSD核心器件与光机模组精密制造生产与配套研发基地"为核心的未来显示科技产业示范园,打造下一代显示技术产业集群	10	2020年9月29日	到位票据资金0.12亿元,12月2日开工

续表62

序号	项目名称	投资方	项目内容	合同金额（亿元）	签约时间	项目进展（截至2020年底）
13	联合利华家用护理扩建项目	联合利华（四川）有限公司	拟在位于彭山经济开发区厂内预留场地新建一个家庭护理品工厂，主要生产产品为奥妙洗衣液和金纺柔顺剂，主要生产过程为外购各种原料→经计量加入到配料锅→通过搅拌、混合、加热和冷却并经均质后通过输送泵打入成品储罐→生产出来的家庭护理品及个人护理品经灌装机进行包装后装箱最终成为成品，然后通过联合利华的物流中心将产品配送到西区所覆盖的市场	1 500万美元	2020年10月22日	正在洽谈定制厂房的租赁协议
14	兰大伯克利中外合作办学眉山项目	四川特驱投资集团有限公司	首先创设自然科学研究院，以自然科学研究院为基础，在自然科学研究院下逐步增设工学研究分院、环境学研究分院、商学研究分院、医学研究分院。在具备条件后，以自然科学研究院为基础，创建中外合作办学综合性大学	105	2020年11月	已签订投资合作协议，正在开展供地前的相关准备
15	伦宇互联网管理服务项目		主要从事互联网管理服务	0.3	2020年10月	已签约
16	四川响云科技服务项目		互联网科技管理服务	0.4	2020年10月	已签约
17	香港皇权集团IFC国际时尚城项目		主要建设国际购物岛、五星级酒店、瞪羚岛和环球时尚公园城。建设亚太领先的跨境电商平台“i海外购”，打造超过300家国际品牌的产业化集群	220	2020年12月	已签约
18	眉山环球冷链食品产业园项目	眉山项目公司尚未在眉山注册	建设四川天府新区、玉湖城（眉山环球冷链食品产业园项目）。拟建设为中国西部基地的首个二级枢纽、城市配送中心，将以智慧型园区标准进行打造环球冷链食材物流仓储加工配送园区，包括智慧冷链园区、仓贸一体区、加工配送中心等，延续玉湖冷链供应链平台的独特优势，为园区企业提供全链条供应链服务，同时保障食品卫生安全及上游供给稳定	67	2020年12月	已签约
19	成科中心眉山5G通讯产业研究院项目	暂定名：成科中心眉山5G通信产业研究院	乙方与甲方共同成立成科中心眉山5G通讯产业研究院。为全面推动相关项目的高效合作，根据项目管理需要，由乙方下属平台公司发起在眉山天府新区注册组建成立专业化的运营管理有限公司。该运营公司负责研究院日常运营管理，并在项目前端负责配合研发工作、人才技术储备，后端在项目市场运营中进行成果孵化、转化、测试、品质监控以及运营资质、市场资本进入等相关工作	注：中国工程物理研究院成都科技中心与政府合作项目，无具体合同金额	2020年12月	已签约

【新区项目建设】 天府新区眉山片区2月底实现10个省、市重点项目全面复工，在全市首先达到复工率100%，成功争取省预算内疫情防控专项补贴资金350万元；参加省市重大项目集中开工3次，开工项目34个，计划投资412亿元，个数和总投资额分别占全市20%、40%左右，其中未来显示科技产业示范园项目仅用64天即实现从签约到开工；推进重点项目建设，完成重点拆迁、重点安置、重点生态环境整改、重点土地保障任务，10个省市重点项目完成投资62.3亿元。天府新区眉山片区不断完善基础设施，总投资超100亿元，启动重大成眉交通项目建设，完成益州大道南延线、梓州大道南延线、眉山大道眉山段等，同步推进工业大道、滨江大道北东线、通江大道、省道210高家段等，推进成眉交通基础设施互联互通，打通成眉同城交通大动脉；启动眉东新城起步区"三横三纵一互通"交通工程建设，开通公交T51，与公交T50连通，实现成都眉山公交无缝对接；加快宜居公园城建设，柴桑河泉龙河湿地公园、牧马生态公园建成开园，泉龙河柴桑河河体整治工程二期完成30%。

【新区人才引进】 天府新区眉山片区对标成都天府新区、高新区等，出台《眉山天府新区人才分类标准（试行）》《眉山天府新区人才支持办法（试行）》等政策，设立1亿元人才发展专项资金，提升新区综合人才吸引力，打造人才聚集新高地；建立7个分类人才库（规上企业、规下企业、金融银行、农业农村、医疗卫生、中小学校、职业院校）和1个在外人才库，入库基础人才及以上标准人才2 818人（其中硕士及以上268人、副高级以上509人、技师及以上27人）；到四川农业大学、西华大学等高校举办"才聚眉天府，智绘新高地"等活动3场次，收到简历459份，其中硕士研究生162人，达成就业意向203人；深化天府新区成眉片区合作，参加"天府英才荟""空中引才""美丽四川·创业天府"等活动7场次，走进四川大学、重庆大学等知名高校，引进人才1 000名；依托阿格瑞新材料、欧瑞特光电等优质项目平台柔性引进"两院"院士2名，利用"两院"院士四川行、专家智力服务基层、蓉城专家进眉山等省市活动平台柔性引智近20人次；公开招聘编外人员178人，使编外人员占编率提高至79.95%；坚持"35岁以下、全日制本科以上、2年对口县级以上部门工作经验"标准，面向成都平原经济区、川南城市群、川东北城市群、重庆市以及京津冀、长三角、粤港澳大湾区城市所辖行政区域内选调优秀人才28人，考核引进硕士研究生5人、聘请博士研究生2人；探索聘任制公务员，设置首席经济师、首席规划师2个岗位，吸引北京、广东等地的清华大学、同济大学等高校17名博士生、研究生报名。

【新区土地购买报批出让收储】 天府新区眉山片区全年购买"双挂钩"指标5 205亩（其中达州市宣汉县557亩、达州市万源市776亩挂钩指标、凉山州3 872亩），购买耕地占补平衡指标4 514亩（其中眉山发展集团有限公司1 033亩、达州市渠县2 265亩、眉山市丹棱县416亩、仁寿铧锐农业投资有限责任公司800亩）；批回2019年上报的11个批次，批回面积6 760亩；完成2020年25个批次（项目）建设用地组件上报，上报面积10 294亩，批回面积2 780亩；完成彭山区2020年第7批和仁寿县2020年第37批、第38批建设用地组件，面积1 240亩；完成土地出让160宗9 733.9亩，成交价1 774 641.36万元，完成收入1 793 481万元，其中一级市场出让价款1 770 093万元、二级市场出让价款1 591万元，违约金21 261万元，因疫情期间延期支付土地款而产生的利息536万元；收储入库土地面积289.18亩，完成前期工作待签约收储面积323.09亩，为盘活土地资源、淘汰落后产能、增强项目承载能力提供保障。

【新区征地拆迁与安置】 天府新区眉山片区全年完成征地23 780亩，拆迁4 955户15 866人，搬迁企业47户，搬迁坟墓6 700座，支付资金27.5亿元；19个重点拆迁项目均取得进展，其中柴桑河生态湿地公园企业搬迁项目、视高老场镇综合开发项目、梓州大道南延线项目、滨江大道北段东线项目、恒大一号地块一期项目5个拆迁项目超额完成任务，仁简快速通道、天府仁寿大道二峨山段、东部新城三中心一基地、眉山天府新区第一人民医院、疾控中心等项目属新增拆迁项目，涉及征地3 200亩，拆迁406户1 327人，全部完成征地并进入扫尾阶段；提供安置用地2 050亩，累计供地3 005亩，在建安置回购房面积140.7万平方米，天府龙城、龙光玖龙郡、天府未来城主体全部封顶，天府锦城、龙光九誉府所有楼层已达20层以上，环天山屿城、悦盛阁、悦溪台、悦龙府均启动建设，完成安置选房15 253人。

图102 2020年4月1日，眉山天府新区视高街道 （眉山日报社供图）

图103 2020年4月9日，眉山天府新区青龙街道苏宁西南地区电子商务运营中心二期项目 （眉山日报社供图）

【新区环境保护与治理】天府新区眉山片区推进生态环境问题“挂图作战”计划，梳理出16个方面、40项具体突出生态环境问题；完成视高第二污水处理厂建设并按期正常运行，完成中央环保督察交办任务；完成视高第一污水处理厂、锦江莲花污水处理厂提标升级改造，完成清水污水管网项目、高家镇等6个镇（街道）7个污水处理设施项目，提升全域污水处理能力；推进51个空气微站建设，建成2座省控大气环境质量自动监测站点；加快推动青龙园区、视高园区水气土协同预警项目，提升区域监测预警能力；通过省级环保督察，完成柴桑河反馈问题整改；完成415家企业排污许可登记与106家重点和简化管理类企业的排污许可申报资料审核；编制完成《眉山天府新区农村生活污水治理专项方案》，投资3 640万元，超额完成6 000户农村生活污水治理目标。天府新区眉山片区全年重点工程化学需氧量、氨氮、二氧化硫、氮氧化物减排量分别为946.81吨、114.11吨、126.07吨、37.1吨。

【新区林业资源管理】天府新区眉山片区开展2020年林地变更调查，落实经费10万元，核查森林督查疑似图斑180个，完成森林资源管理“一张图”更新，提高林业基础数据准确度；推进第六次沙化监测，核查沙化监测图斑169个，涉及面积485公顷；按程序采购林地变更、森林督查、林地报批、“十四五”采伐限额编制、行道树专项规划技术服务单位，通过合理购买社会化服务提高工作水平和效率；印发《关于加强新区护林员队伍建设的指导意见》，明确镇（街道）负责辖区内管护制度；不定期与周边区县召开联席会议，配合建立林业行政执法工作机制，形成长效机制，并制定《眉山天府新区森林防灭火宣传教育制度》等6项专项制度和《眉山天府新区林木采伐管理制度》等7项工作制度；完成31宗林地报批，报批林地面积121.9公顷，保障益州大道南延线、梓州大道南延线、恒大童世界、视高湖、东部新城、伯克利等重点项目林地林木要素；坚持凭证采伐和限额采伐制度，审批成片林木采伐面积38.9公顷，采伐蓄积3182立方米。

【新区矿山安全生产管理】天府新区眉山片区严格执行企业年度开发利用方案，杜绝越界、超深等非法开采；要求企业落实专职安全员，健全安全生产制度，落实安全经费投入和安全防护保障，加强安全培训，确保安全生产；完善矿区安全警示标牌，加强现场安全巡查，完善企业安全管理台账；要求企业做好雨汛期前的矿山排洪沟、截洪沟等疏浚，确保采矿区地质稳定；细化矿山隐患排查，截至11月开展非煤矿山动态巡查32次，形成巡查报告6份。

【眉山天府新区投资集团有限公司】眉山天府新区投资集团有限公司在仁寿视高天府投资有限公司的基础上组建环天实业集团，在彭山工投公司的基础上组建环天产投集团，仁寿视高天府投资有限公司和彭山工投公司纳入眉山天府新区投资集团有限公司。公司引进硕士研究生学历以上员工46人，“985”“211”院校毕业员工90人，海外留学背景员工6人；实施内设机构改革、薪酬制度改革和选人用人改革，通过推行“低基薪、高绩效、超额提成”、实行中层竞聘上岗和中层以下双选，运行效率、员工工作效能显著提升，干事创业精神以及效益意识、成本意识明显增强。公司全年完成融资授信审批162.76亿元、比2019年增长228.68%，完成投资174.34亿元、比2019年增长350.96%；实施自主对外经营项目222个，总投资82亿元；人工成本利润率271.76%，人均产值244.06万元，人均利润42.75万元，各项指标水平位居全市国企第一。截至12月，公司资产规模450亿元，净资产288亿元，实现营业收入12.35亿元，利润总额2.23亿元。

（司国支）

东坡区
Dongpo District

【概况】东坡区位于四川盆地成都平原西南边缘，地处岷江中游，是眉山市政治、经济、文化中心；东邻仁寿县，南靠青神县、夹江县，西接丹棱县、蒲江县，北连彭山区；区政府驻下西街79号。2020年，东坡区辖区面积1 336平方公里，其中耕地面积55 865公顷；辖苏祠、通惠、大石桥3个街道和太和、富牛、崇礼、复兴、尚义、三苏、思蒙、万胜、多悦、秦家、修文、永寿、松江13个镇，共125个村民委员会、97个社区居委会；年末常住人口90.45万人，户籍总数36.4万户、户籍人口87.32万人（其中乡村人口45.91万人）；全年人口出生率8.08‰，人口自然增长率1.21‰，人口密度654人/平方公里。

东坡区是“三苏文化”的发源地，古称眉州，2 300多年前是州、郡治所，因“千古第一文人”苏东坡而得名，是唐宋八大家中苏洵、苏轼、苏辙的故乡，孕育以“三苏文化”为代表的眉山独特地域文化；是中国历史上著名的“进士之乡”，宋代诗人陆游盛赞：“孕奇蓄秀当此地，郁然千载诗书城”。

东坡区属成都平原半小时经济圈，交通方便，基础设施齐全，环境优势突出；北距成都70公里、双流机场60公里，南到乐山、峨眉山约80公里，成昆铁路、成乐高速公路、国道245线、岷东大道、滨江大道、工业大道、工业环线贯通南北，简蒲高速、遂资眉高速、国道351线、眉洪公路横贯东西。成昆铁路境内有4个货运站，成绵乐客专实行公交化营运，全区高速公路通车里程105.9公里，国省级公路通车里程121公里。

东坡区境内发现矿藏5种，分别为钙芒硝、石膏、页岩、矿泉水、砂石，其中钙芒硝矿集中分布于多悦、万胜、三苏、秦家等乡镇，探明储量约37.038亿吨，是东坡区的优势矿种。东坡区旅游资源丰富，自然景观有省级森林公园寨子城、森林康养基地大旺山、东坡城市湿地公园，人文景观有著名文学家苏洵、苏轼、苏辙的故居“三苏祠”、国家重点文物保护单位报恩寺、唐代摩崖造像“丈六院摩崖造像”、苏东坡青年时唯一题留的“连鳌山石刻”巨字人文景观。东坡区饮食文化以“东坡”系列美食东坡泡菜、东坡肉、东坡肘子、东坡鱼等最为著名，传统地方美食还包括芝麻糕、龙眼酥、东坡饼子、核桃糖等。

2020年，东坡区地区生产总值（GDP）实现491.47亿元、增长4%，GDP较“十二五”末增加153亿元、增长37.7%；地方一般公共预算收入24.17亿元、增长8.7%，地方一般公共预算收入较“十二五”

末增加7.63亿元、增长46.1%;地方财政一般公共预算收入实现24.2亿元、增长8.7%,全社会固定资产投资完成342亿元、增长7%;农村居民人均可支配收入实现22 010元、增长9.2%,城镇居民人均可支配收入实现40 426元、增长6.2%。东坡区连续两年跻身"全国投资潜力百强区"和"新型城镇化质量百强区"双强榜单,获评"2019年度全省县域经济发展进步县",县域经济综合实力位列全省区县第一方阵,被四川省委、省政府命名为"全省县域经济发展模范县"。

中共东坡区委书记:朱莉(4月离任),廖小宁(7月任职);区人大常委会主任:张晓勇(4月离任),何万高(9月任职);区政府区长:廖小宁(10月离任),杨翔宇(10月任代理区长);区政协主席:李胜华。

【村级建制调整】 5月,东坡区完成村级建制调整方案制定、意见征求、风险评估、专家论证、合法性审查、集体决策等法定程序,改革方案经市领导小组审核,区人民政府于5月15日批复。全区建制村数量由229个调减为125个,场镇社区数量由39个调增为49个,合计调减94个村(社区),为深入实施乡村振兴战略、新型城镇化战略和"一干多支"发展战略,完善基层治理体系,提升基层治理能力奠定基层基础。

图104 2020年5月29日,东坡区秦家镇弥陀村揭牌仪式 (东坡区融媒体中心供图)

【村(居)民小组调整】 10月,东坡区开始推进村(居)民小组调整优化,涉及13个镇(不含街道),村(居)民小组由原来1 970个调减为1 676个,减少294个,实现规模调大、布局调优、实力调强、服务调好、队伍调活、机制调新的预期目标,延伸和拓展基层治理空间体系。

【社区规模调整】 12月11日,东坡区开展社区规模调整优化,将中心城区原43个社区调整为48个社区,新组建设立长庚街社区、文安西路社区、文安东路社区、桐花巷社区和蓬莱社区5个城市社区,推动实现社区管理边界更加清晰、资源配置更加合理、服务供给更加完善、基层治理更加精细,构筑形成共建共治共享的城乡社区治理新格局。

【农村承包地确权登记颁证】 东坡区作为全省农村土地确权登记颁证省级试点县,于2013年6月启动土地乡试点,2020年9月完成公开招标、航飞、外业调绘、数据库建设、档案整理、证书颁发等。全区登记土地面积907 453.95亩,完善土地承包合同169 573户,完成调查地块1 610 769块,颁发土地承包经营权证书166 572本,颁证率98.23%。11月2日,在全国农村承包地确权登记颁证工作总结暨表彰电视电话会议上,东坡区获评全国农村承包地确权登记颁证工作典型地区并获通报表扬。

【工业大道建成通车】 工业大道(东坡区南段)新建工程起于G351线与工业

2020年东坡区经济社会发展主要指标一览表

表63

项目	单位	实绩	同比增减(%)
地区生产总值	亿元	491.47	4.0
第一产业增加值	亿元	60.96	5.7
第二产业增加值	亿元	186.77	2.8
工业增加值	亿元	138.29	2.9
第三产业增加值	亿元	243.74	4.8
社会消费品零售总额	亿元	191.43	-2.2
全社会固定资产投资总额	亿元	410.60	10.0
外贸出口总额	万元	70 274	94.5
地方财政收入	亿元	15.26	38.9
一般公共预算收入	亿元	24.17	8.7
地方财政支出	亿元	25.37	10.3
一般公共预算支出	亿元	48.61	8.9
城镇居民人均可支配收入	元	40 330	6.0
农村居民人均可支配收入	元	21 887	8.6
城乡居民储蓄存款余额	亿元	689.19	12.7
中小学校数	所	101	0
中小学在校学生数	万人	8.46	6.4
文化事业财政投入	万元	597	-32.8
体育事业财政投入	万元	423	-37
卫生事业财政投入	万元	50 076	26.6
卫生机构数	个	520	0.4
卫生机构床位数	张	7 546	2.4
卫生技术人员	人	7 172	6.8

大道北段平交处，经尚义镇、修文镇，止于东坡区思蒙镇与夹江县交界处，全长21.004公里，总投资13.662 6亿元，沥青混凝土路面，一级公路（大件荷载标准）。9月29日，工业大道全线建成通车。该项目是市委、市政府确定的“四箭齐发”项目之一，是东坡打造成都南下、川南北上的重要通道，它的建成通车将促进东坡加快建设成为成德眉资同城发展先行区、成都都市圈副中心示范区。

【小型水库管理】 东坡区按照“三三制”原则，将小型水库管理体制改革内容分三类、时间节点分三步、资金来源分三个方面，对54座小型水库改革；采用社会化物业管理模式对小型水库进行日常维修养护，委托专业机构普查和治理所有水库白蚁，动态预警监测覆盖全区所有水库，对需要安全鉴定的水库全部进行鉴定，并委托有资质的公司对所有水库确权划界。通过示范县创建，东坡区基本形成责权明晰、政府主导、社会参与的小型水库管理模式，初步实现“日常管理物业化、专业管理标准化、责任落实清晰化、水域经营统一化”的“四化”目标。11月，东坡区以全省第一名的成绩被水利部评为全国第一批深化小型水库管理体制改革样板县。

【眉州东坡·世界川菜园项目建设】 11月16日，东坡区举办眉州东坡·世界川菜园共筑启动仪式。项目总投资103亿元，建成后将融合食材分拣加工、集中采购配送、教育培训体验、特色美食旅游等多业态，成为规模大、业态丰富的川菜全产业链综合基地。眉山经开区新区将做好政务服务，协助企业打造川菜产业四大平台，即以东坡文化、川菜文化底蕴为切入点，打造成为独具特色的文化展示平台；以升级眉山川菜产业为着力点，打造成为世界大厨房和世界各国餐饮大师烹饪技艺的学习交流平台；以丰富的历史人文资源为抓手，打造成为具有川菜文化特质的综合度假平台；以传统与高新技术相结合的方式，打造成为独树一帜、璀璨夺目的时尚演绎平台。

【地方标准重修】 东坡区担负重新制定《地理标志保护产品东坡泡菜加工技术规范》《地理标志保护产品东坡肘子（眉山产区）加工技术规范》2项地方标准的任务，组织成立标准编写小组，通过深入企业调研、召开企业座谈会、征求各界意见、邀请专家评审、上级主管部门报批，2项地方标准于11月获批发布并于12月12日开始正式实施。

【降费减负】 东坡区精简证明事项125项，推行告知承诺制，清理乡镇（街道）、村（社区）公共服务事项清单和业务再造流程，梳理138项“最多跑一次”人社服务事项；构建以信息比对方式为主的退休认证服务新格局，建立全省范围内待遇领取资格异地核查认证机制，通过网上人脸识别待遇验证75 444名，发放养老金15.63亿元，实行省级平台转移养老保险2 056人；执行《人力资源社会保障部 财政部关于继续阶段性降低社会保险费率的通知》，2020年度企业职工养老保险单位缴费比例降为16%，失业保险总费率按1%执行，全市工伤保险基准费率在现行基础上下调50%。截至年底，阶段性降费减负涉及全区2 914家企业，其中养老降费11 619.4万元、失业降费2 906.59万元、工伤降费1 563.42万元。

【坛罐山遗址发掘成果论证】 11月6日，四川省考古研究院中科院脊椎动物和古人类研究所研究员高星、王社江，中国社科院考古研究所副研究员周振宇，四川省考古研究院院长唐飞、副院长周科华，四川博物院副院长谢丹等专家对东坡区坛罐山遗址发掘成果进行论证。经现场调研，专家组一致认为坛罐山遗址是成都平原内首次发现并科学发掘的一处典型南方砾石石器工业遗址，为四川盆地发现最早的旧石器遗存，对探寻四川盆地早期人类生存演化具有重要意义。

【禁毒管理】 东坡区康复中心按照“应收尽收、教育感化、技能培训”并重原则，逐步形成“政府保障、公安管理、卫生服务、社会参与”的涉毒病残人员管控工作模式，有力解决病残吸毒人员收治管理难题。东坡区康复中心运行8年来，共收治病残特殊涉毒人员1 780人次，其中艾滋病300人次、结核病200人次，实现2 000多天安全运行，未发生安全事故，无一起非正常死亡，无一人脱逃，2020年获全国禁毒工作先进集体称号。东坡区“两抢一盗”发案率连年下降，东坡中心城区社会治安明显好转。

【血吸虫病防治】 东坡区自2018年起，将全区镇（街道）按照疫情轻度、中度、重度划分为3年分步达标，提前对各镇（街道）按照国家标准进行现场考核评估。截至2020年，全区已10年未发现阳性钉螺，未发现感染的人员和牲畜，人群血吸虫病筛查率92.5%，药物灭螺覆盖率100%，监测任务完成率100%，有螺河道治理率92.31%，抑螺防病林覆盖率96.23%，无害化厕所普及率86.38%；有螺面积从2 000万平方米下降到276万平方米，下降率87%。10月19日，东坡区通过四川省重传委代表国家在东坡区开展的血吸虫病消除考核评估，达到血吸虫病消除标准。

【东坡区婚姻登记处搬迁】 5月20日，东坡区婚姻登记处正式搬迁至东坡岛西子街。新打造的东坡区婚姻登记处按照国家AAA级婚姻登记机关标准建设，面积525平方米，分设结婚登记大厅、离婚登记室、颁证大厅、婚姻家庭辅导室、档案室、卫生间等场所，各区域划分合理，功能完备；大厅配置自动排号机、电子显示屏、身份证读卡器、人脸识别系统、电子监视系统、除湿机、饮水机、应急用药、针线包、雨伞、老花镜等，为办证群众创造更便捷、舒适、温馨的登记环境。

【养老服务体系建设】 东坡区全面深化农村养老服务“三个三”（成立三级领导机构、建立三级活动阵地、组建三支服务队）模式，构建镇、村、组“1＋N＋N”养老服务网络，将18个农村敬老院改造提升为镇级养老服务中心，建成区域性养老服务中心2个，新建村级养老服务分中心8个、组级养老服务点7个，完成3所养老服务中心的适老化改造，改造床位256张，并确定2个镇为农村养老服务体系建设示范镇，推进公建民营改革，健全农村互助养老服务积分制；持续完善城市社区养老服务“1＋N”模式，新建城市社区养老服务综合体3个、其他养老服务设施9个，初步形成“15分钟养老服务圈”；不断创新养老服务医养融合模式，持续打造“五化联动”失能失智特困人员集中供养中心，探索医疗机构设养老床位、养老机构内设医疗机构和医疗机构与养老机构合作经营等医养融合模式,推行养老机构与医疗机构签约服务及老年人家庭医生签约服务等。8月,民政部对眉山市第四批居家和社区养老服务改革试点中期验收,东坡区提供所有验收点位得到民政部充分认可,助力眉山市评为优秀,位居全国十强,通过民政部验收。

【第七次全国人口普查】 东坡区完善组织构架,分层次强化指挥中枢,成立以区长任组长的东坡区第七次全国全国人口普查领导小组,各镇(街道)、村(社区)参照区上标准成立普查领导小组;强化队伍建设,夯实作战能力,选聘普查"两员"3 490人,组织大小培训会20次;落实普查经费657万元,备齐宣传包、伞、马甲、告知书、宣传折页、普查用表等80万份,并通过挂横幅、贴海报、制作抖音视频、公交车车体广告、矿泉水瓶身广告、各公园播放人普宣传片等全方位宣传,完成普查试点、清查摸底、入户登记等任务。经普查,东坡区常住人口904 412人,与2010年第六次全国人口普查相比,增长10.05%,年平均增长率0.96%。

【第八届CCTV贺岁杯中国广场舞公开赛】 1月13—14日,由CCTV-5体育频道录播的2020第八届CCTV贺岁杯中国广场舞公开赛在东坡城市湿地公园举行。比赛由国家体育总局社会体育指导中心、中央广播电视总台体育青少节目中心、全国广场舞健身活动推广委员会、全民健身活动推广委员会、眉山市人民政府主办,四川省社会体育指导中心、眉山市东坡区人民政府、中视体育娱乐有限公司承办,眉山市东坡区教育和体育局、眉山市东岸投资开发有限公司协办,成都中体大健康体育文化传播有限公司执行,来自全国的12支队伍约200人参加。安徽淮北舞蹈队获第一名,徐州健身操获第二名,成体体操学院队获第三名。

(张旭东 杨益 高源)

彭山区
Pengshan District

【概况】 彭山区位于川西平原南缘丘陵地区,地处岷江中游;东邻仁寿县,南接东坡区,西与蒲江县、邛崃市交界,北与新津区、双流区相连;区政府驻彭山区凤鸣街道西街98号。2020年,彭山区辖区面积462平方公里,其中建成区面积16.06平方公里、耕地面积19 903.7公顷;辖凤鸣、观音、谢家、青龙、江口5个街道和锦江、黄丰、公义3个镇,共35个村民委员会、30个社区居委会;年末常住人口32.84万人,户籍总数12.61万户,户籍人口32.59万人(其中农村人口17.36万人);全年人口出生率7.71‰,人口自然增长率-0.26‰,人口密度705人/平方公里。

彭山古称武阳,建制于秦,至今已有2 300余年历史;素有"长寿之乡""忠孝之邦"的美誉,先后孕育寿高880岁的商贤大夫彭祖、刚正不阿的东汉忠臣张纲和孝感天下的西晋《陈情表》作者李密;是国家级生态示范区、全国知识产权强县试点区、全国新型城镇化推进试点区、国家海峡两岸产业合作区、全国第二批农村改革试验区。彭山区位优越,属于成都半小时经济圈,地处天府新区核心区域,是成德眉资同城化、成渝地区双城经济圈的重要组成部分,距成都市中心仅45公里,距双流国际机场27公里,距天府国际机场70公里;矿产资源丰富,主要有钙芒硝、金、硫铁矿、页岩、红石、黏土、砂石、石英砂、矿泉水、煤、天然气等矿产资源,已探明储量的有钙芒硝矿储量40.89亿吨以上,页岩储量100亿立方米;地处成都到乐山、峨眉山的黄金旅游干线,有国家AA级风景区彭祖山、省级历史文化名镇江口古镇和蜚声中外的"武阳茶肆"、千年古刹象耳寺,有集中大量崖墓出土文物的"汉崖墓博物馆",有中国道教开山祖师王乔、张道陵潜心修炼的北平观,有"川西坝子第一洞"之誉的"香山仙洞"、世界第一的中国长寿城牌坊、仙女湖等旅游景点。

2020年,彭山区地区生产总值183.39亿元,均居全市第一,同比增长4.5%,其中第一产业增加值实现17.80亿元、增长5.5%,第二产业增加值实现82.51亿元、增长3.6%,第三产业增加值实现83.08亿元、增长5.3%。彭山区聚焦稻药、葡萄、柑橘等优势特色产业,构建"6+3"产业体系;建成农业科技示范基地3个,葡萄现代农业园区获评省五星级园区,稻药园区入选市级现代农业园区;培育新型农业经营主体1 359个,"三品一标"保有量18个,"味在眉山"实现销售收入165亿元;果园村入选全省十佳生活富裕村,获评全国乡村特色产业亿元村;乡村振兴经验在中宣部"我们的小康生活"主题活动上交流推广,全省唯一。彭山区深入实施工业强区战略,规上工业企业集中度90%;工业投资增速14.2%,技改投资增速108.5%;电子信息产业产值增速156%,新能源新材料产业产值增速12.9%、全市第一;战略性新兴产业占比23%,同比增长12%;启动观音新城产业定位及发展策划,彭山经开区成功申报全省"5+1"特色产业园;新培育国家高新技术企业2家、省级"两化融合"贯标示范企业1户、省级企业技术中心1户。彭山区推动文旅深度融合,江口沉银博物馆开工建设,汉崖墓博物馆开馆试运营,彭祖山创AAAA级景区通过省级评估(旅游景区);完成江口沉银遗址三期考古发掘,出水重要文物2 000件,明代"蜀世子宝"金印国内首现;新增规上服务业企业4户,填补4个行业空白;房地产市场健康发展,商品房销售面积186.59万平方米。

彭山区2020年地区生产总值比2015年增加68.77亿元,第三产业增加值增速实现"三连冠";三次产业结构从2015年11.3∶53.1∶35.6调整到2020年9.7∶45∶45.3,结构更趋合理;地方一般公共预算收入比2015年增长22.7%。彭山区深入推进成眉同城,交通同网基本实现,医卫、教育合作实质突破,政务服务实现异地通办,停靠彭山北站动车车次从2015年的8.5对增加到19对,两地通勤人数大幅增加,并先后与成都市新津区、双流区和重庆市永川区建立战略合作关系;招引美国雅保、陶氏化学、中国航天等世界500强投资企业14户,引进投资5亿元以上的重大项目49个,数量居全省区县前列;承担中央、省、市改革试点任务78项,试点层级、任务数量创历史之最;土地流转"四步机制"获得中央领导肯定,写入《中华人民共和国土地承包法》修正案,同时"两权"抵押"五方联动"模式、农村土地经营权抵押贷款经验在全国、全省交流推广;推进营商环境改革创新,政务服务"审批不见面、最多跑一次"等改革经验在全国交流推广;完成乡镇行政区划和村级建制调整改革;中心城区建成区面积提升到16.06平方公里,城镇化率58.3%;建成公园7个、休闲广场20个;改造、提升城市道路28公里,新改建农村道路260公里,内部"1小时交通网"、外部"四向八廊"综合运输通道格局基本形成;推进老旧小区改造和城中村建设,"六步七化"改造经验在全省、全市推广;支出民生和社会事业资金117.05亿元,占地方一般公共预算支出80%以上;城镇登记失业率控制在3%以内。彭山一中、彭山四小、锦江幼儿园、区中医医院新院区、区人民医院新住院楼等教育、医疗设施建成投用,普惠性幼儿园覆盖率89.6%,公办幼儿园占比52.4%,九年义务教育巩固率100%。

中共彭山区委书记:罗万东(7月离任),黄秀航(10月任职);区人大常委会主任:钟建成(3月离任),杨兴弘(4月任职);区政府区长:郭红;区政协主席:谭福轩(4月离任),杨红(4月任职)。

【成眉同城化发展】 彭山区签订《成都市新津区—眉山市彭山区交界地带融合发展方案》,确定42个合作项目;与新津区签订政务服务跨区域通办协议,45项服务实现异地通办;与双流区签订《卫生健康协同发展区域合作协议》,与新津区签订《教育同城化发展合作协议》;配合编制《成都都市圈(成德眉资同城化)国土空间规划》《眉山市中心城区中央活力区策划与概念规划方案》等,加快推动东坡和彭山在产业发展、基础设施、公共服务等方面一体化发展;加快推进省人民医院托管区人民医院,实现区人民医院儿科、麻醉科等科室常驻省级专家20人,新开设血管介入中心;签订《成眉铁路公交化运营合作协议》,实现成彭动车公交化运营;新开通彭山至成都3条跨市公交线路,与邛崃市、蒲江县达成道路共建协议;停靠彭山北站动车车次增加到19对,成乐高速扩容、剑南岷东大道建成通车;深化人才体制机制改革,拟定《眉山市彭山区柔性引进"候鸟型"人才实施办法》,推动"三大工程"落地,形成"1＋N"人才政策体系,全年通过挂网引才、到高校引才和区外考调等方式引进80人。

2020年彭山区经济社会发展主要指标一览表

表64

项目	单位	实绩	同比增减(±%)
地区生产总值	亿元	183.39	4.5
第一产业增加值	亿元	17.80	5.5
第二产业增加值	亿元	82.51	3.6
工业增加值	亿元	65.93	3.5
第三产业增加值	亿元	83.08	5.3
社会消费品零售总额	亿元	73.73	-2.5
全社会固定资产投资总额	亿元	219.13	10.2
招商引资到位资金	亿元	92.26	—
外贸进出口总额	万元	13 424	—
地方财政收入	亿元	98.21	5.8
一般公共预算收入	亿元	16.69	2.1
城镇居民人均可支配收入	元	40 016	5.9
农村居民人均可支配收入	元	21 944	8.7
住户储蓄存款余额	亿元	217.76	14.5
科学技术财政投入	万元	753	—
教育事业财政投入	亿元	4.04	—
中小学校数	所	39	—
中小学在校学生数	万人	2.77	—
卫生事业财政投入	亿元	2.42	—
卫生机构数	个	260	—
卫生机构床位数	张	2 020	—
卫生技术人员	人	1 995	—

说明:全年实际利用外资、全区招商引资到位资金不含天府新区彭山区域

【乡村振兴战略实施】 彭山区制定《彭山区创新乡村人才激励和培育引进使用机制推进乡村人才振兴的意见》《眉山市彭山区深化职业农民制度试点工作方案》等文件,通过"线上服务＋线下授课＋基地实训"的方式,培育培训农民1 022人,遴选并认定职业农民160人,返乡创业研究生、新型职业农民刘沈厅获涉农国家专利3项,授权新型实用专利2项,事迹被新华社、人民日报、央视新闻和省农业农村厅《每周要情》等报道;先后承担探索农村宅基地"三权分置"制度试点和农村宅基地制度改革试点两项国家级试点,成立农村宅基地制度改革试点工作领导小组,印发《眉山市彭山区农村宅基地所有权、资格权、使用权分置暂行办法》《眉山市彭山区农村宅基地制度改革试点工作方案》等,已安排改革专项经费3 000万元,梳理出制度清单26个,并草拟工作制度15个,《关于统筹农村改革推进中法农业科技园项目建设的情况报告》获得市委书记、副书记肯定性批示,《探索宅基地"三权分置",助力乡村振兴》改革工作经验在全国农村改革试验区培训班上书面交流;推进全国首创农村产权流转交易服务标准化试点,高分通过国家考核(全国共10个、全省仅2个),成为全国、全省标准化体系建设样板;按照确定清产核资、开展成员身份认定、推进股份合作、组织登记赋码的程序改革农村集体产权制度,完成农村集体产权制度改革试点,全区29个村全部完成清产核资和集体资产股份合作制改革、完成率100%,初步建立起"归属清晰、权责明确、保护严格、流转顺畅"的现代农村集体产权制度;探索建立农业农村发展用地保障机制试点改革,经验被农业农村部《农村改革动态》刊载,经验全国推广;创建"美丽四川·宜居乡村"22个。黄丰镇获评省乡村振兴先进示范镇,黄丰镇团结村、谢家街道悦园村获评省乡村振兴先进示范村。

【全面深化改革】 彭山区改革创新经验在全国交流2次、省级交流4次,迎接副国级领导现场调研1次、国务院现场验收1次、国家部委现场调研2次、省级督

导调研 8 次，承办国家级现场会 1 次、市级现场会 6 次；改革经验被央视《新闻联播》报道 1 次、央视《焦点访谈》报道 1 次、《人民日报》头版报道 1 次、《四川日报》刊载 7 次，被省政府办公厅《政务晨讯》刊载 1 次。

【营商环境优化】 彭山区推进省一体化平台（3.0 版）综合受办系统试点，在全省率先实现“无差别综合受理”向各镇（街道）、村（社区）延伸，形成区、镇、村三级联动体系；设置综合窗口 20 个，纳入依申请服务事项 1 629 项，实现任意综合窗口均可“一窗通办”；投入资金 450 万元，投用硬件设施 64 台、远程会诊系统 10 套，在全省率先实现真实项目在工改系统中的运行和办结；推进四川省工程建设项目审批管理系统（2.0 版）试点，将全区 13 个相关部门业务及水电气信报装业务纳入工改系统，升级网上系统可实现电子签章等功能，合并精简 17 项审批事项，细化制定 6 种项目审批流程图，全流程审批时间压缩至 58 ~ 79 个工作日，完成流程测试 1 000 次，解决并反馈问题 200 个，提出建议 60 条，完成水郡未来城、锦江大学城等 20 个建设项目网上审批，平均用时 72 个工作日，为全省工程建设项目审批改革提供实践经验，受到省大数据中心书面表扬；开展“一件事一次办”试点，对全区 1 214 项行政许可和公共服务事项逐一梳理，梳理细化出 100 项高频办理事项流程、200 项“一件事”流程，开通“模拟审批、容缺审批”业务，通过“一窗通办”“一人包办”“红色代办”等服务，实现“群众办事看清单不看脸色，部门审批看材料不看面孔”，将企业开办时间压缩至 4 个小时，企业注销办理时限压缩至 1 ~ 3 个工作日，压缩法定办理时限 80% 以上，减少办理材料 30% 以上，实现审批效率提升 50%，相关改革经验被《中国县域经济报》推介；推进政务服务“好差评”国家标准试点，印发《彭山区政务服务“好差评”国家标准试点工作实施方案》，采用“线上＋线下”评价相结合的方式，对政务服务机构、平台、人员的服务态度、服务质量、服务效率、服务环境等内容进行评价，办理政务服务事项 16 426 件，接收到服务对象对办件、咨询等评价 17 162 次、建议 238 条，政务服务满意度 100%。10 月试点通过国务院办公厅现场验收并获得考察组高度肯定，被《中国改革报》《政务晨讯》等刊载。彭山区行政审批局获得“最具创新力政务服务大厅”“2020 年度政务服务创新奖”“2020 年度优秀政务宣传片”3 项国家级奖项。

【老旧小区更新改造】 彭山区把老旧小区改造同社会基层治理结合起来，推行党员到小区双报到，发挥基层党组织战斗堡垒作用，22 个老旧小区成立居民自治小组，机关党员、退休党员作为骨干带动小区住户共同维护改造成果；在城西社区的“佳乐小区”“丽景苑”等 4 个小区，试行“连片打包”选聘物业服务企业规范管理，将不具备打包条件的零散老旧小区并入相邻小区，实施“点单式差异化服务”，实行准物业管理。彭山区部门街道联动，推进“打非治违”，拆除违建 4 000 平方米，同时居民自发清理楼道、“死角”3 万平方米，解决困扰多年的问题；坚持“以民为本”“一院一策”，解决“排水堵、线路旧、道路烂、车乱停”4 个“急难愁”问题，让老旧小区旧貌换新颜；采用“扎辫子”的方式，整理老旧小区小三线 156 公里；硬化黑化道路 2 公里，新建铺设管网 5 公里，规范停车位 318 个，增设安防监控 185 个，完成加装电梯 2 台；在小区院落内因地制宜，实施“微改造”，植入彭山特色文化元素，美化绿化小区环境，有条件的小区新增门卫或活动室 12 个、健身场地 18 个、健身器材 93 套，并在小区院外实施老旧小区周边配套道路黑化、人行道改造、光彩亮化、公园和湿地建设，完成东西南街等 12 条道路人行道改造、小三线下地 2.5 公里、预铺设管道 21 公里，基本杜绝城市天上“蜘蛛网”、地下“拉链路”，同步实施光彩亮化工程点亮 13 个城市节点，抓紧五湖四海、毛河生态湿地、城南污水处理厂配套湿地、彭溪河 D 段生态湿地、竹韵廊公园 5 个公园湿地建设。彭山区全年投入资金 5 000 万元，改造总面积 58.4 万平方米、4 764 户，惠及群众 14 300 人。

图 105 打造政务服务彭山“样本” （彭山区融媒体中心供图）

【竹韵廊公园建设】 彭山区实施完成李密大道北延伸段及竹韵廊公园工程。李密大道北延伸段及竹韵廊公园工程位于观音街道，为省、市重点项目，总投资 4 620 万元，主要包括李密大道北延伸段道路工程，总长度约 876 米，宽 24 米，已完成通车；竹韵廊公园项目，占地面积 161 亩，总投资 2 655 万元。公园以竹为主要景观元素，以“人文、幽静、自然、艺术”为建设思路，以“竹韵、竹趣、竹雅、竹境”为主要空间格局，设置竹艺中心、竹林书屋、潇游乐园、竹林隧道、竹之迷宫、全民健身等 19 个景观节点，栽植竹类 13 种，栽植面积 7 000 平方米。建成后的竹韵廊公园市政设施配套完善，绿化景观优美，成为当地市民休闲、游憩的好去处。

【毛河湿地公园建设】 彭山区毛河景观工程项目位于彭山区凤鸣街道，总投资 6 000 万元，建设内容包括土方平衡、驳岸整治、绿化、硬质铺装、栈道、给水系统、照明设施及配套建设用房（公共厕所、游客中心）、园林小品构筑物、漏管子改道等，其中 A 区主体公园建设面积

图 106　新建成的竹韵廊公园　（彭山区林业和园林中心供图）

图 107　毛河公园　（盛晓波／摄）

约 12 万平方米，沿毛河绿化跑步道总长 7 公里。A 区主体公园已开放，其中 3 个人工湖小岛填筑完成，下沉式广场开挖完成，边沟及排水完成，广场表面垫层砼完成，石材铺装完成，置石铺设完成，跑步道整形 1.5 万米，透水砼完成 8 000 平方米，1 号、2 号厕所及游客中心主体完成，完成总工程量 97% 左右。公园建成后，将解决城南片区无公园的现状，提高人民群众生活幸福感。

【国家卫生城市创建】 2017 年来，彭山区投入创建国家卫生城市经费 206 011 万元，其中老旧小区改造 1 469 万元，市政维修 597 万元，道路黑化、人行道改造、湿地公园建设、道路景观提升等 87 620 万元，道路工程、排水管网建设 20 785 万元，集贸市场建设和升级改造 13 490 万元，"厕所革命"经费 2 500 万元，污水处理厂建设 24 250 万元，城中村和城乡接合部整治、河道治理、添置环卫设施、工作运行保障经费等 55 300 万元。彭山区于 2018 年 12 月通过国家卫生城市省级暗访，2019 年 5 月通过国家卫生城市省级初评，2019 年 12 月基本通过国家卫生城市国家暗访，2020 年 10 月通过全国爱卫办国家卫生城市技术评估，2021 年 1 月成功创建国家卫生城市。

【全国文明城市创建】 2018 年以来，彭山区创建全国文明城市制作核心价值观主题雕塑 14 个、路名牌灯箱广告 80 个、灯杆广告 400 处、城区建筑工地围挡围栏公益广告 4 700 平方米，开展主题教育活动进机关、进企业、进社区、进校园等 300 场；区级媒体开设创文宣传栏目 4 个，发布文明城市创建信 700 条、短信 30 条，制作发放创文宣传手册 25 万册、宣传折页 3 万份以及以创文为主题的小礼品、志愿者服装 12 万个（件）；开展入户宣传、"文明交通劝导""戒烟控烟""文明养犬"等主题志愿活动，全区注册志愿者 79 869 人，其中实名认证 76 159 人，形成人人参与创文的良好氛围。截至 2020 年底，全区涌现出"中国好人"4 人、四川好人 16 人、四川省文明家庭 2 户、眉山市道德模范 13 人、"眉山好人"37 人、眉山市文明家庭 2 户。2020 年 11 月，彭山区成功创建全国文明城市。

【全国公共资源交易百强县创建】 彭山区全年通过"不见面开标"等方式完成政府性投资项目 65 个，招标控制价 3.53 亿元，中标价 2.9 亿元，节约资金 6 270.52 万元，节约率 17.76%，同比增长 9.7 个百分点；完成政府集中采购项目 58 个，总预算金额 4 038.2 万元，总成交额 3 649.34 万元，节约资金 388.86 万元，节约率 9.63%；通过四川省委专项巡视，眉山市财政局年检评分 91.5 分；出让土地使用权 82 宗，总面积 6 976.03 亩，成交总价 81.11 亿元；完成 45 个国有资产出让（出租）项目，成交总价 1 125.23 万元；6 月在市民服务中心新建农村产权流转交易服务平台，新平台服务和展示功能更齐备；通过规范化、标准化建设，公共资源交易服务平台具备物理隔离、网上开标、远程评标、全方位监控、智能存储等功能；承接眉山天府新区原彭山区域土地出让工作，收取交易服务费近 4 000 万元，加上彭山区土地出让的交易服务费，共贡献非税收入 10 998 万元；2 月 28 日在全市率先开展"不见面开标"工作，助推复工复产，有效降低投标成本和防疫压力；依法流转农村承包土地经营权 938.04 亩，成交金额 458.31 万元；受理"两权"抵押贷款申请评审 125 个，发放贷款 94 笔、7 483 万元，深化农村改革红利持续释放。4 月，彭山区被国家标准委评为"全国农村产权流转交易服务标准化试点项目"，全省仅 2 个，全国仅 10 个。12 月 16 日，彭山区在全市率先开展"远程异地评标"工作，有效破解"老关系""熟面孔""围标串标"等疑难杂症。12 月中旬，彭山区率先启动"联动采购"模式，承接并完成市政务服务管理局作为业主的成德眉资同城化发展项目"天府市民云（眉山）站点"采购。11 月，彭山区被评为"2020 年度首届全国公共资源交易百强县"。

（徐莉岚）

仁寿县
Renshou County

【概况】 仁寿县地处川中丘陵，位于成都市正南方向，东接资阳市雁江区、内江市资中县，西邻眉山市东坡区、彭山区、青神县，南接乐山市井研县、自贡市荣县、内江市威远县，北连成都市双流区、简阳市；县政府驻地文林镇。2020 年，仁寿县辖区面积 2 608 平方公里，其中建成区面积 43.2 平方公里、耕地面积 116 484.8 公顷；辖文林、普宁、怀仁、视高 4 个街道，珠嘉、宝马、满井、文宫、方家、龙马、谢安、北斗、富加、新店、藉塘、板桥、禾加、禄加、宝飞、汪洋、彰加、钟祥、龙正、高家、贵平、黑龙滩、大化、曹家、始建、慈航 26 个镇和虞丞、青岗 2 个乡，共 216 个村民委员会、147个社区居委会；年末常住人口111.03万人，户籍总数51.31万户，户籍人口152.27万人（其中乡村人口102.28万人），是全省常住人口第一大县；全年人口出生率8.34‰，人口自然增长率1.41‰，人口密度584人/平方公里。

仁寿秦时属武阳，南朝梁普通年间（520—527）定名怀仁，北朝西魏（535—556）改名普宁，隋开皇十八年（598）定名仁寿。著名历史人物有南宋抗金名相虞允文、五代“花间派”词人孙光宪、北宋末年中书侍郎何栗，近现代有爱国将领潘文华、“东方梵高”石鲁、著名画家冯建吴、中国地质泰斗黄汲清等。仁寿县有始建于清乾隆元年（1736）、重建于同治二年（1863）的奎星阁；有全国重点文物“双石牌坊”，其中一号坊建于清光绪七年（1881）、二号坊建于清光绪八年（1882）；有建于707年的仁寿大佛，有牛角寨石窟、甘泉寺、能仁寺摩崖造像、大佛沟摩崖造像、虞公陵、国家AAAA级景区黑龙滩风景区、仁寿城市湿地公园旅游景区、天府农耕·响水六坊景区、裸伊谷AAA级旅游风景区、曹家百年梨乡、方家曲水留香、藕塘玫瑰基地、青岗油菜花坞、怀仁街道办樱桃基地、五龙山景区、二峨山景区、三岔湖景区仁寿段、李家沟水库、石鲁艺术馆、火车来斯等文物和旅游资源。

仁寿县主要有煤、石灰石、膨润土、页岩等矿产资源。仁寿县有野生动物100种、野生植物130种、中草药种类550种，特色美食以“黑龙滩全鱼宴”、芝麻糕、汪洋干巴牛肉最为著名。

仁寿县是成都正南第一城，全域进入天府新区辐射区，2个镇1个街道纳入眉山环天府新区经济带；紧邻双流、天府两大国际机场，最长城市中轴线——天府大道150公里直达县城，坐拥“成都区位、仁寿成本”比较优势。成自泸赤高速、遂资眉高速、仁沐新高速、成都经济区环线高速、天府仁寿大道、站华路延伸线、红星路南延线、连汪燕铁路、国道213线纵横县境、省道106线贯穿全境。全县通车公路总里程3 597.17公里，其中高速公路245.5公里（成赤高速68.5公里、遂资眉高速53.7公里、仁沐新高速27.1公里、成都经济区环线高速39.5公里、成宜高速56.7公里），普通国道134.03公里、普通省道248.48公里、县道958.51公里、乡道1 536.65公里、通村公路474公里。连汪燕铁路横贯仁寿县东南部，在境内全长约30公里。仁寿县是全省三大粮食基地之一，是中国枇杷之乡、中国青见之乡、中国优质柑橘（不知火）之乡。

2020年，仁寿县地区生产总值现价（GDP）4 573 782万元，其中第一产业增加值953 357万元、第二产业增加值1 624 857万元、第三产业增加值1 995 568万元；不变价计算地区生产总值4 315 227万元、比2019年增长4.4%，其中第一产业增加值855 722万元、比2019年增长5.8%，第二产业增加值1 881 044万元、比2019年增长3.2%，第三产业增加值1 578 461万元、比2019年增长4.9%；三次产业结构由2019年的19.3∶36.4∶44.3调整为20.8∶35.5∶43.7，第一产业比重提高1.5个百分点，第三产业比重下降0.6个百分点；固定资产投资总额4 165 275万元，比2019年增长13.8%；规模以上工业总产值3 805 160.5万元、比2019年增长10.1%，规模以上工业增加值增速3.9%；旅游收入69.4亿元，比2019年减少41.6亿元，下降37.5%%；商品房销售面积实现347.3万平方米，增长46.1%；地方一般公共预算收入实现369 210万元，比2019年增长18.5%，其中税收性收入271 027万元；地方一般公共预算支出851 039万元，比2019年增长10%；居民人均可支配收入24 195元、比2019年增长6%，其中城镇居民人均可支配收入37 757元、比2019年增长5.8%，农村居民人均可支配收入17 828元、比2019年增长8.6%。

中共仁寿县委书记：梁磊（5月离任），王岳（9月任职）；县人大常务委员会主任：陈林（5月离任），钟建成（5月任职）；县政府县长：王岳（10月离任），明宇（12月任职）；县政协主席：黄海波（5月离任），杨建（5月任职）。

【中国最具绿意百佳县市创建】 仁寿县实施“一镇一园”项目24个，分两期实施，其中一期北斗、禄加、满井、珠嘉、宝飞、黑龙滩镇完成建设，慈航、谢安镇主体工程完工，方家、禾加、汪洋镇、虞丞公园正在建设，富加镇公园完成财评，钟祥镇公园正在财评，曹家、龙正镇公园正

2020年仁寿县经济社会发展主要指标一览表

表65

项目	单位	实绩	同比增减（±%）
地区生产总值	亿元	457.38	4.4
人均地区生产总值	元	41 024	5.2
第一产业增加值	亿元	95.34	5.8
第二产业增加值	亿元	162.49	3.2
工业增加值（工业总产值）	亿元	110.2	2.9
第三产业增加值	亿元	199.56	4.9
社会消费品零售总额	亿元	187.06	−2.5
全社会固定资产投资总额	亿元	416.53	13.8
一般公共预算收入	亿元	36.92	18.5
一般公共预算支出	亿元	85.10	10
城镇居民人均可支配收入	元	37 757	5.8
农村居民人均可支配收入	元	17 828	8.6
住户存款余额	亿元	853.7	21.9
教育事业财政投入	亿元	18.93	—
中小学校数	所	157	1.29
中小学在校学生数	万人	13.71	5.30
卫生事业财政投入	亿元	6.02	—
卫生机构数	个	762	−1.3
卫生机构床位数	张	6 936	−1.92
卫生技术人员	人	5 828	1.23

在预算；二期正在调整方案，后报专家联席会审定。仁寿县实施绿化建设项目，投入资金200万元，完成1.76万平方米城区绿化打造；投入资金100万元，完成3.19万平方米城区草地整治；投入资金200万元，完成仁寿成赤高速互通区斜坡绿化景观提升项目，完成沿街草地1.72万平方米绿化提升打造项目，完成城区大化街50株行道树补植。仁寿县推进四季见花项目，城区草花更换5次，栽植258万株；在城区主要街道、路口新增创意花箱、飘带花箱等4 400米，新增彩色花箱、马槽花箱等47组，新增花车24辆，提升绿化美化品质；打造公共区域，完成城区公共区域三角梅栽植2.5万株，形成花漾仁寿特色景观；打造示范点位，完成文林、普宁、怀仁完成建设路一段、仁寿大道、龙滩大道等示范街道打造，完成富景家园、香榭丽、路易大地等示范小区打造，栽植三角梅1.08万株；引导居民栽植，普宁、文林、怀仁街道办向辖区居民免费发放三角梅6万株，提供技术指导服务。全县建成区绿地总面积1 432.49公顷，绿地率32.78%，绿化覆盖率40.62%，人均公园绿地面积17.35平方米，有4个省级园林式单位、3个省级园林式小区、3个省级园林村。

【全省县域经济发展进步县创建】 仁寿县以“工业强县”引领高质量发展，依托眉山信利高端显示、信利光电等龙头企业，招引上下游配套企业集聚发展，打造电子信息千亿元产业集群，建设成渝地区重要的电子信息产业基地，助力构建眉山科创“金三角”；依托创新中小企业孵化园、中德通内斯高端肉制品等重点平台和项目，培育食品加工企业，打造现代畜牧业产业集群核心区，培育食品加工百亿产业集群；依托宝能、川威等龙头企业，打造全省新型装配式建筑产业基地，联动自贡、内江共建新型建材产业集群。仁寿县打造国际高端旅游，成功塑造“仁者寿”城市旅游品牌；完成双龙艺术小镇二期主体工程、地中海度假酒店项目办公用房建设，完成冯建吴石鲁艺术馆、广场建设并举办艺术馆开馆仪式，完成火车来斯建设并投入使用，完成乐高乐园规划展示中心及道路建设并投入使用，黑龙滩国际生态旅游度假区幸福大道、四海大道、安康大道、和谐环路等建成通车；招引小猪佩奇主题乐园项目入驻，带动全县旅游产业提档升级，打造国际国内具有影响力的旅游目的地，争创天府旅游名县。仁寿县依托枇杷、柑橘、梨子、青花椒、粮油等优质特色农产品，突出“建基地、搞加工、创品牌、促融合”，打造成都都市圈农副产品配送基地；统筹天府农耕产业园、农村枇杷产业融合发展示范园、国开褚橙农庄、粮食园区连片发展，整体打造国家级现代农业产业园；抓好中德合作德康通内斯600万头生猪食品加工、文宫枇杷小镇、荣盛田园综合体等重大项目，推动特色产业扩面强链、提质增效，创建全省实施乡村振兴战略工作先进县。仁寿县加快交通建设，成宜高速、红星路南延线建成通车，天府大道二峨山段、环天府新区快速通道、仁简快速通道加快推进，打造和融入“轨道上的都市圈”；围绕打通“进城入圈”主通道，推进交通PPP、益州大道南延线、红星路南延线、眉州大道东延线等城市干线道路建设，打通融入成都“最后一公里”。仁寿县依托眉山天府新区仁寿片区、眉山东部新城，融入成都核心区域，加快融入成渝发展主轴，打造成眉同城突破、融入成渝地区双城经济圈的桥头堡和示范区；依托仁寿经济开发区A区、B区、C区，推进园区向功能区转变，成功创建省级经济开发区；依托现代农业产业园，按照国家级农业园区进行规划编制，打造全国晚熟柑橘种养循环示范园区、全国晚熟柑橘融合示范园区、全国乡村振兴样板区；依托信仁光电产业研究院、大都仁缘枇杷研究院、田夫农业科技创新孵化园等创新平台，推进“政产学研用”深度融合发展，构建眉山科创“金三角”提升开放能力；实施“全球招商”，引进世界500强及国际国内行业领军企业，投资100亿元以上项目13个，全县在建项目总投资5 000亿元；成功争取央视全国农民新春联欢会、全国半程马拉松等重大体育赛事、高端会节活动在仁寿举办，提升对外影响力。仁寿县深化放管服改革，推行“最多跑一次”“一窗受理、一网通办”改革，推动非政府性投资项目立项到施工许可审批时限压缩至50个工作日，成功纳入省工程建设项目审批管理系统（2.0版）试点县；开展涉企服务专项整治行动，创新开办“阳光问廉”节目，严肃处理并通报曝光一批不作为、慢作为问题，打造政务服务品牌；开展国家级卫生县城、省级生态园林县城、文明县城“三城联创”，铂尔曼酒店、万达广场、红星美凯龙、中粮大悦城等高端品质项目入驻，建成15分钟基本公共服务圈；实施全域安全饮水、全域燃气、全域灌溉等工程，生产生活条件持续改善；26 880户、78 330名贫困对象全部脱贫并持续巩固提升，被纳入全省53个探索建立解决相对贫困长效机制试点县；推进污染防治攻坚战，建成污水处理厂站91座，取缔肥水养鱼，球溪河等流域水质达到Ⅲ类；创新实施“天府竹海、花漾仁寿、球溪绿道”，森林覆盖率38.3%，县空气质量改善率全市第一、全省前十。仁寿县建成县城区43.2平方公里、人口46万人中等规模城市。8月，仁寿县被评为全省县域经济发展进步县。

图108　黑龙滩中铁火车来斯　　（仁寿县档案馆供图）

【四川省级乡村振兴先进镇和示范村创建】 仁寿县年初召开乡村振兴创建工作会议，建立乡村振兴先进示范培育库，根据全县各乡镇资源禀赋，优选当年培育对象，争取中省发展资金，加大培育力度；健全“243”现代农业产业体系，做大做强全县粮食、生猪两大主导产业，全年粮食播种173.3万亩、产量65.03万吨，粮油园区成功创建省级现代农业园区，生猪出栏91.72万头，超全省平均1个百分点、全市6.6个百分点，同时做精做优柑橘、枇杷、梨子、花椒“四大特色”产业，形成以文宫镇为重点、面积10.5万亩的线性枇杷产业带，以橙色田园、褚橙庄园为龙头，建成面积20万亩的环形柑橘产业带；以曹家镇为核心，建成面积6.9万亩的半月形梨产业带，一产增加值实现95.3亿元，增速5.8%，在全市排名第二；全域推进“厕所革命”“污水治理”建设，配齐村（社区）垃圾分类治理设施设备，重点发展村农村面貌焕然一新；新发展家庭农场205个、农民合作社241个，培育新型职业农民232人；推广“公司＋工商资本＋集体经济组织”“公司＋支部＋合作社＋农户”“合作社＋贫困户”等合作模式，形成新型经营主体、村集体、小农户“共进、共舞、共赢”局面。全县农村居民人均可支配收入17 827.8元，增速8.6%。成功创建省级乡村振兴先进镇（文宫镇）1个、示范村（曹家镇东联村、汪洋镇上游村、文宫镇桂湾村、高家镇鹰头村）4个。

【四川省星级园区创建】 仁寿县现代农业产业园区（2020年四川省现代粮食产业仁寿示范园区更名为仁寿县现代农业园区）2013年建园，坚持粮油为主、三产融合的可持续发展道路，推广粮油生产成功模式。园区科学规划产业布局，形成以四川农业大学农业科技现代示范基地为核心，粮油仓储物流区和粮油食品初加工区联动，高科技现代农业示范片、农耕农旅融合示范片的“一核一区两片”发展格局；先后投入项目资金12.3亿元，建成高标准农田1.75万亩、生产道路143公里、干渠26.4公里、提灌站42座、蓄水池400口，10公里产业大道接入天府大道和仁简快速通道，实现水渠、黑化路网、电网、信息化服务全覆盖；整合县财政涉农项目资金2.24亿元，撬动社会资本10亿元，对基地建设、生产加工、科研创新、市场培育等环节全方位扶持，推动园区高质量建设；引进“巨型稻之父”夏新界研究员研发的巨型稻稻蛙综合种养技术，依托锦圣农业公司建成580亩稻蛙立体种养示范基地，实现亩产值3万元；依托仁寿县井田源家庭农场，建成年出栏5 000头生猪的正大代养场和水肥一体化基地，配套种植基地3 000亩，实现种养循环绿色发展；与四川农业大学合作，建成粮经复合示范基地2 000亩，探索出以“粮食、水果、蔬菜、畜禽”为核心的粮经复合种植模式，并打造“玉米、大豆、香椿、魔芋”粮经复合种植基地600亩；研发并推广“玉米—大豆”带状复合种植模式，在玉米不减产的情况下平均每亩增加大豆产量120公斤，增加效益700元，有效解决丘陵地区粮食种植面积少、产量低的问题；建立健全农产品生产准入、安全追溯、质量监管三大体系，把牢源头、生产、准出“三大关口”，园区合作社、家庭农场纳入省级农产品质量安全追溯管理平台比例达83%，在省、市、县农作物抽检中未出现不合格农产品；开展废弃物资源化利用，引进仁寿县洁禾农业公司负责园区内废弃物综合利用项目运营，秸秆、农膜等农业废弃物回收处置率100%；注册“远游天下”“众享好味稻”等品牌50个，取得有机产品认证、绿色产品认证、无公害农产品认证6个，2019—2020年组织好味稻合作社、锦圣农业公司参加第12届中国泡菜食品国际博览会·第3届世界川菜大会、第二届中国粮食交易大会、四川省农博会等大型节会，产品受到一致好评，“众享好味稻大米”列入四川旅游优秀产品名录；以规模经营主体为核心，建立“公司＋合作社＋基地”管理模式、“合作社＋农户＋业主”托管模式、财政资金“拨改投”入股模式、风险管控“3＋1”利益联结模式，带动农户5 405户，占园区总户数83.5%，保障农民持续稳定增收、村集体经济持续增长。12月，仁寿县现代农业产业园区通过创建省星级园区验收，被四川省人民政府命名为2020年省三星级现代农业园区。

【产业项目招引】 仁寿县全年招商引资签约项目17个，金额257.9亿元，到位资金140.97亿元，其中外商投资实际到位资金1 306万美元（省口径），外商直接投资实际到位资金2 000万美元（部口径）。全县签约重大项目7个，引进投资45亿元的美加蓉祥电子信息产业园项目，壮大县电子信息主导产业，提升电子信息要素配套，为信利（眉山）高端显示项目补链、强链奠定基础；签约工业项目14个，金额142.9亿元，签约宝能装配建筑产业园、川威装配式建筑产业园两个龙头项目，标志着仁寿装配式建材产业迈入发展新阶段；签约三产服务业项目3个、电子信息产业项目1个、新材料产业项目3个、食品加工产业项目8个、环保新能源项目2个，丰富产业集群，培育现代产业体系，加快城镇化进程。

【四川省援鄂医疗队集中疗养保障】 新冠肺炎疫情发生后，四川省先后派出10批医疗队、3批疾控队、3名国家单独抽调专家和前方工作组共1 463人驰援遭受疫情突袭的湖北。任务完成后，医

图109 仁寿县文林工业园区内的眉山信利高端显示项目厂区 （郭 侨/摄）

疗队员分散在四川各地集中疗养。仁寿县参与第四批、第六批、疾控一队、疾控二队等援鄂医疗队6个批次保障任务，保障697名医疗队员在黑龙滩长岛天堂洲际酒店集中疗养。仁寿县委、县政府主要领导挂帅，有关部门配合，成立仁寿县援助湖北医疗队返川集中疗养工作领导小组，下设综合工作、医疗保障、后勤保障、安全保卫、舆论宣传6个专项工作小组，到黑龙滩长岛天堂洲际酒店集中疗养点现场办公，为援鄂医疗队员提供医疗救治、后勤服务、心理健康等疗养服务。工作小组配送口罩35 030个、手套26 660个、隔离衣3 200套、医用防护服1 560套、护目镜80个、红外额温枪22只、玻璃温度计820支及消毒酒精、消毒液、消毒片等防疫物资；每日检查酒店厨房、肉菜、水果、库房等，累计检查458次；在管理区域设检查点5个，严控无关车辆、人员进入；投入警力911人次、警车185车次，劝返1 392车辆、3 607人；每天对隔离休整医护人员、酒店员工、驻点工作人员开展体温和健康状况监测，累计监测51 633人次，诊治隔离休整医护人员65人次、酒店员工15人次，检测隔离休整医护人员1 393人次、酒店职工及驻点工作人员582人次；消毒面积147.55万平方米，其中隔离休整人员住宿区域消毒面积45.59万平方米；收运、处置生活垃圾26 446.6公斤、废弃口罩67.66公斤。4月21日，在仁寿县黑龙滩隔离休整的最后一批161名援助湖北医护人员返岗返家。

【四川省突发重大动物疫情应急演练】11月11—13日，2020年四川省突发重大动物疫情应急演练在仁寿县举行。演练由四川省农业农村厅主办，四川省动物疫病预防控制中心、眉山市农业农村局、仁寿县人民政府承办，农业农村部、省农业农村厅、眉山市级相关领导及21个市州代表现场观摩学习。演练设网格化管理等方队11个，参演人员220人。假定以仁寿县李坝镇兄弟养猪场发生非洲猪瘟疫情，按照《非洲猪瘟疫情应急实施方案（2020年第二版）》规定，启动一般（Ⅳ）级应急响应，四川省、眉山市、仁寿县人民政府及相关部门按要求处置疫情。演练按照疫情报告诊断与先期处置、应急响应与应急处置、应急响应终止与善后处置三个阶段开展，展现从疫情报告、调查采样、实施封锁、扑杀、消毒灭源、无害化处理等各环节。整个演练过程贯彻动物疫情防控“加强领导、密切配合、依靠科学、依法防控、群防群控、果断处置”二十四字方针，锤炼防疫应急队伍，提升全省突发非洲猪瘟等重大动物疫情监测、消毒灭源、应急处置水平，促进全省生猪产业健康快速发展。

图110 航拍仁寿县龙正镇新建村标准化的扶贫产业基地 （郭 侨／摄）

【脱贫攻坚】仁寿县户籍人口154万人，其中建档立卡贫困户26 620户77 597人，分布在32个镇乡（街道）329个村（社区）。仁寿县农业综合开发服务中心按照《四川省扶贫开发建档立卡工作实施方案》要求，通过农户申请、村组评议、镇村公示、县级比对、县级公告等程序整户识别，把好脱贫攻坚第一道关口，做到扶持对象精准；向上争取扶贫资金，脱贫攻坚以来对上争取财政专项扶贫资金3.7亿元，县财政投入财政专项扶贫资金4.6亿元，并建立扶贫小额信贷分险、教育扶贫救助、卫生扶贫救助、贫困村产业扶持四项基金，分别达5 312万元、7 282万元、820万元、1 321万元，形成“普惠政策＋基金扶持”格局；发挥牵头揽总作用，出台《进一步压紧压实脱贫攻坚责任的通知》，建立县领导包镇（乡）、部门包村、干部包户责任体系，汇聚脱贫攻坚力量；发挥对部门、乡镇的总揽协调作用，明确乡镇主体责任、行业牵头责任、社会帮扶责任，形成县农业综合开发服务中心牵头、行业部门联动、乡镇积极主动、社会各界配合的大扶贫格局；组织专门督查队伍常态化开展督查指导，3月6日在习近平总书记召开脱贫攻坚座谈会后，全县连续12周督导检查乡镇，检查结果每周通报，相关线索移交县纪委调查处理；针对脱贫攻坚工作盲点难点、易错点，发布业务意见48期，制发工作通报76期，召开现场培训（视频会）35次。全县投入14.26亿元，完成易地扶贫搬迁9 515户25 960人；投入9041万元，完成农村危房改造6 162户，实现所有贫困户自有住房安全；为全县建档立卡贫困户财政全额代缴基本医疗保险和补充险，贫困户住院和慢性病门诊治疗费用个人支付控制在10%以内，对重特大疾病自费高的患者，通过卫生扶贫基金再救助，防止因病返贫；投入25亿元实施全域安全饮水工程，贫困户饮水与城区群众同质、同网、同价，所有建档立卡贫困户生活用电有保障，电视信号全覆盖，电视家家有。11月，仁寿县脱贫攻坚工作被评为全国“十三五”时期易地扶贫搬迁工作成效明显县、全省脱贫攻坚工作先进县。

（吴俊霞 方 艳）

洪雅县
Hongya County

【概况】洪雅县位于四川盆地西南边缘，青衣江下游；北接丹棱县，南连金口河区、荥经县、汉源县，东邻夹江县、峨眉山市，西接雨城区、名山区；县政府驻洪川镇洪州大道299号，距眉山市50公里。2020年，洪雅县辖区面积1 898平方公里，其中县城建成区面积13.75平方公里、耕地面积25 047公顷；辖洪川、止戈、瓦屋山、七里坪、高庙、槽渔滩、东岳、中保、余坪、将军、中山、柳江12个镇，共61个村民委员会、28个社区居委会；年末常住人口29.58万人，户籍总数11.13万户，户籍人口34.24万人（其中乡村人口21.18万人）；全年人口出生率8.4‰，人口自然增长率0.99‰，人口密度180人/平方公里。

洪雅县唐代有国师悟达，宋代有直臣田锡，明代有“青天”张鹏，清代有“文诚”曾璧光，民国有进步人士杨茂修；紧邻成昆线，遂资眉高速、乐雅高速在止戈镇相交，处于成都一小时经济圈内；自然资源十分丰富，林业用地面积13.67万公顷，活立木总蓄积1 667万立方米，商品林蓄积872万立方米，森林覆盖率71.95%；植物资源在3 500种以上，其中野生植物有2 500种，国家级保护植物有桫椤、银杏、红豆杉、香樟、楠木等；野生动物有796种，国家级保护动物有大熊猫、小熊猫、扭角羚、豹、云豹、猕猴等；拥有瓦屋山风景区、七里坪度假区、柳江古镇景区、槽渔滩风景名胜区四大景区，乡村民风淳朴、民宿茂集，被省旅发委评为四川省乡村旅游强县；芒硝储量达37亿吨，铅锌矿储量为6.56万吨，可连续开采；青衣江横穿县境，全县水资源总量20.19亿立方米；地方特产“雅”字号的有雅女、雅猪、雅鱼、雅连、雅笋、雅茶、雅酒、雅椒，其他还有藤椒油、钵钵鸡、老腊肉、岩蜂蜜等；国家文物保护单位有曾家园，省级文物保护单位有苟王寨摩崖造像、修文塔、五龙祠、周家祠等；列入省级非物质文化遗产名录的有复兴耍锣鼓、五月台会，列入市级的有洪雅堂灯、洪雅师道戏、瓦屋山山歌、雅妹子风酱肉制作技艺、雅纸的制作技艺、藤椒油遴制技艺、高庙白酒酿造技艺等；农作物以种植水稻、玉米、油菜、茶叶为主，工业产品以电力、机械、地砖、化工、药品、茶叶、食品为传统产品。近年来，洪雅县委、县政府提出建设“做强一区（洪柳新区）、做精两山（瓦屋山、峨眉半山七里坪）、做特三片（泡好一杯茶、扮靓一根竹、飘香一树椒）”的发展目标，全县上下凝心聚力为之努力奋斗。

2020年，洪雅县农作物播种面积3.09万公顷，产量10.14万吨；有规模以上工业企业38户，实现总产值43亿元、同比增长2%；工业增加值增速2.4%；完成工业固定资产投资12亿元，技改投资6亿元；受疫情影响，接待游客816.59万人次，实现旅游总收入80.07亿元，同比下降20.3%。

中共洪雅县委书记：阳运良（1月离任），宋良勇（1月任职）；县人大常委会主任：李文新（5月离任），尹斗芳（5月任职）；县政府县长：宋良勇（4月离任），周代军（4月代理，5月任职）；县政协主席：王里（5月离任），李明清（5月任职）。

【中国茶叶百强县创建】 洪雅茶叶生产历史悠久，在川茶的发展史上有着特殊的地位和影响。洪雅在秦、汉时期就有产茶饮茶的风俗，到唐代形成从洪雅经雅安、泸定、康定、西藏再到尼泊尔的“茶马古道”。茶叶生产有文字记载历史迄今1 200多年，洪雅茶叶生产发展到乾隆、嘉庆年间进入历史上鼎盛时期，细茶产量为蜀中之冠，成为贡茶。洪雅“七山二水一分田”，为茶树生长提供“千里连绵绿海，四时云雾缭绕”的茶叶生态环境。近年来，洪雅县茶产业发展围绕“洪雅绿茶”地理标志产品保护工程，坚持以四川省“精制川茶”为引领，按照眉山市“一杯茶”总体部署，紧扣县委、县政府“做强一区、做精两山、做特三片”战略布局，筹谋品牌建设，培育龙头企业、构建市场体系。2020年，洪雅茶叶在地面积1.97万公顷，其中绿色有机茶认证面积1 253.33公顷。全县鲜叶年产量10万吨，鲜叶产值16.95亿元；年产干茶2.64万吨，产值23.65亿元，年综合产值35亿元；生产出口茶2 000吨，出口值838.32万美元。茶鲜叶每公顷平均收入约9.15万元。11月18日，在云南省勐海县举行的第十六届中国茶业经济年会上，洪雅县

2020年洪雅县经济社会发展主要指标一览表

表66

项目	单位	实绩	同比增减（%）
地区生产总值	亿元	129.11	4.3
人均地区生产总值	元	37 707	-7.33
第一产业增加值	亿元	21.94	5.6
第二产业增加值	亿元	35.95	2.5
工业增加值	亿元	27.6	2.7
第三产业增加值	亿元	71.22	5.2
社会消费品零售总额	亿元	43.56	-2
全社会固定资产投资总额	亿元	108.42	3.9
引进到位内资总额	亿元	73.1	0.01
引进到位外资总额	万美元	305	-44.55
外贸出口总额	亿元	2.64	-2.22
地方财政收入	亿元	28.93	-2.56
一般公共预算收入	亿元	10.46	7.5
地方财政支出	亿元	28.93	-2.56
一般公共预算支出	亿元	25.19	-6.6
城镇居民人均可支配收入	元	37 603	5.8
农村居民人均可支配收入	元	20 564	8.6
城乡居民储蓄存款余额	亿元	184.69	11.7
科学技术财政投入	亿元	0.052 4	13.42
教育事业财政投入	亿元	3.27	2.75
中小学校数	所	38	—
中小学在校学生数	万人	2.67	—
文化体育与传媒财政投入	万元	6 802	52.51
卫生事业财政投入	亿元	2.07	20.6
卫生机构数	个	257	—
卫生机构床位数	张	1 647	1.86
卫生技术人员	人	1 566	-2.73

入围2020年度中国茶业百强县，居全国第21位；全省共有6个县（区）入围，洪雅县排名第二。

【天府旅游名县创建】 眉山市委、市政府将洪雅县创建天府旅游名县上升为市级战略，市、县均成立由主要领导牵头负责的创建工作领导小组，市、县财政预算3 000万元旅游专项资金，支持洪雅创建。洪雅县向全县餐饮住宿等旅游从业人员、市民发放《创建天府旅游名县须知》10万份，号召35万洪雅人民支持、参与创建；瞄准世界500强、国内100强企业招大引强，法国PVCP、洲际、温德姆、绿地集团等知名品牌企业入驻，一批大项目、好项目落户洪雅；广覆盖构建“高速通两山，轨道接机场，飞机飞成渝”综合立体交通体系，投入50多亿元，推进通用机场、大峨眉国际旅游西环线、瓦屋山快速通道等项目建设，融入成都1小时经济圈；健全旅游配套设施，建成智慧旅游中心1个、游客接待中心7个、旅游驿站5个、旅游文体中心1个、旅游集散中心1个、汽车营地3个、森林公园2个、森林博物馆1个、湿地公园1个、城市绿地22个；推进厕所革命，新改建A级旅游厕所72座，其中AAA级旅游厕所5座、智慧旅游厕所3座；出台《洪雅县文旅市场综合监管办法》《洪雅县文旅投诉统一受理试行办法》，建立文旅行业“监督员”“黑名单”和投诉快速处置等机制，形成科学、高效的文旅市场监管体系，文旅投诉处理率100%；全县城区实行环境卫生包保责任制，景区实行餐饮、住宿包干制，各单位全面整治所包片区内的环境卫生、支棚搭架、乱停乱放等乱象，规范不达标餐饮、住宿店，保障文旅市场规范有序；加强与四川农业大学、乐山师院等高校合作，围绕酒店管理、餐饮服务、营销策划等，培养具有国际服务水平的高素质专业人才，培训旅游从业人员8万人次，提升旅游服务专业化水平；成立党员、师生、医疗、文化、文艺、“两新”和青年七支旅游志愿服务队，培养志愿者3 500名，全县统筹安排；举办联合国教科文组织“历史村镇的未来”国际会议、七里坪第三届“中国森林康养与乡村振兴大会”、瓦屋山冰雪节等大型节会活动，2019年中央级、省级主流媒体播报洪雅旅游信息600条。洪雅县获最佳生态旅游目的地、最佳休闲旅游目的地、全国森林旅游示范县、旅游标准化示范县等称号。2020年9月25日，在四川省文旅发展大会上，洪雅县被正式授牌“天府旅游名县”。

图111　2020年9月25日，洪雅县被命名为第二批“天府旅游名县”　（洪雅县史志编纂中心供图）

【洪柳新区建设】 洪雅县按照“一套班子、两块牌子”思路，3月成立四川牛种业园区筹备办公室，6月成立洪柳新区建设筹备办公室，确立“管委会＋功能区＋镇”的管理模式，建设筹备工作常态化运行；9月10日与眉山天投公司签订《洪雅县洪柳新区综合开发合作协议》，合资组建天洪公司，确定以“管委会＋平台公司”模式开发建设洪柳新区，解决建设主体、投融资金、运营服务的问题；按照县委“两个决定”高起点、高标准、高质量编制新区规划要求，委托天洪公司与瑞士施泰内尔公司签订《洪柳新区总体策划咨询服务与顾问协议书》，确认商务行为，建立规划顾问合作关系；对接国内知名规划设计团队加快推进洪柳新区总体策划和重要地块详细规划编制，12月初完成洪柳新区总体策划初稿；启动青杠坪茶客空间示范区项目（一期）建设；完成八面山·环森路、侯家山·云寨路、江南康养城·产业大道、阳平种牛园区·产业大道等交通基础设施项目建议书，启动工可编制；完成柳江地下取水项目备案；对接保利、融创、蓝城等知名企业洽谈招商引资；与中海海洋蓝海建设有限公司签订战略合作协议，投资约200亿元建设“玉屏山麓·国际森林康养度假公园项目”。

【生态工业培育】 洪雅县经信局建立干部联系企业制度，关注全县生态工业发展情况，由主要领导带队，联系人定期深入企业，了解掌握企业遇到的问题，帮助企业解决问题，疫情期间协调企业解决原料、货物、融资、用电用气等问题60个，为重点企业免费补助口罩6.13万只、酒精消毒液2 100公斤、额温枪34只，涉及资金35万元，协助企业购买口罩9.5万只。全县减免税费2.21亿元，为丰元机械、新希望乳业、美好食品等92家企业发放稳岗补贴1 324.12万元；合理调整企业缴纳养老保险、失业保险、工伤保险费率，为全县参保单位减免养老保险费1 790万元、失业保险费约519万元、工伤保险费392万元；疫情期间金融机构对于新增贷款均比现行利率下浮10%，续贷、展期贷款利率下浮10%；对瓦屋山药业、幺麻子食品等8家纳入应急物资生产临时电费补贴的企业，县财政按企业电费总额的15%补贴8家企业44万元；对青衣江元明粉等23家企业落实防疫措施，在2月25日前开工的规上企业，县财政按2—3月电费总额的10%补贴企业247万元；建立4 000万元工业企业贷款风险补偿基金，为尖瑞科技、青衣江元明粉等5家企业办理风险补偿基金贷款3 500万元。全县新开工建设藤椒产业园、竹钢产业区、纳川光电、海忆光电、展捷光电、嘉万光通信、洪发电子、祥洪煤改气8个项目，竣工投产幺麻子超临界萃取、青衣江煤改电、竹元户外地板、尖瑞科技一期、西拓钢构、嘉万光通信、洪发电子、纳川光电、海忆光电、祥洪煤改气10个项目；新培育鑫达康药业、和鑫科技、竹元科技、鼎智科技、顺发电冶、智东锌业6户规上工业企业。

【脱贫攻坚】 年初，洪雅县人大、政协12名县级领导任组长，成立12个督导组，

图 112　2020 年 3 月,洪州电子产业园建成投产　（洪雅县史志编纂中心供图）

督导 166 个村 1 291 户,发现解决问题 1 069 个。洪雅县安排 1 382.08 万元结余资金用于 2 个生猪养殖场建设项目,与易地搬迁群众签订利益联结机制;新增低保、特困对象 321 户 688 人,建档立卡贫困户困难残疾人生活补贴对象 791 人,建档立卡贫困户享受重度残疾人护理补贴对象 838 人,临时救助建档立卡贫困户 83 户 177 人 18.87 万元,慈善救助 5 户 5 万元;建成全省少有、全市唯一的县级消费扶贫馆,机关、企事业单位在“832 平台”采购贫困地区农副产品 740 万元,扶贫产品企业参加网红薇娅直播带货、销售 2 700 万元,全县帮扶干部购销贫困户农副产品 50 万元;与 1.43 万名贫困人口签订家庭医生签约服务协议,常住在家贫困人口签约率 100%;对慢性病患者开展随访,录入全国健康扶贫动态管理系统 6 622 人次;开展免费健康体检 1.39 万人,体检 94.61%;组织 1 640 名 35 ~ 64 岁贫困妇女参加“两癌”筛查;统筹 9.88 万元扶贫资金,购买 1.2 万件健康实用工具发放 5 091 户建档立卡贫困户家庭;帮扶脱贫不稳定户、边缘易致贫户 224 户 527 人,消除风险点 224 个;开展 5 轮需求补短,实施补短项目 2 629 个,落实补短资金 1 225 万元;梳理历年各级各类问题 2 729 个,全部整改“清零”。年末,全县建档立卡贫困人口 5 069 户 1.47 万人,全部达到脱贫标准,通过省级脱贫攻坚考核验收。建档立卡学生王梦佳被评为全国“最美孝心少年”,摄影作品《藤椒丰收藤农乐》获全国脱贫攻坚优秀奖,付志洪被评为全省脱贫攻坚奖先进个人。

【竹钢国际生态产业园建设】 洪雅竹元科技有限公司是全国唯一的高性能竹基纤维复合材料研发、生产、销售企业,具有自主知识产权的高强度竹基纤维复合材料技术,拥有专利 34 项,是国家高新技术企业、国家“863”计划执行单位、中国重组竹国家标准参编单位。2019 年,公司建设全国规模最大、生产工艺最先进的竹钢国际生态产业园。2020 年,公司提出竹钢国际生态产业园“八线一院一中心”发展规划,建设竹钢板材、竹钢户外地板、竹钢门窗、竹钢家具、竹钢构件、竹钢集成建筑、竹无醛集成材、竹剩余物多联产生产线以及竹钢研究院、竹钢产品展示中心,建成后可新增就业岗位 200 个,新增产值 2 亿元,上缴税收 2 000 万元,就地转换全县 90% 的竹资源,带动竹农增收 8 000 万元以上。截至 2020 年 12 月 31 日,项目完成 30 万平方米竹钢户外模压地板生产线和升级改造实验生产线建设并投产;二期竹钢建设项目完成 1# 厂房基础施工、钢结构柱脚预埋螺栓安装及短柱混凝土浇筑,±0.00 以下砖砌体砌筑及构造柱浇筑,厂房室内土方初步回填、局部夯实,消防水池底板混凝土浇筑、剪力墙钢筋绑扎,启动消防水池顶板满堂支模架的搭设及剪力墙封模和室内排水沟砌筑;完成 2# 厂房独立基础及地梁的模板安装和混凝土浇筑,±0.00 以下构造柱钢筋绑扎和砖砌体施工完成 70%,钢结构柱脚预埋螺栓安装完成 60%,开始短柱模板安装及混凝土浇筑;总平部分开始室外车道、广场土方换填及排水管沟开挖。

【生态旅游示范区创建】 洪雅县成立洪雅县玉屏山生态旅游示范区创建领导小组,推进生态旅游示范区创建。洪雅县委常委召开创建玉屏山省级生态旅游示范区专题会议,形成并印发《洪雅县玉屏山创建省级生态旅游示范区实施方案》。洪雅县梳理领导与专家指出存在的不足,结合玉屏山生态旅游区实际情况,制定整改措施。玉屏山生态旅游区内修建生态停车场 2 个、旅游厕所 4 处,成功创建 AA 级旅游厕所 1 处、A 级旅游厕所 1 处,完成标识标牌整改 15 处,完成规范生态旅游区内分类垃圾桶 18 个;引进游客青睐的旅游业态,新增玉屏山玻璃栈道、玉屏山滑翔伞、溜索、丛林穿越、玉屏山彩虹滑道、玉屏山全地形车等生态游乐项目,配套玉屏山森林学校、玉屏山森林博物馆,打造研学旅游基地,聘请专业团队编写玉屏山研学教材与课程;引进长板速降国际公开赛、四川省森林康养月暨生态康养日等活动,提高生态旅游区知名

图 113　2020 年 5 月,年产 30 万米的竹钢模压户外地板生产线投入试生产　（洪雅县史志编纂中心供图）

度、美誉度；到成都、陕西、广州等地参加旅游宣传推介会，在推介会中推广玉屏山生态旅游、康养旅游，获得较好的市场反应。玉屏山生态旅游区全年接待游客量35万人次，较2019年增长9.13%。12月10日，四川省文化和旅游厅正式公示玉屏山景区为四川省生态旅游示范区。

（王　璇　白银福）

丹棱县
Danleng County

【概况】 丹棱县位于四川省盆地西南边缘，地处岷江以西、青衣江以东，总岗山南麓；东与东坡区毗邻，东南和乐山市夹江县接壤，南与洪雅县相连，西与雅安市名山区为邻，北与成都市浦江县连接；县政府驻齐乐镇县街1号。2020年，丹棱县辖区面积449平方公里，其中建成区面积7平方公里、耕地面积10 999公顷；辖齐乐、仁美、张场、杨场4个镇和顺龙1个乡，共35个村民委员会、15个社区居委会；年末常住人口14.89万人，户籍总数5.7万户，户籍人口16.24万人（其中乡村人口9.36万人）；全年人口出生率8.7‰，人口自然增长率0.72‰，人口密度362人/平方公里。

丹棱县古称齐乐郡，隋开皇十三年（593年）设县治，因城北有红色有棱、状若飞旗的赤岩山而得名。境内矿藏资源富集，具有较高的开发价值，钙芒硝矿储量250亿吨，具有品位高、埋藏浅、利开采等特点，利用钙芒硝生产的精制元明粉（无水硫酸钠）远销全国各地并部分出口国外；页岩资源丰富，是陶瓷建材企业的理想原料基地；天然气资源丰富，开发日产10万立方米的深井1口，县内日供气量30万立方米；矿泉水储量17亿吨以上，属优质矿泉水。丹棱县地处成都一小时经济圈，国道351线、省道106线、遂资眉（遂宁—资阳—眉山）高速公路、雅眉资遂（雅安—眉山—资阳—遂宁）铁路和成蒲丹洪（成都—蒲江—丹棱—洪雅）市域铁路穿境而过；有“不知会”柑橘、龙秀牌土鸡蛋、峨山云雾玉芽、脆红李、枇杷、葡萄等特产，有丹棱冻粑、八娘凉粉、刘鸡肉、碗碗羊肉等名小吃。

大雅堂是集唐代杜甫诗和北宋黄庭坚书法艺术为一体的诗书殿堂，被后人称为“诗书双绝”的大雅圣殿。丹棱县作为大雅文化的重要传承地，深入挖掘大雅文化的内涵和精髓，带动全县文化事业和文化产业的发展。

2020年，丹棱县地区生产总值（GDP）实现72.57亿元、增长3.8%，其中第一产业增加值14.52亿元、增长5.5%，第二产业增加值24.85亿元、增长2.3%，第三产业增加值33.2亿元、增长4.7%，第一、二、三产业对经济增长的贡献率分别为26.3%、25.8%、47.9%；地方财政收入4.63亿元、增长10%，地方财政支出16.2亿元、增长30%；粮食总产量5.4万吨、增长1.7%，金融机构人民币存款余额118.05亿元、增长4.95%；城镇居民人均可支配收入实现36 764元，同比增加1 983元，增长5.7%；农村居民人均可支配收入实现21 441元，同比增加1 671元，增长8.4%；城镇化率增长1.375个百分点，达43.48%。丹棱县农村人居环境整治受到国务院办公厅表扬激励，获评全国村庄清洁行动先进县、全省乡村振兴工作先进县、全省农民增收工作先进县、全省农房风貌整治提升试点县；“道德超市”经验做法入选全国乡村治理典型案例，农村生活垃圾治理经验做法入选全省深化改革典型案例。

中共丹棱县委书记：宋骥；县人大常委会主任：彭红勤（3月离任），夏荣生（3月任职）；县政府县长：黄秀航；县政协主席：李学权。

【全国村庄清洁行动先进县创建】 丹棱县深化农村生活垃圾治理，巩固“因地制宜、分类收集、村民自治、市场运作”的垃圾治理模式，创新农村垃圾精准分类模式；印发《关于持续深入开展村庄清洁行动的通知》，坚持“横到边、纵到底、无盲区、全覆盖”的区域网格化原则，建立日常态清洁、月集中行动、季总结汇报、不定期督查常态工作机制，全域开展村庄清洁行动；打破乡镇、村组行政区域界限，

2020年丹棱县经济社会发展主要指标一览表

表67

项目	单位	实绩	同比增减（%）
地区生产总值	亿元	72.57	3.8
人均地区生产总值	元	47 387	7
第一产业增加值	亿元	14.53	5.5
第二产业增加值	亿元	24.85	2.3
工业增加值	亿元	18.66	1.8
第三产业增加值	亿元	33.2	4.7
社会消费品零售总额	亿元	21.99	-2.6
全社会固定资产投资总额	亿元	63.1	10.1
外贸出口总额	万美元	0.20	-10.7
地方财政收入	亿元	4.63	10
一般公共预算收入	亿元	4.63	10.1
地方财政支出	亿元	16.2	30
一般公共预算支出	亿元	16.16	30.4
城镇居民人均可支配收入	元	36 764	5.7
农村居民人均可支配收入	元	21 441	8.4
科学技术财政投入	万元	428	8.9
教育事业财政投入	万元	21 493	1.2
中小学校数	所	17	-15
中小学在校学生数	万人	1.19	2.0
文化体育和传媒财政投入	万元	3 480	8
卫生事业财政投入	万元	12 765	18.5
卫生机构数	个	180	1.7
卫生机构床位数	张	851	3.4
卫生技术人员	人	1 297	8

通过两次改造修建垃圾池和垃圾分类设施，提升农村生活垃圾收运基础设施，农村生活垃圾日产日清。全县农村设垃圾收集点4 000个、收运车辆76台，农村生活垃圾有效处理的行政村占比100%。3月9日，丹棱县获评全国村庄清洁行动先进县。

【产业发展】 丹棱县启动建设"区域商贸物流中心"，举办网上"不知火"桔橙节、西部农特产品电商峰会和丹棱橘橙"云推介"活动；成功创建全国绿色食品原料（杂柑）标准化生产基地，天府橙都主题公园入选省级示范农业主题公园。"丹棱橘橙"第四次跻身中国区域品牌百强榜，"丹棱脆红李"获农产品地理标志登记。丹棱县成立国有工投公司，启动丹齿精工、中科兴业、澳力鑫二期、品重钢构等项目建设；盘活4家闲置企业，新增产值8 000万元；培育规上工业企业8家、国家级高新技术企业3家、创新型中小企业5家和省级企业技术中心1个，规上工业增加值增长2.5%。柯美特集团产值突破10亿元，成为丹棱县首家10亿元企业。

【招商引资】 丹棱县抢抓成渝地区双城经济圈、成德眉资同城化发展机遇，坚持精准发力、谋定而动，实施招商引资百日攻坚，成功签约项目15个，协议总投资166.8亿元，其中投资30亿元的鸿臻教育园区落户丹棱，实现重大教育投资项目"零的突破"。

【成眉同城化发展】 丹棱县编制《2020年成德眉资同城化发展城市机会清单》项目12个；与蒲江签订"1＋6"同城发展战略协议，携手包装国际旅游度假区、现代都市农业项目；与成都七中等18家单位合作，建立教共体、教联体，让丹棱学子享受到成都都市圈教育资源；实施优化营商环境"四百工程"，开设"成德眉资投资专窗"，推进丹蒲"同城化无差别"政务服务，510项事项委托下放、提速增效、全程网办，实现企业开办4小时内办结。

【脱贫攻坚】 丹棱县2 623户7 491名脱贫对象稳定脱贫，人均纯收入突破1万元，实现零增贫、零返贫，通过省级脱贫攻坚成效考核。《人民日报》"新农村"专栏刊登《农民增收，防疫复产两手抓（全面小康，"三农"怎么干）》篇目加以介绍。万年村"道德超市"被农业农村部办公厅推介为首批全国村级"乡风文明建设"优秀典型案例。5月18日，丹棱县被省委、省政府评为2019年脱贫攻坚先进集体，获评2019年四川省脱贫攻坚考核综合评价两个"好"。9月4日，脱贫攻坚经验被央视一套《新闻联播》栏目刊播：全国脱贫攻坚重点工作取得重要进展，丹棱的脱贫攻坚工作被全国关注，向全国人民展示丹棱脱贫攻坚良好形象。

【农村人居环境整治】 丹棱县强力推进农村人居环境整治"三大革命"，基础设施建设和运维的县级预算内财政资金投入30 772.45万元，撬动农户自筹资金5 611万元；采取统一建设和农户自建相结合的方式，全域推广水冲式厕所改造，做到"五有五无"标准，验收达标合格实行分类财政定额奖补，农村卫生厕所33 786户，普及率99.5%；农村无害化卫生厕所31 692户，普及率93.3%；全县农村公厕91座，农村公共厕所的村占比为100%。因地制宜通过接管污水处理站、安装一体化生活污水处理设施设备、修建人工湿地池"三种模式"治理农村生活污水，杜绝农村生活垃圾、畜禽粪污、水产养殖废水、农业种植秸秆、农田杂物以及其他固体废弃物等入河、湖、库、塘、堰、渠、沟，农村生活污水乱排乱放得到管控的行政村占比100%；开展农药包装废弃物回收处置项目试点，农药包装废弃物回收处置率达80%以上；开展植树造林活动，完成植树约60万株，新造林0.45万亩；开展村庄绿化，完成道路绿化26公里、庭院绿化600户、农村阵地绿化2万平方米，村内主要道路实施绿化的行政村占比100%；开展湿地修复，完成河岸绿化9公里。全县成功创建省级森林小镇1个、市级森林小镇2个、森林村庄7个、森林人家56户、森林康养基地1个。

【"平安丹棱"建设】 丹棱县研发"平安丹棱"APP，全县治安案件下降23.6%，被《人民日报》刊文点赞；全域打造"智慧乡村·平安丹棱"，农村居民家庭小微天网覆盖率45%，万年村、桂香村上榜全省首批乡村治理示范村；纵深推进扫黑除恶专项斗争，成功破获"7·22"跨境电信诈骗案等大案要案；信访形势良序向好发展，连续14年未出现群体性事件；开展森林防灭火专项整治，成功应对"8·11"等3次暴雨洪涝灾害。全县连续18年无较大及以上安全生产事故。

【白塔和端淑公园建设】 丹棱白塔始建于隋朝，宋代重修，是四川境内现存历史最悠久、保护最完整的宋式密檐砖塔，

图114 丹棱县白塔公园 （眉山日报社供图）

图115 丹棱县幸福古村 （眉山日报社供图）

2014年10月申报为全国重点文物保护单位。丹棱县委、县政府为传承地域文化,决定建设以文物保护与展示为核心,集文化、休闲、娱乐、健身和旅游接待、文物保护、城市景观等功能为一体的纯公益性开放式城市公园。项目于2019年1月启动,总规划面积150亩,其中水域面积60亩,总投资1.5亿元,是丹棱首个文旅融合公园。端淑公园占地面积100亩,于2019年11月开工建设,建设内容包括锦江书院、晚照亭、地下停车场、公园景观、古城墙维护等,工程建设投资约6 000万元,2020年12月建成,2021年1月正式投用。公园主要景观位于河东岸,依河而建,水景相映,体现生态自然,安静休闲;地下停车场(3 800平方米)兼顾人防工程,平战结合,平时可停放车辆84辆。公园的建成,有效解决河道泄洪排涝问题。

【幸福古村扩容升级】 幸福古村位于丹棱县顺龙乡,距成都90公里、峨眉山90公里,拥有千年银杏、"龙抬头""青蛙坐""鹰嘴崖"等30个自然和人文景观。丹棱县启动幸福古村扩容提质,拓展幸福古村游览、度假、体验区域,到位专项债券资金3 000万元;启动滨溪步道、夫妻树广场提升改造,深化幸福博物馆聚落、沉浸式影院、精品民宿、业态("2+1")设计;完成归乡游步道、花境草境、幸福客厅、导视系统、原乡区物业提升改造,打造熊家院、知青点、小酒馆等特色经营业态;举办幸福古村开村及峨影集团外景拍摄基地授牌仪式,6月1日精品民宿对外营业,10月1日幸福客厅揭牌开放。

【老峨山景区提升改造】 老峨山位于丹棱县张场镇,因山形酷似峨眉而得名,素有"成都南来第一峰""佛教入蜀第一山"之名,佛教文化源远流长,是国家AAA级旅游景区。景区规划面积11.9平方公里,核心景区面积5.5万平方公里,最高海拔1 142米,是可望而可及的休闲避暑胜地。5月,景区完成旅游资源国有化,以国有公司——丹棱县文化旅游发展有限责任公司为主体,利用"山、水、禅、茶"元素,对老峨山旅游景区提升改造。项目总投资4.3亿元,新建游客接待中心、三合院,提升澄怀湖区域景观,建设智慧旅游系统,打造康养度假系列旅游产品,将老峨山景区打造为集修禅养心、生态观光、休闲度假、康养运动、乡村体验为一体的复合型旅游目的地。截至年底,项目完成景区进入道路(一)标段黑化加固施工,正在进行游客接待中心、澄怀湖片区景观提升、三合院等项目施工,筹备开山前期准备。

图116 2020年1月7日,幸福古村—齐乐桃源国际旅游度假区项目签约仪式(丹棱县融媒体中心供图)

【齐乐桃源国际旅游度假区建设】 齐乐桃源国际旅游度假区位于丹棱县齐乐镇梅湾村、顺龙乡幸福村区域,属成都1小时经济圈。项目由陕西汉华文旅控股集团投资开发,总投资126亿元,整体规划用地面积8 000亩,其中建设用地面积3 000亩,分6期建设,力争3年创建为省级旅游度假区、6年创建为国家级旅游度假区,是丹棱县实施"旅游腾飞"行动引进的首个百亿文旅项目。项目以梅湾湖为中心,整合周边丰富的丘陵梯田、十里桃林、万亩橘橙园、竹林峪道、幸福古村等自然及人文休闲核心资源,以"一核、一湾、一带、四片区"为结构,以文脉传承、营造中式意境,充分融入自然景观,打造集度假、康养、运动、休闲等多种主题于一体的国际生态休闲度假区,构建幸福梅湾自然与人文共栖地、丹棱山水生态度假名片。项目落成将呈现山居桃源浮游画卷,提升眉山市精奢旅居产品新高度。项目于1月7日签约,截至11月底完成道路、商业水街、美学中心等基础工程,投资近2亿元。12月1日,项目举行开工仪式,被列为市文旅大会现场参观点之一。

(万 玲 甘晓霞)

青神县
Qingshen County

【概况】 青神县位于川西平原西南边缘,扼岷江中游;东连仁寿县、井研县,南接乐山市中区,西与夹江县接壤,北与东坡区交界,距眉山市城区23公里,是眉山市南向重要门户;县政府驻青竹街道大西街8号。2020年,青神县辖区面积387平方公里,其中城区面积8.05平方公里,耕地面积12 855公顷;辖青竹1个街道,西龙、高台、瑞峰、汉阳4个镇和白果、罗波2个乡,有38个行政村、20个社区;年末常住人口16.81万人,户籍总数6.92万户,户籍人口19.09万人(其中乡村人口12.04万人);全年人口出生率7.3‰,人口自然增长率-0.9‰,人口密度493人/平方公里。

青神,古蜀国"后户",西魏废帝二年(552年)建政,以崇祀蚕丛"着青衣教民农桑,民皆神之"得名;历史悠久、古迹众多,自然风光优美,旅游资源丰富;江河纵横、溪流交错,水资源丰富,有"一江五河三十二溪流"。中岩开山祖师诺巨罗(俗名罗尧远,青神人,著名释迦弟子,佛门早期十六罗汉第五尊者)于中岩留下许多珍贵遗迹。北宋大文豪苏轼曾负笈于此求学三年,继与恩师王方爱女王弗结为伉俪,留下"唤鱼联姻"的历史佳话。青神以其"岩壑隽秀、不减峨山",曾招来历代文人黄庭坚、陆游、范成大等人流连于此,留下大量的人文古迹。中岩寺、德云寺、汉崖墓群以“古”扬名,平羌三峡、仙姑湖以“秀”著称,神海以“幽”迷人,中国竹艺城以“特”叫绝。青神先后被誉为南方丝绸之路、岷江古航道小峨眉,是中国椪柑之乡、中国竹编艺术之乡。

青神县属于成渝城市群发展规划范围,处于“一轴两带、双核三区”空间格局中的成德眉乐城市带上,也处于成都都市圈副中心南部区域,是连接川南的独特区域和西部陆海新通道的重要节点。成乐高速公路、成贵客运专线贯穿全境,汉阳航电枢纽等交通基础设施的规划建设使青神县更加紧密地融入成都平原城市群以及成都1小时都市圈,并具有主动承接成都经济辐射、加快与成都平原经济区一体化发展以及融入成都都市圈产业集群发展的突出优势。

2020年,青神县地区生产总值(GDP)89.82亿元、增长4.2%,其中第一产业增加值12.29亿元、增长6.0%,第二产业增加值35.08亿元、增长3.1%,第三产业增加值42.45亿元、增长4.8%;三次产业对GDP增长的贡献率分别为18.3%、35.3%、46.4%,分别拉动GDP增长0.8、1.5、1.9个百分点,三次产业结构调整为13.7∶39∶47.3;地方一般公共预算收入5.66亿元,增长9.1%;年末全社会存款余额124.97亿元,增长15.3%;城镇居民人均可支配收入37 743元、增长5.7%,农村居民人均可支配收入21 134元、增长8.9%;实现社会消费品零售总额25.5亿元,下降1.7%;全社会固定资产投资增长11.8%。青神县成功创建四川省实施乡村振兴战略先进县,获评四川省农村改革工作先进县、四川省农民增收工作先进县,成为全省唯一囊括三项殊荣的县(区)。

中共青神县委书记:肖巍;县人大常委会主任:李志国(4月离任),卢明春(4月任职);县长:刘今朝;县政协主席:罗兴建(6月离任),陈开军(6月任职)。

2020年青神县经济社会发展主要指标一览表

表68

项目	单位	实绩	同比增减(%)
地区生产总值	亿元	89.82	4.2
第一产业增加值	亿元	12.29	6.0
第二产业增加值	亿元	35.08	3.1
工业增加值	亿元	27.63	2.9
第三产业增加值	亿元	42.45	4.8
社会消费品零售总额	亿元	25.5	-1.7
全社会固定资产投资总额	亿元	66	11.8
招商引资到位资金	亿元	45.33	—
外贸进出口总额	亿元	1.79	—
地方财政收入	亿元	14.04	45.6
一般公共预算收入	亿元	5.66	9.1
城镇居民人均可支配收入	元	37 743	5.7
农村居民人均可支配收入	元	21 134	8.9
住户储蓄存款余额	亿元	105.49	13.9
科学技术财政投入	万元	503	—
教育事业财政投入	亿元	2.33	—
中小学校数	所	24	—
中小学在校学生数	万人	1.05	—
卫生事业财政投入	亿元	1.29	—
卫生机构数	个	191	—
卫生机构床位数	张	1 261	—
卫生技术人员	人	1 088	—

【四川省实施乡村振兴战略先进县创建】

青神县推进竹产业、椪柑产业高质量发展,与中国农业大学实行校地合作,成立宝镜社区大学,遴选竹艺名师、椪香名星、田园名星518人,命名“本土菁才”76名;培树全国劳动模范1名、道德模范和身边好人23名,评选星级文明户2万户,文明乡镇全覆盖,县级以上文明村50个,高台镇诸葛村获评“全国文明村镇”,建立农家书屋58个、综合性书屋13个、文化院坝58个;打好“蓝天”“碧水”“净土”三大保卫战,推进垃圾、污水、厕所三大行动,不断改善村容村貌;推进村级建制调整改革,行政村书记、主任“一肩挑”实现全覆盖。2021年2月,青神县成功创建四川省实施乡村振兴战略工作先进县。

【四川省农村改革工作先进县创建】 青神县成功申报全国农村改革试验区,承担盘活集体建设用地使用方式和闲置宅基地盘活利用试点两项改革任务;申报国、省级第二轮土地承包到期后再延长30年先行试点县并顺利推进,县农业农村局被评为“全国农村承包地确权登记颁证先进集体”,在全省农经会议上作经验交流;成功申报深化职业农民制度试点县,完成70人的培育、认定和扶持;成功申报农民合作社质量提升整县推进省级试点县,扶持资金100万元,开展农民合作社发展质量综合评估项目建设,举办“全国农民合作社质量提升与多元化发展学术论坛”,被授牌“中国农业大学乡村振兴创新试验示范区”;完成农村集体产权制度改革,清产核资市级核查成绩优异,综合得分全市排名第一;坚持把加快农村土地流转推进农业适度规模经营作为深化农村改革、推动农村经济发展、促进农民增收的重要手段,新增流转1 895.8亩,存量流转面积9.63万亩,流转率43.78%,规模经营率29.01%;建立964万元的乡村振兴农业产业发展贷款风险补偿金,放贷3 220万元。全县扶贫小额信贷942万元,支农再贷款6 700万元。2021年2月,青神县获评四川省农村改革先进县。

【四川省农民增收工作先进县创建】 青神县投资150亿元,推进斑布竹产业园、西南表面处理绿色产业园、绿色铸造产业园等重大项目,提供上万个岗位,培育农民增收支柱;县级财政“三农”投入资金9 886.12万元、同比增长9.09%,促进农村居民可支配收入增加485元,拉动

图 117 2020 年 11 月 3 日，2020 中国国际竹产业交易博览会·首届数字国际熊猫节在青神县开幕 （青神县史志编纂中心供图）

图 118 各具特色的竹产品 （眉山日报社供图）

居民可支配收入增长 2.5%；农村低保、卫生扶贫救助基金等扶持促进农村居民可支配收入 236 元，拉动农村居民可支配收入增长 1.2%；大春粮食增收 2 313 万元，农民人均增收 144 元；现代农业种养业及优势特色产业可影响农村居民可支配收入 504 元，拉动居民可支配收入增长 2.6%；林业和竹产业可促进农村居民可支配收入 58 元，拉动居民可支配收入增长 0.3%；畜牧业可促进农村居民可支配收入 292 元，拉动农村居民可支配收入增长 1.5%；农机购置补贴实施 47.66 万元，补贴结算 42.91 万元；总投入 2.6 亿元，建成冷链物流园区 60 亩，设计冷库容量 1.3 万吨，全县农产品静态冷链能力超过 2 万吨。青神县推进 6 个扶持发展村级集体经济项目，发展竹、椪柑主导产业，建民宿搞活乡村民宿旅游，全年柑橘总产值 18 亿元；土地流转等财产性收入可影响农村居民可支配收入 43 元，拉动农村居民可支配收入增长 0.2%；农村居民转移就业、返乡创业和农民工资性增收可影响农村居民可支配收入 56 元，拉动农村居民可支配收入增长 0.3%；农村电商产业可影响农村居民可支配收入 93 元，拉动居民可支配收入增长 0.5%；乡村旅游可影响农村居民可支配收入 26 元，拉动农村居民可支配收入增长 0.1%；新型农业经营主体产业化经营收入可影响农村居民可支配收入 59 元，拉动农村居民可支配收入增长 0.3%。2021 年 2 月，青神县获评四川省农村改革和农民增收工作先进县。

【滨江新区建设】 青神县滨江新区建设总投资 3.5 亿元。2020 年，唤鱼公园 ABDE 区建成开放，C 区即将开工建设；滨江大道、振兴路南段、外东街、学道街东段等市政道路建成通车，形成南北纵向城市道路骨架网络；青绘河、护城河（一期）、滨江排涝箱涵建成通水，构建贯穿全城的绿地系统、水生态系统和慢行系统。

【机械产业发展】 青神县签约投资 50 亿元的绿色铸造产业园，开工建设投资 100 亿元的西南表面处理循环经济产业园、投资 10 亿元的彩虹健康产业园，完成德恩云智造平台搭建，建成数字化车间 2 个，形成“一区五园一平台”（“一区”即四川青神经济开发区，“五园”即西南表面处理循环产业园、绿色铸造产业园、斑布竹产业园、彩虹医药园、立白智能家居产业园，“一平台”即德恩云智造平台）产业格局。隆源机械成功创建国家级高新技术企业；德恩精工成功创建国家级绿色工厂，成为首批国家信息消费体验中心。全县新增规模以上工业企业 5 家，规上工业企业实现产值 75.3 亿元，增长 5.7%。8 月，四川青神经济开发区成功申报全省工业企业基础调查试点园区。

【竹产业发展】 青神县正在建设斑布竹产业园，提档升级国际竹产业展览中心、国际竹文化中心，建成投用总投资 1.68 亿元的竹里院子、竹里巷子、竹里书屋，初步形成“一园两馆两中心三基地”（国家青神竹编产业示范园区，国际竹编艺术博览馆、熊猫馆，国际竹文化中心和国际竹产业展览中心，竹艺培训基地、竹业研发基地、竹企孵化基地）的竹产业格局；实施“年万亩栽竹”计划，尖山、天池、白果竹产业基地被认定为省级现代竹产业基地，青神县获评四川省竹产业高质量发展县、四川省竹林风景线建设先进县、四川省自然教育（竹文化）国际实训基地，瑞峰镇获评四川省竹林小镇，青神竹编入选全省“文化遗产＋扶贫”典型案例之一；举办“2020 中国国际竹产业交易博览会·首届数字国际熊猫节”，竹博会升格为国家级展会，竹里院子、竹里巷子亮相，签约项目、带动销售均创新高，首次实现所有嘉宾客商吃住在青神，获得社会各界高度评价。全县全年竹产业产值 48.5 亿元，同比增长 18.3%。

【椪柑产业发展】 青神县争取到全国晚熟柑橘产业集群项目，接受省星级现代农业园区复评；建成投用投资 2.6 亿元的冷链物流园、全省首个柑橘博览园，西南地区最大的柑橘单轨运输基地投入运行；新（改）建标准化果园 3 000 亩，建成最美果园 120 个；签约京东、快手等平台公司，拓展柑橘网络营销渠道。林下种豆新模式在全省推广，全国农民合作社高质量提升与多元化发展学术论坛、全省生草栽培现场会在青山县举办。全县全年椪柑产业产值 18 亿元，同比增长 12%。

【脱贫攻坚】 青神县落实 33 名县领导、3 000 名帮扶干部，继续在 26 个已退出的市级贫困村派驻“五个一”帮扶力量 1 523 人，在 51 个非贫困村派驻“三个一”帮扶力量 1 672 人；投入产业扶贫资金 2 亿元，带动 3 800 名有劳动能力的建档立卡贫困人口发展椪柑、竹编、种养等产业；发放扶贫小额信贷 891.1 万元，支持 237 人发展；探索股权量化扶贫模式，投入 446 万元入股合作社，吸纳贫困户参与投股 470 人，每年人均分红 800 元；设置公益性岗位，安置贫困人口 450 人就业，平均每月增收 1 000 元；帮助

图 119 青神县椪柑现代农业园区 (青神县史志编纂中心供图)

3 058 名贫困群众实现务工就业;投入资金 800 万元,新建和改造贫困户住房 250 户;将 1 551 户 1 889 人建档立卡贫困户纳入低保,为 311 名贫困残疾人按照每人每年 1 100 元的标准发放生活补贴;落实义务教育“三免一补”政策,发放家庭经济困难寄宿学生生活补助 1 500 人次 127 万元,救助县内各学段建档立卡学生 1 700 人次 170 万元,全县义务教育阶段内无学生失学辍学;为贫困群众提供基本卫生服务,实现贫困人口参保缴费零负担、全覆盖;落实 296.45 万元,为建档立卡贫困户购买基本医疗保险和补充医疗保险,为 9 309 名贫困人口开展免费健康体检,卫生扶贫救助基金救助 2 079 人次,支出 160.53 万元;在全县 52 个村和社区开展“脱贫不忘党恩·致富感谢祖国”主题活动、964 期农民夜校活动,约 5.2 万人次参与。年末,全县建档立卡贫困人口 3 780 户 9 342 人全部达到脱贫标准,通过省级脱贫攻坚考核验收。

【农村人居环境整治】 青神县制定整治任务、指标、项目、宣传“四张清单”,系统治理、分类指导、补齐短板,投资 6.8 亿元全域推进垃圾革命、污水革命、厕所革命,农村生活垃圾有效处理的村占 100%、生活污水得到有效处理的村占 96.2%、户用卫生厕所普及率 97.8%、无害化厕所普及率 96.7%、农作物秸秆综合利用率 92.55%;推行“拆、收、改、栽、画”五字工作法,以拆治乱、以收归序、以改提质、以栽增绿、以画添彩,全域提升村容村貌;开展“小菜园、小果园、小花园、小公园”建设,建设农村四小园 5 万个,沿线沿路拆违 1 628 处,房屋风貌改造 1 396 户;实施“十二分制”农资管理办法,推广农药包装废弃物“1 元押金制”回收处置模式。

(杜燕玲)

附　录

APPENDIX

荣誉榜 / 文献 · 法规 · 文件 / 统计资料

荣誉榜

Honor List

国家部(委)级先进单位和个人

2020年眉山市获全国性表彰部分先进集体一览表

表69

序号	获奖单位	获奖称号	颁奖单位	颁奖时间
1	眉山市	全国文明城市	中央文明委	2020年11月
2	眉山市	国家卫生城市	全国爱卫办	2021年1月
3	眉山市	全国创建“平安医院”活动表现突出地区	全国创建“平安医院”活动工作小组办公室	2020年9月
4	眉山市	全国无偿献血先进省(市)	国家卫生健康委、中国红十字会总会、中央军委后勤保障部卫生局	2020年12月
5	眉山市	中国最美生态文化旅游城市	中国城乡融合与文旅振兴发展论坛	2020年8月
6	天府新区眉山片区	国家进口贸易促进创新示范区	商务部、国家发展改革委、财政部等9部门	2020年11月
7	东坡区	全国农村承包地确权登记颁证工作典型地区	中央农办、农业农村部	2020年10月
8	东坡区尚义镇龚村、洪雅县中山镇前锋村、青神县高台镇诸葛村	第六届全国文明村镇	中央文明委	2020年11月
9	东坡区三苏镇鸭池村	第十批全国“一村一品”示范村镇	农业农村部	2020年11月
10	东坡区人民法院	全国模范法院	人力资源和社会保障部、最高人民法院	2020年1月
11	东坡区人民检察院	全国先进基层检察院	最高人民检察院	2020年10月
12	东坡区白马镇、万胜镇	国家卫生乡镇	全国爱卫办	2020年8月
13	东坡区紧急救援志愿协会团支部、仁寿县人民医院感染科团支部	全国五四红旗团支部	共青团中央	2020年5月
14	东坡区	通过全国基层中医药工作先进单位复审	国家中医药管理局	2020年5月
15	东坡区项目办	全国优秀县级西部计划项目办	全国大学生成愿服务西部计划项目管理办公室	2020年1月
16	彭山区鹏利小学	第二届全国文明校园	中央文明委	2020年11月
17	彭山区、仁寿县	首届全国公共资源交易百强县	中国公共资源交易跨区域合作联盟秘书处	2020年11月
18	彭山区观音街道果园村、丹棱县双桥镇梅湾村、洪雅县中山镇前锋村	全国乡村特色产业亿元村	农业农村部	2020年11月
19	彭山区行政审批局	政务服务改革创新奖	中国国际数字政务服务博览会组委会	2020年12月
20	彭山区行政审批局	全国政务服务软实力指数“最具创新政务服务大厅”	中科院国家创新与战略发展研究会	2020年9月
21	仁寿县	“十三五”时期易地扶贫搬迁工作成效明显县	国家发展改革委办公厅	2020年11月
22	仁寿县	国家职业卫生分类分级监督执法试点	国家卫生健康委	2020年4月
23	仁寿县、洪雅县、青神县	信访工作“三无”县	国家信访局办公室	2020年4月
24	洪雅县	国家园林县城	住房和城乡建设部	2020年1月
25	丹棱县	开展农村人居环境整治成效明显的地方	国务院办公厅	2020年5月
26	丹棱县	全国村庄清洁行动先进县	中央农办、农业农村部	2020年3月
27	青神县农业农村局	全国农村承包地确权登记颁证工作先进集体	中央农办、农业农村部	2020年10月
28	眉山市一小	第五届全国未成年人思想道德建设工作先进单位	中央文明委	2020年11月

续表69

序号	获奖单位	获奖称号	颁奖单位	颁奖时间
29	眉山市公安局侦破“鑫圆系”特大网络传销案专案组	集体一等功	公安部	2020年8月
30	东坡区康复（救助）中心	全国禁毒工作先进集体	国家禁毒委	2020年3月
31	眉山市儿童福利院	全国民政系统抗击新冠肺炎疫情先进集体	民政部	2020年12月
32	眉山市司法局	全国公共法律服务工作先进集体	司法部	2020年1月
33	眉山市生态环境局、东坡区生态环境局、彭山区生态环境局	第二次全国污染源普查表现突出集体	国务院第二次全国污染源普查办	2020年9月
34	眉山市政务服务管理局、彭山区行政审批局、彭山区江口街道便民服务中心	全国政务服务“好差评”国家标准试点单位	国办政府职能转变办	2020年9月
35	眉山市政务服务和公共资源交易服务中心	全国公共资源交易助力复工复产先进单位	中国公共资源交易跨区域合作联盟	2020年8月
36	国家税务总局四川眉山经济开发区税务局	全国税务系统先进集体	人力资源和社会保障部、国家税务总局	2020年1月
37	眉山市应急救援志愿者协会	抗击新冠肺炎疫情青年志愿服务先进集体	共青团中央	2020年10月
38	眉山市中级人民法院	全国法院一站式多元解纷和诉讼服务体系建设先进单位	最高人民法院	2020年9月
39	眉山市中级人民法院	全国文明单位	中央文明委	2020年12月
40	眉山市中级人民法院审监庭	全国法院特赦实施工作先进集体	最高人民法院	2020年5月
41	眉山市中级人民法院办公室	全国法院信息化工作先进集体	最高人民法院	2020年12月
42	眉山市生态环境局	2020年全国固定污染源排污许可全覆盖工作表现突出集体	生态环境部	2020年12月
43	眉山生态环境监测中心站	2020年实验室能力考核优秀单位	中国环境监测总站	2020年1月
44	眉山市市场监管局	2020年全国清理整顿人力资源市场秩序专项执法行动取得突出成绩单位	人力资源和社会保障部、国家市场监管总局	2020年9月
45	眉山市税务局	全国文明单位（复查）	中央文明委	2020年11月
46	眉山市统计局	第四次全国经济普查先进集体	国务院	2020年2月
47	东坡区	全国首批深化小型水库管理体制改革样板区	水利部	2020年11月
48	彭山区	2020年度首届全国公共资源交易百强县	中国公共资源交易跨区域合作联盟秘书处	2020年11月
49	彭山区观音镇果园村	2020年全国乡村特色产业亿元村	农业农村部	2020年11月
50	彭山区行政审批局	最具创新力政务服务大厅	中国科学院国家创新与战略发展研究会、一窗（北京）互联网科技研究院	2020年9月
51	彭山区行政审批局	2020年度政务服务创新奖	中国·国际数字政务服务博览会组委会	2020年12月
52	彭山区岷江现代农业示范园区	国家农村创新创业园区	农业农村部	2020年1月
53	仁寿县梨产业团委	全国五四红旗团委	团中央	2020年4月
54	仁寿县幼儿园	第六届全国文明单位	中央文明委	2020年11月
55	仁寿县国家农村产业融合发展示范园	第二批国家农村产业融合发展示范园	国家发展改革委、农业农村部、工业和信息化部、财政部、自然资源部、商务部、文化和旅游部	2020年9月
56	洪雅县玉屏山	全国首批国家森林康养基地	国家林业和草原局办公室、民政部办公厅、国家卫生健康委员会办公厅、国家中医药管理局办公室	2020年6月
57	洪雅县中山镇前锋村	2020年全国乡村特色产业亿元村	农业农村部	2020年11月
58	洪雅县赵登祥家庭	2020年全国抗疫“最美家庭”	全国妇联	2020年5月
59	洪雅县瓦屋山药业有限公司	抗击新冠肺炎疫情“全国三八红旗集体”	全国妇联、国家卫生健康委、中央军委政治工作部	2020年9月
60	丹棱县齐乐镇梅湾村	2020年全国乡村特色产业亿元村	农业农村部	2020年11月
61	丹棱县万年村“道德超市”	首批全国村级“乡风文明建设”优秀典型案例	农业农村部办公厅	2020年4月
62	中国电信股份有限公司丹棱分公司	第六届全国文明单位	中央文明委	2020年11月
63	四川丹棱琨玉珑生态农业股份有限公司孵化实训基地	全国农村创新创业孵化实训基地	农业农村部	2020年1月
64	青神县税务局	第六届全国文明单位（新增）	中央文明委	2020年11月

续表69

序号	获奖单位	获奖称号	颁奖单位	颁奖时间
65	天府新区中建钢构四川有限公司中钢车间	全国青年安全生产示范岗	团中央	2020年1月
66	眉山天府新区高家镇鹰头村（徐瑞蓉家庭）	第二届全国文明家庭	中央文明委	2020年11月
67	眉山市妇幼保健院	国家级母婴安全优质服务单位	国家卫生健康委	2020年12月
68	眉山市工商联	全国工商联2020年民营企业调查点工作基层先进单位	全国工商联办公厅	2020年12月
69	九三学社眉山市委员会	2020年度机关规范化建设工作组织奖、2020年度机关规范化建设市级组织工作成效奖、2016—2020年社会服务先进集体	九三学社中央	2020年12月

2020年眉山市获全国性表彰部分先进个人一览表

表70

序号	姓 名	工作单位	获奖名称	颁奖单位	颁奖时间
1	梁 飞	中建钢构四川有限公司焊接培训中心	全国劳动模范	中共中央、国务院	2020年11月
2	陈 岚	四川省青神县云华竹旅有限公司			
3	郭利红	四川金象赛瑞化工股份有限公司			
4	罗桂英	眉山市疾病预防控制中心急性传染病预防控制科	全国先进工作者	中共中央、国务院	2020年11月
5	连诗蔚	彭山区观音镇初级中学	全国优秀少先队员	团中央	2020年12月
6	李瑾瑞	彭山区凤鸣镇灵石小学			
7	李东骏	眉山市第一中学	全国优秀共青团员	团中央	2020年4月
8	甘俊林	眉山车辆厂	2020届全国青年岗位能手	团中央	2020年5月
9	邓 凯	眉山“饿了么”	全国抗击新冠肺炎疫情青年志愿服务先进个人	团中央	2020年9月
10	胡 玲	眉山市人民检察院	全国检察机关检务保障工作表现突出个人	最高人民检察院政治部、计划财务装备局、机关服务中心	2020年1月
11	牟 锐	眉山市司法局	“大排查早调解护稳定迎国庆”专项活动表现突出个人	司法部	2020年1月
12	杨先伟	眉山市司法局	全国公共法律服务工作先进个人	司法部	2020年1月
13	周 炜	眉山市司法局	全国法治政府建设先进个人	司法部	2020年6月
14	许 政	眉山市生态环境局	2020年全国固定污染源排污许可全覆盖工作表现突出个人	生态环境部	2020年12月
15	简子渊	眉山市生态环境保护综合行政执法支队	2020年度夏季蓝天保卫战臭氧污染防治监督帮扶工作第二轮次表现突出个人	生态环境部	2020年8月
16	李 倩	眉山职业技术学院	产业导师资源库技术技能大师	教育部	2020年3月
17	刘 亮	眉山市环境信息中心	第二次全国污染源普查表现突出个人	国务院第二次污染源普查领导小组办公室	2020年9月
18	张宝中	人行眉山市中心支行	中国人民银行金融法治工作先进工作者	中国人民银行办公厅	2020年3月
19	蔡卫东	国家统计局眉山调查队	调查队系统抗击新冠肺炎疫情嘉奖	国家统计局	2020年12月
20	王梦佳	眉山市洪雅中学	全国“最美孝心少年”	中央广播电视总台体育青少节目中心	2020年11月
21	干尧鳌	眉山市人民医院	全国无偿献血促进奖特别奖	国家卫生健康委、中国红十字会总会、中央军委后勤保障部卫生局	2020年12月
22	罗 杰	眉山市殡仪馆	全国平安医院工作表现突出个人	国家卫生健康委、中央政法委、最高人民法院、最高人民检察院、公安部、民政部、司法部、市场监管总局、中国银保监会、国家中医药管理局	2020年11月
23	唐 印	四川金象赛瑞化工股份有限公司	抗击新冠肺炎疫情先进个人	九三学社中央	2020年11月
24	胡加全	民建眉山市委员会	2019年度民建全国脱贫攻坚奖先进个人	民建中央委员会	2020年1月
25	罗永田	民建眉山市委员会	2020年度全国优秀会员	民建中央委员会	2020年12月

四川省级先进单位和个人

2020年眉山市获四川省级表彰部分先进集体一览表

表71

序号	获奖单位	获奖称号	颁奖单位	颁奖时间
1	眉山市、东坡区、彭山区、仁寿县、洪雅县	第十一届省双拥模范城（县、区）	四川省委、省人民政府、省军区	2020年4月
2	东坡区、仁寿县	全省县域经济发展进步县（市、区）	四川省委、省人民政府	2020年8月
3	眉山市、眉山市教体局	四川省对口帮扶藏区彝区贫困县先进市、市直部门	四川省委、省人民政府	2020年5月
4	东坡区尚义镇、仁寿县曹家镇	四川省实施乡村振兴战略工作先进乡镇	四川省委、省人民政府	2020年3月
5	东坡区尚义镇龚村、太和镇元宝村，彭山区锦江镇正华村、观音街道果园村、黄丰镇丰华村，仁寿县大化镇水利社区、曹家镇梨树社区、珠嘉镇棚村村、文宫镇石家社区，洪雅县止戈镇青杠坪村、七里坪镇七里村，丹棱县齐乐镇狮子村、齐乐镇梅湾村，青神县青竹街道兰沟村、高台镇百家池村	四川省实施乡村振兴战略工作示范村	四川省委、省人民政府	2020年3月
6	洪雅县	第二批天府旅游名县	四川省委、省人民政府	2020年9月
7	丹棱县	四川省实施乡村振兴战略工作先进县	四川省委、省人民政府	2020年3月
8	眉山市卫生健康委员会、眉山市公安局交通警察支队党委、眉山市市场监督管理局、眉山市东坡区人民医院呼吸内科党支部、眉山市彭山区卫生健康局、仁寿县疾病预防控制中心党支部、洪雅县洪川镇时代帝景小区党支部、丹棱县疾病预防控制中心、青神县卫生健康局、四川天府新区眉山管理委员会民生和社会事业局、眉山市兴眉水务有限公司	四川省抗击新冠疫情先进集体	四川省委、省人民政府	2020年11月
9	眉山市公安局交通警察支队党委	四川省抗击新冠肺炎疫情先进基层党组织	四川省委	2020年11月
10	眉山市	四川省保障农民工工资支付工作先进	四川省人民政府	2020年12月
11	青神县柑橘现代农业园区	四川省三星级现代农业园区	四川省人民政府	2020年3月
12	眉山市生态环境局、青神县生态环境局、丹棱县农业农村局	四川省环保工作先进集体	四川省人民政府	2020年12月
13	眉山市农业农村局、东坡区委统战部	四川省民族团结进步模范集体	四川省人民政府	2020年9月
14	眉山市文广旅局	第七届中国成都国际非遗节突出贡献单位	四川省人民政府	2020年5月
15	彭山区葡萄现代农业园区	四川省四星级现代农业园区	四川省人民政府	2020年3月
16	眉山市	第八次中日韩领导人会议及系列活动筹备工作先进集体	四川省委办公厅、省人民政府办公厅	2020年1月
17	眉山市委、市人民政府、东坡区委、区政府	四川省促进服务业发展工作先进单位	四川省委办公厅、省人民政府办公厅	2020年6月
18	眉山市、东坡区，仁寿县、洪雅县	全省去冬今春农民工服务保障工作先进市（州）、县（市区）	四川省委办公厅、省人民政府办公厅	2020年6月
19	眉山市	全省维护社会稳定先进市（州）、社会治安综合治理先进市（州）	四川省委办公厅、省人民政府办公厅	2020年5月
20	眉山市	生态环境保护党政同责工作先进单位	四川省委办公厅、省人民政府办公厅	2020年5月
21	东坡区	全省维护社会稳定先进县（市、区）	四川省委办公厅、省人民政府办公厅	2020年5月
22	彭山区	全省农村改革工作先进县（市、区）	四川省委办公厅、省人民政府办公厅	2020年3月
23	彭山区、洪雅县	全省平安建设先进县（市、区）	四川省委办公厅、省人民政府办公厅	2020年5月

续表 71

序号	获奖单位	获奖称号	颁奖单位	颁奖时间
24	仁寿县、丹棱县	脱贫攻坚先进县（市、区）	四川省委办公厅、省人民政府办公厅	2020 年 3 月
25	丹棱县	全省农民增收工作先进县（市、区）	四川省委办公厅、省人民政府办公厅	2020 年 3 月
26	青神县	2020 年度四川省农村改革先进县、四川省农民增收工作先进县	四川省委办公厅、省人民政府办公厅	2021 年 2 月
27	彭山区	四川省第五轮敬老模范县（市、区）	四川省人民政府办公厅	2020 年 10 月
28	眉山市政府办公室	全省政府系统办公室工作先进集体（8 项工作中获得 4 项工作）	四川省人民政府办公厅	2020 年 1 月
29	眉山市政务服务和公共资源交易服务中心	全省公共资源交易平台整合工作先进集体	四川省人民政府办公厅	2020 年 4 月
30	东坡区秦家镇春光村等 6 县（区）18 个村（社区）	四川省级“六无”平安村（社区）	四川省委政法委	2020 年 2 月
31	彭山区中法农业科技园、洪雅县前锋茶叶主题公园、丹棱县天府橙都主题公园	第二批省级示范农业主题公园	四川省农业农村厅	2020 年 4 月
32	天府新区眉山片区	四川省级农业对外开放合作试验区	四川省农业农村厅	2020 年 6 月
33	眉山市经济和信息化局	四川省促进中小企业发展先进单位	四川省经济和信息化厅	2020 年 12 月
34	眉山市经济和信息化局，彭山区、丹棱县经信局	四川省工业产业扶贫成效考核表现突出单位	四川省经济和信息化厅	2020 年 12 月
35	彭山区水利局	全省河湖管理保护工作先进集体	四川省水利厅	2020 年 1 月
36	眉山市水利局、东坡区水利局	长江经济带生产建设项目水土保持监督执法专项行动先进集体	四川省水利厅	2020 年 7 月
37	眉山市水利局、彭山区水利局	全省节约用水工作先进集体	四川省水利厅	2020 年 3 月
38	眉山市水利局	全省水利工程建设工作先进集体	四川省水利厅	2020 年 5 月
39	青神县教体局、东坡区东坡小学、彭山区公义小学、仁寿县城北小学	四川省优质学校对口帮扶深度贫困县中小学校工作先进集体	四川省教育厅	2020 年 3 月
40	青神县国际竹艺城旅游服务中心	文化和旅游公共服务机构功能融合省级试点单位	四川省文化和旅游厅	2020 年 5 月
41	青神县青竹街道兰沟村，洪雅县瓦屋山镇、复兴村、自新村，丹棱县双桥镇梅湾村	四川省乡村旅游重点村	四川省文化和旅游厅、省发展改革委	2020 年 6 月
42	眉山市教体局、眉山职业技术学院	四川省教育系统信息工作先进单位	四川省委教工委、教育厅	2020 年 9 月
43	眉山市公安局	道路交通事故预防工作成效突出单位	四川省公安厅	2020 年 2 月
44	眉山市公安局东坡分局苏祠派出所	全省公安机关应对新冠病毒肺炎疫情成绩突出集体	四川省公安厅	2020 年 2 月
45	眉山市劳动保障监察支队、市市场监管局	全国清理整顿人力资源市场秩序专项执法行动取得突出成绩单位	四川省人力资源社会保障厅、市场监管总局办公厅	2020 年 9 月
46	眉山市中医药管理局、市中医医院、瓦屋山药业公司	四川省中医药传承创新发展先进集体	四川省人力资源社会保障厅、省中医药局	2020 年 8 月
47	眉山市自然资源局、天府新区眉山管委会、丹棱县 / 青神县自然资源局	四川省地质灾害防治工作先进单位	四川省自然资源厅	2020 年 7 月
48	眉山市卫生健康委	全省母婴安全保障工作成效突出集体	四川省卫生健康委	2020 年 4 月
49	眉山市审计局财政审计科、东坡区 / 仁寿县审计局	四川省审计系统先进集体	四川省审计厅、人力资源社会保障厅	2020 年 3 月
50	眉山市社科联、东坡区社科联、彭山区社科联	全省社科组织先进集体	四川省人力资源社会保障厅、省社科联	2020 年 6 月
51	青神县、市自然资源局信访科	“人民满意窗口”单位	四川省信访局	2020 年 1 月
52	彭山区市场监管局	“春雷行动 2020”暨知识产权保护执法行动先进集体	四川省市场监管局、省知识产权服务促进中心、省药监局	2020 年 5 月
53	彭山区	四川省未成年人思想道德建设工作先进县（市、区）	四川省精神文明委	2020 年 12 月
54	东坡区纪委监委	四川省脱贫攻坚先进集体	四川省脱贫办	2020 年 10 月
55	丹棱县、青神县	第十一届省双拥先进城（县、区）	四川省双拥办	2020 年 4 月

续表 71

序号	获奖单位	获奖称号	颁奖单位	颁奖时间
56	眉山市民政局、市退役军人事务局、洪雅县人武部等8个单位	四川省拥军优属先进单位	四川省双拥办	2020年4月
57	丹棱县卫健局	全省计划人口与家庭动态监测调查先进集体	四川省人口和计划生育领导小组	2020年6月
58	眉山市红十字会、青神县红十字会	新冠肺炎疫情防控工作优秀集体、防控接受捐赠款物工作先进集体	四川省红十字会	2020年6月
59	东坡区、彭山区统计局	四川省第四次全国经济普查先进集体	四川省统计局、人力资源社会保障厅	2020年11月
60	东坡区万胜镇人民政府、彭山区河长制办公室、仁寿县水利局	河长制湖长制先进集体	四川省总河长办	2020年8月
61	东坡区军队离退休干部休养所、仁寿县退役军人服务中心	四川省退役军人工作先进集体	四川省人力资源社会保障厅、退役军人事务厅	2020年9月
62	东坡区卫健局等8单位	全省计划生育家庭特别扶助工作先进集体	四川省人口和计划生育领导小组	2020年6月
63	眉山市	《四川农村年鉴（2019）》组稿工作先进单位	四川农村年鉴编辑委员会	2020年8月
64	眉山市	2020年农村经营管理工作突出单位	四川省农业农村厅	2020年12月
65	眉山市政协	2020年度新闻宣传工作先进单位	四川省政协办公厅	2020年1月
66	眉山市中级人民法院	全省法院国家赔偿审判与司法救助工作先进集体	四川省高级人民法院	2020年12月
67	眉山市中级人民法院执行局	“基本解决执行难”先进集体	四川省高级人民法院	2020年4月
68	眉山市中级人民法院行政审判庭	四川省法院系统先进集体	四川省高级人民法院、人力资源社会保障厅	2020年9月
69	眉山市司法局	抗击新冠肺炎疫情表现突出先进集体	四川省司法厅	2020年2月
70	眉山市司法局	四川省司法行政文化建设样板单位	四川省司法厅	2020年12月
71	眉山市司法局机关第一党支部	“汤洪林”党支部	四川省司法厅	2020年12月
72	眉山市司法局办公室、法律职业资格管理科	四川省司法行政机关2020年国家统一法律职业资格考试工作先进集体	四川省司法厅	2020年12月
73	眉山市直机关工委	第四届机关公文写作技能大赛优秀组	四川省直机关工委	2020年11月
74	眉山市政务服务管理局	四川省工程建设项目审批管理系统（2.0版）最佳推广奖	四川省大数据中心	2020年9月
75	眉山市生态环境局	“美丽中国，我是行动者”主题实践活动先进集体	四川省生态环境厅、省精神文明办、教育厅、共青团四川省委、省妇联	2020年12月
76	眉山市市场监管局	“万人进万企　党建促发展”活动先进单位	四川省市场监管局	2020年1月
77	眉山市税务局	2019—2020年省级节约型公共机构示范单位	四川省机关事务管理局、省发改委、财政厅、住房和城乡建设厅	2020年12月
78	眉山市税务局职工书屋	2020年四川省职工书屋	四川省总工会	2020年7月
79	眉山市税务局机关团支部	四川省五四红旗团支部	共青团四川省委	2020年4月
80	眉山市审计局	2020年四川省优秀审计项目一等奖	四川省审计厅	2020年9月
81	眉山市审计局财政审计科	四川省审计系统先进集体	四川省审计厅、省人力资源社会保障厅	2020年3月
82	眉山市卫健委	四川省中医药传承创新发展先进集体	四川省人力资源社会保障厅、省中医药管理局	2020年8月
83	眉山市卫健委	2020年四川省首届精神卫生防治技能竞赛省级总决赛优秀组织奖	四川省卫生健康委	2020年12月
84	眉山市中医医院、洪雅县瓦屋山药业有限公司	四川省中医药传承创新发展先进集体	四川省人力资源社会保障厅、省中医药管理局	2020年8月
85	天府新区眉山管委会自然资源局、青神县自然资源局	2020年四川省地质灾害防治工作先进集体	四川省自然资源厅	2020年7月
86	东坡区	2020年农村经营管理工作突出单位	四川省农业农村厅	2020年12月
87	东坡区人民检察院	四川省检察系统先进集体	四川省检察院、人社厅	2020年2月
88	彭山区应急救援队	新冠肺炎疫情防控工作优秀红十字志愿服务组织	四川省红十字会	2020年6月
89	彭山区疾病预防控制中心周慧霞家庭、仁寿县徐瑞蓉家庭	2020年第一批四川省“最美家庭”（拥军优属类型）（亲善教子类型）	四川省文明办、省妇联	2020年5月

续表 71

序号	获奖单位	获奖称号	颁奖单位	颁奖时间
90	彭山区供电局、丹棱县人民检察院、青神县人民检察院	四川省文明单位	四川省精神文明建设委员会	2020 年 12 月
91	丹棱县自然资源局	四川省地质灾害防治工作先进集体	四川省自然资源厅	2020 年 7 月
92	丹棱天府橙都主题公园	四川省级示范农业主题公园	四川省农业农村厅	2020 年 4 月
93	青神县	2020 年农村经营管理工作突出单位	四川省农业农村厅	2020 年 12 月
94	彭山区、洪雅县、丹棱县、青神县	2020 年全省粮食统计、畜牧业统计调查数据归口管理工作先进县	四川省国家统计局四川调查总队	2020 年 12 月
95	仁寿县	2020 年全省产粮大县粮食监测、生猪调出大县监测先进县	四川省国家统计局四川调查总队	2020 年 12 月
96	东坡区	2020 年全省生猪调出大县粮食监测、粮食统计调查数据归口管理工作先进区	四川省国家统计局四川调查总队	2020 年 12 月
97	青神县政府、洪雅县柳江镇政府专职消防队	全省专职消防队伍先进集体	四川省消防救援总队	2020 年 1 月
98	九三学社眉山市委员会	2020 年参政议政、机关建设、四川省抗击新冠肺炎疫情工作先进集体、2019—2020 年度新闻宣传工作三等奖	九三学社四川省委	2020 年 12 月
99	民建眉山市委机关总支、民建眉山市委彭山总支	民建四川省先进集体	民建四川省委	2020 年 9 月
100	民建眉山市委	抗击新冠肺炎疫情先进集体		
101	民建眉山市委东坡区总支	抗击新冠肺炎疫情先进集体（宣传工作）		

2020 年眉山市四川省级表彰部分先进个人一览表

表 72

序号	姓 名	工作单位	获奖名称	颁奖单位	颁奖时间
1	宋 一	眉山市农业农村局	全省一线优秀扶贫干部	四川省委、省人民政府	2020 年 5 月
2	秦维东	东坡区政协	脱贫攻坚先进个人	四川省委、省人民政府	2020 年 6 月
3	赵友中	眉山市生态环境局	四川省环保工作先进个人	四川省人民政府	2020 年 12 月
4	王 波	洪雅县中医医院	四川省先进工作者	四川省人民政府	2020 年 6 月
5	阚 洪	眉山市税务局			
6	陈远萍	彭山区人民检察院	全省检察机关案件管理业务能手	四川省人民检察院	2020 年 1 月
7	朱 敏	洪雅县人民检察院	四川省检察系统先进个人	四川省人民检察院	2020 年 2 月
8	赵 勤	青神县人民检察院			
9	周姊沫	眉山市人民检察院	全省十佳公诉人	四川省人民检察院	2020 年 7 月
10	胡海东	眉山市中级人民法院执行局	“基本解决执行难”先进个人	四川省高级人民法院	2020 年 4 月
11	姜 帆	眉山中级人民法院法警支队	2020 年度全省司法技术工作先进个人	四川省高级人民法院	2020 年 12 月
12	刘 康	眉山中级人民法院法警支队	全省法院司法警察庭审警务保障工作先进个人		
13	章亚梅	眉山市政协	2020 年度新闻宣传工作先进工作者	四川省政协办公厅	2020 年 1 月
14	袁丽霞	眉山市政协	2020 年度优秀通讯员		
15	蒋 莉	眉山市司法局	四川省司法行政系统先进个人	四川省人力资源社会保障厅、司法厅	2020 年 1 月
16	余 磊 祝 睿	眉山市司法局	四川省司法行政机关 2020 年国家统一法律职业资格考试工作先进个人	四川省司法厅	2020 年 12 月
17	王 超	眉山市审计局	四川省审计系统先进个人	四川省审计厅、人力资源社会保障厅	2020 年 3 月
18	张正群	眉山市护林防火站（野生动物保护站）	四川省大熊猫保护突出贡献奖先进个人	四川省林业和草原局、人力资源社会保障厅	2020 年 12 月
19	魏金花	眉山天府新区不动产登记中心	2020 年四川省地质灾害防治工作先进个人	四川省自然资源厅	2020 年 7 月
20	李欢迎	东坡区自然资源和规划局			
21	潘 森	彭山区自然资源和规划局			
22	周 智	仁寿县自然资源和规划局			

续表 72

序号	姓名	工作单位	获奖名称	颁奖单位	颁奖时间
23	李 建	洪雅县自然资源局			
24	黄 颖	青神县自然资源局			
25	李小辉 刘芯瑜	眉山市生态环境局	“美丽中国，我是行动者”主题实践活动先进个人	四川省生态环境厅、省精神文明办、教育厅、共青团四川省委、省妇联	2020 年 12 月
26	王 怡	眉山市环境信息中心	污染源普查工作表现突出个人	四川省第二次污染源普查领导小组办公室	2020 年 12 月
27	王莉萍	眉山工程技师学院	四川省教书育人名师	四川省委教育工委、教育厅	2020 年 9 月
28	张红霞	眉山市第一小学			
29	王泰臣	东坡区齐通小学			
30	李永祥	彭山区第一中学			
31	李晓红	仁寿第一中学校北校区			
32	陈学兵	青神中学校			
33	彭长继	洪雅中学校			
34	李 涛	眉山职业技术学院	四川省教育系统信息工作先进个人	四川省委教育工委、教育厅	2020 年 9 月
35	胡加全	民建眉山市委员会	“脱贫攻坚”四川好人	四川省精神文明办	2020 年 12 月
36	王诗丹	眉山职业技术学院	第五届四川省学生“学宪法讲宪法”演讲比赛三等奖	四川省委全面依法治省办、教育厅、司法厅	2020 年 1 月
37	张 林	彭山区税务局	四川省青年岗位能手	共青团四川省委	2020 年 3 月
38	杨 祎	眉山云承在宥科技有限公司	四川省三八红旗手	四川省妇联、人力资源社会保障厅	2020 年 6 月
39	谭晓芳	眉山市工商联	2020 年度民营企业调查点工作先进个人	四川省工商联	2020 年 12 月
40	郑行昱 卢屏君 王 娟 卢建林	国家统计局眉山市调查队	2020 年年度考核嘉奖	国家统计局四川调查总队	2021 年 4 月
41	王 建 沈 阳 王 蝶	眉山市红十字会	新冠肺炎疫情防控工作优秀个人	四川省红十字会	2020 年 6 月
42	盛 静 曾忠成	眉山市红十字会	优秀红十字志愿者	四川省红十字会	2020 年 4 月
43	干尧鳖 张 健 代友贵 程 刚 余开定 彭 婵 梁玉辉 江 丽 张建丽 吴兴会 姚 进 徐 明 任家丁 李佳治 郑 莲	眉山市红十字会	新冠肺炎疫情防控工作优秀红十字志愿者	四川省红十字会	2020 年 6 月
44	吴 静 李 燕 王爱平	眉山市红十字会	新冠肺炎疫情防控接受捐赠款物工作先进个人	四川省红十字会	2020 年 6 月
45	伍 希	眉山市红十字会	优秀红十字学校红十字会先进工作者	四川省红十字会	2020 年 8 月

续表 72

序号	姓 名	工作单位	获奖名称	颁奖单位	颁奖时间
46	刘熙恒 彭馨瑶 杨 海	眉山市红十字会	优秀红十字青少年会员	四川省红十字会	2020 年 8 月
47	佘 静	眉山市妇幼保健院	2020 全国产科手术操作及缝合技能大赛剖宫产手术视频四川赛区三等奖	中华医学会围产医学分会	2020 年 8 月
48	戴 凯	眉山市妇幼保健院	2020 年四川省妇幼临床检验质量控制先进个人（突出贡献奖）	四川省妇幼临床检验质量控制中心	2020 年 12 月
49	李海燕 李梦月 赵璐璐 黄青山 向廷智 王 丹 章丹妮 卢 樊 宋羽佳 黄 巧 王 倩 邹 倩 来亚文 陈彦君 侯宁洙 何佳利 周 秘 黄青山	眉山职业技术学院	2020 年“挑战杯”中国农业银行四川省大学生创业计划竞赛铜奖	四川省教育厅	2020 年 9 月
50	卢琳琅 黄 治 罗 静	眉山职业技术学院	2020 年四川省中等职业学校教师教学能力大赛外语类一等奖	四川省教育厅	2020 年 1 月
51	陈继红 袁南星 廖 颖 陶俊辉		2020 年四川省中等职业学校教师教学大赛信息技术类一等奖		
52	刘 莉 伍成艳 朱丽鋆		2020 年四川省中等职业学校教师教学能力大赛语文类一等奖		
53	张 敏 周 锐 李建华		2020 年四川省中等职业学校教师教学能力大赛数学类一等奖		
54	王颖旎 李青青		2020 年四川省中等职业学校教师教学大赛教育类二等奖		
55	张雪艳 张 逊 黄 玲		2020 年四川省高等职业院校教师教学能力大赛专业课程组一等奖		
56	任 弘 苏雯婷 李 涛		2020 年四川省高等职业院校教师教学能力大赛公共基础组二等奖		

续表 72

序号	姓名	工作单位	获奖名称	颁奖单位	颁奖时间
57	杨　俊 伏晓科 刘明洁 马建英		2020年四川省高等职业院校教师教学能力大赛专业课程组二等奖		
58	李坤芝 张秀芳 杨　超		2020年四川省高等职业院校教师教学能力大赛公共基础组三等奖		
59	李　旭 李律佳 王　卉 严　东 刘　琳 兰晓林 段　伟 陶　非 郑　洋 涂羽娇 刘正权 王　燕 李　倩 宋　燕 谢碧秀 何　强 张　凯 刘　滕 杨　芳 黄　芮 刘　锲 刘　芳 赵雪梅 谭尹秋 赵　红 向诗媛 周又又 罗　颖 张新梁		2020年四川省高等职业院校教师教学能力大赛专业课程组三等奖		
60	陶雨晴 丁　联	眉山职业技术学院	2020年全国职业院校技能大赛改革试点赛四川省选拔赛餐厅服务赛项团体三等奖	四川省教育厅	2020年11月
61	周婷婷 杨　虹 雷冰冰		2020年全国职业院校技能大赛改革试点赛四川省选拔赛学前教育专业教育技能团体三等奖		
62	杨棹慧		2020年高等职业院校学生英语挑战赛阅读比赛一等奖		
63	协拉旦真		2020年高等职业院校学生英语挑战赛演讲比赛二等奖		
64	李雪秋		2020年高等职业院校学生英语挑战赛写作比赛三等奖		
65	龚显田	眉山市中医院	抗击新冠肺炎疫情先进个人	九三学社四川省委	2020年12月
66	母发光	彭山区人民医院			
67	戴　凯	眉山市妇幼保健院检验室			

续表 72

序号	姓 名	工作单位	获奖名称	颁奖单位	颁奖时间
68	胡加全	民建眉山市委员会	2020 年全省抗击新冠肺炎疫情先进个人（参政议政）	民建四川省委员会	2020 年 9 月
69	董 敏 李 戈		2020 年全省抗击新冠肺炎疫情先进个人（一线医务）（一线防控）		
70	马万军 张泽均		2020 年全省抗击新冠肺炎疫情先进个人（捐款捐物）		
71	周 惠		2020 年度全省优秀会员		

2020 年眉山市委、市政府表彰情况一览表

表 73

获奖称号	授奖单位	授奖文号	授奖时间
2019 年度创建全国文明城市工作先进集体和先进个人	中共眉山市委、眉山市人民政府	眉委〔2020〕145 号	2020 年 3 月
2019 年度创建国家卫生城市工作先进集体和先进个人			
2019 年度创建国家森林城市工作先进集体和先进个人			
2019 年度党风廉政建设先进集体			
2019 年度“两法衔接”工作先进集体和先进个人			
“基本解决执行难”工作先进集体和先进个人			
2019 年度十大民生工程及 20 件民生大事工作先进集体和先进个人			
2019 年度宣传思想工作先进集体和先进个人			
2019 年度统战工作先进集体和先进个人			
眉山市优秀中国特色社会主义事业建设者			
2019 年度政法工作先进集体和先进个人			
2019 年度扫黑除恶工作先进集体和先进个人			
“鑫圆系”网络传销案审判工作先进集体和先进个人			
眉山市 2019 年度全面深化改革工作先进集体和先进个人			
2019 年度成眉同城化发展工作先进集体和先进个人			
2019 年度项目投资工作先进集体和先进个人			
2019 年度新型城镇化工作先进集体和先进个人			
2019 年度河长制湖长制工作先进集体和先进个人			
2019 年度实施乡村振兴战略工作先进集体和先进个人			
2019 年度经济合作工作先进集体和先进个人			
2019 年度信访工作先进集体和先进个人			
2019 年度政协工作先进集体和先进个人			
2019 年度工业发展工作先进集体和先进个人			
“文化 2030 丨城乡发展:历史村镇的未来”国际会议筹办先进集体和先进个人			
2019 年度民兵工作先进集体和先进个人	中共眉山市委、眉山市人民政府、眉山军分区	眉委〔2020〕162 号	2020 年 3 月
眉山市服务业发展工作先进集体和先进个人	中共眉山市委、眉山市人民政府	眉委〔2020〕363 号	2020 年 7 月
眉山市“开放发展突破年”先进集体和先进个人	中共眉山市委、眉山市人民政府	眉委〔2020〕381 号	2020 年 7 月
眉山市县域经济发展先进集体和先进个人	中共眉山市委、眉山市人民政府	眉委〔2020〕400 号	2020 年 7 月
2019 年度“党管武装好书记”	中共眉山市委、眉山军分区党委	眉委〔2020〕61 号	2020 年 1 月
2019 年度办公室工作先进集体和先进个人	中共眉山市委办公室、眉山市人民政府办公室	眉委办〔2020〕6 号	2020 年 3 月
2019 年度机构编制工作先进集体和先进个人			
2019 年度走基层直接联系服务群众工作先进集体和先进个人			
2019 年度保密机要工作先进集体和先进个人			
2019 年度统计调查工作先进集体和先进个人			

续表 73

获奖称号	授奖单位	授奖文号	授奖时间
加快推进竹产业高质量发展建设美丽乡村竹林风景线工作先进集体和先进个人			
2019年度百企联百村工作先进集体和先进个人			
全市离退休干部先进集体和先进个人	中共眉山市委办公室、眉山市人民政府办公室	眉委办〔2020〕8号	2020年3月
眉山市2012—2020年社科工作先进集体和先进个人	中共眉山市委办公室、眉山市人民政府办公室	眉委办〔2020〕13号	2020年4月
2019年度农民工工作先进集体及先进个人和返乡下乡创业明星及示范企业	眉山市人民政府	眉府函〔2020〕19号	2020年3月
2019年度财政工作先进集体和先进个人			
2019年度法治政府建设工作先进集体			
2019年度文化旅游和广播电视工作先进集体和先进个人			
2019年度卫生健康工作先进集体和先进个人			
四川省第二届全民健身运动会承办工作先进集体和先进个人			
第三届眉山东坡文化国际学术高峰论坛暨四川音乐周筹办工作先进集体和先进个人			
2019年度促进民营经济发展暨优化营商环境先进集体和先进个人			
第十七届中国食品安全年会暨第十一届中国泡菜食品国际博览会先进集体和先进个人			
2019年度生态环境保护工作先进集体和先进个人			
2019年度服务业发展工作和促进家政服务业提升拓展工作先进集体和先进个人			
2019"中国菜"艺术节暨川菜产业创新发展大会先进集体和先进个人			
2019年度"十三五"千亿交通大会战先进集体和先进个人			
2019国际(眉山)竹产业交易博览会先进集体和先进个人			
2019年度自然资源管理工作先进集体和先进个人			
残疾人就业工作先进集体和先进个人			
2019年度安全生产工作先进企业	眉山市人民政府	眉府函〔2020〕51号	2020年6月
教育体育工作先进集体和眉山市优秀教师优秀校长	眉山市人民政府	眉府函〔2020〕82号	2020年9月
2020年度"眉山新闻奖"获奖作品	眉山市人民政府	眉府函〔2020〕104号	2020年11月
眉山市第十五次哲学社会科学优秀成果奖获奖项目	眉山市人民政府	眉府函〔2020〕124号	2020年12月
2019年度审计工作先进集体和先进个人	眉山市人民政府办公室	眉府办函〔2020〕7号	2020年3月

眉山市级先进单位和个人(部分)

2020年度"眉山好人"名单

一、助人为乐好人

祝光伦　眉山市光伦养殖有限公司董事长
吴英杰　仁寿振展商贸有限公司负责人
李　强　仁寿县建材装饰行业商会会长
严光玉　洪雅县瓦屋山药业有限公司董事长
陈　波　丹棱县生态源农业发展有限公司总经理
邹　松　四川省满竹里科技有限公司董事长

二、见义勇为好人

刘吉志　洪雅县三宝镇卫生院医生
帅贵云　青神县瑞峰镇黄桷村2组组长
盛恩利　国网眉山市彭山供电公司观音供电所员工

三、诚实守信好人

袁学彬　彭山区方便粮行经理

四、敬业奉献好人

黄晓凤　东坡区尚义镇副镇长
李永安　东坡区农业局经济作物站副站长
马景卉　彭山区人民医院主治医师
曾　桃　仁寿县中医医院内二科主管护师
高　婷　仁寿县嘉南路邮政支局负责人
王　齐　青神县中医医院内儿1科副主任
尚亚楠　眉山市中医医院主治中医师

五、孝老爱亲好人

白学华　洪雅县止戈镇五龙村6组村民
岑学银　丹棱县张场镇金花村主任
罗春方　青神县瑞峰镇黄桷村3组组长

第四届眉山市志愿服务先进典型名单

一、优秀志愿者

李俊英　眉山市李妈妈爱心协会会长
刘统华　眉山市社会治安志愿者协会会长
高莉苹　眉山天府新区视高街道青林社

区志愿者

雷泽珍 东坡区泽华妇女权益保护志愿者协会会长

刘 瑛 东坡区益家家庭教育志愿者协会秘书长

张德军 彭山区保胜乡初级中学教师志愿者

达兴福 彭山区凤鸣街道城东社区网格员志愿者

查林利 仁寿县青年志愿者协会志愿者

鲜淑蓉 洪雅县绿海明珠夕阳红志愿者服务队负责人

骆 意 丹棱县杨场镇金牛社区文艺志愿者

二、新冠肺炎疫情防控优秀志愿者

袁 娇 眉山职业技术学院党员志愿者

邹生福 眉山饿了么公司外卖员志愿者

徐大清 眉山天府新区视高街道视高铺社区志愿者

谢 飞 东坡区紧急救援志愿者协会会长

周江峰 东坡同心志愿者服务队常务副队长

梁树清 彭山区社会治安志愿者协会副会长

李佳慧 仁寿县文林街道先农社区大学生志愿者

黄 强 洪雅县洪州应急救援服务中心志愿者

牟丽佳 丹棱县南苑中医医院医疗志愿者

涂 梅 青神县乡村妇女儿童合作发展促进会志愿者

三、优秀志愿服务组织

四川大学锦江学院青年志愿者协会

东坡区益家家庭教育志愿者协会

仁寿县草根妈妈成长教育协会

丹棱县狮子花蕾爱心志愿者服务队

青神县税务局青衣青鸟志愿者服务队

四、新冠肺炎疫情防控优秀志愿服务组织

眉山市应急救援志愿者协会

东坡区卫健系统志愿者服务队

彭山区社会治安志愿者协会

仁寿县曹家镇志愿者服务队

洪雅县新联会同心公益志愿者服务队

五、优秀志愿服务项目

“绿光计划”志愿服务项目——国网眉山供电公司

“共建美丽眉山”文明创建宣传志愿服务项目——眉山市爱心之友志愿者协会

“彭溪义仓”志愿服务项目——彭山区友仁公益发展协会

“德润万年”志愿服务项目—丹棱县张场镇万年村

“逆风飞翔·相伴成长”困境儿童帮扶志愿服务项目——青神县乡村妇女儿童合作发展促进会

六、优秀志愿服务社区(村)

眉山天府新区青龙街道莲池社区

东坡区通惠街道长安路社区

彭山区黄丰镇团结村

仁寿县文林街道先农社区

洪雅县柳江镇花溪社区

眉山市优秀教师、优秀校长名单

一、眉山市优秀教师

苏 军 仁寿县兴盛镇九年制学校

罗 红 眉山市彭山区牧马镇府河学校

雷维平 仁寿县向家镇九年制学校

陈立新 四川省眉山中学校

吴知敬 四川省眉山中学校

金 玫 眉山市东坡区苏辙中学

祝树芬 眉山市东坡区苏祠初级中学

申佳红 眉山市东坡区苏洵初级中学

王 燕 眉山市东坡区苏南小学

白满华 眉山市东坡区大北街小学

刘世益 眉山市东坡区齐通小学

王桂兰 眉山市东坡区第一幼儿园

周利琴 眉山市东坡区三苏镇广济初级中学

张秀红 眉山市东坡区崇礼镇中心小学

颜 峰 眉山市华西航空旅游学校

魏 东 眉山市彭山区第一中学

梁仕如 眉山市彭山区保胜乡中心小学

陈 平 眉山市彭山区第一小学

彭显云 眉山市彭山区公义镇中心小学

夏碧君 仁寿县汪洋镇小学校

罗建芳 仁寿县汪洋镇四公九年制学校

王利平 仁寿县大化镇幼儿园

程 辉 仁寿县青岗乡小学校

吕海燕 仁寿县宝飞镇初级中学校

彭福建 仁寿县宝飞镇凤陵九年制学校

彭群芳 仁寿县满井镇小学校

雷 庭 仁寿县龙正镇初级中学校

夏祥平 仁寿县北斗镇城堰小学校

魏富强 仁寿县谢安镇九年制学校

黄 蕴 四川省仁寿第一中学校南校区

高茂清 仁寿师范附属小学

蒋秋玲 仁寿县幼儿园

杨俊文 四川省仁寿县第二高级职业中学

何浩山 洪雅县第一小学校

廖 伟 四川省洪雅中学校

周淑容 洪雅县实验中学校

吴雅锌 洪雅县致远学校

谢敏敏 洪雅县实验小学校

王 欢 洪雅县将军镇中心小学校

刘海燕 四川省丹棱中学校

胡 娟 丹棱县城区小学校

刘启林 丹棱县双桥镇初级中学

李凤妮 丹棱县齐乐镇小学校

董昭君 青神中学校

李 葳 青神县实验幼儿园

欧 霞 青神县初级中学校

段志红 青神县黑龙小学校

冷继高 眉山市第一小学

二、眉山市优秀校长

易学军 仁寿县高家镇小学校

邹义强 四川省眉山车城中学

窦红霞 眉山市东坡区大北街小学

陈 武 眉山北外附属东坡外国语学校

张世贵 眉山市彭山区第三中学

王 良 仁寿县藕塘镇初级中学校

陈双明 仁寿县文宫镇初级中学校

郑彬文 仁寿县龙马镇小学校

李劲松 四川省洪雅县职业高级中学校

姜燕刚 丹棱县文汇中学

鲁建文 青神县实验初级中学校

眉山市第十五次哲学社会科学优秀成果奖获奖名单

特等奖(空缺)

一等奖

1. 壮大主城区 提升首位度 加快建设“生态城·文化城·活力城”(调研报告)

《眉山市社科研究立项课题成果选编(2019)》,集体成果(市委办公室课题组)

2. 关于加快眉山天府新区高质量发展的调研报告(调研报告)

2019年10月转化为中共眉山市委眉山市人民政府《关于加快眉山天府新区高质量发展的实施意见》(眉委〔2019〕336号),集体成果(市委政研室课题组)

3. 眉山市加快数字经济发展的对策研究(对策研究)

眉山市2019年社会科学研究结项课题,集体成果(市数字经济发展局课题组)

4. 天府镜像与文学中国：当代四川多民族文学发展研究（学术专著）

中国社会科学出版社 2019 年 9 月出版，余红艳（四川省社科院眉山分院）

5. 法治文化建设在基层依法治理中的作用发挥——以四川省眉山市白马镇龚村为样本（调研报告）

《中国司法》2019 年第 5 期，万超、邹成双、王高琴（市司法局、东坡区委政法委）

二等奖

1. 眉山市精简文件会议助力基层减负的研究与思考（调研报告）

《眉山市社科研究立项课题成果选编（2019）》，集体成果（市委办公室课题组）

2. 关于进一步着力解决看病难和看病贵问题的建议（调研报告）

《调查与决策》2019 年第 8 期，集体成果（市政协办公室课题组）

3. 眉山乡村振兴路径研究报告（调研报告）

眉山市 2019 年社会科学研究结项课题，集体成果（市委政研室课题组）

4. 新时代基层意识形态工作问题对策研究（调研报告）

眉山市 2019 年社会科学研究结项课题，李祝才、罗明、梁科、李俍岑（市委宣传部）

5. 创新市域社会治理眉山路径研究（调研报告）

《眉山法学》2019 年第 2 期，集体成果（市委政法委课题组）

6. 眉山市充分发挥目标绩效管理作用推动项目工作落地落实的研究（调研报告）

眉山市 2019 年社会科学研究结项课题，集体成果（市委目标绩效办课题组）

7. 构筑立体化、专业化、智能化社会治安防控体系的路径研究（调研报告）

《眉州学刊》2019 年 12 月，集体成果（市公安局课题组）

8. 东坡文化在干部教育培训中的时代价值（学术论文）

《中共眉山市委党校学报》2019 年 12 月，《苏轼研究》2019 年 1 期，杨志华、罗杨、李太权（市委党校）

9. 推动眉山文化旅游消费升级的对策研究（对策研究）

《眉州学刊》2019 年 8 月，毛林、黄富兰、吕燕芳、王仕胜（市文广旅局）

10. 青神县开放发展路径探究——以"机械产业"为例探索县域经济开放发展途径（调研报告）

眉山市 2019 年社会科学研究结项课题，肖巍、杨江海、李仕贵、江涛、张晓玉（青神县委、县人民政府、县委办公室）

11. 农文旅融合 促进丹棱乡村旅游发展的对策研究（调研报告）

《眉山市社科研究立项课题成果选编（2019）》，集体成果（丹棱县委课题组）

12. 千古第一文人——苏东坡（科普读物）

巴蜀书社出版社 2019 年 5 月出版，熊朝东（东坡区融媒体中心）

13. 以职业素养为本位的高职学前教育课程建构的实践路径探究（学术论文）

《高教学刊》2019 年第 8 期，王其红、徐雪（眉山职业技术学院）

14. 明代眉州水陆交通和社会经济研究——以明末"江口沉银"古战场遗址为中心（学术论文）

"江口沉银"专项社科研究结项课题，王景、卢艳、周彩虹、吕梦园（眉山职业技术学院）

15. 乡村振兴背景下农村法律援助面临的困境与对策（学术论文）

《法制与社会》2019 年 8 月，高恩胜（四川工商学院）

16. 民办高校的改革与发展模式研究（学术专著）

吉林文史出版社 2019 年 9 月出版，熊斌（四川工商学院）

17. 乡村振兴战略下美丽乡村建设与乡村旅游耦合发展机制研究（学术论文）

《四川师范大学学报（社会科学版）》

2019 年 3 月，何成军、曾诚（四川城市职业学院）

三等奖

1. 眉山天府新区高质量发展战略研究（调研报告）

眉山市 2019 年社会科学研究结项课题，集体成果（四川天府新区眉山管委会课题组）

2. 彭山区推动综合服务重心下沉 助力乡村振兴的研究（对策研究）

《眉山市社科研究立项课题成果选编（2019）》，集体成果（彭山区人民政府课题组）

3. 关于深化成眉人才合作路径思考（调研报告）

眉山市 2019 年社会科学研究结项课题，集体成果（市委组织部课题组）

4. 眉山市外出务工人员回流就业创业新路径研究（对策研究）

《眉山市社科研究立项课题成果选编（2019）》，集体成果（国家统计局眉山调查队课题组）

5. 关于促进眉山建筑业高质量发展的几点思考（调研报告）

眉山市人民政府研究室《市长专报》2019 年第 2 期；2020 年 1 月转化为眉山市人民政府办公室《关于推动眉山市建筑业高质量发展的实施意见》（眉府办发〔2020〕1 号），集体成果（市人民政府研究室课题组）

6. 关于眉山建设环成都文旅经济带新兴增长极的思考（对策研究）

《眉州学刊》2019 年 12 月，集体成果（市委宣传部课题组）

7. 促进民营经济健康发展政策落地情况调查——以甘眉工业园区为例（调研报告）

《眉山法学》2019 年第 3 期，集体成果（市委政法委课题组）

8. 加强社区养老服务体系建设对策研究（调研报告）

《眉州学刊》2019 年 12 月，易洪涛、李艳、徐成良、杨加盛（市人大常委会）

9. 城镇化对消费需求影响的理论路径探讨（学术论文）

《商业经济研究》2019 年第 14 期，王素君（四川省社科院眉山分院）

10. "1314"工作法筑实城市基层治理"同心圆"（对策研究）

《调查与决策》2019 年第 3 期，集体成果（青神县委、县委组织部课题组）

11. 失信被执行人惩戒的实证研究——基于 M 市两级法院的实践（调研报告）

《东坡司法评论》2019 年第 2 期，余林峰（市中级人民法院）

12. 领导干部政治素质考察研究（调研报告）

眉山市 2019 年社会科学研究结项课题，马炜、张健、刘刚、张锐（市委组织部）

13. 家事审判改革在基层司法实践探索及机制完善——以 M 市 D 区法院家事审判改革试点为视角（学术论文）

《东坡司法评论》2019 年第 1 期，廖智慧（东坡区人民法院）

14. 诉源治理背景下诉前调解的实践检视及完善路径——基于对M市D区诉前调解人员的实证分析（学术论文）

《东坡司法评论》2019年第2期，白晟、张诗晨、杨云（洪雅县人民法院、东坡区人民法院）

15. 司法责任体制改革下基层法院法官权益保障机制构建的实证研究——以法官职业实现自我提升为视角（调研报告）

《东坡司法评论》2019年第1期，鲁春燕（青神县人民法院）

16. 当前民营经济法律保护问题研究——以眉山市为例（对策研究）

《眉州学刊》2019年12月，李广平、宋强（市社科联）

17. 关于加强开放型干部队伍建设的对策建议（调研报告）

《中共眉山市委党校学报》2019年12月，周光普、袁潇雅、郭佳铭（市委党校、四川省法官培训学院）

18. 眉山市哲学社会科学70年的基本实践和建设成就调研报告（调研报告）

《四川哲学社会科学70年——来自全省21个市州的调研报告》四川大学出版社2019年9月出版，《眉州学刊》2019年11月，集体成果（市社科联课题组）

19. 推动东坡文化旅游融合发展研究（对策研究）

《眉山市社科研究立项课题成果选编（2019）》，涂勇、吴佩珏、隋艳莉、涂江潇（市文广旅局、彭山区文广旅局、洪雅县将军镇）

20. 修竹山房诗草·全注（学术专著）

四川和乐印务有限责任公司2019年8月印制，眉新出内（2019—36），郭文元、韩树明、孙仲父（丹棱县委组织部、县丝绸公司、县城厢中学）

21. 在特殊“舞台”上涌现生命的灵动与活力——利用区域活动培养幼儿自主能力的策略探究（学术论文）

《教育科学论坛》2019年第9期，王志英（青神县幼儿园）

22. 中国古代诗词理论要解（学术专著）

世界科技出版公司（八方文化创作室）2019年2月出版，董小伟（四川大学锦江学院）

23. 以“辅导员+导师”制增强高职大学生思想政治教育实效性的探索（学术论文）

《西昌学院学报（社会科学版）》2019年第3期，景志明、潘德伟、倪月柳、黄亚军、但堂渊（天府新区信息职业学院）

24. 新形势下民办高校转型发展的问题及创新路径（学术论文）

《浙江树人大学学报》2019年第3期，刘存绪（天府新区航空旅游职业学院）

25. 做强通道经济，促进区域发展——以仁寿县为例（调研报告）

眉山市2019年社会科学研究结项课题，集体成果（仁寿县委课题组）

26. 天府新区经济带与地方经济协调发展研究（对策研究）

眉山市2019年社会科学研究结项课题，吴洪霞、高莉、刘霖梦、刘珊珊、郑牵宝（四川科技职业学院）

27. 民办高职院校基层党组织意识形态工作中存在的问题及对策研究——以眉山市民办高职院校为例（调研报告）

眉山市2019年社会科学研究结项课题，集体成果（眉山药科职业学院课题组）

28. 东坡栽松史实探析（学术论文）

《中国苏轼研究》2019年6月，何勇（洪雅县国有林场）

2020年度“眉山新闻奖”获奖作品一览表

表74

一、报刊类

特等奖

序号	作品名称	刊发媒体	稿件影响	作者
1	完善利益联结机制　保障农民持续受惠 四川　特色农业促增收	《人民日报》	头版头条，“走向我们的小康生活”专栏刊发，2 181字，深度报道眉山现代农业产业体系建设，充分展示眉山全面小康成果，实现建区设市以来《人民日报》头版头条深度报道的突破	彭国华 赵渊杰 张　文 宋豪新
2	眉山市多举措破解生猪规模养殖用地难题	新华社	《内参选编》，2 000多字，深度报道眉山市创新思路找出路，有效破解生猪规模化养殖用地难题，产生重大反响	陈　健 姚永亮
3	眉山以高水平开放引领高质量发展 扩大“朋友圈”　融入“经济圈”	《四川日报》	头版头条，2 128字，深度报道眉山加快成德眉资同城化发展，全力融入成渝地区双城经济圈，不断扩大国际朋友圈，以高水平开放引领高质量发展的探索实践，人民网、新华网等媒体转载，引发全国对眉山开放引领工作的关注	王青山 樊邦平

一等奖

序号	作品名称	刊发媒体	稿件影响	作者
4	四川眉山东坡区要求防控一线干部做好休息调整　一份特殊的通知	《人民日报》	生动报道眉山保障一线党员干部休息时间，为打赢新冠肺炎疫情防控阻击战提供强劲持续战斗力。在全国反响强烈，报道后国内多地纷纷出台类似规定	王明峰
5	形成规范服务标准　打造统一公共品牌 眉山贫困户，当月嫂谋致富	《人民日报》	“一线探民生”专栏刊发，半个版深度报道眉山市重点发展家政服务业的举措成效，获市委主要领导肯定性批示	王明峰 李　幸
6	流感疫苗接种需求可能增加	新华社	《国内动态清样》报道，获国务院副总理孙春兰肯定性批示	陈　健

续表 74

序号	作品名称	刊发媒体	稿件影响	作者
7	基层党建做什么？提升服务聚民心	《半月谈》	图文报道眉山基层党建先进工作经验，新华社客户端、新华网等媒体转载	陈　健 陈　地 薛玉斌
8	天府之国的乡村充满希望	《光明日报》	头版，报道眉山果园村依靠葡萄产业脱贫致富的经验成效，展现眉山脱贫奔康样本	安胜蓝 李晓东 朱晓帆
9	四川眉山市彭山区果园村：产业兴旺环境美　日子好比葡萄甜	《经济日报》	头版，“走向我们的小康生活”专栏刊发，深度解密眉山果园村幸福密码	刘　畅 张　倩 江　蓝
10	“多亏了引路人，村里才会大变样” 四川：小康路上　青年当先	《中国青年报》	头版，深度报道眉山返乡青年带动村民致富，助力乡村振兴，中国青年网等媒体转载	王鑫昕 王　林
11	疫情之下，农民工出门有顾虑，企业复工防控责任大，怎么办——四川两招化解两头难	《农民日报》	头版头条，报道仁寿县开展春风行动、助农民工返岗的经验做法，获农业农村部副部长、四川省人民政府省长以及省委副书记等领导肯定性批示	张艳玲
12	节日乡村游　满满文化味儿 眉山3天迎客10万人　村民唱响幸福歌	《四川日报》	头版头条，“国庆新民俗　假日新体验”专栏刊发，新华网等媒体转载	樊邦平
13	开放引领　走好三步“棋”	《四川日报》	头版头条，深度报道眉山项目引领开放发展，着力建设环成都经济圈开放发展示范市的举措成效，四川在线等转载	文铭权 樊邦平
14	全市规上工业企业复工率达89.5%——眉山有序复工复产奏响“三部曲”	《四川日报》	头版倒头条，深度报道眉山抗疫经验，人民网、四川新闻网等媒体转载	文铭权 樊邦平
15	把眉山建成成都都市圈副中心——专访眉山市委书记慕新海	《四川日报》	头版倒头条，报道眉山积极落实省委全会精神，进一步推动成德眉资同城化发展，明确建设成都都市圈副中心目标和服务国家战略全局、融入全省战略大局的发展方向，澎湃新闻、新浪等媒体转载	吴晓铃 王青山 樊邦平

二等奖

序号	作品名称	刊发媒体	稿件影响	作者
16	社区防控，我们在行动 四川青神：守护健康　做实做细	《人民日报》	报道青神县疫情防控工作	王明峰
17	脱贫攻坚，再加把劲 车间恢复生产，日子更有盼头	《人民日报》	“决战脱贫攻坚　一线故事”专栏刊发，图文报道天府新区眉山片区支持扶贫企业，助力“扶贫车间”复工复产	王明峰
18	第一书记刘强吃透村里情况，找到发展路子 驻村要助村　扶贫求精准	《人民日报》	报道丹棱县万年村驻村第一书记做真、做好、做实脱贫和乡村振兴工作，为眉山打赢脱贫攻坚收官战助力	王明峰
19	针对无业人员和返乡人员精准开展职业培训，四川仁寿——送技入户，老乡就业走新路	《人民日报》	报道仁寿稳就业工作	王明峰
20	四川：涉案百亿元“鑫圆共享”网络传销案宣判	新华社	报道鑫圆网络传销案公开宣判，影响大，中央电视台、《法治日报》、中新社、《四川日报》、四川电视台等媒体转载，获市委主要领导肯定性批示	钟　成 古笑言
21	四川彭山：拿掉有名无实的“牌子”“箱子”	新华社	报道彭山区集中整治形式主义、官僚主义问题	陈　健
22	四川仁寿：社区有问题，“圆桌会”上议	新华社	报道眉山市域社会治理现代化	陈　健
23	幸福乡村引“客”归	《新华每日电讯》	头版，报道仁寿县多举措吸引优秀农民企业家返乡创业	杨三军 陈　健
24	奋战在一线丨成宜高速（成都到宜宾）仁寿段姚家沟特大桥施工现场	《光明日报》	头版，图文报道仁寿项目建设者国庆赶进度、保工期，人民网、新华网、网易等转载	潘　帅
25	张献忠“江口沉银”的面纱缓缓揭开	《光明日报》	图文刊发彭山区江口沉银遗址发掘成果，光明网、中新网等转载	李晓东 周洪双 刘　坤
26	眉山：开足马力生产　全力保障供应	《经济日报》	头版倒头条，图文展示眉山企业疫情防控物资生产	姚永亮

续表 74

序号	作品名称	刊发媒体	稿件影响	作者
27	丑橘不“丑”——四川丹棱县橘橙之乡产业突围记	《农民日报》	头版倒头条,深度报道丹棱橘橙产业发展,新华网等转载	张艳玲
28	网络游戏“逆水寒”现侵权责任纠纷 四川省首次通过“人民法院调解平台”在线调解	《法治日报》	展现洪雅县法院在全省率先通过人民法院调解平台在线调解,案件关注度高	钟　成 古笑言
29	平安眉山建设开新局	《法治日报》	头版,报道平安眉山建设工作,光明网、腾讯网等转载	刘正国 马利民
30	四川眉山彭山果园村:葡萄架下,小康路上	《中国文化报》	头版倒头条,报道眉山彭山果园村依靠葡萄产业脱贫致富经验成效	卢　旭
31	汇聚全球要素资源　打造开放发展高地	《中国改革报》	头版,深度聚焦天府新区眉山片区开放发展成果,改革网、搜狐、凤凰网等转载	何广西
32	眉山市彭山区把干部从“频繁陪同”中解脱出来——少些领导陪同　多些时间干事	《四川日报》	头版倒头条,“整治形式主义　切实为基层减负”专栏刊发,人民网、中国共产党新闻网等转载	舒　勤 陈　婷
33	眉山探路民生实事“由民做主”——群众意见如何成为民生举措?	《四川日报》	报道眉山全年民生事项票决工作	樊邦平
34	从诗词、书画、音乐、美食入手　眉山深挖苏东坡这座“富矿”	《四川日报》	图文展示眉山文旅产业发展的创新做法,四川在线等媒体转载	樊邦平
35	在实施岷江流域生态屏障建设项目中——乡村因竹而美　村民以竹致富	《四川日报》	头版,报道青神竹产业发展项目建设情况,中国林业网、搜狐网等转载	樊邦平
36	眉山打响“八大攻坚战”　做好开放发展示范	《四川日报》	“市州委全会看谋动”专栏刊发,展示眉山开放发展举措,人民网四川频道、四川新闻网等媒体转载	樊邦平
37	48 岁村支书倒在岗位上 防疫大喇叭里　再也听不到他的声音	《四川日报》	报道眉山基层党员干部抗疫典型,人民网、新浪网等转载	文铭权 樊邦平
38	四川天府新区眉山片区:22 枚“2 号”公章为行政效能提速	《四川日报》	报道天府新区眉山片区营造良好营商环境的探索实践	樊邦平
39	眉山:“扶持策”助力工业逆势上行	《四川经济日报》	头版头条,报道在全省“工业挑大梁”大背景下,眉山工业迅速摆脱疫情影响,高质量逆势发展	童　年 常　坚 刘枢润
40	产业绿水青山间　“邻里百家”乡风谐——眉山市乡村振兴的善治之路	《四川农村日报》	头版头条,图文深度报道眉山积极探索乡村振兴和乡村治理的方法经验	左　杉

三等奖

序号	作品名称	刊发媒体	稿件影响	作者
41	四川仁寿:“大项目 + 小业主”推进生猪生产	《人民日报》	“保供稳价在行动”专栏刊发,报道眉山积极推动生猪生产,人民网等媒体转载	王明峰
42	贫困帽子甩掉啦!　今年春节这么过 “我要请大家吃‘团年饭’”	《人民日报》	海外版,图文报道眉山脱贫攻坚实践	王明峰
43	眉山:贴心服务助力返岗复工	《人民日报》	报道眉山采取“点对点”帮助农民工返岗复工,人民网等媒体转载	姚永亮
44	四川青神:竹产业成了绿名片	《人民日报》	报道青神县竹产业发展,人民网、新浪网等转载	王明峰
45	四川彭山:工厂化育秧　保质又保量	《人民日报》	报道彭山区探索创新水稻种植,助农增收,保障粮食生产	王明峰
46	防控疫情,四川眉山请来科技助理	《人民日报》	海外版,报道眉山通过科技助理助力疫情防控,人民网等媒体转载	姚永亮
47	江口沉银遗址出土“蜀世子宝”金印	《人民日报》	海外版,图文刊发,新华社等媒体转载	童　芳 陈　健 刘　坤
48	及时搭把手　老乡少烦忧 四川彭山大病患者:医保兜底　报销九成	《人民日报》	“会后探落实·保民生”专栏刊发,报道眉山加大民生投入,保障基本民生,人民网等转载	王明峰
49	四川仁寿:返乡农民工成乡村振兴“领头雁”	新华社	深度报道仁寿县返乡农民工领跑脱贫攻坚、推动乡村振兴	潘建勇 叶　辛 陈　健
50	四川丹棱:小小桔橙推动乡村振兴	新华社	报道丹棱特色产业发展助推乡村振兴,新华网等媒体转载	陈　健

续表 74

序号	作品名称	刊发媒体	稿件影响	作者
51	四川丹棱设“信访说事室”让村民放心说事	新华社	人民网、新华网、新浪等近百家媒体转载	陈　健 姚永亮
52	四川眉山:远程办公　农活“代办”	新华社	报道青神疫情期间开展“红色代办”,新华网客户端、中新网等媒体转载	陈　健
53	四川:“流动招聘大巴”“网络招聘会”将岗位送上门	新华社	浏览量100万+人次,人民网、新华网等媒体转载	陈　健
54	传统手工艺帮助贫困残疾人增收奔小康	新华社	浏览量100万+人次,新华网、中新网、中华网等媒体转载	杨三军 陈　健
55	“普工”变身“育儿嫂”看这里如何通过培训“保就业”	新华社	图文报道仁寿稳就业保民生	陈　健
56	竹编画、竹编灯笼……这里的残疾人巧手织出美好生活	新华社	深度报道青神依托竹编产业带动脱贫致富,人民网、新华社新媒体等转载	陈　健
57	“姐妹工坊”“社区大学”“土味增收”……这里也有一群“乘风破浪的姐姐”	新华社	图文报道青神县助力乡村振兴创新举措,新华社新媒体、搜狐网等转载	陈　健
58	这里的农民要比分数,还实行“末位淘汰”	新华社	图文报道仁寿县藕塘镇齐心村以公司流转土地,创新管理模式,助农增收,助力脱贫攻坚	陈　健
59	“勿忘国耻!”用左手敬礼的抗战老兵说了这句话……	新华社	图文报道眉山抗战老兵覃福廷,川观新闻等转载	陈　健
60	四川省で製造の豪向け鉄道車両が完成、上海港に向け出発(四川眉山制造的澳大利亚铁路车辆向上海港出发)	新华社	图文报道眉山企业在新冠肺炎疫情下开拓国际市场、兑现客户订单	陈　健
61	在“中国川厨之乡”眉山享受地道的川味	新华每日电讯	半版图文展示地道川味在眉山的传承和弘扬	段小锋
62	绿色发展的洪雅经验	《光明日报》	图文刊发,光明网、中国环境新闻网、网易等转载	张　蕾 林　文
63	四川洪雅:“光盘行动”列为开学第一课	《光明日报》	报道洪雅狠刹餐饮浪费之风的举措,光明网等转载	李晓东 姚永亮
64	四川青神县:“竹编之乡”村民居家编制灵活就业	《农民日报》	四川新闻网、川观新闻、腾讯网等媒体转载	兰　婷 王越欣 李　庆
65	四川丹棱县:“防疫战线”临时党支部纾困解难	《农民日报》	报道丹棱基层临时党支部助力疫情防控	刘敬宗
66	四川眉山“法检恋人”:只要战胜疫情每天都是良辰吉日	《法治日报》	报道眉山抗疫一线法检恋人的感人故事	钟　成 古笑言
67	四川仁寿:多管齐下、全员参与,搭建了更高平台 多方合力构筑未成年人保护大格局	《检察日报》	图文深度报道仁寿县检察院未成年人检察工作	彭　怡 吴依芮 刘德华
68	以东坡文化为根基 四川眉山塑造惊艳城市新气质	《中国文化报》	图文深度报道眉山依托东坡文化提升城市形象,四川新闻网等转载	付远书
69	从“票决范本”到“眉山实践”	中国人大	报道眉山民生实事项目人大代表票决制	孙梦爽 杜晓恩
70	一半是城市　一半是自然——四川洪雅的绿色发展之路	《人民政协报》	深度报道洪雅县绿色发展之路,澎湃新闻、生态环境部新媒体等转载	王菡娟
71	四川眉山:融入国家大战略 建设开放示范市	《人民政协报》	整版,图文报道眉山抢抓成渝地区双城经济圈等重大战略机遇,加快建设开放发展示范市的做法和成效	段小锋
72	综合考量　稳慎转化	《中国纪检监察报》	报道洪雅县依法行政工作	鲁春燕 彭　玉
73	涵养新时代廉政文化 助力增强“不想腐”的自觉——“三苏清风”廉政文化研讨会综述	《中国纪检监察》杂志	图文报道	周　玲 谭　伟
74	眉山:不简单的廉政法规知识测试	《廉政瞭望》杂志	图文报道	史珮瑾
75	四川眉山健全村级集体经济收入分配机制 算清增收账　内生动力足	《中国组织人事报》	头版倒头条,报道眉山发展村级集体经济、健全收入分配机制的经验做法	鲁星军

续表 74

序号	作品名称	刊发媒体	稿件影响	作者
76	四川眉山:有难事找支部	《中国组织人事报》	报道眉山基层治理工作经验	龙均臣
77	生态洪雅:争创“天府旅游名县” 建设国际康养度假旅游目的地	《中国旅游报》	半版，2 447 字,图文报道	白 骅 陈俊成
78	三村并力“椪香果”响——四川青神县甘家沟村借村级建制调整做强“中国椪柑之乡”	《中国县域经济报》	2 版头条,报道青神县做强“中国椪柑之乡”的具体举措	兰 婷
79	“平凡英雄”的倾情守护——记坚守在抗击疫情一线的劳动者	《精神文明报》	头版头条,报道青神县公安干警积极投入抗疫工作	胡桂芳 袁 矛
80	四川首例涉疫情防控妨害公务案宣判	《人民法院报》	报道眉山法院为疫情防控提供司法服务的具体实践,《四川日报》、四川电视台等媒体同步报道	钟 成
81	居民成了家园建设的主导者参与者共享者	《中国社会报》	报道眉山构建基层治理新格局	周虹霞 史永厚
82	传统教育成为东坡故里新名片	《中国教育报》	基层新闻版头条,报道眉山素质教育成果	王水东 何元凯 鲁 磊
83	眉山:科学处置医废口罩等医疗垃圾	《中国建设报》	图文展示眉山在新冠肺炎疫情期间城市管理工作	马 莉
84	眉山市审计局开办审计夜校助力青年干部成长	中国审计报告	第 3099 期第 3 版,搜狐网等转载	徐光荣
85	传递群众心声 办出代表满意——眉山市人大常委会推动人大代表建议办理工作侧记	民主法制建设	图文刊发,国际在线等媒体转载	顾 静 方 秦 杜晓恩
86	丹棱乡村“三变”掀起治理新风尚 农闲不打牌 议事晚上来	《四川日报》	2 版倒头条,报道丹棱乡风文明提升工作,人民网、新华网、川观新闻等转载	樊邦平
87	三个切片,透视四川天府新区眉山片区崛起	《四川日报》	全面呈现天府新区眉山片区创新工作,四川新闻网等媒体转载	樊邦平
88	战“疫”口罩从哪来?到哪去?	《四川日报》	图文报道眉山抗疫物资生产,人民网四川频道等媒体转载	文铭权 樊邦平
89	眉山启动药品集中采购和使用 一年为群众节约 1 900 万元	《四川日报》	报道眉山在全省率先落地实施药品集中采购和使用工作	樊邦平
90	眉山:今年首批“苏小妹”进京	《四川日报》	展示眉山家政服务业发展	徐礼华 樊邦平
91	青神:巧打萤火虫牌 推动乡村旅游复苏	《四川日报》	报道青神推动乡村旅游复苏举措,搜狐网等转载	樊邦平
92	苏东坡与竹	《四川日报》	川观新闻等转载	吴晓彬
93	变各自消化为集中处理 青神为小微企业危废物找“管家婆”	《四川日报》	报道眉山有效解决小微企业危废物处理难题	樊邦平 王青山
94	我省首个市(州)考古工作站为何落子眉山?	《四川日报》	新华网等转载	樊邦平 王青山
95	青神:破墙而入 半小时“背”空一座敬老院	《四川日报》	报道青神县基层干部解救受洪水围困的敬老院老人,人民网等转载	阳佳秀 樊邦平
96	眉山市政协为疫情防控和经济社会发展建言——政协专报助力实现“双胜利”	《四川政协报》	头版头条,展示眉山市政协在战疫中积极履职作为的做法和成效	袁丽霞
97	贯彻落实中央、省委政协工作会议精神的眉山实践——履职之变	《四川政协报》	头版头条，2 600 多字	章亚梅
98	新锐亮剑:直击战“疫”一线新政法人的硬核担当——眉山市乡镇(街道)政法委员的战“疫”故事	《四川法治报》	整版,图文报道眉山基层政法委员抓疫情促发展的典型事迹	刘正国 李 林 文国权
99	脱贫攻坚路上 后浪奔涌激荡人心——记眉山市检察院驻青神县汉阳镇新路村第一书记张晓飞	《四川法治报》	整版,图文深度报道“80 后”检察官脱贫攻坚工作	文国权
100	丹棱:打造美丽乡村的幸福样本	《四川经济日报》	头版头条,四川经济网等媒体转载	刘 琳 常 坚

续表 74

序号	作品名称	刊发媒体	稿件影响	作者
101	“营”在眉山　“赢”在眉山——眉山市营造良好营商环境聚力提升城市软实力纪实	《四川经济日报》	头版头条，报道眉山着力营造良好营商环境，提升城市软实力的举措成效	戚　原 万晓红 常　坚
102	眉山彭山区：“五治融合”赋能城乡社区治理新机制	《四川经济日报》	头版倒头条，报道基层治理工作，人民网、川观新闻等转载	帅　佳 石蔚然 常　坚
103	物质富有　精神富足 眉山市助群众脱贫奔康过上美好生活	《四川科技报》	头版头条，图文报道眉山脱贫奔康故事	苏文保 常　坚
104	眉山市多部门联动打赢碧水蓝天保卫战	《四川科技报》	报道眉山加速推进环境治理全覆盖	苏文保
105	创新实施“一线二片三面”工作法 仁寿农村人居环境大变样	《四川农村日报》	头版头条，深度报道仁寿县人居环境整治成效，党建网、四川新闻网、四川在线等转载	郭　侨 潘建勇
106	水下养鱼　水上种稻 浮板种养新模式现身眉山	《四川农村日报》	图文报道东坡区在全省首创新种养模式	刘　矜 陶广汉
107	世界最长城市中轴线　带来成渝发展新机遇 眉山天府新区一体化发展潜力大	《四川工人日报》	图文深度报道天府新区眉山片区抓住机遇，坚持一体化发展理念，力争成为川渝合作的示范样板	刘　聪
108	“抗疫”的祖孙三代	《四川工人日报》	2 版头条，图文报道洪雅县抗疫医务工作者典型	李　芳 蹇玮杰
109	复工按下“快进键”　项目彰显“国际范”	《四川工人日报》	头版，图文报道天府新区眉山片区项目建设，光明网、《人民日报》客户端、海外网、中国网等媒体转载	刘　聪 邓秋菊 殷　勇
110	蜀世子宝　史料记载重约 18 斤　或为建文帝所赐	《华西都市报》	头版整版，图文深度报道彭山江口沉银文物研究新发现，封面新闻、今日头条、腾讯等多家网络媒体在显著位置转载，阅读量 1 000 万 + 人次	李　庆 王越欣
111	7 个重点领域合作　拟推进 68 个重点项目 成眉交界地带加快融合发展	《成都日报》	图文刊发天府新区眉山片区打造成眉同城化的支撑点新进展	陈方耀
112	四川仁寿：“英雄派出所”交上 36 份请战书	《成都商报》	报道仁寿县富加派出所典型事迹	蒋　麟
113	眉山东坡区：迟到的婚礼	《成都商报》	报道东坡区集体公益婚礼，改革网、封面新闻、四川新闻网首页等转载	曾　红 刘　矜 蒋　麟
114	眉山市：建设环成都文旅经济带新兴增长极	《蜀韵文旅》	总第 3 期，图文展示眉山文化旅游产业发展成果	市文广旅局

二、广电类

特等奖

序号	作品名称	刊发媒体	稿件影响	作者
1	四川眉山果园村的“幸福密码”	中央广播电视总台	《新闻联播》播出，时长 3 分 16 秒，是眉山建区设市以来首次在新闻联播单条播出，深入展示眉山扶贫奔小康的经验和做法，稿件同步在央视《中国新闻》《朝闻天下》等栏目播出，进一步提升眉山影响力	朱兴建 廖　波 谢　怡
2	开放引领　书写经济高质量发展的眉山答卷	四川广播电视台	《四川新闻》头条播出，时长 4 分 30 秒，全面介绍眉山通过开放引领，围绕产业精准招商、推进落地，促进产业集聚集群高质量发展，书写经济高质量发展的眉山答卷	曾旭东 林国强 赵名晟予 郑守先

一等奖

序号	作品名称	刊发媒体	稿件影响	作者
3	大美中国系列	中央广播电视总台	展示绿色生态美丽眉山，分别在央视 1 套、央视新媒体、北京地铁高频次展播，覆盖人群超千万人次，获市委主要领导肯定性批示	唐经刚 林国强

续表 74

序号	作品名称	刊发媒体	稿件影响	作者
4	春耕正当时　绿色生产成亮点	中央广播电视总台	《新闻联播》播出，以洪雅县畜 沼 田绿色循环模式为切入点，报道全市绿色农业发展情况，推广眉山优秀经验做法	施韶宇 林国强
5	东西部健康检测互认　打通返岗“堵点”	中央广播电视总台	《新闻联播》播出，时长2分57秒，以小见大报道眉山全力贯彻中央“六稳”“六保”政策，助力外出务工人员出行的举措，反映眉山统筹推进疫情防控和经济社会发展经验	孟　琳 廖　波
6	四川眉山：活力夜经济　美味聚人气	中央广播电视总台	2套《生财有道》播出，时长23分钟，抓住疫后夜经济这一热点，深入展示眉山地方特色美食和文化，体现眉山在做好疫情防控的同时积极复工、复产、复商，让观众感受眉山城市的烟火气	朱兴建 廖　波
7	奔向小康的路上　残疾人也不能掉队	中央广播电视总台	13套《新闻直播间》播出，时长2分13秒，通过报道东坡区吉香居福利车间帮助残疾人就业，宣传眉山在残疾人帮扶工作上的举措成效和脱贫奔康的眉山实践	薛　晨 廖　波
8	眉山：生产防控两不误	四川广播电视台	《四川新闻》播出，时长2分30秒，报道眉山多措并举，抓好疫情防控和复工复产，稳就业保民生	宋丹梅 廖　波
9	眉山：生态环境是最大的财富	四川广播电视台	《今日视点》栏目《对话绿色先锋》大型访谈节目播出，时长12分钟，专访眉山市人民政府市长，全面展示眉山生态发展成效	严　璐 杨　鹏 林国强 赵名晟予
10	眉山：开放引领　着眼全球谋发展	四川广播电视台	《四川新闻》播出，时长2分38秒，全面报道眉山积极引进世界知名企业和高端项目，全力打造高质量发展先行区的举措成效	刁　力 王建泽 赵名晟予 邓　炜
11	眉山：突出优势　增强服务业发展活力	四川广播电视台	《四川新闻》播出，时长3分10秒，单条报道眉山服务业发展情况，突出眉山优势、眉山服务，为眉山吸引外来投资、服务业快速发展营造良好舆论氛围	孟　琳 丰　硕 林国强 赵名晟予
12	农业多贡献　现代园区作示范	四川广播电视台	《四川新闻》头条播出，时长2分18秒，关注眉山东坡泡菜园区，以点带面讲述东坡泡菜借助科技的力量获得大发展，有效宣传东坡泡菜产业发展	李　默 林国强

二等奖

序号	作品名称	刊发媒体	稿件影响	作者
13	四川眉山　百亿传销案宣判 注册800家空壳公司　打造百亿传销骗局	中央广播电视总台	13套《新闻直播间》播出，时长2分12秒，全面讲述眉山警方破获百亿传销案，展示眉山公安良好形象	黄　鹂 何　洪
14	四川眉山　老人路中央摔倒　民警及时伸援手	中央广播电视总台	13套《新闻直播间》播出，报道眉山凡人善举，为“双创”工作提供舆论支撑	白　璐 冷勇君
15	防疫不松劲　复工加把劲	中央广播电视总台	13套《焦点访谈》播出，聚焦疫情下青神县创新举措，依托临时党支部，打开椪柑销路，助农增收	杨　川
16	四川眉山　战疫情　连续奋战48岁村支书倒在抗疫岗位上	中央广播电视总台	13套《新闻直播间》播出，时长2分11秒，讲述眉山抗疫典型	白　璐 林国强 杨　鹏
17	眉山徐俊：离不开的嘎伍岭村	中央广播电视总台	13套《朝闻天下》播出，时长7分钟，反映眉山市援藏干部徐俊先进事迹，获市委主要领导肯定性批示	市委组织部 青神县委组织部
18	强降雨致多地人员被困　消防紧急救援	中央广播电视总台	1套《新闻30分》播出，展现眉山抗洪抢险、应急救援先进经验	白　璐 林国强 杨　鹏

续表 74

序号	作品名称	刊发媒体	稿件影响	作者
19	2022 年　全省竹业综合产值将突破 1 000 亿	四川广播电视台	《四川新闻》头条播出，时长 2 分 55 秒，报道全省竹林风景线建设现场推进会在眉山市召开相关内容	武　力 谢佩峰
20	脱贫村分红，70 桌农民股东共享团年宴	四川广播电视台	新闻频率《早新闻》播出，展示眉山脱贫攻坚成效	万纱宾
21	招商不"见面"　引资不断链	四川广播电视台	《四川新闻》播出，时长 1 分 30 秒，报道眉山统筹做好疫情防控和复工复产工作	任昌宇 廖　波
22	四川复工观察（一） 物流两头"喊渴"　谁是及时雨	四川广播电视台	《四川新闻》播出，时长 1 分 30 秒	孟　琳 谢佩峰 林国强
23	通威太阳能眉山项目投产	四川广播电视台	《四川新闻》播出，时长 1 分 37 秒	孟　琳 丰　硕 杨　勋 林国强

三等奖

序号	作品名称	刊发媒体	稿件影响	作者
24	推出森林户外游　增加村民收入	中央广播电视总台	13 套《新闻直播间》播出，时长 1 分 12 秒	施韶宇 林国强 邓　宁
25	中国晚熟柑橘大数据中心正式揭牌	中央广播电视总台	13 套《新闻直播间》播出	白　璐 杨　鹏 郑守先
26	四川仁寿：厕所美观又实用　粪污处理有去处	中央广播电视总台	17 套播出，报道仁寿县乡村振兴工作	熊小华
27	直通疫情防控一线　各地双拥部门积极解决军队支援湖北医疗队队员后顾之忧	中央广播电视总台	7 套《军事报道》播出，时长 2 分钟，展示眉山多举措积极为一线医务人员解决后顾之忧	郑　波 林国强
28	四川眉山："7·22"特大跨境电信诈骗案告破	中央广播电视总台	4 套《今日环球》播出	黄　鹂 冷勇君
29	关注粮食生产　科技助力　水稻生产提质增效	中央广播电视总台	13 套《新闻直播间》播出，时长 1 分 36 秒	林国强 东　宣
30	聚力创新　激发经济新活力	中央广播电视总台	《新闻联播》播出，报道东坡区西南智慧农业	林国强 程　伟 东　宣
31	做好"六稳"落实"六保" 四川眉山：千亩蔺草开镰收割	中央广播电视总台	2 套《正点财经》播出，时长 1 分 37 秒	程　伟 杨　鹏 林国强
32	四川眉山：暴雨致多地受灾 群众转移及时无人员伤亡	中央广播电视总台	4 套《今日环球》播出，报道眉山应对暴雨天气的有效做法	杨　晨 林国强 杨　鹏 何禹东
33	预产期临近被洪水围困　消防紧急救孕妇	中央广播电视总台	2 套《第一时间》播出，时长 1 分 34 秒，报道眉山消防紧急救援待产孕妇的情况	陈　凯 何　洪
34	四川丹棱：捉稻花鱼　感受丰收的快乐	中央广播电视总台	1 套《新闻 30 分》和 13 套《共同关注》等栏目播出，时长 1 分 41 秒，报道丹棱县举办中国农民丰收节情况	白　璐 鹿　晗 杨　鹏 郑守先 李　霞 陈春光

续表 74

序号	作品名称	刊发媒体	稿件影响	作者
35	落实新要求　奋斗十劲足	四川广播电视台	《四川新闻》播出，报道眉山果园村李永伟国庆观礼归来，分享观礼感受，带领群众奋斗的故事	程　伟 林国强
36	眉山尖子山航电项目开工	四川广播电视台	《四川新闻》播出，报道眉山尖子山航电项目开工情况	刘　强 杨　勋
37	眉山首届国防预备班开班	四川广播电视台	《四川新闻》播出	刁　力 丰　硕
38	海峡两岸联手推介医药及大健康产业	四川广播电视台	《四川新闻》播出，报道眉台两地产业相连、经贸相通情况	杨　婕 丰　硕 杨　勋 王建泽
39	泡博会开幕　来眉山体验酸爽	四川广播电视台	《四川新闻》播出，时长1分40秒，报道第十七届中国食品安全年会暨第十一届中国泡菜食品国际博览会情况	孟　琳 林国强 冷勇君 郑守先
40	中法农业科技园首个风情小镇开街	四川广播电视台	《四川新闻》播出，报道中法农业科技园首个风情小镇开街，展示眉山现代农业发展情况	孟　琳 林国强 王建泽
41	川港合作示范园启动	四川广播电视台	《四川新闻》播出，报道川港合作示范园项目正式开工，展示眉山加大对外开放及招商引资情况	孟　琳 杨　勋
42	“眉山造”火车智能刹车系统通过评审	四川广播电视台	《四川新闻》播出	刘　强 林国强 杨学东
43	华西第二医院眉山市妇女儿童医院揭牌	四川广播电视台	《四川新闻》播出	孟　琳 丰　硕 杨　勋 何　洪 赵名晟予
44	稳投资：多措并举　提振信心	四川广播电视台	《四川新闻》播出，充分展示眉山坚持开放发展举措	刁　力 丰　硕 杨　勋
45	通威全球创新基地落户眉山天府新区	四川广播电视台	《四川新闻》播出，报道通威集团全球创新基地正式落户眉山天府新区，展示眉山良好投资环境	阳　宏 杨　勋
46	眉山再添重磅战略合作伙伴	四川广播电视台	《四川新闻》播出	吴文胜 丰　硕
47	仁寿：隔离室“变”办公室　一场“特殊”的视频会议	四川广播电视台	报道仁寿县基层抗疫典型	熊小华
48	眉山丹棱：县长直播带货　不知火等你来尝	四川广播电视台	《四川新闻》播出，时长2分35秒	王　维 冉东旭 杨　鹏 陈春光 罗　易
49	眉山造铁路货车运抵台湾	四川广播电视台	《四川新闻》播出，报道眉山造铁路货车首发台湾地区，也是疫情后公司出口大单	刁　力 林国强
50	眉山大足携手　共唱“双城记”	四川广播电视台	《四川新闻》播出，报道眉山推动成渝地区双城经济圈文旅合作的举措	邓焱中 杨　勋 丰　硕
51	多层次合作　眉山与重庆四区签署协议	四川广播电视台	《四川新闻》播出，展示眉山坚决贯彻中央、省委重大决策部署，抢抓成渝双城经济圈建设的有力作为和成效	刘　强 丰　硕

续表 74

序号	作品名称	刊发媒体	稿件影响	作者
52	眉山:OLED 材料生产基地今试生产	四川广播电视台	《四川新闻》播出	刘 强 王建泽 赵名晟予 刘 冰
53	全省首个市州考古工作站今在眉山成立	四川广播电视台	《四川新闻》播出	杨 鹏
54	全省第一个市州考古工作站今日成立　眉山考古工作站举行签约授牌仪式	四川广播电视台	新闻频率《联播》播出	万纱宾

三、网络类

一等奖

序号	作品名称	刊发媒体	稿件影响	作者
1	四川眉山:三苏祠考古出土文物 500 余件	央视客户端	新媒体直播 1 小时,关注度高	白 璐 廖 波 冷勇君 熊怡然
2	东坡的夏夜:一半烟火,一半清欢!	新华社客户端	多图多视频刊载,点击量 140 万 + 人次,近 500 条评论,展示眉山疫情之后复工复产、人气商气恢复良好的情景	冯 曦
3	走进眉山超级项目系列报道	川观新闻	眉山抓项目促投资大会期间,图文、视频推送《走进眉山超级项目(1)眉雅乐资医疗新中心——华西医院眉山妇女儿童医院项目》等稿件共 10 篇,总计 5 000 字	樊邦平
4	乘双城经济圈东风　青春眉山为何能一手牵成都一手牵重庆	封面新闻	2 204 字,图文展示青春眉山在成渝双城经济圈建设中的魅力,凤凰网、网易等转载,浏览量 100 万 + 人次	李 庆 王越欣
5	四川眉山市新冠肺炎患者出院三致谢:没有大家的关怀,我好不了这么快	红星新闻	图文报道,展现眉山抗疫工作成效,获市委主要领导肯定	蒋 麟
6	眉山一小区张贴"自由宣言"	抖音	该视频接地气、有温度,具有感染力,传递眉山居民积极支持参与疫情防控的正能量,浏览量 2 449 万 + 人次,点赞 37 万 + 人次	古良驹 彭威楠 辜嘉伟

二等奖

序号	作品名称	刊发媒体	稿件影响	作者
7	疫情之下　眉山土地为何拍出历史新高	人民网	展示眉山近年来三城建设取得的显著成效,新华网、四川新闻网等 10 家媒体转载,影响力大	黄海波
8	吃光饭菜有奖励,四川眉山厉行节约有这一招	《人民日报》客户端	报道眉山采取行之有效的方法杜绝舌尖上的浪费	刘 娟 杨 熹 王永战
9	中车眉山公司出口澳大利亚石砟漏斗车正式下线	《人民日报》客户端	展现眉山企业提升公司海外竞争力	王永战
10	@赵英明老公,眉山民间大厨教你做菜!	新华社客户端	将抗疫热点与眉山美食结合,视频图文推送,反响良好,浏览量 60 万 + 人次	陈 敏
11	四川丹棱:为受到不实举报的干部澄清鼓劲	新华社客户端	浏览量 45 万 + 人次	陈 健 姚永亮 刘 欢
12	四川眉山:防疫生产两不误　全力护住农民"钱袋子"	《经济日报》客户端	图文报道眉山企业防疫生产两不误	钟华林
13	四川洪雅:开展精准监督　助力决战决胜脱贫攻坚	《经济日报》客户端	图文报道,浏览量 21 万 + 人次	钟华林 姚永亮

续表 74

序号	作品名称	刊发媒体	稿件影响	作者
14	对不起！我爱你才举报你	央视频	小视频推送，《四川观察》转载	阎馨予 赵 竞 张 攀 胡 兵
15	从东三省打到海南岛，眉山99岁老党员拍了拍你：年轻人，加油！	央视频	小视频推送，传播反响好	赵 竞 阎馨予 张 婷 李晓琴 张 攀
16	四川眉山实施“下车门进厂门”防控机制 打通农民工返岗“最后一公里”	中新网	宣传眉山关爱农民工群体的重要举措	刘忠俊
17	眉山：应民意　让城市绽放“文明之花”	国际在线	国际在线总网和多语种客户端发布，四川频道中首图焦点位置展示发布	方 秦
18	中国菜·眉山范儿　高傲的味蕾在一座文化之城流连忘返	凤凰网	宣传推广眉山特色产业，成效明显	刘 艺
19	超震撼！很带感！90秒感受2019眉山开放发展	“学习强国”平台	时长1分30秒，展现眉山开放发展、项目建设等情况，搜狐网等平台同步推送	古良驹
20	【直播】聆听古今抗疫故事 敬献英雄苏祠丹荔	《四川观察》	直播2小时，将苏祠丹荔与抗疫精神有机结合在一起，网络直播观看人数20万+人次，上榜四川融媒体直播月榜	吴 辛 赵 竞 秦 超 胡 兵
21	眉山机长长空展翅　国庆受阅祝福家乡	《四川观察》	通过眉山籍机长刘维驾机飞越天安门，充分展示眉山优秀儿女风采	赵 竞 阎馨予 谢晓芹
22	眉山籍工程师文昌护航“天问一号”：看到东坡故居时，我们就会想家	封面新闻	展示眉山籍儿女参与国家重大建设的壮举，海南等地媒体转载	何 玲 李 庆 王越欣
23	眉山“新八景”最后一景是什么？王健林现场揭晓谜底	封面新闻	全网转载	李 庆 王越欣
24	明明有才华，还要靠脸！苏东坡的46张面孔	红星新闻	用水墨风格，新媒体长图创新报道东坡文化	蒋 麟
25	五分钟婚礼：帐篷里交换完婚戒　就忙着给他人量体温了	红星新闻	生动展示眉山抗疫感人事迹	蒋 麟
26	成渝新机遇在哪儿？ 我们问了15 000人，他们的答案是……	红星新闻	报道展示眉山天府新区在川渝合作的示范样板，多家媒体采用	蒋 麟
27	红霜清涧　古堰松风 四川彭山　一串葡萄带来的美学生活	红星新闻	展示眉山乡村振兴美丽图景	蒋 麟
28	全省唯一！眉山市扫黑除恶专项斗争经验纳入全国课题	四川新闻网	今日头条、网易等转载	刘清华 郑佳洁

三等奖

序号	作品名称	刊发媒体	稿件影响	作者
29	实战淬炼识“真金”　四川洪雅“疫”线提拔7名干部	人民网	展示组织部门在抗击疫情中的重要举措	郭洪兴
30	同心战疫暖企惠民 眉山提供4 000余个岗位全力稳就业	人民网	宣传眉山在“六稳”“六保”中的重要举措	王 军
31	四川彭山：“党建+”　老旧小区改出新生活	人民网	《四川日报》、中新网、中青网、四川观察等转载	温选鹏 林茂春
32	一湾清澈河水　点亮一座新城 眉山天府新区“天府公园城”雏形初现	《人民日报》客户端	报道眉山天府新区对公园城市理念的践行与探索，多家省级以上媒体转载	邓秋菊 邱 毅
33	他曾和张富清并肩作战 89岁老兵陈辉映的战场往事	《人民日报》客户端	多图文报道曾为张富清战友的眉山籍老兵陈辉映回忆的战场往事，腾讯网、搜狐网等转载	王永战

续表 74

序号	作品名称	刊发媒体	稿件影响	作者
34	战疫时刻勇担当——眉山各级党员干部积极投身防疫阻击战	新华网	报道眉山党建引领疫情防控工作经验	李　洁
35	小小齿轮　“传动”世界	新华社新媒体	视频，时长 2 分钟，报道丹棱县齿轮企业从单一齿轮生产发展到各类精密传动件研发制造	吴晓颖
36	《春·屏》：春天里的眉山美景	新华社客户端	以海报形式展示眉山春天的美景，浏览量 100 万 + 人次	辛　凯 黄馨月
37	东坡泡菜“一泡而红”　来“泡博”品尝正宗眉山味	新华社客户端	通过现场图片、航拍视频、会场内外等进行泡博会开幕式直播，直播点击率突破 100 万人次，获广大网友好评	赵娜娜
38	用成语形容“复苏”中的眉山，你想到什么词？	新华社客户端	以横屏图片的形式，推出图片报道	陈　博 辛　凯 向　哲
39	眉山：学苏东坡名典　过主题党日活动	新华社客户端	图文报道，浏览量 33 万 + 人次	姚永亮 周　玲
40	Zhang Xiong's vineyards and his "xiaokang" life（张雄的葡萄园与他的“小康”生活）	新华社客户端	图文视频报道彭山区果园村脱贫奔康典型	王　曦
41	四川眉山：东坡泡菜畅销 100 多个国家和地区	《经济日报》客户端	图文报道，浏览量 40 万 + 人次	姚永亮
42	遇见雪｜瓦屋山“白了头”比去年来得晚一些	央视频	小视频展示眉山美景，四川观察等转载	赵　竞 阎馨予 李万双 李晓琴 赵海强
43	彭山江口稀世珍宝重现天日！ 国内唯一“蜀世子宝”金印出水	央视频	1 分钟小视频，四川观察等转载	孙　欣 赵　竞 张　婷 郑路亚 胡　兵 张　攀
44	【走向我们的小康生活】小康路上一个都不能少	央广网	报道眉山市多举措扶持残疾人创业就业	刘　涛
45	四川眉山：下“竹”功夫　做“竹”文章	中国青年网	宣传推广眉山特色产业，成效明显	李　岗
46	8 万果农数亿斤杂柑上市，疫情之下怎么卖？ 桔橙之乡四川丹棱有一套	《农民日报》客户端	图文报道	张艳玲
47	眉山：“空中警察”上岗共同抗击疫情	中新网	宣传眉山抗击疫情的经验做法	刘忠俊 程欢悦
48	千载诗书城，美食迎天下，第十七届中国食品安全年会暨第十一届中国泡菜食品国际博览会在四川眉山开幕	中国网	报道眉山的重大会节	魏　巍
49	眉山青神积极探索危废物“N + 1”联合体管理模式	海外网	报道青神县助力小微企业绿色发展举措	余　文 刘晓静
50	擦亮洪雅生态康养品牌　唱响融入成都“双城记”	海外网	图文报道洪雅推进旅游产业发展工作举措	李　田 郑丽霞
51	助力成渝地区双城经济圈建设　眉山唱响“双城记”	国际在线	总网和多语种客户端发布，四川频道中首图焦点位置展示发布	方　秦
52	Best and brightest: Teachers who inspire the nation（最好教师盘点）	中国日报网	图文报道洪雅县乡村教师伍万银坚守乡村 40 余载	彭　超
53	眉山市：服务业健康发展　跨越成为第一大产业	金融投资网	图文报道眉山服务业发展情况	彭　江
54	“我们的中国梦——文化进万家”走进四川眉州	“学习强国”平台	图文并茂，各大网站广泛转载	沈荣均
55	四川仁寿：“保姆式”服务助力农民工返岗复工	共产党员网	同步在省委组织部天府先锋微信公众号刊载，浏览量 10 万 + 人次	龚　奕 叶　辛 陈千柳

续表 74

序号	作品名称	刊发媒体	稿件影响	作者
56	四川眉山多条措施促文旅产业健康发展	中国旅游报客户端	报道眉山市出台15条措施促进文旅产业健康发展	白 骅 陈俊成
57	融入“成都都市圈”,眉山是认真的	今日头条	展示眉山建设成都都市圈副中心,加快高质量发展具体实践	李 幸
58	从A到Z,破译青春眉山的成长密码!	《四川观察》	展现眉山的生态、文化、区位等优势,点击量10万+人次	阎馨予 赵 竞 李晓琴
59	18岁的苏东坡长啥样?眉山三苏祠发布三苏父子“青春照”	四川在线	腾讯网、川观新闻转载发布	白 杨
60	眉山抗“疫”一线群英谱:“战袍”加身 是天使更是战士	四川新闻网	浏览量41.5万+人次,新华网客户端等转载	杜佩聪 李建霞 郑佳洁
61	万券齐发!眉山主城区800万元餐饮电子消费券今日发放	四川新闻网	新华社客户端、今日头条、网易等同步转载	郑佳洁
62	按下“快进键”!成眉同城化发展再提速	四川新闻网	报道眉山成眉同城化工作推进情况	刘清华 李 田
63	疫情之下逆势而上 眉山企业签下澳洲市场单笔最大单	四川新闻网	网易等转载	刘清华 李 田
64	打通“肠梗阻” 成眉同城化发展持续按下“快进键”	四川发布	报道眉山市加快成眉同城化发展,全力推进全域融入成都	张 妍
65	江口沉银博物馆开建:馆分地下和地上,还要与水有“对话”	封面新闻	10家媒体采用,形成较大的影响力	温选鹏 李 庆 王越欣
66	守岗护民一往情深	中国警察网	报道眉山基层刑侦警察工作事迹	魏春明 陈长春
67	执法人员的刚与柔	抖音	浏览量2 933.6万+人次,点赞246.5万+人次,评论38万+人次	郑 琳

四、综合类

新闻摄影类

序号	作品名称	刊发媒体	稿件影响	作者
1	丰收的身影	《人民日报》	报道仁寿县实施产业扶贫,引导村民因地制宜发展以柑橘种植为主的脱贫产业,有效带动当地贫困群众和村民持续增收,人民网、光明网、四川新闻网等转载	潘 帅
2	变脸	《人民日报》	展示东坡区开设“国粹川剧”非遗课堂,人民网、网易、搜狐等转载	张忠苹
3	眉山:抗疫情 忙春耕	《人民日报》	海外版展示眉山在做好疫情防控的同时,满负荷生产化肥,全力保障春耕生产,中新社、人民图片网等采用	姚永亮
4	让我来帮你	《人民日报》	报道仁寿县6 200名女党员干部和志愿者组建“巾帼帮帮团”农事互助队,为群众排忧解难,人民网、光明网、四川新闻网、四川在线等转载	潘 帅
5	中国粮食 中国饭碗	《人民日报》	海外版,人民网、光明网、四川新闻网、四川在线等媒体转载	潘 帅
6	四川丹棱:橘橙“春收”忙	新华社	图文报道丹棱橘橙春收,4幅组图,浏览量12万+人次,新华网转载	江宏景
7	四川洪雅:在村民家中宣讲党的十九届四中全会	《求是》	2020年第一期,报道洪雅县结合开展第二批“不忘初心、牢记使命”主题教育,到村民家中开展党的十九届四中全会精神宣讲,人民图片网采用	姚永亮
8	国旗耀神州	《光明日报》	头版展示洪雅县柳江古镇上演的一场别样红歌快闪,吸引众多游客跟唱点赞	朱小根
9	眉山村民抢收蔬菜满足应对疫情时期市场供应	《光明日报》	头版展示东坡区村民抢收蔬菜满足应对疫情时期市场供应,光明网、中工网、新浪等多家媒体转载	姚永亮

续表 74

序号	作品名称	刊发媒体	稿件影响	作者
10	勠力同心齐战“疫”	《光明日报》	真实记录一线医务工作者基层抗疫,《人民日报》《四川日报》等采用	张忠苹
11	开足马力生产 全力保障供应	《经济日报》	头版报道东坡区万象创新科技产业园	姚永亮
12	眉山:春管春护忙	《经济日报》	头版报道眉山市坚持疫情防控与春耕备耕两手抓,中国经济网等多家媒体转载	姚永亮
13	捐献热血,驰援湖北	《经济日报》	图片报道丹棱县义务献血活动	刘敬宗
14	眉山市在狠抓疫情防控中启动农民工返岗“春风行动”	《农民日报》	头版报道,中新社、《四川日报》等采用	姚永亮
15	彭山葡萄熟了	《农民日报》	四川观察、四川经济网等转载	温选鹏 刘　刚
16	四川眉山:夜间经济让城市更具活力	中新社	5 幅组图,香港澳门媒体、人民图片网、光明图片网等采用	姚永亮
17	守望	中新社	报道丹棱捉稻花鱼比赛	刘忠俊
18	绿色产业带动贫困户脱贫	《中国环境报》	头版报眼刊登,人民网、光明网、四川新闻网、四川在线等媒体转载	潘　帅
19	洪雅柳江古镇游人如织	《四川日报》	2 版头条大幅报道	姚永亮
20	四川眉山:水清岸洁成为景区靓丽的“底色”	《四川日报》	头版主图,报道仁寿县国家级湿地公园黑龙滩不断加大基础设施投入,同时进行水环境治理,生态环境越来越好	潘建勇
21	樱桃红了果农笑了	《四川日报》	头版主图 2 张,人民网、光明网、国际在线、新浪、网易等媒体转载	潘建勇
22	欢庆“六一”儿童节	《四川日报》	头版展现“六一”儿童节之际,东坡区川剧进校园,与学生欢度“六一”,网易、搜狐等转载	张忠苹
23	收获季 采摘忙	《四川日报》	头版展现青神县村民采摘早熟花香藕丰收图景,四川在线、川观新闻等转载	张忠苹
24	四川首支在编“无人机警队”眉山上岗	《四川日报》	独家首发	樊邦平 王青山
25	中法农业科技园内的特色种子主题乐园开园	《四川日报》	报道四川天府新区眉山片区阿飞森林儿童主题乐园开园迎客	殷　勇

系列报道奖

序号	作品名称	作品影响	申报单位
26	成都岷江南下第一城,把十里岷江当“水上会客厅”系列报道	《成都商报》提前一个月策划,采访多位重磅嘉宾,于 2020 年 1 月 13 日至 15 日连续 3 天,在红星新闻、成都出发(成都商报旅游微信号)等平台推送《凭什么?成都之南江城彭山 在国内专家心中竟是这样》《成都岷江南下第一城,把十里岷江当“水上会客厅”!》《大秘密!找到江口古镇,就能发现神秘的天府乐活之城》3 篇稿件,近万字,以成都建设国家中心城市和成渝地区双城经济圈为契机,宣传提升眉山开放发展水平,为眉山开放发展营造氛围	《成都商报》
27	眉州学子系列报道	2019 年 10 月至 2020 年 8 月,共组织推送《眉山学姐〈国家〉手势舞 PK 当红明星胜出》《70 周年国庆,这些眉山学子接受习主席检阅》《这 10 位同学诠释了什么是眉山“新时代好少年”》《同为仁寿一中校友,两名眉山籍工程师护航“天问一号”》等 7 期系列报道,浏览量 100 万 + 人次。该系列报道荣获四川省教育厅“四川省 2019 年度十佳教育新媒体案例”奖,极大提升眉山教育在全省、全国影响力	市教育和体育局
28	农民工返岗春风行动系列报道	全市人社系统积极发挥联动宣传机制,全方位策划宣传眉山去冬今春农民工服务保障工作。以仁寿县组织专车、专列“点对点”护送农民工到广东汕尾信利集团复工、参训为切入点,策划开展系列宣传,中央电视台、四川电视台、《四川日报》等主流媒体报道	市人力资源和社会保障局

续表 74

序号	作品名称	作品影响	申报单位
29	“夺取双胜利　基层看发展”系列报道	2020年是脱贫攻坚战收官之年，是全面建成小康社会、实现第一个百年奋斗目标的决胜之年。在疫情防控形势持续向好、复工复产不断推进的形势下，全市各区县结合自身实际，在脱贫攻坚、乡村振兴、乡村旅游等方面积极探索适合自己的发展路径，以实际行动坚决打赢两场硬仗、奋力夺取双胜利。眉山日报社结合“走转改”活动，分7个采访报道组，到眉山天府新区和6个区县，深入田间地头和群众家中，用镜头和笔记录当地的发展历程，书写当地的发展故事。该系列报道稿件质量高、影响大、效果好	眉山日报社
30	聚焦眉山“三城建设”之生态篇、文化篇、活力篇系列报道	结合市委、市政府的中心工作，围绕眉山区位、成都品质，聚焦眉山三城建设的点位、措施和成效等进行策划报道，稿件质量高，有深度、效果好、影响大、转发阅读高，受到住建、经信、文旅和农业部门肯定，相关部门官微将此系列作为招商引资推介的重点宣传稿件广泛转发	眉山日报社
31	同城化突破看成眉系列报道	围绕省委、市委全会精神，围绕城市同体、开放同台、产业同链、基础同网、文化同享、品质同标六个方面，生动展示两年来，眉山在成眉同城化发展中的举措成效	眉山日报社
32	“迎难而上抓发展”系列报道	以记者走基层的方式，通过记者所见所闻讲述眉山市三区四县如何在抓好疫情防控的同时，对症下药、精准复工，抢时间、抢进度，奋力夺取疫情防控和经济社会发展双胜利	市广播电视台
33	雪域高原铸丰碑——眉山对口帮扶金川工作纪实系列报道	2020年是全面建成小康社会的收官之年，也是眉山市十年对口援建藏区的最后一年。为全面展示眉山援藏干部的风采和眉山十年援藏的成果，记者深入藏区，用镜头记录下“东坡渠”留下的援建情；跟随驻村干部步行4小时进入不通公路的茂县陡簇山，记录下眉山的援藏干部为解决百姓用水付出的艰辛；记录下眉山“夫妻援藏”彭志礼和刘旭梅的故事。该系列报道完整全面展示援藏成果和援藏干部风采	市广播电视台
34	“眉山人·眉山事”系列报道	报道将视角对准眉山城市的公交车司机、快递小哥、网格员、旅游讲解员、建筑工人等一群普通人，通过他们的生活、感悟反映这座城市疫情后重新恢复生机活力的故事，通过小人物传递大能量，展现眉山人勤劳、勇敢、奋进的精气神，展示眉山这座城市的人文魅力	市广播电视台
35	眉山天府新区高质量发展系列报道	以眉山天府新区高质量发展大会为契机，坚持“策划先行、注重运作、职责明确、分口对接、多方兼顾、注重沟通”，邀请省市媒体到新区参观采访，推出《牢记总书记嘱托　书写推进国家级新区发展的“眉山答卷”——写在加快眉山天府新区高质量发展大会召开之际》《眉山天府新区怎么干　眉山市委书记讲了三句话》《眉山天府新区：加快建设天府公园城、眉山创新谷、开放新高地》等系列报道，同时协调中国新闻网、国际在线、海外网等媒体转载，形成宣传热潮	眉山天府新区融媒体中心
36	抗洪抢险系列报道	在洪灾发生后，先后6次在中央电视台刊播《四川眉山：暴雨致多地受灾 群众转移及时无人伤亡》《强降雨致多地人员被困 消防紧急救援》等抢险救灾新闻，在中央电视台、新华社、国际在线等30家中央、省级媒体刊发48条原创稿件	东坡区委宣传部
37	一只小白狗温暖整个城系列报道	8月12日，彭山区普降暴雨，岷江河水暴涨。岷江河边一只“狗妈妈”多次跳入湍急的河水中，救出被困的狗宝宝。彭山区抓住新闻点，在抖音、微博、微信宣传，《人民日报》、央视新闻、新华网、中国新闻网、环球网、《南方都市报》《华西都市报》等中省媒体转载，#狗妈妈冲入洪水救小狗#相关话题全网累计浏览量15亿+人次。微彭山通过视频、图文等形	彭山区委宣传部

续表 74

序号	作品名称	作品影响	申报单位
		式，在抖音、微信、微博、今日头条等新媒体平台对事件持续跟进报道，创建“狗妈妈小白”抖音号，全网浏览量2亿＋人次	
38	江口沉银遗址第三期考古发掘系列报道	彭山区通过精心组织策划、精酿宣传内容，创新发布形式和宣传手段，使江口沉银话题在全国迅速升温，形成铺天盖地的宣传声浪，吸引《人民日报》、新华社、《光明日报》、中央电视台、《四川日报》等40家中省主流媒体关注报道稿件126篇，累计浏览量2亿＋人次。新华社客户端、央视新闻客户端、中新网等媒体对通报会现场直播，引网友关注，直播累计观看量1 000万＋人次。封面新闻开设专题《江口沉银新发现：蜀世子金印》，推送图文视频24条。微彭山抖音号推送“江口沉银”短视频播放量5 000万＋人次	彭山区委宣传部
39	洪雅创建天府旅游名县系列报道	四川卫视《想走就走的旅行》栏目分别于5月12日、13日、14日、15日、18日五集连播《想走就走的旅行：瓦屋山迷魂凼（一）》《想走就走的旅行：瓦屋山迷魂凼（二）》《想走就走的旅行：瓦屋山象尔岩》《想走就走的旅行：洪雅玉屏山》《想走就走的旅行：洪雅青羌族》，为洪雅成功创建天府旅游名县营造良好舆论氛围	洪雅县委宣传部

主题策划奖

序号	作品名称	稿件影响	推荐单位
40	决胜全面小康、决战脱贫攻坚	主题紧扣党的十九大精神，贯穿全年，全面展示眉山在全面小康建设和脱贫攻坚方面的成效与经验，是建区设市以来《人民日报》首次在头版头条深度报道眉山，实现新华社、《光明日报》、中央电视台、《经济日报》《农民日报》等中央重点主流媒体重要版面、重点时段全覆盖	市委外宣办
41	建设成都都市圈副中心　引领开放发展	主题紧扣省委、市委全会精神，《人民日报》、新华社、中央电视台、《经济日报》《四川日报》、四川卫视、《四川经济日报》、人民网、新华网、央广网、四川新闻网、四川在线、四川发布、凤凰网等中央、省级以及境外媒体刊播稿件，进一步展现眉山开放发展形象，提升眉山对外宣传影响力。该主题宣传获市委主要领导肯定性批示	市委外宣办
42	经济高质量发展	围绕中央、省委经济工作会议精神，结合市委全会和经济工作会议安排部署，全面展示眉山抢抓成渝双城经济圈建设、天府新区建设等国家战略机遇，推动经济高质量发展，《人民日报》、新华社、中央电视台、《经济日报》《四川日报》、四川电视台、《四川经济日报》等中央级、省级重点媒体在重点时段、重要版面刊播眉山稿件，人民网、新华网、今日头条、四川新闻网、四川在线等网站纷纷转载转播，充分展示眉山良好发展形象	市委外宣办
43	全面深化改革	围绕经济、政治、文化、社会、生态文明、党建六大改革主线进行策划，展现眉山在打造高品质营商环境、推进重点领域和关键环节改革等方面的举措成效，相关报道在《人民日报》、新华社、《经济日报》《中国改革报》《四川日报》、四川电视台、《四川经济日报》、《人民日报》客户端、央广网、国际在线、四川在线、四川经济网等媒体刊播推送	市委外宣办
44	乡村振兴	紧扣乡村振兴眉山实践，《人民日报》、新华社、中央电视台、《经济日报》《农民日报》、中新社、《四川日报》、四川卫视、《四川农村日报》等媒体刊播相关稿件，人民网、新华网、央广网、凤凰网等网络媒体纷纷转载，为乡村振兴战略的深入推进营造舆论氛围	市委外宣办

续表 74

序号	作品名称	稿件影响	推荐单位
45	保障和改善民生	策划聚焦眉山保障就业、老旧小区改造看变化、改善就医就学等民生实事，反映眉山改善民生，让群众分享发展红利的新闻稿件，《人民日报》、新华社、中央电视台、《四川日报》等中省主流媒体刊播眉山为民务实举措	市委外宣办
46	民主法治建设	策划以习近平新时代中国特色社会主义思想为引领，全面关注眉山法治政府建设、依法治市等工作，中央电视台、《法治日报》《中国纪检监察报》《人民权力报》《中国政协报》《四川日报》、四川电视台等媒体刊播，人民网、新华网等媒体转载，社会各界反响强烈	市委外宣办
47	全面从严治党	紧扣党中央重大决策部署，在《人民日报》、新华社、中央电视台、《求是》杂志、《中国组织人事报》《四川日报》、四川电视台等中央级、省级主流媒体刊发眉山经验，展示眉山市在全面从严治党"三大工程"建设当中的具体举措和成效，进一步促进全市上下形成清朗的政治环境	市委外宣办
48	统筹推进疫情防控和经济社会发展	坚决贯彻落实习近平总书记关于疫情防控宣传引导"强信心、暖人心、聚民心"的指示精神，严格执行中央、省委、市委决策部署，先后在《人民日报》、新华社、中央电视台、《光明日报》《经济日报》等中央、省级以及全市各级媒体刊播稿件5.5万篇次，全面展示眉山在疫情防控、经济社会发展等多方面的措施和成效，为统筹推进夺取疫情防控和经济社会发展"双胜利"凝聚强大力量，营造良好舆论氛围	市委外宣办
49	创建全国文明城市、国家卫生城市	紧扣中央、省委、市委关于基层社会治理安排部署，全面展示全市"双创"工作进展成效，引导市民积极参与"双创"，养成文明好习惯，爱护创文好成果，先后在《人民日报》、新华社、中央电视台、《精神文明报》《四川日报》、四川电视台、《四川科技报》、川观新闻、四川在线、四川新闻网等媒体刊发，为眉山"双创"营造浓厚的宣传舆论氛围	市委外宣办 市双城联创办

文献·法规·文件

Literature, Regulations and Documents

重要文献

眉山市人民代表大会常务委员会工作报告

（2021年1月20日，在眉山市第四届人民代表大会第七次会议上）

眉山市人大常委会主任 刘十庆

2020年主要工作

2020年，突如其来的新冠肺炎疫情，是百年来全球发生的最严重的传染病大流行。眉山市人大常委会在市委坚强领导下，运用法治思维和法治方式，坚定贯彻党中央和省委、市委决策部署，第一时间作出依法全力做好新冠肺炎疫情防控工作的决定，为疫情防控提供精准法治保障，推动落细管控措施，抓好复工复产；第一时间在全省市州率先作出全面禁止非法食用野生动物的决定，列出禁食清单、细化法律责任，组织执法检查，落实全面“禁野令”；第一时间调整监督计划，将原定于10月进行的听取审议公共卫生服务能力建设工作报告，调整到4月，针对工作薄弱环节，提出加快疾控中心标准化建设、完善队伍激励机制等审议意见，推动健全平战转换机制，提升传染病防控和突发公共卫生事件处置能力；第一时间发出关于充分发挥人大代表作用为打赢疫情防控阻击战贡献力量的通知，组织机关全体职工直接向武汉市红十字会捐款，吹响人大代表防疫“集结号”。全市各级人大代表积极投身防疫历史大考，在各条战线、各自岗位各尽所能、各展所长。有的情系灾区、捐款捐物，有的白衣披甲、火线逆行，有的坚守岗位、任劳任怨，有的不惧风雨、冲锋在前。他们用实际行动守护人民健康和万家灯火，展现强烈的政治担当、良好的精神风貌和无私无畏的道德情操，践行植根人民、代表人民、服务人民的光荣使命！在此，我代表市人大常委会，对全市各级人大代表的一往无前和辛勤付出，表示崇高的敬意和诚挚的感谢！

过去一年，我们坚持市委有要求、人大有行动，市委有部署、人大有落实，围绕中心、依法履职，主动作为、创新工作，问题导向、务求实效，全国人大常委会预算工委确定丹棱县为四川唯一、全国5个基层联系点之一，省人大常委会办公厅2次专刊推介眉山做法、表扬眉山为宣传人大制度先进单位，《人民权力报》5次头版、专版深度报道眉山做法，各项工作取得新进展新成效。

一、坚持着眼发展全局，着力在贯彻市委决策上大作为

1. 落实市委贯彻成渝地区双城经济圈战略部署，主动助力成都都市圈副中心建设。梳理市委确定的成眉同城关键项目，向成都市人大常委会提出协作清单，签署协作协议，确定交通同城、环保监督等6个方面年度协作重点，及时将市委确定的成眉同城关键项目转化为人大协作的重要内容。建立成眉人大协作常态机制，联合印发年度协作要点，组织有关部门到眉山天府新区、双流、简阳等地现场办公，组织参加交通、医保、农业、法制和财税共享同城座谈会，全力以赴，协同监督，推动成眉两地实现医保服务项目和流程统一，成眉动车日发车从62列增加到80列，推动解决剑南大道断头路建设等项目推进中的具体问题13个。通过成都市人大常委会立法、眉山市人大常委会出台决定，实现三岔湖开发规划同标、保护同质。主动对接重庆市大足区人大常委会，签署合作协议，建立推进两地政府协作落地见效工作机制。

2. 落实市委统筹疫情防控和经济社会建设部署，真心真情帮助市场主体渡过难关。一是务实开展“走百企、解难题”活动。将五级人大代表混编为670个走访小组，成立工业、农业、文教、医卫等15类70个专业小组，发动代表针对受疫情影响较大、复工复产难度较高的餐饮、文旅等行业，集中3个月时间面对面听呼声,心贴心解难题。常委会主任、副主任带头走访、精准帮扶,推动金象赛瑞化工知识产权维权案件取得重大突破,帮助眉州文化村、中车紧固件等重点项目协调搬迁资金、银行贷款3 000万元。2020年,全市各级人大代表走访企业1 100家、走访群众2.2万人,协调解决问题1 700个。省人大常委会办公厅2次专刊推介眉山做法,人民权力报专版报道,市委书记批示"行动快、举措实、成效好"。二是开展资金直达基层、直达企业、直达民生专题调研和专项督导,推动精准用好中央财政直达资金,优化审批程序,切实解决总体支付进度偏慢的问题,很多企业有了更多的"获得感"。三是听取审议全市重点项目推进情况报告,深入40个省市重点项目调研分析,推动"要素跟着项目走",加快建设速度,提升建管水平,招引布局新基建等重大战略支撑项目。四是听取审议民营经济发展情况报告,针对政策宣传不到位、融资难等问题,提出编写简明政策读本、做实做强金融服务中心等审议意见,推动企业和金融机构有效对接、政策宣传更接地气。五是听取审议企业国有资产管理情况报告,提出优化产业结构、完善国资监管等审议意见,推动国有资产保值增值、国有企业转型发展。六是听取审议计划、预算、决算、审计报告,首次听取政府性债务管理和预算绩效管理工作报告,推动精打细算,全面落实预算绩效管理,推动审计查出的83个问题全部整改到位。

3. 落实市委建设成都都市圈开放示范市部署,下大力推动打造法治化营商环境新高地。一是连续三年听取审议法治政府建设工作报告,对法制审核人员配备比例、行政机关负责人出庭应诉率、司法建议办结率明确提出量化指标,推动政府带头尊法守法用法。二是听取审议公益诉讼检察工作报告,提出健全协作机制、加大宣传力度等审议意见,推动最高检挂牌督办的泉龙河水体污染案件高质量办结,并被最高检推广。三是听取审议扫黑除恶专项斗争工作报告,直接同30余名一线干警、人大代表和群众心贴心交流,针对个别单位思想有松懈、部门联动不够等问题,提出深化部门协作、巩固斗争成果等审议意见,推动提高站位、细化措施、完善机制,形成打击合力。四是听取审议市法院、市检察院和公安、司法行政机关履行职能营造法治化营商环境工作报告,提出强化执法监督、做好"两法衔接"、加强诚信体系建设,推动司法机关聚焦发展大局,主动加强服务。五是开展风景名胜区条例执法检查,推动明晰部门职责,做好详规编制,严格保护、永续利用,把资源优势转化为招商优势、发展"名片"。六是针对群众反映强烈的东坡岛交通拥堵问题,组织交通、公安交警等部门现场深度调研,提出既要注重长远,也要立足现有技术和管理手段,采取修建临时停车场等有效措施缓解拥堵,避免好事变坏事,影响眉山对外形象。七是加强城乡规划监督,开展日常巡查293次、集中检查2次,发现违规问题133个,发出监督建议函12份;深入开展问题整改"回头看",对2019年的58个问题逐一回访,监督整改,推动纠正一批城乡规划领域的违规行为。八是组织赴江苏、浙江等地考察学习公共法律服务体系建设,向市委提出建好实体平台、创建品牌工作室等建议,市委书记批示"要学习好经验、好做法,取长补短,加快构建覆盖我市全业务、全时空的现代化法律服务体系"。九是修改市人大常委会备案审查工作规定,完善报备主体,细化审查程序,备案审查规范性文件92件,提出审查意见8条,纠正1件;参与党内规范性文件合法性审查22件,提出审查建议13条。

4. 落实市委"双创"攻坚冲刺年部署,尽锐出战为眉山首创即成做出人大贡献。地方性法规案一般应当经过三次常委会会议审议,再交付表决;施行日期一般滞后于批准和公布日期。为顺应"双创"急需,我们及时报请省人大常委会批准出台眉山市物业管理条例;启动立法审议特别程序,主任会议依法决定:眉山市文明行为促进条例,常委会会议二次审议后交付表决,公布即施行,比一般法规案出台压缩至少两个月时间。常委会主任牵头,认真研究前两次测评通报,深入小区、街道、餐馆调研,向市委提出做好网报资料、灵活加快基础设施建设等建议,推动集中人力物力及时整改测评通报问题。坚持常态化开展"双创"督导,轮流安排职工每周到包保社区开展志愿活动。临近测评的最后两月,常委会主任、副主任带头,每周深入联系和包保社区,一线调研督导、一线指挥协调、一线解决问题,亲自入户宣传。验收测评期间,常委会主任、副主任每天现场督战,机关职工全员出征,接力宣传动员、文明劝导,点对点深入宣传2 000人次,发放资料1 000份,实现包保网格每家每户、每个商铺全覆盖,为眉山顺利通过验收付出最大努力。

二、坚持着眼群众关切,着力在推动民生保障上大担当

1. 创新完善人大代表票决民生实事项目常态机制。一是建立民声定民生常态机制,每年10—11月,组织市县乡三级人大代表深入群众,集中听取民声,征集提出民生实事建议项目。2020年以来,共有302名市人大代表征集提出民生实事建议项目177件。二是完善常态监督动态反馈机制,出台监督方案,每个票决项目落实一名常委会督办领导、一个督办委室、一个代表监督小组,每月开展监督活动。2020年,常委会主任、副主任实地督导60次,209名市人大代表组成49个监督小组,开展监督活动700次,协调解决具体问题175个。不少参与监督的代表表示:"只要脚下沾满泥土,就能做到心里有谱"。三是常委会定期听取审议票决民生项目推进情况报告,2020年提出的4条审议意见,政府全部高质量办结。四是健全代表提能制度,组织监督代表培训会,明确监督节点和重点,提升代表监督能力。2019年试点"票决制"以来,全市票决实施的民生项目全部如期完成,其中一半的项目实现提前竣工。很多代表反映,"票决项目实实在在解决了一批群众急盼的关键小事,把群众'呼声'变成了'掌声',成为了党和政府回应民意、关注民生的民心工程"。

2. 综合运用多种方式持续助力打好污染防治攻坚战。一是加快环保立法,针对农村普遍存在的乱搭乱建、乱堆乱放、乱扔乱倒等突出问题,组织制定眉山市农村人居环境治理条例,条例草案已通过二审。二是加强执法检查,组织眉山市集中式饮用水水源地保护条例执法检查,提出加大农业面源污染监管执法、构建大保护工作格局等审议意见,督导落实监管职责,切实解决部分集中式饮用水源地未划定保护区、农业面源污染执法监管难等突出问题。黑龙滩水质已由过去常年地表Ⅲ类稳定提升到Ⅱ类以上。开展大气污染防治法、土壤污染防治法执法检查,先后4次现场督促整改,推动尖子山航电施工喷淋系统未开启、堆放砂石物料未覆盖等问题全部整改到位。三是连续4年主任会、常委会、人代会"三会"审议环保报告,紧盯环保目标和突出问题,推动科学落实防治措施,坚定扛起生态保护政治责任。四是积极助力做好省生态环境督察工作,全面梳理

2018年以来涉及生态文明建设的代表建议办理情况，组织到东风渠南干渠勤劳闸等20个敏感点位调研暗访，督导有关单位核查处理问题30个。

3. 高度关注就业医疗教育农产品安全等重大民生问题。一是组织残疾人就业条例执法检查，提出依法征用残疾人就业保障金、落实用人单位超比例安置残疾人奖励政策，对政府新开发公益性岗位安置残疾人就业提出具体指标，推动将新增超比例安置残疾人就业奖励资金和残疾人就业创业扶持资金纳入财政预算。二是听取审议医保工作报告，提出加强医保队伍建设、联动严打欺诈骗保，推动解决我市医保人员编制全省靠后、医药机构欺诈骗保取证难等问题，受到市委书记慕新海批示肯定。三是开展义务教育法执法检查，提出加快已规划学校建设、按规定将教职工餐补列入财政预算等审议意见，推动完善中小学教师待遇保障机制，优化教学布局，基本解决“大班额”问题。四是连续3年聚焦“舌尖上的安全”，组织市人大代表视察农产品安全监管工作，推动全市区县农产品质量监测站全部通过“双认证”，乡镇农产品质量安全服务站实现全覆盖。五是持续助力打好脱贫攻坚战，组织农村扶贫开发条例执法检查，强化宣传、规范档案，坚决反对形式主义，切实解放“表哥”“表姐”，切实将帮扶措施做实做细做到位、落小落实落到点。

一年来，我们还针对群众反映的突出问题，建议暂停征收农业水费，经市政府议定，从2020年5月起，全市暂停收取用水农户农业水费，由财政定额补助，受到农业经营主体和水管部门交口称赞。开展了县域医共体改革试点调研，推动优化医保支付方式，建好管好用好妇女儿童中心、中医医院精神病区、中医康复医养中心。开展了全民健身运动调研，推动科学规划体育设施、有序开放现有设施。开展了佛道教商业化治理调研，督促规范管理宗教场所，务实整改中央和省委宗教工作督查反馈问题。开展了生猪生产情况专题调研，找准突出问题，提出对策建议，促进生猪产业健康发展。

三、坚持着眼激活代表，着力推动代表履职激情大进发

1. 创新完善代表建议办理机制。持续对省人代会期间眉山代表团提出的重点建议进行梳理归纳，由市委书记亲自签批，常委会主任专题交办，督促有关部门不等不靠，主动向上汇报争取，加快办理，省人大代表提出的30件重点建议全部办结。着力推进市人大代表建议办理规范化、制度化，完善代表提能、建议交办、建议督办、建议评价四项制度，印发代表建议督办方案，落实常委会领导督办、市政府领导领办、常委会委室跟办，市四届人大六次会议期间和闭会期间的113件代表建议全部办结，代表满意率100%。市委书记三次批示肯定，省人大常委会副主任批示“工作效果好”，并安排省人大常委会将眉山做法转报全国人大常委会办公厅。

2. 加强建议办理跟踪问效。听取审议市政府建议办理工作报告。组织重点督办建议联席会，专题听取重点督办件推进情况报告。由常委会主任、副主任带队，邀请提出建议的代表参与，对14件重点督办件全覆盖“杀回马枪”，现场核实办理质效，防止办理单位答复了事，工作停留在规划和打算上。连续两年组织开展代表建议办理专题询问，直面矛盾，在一问一答中展现担当，在良性互动中增进沟通。很多参与询问的人员和办理单位认为：专题询问问到了关键处、问得有辣味、问出了真成效、好作风，让人大监督长出了“牙齿”。

3. 积极为代表履职搭建舞台。组织代表参加民法典专题讲座，组织部分代表观摩非法捕猎公益诉讼庭审，组织部分国、省人大代表视察重点工业项目建设。每名常委会组成人员参加常委会组织的活动均达2次以上。全面落实基层市人大代表参加常委会活动计划，截至2020年底，基层市人大代表参与常委会活动累计达100%。无论是疫情防控突发事件，走访企业专项工作，还是常委会、专委会日常工作，代表都深度参与其中，在新冠肺炎疫情防控关键时刻，全市各级人大代表共捐款478万元，捐口罩12万只、防护服1 800套、捐献物资价值630万元。

过去一年，我们始终把政治建设摆在第一位置，把市委巡察作为市人大常委会机关全面“政治体检”的重大契机，自查问题26个，已整改到位16个；不折不扣执行请示报告制度，2020年报请市委审定重要事项21件；出台关于进一步加强和改进人大监督工作，推动中央和省委市委决策部署落地落实的意见。始终坚持党管干部与依法任免有机统一，共任免干部66人次，全部满票通过。始终把解决问题作为主旋律主基调，执法检查和专题调研先暗访后集中，暗访不打招呼、不搞陪同、不预设点位；审议意见易量化、易操作、易测评，提出实打实的对策建议，推动事情真办理、问题真解决。

过去一年，市委全面加强对人大工作的领导，市委书记先后11次对人大工作作出批示指示，召开市委人大工作会议，出台关于加强新时代人大工作和建设的实施意见。全市人大工作者围绕中心，依法履职，切实把宣传贯彻市委决策部署贯穿于工作全过程。市政府、市监委、市法院、市检察院及时研究落实人大决议决定，务实办理人大审议意见和代表建议。全体市人大代表站位全局，把贯彻市委重大决策部署和回应群众重大关切，转化为一个个具体行动、一件件具体实事，在疫情防控和走百企专项工作中，“最美代表”频频涌现！代表接地气，人大有生气！在此，我代表市人大常委会向大家表示衷心的感谢！

回首去年，我们清醒地认识到，常委会工作还有差距。主要表现在：立法主导作用发挥还不充分，人大监督的刚性彰显不够，监督实效需要进一步增强，代表建议办理质效需要进一步提升。我们将虚心听取各方面意见，不断改进提升。

2021年主要任务

2021年，眉山市人大常委会将在市委坚强领导下，深入贯彻市委四届十六次全会、市委人大工作会议精神，紧扣治眉兴眉“136”发展思路，全面落实“开放发展冲刺年”各项部署，不断丰富人大制度的实践特色、时代特色、眉山特色，积极为眉山建设现代化成都都市圈副中心贡献更多人大力量。

一、坚定以新思想领航新方向，切实加强政治建设

坚持党的全面领导。坚定以习近平法治思想、习近平总书记关于坚持和完善人民代表大会制度的重要思想统揽工作，教育人大队伍增强“四个意识”，坚定“四个自信”，做到“两个维护”。严格执行请示报告制度，把党的领导贯穿人大工作各方面全过程，以强烈的政治担当和高度的行动自觉落实市委决策部署。

依法做好人大换届有关工作。全面落实新修正的选举法，

认真负责地向市委推荐连任代表人选，切实加强县乡人大换届选举工作指导和监督，推动新增县级人大代表名额向街道倾斜。

务实整改巡察反馈问题。把整改巡察反馈问题作为加强自身建设、提升工作质效的重要抓手，不折不扣抓好问题整改，着力提高人大队伍政治能力、调查研究能力、群众工作能力、抓落实能力。

二、坚定以新部署标定新坐标，主动服务发展大局

积极助力成眉同城发展。聚焦建设现代化成都都市圈副中心总体目标，打破履职限于本行政区域的思维定式，主动对接成都，全面落实成眉人大协作机制，采取同步执法检查、视察调研、听取审议专项报告，围绕共同关切分别作出决议决定等方式，联动推进交通、金融、环保等10个方面的成眉同城标志性、引领性、支撑性重大项目加快步伐。

全面落实重大改革部署。落实好党中央赋予人大的"推进人大预算审查监督重点向支出预算和政策拓展""加强国有资产管理监督"两项新的重要职责，指导建好丹棱联系点，听取审议计划、预算、审计工作报告和行政事业性国有资产管理情况报告，用好人大预算联网监督系统，推动管好人民共同的财富。

切实推动高质量发展。听取审议招商引资工作报告，推动高端切入招大引强，提升重大项目落地率、开工率和建成率。开展非物质文化遗产法执法检查。制定关于瓦屋山景区及雅女湖生态环境保护的决定。听取审议粮食安全工作报告，组织气象工作视察和末级渠系管护情况调研，推动解决乡村振兴中的突出问题。

监督巩固法治眉山建设成果。开展法治政府建设实施纲要（2015—2020年）落实情况回头看，督促落实法治社会建设实施纲要（2020—2025年）；听取审议法院行政审判工作报告；组织社区矫正法执法检查；将市监委、市法院、市检察院规范性文件纳入备案审查范围，提升备案审查质效。

三、坚定以新期盼谋划新举措，积极回应群众关切

推动人大代表票决民生实事项目制度化。总结票决制试点以来的经验和不足，完善提升实施办法，形成制度规范。

坚持用法治方式推进环境治理。出台眉山市农村人居环境治理条例，启动农贸市场管理立法，开展城市交通秩序管理和公园管理立法调研。开展固体废物污染环境防治法执法检查。坚持"三会"听取审议环境状况和环保目标完成情况报告。

积极推动稳定和扩大就业。就业是最大的民生，我们将听取审议就业工作报告，推动加强对重点行业、重点群体的就业支持，解决企业用工难、群众就业难突出矛盾。

四、坚定以新方法解决新问题，持续加码代表建议办理

人大制度是人民当家作主的重要途径和最高实现形式、最好形式、法定形式。人民代表大会由民主选举产生的代表组成。提出议案和建议，是人大代表依法履职基本的、最主要的方式。我们将以更大力度推动有关方面认真负责办理代表建议，着力解决"文来文往"和答复后没有下文的突出问题，对答非所问、用计划敷衍答复、不着力办成的单位进行约谈和通报，推动办理单位切实把功夫下在解决问题上。希望全体市人大代表站位全局，深入调研，认真思考，努力提高建议质量和可操作性，忠诚为党分忧，忠实为民代言，充分展示"我当代表为人民"的风采。

各位代表！我们都是追梦人，全面建设社会主义现代化眉山是新征程再出发，希望大家胸怀大局、把握大势、着眼大事，自觉做习近平新时代中国特色社会主义思想的坚定信仰者、积极传播者、忠实践行者，共同书写更多现代化眉山建设的人大故事！

眉山市人民政府工作报告

（2021年1月20日，在眉山市第四届人民代表大会第七次会议上）

眉山市人民政府市长 胡元坤

一、2020年及“十三五”工作回顾

2020年，是极不平凡的一年。面对突如其来的新冠肺炎疫情、历史罕见的洪涝灾害和持续加大的经济下行压力，我们坚定以习近平新时代中国特色社会主义思想为指引，深入贯彻落实党中央国务院、省委省政府和市委决策部署，坚持稳中求进工作总基调，扎实做好“六稳”工作，全面落实“六保”任务，抢抓成渝地区双城经济圈建设、成德眉资同城化发展等重大战略机遇，紧扣“开放发展攻坚年”主题，围绕建设成都都市圈副中心，统筹推进疫情防控和经济社会发展，较好地完成市四届人大六次会议确定的目标任务，省委主要领导肯定眉山“优势尽显、其势已成”。

过去一年，疫情防控取得重大成果。我们众志成城，坚决打赢疫情防控的人民战争、总体战、阻击战。全市从2月11日起，无新增确诊病例，万人发病率为全省平均水平的26%，最大限度守护人民群众身体健康。

过去一年，经济发展保持逆势上扬。地区生产总值增长4.2%，居全省第五，为近四年来最好排位，居成德眉资四市第一。

过去一年，开放合作收获丰硕成果。新签约项目134个，引进中德通内斯、维亚康姆、通威全球创新基地、世界川菜创意产业园等优质项目58个，招商引资实际到位资金780亿元。高水平举办国际泡博会、竹博会、中国食品安全大会、东坡文化学术高峰论坛。

过去一年，成眉同城实现突破性进展。建立健全同城化推进机制，高位推动、高频互动，促成一系列合作，取得一揽子成果。东坡区与武侯区缔结友好区。成眉3条“断头路”启动建设，剑南岷东大道全线贯通。四川大学华西医院眉山医院正式揭牌，华西第二医院领办眉山市妇幼保健院。眉山3所中学与成都四七九中合作办学。成德眉资医保异地就医直接结算覆盖1.7万家医疗机构，55项政务服务实现“同城化无差别”受理。

过去一年，脱贫攻坚赢得决定性胜利。16.22万脱贫对象稳定脱贫，316个省市贫困村稳定退出，援藏援彝工作连续3年获全省表彰。眉山特色农业促增收被《人民日报》头版头条和央视《新闻联播》重头报道。

过去一年，城市品牌创建捷报频传。喜获两张“国字号”新名片，全国文明城市、国家卫生城市首创即成，获评中国最美生态文化旅游城市。三苏祠获评成渝十大文旅新地标，瓦屋山获评巴蜀文化旅游走廊新地标，东坡水街成为网红打卡地。

过去一年，百余项工作获国省荣誉。眉山天府新区获批国家进口贸易促进创新示范区，东坡、仁寿获评全省县域经济发展进步县（区），彭山获评全省农村改革工作先进县，洪雅获评天府旅游名县，丹棱获评全省乡村振兴先进县，青神获评全省竹产业高质量发展县。全市工作亮点纷呈。

一年来，在市委坚强领导下，我们主要做了以下工作：

（一）坚持抢前抓早、步步为营，科学组织疫情防控

坚持人民至上、生命至上，第一时间打响防控阻击战，先后召开48次指挥部调度会，推动中央、省委和市委决策部署落地落实。疫情早期，坚持强化责任、严防死守，着眼找到并控制传播源，建立横向到边、纵向到底的工作机制，先后开展四轮大排查，牢牢掌握防控主动权。疫情抬头、出现波动之际，坚持深入一线明察暗访，及时捕捉疫情变化，着眼划小防控单元、减少人员集聚、锁定重点人员，在全省率先实施小区封控管理和提高发热对象处置等级等措施，在最短时间、最小范围遏制了疫情蔓延。进入常态化防控后，慎终如始抓好“外防输入、内防反弹”，将常态化防控落实到“责任＋制度＋程序＋能力”上，确保一旦出现疫情，能够及时发现、有效应对、精准处置。

（二）坚持抢抓机遇、进城入圈，主动融入国省重大战略

规划同编取得突破。协同完成《成都都市圈发展规划》等4个规划，形成成德眉资同城化“1＋1＋N”规划体系。高标准编制融入成渝地区双城经济圈“四重清单”，梳理重大项目35个，总投资1.5万亿元，成眉高新技术产业协作带、海峡两岸产业合作区眉山产业园等11个重大项目、重大平台纳入《成渝地区双城经济圈建设规划纲要》。眉山东部新城纳入成都东部新区协同区。与重庆两江新区、涪陵区等签署战略合作协议19个。交通同网取得突破。签订成眉市域铁路S5线、成都外环铁路共建共管协议，丹蒲快速即将建成，仁简快速加快推进，“5高3轨12快”20条同城大通道加快形成。成眉跨市公交线路增加至4条，日间动车加密至80列。产业同链取得突破。发布城市机会清单148条，接入成都工业供需平台，举行成眉制造业深化合作“1＋6”系列活动，合作共建项目78个，总投资

865.8亿元。与成绵联合申报国家先进制造基地项目。东坡泡菜携手涪陵榨菜，共建世界泡菜酱腌菜产业高地。

（三）坚持开放引领、创新驱动，全力增强发展后劲

开放平台上档升级。作为唯一主宾市，亮相中国加工贸易产品博览会，与东莞建立加工贸易梯度转移对接机制。乐山海关入驻眉山。眉山保税物流中心（B型）申建取得阶段性进展。推动四川自贸试验区眉山协同改革先行区纳入川渝自贸试验区协同开放示范区。重点改革有力推进。持续深化中省33项改革试点，其中20项如期达标。全面完成乡镇行政区划、村级建制调整、村民小组和社区优化调整四项改革。全面落实减税降费，为企业减负超过55亿元。稳步实施国企改革，国有企业资产总额达2 606.8亿元，增长28.4%。深化拓展商事制度改革，新增市场主体2.18万户，民营经济增加值增长3.2%。扎实推进全国居家和社区养老服务改革试点，中期验收评估获全国优秀。彭山获批全国农村宅基地制度改革试点区。创新活力不断激发。大力推进科技创新，全社会研发投入增长27.7%，培育国省专精特新"小巨人"企业18户、国家级单项冠军示范企业1户、国家级绿色工厂4户，国家高新技术企业达105户。2户企业入选2020年全省首批瞪羚企业。眉山入选全省首批"蜀信链"节点建设城市。

（四）坚持精准施策、靶向发力，推动产业量质齐升

农业特色凸显。一产增加值增长5.7%，居全省第六。"东坡泡菜""眉山春橘"等特色品牌影响力持续提升。主导制定的全省首个食品（泡菜）国际标准正式发布。全国唯一晚熟柑橘产业集群核心区落户眉山，"眉山春橘"居中国农产品百强标志性品牌榜"榜首"。"味在眉山"成为全市首个千亿产业。德康200万头生猪养殖基地、正大300万只蛋鸡种养循环产业园等重大项目加快建设。粮食连获丰收，产量达125.9万吨。创建省星级现代农业园区3个，6个特色产品列入全国乡村特色产品名录。工业企稳回升。规上工业增加值增长4.9%。落实国省减免补等优惠政策，出台支持中小企业共渡难关20条等政策措施，率先开展"清单制"金融服务，提供资金支持超过200亿元。开展经济工作"大调研、大排查"，分层分类解决问题，全力做好援企稳岗，实现快速复工复产。万华化学（一期）、通威太阳能电池（一期）竣工投产，信利光电等一大批优质项目加快建设，完成工业投资344亿元，增长10.3%。主导产业集聚壮大，占全市工业产值比重达88%。战略性新兴产业占比提升至27%。新培育规上工业企业71户，总户数达631户。3户企业进入全省制造业百强榜单。服务业回暖育新。三产增加值增长4.9%，居全省第二。"消费促进季"活动累计投放消费券5 160万元，拉动消费近15亿元。文旅产业快速恢复，全年接待游客3 994.8万人，实现旅游收入363.2亿元。金融服务创新突破，眉山成为四川银行战略股东。存贷款余额、保费收入、企业债券融资分别增长18%、14.7%、335%，均居全省第一。直接融资146.4亿元，创历史新高。商贸物流快速发展，外贸进出口总额39.5亿元，居全省第七。外资实际到位2.3亿美元，居全省第二。快递业务总量增长13.7%。房地产业、建筑业平稳健康发展，商品房销售面积813万平方米。投资快速增长。全面落实"红黑榜"制度，喊响"三比三看"，129个省、市重点项目完成投资594.9亿元，完成投资进度149.7%，连续两次进入全省投资运行"红榜"，全省抓项目促投资现场会在眉选点参观。全社会固定资产投资增长10.7%。民间投资占比66.8%。向上争取各类资金277.3亿元。地方一般公共预算收入121.6亿元、增长9.8%，总量居全省第八、增速居全省第五。

（五）坚持做优品质、补齐短板，持续改善城乡环境

功能布局加快完善。完成城镇投资256亿元，新增建成区5平方公里。新续建公园19个，改造老旧小区447个、棚户区1 250套。建成引青入东等引水工程。建成污水处理设施205座，实现城镇污水处理设施全覆盖。生态环境持续改善。全面启动国家生态文明建设示范市创建，全市天然水域禁捕退捕工作取得阶段性成效。水环境质量实现"三个100%"；PM2.5平均浓度下降12.1%，空气优良天数率87.4%，成为成都平原经济区第二个空气质量全域达标城市；危险废物处置利用能力达35万吨/年。中省环保督察反馈问题及信访交办件整改全部完成。连续两年被评为全省生态环境保护先进市。乡村振兴大力推进。农村人居环境整治三年行动全面完成，建成"美丽四川·宜居乡村"达标村219个，100%的行政村生活垃圾得到有效治理，76%的行政村生活污水得到有效处理，农村户用卫生厕所普及率达89%。全省农村生活污水治理现场会在眉召开。丹棱获评全国村庄清洁行动先进县。全市乡村振兴经验在中宣部"我们的小康生活"主题活动上交流推广。

（六）坚持兜住底线、改善民生，推动发展成果全民共享

民生投入持续增加。面对经济下行、财政紧张压力，坚决兜住民生底线，做到民生投入只增不减，强力推进人大代表票决民生事项落实，持续用力抓好30件民生实事。全年民生支出710.5亿元，占财政支出比例超过85%。教体文卫持续提升。23所学校建成投用，新增学位10 170个。北外附属东坡外国语学校（南区）等项目顺利推进。新建公共篮球场158片、足球场45片。东马、仁马升级为中国田协银牌赛事。52集网络动画片《少年苏东坡传奇》通过国家广电总局备案。眉山广播电视所有频道实现高清播出。完成江口沉银遗址第三期考古发掘。医疗卫生基础设施建设加快推进，市重大公共卫生应急处置中心基本完工，市疾控中心等6个重点项目主体完工，核酸检测机构增至23家。社会保障持续增强。城乡低保标准分别提高到630元/月、450元/月，均居全省第二。6.9万残疾人享受生活和护理补贴，5.3万老年人享受政府购买居家养老服务，12.1万老年人享受高龄津贴。补贴疫情影响困难群众8 100万元。全面落实药品集采，为患者减少费用1.06亿元。在全省率先实施"春风行动"，多渠道帮助4.4万农民工返岗就业，被央视《新闻联播》报道。新增城镇就业3.22万人，城镇登记失业率3.04%，城乡居民人均可支配收入分别增长5.8%、8.5%。劳动者权益得到有效保障，根治欠薪工作被省政府通报表扬。建成儿童之家278个，老年大学主体完工，市精神病人社会福利院建成投用。建成乡村公益性公墓83个，居全省第一。社会治理持续深入。全国首批市域社会治理现代化试点工作开局良好。扫黑除恶专项斗争纵深推进，刑事案件发案数持续下降、破案率持续上升。安全形势持续向好。开展14个重点行业领域专项整治，连续十年未发生重大及以上生产安全事故。成功应对青衣江百年一遇特大洪水。扎实推进森林防灭火专项整治工作，连续23年未发生较大以上森林火灾。地质灾害防治、

食品药品安全形势稳定向好。各项事业全面进步。国防动员、人民防空、退役军人事务工作不断加强，眉山获评全省双拥模范城。第七次全国人口普查工作有序推进。支持工会、共青团、妇联和残联、侨联、科协、红十字会等群团组织开展工作。审计、统计、供销、档案、保密、气象、消防、地方志、民族宗教、公益慈善、关心下一代、机关事务管理等工作取得新成绩。

（七）坚持党的领导、勤政廉政，切实加强政府自身建设

依法行政深入推进。坚持科学民主依法决策，严格执行《重大行政决策程序暂行条例》，全面落实《眉山市法治政府建设实施方案》。全面推行行政执法“三项制度”，执法行为不断规范。坚持向市人大及其常委会报告工作，向市政协通报情况。全年办理人大代表建议111件、政协提案202件，满意率均达100%。政务服务不断改进。持续推进“放管服”改革，社会投资项目审批时限缩短至50个工作日，企业开办时间压缩至5小时以内。开展行政审批“一窗改革”，完善24小时自助服务专区，群众办事更加便捷。网上政务服务能力社会满意度测评居全省第三，政务服务“好差评”国家试点工作受到国务院办公厅调研组充分肯定。作风建设持续加强。省委巡视反馈问题整改工作扎实推进。驰而不息整治“四风”，认真开展精文简会，全年发文减少18.9%。坚持“过紧日子”，严控“三公”经费，加强政府采购监管，一般性支出压减10.6%。政务公开进一步深化。

各位代表，2020年是实施“十三五”规划的最后一年。“十三五”期间，我们不忘初心、牢记使命，坚持“创新、协调、绿色、开放、共享”五大发展理念，推动高质量发展，全市经济社会发展取得优异成绩。

五年来，发展质效大幅提升。综合实力显著增强，地区生产总值年均增长6.6%，总量是2015年的1.5倍；财政收入年均增长23.3%，总量是2015年的2.9倍。产业结构调整为15.7∶37.1∶47.2，实现三次产业由“二三一”到“三二一”的转变。高新技术产业、现代服务业、都市现代绿色农业集聚成势，培育一大批有竞争力的创新型企业，千禾味业、德恩精工成功上市。规上企业研发投入增长近3倍，高新技术企业户数增长90%，产值增长55%。坚持向改革要动力，争取中省改革试点81项，农村土地流转、矛盾纠纷多元化解、未成年人社会保护等多项改革经验全国推广。

五年来，城乡品质大幅提升。累计完成城乡建设投入1 153.9亿元，建成公园163个，城镇化率提升7个百分点，新增城镇建成区面积35.8平方公里。完成交通投资700亿元，建成高速公路和一级快速路11条，新改建农村公路超过2 000公里，四通八达的综合交通网络基本建成。村村通光纤、县县通5G，村级体育设施实现全覆盖。山水相连、布局合理、功能完善的公园城市发展格局加速形成。美丽竹林风景线建设、乡村振兴、土地节约集约利用、丹棱城乡环境治理等被中共中央办公厅、国务院办公厅通报表扬。

五年来，生态环境大幅提升。天变蓝了。PM2.5平均浓度下降45.1%，改善幅度居全省第一，空气优良天数比2015年增加51天，达320天，提前七年实现空气质量全达标，位居“2020中国蓝天百强城市榜”成效榜第三。水变清了。劣Ⅴ类和Ⅴ类水体全面消除，优良水体从2条增加到13条。地变绿了。农药化肥施用量持续五年负增长，森林覆盖率达50.13%，城乡绿化覆盖率达60.17%。蓝天绿水青山成为眉山靓丽底色。

五年来，开放水平大幅提升。全球招商刷新历史纪录，引进百亿项目25个，招商引资总额、世界500强企业数量稳居全省第二，对外开放的层次和水平全面提升。成眉同城按下“快进键”，开展合作事项230个，实现全方位、多领域深度合作，基础同网、产业同链、区域同城、服务同质正加快推进。成功举办联合国教科文组织“历史村镇的未来”国际会议和东坡文化节，竹博会、泡博会上升为国际性展会，新增国际友城和友好合作城市11对，城市形象显著提升、对外影响明显增强。

五年来，民生福祉大幅提升。累计完成民生投入2 290亿元，占全部财政支出的84%以上，701项民生承诺全部兑现。城乡居民人均可支配收入增至3.89万元、1.97万元，分别是2015年的1.46倍、1.55倍。社会养老保险、基本医疗保险覆盖率分别达95%、98%，城乡养老服务设施覆盖率分别达92%、63%。新增城镇就业17.5万人，促进返乡农民工创业工作获李克强总理肯定性批示。新（改扩）建学校84所，一大批优质教育资源落户眉山，在眉高校达12所，居全省前三。医疗水平显著提升，创建三甲综合医院2家，告别没有三甲综合医院的历史。公立医院全面取消药品和医用耗材加成，居民基本医保人均财政补助标准由420元提高到550元，大病保险制度全面建立，人均预期寿命从75岁提高到78岁以上。全面推进三年扫黑除恶专项斗争，相继破获重点领域、重点行业、重点区域有较大影响的黑恶案件，获评全国社会治安综合治理优秀市，群众获得感、幸福感、安全感显著增强。

各位代表，这些成绩的取得，是省委、省政府和市委坚强领导的结果，是市人大、市政协监督支持的结果，是全市人民团结奋斗的结果。在此，我代表市人民政府，向全市人民，向人大代表、政协委员、各民主党派、工商联、无党派人士、各人民团体、离退休老干部，向驻眉山人民解放军指战员、武警部队官兵、政法干警、消防指战员和民兵预备役人员，向关心支持和参与眉山建设发展的社会各界人士，特别是向抗疫和救灾中涌现出的最美逆行者们，表示衷心的感谢和崇高的敬意！

二、“十四五”规划和2035年远景目标的总体考虑

“十四五”时期是我国开启全面建设社会主义现代化国家新征程、向第二个百年奋斗目标进军的第一个五年。根据党的十九届五中全会、省委十一届八次全会和市委四届十六次全会精神，市政府编制了《眉山市国民经济和社会发展第十四个五年规划纲要（草案）》，提交大会审查。

展望2035年，《纲要（草案）》提出眉山将与全国全省同步基本实现社会主义现代化，基本建成现代化成都都市圈副中心的总体目标。锚定2035年远景目标，《纲要（草案）》提出今后五年经济社会发展的主要目标。到2025年，全市经济总量突破2 000亿元，力争达到2 300亿元，年均增长7.5%左右。这些指标综合考虑国内外环境和眉山阶段性特征，兼顾现实需要和发展可能。从发展机遇来看。正处于城市崛起窗口期，成渝地区双城经济圈建设等国省战略汇聚叠加，眉山已跻身全国全省重点发展地区，发展位势凸显；正处于成眉同城突破期，眉山位于成都城市中轴线南端，是成都由“两山夹一城”到“一山连两翼”的战略支撑，发展潜力巨大；正处于开放发展跃升期，

眉山毗邻两大国际机场，一大批高端优质项目集聚成势，发展动能强劲。从面临挑战来看。经济总量不大，总体上欠发达，发展不足、质量不优、实力不强等问题仍然较为突出；城市能级不高，城市规模、功能、品位亟待提升，中心城区首位度不够；全社会研发投入不足，市场主体创新不够，科技基础薄弱的问题亟待解决。总体来看，机遇大于挑战，眉山正处于大有可为的历史机遇期。要坚持用全面、辩证、长远的眼光看待新阶段面临的新机遇、新挑战，努力在危机中育先机、于变局中开新局。

为实现这些目标，“十四五”期间，我们要认真落实市委治眉兴眉“136”发展思路，坚持开放引领、融入成都、五区协同，推动现代化成都都市圈副中心加快成势。《纲要（草案）》提出一系列支撑发展的重大工程、重大项目、重点工作，突出以下六个方面：

一是构建现代产业体系，建设成都都市圈经济增长极。加快建设高新技术产业集聚地，构建“3＋3”现代工业体系，实施“筑圈育链强基”计划，加快建设先进制造强市。加快建设现代服务业发展示范区，构建“443”现代服务业体系，坚持国际化、高端化、品牌化发展方向，建成成渝地区双城经济圈高端文旅目的地。加快建设都市现代绿色农业先行市，构建“583”现代农业体系，坚持高端供给、集约节约、绿色发展，协同共建成渝地区现代高效特色农业带。加快发展数字经济，推进数字产业化、产业数字化，数字经济核心产业增加值占比达到全省平均水平。

二是强化创新核心地位，建设成都都市圈科创新高地。深入实施创新驱动、科技强市、人才强市发展战略，推动创新型人才队伍建设、体制机制改革、重大平台打造、创新主体培育等取得重大突破，加快实现依靠创新的内涵式增长。科技创新对经济增长贡献率显著增强，研发投入强度提升幅度高于全国全省。区域协同创新体系建立完善。传统产业转型升级步伐加快，战略性新兴产业比重加大。

三是突出交通先行牵引，建设成都都市圈交通次枢纽。以交通为骨干的基础设施投入超过 1 500 亿元，实现都市圈轨道交通网、高速路网、城际快速干线路网织密提标、高效接驳，形成集空港水港、快线干线、轻轨重轨为一体的现代综合交通体系，建成交通强市。全面加强物流枢纽中心建设，空铁公水多式联运体系基本建成，物流成本明显降低，临空经济、枢纽经济快速发展。全面优化城市公共交通体系，北部新城枢纽中心建成投用。完善能源、水利、通信基础设施建设，构建面向未来的新型基础设施体系。

四是全面深化改革开放，建设成都都市圈开放示范市。深入推动创造型、引领型、市场化改革，加快推进规则标准等制度型开放，打造重大改革先行地和对外开放新前沿。统筹推进土地、劳动力、资本、技术、数据等要素市场化改革，重点领域和关键环节改革取得重大进展，高标准市场体系基本建成，更深层次改革、更高水平开放走在全省前列。持续实施全球招商，全面对接全球先进生产力，打造高层次合作平台、高水平营商环境，世界知名企业和高端项目引进取得更大突破。

五是推动人城境业和谐，建设成都都市圈品质宜居城。加强生态文明建设，深入打好污染防治攻坚战，建成国家生态文明建设示范市。推进以人为核心的新型城镇化，城镇化率达到 56.33%。做大城市规模，打造高能级的“东彭仁新”极核，建成“双百”大城市。做优城市品质，建设独具特色的文化城、公园城、活力城。推进县城和重点镇建设，加快建设一批为中心城区或县城服务的卫星镇。实施乡村振兴行动，做靓美丽乡村。健全城乡融合发展体制机制，推进城乡基础设施一体化发展，促进城乡基本公共服务普惠共享。

六是坚持共建共治共享，建设成都都市圈幸福新家园。大力促进就业创业，城乡居民人均可支配收入保持高于同期经济增速。健全多层次社会保障体系，提高保障水平。推进教育现代化，基本建成教育强市。提升公共文化服务水平，建成国家历史文化名城。深入实施健康眉山行动，基本建成体育强市，全方位保障人民健康。积极应对人口老龄化，推动养老事业和养老产业协调发展。推进依法治市，加强基层社会治理，建成全国市域社会治理现代化试点合格市。完善综合应急管理体系，提升防灾减灾、抗灾救灾能力。提高安全生产水平，守住不发生系统性区域性风险底线。守住食品药品安全底线，维护社会和谐稳定。

三、2021 年重点工作

2021 年是“十四五”开局之年和中国共产党成立 100 周年。做好今年工作，意义重大、任务艰巨。必须全面落实党中央国务院、省委省政府和市委决策部署，紧扣“开放发展冲刺年”主题，持续巩固疫情防控和经济社会发展成果，确保主要经济指标增速高于全国、全省平均水平。

（一）抓好疫情常态化精准防控，推动经济平稳健康发展

做好“外防输入、内防反弹”。严格落实“四早”“四集中”措施，压实“四方”责任，实施闭环管理。加强常态化精准防控和局部应急处置，做好春节等重要时段疫情防控。强化人物同防，综合运用大数据、网格化管理等措施，持续做好境外和中高风险地区来眉人员管理，加强冷链食品管控。严格规范隔离场所管理，严防医疗机构交叉感染。做好农贸市场、商场超市、娱乐场所和交通场站等公共场所防控工作，引导群众合理有序出行。全力保障人民群众生命安全和身体健康，努力把疫情影响降到最低。

抓项目扩大有效投资。确保通威太阳能电池（二期）等项目竣工投产，开工建设通威太阳能电池（三期）、皇权集团 IFC、世界川菜创意产业园等重大招商项目，加快推进万华化学西南基地、西南表面处理循环经济产业园等百亿投资项目。力争 37 个省重点项目完成投资 192 亿元，123 个市重点项目完成投资 264 亿元。力争引进“三类 500 强”或投资 5 亿元以上重大项目 30 个，到位资金 780 亿元。

帮助民营企业纾难解困。研究制定分类帮扶政策措施，推动更多政策资金流向科技创新、先进制造业和中小微企业。梳理产业链上下游协作供需关系，加大产需对接力度。做好保障中小企业款项支付工作。帮助民营企业解决融资需求，兑现减税降费、贷款贴息、担保补贴等支持政策，让更多的民营企业渡过难关、健康成长。

促进消费提质升级。持续开展“消费促进季”活动，重点支持住宿餐饮、文体娱乐、交通运输、旅游等易受疫情影响行业。拓展夜间经济等新业态，依托东坡水街等新场景，分点连片打造特色商圈和城市活力区。建设城乡市场流通网络，提升农村电商发展水平。

（二）坚持开放引领，不断提升对外开放水平

深化成眉合作。认真落实《成渝地区双城经济圈建设规划纲要》，共同编制成都平原经济区“十四五”发展规划、国土空间规划，加强与成都“十四五”及各类专项规划衔接。推进产业互补协同发展。开展成德眉资名优产品目录认定，编制成德眉资产业链配套清单，鼓励成都重点企业跨区域布局产能、拓展市场。推进公共服务便民共享。完善突发公共卫生事件应急协作机制，实现重大疫情联防联控协同处置；将更多眉山公共服务事项纳入天府市民云平台；探索成德眉资职工基本医保无障碍转移和参保缴费年限互认。推进交界地带融合发展。加快成眉高新技术产业协作带和天府大道科技创新走廊共建，推进眉山东部新城“三中心一基地”起步区建设。

提升开放能级。以眉山天府新区为引领，加快对外开放平台能级跃升。做好眉山保税物流中心（B型）建设，加快眉山跨境电商综合示范区申建。用好用活国家进口贸易促进创新示范区等平台政策。依托川港合作示范园、海峡两岸产业合作区眉山产业园，增强港澳台优质资源集聚能力。依托加工贸易产业园，推动东莞等沿海地区外贸加工产业向眉山梯度转移。争取“蓉欧”＋东盟国际班列在青龙布局。支持甘眉园区争创国家级经济开发区，支持各级经济开发区扩区调位。深化与联合国教科文组织、国际竹藤组织等国际组织合作，集聚全球资源，提升眉山对外影响力。

加快交通建设。完成投资150亿元以上，着力构建公路、铁路、水运等立体化综合交通体系，支撑更高层次开放发展。打造轨道上的都市圈，推动成都外环铁路、成眉市域铁路S5线开工建设。加快建设“四横七纵”高速公路网和北上“六横九纵”、东进“一横五连”、全域“一核三环”路网，力争天眉乐高速、乐资高速仁寿段、工业大道青龙至新津段、滨江大道北段、眉山环城公路北环线等项目开工建设，加快推进天府大道眉山段、梓州大道南延线、益州大道南延线等项目，确保环天府新区快速通道、丹名快速通道、连汪燕铁路等项目建成投用。加快推进尖子山、虎渡溪航电建设，确保汤坝航电建成投运。

（三）大力推动改革创新，充分释放发展潜力

深化重点领域改革。深入实施国企改革三年行动，推进市属国有企业战略性重组、专业化整合，加快转型发展，实现提质增效。做好乡镇行政区划和村级建制调整改革“后半篇”文章，落实第二轮土地承包到期后再延长三十年政策。深化“放管服”改革，实施“眉山速度”“眉山服务”“眉山成本”“眉山诚信”四大营商环境示范工程。完善园区考核体系，推广“亩均论英雄”考核办法。做好省定建筑业改革发展试点工作。

增强创新驱动能力。加快建设高新技术产业集聚地，确保高新技术产业营业收入增长8%以上。加强创新平台建设，积极参与西部（成都）科学城建设，吸引项目、人才落户眉山。推进国家级高新区创建，力争列入国家级高新区升级考察计划，确保万象产业园建成国家级科技企业孵化器。加强知识产权保护，促进创新研发和转化运用，推动全社会研发投入持续增长，力争企业科技成果转化率达到80%以上。

（四）着力构建现代产业体系，打造一批特色支柱产业

推动制造业高质量发展。打造“3＋3”现代工业体系，力争新能源新材料产业产值率先突破500亿元。加快信利光电、斑布竹产业园等50个重点工业项目建设。加强重点企业培育，推动幺麻子、吉香居年内上市，新增专精特新“小巨人”企业15户，力争规上工业企业突破650户。推进制造业数字化赋能，重点打造德恩云、京东云、天府云等工业云平台。

推动现代服务业升级发展。加快文旅融合发展，积极打造“眉山新八景”，全力推进乐高乐园、恒大童世界、维亚康姆、江口沉银博物馆、幸福古村·齐乐桃源等重点项目建设。支持东坡区争创天府旅游名县，推进东坡故里文化旅游景区和瓦屋山景区创建国家5A级景区，打造全域旅游示范区。抓好金融业发展，力争金融业增加值增长8%。继续保持房地产业平稳健康发展。推进服务业数字化赋能，争创国家信息消费示范市。

推动现代农业健康发展。建设都市现代绿色农业先行市，推进中法农业科技园等现代农业园区建设。加快全国晚熟柑橘产业集群核心区建设。力争“味在眉山”销售收入突破1 100亿元，其中泡菜销售收入突破215亿元。引进一批高端农业项目，加快推进德康200万头生猪养殖基地、正大300万只蛋鸡种养循环产业园等重大项目。抓好粮猪稳产保供，力争粮食总产量稳定在125万吨以上，生猪出栏220万头以上。推进农业数字化赋能，支持丹棱县建设中国晚熟柑橘交易中心。

推动数字经济加快发展。共建“成德绵眉泸雅”大数据集聚区，打造成眉大数据产业应用示范基地，培育引进大数据企业5户以上。打造“芯屏端软智网”全产业链，加快阿格瑞OLED、未来显示科技示范园等重大项目建设，确保数字经济增速不低于20%。积极培育数字经济新业态新模式，依托联想叠云、华为大数据中心、清华启迪等平台，协同建设国家数字经济创新发展试验区。

（五）加快城乡融合发展，全面推进新型城镇化和乡村振兴

大力推进新型城镇化。加快农业转移人口市民化进程，力争城镇化率提升1.5个百分点。推动“东彭仁新”相融一体发展。实施眉山北部新城东片区成片开发建设，加快眉山东部新城、岷东新区、崇礼新城、彭山观音新城、仁寿城北新城、洪雅洪柳新区等新城新区建设。深入推进“三个全域”工程，加快第三水厂二期等供水工程建设，加快污水处理厂（站）和配套生态湿地建设。推进城市缓堵保畅，实施城区道路改造，探索立体停车场建设。推进新型智慧城市建设，提升城市数字化管理水平。突出老旧城区功能提升和环境优化，改造老旧小区700个以上，积极稳妥推进既有住宅加装电梯。巩固创文创卫成果，保持常态长效。启动国家历史文化名城申建。

加快建设美丽乡村。巩固拓展脱贫攻坚成果，推动脱贫攻坚与乡村振兴有效衔接，启动“五业五带五十园”规划建设。培育创建省级百强中心镇，辐射带动全市乡村发展。实施农村人居环境整治提升行动，力争35%以上的行政村建成“美丽四川·宜居乡村”达标村。持续改善农村基础设施，完成农村公路提档升级改造600公里，启动“四好农村路”省级示范市创建。实施农村饮水安全巩固提升工程。加快农村电网升级改造和农村动力电全覆盖，让越来越多的乡村亮起来、美起来、富起来。

（六）坚持生态优先绿色发展，奋力创建国家生态文明建设示范市

打好污染防治攻坚战。实施流域污染治理“六大行动”，压

紧压实各级河湖长责任，加强醴泉河等重点小流域综合治理。继续实施“减排、压煤、抑尘、控秸、治车”，确保PM2.5年均浓度控制在35微克/立方米以内。加强土壤重点污染源监控，持续提高秸秆、畜禽粪污综合利用率，促进化肥农药减量增效。持续推动人民群众关心的生态环境问题整改。

强化绿色发展保障。全面实施林长制。巩固提升国家森林城市创建成果，启动龙泉山城市森林公园眉山区域建设，打造竹林风景线，全面对接成都天府绿道建设。促进生态价值转化为经济价值，支持洪雅建设成都都市圈“两山”转化示范县。完成营造林10万亩，确保全市森林覆盖率稳定在50%以上，城乡绿化覆盖率达到60.4%。强化“三条红线”刚性约束，落实最严格的耕地保护和水资源管理制度，开展农村乱占耕地清理整治。坚决防止环境污染问题反弹回潮，让眉山的生态环境一年比一年好。

（七）统筹兼顾发展和安全，维护社会大局稳定

防范化解重大风险。强化金融风险监测预警，稳妥化解金融风险，加大非法集资防控打击力度，深入推进互联网金融风险整治。严格政府债务管理，坚决遏制隐性债务增量，积极妥善化解存量。扎实开展安全生产专项整治三年行动，聚焦道路交通、建筑施工、危险化学品等重点行业领域，强化安全生产清单制管理，压实安全生产责任。高质量完成森林防灭火专项整治任务，确保不发生重大森林火灾和重大人员伤亡。加强重点区域、重点场所火灾隐患排查整治。做好重大自然灾害防范应对工作。强化食品、药品、特种设备安全监管，让群众生活得更安全更放心。

提升基层治理水平。强化乡镇（街道）主体责任，完善基层治理职责清单，实行准入制度。强化村（社区）主体作用，实施减负赋能专项行动，建立健全服务需求、服务资源、服务项目三张清单和双向认领机制，破解基层责任多、留痕多、事务多问题。稳妥有序推进村（居）委会换届选举。推行街长制、巷长制，大力培育社区组织和社工人才，建设一批社区邻里中心。开展37个乡镇（街道）基层便民服务中心和89个村（社区）便民服务站标准化建设，打造15分钟便民服务圈。实施《眉山市物业管理条例》，提升物业管理水平。

深化平安眉山建设。推进市域社会治理现代化试点工作，加快智慧平安小区、慧眼工程建设，广泛开展“八无”平安村（社区）创建，全面推行“一村（社区）一警务助理”。加强社会稳定风险评估，深入推进诉源治理，加快市县乡三级矛盾纠纷多元化解协调中心标准化建设。开展法治教育示范创建，完善覆盖城乡的一体化公共法律服务网络。构建扫黑除恶长效常治机制，持续提升人民群众安全感。

（八）牢牢兜住民生底线，让人民共享发展成果

继续做好民生和社会保障工作。全力推进民生实事项目和重点民生工程，将新增财力和八成以上的财政性支出用于民生改善，实施一批重大民生实事、重点民生项目。把稳就业摆在突出位置，统筹抓好高校毕业生、农民工、退役军人等群体就业工作，落实企业稳岗税收优惠政策，确保全市城镇新增就业2.78万人以上，城镇登记失业率低于全国、全省平均水平。完善分层分类社会保障和救助体系，保障城乡低保人员、优抚对象、困境儿童等群体基本生活和衣食冷暖，做好基本民生商品保供稳价工作。完善住房市场体系和住房保障体系，做好征地拆迁群众安置工作。做好进城务工人员工资清欠保支。实现婚姻登记全市通办。

加快补齐公共卫生短板。实施疾病防控救治能力提升三年行动，启动市公共卫生临床医疗中心建设，推动眉山天府新区人民医院等重大项目建设。加强“华西医院—市人民医院、华西二院—市妇幼保健院、成都中医药大学附属医院—市中医医院”等紧密型医联体建设，打造区域医疗中心。实施县（区）级综合医院、中医医院、妇幼保健院和疾控中心三级医疗卫生机构创建计划，强化乡镇卫生院建设，推动全市医疗卫生服务水平全面提质。开展全民健身行动、妇幼健康促进、学校健康促进、职业健康保护等健康眉山专项行动，维护群众全生命周期健康。

全面发展社会事业。新续建公办幼儿园17所、公办中小学13所，新增学位23 160个。加强学生心理健康教育。抓好职业教育、远程教育、特殊教育。加快川大眉山校区、兰大—伯克利自然科学研究院等项目建设，确保眉山天府新区嘉祥外国语学校、成都外国语学校仁寿校区等项目建成投用。开工建设市文化馆、图书馆新馆、史志馆和融媒体中心。打造百姓身边的15分钟健身圈，新建篮球场150片、足球场30片。启动国家级水上项目训练比赛基地建设。推进居家和社区养老体系建设，做好失能半失能特困老人集中供养工作，加快适老化改造。推进公益性公墓建设，在全省率先实现乡镇全覆盖。加强民族宗教工作，强化国防动员和后备力量建设，做好双拥共建、人民防空、退役军人事务等工作，支持外事、侨务、港澳、对台工作，支持工会、共青团、妇联和残联、红十字会等群团组织更好发挥作用，加强关心下一代工作，做好档案、保密、地方志等工作。

（九）加强政府自身建设，提升政府治理效能

加强政治能力建设。坚持深入学习贯彻习近平新时代中国特色社会主义思想，增强“四个意识”、坚定“四个自信”、做到“两个维护”。严明政治纪律和政治规矩，不折不扣抓好党中央国务院、省委省政府和市委决策部署贯彻落实。

加强法治政府建设。坚持依法行政，更加注重运用法治思维和法治方式深化改革、推动发展、化解矛盾、维护稳定。健全决策机制，加强重大决策研究论证评估，加大公众参与力度，推进科学民主依法决策。自觉接受人大法律监督、政协民主监督，主动接受监察监督和社会、舆论监督，加强司法监督、审计监督。

加强效能政府建设。强化调查研究，倾听群众声音，提高解决实际问题和服务群众的能力。加快数字政府建设，深入推进“互联网＋政务服务”，让更多事项网上办、掌上办。强化过程管理，推行“清单制＋责任制”“明察＋暗访”，以“严、细、慎、实”的作风，推动工作落实到最小单元。

加强廉洁政府建设。深入落实全面从严治党要求，严格落实中央八项规定精神、省委省政府十项规定精神和市委市政府六个坚持及其实施细则，带头“过紧日子”，严控“三公”经费。管好用好财政资金和公共资源资产，强化对权力运行的制约监督，深化政务公开，营造风清气正、干事创业、担当作为的政治生态。

各位代表，征途漫漫，惟有奋斗。让我们以习近平新时代中

国特色社会主义思想为指引，主动作为、奋力冲刺，推动眉山高质量发展，加快建设现代化成都都市圈副中心，以优异成绩迎接建党100周年！

名词术语解释

六稳：稳就业、稳金融、稳外贸、稳外资、稳投资、稳预期。

六保：保居民就业、保基本民生、保市场主体、保粮食能源安全、保产业链供应链稳定、保基层运转。

成德眉资同城化"1+1+N"规划体系：成都都市圈（成德眉资同城化）发展规划+成都都市圈（成德眉资同城化）国土空间规划+同城化公共服务、生态环境、基础设施等专项规划。

四重清单：重大工程清单、重大平台清单、重大改革清单、重大政策清单。

S5线：主线起于成都天府新区，止于眉山主城区，仁寿支线起于天府新区眉山视高片区，止于仁寿文林工业园区，全长约89公里，设21个站点。

5高3轨12快："5高"即成雅高速、成乐高速、成宜高速、成赤高速、成都经济区环线高速；"3轨"即成贵高铁、成昆铁路、成昆复线；"12快"即剑南岷东大道、天府大道、天邛快速+环天府新区快速、丹蒲快速、梓州大道南延线、锦江大道、仁简快速、金简黄快速、工业大道、滨江大道、益州大道南延线、通江大道。

保税物流中心（B型）：指经海关批准，由中国境内一家企业法人经营，多家企业进入并从事保税仓储物流业务的海关集中监管场所。

专精特新"小巨人"："专精特新"中小企业中的佼佼者，指专注于细分市场、创新能力强、市场占有率高、掌握关键核心技术、质量效益优的排头兵企业。

瞪羚企业：极具创新活力，发展速度越来越快，很像善于跳跃和奔跑的羚羊的高科技企业。

蜀信链：由省经信厅主导，省区块链行业协会联合多地政府部门和重点企业共同参与建设，对外提供跨机构、跨系统可信、安全、高效信任协同的区块链服务基础设施，致力于改变目前区块链服务建设成本高、中心化管理现象严重、解决方案应用痛点不明确等问题。

味在眉山：以泡菜、粮油、果蔬、畜产品、乳制品、茶叶、水产、调味品、酒类、饮料、糖果糕点、餐饮、森林食品13个门类组成的食品产业体系。

三比三看：比落地看担当、比进度看作为、比效果看实绩。

引青入东：东坡区青衣江饮水工程。

水环境质量"三个100%"：全市县级以上集中式饮用水水源地水质达标率为100%，3个国考断面水质优良率100%，7个市考断面水质优良率100%。

东马、仁马：东坡国际半程马拉松、仁寿半程马拉松。

春风行动：2020年1月上旬至3月底，针对有就业创业意愿的农村劳动者、农民工，就业困难人员、零就业家庭成员，农村建档立卡贫困劳动力，残疾登记失业人员，有用工需求的用人单位等服务对象提供就业创业服务。

行政执法"三项制度"：行政执法的公示制度，行政执法全过程的记录制度，重大执法决定的法制审核制度。

放管服：简政放权、放管结合、优化服务。

四风：形式主义、官僚主义、享乐主义和奢靡之风。

"三公"经费：财政拨款支出安排的出国（境）费、车辆购置及运行费、公务接待费。

治眉兴眉"136"发展思路：市委四届十六次全会提出，"1"即一个目标定位：建设现代化成都都市圈副中心；"3"即三项治眉方略：开放引领、融入成都、五区协同；"6"即六大发展支撑：建设成都都市圈经济增长极、建设成都都市圈科创新高地、建设成都都市圈交通次枢纽、建设成都都市圈开放示范市、建设成都都市圈品质宜居城、建设成都都市圈幸福新家园。

"3+3"现代工业体系：做大做优新能源新材料、农产品及食品加工、电子信息三大引领产业；培育提升机械及高端装备制造、绿色化工、医药三大特色产业。

"443"现代服务业体系：包括旅游度假、医疗康养、文化创意、高端教育4个都市消费服务业；科技研发、金融服务、现代物流、会展博览4个都市生产服务业；城市商业、特色餐饮、品牌家政3个都市生活服务业。

"583"现代农业体系：做大做强泡菜、晚熟柑橘、竹、生猪、粮油5大主导产业；做精做优奶、禽蛋、水产种苗、东坡蜂蜜、彭山设施葡萄、仁寿枇杷、洪雅茶叶、洪雅藤椒8大特色产业；做稳做实现代农业种业、现代农业装备、现代农业烘干冷链物流3大先导性产业。

"双百"大城市：人口100万人，建成区面积100平方公里，即达到中大型城市的标准。

四早：早发现、早报告、早隔离、早治疗。

四集中：集中患者、集中专家、集中资源、集中救治。

四方责任：属地责任、部门责任、单位责任和个人责任。

三类500强：世界500强企业、中国500强企业和中国民营企业500强。

"三中心一基地"起步区：包括市民服务中心、人才中心、产业邻里中心、企业总部基地，占地面积238亩，规划总建筑面积9.22万平方米，总投资约10亿元。

"四横七纵"高速公路网："四横"即成雅高速、成都经济区环线高速、遂资眉高速、铜梁经乐山至荥经高速；"七纵"即乐雅高速、成乐高速（扩容）、成赤高速、仁沐新高速、成宜高速、天眉乐高速、蒲夹高速。

北上"六横九纵"："六横"即天邛快速+环天府新区快速、彭邛快速、彭蒲快速、东蒲快速、金简黄快速、通江大道；"九纵"即工业大道、滨江大道、剑南岷东大道、天府大道、益州大道南延线、梓州大道南延线、仁简快速、丹蒲快速、锦江大道。

东进"一横五连"："一横"即眉州大道东、西延线；"五连"即仁简快速、金简黄快速、眉资快速、仁寿至资中快速、天府大道南延线。

全域"一核三环"路网："一核"即天府大道眉山城区段（眉山环城公路北环线）、眉山环城公路南环线、工业大道、剑南岷东大道；"一环"即成都经济区环线高速、遂资眉高速、成乐高速、天眉乐高速；"二环"即环天府新区快速、天府仁寿大道、S307、S307至S401连接线、S401、S104；"三环"即金简黄快速、红星路南延线、仁青快速、名仁快速、丹蒲快速、成新蒲快速。

眉山新八景：集中打造“一祠一馆、一山一水、一园一城、一镇一村”文旅品牌。“一祠”即三苏祠，“一馆”即江口沉银博物馆，“一山”即瓦屋山，“一水”即岷江，“一园”即乐高乐园，“一城”即中美文化产业新城，“一镇”即柳江古镇，“一村”即幸福古村。

芯屏端软智网：集成电路、新型显示、智能终端、高端软件、人工智能、信息网络。

“三个全域”工程：全域污水处理工程，全域垃圾处理工程，全域安全饮水工程。

五业五带五十园：发展做优东坡泡菜、眉山春橘、粮油、生猪、竹业五大主导产业；做靓中部科技引领、北部开放合作、东部种养循环、西部绿色生态、南部融合发展五条乡村振兴示范带；培育做强50个现代农业园区。

四好农村路：即“建好、管好、护好、运营好”农村公路。

流域污染治理“六大行动”：小流域污染治理设施建设提升行动，农药化肥减量行动，水产、畜禽养殖污染治理行动，工业污染治理行动，生态治理行动，小流域污染治理监管行动。

三条红线：生态保护红线、永久基本农田和城镇开发边界线。

社区邻里中心：集“党建＋服务、文化＋体育、医疗＋养老”等于一体的新型社区服务模式。

“八无”平安村（社区）：无黑恶、无毒害、无邪教、无命案、无重大安全事故、无群体性事件、无诉讼、无信访平安村（社区）。

医联体：指区域医疗联合体，是将同一个区域内的医疗资源整合在一起，通常由一个区域内的三级医院与二级医院、社区医院、村医院组成一个医疗联合体。

四个意识：政治意识、大局意识、核心意识、看齐意识。

四个自信：道路自信、理论自信、制度自信、文化自信。

两个维护：坚决维护习近平总书记党中央的核心、全党的核心地位，坚决维护党中央权威和集中统一领导。

政协眉山市委员会工作报告

（2021年1月18日，在政协第四届眉山市委员会第六次会议上）

眉山市政协主席　吴小可

2020年工作回顾

眉山市政协在党中央、省委、市委的坚强领导下，紧扣疫情防控、开放发展攻坚、“六稳、六保”以及基层治理等中心工作，建言资政、凝聚共识，贡献政协智慧和力量，携手走过极不平凡的2020年。全年形成调研专报、社情民意信息66件，全国政协采用3件，民革中央采用3件，省领导批示1件，省政协采用12件，市委书记批示31件，市长批示11件。获评全省政协新闻宣传工作先进单位，综合排序全省第四。市政协作为全省唯一市州代表出席全国地方政协社会和法制委员会工作座谈会。

一、把握“势头”聚智献策，发挥专门协商机构优势

（一）抗击疫情有担当。一是成立志愿服务先锋队，分15批60人次到联系社区开展疫情防控志愿服务。二是深入委员企业调研走访，协调解决复工复产难题，提出《关于眉山市复工复产中的问题与建议》《关于夯实公共卫生安全底部基础的建议》等8件专报，其中3件获市委书记批示、2件获市长批示。三是统一思想传递正能量。号召全体政协委员投入疫情防控，捐款捐物献爱心（折合人民币800多万元），献计献策出主意。

（二）协商议政有实效。一是全体会议有温度。300多名委员提交关乎眉山发展和民生事业的提案262件，立案257件。18件书面大会发言中，16件获市委书记批示，体现市委对政协工作的重视、对委员建议的珍视。二是专题议政有深度。二、三季度常委会，分别围绕“老旧小区改造，改善安居环境”“优化营商环境，深化开放发展”进行两场深度的专题议政协商，议政成果均获得市委主要领导肯定批示。三是常规协商有高度。关于同城化菜篮子建设的报告，获副省长等省领导和市委主要领导肯定批示；关于学前教育的调研成果被省委《调查与决策》采用，诸多建议在全国两会期间“发声”；推进巴蜀文化走廊的建议被纳入成渝文旅发展对策研究。

（三）民主监督有抓手。一是文化生态监督助力城市品位提升。全员参与双创攻坚，首创即成。围绕市政改造、乡村文史等进行专项视察，提出的《关于破解城市绿化过度问题提升园林美化水平的建议意见》《关于建设乡村史馆的建议》，均得到市委主要领导批示。二是项目监督助力投资落地。对129个省市重点项目全覆盖监督，重点对2020年招商引资重点项目落地推进情况、疫情后重大项目复工复产情况进行专项视察监督，形成的《省市重点项目建设中存在的问题亟需引起高度重视》获市委书记批示，并在全市项目工作大会上引用。三是资源环境监督助力小流域治理。重点对全市小流域污染治理等开

展专项视察，监督建议引起市委市政府高度重视，市长批示相关部门整改。

（四）开放攻坚有作为。一是外出考察取经促发展。围绕市委“开放发展攻坚年”和建设成渝地区双城经济圈决策部署，开展对外交流学习，《关于打好开放发展攻坚战的几点建议》《关于赴南充泸州自贡学习考察的情况报告》获市委主要领导批示。二是构建常态化对外合作交流机制。以“同源·同心·同城”书画作品联展为契机，建立成德眉资四市政协文化交流平台；签订眉山江津政协战略合作框架协议，推动“双城记”协商合作常态化；加入川渝八市区政协专题协商联系会（四川乐山市、资阳市、眉山市、都江堰市和重庆江津区、南川区、大足区、武隆区），开展“巴蜀文化旅游走廊建设”专题协商；围绕教育管理、营商环境建设以及金融与招商等课题，与重庆永川、北碚、南岸以及成都、绵阳等省内外城市加强合作交流。三是对外接待展示眉山发展成果。全年接待省内外考察交流59批874人次，充分展示眉山开放发展成果和开放示范形象。

二、主动“牵头”凝聚共识，巩固共同思想政治基础

（一）贯彻研讨聚共识。一是召开会议明确要求。深入学习中央、省委政协工作会议精神，主动筹备市委政协工作会议，切实贯彻市委书记对全市政协系统提出的新任务新要求。二是广泛研讨深化认识。围绕市委政协工作会议精神暨市委书记讲话精神，开展专题研讨活动，在《眉山日报》专版刊载区县政协、党派及委员代表研讨成果5期，更深化市委对市政协提出的“靠谱支招”要求的认识。三是制度引领凝聚各界。以市委新时代加强和改进人民政协工作的实施意见为指导，常态化学习宣传宣讲党的主张和党委决策部署，把凝聚共识贯穿于政协履职全过程。

（二）提升本领聚士气。一是开设政协讲堂提升履职服务能力。市政协主席带头作“关于新时代市县政协履职的几个重大问题”辅导报告，其他党组成员和机关党组成员分别围绕调研视察、社情民意、新闻宣传等开展专题辅导。二是分界别对委员开展履职能力培训。依托专委会，分界别加强对委员的对口联系，增加履职底气。三是表扬先进鼓舞队伍。首次以市委市政府名义对政协工作先进集体和先进个人进行通报表扬，进一步促进各级各部门的政协工作意识，激发广大委员的履职热情和士气。

（三）调研搭台聚合力。一是班子成员定期对接联系，共同协调解决问题。全年市政协班子成员定期走访企业和联系重大项目100次，现场协调解决企业困难和问题。二是搭建党派团体履职平台，汇聚各界力量。共同开展发挥司法所在乡村振兴中作用、文旅研学发展、疫情期间地摊经济管理服务等课题调研，其中4个成果转化为政协大会发言，3个成果以《民情与建议》上报，均获得市委市政府主要领导批示。

三、顺应“盼头”履职为民，夯实两支队伍中坚力量

（一）特色协商顺民心。一是开展“有事来协商”，破解基层协商“最后一公里”难题。创建“有事来协商·东坡事大家议”和“有事来协商·和谐助寿乡”特色品牌，开展暂停征收农业水费、洪雅“一杯茶”产业发展、新民村农毛渠整治、天然气“村通工程”、甘家沟村基础建设产业发展等院坝式“微协商”50多场次，化解矛盾问题100多个。二是构建网络协商、远程协商平台。围绕既有住宅增设电梯工作，邀请北京高校专家，与市政协委员、小区居民代表、社区干部和市级相关部门负责人进行远程协商，推进难点堵点问题得到有效解决。

（二）心系基层顺民意。一是增设活动基地。在苏母公园建设面向市民开放的政协书画院、文史馆和委员活动室，增设政协和群众联系的“窗口”。二是深化“我为扶贫攻坚做件事”活动。坚持主席会成员带头帮村、委员企业家组合帮村、各界别和专委会协调帮村、政协委员结对帮村、机关干部结对帮户机制。1 500多名省、市、县（区）政协委员参与联系帮扶贫困村238个、贫困户2 412户、爱心助学25人，捐资7.3万元。三是开展“两走一助”。1 550名委员参与走访企业590家、困难群众1 672户，帮助企业协调解决资金2 300多万元、捐款捐物折合人民币80多万元。

（三）创新管理顺民情。一是成立眉山政协智库，夯实专业协商力量。邀请60名省内外专家学者，组建眉山政协智库，以协商议政的前瞻性、系统性、科学性反映社会关切。二是新建眉山“政协履职通”App，加强信息化建设。拓展委员知情明政渠道，提高履职效率。三是采纳部门和读者呼声，改版文史期刊。每期确定专题，鲜明存史资政，编辑完成《眉山文史——眉山村落文化》和《眉山文史——眉山抗疫纪录》。

四、抓紧“龙头”政治引领，建设党旗飘扬重要阵地

（一）政治引领铸党性。一是以理论中心组学习引领政治学习，抓政治机关建设。全年召开党组理论中心组学习会9次，班子成员、县级干部集体学习研讨交流40人次。二是常态化贯彻中央、省委、市委政协工作会议精神，准确把握新时代政协工作重点，突出思想引领，严守意识形态阵地。《浅谈新时代如何推动人民政协高质量履职》《充分发挥人民政协在传承和发展社会主义协商文化中的重要作用》荣获省政协理论与实践研究2020年度优秀论文。三是严格落实“三会一课制度”。领导干部以普通党员身份参加支部组织生活、讲党课17次。党员领导干部带头作专题辅导报告，努力把政协建设成为“党旗飘扬”的重要阵地。

（二）制度建设铸根基。一是强化政协党的制度建设。制定市政协机关党组理论学习中心组学习制度、政协重大事项向党委请示报告制度以及党组落实意识形态责任制度等，推动政协党的建设更加制度化、规范化、系统化。二是贯彻中央、省委政协工作《意见》重“干货”。主动参与《中共眉山市委关于新时代加强和改进人民政协工作的实施意见》起草，确保与中央、省委精神高度一致，力求突出基层特色和操作性。三是落实政协“制度建设年”成体系。修订完善《全体会议工作规则》《常委会工作规则》《委员监督管理办法》等37项制度，固化15项、完善13项、新建7项。

（三）活动支撑铸成果。一是开展机关迎“七一”党建知识竞赛主题活动。抓好《中国共产党党和国家机关基层组织条例》的学习贯彻，各党支部组织党员线上线下学习80多人次，组织机关党员干部通过参与现场竞赛、互动答题，学党章党规条例。二是开展党员委员“请进来、请上讲堂”主题党日活动。依托专委会党支部和委员界别小组活动，将组织关系不在市政协机关的党员委员“请进来”，参加支部学习、讲党课、过组织

生活，参与调研交流。三是抓好党建大联盟。落实机关党组到包保社区对接指导党建工作责任，组织党员在居住社区小区报到并参与志愿服务，覆盖率100%。

各位委员、同志们！2020年的工作成效来之不易，在此，我代表市政协常委会，对市委的热切关怀，市政府的倾情支持，市人大常委会、各部门、各区县和社会各界的大力支持，政协各级组织、各参加单位和广大委员的担当奋斗，表示衷心的感谢并致以崇高的敬意！

看到成绩的同时，我们清醒地认识到，还有不少工作需要加强和改进，比如，部分委员和干部对新时代基层政协工作的性质、定位、职能方面的认识仍然不够深刻，对凝聚共识这一职能的重要性认识不足，适应新时代新要求的有效举措还不多，在专门协商和"有事来协商"等方面还需着力用功。

2021年工作建议

2021年，是实施"十四五"规划，开启全面建设社会主义现代化国家新征程的开局之年，是中国共产党建党100周年，是眉山开放发展冲刺年。全市政协组织和广大政协委员要始终坚持以习近平新时代中国特色社会主义思想为指导，深入学习贯彻党的十九届五中全会、省委十一届八次全会、市委四届十六次全会精神，紧扣市委中心工作，牢牢把握专门协商机构职责，提高政治协商、民主监督、参政议政水平，广泛凝聚共识，全力助推中央、省委、市委决策部署落地落实。

一、深入学习领会新发展理念，在助力"十四五"规划上要有新成效。组织社会各界认真开展好党的十九届五中全会、中央经济工作会议、省委十一届八次全会和市委四届十六次全会精神学习，准确把握新发展阶段面临的新机遇新挑战。认真研究中央、省、市"十四五"规划，努力助推建设成都都市圈经济增长极、成都都市圈科创新高地、成都都市圈交通次枢纽、成都都市圈开放示范市、成都都市圈品质宜居城、成都都市圈幸福新家园。

二、坚持加强思想政治引领，在凝聚发展共识上要有新气象。要深入贯彻落实全国政协《关于加强和促进人民政协凝聚共识工作的意见》和省政协的《实施意见》，把加强思想政治引领、广泛凝聚共识作为中心环节，引导各党派、团体和社会各界强化党的理论、时事政策、党史国史等学习，提高思想政治水平，增强"四个意识"，坚定"四个自信"，做到"两个维护"。通过举办建党100周年系列庆祝活动、深化"有事来协商"议政活动、开展各种有效调研视察、积极反映社情民意等工作，有效化解矛盾，增进共识，凝聚力量。进一步探索创新畅通党外知识分子、非公有制经济人士、新的社会阶层人士意见表达渠道。

三、继续聚焦党政中心履职，在助推发展大局上要有新作为。全市政协系统要充分发挥党委的"献策机构"、发展的"聚力机关"、界别的"协商平台"等重要作用，围绕"建设现代化成都都市圈副中心"定位目标，"开放引领、融入成都、五区协同"治眉方略，"一极一地一枢一市一城一园"战略支撑开展协商议政。聚焦开放发展，围绕成渝地区双城经济圈建设、成眉同城、营商环境等开展协商议政；聚焦构建现代产业体系，围绕"3135"产业培育、"443"现代服务业、都市现代绿色农业等开展协商议政；聚焦基层治理和民生短板，开展河湖环境治理、矛盾纠纷多元化解、农村产权制度改革法治保障、医养结合、公办幼儿园建设等开展协商议政，充分发挥专门协商机构的职能优势。

四、持续加强和改进政协工作，在开创政协事业上要有新局面。要坚持以宪法和相关政策为依据，以政协章程为基础，加强和改进政协工作，形成权责清晰、程序规范、关系顺畅、运行有效的工作体系。着眼落实党的领导建章立制，进一步健全党组成员联系党员委员、党员委员联系党外委员机制，确保政协始终在党的领导下高质量开展工作。进一步落实新任委员履职承诺制度。进一步完善定期听取民主党派、无党派人士和社会团体代表人士意见建议制度，及时回应各界代表人士的重大关切。进一步强化提案质量导向，建立提案交办高位推进机制和重点提案公示制度。进一步加大对党委重大决策部署贯彻落实情况的民主监督力度。进一步探索协商形式，完善重大协商议题的协同调研、联动协商、跨区域调研机制，更好发挥人民政协制度的整体优势。

各位委员，同志们！让我们更加紧密地团结在以习近平同志为核心的党中央周围，高举中国特色社会主义思想伟大旗帜，在市委坚强领导下，立足新阶段新理念新格局，团结各方、凝聚共识，发扬民主、建言资政，为助推建设开放发展示范市、现代化成都都市圈副中心而努力奋斗！

关于眉山市2020年国民经济和社会发展计划执行情况及2021年计划草案的报告

（2021年1月20日，在眉山市第四届人民代表大会第七次会议上）

眉山市发展和改革委员会主任 韩 杰

一、全市2020年经济社会发展计划执行情况

（一）产业发展取得新成效。农业经济稳定增长。第一产业增加值实现222.85亿元，增长5.7%，保持正常年份增长速度。粮食产量实现连续增长，达到125.9万吨。“味在眉山”食品产业销售收入突破1 000亿元，泡菜、柑橘、畜禽、竹木等农业特色产业加快发展。中法农业科技园、中德通内斯、正大蛋鸡、德康生猪养殖等重大项目加快推进。农民收入持续增长，农村居民人均可支配收入实现19 730元，增长8.5%。工业经济快速回升。规上工业增加值增速由1—2月的下降2%回升到增长4.9%。新增规模以上工业企业71户，达到631户，创历史新高。万华化学一期、通威太阳能电池一期、阿格瑞OLED一期、海霸王速冻食品项目建成投产，联想创新科技园、川港合作示范园、斑布健康竹产业园等重大项目加快推进。数字经济企业达145家，京东云（东坡）数字经济产业园开园，眉山市入选全省首批“蜀信链”节点建设城市。三产增速全省靠前。第三产业增加值实现673.25亿元，增长4.9%，增速持续保持全省前列。“消费促进季”活动累计投放消费券5 160万元左右，拉动消费近15亿元。社会消费品零售总额实现543.26亿元，降幅由1—2月的下降14.4%收窄至下降2.3%。维亚康姆国际文创、天府万达国际文旅、小猪佩奇文创小镇等重大项目成功落户眉山，天府乐高乐园、恒大童世界等高端文旅项目加快推进。成功获评中国最美生态文化旅游城市，洪雅县成功创建全省第二批天府旅游名县，三苏祠、瓦屋山分别荣获“成渝十大文旅新地标”，幸福古村入选全国第一批“乡村旅游重点村”，东坡区获评四川省促进服务业发展工作先进单位，眉山“中国泡菜城”荣获“天府十大美食地标”，东坡水街成为网红景点。

（二）区域协同开创新局面。渝眉合作开局起势。分别与重庆两江新区、渝中区、涪陵、大足、重庆大学签订合作协议，提出的共建“全球泡（榨）菜出口基地”等项目成功纳入《成渝地区双城经济圈建设规划纲要》。重庆大学建筑规划设计研究总院眉山分公司、重庆大学（眉山）技术转移中心等10个具体合作事项提上日程，开通眉山至大足客运班线。成眉同城纵深推进。同城规划体系初具雏形，初步形成《成都都市圈发展规划》《成德眉资同城化国土空间发展规划》等若干规划和实施方案框架的“1＋1＋N”规划体系。成眉交界地带融合发展全面加快，新津—彭山、天府新区成眉区域交界地带融合发展方案发布实施，眉山市5个示范点纳入精品示范项目建议名单，成都东部新区董家埂镇和眉山天府新区贵平镇签订《共建成眉交界地带融合发展精品示范项目（加快交界地带融合发展合作）协议》。交通同城率先突破，已建和在建成眉间通道达到“5高3轨12快”，成宜高速、红星路南延线等重大交通项目全线贯通。成眉间跨市公交开行线路达到4条，日间发行动车加密至80列，眉山东站发车时间间隔缩短至12分钟。同时，共同打造“工业政企互通供需对接平台”，共同深化公共服务平台共建、资源共享、体系同构，东坡与双流、彭山与新津签订审批服务事项跨区域通办协议。县域经济升位争优。在全省2019年度县域经济发展综合测评中，东坡区、仁寿县成功获评“四川省县域经济发展进步县（区）”，东坡区在“城市主城区”类排位上升7位，成功举办“全省城市主城区县域经济高质量发展座谈会”，仁寿县在“重点开发区县”类排位上升12位。

（三）开放改革迈出新步伐。开放发展成效显著。成功获批国家进口贸易促进创新示范区，成为全国新设立的10个之一；海关驻点全面完成，已为130户企业提供业务服务；保税物流中心（B型）申建工作稳步推进，省政府已向海关总署出具支持函，项目已开工建设；被确定为首批省级对外开放法治示范区试点创建单位。招商引资实际到位资金725.44亿元，其中外资到位资金1.45亿美元，新设外商企业11家。引进世界500强、中国500强、中国民营企业投资或投资额5亿元及以上重大项目49个。重点改革深入推进。33项中省改革试点任务扎实推进。国企、财税、金融、投融资等重点改革纵深推进。乡镇行政区划调整、村（社区）建制调整、村民小组调整按时完成，社区治理优化稳步推进。制定农村土地经营流转等4项地方标准，土地流转面积达149万亩以上。积极推进宅基地“三权分置”试点。营商环境持续优化。持续推进“放管服”改革，严格执行“一窗进出、一网通网”规定，全面实行“红色代办”服务，积极开展“模拟审批”试点和“并联审批”工作。社会投资项目审批时限缩短至50个工作日，企业开办时间压缩至5小时以内。

（四）城乡建设展现新面貌。新型城镇化全力推进。成

功创建全国文明城市，国家卫生城市，海绵城市、智慧城市、公交都市建设加快推进。完成城镇投资256亿元，新增建成区面积5平方公里，预计常住人口城镇化率提高1个百分点，达48.83%。成功争取全省唯一的建筑业改革发展试点市。全面完成《北部新城控制性详细规划、修建性详细规划和城市设计（修编）》，优化城市空间布局。深入实施“百园之市”工程，开展“一镇一园”建设，全年开工建设公园25个，全市各类公园数量累计达到163个。综合交通体系加快构建。千亿交通大会战预计完成投资150亿元，太和大道、工业大道G351线至夹江段建成通车，天府大道眉山段、眉山环城公路南环线、益州大道南延线、梓州大道南延线等干线公路加快推进。眉山市与成都达成成眉市域铁路S5线共建共管协议，眉山段已完成工可初稿；S5天府机场支线、S13线正在开展方案研究。成乐高速扩容加快推进。汤坝航电、尖子山航电、虎渡溪航电正在加快推进。乡村振兴战略深入实施。城乡一体化义务教育发展机制加快完善，基层医疗服务能力不断提升。“四好农村路”示范路保有量超过600公里，农村集中供水率达83%以上，农村电网综合电压合格率达93%以上。全市所有行政村生活垃圾得到有效治理，建成“美丽宜居乡村”达标村219个。加快推动全市农村产权交易机构及交易市场体系建设，眉山农交所已完成土地经营权、农村集体资产等各类农村产权项目交易126宗，交易规模2.96亿元。

（五）生态文明实现新提升。污染治理效果显著增强。全市纳入国、省考核的8个流域断面中，水质优良断面7个，市级17条河（湖、渠系）中，全面消除V类和劣V类水体，创河湖长制以来最好成绩；县级以上集中式饮用水水源地水质达标率为100%。环境空气质量主要指标PM2.5平均浓度下降12.1%，优良天数达320天，优良率达87.4%。在省委、省政府2019年度生态环境保护党政同责工作考评中被评为先进，排名全省第2，连续两年被评为生态环境保护先进市。资源综合利用成效明显。全面完成能耗“双控”考核，万元GDP能耗预计下降0.59%左右。全市工业领域燃煤锅炉电能替代工作走在全省前列，截至目前，已完成14家企业改造工作，改造燃煤锅炉316.7蒸吨，10蒸吨以下燃煤锅炉全部淘汰。编制完成《眉山市电动汽车充电基础设施专项规划（2020—2023年）》，新建充电站6座、充电桩790个。生态文明建设加快推进。全面启动国家生态文明示范市创建，加快岷江、东风渠、球溪河、柴桑河等重点流域与重点湖库生态廊道建设。加快大熊猫国家公园建设，开展大熊猫及其栖息地巡护监测。推进成都都市圈生态建设联防联控，共同建设龙泉山城市森林公园。巩固国家森林城市创建成果，森林覆盖率达50.1%，城乡绿化覆盖率达60.2%。

（六）民生改善达到新水平。脱贫攻坚取得决定性胜利。高质量完成16.22万贫困人口稳定脱贫，全面落实对690户边缘户和1 673户脱贫监测户帮扶措施，确保脱贫不返贫。重点民生事项加快推进。城镇新增就业3.22万人，城镇登记失业率控制在3.04%以内，稳定保持全省前列。根治欠薪工作受到省政府通报表扬。推进老旧小区改造，开工改造447个，完成改造72个；完成农村土坯房改造12 947户；推进既有住宅电梯增设工作，开工建设50部。安全生产形势持续稳定好转。城乡低保保障标准实现提标扩面（城市630元/月，农村450元/月），全市纳入城乡低保对象9.03万人、特困供养对象1.994万人。开展全国第四批居家和社区养老服务综合改革试点，验收评估获优秀等次，并被特别奖励。持续推进生态节地惠民殡葬，建成乡村公益性公墓建设83个，居全省第一。教体文卫事业全面进步。教学条件显著改善，投入12.9亿元用于教育发展，建成投用公办中小学、幼儿园23所，新建校舍14.23万平方米，新增学位10 170个，新建公共篮球场158片、足球场45片。健康眉山加快推进，市人民医院、市妇幼保健院分别与华西医院、华西第二医院建立医联体；疫情防控有力有效，全市累计报告新冠肺炎疑似病例48人，确诊病例8例，已全部治愈出院。公共文化设施加快建设，市文化馆新馆、市图书馆新馆、市融媒体中心、江口沉银博物馆和遗址公园、眉山艺术中心筹建等工作顺利推进。成功创建第十一届四川省双拥模范城，6县（区）成功创建第十一届四川省双拥模范（先进）县（区）。

二、全市2021年经济社会发展总体要求和预期目标

（一）总体要求。2021年，坚持以习近平新时代中国特色社会主义思想为指导，深入贯彻党的十九大和十九届二中、三中、四中、五中全会和省委十一届八次全会精神，立足新发展阶段，贯彻新发展理念，融入新发展格局，以深化供给侧结构性改革为主线，以改革创新为动力，以开放发展为引领，全面落实成渝地区双城经济圈建设和省委“一干多支、五区协同”战略部署，深入推进成眉同城化发展，加快推进新型工业化、信息化、城镇化和农业现代化，实现经济行稳致远、社会安定和谐，加快建设现代化成都都市圈副中心，为“十四五”开好局、起好步。

（二）预期目标。2021年，按照“GDP增速高于全省1个百分点，保持全省第一方阵，走在成都平原经济区前列”要求，确保全市经济增速达到8%以上，投资、消费、财政收入等保持稳定增长，民营经济、高新技术产业加快发展，招商引资、旅游发展深入推进，生态环境各项指标持续向好，城乡居民收入稳定增长，民生和社会事业逐步改善。

三、全市2021年经济社会发展重点

（一）坚持协调发展，积极融入国省重大战略

1. 积极融入成渝地区双城经济圈建设。依托成渝巨大市场，继续引进一批具有支撑性、带动性、战略性的高端优质项目。推动眉山天府新区、眉山东部新城、仁寿东部片区向东拓展，主动融入成渝发展主轴。推动中国泡菜城与涪陵区联合打造全球泡（榨）菜出口基地，促进涪陵榨菜集团与惠通食业共建酱腌菜生产线。加强眉山数字经济产业园与渝北仙桃国际大数据谷对接，邀请10家以上大数据企业来眉洽谈合作。推动眉山天府新区与重庆两江新区开展战略合作，推进两地龙头企业在新能源汽车、电子信息、数字经济、医疗康养等领域深度合作。携手培育“成渝地、巴蜀情”文旅活动品牌，互推精品旅游线路和文旅产品，共建巴蜀旅游文化走廊。建立渝眉院校合作联盟，推动重庆大学在眉设立技术转移中心和建筑设计院分公司。

2. 深入推动成眉同城发展。坚持“成眉同城、五区协同”发展战略，推动与成都全域同城、一体发展。积极创建成德眉资同城化综合试验区，探索一体建设的组织管理机制，推动重大规划和重大项目统一编制、联合报批、共同实施。推进成眉高新技术产业园建设，协同推进国家数字经济创新发展试验区。着眼

眉山市 2020 年国民经济和社会发展计划完成情况及 2021 年计划表

表 75

	指标名称	单位	2020 年计划		2020 年完成		2021 年计划	
			绝对值	增速	绝对值	增速	绝对值	增速
1	地区生产总值增速	亿元，%	高于全国、全省平均水平		1 423.74	4.2	—	8
2	第一产业增加值增速	亿元，%			222.85	5.7	—	3.5
3	工业增加值增速	%			—	4.9（规工）	—	9
4	建筑业总产值增速	%			—	8.3	—	13
5	第三产业增加值增速	亿元，%			673.25	4.9	—	9.3
6	社会消费品零售总额增速	亿元，%			543.26	-2.3	—	10
7	农村居民人均可支配收入增速	元，%			19 730	8.5	—	8.5
8	城镇居民人均可支配收入增速	元，%			38 892	5.8	—	8
9	民营经济增加值增速	%	不低于全市 GDP 目标		—	3.5	—	8
10	全社会固定资产投资增速	%	—	10	—	—	—	11
11	地方一般公共预算收入增速	亿元，%	—	7.5	121.62	—	—	7
12	高新技术产业营业收入增速	%	—	12	—	—	—	8
13	招商引资实际到位资金	亿元	760	—	725.44	—	780	—
14	旅游总收入	亿元	500	—	363.15	—	420	—
15	商品房销售面积	万平方米	440	—	813	—	700	—
16	“味在眉山”销售收入	亿元	1 000	—	1 030.95	—	1 100	—
17	城镇化率提高	百分点	1.55	—	1	—	1.5	—
18	城镇新增就业人数	万人	2.78	—	3.22	—	2.78	—

融入成都产业生态圈，强化成眉产业链条协作配套，共建成眉高新技术产业协作带、成眉乐光伏产业带、成绵眉新型显示产业集群，引导先进制造业、生产性服务业向眉山天府新区集聚，力争建成 2 个同城化产业生态圈联盟。加快天府新区成眉片区、新津—彭山、仁寿—简阳、丹棱—蒲江交界地带融合发展，加快丹蒲快速、仁简快速、梓州大道南延线等“断头路”建设，研究新开跨市公交线路。积极争取同城灵活从业人员自愿缴存公积金等国家试点，组建医联体、教育联盟和法律服务联盟。深化大气污染防控协作，共建龙泉山城市森林公园，推进沱江、岷江流域水生态治理。

3. 全面做强县域经济支撑。按照优化城区、做强县城、培育小镇、提升园区、振兴乡村的基本路径，推动城市主城区优化发展、重点开发县转型发展、农产品主产县特色发展。眉山天府新区瞄准打造市域副中心，推动眉山东部新城“三中心一基地”、视高“新区中心城”和青龙“国际物流港”建设，加快形成现代服务业和高端产业聚集区。东坡区瞄准建设全国综合实力百强区、全省县域经济发展强县，加快推进千禾 60 万吨调味品、舒泰神医药生产基地、汇宇生物科技等项目。彭山区瞄准建设开放发展先行区，推进彭山经开区调位，加快推进研一锂电池、液化空气西部电子材料、格林达年产 10 万吨电子材料等项目。仁寿县瞄准建设全国综合实力百强县、全省县域经济发展强县，加快推进信利光电、中德通内斯、宝能装配式建筑园、文宫枇杷小镇、曹家百年梨乡等项目。洪雅县瞄准建设“两山”转化示范县，加快推进竹钢生态产业园、幺麻子国际藤椒产业园、玉屏山麓康养公园等项目。丹棱县瞄准建设中国美丽乡村典范，加快推进国家乡村公园、幸福古村·齐乐桃源等项目。青神县瞄准建设全国特色产业示范县，加快推进绿色铸造特色产业园、斑布健康竹产业园、彩虹健康产业园、立白智能家居产业园等项目。

（二）坚持创新驱动，加快构建现代产业体系

1. 积极构建“3 + 3”现代工业体系。瞄准建设高新技术产业集聚地的定位，实施“链长制”，建立产业链清单，着力贯通上下游关键环节，不断巩固、增强、创新、提升产业链，推动产业集聚发展，率先实现新能源新材料产业突破 500 亿。坚持招大引强，“三比三看”推动重大项目落地建设，加快推进万华化学西南基地二期、通威集团（眉山）全球创新基地、西南表面处理园区、亚洲铝业西南基地、铜铟镓硒薄膜太阳能电池、眉山未来显示科技示范园等一批百亿级、十亿级重大项目建设，确保通威太阳能电池二期、信利光电模组、蒙牛智能生产线、大梓伟业模组一期、今麦郎饮料等项目竣工投产。开展企业梯次培育，建立龙头企业、专精特新“小巨人”“单项冠军”企业库，着力培育引领作用强、专业技术精的优质企业，推动幺麻子、吉香居年内上市。建立园区考核体系，开展“亩均论英雄”评价，支持园区新区扩区调位、提档升级。实施创新主体培育计划，支持万象产业园创建国家级企业孵化器，新培育一批国家高新技术企业、新建成一批省市工程技术研究中心，依托眉山天府新区、眉山东部新城、岷东新区打造天府科创城；依托川港合作示范园、眉山八戒数字经济科创产业园、加州智慧城、启迪天府新区科技城等创新平台，与成都联手打造天府大道科创走廊。协同建设国家数字经济创新发展试验区，加快建设“成德绵眉泸雅”大数据集聚区，大力推进 5G、工业互联网等新型基础设施建设，打造成眉双活中心和大数据产业应用示范基地。

2. 积极构建“443”现代服务业体系。积极培育高成长都市消费服务业，推进天府乐高乐园、恒大童世界、中日国际康养

城、黑龙滩国际旅游度假区、瓦屋山生态康养、四川大学眉山校区等项目建设，确保兰大—伯克利自然科学研究院、维亚康姆国际文创等项目开工，打造旅游度假、医疗康养、文化创意、高端教育四大基地，提升"安逸走四川·好耍在眉山"品牌新形象。积极培育高效率都市生产服务业，推动科技服务、金融服务、现代物流、现代会展等发展壮大，加快联想叠云、京东云等总部经济基地建设，加快青龙国际物流港、四川天府新区·玉湖城、远成智慧物流城、川威智慧物流园等重大物流项目建设，推动中央商务区规划建设。积极培育高品质都市生活服务业，挖掘县乡消费潜力，扩大节假日消费，促进线上线下消费交互融合，启动城市商业发展规划编制工作，优化城市商圈和中心城区商业布局。提升"味在眉山"品牌影响力，确保世界川菜园开工建设。继续实施家政服务产业"三年倍增计划"，推动家政行业与教育、医疗、养老、育幼等行业融合发展。

3. 积极构建"583"现代农业体系。积极落实成德眉资农业生产保供合作协议，启动都市现代高效特色农业示范区建设，擦亮东坡泡菜、眉山春橘、优质粮油、生猪产业等"金字招牌"，打造全国最大的晚熟柑橘和泡菜调味品"两强集群"，"味在眉山"产业销售收入突破 1 100 亿元。做好粮食、生猪保供稳价，加快德康 200 万头生猪、正大 300 万只蛋鸡等养殖项目建设，新建高标准农田 12.2 万亩、高效节水灌溉 1.07 万亩，农产品质量安全合格率保持在 97% 以上，加快打造成都平原优质粮油和西南高端畜禽产品供给"两大基地"。推动农旅融合发展，加快天府农耕、阳平耕读等融合项目建设，开发休闲农业项目与乡村旅游精品线路。

（三）坚持交通先行，着力完善综合交通体系

1. 加快建设五横六纵铁路轨道。推动重大轨道交通项目建设，持续完善铁路网布局，协同成都、德阳、资阳打造"轨道上的都市圈"。全力推进市域铁路建设，S5 线、成都外环铁路确保开工，同步抓紧 S5 天府机场支线、S13 线前期工作。积极推进瓦屋山山地轨道交通、雅眉乐自城际铁路前期工作。全面完成连汪燕铁路收尾工作，确保竣工投运。

2. 加快建设内联外畅公路干道。围绕构建"四横七纵"高速公路网和"一核三环"快速通道路网等多层次路网格局，加快形成快捷通达的骨干交通网。加快开展荥经至铜梁高速公路乐资段等项目前期工作，力争天眉乐高速、眉山环城公路北环线、工业大道青龙至新津段等项目开工建设，加快推进成乐高速公路扩容、天府大道眉山段、眉山环城公路南环线、梓州大道南延线、益州大道南延线等，确保环天府新区快速通道、仁寿红星路南延线、西环线柳江至终点段等建成投运。

3. 加快建设通江达海空港航道。推进眉山东部新城与成都东部新区协同发展，以天府国际机场即将建成投用为契机，积极发展临港产业，打造国际空港门户重要枢纽、成眉临空一体发展示范区。力争洪雅通用机场具备开工条件，加快推进丹棱通用机场前期工作，其余区县积极规划布局通用机场，打造通用航空经济圈。加快开展张坎航电前期工作，加快推进尖子山航电、虎渡溪航电建设，确保汤坝航电建成投运，加快打造通江达海黄金水道，积极发展航运、物流、旅游等港航经济。

（四）坚持改革开放，充分释放经济发展活力

1. 大力实施开放引领战略。围绕成都都市圈开放示范市战略定位，以眉山天府新区、眉山东部新城为引领，做实做强开放发展承载支撑。积极争取眉山纳入川渝自贸试验区协同开放示范区，加快推进四川自贸试验区眉山协同改革先行区、国家进口贸易促进创新示范区等重大开放平台建设，用好用足用活支持政策。以天府乐高乐园、维亚康姆国际文创、中法农业科技园、中日国际康养城等项目为载体，加快打造国际项目合作平台。加快推进川港合作示范园、海峡两岸产业合作区眉山产业园、香港皇权集团 IFC 国际时尚城建设，增强港台优质资源要素汇聚能力。加快眉山保税物流中心（B 型）、眉山跨境电商综合示范区申建，争取"蓉欧＋"东盟国际班列基地在眉布局。持续办好"竹博会""泡博会"等品牌会节和东坡国际马拉松、东坡庙会等体育文化活动，争取更多重大会议、重大会展、重大赛事在眉举办。

2. 持续深化重点领域改革。聚焦事关经济高质量发展的体制机制问题，深入推动创造型、引领型、市场化改革。落实国企改革三年行动方案（2020—2022 年），推动市、县（区）国企资源整合，提高企业信评级和融资能力。支持民营企业建立现代企业制度。深化要素市场化配置改革，推行"标准地"供应，提升环境容量，建设人力资源数据资源库，降低企业生产要素成本和制度性交易成本。推进财税体制改革，兜牢"三保"底线，调整财政支出结构，加大对科技创新、民生事业的支出力度，落实减税降费政策，制定政府采购负面清单，建设节约型机关。深化投融资体制改革，提高直接融资比重，鼓励社会资本开展基础设施领域不动产投资信托基金（REITs）试点，加大同城化发展专项债券发行力度。

3. 积极打造一流营商环境。全面深化"放管服"改革，推动出台创造一流营商环境工作方案和"放管服"工作任务清单，实施"眉山速度""眉山服务""眉山成本""眉山诚信"四大营商环境示范工程，着力打造市场化、法治化、国际化的营商环境，更好承接产业转移。提升政务服务效能，持续深化"一网通办"前提下的"最多跑一次"改革。推进行政审批改革，实行涉企经营许可事项清单管理，对新产业新业态实行包容审慎监管，加强重点行业事中事后监管，推动行政审批跨市域"无差别化"办理试点。加强社会信用体系建设，建成投用眉山市社会信用信息共享平台，构建企业和个人信用服务体系。做好民营经济扶持政策精准推送工作，保护民营企业和企业家合法权益。更好发挥行业协会、商会和中介组织作用。

（五）坚持城乡融合，持续优化市域人居环境

1. 全力提升城市发展能级。以国家新型城镇化综合试点为契机，加快人的集聚，推动"东彭仁新"一体规划、相融发展，提升城市综合承载能力，带动全域协同发展。支持东坡城区北拓东扩、彭山城区南连北融、仁寿城区北上东进、眉山天府新区视高新城北融南拓。实施眉山北部新城东片区成片开发建设，加快岷东新区、洪雅洪柳新区、崇礼新城、彭山观音新城、仁寿城北新城、眉山东部新城等新城新区建设，促进就近就业，集聚城市人口。突出"文化城、公园城、活力城"特质，打造三苏祠精品博物馆、江口沉银博物馆，加快眉山艺术中心、融媒体中心、档案馆等综合性场馆建设。启动实施"水润眉州"工程，全面对接成都天府绿道建设，推动东坡水街等特色商业街区提质扩容，推动老旧城区环境优化和更新改造。

2. 统筹推进城乡一体发展。推动彭山区、仁寿县城乡融合发展综合改革试点，强化区县城镇综合服务能力，打造一批重点镇、中心村，培育申报省级百强中心镇，加大城镇基础设施投入。加快农业转移人口市民化进程，维护进城落户农民土地承包权、宅基地使用权、集体收益分配权。继续开展农村土地“延包30年”试点，探索实施农村集体经营性建设用地入市制度，规范和加快农村土地流转，支持区县优化村庄用地布局，有效利用乡村零星分散存量建设用地。建立城乡人才合作交流机制，推动教科文卫体工作人员定期服务乡村，加强财政、金融、社会保障等政策激励，引导各类人才返乡入乡创业。建立涉农资金统筹整合长效机制，提高土地出让收入用于农业农村的比例。健全完善农村产权交易制度体系，构建市、县、镇（乡）、村四级农村产权交易平台。

3. 加快实施乡村振兴战略。全面推进乡村振兴示范带建设，集成省、市级现代农业园区和先进乡镇、示范村。创建市级实施乡村振兴战略先进县2个、先进乡镇10个、示范村50个、市级现代农业园区5个。实施乡村建设行动，统筹县域城镇和村庄规划建设管理，科学保护复兴村、幸福古村等传统村落和乡村风貌。加快推进农村基础设施路水电气信防“六网”和“1＋6”公共服务中心建设，改善乡镇卫生院条件。积极培育新型农业经营主体，建立乡村振兴合伙人制度。

（六）坚持绿色理念，全力推进生态文明建设

1. 切实加强生态环境保护。积极推进国家生态文明示范市创建，全力做好中央第二轮生态环境保护督察迎检工作，持续抓好水体、大气、土壤各项环境问题整改，确保不发生重大环境污染事件，确保生态环境保护“党政同责考核”继续保持全省先进。持续纵深推进河湖长制，全面抓好长江大保护，加强各类自然保护地管控，加快大熊猫国家公园和城乡绿道、生态公园建设。全力推进中心城区污水处理能力项目建设，持续抓好生活垃圾分类试点。新建（整治）岷江青衣江堤防5公里，综合治理中小河流10公里。

2. 积极构建绿色生产方式。大力推动资源节约，加强农业、工业、建筑、交通、商贸、公共机构等重点领域节能，全面完成省下达能耗“双控”目标。着力降低企业原材料消耗，推进水、气、热、渣综合利用，做好工业固废等大宗废弃物的资源化利用，强化土地利用全生命周期监管。推动生活垃圾、建筑垃圾、畜禽粪污、生物质天然气和秸秆资源化综合利用。加大落后产能淘汰力度，加快新能源产业发展，推进产业转型升级。

3. 全力推进农村环境整治。积极推进森林乡镇、美丽乡村建设，加快推进垃圾、污水、厕所“三大革命”，实施农村人居环境整治“六大行动”，改善农村居住环境和质量。确保50%以上的行政村推广生活垃圾分类处理措施，76%以上的行政村生活污水得到有效治理，35%的行政村建成“美丽眉山·宜居乡村”达标村。

（七）坚持改善民生，全面加快社会事业发展

1. 全力以赴做好政策兜底。继续巩固脱贫攻坚成果，促进脱贫攻坚与乡村振兴有效衔接，继续保持农村低收入人口财政投入力度总体稳定，健全防止返贫动态监测和精准帮扶机制，做好易地扶贫搬迁后续帮扶。深入实施全民参保计划，继续实施医保降费政策，全面落实退役军人优抚优待政策。积极推广覆盖城乡的多元养老服务体系，继续保障妇女儿童和残疾人权益。加快公益性公墓建设，在全省率先实现所有乡镇全覆盖。

2. 着力促进居民就业增收。坚持就业优先战略，推进城乡统筹就业，持续做好高校毕业生、返乡农民工、退役军人等特殊群体就业工作，动态消除零就业家庭。落实援企稳岗政策，扩大就业容量，深入推进职业技能提升行动，进一步拓宽就业渠道。推进薪酬分配制度改革，着力提高城乡居民生活水平，确保城乡居民收入增速高于经济增速。

3. 全面补齐公共服务短板。加快四川大学华西医院眉山医院区域医疗中心、华西医院眉山妇女儿童医院、眉山天府新区人民医院、各级疾控机构、传染病专科医院（病区）等建设，建设医卫大数据管理服务信息平台，通过系统集成、数据集成、服务集成，促进解决群众看病难问题。加快推进教育基础能力建设，新（续）建公办幼儿园17所，新增学位6 660个；新（续）建公办中小学13所，新增学位16 500个，巩固化解大班额成果，满足城镇化需求。继续推进市文化馆新馆、市图书馆新馆、融媒体中心、眉山艺术中心、江口沉银博物馆和遗址公园、党史馆和地方志馆建设。将主城区156条未黑化道路纳入改造计划，全面实现城市道路和管网提质增效。全力推进第三水厂二期工程、文定街（北段）、科二路、中心城区污水处理能力等项目建设。

名词解释

1. 成渝地区双城经济圈：地处四川盆地，东邻湘鄂、西通青藏、南连云贵、北接陕甘，是西部地区发展水平最高的城镇化区域。习近平总书记在中央财经委员会第六次会议上提出，要推动成渝地区双城经济圈建设，在西部形成高质量发展的重要增长极，使成渝地区成为具有全国影响力的重要经济中心、科技创新中心、改革开放新高地、高品质生活宜居地。

2. 成德眉资同城化“1＋1＋N”规划体系：成都都市圈（成德眉资同城化）发展规划＋成都都市圈（成德眉资同城化）国土空间规划＋同城化公共服务、生态环境、基础设施等专项规划。

3. “5高3轨12快”：“5高”即成雅高速、成乐高速、成宜高速、成自泸赤高速、成都经济区环线高速；“3轨”即成贵高铁、成昆铁路、成昆复线；“12快”即剑南岷东大道、天府大道、天邛快速—环天府新区快速、丹蒲快速、梓州大道南延线、锦江大道、仁简快速、金简黄快速、工业大道、滨江大道、益州大道南延线、通江大道。

4. 保税物流中心（B型）：指经海关批准，由中国境内一家企业法人经营，多家企业进入并从事保税仓储物流业务的海关集中监管场所。

5. “五区协同”发展战略：市委四届十六次全会提出，实施“中强、北上、东进、西优、南联”区域发展战略，即做强中心，提升主城能级水平；坚定北上，接轨成都核心区域；突出东进，融入成渝发展主轴；加快西优，转化绿色生态优势；推动南联，衔接都市圈外圈层。

6. 眉山东部新城“三中心一基地”：“三中心”即市民服务中心、人才中心、产业邻里中心；“一基地”即企业总部基地。

7. “3 + 3”现代工业体系：做大做优新能源新材料、农产品及食品加工、电子信息三大引领产业，培育提升机械及高端装备制造、绿色化工、医药三大特色产业。

8. 专精特新“小巨人”：“专精特新”中小企业中的佼佼者，指专注于细分市场、创新能力强、市场占有率高、掌握关键核心技术、质量效益优的排头兵企业。

9. “443”现代服务业体系：旅游度假、医疗康养、文化创意、高端教育4大高成长都市消费服务业；科技服务、金融服务、现代物流、现代会展4大高效率都市生产服务业；城市商业、特色餐饮、品牌家政3大高品质都市生活服务业。

10. “583”现代农业体系：东坡泡菜、眉山春橘、品质粮油、优质生猪、生态竹业5大主导产业，奶、禽蛋、水产种苗、蜂、葡萄、枇杷、茶叶、藤椒8大特色产业，现代农业种业、现代农业装备、现代农业烘干冷链物流3大先导性支撑产业。

11. “四横七纵”高速路网：“四横”即成雅高速、成都经济区环线高速、遂资眉高速、铜梁经乐山至荥经高速；“七纵”即乐雅高速、成乐高速（扩容）、成自泸赤高速、仁沐新高速、成宜高速、天眉乐高速、蒲夹高速。

12. “一核三环”快速路网：“一核”即天府大道眉山城区段、眉山环城公路南环线、工业大道、剑南岷东大道；“一环”即成都经济区环线高速、遂资眉高速、成乐高速、天眉乐高速；“二环”即环天府新区快速、天府仁寿大道、S307、S307至S401连接线、S401、S104；“三环”即金简黄快速、红星路南延线、仁青快速、名仁快速、丹蒲快速、成新蒲快速。

地方性法规

眉山市文明行为促进条例

（2020年6月30日眉山市第四届人民代表大会常务委员会第三十次会议通过，2020年7月31日四川省第十三届人民代表大会常务委员会第二十次会议批准）

第一章 总 则

第一条 为了引导和促进文明行为，提高文明行为促进工作保障水平，提升公民文明素养和社会文明程度，加强公民道德建设和爱国主义教育，践行社会主义核心价值观，根据有关法律、法规，结合眉山市实际，制定本条例。

第二条 本条例适用于眉山市行政区域内文明行为促进及其相关工作。

第三条 文明行为促进工作坚持党委领导、政府负责、社会参与，法治与德治相结合，倡导与规范相结合，奖励与惩戒相结合的原则。

第四条 市、区县精神文明建设委员会统一领导本区域内的文明行为促进工作，研究解决文明行为促进工作的重大问题。

市、区县人民政府应当将文明行为促进工作纳入国民经济和社会发展规划，所需经费列入财政预算。

第五条 市、区县精神文明建设工作机构具体负责本区域内文明行为促进工作的指导、协调、监督、评估等工作。

第六条 市、区县人民政府相关工作部门应当按照各自职责，做好文明行为促进工作。

依法设立的城市新区、园区管理机构应当在各自职责范围内做好文明行为促进工作。

乡镇人民政府、街道办事处应当做好本辖区文明行为促进工作。

村民委员会、居民委员会应当加强文明行为宣传和引导，协助做好文明行为促进工作。

第七条 国家机关、企事业单位、社会团体、其他组织应当积极参与文明行为促进工作。

公民应当自觉遵守市民文明公约、村规民约、居民公约、业主公约、学生守则以及其他文明行为规范，尊重公序良俗，积极参与文明行为促进工作。

国家工作人员、先进模范人物、社会公众人物、教育工作者等应当在文明行为促进工作中发挥表率和示范作用。

第二章 倡导与规范

第八条 公民应当践行社会主义核心价值观，加强社会公德、职业道德、家庭美德、个人品德建设，弘扬以爱国主义为核心的民族精神和以改革创新为核心的时代精神，推动新时代社会文明进步。

第九条 鼓励下列行为：

（一）为东坡文化节等重大节庆活动以及本市承办的国际国内会议、赛事提供志愿服务，为开放发展的城市形象增光添彩。

（二）参加文明创建、社区共治共享、环境保护、社会治理等各类志愿服务活动。

（三）参加慈善捐赠、扶贫、助残、救孤、济困以及扶老、助学、助医等公益活动。

（四）实施与自身能力相符的见义勇为行为。

（五）救助自然灾害、事故灾难和公共卫生事件等突发事件造成的损害。

（六）参加无偿献血，依法捐献造血干细胞、人体器官（组织）、遗体等活动。

第十条　倡导下列行为：

（一）文明举止。遵守公共场所管理规范，衣着得体、言行得当；等候服务依次排队；乘坐电梯先出后进；咳嗽、打喷嚏时遮掩口鼻；患有流行性感冒等传染性呼吸道疾病时佩戴口罩。

（二）文明施教和尊师重教。学校应当坚持立德树人，注重师德师风，培育优良校风，加强中华优秀传统文化教育，传承以东坡文化和忠孝文化为代表的本土优秀文化，加强学生文明行为习惯养成教育和心理健康教育，建设安全文明校园；学生应当学习尊师礼仪，遵守课堂秩序，虚心接受老师教育引导，弘扬尊师重教的传统美德。

（三）文明行医就医。医院及其医护工作者应当弘扬救死扶伤、治病救人的医德医风，为患者提供优质医疗服务；患者及家属应当遵守医院相关规定，配合诊疗活动，理性表达诉求，依法处理医疗纠纷。

（四）文明出行。乘坐公共交通工具应当依次排队、有序上下，主动为老弱病残孕以及携带婴幼儿的乘客让座。

（五）文明婚俗。婚事新办，不攀比铺张，推动移风易俗，抵制陈规陋习。

（六）文明祭祀。丧事简办，生态安葬；以鲜花、植树、清扫墓碑等方式祭祀。

（七）文明就餐。遵守就餐礼仪，合理消费、实行分餐制或者使用公筷公勺，爱惜食物，不酗酒喧哗。

（八）文明持家。培育和传承良好家风，尊敬长辈、孝敬父母、家庭和睦、教子有方、勤俭节约、邻里友善，保持室内外整洁，争创文明家庭。

（九）文明旅游。遵守旅游规范，爱护文物古迹、风景名胜等旅游资源，爱护景区景点的公共设施、花草树木，尊重当地风俗习惯和文化传统。

（十）文明上网。抵制虚假信息、低俗淫秽暴力信息；文明理性发表言论，弘扬真善美，引领新风尚，传播正能量。

（十一）文明观看演出、比赛。遵守场馆管理规定，注重观看礼仪，离场自觉带走垃圾。

（十二）文明绿色生活。尊重自然、爱护自然，增强生态环保意识，践行简约适度、绿色低碳生活方式；优先选择步行、骑车、乘坐公共交通工具等方式出行；节约使用水、电、气等资源。

第十一条　公民应当遵守下列行为规范：

（一）在城市、集镇建成区开展广场舞、打陀螺等健身娱乐活动应当遵守相关管理规定，不得发出超出国家标准的噪声，不得影响正常公共秩序。

（二）遵守学校、医院、图书馆等噪声敏感建筑物相关环境秩序规定，控制音量、保持安静。

（三）商铺、摊贩等商业活动经营者应当遵守市容和环境卫生管理规定，保持经营场所、摊点卫生、整洁，不得使用高音广播喇叭或者采用其他发出高噪声的方法招揽顾客。

（四）使用家用电器、乐器或者进行其他家庭室内娱乐活动时，应当控制音量或者采取其他有效措施，避免干扰周边居民正常生活。

（五）遵守物业管理规定及业主大会的决定，规范车辆停放，不得在绿地、楼道、走廊等公共区域堆放物品。

（六）遵守消防安全规定，在小区内使用电动车充电装置，应当配合物业服务企业做好安全防范，避免火灾事故。

（七）保持房前屋后卫生、整洁，按照规定分类投放生活垃圾，及时消除苍蝇、蚊子、老鼠、蟑螂等病媒生物，防止传染病发生。

（八）按照规定圈养家禽家畜，及时清理畜禽粪便并进行无害化处理。

（九）遵守森林防火规定，积极参加植树造林活动，保护森林资源。

（十）遵守禁止吸烟的规定。

（十一）农村居民应当传承和发扬农村优秀传统文化，遵守村规民约，树立文明乡风，建设美丽宜居乡村。

第十二条　禁止下列行为：

（一）随地吐痰、吐口香糖，乱扔烟蒂、纸屑、果皮及食品包装等废弃物，随地便溺。

（二）在非指定地点倾倒垃圾、污水、粪便等废弃物或者将废弃物扫入、排入城市排水沟、地下管道。

（三）在建（构）筑物、树木、杆管线、地面以及其他公用设施上涂写、刻画，擅自张贴、悬挂、设置广告、标语、海报、展板等宣传品。

（四）从车辆内或者建（构）筑物上向外抛掷杂物、废弃物。

（五）在城市、集镇建成区公共区域搭设灵堂，摆放花圈，焚烧冥币、纸钱、纸扎物等祭祀用品。

（六）驾驶机动车违反规定变道、超车，违反规定使用灯光、喇叭，行经人行横道不减速或者不停车让行，骑乘摩托车不佩戴安全头盔。

（七）驾驶非机动车不按道路标识行驶，违反规定载人载物，逆行，闯红灯。

（八）行人过马路不走人行横道，翻越交通隔离护栏，跨越绿化带，闯红灯。

（九）占用、堵塞、封闭疏散通道、安全出口、消防车通道。

（十）违反园林绿化管理规定，践踏草坪，损毁花草树木。

（十一）谩骂、侮辱、殴打医务人员和教职工或者采取暴力、威胁等方式干扰医院、学校正常诊疗、教学秩序。

（十二）在禁止燃放的时段和区域燃放烟花爆竹。

（十三）非法交易、滥食野生动物及其制品。

（十四）法律、法规禁止的其他行为。

第十三条　互联网租赁车辆经营者应当遵守政府主管部门

管理规定，做好车辆日常维护，保持车辆干净整洁，对故障、报废车辆进行维修更换，及时清理乱停车辆。

公民应当爱惜互联网租赁车辆，使用完毕应当停放到划定的停车区域。

第十四条 电动三轮车、四轮车应当按照规定依法进行登记，取得号牌后方可上道路行驶，行驶时应当遵守交通规则。

公安交通管理部门应当加强电动三轮车、四轮车交通安全管理，及时查处未办理登记手续的车辆，禁止无牌无证车辆上道路行驶。

第十五条 在城市、集镇建成区内携带犬只出户应当束犬链（绳）或者装入犬袋、犬笼，采取措施清除犬只排泄物，维护公共环境卫生。

第十六条 餐饮服务机构应当推广配备公筷公勺或者提供分餐服务。

商务部门应当指导餐饮行业协会制定配备公筷公勺和提供分餐服务的行业公约，引导餐饮服务机构共同遵守。

市场监督管理部门应当将配备公筷公勺和提供分餐服务情况纳入日常监督检查，督促餐饮服务机构落实食品安全主体责任。

文化旅游部门应当组织、督促星级饭店、绿色饭店、特色文化主题酒店配备公筷公勺和提供分餐服务。

第三章 保障与促进

第十七条 市、区县人民政府及有关部门、单位应当科学规划、合理布局、建设完善下列设施设备：

（一）公交站牌、交通标志标线等交通设施；

（二）人行横道、过街天桥、地下通道、绿化照明、停车泊位、消防等市政设施。

（三）盲道、坡道、电梯等无障碍设施。

（四）公共厕所及无障碍卫生间。

（五）垃圾分类箱等环卫设施。

（六）广告栏、宣传栏等公益宣传设施。

（七）行政区划、城镇街巷、居民区、楼、院、自然村等地名标志设施。

（八）其他与文明行为促进有关的设施。

第十八条 市、区县人民政府应当建立志愿服务、慈善公益、医学捐献、见义勇为等文明行为的促进保障和激励机制，依法落实相关待遇、政策。

第十九条 市、区县人民政府应当加强爱国主义教育基地、国防教育基地和革命纪念设施建设保护利用，发挥公共文化场馆、市内公园、广场等公共场所作用，打造荣誉展示、道德宣传教育活动基地。

第二十条 国家机关、企事业单位、社会团体、其他组织应当制定文明行为规范引导措施和行业文明行为标准，并将文明行为培训纳入任职培训、岗位培训内容。

教育主管部门和教育机构应当开展文明行为教育实践活动，加强师德师风建设，引导教师模范遵守职业道德规范。

卫生健康主管部门、医疗卫生机构应当加强医护人员职业道德建设，优化服务流程，提升医疗服务，加强医患沟通，改善就医环境。

政务服务中心等窗口单位应当文明服务，保持卫生整洁、秩序规范。

第二十一条 市、区县人民政府应当组织开展文明城市、文明村镇、文明单位、文明家庭、文明校园等群众性精神文明创建活动。

鼓励单位和个人为精神文明创建活动提供场所和便利条件。

鼓励村民委员会、居民委员会、业主委员会、行业协会等在村规民约、居民公约、管理公约、行业协会章程中纳入文明行为相关内容，引导全体成员共同遵守。

第二十二条 市精神文明建设工作机构应当指导建立和完善本市新时代文明实践组织体系，整合各级各类公共服务资源。区县、乡镇、街道、村、社区应当建立完善文明实践阵地和志愿服务站点，发展文明实践志愿者队伍，全面开展文明实践活动。

第二十三条 市、区县精神文明建设工作机构应当组织开展文明行为规范、礼仪的宣传工作，传播文明行为先进事迹。

新闻媒体应当开办专题宣传栏目和节目，刊播公益广告，加强正面引导，营造全社会鼓励和促进文明行为的氛围。

第二十四条 国家机关、企事业单位、社会团体、其他组织应当对其工作场所、营业场所或者服务区域范围内的不文明行为予以劝阻、制止；不听劝阻、制止的，应当及时报告有关部门，并协助取证。

公民有权对不文明行为进行劝阻、制止，并向有关行政主管部门投诉、举报。

有关行政主管部门应当公开投诉、举报渠道，收到投诉、举报及时依法调查处理并反馈处理结果，对举报人、投诉人的身份信息应当予以保密。

第二十五条 行政执法部门应当制定和完善岗位文明执法规范，加强执法人员的管理和培训，规范执法行为。执法人员在执法时，应当规范用语，文明执法。

行政执法部门应当依法公开违法不文明行为的行政执法信息。

对社会反响强烈、群众反映集中的不文明行为，市、区县精神文明建设工作机构和有关部门可以通过新闻媒体以及其他适当途径依法予以公开。

第二十六条 市、区县精神文明建设工作机构在开展精神文明建设先进典型评选活动中，应当将文明行为表现情况作为评选标准和推荐条件。

鼓励机关、企事业单位、社会团体、其他组织对参与文明行为促进工作的职工、会员予以表扬奖励。

第二十七条 市、区县人民政府应当建立文明行为激励约束机制。

村民委员会、居民委员会结合实际，建立文明行为记录制度。参加慈善公益、志愿服务等文明行为的记录，可以作为奖励或者享有相应时长公益服务的依据。

因情节严重、影响恶劣受到行政处罚的不文明行为，纳入信用信息档案管理的，按照国家有关法律、法规执行。

信用修复，按照有关规定执行。

第四章 法律责任

第二十八条 违反本条例规定的行为，法律、法规已有处罚规定的，从其规定。

第二十九条 违反本条例第十二条第五项规定焚烧冥币、纸钱、纸扎物等祭祀用品的，由市容环境卫生行政主管部门责令改正；情节严重或者造成严重后果的处五十元以上二百元以下罚款。

第三十条 违反本条例第十五条规定，携带犬只出户不束犬链（绳）或者未装入犬袋、犬笼，干扰他人正常生活的，由公安机关予以警告，责令改正；拒不改正的，处二百元以上五百元以下罚款。

第三十一条 因不文明行为受到罚款处罚的行为人，主动申请参加有关行政执法部门安排的社会服务的，可以依法从轻、减轻或者免予处罚。

社会服务的具体实施办法，由市人民政府制定。

第三十二条 有关部门和单位及其工作人员在文明行为促进工作中玩忽职守、滥用职权、徇私舞弊的，由有权机关对直接负责的主管人员和直接责任人员依法给予处理；构成犯罪的，依法追究刑事责任。

第五章 附 则

第三十三条 本条例自公布之日起施行。

眉山市物业管理条例

（2019年12月30日眉山市第四届人民代表大会常务委员会第二十五次会议通过，2020年11月26日四川省第十三届人民代表大会常务委员会第二十三次会议批准）

第一章 总 则

第一条 为了规范物业管理活动，维护物业管理各方的合法权益，营造和谐、安全、文明的生活和工作环境，根据《中华人民共和国民法典》《物业管理条例》《四川省物业管理条例》等法律、法规，结合眉山市实际，制定本条例。

第二条 本条例适用于本市行政区域内的物业管理及相关监督管理活动。

本条例所称物业管理，是指业主通过委托物业服务人按照合同约定或者业主通过自行管理等方式，对建筑区划内的建筑物及其附属设施养护和管理，维护相关区域内的环境卫生和秩序的活动。

物业服务人包括物业服务企业和其他管理人。

第三条 物业管理应当坚持党建引领、政府监管、业主自治、诚实信用、服务规范、行业自律的原则。

第四条 市、区县人民政府应当将物业管理工作纳入本地现代服务业发展规划、社区建设规划和社区治理体系，建立物业管理综合协调机制，鼓励采用新技术、新方法提高物业服务和管理水平，推进“智慧平安小区”建设，完善社会化和市场化相结合的物业管理机制，促进物业管理融入城市基层社会治理。

街道办事处（乡、镇人民政府）负责辖区内物业管理活动的指导、组织、协调和监督，以基层党组织建设推进物业管理，督促业主大会和业主委员会依法履行职责；依法调处物业管理矛盾纠纷，协助政府主管部门开展物业管理相关工作。

居民（村民）委员会协助街道办事处（乡、镇人民政府）开展物业管理相关工作。

第五条 市、区县人民政府住房和城乡建设主管部门负责本行政区域内物业管理活动的监督管理工作。

市、区县人民政府发展改革、经济和信息化、公安、民政、财政、自然资源、生态环境、卫生健康、教育体育、市场监管、应急管理、司法行政等有关部门按照各自职责，依法实施对物业管理活动的服务和监督工作。

第六条 建立由街道办事处（乡、镇人民政府）召集，政府相关职能部门、居民（村民）委员会、物业服务行业协会、业主委员会、业主、物业服务人、建设单位、专业经营单位等相关各方代表参加的物业管理工作联席会议制度，协调处理物业管理和社区管理之间的相关问题，化解物业服务矛盾纠纷。

第七条 市人民政府住房和城乡建设主管部门应当依法指导物业服务行业协会有序开展相关工作，支持监督物业服务行业协会加强自律管理，制定实施服务规范，培训从业人员，规范从业行为，促进依法诚信经营，推动行业健康有序发展。

鼓励物业服务企业加入本市物业服务行业协会。

第二章 业主、业主大会和业主委员会

第一节 业主

第八条 本条例所称业主包括：

（一）依法登记取得房屋所有权的；

（二）因人民法院、仲裁委员会的生效法律文书等取得房屋所有权的；

（三）因继承或者受遗赠取得房屋所有权的；

（四）因合法建造等事实行为取得房屋所有权的。

基于与建设单位之间的商品房买卖民事法律行为，已经合法占有房屋，但尚未依法办理所有权登记的，在物业管理活动中享有业主权利，承担业主义务。

第九条 物业的承租人、借用人或者实际使用物业的其他人是物业的使用人。

物业使用人在物业管理活动中的权利义务及费用承担、支付方式由业主和物业使用人约定，但不得违反法律、法规和管理规约的有关规定。

第十条 业主在物业管理活动中享有以下权利：

（一）按照物业服务合同的约定接受物业服务人提供的服务，并监督合同履行；

（二）依法申请成立业主大会，选举业主委员会委员、候补委员，并依法享有被选举权；

（三）对业主大会筹备组成员、换届小组成员人选提出意见；

（四）参加业主大会会议并行使投票权，或者申请列席业主委员会会议，并提出工作建议；

（五）提出制定和修改管理规约、业主大会议事规则的建议；

（六）监督业主委员会工作，申请罢免业主委员会委员、候补委员；

（七）对物业使用、维护、改造等方案进行监督；

（八）要求业主委员会公开依法属于全体业主共有的车位、会所、架空层、广告位等租赁经营及其他公共收益的收支情况；

（九）反映、举报、劝阻、制止物业管理区域内的违法建设、侵占绿地等行为；

（十）法律、法规规定以及管理规约约定的其他权利。

第十一条 业主在物业管理活动中履行以下义务：

（一）遵守管理规约、业主大会议事规则；

（二）按照合同约定交纳物业服务费和其他应当由业主共同分摊的费用；

（三）执行业主大会和业主委员会依法作出的决定；

（四）因转让、出租、出借物业专有部分或者设立居住权导致物业使用人变更的，书面告知物业服务人；

（五）业主专有部分损坏有可能危害公共安全、公共利益或者其他业主合法权益的，及时修缮、维护或者采取防范措施；

（六）对相邻业主专有部分维修维护提供必要配合；

（七）共同维护物业管理区域内的环境卫生及公共秩序；

（八）在房屋外墙安装空调外机、雨棚、晾衣竿等延伸构建或者附加结构的，应当符合法律、法规及管理规约的规定，并提前告知业主委员会及物业服务人，不得破坏房屋建筑结构，危及公共安全，影响整体风貌；

（九）配合物业服务人执行政府依法实施的应急处置措施和其他管理措施；

（十）法律、法规规定以及管理规约约定的其他义务。

业主不得以放弃权利为由不履行其法定义务。

第二节 业主大会

第十二条 业主大会由物业管理区域内全体业主组成，同一物业管理区域只能成立一个业主大会。

只有一个业主的，或者业主人数较少且经全体业主一致同意，决定不成立业主大会的，由业主共同履行业主大会、业主委员会职责。

业主大会依法作出的决定对全体业主具有法律约束力。

第十三条 物业管理区域内业主人数较多的，可以以栋、单元、楼层为单位共同推选楼栋长，楼栋长经书面委托可以代表本片区业主参加业主大会会议。

楼栋长参加业主大会会议前，应当事先书面征求其所代表的业主意见，并将经业主本人签字的书面意见在业主大会会议上如实反映。

楼栋长的推选及表决办法应当在业主大会议事规则中约定。楼栋长的任职条件参照本条例业主委员会委员的条件设置。

第十四条 业主在业主大会上的投票权，实行一人一票，业主人数按建筑物专有部分数量计算，一个专有部分按一人计算。建设单位尚未出售和虽已出售但尚未交付的，或者同一买受人拥有一个以上专有部分的，按一人计算。

专有部分面积按照不动产登记簿记载的建筑面积计算；尚未进行登记的，按照测绘机构的实际测量面积计算；尚未进行实际测量的，按照物业买卖合同记载的面积计算。

第十五条 建设单位应当将首次业主大会会议筹备经费缴存至街道办事处（乡、镇人民政府）指定账户，筹备经费应当专款专用。市人民政府住房和城乡建设主管部门负责制定筹备经费具体缴存管理办法。

筹备组应当在居民（村民）委员会指导下制定筹备经费开支预算方案报街道办事处（乡、镇人民政府），并在首次业主大会会议上向全体业主公布筹备经费的使用情况。

第十六条 符合设立业主大会条件的，建设单位应当在条件具备之日起三十日内向物业管理区域所在地街道办事处（乡、镇人民政府）书面申请设立业主大会，并同时移交业主名册、业主专有部分面积、建筑物总面积等相关资料。

建设单位未及时书面申请设立业主大会的，同一物业管理区域内已交付专有部分百分之十以上的业主可以联名向物业管理区域所在地街道办事处（乡、镇人民政府）提出设立业主大会的书面申请。

建设单位已注销的，街道办事处（乡、镇人民政府）或者居民（村民）委员会可以向市、区县人民政府住房和城乡建设、城乡规划、不动产登记等主管部门或者专业经营单位申请查询和调取筹备成立业主大会所需要的资料信息，相关单位应当依法予以配合。

第十七条 街道办事处（乡、镇人民政府）应当自收到设立业主大会书面申请之日起十五日内，组织业主成立业主大会筹备组。

筹备组应当将成员名单以书面形式在物业管理区域内予以公示，公示时间不少于七日。业主对成员名单有异议的，由街道办事处（乡、镇人民政府）、居民（村民）委员会协调解决。

筹备组人数应当为单数，组长由街道办事处（乡、镇人民政府）代表担任。居民（村民）委员会应当在筹备组开展筹备工作前，组织筹备组成员进行培训。

第十八条　筹备组负责以下筹备工作：

（一）确定首次业主大会会议召开的时间、地点、内容和形式；

（二）拟定管理规约草案和业主大会议事规则草案；

（三）确认业主资格、投票权数和专有部分面积；

（四）起草楼栋长的推选及表决办法；

（五）拟定业主委员会选举办法草案、工作规则草案，提出候选人建议名单；

（六）确定首次业主大会会议表决规则；

（七）召开首次业主大会会议的其他准备工作。

前款内容应当在首次业主大会会议召开十五日前予以公示。业主对公示内容有异议的，筹备组应当如实记录并及时答复。

第十九条　业主大会履行下列职责：

（一）制定、修改管理规约和业主大会议事规则；

（二）选举、更换或者罢免业主委员会委员；

（三）确定物业管理方式，选聘、续聘和解聘物业服务人，或者决定自行管理；

（四）确定物业服务适用的等级标准以及物业服务收费标准；

（五）依法筹集、管理、使用和监督住宅专项维修资金；

（六）改建、重建建筑物及其附属设施；

（七）改变共有部分用途；

（八）决定共有部分及共用设施设备的使用方案和规程，管理、分配、使用其公共收益；

（九）决定业主大会、业主委员会工作经费的筹集、管理和使用，业主委员会委员工作补贴的来源、支付标准；

（十）改变或者撤销业主委员会做出的决定；

（十一）法律、法规规定应当由业主共同决定的其他事项。

第二十条　管理规约应当弘扬社会主义核心价值观，不得违反法律、法规或者损害社会公共利益，不得违背公序良俗。

管理规约应当对下列事项作出规定：

（一）建筑物及其附属设施设备的使用、维护、管理；

（二）共有部分及共用设施设备经营收益的使用、分配；

（三）业主和物业使用人在植物种植、动物饲养等环境卫生、秩序维护、安全管理方面的权利与义务；

（四）住宅专项维修资金应急使用的情形；

（五）违反管理规约应当承担的责任。

经业主大会会议表决通过的管理规约对全体业主及物业使用人均具有法律约束力。

第二十一条　业主大会会议表决形式可以采用集体讨论、书面征求意见、现场投票、电子邮件、传真、短信、微信、APP 平台等方式，表决形式应当如实反映业主意愿，具有可追溯性。

区县人民政府应当逐步建立业主信息决策平台，供业主大会会议、业主委员会和业主使用。

业主的表决情况及统计结果应当由业主委员会在物业管理区域显著位置公告，公告不少于七日。业主可以申请公布、查阅，并依法实施监督。

第三节　业主委员会

第二十二条　业主委员会由业主大会会议选举产生，由五人以上单数组成，实行任期制，每届任期三年或者五年，可以连选连任。委员具体人数、任期和选举结果的确认应当在业主大会议事规则中明确约定。

业主委员会应当自选举之日起七日内召开首次会议，推选业主委员会主任和副主任。

业主委员会可以设置候补委员，候补委员名额不得超过业主委员人数的百分之五十。业主委员会出现缺额时，应当按照候补委员得票数顺序进行递补，并将人员变动情况在物业管理区域显著位置公告十五日。候补委员的产生办法由业主大会会议决定或者在业主大会议事规则中规定。

第二十三条　业主委员会委员及候补委员候选人由下列方式推选：

（一）业主推荐或者自荐；

（二）以栋、单元、楼层为单位推荐；

（三）居民（村民）委员会在奉公守法、公道正派、热心公益的业主中推荐。

筹备组应当核查参选人的资格，并确定业主委员会委员及候补委员候选人名单。候选人名单应当以书面形式在物业管理区域内公示，公示时间不少于七日。业主对候选人名单有异议的，由筹备组协调解决。

第二十四条　业主有下列情形之一的，不得担任业主大会筹备组成员、业主委员会委员、候补委员、换届选举小组成员；已担任相关职务的，经街道办事处（乡、镇人民政府）或者业主委员会调查核实后，责令其暂停履行职责，由业主大会或者业主委员会根据业主大会的授权决定终止其职务，并在物业管理区域内显著位置公告：

（一）本人及其配偶、直系亲属与为本物业管理区域提供服务的物业服务人有利害关系的；

（二）有组织、参加黑恶势力犯罪记录或者依法被纳入失信被执行人名单的；

（三）有损坏房屋承重结构、侵占绿地、违法建设、占用共用设施设备及公共空间、破坏房屋外貌或者擅自改变物业用途等违反建筑管理规定的行为且未改正的；

（四）未按照合同约定交纳物业服务费、住宅专项维修资金等相关费用且未改正的；

（五）索取、非法收受建设单位、物业服务人或者其他利害关系人提供的利益或者报酬的；

（六）违反法律、法规和管理规约、业主大会议事规则规定的其他情形。

第二十五条　业主委员会应当在选举产生之日起三十日内持相关资料到物业管理区域所在地的街道办事处（乡、镇人民政府）备案，街道办事处（乡、镇人民政府）应当在收到备案材料后抄送区县人民政府住房和城乡建设主管部门、公安派出所、居民（村民）委员会。

业主委员会备案的有关事项发生变更的，应当自变更之日起三十日内向街道办事处（乡、镇人民政府）报告并变更登记事项，并在物业管理区域内显著位置公告十五日。

业主委员会持街道办事处（乡、镇人民政府）相关证明材料可以刻制印章、开立银行账户，并将印章式样和银行账号报送街道办事处（乡、镇人民政府）。

第二十六条　业主委员会履行下列职责：

（一）执行业主大会的决定、决议，维护全体业主的共同利益；

（二）召集业主大会会议，报告物业管理的实施情况、业主委员会工作和收支情况；

（三）根据业主大会决定代表业主与业主大会选聘或者续聘的物业服务人签订物业服务合同，并监督履行；

（四）监督管理规约的实施；

（五）组织和监督住宅专项维修资金的使用；

（六）监督管理物业管理区域的公共收益及其使用；

（七）建立完善定期接待制度，听取业主和物业使用人的意见建议，接受处理相关咨询、投诉，并及时向业主反馈意见办理结果；

（八）协调处理物业管理活动中产生的纠纷；

（九）审核需要业主共同分摊的费用，督促业主缴纳物业服务费等相关费用；

（十）法律、法规和业主大会赋予的其他职责。

第二十七条　业主委员会会议应当有过半数委员出席，业主委员会委员不得委托他人出席会议。业主委员会会议作出的决定必须经全体委员半数以上同意，决定文书应当加盖业主委员会印章。候补委员可以列席会议、发表意见，但不具有表决权。

业主委员会在职权范围内依法作出的决定，对全体业主具有法律约束力。业主委员会应当自决定作出之日起三日内在物业管理区域内显著位置公告，公告时间不少于七日。

第二十八条　业主委员会应当及时向全体业主公布下列情况和资料，接受全体业主监督：

（一）管理规约、业主大会议事规则；

（二）业主大会和业主委员会的决定；

（三）经过选聘确定的物业服务人及物业服务合同内容；

（四）业主委员会委员的姓名、职务、联系方式、物业服务费交纳情况等；

（五）业主委员会的履职情况；

（六）物业共有部分及共用设施设备的使用和收益情况；

（七）业主大会、业主委员会工作经费收支情况，业主委员会委员工作补贴等费用情况；

（八）住宅专项维修资金的筹集、使用情况；

（九）其他应当向业主公开的情况和资料。

前款第一项、第二项、第三项、第四项规定事项应当持续公告；第五项、第六项、第七项、第八项规定事项应当每半年公告一次。业主委员会未按规定公告、更新的，街道办事处（乡、镇人民政府）应当责令其限期公布。

第二十九条　业主委员会及其委员不得有下列行为：

（一）阻挠、妨碍业主大会行使职权或者拒不执行业主大会的决定；

（二）篡改、转移、隐匿、毁弃或者拒绝、拖延提供物业管理有关文件、资料；

（三）违反业主大会议事规则或者未经业主大会授权与物业服务人签订物业服务合同；

（四）违反规定使用业主委员会印章；

（五）擅自动用住宅专项维修资金，侵占、挪用业主公共收益及其他财产；

（六）擅自改变物业管理区域内物业服务用房，共有部分及共用设施设备用途；

（七）泄露业主个人信息，或者将业主信息用于与物业管理无关的活动；

（八）利用职务之便索取、收受或者变相收受物业服务人等利害关系人提供的利益或者报酬；

（九）打击、报复、诽谤、陷害投诉人、举报人；

（十）违反法律、法规规定和管理规约、业主大会议事规则约定的其他情形。

业主委员会委员有前款行为的，经街道办事处（乡、镇人民政府）或者业主委员会调查核实后暂停其职务，由业主大会或者业主委员会根据业主大会的授权，终止委员资格，并在物业管理区域内显著位置公告。

第三十条　业主委员会应当在任期届满九十日前向街道办事处（乡、镇人民政府）书面提交换届选举工作方案，组织召开业主大会会议，进行换届选举。业主委员会在规定时间内不组织换届选举的，街道办事处（乡、镇人民政府）应当责令其限期改选；逾期仍不组织的，应当在街道办事处（乡、镇人民政府）、居民（村民）委员会指导和协助下，成立换届选举筹备组选举产生新一届业主委员会。

换届选举期间，业主委员会不得就选聘、解聘物业服务人或者调整物业收费标准等重大事项作出决定。但发生危及房屋安全和人身、财产安全的紧急情况，需要立即使用住宅专项维修资金维修、改造的事项除外。

业主委员会应当自换届完成之日起十日内，将其保管的档案资料、印章及其他属于全体业主所有的财物移交至新一届业主委员会。拒不移交的，由街道办事处（乡、镇人民政府）责令移交，物业所在地公安机关应当依法协助。

第三章　前期物业管理

第三十一条　市、区县人民政府住房和城乡建设主管部门应当根据建设单位或者业主委员会的申请，以建设用地规划许可证确定的红线图范围为基础，综合考虑规划条件、土地使用权属范围、建筑物规模、共用设施设备、自然界线、社区建设等因素，自受理申请之日起二十日内依法划定辖区内的物业管理区域，并于划定后七日内将物业管理区域范围书面告知街道办事处（乡、镇人民政府）。

分期开发建设或者两个以上建设单位开发建设的物业，其配套设施设备是共用的，应当划分为一个物业管理区域；物业管理区域已经分割成多个自然街区，且其配套设施设备能够分割、独立使用的，可以向主管部门申请划分为不同的物业管理区域，但影响消防安全的除外。

第三十二条　建设单位在销售物业时，应当以书面说明和图纸形式在销售现场显著位置向买受人明示下列内容：

（一）物业管理区域的范围；

（二）前期物业服务合同及物业管理方案；

（三）临时管理规约；

（四）物业服务用房、业主委员会议事活动用房的位置及面积；

（五）物业共有部分及共用设施设备的名称、位置及面积；

（六）规划用于停放机动车、非机动车的车位、车库位置、数量及权属；

（七）规划的公共绿地的位置和面积；

（八）生活垃圾收集站点、公厕等其他需要明示的场所和设施设备。

第三十三条　新建物业应当按照规划配建物业服务用房、业主委员会议事活动用房，建设单位在办理建设工程综合竣工验收备案前应当对物业服务用房、业主委员会议事活动用房进行装修，装修应当符合设计标准，满足基本办公功能，具体标准由市人民政府住房和城乡建设主管部门制定。

物业服务用房、业主委员会议事活动用房属全体业主共有，建设单位、物业服务人、业主委员会不得擅自改变用途，不得分割、转让、抵押或者违规出租。

第三十四条　市人民政府住房和城乡建设主管部门应当按照公平公正、开放透明的原则建立全市统一的物业服务招投标平台，完善物业服务招标评标专家库，并制定具体的管理办法。

建设单位应当通过物业服务招投标平台选聘物业服务人。招标文件中应当明确物业服务等级标准。

一个物业管理区域建筑面积低于3万平方米或者投标人少于3人的，经物业所在地市、区县人民政府住房和城乡建设主管部门批准，可以采取协议方式选聘物业服务人。

第三十五条　建设单位与物业买受人签订的买卖合同附件应当包括前期物业服务合同和临时管理规约。

建设单位应当依据相关法律、法规和开发项目实际拟定前期物业服务合同，制定临时管理规约。建设单位应当将前期物业服务合同和临时管理规约向物业买受人明示。物业买受人应当对遵守临时管理规约书面承诺。

第三十六条　普通住宅前期物业服务和保障性住房物业服务收费标准实行政府指导价，根据物业服务等级标准确定价格标准。

区县人民政府价格主管部门会同住房和城乡建设主管部门，制定所辖区域普通住宅前期物业服务和保障性住房物业服务收费标准。

区县人民政府价格主管部门应当每三年进行政府指导价评估，并会同住房和城乡建设主管部门根据评估结果适时调整。

建设单位在出售物业时未经物业服务人授权，不得向物业买受人公开承诺减免相关物业服务费。

第三十七条　建设单位应当在物业交付使用十五日前组织物业服务人，开展物业共有部分及共用设施设备及项目相关工程建设竣工验收技术资料的承接查验。承接前期物业服务项目时，应当按照国家相关规定和前期物业服务合同的约定，由双方共同签订承接查验协议，制作承接查验记录，并逐项登记。物业承接查验可以邀请业主代表、居民（村民）委员会、街道办事处（乡、镇人民政府）、区县人民政府住房和城乡建设主管部门参加，可以聘请相关专业机构协助进行。

物业服务人应当自物业交接之日起三十日内，将前期物业服务合同、建设单位移交的相关资料、物业承接查验记录、承接查验协议及其他有关资料向市、区县人民政府住房和城乡建设主管部门备案。市、区县人民政府住房和城乡建设主管部门应当自备案后七日内将备案材料抄送街道办事处（乡、镇人民政府）存档。

前期物业服务合同终止时，物业服务人应当将承接查验资料移交业主委员会。

第三十八条　物业承接查验时，物业服务人应当将发现的问题书面告知建设单位，建设单位应当及时进行整改。

物业服务人不得擅自承接未经查验或者查验不合格的物业。

第四章　物业服务

第三十九条　鼓励业主大会通过物业服务招投标平台选聘物业服务人。业主委员会应当在业主大会选聘物业服务人前向街道办事处（乡、镇人民政府）报告选聘方案。

一个物业管理区域由一个物业服务人提供物业服务。业主大会、业主委员会不得支解、分割物业管理区域分别进行招投标。

物业服务合同应当明确物业服务标准，合同期限不得超过本届业主委员会任期。

第四十条　物业服务人应当按照物业服务合同的约定，提供相应的服务。

物业服务内容应当包括下列事项：

（一）物业共有部分及共用设施设备的使用、管理和维护；

（二）共有部分绿化养护，生活垃圾分类、清运等环境卫生管理；

（三）物业服务区域内房屋装饰装修管理；

（四）公共区域的秩序维护、安全防范、车辆停放管理等事项；

（五）物业档案和物业服务档案的管理；

（六）法律、法规规定和物业服务合同约定的其他事项。

第四十一条　物业服务人应当及时将下列信息在物业管理区域内显著位置公布，并及时更新：

（一）营业执照、项目负责人及联系方式、专业人员资格证书、客服及工程维修联系电话、物业服务投诉电话；

（二）物业管理方案及物业服务合同约定的服务内容、服务标准、收费项目、收费标准、收费方式等；

（三）物业服务工作安排及完成情况；

（四）电梯、消防、监控等专项设施设备维修保养合同、维修保养单位资质、联系方式和应急处置方案等；

（五）住宅专项维修资金使用情况；

（六）文明卫生公约；

（七）房屋装饰装修中的注意事项和禁止行为；

（八）树木修剪移栽等容易引发业主争议的维修养护事项；

（九）入户家政保洁、儿童代接代送、病人送医看护、居家

养老等特约服务项目种类及收费标准;

（十）停车库（位）收费标准及空余情况;

（十一）物业共有部分及共用设施设备经营收益的使用情况;

（十二）节假日服务事项、社区文化活动安排;

（十三）其他应当公开发布的信息。

业主对公示内容有异议的，物业服务人应当在三日内答复。

第四十二条　物业服务人可以聘请专业性服务组织或者其他第三人承担设施设备维修养护、清洁卫生、园林绿化、房屋修缮、秩序维护等专项服务，但不得将其应当提供的全部物业服务转委托给第三人，或者将全部物业服务支解后分别转委托给第三人。

物业服务人可以根据业主的委托提供物业服务合同约定以外的服务项目，服务报酬由双方约定。

物业服务人可以与快递企业签订合同，提供快递签收、快递代发等增值服务，服务报酬由双方协商确定。

第四十三条　物业服务合同期限届满前，业主委员会应当组织召开业主大会会议，共同决定续聘、解聘、另聘物业服务人。

业主依法共同决定解聘物业服务人的，应当提前六十日书面通知物业服务人，但是合同对通知期限另有约定的除外。

业主依法共同决定续聘的，应当与原物业服务人在合同期限届满前续订物业服务合同;物业服务人不同意续聘的，应当在合同期限届满前九十日书面通知业主或者业主委员会。

物业服务期限届满后，业主没有依法作出续聘或者另聘物业服务人的决定，物业服务人继续提供物业服务的，原物业服务合同继续有效，但是物业服务期限为不定期。

第四十四条　物业服务合同解除或者终止后，原物业服务人应当在约定期限或者合理期限内退出物业服务区域，并与业主委员会、决定自行管理的业主或者其他指定的人履行如下交接义务:

（一）如实告知物业的使用和管理状况;

（二）移交保管的物业档案、物业服务档案;

（三）移交物业服务期间形成的有关房屋及设施设备改造、维修、运行、保养的有关资料;

（四）移交物业服务用房;

（五）分项结算预收、代收和预付、代付费用;

（六）住宅专项维修资金使用情况资料;

（七）利用共有部分及共用设施设备经营的相关资料;

（八）法律、法规规定和物业服务合同约定的其他事项。

物业服务企业未履行退出交接手续的，不得擅自退出物业管理区域或者停止物业服务。原物业服务人不得以业主欠交物业服务费、对业主共同决定有异议等事项为由拒绝退出物业服务区域。

原物业服务人违反第一款规定的，不得请求业主支付物业服务合同终止后的物业费;造成业主损失的，应当赔偿损失。

第四十五条　当物业服务合同终止后，在新的物业服务人未接管之前，原物业服务人应当继续处理物业服务事项，并可以请求业主支付该期间的物业费。

所在地街道办事处（乡、镇人民政府）应当会同相关行政主管部门加强指导监督，确保物业服务质量。

第四十六条　市、区县人民政府市场监督管理主管部门应当依法受理涉物业管理服务领域的价格投诉，根据实际情况，会同住房和城乡建设主管部门、街道办事处（乡、镇人民政府）开展调查核实，依法进行处理，并及时将处理结果反馈投诉人。

市、区县人民政府市场监督管理主管部门应当及时将存在违规违法情形的物业服务人信息向住房和城乡建设主管部门报告，录入信用信息档案。

第四十七条　已竣工但尚未出售或者未交付给物业买受人的物业，物业服务费由建设单位承担;已交付业主的物业未达到交付条件，整改期间的物业服务费由建设单位承担。

已按照约定交付业主的物业，物业服务费由业主承担。建设单位与业主另有约定的从其约定。

第四十八条　物业服务人已经按照约定和有关规定提供服务的，业主不得以未接受或者无须接受相关物业服务为由欠交、拒交物业服务费。业主违反约定逾期不支付物业服务费的，物业服务人及业主委员会可以通过上门催交、限期交纳等方式催告其在合理期限内支付;合理期限届满仍不支付的，物业服务人可以依法申请仲裁或者提起诉讼，相关业主拒不执行人民法院生效法律文书的，依法按照个人信用信息管理有关规定录入个人征信系统。

业主转让物业应当结清物业服务费等相关费用。物业受让人应当将物业权属转移登记情况、业主姓名、联系方式等及时告知物业服务人。

第四十九条　物业管理区域内，供水、供电、供燃气、通信、有线电视等单位应当向终端用户收取有关费用，不得违规转嫁、分摊户外管线或者其他设施设备的损耗。

专业经营单位不得因部分终端用户未履行缴费义务，停止对已缴费用户和共有部分的服务。

第五十条　物业服务人应当按照相关法律法规规定及物业服务合同约定强化日常管理，维护物业管理区域内的卫生、消防、安全和相关秩序，采取合理措施保护业主的人身、财产安全。

物业服务人应当加强宣传教育，强化日常巡逻、防范和监管，制定消防安全、事故灾害、疫情防控等应急预案，并开展演练。

物业服务人应当采取必要安全保障措施防止建筑物、构筑物中的脱落坠落、抛掷物品等事件。当事件发生后，物业服务人应当积极配合有关机关开展调查核实。

物业管理区域内发生自然灾害、事故灾难、公共卫生事件和社会安全事件等突发公共事件时，物业服务人应当按照规定向物业所在地街道办事处（乡、镇人民政府）、相关行政主管部门和专业经营单位报告，并执行政府依法实施的应急处置措施和其他管理措施，积极配合开展相关工作。

第五十一条　物业服务人不得有下列行为:

（一）擅自提高物业服务收费标准，降低物业服务标准或者减少服务项目;

（二）擅自利用共有部分及共用设施设备进行经营;

（三）擅自设置或者允许他人设置营业摊点；

（四）擅自改变物业服务用房等共有物业用途；

（五）擅自停水、停电、停燃气；

（六）挪用住宅专项维修资金；

（七）将全部物业服务业务整体转让；

（八）骗取、挪用或者侵占业主共有财产或者收益；

（九）泄露业主、物业使用人信息；

（十）恶意骚扰或者打击报复业主、物业使用人；

（十一）法律、法规规定的其他禁止行为。

第五十二条　市、区县人民政府住房和城乡建设主管部门应当建立物业服务人信用评价体系，健全物业服务人和从业人员信用信息档案，每年邀请相关行政主管部门、街道办事处（乡、镇人民政府）、居民（村民）委员会、基层党组织、网格员等开展物业服务质量测评，推进动态信用计分管理，面向社会公布，并提供查询服务。

物业服务人不履行本条例规定的义务或者受到行政处罚的，经区县人民政府住房和城乡建设主管部门核实，应当录入信用信息档案。

第五章　物业的使用与维护

第五十三条　业主、物业使用人、业主委员会、物业服务人应当按照不动产登记簿登记的用途或者经批准的设计功能使用物业专有部分、共有部分及共用设施设备。

第五十四条　物业管理区域内禁止下列行为：

（一）损坏房屋承重结构，改变房屋外观或者在外墙体开设、扩大门窗；

（二）违法搭建建筑物、构筑物或者私自开挖、扩建地下室；

（三）破坏防水结构，将不具备防水条件的房间或者阳台改造为卫生间、厨房；

（四）超负荷或者违反安全规定铺放、储存物品；

（五）擅自占用共有部分，迁移或者损坏共用设施设备；

（六）擅自停用或者损坏公共消防设施和器材，妨碍公共疏散通道、安全出口、消防通道畅通；

（七）超过规定标准排放油烟、噪声或者产生振动；

（八）侵占绿地，毁坏花草树木；

（九）乱倒垃圾，乱堆杂物，乱设摊点，乱停车辆；

（十）违反规定饲养宠物、家禽；

（十一）在建筑物、构筑物上涂写、刻画，擅自张贴广告、标语等宣传品；

（十二）在建筑物、构筑物外立面搁置、悬挂物品，存在安全隐患；

（十三）从建筑物、构筑物中抛掷物品；

（十四）擅自在住宅内开设餐饮、娱乐、生产、仓储等经营性场馆；

（十五）法律、法规以及管理规约禁止的其他行为。

发生违反有关治安、环保、建筑、消防等法律法规的行为，业主、物业使用人有权投诉、举报。物业服务人及业主委员会应当及时采取合理措施制止，向有关行政主管部门报告并协助处理。物业服务人未依法履行其义务的，由住房和城乡建设主管部门核实后录入信用信息档案。有关行政主管部门应当在法定期限内依法处理，并将处理结果反馈物业服务人及业主委员会。

第五十五条　物业管理区域内应当按照规划设置车位、车库，并首先满足业主的需要。利用共有部分划定车位的，其收费标准由业主大会决定，业主委员会可以委托物业服务人代收相关费用。

物业服务人可以收取机动车车辆停放服务费，服务内容、收费标准应当在物业服务合同中约定，并在住宅区内显著位置公告。

住宅区内停放车辆的，不得占用消防通道和公共绿地，不得妨碍行人和其他车辆的正常通行。

第五十六条　建设单位应当根据经济社会发展和实际需求在物业管理区域内规划非机动车集中停放区域。

业主决定增设、改造非机动车集中停放区域的，应当由物业服务人制定具体改造方案，并征求住房和城乡建设、城乡规划、公安、应急管理等主管部门意见。具体改造方案由相关物业服务人组织实施。

非机动车集中停放区域应当结合实际集中配置充电、消防、安保等设施设备。业主应当将非机动车统一停放在该区域内，禁止占用楼道、消防通道违规停车和入户、私拉电线充电。

第五十七条　业主大会决定利用共有部分划定车位、设置广告等方式经营获得的收入，在扣除合理成本之后，属于业主共有。

建筑物及其附属设施的费用分摊、收益分配等事项，有约定的，按照约定；没有约定或者约定不明确的，按照业主专有部分面积所占比例确定。业主所得的共有收益应当主要用于补充专项维修资金，也可以经业主大会决定，用于业主大会或者业主委员会工作经费等。

业主委员会应当单独列账，并定期公布共有部分的经营与收益情况。

第五十八条　市、区县人民政府应当落实补助资金，并制定具体实施办法，鼓励符合条件的既有住宅增设电梯。

第五十九条　建设单位应当依照国家有关规定对物业保修期内的建设工程质量承担保修义务。

物业在保修期内出现质量问题的，建设单位应当在收到业主、业主委员会、物业服务人维修申请后现场核实。情况属实的，立即予以维修。

物业保修期内，建设单位不履行或者拖延履行保修义务的，业主、业主委员会、物业服务人可以向市、区县人民政府住房和城乡建设主管部门投诉，由住房和城乡建设主管部门依法监管。

第六十条　市、区县人民政府住房和城乡建设、城乡规划主管部门可以与供水、供电、供燃气和建设工程勘察、设计、施工、监理单位建立行政执法协助机制，依法制止已立案查处或者正在实施的违法装饰装修、违法建设，并制定制止违法建设的具体措施。

第六十一条　供水、供电、供燃气等专业经营单位应当协调建设单位，组织对新建住宅物业管理区域专业经营设施设备及相关管线的设计和安装建设，并在竣工验收后接收相关产权，承担终端用户入户端口以前设施设备及相关管线的维修、养护、更新和管理责任。

专业经营设施设备及相关管线未移交给专业经营单位的，市、区县人民政府应当制定规划，分期组织移交。

第六十二条　建立住宅专项维修资金，用于保修期满后物业管理区域内共有部分及共用设施设备的维修、更新和改造，不得挪作他用。市人民政府住房和城乡建设主管部门应当制定住宅专项维修资金应急使用备案申请表、使用方案、审批表等示范文本，规范细化申请使用流程。

住宅专项维修资金管理应当遵循业主所有、统一交存、专户存储、按户核算、专款专用、业主决策、政府监管的原则。

业主分户账面维修资金余额不足首次交存金额的百分之三十的，业主应当及时补交。已成立业主大会的，补交方案由业主大会决定；未成立业主大会的，补交的具体办法由市、区县人民政府住房和城乡建设主管部门会同同级财政部门制定。

第六十三条　市、区县人民政府住房和城乡建设主管部门应当每季度与专户管理银行核对住宅专项维修资金账目，并每年向业主公布。业主对公布的情况有异议的，可以要求复核。

市、区县人民政府住房和城乡建设主管部门应当建立住宅专项维修资金查询制度，指导专户管理银行建立住宅专项维修资金管理网络平台，接受业主的查询。

第六十四条　发生下列情况时，物业服务人应当配合业主委员会或者相关业主先行组织维修、更新和采取应急防范措施，同时由业主大会或者业主委员会凭应急使用住宅专项维修资金使用方案向物业所在地市、区县人民政府住房和城乡建设主管部门报告，经核准后其费用在住宅专项维修资金中列支。业主委员会申请使用维修资金的，事后应当向业主大会书面说明情况：

（一）屋顶防水损坏造成渗漏的；

（二）电梯、消防、安防、无障碍设施等共用设施设备故障，存在严重安全隐患的；

（三）楼体外墙墙面、建筑附属构件有脱落危险，危及人身安全的；

（四）专用供排水设施因坍塌、堵塞、爆裂等造成功能障碍，危及人身、财产安全的；

（五）公共护栏（围）破损严重，危害公共安全的；

（六）因自然灾害等其他原因导致物业共有部分及共用设施设备损坏，需要应急使用住宅专项维修资金的。

市、区县人民政府住房和城乡建设主管部门应当自收到应急维修资金使用书面申请之日起三个工作日内办理相关手续。应急维修工程竣工验收后，应当将使用维修资金总额及业主分摊情况在物业管理区域内显著位置公告。

第六章　老旧住宅小区管理维护

第六十五条　市、区县人民政府应当将老旧住宅小区改造纳入城镇保障性安居工程，准确认定范围、统筹安排时序、科学编制计划、合理确定项目，落实补助资金加强老旧住宅小区配套基础设施或者公共服务设施的建设、更新、改造、提升，逐步改善老旧住宅小区人居环境。

第六十六条　物业配套设施完善的老旧住宅小区，街道办事处（乡、镇人民政府）应当组织、指导业主筹备成立业主大会，选举业主委员会，鼓励选聘物业服务企业实施管理；物业配套设施不完善的老旧住宅小区，街道办事处（乡、镇人民政府）、居民（村民）委员会应当指导小区业主自行管理或者因地制宜采取灵活方式选聘人员实施物业服务。

第六十七条　市、区县人民政府可以在未划分物业管理区域的老旧住宅小区探索实施区域整合，在业主自愿前提下，选择专业物业服务公司进驻，根据实际情况采取相应物业管理模式，开展分项委托服务，并给予政策扶持和资金补助。

第六十八条　指导和协助老旧住宅小区依法完善业主合理分担、管线单位投资、市场运作、财政奖补等多渠道资金筹措机制。更新改造物业管理区域内的道路、绿化、供水、供电、供燃气、通信等设施设备，并增设物业服务用房、电梯、车辆停放场所。改造提升标准、内容清单、实施方案应当经相关行政主管部门审批同意。

第七章　监督管理

第六十九条　市、区县人民政府住房和城乡建设、价格、综合行政执法、自然资源、生态环境、公安、市场监管等主管部门应当建立违法违规行为投诉登记、办结回复制度，在物业管理区域内显著位置公布执法单位和联系方式，并依法查处物业管理区域内的违法行为。

业主委员会及物业服务人应当为执法单位开展工作提供便利条件和必要配合。

第七十条　市、区县人民政府住房和城乡建设主管部门履行下列职责：

（一）负责本行政区域内物业管理活动的监督管理；

（二）建立物业服务人预选、招投标、评标等各类公共服务平台和物业管理信用评价体系；

（三）制定管理规约、业主大会议事规则、前期物业服务合同、物业服务合同、承接查验协议等示范文本；

（四）指导街道办事处（乡、镇人民政府）物业管理相关工作；

（五）责令限期改正或者撤销业主、业主大会、业主委员会违反法律法规的决定；

（六）监管住宅专项维修资金的使用；

（七）按照规定受理并处理由房屋质量问题引发的投诉，监督建设单位、施工单位履行保修义务；

（八）制定完善本地物业服务等级标准；

（九）配合价格主管部门制定普通住宅前期物业服务和保障性住房物业服务费政府指导价；

（十）配合市场监督管理主管部门监督物业服务收费公告、执行、纠纷处理；

（十一）建立完善物业管理分级培训体系；

（十二）指导建立区域物业服务行业协会；

（十三）法律、法规规定的其他职责。

第七十一条　市、区县人民政府相关部门应当按照各自职责分工，履行下列职责：

（一）自然资源主管部门负责监督建设单位按照规划设计要求完善物业服务用房及其相关配套设施建设；依法受理、审核物业管理区域内的房屋使用用途更改申请；认定查处违法建设及擅自改变住宅用途的行为。

（二）综合行政执法部门依法查处物业管理区域及其周边的油烟排放污染，占用毁坏绿化，违规摆摊设点和种植养殖，弃置废弃物等影响市容和环境卫生的行为。

（三）公安机关依法查处物业管理区域及其周边的交通运输噪声污染及监管职责范围内的社会生活噪声污染；负责物业管理区域内的治安管理，依法查处阻碍业主自治、侵害业主权益的行为；指导物业管理区域内车辆停放、停车泊位划定以及限速标志设置，参与停车矛盾纠纷处理；开展房屋租赁监督管理。

（四）价格主管部门负责制定普通住宅前期物业服务和保障性住房物业服务收费政府指导价标准。

（五）市场监督管理主管部门负责依法监管并查处物业管理服务中的价格违法行为和相关违法经营活动。

（六）生态环境主管部门负责物业管理区域及其周边污染源的监督管理，依法查处周边工业噪声污染、建筑施工噪声污染及监管职责范围内的社会生活噪声污染。

（七）应急管理主管部门负责监督物业服务人履行安全管理防范职责，建立巡查、应急演练等机制，依法查处违反消防、安防、抗震等法律、法规的行为。

（八）其他行政主管部门按照各自职能分工依法履行其管理、监督、服务、执法职责，共同做好物业管理相关工作。

第七十二条　街道办事处（乡、镇人民政府）履行下列职责：

（一）具体负责本辖区内物业管理工作，建立健全物业管理工作长效机制；

（二）建立物业管理联席会议制度，协调处理物业管理重大事项；

（三）为物业管理区域内依法设立的党组织开展活动提供必要条件；

（四）组织、指导和监督辖区内业主大会、业主委员会依法履行职责，参与业主大会、业主委员会筹备、成立和换届工作；

（五）组织、指导和协调辖区内业主大会、业主委员会选聘、续聘、解聘物业服务人；

（六）责令限期改正或者撤销业主、业主大会、业主委员会违反法律法规的决定；

（七）制止、报告物业管理区域内的违法行为；

（八）指导督促物业服务人执行政府依法实施的应急处置措施和其他管理实施；

（九）依法调解、处理物业管理矛盾纠纷；

（十）法律、法规规定的其他职责。

第七十三条　居民（村民）委员会履行下列职责：

（一）协助和配合街道办事处（乡、镇人民政府）开展物业管理工作；

（二）指导和协助辖区各物业管理区域设立业主大会和选举业主委员会；

（三）指导和监督辖区各物业管理区域业主委员会的日常运作，督促业主委员会和物业服务人履行职责；

（四）引导业主、业主委员会如实反映物业管理服务活动中的相关情况；

（五）配合政府部门及街道办事处（乡、镇人民政府）协调处理物业管理矛盾纠纷；

（六）法律、法规规定的其他职责。

第七十四条　本条例规定的行政处罚，按照相对集中行政处罚权的规定应当由其他执法主体实施的，依照其规定执行。

第八章　法律责任

第七十五条　违反本条例规定的行为，法律、法规已有法律责任规定的，从其规定。

第七十六条　建设单位违反本条例规定，有下列行为之一的，由住房和城乡建设主管部门按照下列规定予以处罚：

（一）违反本条例第十五条第一款、第十六条第一款规定，未缴存首次业主大会筹备经费或者未报告申请成立业主大会的，责令限期改正；逾期未改正的，处十万元以上十五万元以下的罚款。

（二）违反本条例第三十二条规定，未向物业买受人明示相关事项的，责令限期改正；逾期未改正的，处一万元以上三万元以下的罚款。

（三）违反本条例第三十三条第一款、第二款规定，未按照规定配置或者擅自处分物业服务用房和业主委员会议事活动用房的，责令限期改正，给予警告，没收违法所得，并处二十万元以上五十万元以下的罚款。

（四）违反本条例第三十四条第二款、第三款规定，未依法选聘物业服务人，或者未经批准，擅自采用协议方式选聘物业服务人的，责令限期改正，给予警告，可以并处五万元以上十万元以下的罚款。

（五）违反本条例第三十七条第一款规定，将未经查验或者查验不合格的物业交付使用的，责令限期改正；逾期未改正的，处五万元以上十万元以下的罚款。

第七十七条　物业服务人违反本条例的规定，有下列行为之一的，由住房和城乡建设主管部门按照下列规定予以处罚，并依法录入信用信息档案：

（一）违反本条例第三十七条第二款规定，未办理物业承接查验备案的，责令限期改正；逾期未改正的，处一万元以上三万元以下的罚款。

（二）违反本条例第三十八条第二款规定，承接未经查验或者查验不合格物业的，责令限期改正；逾期未改正的，处二万元以上五万元以下的罚款。

（三）违反本条例第四十一条规定，未公布或者及时更新物业服务相关信息的，责令限期改正；逾期未改正的，处二千元以上一万元以下的罚款。

（四）违反本条例第四十四条第二款规定，擅自撤离物业管理区域、停止物业服务，未履行相应告知和交接义务的，责令限期改正；逾期未改正的，处三万元以上五万元以下的罚款。

（五）违反本条例第五十条第四款规定，未履行报告义务的，处二千元以上一万元以下的罚款。

（六）违反本条例第五十一条第五项规定，擅自停水、停电、停燃气的，责令限期改正，处二千元以上一万元以下的罚款。

（七）违反本条例第五十一条第九项规定，泄露业主、物业使用人信息的，责令改正，没收违法所得，给予警告；拒不改正的，处五千元以上两万元以下的罚款。

物业服务人违反本条例第五十一条第一项规定，擅自提高物业服务收费标准、降低物业服务标准或者减少服务项目的，由市、区县人民政府市场监督管理主管部门依法查处。

第七十八条　业主、物业使用人违反本条例第五十四条禁止性规定的，由有关行政主管部门按照职责分工依法查处。

第七十九条　专业经营单位违反本条例第六十一条第一款规定，未按照规定履行维修、养护、更新、管理等义务及承担相关费用的，由住房和城乡建设主管部门责令限期改正，逾期未改正的，处二十万元以上三十万元以下的罚款。

第八十条　公职人员在物业管理工作中存在滥用职权、玩忽职守、徇私舞弊等失职渎职行为的，由相关部门对直接负责的主管人员和其他直接责任人员依法给予处理。

第九章　附　则

第八十一条　本条例自2021年1月1日起施行。

文件目录

2020年中共眉山市委部分文件一览表

表76

字　号	标　题
眉委发〔2020〕1号	中共眉山市委关于构建新型城乡基层治理体系的决定
眉委发〔2020〕3号	中共眉山市委关于新时代加强和改进人民政协工作的实施意见
眉委发〔2020〕5号	中共眉山市委、眉山市人民政府关于加快构建“583”农业产业体系推进都市现代绿色农业强市的实施意见
眉委发〔2020〕6号	中共眉山市委　眉山市人民政府关于统筹推进新冠肺炎疫情防控和经济社会发展工作奋力完成2020年经济社会发展目标的意见
眉委发〔2020〕7号	中共眉山市委　眉山市人民政府关于扎实推进市域社会治理现代化试点工作的实施意见
眉委发〔2020〕8号	中共眉山市委　眉山市人民政府关于落实新发展理念创建国家生态文明建设示范市的决定
眉委发〔2020〕9号	中共眉山市委、眉山市人民政府关于推进2020年全面从严治党、党风廉政建设和反腐败工作的意见
眉委发〔2020〕10号	中共眉山市委、眉山市人民政府关于加快构建“443”现代服务业体系建设现代服务业强市的实施意见
眉委发〔2020〕11号	中共眉山市委关于坚定贯彻成渝地区双城经济圈战略部署加快建设成都都市圈副中心的决定
眉委发〔2020〕12号	中共眉山市委、眉山市人民政府关于推动工业园区高质量发展的实施意见
眉委发〔2020〕13号	中共眉山市委、眉山市人民政府关于推动制造业高质量发展的实施意见
眉委发〔2020〕14号	中共眉山市委、眉山市人民政府关于印发《眉山市促进中医药传承创新发展的实施方案》的通知
眉委发〔2020〕17号	中共眉山市委关于制定眉山市国民经济和社会发展第十四个五年规划和二〇三五年远景目标的建议

2020年中共眉山市委办公室部分文件一览表

表77

字　号	标　题
眉委办发〔2020〕1号	中共眉山市委办公室　眉山市人民政府办公室关于印发《2020年全市经济工作要点》的通知
眉委办发〔2020〕4号	中共眉山市委办公室　眉山市人民政府办公室关于建立健全诉源治理机制加强矛盾纠纷源头预防和前端化解的实施意见

2020年眉山市人民政府部分文件一览表

表78

字　号	标　题
眉府发〔2020〕1号	关于印发《眉山市授予名誉市民称号办法》的通知
眉府发〔2020〕2号	关于实施三大攻坚行动 抓好2020年重点项目建设工作的通知
眉府发〔2020〕3号	印发《关于进一步鼓励社会力量参与矛盾纠纷化解若干政策》的通知
眉府发〔2020〕4号	关于做好第七次全国人口普查工作的通知
眉府发〔2020〕5号	关于授予王庆杰等3名同志眉山市“见义勇为勇士”称号的决定
眉府发〔2020〕6号	关于2020年工业发展的实施意见

续表 78

字　号	标　题
眉府发〔2020〕7 号	关于在全市市场监管领域全面推行部门联合"双随机、一公开"监管的实施意见
眉府发〔2020〕8 号	关于印发《眉山市政府质量奖评审管理办法》的通知
眉府发〔2020〕9 号	关于印发眉山市自然资源统一确权登记工作方案的通知
眉府发〔2020〕10 号	关于印发《眉山市经营性土地出让管理体制暂行办法》的通知
眉府发〔2020〕11 号	关于印发《眉山市国有建设用地使用权出让管理办法》的通知
眉府发〔2020〕12 号	关于印发《中国（四川）自由贸易试验区眉山协同改革先行区建设实施方案》的通知
眉府发〔2020〕13 号	关于印发《眉山市城市规划区杆管线管理办法》的通知
眉府发〔2020〕15 号	关于印发《眉山市晚熟柑橘全产业链高质量发展提升行动计划（2020—2022 年）》的通知
眉府发〔2020〕16 号	关于印发《眉山市促进高校毕业生就业八条措施等四个文件》的通知
眉府发〔2020〕17 号	关于印发《眉山市市级政府性投资工程建设项目新增工程管理办法》的通知
眉府发〔2020〕18 号	关于印发《眉山市市政府顾问聘任管理暂行办法》的通知
眉府发〔2020〕19 号	关于公布《眉山市征收农用地区片综合地价标准》的通知
眉府发〔2020〕20 号	关于公布《2014—2019 年市政府行政规范性文件清理结果》的通知
眉府发〔2020〕21 号	关于印发《眉山市激励大学生应征入伍的政策措施》的通知
眉府发〔2020〕22 号	关于印发《市级府院联席会议制度》的通知
眉府发〔2020〕23 号	关于推进健康眉山行动的实施意见
眉府发〔2020〕24 号	关于公布眉山市征地青苗和地上附着物补偿标准的通知
眉府发〔2020〕25 号	关于印发《眉山市金融生态环境建设的指导意见》的通知

2020 年眉山市人民政府办公室部分文件一览表

表 79

字　号	标　题
眉府办发〔2020〕1 号	关于推动眉山市建筑业高质量发展的实施意见
眉府办发〔2020〕2 号	关于印发《眉山市小流域污染防治奖补资金管理办法（试行）》的通知
眉府办发〔2020〕3 号	关于印发《眉山市职工医疗保险与生育保险管理办法》的通知
眉府办发〔2020〕4 号	关于印发《眉山市应对新型冠状病毒感染的肺炎疫情 I 级响应措施》的通知
眉府办发〔2020〕5 号	关于印发《眉山市应对新型冠状病毒肺炎疫情支持中小企业共渡难关的二十条措施》的通知
眉府办发〔2020〕6 号	关于印发《有效应对新冠肺炎疫情影响促进商贸服务业发展政策措施》的通知
眉府办发〔2020〕7 号	关于印发《眉山市人民政府 2020 年立法计划》的通知
眉府办发〔2020〕8 号	关于印发《眉山市进一步用好企业应急转贷资金和贷款风险补偿基金促进全市经济高质量发展实施办法》的通知
眉府办发〔2020〕9 号	关于印发《眉山市苏东坡文学艺术奖评奖办法》的通知
眉府办发〔2020〕10 号	关于印发《眉山市 2020 年基础设施等重点领域补短板工作方案》的通知
眉府办发〔2020〕12 号	关于印发《眉山市支持建筑业提质升级加快发展政策措施》的通知
眉府办发〔2020〕13 号	关于印发《眉山市无偿献血管理办法》的通知
眉府办发〔2020〕15 号	关于印发《眉山市产业发展用地管理暂行办法》的通知
眉府办发〔2020〕16 号	关于印发《眉山市进一步完善医疗卫生行业综合监管制度工作方案》的通知
眉府办发〔2020〕17 号	关于印发《眉山市红十字会改革方案》的通知
眉府办发〔2020〕18 号	关于印发眉山市市属国有企业负责人经营业绩考核办法的通知
眉府办发〔2020〕20 号	关于印发《眉山市公共资源交易目录》的通知
眉府办发〔2020〕21 号	关于印发《眉山市市级保留证明事项清单》的通知
眉府办发〔2020〕22 号	关于印发《眉山市房屋建筑和人员聚集场所安全风险排查整治工作方案》的通知
眉府办发〔2020〕23 号	关于印发眉山市市级财政预算执行审批管理办法的通知
眉府办发〔2020〕24 号	关于印发《眉山市农村集体聚餐食品安全管理办法实施细则》的通知
眉府办发〔2020〕25 号	关于印发《眉山市消防安全责任制实施办法》的通知
眉府办发〔2020〕26 号	关于印发《眉山市建设高新技术产业集聚地行动方案》的通知
眉府办发〔2020〕27 号	关于印发《贯彻落实四川省国家综合性消防救援队伍职业保障实施细则分工方案》的通知

统计资料

Statistic Data

公 报

2020年眉山市国民经济和社会发展统计公报

（2021年3月）

眉山市统计局 国家统计局眉山调查队

2020年，面对错综复杂的国际国内形势，特别是新冠肺炎疫情蔓延、历史罕见洪涝灾害和持续加大的经济下行压力，眉山市上下坚持以习近平新时代中国特色社会主义思想为指引，贯彻落实党中央国务院、省委省政府和市委市政府决策部署，扎实做好“六稳”工作，全面落实“六保”任务，统筹推进疫情防控和经济社会发展，民生福祉不断改善，经济社会持续稳定回升。

一、综合

（一）地区生产总值

根据四川省地区生产总值统一核算结果：2020年，全市地区生产总值（GDP）1 423.74亿元，增长4.2%。其中，第一产业增加值222.85亿元，增长5.7%；第二产业增加值527.64亿元，增长3.0%；第三产业增加值673.25亿元，增长4.9%。三次产业对GDP增长的贡献率分别为20.2%、32.7%、47.1%，分别拉动GDP增长0.8个、1.4个、2.0个百分点，三次产业结构调整为15.7∶37.1∶47.2。

（二）民营经济

全年民营经济增加值802.48亿元，增长3.2%，占GDP比重56.4%，对GDP的贡献率42.4%，拉动GDP增长1.8个百分点。年末工商登记个体工商户16.32万户，私营企业3.34万户。民间投资增长14.5%，占全社会固定资产投资比重66.8%。

（三）物价

全年居民消费价格总指数（CPI）比上年上涨4.1%。其中，食品烟酒价格比上年上涨11.4%，衣着价格比上年下降1.6%，居住价格比上年上涨0.3%，生活用品及服务价格比上年下降1.9%，交通和通信价格比上年下降3.1%，教育文化和娱乐价格比上年上涨5.3%，医疗保健价格比上年上涨0.9%，其他用品和服务价格比上年上涨4.9%。商品零售价格总指数比上年上涨2.7%。

（四）人口

年末户籍总人口341.76万人，其中，城镇人口133.63万人。全年出生率8.13‰，死亡率7.10‰，人口自然增长率1.03‰。

二、农业

全年农作物总播种面积31.99万公顷，增长0.6%。其中，粮食作物播种面积19.73万公顷，增长0.9%；油料作物播种面积5.69万公顷，下降2.2%；药材播种面积2 136公顷，增长10.0%；蔬菜播种面积4.82万公顷，增长1.5%。

全年粮食产量125.87万吨，增长0.7%。其中，小春粮食产量6.54万吨，增长0.9%；大春粮食产量119.33万吨，增长0.7%。经济作物中，油菜籽产量12.55万吨，下降1.6%；茶叶产量2.35万吨，增长5.4%；水果产量120.47万吨，增长5.6%；蔬菜产量141.67万吨，增长1.9%。

全年肉类总产量20.4万吨，增长4.0%。其中，猪肉产量13.38万吨，增长11.1%；牛肉产量3 096吨，增长18.9%；羊肉产量6 019吨，下降14.0%。牛奶产量13.87万吨，增长8.2%；禽蛋产量5.28万吨，下降12.0%。生猪存栏增长46.5%，生猪出栏增长14.2%，羊出栏下降10.0%，家禽出栏增长2.3%。

全年水产品养殖面积14 291公顷，下降0.2%；水产品产量13.6万吨，增长2.7%。

年末已建成高标准农田201.55万亩，农业机械总动力221.91万千瓦，机耕作业面积21.95万公顷，主要农作物综合机械化水平70%。新建农机化生产道路274.5公里，维修改造提灌机械3 231台，维修改造提灌机械总动力39 124千瓦，新增提灌站19座，新增提灌机械775台，新增提灌机械总动力8 943千瓦。全年农业生产燃油消耗75 547吨。

2020 年规模以上工业主要产品产量一览表

表 80

指标	计量单位	累计	增速(±%)
饲料	万吨	199.1	8.6
乳制品	万吨	28.0	1.4
酱油	万吨	25.5	28.8
饮料酒	千升	2 631	4.7
布	万米	7 315.6	-8.1
家具	万件	128.8	-6.2
纸制品	万吨	49.9	24.1
合成氨	万吨	38.9	3.5
农用氮、磷肥	万吨	37.0	2.2
合成洗涤剂	万吨	53.7	6.8
中成药	吨	6 428.9	31.2
塑料制品	万吨	21.5	-0.9
水泥	万吨	602.5	8.5
商品混凝土	万立方米	1 247.3	8.9
砖	亿块	10.8	170.0
瓷质砖	万平方米	6 442.8	-11.2
陶质砖	万平方米	7 123.9	-8.6
耐火材料制品	万吨	46.2	-18.1
钢材	万吨	104.3	1.8
原铝	万吨	26.9	0.4
铝材	万吨	70.0	-0.7
气体压缩机	万台	870.7	27.5
铁路货车	辆	4 203.0	-26.4
变压器	万千伏安	430.9	9.2
自来水生产	万立方米	19 784.8	47.1
太阳能电池(光伏电池)	万千瓦	228.0	—

三、工业和建筑业

年末规模以上工业企业 631 户，规模以上工业增加值增长 4.9%。纳入统计监测的工业产品中，71 类产品产量同比实现增长，增长面为 61.7%。规模以上工业产销率 97.0%，实现营业收入 1 633.3 亿元，增长 6.2%；实现利润总额 82.9 亿元，增长 18.4%。

全年建筑业增加值 139.53 亿元，增长 3.3%；具有资质等级的建筑企业 221 户，增长 29.2%；新签合同额 527.16 亿元，增长 16.7%。房屋建筑施工面积 1 507.49 万平方米，下降 6.6%；房屋建筑竣工面积 885.55 万平方米，下降 15.6%。

四、固定资产投资和房地产开发

全年全社会固定资产投资增长 10.7%。按产业分，第一产业投资增长 34.1%，第二产业投资增长 10.2%，第三产业投资增长 10.2%。按构成分，建安工程类投资增长 21.6%，设备工器具购置类投资下降 2.8%。

全年房地产开发投资增长 19.5 %；商品房施工面积 3 065.61 万平方米，增长 31.1%；商品房销售面积 813.33 万平方米，增长 35.1%。

五、国内贸易、对外经济和旅游

全年实现社会消费品零售总额 543.3 亿元，下降 2.3%。其中，限额以上企业(单位)实现消费品零售额 161.7 亿元，下降 1.1%。按经营地分，城镇市场实现消费品零售额 330.0 亿元，下降 2.6%；乡村市场实现消费品零售额 213.2 亿元，下降 1.9%。按消费形态分，批发零售业实现商品零售 476.3 亿元，下降 0.8%；住宿餐饮业实现餐饮收入 66.9 亿元，下降 11.8%。

全年进出口总额 39.51 亿元。其中，进口额 17.11 亿元，出口额 22.40 亿元。外商投资实际到位资金 14 457.20 万美元。

全年接待旅游人数 3 994.78 万人次，下降 22.6%；旅游总收入 363.15 亿元，下降 23.8%。年末拥有 A 级景区 33 处，其中，AAAA 级及以上景区 8 处。拥有星级饭店 7 个，星级饭店客房总数 932 间。

六、交通、邮电和通信

全年累计完成公路客运量 1 650.07 万人次，旅客周转量 74 241.32 万人公里；公路货运量 8 463.47 万吨，货物周转量 677 879.40 万吨公里，客货运输总周转量 685 303.53 万吨公里，增长 4.9%。机动车保有量 94.76 万辆，其中，大型车 2.5 万辆，小型车 42.67 万辆，新能源汽车保有量 2 988 辆，校车保有量 118 辆。

全年邮政业务总量 22.80 亿元，增长 14.3%。快递业务量 8 964.61 万件，增长 11.8%；快递业务收入 5.57 亿元，增长 4.1%。

全年电信业务总量 121.13 亿元，增长 36.1%；固定电话用户 70.11 万户，增长 2.1%；移动电话用户 324.06 万户，增长 3.1%；宽带用户 113.45 万户，增长 7.7%。

七、财政、金融和保险

全年地方一般公共预算收入 121.62 亿元，增长 9.8%；地方一般公共预算支出 275.54 亿元，增长 6.3%。

年末金融机构本外币存款余额 2 651.92 亿元，增长 14.0%。其中，人民币存款余额 2 645.29 亿元，增长 13.9%。金融机构本外币贷款余额 1 538.11 亿元，增长 22.3%。其中，人民币贷款余额 1 537.92 亿元，增长 22.3%。

年末有保险公司 33 家，其中，财险公司 15 家，寿险公司 18 家。全年保费总收入 84.21 亿元，增长 16.2%。其中，产险保费收入 66.55 亿元，增长 19.0%；寿险保费收入 17.66 亿元，增长 6.6%。产寿险累计赔款及给付 22.57 亿元，下降 1.0%。其中，财产险赔款 9.58 亿元；人寿险赔款及给付 12.99 亿元。

八、科技、教体、文化和卫健

全年组织实施市级以上科技计划项目 63 项，向上争取到位无偿科技项目资金 1 801 万元。专利申请 3 485 件，获得专利申请授权 1 991 件。新增国家高新技术企业 26 户。举办科技培训 13 次，参加科技培训 650 人次。

年末有各类学校 819 所。其中，幼儿园 435 所；小学 177 所；初中 158 所；高中 26 所；中职 17 所；特殊学校 6 所。各类学校在校学生 40.67 万人。其中，幼儿园学生 8.84 万人；小学学生 16.75 万人；初中学生 7.36 万人；高中学生 4.52 万人；中职学生 3.13 万人；特殊学校学生 770 人。各类学校专任教师总数 2.79 万人。其中，幼儿园专任教师 0.43 万人；小学专任教师 1.08 万人；普通中学专任教师 1.11 万人。各类学校校舍面积 481.35 万平方米。

全年举办运动会 19 场次，参与运动会 3.56 万人次。体育协会 127 个，教育系统体育场地 1 892 个。

年末文化馆7座；文化站131个；公共图书馆7座；博物馆6座；公共图书馆藏书量45.6万册。广播电视台6座；有线广播电视传输干线380公里，有线广播电视用户47.6万户。公共广播节目、电视节目播出时间分别为2.61万小时和3.69万小时。

年末医疗卫生机构2 136个，实有床位数2.04万张。医院、卫生院技术人员1.88万人。其中，执业医师7 062人；注册护士8 328人。门诊人数1 420.58万人次，实际占用总床日数544.4万床/日，病床使用率74.3%。

九、人民生活、社会保障

全年城镇居民人均可支配收入38 892元，增长5.8%；城镇居民人均消费性支出23 965元，增长1.7%。农村居民人均可支配收入19 730元，增长8.5%；农村居民人均消费性支出15 314元，增长3.5%。

全年参加城乡居民基本养老保险211.06万人；城乡居民基本医疗保险263.61万人；工伤保险34.84万人；生育保险23.11万人；失业保险22.61万人。发放养老金91.56亿元；失业金0.40亿元；支出城乡居民基本医疗保险待遇17.2亿元；城镇职工基本医疗保险待遇5.6亿元。

全年城镇新增就业3.22万人，失业人员实现再就业7 359人，就业困难人员实现就业3 322人，城镇登记失业率3.04%。组织各类就业、创业培训4.62万人次，发放小额担保贷款1.08亿元。

年末城乡低保保障人数9.14万人，支出保障金2.38亿元。城乡特困供养人员1.99万人，集中供养率26%。老龄人口76.43万人，新增、改扩建敬老院15所，新增床位837张，每千老年人口养老床位数35.1张，老年学校37所。社区服务设施332个，农村社区综合服务设施覆盖率85.0%，城市社区综合服务设施覆盖率98.5%。全年销售福利彩票2.62亿元，筹集福彩公益金0.39亿元。

十、资源、环境和安全生产

全年生态建设总投资11亿元。完成营造林16.07万亩，道路绿化145公里，水系绿化56公里；建成市级及以上森林小镇6个，森林村庄26个；创建省级翠竹长廊3条，省级竹林小镇1个；创建三、四星级森林人家12家，省级自然教育基地1处，国家级和省级森林康养基地各1个，省级现代竹产业基地3个。城乡绿化覆盖率60.2%，森林覆盖率50.1%。

全年水资源总量65.73亿立方米，水域面积685.74平方公里。水库总数289座，整治病险水库15座，水利建设总投资10.20亿元。

全年空气质量优良天数320天，城市空气质量优良率87.4%。PM10年平均浓度54微克/立方米，PM2.5年平均浓度32微克/立方米。

全年平均气温东坡区18.0℃，彭山区18.5℃，仁寿县18.0℃，洪雅县17.1℃，丹棱县16.8℃，青神县18.3℃。累计降水量东坡区1 292.6毫米，彭山区1 219.5毫米，仁寿县955.8毫米，洪雅县1 609.2毫米，丹棱县1 562.7毫米，青神县1 453.9毫米。

全年各类生产经营性事故68起，死亡67人。其中，工矿商贸事故死亡18人。全年产品质量合格率96%。

十一、司法和公证

全年律师代理案件8 117件，法律援助1 457件，法院受理案件3.95万件，结案3.91万件。年末有公证处8家，办理公证业务2.15万件。年末有调解人员0.99万人，化解纠纷1.02万件。

注：

1. 公报中各项数据为初步统计数据，正式数据以《眉山统计年鉴（2021）》为准。部分数据采取四舍五入收舍小数后，总计与分项合计可能存在尾数差异。

2. 文中表述某个指标“增长”和“下降”，如无特别说明，指的是与2019年相比。

3. 公报中物价、林业、渔业、农业机械、交通运输、工商登记、邮政、电信、财政、金融、旅游、对外贸易、保险、教育体育、科技、文化、卫生健康、人民生活、社会保障、资源、环境、安全生产、司法和公证等统计资料来源于相关部门。

4. 公报中地区生产总值、分产业分行业增加值绝对数按当年价格计算，增长速度按可比价格计算。

5. 主要农作物包括水稻、玉米、小麦、油菜。

6. 教育数据未包含高等教育。

眉山市统计资料

2016—2020年眉山市规模以上工业企业工业总产值一览表(按登记注册类型分)

表81 单位:万元

分类	2016年	2017年	2018年	2019年	2020年
工业总产值(现价)	15 498 525	12 718 174	13 952 364	15 686 626	16 986 693
在总计中:					
#国有控股企业	898 387	1 149 536	1 310 683	1 429 964	1 674 841
在总计中:					
国有企业	17 646	19 865	10 906	10 599	339 182
股份合作企业	15 039	9 432	4 420	3 964	—
联营企业	—	—	—	—	13 725
股份有限公司	1 341 689	1 117 717	498 854	465 351	174 345
有限责任公司	5 586 439	5 082 895	5 041 374	5 329 656	4 477 494
私营企业	7 554 905	5 612 383	7 597 740	8 586 136	10 914 127
外商及港澳台商投资企业	958 770	855 806	799 070	880 604	1 067 820
其他企业	24 036	20 076	—	—	—
在总计中:					
轻工业	6 522 694	4 945 916	5 503 557	5 709 066	5 955 218
重工业	8 975 831	7 772 258	8 448 807	9 977 560	11 031 475

2016—2020年眉山市规模以上工业企业工业总产值一览表(按地区分)

表82 单位:万元

地区	2016年	2017年	2018年	2019年	2020年
全　市	15 498 525	12 718 174	13 952 364	15 686 626	16 986 693
东坡区	3 115 343	2 694 861	2 998 411	3 315 873	7 510 644
彭山区	3 695 480	2 796 495	3 234 177	3 755 281	3 969 207
仁寿县	4 204 551	3 260 945	3 192 840	3 457 086	3 805 161
洪雅县	627 535	357 485	405 320	422 625	435 672
丹棱县	540 296	362 335	384 793	469 714	518 010
青神县	1 065 096	855 786	989 261	697 954	748 000
甘眉园区	1 190 851	1 223 261	1 561 046	2 254 991	—
金象园区	1 059 374	1 167 006	1 186 515	1 313 103	—

2020年眉山市及各县(区)全部规模以上工业企业主要指标一览表

表83 单位:万元

年份/地区	企业单位数(个)	亏损企业	资产总计	流动资产合计	负债合计	营业收入
2016	603	41	9 086 116	3 919 218	4 832 863	14 807 177
2017	584	45	8 944 506	4 022 071	4 521 174	12 046 429
2018	569	51	8 843 531	4 197 608	4 419 354	13 125 881
2019	617	56	10 773 210	5 092 800	5 424 354	15 375 670
2020	679	62	12 798 448	6 020 876	6 781 437	16 827 936
东坡区	235	17	4 821 927	2 363 166	2 430 369	7 088 381
彭山区	139	11	1 759 952	1 052 040	1 006 131	4 324 072
仁寿县	171	7	4 041 931	1 635 098	2 057 684	3 736 171
洪雅县	41	13	1 025 567	345 221	666 294	446 851

续表 83

地区 \ 年份	企业单位数(个)	亏损企业	资产总计	流动资产合计	负债合计	营业收入
丹棱县	47	10	428 515	224 168	252 692	495 668
青神县	46	4	720 556	401 183	368 266	736 792

2019—2020 年眉山市及各县(区)地区生产总值一览表

表 84　　单位:万元

	地区生产总值	第一产业	第二产业	工　业	第三产业	人均地区生产总值(元)
2019 年						
眉山市	13 657 080	1 991 671	5 264 477	3 900 418	6 400 932	46 123
东坡区	4 714 924	546 480	1 875 182	1 391 995	2 293 262	52 581
彭山区	1 760 020	158 053	818 629	658 181	783 338	53 774
仁寿县	4 371 445	853 860	1 608 947	1 103 311	1 908 638	38 902
洪雅县	1 245 350	194 905	361 688	278 960	688 757	41 790
丹棱县	704 535	129 265	249 738	189 756	325 532	47 572
青神县	860 805	109 108	350 293	278 215	401 404	51 453
2020 年						
眉山市	14 237 355	2 228 463	5 276 390	3 883 220	6 732 502	48 132
东坡区	4 914 675	609 597	1 867 658	1 382 907	2 437 420	54 492
彭山区	1 833 889	177 968	825 076	659 271	830 845	55 860
仁寿县	4 573 782	953 357	1 624 857	1 102 170	1 995 568	41 024
洪雅县	1 291 060	219 378	359 509	276 015	712 173	43 543
丹棱县	725 732	145 265	248 501	186 562	331 966	48 805
青神县	898 217	122 898	350 789	276 295	424 530	53 529

2020 年眉山市及各县(区)民营经济增加值一览表

表 85　　单位:亿元

地区	民营经济增加值	第一产业	第二产业	第三产业
眉山市	802.48	95.59	366.14	340.76
东坡区	268.08	26.22	126.81	115.05
彭山区	103.73	7.59	54.64	41.50
仁寿县	260.05	41.44	112.26	106.35
洪雅县	76.43	9.08	30.05	37.30
丹棱县	42.40	6.07	18.12	18.21
青神县	51.80	5.19	24.25	22.35

2020 年眉山市农业情况统计表(一)

表 86

地区	森林覆盖率(%)	乡村户数(户)	乡村人口数(人)	乡村农业从业人员(人)	农业机械总动力(万千瓦)	拖拉机拥有量(辆)	年末实有耕地(公顷)
眉山市	50.13	840 296	2 799 887	766 514	221.92	5 984	241 156
东坡区	42.27	174 952	581 786	185 751	58.37	3 131	55 865
彭山区	37.82	83 386	262 964	56 937	74.69	1 699	19 903
仁寿县	38.43	394 500	1 352 630	342 308	25.26	458	116 485
洪雅县	72.82	91 919	304 908	91 039	22.87	221	25 047
丹棱县	59.93	39 168	128 857	38 355	22.74	5	10 999
青神县	48.21	56 371	168 742	52 124	17.99	470	12 855

2020 年眉山市农业情况统计表（二）

表 87

地区	粮食总播种面积（公顷）	粮食总产量（吨）	粮食总产量						
			稻谷（吨）	小麦（吨）	玉米（吨）	油菜籽产量（吨）	蔬菜产量（吨）	水果产量（吨）	茶叶产量（吨）
眉山市	197 306	1 258 714	792 099	26 683	309 050	115 119	1 416 677	1 204 723	23 496
东坡区	37 982	295 412	265 147	1 135	24 940	38 593	709 710	193 007	624
彭山区	12 473	95 285	79 643	539	10 914	10 077	44 794	72 952	23
仁寿县	115 535	650 294	280 464	24 642	232 260	41 249	485 388	663 956	16
洪雅县	14 168	101 402	76 002	—	20 325	11 071	75 340	5 767	18 835
丹棱县	7 893	54 170	42 265	—	10 537	7 528	27 882	192 472	3 285
青神县	9 254	62 151	48 577	368	10 074	6 601	73 563	76 569	713

2020 年眉山市农业情况统计表（三）

表 88

地区	畜牧产品产量												
	牛年末存栏（头）	羊年末存栏（只）	生猪年末存栏（头）	能繁母猪年末存栏（头）	生猪出栏（头）	山羊出栏（只）	牛出栏（头）	小家禽出栏（万羽）	肉类总产量（吨）	猪、牛、羊肉产量（吨）	家禽肉产量（吨）	牛奶产量（吨）	禽蛋产量（吨）
眉山市	54 534	347 194	1 390 200	132 600	1 903 595	426 139	22 628	3 955	197 995	142 906	55 089	138 681	52 753
东坡区	5 206	44 122	330 254	33 017	449 800	50 668	2 693	1 367	52 195	32 966	19 230	21 194	7 359
彭山区	2 150	17 713	87 108	7 022	101 065	21 826	810	389	12 639	7 491	5 147	—	6 607
仁寿县	12 869	234 306	660 040	58 370	917 123	285 865	5 117	1 340	88 222	69 077	19 145	—	25 214
洪雅县	27 468	29 864	11 1880	12 134	138 882	39 358	11 025	323	16 276	11 972	4 304	111 802	3 023
丹棱县	1 469	14 010	100 340	12 022	116 695	19 087	606	220	11 995	8 562	3 433	122	5 791
青神县	5 372	7 179	100 578	10 035	180 030	9 335	2 378	316	16 668	12 838	3 830	5 563	4 758

2020 年眉山市农业情况统计表（四）

表 89

地区	水产品养殖面积（公顷）	水产品产量（吨）	农村用电量（万千瓦时）	农用化肥使用量（吨、折纯）	农药使用量（吨）	茶园面积（公顷）	果园面积（公顷）
眉山市	14 291	136 376	76 328	109 202	2 538	22 035	84 255
东坡区	3 125	43 760	15 861	30 971	694	594	21 664
彭山区	1 230	20 000	4 245	10 571	286	39	7 239
仁寿县	7 637	53 260	33 125	53 139	1 270	19	36 808
洪雅县	881	5 700	9 501	7 565	65	16 380	723
丹棱县	696	5 488	7 724	3 715	142	3 306	12 497
青神县	722	8 168	5 872	3 241	81	1 697	5 324

2020 年眉山市及各县（区）全社会固定资产投资与商品房开发销售情况表

表 90　　单位：万元、万平方米

	眉山市	东坡区	彭山区	仁寿县	洪雅县	丹棱县	青神县
一、全社会固定资产投资	12 836 032	4 105 969	2 191 343	4 165 275	1 083 219	630 263	659 963
其中：固定资产项目投资	7 811 305	2 607 671	1 405 532	1 922 532	827 312	508 570	839 688
其中：房地产投资	4 765 327	1 437 793	761 521	2 130 241	225 029	107 648	103 095
（一）按构成分							
建安工程	10 366 616	3 161 391	1 986 108	3 200 681	904 515	546 331	567 590
设备工器具购置	1 069 384	504 981	105 825	252 737	76 382	66 267	63 192
其他费用	1 400 032	439 597	99 410	711 856	102 321	17 665	29 182
（二）按产业分							
（1）第一产业	361 345	140 915	37 526	82 366	40 203	29 937	30 399

续表 90

	眉山市	东坡区	彭山区	仁寿县	洪雅县	丹棱县	青神县
(2)第二产业	3 456 963	1 485 231	528 161	815 032	114 759	228 977	284 803
其中:工业	3 441 399	1 481 601	526 704	808 282	112 906	228 134	283 772
(3)第三产业	9 017 724	2 479 823	1 625 656	3 267 877	928 257	371 350	344 761
其中:交通运输	1 210 455	291 699	238 830	429 469	136 701	92 470	21 285
二、商品房开发与销售情况(万平方米)							
1. 商品房施工面积	3 065.61	972.66	497.18	1 348.26	147.00	53.47	47.04
其中:新开工面积	1 270.82	353.11	210.55	597.63	77.02	5.52	26.99
其中:住宅	2 275.96	693.47	411.05	979.98	107.08	43.60	40.77
2. 商品房竣工面积	197.04	124.27	10.20	34.64	19.03	5.30	3.60
其中:住宅	139.06	84.66	9.95	21.93	15.25	3.82	3.45
3. 商品房销售面积	813.33	206.56	186.59	347.30	38.12	13.80	20.96
其中:住宅	736.04	171.23	183.48	313.14	33.99	13.28	20.91
(1)现房销售面积	37.59	14.00	1.72	12.19	9.68	—	—
其中:住宅	18.79	5.02	0.64	6.00	7.13	—	—
(2)期房销售面积	775.74	192.55	184.87	335.11	28.44	13.80	20.96
其中:住宅	717.24	166.21	182.84	307.14	26.86	13.28	20.91

2019—2020 年眉山市及各县(区)全社会固定资产投资额情况表

表 91　　单位:万元

年份	眉山市	东坡区	彭山区	仁寿县	洪雅县	丹棱县	青神县
2019	11 590 147	3 091 008	1 988 943	3 660 519	1 043 049	572 698	590 558
2020	12 836 032	4 105 969	2 191 343	4 165 275	1 083 219	630 263	659 963

2019—2020 年眉山市公路运输情况表

表 92

年份	货运量(万吨)	货物周转量(万吨公里)	客运量(万人)	旅客周转量(万人公里)
2019	10 197	705 036	3 006	108 823
2020	8 463	677 879	1 665	74 401

2019—2020 年眉山市营业性运输工具实有数情况表

表 93

指　标	计量单位	2019 年	2020 年
一、运营性汽车数	辆	32 622	25 453
#客车	辆	3 991	3 973
货车	辆	28 631	21 480
二、运营船舶	辆	177	157
#机动船	辆	177	157
#客　船	辆	128	122
拖　船	辆	—	1
驳　船	辆	49	34

2019—2020 年眉山市公路里程情况表

表 94　　单位:公里

地区	2019 年			2020 年		
	公路总里程	等级公路里程	高速公路里程	公路总里程	等级公路里程	高速公路里程
眉山市	7 921	6 444	403	7 983	7 355	459
东坡区	1 529	1 287	108	1 362	1 332	108
彭山区	674	565	39	744	726	39
仁寿县	3 157	1 985	188	3 352	2 800	244

续表 94

地区	2019年			2020年		
	公路总里程	等级公路里程	高速公路里程	公路总里程	等级公路里程	高速公路里程
洪雅县	1 520	1 459	56	1 297	1 287	56
丹棱县	503	468	10	565	557	10
青神县	538	534	2	664	653	2

2019—2020年眉山市邮电通信情况表

表 95

地区	2019年					2020年				
	年末固定电话用户（万户）	年末移动电话用户数（万户）	年末宽带接入用户数（万户）	邮政业务总量（万元）	电信业务总量（亿元）	年末固定电话用户（万户）	年末移动电话用户数（万户）	年末宽带接入用户数（万户）	邮政业务总量（万元）	电信业务总量（万元）
眉山市	68.59	314.16	104.42	199 568.60	88.99	70.11	324.06	113.45	228 044.17	1 211 296
东坡区	23.57	105.40	32.37	126 248.74	30.87	23.93	110.57	35.46	135 597.87	421 060
彭山区	7.68	33.93	12.47	33 741.14	11.53	7.65	34.90	13.73	38 978.85	158 243
仁寿县	22.12	106.42	35.89	19 151.37	26.57	23.04	109.36	39.05	19 949.23	359 338
洪雅县	7.34	32.70	11.88	5 994.44	8.86	7.40	33.93	12.54	8 929.80	116 204
丹棱县	3.76	17.68	5.55	7 452.51	5.17	3.89	17.28	5.94	14 544.19	70 375
青神县	4.12	18.03	6.26	6 980.39	4.98	4.20	18.02	6.74	10 044.22	66 746

2019—2020年眉山市社会消费品零售总额情况表

表 96　　单位：万元

年份	社会消费品零售总额	按经营地分组		按行业分组	
		城镇	乡村	批发和零售业	住宿和餐饮业
2019	5 560 481	3 387 704	2 172 777	4 774 868	785 614
2020	5 432 607	3 300 272	2 132 336	4 760 617	671 990

2020年眉山市文化基本情况表

表 97　　单位：个、千册

地区	文化事业机构数（含文物）	艺术表演团体	文化馆数	文化站	博物馆、展览馆	剧场、影剧院	年末实有公共图书馆	年末公共图书馆总藏量
眉山市	189	1	7	131	6	1	7	456.1
市本级	14	—	1	—	2	1	1	134.6
东坡区	35	1	1	26	—	—	1	64.8
彭山区	20	—	1	13	1	—	1	39.0
仁寿县	66	—	1	60	—	—	1	48.1
洪雅县	24	—	1	15	1	—	1	44.90
丹棱县	13	—	1	7	1	—	1	55.4
青神县	17	—	1	10	1	—	1	69.3

2020年眉山市卫生基本情况表

表 98

机构名称	机构数（个）	床位数（张）	人员数（人）	卫生技术人员（人）	其他技术人员（人）	管理人员（人）	工勤人员（人）
总计	2 136	20 370	24 827	18 782	769	805	2 512
一、医院	88	13 523	13 209	10 716	425	450	1 618
综合医院	45	6 070	6 833	5 571	269	165	828
中医医院	8	2 667	3 148	2 624	88	92	344
中西医结合医院	—	—	—	—	—	—	—
专科医院	35	4 786	3 228	2 521	68	193	446

续表 98

机构名称	机构数（个）	床位数（张）	人员数（人）	卫生技术人员（人）	其他技术人员（人）	管理人员（人）	工勤人员（人）
精神病医院	8	2 222	615	401	16	34	164
二、社区服务中心（站）	12	418	657	533	36	27	61
三、卫生院	125	5 767	5 130	4 169	182	220	559
四、诊所、卫生所、医务室	413	—	1 024	993	—	9	21
五、村卫生室	1 473	—	2 606	648	—	—	—
六、急救中心（站）	1	—	7	1	3	4	—
七、采供血机构	3	—	174	138	6	8	22
八、妇幼保健院（所、站）	7	644	1 458	1 156	78	58	166
九、专科疾病防治院（所、站）	1	18	50	41	—	1	8
十、疾病预防控制中心	7	—	423	308	37	27	51
十一、卫生监督所（中心）	6	—	89	79	2	2	6

2020 年眉山市卫生情况表

表 99

地区	医院病床使用率（%）	产妇住院分娩比例（%）	新生婴儿死亡率（‰）	5 岁以下儿童死亡率（‰）	传染病发病率（十万分之）
眉山市	74.27	99.97	1.81	3.74	327.62
东坡区	73.31	99.98	0.78	2.95	400.25
彭山区	78.98	99.87	3.50	5.68	363.25
仁寿县	71.94	99.98	1.62	3.43	300.67
洪雅县	78.14	99.95	3.59	5.13	320.97
丹棱县	82.14	100.00	3.82	6.87	311.43
青神县	77.85	100.00	0.81	1.63	412.43

2020 年眉山市体育基本情况表

表 100

单位：万元、个

地区	体育彩票销售额	体育协会个数	公共体育场地个数	公共体育馆个数
眉山市	19 509	127	5	7
东坡区	9 641	21	1	—
彭山区	2 428	26	1	1
仁寿县	3 899	23	1	1
洪雅县	2 231	10	1	1
丹棱县	684	10	1	1
青神县	626	11	—	1

2019—2020 年眉山市城镇失业人员情况表

表 101

单位：人、%

地区	2019 年			2020 年		
	城镇登记失业人员数	登记失业人员再就业人数	城镇登记失业率	城镇登记失业人员数	登记失业人员再就业人数	城镇登记失业率
眉山市	11 984	14 335	3.57	13 392	11 830	3.04
东坡区	4 742	6 287	3.48	6 419	2 618	3.02
彭山区	2 042	2 863	3.54	1 933	3 225	2.99
仁寿县	3 335	2 757	3.67	3 219	2 744	3.00
洪雅县	834	1 257	3.80	744	1 689	3.25
丹棱县	628	742	3.70	600	1 010	3.50
青神县	403	429	3.46	477	544	2.99

2019—2020年眉山市社会保险参保人数情况表

表102 单位:人

地区	2019年			2020年		
	参加基本养老保险的职工人数	参加失业保险的职工人数	基本医疗保险的参保人数	职工基本养老保险的参保人数	失业险参保人数	基本医疗保险的参保人数
眉山市	497 273	197 490	3 224 696	587 613	226 095	2 995 422
市本级	68 525	43 470	117 496	81 308	47 208	75 105
东坡区	120 365	49 189	802 338	146 563	56 701	750 633
彭山区	91 520	28 055	324 964	84 816	31 575	298 378
仁寿县	128 844	46 092	1 303 832	168 384	52 429	1 238 277
洪雅县	38 933	16 747	322 941	52 813	18 346	304 298
丹棱县	22 203	7 855	161 068	22 903	9 078	153 135
青神县	26 883	6 082	192 057	30 826	10 758	175 596

眉山市A级旅游景区一览表

表103

序号	景区名称	所属县(区)	景区等级	评定时间
1	寿星谷景区	眉山市天府新区	AAA	2018年12月5日
2	蝶彩花卉景区		AAA	2016年11月6日
3	三苏祠景区	眉山市东坡区	AAAA	2010年2月1日
4	中国泡菜城景区		AAAA	2017年1月3日
5	眉山樱花博览园		AAA	2019年1月2日
6	蒙牛乳制品(眉山)工业旅游景区		AAA	2014年12月30日
7	国瑞皓峰景区		AAA	2018年12月5日
8	桂花湖景区		AAA	2018年2月9日
9	惠川景区		AA	2021年1月8日
10	彭祖故里景区	眉山市彭山区	AA	2004年12月28日
11	黑龙滩景区	眉山市仁寿县	AAAA	2014年4月29日
12	仁寿城市湿地公园		AAAA	2017年1月3日
13	响水六坊景区		AAA	2016年11月6日
14	裸伊谷景区		AAA	2021年1月8日
15	犀牛山庄景区		AA	2018年12月5日
16	沙子湾景区		AA	2018年12月5日
17	天池山景区		AA	2018年12月5日
18	柳江古镇景区	眉山市洪雅县	AAAA	2015年12月16日
19	瓦屋山景区		AAAA	2019年4月9日
20	雅女湖有机农庄		AAA	2018年12月5日
21	幺麻子藤椒文化旅游景区		AAA	2019年1月2日
22	春驿花园景区		AA	2020年1月3日
23	稻香湾梦幻田园景区		AA	2020年1月3日
24	老峨山景区	眉山市丹棱县	AAA	2010年1月6日
25	丹棱·桃花源		AAA	2014年12月30日
26	大雅文化旅游景区		AAA	2020年1月3日
27	狮子生态农业景区		AA	2019年1月2日
28	天府橙都景区		AA	2021年1月8日
29	峨山老窖景区		A	2019年1月2日
30	江湾神木园	眉山市青神县	AAAA	2015年8月20日
31	国际竹艺城		AAAA	2016年10月8日
32	汉阳湖景区		AAA	2018年9月27日
33	中岩景区		AAA	2021年1月8日

索　引

INDEX

编制说明

一、本索引为《眉山年鉴》2021年卷的内容分析索引。通过本索引所选的主题词条，可以对具有独立检索意义的完整资料进行检索。

二、本索引按汉语拼音字母（同音字按声调）顺序排列。索引词条用宋体字标明。数字表示该词条内容所在页码，后面的拉丁字母（a、b、c）表示栏别（从左到右）。内文中有关图表仅对其标题进行索引，并在页码数字后面加注“图、表”的字样。

三、内文中的“大事记”“文献·法规·文件”类目，以及随文照片和彩色图片未做索引。

A

B

C

D

E

F

G

H

J

K

L

M

R

S

T

W

X

Y

Z